IMPRIMERIE GÉNÉRALE DE CH. LAHURE
Rue de Fleurus, 9, à Paris

ΕΥΡΙΠΙΔΟΥ ΤΡΑΓΩΙΔΙΑΙ ΕΠΤΑ

SEPT TRAGÉDIES

D'EURIPIDE

TEXTE GREC

RECENSION NOUVELLE

AVEC UN COMMENTAIRE CRITIQUE ET EXPLICATIF

UNE INTRODUCTION ET DES NOTICES

PAR HENRI WEIL

Correspondant de l'Institut
Professeur à la Faculté des lettres de Besançon

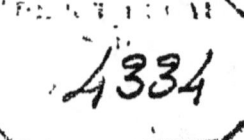

PARIS

LIBRAIRIE DE L. HACHETTE ET Cie

BOULEVARD SAINT-GERMAIN, N° 77

LONDRES, 18, KING WILLIAM STREET, STRAND—LEIPZIG, 3, KOENIGS-STRASSE

1868

INTRODUCTION.

La vie d'Euripide, l'indication de ses ouvrages, soit conservés soit perdus, la transmission de ses tragédies et l'histoire de leur texte depuis l'antiquité jusqu'à nos jours, enfin les méthodes critiques propres à constituer et à épurer ce texte, telles sont les matières que nous nous proposons de traiter ici rapidement. Quant à l'appréciation littéraire du théâtre d'Euripide, nous renvoyons aux *Tragiques grecs* de M. Patin, ouvrage qui est dans toutes les mains et dont nous n'avons pas besoin de faire l'éloge.

Il en est de la vie d'Euripide comme de celle de la plupart des poëtes grecs : elle n'est que très-imparfaitement connue. Si l'on retranche les anecdotes frivoles, les faits dénués d'intérêt ou peu dignes de foi, il reste peu de chose. Parmi les biographes anciens de notre poëte le plus considérable était, sans doute, Philochorus, savant d'une érudition exacte et d'une critique sûre[1]. Il contestait déjà des traditions mal établies, et il récusait le témoignage des poëtes comiques, propagateurs ou auteurs de la chronique scandaleuse d'Athènes. Mais la plupart des biographes n'étaient pas aussi scrupuleux. Il paraît qu'on avait fait d'assez bonne heure un extrait des écrits de Philochorus et des autres biographes de notre poëte. De cet extrait

---

[1]. Philochorus aimait à s'appuyer sur des documents authentiques. C. Muller (*Fragmenta historicorum græcorum*, I, p. LXXXVI) l'appelle : « auctor diligentissimus acerrimoque præditus judicio. » Un juge aussi compétent que Bœckh (*Abhandlungen der Berliner Akademie*, 1832, p. 48 sqq.) n'hésite pas à déclarer que Philochorus lui semble, en fait d'histoire, aussi infaillible qu'un homme peut l'être.

ont été tirés à leur tour les maigres documents que nous possédons aujourd'hui. C'est un chapitre d'Aulu-Gelle[1], un article du lexique de Suidas[2], et surtout une Vie qui se trouve plus ou moins complète, et avec quelques variantes, dans un certain nombre des manuscrits d'Euripide, et qui a été remaniée par Thomas Magister[3]. Il faut ajouter à cela plusieurs renseignements épars chez divers auteurs et recueillis par l'érudition moderne[4].

Euripide, fils de Mnésarchus ou Mnésarchidès[5], et de Clito, naquit, d'après la tradition la plus répandue[6], à Salamine, le jour même où se livrait, près de cette île, la fameuse bataille dans la première année de la 75ᵉ olympiade, en 480 avant J. C. Eschyle, alors dans la force de l'âge, combattit parmi les défenseurs de la patrie. Mêlé depuis longtemps aux luttes dramatiques, il n'avait pas encore donné toute la mesure de son génie, et il méditait encore ses *Perses* et ses autres chefs-d'œuvre. Sophocle, bel enfant de quinze ans, dansa autour du trophée, la lyre à la main. On a souvent signalé ces coïncidences, qui ne parlent pas seulement à l'imagination, mais qui disent quelque chose à l'esprit. Il est vrai que l'année et, à plus forte raison, le jour de la naissance de notre poëte ne sont pas établis d'une ma-

---

1. Aulu-Gelle, XV, 20.

2. L'article de Suidas se trouve aussi dans quelques manuscrits d'Euripide. Dans l'édition Aldine cet article est attribué à Manuel Moschopoulos.

3. Les diverses rédactions de cette *Vie* se trouvent réunies dans les Βιογράφοι de de Westermann, p. 133 sqq., et en tête des Scholies sur Euripide, publiées par Dindorf. Dans les pages suivantes, nous désignerons cette *Vie* par le nom de Βίος, et nous citerons simplement « Aulu-Gelle » et « Suidas » quand nous aurons en vue les morceaux indiqués dans les deux notes précédentes.

4. Nous n'avons pas cru devoir rappeler tous ces renseignements, en partie futiles. Nous renvoyons aux pages substantielles que Nauck a placées en tête de son texte d'Euripide (édition Teubner, Leipzig, 1857). On y trouve recueillis tous les passages d'auteurs anciens dans lesquels il est question d'Euripide. Barnes (1694) et Pflugk (1830) ont aussi fait précéder leurs éditions de recherches sur la vie de notre poete. Parmi les autres travaux sur le même sujet, le plus remarquable est sans doute l'article que Bernhardy a consacré à Euripide dans l'Encyclopédie d'Ersch et Gruber, sect. II, vol. XXXIX, p. 127 sqq., et qu'il a résumé dans son *Grundriss der Griechischen Literatur*.

5. Cf. Suidas : Εὐριπίδης Μνησάρχου ἢ Μνησαρχίδου. Les deux formes du nom se trouvent dans le Βίος, ainsi que dans deux inscriptions insérées dans le *Corpus inscriptionum græcarum* aux numéros 6051 et 6052.

6. Cette tradition est rapportée dans le Βίος, chez Thomas, chez Suidas, chez Diogène Laërce, II, 45, chez Plutarque, *Quæstt. symp.* VIII, 1, p. 717 C, chez

nière certaine et incontestable. Nous remarquons que Philochorus restait à ce sujet dans le doute¹, et nous pensons que le plus sage est d'imiter une réserve si prudente. Mais l'essentiel, c'est qu'Euripide naquit à l'époque des guerres Médiques. Or ces guerres et les victoires remportées sur les Barbares de l'Asie ont été le point de départ, non-seulement de la grandeur politique d'Athènes, mais aussi de sa grandeur littéraire. L'élan de la vaillante génération qui sauva la Grèce et l'Europe se révèle directement dans les œuvres d'Eschyle; mais l'enthousiasme de ces grandes journées ne s'éteignit pas aussitôt : il se communiqua de proche en proche, et toutes les conquêtes que les enfants d'Athènes ont faites dans le domaine de l'art et de la pensée sont dues à la noble ardeur qui s'est allumée à ce foyer.

Les poëtes comiques ont jeté du ridicule sur les parents d'Euripide. A les entendre, son père était cabaretier ou revendeur de comestibles, et sa mère vendait des légumes². Il est malaisé de savoir aujourd'hui ce qui a pu donner lieu à ces médisances. Philochorus, qui disposait de documents que nous

Hesychius Illustris dans les *Fragmenta Historicorum græcorum*, IV, p. 163.

1. On lit dans le Βίος : Ἐτελεύτησε, δὲ, ὥς φησι Φιλόχορος, ὑπὲρ τὰ ἑβδομήκοντα ἔτη γεγονὼς, ὡς δὲ Ἐρατοσθένης, οε'. Or Euripide mourut en 406 avant J. C. : c'est là un fait authentique, admis par tout le monde. S'il se trouvait à cette date dans sa soixante-quinzième année, il naquit en 480. Le calcul d'Ératosthène s'accorde avec la tradition commune sur la naissance du poete. Philochorus était moins explicite : il se bornait à dire qu'Euripide vécut plus de soixante dix ans. Nous ne croyons pas nous tromper en tirant de cette réserve la conclusion que Philochorus ne tenait pas pour bien établie la date de la naissance d'Euripide. Mais quelle était l'origine de la tradition commune? On ne saurait faire à ce sujet que des conjectures. Voici la nôtre. Euripide naquit à Salamine. Les biographes combinèrent ce fait avec la circonstance que cette île, ainsi que d'autres lieux voisins, servit de lieu de refuge aux familles des Athéniens lorsque l'armée de Xerxès allait envahir l'Attique (cf. Hérodote, VIII, 41). Quelque spécieuse que soit cette combinaison, elle n'est cependant pas sûre. Les parents d'Euripide pouvaient posséder des propriétés à Salamine. Du moins Aulu-Gelle rapporte-t-il, d'après Philochorus, qu'Euripide aimait à travailler dans une grotte solitaire de cette île. Quoi qu'il en soit, le *Marbre de Paros*, ligne 65, époque 50 (cf. l. 75, ép. 60, et l. 77, ép. 63) place la naissance d'Euripide sous l'archonte Philocrate, c'est-à-dire en 485/484 avant J. C.

2. Le Βίος porte : Εὐριπίδης ὁ ποιητὴς υἱὸς ἐγένετο Μνησαρχίδου καπήλου καὶ Κλειτοῦς λαχανοπώλιδος. Cette dernière assertion, qu'on retrouve chez plusieurs auteurs anciens, remonte à Aristophane, qui la répète à satiété. Cf. *Acharniens*, 475 : Σκάνδικά μοι δὸς, μητρόθεν δεδεγμένος, et *passim*. Où le biographe a-t-il pris que le père d'Euripide exerçait le métier de κάπηλος? Sans doute dans quelque comédie aujourd'hui perdue.

INTRODUCTION.

n'avons plus, crut pouvoir prouver qu'Euripide était de bonne famille[1]. Quoi qu'il en soit, l'éducation du futur poëte ne semble pas avoir été négligée. Son père voulait d'abord faire de lui un athlète : une prédiction mal interprétée avait, dit-on, fait concevoir à Mnésarque l'espérance que son fils obtiendrait un jour des couronnes aux jeux publics[2]. On lit dans les tragédies d'Euripide des paroles amères contre les athlètes. Le poëte méprise ces colosses de chair, esclaves de leur corps ; il désapprouve les distinctions dont ils sont l'objet, et il condamne en général l'importance excessive que les Hellènes donnaient aux exercices du corps[3]. Ces exercices, qu'une erreur paternelle lui avait imposés autrefois, lui auraient-ils laissé un souvenir ineffaçable, un dégoût persistant? Les biographes[4] rapportent aussi que le jeune Euripide s'essaya dans l'art de la peinture. Il serait difficile, je crois, de retrouver dans les vers du poëte une trace positive de ces études. Un passage d'*Hécube*[5], où il fait allusion à certain procédé des peintres, est trop isolé. Cependant il aime et il prodigue les détails descriptifs, pittoresques, et il les pousse souvent

---

1. Cf. Suidas : Οὐκ ἀληθὲς δὲ ὡς λαχανόπωλις ἦν ἡ μήτηρ αὐτοῦ· καὶ γὰρ τῶν σφόδρα εὐγενῶν ἐτύγχανεν, ὡς ἀποδείκνυσι Φιλόχορος. Les manuscrits d'Euripide dans lesquels l'article de Suidas se trouve transcrit, ajoutent οὖσα après ἐτύγχανεν. A tort, suivant nous : c'est ὤν qu'il faut sous-entendre, et ἐτύγχανεν doit être rapporté à Euripide. Athénée, X, p. 424 C, et le Βίος racontent qu'Euripide exerçait dans son enfance certains ministères religieux qui semblent avoir été réservés aux fils de famille. Nauck conjecture avec beaucoup de sagacité que des faits de ce genre servirent à Philochorus pour réfuter les médisances des poëtes comiques.

2. Cf. Βίος et Aulu-Gelle.

3. Voir surtout le fragment considérable de l'*Autolycus*, cité par Athénée X, p. 413 C sq. : Κακῶν γὰρ ὄντων μυρίων καθ' Ἑλλάδα Οὐδὲν κάκιόν ἐστιν ἀθλητῶν γένους, κτλ. Cf. *Électre*, 387 sqq.; 862 sqq., 880 sqq., avec la note. Dans l'*Antiope* aussi Euripide semble avoir discuté la valeur des exercices du corps et de ceux de l'esprit. Zéthus y disait à son frère :

Φύσιν γὰρ ἀνδρὸς ὧδε γενναίαν λαχὼν Γυναικομίμῳ διαπρέπεις μορφώματι. (Je refais le premier de ces vers d'après Platon, qui, modifiant les termes employés par le poëte, dit dans le Gorgias, p. 485 E : Φύσιν ψυχῆς ὧδε γενναίαν < λαχὼν > μειρακιώδει διαπρέπεις μορφώματι. Il me semble évident que le participe λαχὼν a été omis par la faute des copistes. Le mot γυναικομίμῳ est fourni par Philostrate, *Vita Apoll. Tyan.* IV, 21, passage d'abord signalé par Grotius.) Amphion répondait : Τὸ δ' ἀσθενές μου καὶ τὸ θῆλυ σώματος Κακῶς ἐμέμφθης· εἰ γὰρ εὖ φρενῶν ἔχω, Κρεῖσσον τόδ' ἐστὶ καρτεροῦ βραχίονος (Stobée, *Anthol.* III, 12). Il ajoutait : Καὶ μὴν ὅσοι μὲν σαρκὸς εἰς εὐεξίαν Ἀσκοῦσι βίοτον, ἢν σφαλῶσι χρημάτων, Κακοὶ πολῖται· δεῖ γὰρ ἄνδρ' εἰθισμένον Ἀχάλαστον ἦθος γαστρὸς ἐν ταὐτῷ μένειν.

4. Le Βίος porte : Φασὶ δὲ αὐτὸν ζωγράφον γενέσθαι καὶ δείκνυσθαι αὐτοῦ πινάκια ἐν Μεγάροις. Suidas : Γέγονε δὲ τὰ πρῶτα ζωγράφος.

5. *Hécube*, 807 sq. Cf. *Hippol.* 1078.

à une exactitude minutieuse; c'est même là l'un des caractères les plus saillants des récits qu'il prête à ses Messagers et d'un grand nombre de ses chœurs.

D'autres études exercèrent sur le jeune homme une influence plus sensible et plus décisive. Euripide fut initié à la philosophie par Anaxagore; il suivit les leçons de Prodicus et de Protagoras; il se lia avec Socrate[1]. Le disciple et l'ami des philosophes, le penseur, l'homme de la méditation solitaire se reconnaissent dans sa vie, comme dans ses ouvrages. Euripide vivait à l'écart; on ne le voit pas, comme Sophocle, prendre une part active aux affaires de son pays. Sans doute, il observait les événements politiques, comme il observait en général les hommes, leurs passions, leur vie : de nombreuses allusions éparses dans ses tragédies font foi de l'émotion avec laquelle il suivait ce qui se passait sur la grande scène du monde. Mais il assistait à la lutte des intérêts et des ambitions en simple spectateur, sans entrer dans la mêlée. Les sentiments qu'il attribue à un des personnages qu'il a créés, à ce jeune Ion, élevé dans la paix du temple d'Apollon, loin des orages de la vie active, ces sentiments sont bien ceux du poëte lui-même[2]. Ailleurs[3], il traçait du sage ce portrait magnifique : « Heureux qui connaît la science! Il ne cherche pas à empiéter sur ses concitoyens, il ne médite pas d'action injuste. Contemplant la nature éternelle, son ordre

---

[1]. Cf. Suidas, Aulu-Gelle, et le Βίος. Une rédaction de ce dernier document nomme le philosophe physicien Archélaüs parmi les maîtres d'Euripide. Pour ce qui concerne Anaxagore, les témoignages abondent. Quant à Protagoras, ajoutez aux autorités citées ci-dessus Diogène Laërce, IX, 54 sq. Ce dernier auteur raconte, d'après Philochorus, que Protagoras périt en mer avec le vaisseau qui devait le transporter en Sicile, et qu'Euripide fit allusion à cet événement dans son Ixion. La mort de Protagoras peut être placée, sinon avec certitude, du moins avec probabilité, en 411 avant J. C. (Cf. Frey, Quæstiones Protagoreæ, p. 64; Zeller, Die Philosophie der Griechen, I, p. 731; Mullach, Fragmenta philosophorum græcorum, II, p. LXXI). Il est donc possible que notre poète ait rappelé cet événement dans une de ses tragédies, et nous n'avons pas le droit de contester, comme ont fait Clinton, Wagner, Nauck et d'autres, l'exactitude de Philochorus. Il est vrai que les anciens ont quelquefois imaginé de telles allusions en dépit de la chronologie. De bonne heure on prétendait que, dans son Palamède, Euripide avait indirectement reproché aux Athéniens la mort de Socrate. Mais c'est précisément Philochorus qui releva l'anachronisme commis par les auteurs de cette anecdote (cf. Diogène de Laërte, II, 44).

[2]. Cp. Ion, 585 sqq.

[3]. Cf. Clément d'Alexandrie, Strom., IV, xxv, 157, fragment 965 Wagner.

son origine et ses éléments, son âme n'est ternie d'aucun désir honteux. »

Ὄλβιος ὅστις τῆς ἱστορίας
ἔσχε μάθησιν
μήτε πολιτῶν ἐπὶ πημοσύνῃ
μήτ' εἰς ἀδίκους πράξεις ὁρμῶν,
ἀλλ' ἀθανάτου καθορῶν φύσεως
κόσμον ἀγήρω
πῇ (?) τε συνέστη καὶ ὅπῃ καὶ ὅπως.
Τοῖς δὲ τοιούτοις οὐδέποτ' αἰσχρῶν
ἔργων μελέτημα προσίζει.

Le personnage d'Amphion dans la tragédie d'*Antiope* répondait à l'idéal conçu par Euripide. Rien n'était plus célèbre dans l'antiquité que la querelle de Zéthus et d'Amphion. L'un des frères était un homme pratique : un corps robuste, une fortune considérable, une grande position dans la cité, voilà le but de ses efforts. L'autre était poëte et, à la fois, philosophe ; les luttes de la place publique le rebutaient ; il mettait son bonheur à cultiver son esprit, il voulait être homme avant d'être citoyen[1].

Euripide aimait à converser avec quelques amis et avec les livres de ceux qu'il ne pouvait voir personnellement. Il possédait une bibliothèque[2], chose rare et nouvelle à une époque où la poésie coulait à pleins bords, mais où le goût de la lecture était peu répandu. Un de ses chœurs comptait parmi les bienfaits de la paix, dont il demandait le retour, de pouvoir « dérouler ces feuilles qui nous parlent et qui font la gloire des sages. »

Δέλτων τ' ἀναπτύσσοιμι γῆρυν ἂν σοφοὶ κλέονται[3].

Aristophane, qui n'aimait aucune nouveauté, reproche à Euripide d'avoir « amaigri la tragédie, de l'avoir rendue fluette et chétive en la nourrissant de jus de niaiseries, extrait de livres subtils »[4].

---

1. Voyez sur l'*Antiope* d'Euripide un Mémoire que nous avons publié dans le *Journal général de l'instruction publique*, 1847, nᵒ 83 et 84.
2. Cf. Athénée, I, p. 3 A.
3. Voir les vers de l'*Érechthée* (frg. 352 Wagner), cités par Stobée, *Anthol.* LV, 4. Cf. *Hipp.* 451.
4. Aristophane, *Gren.* 944 : Ἴσχνανα μὲν πρώτιστον αὐτὴν καὶ τὸ βάρος ἀφεῖλον.... Χυλὸν διδοὺς στωμυλμάτων ἀπὸ βιβλίων ἀπηθῶν. Cf. *ib.* v. 1409.

La tradition nous montre Euripide retiré à Salamine dans une grotte solitaire sur le bord de la mer : c'est là, dit-on, qu'il travaillait, qu'il méditait[1]. Cette singularité, son air triste et sévère, son humeur morose contrastaient avec l'aimable gaieté de Sophocle, ainsi qu'avec la douceur infinie de ses propres vers. Un poëte érudit a dit de lui[2] : « Le disciple du noble Anaxagore était d'un commerce peu agréable : il ne riait guère, et ne savait pas même plaisanter à table, mais tout ce qu'il a écrit n'est que miel et que chant de Sirènes. » L'antiquité nous a transmis un beau buste d'Euripide[3]. Ce portrait annonce des habitudes de méditation et une vive sensibilité.

Le théâtre d'Euripide atteste, mieux encore que les assertions des biographes, l'influence qu'exercèrent sur notre poëte les penseurs avec lesquels il était en rapport. Protagoras disait que l'homme était la mesure de toute chose[4]. On reconnaît cette doctrine dans ce qu'alléguait un des héros d'Euripide afin de justifier une passion incestueuse. « Aucun usage, s'écriait-il, n'est honteux, s'il ne paraît tel à ceux qui le suivent[5] ». C'est encore conformément à un apophthegme de Protagoras qu'Euripide faisait dire à un de ses chœurs : « Celui qui connaît l'art de la parole, trouve en toute chose matière à des discours contradictoires[6] ». Il faut convenir qu'Euripide a largement mis en œuvre cette proposition. Il affectionne les luttes oratoires, il plaide en rhéteur le pour et le contre de chaque cause, très-ingénieux à

---

1. Cf. Βίος, et Philochorus chez Aulu-Gelle.

2. Alexandre l'Étolien chez Aulu-Gelle : Ὁ δ' Ἀναξαγόρου τρόφιμος χαιοῦ στρυφνός μὲν ἔμοιγε (?) προσειπεῖν Καὶ μισόγελως καὶ τωθάζειν οὐδὲ παρ' οἴνου μεμαθηκώς. Ἀλλ' ὅ τι γράψαι τοῦτ' ἂν μέλιτος καὶ Σειρήνων ἐτετεύχει. Valckenaer (Diatribe in Euripidis fragmenta, p. 25) pense qu'Euripide, ainsi que Périclès, tenait de son maître Anaxagore cette gravité qui ne se déridait jamais. Il cite Élien, Hist. Var. VIII, 13 : Ἀναξαγόραν.... φασὶ μὴ γελῶντά ποτε ὀφθῆναι μήτε μειδιῶντα τὴν ἀρχήν.

3. Voir Visconti, Iconographie grecque, pl. 5, et p. 24.

4. Πάντων χρημάτων μέτρον ἄνθρωπος. Voy. Diogène Laërce, IX, 51, Platon, Théétète, p. 152 A.

5. Fragment 24 Wagner, tiré de l'Éolus d'Euripide, et cité par le scholiaste d'Aristophane, Gren. 1475 : Τί δ' αἰσχρὸν ἢν μὴ τοῖσι χρωμένοις δοκῇ; Ce vers a souvent été reproché à Euripide. Cf. Plutarque, de aud. poet. p. 33 C; Stobée, V, 82; Athénée, XIII, p. 582 C.

6. Fragment 213 Wagner, tiré de l'Antiope, et cité par Stobée, Anthol. LXXXII, 2 : Ἐκ παντὸς ἄν τις πράγματος δισσῶν λόγων Ἀγῶνα θεῖτ' ἄν, εἰ λέγειν εἴη σοφός. Cp. Diogène, l. c. : Πρῶτος ἔφη (ὁ Πρωταγόρας) περὶ παντὸς πράγματος δύο λόγους εἶναι ἀντικειμένους ἀλλήλοις.

trouver des arguments, mais souvent trop peu préoccupé de ce qui convient au caractère et à la situation des personnages qu'il met en scène. Voici des vers[1] qu'on dirait écrits pour procurer des disciples aux Gorgias et aux Antiphon : « Eh quoi! nous recherchons toutes les autres connaissances, nous faisons les efforts qu'il faut pour les acquérir, et nous négligeons la Persuasion, qui est la maîtresse souveraine du monde! nous ne payons pas de maître pour apprendre à persuader ce que nous désirons et à l'obtenir! »

L'amitié qui unissait Euripide à Socrate et l'affinité de ces deux esprits frappaient tout le monde, au point de faire imaginer par les auteurs comiques du temps que le philosophe était collaborateur du poëte. Un de ces auteurs disait[2], en associant à Socrate le beau-père d'Euripide : « Voici Mnésiloque qui prépare un drame nouveau dans la cuisine d'Euripide, et Socrate met des fagots sous la marmite ». Il en est de cette collaboration comme de celle de Céphisophon, jeune esclave né dans la maison d'Euripide et mêlé par la chronique scandaleuse d'Athènes aux malheurs domestiques comme aux travaux littéraires de son maître[3]. Il n'est pas difficile de signaler dans Euripide une foule de sentences que Socrate n'eût pas désavouées; mais, comme ce philosophe cherchait plutôt qu'il n'affirmait, il n'est guère possible de déterminer les idées que notre poëte doit plus particulièrement au commerce de Socrate. J'oserais cependant attribuer à cette influence certaines théories sur l'amour professées par Euripide en différents endroits[4]. A l'amour physique, l'amour re-

---

1. Voy. *Hécube*, 814 sqq.
2. Téléclide. Le Βίος rapporte de ce poëte ces vers que nous donnons d'après les corrections de Dindorf et de Meineke :
Ὁ Μνησίλοχος δ' ἐκεινοσὶ φρύγει τι δρᾶμα καινὸν Εὐριπίδη, καὶ Σωκράτης τὰ φρύγαν' ὑποτίθησιν. Cp. le passage gravement altéré de Diogène Laerce, II, 18, où les poëtes comiques Callias et Aristophane sont cités à côté de Téléclide.
3. Cf. Aristophane, *Grenouilles*, 1408, 1452, et surtout 944 : Εἶτ' ἀνέτρεφον (sous-ent. τὴν τραγῳδίαν) μονῳδίαις Κηφισοφῶντα μιγνύς, avec la scholie : Ἐδόκει δοῦλος ὢν ὁ Κηφισοφῶν συμποιεῖν αὐτῷ καὶ μάλιστα τὰ μέλη, ὃν καὶ συνεῖναι τῇ γυναικὶ αὐτοῦ κωμῳδοῦσιν. Les mêmes bruits sont rapportés dans le Βίος. Un certain Timocratès d'Argos y est aussi nommé parmi les collaborateurs d'Euripide. D'après une scholie sur le vers 446 de l'*Andromaque*, cette tragédie fut d'abord jouée sous le nom de Démocratès. Bergk et Nauck pensent que Τιμοκράτης et Δημοκράτης ne font qu'un, et que l'un de ces noms est altéré.
4. Voyez *Médée*, 844 sq et les passages que nous y avons cités en note. Cp ce qu'Alcibiade dit de Socrate dans le *Banquet* de Platon, p. 215 sqq.

présenté par Vénus, le poëte oppose un autre amour : celui qui est inspiré par les belles âmes, qui est une école de sagesse et qui nous rend plus vertueux.

Mais c'est surtout Anaxagore de qui les exemples et les leçons ont laissé des traces profondes dans l'esprit, comme dans les vers d'Euripide[1]. Un de ses chœurs[2] vante la fermeté d'un vieillard qui supporta, sans se laisser abattre, la perte d'un fils unique et digne de tous les regrets. Ce vieillard, que le poëte ne nomme pas, est sans doute le philosophe qui dit, quand on lui annonça la mort de son fils : « Je n'ignorais pas que j'avais donné le jour à un être mortel[3] ». C'est au même Anaxagore qu'Euripide faisait allusion dans un autre endroit, où un de ses héros assurait avoir appris d'un sage à préparer son âme contre tous les coups de la fortune, afin de n'être pris au dépourvu par aucun des malheurs que la vie peut amener[4]. Ailleurs notre poëte parle des dangers que l'ignorance et l'envie suscitent aux philosophes, accusés d'un côté d'être des désœuvrés, des membres inutiles de la cité, et de l'autre, de posséder une science extraordinaire et suspecte. Ces réflexions se trouvent dans *Médée*, tragédie qui fut jouée quand se préparait le procès d'Anaxagore; et l'on pense avec raison qu'ici encore Euripide songeait à son maître vénéré[5].

Les traits généraux du système d'Anaxagore sur la nature et l'origine des choses sont exposés dans un morceau célèbre[6], tiré du *Chrysippe* d'Euripide. « Ce qui est né de la terre, retourne à la terre; ce qui est sorti d'origine céleste, remonte à la voûte éthérée. Rien de ce qui naît ne meurt; mais, se séparant de ce

---

1. Cf. Valckenaer, *Diatribe*, p. 25 sqq.
2. *Alceste*, 903 sqq.
3. Ἤιδειν θνητὸν γεννήσας. Voy. Chrysippe chez Galien, *de Plat. et Hippocr. dogm.* IV, 7, et Cicéron, *Tuscul.* III, xiv, 29. Nous ne saurions dire au juste qui a le premier signalé le rapport évident entre ces passages et les vers de l'*Alceste*.
4. Cf. Galien et Cicéron, ll. cc. Ce dernier a mis en latin les vers du *Thésée* d'Euripide cités par Galien et par Plutarque, *Consol. ad Apollon.* p. 112 D :

Ἐγὼ δὲ τοῦτο παρὰ σοφοῦ τινος μαθὼν,
Εἰς φροντίδας νοῦν συμφοράς τ' ἐβαλλόμην,
Φυγάς τ' ἐμαυτῷ προστιθεὶς πάτρας
ἐμῆς θανάτους τ' ἀώρους καὶ κακῶν
ἄλλας ὁδούς, Ἵν', εἴ τι πάσχοιμ' ὧν
ἐδόξαζον φρενί, Μή μοι νεωρὲς προσπεσὸν μᾶλλον δάκῃ.

5. Voy. *Médée*, 294 sqq., avec la note.
6. Fragment 833 Wagner, cité par Philon, *De incorrupt. mundi*, 11, *De mundo*, 11, et, en partie, par d'autres. Cf. *Suppl.* 531 sqq.; *Hélène*, 1015 sq.; *Oreste*, 1086 sq.

qui leur est étranger, les êtres apparaissent sous une autre forme. »

Χωρεῖ δ' ὀπίσω, τὰ μὲν ἐκ γαίας
φύντ' εἰς γαῖαν, τὰ δ' ἀπ' αἰθερίου
βλαστόντα γονῆς εἰς οὐράνιον
πόλον ἦλθε πάλιν · θνήσκει δ' οὐδὲν
τῶν γιγνομένων, διακρινόμενον δ'
ἄλλο πρὸς ἄλλου
μορφὴν ἑτέραν ἐπέδειξεν [1].

Une des tragédies, aujourd'hui perdues, d'Euripide semble avoir été écrite dans le but de faire connaître au public le système d'Anaxagore. La scène était changée en chaire de philosophie, l'action tragique n'était plus qu'un prétexte, ou, comme dit Denys d'Halicarnasse [2], qu'une figure. Mélanippe avait eu le bonheur, dangereux pour une mortelle, de plaire à un dieu de l'Olympe. Devenue mère, elle donne le jour à deux enfants, et, sur l'ordre de leur père, Neptune les expose au milieu des troupeaux. Une vache les allaite, le taureau veille sur eux avec des soins tout paternels. Étonnés d'un fait aussi merveilleux, les bergers en instruisent le roi Éolus, père de Mélanippe. Le roi aussi s'émeut de ce prodige, et il ordonne que des enfants humains nés, à ce qu'il croit, d'une vache et d'un taureau, soient brûlés vifs. La malheureuse Mélanippe est chargée de parer les victimes pour le sacrifice. Elle essaye d'abord de les sauver sans révéler, si cela est possible, le secret de leur naissance. Elle soutient donc qu'il ne peut jamais y avoir de prodige, ni d'événement contraire aux lois de la nature ; et pour en convaincre son père, elle lui explique les principes de la philosophie naturelle d'Anaxagore. Voici le commencement de cette exposition [3]. « D'abord le ciel et la terre ne formaient qu'une

---

1. Cf. Anaxagore apud Simplic. in Aristot. Phys. fol. 34 B : Τὸ δὲ γίνεσθαι καὶ ἀπόλλυσθαι οὐκ ὀρθῶς νομίζουσιν οἱ Ἕλληνες· οὐδὲν γὰρ χρῆμα γίνεται οὐδὲ ἀπόλλυται, ἀλλ' ἀπὸ ἐόντων χρημάτων συμμίσγεταί τε καὶ διακρίνεται.

2. Denys, Rhétor. VIII, 10, et IX, 11. Les renseignements que cet auteur donne sur le sujet de Mélanippe sont complétés par Grégoire de Corinthe, le commentateur d'Hermogène, t. VII, p. 1313 des Rhetores de Walz, et par Hygin, Fab. CLXXXVI.

3. Cf. fragment 487 Wagner, cité par Diodore de Sicile, I, 7, et par Eusèbe, Præp. evang. I, p. 20 D.

seule masse; ensuite, quand ils se furent séparés l'un de l'autre, ils engendrèrent toutes choses, et ils firent naître à la lumière les arbres, les oiseaux, les animaux, et les habitants de l'onde, et la race des mortels. » Aussi l'héroïne de cette tragédie fut-elle appelée Μελανίππη ἡ σοφή, Mélanippe la Sage, ou plutôt la Philosophe : car pour sage, elle ne l'était pas trop. Mais quelle apparence qu'une jeune fille ait fait des méditations si profondes sur la nature des choses! Pour sauver cette invraisemblance, elle prétendait avoir été instruite des mystères de la nature par sa mère, la fille du sage Centaure Chiron. « Ce discours ne vient pas de moi, mais de ma mère », disait-elle[1].

Κοὐκ ἐμὸς ὁ μῦθος, ἀλλ' ἐμῆς μητρὸς πάρα.

Ce vers, qui passa en proverbe, marque le tendre attachement qu'Euripide avait pour le maître dont il s'efforçait de répandre les leçons.

Comme le commerce qu'il eut avec les philosophes de son temps est, après ses travaux dramatiques, le fait le plus important de la vie d'Euripide, insistons-y, et montrons par d'autres exemples, ainsi que par le caractère général de son théâtre, combien sa poésie s'est ressentie de cette intimité et des méditations qu'elle lui rendait familières. Des héros de la Fable étaient transformés par notre poëte en libres penseurs : le criminel Ixion, le mélancolique Bellérophon devinrent sous sa main des esprits forts. Voici le langage hardi[2] que tenait ce dernier dans la tragédie qui portait son nom : « On dit qu'il y a des dieux dans le ciel? Non, non, il n'y en a point. Que les hommes qui le prétendent encore, cessent enfin de répéter stupidement ce vieux conte. Examinez les choses, n'en croyez pas

---

1. Cf. Denys d'Halicarnasse, *Rhét.* IX, 11, et les auteurs cités par Valckenaer, *ad Hippol.* 352. — Le dieu d'Anaxagore est chanté dans les vers cités par Clément d'Alexandrie, *Strom.* V, xiv, 115: Σὲ τὸν αὐτοφυῆ, τὸν ἐν αἰθερίῳ Ῥόμβῳ πάντων φύσιν ἐμπλέξανθ', Ὃν περὶ μὲν φῶς κτέ. Cependant le *Pirithoüs*, d'où ce fragment est tiré, n'était peut-être pas de la main d'Euripide.

2. Fragment 293 Wagner, cité par St Justin, *De monarch.* p. 108 C : Φησίν τις εἶναι δῆτ' ἐν οὐρανῷ θεούς; Οὐκ εἰσίν, οὐκ εἰσ'. Εἴ τις ἀνθρώπων (lisez : Εἰ δέ τις βροτῶν) λέγειν Μὴ τῷ παλαιῷ μῶρος ὢν χρήσθω λόγῳ κτέ.

mes paroles. Je vous dis que les tyrans mettent les hommes à mort, les privent de leurs biens, détruisent les cités en dépit de la foi jurée, et, malgré tous ces crimes, sont plus heureux que les hommes paisibles qui vivent pieusement tous les jours de leur vie. Je sais de petits peuples qui honorent les dieux, et qui obéissent à de grands peuples impies, subjugués qu'ils sont par la force des armes. Essayez donc de prier les dieux sans travailler vous-mêmes, vous verrez, ce me semble, [comme ils vous nourriront. C'est l'ignorance [1]] et le malheur qui ont fait le grand crédit des dieux. » Bellérophon tente de monter au ciel sur son cheval ailé : il veut éclairer ses doutes en explorant la demeure de Jupiter, il veut voir par lui-même s'il y réside en effet un dieu. Mais cette fois le Pégase ne lui obéit plus, et l'impie est misérablement précipité à terre.

Qu'on ne s'imagine pas toutefois qu'Euripide voulût enseigner l'athéisme. Ce reproche, contre lequel il eut déjà à se défendre lui-même [2], n'est pas fondé. Le poëte ne fit que transporter dans l'âge fabuleux les idées de son siècle, que donner un corps aux doutes qui alors occupaient plus d'un esprit, troublaient plus d'une âme. Il remuait des idées, il enseignait à réfléchir sur les plus grands problèmes, comme sur les questions de tout ordre et de toute espèce qu'agitait sans cesse son esprit éminemment critique [3]. Il ne prétendait pas toujours donner des solutions, et on se tromperait en prenant tout ce qu'il a écrit dans ses drames pour l'expression de ses convictions. Il fait soutenir une thèse à tel de ses personnages, mais un autre personnage soutiendra la thèse contraire; et si l'on rencontre chez lui des idées hasardées, il est généralement facile de trouver soit dans la même tragédie, soit dans une autre, de quoi corriger Euripide par Euripide lui-même [4]. Le disciple d'Anaxagore, l'ami de Socrate, était loin de combattre la croyance en Dieu : il s'élevait

---

1. Nous avons inséré ces mots par conjecture, afin de combler une lacune.
2. Cf. Sénèque, *Epist.* 115, et Plutarque, *De aud. poët.* p. 19 E.
3. Sur Euripide, « le philosophe de la scène, » voy. les belles pages de M. Havet, *Origines du christianisme*, dans la *Revue moderne*, 1867, XLI, 278 sqq.
4. Cp. les notes sur *Hippol.*, 451 sqq., sur *Médée*, 230 sqq., 1090 et *passim*.

contre les idées grossières que le peuple se faisait de la divinité. « Je ne crois pas, dit-il[1], que les dieux s'abandonnent à des amours criminelles ; ils ne s'enchaînent, ils ne se subjuguent point les uns les autres : jamais je ne l'ai admis, et je ne le croirai jamais. Dieu, s'il est vraiment dieu, est exempt de tout besoin. Des poëtes ont inventé ces tristes fables. » Et ailleurs[2] : « Si les dieux commettent une action honteuse, ils ne sont pas dieux. » Et ailleurs encore[3] : « Quelle maison construite par la main d'un artisan, pourrait contenir dans ses murs l'être divin ? »

Il était difficile de faire accorder ces idées nouvelles avec des fables qui s'étaient formées dans un autre âge, sous l'influence des vieilles croyances populaires de la Grèce. Euripide ne fut pas rebuté par cette difficulté. Si certaines fables attribuaient aux dieux un rôle qui révoltait son intelligence éclairée, il n'évitait pas de les mettre sur la scène ; il les reprenait au contraire à son point de vue, tantôt en se bornant à les critiquer, tantôt en les transformant. Il essayait ainsi de leur donner une vie nouvelle, mais il ne réussissait la plupart du temps qu'à leur enlever leur vie propre. Eschyle et Sophocle n'avaient eu qu'à développer les vieilles légendes pour en faire de belles tragédies : l'esprit de ces poëtes s'accordait avec l'esprit des traditions. Moins heureusement placé, Euripide s'est souvent trouvé en opposition avec les données qu'il mettait en œuvre. A la fois penseur et poëte, il proteste contre les fables qu'il fait revivre ; et ce qu'il crée d'une main, il le détruit de l'autre[4].

Quand les Athéniens eurent trouvé dans l'île de Scyros des ossements gigantesques, ils s'imaginèrent avoir découvert les restes de Thésée, et ils les ramenèrent en pompe dans Athènes avec de grands honneurs[5]. On se figurait les hommes de l'âge héroïque beaucoup plus grands et plus robustes que ceux des générations suivantes ; et de même on les douait, par l'imagina-

---

[1]. *Hercule furieux*, 1341 sqq. Cf. *Iph. Taur.* 385 sqq.
[2]. Fr. 300 Wagner, Stobée, C, 4 : Εἰ θεοί τι δρῶσιν αἰσχρόν, οὐκ εἰσὶν θεοί.
[3]. Fragment 968 Wagner, cité par Clément d'Alexandrie, *Strom.* V, xi, 76 : Ποῖος δ' ἂν οἶκος τεκτόνων πλασθεὶς ὕπο Δέμας τὸ θεῖον περιβάλοι τοίχων πτυχαῖς ;
[4]. Voy. la *Notice sur Électre*, p. 566 sqq.
[5]. Cf. Plutarque, *Thésée*, XXXVI.

tion, d'une vertu, d'une force de caractère en quelque sorte surhumaines. Disciple des philosophes, Euripide, comme Thucydide[1], ne partageait pas ces illusions. Il voyait le premier âge de la Grèce d'un œil plus sobre, sans cet éclat incomparable, sans cette grandeur idéale que la poésie s'était plu à lui prêter : il pensait que les hommes avaient été les mêmes de tous les temps. Il rapprocha donc de la vérité commune les héros de la Fable, les couvrit souvent de guenilles, et ne les montra pas toujours exempts de misères morales, de l'égoïsme et des petitesses du cœur. Si l'on excepte un groupe d'êtres purs et nobles, la plupart à peine sortis de l'enfance, jeunes hommes et jeunes femmes que l'âge et l'expérience de la vie n'ont pas encore flétris, les Ion, les Hippolyte, les Phrixus, les Ménécée, les Polyxène, les Macarie, les Iphigénie[2], on peut dire, avec Sophocle[3], qu'Euripide peint les hommes tels qu'ils sont.

Ajoutons qu'il peint les hommes tels qu'ils étaient de son temps, qu'il les fait raisonneurs et critiques, rebelles à l'autorité des principes consacrés, affranchis du frein de l'usage. La grandeur du caractère, la sauvegarde des idées reçues, de la morale traditionnelle, leur faisant ainsi défaut, que leur reste-t-il ? La passion, la passion d'autant plus irrésistible qu'elle n'est plus contenue par aucune de ces barrières. La peinture des passions, des maladies de l'âme, analysées par le penseur, reproduites par le poëte, telle est en effet, on le sait, la grande nouveauté, la partie vraiment originale du théâtre d'Euripide. Parmi ces maladies de l'âme, celle qui tient le premier rang, c'est l'amour. Euripide a peint l'amour dans ses fureurs, dans ses égarements les plus coupables, les plus monstrueux même[4], et, comme ce mal fait les plus grands ravages dans le cœur des femmes, c'est là qu'il l'a étudié particulièrement. Cette étude a mis à nu bien des plaies : aussi Euripide fut-il, dès son vivant, accusé d'être

---

1. Voir les vingt premiers chapitres du livre I de Thucydide.
2. Voyez la *Notice sur Iphigénie à Aulis*, p. 306.
3. Aristote, *Poétique*, XXV : Σοφοκλῆς ἔφη αὐτὸς μὲν οἵους δεῖ ποιεῖν, Εὐριπίδην δὲ οἷοι εἰσίν.
4. Euripide ne recula pas même devant la passion de Pasiphaé. Sa tragédie des *Crétois* roulait sur ce sujet.

l'ennemi des femmes[1]. Bien à tort, suivant nous. S'il faut en croire une anecdote trop piquante pour ne pas soulever quelques doutes, Sophocle aurait déjà dit qu'Euripide ne haïssait les belles que dans ses tragédies[2]. Encore trouve-t-on dans son théâtre même des femmes qui offrent le modèle de toutes les vertus; et si l'on objectait que ce sont là des exceptions, du moins faudrait-il accorder que les hommes non plus n'y sont généralement pas peints en beau. Euripide n'était pas misogyne; il était misanthrope.

Des malheurs domestiques contribuèrent, dit-on, à nourrir chez Euripide une certaine animosité contre les femmes. Il avait épousé Chœriné ou Chœrilé, fille de Mnésiloque. Le beau-père et le gendre vivaient, à ce qu'il paraît, dans la meilleure intelligence[3]; mais le poëte souffrait cruellement de la mauvaise conduite de sa femme, et il s'en vengeait, à ce qu'on prétend, en dévoilant sur le théâtre les turpitudes des Phèdre, des Sthénébée et d'autres héroïnes fameuses par leurs passions adultères[4]. On dit qu'Euripide n'était pas plus heureux dans son union avec Mélito, femme de mœurs dissolues, que les biographes donnent soit comme la première, soit comme la seconde épouse de notre poëte[5]. Un de ces auteurs le gratifie même de deux femmes à la fois. Cette dernière assertion est inadmissible[6]. Des trois fils

---

1. Il suffit de citer les *Thesmophories* d'Aristophane.

2. Voir Hiéronyme de Rhodes, cité par Athénée, XIII, p. 557 E : Εἰπόντος τινὸς ὅτι μισογύνης ἐστὶν Εὐριπίδης, ἔν γε ταῖς τραγῳδίαις, ἔφη ὁ Σοφοκλῆς· ἐπεὶ ἔν γε τῇ κλίνῃ φιλογύνης. Cf. Sérénus chez Stobée, *Anthol.* VI, 36.

3. Cela semble résulter du rôle qu'Aristophane a donné à Mnésiloque dans la comédie des *Thesmophories*. On a vu plus haut que, suivant d'autres, Euripide se faisait aider par son beau-père dans ses compositions dramatiques.

4. Le Βίος porte : Λέγουσι δὲ αὐτὸν, γήμαντα τὴν Μνησιλόχου θυγατέρα Χοιρύλην (elle est appelée Χοιρίνη dans le même Βίος plus haut, ainsi que dans l'article de Suidas), καὶ νοήσαντα τὴν ἀκολασίαν αὐτῆς, γράψαι δρᾶμα τὸν πρότε-

ρον Ἱππόλυτον, ἐν ᾧ τὴν ἀναισχυντίαν θριαμβεύει τῶν γυναικῶν. Le verbe θριαμβεύει a ici, par néologisme, le sens de « étaler, divulguer ». Cf. Photius : Θριαμβεύσας· δημοσιεύσας. Suidas : Ἐξεφοίτα· ἐθριάμβευεν (il divulgua les mystères). — Aristophane semble, au contraire, présenter les malheurs domestiques d'Euripide comme le châtiment de ses tragédies dévergondées. Dans les *Grenouilles*, v. 1048, Bacchus dit à Euripide : Ἃ γὰρ ἐς τὰς ἀλλοτρίας ἐποίεις, αὐτὸς τούτοισιν ἐπλήγης.

5. La première version est celle du Βίος; la seconde est donnée par Suidas.

6. Aulu-Gelle : « Mulieres fere omnes in « majorem modum exosus fuisse dicitur, « sive quod natura abhorruit a mulierum « cœtu, sive quod duas simul uxores habuerat, cum id decreto ab Atheniensibus « facto jus esset, quarum matrimonii per-

d'Euripide, le plus jeune, qui portait le même nom que son père, est le seul qui nous intéresse. L'aîné, Mnésarchidès, se fit négociant-marin (ἔμπορος); le second, Mnésiloque, était acteur; le jeune Euripide enfin était poëte dramatique, et il fit jouer, après la mort de son père, quelques tragédies laissées par ce dernier[1].

Euripide donna, dit-on, sa première tragédie, les *Péliades*, à l'âge de vingt-cinq ans, dans la première année de la 81e Olympiade[2], en 455 avant J. C. C'est dans cette même année que mourut Eschyle. Euripide prit donc, en quelque sorte, la place du vieux poëte que la critique lui opposa dès lors, et qu'elle n'a cessé depuis de comparer avec lui. Mais il n'eut pas seulement à lutter contre le souvenir d'Eschyle, poëte toujours cher au peuple, et dont les tragédies continuaient de paraître sur la scène; des compétiteurs vivants, avant tous le grand et heureux Sophocle, quelquefois même des poëtes plus obscurs, tels qu'Euphorion[3], Xénoclès[4], Nicomaque[5], lui disputèrent le prix avec succès. Durant une longue carrière dramatique (il donna, dit-on, quatre-vingt-douze pièces au théâtre) il n'obtint que cinq fois le premier prix : encore l'une de ces cinq victoires ne fut-elle remportée qu'après sa mort par des ouvrages posthumes[6]. Il est vrai que les poëtes d'Athènes présentaient au concours trois tragédies suivies d'un drame satyrique : il faut donc comparer le chiffre des cinq victoires, non avec les quatre-vingt douze pièces d'Euripide, mais avec les vingt-trois tétralogies auxquelles répond ce dernier chiffre. Toujours est-il que le nombre des victoires est

« tædebat. » Cette prétendue loi est invoquée par d'autres, à propos du conte absurde de la bigamie de Socrate. Cf. J. Luzac, *De bigamia Socratis*, p. 54 sqq.

1. Voyez le Βίος et notre *Notice sur Iphigénie à Aulis*, p. 307 et p. 349. — D'après Suidas, Euripide le jeune était neveu du grand poëte.

2. Le Βίος porte : Ἤρξατο δὲ διδάσκειν ἐπὶ Καλλίου ἄρχοντος κατὰ Ὀλυμπιάδα πα' ἔτει α'· πρῶτον δὲ ἐδιδάξατο τὰς Πελιάδας, ὅτε καὶ τρίτος ἐγένετο. Cependant Aulu-Gelle dit : « Tragœdiam scribere « natus annos duodeviginti adortus est. »

3. Cf. la *didascalie* de l'Hippolyte.
4. Cf. Élien, *Hist. var.* II, 8.
5. Cf. Suidas, article Νικόμαχος.
6. Suidas : Νίκας δὲ εἵλετο ε', τὰς μὲν τέσσαρας περιών, τὴν δὲ μίαν μετὰ τὴν τελευτὴν ἐπιδειξαμένου τὸ δρᾶμα τοῦ ἀδελφιδοῦ αὐτοῦ Εὐριπίδου. L'expression τὸ δρᾶμα est inexacte. Le chiffre de cinq victoires est confirmé par Varron chez Aulu-Gelle. A la fin d'une des rédactions du Βίος, on lit : Νίκας δὲ ἔχει ιε, leçon qui provient évidemment de νίκας δὲ ἔσχεν (il faudrait ἔσχε) ε'. Cette erreur a été répétée par Thomas.

peu considérable. Sophocle reçut vingt fois la première couronne, et ne fut jamais placé au troisième rang. Cependant, si la majorité du public se montra peu favorable à notre poëte, il faut croire qu'il avait pour lui un parti nombreux, ardent, influent surtout par l'intelligence et le don de la parole. Les critiques incessantes d'Aristophane prouvent qu'Euripide jouissait d'une grande réputation : on n'attaque avec tant de persistance que ce qui est puissant. Euripide était penseur autant que poëte, et par ses idées il se trouvait en avant de son siècle : là est évidemment le secret et de sa grande influence sur les esprits cultivés, et de ses nombreuses défaites au théâtre. Aussi la popularité d'Euripide alla-t-elle en grandissant : ses partisans s'accrurent avec l'avénement de nouvelles générations, qui partagèrent de plus en plus ses idées. Il semble avoir été très-goûté vers la fin de sa vie : les *Grenouilles* d'Aristophane ont pour but de combattre l'Euripidomanie qui dominait alors, et que Bacchus, le dieu des fêtes théâtrales, représente dans cette comédie. Le goût du public pour Euripide se répand et s'accroît après la mort du poëte. Nous le voyons bientôt régner sur les théâtres d'Athènes et de la Grèce, et plus tard sur ceux du monde grec et romain. Les grands acteurs le préfèrent, les poëtes l'imitent, les écrivains le citent, tous ceux qui lisent le savent par cœur[1].

Revenons à la vie d'Euripide. Il ne nous reste que peu de mots à ajouter. Notre poëte passa ses dernières années d'abord à Magnésie, puis à la cour d'Archélaüs de Macédoine[2]. C'est pour plaire à ce prince qu'il composa une tragédie sur les aventures d'Archélaüs, descendant d'Hercule et auteur de la race des rois de Macédoine[3]. Parmi les tragédies que nous possédons encore,

---

[1]. Cp. Welcker, *Die griechischen Tragödien*, III, p. 889 sqq., 1239 sqq.

[2]. Le Βίος porte : Μετέστη δὲ ἐν Μαγνησίᾳ καὶ προξενίᾳ ἐτιμήθη καὶ ἀτελείᾳ. Ἐκεῖθεν δὲ εἰς Μακεδονίαν περὶ Ἀρχέλαον γενόμενος διέτριψε. Cf. Suidus, Lucien, *de Paras.*, 35, et beaucoup d'autres auteurs. Il est probable qu'Euripide était encore à Athènes quand il fit jouer son *Oreste*, en 408 avant J. C., deux ans avant sa mort.

[3]. Après les mots cités dans la note qui précède, le Βίος continue : Καὶ χαριζόμενος αὐτῷ δρᾶμα ὁμωνύμως ἔγραψε, καὶ μάλα ἔπραττε παρ' αὐτῷ, ὅτε καὶ ἐπὶ τῶν διοικήσεων ἐγένετο. Je ne sais trop pourquoi

les *Bacchantes*, jouées à Athènes après la mort du poète, semblent avoir été écrites (plusieurs indices tendent à le prouver pour le théâtre de Pella. Euripide mourut en Macédoine, plus que septuagénaire, l'an 406 avant J. C.[2]. D'après une tradition constante, le vieux poëte fut déchiré par des chiens de chasse; mais les détails et les causes de cette mort extraordinaire semblent n'avoir jamais été bien connus, et l'on peut croire que dès l'abord une foule de versions différentes circulaient à ce sujet[3]. Il est possible qu'Euripide ait été victime d'un accident malheureux. Mais, d'un autre côté, il est sûr que la faveur du roi avait attiré à l'Athénien, ainsi qu'au prince lui-même, des haines implacables[4]. Quoi qu'il en soit, Euripide fut enterré dans la vallée d'Aréthuse[5], et n'eut qu'un cénotaphe dans sa patrie. Sophocle lui survécut peu de mois. Avec ces deux poëtes la tragédie elle-même semblait s'éteindre. Les *Grenouilles* d'Aristophane, jouées en 405, sont en quelque sorte l'oraison funèbre de la tragédie grecque.

Nous arrivons aux ouvrages d'Euripide. Il n'y a pas lieu de s'arrêter à l'ode qu'il composa, dit-on, pour la victoire olympique d'Alcibiade[6], ni à deux petites pièces en mètre élégiaque[7]; sa gloire repose sur ses productions dramatiques. Lorsque

---

Nauck révoque en doute le premier de ces deux renseignements, lequel n'a rien que de très-vraisemblable, et n'est point en contradiction avec ce que rapporte Diomède, p. 486 Putsche : « Tristitia namque « tragœdiæ proprium, ideoque Euripides « petente Archelao rege ut de se tragœdiam « scriberet abnuit. » Quant au sujet de la tragédie d'*Archélaüs*, cf. Hygin, *Fable* 219.

1. Cf. *Bacch.*, 560 sqq., 409 sqq., avec les notes d'Elmsley.
2. Cf. Βίος. Apollodore, chez Diodore de Sicile, XIII, 103, place la mort d'Euripide dans la troisième année de la 93e olympiade ; le *Marbre de Paros* la place dans la deuxième année de la même olympiade. Les deux dates se rapportent à l'été de l'an 406 avant J. C., et ne diffèrent au fond que d'un ou deux mois.
3. Cf. Βίος; Suidas; Aulu-Gelle; Diodore, l. c.; Hermésianax chez Athénée,

XIII, p. 598 D; Addæus dans l'*Anthol. Palat.* VII, 51, et un autre poëte, *ib.* 44; Stephanus Byz. p. 176, 1; Diogenianus, VII, 52; Ovide, *Ibis*, 595; Valère-Maxime, IX, XII, *ext.* 4; Hygin, *Fable* 247.

4. Voir Aristote, *Politique*, VIII (V), 10: Καὶ τῆς Ἀρχελάου δ' ἐπιθέσεως Δεκάμνιχος ἡγεμὼν ἐγένετο.... Αἴτιον δὲ τῆς ὀργῆς ὅτι αὐτὸν ἐξέδωκε μαστιγῶσαι Εὐριπίδῃ τῷ ποιητῇ· ὁ δ' Εὐριπίδης ἐχαλέπαινεν εἰπόντος τι αὐτοῦ εἰς δυσωδίαν τοῦ στόματος.

5. Ammien Marcellin, XXVII, iv, 8 : « Proxima Arethusa convallis et statio, in « qua visitur Euripidis sepulcrum. » Cf. Plutarque, *Lycurgue*, 31 ; Vitruve VIII, 3 ; Pline, *Hist. Nat.*, XXXI, 19.

6. Cf. Plutarque, *Vie d'Alcibiade*, 11; *Vie de Démosthène*, 1.

7. Voir Bergk, *Poëtæ lyrici græci*, 2e éd., p. 471 sq.

Callimaque rédigea le catalogue de la bibliothèque d'Alexandrie, on avait connaissance de quatre-vingt-douze (ou quatre-vingt-dix-huit) drames d'Euripide; toutefois on n'en trouva plus que soixante-dix-huit. Encore sur ce nombre trois étaient contestés[1]. Le *Pirithoüs* était attribué par quelques-uns à Critias[2]; *Rhadamanthe* et *Tennès* passaient aussi pour apocryphes. Restaient donc soixante-quinze pièces : chiffre qui s'accorde assez avec celui des drames dont les titres et, à peu d'exceptions près, des fragments, sont arrivés jusqu'à nous. C'est qu'Euripide est un des poëtes le plus souvent cités par les auteurs grecs et latins. Nous allons énumérer ses drames en les classant d'après les cycles mythiques auxquels ils appartiennent par leur sujet.

Guerre de Troie. *Alexandre*. Les *Scyriennes*. *Téléphe*. *Iphigénie à Aulis**. *Palamède*. *Rhésus**[3]. *Philoctète*. *Épéus*. Les *Troyennes**. *Hécube**. Dans ce nombre, le *Rhésus* seul est tiré de l'*Iliade*; les cinq tragédies qui le précèdent sont tirées de l'épopée des *Cypriaques* ou s'y rapportent du moins par le sujet. Les quatre dernières remontent à la *Petite Iliade* et au *Sac de Troie*. Le *Cyclope**, drame satyrique, roule sur un épisode de l'*Odyssée*. Enfin *Hélène** et *Andromaque** font suite aux récits de la guerre de Troie.

Race des Pélopides. *OEnomaüs*. Les *Crétoises*. *Plisthène*. *Thyeste*. *Électre**. *Oreste**. *Iphigénie en Tauride**.

Race de Labdacus, Thébaïde et fables qui se rattachent à ce cycle. *Chrysippe*. *OEdipe*. *Hypsipyle*. Les *Phéniciennes**. *Antigone*. *Alcméon à Corinthe*. *Alcméon à Psophis*.

Origines de Thèbes. Les *Bacchantes**. *Cadmus*. *Antiope*.

---

1. Le Βίος porte : Τὰ πάντα δ' ἦν αὐτῷ δράματα ϙβ', σώζεται δὲ οη'· τούτων νοθεύεται τρία, Τέννης Ῥαδάμανθυς Πειρίθους. Dans une autre rédaction du Βίος on lit : Τὰ πάντα δ' ἦν αὐτῷ δράματα ϙη'. Σώζεται δὲ αὐτοῦ δράματα (inexact pour τραγῳδίαι) ξζ', καὶ γ' πρὸς τούτοις τὰ ἀντιλεγόμενα, σατυρικὰ δὲ η'. Ἀντιλέγεται δὲ καὶ τούτων τὸ α'. Suidas est moins précis; mais ses indications s'accordent assez avec celles que nous venons de citer : Δράματα δὲ αὐτοῦ κατὰ μέν τινας οε', κατὰ δὲ ἄλλους ἐνενήκοντα δύο· σώζονται δὲ οζ'. Le nombre de soixante-quinze drames non contestés est confirmé par Varron chez Aulu-Gelle. Toutes ces données remontent, on ne saurait en douter, aux Πίνακες de Callimaque.

2. Cf. Athénée, XI, p. 496 B.

* L'astérisque marque les pièces que nous possédons encore.

3. Le *Rhésus* a été considéré par Callimaque et par d'autres critiques anciens

Fable d'Hercule. *Alcmène. Sylée*, drame satyrique. Les *Moissonneurs* (Θερισταί), drame satyrique. *Busiris*, drame satyrique. *Eurysthée*, drame satyrique. *Augé. Hercule furieux**.

Fables attiques. *Érechthée. Ion**. *Sciron*, drame satyrique. *Alope. Égée. Thésée.* Le premier *Hippolyte.* Le second *Hippolyte**. Les *Suppliantes**. Les *Héraclides**.

Fables postérieures au retour des Héraclides dans le Péloponnèse. *Licymnius. Téménus.* Les *Téménides. Archélaüs. Cresphonte.*

Voici maintenant, rangés par ordre alphabétique, les drames relatifs à des sujets divers. *Æole. Alceste**. *Andromède. Autolycus*, drame satyrique. *Bellérophon.* Les *Crétois. Danaé. Dictys. Ino. Ixion. Lamie. Médée**. *Mélanippe philosophe. Mélanippe prisonnière. Méléagre. OEnée. Pélée.* Les *Péliades. Phaéton. Phénix. Phrixus. Polyïdus. Protésilas. Sisyphe*, drame satyrique. *Sthénébée*[1].

Les titres que nous venons d'énumérer sont au nombre de soixante-dix-sept. Tous ceux qui sont accompagnés de fragments se rapportent évidemment à des drames connus des littérateurs anciens et recueillis dans la bibliothèque d'Alexandrie. Or il n'y en a que deux qui ne se trouvent pas dans ce cas : à savoir *Épéus* et les *Moissonneurs.* Le titre d'*Épéus* est fourni par un monument qui se voit au Louvre[2]. C'est une liste, malheureusement mutilée, des drames d'Euripide, laquelle entoure une statuette assise du poëte. Comme cette liste ne contient d'ailleurs que des drames conservés dans les bibliothèques antiques, il faut compter *Épéus* parmi ce nombre. Il n'en est pas de même des *Moissonneurs*, drame satyrique que la didascalie de *Médée*[3] signale expressément comme perdu. En retranchant ce dernier titre, il en reste soixante-seize, un de plus qu'il n'en

---

comme un ouvrage d'Euripide. C'est à ce titre qu'il doit figurer dans cette liste, quelque opinion qu'on puisse d'ailleurs avoir sur son authenticité.

1. La critique a éliminé certains titres qui font double emploi, tels que *Phèdre* pour *Hippolyte*, *Penthée* pour les *Bacchantes*, *Cercyon* pour *Alope*, etc.

2. Ce monument a été d'abord publié par Winckelmann, *Monumenti inediti*, pl. 158, p. 225.

3. Voir plus bas, p. 109.

faudrait : car les anciens, nous l'avons dit, n'avaient conservé que soixante-quinze pièces de notre poëte. C'est là ce qui nous fait penser, avec quelques critiques[1], que le titre de *Téménus* et celui de *Téménides* désignent une seule et même tragédie.

Parmi ces soixante-quinze drames, sept sont désignés comme satyriques, toujours abstraction faite des *Moissonneurs*, lesquels ne doivent pas entrer en ligne de compte. Or l'une des rédactions du Βίος[2] porte le nombre des drames satyriques d'Euripide à huit. Il faut donc chercher parmi les titres qui nous ont été transmis celui du huitième drame de ce genre. Nous sommes disposé à croire que c'est celui de *Lamie* (Λάμια), nom d'un monstre fabuleux dont on faisait peur aux enfants. Cependant le chiffre de huit drames satyriques n'est pas en rapport avec celui des nombreux concours auxquels Euripide prit part. Cette disposition tient, ce semble, à deux causes. D'un côté, il est probable que plusieurs drames satyriques s'étaient perdus de bonne heure et qu'un grand nombre de pièces d'Euripide que les anciens eux-mêmes n'avaient pas conservées étaient précisément des drames de cette espèce. Elmsley[3] a d'abord émis cette conjecture, en alléguant comme exemple les *Moissonneurs*. La didascalie des *Phéniciennes*, trouvée depuis[4], a fourni un second exemple à l'appui des vues du critique anglais. D'un autre côté, nous savons qu'Euripide a remplacé, au moins une fois, le drame satyrique par une tragédie ou plutôt par une pièce d'un caractère mixte. Son *Alceste*[5] fut jouée à la suite de trois tragédies, et tint le quatrième rang de la tétralogie que chaque poëte devait présenter au concours. Euripide s'est-il souvent permis cette dérogation à l'usage traditionnel? S'il en a été ainsi, le nombre de ses drames satyriques a dû être peu considérable. Cependant parmi les pièces d'Euripide qui nous sont parvenues,

---

1. Musgrave et Wagner.
2. Voir page XIX, note 1.
3. Elmsley, dans son édition de *Médée*, p. 71.
4. Cette didascalie, trouvée par Kirchhoff, a été d'abord publiée par ce savant dans une revue allemande, en 1853, et ensuite dans son édition d'Euripide.
5. Voir l'Argument grec de cette tragédie.

il n'y en a, suivant nous[1], aucune autre qui se trouve dans le même cas que l'*Alceste*. Quant aux pièces connues seulement par des fragments, il est difficile, sinon impossible, de se prononcer à ce sujet.

Il serait intéressant de connaître l'ordre dans lequel furent écrits et joués les drames d'Euripide, du moins ceux que nous possédons encore. Mais on ne peut guère espérer d'en tracer aujourd'hui un tableau chronologique complet et exact[2]. Cependant les anciens nous ont transmis un certain nombre de dates, qui remontent aux monuments commémoratifs des concours dramatiques. Ces dates, dignes de toute confiance, forment comme des jalons dont on peut se servir pour déterminer approximativement les autres, en tenant compte des allusions politiques, de la facture des vers[3], et de l'emploi de certains mètres, tel que le grand vers trochaïque[4]. Voici d'abord les tragédies dont l'époque est connue positivement, grâce aux notices didascaliques[5].

Alceste. Olympiade 85e, deuxième année, ou 438 avant J. C.

Médée. Olympiade 87e, première année, ou 431 avant J. C.

Hippolyte. Olympiade 87e, troisième année, ou 429 avant J. C.

Troyennes. Olympiade 91e, première année, ou 415 avant J. C.

Hélène. Olympiade 91e, quatrième année, ou 412 avant J. C.

Oreste. Olympiade 92e, quatrième année, ou 408 avant J. C.

Iphigénie à Aulis et *Bacchantes*. Peu de temps après la mort du poëte, arrivée en 406 avant J. C.

Quant aux autres tragédies d'Euripide, nous pouvons, d'après des indices assez sûrs, les diviser en deux séries, l'une an-

---

1. Quant à l'*Oreste*, voyez notre Notice sur cette tragédie.

2. On a essayé de faire ce tableau. Voir Zirndorfer, *De chronologia fabularum Euripidearum*, Marbourg, 1839. Hartung, *Euripides restitutus*, Hambourg, 1843-44. Fix, en tête de l'Euripide de la collection Didot, 1844.

3. Cf. G. Hermann, *Opuscula*, I, p. 135; *Elementa doctrinæ metricæ*, p. 74, 83, 115, 119, 123; préface des *Suppliantes*, p. IV; préface des *Bacchantes*, p. XXXIX sqq.

4. Cf. la note sur le vers 317 d'*Iphigénie à Aulis*.

5. Voir les Arguments grecs d'*Alceste*, de *Médée*, d'*Hippolyte*, et la scholie sur le vers 361 d'*Oreste*. Quant à la date des

térieure aux *Troyennes*, c'est-à-dire à l'an 415, l'autre postérieure à cette date. A la première série appartiennent, en premier lieu, *Hécube*, tragédie qui fut probablement jouée en 424[1], ensuite les *Suppliantes*, les *Héraclides*, *Andromaque* et *Hercule furieux*, ouvrages intermédiaires, par leurs dates, entre *Hippolyte* et les *Troyennes*. Dans la seconde série se placent, d'abord *Électre*, tragédie que nous croyons de l'an 413[2], puis *Ion* et *Iphigénie en Tauride*, enfin les *Phéniciennes*, dont la date doit être voisine de celle d'*Oreste*, puisqu'un témoignage ancien[3] les désigne comme une pièce jouée très-peu de temps avant la mort du poëte.

Disons maintenant ce que l'on sait de l'histoire du texte d'Euripide. Au plus beau temps de la littérature grecque les soins minutieux qui sont nécessaires pour maintenir la pureté des textes étaient encore inconnus; les ouvrages dramatiques en particulier étaient plus ou moins livrés au caprice des acteurs. Pour remédier à cet abus, l'orateur Lycurgue fit rendre une loi qui mit les œuvres des trois grands tragiques sous la garde de l'État. Des copies des drames d'Eschyle, de Sophocle et d'Euripide devaient être déposées dans les archives publiques, et les acteurs devaient être obligés de collationner leurs rôles sur l'exemplaire officiel[4]. Cette mesure fut prise du temps d'Alexandre. Deux siècles plus tard, le septième des Ptolémées, Évergète II, disciple d'Aristarque, et prince aussi connu par sa bibliomanie que par sa cruauté, emprunta, dit-on, sur gage ce précieux exemplaire, afin d'en faire prendre une copie pour sa bibliothèque; mais, par un procédé qui semble lui avoir été familier, il garda l'original et ne renvoya aux Athéniens que la

---

Troyennes, cf. Élien, *Hist. var.* II, 8; pour celle d'*Hélène*, le scholiaste d'Aristophane aux vers 1012 et 1060 des *Thesmophores*; pour ce qui est enfin d'*Iphigénie à Aulis* et des *Bacchantes*, voir le même scholiaste au vers 67 des *Grenouilles*. On trouve ces scholies ci-dessous, p. 319 et p. 568.

1. Voir la Notice sur cette tragédie, p. 209 sq.
2. Voyez la Notice sur *Électre*, p. 568 et suiv.
3. La scholie sur le vers 53 des *Grenouilles* d'Aristophane.
4. Cf. Pseudo-Plutarque, *Vie de Lycurgue*, dans les *Vies des dix orateurs*.

copie, en leur abandonnant son gage[1]. Cependant le texte des tragiques souleva plus d'une discussion parmi les philologues alexandrins : les scholies en font foi. Évidemment ces savants ne possédaient point d'exemplaire exempt de fautes et d'interpolations, et à leur tour ils reprochaient aux acteurs (quelquefois à tort) d'avoir fait des changements arbitraires[2].

Pendant cette période laborieuse, beaucoup de savants consacrèrent des travaux au texte d'Euripide, soit pour en fixer la leçon, soit pour en expliquer les difficultés. Les scholies qui sont venues jusqu'à nous les mentionnent rarement. Voici cependant quelques noms qui s'y trouvent cités : Aristophane de Byzance et Callistrate, son disciple, Cratès, Parméniscus, Apollodore de Tarse et Apollodore de Cyrène. Les commentaires de ces érudits et, sans doute, de plusieurs autres, furent résumés et revisés, du temps de Jules César, par l'infatigable Didymus, le prince des scholiastes, à qui d'immenses compilations, embrassant une grande partie de la vieille littérature grecque, valurent le surnom de « l'homme aux entrailles d'airain » (χαλκέντερος). Plus tard, un certain Denys[3] fit à son tour un extrait des anciens commentaires sur Euripide. C'est de ces deux recueils, celui de Didymus et celui de Denys, qu'est tiré le vieux fonds, la partie la plus précieuse, des scholies que nous possédons aujourd'hui.

Ces vieilles scholies sont d'un grand secours, non-seulement pour l'interprétation, mais aussi pour la critique du texte. Elles se rapportent à une leçon plus ancienne et plus pure que celle de nos manuscrits; et elles fournissent assez souvent des indices au moyen desquels il est possible de retrouver cette leçon et de corriger des passages altérés par les copistes. En effet nos manuscrits ne remontent pas plus haut que le douzième siècle, et,

---

[1]. Cf. Galien, *in Hippocratis Epidem.* III, *commentarius* II, tome IX, page 239 sq., de l'édition de René Chartier, Paris, 1659.
[2]. Cf. les scholies sur les vers 88, 148, 228, 350, 379 et 910 de *Médée*, sur le vers 1366 d'*Oreste*, sur le vers 264 des *Phéniciennes*.
[3]. Voyez les *souscriptions* des scholies sur *Oreste* et sur *Médée* dans le manuscrit 2713 de la Bibliothèque impériale de Paris et dans quelques autres.

il faut le dire, les meilleurs d'entre eux présentent des fautes graves et nombreuses. Ils n'ont été classés méthodiquement que depuis peu de temps, dans l'édition de Kirchhoff (1855). C'est d'après les recherches de ce savant helléniste que nous signalons ici les principaux manuscrits, ceux que l'on trouvera cités dans nos notes critiques.

Les manuscrits d'Euripide se divisent en deux classes, lesquelles se recommandent à des titres divers : l'une présente un texte meilleur, l'autre donne un plus grand nombre de tragédies.

Les manuscrits de la première classe dérivent d'un exemplaire qui offrait, outre le texte du poëte, beaucoup de bonnes scholies, et qui contenait les neuf pièces qu'on appelle les neuf premières et qu'on énumère toujours dans l'ordre suivant : *Hécube*, *Oreste*, les *Phéniciennes*, *Médée*, *Hippolyte*, *Alceste*, *Andromaque*, les *Troyennes* et *Rhésus*. Il faut placer en tête de cette classe le *Marcianus* et le *Vaticanus*. Le *Marcianus* (n° 471 de la Bibliothèque de Saint-Marc à Venise), écrit au douzième siècle, est sans contredit le meilleur de nos manuscrits, soit pour le texte, soit pour les scholies qui l'accompagnent. Mais, mutilé de moitié, il ne contient plus aujourd'hui[1] que les trois premières tragédies, suivies d'*Andromaque* et d'*Hippolyte* : encore cette dernière pièce s'y arrête-t-elle au vers 1234. — Le *Vaticanus* (n° 909 de la Bibliothèque du Vatican à Rome), manuscrit du douzième ou du treizième siècle, renferme les neuf tragédies, sauf plusieurs lacunes assez considérables[2]. La partie la plus précieuse de ce manuscrit, ce sont les anciennes et savantes scholies des *Troyennes* et de *Rhésus*.

Viennent ensuite quatre manuscrits du treizième siècle. Dans

---

1. Ce manuscrit renferme aussi le poëme géographique, Οἰκουμένης περιήγησις, de Denys. Mais nous nous bornons à l'indication des tragédies d'Euripide qui s'y trouvent; et nous en ferons autant pour les autres manuscrits cités dans cette Introduction.

2. Voici les morceaux qui manquent dans ce manuscrit : *Hécube*, v. 211-256, et v. 714-1068 (lacune imparfaitement comblée par une main plus récente); *Oreste*, v. 1206-1504; *Rhésus*, v. 112-151, v. 551-630, et v. 899-996.

celui de Copenhague (n° 417 de la Bibliothèque Royale), les trois premières tragédies sont tirées d'un exemplaire d'un ordre inférieur ; le texte des suivantes se rapproche de celui du *Vaticanus*. — Un manuscrit de la Bibliothèque Ambrosienne de Milan ne donne que des fragments de l'*Andromaque* (v. 1-102) et du *Rhésus* (v. 856-884), publiés par Angelo Mai[1]. — Le manuscrit 2712 de la Bibliothèque Impériale de Paris renferme les trois premières tragédies, ainsi qu'*Andromaque*, *Médée* et *Hippolyte*[2]. — Enfin un manuscrit de Venise (le n° 468 de la Bibliothèque de Saint-Marc), où ne se trouvent que les trois premières tragédies et un fragment de *Médée*, a moins de valeur que ceux qui précèdent, le texte qu'il donne étant déjà plus altéré par de mauvaises corrections.

Dans nos Notes critiques nous appelons ces manuscrits les bons manuscrits ou les manuscrits du premier ordre, et nous désignons les quatre principaux par les noms de *Marcianus*, de *Vaticanus*, de manuscrits de Paris et de Copenhague, sans ajouter d'autre indication, quoique la Bibliothèque de Saint-Marc, ainsi que les trois autres, renferme plusieurs manuscrits d'Euripide.

Il existe un certain nombre d'autres manuscrits qui appartiennent à la même famille, mais qui ont passé par la main d'un grammairien byzantin. Nous les appelons les manuscrits secondaires. Le plus important est celui de la Bibliothèque Impériale de Paris qui porte le n° 2713[3]. Il contient les sept premières tragédies, et il se distingue par des scholies abondantes et assez anciennes.

Dans les derniers siècles du Bas-Empire, on ne lisait plus guère que trois tragédies d'Euripide, ainsi que d'Eschyle et de Sophocle. Voilà pourquoi les trois premières pièces du recueil

---

1. Cf. Buttmann, *Scholia in Odysseam*, p. 582 sqq.
2. La leçon de ce manuscrit est moins exactement connue que celle des manuscrits qui précèdent. Il faut excepter l'*Andromaque*, que Lenting a collationnée avec soin pour son édition de cette tragédie.
3. C'est ce manuscrit que nous entendons désigner quand nous parlons dans notre commentaire critique du scholiaste de Paris. Mais lorsqu'il s'agit de variantes, le terme de « manuscrit de Paris » se rapporte, nous l'avons dit, au n° 2712. Nous craignons toutefois de n'avoir peut-être pas toujours assez nettement distingué ces deux manuscrits.

traditionnel, *Hécube*, *Oreste* et les *Phéniciennes*, ont été propagées dans un grand nombre de manuscrits récents, corrigés par les Manuel Moschopoulos, les Thomas Magister, les Démétrius Triclinius, et accompagnés de leurs longs commentaires. Tous ces manuscrits ont fort peu de valeur, et la critique moderne les néglige avec raison. Toutefois ne soyons pas injustes : Thomas a fait un certain nombre de bonnes observations, et Triclinius a parfois émis des conjectures heureuses; enfin ces manuscrits récents ont pu conserver, très-rarement, il est vrai, une leçon remarquable ou une vieille scholie qu'on ne trouve pas dans les bons manuscrits

A côté de ces manuscrits, qui, à des titres et à des rangs divers, rentrent tous dans la première classe, il en existe un petit nombre d'autres, inférieurs pour le texte, presque dénués de scholies, inappréciables cependant, parce que seuls ils ont conservé dix drames d'Euripide qui ne se trouvent dans aucun manuscrit de la première classe.

Cet éloge ne s'applique pas, il est vrai, au manuscrit qui se place d'ailleurs au premier rang de cette seconde classe, le *Harleianus* (n° 5743 du Musée Britannique à Londres). Il ne contient qu'un fragment de l'*Alceste*, le *Rhésus* et les *Troyennes*. Encore doit-il être placé dans la première classe pour ce qui concerne la fin de cette dernière pièce (v. 611 sqq.), laquelle est écrite d'une autre main, et offre un texte qui se rapproche de celui du manuscrit de Copenhague.

Le *Palatinus* (n° 287 de la bibliothèque du Vatican à Rome), qui date, à ce qu'il paraît, du quatorzième siècle, contient six tragédies de la première série, à savoir : *Andromaque*, *Médée*, *Rhésus*, *Hippolyte*, *Alceste*, *les Troyennes*, et de plus : les *Suppliantes*, *Ion*, *Iphigénie en Tauride*, *Iphigénie à Aulis* (suivie du début apocryphe de *Danaé*), les *Bacchantes*, le *Cyclope* et les *Héraclides*.

Le *Florentinus* (n° xxxii, 2 de la bibliothèque Laurentienne à Florence), écrit au quatorzième siècle, ne donne pas seulement toutes les tragédies de la première série, sauf les *Troyennes*, mais encore ces dix autres : les *Suppliantes*, les *Bacchantes* (jusqu'au vers 755), le *Cyclope*, les *Héraclides*, *Hercule furieux*, *Hélène*, *Ion*, les deux *Iphigénie*, et *Électre*[1].

Quand il s'agit de constituer le texte des neuf premières tragédies, l'autorité de ces manuscrits est faible ; et cependant on ne saurait les négliger tout à fait : nous les désignons alors sous le nom de « manuscrits du second ordre ». Quant aux dix dernières pièces, on voit que trois, *Hercule furieux*, *Hélène* et *Électre*, ne nous ont été transmises que par le *Florentinus*. Pour les sept autres nous avons aussi le *Palatinus*, dont la leçon, particulièrement celle de la première main, est moins altérée que celle du manuscrit de Florence.

Enfin un quatrième manuscrit de cette classe se trouvait entre les mains de l'auteur de la *Passion du Christ* (Χριστὸς πάσχων), drame faussement attribué à Grégoire de Nazianze[2]. Cet ouvrage n'est, on le sait, qu'un centon composé avec des vers tirés de l'*Alexandra* de Lycophron, du *Prométhée* et de l'*Agamemnon* d'Eschyle, et enfin de sept tragédies d'Euripide : *Hécube*, *Oreste*, *Médée*, *Hippolyte*, les *Troyennes*, *Rhésus* et les *Bacchantes*. Comme cet auteur n'y a guère mis du sien, les emprunts qu'il fait pour composer sa marqueterie peuvent quelquefois fournir un élément à la constitution du texte de notre poëte.

Voilà les matériaux dont dispose un éditeur d'Euripide. Ils sont, comme on le voit, assez abondants pour les neuf premières tragédies du recueil traditionnel ; mais ils sont faibles pour les dix autres, et particulièrement pour les trois dont le texte ne repose que sur un seul manuscrit de médiocre autorité.

---

1. De Furia a fourni à l'édition de Matthiæ une collation du *Florentinus* faite avec une extrême négligence. Mais la Bibliothèque de Paris possède plusieurs manuscrits dont le texte provient du *Florentinus* (*apographa Parisina*), et dont la leçon a été relevée par Fix dans l'Euripide de la collection Didot. Ce sont les numéros 2887 et 2888, deux tomes écrits de la même main et renfermant tout ce qui se trouve dans le *Florentinus* ; c'est le numéro 2817, lequel porte les mêmes tragédies que le numéro 2887, c'est-à-dire le *Rhésus* et les dix dernières sauf *Électre* ; c'est enfin le numéro 2714, contenant deux exemplaires d'*Hercule furieux* et d'*Électre*, et un exemplaire d'*Oreste*.

2. Il faut consulter la seule édition vraiment critique de ce drame, celle que le regrettable Dübner a donnée dans la *Bibliotheca græca* de Didot à la suite des fragments d'Euripide.

Cependant ces matériaux n'ont été ni tous employés, ni tous appréciés à leur juste valeur par tous les éditeurs d'Euripide. Pendant longtemps on ne s'est servi que d'un petit nombre de manuscrits mauvais et récents ; les meilleurs manuscrits et les scholies les plus importantes n'ont été bien connus que depuis peu d'années.

Vers la fin du quinzième siècle, probablement en 1496, quatre tragédies (*Médée*, *Hippolyte*, *Alceste* et *Andromaque*) furent publiées à Florence d'après un manuscrit de peu de valeur[1]. On croit que Jean Lascaris est l'auteur de cette édition, aujourd'hui très-rare. Mais on doit regarder comme la véritable édition princeps l'*Aldine*, qui parut à Venise en 1503. Comme cette édition a fourni pendant longtemps, et dans une certaine mesure jusqu'à ces dernières années, le point de départ de tous les textes, il importe de savoir d'où elle a été tirée. Or on a constaté que la plupart des tragédies y ont été données d'après le *Palatinus*. Cependant les trois premières pièces, qui manquent dans le *Palatinus*, ont été prises dans un de ces manuscrits récents et sans autorité, lesquels, nous l'avons dit, existent en très-grand nombre. *Hélène* et *Hercule furieux*, qui ne se trouvent pas non plus dans le *Palatinus*, et même *Ion*, le *Cyclope* et les *Héraclides*, quoiqu'ils s'y trouvent en tout ou en partie, ont été empruntés à l'une des copies du *Florentinus*[2]. Enfin, pour les neuf premières tragédies aucun des bons manuscrits qui les contiennent n'a été consulté, et pour les dix autres le *Palatinus*, qui en offre la meilleure leçon, n'a pas été employé autant que cela aurait pu se faire, et sa première main a été partout négligée. De plus le savant chargé de cette édition, Marcus Musurus[3], de l'île de Crète, y a introduit un grand nombre de conjectures dont la plupart ne sont pas heureuses.

Cependant l'*Aldine* ne donnait ni les scholies annoncées dans

---

[1]. Le n° 2888 de la Bibliothèque impériale de Paris. Cp. la note 1 de la page précédente.

[2]. Le n° 2817 de la même Bibliothèque.
[3]. Voyez Kirchhoff, *Præfatio*, p. ix et p. xi.

le titre, ni la tragédie d'*Électre*. Cette dernière parut pour .a première fois à Rome en 1545 par les soins de Petrus Victorius (Vettori), qui la découvrit dans le *Florentinus*[1]. Quelques années auparavant, en 1534, un recueil de scholies avait été publié chez Junte, à Venise, par Arsénius, archevêque de Monembasie. Ces scholies, relatives aux sept premières tragédies, furent tirées de divers manuscrits d'un ordre inférieur.

Ces trois publications, l'*Aldine*, l'*Électre* de Victorius et ce premier recueil de scholies imprimées, furent à peu près les seuls documents sur lesquels s'exerça la critique d'Euripide durant le seizième et le dix-septième siècle. En 1568, Henri Estienne donna ses observations (*Annotationes*) sur Sophocle et Euripide. Parmi les éditions de cette période, citons celle de Guillaume Canter (Anvers, 1571), bon helléniste et judicieux critique; celle de Paul Estienne (Genève, 1602), où se trouvent réimprimées les notes de Brodæus (Jean Brodeau), de Stiblinus, de Canter et d'Æmilius Portus (fils du Candiote Franciscus Portus); enfin celle que Josua Barnes publia en 1694 à Cambridge. Les tragiques grecs doivent beaucoup à la patrie de Shakespeare : un grand nombre de savants anglais leur ont consacré de fécondes études. Déjà alors Stanley avait donné son Eschyle (1663), très-supérieur à l'Euripide de Barnes. Quelque médiocre que soit ce dernier travail, il résuma toutefois les travaux antérieurs, il fit connaître des remarques de Scaliger et de Milton, et il jouit pendant quelque temps d'une grande autorité. Ce sont les chiffres de Barnes qu'on voit à la marge des vers dans notre édition, comme dans celles de L. et de W. Dindorf, de Nauck, et dans plusieurs autres.

C'est seulement au milieu du dix-huitième siècle qu'une vive et féconde impulsion fut donnée aux études sur les tragiques grecs, et en particulier sur Euripide, par le grand philologue hollandais Valckenaer. Ses *Phéniciennes* (1755), et son *Hippolyte* (1768) sont des modèles de critique et d'exégèse, et susci-

---

[1] Ajoutons que le début apocryphe de *Danaé* fut d'abord imprimé par Commelinus, Heidelberg, 1597.

tèrent beaucoup d'autres travaux de ce genre; ses belles recherches sur les fragments d'Euripide (*Diatribe in Euripidis perditorum dramatum reliquias*, 1767) n'ont été dignement continuées que de nos jours[1]. Alors parurent les *Verisimilia* de Pierson (1752)[2], les conjectures de Reiske (*Ad Euripidem et Aristophanem animadversiones*, Leipzig, 1754), les observations critiques (*Notæ seu lectiones*) de Heath sur le texte des tragiques grecs (Oxford, 1762); les *Suppliantes* et les deux *Iphigénie* de Markland (Londres, 1763 et 1771); l'*Andromaque*, l'*Oreste*, la *Médée*, l'*Hécube*, les *Phéniciennes*, l'*Hippolyte*, les *Bacchantes* de Brunck (Strasbourg, 1779 sq.); enfin une nouvelle édition complète d'Euripide par Musgrave (Oxford, 1778)[3]. Ces remarquables travaux ne se distinguent pas seulement par la sagacité et le goût de leurs auteurs ; mais le texte y est enfin établi sur une base critique plus large : l'édition Aldine est contrôlée et corrigée au moyen des manuscrits de Paris, collationnés, il est vrai, avec trop peu d'exactitude. Un peu plus tard, l'édition *Variorum* de Beck (Leipzig, 1778-1788) réunit tout ce que l'érudition avait jusque-là fait pour le texte d'Euripide.

Dans notre siècle l'Angleterre et l'Allemagne ont rivalisé de zèle et de science pour rapprocher ce texte de son ancienne pureté. Richard Porson, en Angleterre, et Gottfried Hermann, en Allemagne, ont consacré une partie de leur vie aux tragiques grecs, et marchent en tête d'un grand nombre d'hellénistes, leurs disciples ou les continuateurs de leur œuvre. Porson n'édita, il est vrai, que quatre tragédies d'Euripide, *Hécube*, *Oreste*, les *Phéniciennes* et *Médée* (1797-1811), mais il fit voir ce que peut une sagacité pénétrante, mise au service d'une méthode rigoureuse, et appuyée sur une étude exacte de la langue des tra-

---

1. Nous faisons allusion à l'ouvrage de Welcker: *Die griechischen Tragœdien, mit Rücksicht auf den epischen Cyclus geordnet*, trois volumes, Bonn, 1839-1841. Ce beau travail a été suivi de l'*Euripides restitutus* de Hartung, Hambourg, deux volumes, 1843-1844, et de deux recueils des *Fragmenta tragicorum græcorum*, celui de F. W. Wagner (Breslau, 1844-52, et Paris, 1846), et celui d'Auguste Nauck (Leipzig, 1856).

2. Cette date est antérieure à celle des *Phéniciennes* de Valckenaer; mais le jeune Pierson était disciple de ce grand critique.

3. C'est dans cette édition que l'on trouve les excellentes observations critiques de Tyrwhitt, ainsi que quelques conjectures de Jortin.

giques grecs et des mètres le plus souvent employés par eux. Après lui et dans le même esprit Elmsley publia les *Héraclides*, *Médée* et les *Bacchantes* (1813-1821). Monk, l'éditeur d'*Hippolyte* et d'*Alceste* (1811-1830), ainsi que des deux *Iphigénie*, lesquelles parurent plus récemment (depuis 1840) sans nom d'auteur[1], appartient à la même école. En 1821 les travaux déjà recueillis par Beck et ceux qui s'étaient produits depuis furent rassemblés dans le *Variorum* de Glasgow.

En même temps Hermann, le grand philologue de Leipzig, s'adonna avec ardeur à l'étude des mètres grecs. Possédant au plus haut degré et la connaissance acquise et le sentiment de la langue grecque, il unit aux procédés sévères d'une critique patiente et sûre le don d'une divination, quelquefois hasardée, souvent heureuse. De 1800 à 1841 il donna *Hécube*, *Hercule furieux*, les *Supvliantes*, les *Bacchantes*, *Ion*, les deux *Iphigénie*, *Hélène*, *Andromaque*, le *Cyclope*, les *Phéniciennes* et *Oreste*. A côté de lui Seidler fit d'excellents travaux sur les *Troyennes*, *Électre* et *Iphigénie en Tauride* (1812-1813). Ensuite A. Matthiæ entreprit une grande édition de tout Euripide (1813-1829 et 1837): ouvrage estimable, où l'on trouve des notes instructives, mais peu nombreuses, beaucoup de scholies inédites, et surtout une foule de variantes, trésor un peu confus et d'une abondance trop souvent stérile, mais au milieu duquel il faut distinguer la leçon du manuscrit de Copenhague. L'Euripide de Wilhelm Dindorf (Oxford, 1832-1840) donne, outre la collation du *Vaticanus* pour *Alceste*, les *Troyennes* et *Rhésus*, un choix discret de notes tirées des commentaires antérieurs et augmenté de précieuses observations du savant éditeur. L'Euripide de la Bibliothèque Didot (1844) a été enrichi par Fix de la collation de plusieurs manuscrits de Paris[2] et d'un certain nombre de bonnes corrections. On trouve dans l'édition de Hartung (texte grec, avec traduction et notes en

---

[1]. Dans les notes critiques sur ces deux tragédies nous avons assez souvent cité « l'éditeur de Cambridge ». Nous voyons maintenant que cet éditeur est J. H. Monk. Les quatre tragédies désignées ci-dessus ont été réimprimées sous son nom a Cambridge en 1857.

[2]. Voyez page xxviii, note 1.

allemand, Leipzig, 1843-1853), beaucoup de bonnes observations et de conjectures ingénieuses, mais aussi les écarts trop nombreux d'une critique arbitraire et précipitée. Les éditions Pflugk-Klotz (Gotha, 1829-1860) nous ont été utiles; mais nous n'avons pas eu le commentaire anglais de Paley (Londres, 1857-1860). Signalons encore quelques éditions partielles, dues à des savants hollandais et anglais: la *Médée* et l'*Andromaque* de Lenting (Zütphen, 1819 et 1829), les *Phéniciennes* de Geel (Leyde, 1846), l'*Ion*, l'*Iphigénie en Tauride* et l'*Hélène* de l'éminent critique Badham (Londres, 1851-1856). D'autres travaux seront mentionnés dans notre commentaire.

L'année 1855 et l'édition d'Adolphe Kirchhoff marquent une époque dans la critique d'Euripide. On a vu que le hasard avait mis sous la main des premiers éditeurs de notre poëte des matériaux d'un ordre inférieur, et qu'ainsi s'était formée cette vulgate pour laquelle ceux-là seuls qui n'en connaissent pas l'origine professent je ne sais quelle vénération superstitieuse. Depuis longtemps combattue et corrigée par une saine critique, la vulgate avait cependant conservé une certaine influence sur la constitution des textes. Kirchhoff rompit définitivement avec la mauvaise tradition, et y substitua l'autorité des manuscrits. Mais les manuscrits eux-mêmes sont de valeur très-inégale. Kirchhoff les soumit à un examen méthodique, et détermina mieux qu'on n'avait fait auparavant leur filiation, leurs rapports mutuels, leur importance relative. Les meilleurs manuscrits, le *Marcianus* et le *Vaticanus* pour la première série des tragédies, le *Palatinus* pour la plupart des autres, n'étaient pas encore collationnés ou ne l'étaient que partiellement et imparfaitement. Kirchhoff en fit connaître les leçons, relevées avec un soin scrupuleux. En comblant ces lacunes, il put, d'un autre côté, rejeter tout un bagage de variantes inutiles qui embarrassaient les éditions antérieures. C'est ainsi que, grâce à un classement raisonné, l'ordre et la lumière succédèrent à la confusion, et que les matériaux critiques se simplifièrent en même temps qu'ils étaient vérifiés avec une exactitude plus rigoureuse.

Ce que Kirchhoff a fait pour le texte d'Euripide, Willhelm Dindorf l'a fait pour les scholies (Oxford, 1863). C'est grâce à cet éminent helléniste que nous en possédons enfin une édition vraiment critique et dans laquelle se trouve réuni pour la première fois tout ce qui reste aujourd'hui des plus anciens commentaires sur notre poëte.

C'est donc seulement depuis ces dernières annéees que tous les documents qui peuvent servir à la constitution du texte d'Euripide ont été tirés du fond des bibliothèques où ils se trouvaient cachés. La critique s'appuie désormais sur une base plus large et plus solide; cependant sa tâche n'en est pas plus facile : elle peut arriver à des résultats plus sûrs, mais elle est toujours obligée de chercher et de creuser. Il n'en est pas d'Euripide comme d'Isocrate ou de Démosthène, comme de Virgile ou d'Horace. Ceux qui veulent donner un bon texte des auteurs que nous venons de citer font un choix intelligent entre les leçons des meilleurs manuscrits, mais ils se trouvent très-rarement dans le cas d'y substituer une conjecture. Pour Euripide, au contraire, comme pour les deux autres tragiques grecs, on est forcé de s'écarter sans cesse du texte offert par les manuscrits, les meilleurs d'entre eux étant criblés de fautes et d'interpolations. Une édition conforme aux manuscrits ne serait pas lisible, et, par le fait, il n'en existe aucune dans laquelle on n'ait admis un très-grand nombre de conjectures. Encore faut-il assez souvent se borner à signaler l'altération du texte sans pouvoir y remédier d'une manière évidente ou probable. Plus souvent encore, on ne saurait en douter, les altérations nous échappent, et nous ne nous apercevons même pas des changements que la main du poëte a subis dans le cours des siècles.

Depuis les travaux de Kirchhoff, Auguste Nauck, qui déjà antérieurement avait bien mérité de notre poëte, s'est empressé de profiter des ressources nouvelles offertes aux critiques. Sa seconde édition d'Euripide (1857, collection Teubner), quoiqu'elle ne se compose que du texte et de quelques pages de très-courtes observations ou plutôt d'indications, est importante, et elle est à juste titre devenue classique. Le même savant a lu devant l'Académie de Saint-Pétersbourg et publié en deux cahiers (1859 et 1862) d'excellentes études critiques sur les neuf premières tragédies.

Quelque nombreux et quelque méritoires que soient les travaux que nous venons d'énumérer, cependant la critique est loin d'avoir dit son dernier mot sur le texte d'Euripide. Cela tient à la nature même de ce texte, cela tient aussi à ce que beaucoup de matériaux, et des plus importants, n'ont été publiés que tout dernièrement. Nous avons donc pensé qu'il ne suffisait pas de reviser les conjectures faites par nos devanciers, et nous nous sommes efforcé de contribuer à notre tour à l'amélioration du texte. Les corrections que nous y avons introduites, ainsi que celles que nous avons seulement proposées, ont été motivées dans les Notes critiques aussi brièvement que cela se pouvait. Des discussions développées et complètes[1] auraient pris trop de place. Force nous était de nous borner à quelques indications, trop rapides, nous le prévoyons, pour éclairer toujours, à plus forte raison, pour convaincre ceux de nos lecteurs qui pourraient n'être pas familiarisés avec les méthodes critiques. Peut-être nous sauront-ils gré si nous essayons ici de les orienter au moyen de quelques observations générales.

Quelles sont les ressources dont un éditeur dispose pour constituer le texte d'un ouvrage ancien ? Nous n'apprendrons rien à personne en répondant qu'il y en a trois principales : les manuscrits, les scholies et le bon sens. Disons mieux, c'est le bon sens, aidé des manuscrits, ou le bon sens aidé des scholies, ou le bon sens cherchant d'autres secours quand ceux-ci viennent à lui manquer.

Souvent il a suffi de revenir à la leçon des bons manuscrits

---

[1]. Nous sommes entré dans plus de détails sur quelques passages de l'*Hippolyte* dans la *Revue de l'instruction publique*, 1866, 14 juin. Nous avons traité d'un plus grand nombre de passages de la même tragédie dans le *Rheinische Museum*, XXII, p. 345-364. Enfin, nous avons discuté plusieurs passages de la *Médée* dans les *Neue Jahrbücher für Philologie*, 1867, p. 376-384.

pour corriger la vulgate établie, on l'a vu plus haut, sur des matériaux insuffisants et d'après une méthode défectueuse. Les exemples abondent : nous en citerons un ou deux, qui nous ont particulièrement frappé. Au vers 527 sq. de l'*Hécube* on lisait :

Πλῆρες δ' ἐν χεροῖν λαβὼν δέπας
πάγχρυσον ἔρρει χειρὶ παῖς Ἀχιλλέως.

Cette leçon, nous l'avons fait voir dans notre commentaire, donnait à la fois un faux sens et une faute de grec. Kirchhoff, le premier, a tiré du *Marcianus* la vraie leçon αἴρει. Mais, il faut le dire, dans ce cas la critique n'avait pas fait son office : elle aurait pu corriger ce texte sans attendre le dépouillement des meilleurs manuscrits. — Dans le premier chœur d'*Iphigénie à Aulis*, le vers 261 (Φωκίδος δ' ἀπὸ χθονός) n'offre évidemment que le commencement d'une phrase incomplète. On s'y est trompé, parce que la strophe dont ce vers fait partie répond exactement à son antistrophe. Nous y avons marqué la lacune indiquée dans le *Palatinus*, et nous avons été ainsi amené à constater que l'antistrophe aussi était mutilée.

Ailleurs les bons manuscrits, sans donner la vraie leçon, en conservent cependant quelque trace. C'est ainsi qu'au vers 772 d'*Hippolyte*, nous avons corrigé le contre-sens : Δαίμονα στυγνὸν καταιδεσθεῖσα d'après le *Marcianus*, lequel porte στυγνᾶν pour στυγνόν. Les mots ont été mal séparés, et δαίμοναστυγνᾶν provient de δαίμονάς τ' εὐνᾶν. — Au vers 1333 de *Médée*, la leçon vicieuse des bons manuscrits : Τὸν σόν ἀλάστορ' εἰς ἔμ' ἔσκηψαν θεοί laisse entrevoir que σόν, marqué d'un accent aigu, était primitivement suivi d'une enclitique. Cet indice nous a suggéré la correction : Τῶν σῶν σ' ἀλάστορ' εἰς ἔμ' ἔσκηψαν θεοί. — Dans *Oreste*, vers 1003, la vulgate est προσαρμόσασα μονόπωλον ἐς Ἀῶ. Mais les manuscrits portent προσαρμόσας, quoique le sujet ἔρις demande la forme féminine du participe. Nous en avons conclu que μονόπωλον était la glose d'un adjectif commençant par une voyelle, et nous avons rétabli le mètre en écrivant προσαρμόσασ' οἰόπωλον ἐς Ἀῶ. — Aux vers 1271 sq. de la même tragédie, on lisait : κεκρυμμένους θῆρας ξιφήρεις αὐτίχ' ἐχθροῖσιν φανεῖ. La leçon du *Marcianus* : κεκρυμμένας nous a mis sur la voie de la correction κεκρυμμένας θήρας ξιφήρεις. On trouvera dans ce volume beaucoup d'autres exemples de corrections analogues.

Pour certains passages, nous pouvons en quelque sorte consulter des manuscrits plus anciens que ceux qui nous ont transmis les tragédies d'Euripide. Notre poëte a été souvent cité par les auteurs de l'antiquité, et ces citations servent tantôt à confirmer, tantôt à rectifier le texte traditionnel. Aristote a fourni la leçon primitive du vers 727 d'*Iphigénie en Tauride;* Plutarque celle des vers 253 et 787 de la même tragédie; Stobée a conservé beaucoup de variantes utiles. Il ne faut pas oublier cependant que les auteurs anciens modifient quelquefois à leur gré les textes dont ils font usage, et que souvent ils citent de mémoire et inexactement. Le vers 407 d'*Iphigénie à Aulis* offre un exemple curieux de ces négligences, qui ont parfois abusé les éditeurs. Kirchhoff a recueilli ces citations avec beaucoup de soin. Conformément au plan de notre édition, nous ne donnons que celles qui fournissent des variantes dignes d'intérêt, ou qui attestent l'antiquité de certains morceaux suspectés par la critique moderne [1].

Passons aux scholies. On peut dire des scholies beaucoup de mal, on peut en dire beaucoup de bien, et l'on aura raison dans l'un et l'autre cas. Elles renferment, en effet, du bon et du mauvais, de l'excellent et de l'absurde, mêlés ensemble de la façon la plus singulière. C'est qu'une foule de mains de tous les âges y ont travaillé : les commentaires ont fait la boule de neige. Malheureusement le premier noyau, le vieux fonds a été plus d'une fois endommagé et défiguré : les additions récentes qui s'y sont attachées en route l'enveloppent, le pénètrent même, s'étalent à ses dépens. Il est très-utile de distinguer la provenance des scholies : ce que Dindorf a fait dans son édition avec un soin scrupuleux. Toutefois, on a beau distinguer les manuscrits divers, les scholies d'un même manuscrit ne présentent que trop

---

[1]. C'est par ce dernier motif que ces citations et allusions ont été indiquées dans *Iphigénie à Aulis* plus souvent que dans les autres tragédies.

souvent un amas confus, un véritable fatras. Il faut s'en servir avec circonspection, il faut les avoir pratiquées durant un certain temps pour avoir quelque chance d'en extraire les parcelles précieuses. Nous avons déjà dit que les plus anciennes scholies remontaient à l'époque de l'érudition alexandrine, et primaient ainsi par leur antiquité tous nos manuscrits. Là est leur importance pour la critique. On trouve assez souvent à la marge d'un manuscrit une note qui ne se rapporte pas au texte de ce manuscrit. Dans ce cas, on doit chercher, deviner quelle était la leçon que le scholiaste avait sous les yeux. Quelquefois on retrouve ainsi l'ancien, le vrai texte. Mais la chose n'est pas toujours facile. On peut être induit en erreur par la subtilité des commentateurs grecs qui, tout en n'ayant pas d'autre leçon que nous, prêtèrent souvent à un texte gâté un sens qu'il ne saurait avoir. On peut être trompé par l'amalgame qu'offrent les scholies et dans lequel les explications de leçons diverses se trouvent plus d'une fois juxtaposées et même enchevêtrées les unes dans les autres. Enfin, on ne voit pas toujours du premier coup d'œil quel texte répondait à une paraphrase vague ou à une glose concise.

Nous ne relèverons pas tous les passages qui ont été corrigés à l'aide des scholies. Pour donner une idée du parti que l'on peut tirer de ces débris des plus anciens commentaires, il suffira de nous en tenir à la seule tragédie d'*Hippolyte*. L'interpolation du vers 1050 se prouve au moyen d'un renseignement donné par le scholiaste de Paris. C'est sur des indices fournis par les scholies que Bothe a transposé les mots au vers 144, que Scaliger a rectifié le vers 302, que Hartung et Musgrave ont corrigé les vers 328 sq. Un changement de ponctuation extrêmement heureux, introduit par Nauck dans le vers 491, et la correction, due au même savant, d'une des fautes qui défiguraient le vers 670, se confirment par les scholies. Nous avons nous-même rétabli le texte des vers 228, 364, 585-587, 715 sq., 1303, en prenant pour point de départ les paraphrases des anciens commentateurs.

A côté des scholies il faut placer les lexiques d'Hésychius et de quelques autres compilateurs, lesquels n'ont fait que recueillir et ranger alphabétiquement un certain nombre de scholies relatives à divers auteurs. Ces glossaires fournissent des éléments précieux pour la constitution des textes. Citons quelques exemples. C'est en se fondant sur ces témoignages anciens que Hermann a, dans *Iphigénie en Tauride*, vers 1395, substitué ὤθει παλιμπρυμνηδόν à la leçon vicieuse ὤθει πάλιν πρυμνῆσι(α); que nous avons changé τὰν πρὸς ἑσπέραν κέλευθον οὐρανοῦ, leçon qui faussait le sens du vers 1003 d'*Oreste*, en τὰν πόθ' ἕσπερον κέλευθον οὐρανοῦ; que Nauck a rétabli la mesure du vers 1295 de la même tragédie, où les manuscrits offrent σκοποῦσα πάντα pour σκοπεύουσ' ἅπαντα.

Voilà les secours que les variantes des bons manuscrits et les citations éparses chez les auteurs anciens, ainsi que les vieilles scholies et les glossaires, peuvent fournir pour la restitution des textes.

Disons maintenant un mot de la méthode à suivre lorsque ces deux auxiliaires font défaut. Une fois qu'on s'est assuré que le texte a reçu quelque atteinte (c'est là le premier point, et peut-être le point le plus important, à constater), il faut se demander si c'est l'erreur d'un copiste ou l'introduction d'une glose qui altéra la leçon primitive. Tout récemment un savant professeur de Bonn, M. Heimsœth, a fait avancer la méthode critique en insistant sur cette distinction et en montrant comment les notes explicatives écrites à la marge ou entre les lignes du texte y pénétrèrent et le modifièrent de mille façons diverses et beaucoup plus souvent qu'on n'avait pensé jusqu'ici. On peut dire en général que, s'il y a non-sens ou faux sens, on doit en accuser l'étourderie des copistes; mais qu'il faut soupçonner la présence d'une glose, si la diction ou la versification laisse à désirer. Cependant cette règle générale souffre de nombreuses exceptions : l'erreur d'un copiste peut encore donner un sens quelconque; une glose peut produire un non-sens, si elle est inepte, ou bien si elle a pris la place d'un autre mot que celui qu'elle devait expliquer ; enfin les deux causes d'altération peuvent avoir agi à la fois.

On connaît assez les erreurs des copistes, et l'on sait d'où elles peuvent provenir. Tantôt c'est la ressemblance des lettres (comme Α, Λ, Δ), tantôt c'est la ressemblance ou l'identité des sons (comme Ι, Υ, Η, ΕΙ, ΟΙ) qui les trompent. Les deux espèces de faute se trouvent réunies dans ἡδέως, leçon vicieuse pour ἵλεως (*Iph. Aul.* 1596). Tantôt ils omettent des lettres, des mots, des vers, tantôt ils les répètent, ou ils remplacent un mot par le mot qui se trouve à la place correspondante de l'un des vers voisins. Quant à ce dernier cas, voyez, par exemple, les vers 670 sq. d'*Hippolyte*, ou les vers 171 sq. d'*Iphigénie à Aulis*. Ils se laissent enfin aller à une foule de distractions qu'il est inutile d'énumérer et facile de connaître : un peu d'habitude y suffit. Ainsi, nous avons remarqué que certaines syncopes étonnaient les copistes et donnaient souvent lieu à des erreurs. La faute est légère au vers 882 d'*Électre*, où le manuscrit porte ἀναδήματα pour ἀνδήματα, forme que le mètre exige et qu'un critique anglais a rétabli. Mais au vers 582 de la même tragédie ἀσπάσωμαι .... βόλον est un non-sens, que nous avons fait disparaître en écrivant ἀνσπάσωμαι. De même nous avons substitué dans *Iphigénie à Aulis*, vers 1344, ἀνδυώμεθα à la leçon vicieuse ἢν δυνώμεθα, et nous avons proposé dans *Iphigénie en Tauride*, vers 818 : ἀνδέξω (ἃ ἀνεδέξω) pour ἀνεδέξω.

La difficulté, c'est de reconnaître dans chaque cas particulier la nature de la faute et d'y appliquer le remède convenable. Cette difficulté augmente lorsqu'une première erreur est doublée et compliquée d'une fausse correction, ce qui arrive assez souvent. Citons un exemple de ce dernier cas. Au vers 304 d'*Électre* on lisait οἵοις ἐν πέπλοις αὐλίζομαι, locution bizarre, que plusieurs critiques avaient remarquée sans trouver une correction probable. La leçon primitive était αὐαίνομαι ; la ressemblance des lettres Λ et Α ayant occasionné l'erreur αὐλίνομαι, on voulut mettre un mot grec à la place de ce non-sens, et on se hâta trop d'écrire αὐλίζομαι.

Les erreurs des copistes ont cela de particulier, que les plus légères suffisent quelquefois pour obscurcir le sens d'un passage et le rendre tout à fait méconnaissable. Dans *Électre*, vers 180, le manuscrit porte κρούσω·πόλεμον pour κρούσω πόδ᾽ ἐμόν, rétabli par un savant du seizième siècle. Dans *Hécube*, Hermann a éclairé le vers 1000 en écrivant ἔστ᾽, ὦ φιληθείς pour ἔστω φιληθείς. Pour ajouter quelques exemples de fautes de ce genre qui n'ont été corrigées que dans notre édition, nous renvoyons aux vers 151-154 de *Médée*, dont le sens avait été complétement dénaturé par la substitution de τελευτάν à τελευτά; ou bien au vers 826 de la même tragédie, où les copistes, en mettant ἀποφερβόμενοι à la place de ἄπο, φερβόμενοι, avaient foncièrement gâté un des plus beaux morceaux de notre poëte; ou bien encore aux vers 441 sq. de l'*Hippolyte*, rendus complétement inintelligibles par suite d'une lettre omise et de quelques fautes minimes (οὐ pour οὗ, εἰ pour ἤ); ou enfin aux vers 1380 sqq. d'*Iphigénie à Aulis*, dans lesquels une première erreur aussi légère que le changement de ἤν en μή avait entraîné le bouleversement de tout le passage. En règle générale, pour rétablir un passage altéré, il ne faut point passer en revue toutes les catégories des erreurs possibles (cela serait puéril et fastidieux), mais étudier ce passage, ce qui précède, ce qui suit, et se faire une idée de ce que l'auteur a dû dire.

Il reste encore à signaler l'influence exercée sur le texte par les gloses et notes explicatives qui, de bonne heure, l'entouraient dans les manuscrits. M. Heimsœth a étudié cette influence dans plusieurs livres très-instructifs[1], où se trouve exposée pour la première fois cette partie de l'art critique. J'y renvoie le lecteur curieux de s'instruire de ces choses, en l'avertissant de ne pas se laisser rebuter par un certain nombre d'assertions trop hasardées, d'erreurs en quelque sorte inévitables, et qui n'ôtent rien à la valeur de la méthode. Ici je me bornerai à quelques indications rapides.

---

[1]. Voir F. Heimsœth, *Die Wiederherstellung der Dramen des Æschylus*, Bonn, 1861. *Die indirecte Ueberlieferung des æschylischen Textes*, Bonn, 1862. *Kritische Studien zu den griechischen Tragikern*, I, Bonn, 1865. *De diversa diversorum mendorum emendatione*, trois dissertations, Bonn, 1866-1867.

Au vers 432 d'*Hippolyte*, la variante κομίζεται n'est qu'une glose de καρπίζεται. Il en est de même de Ἅιδου δόμους pour Ἅιδου πύλας au vers 895 de la même tragédie et au vers 1234 de *Médée*. La bonne leçon est fournie dans ce dernier passage par tous les manuscrits du premier ordre; dans l'autre, elle n'a été conservée que par un seul manuscrit. Là peu s'en est fallu que la glose n'envahît tous les manuscrits; et ce qui a failli arriver dans ce cas, est très-souvent arrivé en effet. Nauck a vu qu'au vers 1451 d'*Hippolyte* les mots τὴν τοξόδαμνον Ἄρτεμιν avaient pris la place de τὴν τοξόδαμνον παρθένον, le nom propre ayant été substitué au nom commun. De même nous avons corrigé la mesure d'un vers (*Oreste*, 1535) en remplaçant la glose Πυλάδην par φίλον. Ailleurs (*Iph. Aul.* 764 sq.) Hermann a rétabli le mètre en écrivant Φρύγες pour Τρῶες et ἅλιον pour πόντιον.

Mais les altérations occasionnées par des gloses ne sont pas toujours si simples : elles se compliquent de vingt façons diverses. Quelquefois la leçon a été gâtée à la fois par des gloses et par des erreurs de copiste. Au vers 1180 d'*Électre*, la comparaison de la strophe avec l'antistrophe nous a fait reconnaître que les mots ἐν χθονὶ κείμενα πλαγᾷ provenaient de χθόνια προκείμεν' ἄλλαγᾳ. — Quelquefois la glose a été altérée à son tour. C'est ainsi que ἀντάριθμοι, rétabli par Hermann au vers 1186 d'*Hécube*, avait été expliqué par ἰσάριθμοι, glose qui dans nos manuscrits est devenue εἰς ἀριθμόν. — D'autres fois l'explication et le mot primitif se sont mêlés d'une manière bizarre. Si dans *Iphigénie à Aulis*, vers 268, les manuscrits portent σὺν δ' Ἄδραστος pour σύν δ' ἀδελφός, cette faute semble s'être produite sous l'influence de la glose δάμαρτος. — D'autres fois encore, la glose a expulsé non-seulement le mot auquel elle se rapportait, mais encore un mot voisin. Exemples : προτρέπουσα (ou plutôt περιτρέπουσα) pour πᾶν στρέφουσα (*Hippolyte*, 715), οὕτω θανεῖ pour οὕτω δ' ὀλεῖ (*ib.* 1045), Ἀθαναίας pour θεᾶς ναίουσ' (*Hécube*, 467).— Ailleurs la glose a pris la place de mots autres que ceux qu'elle devait expliquer, de manière à faire double emploi avec ces derniers et à causer l'omission d'une idée nécessaire. Dans *Iphigénie en Tauride*, au vers 36, le nom propre Ἄρτεμις, glose de θεά, a expulsé le verbe χρώμεσθ(α). Au vers 120 de la même tragédie le sens s'est complétement obscurci parce que τοὐμόν s'est changé en τοῦ θεοῦ sous l'influence de la glose θεοῦ, laquelle se rapporte au vers suivant.

En d'autres endroits toute une paraphrase a pénétré dans le texte ; la prose d'un scholiaste s'est substituée à la poésie de l'auteur. Cela est arrivé plus rarement dans les ïambes, dont le mètre connu préserva le texte jusqu'à un certain point; plus souvent dans les morceaux lyriques, et particulièrement dans ceux dont on avait perdu de vue la structure antistrophique par suite de l'éloignement ou de l'entrelacement des strophes correspondantes. Si le paraphraste s'est contenté de transposer les mots de manière à les rapprocher de l'ordre de la prose ou de ce que nous appelons la construction, il est assez facile de rajuster les membres épars du poëte ; la tâche devient plus difficile lorsque le changement ne porte pas seulement sur l'ordre des mots, mais sur les mots mêmes. Cependant, là encore, la connaissance des gloses les plus usuelles et la loi de l'accord antistrophique peuvent souvent mettre sur la voie.

En effet la strophe et l'antistrophe s'accordaient plus rigoureusement que nos textes ne le font parfois supposer. Elles se répondaient syllabe par syllabe : et cela se comprend, puisqu'elles étaient chantées sur un même air. Nous avouons qu'il n'est pas toujours possible de rétablir aujourd'hui cette correspondance parfaite : la critique doit se borner assez souvent à constater une altération sans prétendre y remédier. Mais plus nous étudions les textes, plus nous arrivons à cette conviction, que non-seulement dans Eschyle, mais aussi dans Sophocle et dans Euripide, l'accord le plus exact était la règle générale[1] des morceaux antithétiques.

Cet agencement identique de syllabes longues et brèves, les

---

[1]. Il faut toutefois excepter les syllabes indifférentes des pieds irrationnels (πόδες ἄλογοι) qu'on trouve avant le dactyle des vers glyconiques ainsi que de tous les vers analogues que les métriciens modernes appellent logaédiques. Exemple : Ἔρως Ἔρως, ὃ κατ' ὀμμάτων, répondant à Ἄλλως ἄλλως παρά τ' Ἀλφεῷ (*Hipp.* 525 et 535).

poëtes aimaient à le rendre plus saillant, lorsque l'occasion s'en présentait, par d'autres symétries qui fournissent aussi d'utiles indices à la critique. Les mêmes mots ou des mots semblables ou des tournures analogues se reproduisent aux places correspondantes des deux strophes jetées dans le même moule, et constituent ce qu'on peut appeler des assonances ou rimes antistrophiques. En voici quelques exemples[1] :

Δρομάδα τὰν Ἄϊδος ὥστε Βάκχαν... φονίοις ὑφ᾽ ὕμνοισιν.
Τοκάδα τὰν Διογόνοιο Βάκχου ...φονίῳ κατεύνασεν.

Οἰκρότατον ἀχέων.
Δεινότατον παθέων.

Φόνον τέκνοις μοι δοκεῖ.
Φόνῳ τέκνων δυσσεβεῖ.

Κάταγε κάταγε, πρόσιθ᾽ ἀτρεμας ἀτρεμας.
Ἄδικος ἄδικα τότ᾽ ἄρ᾽ ἔλακεν ἔλακεν.

Ἔλεος ἔλεος ὅδ᾽ ἔρχεται.
Ἕτερα δ᾽ ἕτερος ἀμείβεται.

Ἰὼ ἰὼ φίλαι, κτύπον ἐγείρετε, κτύπον ὁμοῦ βοᾷ.
Ἰὼ ἰὼ τύχα, ἕτερον εἰς ἀγῶν᾽, ἕτερον αὖ δόμος.

Dans ce dernier exemple une glose avait obscurci l'accord antistrophique : nous l'avons fait reparaître en substituant κτύπον ὁμοῦ βοᾷ à κτύπον καὶ βοάν. On voit en vertu de quel principe nous avons transposé les mots dans *Hécube*, v. 941, dans *Médée*, v. 986 sqq., dans *Hippolyte*, v. 587, et ailleurs. Le dernier des exemples que nous venons de citer prouve plus particulièrement la justesse de ce principe : la transposition des mots n'y rétablit pas seulement la symétrie de la strophe et de l'antistrophe, elle conduit, en facilitant une légère correction, à rétablir aussi le sens du passage.

---

1. *Hipp.* 550 sqq. et 660 sqq. *Médée*, 647 et 657; 1275 sq. et 1286 sq. *Oreste*, 149 et 163; 968 et 979; 1353 sq. et 1537 sq.

Aux gloses se rattachent enfin les interpolations. Outre des mots isolés, un assez grand nombre de vers apocryphes se trouvent insérés dans le texte d'Euripide. Quelques-uns avaient été cités en marge et sont entrés par erreur dans le corps du poëme; d'autres ont été ajoutés de propos délibéré pour combler une lacune apparente. Souvent les interpolateurs se sont servis de vers authentiques d'Euripide, soit empruntés textuellement, soit légèrement modifiés. Cependant il ne faut pas trop se hâter de condamner un vers, parce qu'il se retrouve ailleurs chez notre poëte. Il est constant que les tragiques athéniens, poëtes si féconds et toujours prêts à se présenter aux nombreux concours ouverts par la cité, n'ont pas craint de répéter un vers heureux, de même qu'ils n'ont pas hésité à reproduire plusieurs fois sur la scène le même personnage ou la même situation dramatique. Mais lorsque le même vers se trouve répété, non pas d'une pièce à une autre, mais dans la même pièce, sans que cette répétition se justifie par des raisons particulières, il y a lieu de soupçonner une interpolation. Ce cas se présente dans *Médée* plus souvent que dans les autres tragédies. Dans notre édition aucun des vers offerts par les manuscrits n'a été éliminé, ni rejeté en bas de la page : nous nous sommes contenté de mettre entre crochets [1] les vers, ainsi que les mots, que nous regardons comme interpolés.

Toutes les fois que la leçon admise dans le texte s'éloigne de celle des manuscrits, ou seulement de celle des bons manuscrits, nous avons indiqué cette dernière dans les notes critiques : telle était du moins notre intention. Cependant nous nous sommes abstenu de relever toutes les minuties d'orthographe. Ainsi nous ajoutons, sans avertir le lecteur, le N paragogique à la fin des vers (proprement dits); nous écrivons toujours λύσι, λύσει, etc., et non λύῃ, λύσῃ, etc. En fait de variantes[2], nous n'avons

---

[1]. Les crochets verticaux [ ] désignent les interpolations qu'il faut retrancher. Les crochets obliques < > servent à distinguer les additions, peu nombreuses, que nous avons cru devoir ajouter au texte.

[2]. Dans les notes critiques les termes « variante » et « leçon » se rapportent constamment aux manuscrits, jamais aux éditions. L'expression « variante-conjecture », dont nous nous sommes servi

signalé que celles qui nous semblaient remarquables, ou qui ont été pendant longtemps la leçon vulgate[1]. Quand nous adoptons une correction, nous nommons toujours, autant que cela nous est possible, le savant qui l'a proposée le premier. Nous ne citons d'ailleurs qu'un choix très-discret de conjectures, et nous distinguons, au moyen de lettres plus espacées, celles qui nous semblent offrir un assez grand degré de probabilité.

Quant à l'interprétation, nous nous sommes efforcé de résoudre toutes les difficultés qui peuvent être résolues, mais nous n'avons eu garde de vouloir tout expliquer à tout prix. Il est des commentateurs que rien n'effraye. Nous avons pensé que c'était une grande aberration que de s'obstiner à expliquer un texte en dépit du bon sens, ou en torturant la signification des mots, ou en faisant bon marché soit de la grammaire, soit de l'usage, soit du génie de la langue grecque. Toutefois, dans ces cas, nous n'abandonnons pas non plus le lecteur en gardant un silence trop prudent; mais nous l'avertissons que la leçon est altérée, et nous indiquons le moyen de la corriger quand nous en voyons un qui nous semble plausible. C'est là surtout que ceux qui dédaignent la critique des textes pourront comprendre que, sous peine de s'égarer à chaque instant, l'interprétation ne saurait se passer du secours de la critique, et que, pour bien expliquer les auteurs anciens, il est indispensable de s'enquérir de la constitution de leur texte.

Quand il s'agissait de déterminer la valeur d'un mot ou d'une locution, de rendre compte d'une particularité de syntaxe ou de tout autre idiotisme, nous nous sommes adressé, pour expliquer Euripide, d'abord à Euripide lui-même, ensuite aux auteurs de son époque et particulièrement aux deux autres tragiques. En

---

quelquefois, désigne que la leçon d'un manuscrit semble provenir de la conjecture d'un grammairien. L'expression « variante (glose) » s'explique assez d'elle-même.

1. Nous avons peut-être été un peu trop avare de variantes pour les trois premières pièces renfermées dans ce volume. Cependant nous croyons n'avoir rien omis de ce qui est strictement nécessaire. Si notre texte diffère de celui d'une autre édition que le lecteur pourrait avoir entre les mains, l'absence de notes critiques indique que la leçon que nous avons adoptée est celle des bons manuscrits.

dehors de ce cercle, les poëmes homériques sont les seuls monuments que nous ayons dû consulter sans cesse. Homère est le père de la langue littéraire de la Grèce, et il serait bon de le savoir par cœur, afin de bien comprendre tous les auteurs qui ont écrit dans sa langue. A cette exception près, nous avons eu rarement recours aux écrivains d'un autre âge pour éclaircir le texte d'un poëte du siècle de Périclès. De tels rapprochements doivent être faits avec circonspection, si l'on ne veut pas s'exposer à commettre des erreurs. La langue grecque a été parlée et écrite durant tant de siècles, elle s'est répandue sur tant de pays divers, s'est accommodée à des états de civilisation si différents, que, tout en gardant un certain fond identique, elle a subi des variations très-considérables, des modifications extrêmement profondes.

Quant aux rapprochements littéraires, il fallait relever dans les auteurs antérieurs à Euripide les passages que ce poëte a imités, ou dont il s'est inspiré, ou avec lesquels il a rivalisé. Il nous a semblé moins nécessaire et moins instructif de recueillir toutes les imitations qu'Euripide a provoquées à son tour chez les auteurs venus après lui. Sauf celles qui se trouvent dans les fragments des tragiques latins, des Ennius, des Pacuvius, des Attius, nous n'en avons cité qu'un petit nombre, qui semblaient offrir un intérêt particulier. L'*Hippolyte* et l'*Iphigénie à Aulis* prêtent à des rapprochements continuels avec les tragédies dans lesquelles Racine a rajeuni ces antiques sujets : nous nous sommes interdit d'étendre notre commentaire outre mesure en citant des vers que nos lecteurs savent par cœur ou qu'ils peuvent retrouver facilement. En général, dans les notes explicatives comme dans les notes critiques, nous avons visé à la concision. Nous nous sommes efforcé de ne rien donner de superflu, mais aussi de ne rien omettre de nécessaire ou d'utile.

Les vers ne sont pas numérotés de la même façon par tous les éditeurs. Pour ne pas augmenter la confusion, nous avons cru devoir conserver les chiffres qui figurent dans les éditions les plus répandues[1], lors même que ces chiffres ne s'accordent pas avec le nombre réel des vers tels qu'ils ont été divisés dans notre texte. Il en résulte tantôt que le vers 103 (pour nous servir d'un exemple), ou même le vers 102, se trouve suivi immédiatement du vers 105, tantôt que le vers 104 se trouve séparé du vers 105 par un autre qu'il faut appeler 104'.

Disons en terminant, quel espoir nous a soutenu dans ce travail. Nous sommes de ceux qui croient que la poésie des anciens Hellènes est une de ces sources vives où les hommes doivent se retremper continuellement, et que ce serait un malheur pour la civilisation si les études grecques venaient à s'affaiblir. Beaucoup de bons esprits, pénétrés de la même conviction, s'efforcent d'encourager ces études. Nos vœux seraient comblés si, par ce volume, nous pouvions contribuer, pour notre part, à propager la connaissance et à répandre le goût de la langue et de la littérature grecques.

1. Voyez page xxx.

Besançon, janvier 1868.

Henri Weil.

ΙΠΠΟΛΥΤΟΣ
ΣΤΕΦΑΝΗΦΟΡΟΣ

NOTICE

SUR LE PREMIER HIPPOLYTE.

Euripide fit jouer deux *Hippolyte*, ou plutôt deux Phèdre : car c'est par le caractère et la conduite de ce personnage que sa première tragédie différa de la seconde, qui seule est venue jusqu'à nous. Au lieu d'une femme qui lutte contre sa passion, qui veut se laisser mourir pour ne pas y céder et qui est jetée, non dans la faute, mais dans le déshonneur, par les imprudentes et coupables démarches de sa nourrice, au lieu d'une victime de Vénus enfin, on y voyait une femme qui s'abandonnait sans réserve à un amour criminel [1]. Au début de la pièce, Phèdre, agitée et sans repos, sortait avant le point du jour, faisait à la lune la confidence de ses peines amoureuses et invoquait, comme la magicienne de Théocrite, le secours de cette déesse pour les philtres qu'elle semble avoir préparés. Il y a chez Sénèque un souvenir de cette scène [2]. La première Phèdre d'Euripide était audacieuse et ne s'effrayait de rien, ayant, disait-elle, pour maître l'amour, le plus irrésistible des dieux et le plus ingénieux à venir à bout de l'impossible :

Ἔχω δὲ τόλμης καὶ θράσους διδάσκαλον
ἐν τοῖς ἀμηχάνοισιν εὐπορώτατον
Ἔρωτα, πάντων δυσμαχώτατον θεόν [3].

Elle osait même justifier ses déréglements par les infidélités de Thésée, non pas, sans doute, en parlant à son époux (cette interprétation trop littérale d'un mot de Plutarque [4] n'est guère admissible), mais

---

1. Voyez l'argument grec à la fin. L'auteur anonyme de la *Vie* d'Euripide dit que le poète, aigri, à ce qu'il prétend, par des malheurs domestiques, y étalait l'impudence des femmes, ἐν ᾧ τὴν ἀναισχυντίαν ἐθριάμβευε τῶν γυναικῶν.

2. Voy. Sénèque, *Hipp.* 410-423, où la Lune et Hécate sont confondues avec Diane, de manière que Phèdre et Hippolyte adorent la même déesse. Ceci est de l'invention du poète latin. — Schol. de Théocrite, II, 10 : Ταῖς ἔρωτι κατεχομέναις τὴν σελήνην μετακαλεῖσθαι σύνηθες, ὡς καὶ Εὐριπίδης ποιεῖ Φαίδραν πράττουσαν ἐν τῷ καλυπτομένῳ Ἱππολύτῳ. — Properce, II, 1, 51 : « Seu mihi sint tangenda novercæ pocula Phædræ, Pocula privigno non nocitura suo. »

3. Stobée, *Anthologie*, 63, 23.

4. Plutarque, *De audiendis poetis*, page

en s'adressant soit au chœur, soit à sa nourrice. C'est ainsi qu'elle dit chez Sénèque (v. 92 sq.) :

> Profugus en conjux abest,
> Præstatque nuptæ quam solet Theseus fidem.

Phèdre n'avait donc pas besoin que sa nourrice lui persuadât d'aimer sans remords : tous les sophismes par lesquels la passion sait s'excuser, se donner de belles apparences, elle les trouvait elle-même; et comme elle disait une partie de ce que la nourrice dit dans notre tragédie, on peut croire qu'elle faisait aussi ce que celle-ci y fait, qu'elle déclarait son amour à Hippolyte elle-même et sans se servir d'intermédiaire, et que c'était là ce qu'on avait trouvé choquant (ἀπρεπές) d'après l'auteur de l'argument grec. La belle scène de Sénèque aurait ainsi eu son modèle chez Euripide. En recevant un tel aveu, le chaste jeune homme pouvait se couvrir le visage, et de là vint, suivant la conjecture très-probable de Toup et de M. Welcker, la désignation de Καλυπτόμενος[1], par laquelle on distinguait le premier *Hippolyte* du second, qui fut appelé *Hippolyte Porte-couronne* (Στεφανίας ou Στεφανηφόρος) à cause de la couronne de fleurs que le personnage principal offre à Diane dans la première scène où il paraît. Un détail analogue a fait surnommer l'*Ajax* de Sophocle *Porte-fouet* (Μαστιγοφόρος). Ces noms nous transportent au théâtre : ce n'est pas la lecture, mais le spectacle qui en a donné l'idée, et, s'il ne faut pas les faire remonter aux poëtes, on ne doit pas cependant les attribuer aux grammairiens. Je les crois du fait des acteurs et j'y trouve une preuve que le premier *Hippolyte*, de même que le second et l'*Ajax*, s'est maintenu dans le répertoire des théâtres grecs[2].

Phèdre accusa-t-elle Hippolyte vivante ou morte? La tradition rapporta sans doute que Phèdre ne se donna la mort qu'après la catastrophe de celui qu'elle avait calomnié et aimé. Quand Euripide chercha, dans sa seconde tragédie, à rendre son héroïne aussi vertueuse que possible, il corrigea la donnée primitive sur ce point comme sur les autres. Sa première Phèdre, la Phèdre coupable, n'a pas dû, ce semble, atténuer l'odieux de son rôle en se punissant avant d'y être en quelque sorte forcée par les événements[3]. Un récit ancien de cette fable, où les

---

28 A : Τὴν Φαίδραν καὶ προσεγκαλοῦσαν τῷ Θησεῖ πεποίηκεν, ὡς διὰ τὰς ἐκείνου παρανομίας ἐρασθεῖσαν τοῦ Ἱππολύτου. Voy. Welcker, *Die griechischen Tragœdien*, II, page 736 et suiv.

1. Ce titre n'est pas assez exactement rendu par la traduction : *Hippolyte voilé*. Καλυπτόμενος, différent de κεκαλυμμένος, veut dire : qui se voile, ou : que l'on voile (sous les yeux du spectateur). On trouve cette désignation chez le scholiaste de Théocrite, déjà cité, et chez Pollux, *Onom.* 9, 50. L'autre se lit dans l'argument grec, chez Hesychius au mot Ἀναστειράζει, et chez Priscien, p. 1168 Putsch.

2. Plusieurs titres donnés par les auteurs, les *Chœphores*, les *Suppliantes*, d'autres encore, sont de même nature que ces noms distinctifs.

3. On lit dans le lexique du grammairien

choses sont présentées de cette façon, serait-il l'analyse du premier *Hippolyte*[1]? Il est tiré d'un ouvrage qu'un disciple d'Isocrate, Asclépiade, avait fait sur les sujets traités par les poëtes tragiques (Τραγῳδούμενα). Il est vrai qu'on regarde cette relation généralement comme un précis de la *Phèdre* de Sophocle, mais sans motif suffisant, autant que je puis voir. On ne peut pas même assurer qu'elle se rapporte, comme d'autres fragments du même ouvrage, à une tragédie déterminée. Quoi qu'il en soit, nous y trouvons quelques détails tout à fait conformes au prologue de notre pièce. Phèdre s'est éprise d'Hippolyte à Athènes et elle y a fondé le temple de Vénus appelé par la suite l'Hippolytéum. Plus tard, elle vient à Trézène, et c'est là qu'éclate sa passion. Il y a cependant un trait nouveau pour nous : Thésée a envoyé son fils à Trézène pour l'éloigner d'une belle-mère qui pourrait attenter à sa vie, motif qui semble accuser la violence du caractère de Phèdre. Cette divergence jointe à l'accord sur les autres points me porte à croire que nous avons ici comme l'argument de la première pièce du même poëte. La suite du récit n'exclut point, comme on le croit ordinairement, l'intervention de la nourrice. S'il est dit que Phèdre cherchait à séduire le jeune homme et que celui-ci reçut mal cette proposition (διενοεῖτο πείθειν τὸν νεανίσκον ὅπως αὐτῇ μιγείη· χαλεπῶς δ' ἐκείνου προσδεξαμένου τὸν λόγον...), ces mots n'indiquent pas positivement des avances directes et personnelles. Enfin, Phèdre ne s'ôte la vie que lorsque son imposture est dévoilée. N'oublions pas un détail. Si l'auteur s'exprime exactement, c'est en exerçant ses chevaux qu'Hippolyte trouve la mort par suite de l'apparition du monstre marin. Il ne partait donc pas pour l'exil, il se livrait à ses exercices habituels. Peut-on en inférer que Thésée se borna à charger Neptune de sa vengeance et qu'il n'y eut pas d'explication entre le père et le fils? C'est ainsi que les choses se passent chez Sénèque.

Il y avait beaucoup de rapport entre la fable de la *Phèdre* de Sophocle et celle du premier *Hippolyte* d'Euripide, et on ne peut guère décider aujourd'hui à laquelle de ces deux pièces se rapporte le morceau d'As-

---

Philémon, à l'article βίβλος (et de même dans le lexique de Phavorinus et chez Eustathe *ad Iliadem*, p. 633, 24) : Οἱ δὲ παλαιοὶ καὶ ἐν τῇ κατ' Εὐριπίδην Φαίδρᾳ, ἔνθα μνήμη πεύκης κεῖται, φασὶ πεύκην ῥηθῆναι τὴν ἐν τῇ χειρὶ τῆς Φαίδρας δέλτον, τὴν κατὰ τοῦ Ἱππολύτου, ὡς ξυλίνην οὖσαν καὶ ἴσως ἐκ πεύκης. Si M. Welcker et d'autres ont raison de rapporter cette citation au premier *Hippolyte*, il faut croire que les choses s'y passaient comme dans le second, plutôt que de supposer que Phèdre s'avançait silencieusement, les tablettes calomnieuses à la main. Mais je pense, avec Matthiæ, que Philémon fait allusion au vers 1254 de notre tragédie; les grammairiens grecs ne s'expriment pas toujours avec une exactitude rigoureuse, et ici il n'y a pas même inexactitude, puisque l'auteur semble rapporter un raisonnement fait sur ce vers. Un peu plus loin, Eustathe cite le même vers d'une manière bien autrement inexacte.

1. Voy. les scholies de l'*Odyssée*, XI, 321.

clépiade. Si toutefois il était permis de hasarder une conjecture n'ayant d'autre fondement que le caractère général des deux poëtes, voici ce que je supposerais. La première Phèdre d'Euripide alla jusqu'au bout de sa passion, la déclara elle-même à celui qui en était l'objet et le calomnia ensuite de sa propre bouche. La Phèdre de Sophocle, tout en étant aussi coupable, avait plus de retenue : elle chargea une suivante du message d'amour et se donna la mort après avoir essuyé un refus. Euripide, reprenant de nouveau le même sujet, emprunta ces deux traits à Sophocle, mais en les modifiant profondément, car il changea en même temps le caractère de l'héroïne, il créa une Phèdre vertueuse. Ainsi, ce qui nous paraît aujourd'hui original chez Sénèque serait emprunté à la première pièce d'Euripide. J'excepte un seul détail. Dans la tragédie latine, Thésée est descendu aux enfers, on peut croire qu'il ne reviendra pas, et cette circonstance contribue à enhardir Phèdre, lui fournit un prétexte spécieux. On la croit tirée du premier *Hippolyte* sur la foi de ces vers [1] :

Ὦ λαμπρὸς αἰθὴρ ἡμέρας θ' ἁγνὸν φάος,
ὡς ἡδὺ λεύσσειν τοῖς τε πράσσουσιν καλῶς
καὶ τοῖσι δυστυχοῦσιν ὧν πέφυκ' ἐγώ.

Mais il est évident, et M. Édouard Hiller [2] l'a parfaitement compris, que ces paroles ne conviennent nullement à un homme qui s'est heureusement tiré de l'aventure la plus périlleuse. Thésée revient du pays des ombres, il revoit le jour, il ne sait pas encore ce qui s'est passé dans sa maison; pourquoi se dirait-il malheureux? Il est plus naturel d'attribuer ces vers soit à Hippolyte maudit par son père, soit à Phèdre voyant poindre la lumière du jour, après avoir invoqué la lune. Il est vrai qu'on est libre de croire sans preuves qu'Euripide imagina cette circonstance pour atténuer la faute de son héroïne, mais je suis disposé à en faire plutôt honneur à Sophocle [3].

Il est sûr que le premier *Hippolyte* se termina comme le second, par

---

1. Stobée, *Anthologie*, 119, 8.
2. La dissertation de ce jeune savant, *De Sophoclis Phædra et de Euripidis Hippolyto priore*, est insérée dans le recueil intitulé *Symbola philologorum Bonnensium in honorem Fr. Ritschelii collecta*, fasc. I, page 34 sqq. Leipzig, 1864. — On trouvera l'indication de la plupart des livres où la même matière a été traitée, dans les *Tragiques grecs* de M. Patin, tome III, pages 70 et suiv.
3. Stobée (Φυσικά, I, 5, 13) a conservé ces deux vers qu'un manuscrit attribue à la *Phèdre* de Sophocle et que M. Nauck a rangés parmi les fragments d'origine incertaine :

A. Ἕξης ἄρ' οὐδὲ γῆς ἔνερθ' ᾤχου θανών;
B. Οὐ γὰρ πρὸ μοίρας ἡ τύχη βιάζεται.

S'ils sont tirés de la tragédie de Sophocle, il en résulte, non pas, il est vrai, que Thésée était descendu aux enfers (il faudrait, dans ce cas, οὐδὲ γῆς ἔνερθ' οἰχόμενος τέθνηκας), mais que le bruit de sa mort s'était répandu, et c'est là l'essentiel.

l'intervention toute consolante, toute divine de Diane. Les honneurs rendus au noble jeune homme y étaient, sinon plus grands [1], du moins plus accentués. Cela résulte de ces beaux vers que le chœur prononça en quittant l'orchestre :

> Ὦ μάκαρ, οἵας ἔλαχες τιμῆς,
> Ἱππόλυθ' ἥρως, διὰ σωφροσύνην.
> Οὔποτε θνητοῖς
> ἀρετῆς ἄλλη δύναμις μείζων·
> ἦλθε γὰρ ἢ προσθ' ἢ μετόπισθεν
> τῆς εὐσεβίας χάρις ἐσθλή [2].

1. Cette opinion est soutenue par Hiller, page 45. — 2. Stobée, *Anthologie*, 5, 16.

SOMMAIRE

DU SECOND HIPPOLYTE.

L'action se passe à Trézène, devant le palais, à l'entrée duquel on voit deux images, l'une de Diane (v. 82), l'autre de Vénus (v. 101).

Πρόλογος. Prologue proprement dit. Diane expose le sujet de la tragédie. Trimètres iambiques (1-57).

Hippolyte fait chanter à ses compagnons de chasse un hymne en l'honneur de Diane. Morceau lyrique (58-72).

Hippolyte couronne de fleurs l'image de Diane (73-87), et refuse d'adorer Vénus, malgré les avertissements de l'un de ses esclaves. Stichomythie suivie de deux couplets (88-120)[1].

Πάροδος. Le chœur, composé de femmes (165) de Trézène, raconte ce qu'il a appris sur l'état de la reine et se demande quelle peut être la cause d'un mal si étrange. Deux couples de strophes suivies d'une épode (121-170).

Ἐπεισόδιον α'. Langueur et délire de Phèdre. Anapestes du chœur, annonçant son entrée. Dialogue anapestique entre elle et sa nourrice (171-266).

Le chœur interroge et conseille la nourrice. Morceau stichomythique (267-287).

Aveux de Phèdre arrachés par les instances de la nourrice. Stichomythie, précédée et suivie d'un couplet de la nourrice (288-361).

Consternation du chœur, Strophe dochmiaque (362-71).

Noble résolution de Phèdre. Indignes conseils de la nourrice. Deux morales en présence. Deux couplets, séparés par un distique du chœur (372-431).

Après avoir encore essayé en vain de séduire sa maîtresse, la nourrice promet de la sauver par des moyens innocents. Dialogue entre elle et Phèdre, précédé d'un quatrain du chœur (482-524).

Στάσιμον α'. Le chœur chante la puissance redoutable de l'Amour. Deux couples de strophes (525-564).

Ἐπεισόδιον β'. Bruit dans le palais. Phèdre entend Hippolyte s'emporter contre la nourrice. Dialogue entre la reine et le chœur. Trois strophes et trois antistrophes dochmiaques, α. β. γ. γ. β. α, précédées, coupées et suivies de trimètres iambiques disposés symétriquement (565-600).

Hippolyte sort du palais, suivi de la nourrice, dont il repousse les prières avec indignation. Stichomythie et ensuite tirade d'Hippolyte (601-668).

---

1. Ce morceau, ainsi que tous ceux pour lesquels on ne trouvera pas d'autre indication, est en trimètres iambiques.

ΙΠΠΟΛΥΤΟΣ ΣΤΕΦΑΝΗΦΟΡΟΣ. 9

Désespoir de Phèdre. Antistrophe répondant à la strophe dans l'épisode précédent (669-679).

Phèdre chasse la nourrice, qui essaye de se défendre, et elle déclare au chœur qu'elle va mourir. Dialogue entre ces trois interlocuteurs (680-731).

Στάσιμον β'. Le chœur voudrait fuir loin de ce monde misérable : première couple de strophes. Le vaisseau qui amena Phèdre dans l'Attique, partit, arriva sous de sinistres auspices ; de là cet amour criminel et cette triste fin : deuxième couple de strophes (732-775).

'Επεισόδιον γ'. On apprend la mort de Phèdre. Distiques échangés entre une esclave, qui annonce cette mort de l'intérieur du palais, et ceux qui conduisent le chœur et les demi-chœurs (776-789). Thésée survient au milieu de ce tumulte. Dialogue entre lui et le coryphée : une stichomythie précédée et suivie d'un couplet du roi (790-810).

Le palais s'ouvre et l'on voit Phèdre étendue sans vie. Douleur de Thésée, partagée par le chœur : quatre strophes dochmiaques. Une strophe du chœur (α'); une strophe de Thésée (β'), coupée de distiques ïambiques; un distique du coryphée; l'antistrophe de Thésée (β'), coupée de distiques ïambiques; l'antistrophe du chœur (α') (811-855).

Thésée aperçoit des tablettes dans les mains de la morte : distiques ïambiques de ce personnage, période dochmiaque du chœur (856-870). Thésée lit : couplet ïambique du coryphée, quelques ïambes échangés entre lui et le roi (871-876). Thésée éclate et demande à Neptune la mort d'Hippolyte : deux périodes ïambico-dochmiaques et deux couplets ïambiques du roi, coupés par des trimètres du coryphée (877-898).

Explication entre le père et le fils devant le cadavre de Phèdre. Hippolyte, annoncé par le chœur, exprime son étonnement (899-915).

Thésée prélude à l'accusation. Dialogue entre lui et son fils : quelques couplets de peu d'étendue (916-942).

Accusation et défense. Un long discours de Thésée et un long discours d'Hippolyte, suivis l'un et l'autre d'un distique du chœur (943-1037).

Thésée maintient l'arrêt de bannissement. Couplets variés, mais symétriques, échangés entre lui et Hippolyte (1038-1059).

Thésée chasse Hippolyte. Après un quatrain de ce dernier, échange de deux fois sept distiques (1060-1091).

Adieux d'Hippolyte (1092-1101).

Στάσιμον γ'. Le chœur ne sait concilier ce qui se passe avec la providence des dieux et déplore le malheur d'Hippolyte. Deux couples de strophes, suivies d'une épode (1102-1150).

Ἔξοδος. Un messager apporte à Thésée la nouvelle de la catastrophe de son fils. Le chœur annonce successivement l'entrée de ces deux personnages, qui échangent quelques vers. Récit. Court dialogue entre les trois interlocuteurs de cette scène : Thésée consent à voir son fils mourant (1153-1267).

Le chœur chante la puissance de Vénus et de l'Amour. Système lyrique (1268-1281).

Diane paraît dans les airs (ἐπὶ μηχανῆς). Elle fait connaître la vérité à Thésée et, après l'avoir accablé de cette révélation, elle excuse son erreur. L'entrée de la déesse est marquée par une période anapestique qu'elle prononce (1282-1295). Le reste de son discours est en trimètres, interrompus seulement par deux exclamations de Thésée (1296-1341).

L'entrée d'Hippolyte est annoncée par des anapestes du chœur (1342-1347).
Plaintes d'Hippolyte : tant qu'il s'avance appuyé sur les bras de ses esclaves, il parle aussi en vers anapestiques (1348-1369); ensuite les anapestes sont mêlés de dochmiaques et d'autres vers, qui forment un système lyrique (1370-1388).

Dialogue entre Diane et Hippolyte, puis entre Hippolyte et Thésée : ils s'apitoient tendrement sur le sort l'un de l'autre. Deux distiques, suivis de monostiques (1389-1414).

Diane annonce comment elle vengera Hippolyte, et quels honneurs lui seront rendus après sa mort. Elle part après avoir exhorté le père et le fils à se réconcilier. Le couplet de la déesse est amené par un vers et suivi d'un quatrain d'Hippolyte (1415-1443).

Hippolyte pardonne à son père et meurt entre ses bras : une série de monostiques, précédés et suivis d'un distique (1444-1458).

Conclusion. Trois trimètres de Thésée et une période anapestique du chœur (1459-1466).

ΥΠΟΘΕΣΙΣ.

Θησεὺς μὲν ἦν Αἴθρας καὶ Ποσειδῶνος, βασιλεὺς δὲ Ἀθηναίων· γήμας δὲ μίαν τῶν Ἀμαζονίδων Ἱππολύτην[1], Ἱππόλυτον ἐγέννησε κάλλει τε καὶ σωφροσύνῃ διαφέροντα. Ἐπεὶ δὲ ἡ συνοικοῦσα τὸν βίον μετήλλαξεν, ἐπεισηγάγετο Κρητικὴν γυναῖκα, τὴν Μίνω τοῦ Κρητῶν βασιλέως θυγατέρα Φαίδραν. Ὁ δὲ Θησεὺς Πάλλαντα[2] ἕνα τῶν συγγενῶν φονεύσας φεύγει εἰς Τροιζῆνα μετὰ τῆς γυναικός, οὗ συνέβαινε τὸν Ἱππόλυτον παρὰ Πιτθεῖ τρέφεσθαι· θεασαμένη δὲ τὸν νεανίσκον ἡ Φαίδρα εἰς ἐπιθυμίαν ὤλισθεν[3], οὐκ ἀκόλαστος οὖσα, πληροῦσα δὲ Ἀφροδίτης μῆνιν, ἣ τὸν Ἱππόλυτον διὰ σωφροσύνην ἀνελεῖν κρίνασα, τέλος τοῖς προτεθεῖσιν ἔθηκε. Στέγουσα δὲ τὴν νόσον, χρόνῳ πρὸς τὴν τροφὸν δηλῶσαι ἠναγκάσθη, κατεπαγγειλαμένην αὐτῇ βοηθήσειν· ἥτις κατὰ τὴν προαίρεσιν λόγους προσήνεγκε τῷ νεανίσκῳ. Τραχυνομένου δὲ αὐτὸν ἡ Φαίδρα καταμαθοῦσα τῇ μὲν τροφῷ ἐπέπληξεν, αὑτὴν δὲ ἀνήρτησε. Καθ' ὃν καιρὸν φανεὶς Θησεὺς καὶ καθελεῖν σπεύδων τὴν ἀπηγχονισμένην, εὗρεν αὐτῇ προσηρτημένην δέλτον, δι' ἧς Ἱππολύτου φθορὰν κατηγόρει καὶ ἐπιβουλήν. Πιστεύσας δὲ τοῖς γεγραμμένοις, τὸν μὲν Ἱππόλυτον ἐπέταξε φεύγειν, αὐτὸς δὲ τῷ Ποσειδῶνι ἀρὰς ἔθετο, ὧν ἐπακούσας ὁ θεὸς τὸν Ἱππόλυτον διέφθειρεν. Ἄρτεμις δὲ τῶν γεγενημένων ἕκαστον διασαφήσασα Θησεῖ, τὴν μὲν Φαίδραν οὐ κατεμέμψατο, τοῦτον δὲ παρεμυθήσατο υἱοῦ καὶ γυναικὸς στερηθέντα· τῷ δὲ Ἱππολύτῳ τιμὰς ἔφη γῆς ἐγκαταστήσεσθαι.

Ἡ σκηνὴ τοῦ δράματος ἐν Τροιζῆνι κεῖται. Ἐδιδάχθη ἐπὶ Ἐπαμείνονος ἄρχοντος ὀλυμπιάδι πζ' ἔτει δ'[4]. Πρῶτος Εὐριπίδης, δεύ-

---

1. D'après la tradition commune, Hippolyte avait pour mère Antiope. Euripide l'appelle fils de l'Amazone, sans ajouter de nom propre.

2. Il fallait dire les fils de Pallas, ses cousins (comp. v. 35), qui lui disputaient le pouvoir les armes à la main.

3. Autre inexactitude. Le prologue fait remonter plus haut l'origine de la passion de Phèdre.

4. L'archonte Épaminon (nom rétabli par Matthiæ : les manuscrits portent ἐπὶ ἀμείνονος) répond aux années 429-428 avant J. C.; et comme les fêtes de Bacchus se célébraient dans la seconde partie de l'année attique, notre tragédie fut jouée en 428. Cette observation s'applique à la conversion de toutes les dates de tragédies et de comédies représentées sur le théâtre d'Athènes.

τερος Ἰοφῶν, τρίτος Ἴων¹. Ἔστι δὲ οὗτος Ἱππόλυτος δεύτερος, καὶ ΣΤΕΦΑΝΙΑΣ προσαγορευόμενος. Ἐμφαίνεται δὲ ὕστερος γεγραμμένος· τὸ γὰρ ἀπρεπὲς καὶ κατηγορίας ἄξιον ἐν τούτῳ διώρθωται τῷ δράματι². Τὸ δὲ δρᾶμα τῶν πρώτων³.

1. Iophon est ce fils de Sophocle qu'Aristophane soupçonnait de se faire aider par son père (voy. *Grenouilles*, 79). Ion était un riche citoyen de Chios, homme de talent qui s'essayait à tous les genres de composition littéraire, et qui est aujourd'hui connu surtout par ses Mémoires, dont Athénée a conservé de curieux fragments.

2. Voyez ci-dessus la notice sur le premier *Hippolyte*.

3. Τῶν πρώτων, du nombre de celles qu'on met au premier rang. Nous avons ici le jugement d'Aristophane de Byzance, l'auteur du dernier alinéa de cette notice, lequel ne se trouve que dans les meilleurs manuscrits à la suite de la liste des personnages.

ΤΑ ΤΟΥ ΔΡΑΜΑΤΟΣ ΠΡΟΣΩΠΑ.

ΑΦΡΟΔΙΤΗ.
ΙΠΠΟΛΥΤΟΣ.
ΘΕΡΑΠΟΝΤΕΣ.
ΧΟΡΟΣ ΤΡΟΙΖΗΝΙΩΝ ΓΥΝΑΙΚΩΝ.
ΤΡΟΦΟΣ.

ΦΑΙΔΡΑ.
ΘΕΡΑΠΑΙΝΑ.
ΘΗΣΕΥΣ.
ΑΓΓΕΛΟΣ.
ΑΡΤΕΜΙΣ.

ΙΠΠΟΛΥΤΟΣ
ΣΤΕΦΑΝΗΦΟΡΟΣ.

ΑΦΡΟΔΙΤΗ.

Πολλὴ μὲν ἐν βροτοῖσι κοὐκ ἀνώνυμος
θεὰ κέκλημαι Κύπρις οὐρανοῦ τ' ἔσω·
ὅσοι τε Πόντου τερμόνων τ' Ἀτλαντικῶν
ναίουσιν εἴσω φῶς ὁρῶντες ἡλίου,
τοὺς μὲν σέβοντας τἀμὰ πρεσβεύω κράτη,　　　5
σφάλλω δ' ὅσοι φρονοῦσιν εἰς ἡμᾶς μέγα.
Ἔνεστι γὰρ δὴ κἀν θεῶν γένει τόδε,
τιμώμενοι χαίρουσιν ἀνθρώπων ὕπο.
Δείξω δὲ μύθων τῶνδ' ἀλήθειαν τάχα.
Ὁ γάρ με Θησέως παῖς Ἀμαζόνος τόκος　　　10
Ἱππόλυτος, ἁγνοῦ Πιτθέως παιδεύματα,
μόνος πολιτῶν τῆσδε γῆς Τροιζηνίας

1, 2. Πολλὴ κέκλημαι équivaut à πολύ μου κλέος ἐστίν. Les mots κοὐκ ἀνώνυμος rendent la même idée par le tour négatif.

3-5. Ὅσοι.... ἡλίου, tous ceux qui habitent entre les lieux où le soleil se lève et ceux où il se couche, limités au delà desquelles on se figurait une nuit éternelle. Les Grecs commencèrent alors à connaître des pays situés à l'est de la Colchide; ils continuèrent cependant à regarder le Phase et le Pont-Euxin comme la limite orientale du monde habité. Matthiæ cite Platon, *Phédon*, p. 109. Cp. aussi vers 746, 1053, et *Herc. Fur.* 234.

— Avant τοὺς μέν, sous-entendez τούτων.

7, 8. Les dieux ont les mêmes passions que les hommes. Le poëte philosophe souriait en écrivant ces vers. Cf. *Bacchantes*, 321.

11. Pitthée de Trézène, aïeul de Thésée, passait pour l'un des plus anciens sages de la Grèce. Voy. Plutarque, *Thésée*, chap. III. La naissance et l'éducation d'Hippolyte expliquent sa chasteté. — Παιδεύματα est un de ces pluriels comparables au latin *deliciæ*, que les tragiques grecs rapportent souvent à un singulier.

14 ΙΠΠΟΛΥΤΟΣ ΣΤΕΦΑΝΗΦΟΡΟΣ.

λέγει κακίστην δαιμόνων πεφυκέναι,
άναίνεται δὲ λέκτρα κοὐ ψαύει γάμων·
Φοίβου δ' ἀδελφὴν Ἄρτεμιν Διὸς κόρην   15
τιμᾷ μεγίστην δαιμόνων ἡγούμενος·
χλωρὰν δ' ἀν' ὕλην παρθένῳ ξυνὼν ἀεὶ
κυσὶν ταχείαις θῆρας ἐξαιρεῖ χθονός,
μείζω βροτείας προσπεσὼν ὁμιλίας.
Τούτοισι μέν νυν οὐ φθονῶ· τί γάρ με δεῖ;   20
Ἃ δ' εἰς ἔμ' ἡμάρτηκε, τιμωρήσομαι
Ἱππόλυτον ἐν τῇδ' ἡμέρᾳ· τὰ πολλὰ δὲ
πάλαι προκόψασ', οὐ πόνου πολλοῦ με δεῖ.
Ἐλθόντα γάρ νιν Πιτθέως ποτ' ἐκ δόμων
σεμνῶν ἐς ὄψιν καὶ τέλη μυστηρίων   25
Πανδίονος γῆν, πατρὸς εὐγενὴς δάμαρ
ἰδοῦσα Φαίδρα καρδίαν κατέσχετο
ἔρωτι δεινῷ τοῖς ἐμοῖς βουλεύμασιν.
Καὶ πρὶν μὲν ἐλθεῖν τήνδε γῆν Τροιζηνίαν,
πέτραν παρ' αὐτὴν Παλλάδος κατόψιον   30
γῆς τῆσδε ναὸν Κύπριδος ἐγκαθείσατο,
ἐρῶσ' ἔρωτ' ἔκδημον· Ἱππολύτῳ δ' ἔπι

NC. (*notes critiques*). 19. Ὁμιλίαν, conjecture de Porson, arrondirait mieux la phrase. — 34. Nauck, *Euripideische Studien* II, p. 4, demande καθίσατο. Comme on dit, ἱερὸν, θυσίας εἰσάμην, je préfère avec la plupart des éditeurs ἐγκαθείσατο à ἐγκαθίσατο, quoique le présent καθέζω ne se trouve pas; et quant au verbe composé, des phrases comme ἐπ' ἀπήνης ἐμβεβώς (Soph. *Œd. Roi*, 803) et κατ' ἀγραύλοιο βοὸς κέρας ἐμβεβαυῖα (Hom. *Il.* XXIV, 81) semblent justifier παρὰ πέτραν ἐγκαθείσατο. — 32. Les derniers éditeurs ont adopté la leçon ἔκδηλον, autorisée, il est vrai, par les deux meilleurs manuscrits, mais inconciliable, ce me semble, avec les sentiments de Phèdre, qui cachait son amour à Athènes, comme elle le cache à Trézène.

19. Προσπεσὼν μείζω (ὁμιλίαν) équivaut à πεσὼν εἰς μείζονα ὁμιλίαν (Euripide chez Stobée, 22, 14), ou ὁμιλίας μείζονος προσπεσούσης αὐτῷ. Ce verbe n'a pas ici le sens du latin *irruere* : le scholiaste le rend bien par ἐντυχών.

23. Προκόψασα est au nominatif, comme si Vénus était le sujet du verbe suivant. Rien n'est plus familier aux écrivains grecs que ces irrégularités si naturelles, que les grammairiens nous interdisent au nom d'une logique inflexible. Ἀρχαϊσμός, ἐστι τοῦτο, οὐ σολοικισμός, dit un scholiaste.

25. Τέλη désigne l'initiation en général, ὄψις le degré supérieur, l'initiation aux grands mystères, la vue du spectacle mystique qui était réservé aux ἐπόπται.

30. Κατόψιον se rapporte à ναόν, et non à πέτραν. Diodore de Sicile a paraphrasé Euripide en écrivant, IV, 62 : Φαίδρα διὰ τὸ κάλλος ἐρασθεῖσα αὐτοῦ....

ΙΠΠΟΛΥΤΟΣ ΣΤΕΦΑΝΗΦΟΡΟΣ.   15

τὸ λοιπὸν ὠνόμαζεν ἱδρῦσθαι θεάν.
Ἐπεὶ δὲ Θησεὺς Κεκροπίαν λείπει χθόνα,
μίασμα φεύγων αἵματος Παλλαντιδῶν,   35
καὶ τήνδε σὺν δάμαρτι ναυστολεῖ χθόνα,
ἐνιαυσίαν ἔκδημον αἰνέσας φυγήν,
ἐνταῦθα δὴ στένουσα κἀκπεπληγμένη
κέντροις ἔρωτος ἡ τάλαιν᾽ ἀπόλλυται
σιγῇ· σύνοιδε δ᾽ οὔτις οἰκετῶν νόσον.   40
Ἀλλ᾽ οὔτι ταύτῃ τόνδ᾽ ἔρωτα δεῖ πεσεῖν·
δείξω δὲ Θησεῖ πρᾶγμα, κἀκφανήσεται.
Καὶ τὸν μὲν ἡμῖν πολέμιον νεανίαν
κτενεῖ πατὴρ ἀραῖσιν, ἃς ὁ πόντιος
ἄναξ Ποσειδῶν ὤπασεν Θησεῖ γέρας,   45
μηδὲν μάταιον εἰς τρὶς εὔξεσθαι θεῷ.
Ἡ δ᾽ εὐκλεὴς μὲν, ἀλλ᾽ ὅμως ἀπόλλυται,

NC. 33. Ὠνόμαζεν n'a pas de sens : on demande un mot comme ὑμνήσουσιν, proposé par Valckenaer. La conjecture de Meineke ὠνόμαζον ne suffit pas : il faut un futur, à moins de supposer que le poëte, oubliant la fiction, parle ici en son propre nom. Voy. le passage d'Asclépiade cité plus bas.— 36. Peut-être ναυστολεῖ πόλιν. La répétition de χθόνα proviendra d'une glose. — 41. Le *codex Marcianus* porte ταύτης, leçon fautive à laquelle Kirchhoff et Nauck attachent trop d'importance. Ce dernier veut qu'on écrive ἀλλ᾽ οὔτι ταύτης τῇδ᾽ ἔρωτα, conjecture qui ne vaut certainement pas la vulgate, marquée comme variante dans le *Vaticanus* et donnée par les autres manuscrits. Le mot saillant doit être mis en relief, comme il l'est dans ἀλλ᾽ οὔτι ταύτῃ τόνδ᾽ ἔρωτα. — 43. Νεανίαν rétabli par Kirchhoff d'après les meilleurs manuscrits pour l'ancienne vulgate πεφυκότα.

ἱδρύσατο ἱερὸν Ἀφροδίτης παρὰ τὴν ἀκρόπολιν, ὅθεν ἦν καθορᾶν εἰς τὴν Τροιζῆνα.

33. Le texte est altéré. Le sens est évidemment qu'à l'avenir on donnera au temple de la déesse (à la demeure où elle est établie, ἱδρῦσθαι θεάν) un nom qui rappellera celui d'Hippolyte. Le meilleur commentaire de ce vers est une phrase d'Asclépiade, auteur d'un écrit sur les sujets traités par les tragiques (Τραγῳδούμενα) : Ἱερὸν Ἀφροδίτης ἐν Ἀθήναις ἱδρύσατο τὸ νῦν Ἱππολύτειον καλούμενον (Schol. Hom. *Od*. XI, 321).

35. Le meurtrier est souillé et souille les autres tant qu'il reste sur la terre où il a répandu le sang. Pour échapper à cette souillure, μίασμα, Thésée se soumet à un exil prescrit par les lois d'Athènes sous le nom de ἀπενιαυτισμός. Stace, en rappelant un cas analogue à celui de Thésée, *Theb*. I, 401, remplace ces vieilles idées par : « Fraterni sanguinis illum Conscius « horror agit. »

44. Ταύτῃ πεσεῖν veut dire *huc evadere*, et non *sic ad irritum cadere*. Cf. Hérodote, VII, 163 : Καραδοκήσοντα τὴν μάχην τῇ πεσέεται, *id*. VII, 168 ; VIII, 130, passages cités par Nauck.

46. Les mots μηδὲν.... εὔξασθαι θεῷ disent en quoi consiste la faveur, γέρας, en développant l'idée déjà indiquée par ἀραῖσιν.

47. Ἡ δ᾽.... ἀπόλλυται, elle mourra, en femme d'honneur, il est vrai, mais elle mourra cependant ; je ne puis lui épargner ce sort. Cp. Οὐκέτ᾽ εὐκλεεῖς θανούμεθα,

ΙΠΠΟΛΥΤΟΣ ΣΤΕΦΑΝΗΦΟΡΟΣ.

Φαίδρα· τὸ γὰρ τῆσδ' οὐ προτιμήσω κακὸν
τὸ μὴ οὐ παρασχεῖν τοὺς ἐμοὺς ἐχθροὺς ἐμοὶ
δίκην τοσαύτην ὥστ' ἐμοὶ καλῶς ἔχειν. — 50
Ἀλλ' εἰσορῶ γὰρ τόνδε παῖδα Θησέως
στείχοντα θήρας μόχθον ἐκλελοιπότα,
Ἱππόλυτον, ἔξω τῶνδε βήσομαι τόπων.
Πολὺς δ' ἅμ' αὐτῷ προσπόλων ὀπισθόπους
κῶμος λέλακεν Ἄρτεμιν τιμῶν θεὰν 55
ὕμνοισιν· οὐ γὰρ οἶδ' ἀνεῳγμένας πύλας
Ἅιδου, φάος δὲ λοίσθιον βλέπων τόδε.

ΙΠΠΟΛΥΤΟΣ.

Ἕπεσθ' ᾄδοντες ἕπεσθε
τὰν Διὸς οὐρανίαν
Ἄρτεμιν, ᾇ μελόμεσθα. 60

ΘΕΡΑΠΟΝΤΕΣ.

Πότνια πότνια σεμνοτάτα,
Ζανὸς γένεθλον,
χαῖρε χαῖρέ μοι, ὦ κόρα
Λατοῦς Ἄρτεμι καὶ Διός, 65
καλλίστα πολὺ παρθένων,
ἃ μεγάλαν κατ' οὐρανὸν
ναίεις εὐπατέρει' ἀν' αὐ-
λάν, Ζηνὸς πολύχρυσον οἶκον.

NC. 48. La variante mal autorisée καλόν n'est que la mauvaise correction d'un copiste. — 66-68 Les manuscrits portent : ἃ μέγαν … εὐπατέρειαν αὐλάν. Valckenaër comprit que l'épithète homérique εὐπατέρεια ne pouvait se rapporter qu'à la déesse, Gaisford proposa εὐπατέρει' ἀν' οἶκον. En profitant de cette belle correction, j'ai écrit ἃ μεγάλαν, ce qui permet de conserver à la fois αὐλάν et οἶκον (Eustathe *ad Iliadem*, p. 436, cite Ζηνὸς πολύχρυσον οἶκον), et je propose, pour rétablir le mètre glyconique : ἃ ναίεις μεγάλαν κατ' Οὔ-λυμπον εὐπατέρει'…

v. 687. Le présent, ἀπόλλυται, marque un arrêt irrévocable. La phrase est construite comme v. 358.

48-49. Προτιμᾶν τι ne veut pas dire préférer quelque chose, mais attacher une plus grande importance à quelque chose. Cf. Eschyle, *Euménides*, 640, 739. — Τὸ μὴ οὐ, de manière à renoncer à ce que....

54. Ἀλλ' εἰσορῶ γάρ équivaut à ἀλλ' ἐπεὶ εἰσορῶ. Hérodote et les Attiques s'expriment souvent ainsi.

56-57. On dit οἶδ' ἀνεῳγμένας πύλας, on dit aussi οἶδε βλέπων φάος (il sait qu'il voit le jour), et ces deux constructions sont coordonnées ici. Il ne faut pas prendre πύλας pour un régime de βλέπων.

61. Les compagnons d'Hippolyte forment un petit chœur accessoire, comme

ΙΠΠΟΛΥΤΟΣ ΣΤΕΦΑΝΗΦΟΡΟΣ.   17

[Χαῖρέ μοι, ὦ καλλίστα   70
καλλίστα τῶν κατ' Ὄλυμπον
παρθένων, Ἄρτεμι.]

ΙΠΠΟΛΥΤΟΣ.

Σοὶ τόνδε πλεκτὸν στέφανον ἐξ ἀκηράτου
λειμῶνος, ὦ δέσποινα, κοσμήσας φέρω,
ἔνθ' οὔτε ποιμὴν ἀξιοῖ φέρβειν βοτὰ   75
οὔτ' ἦλθέ πω σίδηρος, ἀλλ' ἀκήρατον
μέλισσα λειμῶν' ἐαρινὴ διέρχεται·
Αἰδὼς δὲ ποταμίαισι κηπεύει δρόσοις,
ὅστις διδακτὸν μηδὲν, ἀλλ' ἐν τῇ φύσει
τὸ σωφρονεῖν εἴληχεν ἐς τὰ πάνθ' ὁμῶς,   80
τούτοις δρέπεσθαι· τοῖς κακοῖσι δ' οὐ θέμις.
Ἀλλ' ὦ φίλη δέσποινα, χρυσέας κόμης
ἀνάδημα δέξαι χειρὸς εὐσεβοῦς ἄπο.
Μόνῳ γάρ ἐστι τοῦτ' ἐμοὶ γέρας βροτῶν·
σοὶ καὶ ξύνειμι καὶ λόγοις σ' ἀμείβομαι,   85
κλύων μὲν αὐδὴν, ὄμμα δ' οὐχ ὁρῶν τὸ σόν.
Τέλος δὲ κάμψαιμ' ὥσπερ ἠρξάμην βίου.

NC. 70-72. Ces lignes, qu'on ne peut donner sans inconvénient ni au chœur ni à Hippolyte, font à Diane le mince compliment d'être la plus belle des vierges peu nombreuses de l'Olympe, quand elle vient d'être proclamée la plus belle de toutes les vierges. Hartung les retranche avec raison. Je crois qu'elles sont la paraphrase en prose des vers précédents, et encore d'après la mauvaise variante αἴ... ναίετε. — 76. Οὔτ' rétabli pour οὐδ' par Nauck, d'après Orion, *Anthol.* III, 3, p. 45. — La répétition du mot ἀκήρατον est apparemment du fait des copistes. Le poète écrivit peut-être ἀλλὰ παρθένον. C'est ainsi qu'on lit chez Eschyle, *Perses*, 613, παρθένου πηγῆς, suivi de ἀκήρατον ποτόν. — 77. Ἐαρινή est la leçon du scholiaste, préférée avec raison par Valckenaer à la vulgate ἐαρινόν. — 79. Ὅστις est une correction nécessaire de Porson pour ὅσοις. Car λαγχάνειν veut dire recevoir en partage, et non tomber en partage.

les femmes du cortège à la fin des *Euménides* d'Eschyle, et les jeunes filles qui chantent l'hyménée dans les fragments du *Phaëthon* d'Euripide. Le scholiaste cite deux tragédies perdues de notre poète, *Alexandre* et *Antiope*, où l'on voyait paraître les deux chœurs, non pas successivement, comme ici, mais simultanément, comme dans les deux autres tragédies citées.
75-76. On compare Ovide, *Métam.* III, 408; *Héroïdes*, XVI, 55.

78-81. Le personnage de la Pudeur, que plusieurs critiques ont voulu évincer, est en harmonie, ce me semble, avec l'ensemble de ce morceau exquis. Les Grecs entourèrent leurs dieux de divinités subalternes, personnifications qui donnaient un corps à chacun des traits réunis dans la nature complexe des grandes divinités. L'Amour, la Persuasion, les Grâces, forment le cortège de Vénus. De même la Pudeur est ici attachée au service de Diane;

ΙΠΠΟΛΥΤΟΣ ΣΤΕΦΑΝΗΦΟΡΟΣ.

ΘΕΡΑΠΩΝ.
Ἄναξ, θεοὺς γὰρ δεσπότας καλεῖν χρεών,
ἆρ' ἄν τί μου δέξαιο βουλεύσαντος εὖ;

ΙΠΠΟΛΥΤΟΣ.
Καὶ κάρτα γ'· ἢ γὰρ οὐ σοφοὶ φαινοίμεθ' ἄν. 90

ΘΕΡΑΠΩΝ.
Οἶσθ' οὖν βροτοῖσιν ὃς καθέστηκεν νόμος;

ΙΠΠΟΛΥΤΟΣ.
Οὐκ οἶδα· τοῦ δὲ καί μ' ἀνιστορεῖς πέρι;

ΘΕΡΑΠΩΝ.
Μισεῖν τὸ σεμνὸν καὶ τὸ μὴ πᾶσιν φίλον.

ΙΠΠΟΛΥΤΟΣ.
Ὀρθῶς γε· τίς δ' οὐ σεμνὸς ἀχθεινὸς βροτῶν;

ΘΕΡΑΠΩΝ.
Ἐν δ' εὐπροσηγόροισιν ἔστι τις χάρις; 95

ΙΠΠΟΛΥΤΟΣ.
Πλείστη γε, καὶ κέρδος γε σὺν μόχθῳ βραχεῖ.

ΘΕΡΑΠΩΝ.
Ἦ κἀν θεοῖσι ταὐτὸν ἐλπίζεις τόδε;

ΙΠΠΟΛΥΤΟΣ.
Εἴπερ γε θνητοὶ θεῶν νόμοισι χρώμεθα.

ΘΕΡΑΠΩΝ.
Πῶς οὖν σὺ σεμνὴν δαίμον' οὐ προσεννέπεις;

ΙΠΠΟΛΥΤΟΣ.
Τίν'; εὐλαβοῦ δὲ μή τί σου σφαλῇ στόμα. 100

ΘΕΡΑΠΩΝ.
Τήνδ' ἣ πύλαισι σαῖς ἐφέστηκεν Κύπρις.

elle veille sur' le pré consacré à la déesse, le nourrit de la rosée des sources vives, afin que ceux qui, sans étude et sans effort, sont naturellement purs et chastes en toutes choses puissent en cueillir les fleurs. Ὅστις, qui renferme l'idée d'un pluriel, a pour corrélatif τούτοις, construction tout à fait usuelle.

88. Xénophon, *Anabase*, 3, 2, 13 : Οὐδένα ἄνθρωπον δεσπότην, ἀλλὰ τοὺς θεοὺς προσκυνεῖτε.

94. La négation porte sur ἀχθεινός. Le rapprochement de σεμνὸς ἀχθεινός fait bien sentir que l'un ne va pas sans l'autre, et qu'on ne peut être orgueilleux sans être déplaisant.

96. Καὶ.... βραχεῖ, et encore cet avantage coûte-il peu de peine. Il n'y a pas d'opposition entre χάρις et κέρδος.

98. Voy. le même raisonnement, *Bacch.* 319 sqq.

99. Σεμνός, qui s'était tantôt pris en

ΙΠΠΟΛΥΤΟΣ ΣΤΕΦΑΝΗΦΟΡΟΣ.

ΙΠΠΟΛΥΤΟΣ.
Πρόσωθεν αὐτὴν ἁγνὸς ὢν ἀσπάζομαι.
ΘΕΡΑΠΩΝ.
Σεμνή γε μέντοι κἀπίσημος ἐν βροτοῖς.
ΙΠΠΟΛΥΤΟΣ.
Ἄλλοισιν ἄλλος θεῶν τε κἀνθρώπων μέλει.
ΘΕΡΑΠΩΝ.
Εὐδαιμονοίης νοῦν ἔχων οἷόν σε δεῖ.   105
ΙΠΠΟΛΥΤΟΣ.
Οὐδείς μ' ἀρέσκει νυκτὶ θαυμαστὸς θεῶν.
ΘΕΡΑΠΩΝ.
Τιμαῖσιν, ὦ παῖ, δαιμόνων χρῆσθαι χρεών.
ΙΠΠΟΛΥΤΟΣ.
Χωρεῖτ' ὀπαδοὶ, καὶ παρελθόντες δόμους
Σίτων μέλεσθε· τερπνὸν ἐκ κυναγίας
Τράπεζα πλήρης· καὶ καταψήχειν χρεὼν   110
ἵππους, ὅπως ἂν ἅρμασι ζεύξας ὕπο
βορᾶς κορεσθεὶς γυμνάσω τὰ πρόσφορα·
τὴν σὴν δὲ Κύπριν πόλλ' ἐγὼ χαίρειν λέγω.
ΘΕΡΑΠΩΝ.
Ἡμεῖς δὲ, τοὺς νέους γὰρ οὐ μιμητέον,
φρονοῦντες οὕτως ὡς πρέπει δούλοις λέγειν,   115
προσευξόμεσθα τοῖσι σοῖς ἀγάλμασιν,
δέσποινα Κύπρι. Χρὴ δὲ συγγνώμην ἔχειν,

NC. 105. Οἷον, correction de Nauck pour ὅσον. — 115. Faut-il lire δούλοις θεῶν? ou bien faut-il regarder ce vers comme interpolé? C'était l'opinion de Brunck, et Hirzel (*De Euripidis in componendis diverbiis arte*, Bonn, 1862, p. 37) fait remarquer qu'en retranchant ce vers, on a deux couplets symétriques, de six vers chacun.

mauvaise part, se prend ici en bonne part. Le scholiaste en fait l'observation.

102. Πρόσωθεν ἀσπάζομαι est plus poli que χαίρειν ἐῶ ou χαίρειν λέγω (v. 113), mais dit au fond la même chose. C'est ainsi que l'emploie Platon, *République*, VI, p. 499 A.

105. Au lieu de dire : « Crains de t'attirer quelque malheur par ton orgueil, » il dit : « Puisses-tu être heureux en ayant les sentiments que tu dois avoir. »

108. Ceci rappelle ce qu'Hector dit à Andromaque : Ἀλλ' εἰς οἶκον ἰοῦσα τὰ σαυτῆς ἔργα κόμιζε. Hom. *Il.* VI, 490.

112. Τὰ πρόσφορα équivaut à τὰ πρόσφορα γυμνάσματα.

115. Ce vers, qui n'a pas de sens, est gâté ou interpolé.

ΙΠΠΟΛΥΤΟΣ ΣΤΕΦΑΝΗΦΟΡΟΣ.

εἴ τίς σ' ὑφ' ἥβης σπλάγχνον ἔντονον φέρων
μάταια βάζει · μὴ δόκει τούτου κλύειν ·
σοφωτέρους γὰρ χρὴ βροτῶν εἶναι θεούς.   120

ΧΟΡΟΣ.

Ὠκεανοῦ τις ὕδωρ στά-   [Strophe 1.]
ζουσα πέτρα λέγεται
βαπτὰν κάλπισι ῥυτὰν
παγὰν προϊεῖσα κρημνῶν,
ὅθι μοί τις ἦν φίλα,   125
φάρεα πορφύρεα
ποταμίᾳ δρόσῳ
τέγγουσα, θερμᾶς δ' ἐπὶ νῶτα πέτρας
εὐαλίου κατέβαλλ᾽ · ὅθεν μοι
πρῶτα φάτις ἦλθε δεσποίνας,   130

τειρομέναν νοσερᾷ κοί-   [Antistrophe 1.]
τᾳ δέμας ἐντὸς ἔχειν
οἴκων, λεπτὰ δὲ φάρη

NC. 118. La variante εὔτονον ferait l'éloge d'Hippolyte (Hartung). — 123. Le mètre glyconique demande qu'on transpose ῥυτὰν κάλπισι βαπτάν, avec Hartung, ou qu'on mette νερὰν à la place de ῥυτάν. On pourrait aussi écrire εὔρυτον ou εὔρυταν (schol. ἐν τῇ εὐύδρῳ πηγῇ) et dans l'antistrophe φάρεα. — 126. Les manuscrits portent πορφύρεα φάρεα. Hermann transposa ces mots, d'après l'antistrophe. — 129. Les leçons κατέβαλ᾽ et κατέβαλεν ont été corrigées par Monk. — 130. Les manuscrits donnent δεσποίνας et δέσποιναν. J'ai préféré le génitif pour qu'il y eût un petit repos et une virgule à la fin de la strophe. — 131-32. La variante τειρομένα νοσερά (ou τειρομέναν νοσερᾷ) δέμας ἔντοσθεν ἔχειν (en omettant κοίτα) rend la leçon de ce passage douteuse. Peut-être τειρόμενον νοσερὰν κοίταν δέμα; ἐντὸς ἔχειν en prenant κοίταν pour le sujet de l'infinitif. — 133. Variante φάρεα.

120. Critique naïve des dieux de la croyance populaire. Cp. v. 6 et la note.

121-130. Il y avait près de Trézène une source qui passait pour provenir du fleuve Océan. On ne doit pas songer ici à la croyance qui assignait cette origine à toutes les sources d'eau douce. Le mot λέγεται indique quelque chose de particulier, et le scholiaste nous apprend que l'auteur d'un traité περὶ ποταμῶν, Dionysodore, parlait de cette fontaine, assez abondante pour y plonger les urnes, βαπτὰν κάλπισι. (Cp. Hécube, 610 : Τεῦχος βάψασα ποντίας ἁλός.) C'est là que les femmes qui composent le chœur ont appris la maladie de Phèdre par une amie qui y était allée laver avec elles. — Φάτις δεσποίνας équivaut à φάτις περὶ δεσποίνας. Cp. Hom. Il. 23, 362 : Φάτις ἀνδρῶν μνηστήρων, et Soph. Ajax, 221 : Ἀνδρὸς αἴθονος ἀγγελίαν.

131-132. Les mots νοσερᾷ κοίτᾳ doivent se lier à ἔχειν δέμας ἐντὸς οἴκων. Cp. v. 180.

ΙΠΠΟΛΥΤΟΣ ΣΤΕΦΑΝΗΦΟΡΟΣ. 21

ξανθὰν κεφαλὰν σκιάζειν·
τριτάταν δέ νιν κλύω   135
τάνδε κατ' ἀμβροσίου
στόματος ἀμέραν
Δάματρος ἀκτᾶς δέμας ἁγνὸν ἴσχειν,
κρυπτῷ πάθει θανάτου θέλουσαν
κέλσαι ποτὶ τέρμα δύστανον.   140

Οὐ γὰρ ἔνθεος, ὦ κούρα,   [Strophe. 2.]
εἴτ' ἐκ Πανὸς εἴθ' Ἑκάτας
ἢ σεμνῶν Κορυβάντων
φοιτᾷς ἢ ματρὸς ὀρείας·
οὐδ' ἀμφὶ τὰν πολύθηρον   145
Δίκτυνναν ἀμπλακίαις
ἄθυτος ἀνίερων πελάνων τρύχει.
Φοιτᾷ γὰρ καὶ διὰ λίμνας,
χωροῦσ' ὑπὲρ πελάγους

NC. 139. Πάθει, correction de Burges pour πένθει, qui est contraire à la mesure. —
141. Οὐ γάρ, correction de Lachmann et de Kirchhoff pour σὺ γάρ. — 144. Les manuscrits ont ἢ ματρὸς ὀρείας; φοιτᾷς (ou φοιταλέου). La transposition, faite par Bothe, est
confirmée par le scholiaste. — 145. Οὐδ', correction de Lachmann et de Kirchhoff pour
σὺ δ'. — 147. On lisait ἀνίερων ἀθύτων, que j'ai corrigé à cause de la mesure. — 149. J'ai
corrigé la leçon χέρσον θ' ὑπὲρ (ὕπερ Monk) πελάγους. Καὶ.. τε.. ne se met jamais
pour τε.. καί.. On voit donc qu'après avoir dit que la déesse franchit (non-seulement les
terres, mais) aussi la mer, καὶ διὰ λίμνας, le poète ne pouvait ajouter χέρσον τε, mots
qui interrompent la suite de la phrase, où il n'est question que de la mer.

136-138. Κατ' ἀμβροσίου στόματος est dit comme s'il suivait οὐ καθιέναι σῖτον. Au lieu de cela le poète poursuit ainsi : « tenir son corps dans l'abstinence du fruit de Cérès. » L'épithète ἀμβρόσιος (belle) et la phrase Δήμητρος ἀκτή sont empruntées à Homère.

140. Eschyle dit, en se servant de la même métaphore : Πᾷ ποτε τῶνδε πόνων χρή σε τέρμα κέλσαντ' ἐσιδεῖν. Prom. 183.

141-147. Le chœur se demande, sans vouloir toutefois le supposer, si Phèdre a l'esprit égaré (φοιτᾷς) par l'une des divinités qui frappent de démence, Pan, Hécate, les Corybantes ou Cybèle (cp. Horace, Odes, I, XVI, 5-8), ou si elle aurait encouru la colère de Dictynna (espèce de Diane), en négligeant d'offrir un sacrifice à cette déesse, qu'on adorait dans la Crète, la patrie de Phèdre. Dans l'Ajax de Sophocle, v. 172-181, le chœur fait des suppositions semblables. — Ἀμπλακίαις est expliqué par ἄθυτος ἀνίερων (pour ἀνιέρων) πελάνων, qui équivaut à μὴ θύσασα. Cp. Eurip. Électre, 310 : ἀνέορτος ἱερῶν, et, pour le luxe de l'expression, Soph. ŒEd. Roi, 57 : Ἔρημος ἀνδρῶν οὐ ξυνοικούντων ἔσω. — Ἄθυτος a le sens actif chez Xénophon, Hell. 3, 2, 23.

148-150. La déesse crétoise peut frapper Phèdre à Athènes ou à Trézène : elle court aussi à travers la mer en franchissant les

δίναις ἐν νοτίαις ἄλμας. 150

Ἡ πόσιν τὸν Ἐρεχθειδᾶν [Antistrophe 2.]
ἀρχαγὸν, τὸν εὐπατρίδαν,
ποιμαίνει τις ἐν οἴκοις
κρυπτὰ κοίτα λεχέων σῶν;
Ἡ ναυβάτας τις ἔπλευσεν 155
Κρήτας ἔξορμος ἀνὴρ
λιμένα τὸν εὐξεινότατον ναύταις,
φάμαν πέμπων βασιλείᾳ,
λύπᾳ δ' ὑπὲρ παθέων
εὐναία δέδεται ψυχάν; 160

Φιλεῖ δὲ τᾷ δυστρόπῳ γυναικῶν [Épode.]
ἁρμονίᾳ κακᾷ δύ-
στανος ἀμαχανία συνοικεῖν
ὠδίνων τε καὶ ἀφροσύνας.
Δι' ἐμᾶς ᾖξέν ποτε νηδύος ἅδ' αὔρα· 165
τὰν δ' εὔλοχον οὐρανίαν τόξων
μεδέουσαν ἀΰτευν Ἄρτεμιν,
καί μοι πολυζήλωτος ἀ-
εὶ σὺν θεοῖσι φοιτᾷ.

NC. 153. Variante vicieuse πημαίνει. — 154. Monk corrigea la leçon de la plupart des manuscrits κρυπτᾷ κοίτᾳ. — 160. Ψυχάν schol. ψυχά, ψυχᾷ variantes.

flots. Cp. Soph. *Antig.* 335 : Καὶ πολιοῦ πέραν πόντου χειμερίῳ νότῳ χωρεῖ, περιβρυχίοισιν περῶν ὑπ' οἴδμασιν.

151-154. Autre conjecture : Un amour secret de Thésée aurait-il jeté Phèdre dans une fureur jalouse? Ποιμαίνειν, comme βουκολεῖν, veut dire amuser, c.-à-d. charmer et tromper. — L'adjectif κρυπτός gouverne ici un génitif comme l'adverbe κρύφα. Le lit adultère se cache du lit légitime.

155-160. Un messager venu de Crète apporta-t-il dans le port hospitalier d'Athènes (ce compliment n'est pas à l'adresse des Trézéniens) quelque nouvelle pour la reine; et, attristée par des malheurs, est-elle clouée dans son lit par l'âme?

161-164. Une dernière hypothèse : L'approche de l'enfantement serait-elle la cause du délire (ἀφροσύνη) de Phèdre ? Le scholiaste explique δυστρόπῳ par δυσχερεῖ. Le tempérament des femmes, dit le poète, est sujet à de fâcheuses perturbations. Les génitifs ὠδίνων τε καὶ ἀφροσύνας (deux choses étroitement liées) dépendent directement de ἀμαχανία. Il n'y a rien à suppléer. — L'ensemble de cette strophe montre assez que ἀφροσύνη ne désigne pas ici des transports amoureux, seule chose dont le chœur ne s'avise pas.

168-169. Au lieu de dire : « Et elle me secourut, » elles disent, ce qui en est la cou-

ΙΠΠΟΛΥΤΟΣ ΣΤΕΦΑΝΗΦΟΡΟΣ. 23

Ἀλλ' ἥδε τροφὸς γεραιὰ πρὸ θυρῶν 170
τήνδε κομίζουσ' ἔξω μελάθρων·
στυγνὸν δ' ὀφρύων νέφος αὐξάνεται.
Τί ποτ' ἔστι, μαθεῖν ἔραται ψυχὰ,
τί δεδήληται
δέμας ἀλλόχροον βασιλείας. 175

ΤΡΟΦΟΣ.

Ὢ κακὰ θνητῶν στυγεραί τε νόσοι·
τί σ' ἐγὼ δράσω ; τί δὲ μὴ δράσω;
Τόδε σοι φέγγος, λαμπρὸς ὅδ' αἰθήρ·
ἔξω δὲ δόμων ἤδη νοσερᾶς
δέμνια κοίτας. 180
Δεῦρο γὰρ ἐλθεῖν πᾶν ἔπος ἦν σοι·
τάχα δ' εἰς θαλάμους σπεύσεις τὸ πάλιν.
Ταχὺ γὰρ σφάλλει κοὐδενὶ χαίρεις,
οὐδέ σ' ἀρέσκει τὸ παρὸν, τὸ δ' ἀπὸν
φίλτερον ἡγεῖ. 185
Κρεῖσσον δὲ νοσεῖν ἢ θεραπεύειν·
τὸ μέν ἐστιν ἁπλοῦν, τῷ δὲ συνάπτει
λύπη τε φρενῶν χερσίν τε πόνος.
Πᾶς δ' ὀδυνηρὸς βίος ἀνθρώπων,
κοὐκ ἔστι πόνων ἀνάπαυσις· 190
ἀλλ' ὅ τι τούτου φίλτερον ἄλλο

NC. 178. Λαμπρὸς est mieux autorisé et vaut mieux que l'ancienne vulgate λαμπρόν. — 191. J'ai préféré τούτου, donné par le schol. d'Aristophane, *Grenouilles*, 1082, à τοῦ ζῆν, leçon des manuscrits d'Euripide due à une glose explicative.

séquence : « Et toujours vénérée par moi, elle marche au nombre des dieux. »

170-171. Le poëte s'exprime comme si la nourrice, assistée d'autres femmes, portait dehors (κομίζουσα) Phèdre ou plutôt le lit sur lequel Phèdre repose. Par le fait, le palais s'ouvrait et tous les personnages qui entrent en scène étaient avancés au moyen d'une machine qu'on appelait ἐκκύκλημα. Cette observation est d'Aristophane de Byzance, le fameux grammairien alexandrin qui précéda Aristarque

172. C'est là ce que Sophocle, *Antig.* 528, appelle νεφέλη ὀφρύων, et il fait tomber de ce nuage une pluie de larmes, τέγγουσ' εὐῶπα παρειάν.

183. Σφάλλει, tu vacilles, tu changes d'avis.

188. Après φρενῶν, le lecteur moderne s'attend à χειρῶν ; mais, contrairement à nos habitudes, on aimait alors à varier la forme grammaticale des membres de phrase coordonnés. Les exemples abondent chez les tragiques et chez Thucydide.

191. Cp. Soph. *OEdipe Roi*, 1331 :

σκότος ἀμπίσχων κρύπτει νεφέλαις.
Δυσέρωτες δὴ φαινόμεθ' ὄντες
τοῦδ' ὅ τι τοῦτο στίλβει κατὰ γῆν,
δι' ἀπειροσύνην ἄλλου βιότου   195
κοὐκ ἀπόδειξιν τῶν ὑπὸ γαίας·
μύθοις δ' ἄλλως φερόμεσθα.

ΦΑΙΔΡΑ.

Αἴρετέ μου δέμας, ὀρθοῦτε κάρα·
λέλυμαι μελέων σύνδεσμα φίλων.
Λάβετ' εὐπήχεις χεῖρας, πρόπολοι.   200
Βαρύ μοι κεφαλῆς ἐπίκρανον ἔχειν·
ἄφελ', ἀμπέτασον βόστρυχον ὤμοις.

ΤΡΟΦΟΣ.

Θάρσει, τέκνον, καὶ μὴ χαλεπῶς
μετάβαλλε δέμας.
Ῥᾷον δὲ νόσον μετά θ' ἡσυχίας   205
καὶ γενναίου λήματος οἴσεις·
μοχθεῖν δὲ βροτοῖσιν ἀνάγκη.

ΦΑΙΔΡΑ.

Αἰαῖ·
πῶς ἂν δροσερᾶς ἀπὸ κρηνῖδος
καθαρῶν ὑδάτων πῶμ' ἀρυσαίμην;
ὑπό τ' αἰγείροις ἔν τε κομήτῃ   210
λειμῶνι κλιθεῖσ' ἀναπαυσαίμην.

NC. 199. Variante φίλαι. — 200. Hartung écrit εὖ πήχεις χερσίν.

Ἔπαισε δ' αὐτόχειρ νιν οὔτις ἀλλ' ἐγὼ τλάμων, pour οὐκ ἄλλος πλὴν ἐγώ. — Euripide faisait dire à son Phrixus : Τίς δ' οἶδεν, εἰ ζῆν τοῦθ' ὃ κέκληται θανεῖν, Τὸ ζῆν δὲ θνήσκειν ἐστί; Πλὴν ὅμως βροτῶν Νοσοῦσιν οἱ βλέποντες, οἱ δ' ὀλωλότες Οὐδὲν νοσοῦσιν, οὐδὲ κέκτηνται κακά (Stobée, *Anthol.* 120, 18). Cp. aussi *Polyidus*, fr. 8 Wagner.

194-196. Ὅ τι (et non ὅτι) est bien expliqué par la scholie τούτου ὅπερ ἐστὶν ἆρα τοῦτο τὸ λαμπρόν. — Cp. fr. 12, 10 du *Phrixus* d'Euripide : Τὸ ζῆν γὰρ ἴσμεν· τοῦ θανεῖν δ' ἀπειρίᾳ Πᾶς τις φοβεῖται φῶς λιπεῖν τόδ' ἡλίου. — Les mots οὐκ ἀπόδειξιν sunt corps, comme οὐκ ἀρετή, οὐκ ἀπόδοσις, etc. chez Thucydide.

198-202. Le scholiaste fait remarquer la vérité de ces petites phrases coupées, κομματικαὶ διάνοιαι.

203. Χαλεπῶς, impatiemment, est expliqué par son opposé μεθ' ἡσυχίας.

208. Πῶς ἂν équivaut à εἴθε, v. 230. Cp. v. 345.

210. Les prés d'Euripide sont chevelus comme les arbres d'Horace.

ΙΠΠΟΛΥΤΟΣ ΣΤΕΦΑΝΗΦΟΡΟΣ. 25

ΤΡΟΦΟΣ.

Ὦ παῖ, τί θροεῖς;
οὐ μὴ παρ' ὄχλῳ τάδε γηρύσει
μανίας ἔποχον ῥίπτουσα λόγον;

ΦΑΙΔΡΑ.

Πέμπετέ μ' εἰς ὄρος· εἶμι πρὸς ὕλην   215
καὶ παρὰ πεύκας, ἵνα θηροφόνοι
στείβουσι κύνες
βαλιαῖς ἐλάφοις ἐγχριπτόμεναι·
πρὸς θεῶν, ἔραμαι κυσὶ θωΰξαι
καὶ παρὰ χαίταν ξανθὴν ῥῖψαι   220
Θεσσαλὸν ὅρπακ',
ἐπίλογχον ἔχουσ' ἐν χειρὶ βέλος.

ΤΡΟΦΟΣ.

Τί ποτ', ὦ τέκνον, τάδε κηραίνεις;
τί κυνηγεσίων σοὶ καὶ μελέτη;
τί δὲ κρηναίων νασμῶν ἔρασαι;   225
πάρα γὰρ δροσερὰ πύργοις συνεχὴς·
κλιτύς, ὅθεν σοι πῶμα γένοιτ' ἄν.

NC. 218. Variante ἐγχριπτομένα. — 224. Les manuscrits portent καὶ σοὶ μελέτης; ou μελέτη. J'ai transposé καί, parce que καὶ σοί, *etiam tibi*, impliquerait une allusion à Hippolyte, auquel la nourrice ne songe pas. Kirchhoff conjecture μέτα σοι μελέτης.— 225-27 pourraient changer de place avec 213-14. La convenance de cette transposition est assez évidente et les vers 232-35 semblent la confirmer. Pourquoi la nourrice ne réfuterait-elle ce qui lui semble étrange dans le premier désir de Phèdre qu'après en avoir entendu un autre?

213-214. Il faut ici un point d'interrogation. Dans les phrases interrogatives, la simple négation οὐ avec le futur marque un commandement (Οὐκ ἄψορρον ἐκνεμεῖ πόδα; Soph. *Ajax*, 369), la double négation οὐ μή une défense, ou, plus exactement, l'ordre de ne pas faire une chose (cp. v. 498, 499). Sans interrogation, οὐ μή, avec l'indicatif du futur ou le subjonctif de l'aoriste, s'emploie pour affirmer qu'une chose n'aura pas lieu (Οὐ σοι μὴ μεθέψομαί ποτε. Soph. *El.* 1052). — Μανίας ἔποχον équivaut à μανίᾳ κάτοχον.

215. Ἐνταῦθα δὲ δεῖ τὸν ὑποκρινόμενον κινῆσαι ἑαυτὸν καὶ σχήματι καὶ φωνῇ, καὶ ἐν τῷ « εἶμι πρὸς ὕλην » ἀναπηδᾶν, ὡς αὐτὴ πορευομένη. Scholiaste, d'accord avec Mlle Rachel.

220. « Summa telum librabat ab aure. » Virgile, *Én.* IX, 417.

223, 224. Κηραίνειν semble désigner l'égarement de l'esprit ici et *Herc. Fur.* 518 : Ποῖ' ὄνειρα κηραίνουσ' ὁρῶ; — Τί.... καί ne diffère pas essentiellement de τί ποτε. Soph. *OEd. Roi*, 1129 : Ποῖον ἄνδρα καὶ λέγεις;

226. Πύργοις συνεχής, attenant au palais. Les traductions latines lient συνεχής avec δροσερά, en suivant la mauvaise scholie συνεχὲς ὕδωρ στάζουσα.

σκότος ἀμπίσχων κρύπτει νεφέλαις.
Δυσέρωτες δὴ φαινόμεθ᾽ ὄντες
τοῦδ᾽ ὅ τι τοῦτο στίλβει κατὰ γῆν,
δι᾽ ἀπειροσύνην ἄλλου βιότου   195
κοὐκ ἀπόδειξιν τῶν ὑπὸ γαίας·
μύθοις δ᾽ ἄλλως φερόμεσθα.

ΦΑΙΔΡΑ.

Αἴρετέ μου δέμας, ὀρθοῦτε κάρα·
λέλυμαι μελέων σύνδεσμα φίλων.
Λάβετ᾽ εὐπήχεις χεῖρας, πρόπολοι.   200
Βαρύ μοι κεφαλῆς ἐπίκρανον ἔχειν·
ἄφελ᾽, ἀμπέτασον βόστρυχον ὤμοις.

ΤΡΟΦΟΣ.

Θάρσει, τέκνον, καὶ μὴ χαλεπῶς
μετάβαλλε δέμας.
Ῥᾷον δὲ νόσον μετά θ᾽ ἡσυχίας   205
καὶ γενναίου λήματος οἴσεις·
μοχθεῖν δὲ βροτοῖσιν ἀνάγκη.

ΦΑΙΔΡΑ.

Αἰαῖ·
πῶς ἂν δροσερᾶς ἀπὸ κρηνῖδος
καθαρῶν ὑδάτων πῶμ᾽ ἀρυσαίμην;
ὑπό τ᾽ αἰγείροις ἔν τε κομήτῃ   210
λειμῶνι κλιθεῖσ᾽ ἀναπαυσαίμην.

NC. 199. Variante φίλαι. — 200. Hartung écrit εὖ πηχεις χερσίν.

Ἔπαισε δ᾽αὐτόχειρ νιν οὔτις ἀλλ᾽ ἐγὼ τλάμων, pour οὐκ ἄλλος πλὴν ἐγώ. — Euripide faisait dire à son Phrixus : Τίς δ᾽ οἶδεν, εἰ ζῆν τοῦθ᾽ ὃ κέκληται θανεῖν, Τὸ ζῆν δὲ θνήσκειν ἐστί; Πλὴν ὅμως βροτῶν Νοσοῦσιν οἱ βλέποντες, οἱ δ᾽ ὀλωλότες Οὐδὲν νοσοῦσιν, οὐδὲ κέκτηνται κακά (Stobée, Anthol. 120, 18). Cp. aussi Polyidus, fr. 8 Wagner.

194-196. Ὅ τι (et non ὅτι) est bien expliqué par la scholie τούτου ὅπερ ἐστὶν ἄρα τοῦτο τὸ λαμπρόν. — Cp. fr. 12, 10 du Phrixus d'Euripide : Τὸ ζῆν γὰρ ἴσμεν· τοῦ θανεῖν δ᾽ἀπειρίᾳ Πᾶς τις φοβεῖται φῶς λιπεῖν τόδ᾽ ἡλίου. — Les mots οὐκ ἀπόδειξιν font corps, comme οὐκ ἀρετή, οὐκ ἀπόδοσις, etc. chez Thucydide.

198-202. Le scholiaste fait remarquer la vérité de ces petites phrases coupées, κομματικαὶ διάνοιαι.

203. Χαλεπῶς, impatiemment, est expliqué par son opposé μεθ᾽ ἡσυχίας.

208. Πῶς ἂν équivaut à εἴθε, v. 230. Cp. v. 345.

210. Les prés d'Euripide sont chevelus comme les arbres d'Horace.

ΙΠΠΟΛΥΤΟΣ ΣΤΕΦΑΝΗΦΟΡΟΣ. 27

καὶ ἐπ' αἰσχύνην ὄμμα τέτραπται.
Τὸ γὰρ ὀρθοῦσθαι γνώμην ὀδυνᾷ,
τὸ δὲ μαινόμενον κακόν· ἀλλὰ κρατεῖ
μὴ γιγνώσκοντ' ἀπολέσθαι.

ΤΡΟΦΟΣ.

Κρύπτω· τὸ δ' ἐμὸν πότε δὴ θάνατος   250
σῶμα καλύψει;
Πολλὰ διδάσκει μ' ὁ πολὺς βίοτος.
Χρῆν γὰρ μετρίας εἰς ἀλλήλους
φιλίας θνητοὺς ἀνακίρνασθαι
καὶ μὴ πρὸς ἄκρον μυελὸν ψυχῆς,   255
εὔλυτα δ' εἶναι στέργηθρα φρενῶν
ἀπό τ' ὤσασθαι καὶ ξυντεῖναι.
Τὸ δ' ὑπὲρ δισσῶν μίαν ὠδίνειν
ψυχὴν χαλεπὸν βάρος, ὡς κἀγὼ
τῆσδ' ὑπεραλγῶ.   260
Βιότου δ' ἀτρεκεῖς ἐπιτηδεύσεις
φασὶ σφάλλειν πλέον ἢ τέρπειν
τῇ θ' ὑγιείᾳ μᾶλλον πολεμεῖν.
Οὕτω τὸ λίαν ἧσσον ἐπαινῶ
τοῦ μηδὲν ἄγαν·   265
καὶ συμφήσουσι σοφοί μοι.

247-249. La même idée est développée dans l'*Ajax* de Sophocle, v. 259-277. — Τὸ μαινόμενον équivaut à τὸ μαίνεσθαι ou ἡ μανία. Cp. *Hécube*, 299 : τῷ θυμουμένῳ; *Oreste*, 250 : τῷ παρειμένῳ. Thucydide dit : τὸ δεδιὸς, τὸ θαρσοῦν, τὸ μὴ μελετῶν, etc., et il affectionne cette tournure vive qui présente le courage, la colère, la démence comme des principes actifs, et non comme des abstractions.

253-260. Cicéron a presque traduit ce morceau dans son traité *De l'Amitié*, au chap. XXI : « (*Homo*) alteram anquirit « cujus animum ita cum suo misceat ut « efficiat pæne unum ex duobus, » et surtout au chap. XIII, où il combat cette sagesse égoïste : « Fugiendas esse nimias amicitias, « ne necesse sit unum sollicitum esse pro « pluribus.... commodissimum esse quam « laxissimas habere habenas amicitiæ, quas « vel adducas quum velis, vel remittas. » (Le grec στέργηθρα φρενῶν peut se tourner par κλῆθρα, δεσμοὶ φιλίας.) « Caput « enim esse ad beate vivendum securita- « tem; qua frui non possit animus, si tan- « quam parturiat unus pro pluribus. » Voy. les réflexions générales d'Admète, *Alc.* 880-888, dont les sentiments valent aussi mieux que la philosophie.

261-266. Βιότου ἀτρεκεῖς ἐπιτηδεύσεις, des principes rigoureux appliqués à la conduite de la vie, une vertu trop parfaite. Cp. v. 467. — Par ὑγίεια, il ne faut pas entendre seulement la santé du corps, mais aussi ce qu'Eschyle appelle ὑγίεια φρενῶν, *Eumén.* 535. On connaît le double sens de ὑγιαίνειν, qui a donné lieu au mot amer de Démosthène, *Chersor*, 36.

ΙΠΠΟΛΥΤΟΣ ΣΤΕΦΑΝΗΦΟΡΟΣ.

ΧΟΡΟΣ.

Γύναι γεραιά, βασιλίδος πιστὴ τροφὲ,
Φαίδρας ὁρῶμεν τάσδε δυστήνους τύχας,
ἄσημα δ᾽ ἡμῖν ἥτις ἐστὶν ἡ νόσος·
σοῦ δ᾽ ἂν πυθέσθαι καὶ κλύειν βουλοίμεθ᾽ ἄν. 270

ΤΡΟΦΟΣ.

Οὐκ οἶδ᾽· ἐλεγχθεῖσ᾽ οὐ γὰρ ἐννέπειν θέλει.

ΧΟΡΟΣ.

Οὐδ᾽ ἥτις ἀρχὴ τῶνδε πημάτων ἔφυ;

ΤΡΟΦΟΣ.

Εἰς ταὐτὸν ἥκεις· πάντα γὰρ σιγᾷ τάδε.

ΧΟΡΟΣ.

Ὡς ἀσθενεῖ τε καὶ κατέξανται δέμας.

ΤΡΟΦΟΣ.

Πῶς δ᾽ οὔ, τριταίαν οὖσ᾽ ἄσιτος ἡμέραν; 275

ΧΟΡΟΣ.

Πότερον ὑπ᾽ ἄτης, ἢ θανεῖν πειρωμένη;

ΤΡΟΦΟΣ.

Θανεῖν· ἀσιτεῖ δ᾽ εἰς ἀπόστασιν βίου.

ΧΟΡΟΣ.

Θαυμαστὸν εἶπας, εἰ τάδ᾽ ἐξαρκεῖ πόσει.

ΤΡΟΦΟΣ.

Κρύπτει γὰρ ἥδε πῆμα κοὔ φησιν νοσεῖν.

ΧΟΡΟΣ.

Ὁ δ᾽ εἰς πρόσωπον οὐ τεκμαίρεται βλέπων; 280

ΤΡΟΦΟΣ.

Ἔκδημος ὢν γὰρ τῆσδε τυγχάνει χθονός.

NC. 267, 68. Blomfield plaça après τροφέ la virgule qu'on met ordinairement après Φαίδρας.— 271. J'ai corrigé la leçon οὐκ οἶδ᾽ ἐλέγχους᾽ (qui dit plutôt « je ne sais pas que je questionne »)· οὐ γὰρ ἐννέπειν θέλει (qui est plat). Nauck a vu le mal, sans trouver le remède. — 273. Variante : ἥκει. — 276. Ὑπ᾽ ἄτης est suspect.

269. Ἄσημα pour ἄσημον, comme ἀδύνατα chez Thucydide.
273-274. Εἰς ταὐτὸν ἥκεις ne veut pas dire ici : « Tu en sais aussi long que moi, » mais : « Ta seconde question aboutit au même résultat que ta première question. »
— Δέμας est à l'accusatif.
276. Le chœur semble distinguer entre le délire, ἄτη, et la résolution de mourir. Cela n'est pas satisfaisant.

ΙΠΠΟΛΥΤΟΣ ΣΤΕΦΑΝΗΦΟΡΟΣ. 29

ΧΟΡΟΣ.

Σὺ δ' οὐκ ἀνάγκην προσφέρεις, πειρωμένη
νόσον πυθέσθαι τῆσδε καὶ πλάνον φρενῶν;

ΤΡΟΦΟΣ.

Εἰς πᾶν ἀφῖγμαι κοὐδὲν εἴργασμαι πλέον·
οὐ μὴν ἀνήσω γ' οὐδὲ νῦν προθυμίας, 285
ὡς ἂν παροῦσα καὶ σύ μοι ξυμμαρτυρῇς
οἵα πέφυκα δυστυχοῦσι δεσπόταις. —
Ἄγ', ὦ φίλη παῖ, τῶν πάροιθε μὲν λόγων
λαθώμεθ' ἄμφω, καὶ σύ θ' ἡδίων γενοῦ
στυγνὴν ὀφρὺν λύσασα καὶ γνώμης ὁδόν, 290
ἐγώ θ', ὅπῃ σοι μὴ καλῶς τόθ' εἱπόμην,
μεθεῖσ', ἐπ' ἄλλον εἶμι βελτίω λόγον.
Κεἰ μὲν νοσεῖς τι τῶν ἀπορρήτων κακῶν,
γυναῖκες αἵδε συγκαθιστάναι νόσον·
εἰ δ' ἔκφορός σοι συμφορὰ πρὸς ἄρσενας, 295
λέγ', ὡς ἰατροῖς πρᾶγμα μηνυθῇ τόδε.
Εἶεν· τί σιγᾷς; Οὐκ ἐχρῆν σιγᾶν, τέκνον,
ἀλλ' ἤ μ' ἐλέγχειν, εἴ τι μὴ καλῶς λέγω,
ἢ τοῖσιν εὖ λεχθεῖσι συγχωρεῖν λόγοις.
Φθέγξαι τι, δεῦρ' ἄθρησον· ὦ τάλαιν' ἐγώ. 300
Γυναῖκες, ἄλλως τούσδε μοχθοῦμεν πόνους,
ἴσον δ' ἄπεσμεν τῷ πρίν· οὔτε γάρ τότε
λόγοις ἐτέγγεθ' ἥδε νῦν τ' οὐ πείθεται.

NC. 288. Variante : ἀλλ' ὦ φίλη παῖ. — 302. Τῷ πρίν, correction de Scaliger pour τῶν πρίν, est confirmé par la scholie ὁμοίως ἄπεσμεν τοῖς πρὶν ῥήμασιν. — 303. Les variantes ἐθέλγετο et ἐπείθετο ne sont que des gloses explicatives de ἐτέγγετο.

287. Δυστυχοῦσι δεσπόταις. Avec le pluriel, qui généralise, le masculin est de rigueur.

291, 292. Ὅπῃ... μεθεῖσα équivaut à μεθεῖσα ἕπεσθαι ὅπῃ ou μεθεῖσα ὁδὸν ἣν σοι μὴ καλῶς τόθ' εἱπόμην. La nourrice dit qu'elle ne s'y est pas bien prise pour se mettre sur la voie du secret de Phèdre. Tel doit être ici, ce me semble, le sens du verbe ἕπεσθαι.

294. Αἵδε, voici, a force verbale et se construit, comme le verbe εἰμί, avec l'infinitif. Cp. les phrases homériques Ἀμυνέμεν εἰσὶ καὶ ἄλλοι. Δῶρα δ' ἐγὼν ὅδε πάντα παρασχεῖν, etc.

303. Τέγγεσθαι, laisser fondre sa glace, se laisser fléchir. Esch. Prom. 1008 : Τέγγει γὰρ οὐδὲν οὐδὲ μαλθάσσει κέαρ λιταῖς. Soph. OEd. Roi, 336 : Ὣδ' ἄτεγκτος κἀτελεύτητος φανεῖ ;

ΙΠΠΟΛΥΤΟΣ ΣΤΕΦΑΝΗΦΟΡΟΣ.

Ἀλλ' ἴσθι μέντοι (πρὸς τάδ' αὐθαδεστέρα
γίγνου θαλάσσης), εἰ θανεῖ, προδοῦσα σοὺς 305
παῖδας πατρῴων μὴ μεθέξοντας δόμων,
μὰ τὴν ἄνασσαν ἱππίαν Ἀμαζόνα,
ἣ σοῖς τέκνοισι δεσπότην ἐγείνατο
νόθον φρονοῦντα γνήσι', οἶσθά νιν καλῶς,
Ἱππόλυτον.

ΦΑΙΔΡΑ.

Οἴμοι.

ΤΡΟΦΟΣ.

Θιγγάνει σέθεν τόδε ; 310

ΦΑΙΔΡΑ.

Ἀπώλεσάς με, μαῖα, καί σε πρὸς θεῶν
τοῦδ' ἀνδρὸς αὖθις λίσσομαι σιγᾶν πέρι.

ΤΡΟΦΟΣ.

Ὁρᾷς ; φρονεῖς μὲν εὖ, φρονοῦσα δ' οὐ θέλεις
παῖδάς τ' ὀνῆσαι καὶ σὸν ἐκσῶσαι βίον.

ΦΑΙΔΡΑ.

Φιλῶ τέκν'· ἄλλῃ δ' ἐν τύχῃ χειμάζομαι. 315

ΤΡΟΦΟΣ.

Ἁγνὰς μέν, ὦ παῖ, χεῖρας αἵματος φέρεις ;

ΦΑΙΔΡΑ.

Χεῖρες μὲν ἁγναί, φρὴν δ' ἔχει μίασμά τι.

ΤΡΟΦΟΣ.

Μῶν ἐξ ἐπακτοῦ πημονῆς ἐχθρῶν τινος ;

ΦΑΙΔΡΑ.

Φίλος μ' ἀπόλλυσ' οὐχ ἑκοῦσαν οὐχ ἑκών.

ΤΡΟΦΟΣ.

Θησεύς τιν' ἡμάρτηκεν εἰς σ' ἁμαρτίαν ; 320

NO. 316. Un manuscrit porte φορεῖς, qui est peut-être la vraie leçon.

304-305. Πρὸς τάδ'..., θαλάσσης, et là-dessus (et maintenant) sois plus obstinée (plus sourde à mes paroles) que les flots de la mer. Cp. *Médée*, 28 ; Esch. *Prom.* 1004, et d'autres passages cités par Valckenaer. Cp. encore Soph. *OEd. Roi*, 343.

Πρὸς τάδ' εἰ θέλεις, θυμοῦ δι' ὀργῆς ἥτις ἀγριωτάτη. — Ἴσθι προδοῦσα est le même grécisme que οὐχ οἶδε βλέπων, v. 56.

318. Ἐπακτὸς πημονή, maléfice. Platon, *Lois*, p. 933, dit : ἐπαγωγαὶ καὶ ἐπῳδαί.

ΙΠΠΟΛΥΤΟΣ ΣΤΕΦΑΝΗΦΟΡΟΣ.

ΦΑΙΔΡΑ.
Μὴ δρῶσ' ἔγωγ' ἐκεῖνον ὀφθείην κακῶς.
ΤΡΟΦΟΣ.
Τί γὰρ τὸ δεινὸν τοῦθ' ὅ σ' ἐξαίρει θανεῖν;
ΦΑΙΔΡΑ.
Ἔα μ᾽ ἁμαρτεῖν· οὐ γὰρ εἰς σ' ἁμαρτάνω.
ΤΡΟΦΟΣ.
Οὐ δῆθ' ἑκοῦσά γ', ἐν δὲ σοὶ λελείψομαι. —
ΦΑΙΔΡΑ.
Τί δρᾷς; βιάζει χειρὸς ἐξαρτωμένη; 325
ΤΡΟΦΟΣ.
Καὶ σῶν γε γονάτων, κοὐ μεθήσομαί ποτε.
ΦΑΙΔΡΑ.
Κάκ', ὦ τάλαινα, σοὶ τάδ', εἰ πεύσει, κακά.
ΤΡΟΦΟΣ.
Μεῖζον γὰρ ἢ σοῦ γ' ἀμπλακεῖν τί μοι κακόν;
ΦΑΙΔΡΑ.
Ὀλεῖς· τὸ μέντοι πρᾶγμ' ἐμοὶ τιμὴν φέρει.
ΤΡΟΦΟΣ.
Οὐκοῦν λέγουσα τιμιωτέρα φανεῖ. 330
ΦΑΙΔΡΑ.
Ἐκ τῶν γὰρ αἰσχρῶν ἐσθλὰ μηχανώμεθα.
ΤΡΟΦΟΣ.
Κἄπειτα κρύπτεις χρῆσθ' ἱκνουμένης ἐμοῦ;

NC. 326. La vulgate οὖ a été corrigée par les derniers éditeurs d'après la leçon du *Marcianus* καὶ οὔ. — 328, 29. Les manuscrits ont σοῦ μὴ τυχεῖν et ὀλεῖ. Le scholiaste dit: Ἐὰν μή μοι εἴπῃς, ἀποθανῇ, τοῦ δὲ στερηθῆναί σου μεῖζον οὐκ ἔστι μοι κακόν. Εἶτα, φησὶν, ἀπολοῦμαι. Il en résulte que μὴ τυχεῖν, est la glose de ἀμπλακεῖν, comme l'a vu Hartung, et qu'il faut écrire ὀλεῖς avec Musgrave. — 330-32. Les vers se suivaient dans l'ordre inverse 332, 31, 30. J'ai adopté l'excellente transposition indiquée par Hirzel, *l. c.* p. 17. — La variante αἰσχρῶν ἐσθλά, indiquée par le scholiaste, vaut certainement mieux que ἐσθλῶν αἰσχρά.

324. Ἐν δὲ σοὶ λελείψομαι, c.-à-d. : « Si je n'arrive pas au but, cela ne tiendra pas à moi, mais à toi. » Cp. Soph. *OEd. Col.* 133 : Ἀλλ' οὐ μὰν ἐν γ' ἐμοὶ προσθήσεις τάσδ' ἀράς.

328, 329. Voy. la scholie dans la note critique. Ὀλεῖς, tu me perdras, *amities me*, répond à ἀμπλακεῖν, et fait antithèse aux paroles suivantes.

331-332. Phèdre dit : « Si je ne veux

ΦΑΙΔΡΑ.
Ἄπελθε πρὸς θεῶν δεξιᾶς τ' ἐμῆς μέθες.
ΤΡΟΦΟΣ.
Οὐ δῆτ', ἐπεί μοι δῶρον οὐ δίδως ὃ χρῆν.
ΦΑΙΔΡΑ.
Δώσω · σέβας γὰρ χειρὸς αἰδοῦμαι τὸ σόν. 335
ΤΡΟΦΟΣ.
Σιγῷμ' ἂν ἤδη · σὸς γὰρ οὐντεῦθεν λόγος. —
ΦΑΙΔΡΑ.
Ὦ τλῆμον, οἷον, μῆτερ, ἠράσθης ἔρον,
ΤΡΟΦΟΣ.
ὃν ἔσχε ταύρου, τέκνον, ἢ τί φῂς τόδε;
ΦΑΙΔΡΑ.
σύ τ', ὦ τάλαιν' ὅμαιμε, Διονύσου δάμαρ,
ΤΡΟΦΟΣ.
τέκνον, τί πάσχεις; συγγόνους κακορροθεῖς; 340
ΦΑΙΔΡΑ.
τρίτη δ' ἐγὼ δύστηνος ὡς ἀπόλλυμαι.
ΤΡΟΦΟΣ.
Ἔκ τοι πέπληγμαι · ποῖ προβήσεται λόγος;
ΦΑΙΔΡΑ.
Ἐκεῖθεν ἡμεῖς, οὐ νεωστὶ δυστυχεῖς.
ΤΡΟΦΟΣ.
Οὐδέν τι μᾶλλον οἶδ' ἃ βούλομαι κλύειν.
ΦΑΙΔΡΑ.
Φεῦ ·
πῶς ἂν σύ μοι λέξειας ἁμὲ χρὴ λέγειν; 345

NC. 345. Nauck propose χρῇς (pour χρῄζεις) ici et dans la parodie d'Aristophane, *Chevaliers*, v. 15.

pas révéler une chose qui me fait honneur, c'est que je suis dans la honte et que je cherche à en sortir noblement. » — Dans la réponse de la nourrice, χρηστά, qui est le régime de κρύπτεις, et non de ἰχνουμένης (ἱκετευούσης, schol.), reprend l'idée de ἐσθλά, comme plus haut τιμιωτέρα φανεῖ celle de τιμὴν φέρει. La transposition des vers est donc de toute évidence.

335. Σέβας χειρὸς τὸ σόν, une chose aussi sacrée que ta main suppliante.

345. Voy. 208 et la note.

ΙΠΠΟΛΥΤΟΣ ΣΤΕΦΑΝΗΦΟΡΟΣ. 33

ΤΡΟΦΟΣ.

Οὐ μάντις εἰμὶ τἀφανῆ γνῶναι σαφῶς.

ΦΑΙΔΡΑ.

Τί τοῦθ' ὃ δὴ λέγουσιν ἐν βροτοῖς ἐρᾶν ;

ΤΡΟΦΟΣ.

Ἥδιστον, ὦ παῖ, ταὐτὸν ἀλγεινόν θ' ἅμα.

ΦΑΙΔΡΑ.

Ἡμεῖς ἂν εἶμεν θατέρῳ κεχρημένοι.

ΤΡΟΦΟΣ.

Τί φής; ἐρᾷς, ὦ τέκνον; ἀνθρώπων τίνος;   350

ΦΑΙΔΡΑ.

Ὅστις πόθ' οὗτός ἐσθ' ὁ τῆς Ἀμαζόνος —

ΤΡΟΦΟΣ.

Ἱππόλυτον αὐδᾷς;

ΦΑΙΔΡΑ.

Σοῦ τάδ', οὐκ ἐμοῦ κλύεις.

ΤΡΟΦΟΣ.

Οἴμοι, τί λέξεις, τέκνον; ὥς μ' ἀπώλεσας.
Γυναῖκες, οὐκ ἀνασχέτ', οὐκ ἀνέξομαι
ζῶσ' · ἐχθρὸν ἦμαρ, ἐχθρὸν εἰσορῶ φάος.   355
Ῥίψω μεθήσω σῶμ', ἀπαλλαχθήσομαι
βίου θανοῦσα · χαίρετ' · οὐκέτ' εἴμ' ἐγώ.
Οἱ σώφρονες γὰρ οὐχ ἑκόντες, ἀλλ' ὅμως

NC. 347. Pour ἀνθρώπους ἐρᾶν, qui fait un faux sens, j'ai mis ἐν βροτοῖς ἐρᾶν. Les fautes de cette espèce ne sont pas rares. Au vers 667 plusieurs manuscrits portent ἀνθρώπων au lieu de ἂν βροτῶν. La conjecture de Reiske λέγουσ' ἐν ἀνθρώποις donne le sens, mais non les mots qu'il faut.

348-349. Sappho, fr. 43 : Ἔρος δηὖτε μ' ὁ λυσιμελὴς δύνει Γλυκύπικρον ἀμάχανον ὄρπετον. — Κεχρημένοι. Leçon des meilleurs manuscrits, d'après la règle qui veut qu'une femme qui parle d'elle-même au pluriel se serve du masculin. Voy. 287 et la note.

352. On remarquera que la confidence se fait en deux fois huit vers, séparés par l'interjection φεῦ : 337-344, 345-352. Cette dernière partie de la stichomythie est précédée de deux autres. Après les deux distiques 311-314, il y a d'abord dix monostiques, 315-324. Ensuite, la nourrice tombe aux pieds de sa maîtresse, et la supplie avec tant d'insistance que celle-ci cède enfin : trois fois quatre monostiques, 325-336. Ces observations sont de M. Hirzel.

353. Τί λέξεις; Au futur, comme si elle attendait la confirmation de la chose incroyable qu'elle vient d'entendre. Cp. Médée, 1310; Hécube, 511, et beaucoup d'autres passages cités par Valckenaer.

3

ΙΠΠΟΛΥΤΟΣ ΣΤΕΦΑΝΗΦΟΡΟΣ.

κακῶν ἐρῶσι. Κύπρις οὐκ ἄρ' ἦν θεὸς,
ἀλλ' εἴ τι μεῖζόν ἄλλο γίγνεται θεοῦ, 360
ἣ τήνδε κἀμὲ καὶ δόμους ἀπώλεσεν.

ΧΟΡΟΣ.

Ἄϊες ὦ, ἔκλυες ὦ ἀνήκουστα τᾶς [Strophe.]
τυράννου πάθεα μέλεα θρεομένας.
Ὀλοίμαν ἔγωγε, πρὶν σᾶν σ' ἔρον
κατανύσαι φρενῶν. Ἰώ μοι, φεῦ φεῦ.
Ὢ τάλαινα τῶνδ' ἀλγέων · 365
ὦ πόνοι τρέφοντες βροτούς.
Ὄλωλας, ἐξέφηνας εἰς φάος κακά.
Ὅδε πανάμερος τίς σε χρόνος μένει;
Τελευτάσεταί τι καινὸν δόμοις·
ἄσημα δ' οὐκέτ' ἐστὶν οἷ φθίνει τύχα 370
Κύπριδος, ὦ τάλαινα παῖ Κρησία.

ΦΑΙΔΡΑ.

Τροιζήνιαι γυναῖκες, αἳ τόδ' ἔσχατον
οἰκεῖτε χώρας Πελοπίας προνώπιον,
ἤδη ποτ' ἄλλως νυκτὸς ἐν μακρῷ χρόνῳ
θνητῶν ἐφρόντισ' ᾗ διέφθαρται βίος. 375

NC. 364-364'. Les manuscrits portent πρὶν σὰν φιλίαν (ou φίλαν) καταλῦσαι ou κατανύσαι φρενῶν. La conjecture d'Elmsley σᾶν, φίλα, n'est pas satisfaisante. Je considère φιλίαν comme la glose de ἔρον, et je suis, pour la restitution du texte, la scholie : πρίν σε ἀποθανοῦσαν ἰδεῖν καὶ πληρῶσαι (πληρώσασαν?) τὴν σὴν φιλίαν. — 368. On lisait τίς σε παναμέριος ὅδε χρόνος. Le vers antistrophique (676), qui commence par πάρεδρος, montre que les mots ont été transposés afin de mettre τίς; en tête de la phrase.

369. Κακῶν est au neutre. — On connaît le grécisme οὐκ ἄρ' ἦν, n'est donc pas. Ce qui vient de se passer u fait connaître cette vérité; de là l'imparfait.

364.364'. Πρὶν.... φρενῶν, avant que tu accomplisses l'amour qui dévore ton cœur, soit par la mort, soit par le crime. Cp. Théocrite, 1, 93 : Τὸν αὐτῷ Ἄνυε πικρὸν ἔρωτα, καὶ ἐς τέλος ἄνυε μοίρας.

366. Les souffrances nourrissent les mortels, sont l'élément dans lequel ils vivent. Μιᾶς τρέφει ποδὸς νυκτὸς, dit l'OEdipe de Sophocle (v. 374) à Tirésias.

368. Ὅδε... μένει; cette journée, avant de finir, que te réserve-t-elle?

370-371. Ἄσημα, v. 269. — Οἱ φθίνει est dit comme οἱ πεσεῖται, ὅπως ἀποβήσεται.—Κρησία, de sang Crétois, s'explique par ce que Phèdre a raconté de sa famille, v. 337 sqq.

373. Προνώπιον, ce qui est placé devant la façade d'une maison (τὰ ἔμπροσθεν τῶν πυλῶν, Hésychius) et s'offre d'abord aux yeux du visiteur. C'est ainsi que se présente l'extrémité de l'Argolide, où se trouve Trézène, quand on vient par mer d'Athènes.

374. Ἄλλως ne veut jamais dire : en d'autres temps, et ne veut pas dire ici: vainement, mais signifie : sans but, sans motif déterminé. Aujourd'hui elle fait ces

ΙΠΠΟΛΥΤΟΣ ΣΤΕΦΑΝΗΦΟΡΟΣ.

Καί μοι δοκοῦσιν οὐ κατὰ γνώμης φύσιν
πράσσειν τὰ χείρον', ἔστι γὰρ τό γ' εὖ φρονεῖν
πολλοῖσιν, ἀλλὰ τῇδ' ἀθρητέον τόδε·
τὰ χρήστ' ἐπιστάμεσθα καὶ γιγνώσκομεν,
οὐκ ἐκπονοῦμεν δ', οἱ μὲν ἀργίας ὕπο,   380
οἱ δ' ἡδονὴν προθέντες ἀντὶ τοῦ καλοῦ
ἄλλην τιν'. Εἰσὶ δ' ἡδοναὶ πολλαὶ βίου,
μακραί τε λέσχαι καὶ σχολή, τερπνὸν κακόν,
αἰδώς τε. Δισσαὶ δ' εἰσίν, ἡ μὲν οὐ κακή,
ἡ δ' ἄχθος οἴκων· εἰ δ' ὁ καιρὸς ἦν σαφής,   385
οὐκ ἂν δύ' ἤστην ταῦτ' ἔχοντε γράμματα.
Ταῦτ' οὖν ἐπειδὴ τυγχάνω φρονοῦσ' ἐγώ,
οὐκ ἔσθ' ὁποίῳ φαρμάκῳ διαφθερεῖν
ἔμελλον, ὥστε τοὔμπαλιν πεσεῖν φρενῶν.
Λέξω δὲ καὶ σοὶ τῆς ἐμῆς γνώμης ὁδόν·   390
ἐπεί μ' ἔρως ἔτρωσεν, ἐσκόπουν ὅπως
κάλλιστ' ἐνέγκαιμ' αὐτόν. Ἠρξάμην μὲν οὖν
ἐκ τοῦδε σιγᾶν τήνδε καὶ κρύπτειν νόσον.
Γλώσσῃ γὰρ οὐδὲν πιστόν, ἣ θυραῖα μὲν
φρονήματ' ἀνδρῶν νουθετεῖν ἐπίσταται,   395
αὐτὴ δ' ὑφ' αὑτῆς πλεῖστα κέκτηται κακά.
Τὸ δεύτερον δὲ τὴν ἄνοιαν εὖ φέρειν

NC. 377. J'ai mis πράσσειν τὰ χείρονα pour πράσσειν κάκιον, qui donne le faux sens : être malheureux. Il s'agit ici de ce que les hommes font, non de ce qui leur arrive. La substitution de la glose κακ'ον', qui a une syllabe de plus, entraîna la suppression de l'article. Nauck avait proposé τὰ πλείονα. — 387. Variante : προγνοῦσ' ἐγώ. Le scholiaste semble lire ἐπειδὴ 'τύγχανον.

réflexions à propos d'un fait particulier, d'une triste expérience. Il n'est donc pas besoin de corriger le texte. Cp. Lucien, *Dial. des Dieux*, xx, 4 : Ἄλλως ἐπελθόν, οὐκ ἐξεπίτηδες ᾕρετο.

377. Τὰ χείρονα, au comparatif, parce qu'on a toujours le choix entre deux partis, dont l'un vaut moins que l'autre. Les exemples de ce grécisme abondent.

383-385. Τερπνὸν κακόν. Le bon Hésiode avait dit de Pandore : Κακὸν ᾧ κεν ἅπαντες τέρπωνται (*OEuvres*, v. 57). — A propos de la bonne et de la mauvaise honte, le scholiaste cite le vers Αἰδώς, ἥτ' ἄνδρας μέγα σίνεται ἠδ' ὀνίνησιν (Hés. *ib.* 318, interpolé dans l'*Iliade*, 24, 45).
— Ὁ καιρός, le moment où il convient d'avoir honte.

388-389. Διαφθερεῖν a pour régime ταῦτα, ces principes. « Aucun poison, aucun maléfice, dit-elle, ne doit me faire changer de sentiment. »

394. Θυραῖα, opposé à αὐτή, qui renferme l'idée de οἰκεῖα, veut dire *aliena*, d'autrui.

397. Τὴν ἄνοιαν· τὸν ἔρωτα. Schol.

ΙΠΠΟΛΥΤΟΣ ΣΤΕΦΑΝΗΦΟΡΟΣ.

τῷ σωφρονεῖν νικῶσα προυνοησάμην.
Τρίτον δ᾽, ἐπειδὴ τοισίδ᾽ οὐκ ἐξήνυτον
Κύπριν κρατῆσαι, κατθανεῖν ἔδοξέ μοι, 400
κράτιστον, οὐδεὶς ἀντερεῖ, βουλευμάτων.
Ἐμοὶ γὰρ εἴη μήτε λανθάνειν καλὰ
μήτ᾽ αἰσχρὰ δρώσῃ μάρτυρας πολλοὺς ἔχειν.
Τὸ δ᾽ ἔργον ἤδη τὴν νόσον τε δυσκλεᾶ,
γυνή τε πρὸς τοῖσδ᾽ οὖσ᾽ ἐγίγνωσκον καλῶς. 405
Μίσημα πᾶσιν ὡς ὄλοιτο παγκάκως
ἥτις πρὸς ἄνδρας ἤρξατ᾽ αἰσχύνειν λέχη
πρώτη θυραίους. Ἐκ δὲ γενναίων δόμων
τόδ᾽ ἦρξε θηλείαισι γίγνεσθαι κακόν· 410
ὅταν γὰρ αἰσχρὰ τοῖσιν ἐσθλοῖσιν δοκῇ,
ἦ κάρτα δόξει τοῖς κακοῖς γ᾽ εἶναι καλά.
Μισῶ δὲ καὶ τὰς σώφρονας μὲν ἐν λόγοις,
λάθρα δὲ τόλμας οὐ καλὰς κεκτημένας·
αἳ πῶς ποτ᾽, ὦ δέσποινα ποντία Κύπρι, 415
βλέπουσιν εἰς πρόσωπα τῶν ξυνευνετῶν
οὐδὲ σκότον φρίσσουσι τὸν ξυνεργάτην
τέρεμνά τ᾽ οἴκων μή ποτε φθογγὴν ἀφῇ;
Ἡμᾶς γὰρ αὐτὸ τοῦτ᾽ ἀποκτείνει, φίλαι,
ὡς μήποτ᾽ ἄνδρα τὸν ἐμὸν αἰσχύνασ᾽ ἁλῶ, 420

NC. 399. Τοισίδ᾽, correction de Brunck pour τοῖσιν. — 404. Variante : βουλεύμασιν. J'ai mis une virgule à la fin du vers précédent. — 406. On rapportait μίσημα πᾶσιν à γυνή, en faisant notre poète plus misogyne qu'il ne fallait. J'ai changé la ponctuation. Faut-il écrire μίσημα πᾶσι παγκάκως εἶθ᾽ ὤλετο?

402-403. Καλὰ dépend de δρώσῃ, comme αἰσχρά.

405-406. « De plus, dit-elle, je savais bien que je n'étais qu'une faible femme. » Cp. pour la construction v. 56 et 306. — C'est la première femme adultère (et non les femmes en général, voy. notes critiques), qui devrait être un objet de haine, μίσημα, odium, pour tous. L'imprécation ὄλοιτο s'applique même à une personne qui n'est plus.

411-412. L'habitude de dire les bons et les mauvais pour les nobles et les gens du peuple, est un de ces restes du vieux temps conservés en pleine démocratie. Théognis, le docteur des principes de la vieille aristocratie grecque, parle toujours ainsi.

417. Σκότον τὸν ξυνεργάτην. Phrase poétique comme νυκτὶ κοινάσαντες ὁδόν, Pindare, Pyth. ιν, 115.

419-425. Αὐτὸ τοῦτο se rapporte à la phrase Ὡς.... ἁλῶ : ce qui la décide à mourir, c'est la crainte de déshonorer son mari et ses enfants. — Παρρησία, le privilége de l'homme libre, est opposé à δουλοῖ. On compare Phéniciennes, 392-393 :
Ἓν μὲν μέγιστον, οὐκ ἔχει παρρησίαν.
— Δούλου τόδ᾽ εἶπας, μὴ λέγειν ἅ τις φρονεῖ.

ΙΠΠΟΛΥΤΟΣ ΣΤΕΦΑΝΗΦΟΡΟΣ. 37

μὴ παῖδας οὓς ἔτικτον · ἀλλ' ἐλεύθεροι
παρρησίᾳ θάλλοντες οἰκοῖεν πόλιν
κλεινῶν Ἀθηνῶν, μητρὸς οὕνεκ' εὐκλεεῖς.
Δουλοῖ γὰρ ἄνδρα, κἂν θρασύσπλαγχνός τις ᾖ,
ὅταν ξυνειδῇ μητρὸς ἢ πατρὸς κακά. 425
Μόνον δέ φασι τοῦθ' ἁμιλλᾶσθαι βίῳ,
γνώμην δικαίαν κἀγαθὴν, ὅτῳ παρῇ.
Κακοὺς δὲ θνητῶν ἐξέφην', ὅταν τύχῃ,
προθεὶς κάτοπτρον ὥστε παρθένῳ νέᾳ
χρόνος · παρ' οἷσι μήποτ' ὀφθείην ἐγώ. 430

ΧΟΡΟΣ.

Φεῦ φεῦ · τὸ σῶφρον ὡς ἁπανταχοῦ καλὸν
καὶ δόξαν ἐσθλὴν ἐν βροτοῖς καρπίζεται.

ΤΡΟΦΟΣ.

Δέσποιν', ἐμοί τοι συμφορὰ μὲν ἀρτίως
ἡ σὴ παρέσχε δεινὸν ἐξαίφνης φόβον ·
νῦν δ' ἐννοοῦμαι φαῦλος οὖσα · κἀν βροτοῖς 435
αἱ δεύτεραί πως φροντίδες σοφώτεραι.
Οὐ γὰρ περισσὸν οὐδὲν οὐδ' ἔξω λόγου
πέπονθας · ὀργαὶ δ' εἴς σ' ἐπέσκηψαν θεᾶς.
Ἐρᾷς · τί τοῦτο θαῦμα; σὺν πολλοῖς βροτῶν.
Κἄπειτ' ἔρωτος οὕνεκα ψυχὴν ὀλεῖς; 440
Τοῦτ' ἄρά γ' οὐ δεῖ τοῖς ἐρῶσι τῶν πέλας;
ὅσοι τε μέλλουσ', ἢ θανεῖν καὐτοὺς χρεών;

NC. 426. La leçon de Stobée, *Floril.* 90, 11, φασὶ τοῦτ' vaut mieux que la vulgate τοῦτο φασ'. — 432. La variante κομίζεται n'est qu'une glose de καρπίζεται, leçon des meilleurs manuscrits. — 441-42. Les manuscrits portent οὔτ' (ou οὐκ) ἄρα γ' οὐ δεῖ et εἰ θανεῖν αὐτούς. Valckenaer écrit οὐ τἄρα λύει, ce qui donne une phrase pleine de chevilles : il est inutile de citer les autres conjectures. J'ai rétabli le sens des deux vers en mettant un point d'interrogation à la fin de l'un et de l'autre et en y introduisant des changements légers. La nourrice continue de parler sur le ton des vers précédents.

426. Ἁμιλλᾶσθαι βίῳ, le disputer à la vie, avoir autant de prix que la vie.
431. Φεῦ marque souvent l'admiration. *Heracl.* 535 : Φεῦ φεῦ, τί λέξω παρθένου μέγαν λόγον Κλύων;
435. Ἐννοοῦμαι φαῦλος οὖσα est dit comme ἴσθι προδοῦσα, vers 305.

437. Ἔξω λόγου équivaut à παρὰ λόγον, παράλογον, παράδοξον.
441-42. Elle dit : « Voilà donc ce qu'il faut aux amants? La mort au lieu de l'objet aimé? Et tous ceux qui aimeront à l'avenir, faudra-t-il donc qu'ils meurent aussi? »
— Ὁ πέλας ne désigne ni le voisin, ni

ΙΠΠΟΛΥΤΟΣ ΣΤΕΦΑΝΗΦΟΡΟΣ.

Κύπρις γὰρ οὐ φορητὸν, ἢν πολλὴ ῥυῇ·
ἣ τὸν μὲν εἴκονθ' ἡσυχῇ μετέρχεται,
ὃν δ' ἂν περισσὸν καὶ φρονοῦνθ' εὕρῃ μέγα, 445
τοῦτον λαβοῦσα, πῶς δοκεῖς; καθύβρισεν.
Φοιτᾷ δ' ἀν' αἰθέρ', ἔστι δ' ἐν θαλασσίῳ
κλύδωνι Κύπρις, πάντα δ' ἐκ ταύτης ἔφυ·
ἥδ' ἐστὶν ἡ σπείρουσα καὶ διδοῦσ' ἔρον,
οὗ πάντες ἐσμὲν οἱ κατὰ χθόν' ἔκγονοι. 450
Ὅσοι μὲν οὖν γραφάς τε τῶν παλαιτέρων
ἔχουσιν αὐτοί τ' εἰσὶν ἐν μούσαις ἀεὶ,
ἴσασι μὲν Ζεὺς ὥς ποτ' ἠράσθη γάμων
Σεμέλης, ἴσασι δ' ὡς ἀνήρπασέν ποτε
ἡ καλλιφεγγὴς Κέφαλον εἰς θεοὺς Ἕως 455
ἔρωτος οὕνεκ'· ἀλλ' ὅμως ἐν οὐρανῷ
ναίουσι κοὐ φεύγουσιν ἐκποδὼν θεοὺς,
στέργουσι δ', οἶμαι, συμφορᾷ νικώμενοι.
Σὺ δ' οὐκ ἀνέξει; Χρῆν σ' ἐπὶ ῥητοῖς ἄρα
πατέρα φυτεύειν ἢ 'πὶ δεσπόταις θεοῖς 460
ἄλλοισιν, εἰ μὴ τούσδε γε στέρξεις νόμους.

NC. 443. Φορητὸν chez Stobée *Flor.* 63, 5. Φορητὸς dans les manuscrits d'Euripide.

même ce que nous appelons le prochain, expression qui a une teinte chrétienne, mais : un autre, autrui, tout homme qui a des rapports quelconques avec nous. Τῶν πέλας est ici opposé à τοῦτο. Ce que les amants désirent (οὗ ἐρῶσιν) et ce qu'il leur faut (οὗ δεῖ), ce n'est pas la mort, mais l'objet aimé. — Καὐτούς veut dire : eux aussi, *et ipsos :* il ne renferme pas l'idée de τούτους, qu'il faut sous-entendre. — On voit que la nourrice veut réduire Phèdre à l'absurde en soutenant que, si elle fait bien de se laisser mourir, parce qu'elle aime, son exemple devra servir de règle à tous les amants futurs, et l'on ne verra plus que gens obligés de se donner la mort.

443. *In me tota ruens Venus,* Horace, *Odes,* I, 19, 9. Racine s'est souvenu des deux passages.

445-446. Soph. *Ajax* 758 : Τὰ γὰρ περισσὰ κἀνόητα σώματα Πίπτει βαρείαις πρὸς θεῶν δυσπραγίαις. — Πῶς δοκεῖς:

Parenthèse vive et familière qu'on trouve assez souvent chez Euripide et Aristophane

447. Cp. Ἔρως γὰρ ἄνδρας οὐ μόνους ἐπέρχεται Οὐδ' αὖ γυναῖκας, ἀλλὰ καὶ θεῶν ἄνω Ψυχὰς χαράσσει κἀπὶ πόντον ἔρχεται. Ces vers conservés par Stobée, *Anthol.* 63, 25, sont tirés de la *Phèdre* de Sophocle suivant certains manuscrits, attribués par d'autres à Euripide.

454-458. Dans l'*Hercule Furieux*, 1314-1321, Thésée se sert d'un argument pareil pour consoler Hercule; mais ce dernier le réfute au nom d'une croyance plus digne de la majesté des dieux. — Στέργουσι νικώμενοι, ils se résignent à être vaincus. Comp. 461.

459-461. Ἐπὶ ῥητοῖς, à des conditions particulières. — Ἐπὶ δεσπόταις θεοῖς ἄλλοισιν, à la condition d'avoir d'autres dieux pour maîtres. — Τούσδε νόμους, les lois existantes. C'est ainsi qu'il faut aussi expliquer Sophocle, *Ant.* 452 : Οἳ τούσδ'

ΙΠΠΟΛΥΤΟΣ ΣΤΕΦΑΝΗΦΟΡΟΣ.

Πόσους δοκεῖς δὴ κάρτ' ἔχοντας εὖ φρενῶν
νοσοῦνθ' ὁρῶντας λέκτρα μὴ δοκεῖν ὁρᾶν ;
πόσους δὲ παισὶ πατέρας ἡμαρτηκόσιν
συνεκκομίζειν Κύπριν ; Ἐν σοφοῖσι γὰρ   465
τάδ' ἐστὶ θνητῶν, λανθάνειν τὰ μὴ καλά.
Οὐδ' ἐκπονεῖν τοι χρὴ βίον λίαν βροτούς ·
οὐδὲ στέγην γὰρ ἧς κατηρεφεῖς δόμοι
καλῶς ἀκριβώσειαν · εἰς δὲ τὴν τύχην
πεσοῦσ' ὅσην σὺ πῶς ἂν ἐκνεῦσαι δοκεῖς ;   470
Ἀλλ' εἰ τὰ πλείω χρηστὰ τῶν κακῶν ἔχεις,
ἄνθρωπος οὖσα κάρτα γ' εὖ πράξειας ἄν.
Ἀλλ', ὦ φίλη παῖ, λῆγε μὲν κακῶν φρενῶν,
λῆξον δ' ὑβρίζουσ' · οὐ γὰρ ἄλλο πλὴν ὕβρις
τάδ' ἐστί, κρείσσω δαιμόνων εἶναι θέλειν ·   475
τόλμα δ' ἐρῶσα · θεὸς ἐβουλήθη τάδε ·
νοσοῦσα δ' εὖ πως τὴν νόσον καταστρέφου.
Εἰσὶν δ' ἐπῳδαὶ καὶ λόγοι θελκτήριοι ·
φανήσεταί τι τῆσδε φάρμακον νόσου.

NC. 462. Les meilleurs manuscrits ont εὖ φρονεῖν, que les derniers éditeurs ont mis dans le texte. — 467. Quoique χρῆν soit mieux autorisé que χρή et adopté depuis Valckenaer, je préfère, à cause du sens, l'ancienne vulgate qu'on trouve aussi chez le scholiaste. Les hommes ne pèchent généralement point par excès de vertu. — 468-469. On lit dans une scholie :... καὶ τὸ μέτρον τοῦ διαστήματος τῶν δόμων (lisez δοκῶν) φυλάξειαν, ὡς μήτε ἐκείνην πολὺ ἀπέχειν μήτε τὴν ἄλλην πλησιάζειν. Εἶτα πρὸς μὲν ξύλων συνθέσεις καὶ κανόνας εὐσυνθέτους οὐκ ἐφίκετο τῆς ἀκριβείας. Une autre porte δόμοι· (γρ.) δοκοί. Markland en tira κανών et récemment Seidler (cité dans Jahrb. f. Philol. 1864, II, p. 579) δοκοί. Faut-il écrire οὐδὲ στέγην γὰρ εὖ κατηρεφῆ δοκοῖς κανὼν ἀκριβώσει' ἄν?

ἐν ἀνθρώποισιν ὥρισαν νόμους. vers condamné par quelques éditeurs.
465-466. Συνεκκομίζειν, aider à porter (voy. Électre, 73 ; Oreste, 684), évidemment en le cachant : les mots suivants l'indiquent assez. — Ἐν σοφοῖσι pourrait être un neutre; mais ἐν σοφοῖσι θνητῶν ne peut guère se prendre qu'au masculin : sapientibus hoc inest. — Λανθάνειν τὰ μὴ καλά peut se traduire : ignorer ce qui est honteux, quoique la construction soit : τὰ μὴ καλὰ λανθάνειν αὐτούς.
467-469. Les hommes ne doivent pas viser à une conduite trop rigoureusement correcte (comp. vers 264) : ils ne peuvent pas même faire un plafond, une toiture d'une précision exacte. Cette seconde phrase est gâtée dans le texte : voy. la note critique.
472. Ἄνθρωπος οὖσα, pour un homme.
476-477. Τόλμα δ' ἐρῶσα, aie le courage d'aimer. Cf. Soph. Él. 943 τλῆναί σε δρῶσαν. — Νοσοῦσα, puisque tu aimes ; comme ἄνθρωπος οὖσα au vers 472.
478. Horace, Ép. I, 1, 34 : *Sunt verba et voces* (allusion aux charmes, ἐπῳδαί), *quibus hunc lenire dolorem Possis et magnam morbi deponere partem.*

ΙΠΠΟΛΥΤΟΣ ΣΤΕΦΑΝΗΦΟΡΟΣ.

Ἦ τἄρ' ἂν ὀψέ γ' ἄνδρες ἐξεύροιεν ἂν, 480
εἰ μὴ γυναῖκες μηχανὰς εὑρήσομεν.

ΧΟΡΟΣ.

Φαίδρα, λέγει μὲν ἥδε χρησιμώτερα
πρὸς τὴν παροῦσαν συμφορὰν, αἰνῶ δὲ σέ.
Ὁ δ' αἶνος οὗτος δυσχερέστερος ψόγων
τῶν τῆσδε καὶ σοὶ μᾶλλον ἀλγίων κλύειν. 485

ΦΑΙΔΡΑ.

Τοῦτ' ἔσθ' ὃ θνητῶν εὖ πόλεις οἰκουμένας
δόμους τ' ἀπόλλυσ', οἱ καλοὶ λίαν λόγοι.
Οὐ γάρ τι τοῖσιν ὠσὶ τερπνὰ χρὴ λέγειν,
ἀλλ' ἐξ ὅτου τις εὐκλεὴς γενήσεται.

ΤΡΟΦΟΣ.

Τί σεμνομυθεῖς; Οὐ λόγων εὐσχημόνων 490
δεῖ σ', ἀλλὰ τἀνδρὸς ὡς τάχος διιστέον,
τὸν εὐθὺν ἐξειπόντας ἀμφὶ σοῦ λόγον.
Εἰ μὲν γὰρ ἦν σοι μὴ 'πὶ συμφοραῖς βίος
τοιαῖσδε, σώφρων δ' οὖσ' ἐτύγχανες γυνή,
οὐκ ἄν ποτ' εὐνῆς οὕνεχ' ἡδονῆς τε σῆς 495
προῆγον ἄν σε δεῦρο · νῦν δ' ἀγὼν μέγας
σῶσαι βίον σὸν, κοὐκ ἐπίφθονον τόδε.

NC. 484. On lisait λόγων. J'ai écrit ψόγων, que l'antithèse exige. Ces mots ont été plus d'une fois mis l'un pour l'autre. Plus haut λέγει μέν.... était très-bien opposé à αἰνῶ δὲ σέ, qui équivaut à αἰνῶ δὲ σοὺς λόγους. — 491. On mettait un point après τἀνδρός, en prêtant à la nourrice un mot à la fois brutal et maladroit, et en laissant διιστέον sans complément. Nauck a rendu service au poète en corrigeant la ponctuation. Voir la scholie ci-dessous. — 494. Peut-être σώφρων ὦν σὺ τυγχάνεις γυνή. Nauck retranche ce vers et le suivant, et écrit plus bas πῶς ἦγον. La symétrie du dialogue y gagnerait.— 496. Προῆγον correction de Scaliger pour προσῆγον.

480 Τἄρα est pour τοι ἄρα. — Ὀψέ, comme σχολῇ, est un atticisme connu. Il leur faudrait beaucoup de temps, c'est-à-dire : ils n'y arriveraient jamais.
484-485. Il est vrai, dit le chœur, que mon approbation est plus déplaisante que ses objections. — Μᾶλλον ἀλγίω, comme μᾶλλον εὐτυχέστερος Ἡκυβε, 877, pléonasme qui se trouve déjà chez Homère.

491. Le scholiaste explique fort bien : Ἀλλὰ πειρατέον τῆς γνώμης τοῦ Ἱππολύτου, ποῖος ἔσται πρὸς τὰ λεγόμενα. — Τἀνδρός est ici τὰ (non τοῦ) ἀνδρός.
494. On explique : Si tu avais l'esprit assez sain pour te conseiller toi-même. Mais c'est là forcer le sens des mots. Je ne citerai pas d'autres explications qui ne valent pas mieux.

ΙΠΠΟΛΥΤΟΣ ΣΤΕΦΑΝΗΦΟΡΟΣ.   41

ΦΑΙΔΡΑ.

Ὦ δεινὰ λέξασ', οὐχὶ συγκλῄσεις στόμα
καὶ μὴ μεθήσεις αὖθις αἰσχίστους λόγους;

ΤΡΟΦΟΣ.

[Αἴσχρ', ἀλλ' ἀμείνω τῶν καλῶν τάδ' ἐστί σοι.]   500
Κρεῖσσον δὲ τοὔργον, εἴπερ ἐκσώσει γέ σε,
ἢ τοὔνομ' ᾧ σὺ κατθανεῖ γαυρουμένη.

ΦΑΙΔΡΑ.

Ἃ μή σε πρὸς θεῶν (εὖ λέγεις γάρ, αἰσχρὰ δέ),
πέρα προβῇς τῶνδ'· ὡς ὑπείργασμαι μὲν εὖ
ψυχήν, ἐρώσῃ τἀσχρὰ δ' ἢν λέγῃς καλῶς,   505
εἰς τοῦθ' ὃ φεύγω νῦν ἀναλωθήσομαι.

ΤΡΟΦΟΣ.

Εἴ τοι δοκεῖ σοι, χρῆν μὲν οὔ σ' ἁμαρτάνειν·
εἰ δ' οὖν, πιθοῦ μοι· δευτέρα γὰρ ἡ χάρις.
Ἔστιν κατ' οἴκους φίλτρα μοι θελκτήρια
ἔρωτος (ἦλθε δ' ἄρτι μοι γνώμης ἔσω),   510
ἅ σ' οὔτ' ἐπ' αἰσχροῖς οὔτ' ἐπὶ βλάβῃ φρενῶν
παύσει νόσου τῆσδ', ἢν σὺ μὴ γένῃ κακή.
[Δεῖ δ' ἐξ ἐκείνου δή τι τοῦ ποθουμένου
σημεῖον, ἢ λόγον τιν' ἢ πέπλων ἄπο
λαβεῖν, συνάψαι τ' ἐκ δυοῖν μίαν χάριν.]   515

NC. 500. J'écarte ce vers avec Nauck. Il fait double emploi et obscurcit la relation évidente entre αἰσχίστους λόγους et κρεῖσσον δὲ τοὔργον. — 503. Les bons manuscrits ont : καὶ μή γε πρὸς θεῶν, εὖ λέγεις αἰσχρὰ τάδε ou αἰσχρὰ δέ. Les autres insèrent μὲν ou γὰρ après λέγεις. Porson a rétabli μή σε, j'ai remplacé καὶ par ἅ. Ensuite je propose : εὖ λέγουσ' ἃ μὴ καλά. — 505. Pour ψυχὴν ἔρωτι, qui donne un faux sens, j'ai écrit ψυχήν, ἐρώσῃ. Nauck avait proposé de lire dans le vers précédent οὔ pour εὖ. - 513-515. Nauck a démontré que ces trois vers sont interpolés. En effet, ils sont inconciliables avec la question de Phèdre, v. 516, et le détail de la diction laisse beaucoup à désirer, quand même on écrirait avec Reiske ἢ πλόκον pour ἢ λόγον.

501. On sous-entend facilement l'idée mal rendue par le vers interpolé : Tu dis que ces paroles sont honteuses : soit. Mais, reprend-elle, la chose, si elle peut te sauver, vaut mieux que ces vains mots glorieux qui te feront mourir.

503-506. Ἃ μή σε πρὸς θεῶν. L'ellipse de ἱκετεύω est usuelle dans cette formule.

— Ὑπείργασμαι ψυχήν, j'ai soumis ma passion. — Ἀναλωθήσομαι, je retomberai pour ma perte.

507-508. La nourrice dit : Si telle est ta résolution, le meilleur eût été de ne pas tomber dans cette passion; mais puisque cela est fait, écoute le conseil que je vais te donner.

511-512. Βλάβῃ φρενῶν, la folie, la

ΙΠΠΟΛΥΤΟΣ ΣΤΕΦΑΝΗΦΟΡΟΣ.

ΦΑΙΔΡΑ.
Πότερα δὲ χριστὸν ἢ ποτὸν τὸ φάρμακον;
ΤΡΟΦΟΣ.
Οὐκ οἶδ'· ὄνασθαι, μὴ μαθεῖν βούλου, τέκνον.
ΦΑΙΔΡΑ.
Δέδοιχ' ὅπως μοι μὴ λίαν φανῇς σοφή.
ΤΡΟΦΟΣ.
Πάντ' ἂν φοβηθεῖσ' ἴσθι· δειμαίνεις δὲ τί;
ΦΑΙΔΡΑ.
Μή μοί τι Θησέως τῶνδε μηνύσῃς τόκῳ.   520
ΤΡΟΦΟΣ.
Ἔασον, ὦ παῖ· ταῦτ' ἐγὼ θήσω καλῶς.
Μόνον σύ μοι, δέσποινα ποντία Κύπρι,
συνεργὸς εἴης. Τἄλλα δ' οἷ' ἐγὼ φρονῶ
τοῖς ἔνδον ἡμῖν ἀρκέσει λέξαι φίλοις.
ΧΟΡΟΣ.
Ἔρως Ἔρως, ὁ κατ' ὀμμάτων   [Strophe 1.]   525
στάζεις πόθον, εἰσάγων γλυκεῖαν
ψυχᾷ χάριν οὓς ἐπιστρατεύσῃ,
μή μοί ποτε σὺν κακῷ φανείης
μηδ' ἄρρυθμος ἔλθοις.
Οὔτε γὰρ πυρὸς οὔτ' ἄ-   530
στρων ὑπέρτερον βέλος,
οἷον τὸ τᾶς Ἀφροδίτας

NC. 525-526. Comme ὅ pour ὅς ne se trouve pas chez les tragiques, Nauck propose ὁ et ἱείς. J'aimerais mieux ὁ et στάξας, ce premier participe étant subordonné au second. — 527. Variantes : ψυχαῖς et οἷς, αἷς.

démence. Comp. φρενοβλαβής. — Κακή a ici le sens de lâche.
519. Πάντ'.... ἴσθι, sache qu'à ce compte tu aurais donc peur de tout.
525-527. C'est par les yeux que Cupidon fait entrer l'amour dans l'âme de ceux contre lesquels (ψυχᾷ ἐκείνων οὕς) il s'arme. Ὀμμάτων ne désigne pas, ce me semble, les yeux de l'objet aimé, encore moins ceux du dieu, mais ceux de l'amant. Μαλ-

θακὸν ὀμμάτων βέλος, Δηξίθυμον ἔρωτος ἄνθος avait dit le vieil Eschyle. Quant au sens de στάζειν κατά τινος, comp. Hom. Il. 19, 39 : Νέκταρ στάξει κατὰ ῥινοῦ.
530-534. Ἄστρων βέλος, le trait, les rayons des corps célestes, le soleil, la lune, Sirius etc. Je ne sais de quel droit quelques interprètes entendent la foudre. — Ὑπέρτερον οἷον équivaut à ὑπέρτερον ἤ. L. Dindorf cite Eschyle, Prom. 629 : Μᾶσσον ὡς

ΙΠΠΟΛΥΤΟΣ ΣΤΕΦΑΝΗΦΟΡΟΣ. 43

ἵησιν ἐκ χερῶν
Ἔρως ὁ Διὸς παῖς.

Ἄλλως ἄλλως παρά τ' Ἀλφεῷ   [Antistrophe 4.]   535
Φοίβου τ' ἐπὶ Πυθίοις τεράμνοις
βούταν φόνον Ἑλλὰς αἶ' ἀέξει·
Ἔρωτα δὲ τὸν τύραννον ἀνδρῶν,
τὸν τᾶς Ἀφροδίτας
φιλτάτων θαλάμων κλῃ-   540
δοῦχον, οὐ σεβίζομεν,
πέρθοντα καὶ διὰ πάσας
ἰόντα συμφορᾶς
θνατοῖς, ὅταν ἔλθῃ.

Τὰν μὲν Οἰχαλίᾳ   [Strophe 2.]   545
πῶλον ἄζυγα, λέκτρων
ἄνανδρον τὸ πρὶν καὶ ἄνυμφον, οἴκων
ζεύξασ' ἀπειρεσίαν,
δρομάδα τὰν Ἅιδος ὥστε Βάκχαν   550

533. Χερῶν pour χειρῶν, correction de Musurus. — 537. Le mot αἶα a été inséré par Hermann. — 546-547. J'ai changé la ponctuation. En liant ἄζυγα λέκτρων, on détruit la métaphore et on fait que le reste n'est plus qu'une cheville. Mais il faut ἄδαμνον, ἄπειρον ou quelque synonyme au lieu de la glose ἄνανδρον. — 548-550. La conjecture de Matthiæ ἀπ' εἰρεσίᾳ a eu trop de succès. Elle gâte ces beaux vers. La vraie leçon est encore à trouver. Mais δρομάδα τιν', ou plutôt τὰν (voy. l'antistrophe) Ἅιδος ὥστε Βάκχαν est une belle correction de Musgrave pour δρομάδα ναΐδα ὅπως τε Βάκχαν. On dit qu'un manuscrit porte τὰν ἀδ'.

ἐμοὶ γλυκύ. Théocrite, Id. IX, 35: γλυκερώτερον ὅσσον. Ajoutez Hom. Il. IV, 377: Μελάντερον ἠΰτε πίσση.

535. Ἄλλως ne porte sur la première phrase qu'autant qu'elle est liée à la phrase suivante. C'est en vain que la Grèce offre des hécatombes à Olympie et à Delphes, si elle ne révère pas Éros, le maître souverain des hommes. — Ce dieu était adoré à Thespies et à Parium; mais il n'avait de temple ni à Athènes, ni dans la plupart des villes de la Grèce. Cet oubli est aussi signalé par Platon, Banquet, p. 189ᵉ. Comp. ib. p. 177ᵃ.

542-544. Διὰ πάσας ἰόντα συμφορᾶς ne signifie pas : Parcourant tous les malheurs. Cette phrase a pour complément le datif θνατοῖς, et on dit en grec : διὰ πολέμου, διὰ φιλίας, διὰ δίκης ἰέναι τινί. Il faut donc traduire : Tout à fait funeste aux mortels.

545-554. Comme τάν, vers 550, ne saurait être qu'un adjectif relatif, les mots altérés ont dû renfermer un indicatif (ζεῦξ', ἐζεύξατ', ζεύγνυσ') dont le sujet était l'Amour, ce qui est d'autant plus probable que la puissance de ce dieu était célébrée dans les strophes précédentes. De plus, il

44   ΙΠΠΟΛΥΤΟΣ ΣΤΕΦΑΝΗΦΟΡΟΣ.

σὺν αἵματι, σὺν καπνῷ
φονίοις ὑφ᾽ ὑμνοισιν
Ἀλκμήνας τόκῳ Κύπρις ἐξέδωκεν·
ὦ τλάμων ὑμεναίων.

Ὦ Θήβας ἱερὸν   [Antistrophe 2.]   555
τεῖχος, ὦ στόμα Δίρκας,
συνείποιτ᾽ ἂν ἁ Κύπρις οἷον ἕρπει.
Βροντᾷ γὰρ ἀμφιπύρῳ
τοκάδα τὰν Διογόνοιο Βάκχου   560
νυμφευσαμένα πότμῳ
φονίῳ κατεύνασεν.
Δεινὰ γὰρ πάντα γ᾽ ἐπιπνεῖ, μέλισσα δ᾽

NC. 552-553. J'ai corrigé la leçon φονίοις θ᾽ ὑμεναίοις, qui ne répond pas au vers 562 et n'est qu'une glose tirée du vers 554. On sent assez que le même mot ne devait pas être répété ici. C'est à tort qu'on a voulu changer l'antistrophe en remplaçant κατεύνασεν par un mot moins poétique. — Ensuite il faut peut-être transposer Κύπρις Ἀλκμήνας τόκῳ ἐξέδωκεν (ἔδωκεν dans les manuscrits du premier ordre). — 557. Ἁ Κύπρις οἷον transposé par Monk pour οἷον ἁ Κύπρις. — 561. Νυμφευσαμένα, correction de Kirchhoff pour νυμφευσαμέναν. — 563. Les bons manuscrits ont πάντ᾽ ἐπιπνεῖ et πάντα γε πιτνεῖ. J'ai suivi Kirchhoff.

est clair que le verbe ζευγνύναι faisait antithèse avec ἄζυγα. On peut donc traduire: Dans OEchalie, la jeune cavale qui n'avait point connu le joug, jeune fille vierge encore et étrangère à la couche nuptiale, fut jetée par Éros dans le lit du destructeur de sa maison (traduction conjecturale), quand (en grec : elle que) échevelée comme une Bacchante des enfers, parmi le sang et le feu, au son des cris de mort (les cris de mort remplaçant les chants), Vénus l'unit au fils d'Alcmène. Infortunée, quel hymne nuptial! — L'histoire d'Iole, fille d'Eurytus, se trouve dans les *Trachiniennes* de Sophocle; il existait aussi une épopée qui avait pour titre Οἰχαλίας ἅλωσις et qu'on attribuait à Homère ou à Créophyle de Samos. Πῶλον, rappelle πῶλε Θρηκίη, Anacréon fr. 75, et πωλικῶν ἐδωλίων, Eschyle *Sept Ch.* 454, ainsi qu'Horace, *Odes*, III, xi, 9. — Βάκχαι Ἄιδου est dit des captives troyennes dans *Hécube*, vers 1076, Ἄιδου βάκχος d'Hercule furieux, vers 1119.

— Καπνός désigne souvent le feu ou plutôt la flamme. Homère dit de la colère : Ἀνδρῶν ἐν στήθεσσιν ἀέξεται, ἠύτε καπνός (*Il.* 18, 110. cp. *ib.* 207), et Pindare dit : Ὕδωρ καπνῷ φέρειν ἀντίον (*Nem.* 1, 24). Ce sens du mot καπνός n'a pas été assez remarqué. — Ἐξέδωκεν ne signifie pas : livra. C'est le mot propre pour dire : marier une fille.

557. Ἕρπει (ἐπέρχεται σοβαρῶς, schol.) se dit d'un mal qui s'étend de proche en proche. Ἠδ᾽ αὖθ᾽ ἕρπει, dit Hercule dévoré par le poison ardent, Soph. *Trach.* 1009.

558-562. Βροντᾷ ἀμφιπύρῳ (composé qui rappelle ἀμφήκης) dépend de νυμφευσαμένα, πότυω φονίῳ de κατεύνασεν. La mère de Bacchus est unie au foudre enflammé, c'est-à-dire à Jupiter armé du foudre, et c'est ainsi que son lit nuptial se change en lit de mort. — Eschyle avait traité ce sujet dans sa tragédie de *Sémélé* ou les *Porteuses d'eau* (Ὑδροφόροι).

563-564. Πάντα est pour πάντῃ. La

ΙΠΠΟΛΥΤΟΣ ΣΤΕΦΑΝΗΦΟΡΟΣ.   45

οἵα τις πεπόταται.

ΦΑΙΔΡΑ.

Σιγήσατ', ὦ γυναῖκες · ἐξειργάσμεθα.   565

ΧΟΡΟΣ.

Τί δ' ἔστι, Φαίδρα, δεινὸν ἐν δόμοισί σοι ;

ΦΑΙΔΡΑ.

Ἐπίσχετ', αὐδὴν τῶν ἔσωθεν ἐκμάθω.

ΧΟΡΟΣ.

Σιγῶ · τὸ μέντοι φροίμιον κακὸν τόδε.

ΦΑΙΔΡΑ.

Ὤμοι, αἰαῖ αἰαῖ ·   [Strophe 1.]
ὦ δυστάλαινα τῶν ἐμῶν παθημάτων.   570

ΧΟΡΟΣ.

Τίνα θροεῖς αὐδάν ; τίνα λόγον βοᾷς ;   [Strophe 2.]
Ἔνισπ' ἃ φοβεῖ
σε φάμα, γύναι, φρένας ἐπίσσυτος.

ΦΑΙΔΡΑ.

Ἀπωλόμεσθα. Ταῖσδ' ἐπιστᾶσαι πύλαις   575
ἀκούσαθ' οἷος κέλαδος ἐν δόμοις πίτνει.

ΧΟΡΟΣ.

Σὺ πὰρ κλῇθρα · σοὶ μέλει πομπίμα   [Strophe 3.]

NC. 566. Ἐν δόμοισί σοι, correction d'Elmsley pour ἐν δόμοισι σαῖς. — 569. J'ai écrit ὤμοι pour ἰώ μοι, et j'ai indiqué la première strophe et plus bas la première antistrophe. Quant aux autres strophes, Heath seul en avait entrevu la disposition. Des corrections qui mettent en évidence les symétries antistrophiques ne laisseront plus de doute à ce sujet. — 571-572. On lisait τίνα βοᾷς λόγον, que j'ai transposé, parce que les périodes dochmiaques n'admettent pas de syllabe indifférente à la fin des membres ou vers liés dont ils se composent. Ensuite la leçon ἔνεπε τίς n'est qu'une paraphrase de ἔνισπ' ἃ, que j'ai rétabli d'après l'antistrophe. — 577. J'ai mis πὰρ pour πάρα.

comparaison avec l'abeille, ailée et armée d'un dard, convient en effet moins à Vénus qu'à son fils, tel qu'il est peint aux vers 1270 et suivants.

565. Il n'est pas nécessaire de suppléer ὡς · ἐπίσχετ', ἐκμάθω est dit d'après l'analogie de φέρε μάθω.

571-573. Τίνα θροεῖς αὐδάν; de quel bruit parles-tu ? — Ἔνισπ' ἃ φάμα équivaut à ἔνισπε τὴν φήμην ἥ.

577-578. Il ne faut pas oublier que Phèdre est sur la scène, près du palais, et le chœur plus bas, dans l'orchestre. — Πομπίμα δωμάτων, transmise de la maison. Cp. Soph. Phil. 845 : Βαιάν μοι πέμπε λόγων φάμαν.

ΙΠΠΟΛΥΤΟΣ.

Τά τοι κάλ' ἐν πολλοῖσι κάλλιον λέγειν. 610

ΤΡΟΦΟΣ.

Ὦ τέκνον, ὅρκους μηδαμῶς ἀτιμάσῃς.

ΙΠΠΟΛΥΤΟΣ.

Ἡ γλῶσσ' ὀμώμοχ', ἡ δὲ φρὴν ἀνώμοτος.

ΤΡΟΦΟΣ.

Ὦ παῖ, τί δράσεις ; σοὺς φίλους διεργάσει;

ΙΠΠΟΛΥΤΟΣ.

Ἀπέπτυσ' · οὐδεὶς ἄδικός ἐστί μοι φίλος.

ΤΡΟΦΟΣ.

Σύγγνωθ' · ἁμαρτεῖν εἰκὸς ἀνθρώπους, τέκνον. 615

ΙΠΠΟΛΥΤΟΣ.

Ὦ Ζεῦ, τί δὴ κίβδηλον ἀνθρώποις κακὸν
γυναῖκας εἰς φῶς ἡλίου κατῴκισας;
Εἰ γὰρ βρότειον ἤθελες σπεῖραι γένος,
οὐκ ἐκ γυναικῶν χρῆν παρασχέσθαι τόδε,
ἀλλ' ἀντιθέντας σοῖσιν ἐν ναοῖς βροτοὺς 620
ἢ χρυσὸν ἢ σίδηρον ἢ χαλκοῦ βάρος
παίδων πρίασθαι σπέρμα, τοῦ τιμήματος
τῆς ἀξίας ἕκαστον · ἐν δὲ δώμασιν
ναίειν ἐλευθέροισι θηλειῶν ἄτερ.
[Νῦν δ' εἰς δόμους μὲν πρῶτον ἄξεσθαι κακὸν 625
μέλλοντες ὄλβον δωμάτων ἐκτίνομεν.]

NC. 625-626. Nauck a prouvé que ces deux vers, inconciliables avec ce qui suit et trop semblables aux vers 630 et 633, sont de la main d'un versificateur qui ne connaissait pas bien la prosodie des poètes attiques.

610. Le scholiaste fait très-bien observer qu'Aristophane (*Acharn.* 398; *Gren.* 102, 1471; *Thesm.* 275) dénature ce vers en le généralisant. Hippolyte dit qu'il a juré sans savoir de quoi il s'agissait; et cependant il se croit lié par ce serment : le vers 657 et toute sa conduite le prouvent. Il est curieux qu'un homme qui plaidait contre Euripide se soit servi de ce vers devant le tribunal pour représenter le poète comme un impie. (Voyez Aristote, *Rhétorique*, 3, 15.)

618-624. Euripide avait indiqué dans *Médée*, 573-575, l'idée singulière qu'il développe ici. — Τοῦ τιμήματος τῆς ἀξίας ἕκαστον, chacun suivant l'estimation de la valeur du don offert. Comparez Platon, *Apologie de Socrate*, p. 36[b]: Τῆς ἀξίας τιμήσομαι, je vais estimer la peine qui m'est due.

ΙΠΠΟΛΥΤΟΣ ΣΤΕΦΑΝΗΦΟΡΟΣ.

Τούτῳ δὲ δῆλον ὡς γυνὴ κακὸν μέγα·
προσθεὶς γὰρ ὁ σπείρας τε καὶ θρέψας πατὴρ
φερνὰς ἀπῴκισ', ὡς ἀπαλλαχθῇ κακοῦ·
ὁ δ' αὖ λαβὼν ἀτηρὸν εἰς δόμους φυτὸν   630
γέγηθε κόσμον προστιθεὶς ἀγάλματι
καλὸν κακίστῳ καὶ πέπλοισιν ἐκπονεῖ
δύστηνος, ὄλβον δωμάτων ὑπεξελών.
Ἔχει δ' ἀνάγκην, ὅς τε κηδεύσας καλοῖς
γαμβροῖσι χαίρων σώζεται πικρὸν λέχος,   635
ἢ χρηστὰ λέκτρα, πενθεροὺς δ' ἀνωφελεῖς
λαβὼν πιέζει τἀγαθῷ τὸ δυστυχές.
Ῥᾷστον δ' ὅτῳ τὸ μηδέν, ἀλλ' ἀνωφελὴς
εὐηθίᾳ κατ' οἶκον ἵδρυται γυνή.
Σοφὴν δὲ μισῶ· μὴ γὰρ ἔν γ' ἐμοῖς δόμοις   640
εἴη φρονοῦσα πλεῖον' ἢ γυναῖκα χρή.
Τὸ γὰρ κακοῦργον μᾶλλον ἐντίκτει Κύπρις
ἐν ταῖς σοφαῖσιν· ἡ δ' ἀμήχανος γυνὴ
γνώμῃ βραχείᾳ μωρίαν ἀφῃρέθη.
Χρῆν δ' εἰς γυναῖκα πρόσπολον μὲν οὐ περᾶν,   645
ἄφθογγα δ' αὐταῖς συγκατοικίζειν δάκη
θηρῶν, ἵν' εἶχον μήτε προσφωνεῖν τινα

634-35. J'ai mis ὅς τε à la place de ὥστε, que le scholiaste n'avait pas sous les yeux et qui fait un faux sens : en effet, il ne s'agit pas ici d'une alternative inévitable, les vers 638-39 le disent assez. Ensuite il faut écrire soit χαρίτων (pour ἀντὶ χαρίτων) σώζεται, soit σώζει πρὸς χάριν d'après la scholie : Εἰ δὲ κακὸν λάβοι τὸ λέχος, γαμβροὺς δὲ χρηστούς, ἀναγκάζεται στέργειν, εἰ τὰ κεχαρισμένα ἐκείνων πράττειν θέλοι. — 637. Πιέζει est étrange. Faut-il croire qu'il y a ici quelque faute de copiste? — 638. Nauck propose ἀλλὰ νωχελὴς pour ἀλλ' ἀνωφελής, leçon qui provient du vers 636 et ne répond pas à l'idée qu'on demande ici. — 640-41. Peut-être μηδ' ἐμοῖς ἐν δώμασιν. Ensuite πλεῖον' est une correction de Dindorf pour πλεῖον, qui n'est pas conforme à l'usage attique.

634-37. Ἔχει... λέχος. Le mar qui ne répudie pas une femme désagréable pour conserver les bonnes grâces de son noble beau-père a un joug à porter. Γαμβρός se prend ici et ailleurs par extension pour πενθερός. — Comme γαμβροῖς est régi par κηδεύσας, χαίρων est contraire à l'intention d'Hippolyte. Voy. la note critique.

— Τε et ἢ se répondent quelquefois, même en prose. Plat. Ion. p. 535 ᵉ : Ὃς ἂν κλαίῃ τε.... ἢ φοβῆται. Ici ἢ équivaut à ὅς τε. —Πιέζει, il essaye en vain d'étouffer. Mais il est difficile de sous-entendre une idée aussi essentielle que celle de « en vain ».

644. Μωρία signifie ici les désirs impudiques. Comp. vers 966.

μήτ' ἐξ ἐκείνων φθέγμα δέξασθαι πάλιν.
Νῦν δ' αἱ μὲν ἔνδον δρῶσιν αἱ κακαὶ κακὰ
βουλεύματ', ἔξω δ' ἐκφέρουσι πρόσπολοι. — 650
Ὡς καὶ σύ γ' ἡμῖν πατρός, ὦ κακὸν κάρα,
λέκτρων ἀθίκτων ἦλθες εἰς συναλλαγάς·
ἁγὼ ῥυτοῖς νασμοῖσιν ἐξομόρξομαι,
εἰς ὦτα κλύζων. Πῶς ἂν οὖν εἴην κακός,
ὃς οὐδ' ἀκούσας τοιάδ' ἁγνεύειν δοκῶ; 655
Εὖ δ' ἴσθι, τοὐμόν σ' εὐσεβὲς σώζει, γύναι·
εἰ μὴ γὰρ ὅρκοις θεῶν ἄφρακτος ᾑρέθην,
οὐκ ἄν ποτ' ἔσχον μὴ οὐ τάδ' ἐξειπεῖν πατρί.
Νῦν δ' ἐκ δόμων μέν, ἔστ' ἂν ἔκδημος χθονὸς
Θησεύς, ἄπειμι· σῖγα δ' ἕξομεν στόμα. 660
Θεάσομαι δὲ σὺν πατρὸς μολὼν ποδὶ
πῶς νιν προσόψει καὶ σὺ καὶ δέσποινα σή·
τῆς σῆς δὲ τόλμης εἴσομαι γεγευμένος.
Ὄλοισθε. Μισῶν δ' οὔποτ' ἐμπλησθήσομαι
γυναῖκας, οὐδ' εἴ φησί τίς μ' ἀεὶ λέγειν· 665
ἀεὶ γὰρ οὖν πώς εἰσι κἀκεῖναι κακαί.
Ἢ νύν τις αὐτὰς σωφρονεῖν διδαξάτω,
ἢ κἄμ' ἐάτω ταῖσδ' ἐπεμβαίνειν ἀεί.

NC. 649. Je doute de δρῶσι βουλεύματα, elles trament des intrigues. Le poete avait-il écrit νῶσιν, équivalant à ὑφαίνουσι, ῥάπτουσιν? — 657. Ἡρέθην, correction de Pierson pour εὑρέθην. Le schol. explique ἐλήφθην. — 658. Le *Marcianus* a ἐξειπεῖν κακά. — 659. Peut-être ᾗ 'κδημος, proposé par Dawes.

652. Εἰς συναλλαγὰς λέκτρων πατρός, pour un commerce avec le lit (la femme) de mon père. *Ajax*, 493 : Εὐνῆς τε τῆς σῆς, ᾗ συνηλλάχθης ἐμοί.

654. Πῶς ἂν οὖν εἴην κακός ; Comment trahirais-je mon devoir? Ces mots ne se rapportent pas au caractère d'Hippolyte ; ils sont plus précis. Comment commettrais-je le crime, dit-il, puisque je me crois souillé pour en avoir entendu faire la proposition?

657. Ἄφρακτος, par surprise. Ὅρκοις dépend de ᾑρέθην.

660. Voy. 244 et la note.

664. La périphrase σὺν πατρὸς ποδί est en rapport avec le verbe μολών. S'il s'agissait d'un combat, il dirait σὺν πατρὸς τελῶν χερί.

663. Ce vers n'a pas été compris. Hippolyte avait dit : J'observerai, en revenant avec mon père, de quel front vous oserez l'aborder, toi et ta maîtresse. (Ce dernier mot est à l'adresse de Phèdre, qui assiste à cette scène en témoin muet, et, ce me semble, en cachant son visage sous son voile.) Il ajoute : Quant à ton impudence à toi, j'en aurai déjà goûté avant de revenir, c'est-à-dire, j'en ai dès à présent un avantgoût. Εἴσομαι, je viendrai, et non : je saurai. Le Scholiaste s'y est déjà trompé.

ΙΠΠΟΛΥΤΟΣ ΣΤΕΦΑΝΗΦΟΡΟΣ. 51

ΦΑΙΔΡΑ.

Τάλανες ὦ κακοτυχεῖς γυναικῶν πότμοι.   [Antistrophe.]
Τέχναν νῦν τίνα ποτ' ἔχομεν ἔτι, λόγου   670
σφαλεῖσαι, κάθαμμα λύειν [λόγου];
Ἐτύχομεν δίκας · ἰὼ γᾶ καὶ φῶς.
Πᾷ ποτ' ἐξαλύξω τύχας;
πῶς δὲ πῆμα κρύψω, φίλαι;
Τίς ἂν θεῶν ἀρωγὸς ἢ τίς ἂν βροτῶν   675
πάρεδρος ἢ ἀδίκων ξύμμαχος ἐργμάτων
φανείη; Τὸ γὰρ παρ' ἡμῖν πάθος
πόρον δυσεκπέραντον ἔρχεται βίου.
Κακοτυχεστάτα γυναικῶν ἐγώ.

ΧΟΡΟΣ.

Φεῦ φεῦ · πέπρακται, κοὐ κατώρθωνται τέχναι,   680
δέσποινα, τῆς σῆς προσπόλου, κακῶς δ' ἔχει.

ΦΑΙΔΡΑ.

Ὦ παγκακίστη καὶ φίλων διαφθορεῦ,
οἷ' εἰργάσω με. Ζεύς σ' ὁ γεννήτωρ ἐμὸς
πρόρριζον ἐκτρίψειεν οὐτάσας πυρί.
Οὐκ εἶπον, οὐ σῆς προυνοησάμην φρενός,   685

NC. 669. Τάλανες, correction de Barnes pour τάλαινες. — 670-71. Les manuscrits portent : τίνα νῦν τέχναν ἔχομεν ἢ λόγους (ou λόγον) σφαλεῖσαι καθ' ἄμμα λύειν λόγους (ou λόγου). Il est évident qu'il faut lire avec Nauck λόγου σφαλεῖσαι, ce qui est rendu par σφαλεῖσαι τῆς ἐλπίδος dans une scholie remaniée, où l'explication de la bonne leçon se mêle à celle de la mauvaise. Dans une métaphore empruntée à la lutte, il ne doit pas être question de paroles. J'ai mis le reste du vers 670 d'accord avec la strophe, et je propose βλάβης à la place du second λόγους, mot répété par une erreur du copiste. Λύειν a été rétabli par Monk. — 672. Ἰὼ pour ὦ, correction de Heath. — 676. La leçon πάρεδρος ἢ ξυνεργὸς ἀδίκων ἔργων est, au premier mot près, de la prose de scholiaste. Le vers strophique m'a aidé à retrouver les mots poétiques qui s'y cachent et l'ordre dans lequel ils étaient placés. La crase ἢ ἀ... n'est pas rare. — 678. Pour παρόν j'ai écrit πόρον, correction déjà proposée par Kayser (Jahrb. f. Philol. 1857, p. 127). — 683. Probablement Ζεύς σε γεννήτωρ, proposé par G. Wolff.

669. L'antistrophe est séparée de sa strophe (vers 362-374) par plusieurs scènes et un grand chant du chœur. Elle est tout entière chantée par Phèdre (le manuscrit de Paris l'indique fort bien), comme la strophe tout entière était chantée par le chœur.

670-71. Voy. la note critique.
677-78. Τὸ... βίου, le malheur que j'éprouve marche dans une voie qui mène difficilement à travers la vie, c'est-à-dire me conduit à une mort violente.
685-86. Οὐκ.... φρενός; ne t'ai-je pas dit, en veillant avec prévoyance sur ton

ΙΠΠΟΛΥΤΟΣ ΣΤΕΦΑΝΗΦΟΡΟΣ.

σιγᾶν ἐφ᾿ οἷσι νῦν ἐγὼ κακύνομαι;
Σὺ δ᾿ οὐκ ἀνέσχου. Τοιγὰρ οὐκέτ᾿ εὐκλεεῖς
θανούμεθ᾿ · ἀλλὰ δεῖ με δὴ καινῶν λόγων.
Οὗτος γὰρ ὀργῇ συντεθηγμένος φρένας
ἐρεῖ καθ᾿ ἡμῶν πατρὶ σὰς ἁμαρτίας, 690
[ἐρεῖ δὲ Πιτθεῖ τῷ γέροντι συμφοράς,]
πλήσει δὲ πᾶσαν γαῖαν αἰσχίστων λόγων. —
Ὄλοιο καὶ σὺ χὠστις ἄκοντας φίλους
πρόθυμός ἐστι μὴ καλῶς εὐεργετεῖν.

ΤΡΟΦΟΣ.

Δέσποιν᾿, ἔχεις μὲν τἀμὰ μέμψασθαι κακά · 695
τὸ γὰρ δάκνον σου τὴν διάγνωσιν κρατεῖ ·
ἔχω δὲ κἀγὼ πρὸς τάδ᾿, εἰ δέξει, λέγειν.
Ἔθρεψά σ᾿ εὔνους τ᾿ εἰμί · τῆς νόσου δέ σοι
ζητοῦσα φάρμαχ᾿, εὗρον οὐχ ἁβουλόμην.
Εἰ δ᾿ εὖ γ᾿ ἔπραξα, κάρτ᾿ ἂν ἐν σοφοῖσιν ἦν · 700
πρὸς τὰς τύχας γὰρ τὰς φρένας κεκτήμεθα.

ΦΑΙΔΡΑ.

Ἦ καὶ δίκαια ταῦτα κἀξαρκοῦντά μοι,
τρώσασαν ἡμᾶς εἶτά σ᾿ ἐγχειρεῖν λόγοις,

ΤΡΟΦΟΣ.

Μακρηγοροῦμεν · οὐκ ἐσωφρόνουν ἐγώ,
ἀλλ᾿ ἔστι κἀκ τῶνδ᾿ ὥστε σωθῆναι, τέκνον. 705

ΦΑΙΔΡΑ.

Παῦσαι λέγουσα · καὶ τὰ πρὶν γὰρ οὐ καλῶς

NC. 691. Ce vers, qui manque dans le manuscrit de Paris, a été avec raison retranché par Brunck. — 695. Le vers suivant indique, ce me semble, qu'il faut σοφά ou κεδνά, que les copistes auront changé en κακά, faute de le comprendre. — 702. Variante : Ἦ γάρ. — 703. J'ai corrigé la leçon εἶτα συγχωρεῖν, qui fait un faux sens : la nourrice vient de se défendre. Le scholiaste, qui dit ἄτοπον τὸ καὶ ἐθέλειν σε ἰσολογεῖν μοι καὶ ἐκ τῶν ἴσων ἀμφισβητεῖν τρώσσάν με, lisait-il ἀντὶ σ᾿ ἐγχειρεῖν?

esprit, tes intentions,..? — Κακύνομαι, je suis traitée de femme criminelle, je suis déshonorée, est opposé à εὐκλεεῖς.
696. Τὸ δάκνον, la douleur, le dépit. Comp. Soph. Ant. 317. — Construisez τὴν διάγνωσίν σου.

704. Sous-entendez : dans l'opinion des hommes.
702-3. Est-il juste, peut-il me suffire, qu'après m'avoir blessée à mort, tu essayes de faire des raisonnements, de discuter. Ἐγχειρεῖν équivaut à ἐπιχειρεῖν.

ΙΠΠΟΛΥΤΟΣ ΣΤΕΦΑΝΗΦΟΡΟΣ.

παρήνεσάς μοι κάπεχείρησας κακά.
Ἀλλ' ἐκποδὼν ἄπελθε καὶ σαυτῆς πέρι
φρόντιζ'· ἐγὼ δὲ τἀμὰ θήσομαι καλῶς.
Ὑμεῖς δέ, παῖδες εὐγενεῖς Τροιζήνιαι, 710
τοσόνδε μοι παράσχετ' ἐξαιτουμένῃ,
σιγῇ καλύπτειν ἄνθάδ' εἰσηκούσατε.

ΧΟΡΟΣ.

Ὄμνυμι σεμνὴν Ἄρτεμιν Διὸς κόρην,
μηδὲν κακῶν σῶν εἰς φάος δείξειν ποτέ.

ΦΑΙΔΡΑ.

Καλῶς ἔλεξας. Ἐν δέ, πᾶν στρέφουσ', ἐγὼ 715
εὑρεῖν τι ῥῦμα τῆσδε συμφορᾶς ἔχω,
ὥστ' εὐκλεᾶ μὲν παισὶ προσθεῖναι βίον,
αὐτή τ' ὄνασθαι πρὸς τὰ νῦν πεπτωκότα.
Οὐ γάρ ποτ' αἰσχυνῶ γε Κρησίους δόμους,
οὐδ' εἰς πρόσωπον Θησέως ἀφίξομαι 720
αἰσχροῖς ἐπ' ἔργοις οὕνεκα ψυχῆς μιᾶς.

ΧΟΡΟΣ.

Μέλλεις δὲ δή τι δρᾶν ἀνήκεστον κακόν;

ΦΑΙΔΡΑ.

Θανεῖν· ὅπως δέ, τοῦτ' ἐγὼ βουλεύσομαι.

NC. 715-16. J'ai corrigé la leçon vicieuse : Καλῶς ἐλέξαθ' (ἔλεξας dans un seul manuscrit). Ἐν δὲ προτρέπουσ' ἐγὼ εὕρημα δῆτα τῆσδε συμφορᾶς ἔχω, au moyen des scholies : Ζητοῦσα καὶ ἐξερευνῶσα. Μετατρέπουσα, φησί, καὶ πολλὰ δοκιμάζουσα καὶ εἰς πολλὰ μεταφέρουσά μου τὴν γνώμην, ἓν μόνον ἴαμα τῆς συμφορᾶς εὗρον. — Μετατρέπουσα, μεταφέρουσα et περιτρέπουσα, d'où vient προτρέπουσα, sont des gloses de στρέφουσα (Voy. schol. Hec. 750). Ῥῦμα a ἴαμα pour glose explicative dans un vers d'Eschyle, fr. 314 Herm. Δῆτα est un mauvais remplissage, ajouté quand εὑρεῖν τι ῥῦμα était devenu εὕρημα.

708. La nourrice part. Elle ne rentre pas dans le palais, comme on semble croire généralement.
713-14. Le scholiaste dit fort bien : Ὀμνύουσιν οἰκονομικῶς καὶ σιωπᾶν ἐπαγγέλλονται· λύοιτο γὰρ ἂν τὰ τῆς ὑποθέσεως.
715. Πᾶν στρέφουσ(α), en roulant, retournant dans mon esprit tous les moyens de salut. — Ἐν est séparé de son substantif et rapproché de πᾶν, d'après l'habitude des anciens, pour faire ressortir l'antithèse.
718. Πρὸς τὰ νῦν πεπτωκότα, autant que cela se peut après ce coup du sort. On compare Plat. Rép. X, p. 604ᶜ : Ὥσπερ ἐν πτώσει κύβων, πρὸς τὰ πεπτωκότα τίθεσθαι τὰ αὐτοῦ πράγματα.

ΙΠΠΟΛΥΤΟΣ ΣΤΕΦΑΝΗΦΟΡΟΣ.

ΧΟΡΟΣ.

Εὔφημος ἴσθι.

ΦΑΙΔΡΑ.

Καὶ σύ γ' εὖ με νουθέτει.
Ἐγὼ δὲ Κύπριν, ἥπερ ἐξόλλυσί με, 725
ψυχῆς ἀπαλλαχθεῖσα τῇδ' ἐν ἡμέρᾳ
τέρψω· πικροῦ δ' ἔρωτος ἡσσηθήσομαι.
Ἀτὰρ κακόν γε χἀτέρῳ γενήσομαι
θανοῦσ', ἵν' εἰδῇ μὴ 'πὶ τοῖς ἐμοῖς κακοῖς
ὑψηλὸς εἶναι· τῆς νόσου δὲ τῆσδέ μοι 730
κοινῇ μετασχὼν σωφρονεῖν μαθήσεται.

ΧΟΡΟΣ.

Ἠλιβάτοις ὑπὸ κευθμῶσι γενοίμαν, [Strophe 1.]
ἵνα με πτεροῦσσαν ὄρνιν
θεὸς ἐνὶ ποταναῖς ἀγέλαις θείη·
ἀρθείην δ' ἐπὶ πόντιον 735
κῦμα τᾶς Ἀδριηνᾶς
ἀκτᾶς Ἠριδανοῦ θ' ὕδωρ,

NC. 733-34. Le premier de ces vers n'a pas de sens ; et, chose curieuse, l'un des derniers éditeurs, Hartung, est le seul qui en ait fait la remarque. Je propose : πτερόεσσαν εἴτε (ou que) μ' ὄρνιν. Ensuite Dindorf corrigea la leçon ἐν ποταναῖς ἀγέλαισι.

724. Phèdre arrête le chœur à ce mot. Si tu veux me donner des conseils, dit-elle, donne m'en de bons, d'honorables, non de lâches et de honteux. Εὖ νουθέτει fait antithèse à εὔφημος.
730-31. Phèdre dit amèrement : L'orgueilleux qui méprise Vénus, aura sa part de cet amour, c'est-à-dire des suites funestes de ma passion, et il apprendra à être sage, ce qui veut dire ici : à ne pas dédaigner l'amour. — Dans cette scène, la disposition symétrique du dialogue est frappante. Après une introduction de deux vers du chœur (680-81), Phèdre en prononce dix (3. 2. 2. 3). Plus loin, sept vers de la nourrice précédés et suivis de deux vers de Phèdre (693-703) trouvent leur pendant dans sept vers de Phèdre précédés et suivis de deux vers de la nourrice et du chœur (704-714). Enfin Phèdre prononce deux tirades, chacune de sept vers encore, lesquelles sont séparées par trois vers de dialogue entre le chœur et la reine.
732 sqq. Quoique le second de ces vers soit gâté, on devine aisément ce que le chœur disait. Pour échapper au spectacle de ces malheurs, il voudrait descendre au fond de la terre, ou s'élever dans les airs: double vœu familier aux poetes grecs. Exemple : vers 1290 sqq. — Comp. le vers 732 avec Hésiode *Théog.* 483 : Ἄντρῳ ἐν ἠλιβάτῳ ζαθέης ὑπὸ κεύθεσι γαίης. Mais Euripide semble s'être surtout souvenu des vœux que Pénélope fait dans l'*Odyssée*, XX, 63-80. Il a ajouté la description des merveilles de l'extrême Occident, la côte de l'Adriatique, que l'on regardait encore comme la patrie de l'ambre jaune, et le pays fortuné au-delà des limites du monde accessible aux hommes. Cette peinture contraste avec les misères de la réalité et transporte le spectateur dans un monde idéal.

ΙΠΠΟΛΥΤΟΣ ΣΤΕΦΑΝΗΦΟΡΟΣ.

ἔνθα πορφύρεον σταλάσ-
σουσ' εἰς οἶδμα πατρὸς τάλαιναι κόραι Φαέθοντος οἴκτῳ δακρύων 740
τὰς ἠλεκτροφαεῖς στάγας.

Ἑσπερίδων δ' ἐπὶ μηλόσπορον ἀκτὰν [Antistrophe 1.]
ἀνύσαιμι τᾶν ἀοιδῶν,
ἵν' ὁ ποντομέδων πορφυρέας λίμνας
ναύταις οὐκέθ' ὁδὸν νέμει, 745
σεμνὸν τέρμονα, κύρων
οὐρανοῦ τὸν Ἄτλας ἔχει,
κρῆναί τ' ἀμβρόσιαι χέον-
ται Ζηνὸς μελάθρων πρὸ κοιτᾶν, ἵν' ὀλβιόδωρος αὔξει ζαθέα 750
χθὼν εὐδαιμονίαν θεοῖς.

Ὦ λευκόπτερε Κρησία [Strophe 2.]
πορθμὶς, ἃ διὰ πόντιον
κῦμ' ἁλίκτυπον ἅλμας
ἐπόρευσας ἐμὰν ἄνασσαν 755

NC. 738. Les manuscrits ont σταλάσσουσιν et τάλαιναι. La vulgate τριτάλαιναι est avec raison abandonnée par les derniers éditeurs. Il faut corriger le vers antistrophique. — 741. J'ai corrigé la leçon ἠλεκτροφαεῖς αὐγάς, qui peut séduire par un faux air poétique. C'est à tort qu'on a voulu donner au dernier vers de l'antistrophe une chute qui n'est pas de mise ici. — 743. Ἀοιδῶν correction de Monk pour ἀοιδᾶν. — 746. Κυρῶν (κύρων) est une ancienne variante pour ναίων. On rapportait ce participe à Neptune. Bergk a corrigé la ponctuation. — 749-50. J'ai mis πρὸ κοιτᾶν (Hartung πρὸ κοίτας) pour παρὰ κοίταις. Hermann proposait παρ' εὐναῖς. La variante ἵνα (ἵν' ἁ) βιόδωρος a été réfutée par Valckenaer.

739. Εἰς οἶδμα πατρός. Le soleil se couche dans la mer d'Occident.

746-47. Σεμνὸν τέρμονα, rapporté par apposition à ἀκτάν, est le corollaire de la phrase incidente ἵνα..... νέμει. Atlas, dont la tête touche au ciel, κύρων οὐρανοῦ, occupe cette extrême limite que les mortels ne peuvent franchir et qui est l'entrée du séjour des dieux.

748-51. Les sources de l'Ambroisie sortent de la chambre nuptiale où Jupiter s'unit d'abord à Junon. (voy. Preller, *Griech. Mythol.* I, p. 349); le jardin qu'arrosent ces sources nourrit les dieux de bonheur et d'immortalité. Voyez sur ces lieux mythiques Bergk dans *Jahrbücher für classische Philologie* 1860, p. 316 ss. Il cite Plaute *Trinummus*, vers 940 : « Ad caput amnis « qui de cœlo exoritur sub solio Jovis. » L'épithète ὀλβιόδωρος convient à cette terre.

ὀλβίων ἀπ' οἴκων,
κακονυμφοτάταν ὄνασιν.
Ἡ γὰρ ἀπ' ἀμφοτέρων ἢ
Κρησίας ἐκ γᾶς δύσορνις
ἔπτατ' εἰς κλεινὰς Ἀθάνας, 760
Μουνύχου δ' ἀκταῖσιν ἐκδή-
σαντο πλεκτὰς πεισμάτων ἀρχὰς ἐπ' ἀπείρου τε γᾶς ἔβασαν.

Ἀνθ' ὧν οὐχ ὁσίων ἐρώ— [Antistrophe 2]
των δεινᾷ φρένας Ἀφροδί- 765
τας νόσῳ κατεκλάσθη ·
χαλεπᾷ δ' ὑπέραντλος οὖσα
συμφορᾷ, τεράμνων
ἀπὸ νυμφιδίων κρεμαστὸν
ἅψεται ἀμφὶ βρόχον λευ- 770
κᾷ καθαρμόζουσα δείρᾳ,
δαίμονάς τ' εὐνᾶν καταιδεσθεῖσα, τάν τ' εὔδοξον ἀνθαιρουμένα φάμαν, ἀπαλλάσ-
σουσά τ' ἀλγεινὸν φρενῶν ἔρωτα. 775

NC. 760. Ἔπτατ' εἰς, proposé par Monk pour ἔπτατ' ἐπί (ou ἔπτατο). — 761. Μουνύχου correction d'Hermann pour Μουνυχίου. — 771. Δείρᾳ correction de Markland pour δέρᾳ. — 772. J'ai corrigé le non-sens δαίμονα στυγνόν, en m'aidant de la leçon du *Marcianus*, στυγνᾶν. Phèdre meurt parce qu'elle respecte les dieux du lit conjugal, et non par respect pour la divinité farouche qui cause son malheur.

757. Κακονυμφοτάταν ὄνασιν, pour un bonheur trompeur. Littéralement : pour le bonheur de l'hymen le plus funeste. Cette alliance de mots fait ressortir le contraste de ce qu'on espérait et de ce qui arrive.
758-63. Le vaisseau partit sous de mauvais auspices soit de la Crète, soit des deux pays (l'Attique et la Crète) ; et sous de mauvais auspices (δύσορνις se rapporte aussi à la seconde phrase), il aborda dans le port de Munychie. On voit par là que Κρησία πορθμίς, vers 752, ne désigne pas un vaisseau crétois, mais le vaisseau attique qui fit le voyage de la Crète pour chercher la jeune reine. — Μούνυχος était le héros éponyme du port de Munychie, d'après Hellanicus chez Harpocration. Πεισμάτων ἀρχάς, le bout par lequel on commence à dérouler le câble, est une expression naturelle et conforme à l'usage. Ici elle est d'autant plus heureuse, que les augures se tirent toujours des commencements.
764. Ἀνθ' ὧν, conformément à ces augures.
772. Δαίμονας εὐνᾶν, les dieux du lit conjugal. — Ἀνθαιρουμένα équivaut à ἀντιλαμβανομένη (schol.), choisissant et saisissant.

ΙΠΠΟΛΥΤΟΣ ΣΤΕΦΑΝΗΦΟΡΟΣ.

ΘΕΡΑΠΑΙΝΑ.

Ἰοὺ ἰού·
βοηδρομεῖτε πάντες οἱ πέλας δόμων·
ἐν ἀγχόναις δέσποινα, Θησέως δάμαρ.

ΧΟΡΟΣ.

Φεῦ φεῦ, πέπρακται· βασιλὶς οὐκέτ' ἔστι δὴ
γυνή, κρεμαστοῖς ἐν βρόχοις ἠρτημένη.

ΘΕΡΑΠΑΙΝΑ.

Οὐ σπεύσετ'; οὐκ οἴσει τις ἀμφιδέξιον   780
σίδηρον, ᾧ τόδ' ἅμμα λύσομεν δέρης;

ΗΜΙΧΟΡΙΟΝ.

Φίλαι, τί δρῶμεν; ἢ δοκεῖ περᾶν δόμους
λῦσαί τ' ἄνασσαν ἐξ ἐπισπαστῶν βρόχων;

ΗΜΙΧΟΡΙΟΝ.

Τί δ'; οὐ πάρεισι πρόσπολοι νεανίαι;
Τὸ πολλὰ πράσσειν οὐκ ἐν ἀσφαλεῖ βίου.   785

ΘΕΡΑΠΑΙΝΑ.

Ὀρθώσατ' ἐκτείνοντες ἄθλιον νέκυν,
πικρὸν τόδ' οἰκούρημα δεσπόταις ἐμοῖς.

ΧΟΡΟΣ.

Ὄλωλεν ἡ δύστηνος, ὡς κλύω, γυνή·
ἤδη γὰρ ὡς νεκρόν νιν ἐκτείνουσι δή.

NC. 786. Ἐκτείνοντες est moins bien autorisé, mais vaut mieux que ἐκτείναντες. Les deux actions sont simultanées ou plutôt identiques, et le participe de l'aoriste ne serait de mise que si ὀρθώσατε était à l'indicatif.

776-77. Ces vers, ainsi que les autres du même personnage, sont évidemment prononcés derrière la scène, dans l'intérieur du palais. Le scholiaste dit qu'on les attribue soit à la nourrice, soit à l'Exanguelos. Mais la nourrice a été chassée par sa maîtresse, et ce personnage ne sort pas et ne fait pas de récit. J'ai donc donné ce rôle à une servante, d'après un manuscrit de second ordre et les vieilles éditions.

780. Ἀμφιδέξιος, ambidextre, se dit d'un homme qui se sert également bien des deux mains, et ici d'un fer qui est tranchant des deux côtés.

782-85. Il s'entend que ces vers ne sont pas prononcés par les deux chœurs, mais par ceux qui les conduisent. C'est ainsi que dans le dialogue, ΧΟΡΟΣ ne désigne pas le chœur tout entier, mais seulement le coryphée.

786-87. Ὀρθώσατ(ε) ἐκτείνοντες, redressez, en les étirant, les membres courbés du cadavre. — Πικρὸν οἰκούρημα. Le scholiaste dit bien : Τὸν (lisez τὴν) ἀτυχῆ οἰκουρόν. Au lieu de l'épouse gardienne de la maison, Thésée ne trouvera qu'un triste cadavre. Quant au nom de chose pour le nom de personne, comp. vers 44.

ΘΗΣΕΥΣ.

Γυναῖκες, ἴστε τίς ποτ' ἐν δόμοις βοή; 790
Ἠχὴ βαρεῖα προσπόλων μ' ἀφίκετο.
Οὐ γάρ τί μ' ὡς θεωρὸν ἀξιοῖ δόμος
πύλας ἀνοίξας εὐφρόνως προσεννέπειν.
Μῶν Πιτθέως τι γῆρας εἴργασται νέον;
Πρόσω μὲν ἤδη βίοτός ἐστιν, ἀλλ' ὅμως 795
λυπηρὸς ἡμῖν τούσδ' ἂν ἐκλίποι δόμους.

ΧΟΡΟΣ.

Οὐκ εἰς γέροντας ἥδε σοι τείνει τύχη,
Θησεῦ· νέοι θανόντες ἀλγυνοῦσί σε.

ΘΗΣΕΥΣ.

Οἴμοι· τέκνων μοι μή τι συλᾶται βίος;

ΧΟΡΟΣ.

Ζῶσιν, θανούσης μητρὸς ὡς ἄλγιστά σοι. 800

ΘΗΣΕΥΣ.

Τί φής; ὄλωλεν ἄλοχος; ἐκ τίνος τύχης;

ΧΟΡΟΣ.

Βρόχον κρεμαστὸν ἀγχόνης ἀνήψατο.

ΘΗΣΕΥΣ.

Λύπῃ παχνωθεῖσ' ἢ ἀπὸ συμφορᾶς τίνος;

ΧΟΡΟΣ.

Τοσοῦτον ἴσμεν· ἄρτι γὰρ κἀγὼ δόμοις,
Θησεῦ, πάρειμι, σῶν κακῶν πενθήτρια. 805

ΘΗΣΕΥΣ.

Αἰαῖ· τί δῆτα τοῖσδ' ἀνέστεμμαι κάρα

NC. 794. Ἠχὴ correction de Nauck pour ἠχώ. — 795. Nauck a corrigé la mauvaise leçon βίοτος, ἀλλ' ὅμως ἔτ' ἂν au moyen de celle des meilleurs manuscrits ὅμως ἐστ' ἂν. Le verbe ἐστιν, oublié d'abord et ajouté à la marge, fut changé pour faire un sens quelconque.

792-93. Thésée revient d'un pieux voyage, d'un pèlerinage (θεωρία), qu'il avait entrepris soit pour consulter un oracle, soit pour assister à une fête religieuse. Il s'étonne que la porte du palais ne s'ouvre pas, qu'on ne vienne pas le féliciter de son heureux retour (traduction prosaïque de la belle poésie de ces deux vers). Bientôt il va jeter la couronne qu'il porte sur la tête en sa qualité de théore.

794. Γῆρας, est à l'accusatif. Le datif se trouve avec le même verbe ἐργάζομαι dans *Hécube*, 1085 : Ὦ τλῆμον, ὥς σοι δύσφορ' εἴργασται κακά.

ΙΠΠΟΛΥΤΟΣ ΣΤΕΦΑΝΗΦΟΡΟΣ.

πλεκτοῖσι φύλλοις, δυστυχὴς θεωρὸς ὤν·
Χαλᾶτε κλῇθρα, πρόσπολοι, πυλωμάτων,
ἐκλύεθ' ἁρμοὺς, ὡς ἴδω πικρὰν θέαν
γυναικὸς, ἥ με κατθανοῦσ' ἀπώλεσεν. 810

ΧΟΡΟΣ.

Ἰὼ ἰὼ τάλαινα μελέων κακῶν· [Strophe 1.]
ἔπαθες, εἰργάσω
τοσοῦτον ὥστε τούσδε συγχέαι δόμους.
Αἰαῖ τόλμας, βιαίως θανοῦσ'
ἀνοσίῳ τε συμφορᾷ, σᾶς πάλαισμα μελέας χερός. 815
Τίς ἄρα σὰν, τάλαιν', ἀμαυροῖ ζόαν;

ΘΗΣΕΥΣ.

Ὤμοι ἐγὼ πόνων· ἔπαθον ὧν πολὺς, [Strophe 2.]
τὰ μάκιστ' ἐμῶν κακῶν, ὦ δαῖμον·

ὥς μοι βαρεῖα καὶ δόμοις ἐπεστάθη
κηλὶς ἄφραστος ἐξ ἀλαστόρων τινός. 820

NC. 809. Les manuscrits portent ὡς ἴδω δυσδαίμονα ou τὸν δαίμονα. Mais les plus anciennes éditions, en répétant ce vers après 824, ont ὡς ἴδω πικρὰν θέαν. De là la correction de Brunck. Si on veut conserver δυσδαίμονα, il faut placer 810 immédiatement après 807 : θεωρὸς γυναικός serait alors un douloureux jeu de mots. — 814. Kirchhoff propose σᾶς τόλμας. La vulgate est τόλμας ὦ. — 814-16. Je propose σὺν πάθει pour συμφορᾷ. Enger a transposé la leçon σᾶς χερὸς πάλαισμα μελέας, et Monk a écrit ζοάν (ζόαν) pour ζωάν. — 817. La leçon des bons manuscrits ὧν ἔπαθον ὦ πόλις m'a mis sur la voie du vrai texte. Comme la cité n'est pas de mise ici, les manuscrits corrigés ont ὦ τάλας. — 818-19. J'ai corrigé d'après l'antistrophe les leçons ὦ τύχη et ἐπεστάθης. Après avoir remplacé δαίμων par sa glose ordinaire τύχη, on y rapporta βαρεῖα et l'on mit la seconde personne pour la troisième, que le sens demande.

809. Πικρὰν θέαν semble faire allusion à θεωρός.

811. Le palais s'ouvre encore, comme au premier épisode, mais cette fois c'est le cadavre de Phèdre qu'on aperçoit.

815. Dans l'*Agamemnon* d'Eschyle, Clytemnestre appelle le cadavre d'Agamemnon τῆσδε δεξιᾶς χερὸς ἔργον, δικαίας τέκτονος (vers 1405). Πάλαισμ équivaut à ἔργον ou plutôt à ἀγώνισμα. Le scholiaste songe à un lutteur qui serre la gorge de son adversaire : c'est pousser trop loin l'analyse de la métaphore.

817-18. Ἔπαθον.... κακῶν, de tous les maux que j'ai soufferts en grand nombre, voici le plus grand. Πολύς est rapporté à la personne, d'après un grécisme connu. Comp. vers 1 et la note, ainsi que vers 1220.

819. Les distiques iambiques qui alternent quatre fois avec les distiques dochmiaques, ne sont pas chantés. Aussi n'ont-ils point de formes doriennes ; et, tout en se répondant de la strophe à l'antistrophe par le nombre des vers, ils ne se répondent pas syllabe pour syllabe.

ΙΠΠΟΛΥΤΟΣ ΣΤΕΦΑΝΗΦΟΡΟΣ.

Κατακονὰ μὲν οὖν ἀβίοτος βίου·
κακῶν δ᾽ ὦ τάλας πέλαγος εἰσορῶ

τοσοῦτον ὥστε μήποτ᾽ ἐκνεῦσαι πάλιν
μηδ᾽ ἐκπερᾶσαι κῦμα τῆσδε συμφορᾶς.

Τίνα λόγον τάλας, τίνα τύχαν σέθεν   826
βαρύποτμον, γύναι, προσαυδῶν τύχω;

Ὄρνις γὰρ ὥς τις ἐκ χερῶν ἄφαντος εἶ,
πήδημ᾽ ἐς Ἀιδου κραιπνὸν ὁρμήσασά μοι.

Αἰαῖ αἰαῖ, μέλεα μέλεα τάδε πάθη.   830
Πρόσωθεν δέ που τάνδε κομίζομαι
δαιμόνιον τύχαν
ἀμπλακίαισι τῶν πάροιθέν τινος.

ΧΟΡΟΣ.

Οὐ σοὶ τάδ᾽, ὦναξ, ἦλθε δὴ μόνῳ κακά·
πολλῶν μετ᾽ ἄλλων δ᾽ ὤλεσας κεδνὸν λέχος.   835

ΘΗΣΕΥΣ.

Τὸ κατὰ γᾶς θέλω, τὸ κατὰ γᾶς κνέφας   [Antistrophe 2.]
μετοικεῖν σκότῳ θανὼν ὁ τλάμων,

τῆς σῆς στερηθεὶς φιλτάτης ὁμιλίας·
ἀπώλεσας γὰρ μᾶλλον ἢ κατέφθισο.

NC. 821. Variante : κατακονᾷ.... βίος. — 822. Peut-être δυστάλας. Les manuscrits ont δ᾽ ὁ τάλας. — 826. Peut-être ποῖον ἔπος, au lieu de τίνα λόγον. Quant au vers interpolé avant celui-ci, voy. au vers 809. — 831-32. J'ai corrigé d'après l'antistrophe la leçon πρόσωθεν δέ ποθεν ἀνακομίζομαι (ce verbe composé faisait un faux sens), ainsi que τύχαν δαιμόνων. — 837. Reiske proposa σκότῳ συνών.

821-24. Κατακονά, émoussement (?), équivaut à διαφθορά, suivant Hesychius et d'autres grammairiens. Quant à la métaphore qui suit, comparez 470 et Eschyle *Suppl.* 470 : Ἄτης ἄβυσσον πέλαγος οὐ μάλ᾽ εὔπορον Τόδ᾽ ἐσβέβηκα, κοὐδαμοῦ λιμὴν κακῶν.

826-27. En prose, on dirait τίνι λόγῳ τὴν τύχην σου προσαγορεύων τύχω ; ce dernier mot veut dire ici « rencontrer juste ». Compar. Esch. *Agam.* 533. *Choëph.* 418, 997. Soph. *Phil.* 223.

834-33. On connaît cette croyance qui fait le fond d'une foule de fables et de tra-

ΙΠΠΟΛΥΤΟΣ ΣΤΕΦΑΝΗΦΟΡΟΣ. 61

Τίνα κλύω; πόθεν θανάσιμος τύχα, 840
γύναι, σὰν, τάλαινα, κραδίαν ἔβα;

Εἴποι τις ἂν τὸ πραχθὲν, ἢ μάτην ὄχλον
στέγει τύραννον δῶμα προσπόλων ἐμῶν;

Ὤμοι μοι. . . . . σέθεν,
μέλεος, οἷον εἶδον ἄλγος δόμων, 845

οὐ τλητὸν οὐδὲ ῥητόν · ἀλλ' ἀπωλόμην ·
ἔρημος οἶκος, καὶ τέκν' ὀρφανεύεται.

Αἰαῖ αἰαῖ, ἔλιπες ἔλιπες ἐμὲ, φίλα
γυναικῶν ἀρίστα θ' ὁπόσας ἐπεῖδ'
ἀελίου φάος τ'. 850
ἠδὲ τὸ νυκτὸς ἀστερωπὸν σέλας.
ΧΟΡΟΣ.
Ἰὼ ἰὼ τάλας, ὅσον ἔχεις κακόν. [Antistrophe 1.]
. . . .
. . . . δόμος

NC. 840-41. Kirchhoff et Nauck ont corrigé la leçon τίνος κλύω;... σὰν ἐπέβα ou ἔβα, τάλαινα, καρδίαν; — 844. Peut-être ὤμοι ἐγὼ τάλας στερόμενος σέθεν. — 848-51. Ces vers qu'on donnait au chœur, ont été rendus à Thésée par Kirchhoff, qui vit le premier la disposition antistrophique de ce morceau. D'après son avis, j'ai ajouté les interjections qui manquent dans les manuscrits, et j'ai de plus écrit ἐμὲ, φίλα pour ὦ φίλα. Plus loin, on lisait : ὁπόσας ἐφορᾷ φέγγος ἀελίου τε καὶ νυκτὸς ἀστερωπὸς σελάνα. En adoptant l'excellente correction de Jacobs ἀστερωπὸν σέλας, j'ai aussi dans le reste rétabli la mesure détruite par la paraphrase des interprètes. — 852. Les manuscrits portent : ὦ ou ἰὼ τάλας· ὦ τάλας ὅσον κακὸν ἔχει δόμος, ce que j'ai corrigé d'après la strophe.

gédies grecques. Comp. Eschyle *Eumen.* 933 : Οὐκ οἶδεν ὅθεν πληγαὶ βιότου. Τὰ γὰρ ἐκ προτέρων ἀπλακήματά νιν Πρὸς τάσδ' ἀπάγει (le traînent devant les Furies).
840. Κλύω est un subjonctif. Que faut-il que j'entende? Qu'apprendrai-je?
845. Οἷον n'est pas exclamatif, mais relatif. Que je suis malheureux de voir un

tel spectacle! Ce grécisme se trouve déjà dans l'*Iliade*, XVIII, 95 : Ὠκύμορος δή μοι, τέκος, ἔσσεαι, οἷ' ἀγορεύεις.
850-51. Γυναικῶν se construit avec φίλα aussi bien qu'avec ἀρίστα. Comp. *Alceste* 460 : Ὦ μόνα ὦ φίλα γυναικῶν. *Hécube* 716 : Ὦ κατάρατ' ἀνδρῶν. Homère déjà avait dit δῖα γυναικῶν, δειλὲ ξένων etc.
852-55. Le chœur plaint Thésée dans

Καταχυθέντα μου δάκρυσι τέγγεται
βλέφαρα σᾷ τύχᾳ·
τὸ δ' ἐπὶ τῷδε πῆμα φρίσσω πάλαι.   855

ΘΗΣΕΥΣ.

Ἔα ἔα·
τί δή ποθ'; ἥδε δέλτος ἐκ φίλης χερὸς
ἠρτημένη θέλει τι σημῆναι νέον;
Ἀλλ' ἢ λέχους μοι καὶ τέκνων ἐπιστολὰς
ἔγραψεν ἡ δύστηνος ἐξαιτουμένη;
Θάρσει, τάλαινα· λέκτρα γὰρ τὰ Θησέως   860
οὐκ ἔστι δῶμά θ' ἥτις εἴσεισιν γυνή.
Καὶ μὴν τύποι γε σφενδόνης χρυσηλάτου
τῆς οὐκέτ' οὔσης τῆσδε προσσαίνουσί με.
Φέρ', ἐξελίξας περιβολὰς σφραγισμάτων
ἴδω τί λέξαι δέλτος ἥδε μοι θέλει.   865

ΧΟΡΟΣ.

Φεῦ φεῦ· τόδ' αὖ νεοχμὸν ἐκδοχαῖς
ἐπιφέρει θεὸς κακόν. Ἐμοὶ μὲν οὖν
ἄβιος ἂν βίου τύχα πρὸς τὸ κρανθὲν εἴη τυχεῖν.
Ὀλομένους γάρ, οὐκέτ' ὄντας λέγω,
φεῦ φεῦ, τῶν ἐμῶν τυράννων δόμους.   870

NC. 853-54. J'ai remis dans leur ordre poétique, en m'aidant de la strophe, les mots δάκρυσί μου βλέφαρα καταχυθέντα τέγγεται σᾷ τύχᾳ. — 866. Je crois qu'il faut insérer ὡς avant τόδ' αὖ, et que le scholiaste du *Vaticanus* avait cette particule sous les yeux. Voy. le passage d'Homère cité ci-dessous. Nauck propose τοῦτο δ' αὖ. — 867-68. J'ai écrit ἄβιος ἂν pour ἀβίοτος. Markland voulait ἐμοὶ μὲν ἄν, qui est contraire à la règle des périodes dochmiaques.

l'antistrophe, comme il avait plaint Phèdre dans la strophe. La relation entre les deux morceaux est marquée par des débuts identiques. — Τὸ δ' ἐπὶ τῷδε πῆμα, le malheur qui viendra s'ajouter à celui-ci.

858-59. On voit par ce qui suit et dans *Alceste*, vers 304-310, quelles pourraient être ces dernières volontés relatives au lit nuptial, désormais solitaire, et aux enfants des deux époux.

862-65. Τύποι σφενδόνης est l'empreinte de la pierre gravée; περιβολαὶ σφραγισμάτων, c'est le cordon noué autour des tablettes et fixé par le cachet.

866. Ἐκδοχαῖς équivaut à κατὰ διαδοχάς (schol.). Comp. Hom. *Il.* xix, 290 : Ὥς μοι δέχεται κακὸν ἐκ κακοῦ αἰεί.

868. En considérant ce qui s'est accompli (πρὸς τὸ κρανθέν), dit le chœur, la vie qui pourrait me tomber en partage, me serait insupportable. Ἄβιος τυχεῖν est dit comme καλὸς ὁρᾶν, οὐκ ἀνεκτὸς ἀκούειν.

ΙΠΠΟΛΥΤΟΣ ΣΤΕΦΑΝΗΦΟΡΟΣ. 63

Ὦ δαῖμον, εἴ πως ἔστι, μὴ σφήλῃς δόμους,
αἰτουμένης δὲ κλῦθί μου· πρὸς γάρ τινος
ὄρνιθος, ὥστε μάντις, εἰσορῶ κακόν.

ΘΗΣΕΥΣ.

Οἴμοι· τόδ' οἷον ἄλλο πρὸς κακῷ κακόν.

ΧΟΡΟΣ.

Τί χρῆμα; λέξον, εἴ τί μοι λόγου μέτα. 875

ΘΗΣΕΥΣ.

Οὐ τλητὸν οὐδὲ λεκτόν. Ὦ τάλας ἐγώ.

Βοᾷ βοᾷ δέλτος ἄλαστα. Πᾶ φύγω
βάρος κακῶν; Ἀπὸ γὰρ ὀλόμενος οἴχομαι,
οἷον οἷον εἶδον ἐν γραφαῖς μέλος
φθεγγόμενον τλάμων. 880

ΧΟΡΟΣ.

Αἰαῖ, κακῶν ἀρχηγὸν ἐκφαίνεις λόγον.

ΘΗΣΕΥΣ.

Τόδε μὲν οὐκέτι στόματος ἐν πύλαις
καθέξω δυσεκπέραντον, ὀλοὸν
κακόν· ἰὼ πόλις.

Ἱππόλυτος εὐνῆς τῆς ἐμῆς ἔτλη θιγεῖν 885
βίᾳ, τὸ σεμνὸν Ζηνὸς ὄμμ' ἀτιμάσας.
Ἀλλ' ὦ πάτερ Πόσειδον, ἃς ἐμοί ποτε

NC. 873. Hartung rétablit la phrase en écrivant ὄρνιθος pour οἰωνόν, glose explicative ajoutée pour indiquer que ὄρνις a ici le sens de présage. — 874. Peut-être πρὸς πάθει πάθος. — 875. Ce vers se lisait après 876. La transposition se défendra assez d'elle-même. — 877-79. Peut-être Βοᾷ βοᾷ ‖ ἄλαστα δέλτος. Πᾶ.... κακῶν; ‖ Ἀπό.... οἴχομαι, ‖ τόδ' οἷον οἷον ou οἷον τόδ' οἷον κτλ. — 884. Les manuscrits ont κακὸν ὦ πόλις (πόλις). Πόλις est tout à fait déplacé ici, où il s'agit de malheurs domestiques. Dindorf écrit ἰὼ τάλας. J'aimerais mieux ἔπος, en effaçant le point en haut après κακόν. Voy. Homère cité ci-dessous.

875. Εἴ.... μέτα, s'il m'appartient d'en avoir ma part, de l'entendre.
879. Voy. 845 et la note. — Cp. avec « l'air qui chante dans cette écriture », 1178 et *Hécube* 84 : Ἥξει τι μέλος γοερὸν γοεραῖς.

882-84. Homère avait dit, pour exprimer le contraire, ποῖόν σε ἔπος φύγεν ἕρκος ὀδόντων. Iliade, IV, 350, et *passim*.
886. Τὸν ὑψόθεν σκοπὸν ἐπισκόπει, disent les *Suppliantes* d'Eschyle, vers 381.

ἀρὰς ὑπέσχου τρεῖς, μιᾷ κατέργασαι
τούτων ἐμὸν παῖδ᾽, ἡμέραν δὲ μὴ φύγοι
τήνδ᾽, εἴπερ ἡμῖν ὤπασας σαφεῖς ἀράς.   890

ΧΟΡΟΣ.

Ἄναξ, ἀπεύχου ταῦτα πρὸς θεῶν πάλιν·
γνώσει γὰρ αὖθις ἀμπλακών. Ἐμοὶ πιθοῦ.

ΘΗΣΕΥΣ.

Οὐκ ἔστι· καὶ πρός γ᾽ ἐξελῶ σφε τῆσδε γῆς,
δυοῖν δὲ μοίραιν θατέρᾳ πεπλήξεται·
ἢ γὰρ Ποσειδῶν αὐτὸν εἰς Ἅιδου πύλας   895
θανόντα πέμψει τὰς ἐμὰς ἀρὰς σέβων,
ἢ τῆσδε χώρας ἐκπεσὼν ἀλώμενος
ξένην ἐπ᾽ αἶαν λυπρὸν ἀντλήσει βίον.—

ΧΟΡΟΣ.

Καὶ μὴν ὅδ᾽ αὐτὸς παῖς σὸς εἰς καιρὸν πάρα,
Ἱππόλυτος· ὀργῆς δ᾽ ἐξανεὶς κακῆς, ἄναξ   900
Θησεῦ, τὸ λῷστον σοῖσι βούλευσαι δόμοις.

ΙΠΠΟΛΥΤΟΣ.

Κραυγῆς ἀκούσας σῆς ἀφικόμην, πάτερ,
σπουδῇ· τὸ μέντοι πρᾶγμ᾽ ἐφ᾽ ᾧ τὰ νῦν στένεις
οὐκ οἶδα, βουλοίμην δ᾽ ἂν ἐκ σέθεν κλύειν.
Ἔα, τί χρῆμα; σὴν δάμαρθ᾽ ὁρῶ, πάτερ,   905
νεκρόν· μεγίστου θαύματος τόδ᾽ ἄξιον·
ἣν ἀρτίως ἔλειπον, ἣ φάος τόδε

NC. 895. La vulgate δόμους est la glose de πύλας, conservé dans le meilleur manuscrit. — 903 est corrigé d'après le Χριστὸς πάσχων, vers 844. Les man. d'Eur. ont ἐφ᾽ ᾧτινι (forme étrangère aux tragiques) ou ἐφ᾽ ᾧ νῦν.

890. Σαφεῖς, véritables, efficaces. Soph. OEd. Col. 623 ; Εἰ Ζεὺς ἔτι Ζεὺς χὠ Διὸς Φοῖβος σαφής.

898. Cette scène se termine par deux couplets de Thésée (885-890 et 893-898), chacun de deux et quatre vers, qui sont séparés par un distique du chœur. En remontant au commencement de la scène ou du morceau amené par la découverte de la lettre, on trouve d'abord cinq distiques de Thésée, 856-65, qui sont comme la suite des distiques insérés plus haut dans les strophes chantées par le même personnage. Ensuite viennent des vers lyriques, qui sont comme l'épode des deux couples de strophes qui précèdent. Ceux du chœur sont séparés de ceux de Thésée par deux fois trois trimètres (871-876), répartis entre les deux interlocuteurs ; et l'intervalle pendant lequel Thésée se recueille pour prendre une décision, est rempli par un nouveau trimètre du chœur (881).

ΙΠΠΟΛΥΤΟΣ ΣΤΕΦΑΝΗΦΟΡΟΣ. 65

οὔπω χρόνον παλαιὸν εἰσεδέρκετο.
Τί χρῆμα πάσχει; τῷ τρόπῳ διόλλυται;
Πάτερ, πυθέσθαι βούλομαι σέθεν πάρα· 910
ἡ γὰρ ποθοῦσα πάντα καρδία κλύειν
κἀν τοῖς κακοῖσι λίχνος οὖσ' ἁλίσκεται.
Σιγᾷς; σιωπῆς δ' οὐδὲν ἔργον ἐν κακοῖς·
οὐ μὴν φίλους γε κἄτι μᾶλλον ἢ φίλους
κρύπτειν δίκαιον σὰς, πάτερ, δυσπραξίας. 915

ΘΗΣΕΥΣ.

Ὦ πολλὰ μαστεύοντες ἄνθρωποι μάτην,
τί δὴ τέχνας μὲν μυρίας διδάσκετε
καὶ πάντα μηχανᾶσθε κἀξευρίσκετε,
ἓν δ' οὐκ ἐπίστασθ' οὐδ' ἐθηράσασθέ πω,
φρονεῖν διδάσκειν οἷσιν οὐκ ἔνεστι νοῦς; 920

ΙΠΠΟΛΥΤΟΣ.

Δεινὸν σοφιστὴν εἶπας, ὅστις εὖ φρονεῖν
τοὺς μὴ φρονοῦντας δυνατός ἐστ' ἀναγκάσαι.
Ἀλλ' οὐ γὰρ ἐν δέοντι λεπτουργεῖς, πάτερ,
δέδοικα μή σου γλῶσσ' ὑπερβάλῃ κακοῖς.

NC. 911-13 se suivaient dans cet ordre : 913, 11, 12. La marche naturelle des idées et les particules οὐ μήν γε au vers 914 demandent la transposition proposée par Markland et confirmée par Χρ. π. 869-70. — 916. On lisait πόλλ' ἁμαρτάνοντες, qui ne dit pas ce que l'on attend ici, et fait double emploi avec μάτην. Le scholiaste semble avoir eu une variante πολλὰ μανθάνοντες, qui ne s'accorde pas avec διδάσκετε. Une tirade toute semblable de l'*Hécube*, 814 ss., m'a fourni le mot qu'il faut : μαστεύοντες.

908. Comp. *Iph. Aul.* 419 : Χρόνον παλαιὸν δωμάτων ἔκδημος ὤν.

911-12. Λίχνος. Le cœur humain est friand même de mauvaises nouvelles.

913-15. Il ne faut pas renfermer sa douleur en soi-même, surtout (οὐ μήν.... γε) quand on peut s'ouvrir à des amis. — Les mots κἄτι μᾶλλον ἢ φίλους doivent sonner comme une sanglante ironie à l'oreille de Thésée. — Ici encore, ainsi que dans le reste de la scène, il y a disposition symétrique. Les trois vers du chœur sont suivis de 3, 4, 4, 3 vers d'Hippolyte.

916-20. On compare Théognis 430 : Οὐδείς πω τοῦτό γ' ἐπερρήσατο, Ὅστις σώφρον' ἔθηκε τὸν ἄφρονα κἀκ κακοῦ ἐσθλόν. Euripide se souvenait certainement de ces vers; mais il leur a donné un tour qui me fait croire qu'il voulait faire ici ce qu'on appellerait aujourd'hui une réclame pour les philosophes, les professeurs de sagesse, comme il en fera plus tard dans *Hécube*, 814-19, en faveur des professeurs d'éloquence.

921-24. Le mot σοφιστής n'a rien de fâcheux ici. On donnait ce nom à ceux qui s'occupaient de théories, de spéculations, de tout ce qui sortait de la vie pratique du père de famille et du citoyen. — Ἀλλ' οὐ.... κακοῖς. Des réflexions si subtiles dans un tel moment inspirent au fils la crainte que le malheur ne fasse divaguer

5

ΙΠΠΟΛΥΤΟΣ ΣΤΕΦΑΝΗΦΟΡΟΣ.

ΘΗΣΕΥΣ.

Φεῦ, χρῆν βροτοῖσι τῶν φίλων τεκμήριον 925
σαφές τι κεῖσθαι καὶ διάγνωσιν φρενῶν,
ὅστις τ' ἀληθής ἐστιν ὅς τε μὴ φίλος·
δισσάς τε φωνὰς πάντας ἀνθρώπους ἔχειν,
τὴν μὲν δικαίαν, τὴν δ' ὅπως ἐτύγχανεν,
ὡς ἡ φρονοῦσα τἄδικ' ἐξηλέγχετο 930
πρὸς τῆς δικαίας, κοὐκ ἂν ἠπατώμεθα.

ΙΠΠΟΛΥΤΟΣ.

Ἀλλ' ἤ τις εἰς σὸν οὖς με διαβαλὼν ἔχει
φίλων, νοσοῦμεν δ' οὐδὲν ὄντες αἴτιοι;
Ἔκ τοι πέπληγμαι· σοὶ γὰρ ἐκπλήσσουσί με
λόγοι παραλλάσσοντες ἔξεδροι φρενῶν. 935

ΘΗΣΕΥΣ.

Φεῦ τῆς βροτείας (ποῖ προβήσεται;) φρενός·
τί τέρμα τόλμης καὶ θράσους γενήσεται;
Εἰ γὰρ κατ' ἀνδρὸς βίοτον ἐξογκώσεται,
ὁ δ' ὕστερος τοῦ πρόσθεν εἰς ὑπερβολὴν
πανοῦργος ἔσται, θεοῖσι προσβαλεῖν χθονὶ 940
ἄλλην δεήσει γαῖαν, ἢ χωρήσεται
τοὺς μὴ δικαίους καὶ κακοὺς πεφυκότας. —

son père. Ὑπερβάλλειν, franchir les limites de la raison. Quant à γάρ précédant la phrase motivée, voy. 51 et la note.

925-31. Le poete amplifie ici la réflexion qu'il avait présentée plus brièvement dans *Médée*, 516-19. — 929. Τὴν δ' ὅπως ἐτύγχανεν. Thésée voudrait que la vérité et le mensonge se distinguassent par la nature de la voix, de l'organe. La parole vraie aurait le son que nous connaissons, la parole mensongère un autre quelconque, qu'il ne peut indiquer plus exactement, ὅπως ἐτύγχανεν. Les éditeurs ne semblent pas avoir compris ces mots.

932-35. Διαβαλὼν ἔχει marque plus nettement que διαβέβληκεν que l'effet de la calomnie subsiste. On connaît ce grécisme qui prélude de loin à notre verbe auxiliaire. — Νοσοῦμεν, qui se prend souvent au moral, désigne ici le tort qu'on a fait à Hippolyte dans l'opinion de Thésée. — Παραλλάσσοντες équivaut à παρηλλαγμένοι τοῦ καθήκοντος, ἔξεδροι φρενῶν ἢ ἐξεστηκότες, μαινόμενοι (schol.), si ce n'est que ces paraphrases sont moins respectueuses que le texte. La même idée avait été indiquée au vers 924.

938. Κατ' ἀνδρὸς βίοτον, de génération en génération, et non pas : à mesure que l'homme avance en âge.

942. Jusqu'ici Thésée s'est renfermé dans les généralités. Il a débuté par cinq vers 916-20. Puis Hippolyte a deux fois prononcé quatre vers, son père deux fois sept, et ces morceaux correspondants se ressemblent aussi pour le tour des idées et même quelquefois pour les mots. M. Hirzel a signalé ces rapports de symétrie, ainsi que les suivants, jusqu'à la fin de la scène.

ΙΠΠΟΛΥΤΟΣ ΣΤΕΦΑΝΗΦΟΡΟΣ.   67

Σκέψασθε δ' εἰς τόνδ', ὅστις ἐξ ἐμοῦ γεγὼς
ᾔσχυνε τἀμὰ λέκτρα κἀξελέγχεται
πρὸς τῆς θανούσης ἐμφανῶς κάκιστος ὤν.   945
Δεῖξον δ', ἐπειδή γ' εἰς μίασμ' ἐλήλυθας,
τὸ σὸν πρόσωπον δεῦρ' ἐναντίον πατρί.
Σὺ δὴ θεοῖσιν ὡς περισσὸς ὢν ἀνὴρ
ξύνει; σὺ σώφρων καὶ κακῶν ἀκήρατος;
Οὐκ ἂν πιθοίμην τοῖσι σοῖς κόμποις ἐγὼ   950
θεοῖσι προσθεὶς ἀμαθίαν φρονεῖν κακῶς.
Ἤδη νυν αὔχει καὶ δι' ἀψύχου βορᾶς
τροφὰς καπήλευ', Ὀρφέα τ' ἄνακτ' ἔχων
βάκχευε πολλῶν γραμμάτων τιμῶν καπνούς·
ἐπεί γ' ἐλήφθης. Τοὺς δὲ τοιούτους ἐγὼ   955
φεύγειν προφωνῶ πᾶσι· θηρεύουσι γὰρ
σεμνοῖς λόγοισιν, αἰσχρὰ μηχανώμενοι.
Τέθνηκεν ἥδε· τοῦτό σ' ἐκσώσειν δοκεῖς;

NC. 946. Musgrave et d'autres écrivent ἐλήλυθα. Mais la seconde personne donne le même sens. — 953. Les manuscrits ont σίτοις καπήλευ'. On a proposé toutes sortes de corrections, sans s'apercevoir que la vraie leçon, τροφάς, se trouve en toutes lettres dans une scholie d'ailleurs absurde. Σίτοις est la glose de τροφαῖς. Mais le verbe καπηλεύειν demande un régime direct.

946-47. Εἰς μίασμ' ἐλήλυθας est dit d'après l'analogie de εἰς λόγους ἐλήλυθας. Puisque tu as osé me souiller en m'adressant la parole, regarde moi aussi en face : cette seconde souillure n'ajoutera rien à la première. Tout contact avec un meurtrier ou un grand criminel était regardé comme un miasme malfaisant : aussi les homicides gardaient-ils le silence avant d'avoir été purifiés. Voy. Eschyle, *Eumén.* 443. Eurip. *Herc. Fur.* 1218 sq.

950-51. Οὐκ ἄν... κακῶς. Tes fanfaronnades ne me persuaderont pas de manquer de sens en attribuant de l'ignorance aux dieux, en croyant les dieux capables de se tromper ainsi sur la valeur des hommes. Φρονεῖν κακῶς dépend de πιθοίμην, et non de προσθεὶς ἀμαθίαν, comme on l'entend généralement. La sentence générale serait : Θεοῖς ὁ προσθεὶς ἀμαθίαν φρονεῖ κακῶς.

952-57. Ces vers sont à l'adresse des Orphiques du temps d'Euripide. Il les présente comme des hypocrites qui font parade d'une piété exagérée pour cacher les vices les plus honteux. Voyez sur cette secte, qu'il est difficile de distinguer des Pythagoriciens et qui a certainement emprunté à l'Orient une grande partie de ses doctrines, les ouvrages sur la religion des Grecs et particulièrement l'*Aglaophamus* de Lobeck. — Καπηλεύειν se dit des marchands forains qui vantent leur marchandise pour la débiter. C'est ainsi que les Orphiques se vantent de vivre de nourriture végétale (τροφὰς δι' ἀψύχου βορᾶς) afin d'abuser les simples. — Βάκχευε, prétends être un βάκχος, un initié, un saint homme. Nauck compare Eurip. fr. 475, 15 : Καὶ Κουρήτων βάκχος ἐκλήθην ὁσιωθείς. Ces sectaires adoraient un Bacchus mystique. — Πολλῶν γραμμάτων. Platon, *Républ.* II, p. 364, se moque aussi de ce tas (ὅμαδος) de prétendus livres de Musée et d'Orphée dont se réclamaient les Orphéotélestes, charlatans entrepreneurs en rites expiatoires.

ΙΠΠΟΛΥΤΟΣ ΣΤΕΦΑΝΗΦΟΡΟΣ.

ἐν τῷδ' ἁλίσκει πλεῖστον, ὦ κάκιστε σύ·
ποῖοι γὰρ ὅρκοι κρείσσονες, τίνες λόγοι   960
τῆσδ' ἂν γένοιντ' ἂν ὥστε σ' αἰτίαν φυγεῖν;
Μισεῖν σε φήσεις τήνδε καὶ τὸ δὴ νόθον
τοῖς γνησίοισι πολέμιον πεφυκέναι·
κακὴν ἄρ' αὐτὴν ἔμπορον βίου λέγεις,
εἰ δυσμενείᾳ σῇ τὰ φίλτατ' ὤλεσεν.   965
Ἀλλ' ὡς τὸ μῶρον ἀνδράσιν μὲν οὐκ ἔνι,
γυναιξὶ δ' ἐμπέφυκεν; οἶδ' ἐγὼ νέους
οὐδὲν γυναικῶν ὄντας ἀσφαλεστέρους,
ὅταν ταράξῃ Κύπρις ἡβῶσαν φρένα.
[Τὸ δ' ἄρσεν αὐτοὺς ὠφελεῖ προσκείμενον.]   970
Νῦν οὖν τί ταῦτα σοῖς ἁμιλλῶμαι λόγοις
νεκροῦ παρόντος μάρτυρος σαφεστάτου;
Ἔξερρε γαίας τῆσδ' ὅσον τάχος φυγάς,
καὶ μήτ' Ἀθήνας τὰς θεοδμήτους μόλῃς,
μήτ' εἰς ὅρους γῆς ἧς ἐμὸν κρατεῖ δόρυ.   975
Εἰ γὰρ παθών γε σοῦ τάδ' ἡσσηθήσομαι,
οὐ μαρτυρήσει μ' Ἴσθμιος Σίνις ποτὲ
κτανεῖν ἑαυτόν, ἀλλὰ κομπάζειν μάτην,
οὐδ' αἱ θαλάσσῃ σύννομοι Σκειρωνίδες
φήσουσι πέτραι τοῖς κακοῖς μ' εἶναι βαρύν.   980

NC. 961. J'ai effacé la virgule avant ὥστε, et je soupçonne que τῆσδ' ἂν, qui est trop faible, est une glose qui a pris la place de νεκροῦ. Comp. vers 972.— 970. Hirzel a vu que ce vers, qui est déplacé ici, doit être de la main d'un lecteur.

960-61. Construisez : κρείσσονες (αἰτίας τῆσδε) ὥστε σε φυγεῖν αἰτίαν (l'accusation) τῆσδε (ou νεκροῦ, si ma conjecture est vraie). Aucun serment ne serait assez fort pour l'emporter sur l'accusation de ce cadavre.

964-65. Κακὴν.... λέγεις. A l'entendre, elle ne sait donc pas à quel prix il faut vendre sa vie, elle a fait un mauvais marché. — Τὰ φίλτατα, ce que l'homme a de plus cher, la vie, comme *Alceste*, 340. Brumoy comp. Ovide, *Her.* VII, 47 : *Exerces pretiosa odia et constantia magno, Si, dum me careas, est tibi vile mori*.

966. Ἀλλ' ὡς. Sous-entendez φήσεις. Mais, diras-tu.... — Τὸ μῶρον. Cf. 644 et la note.

974. Si Athènes ne fut pas construite de la main des dieux, elle fut du moins fondée par eux, sous leurs auspices.

977-79. On connaît les brigands Sinis et Sciron. Ce dernier fournit à Euripide le titre et le sujet d'un drame satyrique dans lequel le poète attribuait à ce géant ce que l'on raconte ordinairement de Procruste.

980. Voici la coupe de cette tirade, depuis le vers 943, où Thésée arrive en fait. Après trois vers d'introduction, Thésée

ΙΠΠΟΛΥΤΟΣ ΣΤΕΦΑΝΗΦΟΡΟΣ.   69

ΧΟΡΟΣ.

Οὐκ οἶδ᾽ ὅπως εἴποιμ᾽ ἂν εὐτυχεῖν τινα
θνητῶν· τὰ γὰρ δὴ πρῶτ᾽ ἀνέστραπται πάλιν.

ΙΠΠΟΛΥΤΟΣ.

Πάτερ, μένος μὲν ξύστασίς τε σῶν φρενῶν
δεινή· τὸ μέντοι πρᾶγμ᾽ ἔχον καλοὺς λόγους,
εἴ τις διαπτύξειεν, οὐ καλὸν τόδε.   985
Ἐγὼ δ᾽ ἄκομψος εἰς ὄχλον δοῦναι λόγον,
εἰς ἥλικας δὲ κὠλίγους σοφώτερος.
Ἔχει δὲ μοῖραν καὶ τόδ᾽· οἱ γὰρ ἐν σοφοῖς
φαῦλοι παρ᾽ ὄχλῳ μουσικώτεροι λέγειν.
Ὅμως δ᾽ ἀνάγκη, συμφορᾶς ἀφιγμένης,   990
γλῶσσάν μ᾽ ἀφεῖναι. Πρῶτα δ᾽ ἄρξομαι λέγειν,
ὅθεν μ᾽ ὑπῆλθες πρῶτον ὡς διαφθερῶν
οὐκ ἀντιλέξοντ᾽. Εἰσορᾷς φάος τόδε
καὶ γαῖαν· ἐν τοῖσδ᾽ οὐκ ἔνεστ᾽ ἀνὴρ ἐμοῦ,
οὐδ᾽ ἢν σὺ μὴ φῇς, σωφρονέστερος γεγώς.   995
Ἐπίσταμαι γὰρ πρῶτα μὲν θεοὺς σέβειν,
φίλοις τε χρῆσθαι μὴ ἀδικεῖν πειρωμένοις,
ἀλλ᾽ οἷσιν αἰδὼς μήτ᾽ ἐπαγγέλλειν κακὰ
μήτ᾽ ἀνθυπουργεῖν αἰσχρὰ τοῖσι χρωμένοις·

NC. 993. Οὐκ, correction de Markland pour κοὐκ. — 998. Ἐπαγγέλλειν, correction de Milton pour ἀπαγγέλλειν.

démasque en deux sixains l'hypocrisie des faux saints, 946-957. Ensuite il réfute d'avance en douze autres vers, coupés en trois quatrains, 958-69, les arguments dont Hippolyte pourrait se servir. Enfin il le chasse du pays, et il motive cet arrêt en deux fois cinq vers.

982. Τὰ πρῶτ(α), les plus grandes réputations. — Ἀναστρέφειν πάλιν, renverser sens dessus dessous.

983-84. Ξύστασις est le choc, la vigueur de l'attaque : de συστῆναι, *congredi*. Ce mot ne veut dire émotion ni ici, ni chez Thucydide VII, 71, οὐ πολὺν τὸν ἀγῶνα καὶ ξύστασιν τῆς γνώμης εἶχε signifie que les témoins de la bataille combattaient, non des mains, mais de l'âme. — Τὸ πρᾶγμα, la cause que tu défends, et qui four-

nit des discours spécieux, καλοὺς λόγους.

986. Εἰς ὄχλον. Dans les tragédies grecques, les rois arrivent toujours avec leur suite ; de plus le chœur est présent. La cause se plaide donc en public.

988. Μοῖραν, la part déterminée. Il en est, dit-il, du talent de la parole (καὶ τόδε) comme des autres choses : ceux qui le possèdent, ne l'ont que dans une certaine mesure ; chacun a sa sphère, où il peut quelque chose, mais qu'il ne saurait dépasser.

992-93. Διαφθερῶν οὐκ ἀντιλέξοντα, allant détruire d'avance les arguments de l'adversaire, de manière à ce qu'il ne trouve rien à répondre.

998-99. Ἀλλ᾽ οἷσιν.... χρωμένοις, qui ont assez de pudeur pour ne pas demander à

ΙΠΠΟΛΥΤΟΣ ΣΤΕΦΑΝΗΦΟΡΟΣ.

οὐκ ἐγγελαστὴς τῶν ὁμιλούντων, πάτερ, 1000
ἀλλ' αὐτὸς οὐ παροῦσι κἀγγὺς ὢν φίλος.
Ἑνὸς δ' ἄθικτος, ᾧ με νῦν ἑλεῖν δοκεῖς·
λέχους γὰρ ἁγνὸν εἰς τόδ' ἡμέρας δέμας·
οὐκ οἶδα πρᾶξιν τήνδε πλὴν λόγῳ κλύων
γραφῇ τε λεύσσων· οὐδὲ ταῦτα γὰρ σκοπεῖν 1005
πρόθυμός εἰμι, παρθένον ψυχὴν ἔχων.
Καὶ δὴ τὸ σῶφρον τοὐμὸν οὐ πείθει σ' ἴσως·
δεῖ δή σε δεῖξαι τῷ τρόπῳ διεφθάρην.
Πότερα τὸ τῆσδε σῶμ' ἐκαλλιστεύετο
πασῶν γυναικῶν; ἢ σὸν οἰκήσειν δόμον 1010
ἔγκληρον εὐνὴν προσλαβὼν ἐπήλπισα;
μάταιος ἄρ' ἦν, οὐδαμοῦ μὲν οὖν φρενῶν.
Ἀλλ' ὡς τυραννεῖν ἡδύ; τοῖσι σώφροσιν
ἥκιστ[ά γ', εἰ μὴ τὰς φρένας διέφθορεν
θνητῶν ὅσοισιν ἁνδάνει μοναρχία. 1015
Ἐγὼ δ']· ἀγῶνας μὲν κρατεῖν Ἑλληνικοὺς

NC. 1001. Valkenaer corrigea la leçon αὐτός. — 1003. J'ai préféré cet ordre des mots, qui se trouve dans le Χριστὸς πάσχων, vers 521, à la vulgate, εἰς τόδ' ἡμέρας ἁγνόν. C'est l'idée de chasteté, et non la restriction, qui doit être mise en relief. — 1005. Peut-être λεύσσων σπάνιον· οὐδὲ γὰρ σκοπεῖν, en rétablissant le sens et retranchant la glose ταῦτα, qui sépare οὐδέ du verbe σκοπεῖν, sur lequel il porte. — 1007. Variante καὶ μή. Peut-être καὶ μήν avec Hartung. — 1012. Markland corrigea la leçon φρονῶν, d'après le scholiaste. — 1013-16. Ceux qui placent le point d'interrogation après σώφροσιν sont obligés de se donner beaucoup de mal pour expliquer le vers 1013, et cependant cette ponctuation est nécessaire tant que l'on conserve γε après ἥκιστα. Je regarde comme interpolés les mots mis entre crochets : ils sont mal tournés et ajoutés en dépit du bon sens,

leurs amis (τοῖσι χρωμένοις) une chose malhonnête, ni s'acquitter envers eux en leur rendant à leur tour un service honteux..

1001. Κἀγγὺς ὢν équivaut à καὶ ἀποῦσι.

1005. Le texte est altéré. Voy. la note critique.

1007. Καὶ δή, eh bien, supposons que.... (Καὶ μήν, atqui, conviendrait mieux).

1011. Ἔγκληρον équivaut à ἐπίκληρον. Phèdre n'était pas fille des rois d'Athènes : elle n'était donc pas héritière de leur fortune, et Hippolyte ne pouvait espérer de s'emparer de cette fortune par suite de l'inceste (ἐπήλπισα), en tuant Thésée et épousant sa veuve.

1012. Οὐδαμοῦ φρενῶν est dit comme ποῦ ποτ' εἶ φρενῶν; ποῖ φρενῶν ἔλθω; (Sophocle), et équivaut à ἐκτὸς φρενῶν.

1013. Comp. 966 et la note. — Dans les deux vers suivants, un interpolateur fait dire au poete : Le pouvoir absolu n'a pas de charme pour les esprits sages, si ce pouvoir n'a pas perverti l'esprit des hommes qui le goûtent. Quel amphigouri !

1016-20. Hippolyte dit que, tout en désirant être le premier aux grands concours de la Grèce, il voudrait, dans sa cité, n'être qu'au second rang, en jouissant d'une

ΙΠΠΟΛΥΤΟΣ ΣΤΕΦΑΝΗΦΟΡΟΣ. 71

πρῶτος θέλοιμ' ἄν, ἐν πόλει δὲ δεύτερος
σὺν τοῖς ἀρίστοις εὐτυχεῖν ἀεὶ φίλοις.
Πράσσειν τε γὰρ πάρεστι, κίνδυνός τ' ἀπὼν
κρείσσω δίδωσι τῆς τυραννίδος χάριν.   1020
Ἓν οὐ λέλεκται τῶν ἐμῶν, τὰ δ' ἄλλ' ἔχεις·
εἰ μὲν γὰρ ἦν μοι μάρτυς οἷός εἰμ' ἐγώ,
καὶ τῆσδ' ὁρώσης φέγγος ἠγωνιζόμην,
ἔργοις ἂν εἶδες τοὺς κακοὺς διεξιών·
νῦν δ' ὅρκιόν σοι Ζῆνα καὶ πέδον χθονὸς   1025
ὄμνυμι τῶν σῶν μήποθ' ἅψασθαι γάμων
μηδ' ἂν θελῆσαι μηδ' ἂν ἔννοιαν λαβεῖν.
Ἦ τἄρ' ὀλοίμην ἀκλεὴς ἀνώνυμος,
ἄπολις ἄοικος, φυγὰς ἀλητεύων χθονός,
καὶ μήτε πόντος μήτε γῆ δέξαιτό μου   1030
σάρκας θανόντος, εἰ κακὸς πέφυχ' ἀνήρ.
Εἰ δ' ἥδε δειμαίνουσ' ἀπώλεσεν βίον
οὐκ οἶδ'· ἐμοὶ γὰρ οὐ θέμις πέρα λέγειν.
Ἐσωφρόνησε δ' οὐκ ἔχουσα σωφρονεῖν,
ἡμεῖς δ' ἔχοντες οὐ καλῶς ἐχρώμεθα.   1035

NC. 1019. En combinant cette leçon, qui est la mieux autorisée, avec la vulgate πράσσειν γὰρ εὖ πάρεστι, on pourrait écrire πράσσειν γὰρ εὖ παρόν τε. — 1029. Χθονὸς, correction de Boissonade pour χθόνα. Depuis Valkenaer, la plupart des éditeurs condamnaient ce vers à cause du vers 1047, qui fournit maintenant, à la place que je lui ai donnée, la preuve de l'authenticité de celui-ci. — 1032. Probablement : Τί δ' ἥδε, d'après Nauck. — 1034-35. Ces deux vers sont un non-sens complet, que toute la subtilité des interprètes n'a pas débrouillé. Nauck les considère comme interpolés. Faut-il écrire οὐκ ἔχουσ' ἀσωφρονεῖν (mot qu'Euripide pouvait former pour la circonstance) et οὐ κακῶς?

situation heureuse et de l'amitié des bons. Il aurait ainsi les avantages du pouvoir, sans être exposé à ses dangers. Les deux derniers vers se rattachent parfaitement au raisonnement, quoi qu'on en ait dit.

1019. Πράσσειν sans complément ne se trouve guère que dans La phrase λέγειν τε καὶ πράσσειν. Le mot χάρις a des sens différents, et il en est de même de la phrase δοῦναι χάριν.

1022. Si j'avais un témoin pour dire quel je suis, un témoin de ma vertu. Ne traduisez pas : un témoin pareil à moi.

1033. La forme pleine ἐμοί, placée en tête de la phrase, indique que le chœur pourrait en dire davantage. Aussi s'empresse-t-il de déclarer la justification d'Hippolyte satisfaisante.

1034-35. En adoptant la conjecture proposée, Hippolyte dirait : Phèdre fut chaste, n'ayant pas eu l'occasion de manquer à la chasteté ; moi, qui l'eus, je n'en ai pas abusé. — Le discours d'Hippolyte, qui est suivi, comme celui de Thésée, d'un distique du chœur, se décompose ainsi. Le préambule est de sept vers. Ensuite le jeune homme affirme son innocence en deux sixains (990-95, 996-1001), suivis de cinq

ΧΟΡΟΣ.

Ἀρκοῦσαν εἶπας αἰτίας ἀποστροφὴν,
ὅρκους παρασχὼν, πίστιν οὐ σμικρὰν, θεῶν.

ΘΗΣΕΥΣ.

Ἄρ' οὐκ ἐπῳδὸς καὶ γόης πέφυχ' ὅδε,
ὃς τὴν ἐμὴν πέποιθεν εὐοργησίᾳ
ψυχὴν κρατήσειν τὸν τεκόντ' ἀτιμάσας;   1040

ΙΠΠΟΛΥΤΟΣ.

Καὶ σοῦ γε κάρτα ταῦτα θαυμάζω, πάτερ·
εἰ γὰρ σὺ μὲν παῖς ἦσθ', ἐγὼ δὲ σὸς πατὴρ,
ἔκτεινά τοί σ' ἂν κοὐ φυγαῖς ἐζημίουν,
εἴπερ γυναικὸς ἠξίους ἐμῆς θιγεῖν.

ΘΗΣΕΥΣ.

Ὡς ἄξιον τόδ' εἶπας· οὐχ οὕτω δ' ὀλεῖ   1045
(ταχὺς γὰρ Ἅιδης ῥᾷστος ἀνδρὶ δυσσεβεῖ),
ἀλλ' ἐκ πατρῴας φυγὰς ἀλητεύων χθονὸς,
ὥσπερ σὺ σαυτῷ τόνδε προύθηκας νόμον.
[Ξένην ἐπ' αἶαν λυπρὸν ἀντλήσεις βίον·
μισθὸς γὰρ οὗτός ἐστιν ἀνδρὶ δυσσεβεῖ.]   1050

ΙΠΠΟΛΥΤΟΣ.

Οἴμοι, τί δράσεις; οὐδὲ μηνυτὴν χρόνον
δέξει καθ' ἡμῶν, ἀλλά μ' ἐξελᾷς χθονός;

NC. 1044. Variante : ἠξίουν σ'. — 1045-50. On lisait οὐχ οὕτω θανεῖ. J'ai rétabli la particule adversative, dont on ne peut se passer et qui fut omise par suite de la substitution d'une glose au mot primitif. Les deux derniers vers avaient déjà été condamnés par Bergk et Nauck. J'ai, de plus, rendu sa place véritable au vers 1048, que les copistes avaient transposé après 1045, afin de rapprocher ὥσπερ de οὕτω. Alors on s'avisa de compléter le sens, en apparence imparfait, du vers 1047 au moyen de 1049=898, qui est tout à fait déplacé ici. Plus tard seulement un lecteur s'amusa à composer 1050, qui manquait autrefois dans plusieurs manuscrits d'après le scholiaste de Paris.

vers. Ces cinq vers (1002-6), qui attestent la chasteté de toute sa vie, sont placés au milieu de l'argumentation. La réfutation des arguments qu'on pourrait lui opposer, se fait en deux autres sixains (1007-12, 1013-20). Une dernière considération a sept vers comme le début (1021-27). Enfin la péroraison se compose de deux quatrains (ou de six vers, si les deux derniers sont interpolés). En chiffres : 7. 6. 6. 5. 6. 6. 7. — 4. 4.

1039. Εὐοργησίᾳ équivaut à πρᾳότητι (schol.).

1047-48. C'est une allusion aux imprécations qu'Hippolyte a faites contre lui-même au vers 1029.

ΙΠΠΟΛΥΤΟΣ ΣΤΕΦΑΝΗΦΟΡΟΣ.

ΘΗΣΕΥΣ.

Πέραν γε πόντου τερμόνων τ' Ἀτλαντικῶν,
εἴ πως δυναίμην, ὡς σὸν ἐχθαίρω κάρα.

ΙΠΠΟΛΥΤΟΣ.

Οὐδ' ὅρκον οὐδὲ πίστιν οὐδὲ μάντεων   1055
φήμας ἐλέγξας ἄκριτον ἐκβαλεῖς με γῆς;

ΘΗΣΕΥΣ.

Ἡ δέλτος ἥδε κλῆρον οὐ δεδεγμένη
κατηγορεῖ σου πιστά· τοὺς δ' ὑπὲρ κάρα
φοιτῶντας ὄρνεις πόλλ' ἐγὼ χαίρειν λέγω.

ΙΠΠΟΛΥΤΟΣ.

Ὦ θεοί, τί δῆτα τοὐμὸν οὐ λύω στόμα,   1060
ὅστις γ' ὑφ' ὑμῶν, οὓς σέβω, διόλλυμαι;
Οὐ δῆτα· πάντως οὐ πίθοιμ' ἂν οὕς με δεῖ,
μάτην δ' ἂν ὅρκους συγχέαιμ' οὓς ὤμοσα.

ΘΗΣΕΥΣ.

Οἴμοι· τὸ σεμνὸν ὥς μ' ἀποκτείνει τὸ σόν.
Οὐκ εἶ πατρῴας ἐκτὸς ὡς τάχιστα γῆς;   1065

ΙΠΠΟΛΥΤΟΣ.

Ποῖ δῆθ' ὁ τλήμων τρέψομαι; τίνος ξένων
δόμους ἔσειμι τῇδ' ἐπ' αἰτίᾳ φυγών;

ΘΗΣΕΥΣ.

Ὅστις γυναικῶν λυμεῶνας ἥδεται
ξένους κομίζων καὶ συνοικούρους κακῶν.

ΙΠΠΟΛΥΤΟΣ.

Αἰαῖ· πρὸς ἧπαρ δακρύων τ' ἐγγὺς τόδε,   1070

NC. 1069. Peut-être συνοικούρους καλῶν. Le correcteur aura pris ce participe pour le génitif de καλά.

1053-54. Comp. vers 3 et la note. — Ὡς σὸν ἐχθαίρω κάρα, *quo te odio prosequor* (Matthiæ).
1057-58. Ἡ δέλτος... πιστά. Ces tablettes ne sont pas comme les tablettes ou bulletins des devins, que l'on tire au sort pour obtenir un oracle trompeur. Allusion à la κληρομαντεία. — On remarquera que ce morceau, 1038-59, commence et finit par trois vers de Thésée, lesquels encadrent un dialogue de deux quatrains et de trois distiques.
1064. Ἀποκτείνει, *enecat*, est familier.
1069. On veut que συνοικούρους ait le sens de συνεργάτας, ce qui est fort étrange. Voy. la note critique.
1070. Πρὸς ἧπαρ. Sous-entendez χωρεῖ, qui est ajouté dans Soph. *Ajax* 938. Le

ΙΠΠΟΛΥΤΟΣ ΣΤΕΦΑΝΗΦΟΡΟΣ.

εἰ δὴ κακός γε φαίνομαι δοκῶ τέ σοι.

ΘΗΣΕΥΣ.

Τότε στενάζειν καὶ προγιγνώσκειν σ' ἐχρῆν,
ὅτ' εἰς πατρῴαν ἄλοχον ὑβρίζειν ἔτλης.

ΙΠΠΟΛΥΤΟΣ.

Ὦ δώματ', εἴθε φθέγμα γηρύσαισθέ μοι
καὶ μαρτυρήσαιτ' εἰ κακὸς πέφυκ' ἀνήρ.   1075

ΘΗΣΕΥΣ.

Εἰς τοὺς ἀφώνους μάρτυρας φεύγεις; σαφῶς
τόδ' ἔργον οὐ λέγον σε μηνύει κακόν.

ΙΠΠΟΛΥΤΟΣ.

Φεῦ·
εἴθ' ἦν ἐμαυτὸν προσβλέπειν ἐναντίον
στάνθ', ὡς ἐδάκρυσ' οἷα πάσχομεν κακά.

ΘΗΣΕΥΣ.

Πολλῷ γε μᾶλλον σαυτὸν ἤσκησας σέβειν   1080
ἢ τοὺς τεκόντας ὅσια δρᾶν, δίκαιος ὤν.

ΙΠΠΟΛΥΤΟΣ.

Ὦ δυστάλαινα μῆτερ, ὦ πικραὶ γοναί·
μηδείς ποτ' εἴη τῶν ἐμῶν φίλων νόθος.

ΘΗΣΕΥΣ.

Οὐχ ἕλξετ' αὐτόν, δμῶες; οὐκ ἀκούετε
πάλαι ξενοῦσθαι τόνδε προυννέποντά με;   1085

NC. 1076-77. La variante citée par le scholiaste φεύγεις σοφῶς· τὸ δ' ἔργον a été adoptée par les derniers éditeurs. — Οὐ λέγον est peut-être la glose de ἄφθογγον. Le scholiaste explique μὴ φθεγγόμενον.

foie était considéré comme le siége des affections de l'âme.

1074. Κακὸς φαίνομαι, les apparences m'accusent, δοκῶ τέ σοι, et tu les crois.

1077. Τάδ' ἔργον ne désigne pas les tablettes, mais le suicide, ou plutôt l'effet du suicide, le corps qu'on a sous les yeux. Tu as recours aux témoins muets? dit Thésée. Mais ils t'accablent.

1078-79. Comme Hippolyte ne rencontre aucune sympathie, il désire pouvoir se contempler soi-même afin de s'apitoyer sur ses malheurs. Brunck rappelle à propos

Hécube 807-8. — Hippolyte dit ὡς ἐδάκρυσα, à l'indicatif de l'aoriste, parce que la chose est impossible. Comp. Soph. OEd. Roi, 1391 : Τί μ' οὐ λαβὼν Ἔκτεινας εὐθύς, ὡς ἔδειξα μήποτε Ἐμαυτὸν ἀνθρώποισιν;

1081. Δίκαιος ὤν (δρᾶν τοῦτο), comme tu le devrais.

1085. Je dis depuis longtemps qu'il a cessé d'être citoyen, qu'il est exilé, ξένος. Le verbe ξενοῦσθαι ne veut pas dire « expulser », comme on le traduit ordinairement.

ΙΠΠΟΛΥΤΟΣ ΣΤΕΦΑΝΗΦΟΡΟΣ. 75

ΙΠΠΟΛΥΤΟΣ.
Κλαίων τις αυτών άρ' έμου γε θίξεται·
σύ δ' αυτός, εί σοι θυμός, έξώθει χθονός.
ΘΗΣΕΥΣ.
Δράσω τάδ', ει μή τοις έμοις πείσει λόγοις·
ού γάρ τις οίκτος σης μ' υπέρχεται φυγής.
ΙΠΠΟΛΥΤΟΣ.
Άραρεν, ως έοικεν· ώ τάλας εγώ· 1090
ως οίδα μέν ταύτ', οίδα δ' ούχ όπως φράσω. —
Ώ φιλτάτη μοι δαιμόνων Λητούς κόρη,
σύνθακε, συγκύναγε, φευξούμεσθα δή
κλεινάς Αθήνας. Αλλά χαίρετ', ώ πόλις
καί γαί' Ερεχθέως· ώ πέδον Τροιζήνιον, 1095
ως εγκαθηβάν πόλλ' έχεις ευδαίμονα,
χαίρ'· ύστατον γάρ σ' εισορών προσφθέγγομαι.
Ίτ', ώ νέοι μοι τήσδε γης ομήλικες,
προσείπαθ' ημάς και προπέμψατε χθονός·
ως ούποτ' άλλον άνδρα σωφρονέστερον 1100
όψεσθε, κει μή ταύτ' εμώ δοκεί πατρί.
ΧΟΡΟΣ.   [Strophe 1.]
Ή μέγα μοι τά θεών μελεδήμαθ', όταν φρένας έλθη,
λύπας παραιρεί· ξύνεσιν δέ τιν' έλπίδι κεύθων 1105
λείπομαι έν τε τύχαις θνα-

NC. 1086. Le meilleur manuscrit porte εμού τεθίξεται. — 1094. Porson corrigea la leçon χαιρέτω πόλις. — 1101. Nauck proposa ταύτ'. J'aimerais mieux ταύτα συνδοκεί πατρί.

1086. Κλαίων, malheur à qui..., formule très-usitée, comme ού χαίρων, Soph. OEd. Roi, 363.
1091. En remontant à 1060, on trouve d'abord un quatrain d'Hippolyte, et ensuite deux fois sept distiques de dialogue, qui sont séparés par l'interjection φεύ. La scene se termine par les dix vers suivants, les adieux d'Hippolyte.
1096. Le scholiaste rappelle à propos du mot έγκαθηβάν que les gymnases s'appelaient aussi ήβητήρια.
1102-10. Le chœur oublie son sexe.

Il parle au nom du poète, ou, si l'on aime mieux, au nom de tout le monde, puisqu'il dit κεύθων, λεύσσων au lieu de κεύθουσα, λεύσσουσα. (Observation du scholiaste.) — Τά θεών μελεδήματα équivaut à τά περί θεών μελεδήματα. (Schol.) Les mots όταν φρένας έλθη viennent à l'appui de cette explication. L'idée de la Providence est énoncée dans la phrase suivante. Car ξύνεσιν ne se rapporte pas, comme on croit généralement, à l'intelligence du chœur, mais à l'intelligence qui dirige le monde. J'espère, dit le chœur, trouver

τῶν καὶ ἐν ἔργμασι λεύσσων·
ἄλλα γὰρ ἄλλοθεν ἀμείβεται,
μετὰ δ' ἵσταται ἀνδράσιν αἰὼν
πολυπλάνητος ἀεί. 1110

Εἴθε μοι εὐξαμένᾳ θεόθεν τάδε μοῖρα παράσχοι, [Antistr. 1.]
τύχαν μετ' ὄλβου καὶ ἀκήρατον ἄλγεσι θυμόν·
δόξα δὲ μήτ' ἀτρεκὴς μήτ'
αὖ παράσημος ἐνείη·
ῥᾴδια δ' ἤθεα τὸν αὔριον 1115
μεταβαλλομένα χρόνον ἀεὶ
βίον συνευτυχοίην.

Οὐκέτι γὰρ καθαρά μοι [Strophe 2.]
φρήν, τὰ παρ' ἐλπίδα λεύσσων, 1120
ἐπεὶ τὸν Ἑλλανίας
φανερώτατον ἀστέρ' Ἀθάνας
εἴδομεν εἴδομεν ἐκ πατρὸς ὀργᾶς
ἄλλαν ἐπ' αἶαν ἱέμενον. 1125

NC. 1112. Peut-être τυχεῖν, échoir. — 1118-20. Les manuscrits portent : καθαρὰν φρέν' ἔχω παρ' ἐλπίδα λεύσσων. Hartung inséra τά. Mais il fallait encore substituer a la paraphrase régulière le tour libre qu'indique l'antistrophe.

une intelligence suprême, je la pressens obscurément (ἐλπίδι κεύθων) ; mais quand je porte mes regards sur les faits (ἔργμασι), sur le sort des humains, je ne sais que dire (λείπομαι) : il me semble voir les caprices d'un hasard aveugle.

1111. Θεόθεν μοῖρα, la part que les dieux font aux mortels. Depuis Homère, le Destin est tantôt confondu avec la volonté des dieux, tantôt considéré comme indépendant de cette volonté.

1113-14. On explique : Je ne veux ni d'un nom brillant, ni d'un nom obscur. Cependant ἀτρεκής veut dire véritable, et παράσημος de mauvais aloi. Encore faudrait-il ἐπείη plutôt que ἐνείη. Je crois que le poète dit : Je ne veux avoir sur le cours des choses humaines ni des opinions trop vraies, ni des erreurs trop grossières. Je ne veux ni perdre toutes mes illusions, ni donner dans la superstition.

1115-17. Grotius traduit élégamment : *Mores sed faciles habens, Et quos crastina molliter Immutet veniens dies, Tuto perfruar otio.* Le schol. explique les mots suspects βίον συνευτυχοίην par σὺν ἄλλοις· εὐτυχοίην κατὰ τὸν βίον.

1118-20. Mon esprit se trouble en voyant ce malheur inattendu. — Les Grecs aiment à se servir du nominatif d'un participe, quand même la grammaire rigoureuse demanderait un autre cas, soit que le participe se trouve à la fin de la phrase, comme ici, soit qu'il se trouve en tête, comme au vers 23.

1121-22. Τὸν Ἑλλανίας (suppléez γᾶς) φανερώτατον ἀστέρ' Ἀθάνας· (pour Ἀθηνῶν, comme Hom. *Od.* VII, 80), cette

ΙΠΠΟΛΥΤΟΣ ΣΤΕΦΑΝΗΦΟΡΟΣ.

Ὦ ψάμαθοι πολιήτιδος ἀκτᾶς
δρυμός τ' ὄρειος, ὅθι κυνῶν
ὠκυπόδων μέτα θῆρας ἔναιρεν
Δίκτυνναν ἀμφὶ σεμνάν. 1130

Οὐκέτι συζυγίαν πώ- [Antistrophe 2.]
λων Ἐνετᾶν ἐπιβάσει
τὸν ἀμφὶ Λίμνας τρόχον
κατέχων ποδὶ γυμνάδος ἵππου.
Μοῦσα δ' ἄυπνος ὑπ' ἄντυγι χορδᾶν 1135
λήξει πατρῷον ἀνὰ δόμον·
ἀστέφανοι δὲ κόρας ἀνάπαυλαι
Λατοῦς βαθεῖαν ἀνὰ χλόαν·
νυμφιδία δ' ἀπόλωλε φυγᾷ σᾷ 1140
λέκτρων ἅμιλλα κούραις.

Ἐγὼ δὲ σᾷ δυστυχίᾳ [Épode.]
δάκρυσι διοίσω πότμον ἄποτμον· ὦ τάλαινα μᾶτερ,
ἔτεκες ἄρ' ἀνόνατα· φεῦ, 1145
μανίω θεοῖσιν·
ἰὼ ἰὼ συζύγιαι
Χάριτες, τί τὸν τάλαν' ἐκ πατρίας

NC. 1128. Musurus corrigea la leçon ὦ δρυμὸς ὄρειος. — 1129. Elmsley corrigea la leçon ὠκυπόδων ἐπέβας θεᾶς μέτα θῆρας ἐναίρων. Celui qui inséra ἐπέβας (cf. 1132), croyait sans doute que ὠκυπόδων désignait des chevaux, et cette première addition entraîna la seconde, θεᾶς, afin que μέτα eût un régime. — 1134. Γυμνάδος ἵππου correction de Reiske pour γυμνάδας ἵππους, qui donne une construction difficile et un faux sens. En effet, Hippolyte se tient sur son char; il ne peut contenir par la pression des jambes des chevaux qu'il ne monte pas. — 1145. Dindorf inséra ἄρ' avant ἀνόνατα. — 1147-48. Peut-être συζυγία Χαρίτων. Reiske voulait συζυγίαι Χαρίτων.

gloire d'Athènes, la plus brillante de la Grèce.

1131-34. Il a déjà été question aux vers 228 ss. de l'hippodrome (τρόχος), qui se trouvait dans le lieu dit Limna, ainsi que des chevaux vénètes. Le singulier ποδὶ ἵππου pour ποσὶν ἵππων est conforme à l'usage poétique.

1140-41. La chasteté d'Hippolyte n'empêchait donc pas les jeunes filles de songer à lui.

1147-50. Συζύγιαι Χάριτες, Grâces unies, équivaut à συζυγία Χαρίτων. Le schol. explique mal γαμήλιοι. Cependant la leçon est très-suspecte. — Τί πέμπετε, pourquoi laissez-vous partir?

γᾶς οὐδὲν ἄτας αἴτιον
πέμπετε τῶνδ' ἀπ' οἴκων; 1150

Καὶ μὴν ὀπαδὸν Ἱππολύτου τόνδ' εἰσορῶ
σπουδῇ σκυθρωπὸν πρὸς δόμους ὁρμώμενον.

ΑΓΓΕΛΟΣ.

Ποῖ γῆς ἄνακτα τῆσδε Θησέα μολὼν
εὕροιμ' ἄν, ὦ γυναῖκες; εἴπερ ἴστε, μοι
σημήνατ'· ἆρα τῶνδε δωμάτων ἔσω; 1155

ΧΟΡΟΣ.

Ὅδ' αὐτὸς ἔξω δωμάτων πορεύεται.

ΑΓΓΕΛΟΣ.

Θησεῦ, μερίμνης ἄξιον φέρω λόγον
σοὶ καὶ πολίταις οἵ τ' Ἀθηναίων πόλιν
ναίουσι καὶ γῆς τέρμονας Τροιζηνίας.

ΘΗΣΕΥΣ.

Τί δ' ἔστι; μῶν τις συμφορὰ νεωτέρα 1160
δισσὰς κατείληφ' ἀστυγείτονας πόλεις;

ΑΓΓΕΛΟΣ.

Ἱππόλυτος οὐκέτ' ἔστιν, ὡς εἰπεῖν ἔπος·
δέδορκε μέντοι φῶς ἐπὶ σμικρᾶς ῥοπῆς.

ΘΗΣΕΥΣ.

Πρὸς τοῦ; δι' ἔχθρας μῶν τις ἦν ἀφιγμένος,
ὅτου κατῄσχυν' ἄλοχον, ὡς πατρός, βίᾳ; 1165

ΑΓΓΕΛΟΣ.

Οἰκεῖος αὐτὸν ὤλεσ' ἁρμάτων ὄχος
ἀραί τε τοῦ σοῦ στόματος, ἃς σὺ σῷ πατρὶ
πόντου κρέοντι παιδὸς ἠράσω πέρι.

NC. 1149. La vulgate τὸν οὐδέν vient d'un manuscrit du second ordre.

1158-9. Οἵ τε..καί pour οἵ τε..καὶ οἵ.
1163. Ἐπὶ σμικρᾶς ῥοπῆς. La moindre impulsion, un rien suffit pour lui ôter la vie. Platon, *Rép.*, p. VIII, 556 : Σῶμα νοσῶδες μικρᾶς ῥοπῆς ἔξωθεν δεῖται προσλαβέσθαι πρὸς τὸ κάμνειν. Plutarque,

Artax. 30 : Ἦν ἐπὶ σμικρᾶς ῥοπῆς ὁ Ἀρταξέρξης.
1164. Πρὸς τοῦ; Ἀπώλετο δηλονότι. (Schol.) — Δι' ἔχθρας ἀφικνεῖσθαι, ἰέναι, ἔρχεσθαι, βαίνειν, τινί, grécisme pour dire: devenir l'ennemi de quelqu'un.

ΙΠΠΟΛΥΤΟΣ ΣΤΕΦΑΝΗΦΟΡΟΣ. 79

ΘΗΣΕΥΣ.

Ὦ θεοὶ Πόσειδόν θ', ὡς ἄρ' ἦσθ' ἐμὸς πατὴρ
ὀρθῶς, ἀκούσας τῶν ἐμῶν κατευγμάτων. 1170
Πῶς καὶ διώλετ'; εἰπέ· τῷ τρόπῳ Δίκης
ἔπαισεν αὐτὸν ῥόπτρον αἰσχύναντ' ἐμέ;

ΑΓΓΕΛΟΣ.

Ἡμεῖς μὲν ἀκτῆς κυμοδέγμονος πέλας
ψήκτραισιν ἵππων ἐκτενίζομεν τρίχας
κλαίοντες· ἦλθε γάρ τις ἄγγελος λέγων 1175
ὡς οὐκέτ' ἐν γῇ τῇδ' ἀναστρέψοι πόδα
Ἱππόλυτος, ἐκ σοῦ τλήμονας φυγὰς ἔχων.
Ὁ δ' ἦλθε ταὐτὸ δακρύων ἔχων μέλος
ἡμῖν ἐπ' ἀκταῖς· μυρία δ' ὀπισθόπους
φίλων ἅμ' ἔστειχ' ἡλίκων ὁμήγυρις. 1180
Χρόνῳ δὲ δήποτ' εἶπ' ἀπαλλαχθεὶς γόων·
Τί ταῦτ' ἀλύω; πειστέον πατρὸς λόγοις.
Ἐντύναθ' ἵππους ἅρμασι ζυγηφόρους,
δμῶες· πόλις γὰρ οὐκέτ' ἔστιν ἥδε μοι.
Τοὐνθένδε μέντοι πᾶς ἀνὴρ ἠπείγετο, 1185
καὶ θᾶσσον ἢ λέγοι τις ἐξηρτυμένας
πώλους παρ' αὐτὸν δεσπότην ἐστήσαμεν.
Μάρπτει δὲ χερσὶν ἡνίας ἀπ' ἄντυγος,
αὐταῖσιν ἀρβύλαισιν ἁρμόσας πόδε.

NC. 1189. Des variantes πόδα et πόδας, Kirchhoff a tiré la vraie leçon πόδε.

1169. Ὡς ἄρ' ἦσθα. Pour affirmer une vérité qu'on avait méconnue ou dont on avait douté à tort, on se sert toujours de l'imparfait dans les phrases grecques de cette tournure.

1172. On peut comparer avec cette massue de la Justice la pioche, μάκελλα, qu'Eschyle, *Agam.* 526, attribue à Jupiter justicier renversant les murs de Troie.

1176. Ἀναστρέφειν πόδα équivaut à ἀναστρέφεσθαι, circuler, séjourner, *versari*.

1178. Ταὐτὸ.... μέλος. Comp. v. 879. Καί μοι προσᾴδετε, dit Philoctète dans Sophocle, vers 405. Συνῳδά se dit même en prose de choses qui sont d'accord, en harmonie : Euripide n'a fait que développer ce trope.

1183. Ζυγηφόρους ne s'accorde pas avec l'exactitude qu'on remarque dans ce morceau. Hippolyte conduira un quadrige (1212) : il y avait donc deux σειραφόροι à côté des deux timoniers.

1188-89. Hippolyte saisit les rênes accrochées au bord du char (ἄντυξ), après s'être élancé sur le char (*emicat in currum*) d'un bond si sûr que ses pieds sont venus se placer juste (αὐταῖσιν) dans les empreintes faites pour les recevoir (ἀρβύλαισιν). On voit que la leçon αὐταῖσιν, confir-

ΙΠΠΟΛΥΤΟΣ ΣΤΕΦΑΝΗΦΟΡΟΣ.

Καὶ πρῶτα μὲν θεοῖς εἶπ' ἀναπτύξας χέρας· 1190
Ζεῦ, μηκέτ' εἴην, εἰ κακὸς πέφυκ' ἀνήρ·
αἴσθοιτο δ' ἡμᾶς ὡς ἀτιμάζει πατὴρ
ἤτοι θανόντας ἢ φάος δεδορκότας.
Κἂν τῷδ' ἐπῆγε κέντρον εἰς χεῖρας λαβὼν
πώλοις· ὁμαρτῇ πρόσπολοι δ' ἐφ' ἅρματος 1195
πέλας χαλινῶν εἱπόμεσθα δεσπότῃ
τὴν εὐθὺς Ἄργους κἀπιδαυρίας ὁδόν.
Ἐπεὶ δ' ἔρημον χῶρον εἰσεβάλλομεν,
ἀκτή τίς ἐστι τοὐπέκεινα τῆσδε γῆς
πρὸς πόντον ἤδη κειμένη Σαρωνικόν. 1200
Ἔνθεν τις ἠχὼ, χθόνιος ὡς βροντὴ Διὸς,
βαρὺν βρόμον μεθῆκε φρικώδη κλύειν·
ὀρθὸν δὲ κρᾶτ' ἔστησαν οὖς τ' ἐς οὐρανὸν
ἵπποι· παρ' ἡμῖν δ' ἦν φόβος νεανικός,
πόθεν ποτ' εἴη φθόγγος. Εἰς δ' ἁλιρρόθους 1205
ἀκτὰς ἀποβλέψαντες ἱερὸν εἴδομεν
κῦμ' οὐρανῷ στηρίζον, ὥστ' ἀφῃρέθη

NC. 1195. On ponctue ordinairement après ὁμαρτῇ. J'ai adopté la ponctuation de Reiske. — Ἐφ' ἅρματος (ἐφ' ἅρματι, ὑφ' ἅρματος), qui ne peut se rapporter qu'à Hippolyte, est probablement la glose de ὀχουμένῳ. Le *Marcianus* a de première main ἐφάσκομ, qui vient peut-être de la phrase complète ἐφ' ἅρματος ὀχουμένῳ. — 1197. Blaydes propose εὐθύ τ' Ἄργους. Il paraît que εὐθύς pour εὐθύ n'est pas d'un bon Atticisme, et Photius, p. 32, 12, critique ce passage d'Euripide.

mée par les citations de quelques grammairiens, est à tort suspectée par les critiques qui se sont occupés de cette pièce.

1195. Ἐφ' ἅρματος fait un faux sens. Voy. la note critique.

1197-1200. Il parle de la route qui conduit de Trézène à Argos par le pays d'Épidaure. Après être sortis du territoire de Trézène, ils arrivent au golfe Saronique, séparé de l'Archipel par la presqu'île de Méthone. Ils ont en face, de l'autre côté du golfe, les rochers de Sciron près de Mégare, un peu plus à gauche l'Isthme, et devant eux, du même côté du golfe, le roc d'Épidaure consacré à Esculape (*rupes, numen Epidauri dei*, Sénèque, vers 1023).

Ces localités vont être, du reste, nommées un peu plus bas.

1201-03. Comp. Soph. *OEd. Col.* 1606 : Κτύπησε μὲν Ζεὺς χθόνιος, et la suite de ce morceau, qui a quelque rapport avec le nôtre.

1204. Νεανικός· ἰσχυρός, μέγας (Schol.).

1206. Ἱερὸν (ἀντὶ τοῦ μέγα, schol.), grand et merveilleux. Eschyle appelle l'immense troupeau d'hommes que le roi des Perses pousse devant lui, ποιμανόριον θεῖον, *Pers.* 75.

1207. Οὐρανῷ στηρίζον. Locution homérique. Dans l'*Iliade*, IV, 443, la Discorde grandit jusqu'à ce que sa tête touche les cieux, αὐτὰρ ἔπειτα Οὐρανῷ ἐστήριξε κάρη.

ΙΠΠΟΛΥΤΟΣ ΣΤΕΦΑΝΗΦΟΡΟΣ.

Σκείρωνος ἀκτὰς ὄμμα τοὐμὸν εἰσορᾶν·
ἔκρυπτε δ' Ἰσθμὸν καὶ πέτραν Ἀσκληπιοῦ.
Κἄπειτ' ἀνοιδῆσάν τε καὶ πέριξ ἀφρὸν   1210
πολὺν καχλάζον ποντίῳ φυσήματι
χωρεῖ πρὸς ἀκτάς, οὗ τέθριππος ἦν ὄχος.
Αὐτῷ δὲ σὺν κλύδωνι καὶ τρικυμίᾳ
κῦμ' ἐξέθηκε ταῦρον, ἄγριον τέρας,
οὗ πᾶσα μὲν χθὼν φθέγματος πληρουμένη   1215
φρικῶδες ἀντεφθέγγετ', εἰσορῶσι δὲ
κρεῖσσον θέαμα δεργμάτων ἐφαίνετο.
Εὐθὺς δὲ πώλοις δεινὸς ἐμπίτνει φόβος·
καὶ δεσπότης μὲν ἱππικοῖσιν ἤθεσιν
πολὺς ξυνοικῶν ἥρπασ' ἡνίας χεροῖν,   1220
ἕλκει δὲ κώπην ὥστε ναυβάτης ἀνὴρ
ἱμᾶσιν εἰς τοὔπισθεν ἀρτήσας δέμας·
αἱ δ' ἐνδακοῦσαι στόμια πυριγενῆ γναθμοῖς
βίᾳ φέρουσιν, οὔτε ναυκλήρου χερός,
οὔθ' ἱπποδέσμων, οὔτε κολλητῶν ὄχων   1225
μεταστρέφουσαι. Κεἰ μὲν εἰς τὰ μαλθακὰ

NC. 1208. Probablement Σκείρωνος ἄκρας ou Σκειρωνίδ' ἄκραν, conjecture de Luzac et de Kirchhoff. Le *Marcianus* a Σκείρωνος δ' ἀκτᾶς, et le scholiaste explique τὸ ὄρος τοῦ Σκείρωνος. Sénèque traduit : *Petræ Scironides*, v. 1024. — 218. Ἐμπίτνει, leçon du *Marcianus*. Vulgate ἐμπίπτει. — 1219. La leçon ἱππικοῖς ἐν ἤθεσι a été corrigée par Valckenaer.

1213. Τρικυμία est la grosse vague qui vient après plusieurs autres plus petites, *fluctus decumanus*.

1217. Comparez avec les mots κρεῖσσον θέαμα δεργμάτων, *OEd. Col.* 1651 : Ὡς δεινοῦ τινος Φόβου φανέντος κοὐκ ἀνασχετοῦ βλέπειν. On voit ici pourquoi Euripide, après avoir décrit avec tant de détail le départ d'Hippolyte, le lieu de la scène, tout ce qui précède et annonce l'apparition du monstre, s'abstient de faire la description de ce monstre lui-même. A l'approche d'un danger imminent, on regarde, on examine tout avec une attention inquiète; la présence du merveilleux frappe de stupeur et ne laisse plus à l'esprit la liberté d'observer. Aussi l'esclave grec reste-t-il ici dans le vague, et ce trait de vérité fait, ce me semble, plus d'effet sur notre imagination que les morceaux brillants de Sénèque et de Racine. Le taureau d'Euripide est-il un être réel ou un fantôme? On ne saurait le dire. Il ne touche ni le char, ni les chevaux, à plus forte raison n'est-il pas blessé par Hippolyte : il ne fait que se montrer, il fascine, il agit par la terreur de sa présence, et il disparaît soudain, comme il était venu. Tout est vague et mystérieux dans cet événement surnaturel.

1220. Πολύς est employé ici comme aux v. 2, 817.

1221-22. Hippolyte se rejette en arrière, comme un matelot qui ramène la rame; et il se suspend aux rênes de tout le poids de son corps.

1223-26. Πυριγενῆ, nés dans le feu, forgés : épithète épique, dont Eschyle s'est servi dans les *Sept Chefs*, vers 207, s'il n'a

ΙΠΠΟΛΥΤΟΣ ΣΤΕΦΑΝΗΦΟΡΟΣ.

γαίας ἔχων οἴακας ἰθύνοι δρόμον,
προυφαίνετ' εἰς τοὔμπροσθεν, ὥστ' ἀναστρέφειν,
ταῦρος φόβῳ τέτρωρον ἐκμαίνων ὄχον·
εἰ δ' εἰς πέτρας φέροιντο μαργῶσαι φρένας,   1230
σιγῇ πελάζων ἄντυγι ξυνείπετο,
εἰς τοῦθ' ἕως ἔσφηλε κἀνεχαίτισεν,
ἁψῖδα πέτρῳ προσβαλὼν ὀχήματος.
Σύμφυρτα δ' ἦν ἅπαντα· σύριγγές τ' ἄνω
τροχῶν ἐπήδων ἀξόνων τ' ἐνήλατα.   1235
Αὐτὸς δ' ὁ τλήμων ἡνίαισιν ἐμπλακεὶς
δεσμὸν δυσεξήνυστον ἕλκεται δεθείς,
σποδούμενος μὲν πρὸς πέτραις φίλον κάρα,
θραύων δὲ σάρκας, δεινὰ δ' ἐξαυδῶν κλύειν·
Στῆτ', ὦ φάτναισι ταῖς ἐμαῖς τεθραμμέναι,   1240
μή μ' ἐξαλείψητ'· ὦ πατρὸς τάλαιν' ἀρά.
Τίς ἄνδρ' ἄριστον βούλεται σῶσαι παρών;
Πολλοὶ δὲ βουληθέντες ὑστέρῳ ποδὶ
ἐλειπόμεσθα. Χὠ μὲν ἐκ δεσμῶν λυθεὶς
τμητῶν ἱμάντων οὐ κάτοιδ' ὅτῳ τρόπῳ   1245
πίπτει, βραχὺν δὴ βίοτον ἐμπνέων ἔτι·
ἵπποι δ' ἔκρυφθεν καὶ τὸ δύστηνον τέρας
ταύρου λεπαίας οὐ κάτοιδ' ὅπου χθονός.
Δοῦλος μὲν οὖν ἔγωγε σῶν δόμων, ἄναξ,
ἀτὰρ τοσοῦτόν γ' οὐ δυνήσομαί ποτε   1250

NC. 1237. Δυσεξήνυστον, correction de Heath pour δυσεξήνυτον. — 1247. Ἔκρυφθεν est une forme épique et lyrique, dont l'analogue ne se retrouve pas dans le dialogue des tragiques. Nauck propose ἵπποι δὲ φροῦδοι. On peut aussi conjecturer ὄχος δ' ἐκρύφθη.

pas écrit πυριβρεμετᾶν χαλινῶν. — Οὐ μεταστρέφουσαι, sans se soucier de..., sans avoir égard à....

1227. Ἔχων οἴακας. Ce trope est préparé par « la main du pilote, » ναυκλήρου χερός. Par contre, Pindare appelle l'ancre le frein, χαλινός, du vaisseau, *Pyth.* IV, 25.

1232-33. Le régime des deux verbes est ὄχημα, contenu dans le génitif ὀχήματος. Quant au sujet, je ne sais si c'est le taureau, ou si ce n'est pas plutôt le quadrige, τέτρωρος ὄχος, malgré le pluriel φέροιντο, qui se trouve au milieu. Dans ce dernier cas, ἀνεχαίτισεν conserverait sa signification véritable : renverser le cavalier ou le char en se cabrant et secouant la crinière. Sénèque semble l'avoir entendu ainsi. — Ἀψίς désigne ici la roue.

1234-35. Σύριγγες τροχῶν sont les moyeux des roues ; ἀξόνων ἐνήλατα sont les clavettes, qui retiennent l'essieu.

1245. Τμητῶν, épithète épique, dont Sophocle se sert aussi dans le récit de la mort d'Oreste, *Électre*, vers 747.

ΙΠΠΟΛΥΤΟΣ ΣΤΕΦΑΝΗΦΟΡΟΣ.

τὸν σὸν πιθέσθαι παῖδ᾽ ὅπως ἐστὶν κακὸς,
οὐδ᾽ εἰ γυναικῶν πᾶν κρεμασθείη γένος
καὶ τὴν ἐν Ἴδῃ γραμμάτων πλήσειέ τις
πεύκην, ἐπεί νιν ἐσθλὸν ὄντ᾽ ἐπίσταμαι.

ΧΟΡΟΣ.

Αἰαῖ· κέκρανται συμφορὰ νέων κακῶν, 1255
οὐδ᾽ ἔστι μοίρας τοῦ χρεών τ᾽ ἀπαλλαγή.

ΘΗΣΕΥΣ.

Μίσει μὲν ἀνδρὸς τοῦ πεπονθότος τάδε
λόγοισιν ἥσθην τοῖσδε· νῦν δ᾽ αἰδούμενος
θεούς τ᾽ ἐκεῖνόν θ᾽, οὕνεκ᾽ ἐστὶν ἐξ ἐμοῦ,
οὔθ᾽ ἥδομαι τοῖσδ᾽ οὔτ᾽ ἐπάχθομαι κακοῖς. 1260

ΑΓΓΕΛΟΣ.

Πῶς οὖν; κομίζειν ἢ τί χρὴ τὸν ἄθλιον
δράσαντας ἡμᾶς σῇ χαρίζεσθαι φρενί;
Φρόντιζ᾽· ἐμοῖς δὲ χρώμενος βουλεύμασιν
οὐκ ὠμὸς εἰς σὸν παῖδα δυστυχοῦντ᾽ ἔσει.

ΘΗΣΕΥΣ.

Κομίζετ᾽ αὐτὸν, ὡς ἰδὼν ἐν ὄμμασιν 1265
τὸν τἄμ᾽ ἀπαρνηθέντα μὴ χρᾶναι λέχη
λόγοις τ᾽ ἐλέγξω δαιμόνων τε συμφοραῖς.

ΧΟΡΟΣ.

Σὺ τὰν θεῶν ἄκαμπτον φρένα καὶ βροτῶν
ἄγεις, Κύπρι· σὺν δ᾽
ὁ ποικιλόπτερος ἀμφιβαλὼν 1270

NC. 1255. Συμφορά correction d'Elmsley pour συμφοραί. — 1266. Ce vers est placé après 1267 dans deux bons manuscrits. Il pourrait bien être interpolé.

1251. Cette construction qui se rapproche de celle de l'accusatif avec l'infinitif (παῖδ᾽ εἶναι κακόν) n'est pas rare.

1253-54. Πεύκην, au singulier, comme un nom collectif. On faisait des tablettes de bois de pin, et il y avait de grandes forêts de pins sur le mont Ida dans la Troade. C'est à ces forêts célèbres qu'il faut songer, et non à celles de l'Ida de Crète. Peu importe que Phèdre soit née dans cette île.

1268. On a discuté l'à-propos de ce morceau lyrique. Il me semble que le chœur s'empresse de reconnaître et d'exalter la puissance de la terrible déesse qui vient d'infliger à son détracteur un châtiment si éclatant. La douce apparition de la chaste Diane contraste avec cet hymne en l'honneur de la mère des passions.

1270. Ποικιλόπτερος. Sapho avait donné à Vénus un trône aux mille couleurs : Ποι-

ὠκυτάτῳ πτερῷ
ποτᾶται 'πὶ γαῖαν εὐάχητόν θ'
ἁλμυρὸν ἐπὶ πόντον.
Θέλγει δ' Ἔρως, ᾧ μαινομέναν κραδίαν
πτανὸς ἐφορμάσῃ χρυσοφαὴς, 1275
φύσιν ὀρεσκόων τε σκυλάκων
πελαγίων θ' ὅσα τε γᾶ τρέφει,
τὰν Ἅλιος αἰθόμενος δέρκεται,
ἄνδρας τε· συμπάντων βασιληΐδα τιμὰν, 1280
Κύπρι, τῶνδε μόνα κρατύνεις.

ΑΡΤΕΜΙΣ.

Σὲ τὸν εὐπατρίδαν Αἰγέως κέλομαι
παῖδ' ἐπακοῦσαι·
Λητοῦς δὲ κόρη σ' Ἄρτεμις αὐδῶ. 1285
Θησεῦ, τί τάλας τοῖσδε συνήδει,
παῖδ' οὐχ ὁσίως σὸν ἀποκτείνας,
ψευδέσι μύθοις ἀλόχου πεισθεὶς
ἀφανῆ; φανερὰν δ' ἔσχεθες ἄτην.
Πῶς οὐχ ὑπὸ γῆς τάρταρα κρύπτεις 1290
δέμας αἰσχυνθεὶς,

NC. 1272. Nauck corrigea la vulgate ποτᾶται δ' ἐπί. Le meilleur manuscrit omet δέ. — 1274. Variantes : φλέγει et μαινομένᾳ καρδίᾳ. J'ai préféré l'accusatif avec Valckenaer. Le mot Ἔρως pourrait être une glose. Telle était l'opinion de Seidler. — 1276. J'ai inséré τε après ὀρεσκόων. — 1279. Variante : αἰθομέναν. J'ai préféré αἰθόμενος à cause du passage d'Homère cité ci-dessous. — 1280. J'ai retranché avec Dindorf, δέ (variantes τε, γε) après συμπάντων. — 1289. Ἔσχεθες correction de Markland pour ἔσχες. Les derniers éditeurs lient ἀφανῆ φανεράν. L'ancienne ponctuation m'a semblé plus satisfaisante à tout égard.

χιλόθοον' ἀθάνατ' Ἀφροδίτα. — Le scholiaste explique ἀμφιβαλών, couvrant de ses ailes les yeux des amants, afin de les aveugler. L'épithète ὠκυτάτῳ serait mal choisie. Le poete semble dire que le vol de l'Amour *embrasse* toute la terre.

1276. Le poète énumère les êtres sujets à l'Amour, qu'il avait d'abord désignés en général par ᾧ.... ἐφορμάσῃ.

1278-79. Les pays éclairés par le soleil, par opposition à ceux qu'on se figurait au delà de l'extrême Occident et dont Homère dit : Οὐδέ ποτ' αὐτοὺς Ἥλιος φαέθων καταδέρκεται ἀκτίνεσσιν *Odys.* XI, 16). Cf. vers 4. Quant à αἰθόμενος, qu'Euripide a mis à la place de φαέθων, Musgrave compare Quintus de Smyrne, II, 664 : Αἰθομένων ἕδος ἄστρων. Homère et Pindare disent αἰθόμενον πῦρ.

1288-89. Πεισθεὶς ἀφανῆ, t'ayant laissé persuader des choses obscures et incertaines.

ΙΠΠΟΛΥΤΟΣ ΣΤΕΦΑΝΗΦΟΡΟΣ.

ἢ πτηνὸς ἄνω μεταβὰς βίοτον
πήματος ἔξω πόδα τοῦδ' ἀπέχεις ;
ὡς ἐν χρηστοῖς ἀνδράσιν οὔ σοι
κτητὸν βιότου μέρος ἐστίν. 1295

Ἄκουε, Θησεῦ, σῶν κακῶν κατάστασιν·
καίτοι προκόψω γ' οὐδὲν, ἀλγυνῶ δὲ σέ.
Ἀλλ' εἰς τόδ' ἦλθον, παιδὸς ἐκδεῖξαι φρένα
τοῦ σοῦ δικαίαν, ὡς ὑπ' εὐκλείας θάνῃ,
καὶ σῆς γυναικὸς οἶστρον ἢ τρόπον τινὰ 1300
γενναιότητα· τῆς γὰρ ἐχθίστης θεῶν
ἡμῖν, ὅσαισι παρθένειος ἡδονή,
δμηθεῖσα κέντροις παιδὸς ἠράσθη σέθεν.
Γνώμῃ δὲ νικᾶν τὴν Κύπριν πειρωμένη
τροφοῦ διώλετ' οὐχ ἑκοῦσα μηχαναῖς, 1305
ἢ σῷ δι' ὅρκων παιδὶ σημαίνει νόσον.

NC. 1293. Wakefield corrigea la leçon τόνδ' ἀπέχεις (ἀνέχεις). — 1294-95. La vulgate est ἐν γ' ἀγαθοῖς. Mais les bons manuscrits n'ont pas γε, qui n'est qu'un mauvais remplissage. J'ai écrit χρηστοῖς, dont ἀγαθοῖς est la glose. — Κτητόν m'est suspect. Les scholies κατατεταγμένον et εἰς ἀγαθοὺς ἄνδρας οὐκέτι μετρηθήσεταί σου ὁ βίος ne s'y rapportent pas. Il est peut-être la glose de νεμητόν, forme qui se justifie par le mot νεμέτωρ. — 1302. Peut-être ὅσαις τε. Je ne partage pas l'opinion de Nauck, qui considère comme interpolé ce vers, auquel Eustathe (in Il. p. 502, 31) fait allusion. — 1303. On lisait δηχθεῖσα, qui se dit bien de l'amour, mais ne s'accorde pas avec le trope κέντροι:. Valkenaer voulait πληγεῖσα, Porson πληχθεῖσα. La paraphrase du scholiaste συσχεθεῖσα πόνοις indique δμηθεῖσα. Une autre scholie οὐ δαμεὶς est expliqué par κατασχεθείς (Oreste 845), ne laisse pas de doute à ce sujet.

1292-93. Μεταβὰς βίοτον, construction hardie, est dit d'après l'analogie de μεταβαλόμενος βίοτον. — Κακῶν, πημάτων, πράγματων ἔξω πόδα ἔχειν sont des phrases usuelles. Comp. Heraclides 109, Eschyle Prom. 263, et l'équivalent poétique Choéph. 697 : Ἔξω κομίζων ὀλεθρίου πηλοῦ πόδα.

1296-97. Κατάστασιν veut dire « état, situation, et non pas exposition, » comme chez les rhéteurs. — Le vers 1297 a dû être emprunté par Ménandre, grand admirateur d'Euripide, puisqu'on lit dans l'Andrienne, de Térence, IV, 1, 16 : Atqui aliquis dicat « nil promoveris : » Multum : molestus certe ei fuero. Cette observation est de Valckenaer.

1299. Ὑπ' εὐκλείας équivaut à εὐκλεῶς. C'est ainsi qu'on trouve depuis Homère ὑπὸ δαίδων, ὑπ' αὐλοῦ, ὑπὸ συρίγγων, ὑπὸ κλαυθμῶν, ὑπὸ κηρύκων, phrases dans lesquelles ὑπο marque plus particulièrement l'accompagnement, et chez Euripide : Ἐθρέφθην ἐλπίδων καλῶν ὑπο Βασιλεῦσι νύμφη, Hécube, 354.

1302. Ὅσαισι παρθένειος ἡδονή équivaut à ὅσαι παρθενείᾳ ἡδόμεθα.

1303. Comp. Herc. Fur. 20 : Ἥρας ὑπὸ Κέντροις δαμασθείς. C'est ainsi qu'un cheval est dompté par son cavalier.

ΙΠΠΟΛΥΤΟΣ ΣΤΕΦΑΝΗΦΟΡΟΣ.

Ὁ δ᾽ ὥσπερ ὢν δίκαιος οὐκ ἐφέσπετο
λόγοισιν, οὐδ᾽ αὖ πρὸς σέθεν κακούμενος
ὅρκων ἀφεῖλε πίστιν, εὐσεβὴς γεγώς.
Ἡ δ᾽ εἰς ἔλεγχον μὴ πέσῃ φοβουμένη   1310
ψευδεῖς γραφὰς ἔγραψε καὶ διώλεσεν
δόλοισι σὸν παῖδ᾽, ἀλλ᾽ ὅμως ἔπεισέ σε.

ΘΗΣΕΥΣ.

Οἴμοι.

ΑΡΤΕΜΙΣ.

Δάκνει σε, Θησεῦ, μῦθος; Ἀλλ᾽ ἔχ᾽ ἥσυχος,
τοὐνθένδ᾽ ἀκούσας ὡς ἂν οἰμώξῃς πλέον.
Ἆρ᾽ οἶσθα πατρὸς τρεῖς ἀρὰς ἔχων σαφεῖς;   1315
Ὧν τὴν μίαν παρεῖλες, ὦ κάκιστε σύ,
εἰς παῖδα τὸν σόν, ἐξὸν εἰς ἐχθρῶν τινα.
Πατὴρ μὲν οὖν σοι πόντιος φρονῶν καλῶς
ἔδωχ᾽ ὅσονπερ χρῆν, ἐπείπερ ᾔνεσεν·
σὺ δ᾽ ἔν τ᾽ ἐκείνῳ κἀν ἐμοὶ φαίνει κακός,   1320
ὃς οὔτε πίστιν, οὔτε μάντεων ὄπα
ἔμεινας, οὐκ ἤλεγξας, οὐ χρόνῳ μακρῷ
σκέψιν παρέσχες, ἀλλὰ θᾶσσον ἤ σ᾽ ἐχρῆν
ἀρὰς ἐφῆκας παιδὶ καὶ κατέκτανες.

ΘΗΣΕΥΣ.

Δέσποιν᾽, ὀλοίμην.

ΑΡΤΕΜΙΣ.

Δείν᾽ ἔπραξας, ἀλλ᾽ ὅμως   1325
ἔτ᾽ ἔστι σοι καὶ τῶνδε συγγνώμης τυχεῖν·

NC. 1307. La vulgate ὥσπερ οὖν δίκαιον est mal autorisée. — 1313. Il faut peut-être, avec un manuscrit du second ordre, biffer Θησεῦ.— 1314. Nauck propose ἀνοιμώξει. —1315. Ἔχων σαφεῖς, leçon du manuscrit de Paris pour σαφεῖς ἔχων. —1317. Elmsley corrigea la leçon ἐχθρόν. — 1324-26. Nauck a rétabli, d'après un bon manuscrit (celui de Copenhague), ἐφῆκας pour ἀφῆκας, et plus bas σοι καὶ τῶνδε pour καὶ σοὶ τῶνδε. — Le manuscrit de Paris porte ἔνεστι pour ἔτ᾽ ἔστι.

1314-12. Διώλεσεν, elle tenta de perdre. En expliquant autrement, ἀλλ᾽ ὅμως ne se comprendrait plus.
1320. Ἔν τ᾽ ἐκείνῳ κἀν ἐμοί, à ses yeux et aux miens. Comp. Soph. Antig.

916: Εἰ τάδ᾽ ἐστὶν ἐν θεοῖς καλά. D'autres expliquent : envers lui et envers moi.
1324-23. Ces reproches sont d'autant plus navrants, qu'Hippolyte avait presque dans les mêmes termes (1051 sq. et 1055 sq.)

ΙΠΠΟΛΥΤΟΣ ΣΤΕΦΑΝΗΦΟΡΟΣ. 87

Κύπρις γὰρ ἤθελ' ὥστε γίγνεσθαι τάδε,
πληροῦσα θυμόν. Θεοῖσι δ' ὦδ' ἔχει νόμος·
οὐδεὶς ἀπαντᾶν βούλεται προθυμίᾳ
τῇ τοῦ θέλοντος, ἀλλ' ἀφιστάμεσθ' ἀεί.   1330
Ἐπεὶ σάφ' ἴσθι, Ζῆνα μὴ φοβουμένη
οὐκ ἄν ποτ' ἦλθον εἰς τόδ' αἰσχύνης ἐγὼ
ὥστ' ἄνδρα πάντων φίλτατον βροτῶν ἐμοὶ
θανεῖν ἐᾶσαι. Τὴν δὲ σὴν ἁμαρτίαν
τὸ μὴ εἰδέναι μὲν πρῶτον ἐκλύει κάκης·   1335
ἔπειτ' ἀναλωθεῖσ' ἀνάλωσεν γυνὴ
λόγων ἐλέγχους ὥστε σὴν πεῖσαι φρένα.
Μάλιστα μέν νυν σοὶ τάδ' ἔρρωγεν κακά,
λύπη δὲ κἀμοί· τοὺς γὰρ εὐσεβεῖς θεοὶ
θνήσκοντας οὐ χαίρουσι· τοὺς γε μὴν κακοὺς   1340
αὐτοῖς τέκνοισι καὶ δόμοις ἐξόλλυμεν.

ΧΟΡΟΣ.

Καὶ μὴν ὁ τάλας ὅδε δὴ στείχει,
σάρκας νεαρὰς
ξανθόν τε κάρα διαλυμανθείς.
Ὦ πόνος οἴκων, οἶον ἐκράνθη
δίδυμον μελάθροις   1345
    πένθος θεόθεν καταληπτόν.

ΙΠΠΟΛΥΤΟΣ.

Αἰαῖ αἰαῖ·
δύστανος ἐγώ, πατρὸς ἐξ ἀδίκου
χρησμοῖς ἀδίκοις διελυμάνθην.

NC. 1336. J'ai corrigé la leçon ἔπειτα δ' ἡ θανοῦσ', en ôtant l'article, qui est vicieux, et en rétablissant l'antithèse obscurcie par la glose. Cp. *El.* 684. *I. T.* 337. *Andr.* 455. *Rh.* 58.

demandé à son père qu'il fit ce que Diane l'accuse d'avoir négligé.

1334. Ζῆνα μὴ φοβουμένη, si je ne enignais Jupiter.

1336-37. Ἔπειτ[α].... φρένα. En se détruisant, Phèdre détruisit l'effet des arguments d'Hippolyte et rendit ton esprit inaccessible à la persuasion. Le sujet de πεῖσαι n'est pas αὐτήν, mais λόγων ἐλέγχους. C'est ainsi qu'on pourrait dire ἐκώλυσεν ἐλέγχους (ὥστε) σε πεῖσαι.

1342. Le mot στείχει, ainsi que ἕλκετε (v. 1361), prouve qu'Hippolyte n'est pas apporté sur la scène, mais qu'il se traîne péniblement, appuyé sur les bras de ses serviteurs.

1346. Καταληπτόν. Cet adjectif verbal aurait-il ici le sens actif ?

1349. Si χρησμός n'est pas ici l'équiva-

Ἀπόλωλα τάλας, οἴμοι μοι. 1350
Διά μου κεφαλᾶς ᾄσσουσ' ὀδύναι,
κατὰ δ' ἐγκέφαλον πηδᾷ σφάκελος.
Σχὲς, ἀπειρηκὸς σῶμ' ἀναπαύσω.
[Ἒ ἔ.]
Ὦ στυγνὸν ὄχημ' ἵππειον, ἐμῆς 1355
βόσκημα χερὸς,
διά μ' ἔφθειρας, κατὰ δ' ἔκτεινας.
Φεῦ φεῦ· πρὸς θεῶν, ἀτρέμας, δμῶες,
χροὸς ἑλκώδους ἅπτεσθε χεροῖν.
Τίς ἐφέστηκεν δεξιὰ πλευροῖς ; 1360
Πρόσφορά μ' αἴρετε, σύντονα δ' ἕλκετε
τὸν κακοδαίμονα καὶ κατάρατον
πατρὸς ἀμπλακίαις. Ζεῦ Ζεῦ, τάδ' ὁρᾷς ;
ὅδ' ὁ σεμνὸς ἐγὼ καὶ θεοσέπτωρ,
ὅδ' ὁ σωφροσύνῃ πάντας ὑπερσχὼν 1365
προὖπτον ἐς Ἅιδαν στείχω κατὰ γᾶς,
ὀλέσας βίοτον· μόχθους δ' ἄλλως
τῆς εὐσεβίας
εἰς ἀνθρώπους ἐπόνησα.

Αἰαῖ, αἰαῖ· 1370
καὶ νῦν ὀδύνα μ' ὀδύνα βαίνει.
Μέθετέ με τάλανα,

NC. 1354. Ces interjections manquent dans plusieurs bons manuscrits. — 1365. Valckenaer corrigea la leçon ὑπερέχων. — 1366. Variante κατ' ἄκρας.

lent de χρεία et de l'ionique χρήμη « vœu, » il faut croire que la malédiction d'un père est appelée un oracle à cause de son infaillibilité.

1353. Ἀναπαύσω est au subjonctif. Cf. 567 et la note.

1360-61. Δεξιά, qui est un accusatif pris adverbialement, veut dire ici, si je ne me trompe, habilement, plutôt qu'à droite, comme on le traduit ordinairement. — Πρόσφορα, convenablement. — Σύντονα,

« également, en vous accordant les uns avec les autres, sans me tirailler en sens divers ». Cette signification de σύντονος se retrouve Iph. Aul. 146.

1367. Ὀλέσας βίοτον serait une cheville d'après la traduction reçue : « ayant perdu la vie ». Hippolyte dit, qu'il a perdu sa vie, une vie de piété : pensée qui est développée dans ce qui suit.— Δέ est explicatif. Les scholiastes auraient pu dire ὁ δὲ ἀντὶ τοῦ γάρ.

ΙΠΠΟΛΥΤΟΣ ΣΤΕΦΑΝΗΦΟΡΟΣ. 89

καί μοι Θάνατος Παιὰν ἔλθοι.
Προσαπόλλυτέ μ' ὄλλυτε τὸν δυσδαίμον'·
...ἀμφιτόμου λόγχας ἔραμαι   1375
διαμοιρᾶσαι,
διά τ' εὐνᾶσαι τὸν ἐμὸν βίοτον.
Ὦ πατρὸς ἐμοῦ δύστανος ἀρά,
μιαιφόνων τε συγγόνων,
παλαιῶν προγεννητόρων   1380
ἐξορίζεται κακὸν οὐδὲ μέλλει,
ἔμολέ τ' ἐπ' ἐμὲ τί ποτε τὸν οὐδὲν ὄντ' ἐπαίτιον κακῶν;
Ἰώ μοι, τί φῶ;
Πῶς ἀπαλλάξω βιοτὰν   1385
[ἐμὰν] τοῦδ' ἀναλγήτου πάθους;
Εἴθε με κοιμίσειε [τὸν] δυσδαίμονα
Ἅιδου μέλαινα νύκτερός τ' ἀνάγκα.

NC. 1374-75. Je demande προσαπόλλυτε μ' ὀλλύμενον δυσδαίμονα, ou plutôt, en retranchant les additions du glossateur, ὄλλυτε μ' ὀλόμενον. Au commencement du vers suivant on peut suppléer ὡς. — 1380-1381. Je propose παλαιῶν τῷ που προγεννητόρων ἐπουρίζεται κακὸν τόδ' οὐδὲ μέλλει. Hippolyte ne peut faire ici qu'une conjecture. Le trope, familier aux tragiques, ἐπουρίζεται s'accorderait parfaitement avec οὐδὲ μέλλει. — 1386-87. Ἐμάν, qui manque dans un manuscrit, et τὸν semblent interpolés. Faut-il écrire ἀνάλγητον?

1373. Valckenaer rapproche de ces mots les beaux vers qu'Eschyle plaçait dans la bouche de son Philoctète : Ὦ Θάνατε Παιὰν, μή μ' ἀτιμάσῃς μολεῖν. Μόνος γὰρ εἶ σὺ τῶν ἀνηκέστων κακῶν Ἰατρός· ἄλγος δ' οὐδὲν ἅπτεται νεκρῶν (Stobée, Anth. 120, 12).

1374. Hippolyte dit : Je suis un homme mort, et vous me tuez encore en me touchant maladroitement. Le composé προσαπόλλυτε, qu'il soit du poète ou du glossateur, montre que tel est le sens de ces mots, qu'il ne faut pas prendre pour des impératifs. Voy. la note critique.

1375-76. Λόγχας ἔραμαι διαμοιρᾶσαι est la construction grecque pour ἔραμαι διαμοιρᾶσαι λόγχᾳ, qui serait bien moins poétique. Comp. Medee 1399. — Διευνᾶσαι, qui est amené par διαμοιρᾶσαι, a, d'après l'observation de Valckenaer, le même sens que ὕστατον εὐνᾶσαι chez Sophocle, Trachiniennes, v. 1005, dans les plaintes d'Hercule, morceau qui a tant d'analogie avec le nôtre.

1379-81. Les σύγγονοι sont évidemment les Pallantides, dont il a été question au vers 35. Ces cousins de Thésée lui avaient disputé le pouvoir et avaient été tués par lui. Je ne sais si μιαιφόνων doit s'expliquer μιαιφονησάντων ou μιαιφονηθέντων. Quoi qu'il en soit, les commentateurs modernes ont tort de songer à Thyeste et Atrée, frères de Pitthée, et de s'écarter de l'opinion du scholiaste. — Quant aux ancêtres, προγεννητόρων, il est oiseux de rechercher qui H. a en vue, puisqu'il ne peut faire à ce sujet qu'une conjecture vague, comme Thésée en avait fait aux vers 831-33. Ἐξορίζεται, si la leçon est bonne, doit signifier ici : provient.

1386. Τοῦδ' ἀναλγήτου πάθους, de cette souffrance insensible, impitoyable, est une phrase bien plus obscure et plus recherchée que l'homérique νηλέϊ δεσμῷ

ΑΡΤΕΜΙΣ.

Ὦ τλῆμον, οἴαις συμφοραῖς συνεζύγης·
τὸ δ' εὐγενές σε τῶν φρενῶν ἀπώλεσεν. 1390

ΙΠΠΟΛΥΤΟΣ.

Ἔα·
ὦ θεῖον ὀδμῆς πνεῦμα· καὶ γὰρ ἐν κακοῖς
ὢν ᾐσθόμην σου κἀνεκουφίσθην δέμας. —
Ἔστ' ἐν τόποισι τοισίδ' Ἄρτεμις θεά;

ΑΡΤΕΜΙΣ.

Ὦ τλῆμον, ἔστι, σοί γε φιλτάτη θεῶν.

ΙΠΠΟΛΥΤΟΣ.

Ὁρᾷς με, δέσποιν', ὡς ἔχω, τὸν ἄθλιον; 1395

ΑΡΤΕΜΙΣ.

Ὁρῶ· κατ' ὄσσων δ' οὐ θέμις βαλεῖν δάκρυ.

ΙΠΠΟΛΥΤΟΣ.

Οὐκ ἔστι σοι κυναγὸς οὐδ' ὑπηρέτης,

ΑΡΤΕΜΙΣ.

Οὐδῆτ'· ἀτάρ μοι προσφιλής γ' ἀπόλλυσαι.

ΙΠΠΟΛΥΤΟΣ.

οὐδ' ἱππονώμας οὐδ' ἀγαλμάτων φύλαξ.

ΑΡΤΕΜΙΣ.

Κύπρις γὰρ ἡ πανοῦργος ὧδ' ἐμήσατο. — 1400

ΙΠΠΟΛΥΤΟΣ.

Ὤμοι· φρονῶ δὴ δαίμον' ἥ μ' ἀπώλεσεν.

ΑΡΤΕΜΙΣ.

Τιμῆς ἐμέμφθη, σωφρονοῦντι δ' ἤχθετο.

ΙΠΠΟΛΥΤΟΣ.

Τρεῖς ὄντας ἡμᾶς ὤλεσ', ᾔσθημαι, μία.

NC. 1403. Les manuscrits du premier ordre ont ὤλεσ' ᾔσθημαι (ἴσημι) κύπρις; un de ceux du second ordre ὤλασεν, μία κύπρις. La correction est due à Valckenaer.

1391. On compare Virg. Én. I, 507 : Ambrosiæque comæ divinum vertice odorem Spiravere. Ovide, Fast., V, 375. Eschyle, Prom. 115. — Ἀνεκουφίσθην δέμας; j'ai éprouvé un soulagement dans mon corps.

1396. Ovide, Métam. II, 621 : Neque enim cœlestia tingi Ora decet lacrimis.

1401-2. Φρονῶ, je reconnais. — Τιμῆς ἐμέμφθη ne diffère pas de ἀτιμίας

ΙΠΠΟΛΥΤΟΣ ΣΤΕΦΑΝΗΦΟΡΟΣ.

ΑΡΤΕΜΙΣ.
Πατέρα τε καὶ σὲ καὶ τρίτην ξυνάορον.
ΙΠΠΟΛΥΤΟΣ.
Ὤμωξα τοίνυν καὶ πατρὸς δυσπραξίας. 1405
ΑΡΤΕΜΙΣ.
Ἐξηπατήθη δαίμονος βουλεύμασιν. —
ΙΠΠΟΛΥΤΟΣ.
Ὦ δυστάλας σὺ τῆσδε συμφορᾶς, πάτερ.
ΘΗΣΕΥΣ.
Ὄλωλα, τέκνον, οὐδέ μοι χάρις βίου.
ΙΠΠΟΛΥΤΟΣ.
Στένω σὲ μᾶλλον ἢ 'μὲ τῆς ἁμαρτίας.
ΘΗΣΕΥΣ.
Εἰ γὰρ γενοίμην, τέκνον, ἀντὶ σοῦ νεκρός. 1410
ΙΠΠΟΛΥΤΟΣ.
Ὦ δῶρα πατρὸς σοῦ Ποσειδῶνος πικρά.
ΘΗΣΕΥΣ.
Ὡς μήποτ' ἐλθεῖν ὤφελ' εἰς τοὐμὸν στόμα.
ΙΠΠΟΛΥΤΟΣ.
Τί δ'; ἔκτανές τἄν μ', ὡς τότ' ἦσθ' ὠργισμένος.
ΘΗΣΕΥΣ.
Δόξης γὰρ ἦμεν πρὸς θεῶν ἐσφαλμένοι. —
ΙΠΠΟΛΥΤΟΣ.
Φεῦ·
εἴθ' ἦν ἀραῖον δαίμοσιν βροτῶν γένος. 1415

ἐμέμφθη. Comp. Hom. *Il.* I, 93 : Οὔτ' ἄρ' ὅγ' εὐχωλῆς ἐπιμέμφεται οὔθ' ἑκατόμβης.
1406. Δαίμονος, de la déesse.
1413. Scholiaste : Τί μέμφη τὰς κατάρας ; ἐφόνευσα; γὰρ ἂν με καὶ χωρὶς αὐτῶν· οὕτως ἦσθα ὠργισμένος. — τἄν est pour τοι ἄν.
1414. Comp. Eschyle, *Eumén.* 717 : Σφάλλεται βουλευμάτων, il se trompe dans ses résolutions. — En remontant au vers 1389 on trouve, après deux distiques séparés par une interjection, deux fois quatre monostiques de plaintes et de consolations échangées entre Hippolyte et Diane (1393-1400); puis, au milieu, six monostiques sur les malheurs causés par Vénus (1401-6) ; enfin deux fois quatre autres monostiques de consolations et de plaintes échangées entre Hippolyte et Thésée (1407-14).
1415. L'explication : ah! si les hommes pouvaient maudire les dieux! est inexacte. Hippolyte voudrait que les hommes pussent devenir pour les dieux une cause de malédiction (aussi bien qu'ils peuvent le devenir pour leurs semblables), que les maux infligés injustement aux humains par les immortels pussent retomber sur leurs

ΑΡΤΕΜΙΣ.

Ἔασον· οὐ γὰρ οὐδὲ γῆς ὑπὸ ζόφῳ
θεοῖς ἄτιμον Κύπριδος ἐκ προθυμίας
ὀργαὶ κατασκήψουσιν εἰς τὸ σὸν δέμας,
σῆς εὐσεβείας κἀγαθῆς φρενὸς χάριν·
ἐγὼ γὰρ αὐτῆς ἄλλον ἐξ ἐμῆς χερὸς   1420
ὃς ἂν μάλιστα φίλτατος κυρῇ βροτῶν
τόξοις ἀφύκτοις τοῖσδε τιμωρήσομαι.
Σοὶ δ', ὦ ταλαίπωρ', ἀντὶ τῶνδε τῶν κακῶν
τιμὰς μεγίστας ἐν πόλει Τροιζηνίᾳ
δώσω· κόραι γὰρ ἄζυγες γάμων πάρος   1425
κόμας κεροῦνταί σοι, δι' αἰῶνος μακροῦ
πένθη μέγιστα δακρύων καρπουμένῳ·
ἀεὶ δὲ μουσοποιὸς εἰς σὲ παρθένων
ἔσται μέριμνα, κοὐκ ἀνώνυμος πεσὼν
ἔρως ὁ Φαίδρας εἰς σὲ σιγηθήσεται.   1430

NC. 1416. Variante ζόφον. — 1417. J'ai corrigé la leçon θεᾶς ἄτιμοι, qui pourrait à peine se défendre s'il y avait une négation simple, mais qui est inconciliable avec οὐδὲ. Qu'est-ce, en effet, que la colère d'une déesse ne restant pas même dans les enfers sans vengeance? — 1419. Valckenaer et d'autres critiques regardent comme interpolé ce vers, très-semblable au vers 1454. — 1427. Valckenaer corrige la leçon καρπούμεναι.

auteurs. C'est ainsi que Médée dit à Jason (vers 608) : Καὶ σοῖς ἀραία γ' οὖσα τυγχάνω δόμοις. Comp. Eschyle, *Agam.* 1565; Soph. *Trach.* 1202. Hippolyte pardonne à son père, qui n'a été que l'instrument de la colère de Vénus; mais il ne pardonne pas à cette déesse, et ce sentiment, peu chrétien sans doute, ne doit pas nous étonner de sa part : certes, il n'a pas lieu d'être maintenant plus respectueux pour Vénus qu'il ne l'a été au début de la pièce. Ce vers, qui caractérise si bien les idées que les Grecs se faisaient des rapports entre les hommes et les dieux, n'est pas altéré, comme plusieurs critiques l'ont pensé. La réponse de Diane, qui s'y rapporte parfaitement, démontre qu'Hippolyte ne disait pas autre chose.

1416-18. Οὐ γὰρ.... δέμας, non, dans les ténèbres mêmes des enfers, les dieux ne laisseront pas sans honneur (sans vengeance) ton corps frappé arbitrairement (?), ἐκ προθυμίας, de la colère de Vénus. Quant à ἄτιμος équivalant à ἀτιμώρητος, voy. Eschyle, *Agamemnon*, 1279 : Οὐ μὴν ἄτιμοί γ' ἐκ θεῶν τεθνήξομεν. On pense que Virgile s'est souvenu d'Euripide, en écrivant *Én.* XI, 845 : *Non tamen indecorem tua te regina reliquit Extrema jam in morte; neque hoc sine nomine letum Per gentes erit, aut famam patieris inultæ*.

1421. Μάλιστα φίλτατος. Cf. μᾶλλον ἀλγίων, 485. — Il s'agit sans doute d'Adonis, victime de la colère de Diane, d'après Apollodore III, 14. Valckenaer cite ces vers de Claudien (*Fescenn.* I, 16), dans lesquels la mort d'Adonis est rapprochée de celle d'Hippolyte : *Venus reversum spernat Adonidem, Damnet reductum Cynthia Virbium*.

1428-30. Les honneurs dont Hippolyte jouit à Trézène, sont attestés par le scholiaste, par Diodore IV, 62, par Pausanias

ΙΠΠΟΛΥΤΟΣ ΣΤΕΦΑΝΗΦΟΡΟΣ. 93

Σὺ δ᾽, ὦ γεραιοῦ τέκνον Αἰγέως, λαβὲ
σὸν παῖδ᾽ ἐν ἀγκάλαισι καὶ προσέλκυσαι·
ἄκων γὰρ ὤλεσάς νιν· ἀνθρώποισι δὲ
θεῶν διδόντων εἰκὸς ἐξαμαρτάνειν.
Καί σοι παραινῶ πατέρα μὴ στυγεῖν σέθεν, 1435
Ἱππόλυτ᾽· ἔχεις γὰρ μοῖραν ᾗ διεφθάρης.
Καὶ χαῖρ᾽· ἐμοὶ γὰρ οὐ θέμις φθιτοὺς ὁρᾶν
οὐδ᾽ ὄμμα χραίνειν θανασίμοισιν ἐκπνοαῖς.
[Ὁρῶ δέ σ᾽ ἤδη τοῦδε πλησίον κακοῦ.]

ΙΠΠΟΛΥΤΟΣ.

Χαίρουσα καὶ σὺ στεῖχε, παρθέν᾽ ὀλβία· 1440
μακρὰν δὲ λείποις ῥᾳδίως ὁμιλίαν.
Λύω δὲ νεῖκος πατρὶ χρῃζούσης σέθεν·
καὶ γὰρ πάροιθε σοῖς ἐπειθόμην λόγοις. —
Αἰαῖ, κατ᾽ ὄσσων κιγχάνει μ᾽ ἤδη σκότος·
Λαβοῦ, πάτερ, μου καὶ κατόρθωσον δέμας. 1445

ΘΗΣΕΥΣ.

Ὤμοι, τέκνον, τί δρᾷς με τὸν δυσδαίμονα;

ΙΠΠΟΛΥΤΟΣ.

Ὄλωλα, καὶ δὴ νερτέρων ὁρῶ πύλας.

ΘΗΣΕΥΣ.

Ἦ τὴν ἐμὴν ἄναγνον ἐκλιπὼν φρένα;

ΙΠΠΟΛΥΤΟΣ.

Οὐ δῆτ᾽, ἐπεί σε τοῦδ᾽ ἐλευθερῶ φόνου.

NC. 1439. Ce vers plus qu'inutile est avec raison condamné par Cobet. L'interpolation est plus ancienne que le centon du Χριστὸς πάσχων, dont elle a fourni le vers 149.
— 1444. Porson corrigea la leçon κιχάνει.

II, 32, par le Pseudo-Lucien *de Syria Dea*, 60. — Καρπουμένῳ, recueillant, jouissant. Cf. vers 432.

1434. Θεῶν διδόντων, « quand telle est la volonté des dieux, quand les dieux les aveuglent. » Les maux, comme les biens, sont appelés δῶρα θεῶν.

1437-38. Le scholiaste rappelle les paroles d'Apollon dans *Aleeste* (vers 22 sq.) : Ἐγὼ δὲ, μὴ μίασμά μ᾽ ἐν δόμοις κίχῃ, λείπω μελάθρων τῶνδε φιλτάτην στέγην.

1443. La vengeance d'Hippolyte est exposée en huit vers (car le vers d'Hippolyte 1415 se rattache à la réponse de Diane), ses honneurs, en huit autres. Ensuite Diane adresse quatre vers à Thésée, quatre à Hippolyte, et ce dernier lui répond par le même nombre de vers.

1448. Ἄναγνον équivaut à ἀκάθαρτον.

ΘΗΣΕΥΣ.

Τί φής; ἀφίης αἵματός μ' ἐλεύθερον; 1450

ΙΠΠΟΛΥΤΟΣ.

Τὴν τοξόδαμνον παρθένον μαρτύρομαι.

ΘΗΣΕΥΣ.

Ὦ φίλταθ', ὡς γενναῖος ἐκφαίνει πατρί.

ΙΠΠΟΛΥΤΟΣ.

Ὦ χρηστὲ καὶ σύ, χαῖρε πολλά μοι, πάτερ.

ΘΗΣΕΥΣ.

Ὤμοι φρενὸς σῆς εὐσεβοῦς τε κἀγαθῆς.

ΙΠΠΟΛΥΤΟΣ.

Τοιῶνδε παίδων γνησίων εὔχου τυχεῖν. 1455

ΘΗΣΕΥΣ.

Μή νυν προδῷς με, τέκνον, ἀλλὰ καρτέρει.

ΙΠΠΟΛΥΤΟΣ.

Κεκαρτέρηται τἄμ'· ὄλωλα γάρ, πάτερ·
κρύψον δέ μου πρόσωπον ὡς τάχος πέπλοις.

ΘΗΣΕΥΣ.

Ὦ κλείν' Ἀθηνῶν Παλλάδος θ' ὁρίσματα,
οἵου στερήσεσθ' ἀνδρός. Ὦ τλήμων ἐγώ· 1460
ὡς πολλά, Κύπρι, σῶν κακῶν μεμνήσομαι.

NC. 1450. Variante ἀφήσεις. — 1451. On lisait τὴν τοξόδαμνον Ἄρτεμιν. Nauck a reconnu la glose, et a rétabli le vrai texte au moyen de ce fragment d'une comédie de Diphile (IV, page 388 Meineke) : Λητοῦς Διός τε τοξόδαμνε παρθένε, Ὡς οἱ τραγῳδοί φασιν. — 1453. Les manuscrits portent : ὦ χαῖρε καὶ σύ, comme si Hippolyte répondait à un χαῖρε de son père, et c'est ce qui fit penser à Kirchhoff qu'il manquait deux vers avant celui-ci. Mais Nauck a très-bien prouvé qu'on ne disait jamais adieu à un mourant, que ce serait en quelque sorte le presser de s'en aller. Il propose : ὦ χαῖρε καὶ ζῆ. Le vers précédent demande ce que j'ai mis. — 1459. Les meilleurs manuscrits ont Ἀθῆναι, et je ne doute pas que ce ne soit la vraie leçon. Un autre trouvera le mot à mettre à la place de θ' ὁρίσματα.

Thésée demande à son fils s'il mourra sans le laver de la souillure, sans l'absoudre du crime d'avoir causé sa mort.

1457. Κεκαρτέρηται.... γάρ. Je suis arrivé au terme de mes efforts, puisque je suis arrivé au terme de la vie. — Le dialogue stichomythique entre Hippolyte et Thésée, commence et finit par un distique du premier de ces interlocuteurs, 1444 sq. et 1457 sq. La tragédie se termine par une double conclusion : trois trimètres de Thésée et une période anapestique prononcé par le coryphée pendant que le chœur sort de l'orchestre.

ΧΟΡΟΣ.

Κοινὸν τόδ' ἄχος πᾶσι πολίταις
ἦλθεν ἀέλπτως.
Πολλῶν δακρύων ἔσται πίτυλος·
τῶν γὰρ μεγάλων ἀξιοπενθεῖς   1465
φῆμαι μᾶλλον κατέχουσιν.

1464-66. Πίτυλος, proprement le mouvement (non pas le bruit) des rames retombant sur l'eau à intervalles égaux, est appliqué par Eschyle, *Sept Chefs* 856, aux coups dont on se frappait en signe de deuil, et ici par Euripide aux larmes qui tombent les unes après les autres. Hesychius a une glose πιτύλοις· καταφοραῖς ὑδάτων.— Κατέχουσιν équivaut à ἐπικρατοῦσιν (scholiaste). On trouve en prose λόγος, κληδὼν κατέχει. — Périclès venait de mourir quand cette tragédie fut jouée, et en entendant ces vers, les Athéniens durent penser à leur grand concitoyen. On peut croire avec Bœckh (*Græcorum tragicorum principes*, page 180 sqq.) que c'est dans cette vue que le poëte substitua ce morceau aux vers qui avaient terminé son premier *Hippolyte* et que nous avons cités plus haut dans la notice sur cette pièce perdue. Ils sont en effet moins généraux, s'appliquent plus directement au héros de la tragédie que les réflexions qu'on lit ici, et qui se prêtent à l'allusion contemporaine.

ΜΗΔΕΙΑ

NOTICE

SUR LA *MÉDÉE* DE NÉOPHRON DE SICYONE.

L'auteur du premier argument de la *Médée* d'Euripide rapporte, d'après Aristote et Dicéarque, que ce poëte s'appropria la tragédie de Néophron en la remaniant. Diogène de Laërte et Suidas, dont le témoignage ne peut, à la vérité, rien ajouter à celui de ces deux auteurs, mentionnent le même fait en termes grossièrement impropres : ils disent que, suivant quelques-uns, la *Médée* d'Euripide appartient à Néophron de Sicyone [1]. Une erreur évidente du même Suidas ne peut être invoquée pour infirmer un fait si bien attesté. Le lexicographe ajoute à la fin de son article que Néophron était ami de Callisthène et fut tué avec ce philosophe par ordre d'Alexandre. Il ne s'aperçoit pas de la contradiction dans laquelle il tombe. En effet, s'il est vrai que Néophron fournit à Euripide l'ébauche de sa *Médée*, et que, le premier, il mit des esclaves gouverneurs (παιδαγωγούς) sur la scène (autre détail rapporté par Suidas), il était antérieur à Euripide, et ne peut avoir vécu jusqu'au temps d'Alexandre. Suidas le confondit évidemment avec un autre Néophron ou Néarque (c'est le nom qu'il lui donne dans l'article « Callisthène »), plus jeune d'un siècle et peut-être son descendant. Les erreurs de ce genre sont trop fréquentes dans la compilation de ce grammairien, pour qu'il soit permis de tirer de celle-ci la conclusion que la *Médée* de Néophron fut non pas le modèle, mais l'imitation de celle d'Euripide. Pour réfuter cette hypothèse, il suffit du témoignage explicite d'Aristote et de Dicéarque, et il est à peine nécessaire d'ajouter qu'on ne comprendrait pas que, dans un temps où la *Médée* d'Euripide était jouée sur tous les théâtres de la Grèce et adoptée par la nation, un poëte eût pu avoir la malencon-

---

[1]. Diog. Laert. II, 134. Voici l'article de Suidas : Νεόφρων ἢ Νεοφῶν Σικυώνιος, τραγικός, οὗ φασιν εἶναι τὴν Εὐριπίδου Μήδειαν· ὃς πρῶτος εἰσήγαγε παιδαγωγούς· καὶ οἰκετῶν βάσανον. Ἐδίδαξε δὲ τραγῳδίας ρκ'. Συνῆν δὲ μετὰ ταῦτα Ἀλεξάνδρῳ τῷ Μακεδόνι, καὶ διότι φίλος ἦν Καλλισθένει τῷ φιλοσόφῳ, σὺν ἐκείνῳ καὶ αὐτὸν ἀνεῖλεν αἰκισμοῖς. — Μετὰ ταῦτα est naïf.

treuse idée d'opposer aux vers immortels du grand tragique des vers pareils à ceux que nous allons citer[1].

Mais tout en ne pouvant supporter une comparaison écrasante, ces vers font le plus grand honneur à Néophron, si nous le prenons pour ce qu'il était en effet, le précurseur du plus tragique des poëtes de la Grèce. Néophron conçut d'abord l'idée de ce qui fait la beauté et, encore aujourd'hui, l'originalité de l'ouvrage d'Euripide. Il mit le premier sur la scène une mère qui tue ses enfants tout en les aimant avec tendresse, qui pleure le crime qu'une passion plus forte que cette tendresse lui fait commettre, une mère, enfin, qui est à la fois l'objet de notre horreur et de notre pitié. Les vers suivants prouvent qu'Euripide lui emprunta les traits les plus essentiels de sa tragédie :

> Εἶεν· τί δράσεις, θυμέ; Βούλευσαι καλῶς,
> πρὶν ἢ 'ξαμαρτεῖν καὶ τὰ προσφιλέστατα
> ἔχθιστα θέσθαι. Ποῖ ποτ' ἐξῇξας, τάλας;
> Κάτισχε λῆμα καὶ σθένος θεοστυγές.
> Καὶ πρὸς τί ταῦτ' ὀδύρομαι, ψυχὴν ἐμὴν
> ὁρῶσ' ἔρημον καὶ παρημελημένην
> πρὸς ὧν ἐχρῆν ἥκιστα; Μαλθακοὶ δὲ δὴ
> τοιαῦτα γιγνόμεσθα πάσχοντες κακά ;
> Οὐ μὴ προδώσεις, θυμέ, σαὐτὸν ἐν κακοῖς;
> Οἴμοι, δέδοκται · παῖδες, ἐκτὸς ὀμμάτων
> ἀπέλθετ'· ἤδη γάρ με φοινία μέγαν
> δέδυκε λύσσα θυμόν. Ὦ χέρες, χέρες,
> πρὸς οἷον ἔργον ἐξοπλιζόμεσθα · φεῦ,
> τάλαινα τόλμης, ἣ πολὺν πόνον βραχεῖ
> διαφθεροῦσα τὸν ἐμὸν ἔρχομαι χρόνῳ [2].

Voilà bien les sentiments qui agitent ce cœur passionné, qui le déchirent en luttant les uns contre les autres. Ils sont bien saisis, parfaitement indiqués, mais ils ne sont pas développés. C'est Euripide qui donna à ces contours la couleur, la vie, qui sut non-seulement se rendre compte d'une manière générale de ce que devait éprouver Médée, mais voir les nuances et la suite de tous ses sentiments, les ressentir en quelque sorte à son tour et se mettre si vivement à la

---

1. J'ai longuement réfuté cette hypothèse, parce que M. Patin, critique d'ailleurs si fin et si judicieux, s'en est fait le défenseur dans ses *Études sur les tragiques grecs*, III, p. 149 sqq., troisième édition. Il me semble qu'elle n'était pas trop justifiée même lorsque la leçon du passage de l'Argument grec de *Médée* pouvait sembler douteuse. Aujourd'hui que les manuscrits ont été soigneusement collationnés et le texte bien établi, on doit reconnaître, comme un fait constant, que Néophron précéda Euripide.

2. Ces vers ont été conservés par Stobée, *Florilegium*, XX, 34. Le troisième vers avant la fin est terminé par φεῦ, contrairement à l'usage des tragiques. Meineke propose ἐξοπλιζόμεσθ' ἄρα ou ἐξοπλιζόμεσθα δή, en mettant l'interjection en dehors du vers.

place de son héroïne qu'il put lui prêter le langage, l'accent de la nature elle-même.

Si Euripide trouva chez Néophron le germe des plus grandes beautés de sa tragédie, il lui emprunta aussi ce que l'on y trouve de plus faible, de plus sujet à la critique. L'intervention d'Égée est insuffisamment motivée, et ne semble pas bien nécessaire. Tout le monde en convient; et l'idée de mêler à l'action un personnage tout à fait épisodique ne peut s'expliquer que par le désir de rattacher la fable aux traditions attiques et de montrer une fois de plus qu'Athènes fut toujours l'asile des malheureux. Or Égée avait déjà son rôle dans la pièce de Néophron, et voici quelques-uns des vers qu'il y prononçait :

> Καὶ γάρ τιν' αὐτὸς ἤλυθον λύσιν μαθεῖν
> σοῦ · Πυθίαν γὰρ ὅσσαν, ἣν ἔχρησέ μοι
> Φοίβου πρόμαντις, συμβαλεῖν ἀμηχανῶ ·
> σοὶ δ' εἰς λόγους μολὼν ἄρ' ἤλπιζον μαθεῖν[1].

Chez Euripide, Égée passe par Corinthe pour se rendre à Trézène. Il rencontre Médée sans la chercher ; car ce n'est pas elle, mais Pitthée, qu'il veut consulter sur le sens de l'oracle qu'il a reçu[2]. Euripide a donc fait la part du hasard un peu plus grande encore. Au fond, la différence n'est pas considérable. Le poëte athénien tenait sans doute à respecter la tradition relative à la naissance de Thésée, le héros national de l'Attique[3].

Un troisième et dernier fragment nous apprend que la tragédie de Néophron se terminait, comme celle d'Euripide, par une scène de récriminations et d'imprécations échangées entre Jason et Médée. Celle-ci prédisait à son ancien époux qu'il finirait par le suicide.

> Τέλος φθερεῖ γὰρ αὐτὸς αἰσχίστῳ μόρῳ
> Βροχωτὸν ἀγχόνην ἐπισπάσας δέρῃ.
> Τοία σε μοῖρα σῶν κακῶν ἔργων μένει,
> δίδαξις ἄλλοις μυρίοις ἐφημέροις
> θεῶν ὕπερθε μήποτ' αἴρεσθαι βροτούς[4].

Je ne comprends pas bien le dernier vers. Qu'y a-t-il de commun entre Jason et ces mortels orgueilleux qui se croient supérieurs aux dieux ? S'il a trahi ses serments, il ne l'a pas fait par orgueil. Quoi

---

[1]. Nous devons ce fragment au scholiaste d'Euripide, v. 666. Valckenaer en corrigea le texte, altéré dans les manuscrits.
[2]. *Médée*, 682-687.
[3]. Voy. Apollodore, III, 15, 7; Plutarque, *Thésée*, ch. II.
[4]. Nous donnons, d'après la restitution d'Elmsley et de Hermann, ce fragment fort maltraité dans les manuscrits. Le scholiaste d'Euripide le cite à propos du vers 1387, en le faisant précéder de ces mots : Νεόφρων δὲ ξενικώτερον ἀγχόνῃ φησὶ τελευτῆσαι· τὴν γὰρ Μήδειαν παράγει πρὸς αὐτὸν εἰποῦσαν....

qu'il en soit, le poëte faisait sans doute sentir que l'homme qui abandonna les siens, abandonné et délaissé à son tour, mènera une triste vieillesse et sera poussé par le désespoir à se donner une mort ignominieuse. Euripide n'a pas précisé le genre de mort (le vers 1387 est interpolé), mais on trouve chez lui la même idée et la même leçon.

On voit par ce qui précède qu'Euripide, tout en ne conservant peut-être pas un seul vers de Néophron, en jetant dans la tragédie son style, sa puissance dramatique, le don qu'il possédait d'animer ses personnages et d'émouvoir le spectateur, suivit de très-près, et peut-être scène pour scène, le plan de son prédécesseur, l'économie et la conduite de sa pièce. Un autre fait nous confirme dans cette opinion. Dans la *Médée* d'Euripide, il n'y a jamais plus de deux interlocuteurs en scène, et il suffisait de deux acteurs pour jouer la pièce. Cependant les poëtes qui concouraient aux Dionysiaques d'Athènes disposaient depuis longtemps d'un troisième acteur, que Sophocle avait le premier obtenu, et qu'Eschyle avait utilisé dans ses dernières tragédies. En examinant le théâtre d'Euripide, on trouve que le *Cyclope* et *Alceste* ne demandaient non plus que deux acteurs. Mais le *Cyclope* est un drame satyrique, et *Alceste* tenait lieu d'un drame satyrique. Dans aucune de ses tragédies, Euripide ne s'est passé du troisième acteur, auquel il avait droit; et l'une de celles qui furent jouées avec *Médée*, le *Philoctète*, exigeait le concours de trois acteurs : on peut presque l'assurer avec certitude [1]. Si *Médée* seule fait exception à la règle, cela ne tiendrait-il pas à ce que Néophron avait composé sa pièce à l'époque de l'ancien règlement, et qu'Euripide en conserva toute l'économie? Si cette conjecture est fondée, on peut conjecturer que la première *Médée* fut représentée avant l'*Orestie* d'Eschyle, et qu'elle pouvait être d'à peu près trente ans plus ancienne que la *Médée* définitive.

Est-il besoin d'ajouter un mot au sujet d'une anecdote sans valeur? Il existait une légende suivant laquelle les Corinthiens auraient mis à mort les enfants de Médée, placés par leur mère sous la protection du temple de Junon Acræa. Tout le monde comprend pourquoi les poëtes tragiques préférèrent la version qui faisait tuer les enfants par la mère, et Euripide l'aurait sans doute choisie quand même Néophron ne lui en eût pas donné l'exemple. Néanmoins, certains grammairiens grecs [2]

---

1. Une ambassade troyenne y cherchait à gagner Philoctète. Ulysse la combattait en s'écriant : Αἰσχρὸν σιωπᾶν, βαρβάρους δ' ἐᾶν λέγειν. Ulysse, Philoctète et le chef de l'ambassade troyenne avaient donc des rôles dans cette scène.

2. Voy. Parménisque, chez le scholiaste de *Médée*, au vers 10 et au vers 273;

prétendent qu'Euripide en agit ainsi pour faire plaisir aux Corinthiens, et qu'il reçut cinq talents d'eux pour les décharger de ce crime légendaire. Disons que les Corinthiens s'en crurent si peu déchargés qu'ils continuèrent, jusqu'à la destruction de leur ville par Mummius, d'accomplir les rites expiatoires que l'oracle leur avait imposés[1]. Cette anecdote, qui n'a pas même le mérite d'être piquante, est l'une des nombreuses inventions dont des Grecs désœuvrés s'amusèrent à broder l'histoire, et particulièrement l'histoire littéraire de leur pays.

On a cherché à rapprocher de cette anecdote l'hypothèse d'une double édition de la *Médée* d'Euripide, la première jouée en 431 avant notre ère, comme l'atteste l'argument d'Aristophane de Byzance; la seconde, celle que nous possédons, revue depuis et corrigée par l'auteur. Cette hypothèse, qui ne repose d'ailleurs sur aucune donnée positive, sur aucune preuve solide[2], ne peut s'étayer d'une anecdote aussi futile que celle que nous venons de rappeler, et ceux qui supposent qu'Euripide avait d'abord suivi la légende corinthienne lui font composer une pièce qui mériterait à peine le nom de tragédie.

Élien, *Var. Hist.* V, 21. La légende corinthienne est mentionnée en passant par Apollodore, I, 9, 28, et racontée par Pausanias, II, 3, 6. Les deux versions de la fable donnèrent à Carcinus l'idée de faire intenter à Médée un procès capital qui se plaidait sur le théâtre. Dans la tragédie de ce poëte (voy. Aristote, *Rhetor.* II, 23), Médée était accusée d'avoir tué ses enfants. Car, disait-on, ils ont disparu, et Médée s'est servie d'eux pour accomplir un crime en les envoyant chez la princesse (tel doit être le sens des mots : ἥμαρτε γὰρ ἡ Μήδεια περὶ τὴν ἀποστολὴν τῶν παίδων). Elle répondait qu'elle aurait plutôt tué Jason et qu'elle eût été coupable de l'épargner si elle avait en effet tué ses enfants (ταῦτα γὰρ ἥμαρτεν ἂν μὴ ποιήσασ᾽, εἴπερ καὶ θάτερον ἐποίησεν).

1. Pausanias II, 3, 7.

2. S'il y avait eu deux éditions de la *Médée* d'Euripide, les scholiastes, qui nous rapportent tout ce qu'on disait de vrai et de faux au sujet de cette pièce, ne passeraient pas ce fait sous silence. Quant aux inductions qu'on a voulu tirer des vers 298, 1317, 1384 sqq., voyez nos observations sur ces vers. Il est vrai que le scholiaste d'Aristophane, *Acharniens*, v. 119, cite comme étant tirés de la *Médée* d'Euripide les mots : Ὦ θερμόβουλον σπλάγχνον, et que ces mots ne s'y lisent pas. C'est là, en définitive, le seul indice réel que puissent invoquer les défenseurs de la double édition. Mais il est trop isolé; et Elmsley a fait observer avec raison que ces mots pouvaient se trouver dans les *Péliades* ou dans l'*Égée* d'Euripide, tragédies dont Médée était également le personnage principal.

SOMMAIRE

DE LA *MÉDÉE* D'EURIPIDE.

L'action se passe à Corinthe, devant la maison de Jason.

Πρόλογος. Prologue proprement dit. La vieille nourrice de Médée raconte les malheurs de sa maîtresse et exprime la crainte que celle-ci ne médite quelque vengeance terrible. Trimètres iambiques (1-45).

Les enfants de Jason sont ramenés à la maison par l'esclave qui les garde. Cet esclave raconte à la nourrice qu'on dit que le roi se propose de bannir de Corinthe la mère et les enfants. Dialogue iambique entre ces deux personnages (46-95).

Πάροδος. Médée, dans le palais, pousse des cris de désespoir et de vengeance, auxquels se rattachent les réflexions de la nourrice, qui est sur la scène. Les anapestes prononcés par ces deux personnages précèdent et séparent les strophes chantées par le chœur (proode, strophe, antistrophe et épode) : ils accompagnent son entrée et ses évolutions dans l'orchestre. Les femmes de Corinthe, qui forment le chœur, prennent part à la douleur de Médée et demandent à la voir pour l'apaiser (96-212).

Ἐπεισόδιον α'. Médée intéresse le chœur à ses projets de vengeance en lui montrant que sa cause est la cause de toutes les femmes. Discours de Médée suivi d'un quatrain du chœur (213-270) [1].

Créon ordonne à Médée de quitter aussitôt le pays de Corinthe avec ses enfants (un couplet). Ni les raisonnements de Médée (quatre couplets échangés entre les deux interlocuteurs), ni ses prières (stichomythie) ne le fléchissent. Il finit cependant par leur accorder un jour de délai (deux couplets) (271-356).

Une période anapestique du chœur accompagne le départ du roi (357-363).

Médée précise ses projets de vengeance pour le cas où elle réussirait à s'assurer un lieu d'asile et pour celui où cela ne lui serait pas possible. Morceau adressé au chœur, mais qui tourne au monologue (364-408).

Στάσιμον α'. Les femmes peuvent à leur tour faire aux hommes le reproche de ruse et de perfidie : première couple de strophes. La trahison de Jason, le délaissement de Médée le prouvent : deuxième couple de strophes (410-445).

---

1. Tous les morceaux pour lesquels nous ne donnons pas d'autre indication sont en trimètres iambiques.

ΜΗΔΕΙΑ.

Ἐπεισόδιον β'. Jason reproche à Médée ses emportements et lui offre des secours (446-464). Médée accable le traître, Jason se défend : la chaleur de la passion opposée aux froids raisonnements de l'égoïsme : deux plaidoyers séparés par un distique du chœur (465-575).

Après un tristique du chœur, la querelle continue en petits couplets dont l'étendue décroît jusqu'au milieu de ce morceau, où l'on trouve une courte stichomythie, puis s'accroît de nouveau dans la seconde partie (576-626).

Στάσιμον β'. Il y a deux amours, l'un funeste, l'autre bienfaisant : première couple de strophes. Vivre loin de sa patrie est le plus grand des malheurs, le sort de Médée le prouve : deuxième couple de strophes (627-662).

Ἐπεισόδιον γ'. Égée arrive. Il échange avec Médée deux distiques et une longue suite de monostiques. Exposition du but de son voyage : première partie de la stichomythie (663-688). Exposition du triste état où Médée se trouve réduite : seconde partie de la stichomythie (689-708).

Médée conjure le roi d'Athènes de lui ouvrir un asile dans son pays; il le promet, et consent même à s'engager par un serment à ne pas livrer la fugitive : échange de quatre couplets, coupés par un monostique (709-745). Médée dicte le serment et Égée le répète : échange de distiques, monostiques et tristiques (746-758).

Le chœur fait des vœux pour Égée : ses anapestes accompagnent la sortie du roi (759-763).

Assurée d'une retraite, Médée mûrit son plan et arrête tous les détails de sa vengeance (764-810). Le chœur proteste en vain contre le meurtre des enfants : petit dialogue entre le coryphée et Médée (811-819). Elle fait appeler Jason (820-823).

Στάσιμον γ'. Éloge d'Athènes : première couple de strophes. Comment ce pays aimé des dieux pourra-t-il accueillir une femme souillée du sang de ses propres enfants? comment la main d'une mère pourra-t-elle accomplir une action si atroce? deuxième couple de strophes (824-865).

Ἐπεισόδιον δ'. Seconde scène entre Jason et Médée. Après un échange de deux tristiques, Médée feint de reconnaître ses torts et de s'incliner devant la haute sagesse de Jason. Elle appelle ensuite ses enfants, qui auront leur part de cette paix conclue entre les anciens époux. Après un distique du chœur, réponse de Jason également divisée en deux parties : il loue Médée et adresse des paroles affectueuses à ses enfants (856-921).

Dialogue rapide, amené par les larmes de Médée (922-931).

Médée veut que Jason demande la grâce des enfants. Elle remet entre leurs mains les présents qu'ils offriront à la fille de Créon, afin d'obtenir de rester à Corinthe. Elle répond aux objections de Jason et presse le départ des enfants. Trois couplets de Médée, séparés par un petit dialogue avec Jason et un petit couplet de ce dernier (932-975).

Στάσιμον δ'. Le chœur déplore le sort de la princesse : première couple de strophes; celui de Jason et de Médée : deuxième couple de strophes (976-1001).

Ἔξοδος. Le gouverneur ramène les enfants et annonce qu'ils ont obtenu leur grâce: un tristique. Dialogue entre lui et Médée, dans lequel deux monostiques et un distique alternent trois fois (1002-1020).

Médée dit adieu à ses enfants : lutte entre la tendresse de la mère et le ressentiment de la femme outragée (1021-1080).

Réflexions du chœur. On est plus heureux de ne pas avoir d'enfants que d'en avoir. Quatre périodes anapestiques (1081-1115).

Un messager arrive. Dialogue rapide entre Médée et lui. Récit de la mort de Glaucé et de Créon. Quelques vers du chœur (1116-1235).

Médée s'arme de courage et rentre pour tuer ses enfants (1236-1250).

Quatre strophes dochmiaques du chœur. Il demande au Soleil de sauver ces enfants qui descendent de ce dieu ; il apostrophe la mère dénaturée : première couple de strophes. La deuxième strophe, chantée pendant que le crime s'accomplit, est précédée et coupée par les trimètres iambiques des enfants, que l'on entend crier derrière la scène. La deuxième antistrophe, chantée après l'accomplissement du crime, est coupée par des trimètres prononcés par le chœur lui-même : l'action de Médée y est comparée à celle d'Ino (1251-1292).

Jason vient soustraire ses enfants à la vengeance de la famille de Créon (1293-1305). Le chœur lui fait connaître qu'ils ont été tués par leur mère : stichomythie précédée d'un distique et suivie d'un tristique (1306-1316).

Médée paraît dans les airs, sur un char traîné par des dragons ailés. Elle déclare que le Soleil, son aïeul, lui a procuré ce moyen de salut. Jason lui répond, la maudit, et déplore son propre sort (1317-1350). Dialogue stichomythique entre Jason et Médée, précédé et suivi d'un couplet décastique de cette dernière (1351-1388).

Longue période anapestique, composée de vers rapides échangés entre Jason et Médée et terminée par une protestation de Jason, que la meurtrière empêche d'embrasser et d'ensevelir les corps de ses enfants (1389-1414).

Conclusion. Petite période anapestique du chœur (1415-1419).

ΥΠΟΘΕΣΙΣ¹.

Ἰάσων εἰς Κόρινθον ἐλθὼν, ἐπαγόμενος καὶ Μήδειαν, ἐγγυᾶται καὶ τὴν Κρέοντος τοῦ Κορινθίων βασιλέως θυγατέρα Γλαύκην² πρὸς γάμον. Μέλλουσα δὲ ἡ Μήδεια φυγαδεύεσθαι ὑπὸ Κρέοντος ἐκ τῆς Κορίνθου, παραιτησαμένη πρὸς μίαν ἡμέραν μεῖναι καὶ τυχοῦσα, μισθὸν τῆς χάριτος³ δῶρα διὰ τῶν παίδων πέμπει τῇ Γλαύκῃ ἐσθῆτα καὶ χρυσοῦν στέφανον, οἷς ἐκείνη χρησαμένη διαφθείρεται· καὶ ὁ Κρέων δὲ περιπλακεὶς τῇ θυγατρὶ ἀπώλετο. Μήδεια δὲ τοὺς ἑαυτῆς παῖδας ἀποκτείνασα ἐπὶ ἅρματος δρακόντων πτερωτῶν, ὃ παρ᾽ Ἡλίου ἔλαβεν, ἔποχος γενομένη ἀποδιδράσκει εἰς Ἀθήνας, κἀκεῖ Αἰγεῖ τῷ Πανδίονος γαμεῖται.

Φερεκύδης δὲ καὶ Σιμωνίδης⁴ φασὶν ὡς ἡ Μήδεια ἀνεψήσασα τὸν Ἰάσονα νέον ποιήσειε. Περὶ δὲ τοῦ πατρὸς αὐτοῦ Αἴσονος ὁ τοὺς Νόστους⁵ ποιήσας φησὶν οὕτως·

Αὐτίκα δ᾽ Αἴσονα θῆκε φίλον κόρον ἡβώοντα,
γῆρας ἀποξύσασα ἰδυίῃσι πραπίδεσσιν,
φάρμακα πόλλ᾽ ἕψουσ᾽ ἐπὶ χρυσείοισι λέβησιν.

1. Un manuscrit attribue à Dicéarque cet argument, ainsi que le premier argument d'*Alceste*. Il est évident que le troisième alinéa, où le grammairien Timachidas et Dicéarque lui-même sont cités, ne saurait être de lui. Toutefois, ce disciple d'Aristote écrivit certainement des Arguments des pièces d'Euripide et de Sophocle, fait attesté par Sextus Empiricus (Πρὸς μαθηματικούς, III, 3); et les citations qu'on trouve dans l'argument du *Rhésus* et dans ceux de l'*Ajax* et de l'*OEdipe Roi* de Sophocle sont, sans aucun doute, tirées de cet ouvrage.

2. Sénèque et d'autres l'appellent Créuse. Dans la pièce d'Euripide, le nom de la princesse n'est pas prononcé. Les deux arguments et les scholies l'appellent constamment Glaucé.

3. Ceci est inexact. Médée envoie des présents à la princesse sous prétexte d'obtenir que ses enfants puissent rester à Corinthe.

4. Il faut entendre Phérécyde de Léros ou d'Athènes, un de ces historiens ou chroniqueurs antérieurs à Thucydide, que tout le monde appelle aujourd'hui les logographes, sans autre raison qu'une erreur de Creuzer. Il est vrai que Thucydide se sert, en parlant d'eux (I, 21), du mot λογογράφος. Mais ce mot, qu'il oppose à ποιητής, a chez lui le sens de prosateur; et il eût été bien étonné d'apprendre qu'un jour les barbares du pays des Celtes lui feraient l'honneur de déclarer qu'il était autre chose qu'un λογογράφος. — Simonide est le fameux poëte lyrique, rival de Pindare.

5. On sait que les *Nostes*, épopée attribuée à Agias de Trézène, avaient pour sujet

ΜΗΔΕΙΑ.

Αἰσχύλος δ' ἐν ταῖς Διονύσου τροφοῖς ἱστορεῖ, ὅτι καὶ τὰς Διονύσου τροφοὺς μετὰ τῶν ἀνδρῶν αὐτῶν ἀνεψήσασα ἐνεοποίησε. Στάφυλος[1] δὲ φησι τὸν Ἰάσονα τρόπον τινὰ ὑπὸ τῆς Μηδείας ἀναιρεθῆναι· ἐγκελεύσασθαι γὰρ αὐτὴν οὕτως ὑπὸ τῇ πρύμνῃ τῆς Ἀργοῦς κατακοιμηθῆναι, μελλούσης τῆς νεὼς διαλύεσθαι ὑπὸ τοῦ χρόνου· ἐπιπεσούσης γοῦν τῆς πρύμνης τῷ Ἰάσονι, τελευτῆσαι αὐτόν[2].

Τὸ δρᾶμα δοκεῖ ὑποβαλέσθαι παρὰ Νεόφρονος διασκευάσας[3] ὡς Δικαίαρχος ἐν τῷ περὶ Ἑλλάδος βίου[4] καὶ Ἀριστοτέλης ἐν ὑπομνήμασι. Μέμφονται δὲ αὐτῷ[5] τὸ μὴ πεφυλακέναι τὴν ὑπόκρισιν τῇ Μηδείᾳ, ἀλλὰ προπεσεῖν εἰς δάκρυα, ὅτε ἐπεβούλευσεν Ἰάσονι καὶ τῇ γυναικί. Ἐπαινεῖται δὲ ἡ εἰσβολὴ διὰ τὸ παθητικῶς ἄγαν ἔχειν καὶ ἡ ἐπεξεργασία « μηδ' ἐν νάπαισι » καὶ τὰ ἑξῆς. Ὅπερ ἀγνοήσας Τιμαχίδας[6] τῷ ὑστέρῳ φησὶ πρώτῳ κεχρῆσθαι, ὡς Ὅμηρος[7]·

Εἵματά τ' ἀμφιέσασα θυώδεα καὶ λούσασα.

ΑΡΙΣΤΟΦΑΝΟΥΣ ΓΡΑΜΜΑΤΙΚΟΥ ΥΠΟΘΕΣΙΣ.

Μήδεια διὰ τὴν πρὸς Ἰάσονα ἔχθραν, τῷ ἐκεῖνον γεγαμηκέναι τὴν Κρέοντος θυγατέρα, ἀπέκτεινε μὲν Γλαύκην καὶ Κρέοντα καὶ τοὺς ἰδίους υἱούς, ἐχωρίσθη δ' Ἰάσονος Αἰγεῖ συνοικήσουσα. Παρ' οὐδετέρῳ[8] κεῖται ἡ μυθοποιία.

Ἡ μὲν σκηνὴ τοῦ δράματος ὑπόκειται ἐν Κορίνθῳ, ὁ δὲ χορὸς συν-

---

le retour des héros de Troie, sauf celui d'Ulysse, et complétaient ainsi en quelque sorte l'*Odyssée*.

1. Le nom de Staphylus se trouve plusieurs fois cité en compagnie d'écrivains antérieurs à Alexandre. S'il était sûr que cette notice vînt de Dicéarque, l'époque de Staphylus se trouverait fixée. Ses fragments ont été recueillis par C. Muller, *Fragmenta historicorum Græcorum*, IV, p. 505 sqq.

2. Le sens primitif de cette fable est expliqué dans notre observation critique sur le vers 1387 de *Médée*.

3. Quelques manuscrits ont πανατόφρονος ou πάνυ εὐφρόνως (Brunck γενναιοφρόνως), un seul διασκευάσεως. Nous mentionnons ces erreurs parce qu'on s'en était autrefois servi fort gratuitement pour corriger ce passage de manière à faire de Néophron l'imitateur d'Euripide. Voy. l'Introduction.

4. Cet ouvrage de Dicéarque, dont C. Muller a discuté le plan et recueilli les fragments, *l. c.* II, p. 228 sqq., présentait l'histoire des mœurs de la Grèce en suivant l'ordre des temps. On voit que les lettres n'y étaient pas oubliées. Le *De Vita populi romani* de Varron était conçu d'après le même plan.

5. Cette critique peu judicieuse est reproduite par un scholiaste, au vers 924, où nous l'avons relevée.

6. Athénée cite les Γλῶσσαι et le Δεῖπνον de Timachidas de Rhodes. L'observation rapportée ici pouvait se trouver dans ce dernier ouvrage, qui ressemblait sans doute à celui d'Athénée lui-même. Voy. d'ailleurs, ci-dessous, la note sur les premiers vers de la tragédie.

7. *Odyssée*, V, 264.

8. Παρ' οὐδετέρῳ, ni chez Eschyle, ni chez Sophocle. Ceci ne contredit pas le fait que Sophocle mit sur la scène d'autres parties de la fable de Médée.

ἕστηκεν ἐκ γυναικῶν πολιτίδων. Προλογίζει δὲ τροφὸς Μηδείας. Ἐδιδάχθη ἐπὶ Πυθοδώρου ἄρχοντος ὀλυμπιάδος πζʹ ἔτει αʹ¹. Πρῶτος Εὐφορίων², δεύτερος Σοφοκλῆς, τρίτος Εὐριπίδης Μηδείᾳ, Φιλοκτήτῃ, Δίκτυι, Θερισταῖς σατύροις. Οὐ σώζεται³.

1. Cette tragédie fut donc jouée au commencement de l'année mémorable qui vit éclater la guerre du Péloponèse, 431 ans avant notre ère.

2. Euphorion était fils d'Eschyle, et il est possible qu'il ait remporté ce prix avec des tragédies de son père. D'après Suidas, il obtint quatre fois des couronnes pour des drames non encore joués d'Eschyle.

3. Les mots οὐ σώζεται se rapportent au drame satyrique. Les *Moissonneurs* ne se trouvaient pas à la bibliothèque d'Alexandrie. Plus d'un drame satyrique s'est perdu de bonne heure.

ΤΑ ΤΟΥ ΔΡΑΜΑΤΟΣ ΠΡΟΣΩΠΑ.

ΤΡΟΦΟΣ.	ΠΑΙΔΑΓΩΓΟΣ.
ΜΗΔΕΙΑ.	ΧΟΡΟΣ ΓΥΝΑΙΚΩΝ.
ΚΡΕΩΝ.	ΙΑΣΩΝ.
ΑΙΓΕΥΣ.	ΑΓΓΕΛΟΣ.
ΠΑΙΔΕΣ ΜΗΔΕΙΑΣ.	

ΜΗΔΕΙΑ.

ΤΡΟΦΟΣ.

Εἴθ' ὤφελ' Ἀργοῦς μὴ διαπτάσθαι σκάφος
Κόλχων ἐς αἶαν κυανέας Συμπληγάδας,
μηδ' ἐν νάπαισι Πηλίου πεσεῖν ποτε
τμηθεῖσα πεύκη, μηδ' ἐρετμῶσαι χέρας
ἀνδρῶν ἀριστέων οἳ τὸ πάγχρυσον δέρος   5
Πελίᾳ μετῆλθον. Οὐ γὰρ ἂν δέσποιν' ἐμὴ

NC. (notes critiques). 5. Ἀριστέων, pour ἀρίστων, correction de Wakefield. — δέρος, ancienne leçon attestée par Eustathe, in *Iliad.*, page 600, et conservée dans un manuscrit de second ordre, a été rétabli par Porson, à la place de la vulgate δέρας.

1-6. Déjà dans l'antiquité on reprochait à Euripide de parler d'abord de l'arrivée du navire Argo dans la Colchide, et ensuite seulement de la construction et du départ de ce navire. Le scholiaste a fait justice de cette critique peu intelligente (voir la fin du premier argument). L'ordre suivant lequel les idées se présentent à notre esprit n'est pas toujours conforme à l'ordre des faits, mais il n'en est pas moins naturel, et c'est celui que le poëte dramatique doit saisir et reproduire. Euripide l'a compris; son traducteur, Ennius, l'a méconnu. En croyant corriger son modèle, il en a effacé l'exquise vérité. Voici les vers latins (*Rhétorique à Hérennius*, II, II, 39) d'après Ribbeck : « Utinam ne in nemore Pelio « securibus Cæsa cecidisset abiegna ad « terram trabes, Neve inde navis inchoandæ « exordium Cœpisset, quæ nunc nominatur « nomine Argo, quia Argivi in ea delecti « viri Vecti petebant pellem inauratam « arietis Colchis, imperio regis Peliæ, per « dolum. » Phèdre, *Fables* IV, VII, 6 sq., fait allusion à l'imitation latine, et non à l'original grec. Cp. d'ailleurs *Hélène*, 229 sqq., où Euripide s'est imité lui-même. — Les Symplégades ou Cyanées, qui, d'après la légende, fermaient autrefois le Pont-Euxin, sont le pendant des Roches errantes, Πλαγκταί, qu'Homère place dans la mer d'Occident. Voyez *Odyssée*, XII, 61. — Le mont Pélion borde la Thessalie du côté de la mer. Il avait fourni aux Argonautes le bois de construction, et les poëmes épiques s'arrêtaient sur ce détail, parce que l'*Argo* passait pour le premier navire que l'on eût construit. Catulle dit encore : « Peliaco quondam prognatæ ver- « tice pinus Dicuntur liquidas Neptuni « nasse per undas Phasidos ad fluctus et « fines Æetæos. » (LXIV, 1 sqq.) — Ἐρετμῶσαι χέρας ἀριστέων, armer de rames les mains des héros. Le sujet de cet infinitif est πεύκη, qui équivaut à Ἀργοῦς σκάφος. Ἐρετμῶσαι, différent de ἐρέσαι, est expliqué par Hésychius κώπαις ἁρμόσαι. — Οἳ.... μετῆλθον, qui allèrent chercher la toison d'or pour Pélias (roi d'Iolcos).

ΜΗΔΕΙΑ.

Μήδεια πύργους γῆς ἔπλευσ' Ἰωλκίας
ἔρωτι θυμὸν ἐκπλαγεῖσ' Ἰάσονος,
οὐδ' ἂν κτανεῖν πείσασα Πελιάδας κόρας
πατέρα κατῴκει τήνδε γῆν Κορινθίαν   10
ξὺν ἀνδρὶ καὶ τέκνοισιν, ἁνδάνουσα μὲν
φυγῇ πολιτῶν ὧν ἀφίκετο χθόνα,
αὐτή τε πάντα ξυμφέρουσ' Ἰάσονι,
ἥπερ μεγίστη γίγνεται σωτηρία,
ὅταν γυνὴ πρὸς ἄνδρα μὴ διχοστατῇ·   15
νῦν δ' ἐχθρὰ πάντα, καὶ νοσεῖ τὰ φίλτατα.
Προδοὺς γὰρ αὑτοῦ τέκνα δεσπότιν τ' ἐμὴν
γάμοις Ἰάσων βασιλικοῖς εὐνάζεται,

NC. 11. Les nombreuses conjectures qu'on a faites pour rendre la construction de cette phrase plus aisée, ne sont pas seulement inutiles, mais encore inadmissibles. Nous n'exceptons pas celle de Nauck qui, après avoir très-bien réfuté les autres, propose de lire λανθάνουσα pour ἁνδάνουσα, mot que l'antithèse νῦν δ' ἐχθρὰ πάντα défend contre tout soupçon.

8. Ἐκπλαγεῖσ[α], *attonita*. Cp. 639; *Hipp*. 38; *Hélène*, 1417. Ennius dit énergiquement : « Medea animo ægra, amore sævo saucia. »

9-16. Médée se vit forcée de quitter Iolcos, la patrie de Jason, après avoir fait mourir Pélias, l'ennemi de son époux, par les mains de ses propres filles, qui croyaient le rajeunir au moyen de procédés magiques. Euripide avait traité ce sujet dans sa tragédie des *Péliades*, qui était son début au théâtre. — L'établissement à Corinthe est un nouveau malheur pour Médée. Le vers 16 ne doit donc pas être séparé de l'ensemble de cette période, dont le sens général est, que Médée, après avoir été d'abord bien vue du roi et du peuple de Corinthe, et avoir vécu dans un parfait accord (πάντα συμφέρουσα) avec Jason, a maintenant tout le monde pour ennemi et se trouve délaissée par son époux même (νοσεῖ τὰ φίλτατα). — Ἁνδάνουσα.... χθόνα. Construisez : Ἁνδάνουσα μὲν πολίταις, ὧν χθόνα ἀφίκετο φυγῇ. Le génitif πολιτῶν s'accorde avec ὧν, par une attraction qui paraîtrait plus naturelle et plus conforme à l'usage, si ἁνδάνουσα, qui régit le datif, n'arrivait qu'à la fin de de la phrase. On trouve une construction analogue chez Sophocle, *Trachin*., 150 sq.; le verbe εἰσίδοιτο y précède κακοῖσιν (pour κακά) οἷς ἐγὼ βαρύνομαι : mais je n'en vois pas d'autre exemple. Pourquoi donc Euripide n'a-t-il pas écrit πολίταις? pourquoi a-t-il ajouté πολιτῶν, mot qui semble inutile? L'idée de l'exil de Médée appelait celle des indigènes, citoyens du pays : l'antithèse est la même que dans cette phrase de Sophocle (*Œdip. Col*. 12) : Μανθάνειν γὰρ ἥκομεν ξένοι πρὸς ἀστῶν. Mais comme φυγῇ fait partie de la phrase incidente, πολῖται, qui ne devait venir qu'après, ne pouvait plus se construire avec ἁνδάνουσα, sous peine d'une confusion inextricable, mais devait entrer aussi dans la phrase incidente, c'est-à-dire subir la loi de l'attraction. Espérons que cette explication mettra la leçon des manuscrits à l'abri de nouvelles conjectures. — Les vers 13 et 14 forment une espèce de parenthèse (ἥπερ.... et c'est là....). La pensée qu'ils renferment avait été exprimée dans ces vers charmants de l'*Odyssée*, VI, 182 sqq. : Οὐ μὲν γὰρ τοῦγε κρεῖσσον καὶ ἄρειον, Ἢ ὅθ' ὁμοφρονέοντε νοήμασιν οἶκον ἔχητον Ἀνὴρ ἠδὲ γυνή· πόλλ' ἄλγεα δυσμενέεσσιν, Χάρματα δ' εὐμενέτῃσι· μάλιστα δέ τ' ἔκλυον αὐτοί.

ΜΗΔΕΙΑ.

γήμας Κρέοντος παῖδ᾽, ὃς αἰσυμνᾷ χθονός·
Μήδεια δ᾽ ἡ δύστηνος ἠτιμασμένη 20
βοᾷ μὲν ὅρκους, ἀνακαλεῖ δὲ δεξιᾶς
πίστιν μεγίστην, καὶ θεοὺς μαρτύρεται
οἵας ἀμοιβῆς ἐξ Ἰάσονος κυρεῖ.
Κεῖται δ᾽ ἄσιτος, σῶμ᾽ ὑφεῖσ᾽ ἀλγηδόσιν,
τὸν πάντα συντήκουσα δακρύοις χρόνον, 25
ἐπεὶ πρὸς ἀνδρὸς ᾔσθετ᾽ ἠδικημένη,
οὔτ᾽ ὄμμ᾽ ἐπαίρουσ᾽ οὔτ᾽ ἀπαλλάσσουσα γῆς
πρόσωπον· ὡς δὲ πέτρος ἢ θαλάσσιος
κλύδων ἀκούει νουθετουμένη φίλων·
ἢν μή ποτε στρέψασα πάλλευκον δέρην 30
αὐτὴ πρὸς αὑτὴν πατέρ᾽ ἀποιμώζῃ φίλον
καὶ γαῖαν οἴκους θ᾽, οὓς προδοῦσ᾽ ἀφίκετο
μετ᾽ ἀνδρὸς ὅς σφε νῦν ἀτιμάσας ἔχει.
Ἔγνωκε δ᾽ ἡ τάλαινα συμφορᾶς ὕπο
οἷον πατρῴας μὴ ἀπολείπεσθαι χθονός. 35
Στυγεῖ δὲ παῖδας οὐδ᾽ ὁρῶσ᾽ εὐφραίνεται.
Δέδοικα δ᾽ αὐτὴν μή τι βουλεύσῃ νέον·
βαρεῖα γὰρ φρὴν, οὐδ᾽ ἀνέξεται κακῶς
πάσχουσ᾽· ἐγᾦδα τήνδε, δειμαίνω τέ νιν.

NC. 21. Variante : δεξιάς.

19. Le mot αἰσυμνήτης, dont Homère se sert (*Odyssée*, VIII, 258) pour désigner les juges des combats dans les jeux publics, était le nom qu'on donnait à certains magistrats de Cumes et aussi à des dictateurs, comme Pittacus de Lesbos. Euripide dit αἰσυμνᾷ dans le sens général de ἄρχει, de même que βραβεύς, ταγός, πρύτανις, ταμίας, sont poétiquement employés pour βασιλεύς.

21-22. On cite Soph. *Phil.* 813 : Ἔμβαλλε χειρὸς πίστιν. *OEd. Col.* 1632 : Χερὸς σῆς πίστιν. L'antique sainteté de l'union des mains est attestée par l'homérique δεξιαί, ᾗς ἐπέπιθμεν. De là ces *dextrœ* en métal qu'on voit dans nos musées et qui étaient le symbole d'une alliance conclue.

25-26. Συντήκουσα χρόνον est dit comme τάκει βίοτάν, v. 141. Nous trouvons plus naturel le trope inverse : Ἐμὲ δὲ συντήξουσι νύκτες ἡμέραι τε δακρύοις, *Iphig. Aul.* 398. — Ἐπεί, depuis que. — Ἤισθετ᾽ ἠδικημένη. Voy. *Hipp.* 435.

28-29. Cp. *Hipp.* 305. *Androm.* 537 : Τί με προσπίτνεις ἁλίαν πέτραν Ἢ κῦμα λιταῖς ὡς ἱκετεύων; Sénèque, *Hipp.* 581 : « Ut dura cautes undique intractabilis « Resistit undis et lacessentes aquas Longe « remittit, verba sic spernit mea. »

30. Ces vers sont mis en action 800 sqq.

33. Ἀτιμάσας ἔχει. Voy. *Hipp.* 932.

37-39. On devine sans peine ce que la nourrice ne veut pas dire plus clairement. Elle craint que Médée ne se venge sur ses enfants de l'infidélité de Jason.. Lève rs 36, qui précède immédiatement, l'indique assez;

ΜΗΔΕΙΑ.

[μὴ θηκτὸν ὤσῃ φάσγανον δι' ἥπατος,   40
σιγῇ δόμους εἰσβᾶσ', ἵν' ἔστρωται λέχος,
ἢ καὶ τύραννον τόν τε γήμαντα κτάνῃ
κἄπειτα μείζω συμφορὰν λάβῃ τινά.]
Δεινὴ γάρ· οὔτοι ῥᾳδίως γε συμβαλὼν
ἔχθραν τις αὐτῇ καλλίνικον οἴσεται. —   45
Ἀλλ' οἵδε παῖδες ἐκ τρόχων πεπαυμένοι
στείχουσι, μητρὸς οὐδὲν ἐννοούμενοι
κακῶν· νέα γὰρ φροντὶς οὐκ ἀλγεῖν φιλεῖ.

ΠΑΙΔΑΓΩΓΟΣ.

Παλαιὸν οἴκων κτῆμα δεσποίνης ἐμῆς,
τί πρὸς πύλαισι τήνδ' ἄγουσ' ἐρημίαν   50
ἕστηκας, αὐτὴ θρεομένη σαυτῇ κακά;
Πῶς σοῦ μόνη Μήδεια λείπεσθαι θέλει;

ΤΡΟΦΟΣ.

Τέκνων ὀπαδὲ πρέσβυ τῶν Ἰάσονος,
χρηστοῖσι δούλοις ξυμφορὰ τὰ δεσποτῶν
κακῶς πίτνοντα καὶ φρενῶν ἀνθάπτεται.   55
Ἐγὼ γὰρ εἰς τοῦτ' ἐκβέβηκ' ἀλγηδόνος,
ὥσθ' ἵμερός μ' ὑπῆλθε γῇ τε κοὐρανῷ

NC. 40-43. Les deux premiers de ces vers reviennent 379 et suivants, où ils sont à leur place, tandis qu'ici on ne voit pas même quel est le sein menacé du fer de Médée. Celui qui ajouta les deux autres, mit évidemment τύραννον pour τὴν τύραννιν, la princesse, ce que le lecteur ne peut deviner, et ne s'aperçut pas que le vers 43 ne s'accordait pas avec les deux suivants. Musgrave avait condamné 44; Nauck vit que les quatre vers ont été interpolés pour préciser δειμαίνω τέ νιν, qui reste mieux dans le vague. Il suffisait d'avoir dit plus haut μή τι βουλεύσῃ νέον. Voy. les notes explicatives. — 45. Beaucoup d'éditeurs écrivent καλλίνικον ᾄσεται (conjecture de Muret), en sous-entendant ᾠδήν.

et 90 sqq. ne laissent aucun doute sur les appréhensions de la nourrice. C'est là l'événement tragique. Le poète le prépare dès le début de la pièce, et l'on voit combien les vers interpolés sont contraires à son intention.

45. Καλλίνικον, sous-entendez στέφανον (schol.). Cp. *Iph. Taur.* 12 : Τὸν καλλίνικον στέφανον Ἰλίου θέλων Λαβεῖν.

46-48. Τρόχων équivaut à δρόμων (schol.). Τροχῶν, que certain grammairien grec semble avoir voulu lire ici, désignerait des cerceaux. — Φιλεῖ, *solet*.

49-52. Voici comment Ennius traduisit les deux ou trois premiers de ces vers : « Antiqua herilis fida custos corporis, Quid sic te extra aedis exanimata eliminas? » — Le quatrième vers rappelle : Πῶς ἂν ἔπειτ' ἀπὸ σεῖο, φίλον τέκος, αὖθι λιποίμην Οἶος; Hom. *Il.* IX, 437.

55. Πίτνοντα équivaut à ἀποβαίνοντα (schol.). Voy. *Hipp.* 44 et la note.

ΜΗΔΕΙΑ. 115

λέξαι μολούση δεῦρο δεσποίνης τύχας.
ΠΑΙΔΑΓΩΓΟΣ.
Οὔπω γὰρ ἡ τάλαινα παύεται γόων;
ΤΡΟΦΟΣ.
Ζηλῶ σ'· ἐν ἀρχῇ πῆμα κοὐδέπω μεσοῖ.   60
ΠΑΙΔΑΓΩΓΟΣ.
Ὦ μῶρος, εἰ χρὴ δεσπότας εἰπεῖν τόδε·
ὡς οὐδὲν οἶδε τῶν νεωτέρων κακῶν.
ΤΡΟΦΟΣ.
Τί δ' ἔστιν, ὦ γεραιέ; μὴ φθόνει φράσαι.
ΠΑΙΔΑΓΩΓΟΣ.
Οὐδέν· μετέγνων καὶ τὰ πρόσθ' εἰρημένα.
ΤΡΟΦΟΣ.
Μή, πρὸς γενείου, κρύπτε σύνδουλον σέθεν·   65
σιγὴν γάρ, εἰ χρή, τῶνδε θήσομαι πέρι.
ΠΑΙΔΑΓΩΓΟΣ.
Ἤκουσά του λέγοντος οὐ δοκῶν κλύειν,
πεσσοὺς προσελθών, ἔνθα δὴ παλαίτεροι
θάσσουσι, σεμνὸν ἀμφὶ Πειρήνης ὕδωρ,
ὡς τούσδε παῖδας γῆς ἐλᾶν Κορινθίας   70
σὺν μητρὶ μέλλοι τῆσδε κοίρανος χθονὸς

NC. 58. Variante : Μηδείας τύχας. Cette glose semble s'être déjà trouvée dans le texte dont se servit Ennius. — 68. Παλαίτεροι, leçon du *Christus patiens* 1178, est avec raison préférée à παλαίτατοι par Pearson et d'autres.

58. La grammaire demande μολοῦσαν. Mais les Grecs, qui écrivaient fort bien sans avoir appris la grammaire, trouvaient sans doute le datif plus naturel. En effet, la nourrice avait le désir, le désir était à elle, ἵμερός μοι ἦν. Cp. *Iph. Aul.* 491 : Ἄλλως τέ μ' ἔλεος.... εἰσῆλθε, συγγένειαν ἐννοουμένῳ. — Ennius chez Cicéron, *Tusc.* III, XXVI, 63 : «Cupido cepit miseram « nunc me, proloqui Cælo atque terræ « Medeaï miserias. »
60. Ζηλῶ σε, heureux homme ! La nourrice donne à entendre qu'il faut être naïf pour s'imaginer qu'une femme, et une femme comme Médée, se consolerait si vite d'une telle injure. Les Grecs disaient avec la même ironie : Εὐδαίμων εἶ (Platon, *Rép.* IV, p. 422 E), μακάριος εἶ (schol.).
67-68. Οὐ δοκῶν κλύειν, feignant de ne pas entendre, comme μὴ δοκεῖν ὁρᾶν, *Hipp.* 468. — Πεσσούς. Les prétendants de Pénélope s'amusent déjà à ce jeu (*Odyssée*, I, 107), que l'on considérait dans la plupart des villes grecques comme un délassement permis aux vieillards. Ici πεσσοί désigne le lieu où l'on avait l'habitude d'y jouer, par une brachylogie familière aux Athéniens, qui appelaient ὄψον, μύρον, οἶνος l'endroit où l'on vendait du poisson, des parfumeries, du vin.

Κρέων. Ὁ μέντοι μῦθος εἰ σαφὴς ὅδε
οὐκ οἶδα· βουλοίμην δ' ἂν οὐκ εἶναι τάδε.

ΤΡΟΦΟΣ.
Καὶ ταῦτ' Ἰάσων παῖδας ἐξανέξεται
πάσχοντας, εἰ καὶ μητρὶ διαφορὰν ἔχει; 75

ΠΑΙΔΑΓΩΓΟΣ.
Παλαιὰ καινῶν λείπεται κηδευμάτων,
κοὐκ ἔστ' ἐκεῖνος τοῖσδε δώμασιν φίλος.

ΤΡΟΦΟΣ.
Ἀπωλόμεσθ' ἄρ', εἰ κακὸν προσοίσομεν
νέον παλαιῷ, πρὶν τόδ' ἐξηντληκέναι.

ΠΑΙΔΑΓΩΓΟΣ.
Ἀτὰρ σύ γ', οὐ γὰρ καιρὸς εἰδέναι τάδε   80
δέσποιναν, ἡσύχαζε καὶ σίγα λόγον.

ΤΡΟΦΟΣ.
Ὦ τέκν', ἀκούεθ' οἷος εἰς ὑμᾶς πατήρ;
Ὄλοιτο μὲν μή· δεσπότης γάρ ἐστ' ἐμός·
ἀτὰρ κακός γ' ὢν εἰς φίλους ἁλίσκεται.

ΠΑΙΔΑΓΩΓΟΣ.
Τίς δ' οὐχὶ θνητῶν; ἄρτι γιγνώσκεις τόδε,   85
ὡς πᾶς τις αὑτὸν τοῦ πέλας μᾶλλον φιλεῖ,
[οἱ μὲν δικαίως, οἱ δὲ καὶ κέρδους χάριν,]

NC. 73 et 80. Variante: τόδε. — 87. Le scholiaste déclare ce vers περισσός. Brunck pensa avec raison que, tout en étant peut-être d'Euripide, il dut être noté en marge par quelque lecteur et plus tard admis dans le texte par erreur. L'interpolation se trahit assez. Elle détruit la malice de l'observation en introduisant l'égoïsme légitime dont il ne peut être question ici. Elle fait dire au poète que l'égoïsme est la suite de vues intéressées, tandis qu'il en est la cause.

75-76. Εἰ καί, *etsi*, s'explique par le sens négatif de l'interrogation. — Λείπεται équivaut à ἡττᾶται, ἐλαττοῦται (schol.).

78-79. La métaphore est tirée d'un navire où il entre des eaux nouvelles avant que les premières aient été vidées (Jacobs). — Προσφέρειν veut dire : ajouter, et non pas : recevoir en sus. On ne peut donc l'entendre que de la nouvelle apportée par la nourrice à sa maîtresse; et la réponse du gouverneur semble confirmer cette explication.

85-88. La phrase εἰ τούσδε.... (v. 88) se rattache à ἄρτι, dont elle est en quelque sorte le développement. L'esclave dit: «Que tout homme s'aime plus que son prochain, le reconnais-tu seulement depuis aujourd'hui, parce que Jason n'a plus d'affection pour ses enfants afin de plaire à sa femme?» — Comme εἰ a ici le sens de ὅτε ou de ὅτι, il est suivi de la négation οὐ (Kruger, *Gramm. grecque*, I, 67, 4, 4). — Le vers 86 semble être devenu proverbial. On lit chez Térence-Ménandre, *Andr.* II,

ΜΗΔΕΙΑ. 117

εἰ τούσδε γ' εὐνῆς οὕνεκ' οὐ στέργει πατήρ;
ΤΡΟΦΟΣ.
Ἴτ', εὖ γὰρ ἔσται, δωμάτων ἔσω, τέκνα.
Σὺ δ' ὡς μάλιστα τούσδ' ἐρημώσας ἔχε   90
καὶ μὴ πέλαζε μητρὶ δυσθυμουμένῃ.
Ἤδη γὰρ εἶδον ὄμμα νιν ταυρουμένην
τοῖσδ' ὥς τι δρασείουσαν· οὐδὲ παύσεται
χόλου, σάφ' οἶδα, πρὶν κατασκῆψαί τινα.
Ἐχθρούς γε μέντοι, μὴ φίλους, δράσειέ τι.   95
ΜΗΔΕΙΑ.
Ἰώ,
δύστανος ἐγὼ μελέα τε πόνων
ἰώ μοί μοι, πῶς ἂν ὀλοίμαν
ΤΡΟΦΟΣ.
Τόδ' ἐκεῖνο, φίλοι παῖδες· μήτηρ
κινεῖ κραδίαν, κινεῖ δὲ χόλον.
Σπεύδετε θᾶσσον δώματος εἴσω   100

NC. 94. Κατασκῆψαί τινι, proposé par Elmsley, serait plus conforme à l'usage.

v, 15 : « Verum illud verbum est, vulgo « quod dici solet, Omnes sibi malle melius « esse quam alteri. »

90. Τούσδ' ἐρημώσας ἔχε, tiens ces enfants à part. Le sens du verbe ἔχειν est plus marqué ici qu'au vers 33.

92-94. Ὄμμα ταυρουμένην est expliqué par le schol. ἀγριουμένην καὶ διὰ τοῦ βλέμματος τὸ ὀργίλον ἐπιδεικνῦσαν. Les vers 187 sq. montrent qu'on ne songeait plus guère au sens étymologique de ce verbe. — Πρὶν κατασκῆψαί τινα, avant que sa colère tombe sur quelqu'un, comme la foudre, σκηπτός. Le régime direct, au lieu de εἴς τινα ou τινί, est insolite : on cherche à le justifier par αὐτοὺς ἂν ἐμπέσοι ζῆλος, Sophocle, OEd. Col. 942, exemple douteux.

95. On remarquera au milieu de cette scène le récit de l'esclave gouverneur. C'est là le morceau principal, et il se compose des sept vers 67-73. Il est précédé et suivi de huit vers de dialogue : 59-66, deux monostiques et un distique, deux monostiques et un distique; 74-81, quatre distiques.

La scène commence par sept et six vers, 46-58, trois de la nourrice, quatre du gouverneur, et deux fois trois de la nourrice. Elle se termine aussi par six et sept vers, 82-95 ; mais ici les six sont partagés entre les deux interlocuteurs, tandis que les sept, quoique encore divisés en trois et quatre, appartiennent à un même personnage. On voit que les éléments de cette scène se trouvent symétriquement groupés autour d'un centre, et que ce centre a le même nombre de vers que les deux morceaux périphériques. Hirzel (dissertation citée plus haut) a signalé une partie de ces symétries; il les aurait vues toutes, s'il n'avait pas compté le vers 87.

96-97. Médée est dans le palais : on l'entend sans la voir. Elle ne sortira qu'au vers 214.
— Πῶς ἂν ὀλοίμαν ne diffère guère de εἴθ' ὀλοίμαν. Voy. Hipp. 230 et 345.

98. Τόδ' ἐκεῖνο, voilà ce que je disais. Chez Sophocle, OEdipe s'écrie en se montrant aux vieillards de Colone (v. 138) : Ὅδ' ἐκεῖνος ἐγώ, voici l'homme dont vous parliez, c'est moi.

ΜΗΔΕΙΑ.

καὶ μὴ πελάσητ' ὄμματος ἐγγὺς,
μηδὲ προσέλθητ', ἀλλὰ φυλάσσεσθ'
ἄγριον ἦθος στυγεράν τε φύσιν
φρενὸς αὐθάδους.
Ἴτε νῦν χωρεῖθ' ὡς τάχος εἴσω. 105
Δῆλον δ' ἀρχῆς ἐξαιρόμενον
νέφος οἰμωγῆς ὡς τάχ' ἀνάξει
μείζονι θυμῷ· τί ποτ' ἐργάσεται
μεγαλόσπλαγχνος δυσκατάπαυστος
ψυχὴ δηχθεῖσα κακοῖσιν; 110

ΜΗΔΕΙΑ.

Αἰαῖ,
ἔπαθον τλάμων ἔπαθον μεγάλων
ἄξι' ὀδυρμῶν· ὦ κατάρατοι
παῖδες ὄλοισθε στυγερᾶς ματρὸς
σὺν πατρὶ, καὶ πᾶς δόμος ἔρροι.

ΤΡΟΦΟΣ.

Ἰώ μοί μοι, ἰὼ τλήμων. 115
Τί δέ σοι παῖδες πατρὸς ἀμπλακίας
μετέχουσι; τί τούσδ' ἔχθεις; Οἴμοι,
τέκνα, μή τι πάθηθ' ὡς ὑπεραλγῶ.
Δεινὰ τυράννων λήματα καί πως
ὀλίγ' ἀρχόμενοι πολλὰ κρατοῦντες 120
χαλεπῶς ὀργὰς μεταβάλλουσιν.

106. Faut-il écrire δῆλα δ' ἀπ' ἀρχῆς? On ne peut guère se passer d'une préposition. Quelques manuscrits donnent ἐξ ἀρχῆς, en dépit du mètre. On a aussi proposé ἀρχῆς ἐξ αἰρόμενον. — 107. Le scholiaste atteste les deux leçons ἀνάψει et ἀνάξει. De cette dernière Elmsley a tiré ἀνάξει, qui répond parfaitement à ἐξαιρόμενον. La vulgate ἀνάψει, outre qu'elle est étrange, ne peut se prendre ni intransitivement, parce que l'usage s'y oppose, ni transitivement, parce que le commencement de la phrase montre clairement que la nuée, et non Médée, en est le sujet.

106-108. Δῆλον.... θυμῷ, dès l'abord (ἀρχῆς, voir la note critique) la nuée de la douleur fait prévoir en s'élevant, que bientôt elle s'élancera avec plus de fureur.
112. Ici Médée aperçoit les enfants qui rentrent avec leur gouverneur.

118. Ὑπεραλγῶ (j'ai une douleur extrême) est construit avec μή, comme ὑπερφοβοῦμαι, j'ai une crainte extrême.
120-21. Ὀλίγ'... μεταβάλλουσιν, obéissant peu, commandant beaucoup, ils ont peine à déposer leurs ressentiments.

ΜΗΔΕΙΑ.

Τὸ γὰρ εἰθίσθαι ζῆν ἐπ' ἴσοισιν
κρεῖσσον· ἐμοὶ γοῦν ἐπὶ μὴ μεγάλοις
ὀχυρῶς εἴη καταγηράσκειν.
Τῶν γὰρ μετρίων πρῶτα μὲν εἰπεῖν 125
τοὔνομα νικᾷ, χρῆσθαί τε μακρῷ
λῷστα βροτοῖσιν· τὰ δ' ὑπερβάλλοντ'
οὐδένα καιρὸν δύναται θνητοῖς·
μείζους δ' ἄτας, ὅταν ὀργισθῇ
δαίμων, οἴκοις ἀπέδωκεν. 130

ΧΟΡΟΣ.

Ἔκλυον φωνάν, ἔκλυον δὲ βοὰν   [Proode.]
τᾶς δυστάνου
Κολχίδος, οὐδέ πω ἤπιος· ἀλλά, γεραιά, λέξον· ἐπ' ἀμφιπύλου γὰρ ἔ-
σω μελάθρου γόον ἔκλυον· οὐδὲ συν- 135
ήδομαι, ὦ γύναι, ἄλγεσι δώματος,
ἐπεί μοι φίλον κέκρανται.

ΤΡΟΦΟΣ.

Οὐκ εἰσὶ δόμοι· φροῦδα τάδ' ἤδη.

NC. 123-24. On lisait ἐμοὶ γοῦν, εἰ μὴ μεγάλως, ὀχυρῶς γ' (les manuscrits portent τ') εἴη. Si l'expression laissait à désirer (Nauck, choqué par μεγάλως καταγηράσκειν, demandait λιπαρῶς), le sens est encore plus en défaut : car la médiocrité ne doit pas être représentée ici comme un pis-aller. Je me suis rencontré pour la correction de ce passage avec Berthold, *Rhein. Mus.* xxi, p. 63. — 133. Hermann a retranché ὦ avant γεραιά. — 135. Γόον, correction d'Elmsley pour βοάν, glose provenant du vers 134.

125-130. Hérodote, III, 80, commence à peu près de la même façon l'éloge de l'égalité politique : Πλῆθος δὲ ἄρχον πρῶτα μὲν οὔνομα πάντων κάλλιστον ἔχει, ἰσονομίην (passage cité par Porson). — Τὰ δ' ὑπερβάλλοντ' οὐδένα καιρὸν δύναται, ce qui dépasse la mesure n'a la valeur d'aucun à-propos, c.-à-d. οὐδὲν καίριον δύναται, n'a jamais une influence appropriée à la circonstance. Mais comme le poète a déjà signalé plus haut l'influence funeste de la grandeur dans la prospérité, il n'insiste ici que sur l'adversité, en disant que la grandeur rend les chutes plus rudes. Le sujet de ἀπέδωκεν est τὰ ὑπερ-βάλλοντα, et non δαίμων.

133-137. Οὐδέ πω ἤπιος, et elle ne s'est pas encore apaisée. — Une scholie explique ἐπ' ἀμφιπύλου par ἐπὶ τοῦ πυλῶνος οὖσα : ce qui me semble plus naturel que de joindre ἀμφιπύλου μελάθρου et de l'entendre d'un palais ayant deux portes, l'une sur le devant et l'autre sur le derrière. Non que la chose ne soit très-possible ; mais le chœur se trouve sur la façade du palais : pourquoi parlerait-il de l'entrée opposée ? — Κέκρανται équivaut a τετέλεσται, ὑπάρχει (schol.).

138. Οὐκ.... ἤδη. Comme le chœur dit qu'il prend part aux malheurs d'une maison

Τὸν μὲν γὰρ ἔχει λέκτρα τυράννων, 140
ἡ δ' ἐν θαλάμοις τάκει βιοτὰν
δέσποινα, φίλων οὐδενὸς οὐδὲν
παραθαλπομένη φρένα μύθοις.

ΜΗΔΕΙΑ.

Αἰαῖ,
διά μου κεφαλᾶς φλὸξ οὐρανία
βαίη· τί δέ μοι ζῆν ἔτι κέρδος ; 145
φεῦ φεῦ· θανάτῳ καταλυσαίμαν
βιοτὰν στυγερὰν προλιποῦσα.

ΧΟΡΟΣ.

Ἄϊες, ὦ Ζεῦ καὶ γᾶ καὶ φῶς, [Strophe.]
ἀχὰν οἵαν ἁ δύστανος
μέλπει νύμφα ; 150
Τίς σοί ποτε τᾶς ἀπλάτου
κοίτας ἔρος, ὦ ματαία ;
Σπεύσει θανάτου τελευτά·
μηδὲν τόδε λίσσου.
Εἰ δὲ σὸς πόσις 155
καινὰ λέχη σεβίζει,

NC. 140. Τὸν μὲν, simple et excellente correction de Musgrave, pour ὁ μέν. La conjecture de Porson φροῦδα γὰρ ἤδη ‖ τάδ'· ὁ μὲν.... introduit une particule dont on n'a que aire, et ne peut s'étayer sérieusement de la paraphrase des scholiastes. — 148. Peut-être καὶ γαῖα φάος τ'. Voy. l'antistrophe. — 149 Ἀχὰν, correction d'Elmsley pour ἰαχάν. — 151-154. On lisait τίς (ou τί) σοί ποτε τᾶς ἀπλάστου (ou ἀπλήστου) κοίτας ἔρος (ou ἔρως), ὦ ματαία, σπεύσει θανάτου τελευτάν ; Pour faire un sens quelconque, il faudrait au moins σπεύδει. Au lieu de τᾶς ἀπλάστου (forme trop dorienne) κοίτας, qu'on expliquait « lit dont tu ne peux te rassasier », Elmsley proposa τᾶς ἀπλάτου κοίτας. La faute est commune (voy. Eschyle, *Prom*. 371. *Eum*. 53) et la correction est juste, quoique l'interprétation du critique anglais, τᾶς ἀνάνδρου κοίτας, soit inadmissible. Le chœur arrivera à l'infidélité de Jason aux vers 154 et suivants : ici il n'en est pas encore question, et tout s'éclaircit en écrivant τελευτά et en changeant la ponctuation.

qui lui est chère, la nourrice répond : « Il n'y a plus de maison, c'en est fait de cela (τάδε) » c.-à-d. de ce qui constitue une maison.

151-154. Τίς.... λίσσου, pourquoi donc désires-tu le sommeil redoutable (dont on n'ose approcher), insensée que tu es? La mort ne viendra que trop vite ; ne la réclame pas. — Τᾶς ἀπλάτου κοίτας, trope amené par le mot de Médée θανάτῳ καταλυσαίμαν βιοτὰν, équivaut à τύμβου ou θανάτου. Voy. d'ailleurs la note critique.

ΜΗΔΕΙΑ. 121

κείνῳ τόδε μὴ χαράσσου·
Ζεύς σοι τάδε συνδικήσει· μὴ λίαν
τάκου δυρομένα σὸν εὐνήταν.

ΜΗΔΕΙΑ.

Ὦ μεγάλα Θέμι καὶ πότνι' Ἄρτεμι,   160
λεύσσεθ' ἃ πάσχω, μεγάλοις ὅρκοις
ἐνδησαμένα τὸν κατάρατον
πόσιν; ὅν ποτ' ἐγὼ νύμφαν τ' ἐσίδοιμ'
αὐτοῖς μελάθροις διακναιομένους,
οἵ γ' ἐμὲ πρόσθεν τολμῶσ' ἀδικεῖν.   165
Ὦ πάτερ, ὦ πόλις, ὧν ἀπενάσθην
αἰσχρῶς, τὸν ἐμὸν κτείνασα κάσιν.

ΤΡΟΦΟΣ.

Κλύεθ' οἷα λέγει κἀπιβοᾶται
Θέμιν εὐκταίαν Ζῆνά θ', ὃς ὅρκων
θνητοῖς ταμίας νενόμισται;   170

NC. 159. La leçon ὀδυρομένα a été corrigée par Musgrave, et εὐνέταν par Brunck. — 160. Ce vers cacophone n'est pas d'accord avec 169, où la nourrice dit que Médée invoque Thémis et Jupiter, qui sont en effet les vengeurs des parjures, tandis que Diane, quand même on voudrait l'identifier avec Hécate, n'est guère de mise dans cette circonstance. Il faut reconnaître qu'il y a ici une faute, et une faute très-ancienne : car on voit dans les scholies que les grammairiens grecs étaient déjà fort embarrassés de cette difficulté (ἀπορία) et qu'ils proposaient toutes sortes de solutions (λύσεις) qui ne font pas grand honneur à leur jugement. Je pense depuis longtemps que le poète écrivit : Ὦ μέγαλε Ζεῦ καὶ Θέμι πότνια, et la même conjecture, ou peut s'en faut, vient d'être proposée par Heimsoeth, *Kristiche Studien zu den griechischen Tragikern*, p. 148. Voici comment j'explique l'origine de la faute. Le manuscrit primitif portait : ΚΑΙΠΟΤΝΙΑΘΕΜΙ, et comme les anapestes réguliers n'admettent pas de pied de quatre brèves, on avait ajouté ΘΕΜΙ au-dessus de ΚΑΙ, afin d'indiquer la transposition nécessaire. Mais cette indication ayant été mal comprise, ΘΕΜΙ fut inséré avant ΚΑΙ, ce qui entraîna le changement de ΠΟΤΝΙΑΘΕΜΙ en ΠΟΤΝΙΑΡΤΕΜΙ. L'idée de Nauck, qui veut qu'on écrive au vers 169 : Θέμιν εὐκταίαν Ζηνός, ὃς ὅρκων, ne remédie pas à tous les inconvénients.

157-158. Χαράσσεσθαι équivaut à θήγεσθαι, et veut dire : être acéré, c.-à-d. exaspéré contre quelqu'un. Cp. Hérodote, VII, 1 : Μεγάλως κεχαραγμένον τοῖσι Ἀθηναίοισι. Le chœur veut que Médée s'en remette de sa vengeance à Jupiter, qui sera le défenseur de son droit, σύνδικος.
160. Voir la note critique.
164-165. Αὐτοῖς μελάθροις. C'est ainsi qu'on dit qu'un vaisseau périt αὐτοῖς ἀνδράσιν ou αὐτανδρος. Il n'est pas d'usage d'ajouter la préposition σύν dans ces locutions. — Πρόσθεν ἀδικεῖν. Jason a mis les torts de son côté, en violant le premier la foi des serments. Hermann cite à propos Homère, *Il.* III, 299 : Ὁππότεροι πρότεροι ὑπὲρ ὅρκια πημήνειαν.
169-170. Thémis est appelée εὐκταία comme veillant sur la sainteté des vœux, εὐχαί. La phrase Ζῆνά θ'.... νενόμισται

Οὐκ ἔστιν ὅπως ἔν τινι μικρῷ
δέσποινα χόλον καταπαύσει.

ΧΟΡΟΣ.

Πῶς ἂν ἐς ὄψιν τὰν ἀμετέραν [Antistrophe.]
ἔλθοι μύθων τ' αὐδαθέντων
δέξαιτ' ὀμφὰν, 175
εἴ πως βαρύθυμον ὀργὰν
καὶ λῆμα φρενῶν μεθείη.
Μήτοι τό γ' ἐμὸν πρόθυμον
φίλοισιν ἀπέστω.
Ἀλλὰ βᾶσά νιν 180
δεῦρο πόρευσον οἴκων
ἔξω, φίλα καὶ τάδ' αὔδα.
Σπεῦσον δέ τι πρὶν κακῶσαι τοὺς ἔσω·
πένθος γὰρ μεγάλως τόδ' ὁρμᾶται.

ΤΡΟΦΟΣ.

Δράσω τάδ'· ἀτὰρ φόβος εἰ πείσω
δέσποιναν ἐμήν· 185
μόχθου δὲ χάριν τήνδ' ἐπιδώσω.
Καίτοι τοκάδος δέργμα λεαίνης
ἀποταυροῦται δμωσίν, ὅταν τις
μῦθον προφέρων πέλας ὁρμαθῇ.
Σκαιοὺς δὲ λέγων κοὐδέν τι σοφοὺς 190
τοὺς πρόσθε βροτοὺς οὐκ ἂν ἁμάρτοις,

NC. 183. Les manuscrits portent σπεῦσον ou σπεῦσαι πρίν τι κακῶσαι τοὺς εἴσω. Brunck écrivit ἔσω. La correction principale est due à Hermann.

est calquée sur le vers d'Homère (*Il.* IV, 84 et ailleurs) : Ζεὺς, ὅστ' ἀνθρώπων ταμίας πολέμοιο τέτυκται.
176. Εἴ πως, ellipse facile à comprendre. Le chœur dit : « Je voudrais la voir et lui parler, pour essayer si.... »
178. Τὸ ἐμὸν πρόθυμον équivaut à ἡ ἐμὴ προθυμία. Voir *Hipp* 248 et la note.
182. Construisez καὶ αὔδα τάδε φίλα (ὄντα) ; et annonce que ceux qui se trouvent ici sont amis. Cp. Eschyle,

Perses, 1 : Τάδε μὲν Περσῶν.... πιστὰ καλεῖται.— Τι πρίν est pour πρίν τι.
184-186. Φόβος εἰ πείσω équivaut à φοβοῦμαι μὴ οὐ πείσω, *vereor ut persuadeam.* — Μόχθου.... ἐπιδώσω, je me donnerai cette peine (non pas : cette nouvelle peine) pour te plaire. Ἐπιδοῦναι veut souvent dire : accorder volontairement, comme ἐπίδοσις désigne un don volontaire.
188. Ἀποταυροῦται. Voy. vers 92 et la note.

ΜΗΔΕΙΑ

οἵτινες ὕμνους ἐπὶ μὲν θαλίαις
ἐπί τ' εἰλαπίναις καὶ παρὰ δείπνοις
εὕροντο βίου τερπνὰς ἀκοάς·
στυγίους δὲ βροτῶν οὐδεὶς λύπας   195
εὕρετο μούσῃ καὶ πολυχόρδοις
ᾠδαῖς παύειν, ἐξ ὧν θάνατοι
δειναί τε τύχαι σφάλλουσι δόμους.
Καίτοι τάδε μὲν κέρδος ἀκεῖσθαι
μολπαῖσι βροτούς· ἵνα δ' εὔδειπνοι   200
δαῖτες, τί μάτην τείνουσι βοήν;
τὸ παρὸν γὰρ ἔχει τέρψιν ἀφ' αὑτοῦ
δαιτὸς πλήρωμα βροτοῖσιν.

ΧΟΡΟΣ

Ἰαχὰν ἄϊον πολύστονον γόων,   [Épode.]
λιγυρὰ δ' ἄχεα μογερὰ βοᾷ   205
τὸν ἐν λέχει προδόταν κακόνυμφον·
θεοκλυτεῖ δ' ἄδικα παθοῦσα
τὰν Ζηνὸς ὁρκίαν Θέμιν, ἅ νιν
ἔβασεν Ἑλλάδ' ἐς ἀντίπορον   210

NC. 204. Faut-il lire ἰάν pour ἰαχάν, comme *Hipp.* 585? Le mètre est douteux.

201-203. Βοή ne désigne pas seulement des cris : les poëtes disent λυρῶν, αὐλῶν, ὕμνων βοή. — Δαιτὸς πλήρωμα, qui est une apposition explicative de τὸ παρόν, ne doit pas s'entendre, je crois, de toutes les choses qui composent et complètent un banquet, encore moins (d'après une scholie) du nombre des convives. Il s'agit de la satisfaction physique, du plaisir de manger : les mots εὔδειπνοι δαῖτες l'indiquent assez. Cp. *Ion*, 1170 : Βορᾶς ψυχὴν ἐπλήρουν. — Voici la seconde digression philosophique où la nourrice se laisse aller. La première se trouve 119-130. Il est à remarquer que dans une scène d'*Hippolyte*, semblable à celle-ci par les circonstances et par le mètre, la nourrice de Phèdre s'égare aussi deux fois dans des réflexions générales, v. 186-197 et 252-266.

205-206. La phrase βοᾷ ἄχεα λιγυρὰ μογερά (les deux adjectifs sont au neutre et se rapportent à ἄχεα) régit un autre accusatif, τόν.... κακόνυμφον, comme pourrait faire la phrase équivalente θρηνεῖ λιγυρῶς. Cp. Soph. *El.*, 123 : Τάκεις οἰμωγὰν Ἀγαμέμνονα. — Προδόταν ἐν λέχει est dit comme ἐν τοῖς οἰκείοισιν χρηστός, Soph. *Antig.*, 661. — Κακόνυμφον, mauvais époux.

208-210. Ζηνὸς ὁρκίαν Θέμιν. Thémis gardienne des serments est intimement liée à Jupiter, vu qu'elle n'est qu'un attribut personifié du dieu souverain. Elle siégeait à côté de lui, était sa πάρεδρος. Eschyle dit en parlant de Thémis, gardienne du droit des suppliants : Ἱκεσία Θέμις Διὸς κλαρίου, *Suppl.*, 360, et Sophocle appelle le Serment : Ὁ πάντ' ἀΐων Διὸς Ὅρκος, *OEd. Col.*, 1767. — C'est la confiance que Médée accordait aux serments de Jason et à la déesse gardienne de la foi jurée, qui la porta à quitter son pays, ἅ νιν ἔβασεν....

δι' ἅλα νύχιον ἐφ' ἁλμυρὰν
πόντου κλῇδ' ἀπέραντον.

ΜΗΔΕΙΑ.

Κορίνθιαι γυναῖκες, ἐξῆλθον δόμων,
μή μοί τι μέμφησθ'· οἶδα γὰρ πολλοὺς βροτῶν   215
σεμνοὺς γεγῶτας, τοὺς μὲν ὀμμάτων ἄπο,
τοὺς δ' ἐν θυραίοις· οἱ δ' ἀφ' ἡσύχου ποδὸς
δύσκλειαν ἐκτήσαντο καὶ ῥᾳθυμίαν.
Δίκη γὰρ οὐκ ἔνεστιν ὀφθαλμοῖς βροτῶν,
ὅστις πρὶν ἀνδρὸς σπλάγχνον ἐκμαθεῖν σαφῶς   220
στυγεῖ δεδορκώς, οὐδὲν ἠδικημένος.
Χρὴ δὲ ξένον μὲν κάρτα προσχωρεῖν πόλει·
οὐδ' ἀστὸν ἤνεσ' ὅστις αὐθάδης γεγὼς

NC. 215. Μέμφησθ', leçon mieux autorisée que μέμφοισθ' ou μέμψησθ', se défend par d'autres exemples du subjonctif présent après un aoriste. Cp. *Hécube*, 27. — 219. Ἔνεστιν, leçon du scholiaste. Les manuscrits ont ἔνεστ' ἐν.

211-212. Δι' ἅλα νύχιον, par la mer nocturne, c.-à-d. en s'embarquant la nuit et clandestinement. — Πόντου κλῇδ' ἀπέραντον, la clef impénétrable du Pont-Euxin, les fabuleuses Symplégades du Bosphore, desquelles il a été question dans le prologue.

214-218. Médée, avertie que des femmes de Corinthe voudraient lui parler et lui donner de bons conseils, sort, de crainte de les blesser par un refus. Car, dit-elle, je sais beaucoup d'hommes, soit de ceux que j'ai vus moi-même, soit parmi les étrangers dont j'ai entendu parler (τοὺς μὲν... θυραίοις, d'après l'explication de Seidler), qui se sont renfermés dans une réserve orgueilleuse (σεμνοὺς γεγῶτας), et qui, par cette répugnance de se montrer et de converser en public (ἀφ' ἡσύχου ποδός), se sont fait une mauvaise réputation et ont passé pour dédaigneux. Quant à σεμνούς, voy. *Hipp.* 93, 99 et la note. — Οἱ δέ n'indique pas, à mon avis, une autre classe de personnes, mais reprend le fil du discours interrompu par la double phrase incidente. — Ῥᾳθυμία désigne ici l'insouciance dédaigneuse de ceux qui ne descendent pas à se communiquer aux autres, et ῥᾳθυμίαν ἐκτήσαντο, équivalant à ῥᾳθυμίας δόξαν ἐκτ., est dit comme ἀδικίαν, μωρίαν ὀφλεῖν, et, pour citer un exemple tout à fait parallèle, comme Τὴν δυσσέβειαν εὐσεβοῦς' ἐκτησάμην, Soph. *Ant.*, 924. — Le sens de ce passage a été beaucoup discuté par les commentateurs tant anciens que modernes. Personne ne s'y est trompé plus lourdement que le bon Ennius. Il prenait δόμων dans le sens de « patrie » et croyait que Médée se justifiait d'avoir quitté son pays. Cette première erreur dut entraîner plusieurs autres. Voici les vers qu'on a tirés de Cicéron, *Ad famil.* VII, 6 : « Quæ Corinthi altam arcem habetis, matronæ « opulentæ, optumates, Ne mihi vitio vos « vortatis, a patria quod absiem. Multi « suam rem bene gessere et publicam patriâ « procul, Multi, qui domi ætatem agerent, « propterea sunt improbati. » (Le second vers, refait par Elmsley avec la prose de Cicéron, est sujet à caution.) Je ne pense pas que le texte qu'Ennius avait sous les yeux différât du nôtre. Comme il ne comprenait pas la phrase assez obscure : Τοὺς μὲν ὀμμάτων ἄπο, τοὺς δ' ἐν θυραίοις, Ennius ne s'attacha qu'à ces derniers mots, qui pouvaient se rapporter à ce qu'il croyait être le sens général du passage, et il négligea le reste.

219-224. Si les personnes qui vivent à l'écart sont mal famées, la faute en est, en partie, aux jugements précipités des hommes

ΜΗΔΕΙΑ.

πικρὸς πολίταις ἐστὶν ἀμαθίας ὕπο.
Ἐμοὶ δ' ἄελπτον πρᾶγμα προσπεσὸν τόδε   225
ψυχὴν διέφθαρκ'· οἴχομαι δὲ καὶ βίου
χάριν μεθεῖσα κατθανεῖν χρῄζω, φίλαι·
ἐν ᾧ γὰρ ἦν μοι πάντα, γιγνώσκει καλῶς,
κάκιστος ἀνδρῶν ἐκβέβηχ' οὑμὸς πόσις. —
Πάντων δ' ὅσ' ἔστ' ἔμψυχα καὶ γνώμην ἔχει   230
γυναῖκές ἐσμεν ἀθλιώτατον φυτόν.
Ἃς πρῶτα μὲν δεῖ χρημάτων ὑπερβολῇ
πόσιν πρίασθαι δεσπότην τε σώματος
λαβεῖν· κακοῦ γὰρ τοῦτό γ' ἄλγιον κακόν.
Κἀν τῷδ' ἀγὼν μέγιστος, ἢ κακὸν λαβεῖν   235
ἢ χρηστόν· οὐ γὰρ εὐκλεεῖς ἀπαλλαγαὶ
γυναιξὶν, οὐδ' οἷόν τ' ἀνήνασθαι πόσιν.
Εἰς καινὰ δ' ἤθη καὶ νόμους ἀφιγμένην
δεῖ μάντιν εἶναι, μὴ μαθοῦσαν οἴκοθεν,
ὅπως μάλιστα χρήσεται συνευνέτῃ.   240

NC. 228. Le scholiaste (apparemment d'après Didymus) met sur le compte des acteurs la faute γιγνώσκειν καλῶς, qui se trouve dans tous nos manuscrits. Il ne dit pas, il est vrai, quelle est la bonne leçon ; mais on voit que les deux mots formaient une parenthèse. Canter proposa γιγνώσκω, Musgrave γιγνώσκεις. J'ai pensé que la troisième personne donnait un sens plus satisfaisant. — 234. Variantes : τοῦτ', τοῦδ' ἔτ', τοῦτ' ἔτ'. — 235. Peut-être φαῦλον λαβεῖν. — 240. Ὅπως, correction de Meineke, pour ὅτῳ.

qui condamnent sans connaître : c'est là ce que disent les trois premiers vers. Mais ces personnes aussi ont tort de fuir le contact de leurs semblables : c'est là ce qui se trouve expliqué dans les trois vers suivants. L'étranger surtout doit s'accommoder aux mœurs de la ville où il s'est établi : Médée insiste sur ce cas qui est le sien, ξένον μὲν κᾆτα.... Mais l'indigène aussi doit éviter de blesser ses concitoyens en dédaignant de se mêler à eux : αὐθάδης γεγὼς est le commentaire de σεμνοὺς γεγῶτας, v. 216. — Ὅστις, v. 220, se rapporte au pluriel βροτῶν par un grécisme dont il a été question, Hipp. 79.

228. Γιγνώσκει καλῶς. Jason le comprend bien, et cela aggrave sa faute.

229. Ἐκβέβηκε, evasit, il est devenu, il s'est changé en....

230-31. Médée vient de donner les explications que son préambule annonçait. Maintenant, elle montrera que sa cause est la cause de toutes les femmes, afin d'aller au devant des observations du chœur et de mettre de son parti les conseillères. — Ἀθλιώτατον φυτόν. Le mysogyne Hippolyte appelle les femmes ἀτηρὸν φυτόν, v. 630, et toute sa tirade est en quelque sorte la contre-partie de celle-ci. Les trois vers suivants roulent sur le même fait que Hipp. 627-29, mais ils en tirent des conséquences tout opposées.

236-37. Οὐ γὰρ.... πόσιν. Quitter son mari est scandaleux, le répudier impossible. Le droit de répudiation n'appartenait qu'au mari. La femme pouvait demander à l'archonte le droit de quitter son mari (ἀπόλειψις) ; mais elle devait faire sa plainte personnellement, et l'opinion la condamnait presque toujours.

ΜΗΔΕΙΑ.

Κἂν μὲν τάδ' ἡμῖν ἐκπονουμέναισιν εὖ
πόσις ξυνοικῇ μὴ βίᾳ φέρων ζυγὸν,
ζηλωτὸς αἰών· εἰ δὲ μὴ, θανεῖν χρεών.
Ἀνὴρ δ' ὅταν τοῖς ἔνδον ἄχθηται ξυνών,
ἔξω μολὼν ἔπαυσε καρδίαν ἄσης, 245
ἢ πρὸς φίλων τιν' ἢ πρὸς ἥλικας τραπείς·
ἡμῖν δ' ἀνάγκη πρὸς μίαν ψυχὴν βλέπειν.
Λέγουσι δ' ἡμᾶς ὡς ἀκίνδυνον βίον
ζῶμεν κατ' οἴκους, οἱ δὲ μάρνανται δορί·
κακῶς φρονοῦντες· ὡς τρὶς ἂν παρ' ἀσπίδα 250
στῆναι θέλοιμ' ἂν μᾶλλον ἢ τεκεῖν ἅπαξ. —
Ἀλλ' οὐ γὰρ αὐτὸς πρὸς σὲ κἄμ' ἥκει λόγος·
σοὶ μὲν πόλις θ' ἥδ' ἐστὶ καὶ πατρὸς δόμοι
βίου τ' ὄνησις καὶ φίλων συνουσία,
ἐγὼ δ' ἔρημος ἄπολις οὖσ' ὑβρίζομαι 255
πρὸς ἀνδρὸς, ἐκ γῆς βαρβάρου λελησμένη,
οὐ μητέρ', οὐκ ἀδελφὸν, οὐχὶ συγγενῆ
μεθορμίσασθαι τῆσδ' ἔχουσα συμφορᾶς.
Τοσόνδε δή σου τυγχάνειν βουλήσομαι,
ἤν μοι πόρος τις μηχανή τ' ἐξευρεθῇ 260
πόσιν δίκην τῶνδ' ἀντιτίσασθαι κακῶν
[τὸν δόντα τ' αὐτῷ θυγατέρ' ἥν τ' ἐγήματο],

245-46. Variantes : καρδίας ἄσην, φίλον τιν' et ἥλικα. — 252. La leçon αὐτός a été corrigée par Porson. — 259. Les bons manuscrits ont τοσοῦτον δέ. Vulgate τοσοῦτον οὖν. J'ai suivi Nauck. — 261. Δίκην, correction d'Elmsley pour δίκῃ. — 262. Porson écrit ἢ τ' ἐγήματο, ce qui rétablit la grécité, mais n'empêche pas que ce vers soit mal écrit et que les deux nouveaux régimes arrivent au moment où on ne les attendait plus. Nauck a reconnu la main d'un interpolateur, qui voulait faire tout dire à Médée, même ce qu'elle ne doit pas dire ici, et qui se servit du beau vers 258 pour en faire un mauvais,

242. Μή.... ζυγόν, ne portant pas à contre-cœur le joug de l'hymen. Le joug n'indique pas la servitude, puisqu'il est question du mari, mais l'union des époux attachés ensemble comme deux chevaux qui traînent le même char.
247. Πρὸς μίαν ψυχήν· τὴν τοῦ ἀνδρός (schol.).
248-51. Λέγουσι δ' ἡμᾶς ὡς pour λέγουσι δ' ὡς ἡμεῖς est un grécisme connu.

— Κακῶς φρονοῦντες, ils ont tort. —
Ὥς.... ἅπαξ. Ennius : « Nam ter sub ar-
« mis malim vitam cernere, Quam semel
« modo parere. »
258. Μεθορμίσασθαι, chercher un autre mouillage pour se mettre à l'abri du gros temps, συμφορᾶς.
261. De même qu'on dit du coupable τίνει δίκην, on dit du vengeur τίνεται τὸν αἴτιον δίκην τῶν ἀδικημάτων, il fait que

ΜΗΔΕΙΑ. 127

σιγᾶν. Γυνὴ γὰρ τᾶλλα μὲν φόβου πλέα,
κακὴ δ' ἐς ἀλκὴν καὶ σίδηρον εἰσορᾶν·
ὅταν δ' ἐς εὐνὴν ἠδικημένη κυρῇ, 265
οὐκ ἔστιν ἄλλη φρὴν μιαιφονωτέρα.

ΧΟΡΟΣ.

Δράσω τάδ'· ἐνδίκως γὰρ ἐκτίσει πόσιν,
Μήδεια. Πενθεῖν δ' οὔ σε θαυμάζω τύχας.
Ὁρῶ δὲ καὶ Κρέοντα τῆσδ' ἄνακτα γῆς
στείχοντα, καινῶν ἄγγελον βουλευμάτων. 270

ΚΡΕΩΝ.

Σὲ τὴν σκυθρωπὸν καὶ πόσει θυμουμένην,
Μήδειαν, εἶπον τῆσδε γῆς ἔξω περᾶν
φυγάδα, λαβοῦσαν δισσὰ σὺν σαυτῇ τέκνα,
καὶ μή τι μέλλειν· ὡς ἐγὼ βραβεὺς λόγου
τοῦδ' εἰμί, κοὐκ ἄπειμι πρὸς δόμους πάλιν, 275
πρὶν ἄν σε γαίας τερμόνων ἔξω βάλω.

ΜΗΔΕΙΑ.

Αἰαῖ· πανώλης ἡ τάλαιν' ἀπόλλυμαι.
Ἐχθροὶ γὰρ ἐξιᾶσι πάντα δὴ κάλων,

NC. 267. Var. Δρᾶσον. — 273. Au lieu de σαυτῇ, les manuscrits portent σὺν αὐτῇ ou αὐτῇ, faute corrigée par les premiers éditeurs.

le coupable paye la rançon (subisse la peine) de ses crimes. Elmsley a recueilli plusieurs exemples de cette construction.
266. Le discours de Médée se compose de trois parties. Elle dit pourquoi elle vient s'expliquer et quelle est sa situation en cinq, trois, trois, cinq vers, 214-229. Vient ensuite le morceau sur la triste condition des femmes, 230-251, lequel se divise ainsi : après deux vers qui contiennent l'énoncé général du sujet, il y a quatre tercets et deux quatrains. Enfin Médée revient à sa propre situation et demande au chœur de lui garder le secret des projets qu'elle médite : morceau qui contient deux fois sept vers, 252-260. Cette disposition a été signalée par Hirzel.
267. En arrivant, les femmes de Corinthe avaient manifesté d'autres intentions. Voyez 155 et suivants, 176 et suivants. Médée les a gagnées en leur présentant sa cause comme la cause de toutes les femmes.
271-72. Dans Eschyle Mercure interpelle Prométhée par les mots : Σὲ τὸν σοφιστήν. Créon chez Sophocle, aborde Antigone en lui disant : Σὲ δή, σὲ τὴν νεύουσαν ἐς πέδον κάρα, et cette manière impérieuse d'entrer en matière est fréquente chez les tragiques. — Εἶπον pour λέγω, grécisme qui marque que la résolution a été prise antérieurement. Comp. 223 et *passim*.
274-75. Βραβεὺς λόγου τοῦδ' εἰμί. Je veillerai à l'exécution de cet ordre. On appelait βραβεῖς ceux qui présidaient et jugeaient les concours gymniques ; le verbe βραβεύω prend quelquefois un sens plus général, même chez les prosateurs.
278-79. Ἐχθροί... ἔκβασις. Il est vrai que πάντα κάλων ἐξιέναι, ἐκτείνειν, κινεῖν sont des phrases proverbiales pour dire : tenter tous les moyens, faire tous

κοὐκ ἔστιν ἄτης εὐπρόσοιστος ἔκβασις.
Ἐρήσομαι δὲ καὶ κακῶς πάσχουσ' ὅμως, 280
τίνος μ' ἕκατι γῆς ἀποστέλλεις, Κρέον;

ΚΡΕΩΝ.

Δέδοικά σ', οὐδὲν δεῖ παραμπέχειν λόγους,
μή μοί τι δράσῃς παῖδ' ἀνήκεστον κακόν.
Συμβάλλεται δὲ πολλὰ τοῦδε δείματος·
σοφὴ πέφυκας καὶ κακῶν πολλῶν ἴδρις, 285
λυπεῖ δὲ λέκτρων ἀνδρὸς ἐστερημένη.
Κλύω δ' ἀπειλεῖν σ', ὡς ἀπαγγέλλουσί μοι,
τὸν δόντα καὶ γήμαντα καὶ γαμουμένην
δράσειν τι. Ταῦτ' οὖν πρὶν παθεῖν φυλάξομαι.
Κρεῖσσον δέ μοι νῦν πρός σ' ἀπεχθέσθαι, γύναι, 290
ἢ μαλθακισθένθ' ὕστερον μέγα στένειν.

ΜΗΔΕΙΑ.

Φεῦ φεῦ·
οὐ νῦν με πρῶτον, ἀλλὰ πολλάκις, Κρέον,
ἔβλαψε δόξα μεγάλα τ' εἴργασται κακά.
Χρὴ δ' οὔποθ' ὅστις ἀρτίφρων πέφυκ' ἀνὴρ
παῖδας περισσῶς ἐκδιδάσκεσθαι σοφούς· 295

NC. 284. Faut-il écrire συλλαμβάνει pour συμβάλλεται? Le génitif serait alors légitime; et la faute peut s'expliquer par la glose συλλαμβάνεται. — 290. Les manuscrits ont ἀπέχθεσθαι. Elmsley corrigea l'accentuation. — 291. Μεταστένειν, conjecture de Nauck, est peut-être la vraie leçon. Cependant μέγα στένειν, leçon des manuscrits et de Plutarque, qui cite ce vers deux fois, de tuenda sanitate, p. 124, et de vitioso pudore, p. 530, n'est pas mauvais.

ses efforts. Mais ici il ne faut pas perdre de vue le sens premier de ce trope emprunté, comme tant d'autres, à la marine. Il y a une métaphore suivie et comme l'image en raccourci d'un combat naval. Les ennemis, dit Médée, courent sur moi à toutes voiles, et il n'est pas facile d'atteindre (οὐκ εὐπρόσοιστος) un lieu pour débarquer (ἔκβασις) et se soustraire au danger (ἄτης).

280. Καὶ κακῶς πάσχουσ' ὅμως, toute malheureuse, tout opprimée que je suis.

282. Δέδοικά σε μὴ δράσῃς. Comp. pour la construction, v. 248.

284. Συμβάλλεται.... δείματος, beaucoup de choses contribuent à cette crainte. Mais on dit συμβάλλεσθαι εἴς τι, et le génitif δείματος ne semble se justifier par aucune analogie. Voyez la note critique.

287. Κλύω.... ὡς ἀπαγγέλλουσί μοι, pléonasme qui se retrouve Phœnic. 737 : Ἔπτ' ἄνδρας φασίν, ὡς ἤκουσ' ἐγώ, passage cité par Elmsley.

288. Γαμεῖν se dit de l'époux, γαμεῖσθαι de l'épouse.

290. Ἀπεχθέσθαι aoriste de ἀπεχθάνεσθαι. Le présent ἀπέχθεσθαι n'est pas attique.

295. Παῖδας.... σοφούς, faire de ses en-

ΜΗΔΕΙΑ.

χωρὶς γὰρ ἄλλης ἧς ἔχουσιν ἀργίας
φθόνον πρὸς ἀστῶν ἀλφάνουσι δυσμενῆ.
Σκαιοῖσι μὲν γὰρ καινὰ προσφέρων σοφὰ
δόξεις ἀχρεῖος κοὐ σοφὸς πεφυκέναι·
τῶν δ' αὖ δοκούντων εἰδέναι τι ποικίλον   300
κρείσσων νομισθεὶς λυπρὸς ἐν πόλει φανεῖ.
Ἐγὼ δὲ καὐτὴ τῆσδε κοινωνῶ τύχης.
Σοφὴ γὰρ οὖσα, τοῖς μέν εἰμ' ἐπίφθονος,
[τοῖς δ' ἡσυχαία, τοῖς δὲ θατέρου τρόπου,]
τοῖς δ' αὖ προσάντης· εἰμὶ δ' οὐκ ἄγαν σοφή.   305

NC. 298. Un manuscrit secondaire offre la mauvaise variante προσφέρων ἔπη, que Porson n'aurait pas dû attribuer à une seconde édition de la pièce. On ne voit pas comment la parodie d'Aristophane, *Thesmoph.* 1130, aurait pu engager Euripide à gâter un vers heureux. — 304. Ce vers est le vers 808 légèrement modifié. Mais autant le vers 808 est à sa place, autant celui-ci est inséré en dépit du bon sens. L'interpolation a été reconnue par Pierson et par tous les critiques qui n'ont pas voulu fermer les yeux à la lumière.

fants des hommes d'une science extraordinaire par l'enseignement qu'on leur sait donner. La préfixe ἐκ indique le résultat obtenu, la voix moyenne marque l'action indirecte, l'idée de faire donner. Le bonhomme Strepsiade ne put enseigner lui-même à son fils l'art de la chicane, mais il le lui fit enseigner; aussi dit-il : Ἐδιδαξάμην σε τοῖσιν δικαίοις ἀντιλέγειν (Aristophane, *Nuées* 1338).

296-301. Les deux premiers vers sont expliqués par les quatre suivants. Ceux qui s'occupaient de sciences spéculatives, de théories, de ce qui ne semblait pas directement pratique ou qui n'avait pas, comme la poésie, sa place marquée dans les institutions publiques, ceux enfin qu'on appelait sophistes (en prenant ce mot soit en bonne soit en mauvaise part), étaient traités par le vulgaire ignorant (τοῖς σκαιοῖς) de désœuvrés, de fainéants (ἀργοί), accusés de n'être bons à rien (ἀχρεῖοι). Que ne s'occupaient-ils de leur maison ou des affaires publiques en bons citoyens et honnêtes pères de famille? Aristophane fait adorer ses *Nuées* par les fainéants, ἀνδράσιν ἀργοῖς, v. 316. D'un autre côté, on leur reprochait d'en savoir trop, d'être des hommes dangereux : on se défiait de leur science et on les haïssait. Pourquoi, en effet, ne pas se contenter de la sagesse pratique des ancêtres, pourquoi vouloir aller au delà de ce que savaient les hommes réputés habiles au bon vieux temps et ceux qui leur ressemblaient dans le présent (τῶν δοκούντων εἰδέναι τι ποικίλον)? En écrivant ces vers, Euripide songeait à son maître Anaxagore (déjà menacé alors du procès que l'on sait), à son ami Socrate, à ses contemporains enfin; et plus tard il développa ces accusations, en les réfutant victorieusement, dans sa tragédie d'*Antiope*. Les frères Zethus et Amphion, dont la querelle acquit tant de célébrité parmi les anciens (voyez Platon, *Gorgias*, p. 485 sq. Horace, *Épîtres*, I, xviii, 39 sqq.), étaient les types, l'un de l'esprit pratique et matériel, l'autre de l'intelligence large et vraiment humaine. — Σκαιὸς est opposé à σοφός, comme au vers 190. — Χωρίς.... ἀργίας, (296) outre le désœuvrement qu'on leur reproche. Ἀργία équivaut à αἰτία ἀργίας, comme ῥαθυμία, v. 218, à αἰτία ῥαθυμίας. C'est ainsi que ἀρετή veut dire réputation de vertu chez *Thuc.* I, 33 (φέρουσα ἐς μὲν τοὺς πολλοὺς ἀρετήν) et ailleurs. Ἄλλης, qui répète l'idée de χωρίς, est ajouté par un grécisme connu.

303-5. Σοφή.... σοφή, ma science, mon habileté, me rend odieuse aux uns, est un sujet de scandale (*offensioni*) pour les autres « mais on l'exagère. Je ne mérite ni cet excès d'honneur, ni cette indignité. »

130 ΜΗΔΕΙΑ.

Σὺ δ' αὖ φοβεῖ με· μή τι πλημμελὲς πάθης;
Οὐχ ὧδ' ἔχει μοι, μὴ τρέσῃς ἡμᾶς, Κρέον,
ὥστ' εἰς τυράννους ἄνδρας ἐξαμαρτάνειν.
Τί γάρ σύ μ' ἠδίκηκας; Ἐξέδου κόρην
ὅτῳ σε θυμὸς ἦγεν. Ἀλλ' ἐμὸν πόσιν   310
μισῶ· σὺ δ', οἶμαι, σωφρονῶν ἔδρας τάδε.
Καὶ νῦν τὸ μὲν σὸν οὐ φθονῶ καλῶς ἔχειν.
Νυμφεύετ', εὖ πράσσοιτε· τήνδε δὲ χθόνα
ἐᾶτέ μ' οἰκεῖν· καὶ γὰρ ἠδικημένοι
σιγησόμεσθα, κρεισσόνων νικώμενοι.   315

ΚΡΕΩΝ.

Λέγεις ἀκοῦσαι μαλθάκ', ἀλλ' εἴσω φρενῶν
ὀρρωδία μοι μή τι βουλεύῃς κακόν,
τοσῷδε δ' ἧσσον ἢ πάρος πέποιθά σοι·
γυνὴ γὰρ ὀξύθυμος, ὡς δ' αὔτως ἀνὴρ,
ῥᾴων φυλάσσειν ἢ σιωπηλὸς σοφός.   320
Ἀλλ' ἔξιθ' ὡς τάχιστα, μὴ λόγους λέγε·
ὡς ταῦτ' ἄραρε, κοὐκ ἔχεις τέχνην ὅπως
μενεῖς παρ' ἡμῖν οὖσα δυσμενὴς ἐμοί.

ΜΗΔΕΙΑ.

Μὴ, πρός σε γονάτων τῆς τε νεογάμου κόρης.

NC. 306. J'ai suivi la ponctuation de Nauck. Ordinairement on lie φοβεῖ με μή. — 317. Elmsley corrigea la leçon βουλεύσῃς.

306-8. Πλημμελές, opposé à εὐμελής, désigne au propre une fausse note que l'on chante. Médée dit à Créon : Et toi, de ton côté, tu me redoutes. Crains-tu que je ne commette une faute envers toi? N'appréhende rien : je ne suis pas dans une situation (οὐχ ὧδ' ἔχει μοι) qui me permette de m'attaquer à des princes.

313-15. Νυμφεύετε, épousez Il est vrai que ce verbe se dit aussi d'un père qui marie sa fille ; mais Médée s'adresse ici à Glaucé aussi bien qu'à Créon.— Κρεισσόνων νικώμενοι donne la raison de σιγησόμεσθα. Il est naturel que le fort l'emporte sur le faible : je supporterai donc l'injustice en silence. Quant au masculin, voy. Hipp. 349.

316-17. Les mots εἴσω φρενῶν, qui se rapportent à βουλεύῃς κακόν, en sont séparés pour faire antithèse à ἀκοῦσαι.— Créon dit : je crains que tu ne médites, μὴ βουλεύῃς, quelque mal en tenant un langage si accommodant, et non pas : je crains que tu ne viennes à en méditer plus tard, μὴ βουλεύσῃς (Voyez notes critiques).

319. Ὀξύθυμος irascible, prompt à s'emporter. Médée était βαρύθυμος (v. 176) : elle nourrissait de profonds ressentiments.

321. Λόγους λέγειν, dire des paroles qui ne sont que des paroles, qui ne répondent pas aux sentiments.

324. Sous-ent. ἱκετεύω. Cp. Hipp. 603

ΜΗΔΕΙΑ. 131

ΚΡΕΩΝ.

Λόγους ἀναλοῖς· οὐ γὰρ ἂν πείσαις ποτέ. 325

ΜΗΔΕΙΑ.

Ἀλλ' ἐξελᾷς με κοὐδὲν αἰδέσει λιτάς ;

ΚΡΕΩΝ.

Φιλῶ γὰρ οὐ σὲ μᾶλλον ἢ δόμους ἐμούς.

ΜΗΔΕΙΑ.

Ὦ πατρὶς, ὥς σου κάρτα νῦν μνείαν ἔχω.

ΚΡΕΩΝ.

Πλὴν γὰρ τέκνων ἔμοιγε φίλτατον πολύ.

ΜΗΔΕΙΑ.

Φεῦ φεῦ, βροτοῖς ἔρωτες ὡς κακὸν μέγα. 330

ΚΡΕΩΝ.

Ὅπως ἂν, οἶμαι, καὶ παραστῶσιν τύχαι.

ΜΗΔΕΙΑ.

Ζεῦ, μὴ λάθοι σε τῶνδ' ὃς αἴτιος κακῶν.

ΚΡΕΩΝ.

Ἕρπ', ὦ ματαία, καί μ' ἀπάλλαξον πόνων.

ΜΗΔΕΙΑ.

Πονοῦμεν ἡμεῖς κοὐ πόνων κεχρήμεθα.

ΚΡΕΩΝ.

Τάχ' ἐξ ὀπαδῶν χειρὸς ὠσθήσει βίᾳ. 335

NC. 329. Le manuscrit de Paris a πόλις pour πολύ. — 334. L'ingénieuse conjecture de Musgrave πόνος μέν· ἡμεῖς δ' οὐ πόνῳ κεχρήμεθα; a été avec raison abandonnée par Matthiæ et les derniers éditeurs.

330-34. Médée éprouve les suites funestes de son amour pour Jason; son exclamation est donc naturelle. Cependant, de même que le souvenir de la patrie, vers 328, vient d'être réveillé en elle par le mot de Créon δόμους ἐμούς, cette exclamation de Médée est amenée par la tendresse que le roi marque pour ses enfants. Je crois donc qu'elle ne songe pas seulement à son propre malheur, mais aussi à celui qui menace les nouvelles amours de Jason ; et Créon dit plus vrai qu'il ne pense, en répondant : « Cela dépend, ce me semble, des circonstances. » — Chez Sénèque, quand Jason dit qu'il ne saurait se séparer de ses enfants, Médée dit à part : « Sic natos « amat? Bene est : tenetur; vulneri pa- « tuit locus » (vers 551).

332. Αἴτιος. Suppléez ἐστίν, et non εἴ. Médée veut que Jupiter remarque l'auteur de ces maux, le vrai coupable. Par « ces maux », elle entend donc et ceux qu'elle subit et ceux qu'elle prépare. Déjà préoccupée de projets de vengeance, elle demande à Jupiter de les faire réussir et de ne pas l'en punir.

334. Créon vient de dire : Pars et délivre-moi des peines, des soucis que me donne ta présence. Médée répond : Tu

ΜΗΔΕΙΑ.

Μὴ δῆτα τοῦτό γ', ἀλλά σ' αἰτοῦμαι, Κρέον

ΚΡΕΩΝ.

Ὄχλον παρέξεις, ὡς ἔοικας, ὦ γύναι.

ΜΗΔΕΙΑ.

Φευξούμεθ'· οὐ τοῦθ' ἱκέτευσα σοῦ τυχεῖν.

ΚΡΕΩΝ.

Τί δ' αὖ βιάζει κοὐκ ἀπαλλάσσει χθονός;

ΜΗΔΕΙΑ.

Μίαν με μεῖναι τήνδ' ἔασον ἡμέραν   340
καὶ ξυμπερᾶναι φροντίδ' ᾗ φευξούμεθα,
παισίν τ' ἀφορμὴν τοῖς ἐμοῖς, ἐπεὶ πατὴρ
οὐδὲν προτιμᾷ μηχανήσασθαι τέκνοις.
Οἴκτειρε δ' αὐτούς· καὶ σύ τοι παίδων πατὴρ
πέφυκας· εἰκὸς δ' ἐστὶν εὔνοιάν σ' ἔχειν.   345
Τοὐμοῦ γὰρ οὔ μοι φροντίς, εἰ φευξούμεθα,
κείνους δὲ κλαίω συμφορᾷ κεχρημένους.

ΚΡΕΩΝ.

Ἥκιστα τοὐμὸν λῆμ' ἔφυ τυραννικόν,
αἰδούμενος δὲ πολλὰ δὴ διέφθορα·

NC. 341. J'aimerais mieux οἷ φευξούμεθα.

parles de tes peines! C'est moi qui en ai, et je n'ai pas besoin d'autres peines, c'est-à-dire : Je suis déjà assez malheureuse par l'abandon de Jason; il ne faut pas y ajouter l'exil. Telle est l'explication du scholiaste. Il ne me semble pas nécessaire d'admettre le jeu de mots que d'autres y trouvent. Suivant eux, Médée dirait : Tu veux que je te délivre de tes peines : j'en ai bien assez moi-même, sans me charger des tiennes.

337-39. Les mots ὄχλον παρέξεις et βιάζει semblent indiquer que Médée se jette ici aux pieds de Créon. Le vers 324 l'avait fait prévoir, et le vers 370 y fait allusion. — On remarquera que cette stichomythie, qui se décompose en deux fois huit vers (324-331 et 332-339), est précédée de huit vers de Créon et suivie de huit vers de Médée. Cette observation est encore de Hirzel, ainsi que la plupart de celles qu'on trouvera plus loin sur la disposition symétrique du dialogue.

341-43. Ἧι n'équivaut pas à ᾗ φροντίδι, mais veut dire : « comment » ou, si l'on aime mieux « par quel chemin ». Cependant, il serait plus important de songer au lieu où elle se rendra (voy. la note critique). C'est là probablement ce qui porta Heath à donner à ἀφορμή le sens d'asile. Mais ce mot veut dire : ressources. — Προτιμᾷ, il se soucie, il daigne.

347. Sénèque a amplifié ce vers en faisant dire à son Créon (Médée, 252) : « Non esse me qui sceptra violentus geram, « Nec qui superbo miserias calcem pede, « Testatus equidem videor.... »

349. Αἰδούμενος, par pitié. Les idées de respect (pour les malheureux, pour les prières) et de pitié sont confondues par les Grecs.

ΜΗΔΕΙΑ.

καὶ νῦν ὁρῶ μὲν ἐξαμαρτάνων, γύναι, 350
ὅμως δὲ τεύξει τοῦδε · προυννέπω δέ σοι,
εἴ σ' ἡ 'πιοῦσα λαμπὰς ὄψεται θεοῦ
καὶ παῖδας ἐντὸς τῆσδε τερμόνων χθονός,
θανεῖ · λέλεκται μῦθος ἀψευδὴς ὅδε.
[Νῦν δ', εἰ μένειν δεῖ, μίμν' ἐφ' ἡμέραν μίαν · 355
οὐ γάρ τι δράσαις δεινὸν ὧν φόβος μ' ἔχει.]

ΧΟΡΟΣ.

Δύστανε γύναι,
φεῦ φεῦ, μελέα τῶν σῶν ἀχέων.
Ποῖ ποτε τρέψει; τίνα προξενίαν
ἢ δόμον ἢ χθόνα σωτῆρα κακῶν 360
ἐξευρήσεις;
ὡς εἰς ἄπορόν σε κλύδωνα θεός,
Μήδεια, κακῶν ἐπόρευσεν. ·

ΜΗΔΕΙΑ.

Κακῶς πέπρακται πανταχῇ · τίς ἀντερεῖ;
ἀλλ' οὔτι ταύτῃ ταῦτα, μὴ δοκεῖτέ πω. 365

NC. 355-56. Quelques manuscrits corrigent le solécisme en mettant δράσεις. Nauck a rendu service au poète en débarrassant de ces deux vers le discours de Créon, discours dont la fin est si clairement marquée par les mots λέλεκται μῦθος ἀψευδὴς ὅδε. Cette addition est si mauvaise que je me demande si l'interpolateur n'aurait pas destiné ces vers à remplacer 350 et 351, ce qui pourrait se faire en écrivant ensuite : εἰ δ' ἡ 'πιοῦσά σ' ὄψεται λαμπὰς θεοῦ. Il était peut-être choqué de voir Créon exprimer des scrupules très-légitimes, tout en accordant la demande de Médée. D'ailleurs le scholiaste nous apprend qu'anciennement certaines copies ajoutaient à ces deux vers un troisième, le vers 380, que nous avons déjà vu figurer dans une autre interpolation, 40-43.

350. Ὁρῶ ἐξαμαρτάνων, je vois que j'agis mal, comme οἶδα ἐξαμαρτάνων. Et en effet, comme on dit ὁρῶ σ' ἐξαμαρτάνοντα, on doit se servir du nominatif quand le sujet du participe est le même que celui du verbe qui le régit.

352-54. Ennius a traduit, en imitant le rejet : « Si te secundo lumine hic offendero, Moriere. » L'imitation de Sénèque est moins heureuse (vers 297) : « Capite « supplicium lues, Clarus priusquam Phœ« bus attollat diem, Nisi cedis Isthmo. »

362-63. Cette métaphore n'est pas tout à fait la même que celle dont Médée s'était servie, en parlant de ses malheurs, aux vers 278 sq. Celle-là faisait penser à un combat naval, celle-ci est tirée d'un voyage de mer. On peut comparer Eschyle, Suppl. 470 : Ἄτης ἄβυσσον πέλαγος οὐ μάλ' εὔπορον Τόδ' εἰσβέβηκα, κοὐδαμοῦ λιμὴν κακῶν.

365. Ἀλλ'.... πω, mais les choses ne se passeront pas ainsi (on peut sous-entendre ἔσται, ἀποβήσεται) : ne le croyez pas encore. Les mots οὐ ταῦτα ταύτῃ se trouvent rapprochés de la même manière chez Eschyle, Prom. 511, et chez Aristophane, Chevaliers, 843. Ennius (chez Cicéron, de

Ἔτ' εἴσ' ἀγῶνες τοῖς νεωστὶ νυμφίοις,
καὶ τοῖσι κηδεύσασιν οὐ σμικροὶ πόνοι.
Δοκεῖς γὰρ ἄν με τόνδε θωπεῦσαί ποτε,
εἰ μή τι κερδαίνουσαν ἢ τεχνωμένην;
οὐδ' ἂν προσεῖπον οὐδ' ἂν ἡψάμην χεροῖν. 370
Ὁ δ' εἰς τοσοῦτον μωρίας ἀφίκετο
ὥστ' ἐξὸν αὐτῷ τἄμ' ἑλεῖν βουλεύματα
γῆς ἐκβαλόντι, τήνδ' ἀφῆκεν ἡμέραν
μεῖναί μ', ἐν ᾗ τρεῖς τῶν ἐμῶν ἐχθρῶν νεκροὺς
θήσω, πατέρα τε καὶ κόρην πόσιν τ' ἐμόν. 375
Πολλὰς δ' ἔχουσα θανασίμους αὐτοῖς ὁδοὺς,
οὐκ οἶδ' ὁποίᾳ πρῶτον ἐγχειρῶ, φίλαι,
πότερον ὑφάψω δῶμα νυμφικὸν πυρί,
ἢ θηκτὸν ὤσω φάσγανον δι' ἥπατος,
σιγῇ δόμους εἰσβᾶσ' ἵν' ἔστρωται λέχος. 380
Ἀλλ' ἕν τί μοι πρόσαντες· εἰ ληφθήσομαι
δόμους ὑπερβαίνουσα καὶ τεχνωμένη,
θανοῦσα θήσω τοῖς ἐμοῖς ἐχθροῖς γέλων.
Κράτιστα τὴν εὐθεῖαν, ᾗ πεφύκαμεν

NC. 368. Variante des manuscrits de second ordre ποτ' ἄν. — 373. Nauck demande ἐφῆκεν. Voy. notes explicatives.

Nat. Deor., III, xxv, 66) traduisit ce vers et le suivant : « Nequaquam istuc istac « ibit : magna inest certatio. »

366-67. Νυμφίοις se rapporte à Jason, κηδεύσαντες à Créon. Le pluriel généralise, tout en ne désignant au fond qu'une seule personne.

368-70. Ennius, *ib* : « Nam ut ego illis « supplicarem tanta blandiloquentia? » — Οὐδ' ἂν ἡψάμην χεροῖν, et je ne l'aurais pas touché (je n'aurais pas touché ses genoux) de mes mains. Χεροῖν est le datif. Au génitif, le poète aurait dit χερός ou δεξιᾶς : car on ne touchait pas les deux mains, mais la main droite de celui qu'on suppliait.

371-75. Τἄμ' ἑλεῖν βουλεύματα, vaincre, mettre à néant mes projets. — Ἀφῆκεν « il me laissa libre », ne diffère que par une légère nuance de ἐφῆκεν « il me permit ». — Médée

ne tuera pas Jason, mais elle le frappera plus sensiblement encore. Il ne faut pas s'étonner si ses projets de vengeance varient au gré de sa passion, ni écouter le scholiaste qui prétend que si Médée ne donne pas suite à cette idée, c'est que la précipitation de sa fuite ne le lui permet pas. — Les vers correspondants d'Ennius (*ib*. 66) ne manquent pas d'énergie. « Ille « transversa mente mihi hodie tradidit re- « pagula, Quibus ego iram omnem reclu- « dam atque illi perniciem dabo : Mihi « mærores, illi luctum, exitium illi, exi- « lium mihi. »

384-85. Τὴν εὐθεῖαν (sous-entendez ὁδόν).... μάλιστα, tout droit, par la voie où nous excellons naturellement, nous autres femmes. Si Médée parlait d'elle-même, au lieu de parler des femmes en général, elle aurait dit πεφύκαμεν σοφοί. Voyez

ΜΗΔΕΙΑ.

σοφαὶ μάλιστα, φαρμάκοις αὐτοὺς ἑλεῖν. 385
Εἶεν·
καὶ δὴ τεθνᾶσι· τίς με δέξεται πόλις;
τίς γῆν ἄσυλον καὶ δόμους ἐχεγγύους
ξένος παρασχὼν ῥύσεται τοὐμὸν δέμας;
Οὐκ ἔστι. Μείνασ' οὖν ἔτι σμικρὸν χρόνον,
ἢν μέν τις ἡμῖν πύργος ἀσφαλὴς φανῇ,
δόλῳ μέτειμι· τόνδε καὶ σιγῇ φόνον· 390
ἢν δ' ἐξελαύνῃ ξυμφορά μ' ἀμήχανος,
αὐτὴ ξίφος λαβοῦσα, κεἰ μέλλω θανεῖν,
κτενῶ σφε, τόλμης δ' εἶμι πρὸς τὸ καρτερόν.
Οὐ γὰρ μὰ τὴν δέσποιναν ἣν ἐγὼ σέβω
μάλιστα πάντων καὶ ξυνεργὸν εἱλόμην, 395
Ἑκάτην μυχοῖς ναίουσαν ἑστίας ἐμῆς,
χαίρων τις αὐτῶν τοὐμὸν ἀλγυνεῖ κέαρ·
πικροὺς δ' ἐγώ σφιν καὶ λυγροὺς θήσω γάμους,
πικρὸν δὲ κῆδος καὶ φυγὰς ἐμὰς χθονός.
Ἀλλ' εἶα· φείδου μηδὲν ὧν ἐπίστασαι, 400
Μήδεια, βουλεύουσα καὶ τεχνωμένη·
ἕρπ' εἰς τὸ δεινόν· νῦν ἀγὼν εὐψυχίας.
Ὁρᾷς ἃ πάσχεις; οὐ γέλωτα δεῖ σ' ὀφλεῖν
τοῖς Σισυφείοις τοῖς τ' Ἰάσονος γάμοις,

NC. 388. Peut-être ῥύσεται δέμας τόδε, leçon du *Christ. pat.* v. 890. — 403. Variante mal autorisée καὶ γέλωτα.

Hipp. 349 et la note. Médée ne flatte pas son sexe.

386. Καὶ δὴ énonce vivement une supposition : « eh bien, ils sont morts; et après? » On a la même tournure, *Hélène*, 1059 : Καὶ δὴ παρεῖκεν· εἶτα πῶς ἄνευ νεώς; Σωθησόμεσθα; Eschyle *Eumén.* 894 : Καὶ δὴ δέδεγμαι· τίς δέ μοι τιμὴ μένει;

389. Πύργος, un rempart, métaphoriquement.

391-93. Ξυμφορὰ ἀμήχανος, un malheur sans ressource, un exil sans lieu de sûreté. — Τόλμης εἶμι πρὸς τὸ καρτερόν, je recourrai à l'emploi audacieux de la force ouverte. C'est ainsi qu'Eschyle joint πρὸς τὸ καρτερόν à κατ' ἰσχύν et l'oppose à δόλῳ, *Prom.* 212.

393-97. Οὐ χαίρων, non impunément, équivaut à κλαίων. Cp. Soph. *OEd. Roi,* 401 : Κλαίων δοκεῖς μοι.... ἀγηλατήσειν.

398-99. En disant γάμους elle pense à Jason; en disant κῆδος (ἐπιγαμβρεία schol.) et φυγάς (expulsion), elle pense à Créon. Comp. 366 sq.

403-5. Γέλωτα ὀφλεῖν, être condamné à la risée, se dit d'après l'analogie de ὀφλεῖν δίκην, devoir une amende, être condamné à une amende. De même ὀφλεῖν κακίαν, μωρίαν, ἀμαθίαν etc. — Τοῖς Σισυφείοις.... γάμοις, l'hymen de la postérité de Sisyphe et de Jason. Médée, petite-fille du Soleil, rappelle avec mépris que la famille royale de Corinthe descend du rusé brigand Sisyphe.

γεγῶσαν ἐσθλοῦ πατρὸς Ἡλίου τ' ἄπο. 405
Ἐπίστασαι δέ· πρὸς δὲ καὶ πεφύκαμεν
γυναῖκες εἰς μὲν ἔσθλ' ἀμηχανώταται,
κακῶν δὲ πάντων τέκτονες σοφώταται.

ΧΟΡΟΣ.

Ἄνω ποταμῶν ἱερῶν χωροῦσι παγαί,   [Strophe 1.] 410
καὶ δίκα καὶ πάντα πάλιν στρέφεται.
Ἀνδράσι μὲν δόλιαι βουλαί, θεῶν δ'.
οὐκέτι πίστις ἄραρεν.
Τὰν δ' ἐμὰν εὔκλειαν ἔχειν βιοτὰν   415
στρέψουσι φᾶμαι·
ἔρχεται τιμὰ γυναικείῳ γένει·
οὐκέτι δυσκέλαδος φάμα γυναῖκας ἕξει.   420

Μοῦσαι δὲ παλαιγενέων λήξουσ' ἀοιδᾶν   [Antistrophe 1].

NC. 407. J'ai effacé la virgule après γυναῖκες. Avec la ponctuation ordinaire, le passage de la seconde à la première personne ne se justifie pas. — 416. Στρέψουσι, correction d'Elmsley pour στρέφουσιν, est confirmé par le vers antistrophique et par le futur ἕξει au v. 420. Ἔρχεται (vient, est en chemin), v. 419, doit être au présent. — 421. Heath corrigea la leçon λήξουσιν.

406-7. Ἐπίστασαι.... γυναῖκες;.... Tu sais tramer une vengeance, tu as appris à composer des poisons; et de plus la nature nous a créées, nous autres femmes,... Γυναῖκες est le sujet, et non le complément, de πεφύκαμεν. — Ce monologue de Médée (on peut l'appeler ainsi, quoique les premiers vers s'adressent au chœur) se compose de deux parties séparées par la formule εἶεν. La première se divise en une introduction de deux vers et quatre membres de cinq vers chacun. Dans la seconde, trois fois trois vers, 386-393, sont opposés à trois fois trois vers, 400-408, et entourent six vers qui contiennent le serment de Médée, morceau pathétique placé au centre.

440. Depuis Homère et Hésiode, les poètes grecs avaient dit et redit qu'il ne fallait pas se fier aux femmes (vers 422). Ὃς δὲ γυναικὶ πέποιθε, πέποιθ' ὅγε φηλήτῃσιν est l'un des aphorismes du poème des Œuvres et Jours, vers 373. La conduite de Jason autorisera désormais les femmes à retorquer contre les hommes le reproche d'inconstance et de perfidie. Un autre chœur d'Euripide, également composé de femmes, fait à peu près les mêmes réflexions à propos de la trahison d'un amant divin. Voy. Ion 1090 sqq. — Ἄνω ποταμῶν.... Le monde est renversé, tout se fait au rebours de l'ordre naturel. Euripide, pour ne citer que notre poète, fait allusion au même proverbe dans les Suppl, v. 520. — Ἱερῶν est une épithète épique, qui ne désigne pas certains fleuves, mais qui convient à tous. Comp. vers 846.

412-13. Ἀνδράσι.... ἄραρεν. Le verbe ἄραρεν, qui veut dire : est solidement joint, est immuablement arrêté (comp. vers 322), ne convient qu'au second membre de phrase; le premier demande l'idée d'appartenir.

415-16. Τὰν.... φᾶμαι, la renommée renversera les choses de manière à ce que la louange se répande sur notre conduite, *ut nostram vitam laus teneat*. Je crois que εὔκλειαν est le sujet, et que βιοτάν est le régime de ἔχειν. Cp. vers 420.

ΜΗΔΕΙΑ. 137

τὰν ἐμὰν ὑμνεῦσαι ἀπιστοσύναν.
Οὐ γὰρ ἐν ἁμετέρᾳ γνώμᾳ λύρας
ὤπασε θέσπιν ἀοιδὰν   425
Φοῖβος, ἁγήτωρ μελέων · ἐπεὶ ἀντ—
άχησ' ἂν ὕμνον
ἀρσένων γέννᾳ · μακρὸς δ' αἰὼν ἔχει
πολλὰ μὲν ἁμετέραν ἀνδρῶν τε μοῖραν εἰπεῖν.   430

Σὺ δ' ἐκ μὲν οἴκων πατρίων ἔπλευσας   [Strophe 2.]
μαινομένᾳ κραδίᾳ, διδύμας ὁρίσασα πόντου
πέτρας · ἐπὶ δὲ ξένᾳ
ναίεις χθονί, τᾶς ἀνάνδρου   435
κοίτας ὀλέσασα λέκτρον,
τάλαινα, φυγὰς δὲ χώρας
ἄτιμος ἐλαύνει,

Βέβακε δ' ὅρκων χάρις, οὐδ' ἔτ' αἰδὼς   [Antistrophe 2.]
Ἑλλάδι τᾷ μεγάλᾳ μένει, αἰθερία δ' ἀνέπτα.   440

NC.. 426-27. Les manuscrits portent ἀντάχησαν. Scaliger divisa les mots — 431. Musurus corrigea la leçon πατρῴων. — 432. Il faudrait adopter la variante διδύμους, si elle était mieux autorisée par les manuscrits. — 433. Musurus corrigea la leçon ξείνᾳ.

422. Ὑμνεῦσαι, pour ὑμνοῦσαι, est l'une des formes ioniques que l'on rencontre de loin en loin chez les tragiques. Citons αὔτιν, *Hipp.* 167.

425-30. Ὤπασε θέσπιν ἀοιδὰν est une phrase homerique, qui se lit dans l'*Odyssée*, VIII, 498. Ce verbe régit généralement le datif sans préposition; mais Apollon met le don de la poésie *dans* l'esprit des hommes, et ἐν ἁμετέρᾳ γνώμᾳ équivaut à ἡμῖν ἐν τῇ γνώμῃ. Comp. *Iph. Aul.* 584 : Τᾷς Ἑλένας ἐν ἀντωποῖς βλεφάροισιν ἔρωτα δέδωκας. — Ἁγήτωρ μελέων fait allusion à ἡγήτωρ Μουσῶν : Apollon était Musagète. — Ἐπεί.... εἰπεῖν, car autrement (si les femmes avaient reçu le don de la poésie) nous aurions chansonné à notre tour la race des hommes, et (la matière ne nous aurait pas fait défaut :) la suite des temps en fournit long à dire, non-seulement sur le compte des femmes, mais aussi sur celui des hommes. Cp. Παλίμφαμος ἀοιδὰ καὶ μοῦσ' εἰς ἄνδρας · ἴτω δυσκέλαδος · ἀμφὶ λέκτρων, *Ion* 1096.

432. Μαινομένᾳ κραδίᾳ · μανίαν ἐχούσῃ τοῦ ἔρωτος (schol.). Sophocle, *Antig.* 790, dit en parlant de l'amour : ὁ δ' ἔχων μέμηνεν. — Ὁρίσασα, marquant les limites de..., c'est-à-dire: passant par.... Le verbe ὁρίζειν a le même sens chez Eschyle, *Suppl.* 546.

435-36. Ἀνάνδρου est l'une de ces épithètes si familières aux poetes grecs et latins, lesquelles marquent l'effet de l'action exprimée par le verbe. Pour le luxe de la diction, comparez *Alc.* 925 : Λέκτρων κοίτας ἐ; ἐρήμους.

439-40. Le poete fait allusion à ces vers d'Hésiode (*OEuvres et J.*, 195 sqq.), cités par le scholiaste : Καὶ τότε δὴ πρὸς Ὄλυμπον ἀπὸ χθονὸς εὐρυοδείης, Λευκοῖσιν

Σοὶ δ' οὔτε πατρὸς δόμοι,
δύστανε, μεθορμίσασθαι
μόχθων πάρα, σῶν δὲ λέκτρων
ἄλλα βασίλεια κρείσσων
δόμοισιν ἀνέστα. 445

ΙΑΣΩΝ.

Οὐ νῦν κατεῖδον πρῶτον ἀλλὰ πολλάκις
τραχεῖαν ὀργὴν ὡς ἀμήχανον κακόν.
Σοὶ γὰρ παρὸν γῆν τήνδε καὶ δόμους ἔχειν
κούφως φερούσῃ κρεισσόνων βουλεύματα,
λόγων ματαίων οὕνεκ' ἐκπεσεῖ χθονός. 450
Κἀμοὶ μὲν οὐδὲν πρᾶγμα · μὴ παύσῃ ποτὲ
λέγουσ' Ἰάσων ὡς κάκιστός ἐστ' ἀνήρ ·
ἃ δ' εἰς τυράννους ἐστί σοι λελεγμένα,
πᾶν κέρδος ἡγοῦ ζημιουμένη φυγῇ.
Κἀγὼ μὲν ἀεὶ βασιλέων θυμουμένων 455
ὀργὰς ἀφῄρουν καί σ' ἐβουλόμην μένειν ·
σὺ δ' οὐκ ἀνίεις μωρίας, λέγουσ' ἀεὶ
κακῶς τυράννους · τοιγὰρ ἐκπεσεῖ χθονός.
Ὅμως δὲ κἀκ τῶνδ' οὐκ ἀπειρηκὼς φίλοις
ἥκω, τὸ σὸν δὲ προσκοπούμενος, γύναι, 460
ὡς μήτ' ἀχρήμων σὺν τέκνοισιν ἐκπέσῃς

NC. 443. Les manuscrits portent τῶν δὲ λέκτρων. Porson proposa σῶν τε, et σῶν semble nécessaire. — 444. Ἄλλα, correction de Heath pour ἀλλά. — 445. Le *Vaticanus* a δόμοις ἀνέστα, les autres δόμοις ἐπέστα. Kirchhoff en tire δόμοις ἐπανέστα. — 452. Elmsley propose Ἰάσον' ὥς, en comparant v. 248. — 460. L'ancienne vulgate τὸ σόν γε a fait place à la leçon de presque tous les manuscrits.

φαρέεσσι καλυψαμένω χρόα καλὸν, Ἀθανάτων μετὰ φῦλον ἴτην, προλιπόντ' ἀνθρώπους, Αἰδὼς καὶ Νέμεσις.

442-45. Μεθορμίσασθαι μόχθων. Voy. 258 et la note. — Σῶν δὲ λέκτρων…. ἀνέστα, et une autre reine plus puissante que ton lit (que l'hymen qui t'unit à Jason) a surgi pour (gouverner) la maison. — Δὲ répondant à οὔτε donne à la seconde phrase plus de relief que τε, qui serait plus régulier. Nous venons de voir τε corrélatif de μέν, vers 430.

447. Τραχεῖαν ὀργήν. La construction est la même qu'aux vers 248 et 282.
451. Κἀμοὶ μὲν οὐδὲν πρᾶγμα, et peu m'importe à moi (littéralement : cela n'est pas un objet pour moi).
453-54. Ἃ…. φυγῇ, mais pour ce qui est de tes propos contre les princes (le roi et sa fille), estime tout profit (tu peux te féliciter) de n'être frappée que de bannissement.
459. Κἀκ τῶνδε, même après ceci, ne diffère guère de καὶ οὕτω, *vel sic*.

ΜΗΔΕΙΑ. 139

μήτ' ἐνδεής του (πόλλ' ἐφέλκεται φυγὴ
κακὰ ξὺν αὐτῇ)· καὶ γὰρ εἰ σύ με στυγεῖς,
οὐκ ἂν δυναίμην σοὶ κακῶς φρονεῖν ποτε.

ΜΗΔΕΙΑ.

Ὦ παγκάκιστε, τοῦτο γάρ σ' εἰπεῖν ἔχω   465
γλώσσῃ μέγιστον εἰς ἀναίδειαν κακόν,
ἦλθες πρὸς ἡμᾶς, ἦλθες ἔχθιστος γεγώς;
[θεοῖς τε κἀμοὶ παντί τ' ἀνθρώπων γένει;]
Οὔτοι θράσος τόδ' ἐστὶν οὐδ' εὐτολμία,
φίλους κακῶς δράσαντ' ἐναντίον βλέπειν,   470
ἀλλ' ἡ μεγίστη τῶν ἐν ἀνθρώποις νόσων
πασῶν, ἀναίδει'· εὖ δ' ἐποίησας μολών,
ἐγώ τε γὰρ λέξασα κουφισθήσομαι
ψυχὴν κακῶς σε καὶ σὺ λυπήσει κλύων.
Ἐκ τῶν δὲ πρώτων πρῶτον ἄρξομαι λέγειν.   475
Ἔσωσά σ', ὡς ἴσασιν Ἑλλήνων ὅσοι

NC. 462-63. Les mots que j'ai mis en parenthèse, πόλλ'.... αὐτῇ, sont regardés par Kirchhoff comme une réminiscence notée en marge et mal à propos insérée dans le texte. — 466. On lisait εἰς ἀνανδρίαν, faute qui embarrassait les commentateurs anciens et modernes, d'autant plus qu'ils n'expliquaient pas bien le reste de la phrase. Ce n'est pas de lâcheté, mais d'impudence que Médée accuse Jason. Il fallait donc écrire εἰς ἀναίδειαν. — 468. Brunck et la plupart des critiques retranchent avec raison ce vers qui revient plus bas, v. 1324, où il est à sa place.

465-66. C'est à tort que l'on construit généralement τοῦτο γάρ ἔχω σ' εἰπεῖν μέγιστον κακόν, voilà la plus grande injure que je puisse te dire. Les mots μέγιστον κακόν sont évidemment dans une relation étroite avec παγκάκιστε, dont ils reproduisent l'idée, et ils forment une apposition à ἀναίδειαν. Les interprètes s'y sont trompés à cause de l'ordre des mots, qui est cependant très-expressif et tel qu'il doit être. Traduisez : « O le plus méchant des hommes : car ma langue peut t'appliquer ce nom pour le plus grand des vices, l'impudence. » Médée ajoute γλώσσῃ, pour faire ressortir l'antithèse entre sa vengeance, qui n'est qu'en paroles, et la honteuse conduite de Jason, laquelle n'est que trop réelle. D'ailleurs la suite de ce discours, et particulièrement le vers 474, démontrent la justesse de notre explication et de notre correction.

469. Les grammairiens disent que θράσος se prend en mauvaise part et θάρσος en bonne part. On voit par ce passage et par quelques autres que cette distinction n'est pas toujours observée.

472. Εὖ δ' ἐποίησας μολών est, au participe près, notre français : Tu as bien fait de venir.

473-74. Il n'y a point de licence ni de dureté dans l'ordre des mots. Le poète les a disposés de la manière la plus expressive et la plus favorable à la déclamation. Λέξασα, qui fait antithèse à κλύων, devait être mis en avant, suivi immédiatement de κουφισθήσομαι et séparé de κακῶς, tandis que ce dernier mot, qui se rapporte aussi bien à κλύων qu'à λέξασα, se plaçait avantageusement au milieu.

476. Les comiques d'Athènes se moquèrent beaucoup de ce vers cacophone (il ne l'est peut-être pas sans intention),

ΜΗΔΕΙΑ.

ταυτὸν συνεισέβησαν Ἀργῷον σκάφος,
πεμφθέντα ταύρων πυρπνόων ἐπιστάτην
ζεύγλαισι καὶ σπεροῦντα θανάσιμον γύην·
δράκοντά θ', ὃς πάγχρυσον ἀμπέχων δέρας   480
σπείραις ἔσωζε πολυπλόκοις ἄυπνος ὤν,
κτείνασ' ἀνέσχον σοὶ φάος σωτήριον.
Αὐτὴ δὲ πατέρα καὶ δόμους προδοῦσ' ἐμοὺς
τὴν Πηλιῶτιν εἰς Ἰωλκὸν ἱκόμην
σὺν σοί, πρόθυμος μᾶλλον ἢ σοφωτέρα,   485
Πελίαν τ' ἀπέκτειν', ὥσπερ ἄλγιστον θανεῖν,
παίδων ὑπ' αὐτοῦ, πάντα δ' ἐξεῖλον φόβον.
Καὶ ταῦθ' ὑφ' ἡμῶν, ὦ κάκιστ' ἀνδρῶν, παθὼν
προὔδωκας ἡμᾶς, καινὰ δ' ἐκτήσω λέχη,
παίδων γεγώτων· εἰ γὰρ ἦσθ' ἄπαις ἔτι,   490
συγγνωστὸν ἦν σοι τοῦδ' ἐρασθῆναι λέχους.
Ὅρκων δὲ φρούδη πίστις, οὐδ' ἔχω μαθεῖν,
ἢ θεοὺς νομίζεις τοὺς τότ' οὐκ ἄρχειν ἔτι,

NC. 480. La vulgate ἀμφέπων est une conjecture de Musurus. Quelque plausible qu'elle puisse paraître, les derniers éditeurs ont eu raison de revenir à la leçon des manuscrits. — 487. Variante ἐξεῖλον δόμων, mentionnée par le scholiaste. — 491. La vulgate συγγνώστ' ἂν ἦν est mal autorisée. — 492. Beaucoup d'éditeurs substituent εἰ à ἤ.

ainsi que d'un autre qui se trouvait dans l'*Andromède* d'Euripide : Ὦ παρθέν', εἰ σώσαιμί σ', εἴσει μοι χάριν; Il suffira de citer ce que disait un personnage de Platon le comique à un autre qui s'était servi de plusieurs mots dans lesquels ττ remplace σσ : Εὖ γέ σοι γένοιθ', ὅτι Ἔσωσας ἐκ τῶν σίγμα τῶν Εὐριπίδου.

480. Ἀμπέχων.... couvrant la toison de ses replis tortueux, est plus précis que ἀμφέπων (voy. la note critique). Comp. *Suppl.* 165 : Γόνυ σὸν ἀμπίσχειν χερί. La fable de ce dragon, ainsi que celle des taureaux au souffle de feu et des géants issus de la semence des dents de serpent, est connue de tout le monde. Voy. Sénèque, vers 467 sqq.

482. Φάος σωτήριον ou φάος tout court, pour dire le salut, sont des tropes très-usités. Mais ici le verbe ἀνέσχον, qui s'applique à un flambeau, un signal (λαμπάδα, πυρσόν), fait penser à ces feux qu'on allumait en signe d'allégresse. Voy. Eschyle, *Choéph.* 863 : Πῦρ καὶ φῶς ἐπ' ἐλευθερίᾳ δαίων.

485. Πρόθυμος μᾶλλον ἢ σοφωτέρα équivaut à προθυμοτέρα ἢ σοφωτέρα, *promptior quam sapientior.*

491. Συγγνωστὸν ἦν. La particule ἂν n'est pas nécessaire dans ce cas, pas plus qu'elle ne l'est avec ἔδει, ἐχρῆν. On dit de même en latin *venia dignum erat* plutôt que *esset.*

492. Ὅρκων. Que le lecteur moderne ne songe pas aux serments de fidélité que les époux se prêtent aujourd'hui. Il s'agit de serments extraordinaires, ces « grands serments » que Médée rappelle au vers 161, et par lesquels Jason s'était engagé à emmener Médée dans la Grèce, à la prendre pour femme et à ne jamais l'abandonner.

493-95. Ἤ.... ἤ.... dans une double

ΜΗΔΕΙΑ.

ἢ καινὰ κεῖσθαι θέσμ' ἐν ἀνθρώποις τὰ νῦν,
ἐπεὶ σύνοισθά γ' εἰς ἔμ' οὐκ εὔορκος ὤν.   495
Φεῦ δεξιὰ χείρ, ἧς σὺ πόλλ' ἐλαμβάνου,
καὶ τῶνδε γονάτων, ὡς μάτην κεχρώσμεθα
κακοῦ πρὸς ἀνδρός, ἐλπίδων δ' ἡμάρτομεν.
Ἄγ', ὡς φίλῳ γὰρ ὄντι σοι κοινώσομαι,
δοκοῦσα μέν τί πρός γε σοῦ πράξειν καλῶς;   500
ὅμως δ'· ἐρωτηθεὶς γὰρ αἰσχίων φανεῖ.
Νῦν ποῖ τράπωμαι; πότερα πρὸς πατρὸς δόμους,
οὓς σοὶ προδοῦσα καὶ πάτραν ἀφικόμην;
ἢ πρὸς ταλαίνας Πελιάδας; καλῶς γ' ἂν οὖν
δέξαιντό μ' οἴκοις ὧν πατέρα κατέκτανον.   505
Ἔχει γὰρ οὕτω· τοῖς μὲν οἴκοθεν φίλοις
ἐχθρὰ καθέστηχ', οὓς δέ μ' οὐκ ἐχρῆν κακῶς
δρᾶν, σοὶ χάριν φέρουσα πολεμίους ἔχω.
Τοιγάρ με πολλαῖς μακαρίαν ἀν' Ἑλλάδα
ἔθηκας ἀντὶ τῶνδε· θαυμαστὸν δέ σε   510
ἔχω πόσιν καὶ πιστὸν ἡ τάλαιν' ἐγώ,

NC. 494. Comme les meilleurs manuscrits portent θέσμι' ἐν ἀνθρώποις et que la forme θεσμά n'est pas trop sûre, il faut peut-être écrire θέσμι' ἐν βροτοῖς. — 500. Les manuscrits ont μέν τι, avec la mauvaise variante μή τι, qu'on trouve dans plusieurs éditions. Elmsley a rétabli μὲν τί. — 514. Le rhéteur Alexandre, qui cite ces vers dans son *Traité des figures*, t. VIII, page 590 du recueil de Walz, met σεμνὸν à la place de πιστόν. Nauck pense que l'un et l'autre proviennent de σεπτόν.

question indirecte, pour εἰ.... ἢ.... ou πότερον.... ἢ..., se trouve souvent chez Homère, quelquefois chez les tragiques, s'il faut s'en rapporter aux manuscrits. *Grammatici certant.* — Σύνοισθα ὤν. Voy. vers 350.

497. Καὶ τῶνδε γονάτων. Le génitif est mis à cause du verbe ἐλαμβάνου : la logique demanderait le vocatif.

500. Δοκοῦσα.... καλῶς; en agissant ainsi, quel bien puis-je, à la vérité, attendre d'un homme tel que toi (πρός γε σοῦ)? Le tour interrogatif, que la souplesse de la langue grecque permet d'amener au milieu d'une phrase, équivaut au tour négatif, mais il est plus pathétique. Παθητικὴν δὲ ὑπόκρισιν δηλοῖ τὸ τί, dit le scholiaste.

502-4. Ennius chez Cicéron, *De orat.* III, 58 : « Quo nunc me vortam? Quod « iter incipiam ingredi? Domum paternam-« ne anne ad Peliae filias? »

507. Οὓς δέ μ' οὐκ ἐχρῆν.... ne veut pas dire ici : Ceux à qui je n'aurais pas dû faire de mal (ce seraient là encore les parents), mais : Ceux que je n'avais pas besoin d'outrager, qui ne m'avaient pas provoquée (la famille de Pélias). Sénèque, qui a imité ce passage pathétique, le termine par ce vers ingénieux (459) : « Quascun-« que aperui tibi vias; clusi mihi. »

509. Évidemment Médée rappelle ici à Jason les propos qu'il lui avait tenus autrefois, quand il voulait la gagner : toutes les femmes de la Grèce envieraient son bonheur. Elle lui reproche les illusions dont il l'avait alors bercée.

ΜΗΔΕΙΑ.

εἰ φεύξομαι δὴ γαῖαν ἐκβεβλημένη,
φίλων ἔρημος, σὺν τέκνοις μόνη μόνοις,
καλόν γ' ὄνειδος τῷ νεωστὶ νυμφίῳ,
πτωχοὺς ἀλᾶσθαι παῖδας ἥ τ' ἔσωσά σε. 515
Ὦ Ζεῦ, τί δὴ χρυσοῦ μὲν ὃς κίβδηλος ᾖ
τεκμήρι' ἀνθρώποισιν ὤπασας σαφῆ,
ἀνδρῶν δ' ὅτῳ χρὴ τὸν κακὸν διειδέναι,
οὐδεὶς χαρακτὴρ ἐμπέφυκε σώματι;

ΧΟΡΟΣ.

Δεινή τις ὀργὴ καὶ δυσίατος πέλει, 520
ὅταν φίλοι φίλοισι συμβάλωσ' ἔριν.

ΙΑΣΩΝ.

Δεῖ μ', ὡς ἔοικε, μὴ κακὸν φῦναι λέγειν,
ἀλλ' ὥστε ναὸς κεδνὸν οἰακοστρόφον
ἄκροισι λαίφους κρασπέδοις ὑπεκδραμεῖν
τὴν σὴν στόμαργον, ὦ γύναι, γλωσσαλγίαν. 525
Ἐγὼ δ', ἐπειδὴ καὶ λίαν πυργοῖς χάριν,
Κύπριν νομίζω τῆς ἐμῆς ναυκληρίας
σώτειραν εἶναι θεῶν τε κἀνθρώπων μόνην.
Ὁ δ' ἔστι μέν μοι λεπτός, ἀλλ' ἐπίφθονος

NC. 512. Après φεύξομαι, les manuscrits ont τε, δὲ ou γε. Ce dernier est devenu la vulgate depuis Porson. Mais δὲ semble provenir de δὴ, que j'ai préféré en suivant Hartung. — 527-28. Nauck propose σωτηρίας ναύκληρον, conjecture séduisante. Mais σωτὴρ et φύλαξ sont des idées voisines, et ναυκληρίας σώτειραν peut se défendre. — 529. On lisait : Σοὶ δ' ἔστι μὲν νοῦς λεπτός, phrase qui fait ici un non-sens complet et ne peut se lier à la suivante, quoique les commentateurs l'aient essayé. La scholie : Ἐμὸς λόγος, φησί, λεπτὸς μέν, ἐπίφθονος δέ.... indique assez la vraie leçon, que Hartung a rétablie.

514. Καλόν γ' ὄνειδος ne pourrait guère se dire ironiquement, si le mot ὄνειδος se prenait nécessairement en mauvaise part. Mais il désigne aussi la renommée en général, et on lit dans les *Phénic.*, vers 821, Θήβαις κάλλιστον ὄνειδος, la plus belle gloire de Thèbes. C'est ainsi qu'Eschyle a pu écrire : Τοιάδ' ἐξ ἐμοῦ Ὁ τῶν θεῶν τύραννος ὠφελημένος Κακαῖσι ποιναῖς ταῖσδέ μ' ἀντημείψατο (*Prom.* 223), parce que ποινή peut aussi avoir le sens de récompense.

515. Ἥ τ' ἔσωσά σε équivaut à καὶ ἐμὲ ἥ σ' ἔσωσα.
516-19. Euripide a repris et développé cette réflexion dans *Hipp.*, vers 925-31.
521. Συμβαλεῖν ἔριν, *conserere altercationem*, est dit d'après l'analogie de l'homérique σύν ῥ' ἔβαλον ῥινούς, σὺν δ' ἔγχεα καὶ μένε' ἀνδρῶν. Euripide a dit ailleurs συμβαλεῖν ἀγῶνα et Sophocle συμβαλεῖν ἔπη κακά.
523-24. Jason dit qu'il faut qu'il fasse comme les marins expérimentés qu'il di-

ΜΗΔΕΙΑ.

λόγος διελθεῖν, ὡς Ἔρως σ' ἠνάγκασεν 530
τόξοις ἀφύκτοις τοὐμὸν ἐκσῶσαι δέμας.
Ἀλλ' οὐκ ἀκριβῶς αὐτὸ θήσομαι λίαν·
ὅπῃ γὰρ οὖν ὤνησας, οὐ κακῶς ἔχει·
μείζω γε μέντοι τῆς ἐμῆς σωτηρίας
εἴληφας ἢ δέδωκας, ὡς ἐγὼ φράσω. 535
Πρῶτον μὲν Ἑλλάδ' ἀντὶ βαρβάρου χθονὸς
γαῖαν κατοικεῖς καὶ δίκην ἐπίστασαι
νόμοις τε χρῆσθαι μὴ πρὸς ἰσχύος χάριν·
πάντες δέ σ' ᾔσθοντ' οὖσαν Ἕλληνες σοφὴν
καὶ δόξαν ἔσχες· εἰ δὲ γῆς ἐπ' ἐσχάτοις 540
ὅροισιν ᾤκεις, οὐκ ἂν ἦν λόγος σέθεν.
Εἴη δ' ἔμοιγε μήτε χρυσὸς ἐν δόμοις
μήτ' Ὀρφέως κάλλιον ὑμνῆσαι μέλος,
εἰ μὴ 'πίσημος ἡ τύχη γένοιτό μοι.
Τοσαῦτα μέντοι τῶν ἐμῶν πόνων πέρι 545

NC. 531. Τόξοις ἀφύκτοις est mieux autorisé que la variante πόνων ἀφύκτων, et convient mieux aux intentions de Jason, qui doit insister sur l'idée que Médée n'était qu'un instrument dans la main des dieux, plutôt que sur la grandeur du danger qu'il courait. — 538. Le scholiaste mentionne la variante πρὸς ἰσχύος θράσει, qui n'était probablement qu'une conjecture. — 545. Quelques éditeurs ont adopté la variante mal autorisée μέν σοι. Mais μέντοι s'emploie très-bien quand on résume ce qui précède pour l'opposer à ce qui suivra. Voy. vers 790. Eschyle, *Agam.* 644, *Sept Chefs*, 515.

minue de voile pour se soustraire à la fureur de la tempête. Matthiae cite à propos Aristophane *Grenouilles*, 1000 : Ἀλλ' ὅπως, ὦ γεννάδα, μὴ πρὸς ὀργὴν ἀντιλέξεις, ἀλλὰ συστείλας ἄκροισι χρώμενος τοῖς ἱστίοισιν..., où le scholiaste explique très bien ces termes nautiques. — Le premier de ces deux vers se trouve aussi chez Eschyle, *Sept Chefs*, 62.

530. On peut rapporter ici ce tétramètre d'Ennius, conservé par Cicéron *Tuscul.* IV, 32 : « Tu me amoris magis quam honoris servavisti gratia. »

532-33. Ἀκριβῶς τίθεσθαι, traiter un sujet rigoureusement, y regarder de près. — Ὅπῃ ὤνησας, en tant que tu m'as secouru.

534-35. Μείζω.... δέδωκας, tu as reçu pour (prix de) mon salut plus que tu n'as donné. Τῆς ἐμῆς σωτηρίας équivaut à ἀντὶ τῆς ἐμῆς σωτηρίας, et dépend de εἴληφας. Le comparatif μείζονα a pour complément ἢ δέδωκας.

538. Πρὸς ἰσχύος χάριν, au gré de la force. Dans cette locution, et dans beaucoup d'autres, le sens premier de χάρις s'est émoussé et généralisé, comme celui du latin *gratia* et du français *gré*. Sophocle dit πρὸς ἰσχύος κράτος, *Phil.* 594. On voit d'ailleurs par ces vers et les suivants, combien les Grecs étaient persuadés qu'en dehors de la Grèce il n'y avait ni foi, ni loi, ni renommée ou gloire véritable, et sur ce dernier point ils n'avaient pas tout à fait tort.

544. Ἡ τύχη, cette fortune ou plutôt ce lot, τὸ λάχος οὗ ἔτυχον.

545. Jason vient de parler de ce qu'il doit à Médée, sujet fort désagréable : aussi lui plaît-il de le désigner ici par la périphrase :

ἔλεξ᾽· ἅμιλλαν γὰρ σὺ προύθηκας λόγων.
Ἃ δ᾽ εἰς γάμους μοι βασιλικοὺς ὠνείδισας,
ἐν τῷδε δείξω πρῶτα μὲν σοφὸς γεγώς,
ἔπειτα σώφρων, εἶτα σοὶ μέγας φίλος
καὶ παισὶ τοῖς ἐμοῖσιν· ἀλλ᾽ ἔχ᾽ ἥσυχος. 550
Ἐπεὶ μετέστην δεῦρ᾽ Ἰωλκίας χθονὸς
πολλὰς ἐφέλκων συμφορὰς ἀμηχάνους,
τί τοῦδ᾽ ἂν εὕρημ᾽ εὗρον εὐτυχέστερον
ἢ παῖδα γῆμαι βασιλέως φυγὰς γεγώς;
οὐχ, ᾗ σὺ κνίζει, σὸν μὲν ἐχθαίρων λέχος, 555
καινῆς δὲ νύμφης ἱμέρῳ πεπληγμένος,
οὐδ᾽ εἰς ἅμιλλαν πολύτεκνον σπουδὴν ἔχων·
ἅλις γὰρ οἱ γεγῶτες, οὐδὲ μέμφομαι·
ἀλλ᾽ ὡς τὸ μὲν μέγιστον οἰκοῖμεν καλῶς
καὶ μὴ σπανιζοίμεσθα, γιγνώσκων ὅτι 560
πένητα φεύγει πᾶς τις ἐκποδὼν φίλος,
παῖδας δὲ θρέψαιμ᾽ ἀξίως δόμων ἐμῶν
σπείρας τ᾽ ἀδελφοὺς τοῖσιν ἐκ σέθεν τέκνοις
εἰς ταὐτὸ θείην καὶ ξυναρτήσας γένος
εὐδαιμονοίην. Σοί τε γὰρ παίδων τί δεῖ, 565

« mes travaux, » τῶν ἐμῶν πόνων πέρι, c'est-à-dire, les épreuves dont il ne se serait pas tiré sans le secours de son amante. — Quant au sens de la particule, μέντοι, voy. la note critique.

548. Δείξω γεγώς. Les verbes qui signifient « faire comprendre », se construisent avec le participe, comme ceux qui ont le sens de « comprendre ».

550. Ἀλλ᾽ ἔχ᾽ ἥσυχος. Médée donne des marques d'impatience.

553. Εὔρημα εὑρεῖν équivaut à ἑρμαίῳ ἐντυχεῖν, faire une trouvaille, avoir une bonne fortune inespérée.

555. Οὐχ, ᾗ σὺ κνίζει (pungeris), non pas de la manière, par le motif que suppose ta jalousie irritée.

557. Οὐδ᾽.... ἔχων, ni par le désir de rivaliser avec ceux qui ont beaucoup d'enfants, ou simplement : par le désir d'avoir beaucoup d'enfants. L'idée de lutte et de concours était si familière aux Grecs, que les mots ἅμιλλα et ἁμιλλᾶσθαι se disent de tout effort, même de ceux qui se font sans le dessein de l'emporter sur un autre. Comp. Iph. Taur. 411 : Φιλόπλουτον ἅμιλλαν.

559. Τὸ μέγιστον (ce qui est l'essentiel, surtout) est une locution adverbiale comme τὸ πρῶτον, τὸ λοιπόν, τὸ ἐναντίον, etc. — Οἰκεῖν ne signifie pas seulement habiter, mais désigne toute la vie domestique, quand il s'agit d'une famille, toute la vie politique, quand il est question d'une cité.

560. Γιγνώσκων est coordonné à ἐχθαίρων et à σπουδὴν ἔχων, participes qui indiquent les motifs qu'avait Jason de rechercher cette nouvelle alliance.

564. Ξυναρτήσας γένος, ayant noué ensemble, ayant uni tous mes enfants, répète avec plus de force l'idée déjà exprimée par εἰς ταὐτὸ θείην.

565-66. Σοί.... δεῖ; en quoi te faut-il des enfants? c'est-à-dire : tu n'as pas be-

ΜΗΔΕΙΑ. 145

ἐμοί τε λύει τοῖσι μέλλουσιν τέκνοις
τὰ ζῶντ' ὀνῆσαι. Μῶν βεβούλευμαι κακῶς;
οὐδ' ἂν σὺ φαίης, εἴ σε μὴ κνίζοι λέχος.
Ἀλλ' εἰς τοσοῦτον ἧκεθ' ὥστ' ὀρθουμένης
εὐνῆς γυναῖκες πάντ' ἔχειν νομίζετε,   570
ἢν δ' αὖ γένηται ξυμφορά τις εἰς λέχος,
τὰ λῷστα καὶ κάλλιστα πολεμώτατα
τίθεσθε. Χρῆν γὰρ ἄλλοθέν ποθεν βροτοὺς
παῖδας τεκνοῦσθαι, θῆλυ δ' οὐκ εἶναι γένος·
χοὔτως ἂν οὐκ ἦν οὐδὲν ἀνθρώποις κακόν.   575

ΧΟΡΟΣ.

Ἰᾶσον, εὖ μὲν τούσδ' ἐκόσμησας λόγους·
ὅμως δ' ἔμοιγε, κεἰ παρὰ γνώμην ἐρῶ,
δοκεῖς προδοὺς σὴν ἄλοχον οὐ δίκαια δρᾶν.

ΜΗΔΕΙΑ.

Ἦ πολλὰ πολλοῖς εἰμι διάφορος βροτῶν.
Ἐμοὶ γὰρ ὅστις ἄδικος ὢν σοφὸς λέγειν   580
πέφυκε, πλείστην ζημίαν ὀφλισκάνει·
γλώσσῃ γὰρ αὐχῶν τἄδικ' εὖ περιστελεῖν,

NC. 567. Nauck veut τά γ' ὄντ' ὀνῆσαι. En effet on oppose οἱ ζῶντες, les vivants, aux morts et non à ceux qui pourront naître plus tard. — 573. Plusieurs éditeurs ont adopté la conjecture de Porson χρῆν ἄρ'. Elmsley défend la leçon des manuscrits en citant *Phén*. 1604 : Ταρτάρου γὰρ ὤφελεν Ἐλθεῖν Κιθαιρὼν εἰς ἄβυσσα χάσματα, phrase où γάρ ne nous étonne pas moins qu'ici. Il faut dire que les Grecs aiment à se servir de cette particule dans les phrases qui expriment un souhait : la locution εἰ γάρ le prouve assez. Cela s'expliquait sans doute d'abord par une pensée sous-entendue, et devint ensuite une habitude. Il ne fallait donc pas suspecter *Hipp*. 640 : Μὴ γὰρ ἓν γ' ἐμοῖς δάμοις, et la conjecture que j'y ai proposée est inutile.

soin d'autres enfants, et comme les enfants sont le grand but du mariage, tu n'as donc pas besoin d'époux non plus. Voilà le beau raisonnement que Jason n'ose pas achever, mais qui est au fond de sa froide apologie. — Λύει pour λύει τέλη, λυσιτελεῖ, se trouve aussi chez Sophocle.
573-575. Le misogyne Hippolyte reprend ce vœu, et il indique même comment les dieux auraient pu s'y prendre pour perpétuer le genre humain sans le secours des femmes, *Hipp*. 616 sqq. — On a fait remarquer que l'apologie de Jason avait autant de vers que l'accusation de Médée : il y en a 54 d'un côté comme de l'autre. En décomposant le discours de Médée, on trouve des groupes de dix, onze, douze, dix, sept et quatre vers. Celui de Jason se divise en quatre, dix, onze, douze, dix et sept vers.
579-581. Le scholiaste paraphrase ainsi le premier de ces vers : Ὄντως δὴ ἐγὼ κατὰ πολλὰ πολλῶν διαφέρω ἀνθρώπων, ἐπεὶ οὐχ, ὥσπερ ἂν ἕτεροι.... — Ἐμοί, pour moi, à mes yeux. Comp. Sophocle, *Antig*. 904 : Καίτοι σ' ἐγὼ 'τίμησα τοῖς φρο-

10

146 ΜΗΔΕΙΑ.

τολμᾷ πανουργεῖν· ἔστι δ' οὐκ ἄγαν σοφός.
Ὡς καὶ σὺ μή νυν εἰς ἔμ' εὐσχήμων γένῃ
λέγειν τε δεινός· ἓν γὰρ ἐκτενεῖ σ' ἔπος.   585
Χρῆν σ', εἴπερ ἦσθα μὴ κακός, πείσαντά με
γαμεῖν γάμον τόνδ', ἀλλὰ μὴ σιγῇ φίλων.

ΙΑΣΩΝ.

Καλῶς γ' ἄν, οἶμαι, τῷδ' ὑπηρέτεις λόγῳ,
εἴ σοι γάμον κατεῖπον, ἥτις οὐδὲ νῦν
τολμᾷς μεθεῖναι καρδίας μέγαν χόλον.   590

ΜΗΔΕΙΑ.

Οὐ τοῦτό σ' εἶχεν, ἀλλὰ βάρβαρον λέχος
πρὸς γῆρας οὐκ εὔδοξον ἐξέβαινέ σοι.

ΙΑΣΩΝ.

Εὖ νῦν τόδ' ἴσθι, μὴ γυναικὸς οὕνεκα
γῆμαί με λέκτρα βασιλέων ἃ νῦν ἔχω,

584. C'est à tort que Matthiæ et d'autres écrivent ὥς. Le relatif grec remplace souvent notre démonstratif. Comp. Soph. *Électre*, vers 65. — 585. Variante mal autorisée : ἓν γὰρ οὖν κτενεῖ. — 588. Le manuscrit de Copenhague porte καλῶς γ' ἂν οὖν τῷδ'. Dans les autres, les copistes ont rempli le vers en insérant σύ ou μοι après οὖν, ou en écrivant ἐξυπηρέτεις. Nauck a vu que οὖν cachait l'ironique οἶμαι, *opinor*. — 594. Elmsley corrigé la leçon βασιλέως.

νοῦσιν εὖ, au jugement des hommes sensés, j'ai bien fait de t'honorer.
583. Ἔστι δ' οὐκ ἄγαν σοφός. Le meilleur commentaire de ces mots sont les vers d'*Hecube* (1192 sqq.), où il est question de ces mêmes hommes, qui savent donner un tour spécieux à leurs mauvaises actions : Σοφοὶ μὲν οὖν εἰσ' οἱ τάδ' ἠκριβωκότες, Ἀλλ' οὐ δύναιντ' ἂν διὰ τέλους εἶναι σοφοί, Κακῶς δ' ἀπώλοντ'· οὔτις ἐξήλυξέ πω.
584-85. Les mots ὡς καὶ σύ « comme toi aussi, c'est ainsi que toi aussi », n'auraient choqué personne, si Médée disait : « Et toi aussi tu seras un exemple de cette vérité que l'habileté des méchants n'est pas une bien grande habileté : car je te confondrai. » Il ne faut pas s'étonner si, au lieu de s'exprimer ainsi, Médée dit avec la vivacité et la souplesse du langage grec : De même toi aussi, ne m'oppose pas de discours spécieux (εὐσχήμων) et habiles : un seul mot va te renverser, ἐκτενεῖ σε (littéralement : « t'étendra par terre, »

trope emprunté, comme tant d'autres, à la palestre).
590. Τολμᾷς, *sustines, in animum inducis*. « Même aujourd'hui, dit-il, quand ce mariage est fait et que les choses sont irrévocablement fixées, tu ne peux te résoudre à faire taire le ressentiment de ton cœur. »
591-92. Οὐ τοῦτό σ' εἶχεν ne veut pas dire : « ce n'est pas là ce qui t'empêchait de me communiquer ton dessein, » et εἶχεν n'a pas ici le sens de εἶργεν, mot qu'on a même voulu introduire dans le texte. Τοῦτο se rapporte à τῷδε λόγῳ et Médée dit : « ce n'est pas là ce qui te préoccupait; les motifs que tu allègues n'étaient pas tes vrais motifs. » L'antithèse ne laisse pas de doute sur le sens de ces mots. Car Médée continue : « Mais l'union avec une femme barbare aboutissait pour toi (ἐξέβαινέ σοι) à une vieillesse sans honneur, » c.-à-d. « tu aurais cru déshonorer ta vieillesse en restant toute ta vie l'époux d'une femme barbare. »
594. Γῆμαι λέκτρα βασιλέων « épouser une princesse, » le pluriel généralisant

ΜΗΔΕΙΑ. 147

ἀλλ' ὥσπερ εἶπον καὶ πάρος, σῶσαι θέλων   595
σὲ καὶ τέκνοισι τοῖς ἐμοῖς ὁμοσπόρους
φῦσαι τυράννους παῖδας, ἔρυμα δώμασιν.

ΜΗΔΕΙΑ.

Μή μοι γένοιτο λυπρὸς εὐδαίμων βίος
μηδ' ὄλβος ὅστις τὴν ἐμὴν κνίζοι φρένα.

ΙΑΣΩΝ.

Οἶσθ' ὡς μετεύξει καὶ σοφωτέρα φανεῖ;   600
Τὰ χρηστὰ μή σοι λυπρὰ φαινέσθω ποτὲ,
μηδ' εὐτυχοῦσα δυστυχὴς εἶναι δόκει.

ΜΗΔΕΙΑ.

Ὕβριζ', ἐπειδὴ σοὶ μὲν ἔστ' ἀποστροφὴ,
ἐγὼ δ' ἔρημος τήνδε φευξοῦμαι χθόνα.

ΙΑΣΩΝ.

Αὐτὴ τάδ' εἵλου· μηδέν' ἄλλον αἰτιῶ.   605

ΜΗΔΕΙΑ.

Τί δρῶσα; μῶν γαμοῦσα καὶ προδοῦσά σε;

ΙΑΣΩΝ.

Ἀρὰς τυράννοις ἀνοσίους ἀρωμένη.

ΜΗΔΕΙΑ.

Καὶ σοῖς ἀραία γ' οὖσα τυγχάνω δόμοις.

ΙΑΣΩΝ.

Ὡς οὐ κρινοῦμαι τῶνδέ σοι τὰ πλείονα.

---

et s'appliquant aussi à une femme. Γῆμαι λέκτρα βασιλέως, serait : épouser la femme du roi.

595. Σῶσαι θέλων. La grammaire demande θέλοντα, mais le poète perd de vue le commencement de la phrase, et se sert du nominatif d'autant plus naturellement que ὥσπερ εἶπον amène ce cas par attraction.

603. Ἀποστροφὴ répond exactement au latin *deverticulum*, asile.

606. On ne rendrait pas exactement le sens de γαμοῦσα, si on le traduisait : en me mariant. Ce mot veut dire: en prenant (une autre) femme. Médée s'exprime ainsi parce qu'elle ne vent pas parler de ce qu'elle aurait pu faire, mais de ce que Jason a fait en effet. Τὸν Ἰάσονος λόγον ἐφ' ἑαυτῆς μετέστρεψεν, dit le scholiaste en rappelant la différence entre γαμεῖν et γαμεῖσθαι, dont il a été question dans la note critique sur le vers 262.

608. Καὶ σοῖς.... δόμοις, je suis une cause de malédiction pour ta maison aussi : l'injustice commise envers moi appelle la malédiction aussi sur ta maison. La traduction : « je maudis aussi ta maison, » est inexacte. Voy. *Hipp.* 1415, avec la note.

609. Jason affirme qu'il ne discutera (κρινοῦμαι) pas plus longtemps, et que Médée peut en être sûre. Ὡς renforce l'affirmation (on prétend qu'il faut sous-entendre ἴσθι). Cf. *Androm.* 255 : Ὡς τοῦτ' ἄραρε, κοὐ μένω πόσιν μένειν, et beaucoup d'autres passages recueillis par Elmsley.

ΜΗΔΕΙΑ.

Ἀλλ' εἴ τι βούλει παισὶν ἢ σαυτῆς φυγῇ 610
προσωφέλημα χρημάτων ἐμῶν λαβεῖν,
λέγ' · ὡς ἕτοιμος ἀφθόνῳ δοῦναι χερὶ
ξένοις τε πέμπειν σύμβολ', οἳ δράσουσί σ' εὖ.
Καὶ ταῦτα μὴ θέλουσα μωρανεῖς, γύναι ·
λήξασα δ' ὀργῆς κερδανεῖς ἀμείνονα. 615

ΜΗΔΕΙΑ.

Οὔτ' ἂν ξένοισι τοῖσι σοῖς χρησαίμεθ' ἄν,
οὔτ' ἄν τι δεξαίμεσθα, μήθ' ἡμῖν δίδου ·
κακοῦ γὰρ ἀνδρὸς δῶρ' ὄνησιν οὐκ ἔχει.

ΙΑΣΩΝ.

Ἀλλ' οὖν ἐγὼ μὲν δαίμονας μαρτύρομαι,
ὡς πάνθ' ὑπουργεῖν σοί τε καὶ τέκνοις θέλω · 620
σοὶ δ' οὐκ ἀρέσκει τἀγάθ', ἀλλ' αὐθαδίᾳ
φίλους ἀπωθεῖ · τοιγὰρ ἀλγυνεῖ πλέον.

ΜΗΔΕΙΑ.

Χώρει · πόθῳ γὰρ τῆς νεοδμήτου κόρης
αἱρεῖ χρονίζων δωμάτων ἐξώπιος ·
νύμφευ' · ἴσως γάρ, σὺν θεῷ δ' εἰρήσεται, 625
γαμεῖς τοιοῦτον ὥστε σ' ἀρνεῖσθαι γάμον.

ΧΟΡΟΣ.

Ἔρωτες ὑπὲρ μὲν ἄγαν [Strophe 1.
ἐλθόντες οὐκ εὐδοξίαν

---

612. Ἕτοιμος a force verbale et peut se passer du verbe substantif et du pronom personnel, même à la première personne.

613. Voici les explications données par le scholiaste au sujet des *tesseræ hospitales* : Οἱ ἐπιξενούμενοί τισιν, ἀστράγαλον κατατέμνοντες, θάτερον μὲν αὐτοὶ κατεῖχον μέρος, θάτερον δὲ κατελίμπανον τοῖς ὑποδεξαμένοις, ἵνα, εἰ δέοι πάλιν αὐτοὺς ἢ τοὺς ἐκείνων ἐπιξενοῦσθαι πρὸς ἀλλήλους, ἐπαγόμενοι τὸ ἥμισυ ἀστραγάλιον ἀνανεοῖντο τὴν ξενίαν. Platon dit, *Banquet*, page 191 D : Ζητεῖ δὴ ἀεὶ τὸ αὑτοῦ ἕκαστος ξύμβολον, chaque homme cherche sa moitié.

616. La répétition de la particule ἄν donne de la force au discours, chacun des mots suivis de cette particule se trouvant mis en relief.

618. Dicton proverbial qu'on retrouve, sous une forme un peu variée, chez Sophocle, *Ajax*, 665 : Ἐχθρῶν ἄδωρα δῶρα κοὐκ ὀνήσιμα.

626. Τοιοῦτον ὥστε σ' ἀρνεῖσθαι, tel que tu retireras ta parole. Médée indique à mots couverts l'état où se trouvera bientôt la fiancée de Jason.

627. C'est l'excès de l'amour qui a jeté Médée dans l'excès de la haine, et sa passion pour Jason est la cause de tous ses malheurs. De là viennent ces réflexions du chœur et la prière qu'il adresse à Vénus.

ΜΗΔΕΙΑ.   149

οὐδ᾽ ἀρετὰν παρέδωκαν
ἀνδράσιν· εἰ δ᾽ ἅλις ἔλθοι   630
Κύπρις, οὐκ ἄλλα θεὸς εὔχαρις οὕτως.
Μήποτ᾽, ὦ δέσποιν᾽, ἐπ᾽ ἐμοὶ χρυσέων
τόξων ἐφείης ἱμέρῳ
χρίσασ᾽ ἄφυκτον οἰστόν.

Στέργοι δέ με σωφροσύνα,   [Antistrophe 4.]   635
δώρημα κάλλιστον θεῶν·
μηδέ ποτ᾽ ἀμφιλόγους ὀρ-
γὰς ἀκόρεστά τε νείκη,
θυμὸν ἐκπλήξασ᾽ ἑτέροις ἐπὶ λέκτροις,
προσβάλοι δεινὰ Κύπρις, ἀπτολέμους δ᾽   640
εὐνὰς σεβίζουσ᾽ ὀξύφρων
κρίνοι λέχη γυναικῶν.

  Ὦ πατρίς, ὦ δώματα, μὴ   [Strophe 2.]

NC. 643. Ὦ δώματα, correction. de Nauck, fondée sur la leçon des bons manuscrits ὦ δῶμα. La vulgate ὦ δῶμά τ᾽ ἐμόν est mal autorisée. Voir 654.

630. Ἅλις est ici employé dans un sens qui s'éloigne de l'usage et de l'étymologie de ce mot. Il veut dire : assez, c'est-à-dire ce qui n'est pas en deçà de la juste mesure, et Euripide lui donne ici le sens de ce qui est modéré, c'est-à-dire qui n'est pas au delà de la juste mesure. La glose d'Hésychius : Ἅλις· μετρίως, semble se rapporter à ce vers.
632-34. Le poète donne ici à Vénus l'arc de son fils. Dans *Iphigénie à Aulis*, vers 549, les mêmes idées sont présentées d'une manière plus conforme aux opinions reçues : Δίδυμ᾽ Ἔρως ὁ χρυσοκόμας Τόξ᾽ ἐντείνεται χαρίτων.... Nous avons déjà fait remarquer dans *Hipp.* 563 cette confusion des attributs de Vénus et de l'Amour. Rien n'est plus mobile, plus ondoyant que la mythologie. — Ἱμέρῳ χρίσασ᾽ οἰστόν. Le désir est le poison dont Vénus teint ses flèches. On lit dans l'*Odyssée*, I, 262 : Φάρμακον ἀνδροφόνον διζήμενος, ὄφρα οἱ εἴη Ἰοὺς χρίεσθαι χαλκήρεας.
635. Qui aime la chasteté, est aimé d'elle.

637-42. Les femmes qui composent le chœur souhaitent que la redoutable Vénus ne leur suscite jamais des altercations irritées (ἀμφιλόγους ὀργάς), des querelles inépuisables (ἀκόρεστα, insatiables), en les frappant d'un amour illicite. On peut être tenté de traduire θυμὸν.... λέκτροις : « en me transportant de fureur à cause d'un autre amour de mon époux. » Cela s'appliquerait exactement aux faits dont le chœur est témoin. Mais l'idée développée dans cette strophe est marquée si clairement dès le début par les mots : στέργοι δέ με σωφροσύνα, qu'il ne semble pas possible d'adopter cette explication. D'ailleurs Euripide désigne par ἐκπλήσσειν ce transport de l'amour qui met l'âme hors d'elle-même. Comp. vers 8 et *Hipp.* 38. — Ὀξύφρων κρίνοι λέχη γυναικῶν. On explique ces mots ainsi : « Que Vénus, d'un esprit pénétrant, tienne séparés les lits des femmes. » J'aime mieux croire que le texte est gâté.
643. Médée est délaissée de tous, sans

δῆτ' ἄπολις γενοίμαν
τὸν ἀμαχανίας ἔχουσα   645
δυσπέρατον αἰῶν',
οἰκτρότατον ἀχέων.
Θανάτῳ θανάτῳ πάρος δαμείην
ἀμέραν τάνδ' ἢ 'ξανύσασα · μόχθων δ' οὐκ ἄλλος ὕπερθεν ἢ   650
γᾶς πατρίας στέρεσθαι.

Εἴδομεν, οὐκ ἐξ ἑτέρων   [Antistrophe 2.]
μῦθον ἔχω φράσασθαι ·
σὲ γὰρ οὐ πόλις, οὐ φίλων τις   655
ᾤκτισεν παθοῦσαν
δεινότατα παθέων.
Ἀχάριστος ὄλοιθ', ὅτῳ πάρεστιν

NC. 646. Variante δυσπέραντον. — 647. Musgrave a corrigé la leçon οἰκτροτάτων. D'autres écrivent au vers 657 δεινότατον παθέων. — 649. On lisait τάνδ' ἐξανύσασα. Il me semble impossible d'attribuer au poète une façon de parler si étrange et qui, quoi qu'on en ait dit, ne se justifie par aucune phrase analogue. Qui a jamais dit : « Puissé-je mourir d'abord ayant atteint (vu) ce jour » au lieu de: « Puissé je mourir avant de voir ce jour ? » J'ai cru devoir ajouter ἤ. — 654. Tous les manuscrits de quelque valeur portent μύθων ἔχω. La vulgate μύθων ἔχομεν est évidemment due au même grammairien qui corrigea le vers 643. Nauck a donné la vraie correction. — 656. Ὤικτισεν, conjecture de Musgrave, pour ᾤκτειρεν.

appui, sans ressources, parce qu'elle a quitté sa patrie. De là un nouvel ordre d'idées, développées dans la seconde couple de strophes.

649-51. Θανάτῳ δαμείην πάρος ἢ ἐξανύσασα τάνδ' ἀμέραν, puissé-je mourir avant d'atteindre, de voir le jour de l'exil ! Le participe ἐξανύσασα est ici mis pour l'infinitif ἐξανύσαι, ce qui semble conforme au génie de la langue grecque, quoique nous ne puissions citer d'exemple exactement pareil. — Le schol. rappelle Homère, *Od.* IX, 34 : Ὡς οὐδὲν γλύκιον ἧς πατρίδος ἠδὲ τοκήων.

652-53. Un chœur de Sophocle dit au contraire en parlant du supplice d'Ixion : Λόγῳ μὲν ἐξήκουσ', ὄπωπα δ' οὐ μάλα. (*Phil.* 676.)

655. Τις se rapporte exclusivement à φίλων, et non pas à πόλις. Le chœur dit que ni la cité (de Corinthe), ni aucun ami ne s'est ému de l'injure de Médée, parce qu'elle est étrangère.

658-61. Ἀχάριστος ne veut pas dire ici *ingratus*, mais *ingrata sorte*. Cependant ce mot est choisi à dessein parce qu'il s'agit d'un ingrat : les différents sens du mot χάρις n'en faisaient qu'un pour les Grecs. Périsse douloureusement, dit le chœur, quiconque n'est pas prêt à honorer (*colere*) ses amis en laissant voir le fond d'un cœur pur. Il ne faut pas oublier que κλῇς ne veut pas seulement dire « clef, » mais aussi « serrure, verrou » (cf. v. 1314: Χαλᾷ τε κλῇδας). — Ces vers rappellent la chanson grecque (σκόλιον) : Εἴθ' ἐξῆν ὁποῖός τις ἦν ἕκαστος Τὸ στῆθος διελόντ', ἔπειτα τὸν νοῦν ἐσιδόντα, κλείσαντα πάλιν, Ἄνδρα φίλον νομίζειν ἀδόλῳ φρενί.

ΜΗΔΕΙΑ.

μὴ φίλους τιμᾶν καθαρᾶν ἀνοί- 660
ξαντα κλῇδα φρενῶν · ἐμοὶ
μὲν φίλος οὔποτ' ἔσται.

ΑΙΓΕΥΣ.

Μήδεια, χαῖρε · τοῦδε γὰρ προοίμιον
κάλλιον οὐδεὶς οἶδε προσφωνεῖν φίλους.

ΜΗΔΕΙΑ.

Ὦ χαῖρε καὶ σὺ, παῖ σοφοῦ Πανδίονος, 665
Αἰγεῦ. Πόθεν γῆς τῆσδ' ἐπιστροφᾷ πέδον ;

ΑΙΓΕΥΣ.

Φοίβου παλαιὸν ἐκλιπὼν χρηστήριον.

ΜΗΔΕΙΑ.

Τί δ' ὀμφαλὸν γῆς θεσπιῳδὸν ἐστάλης ;

ΑΙΓΕΥΣ.

Παίδων ἐρευνῶν σπέρμ' ὅπως γένοιτό μοι.

ΜΗΔΕΙΑ.

Πρὸς θεῶν, ἄπαις γὰρ δεῦρ' ἀεὶ τείνεις βίον ; 670

ΑΙΓΕΥΣ.

Ἀπαιδές ἐσμεν δαίμονός τινος τύχῃ.

ΜΗΔΕΙΑ.

Δάμαρτος οὔσης, ἢ λέχους ἄπειρος ὤν ;

ΑΙΓΕΥΣ.

Οὐκ ἐσμὲν εὐνῆς ἄζυγες γαμηλίου.

ΜΗΔΕΙΑ.

Τί δῆτα Φοῖβος εἶπέ σοι παίδων πέρι ;

ΑΙΓΕΥΣ.

Σοφώτερ' ἢ κατ' ἄνδρα συμβαλεῖν ἔπη. 675

NC. 660. Badham a corrigé la leçon καθαράν. Le même critique propose, au vers précédent, παρέστη pour πάρεστι.

663-64. Χαῖρε est le vieux salut grec, qui se trouve déjà dans Homère. Euripide, qui aime d'ailleurs à critiquer les usages de son pays, trouve avec raison que rien n'est plus beau que cette manière de se saluer.

668. Les Grecs croyaient que Delphes, leur sanctuaire national, leur centre religieux et politique, était aussi le centre de la terre, de même que les hommes ont longtemps cru que la terre était le centre du monde. Chacun se figure que l'univers tourne autour de lui. Sophocle appelle les réponses de la Pythie τὰ μεσόμφαλα γᾶς μαντεῖα (OEd. Roi, 480), et Eschyle fait asseoir Oreste sur la pierre ombilicale qui était au fond du sanctuaire (Eumén. 40).

675. Σοφώτερ' ἢ κατ' ἄνδρα (quam pro

ΜΗΔΕΙΑ.

ΜΗΔΕΙΑ.
Θέμις μὲν ἡμᾶς χρησμὸν εἰδέναι θεοῦ;

ΑΙΓΕΥΣ.
Μάλιστ', ἐπεί τοι καὶ σοφῆς δεῖται φρενός.

ΜΗΔΕΙΑ.
Τί δῆτ' ἔχρησε; λέξον, εἰ θέμις κλύειν.

ΑΙΓΕΥΣ.
Ἀσκοῦ με τὸν προὔχοντα μὴ λῦσαι πόδα,

ΜΗΔΕΙΑ.
πρὶν ἂν τί δράσῃς ἢ τίν' ἐξίκῃ χθόνα; 680

ΑΙΓΕΥΣ.
πρὶν ἂν πατρῷαν αὖθις ἑστίαν μόλω.

ΜΗΔΕΙΑ.
Σὺ δ' ὡς τί χρῄζων τήνδε ναυστολεῖς χθόνα;

ΑΙΓΕΥΣ.
Πιτθεύς τις ἔστι γῆς ἄναξ Τροιζηνίας.

ΜΗΔΕΙΑ.
Παῖς, ὡς λέγουσι, Πέλοπος εὐσεβέστατος.

ΑΙΓΕΥΣ.
Τούτῳ θεοῦ μάντευμα κοινῶσαι θέλω. 685

ΜΗΔΕΙΑ.
Σοφὸς γὰρ ἀνὴρ καὶ τρίβων τὰ τοιάδε.

ΑΙΓΕΥΣ.
Κἀμοί γε πάντων φίλτατος δορυξένων.

NC. 686. Porson a corrigé la leçon ἀνήρ.

homine) ἔπη sont des paroles au-dessus de la sagesse humaine. Mais ce n'est pas là ce qu'Égée veut dire : il fallait donc ajouter συμβαλεῖν, pour les comprendre, *ad intelligendum*. Σοφώτερα συμβαλεῖν équivaut à δυσμαθέστερα.

676. La particule μέν dans les questions pareilles à celles-ci peut s'expliquer par une phrase sous-entendue : ici, εἰ δὲ μὴ θέμις, οὐκ ἐρωτῶ.

679. Scholiaste : Χρησμὸς ὁ δοθεὶς τῷ Αἰγεῖ οὗτός ἐστιν· « Ἀσκοῦ τὸν προὔχοντα πόδα, μέγα φέρτατε λαῶν, Μὴ λύσῃς, πρὶν γουνὸν Ἀθηναίων (lisez : Ἀθηνάων) ἀφικέσθαι. » Ἀσκοῦ οὖν τῆς γαστρός, πόδα δὲ τὸ μόριον, παρόσον ὡς ὁ ποδεὼν τοῦ ἀσκοῦ προέχει. Le sens de l'oracle est, d'après Plutarque, μηδεμιᾷ γυναικὶ συγγενέσθαι, πρὶν ἐλθεῖν εἰς Ἀθήνας.

680. Le même tour dans Soph. *Aj.* 107 : Πρὶν ἂν τί δράσῃς ἢ τί κερδάνῃς πλέον; passage comparé par Elmsley.

683-87. La sagesse et la vertu de Pitthée sont aussi louées dans le prologue d'*Hippolyte*. — Il arrangea les choses de façon que sa fille devînt mère d'un héros

ΜΗΔΕΙΑ.

Ἀλλ' εὐτυχοίης καὶ τύχοις ὅσων ἐρᾷς. —

ΑΙΓΕΥΣ.

Τί γὰρ σὸν ὄμμα χρώς τε συντέτηχ' ὅδε;

ΜΗΔΕΙΑ.

Αἰγεῦ, κάκιστός ἐστί μοι πάντων πόσις.   690

ΑΙΓΕΥΣ.

Τί φής; σαφῶς μοι σὰς φράσον δυσθυμίας.

ΜΗΔΕΙΑ.

Ἀδικεῖ μ' Ἰάσων οὐδὲν ἐξ ἐμοῦ παθών.

ΑΙΓΕΥΣ.

Τί χρῆμα δράσας; φράζε μοι σαφέστερον.

ΜΗΔΕΙΑ.

Γυναῖκ' ἐφ' ἡμῖν δεσπότιν δόμων ἔχει.

ΑΙΓΕΥΣ.

Μή που τετόλμηκ' ἔργον αἴσχιστον τόδε;   695

ΜΗΔΕΙΑ.

Σάφ' ἴσθ'· ἄτιμοι δ' ἐσμὲν οἱ πρὸ τοῦ φίλοι.

ΑΙΓΕΥΣ.

Πότερον ἐρασθεὶς ἢ σὸν ἐχθαίρων λέχος;

ΜΗΔΕΙΑ.

Μέγαν γ' ἔρωτα· πιστὸς οὐκ ἔφυ φίλοις.

ΑΙΓΕΥΣ.

Ἴτω νυν, εἴπερ ὡς λέγεις ἐστὶν κακός.

NC. 695. Les manuscrits ont ἦ που, ce qui est contraire à l'intention d'Égée, bien exprimée par la scholie ἀπιστῶν τοῦτο λέγει. Plusieurs éditeurs ont adopté la conjecture d'Elmsley ἦ γάρ, qui serait satisfaisante, si elle ne s'éloignait pas trop de la leçon des manuscrits. Il fallait écrire μή που.

694. Δεσπότιν δόμων est une aggravation de l'injure : οὐ παλλακήν, ἀλλὰ γνησίαν γυναῖκα καὶ κυρίαν.

695. On dit μή που, quand on se refuse à croire une chose, ἦ που quand on la suppose. Exemples : Esch. Prom. 247 : Μή πού τι προὔβης τῶνδε καὶ περαιτέρω; ib. 521 : Ἦ πού τι σεμνόν ἐστιν ὃ ξυναμπέχεις.

698. Μέγαν γ' ἔρωτα (suppléez ἐρασθείς) est dit ironiquement, et les mots suivants en sont l'explication. Sa grande passion à lui, dit Médée, c'est l'infidélité. Au vers 700 le verbe ἠράσθη est employé avec le même sarcasme.

699. Ἴτω. Le schol. dit ἀντὶ τοῦ ἐρρέτω. Mais Elmsley fait remarquer que ce mot signifie plutôt valeat que pereat : Égée dit qu'il ne veut plus avoir affaire à Jason, qu'il ne se soucie plus de lui, qu'il le méprise.

ΜΗΔΕΙΑ.

ΜΗΔΕΙΑ.

Ἀνδρῶν τυράννων κῆδος ἠράσθη λαβεῖν. 700

ΑΙΓΕΥΣ.

Δίδωσι δ' αὐτῷ τίς; πέραινέ μοι λόγον.

ΜΗΔΕΙΑ.

Κρέων, ὃς ἄρχει τῆσδε γῆς Κορινθίας.

ΑΙΓΕΥΣ.

Συγγνωστὰ [μὲν] γὰρ ἦν σε λυπεῖσθαι, γύναι.

ΜΗΔΕΙΑ.

Ὄλωλα· καὶ πρός γ' ἐξελαύνομαι χθονός.

ΑΙΓΕΥΣ.

Πρὸς τοῦ; τόδ' ἄλλο καινὸν αὖ λέγεις κακόν. 705

ΜΗΔΕΙΑ.

Κρέων μ' ἐλαύνει φυγάδα γῆς Κορινθίας.

ΑΙΓΕΥΣ.

Ἐᾷ δ' Ἰάσων; οὐδὲ ταῦτ' ἐπῄνεσα.

ΜΗΔΕΙΑ.

Λόγῳ μὲν οὐχί, καρτερεῖν δὲ βούλεται. —
Ἀλλ' ἄντομαί σε τῆσδε πρὸς γενειάδος
γονάτων τε τῶν σῶν ἱκεσία τε γίγνομαι, 710

NC. 703. Μέν n'est inséré que dans les manuscrits du second ordre. Hermann propose μέντάρ', Kirchhoff κάρτ' ἄρ'. — 705. Variante : καινὸν ἀγγέλλεις. — 706. L'édition Aldine porte φυγάδα τῆσδ' ἔξω χθονός. — 708. Une scholie mentionne la variante (conjecture?) καρδία δὲ βούλεται ; une autre semble lier οὐχὶ δὲ βούλεται, ou supposer la leçon δ' οὐ βούλεται.

708. Λόγῳ.... βούλεται, à l'entendre, il s'y oppose (οὐκ ἐᾷ); mais il veut s'y résigner. Tel est le sens de καρτερεῖν. On a dit que ce mot ne convenait pas, parce qu'on ne se résigne qu'à une chose désagréable et que Jason n'est pas fâché de voir Médée quitter le pays. Mais la femme délaissée parle ainsi dans l'amertume de son cœur, par sarcasme, comme aux vers 698 et 700. — Ce grand morceau stichomythique se compose de deux parties. Jusqu'au vers 688, on parle des motifs du voyage d'Égée; à partir de là, des causes de la tristesse de Médée. Dans la première partie on voit, après deux distiques, sept monostiques, puis quatre autres, qui commencent par les mots : Τί δῆτα Φοῖβος (674). Les quatre monostiques qui suivent commencent par : Τί δῆτ' ἔχρησε (678), et sont suivis à leur tour de sept autres. La seconde partie, 689-708, renferme deux fois dix monostiques.

710. Ἱκεσία τε γίγνομαι ajoute encore quelque chose à ce qui précède : elle devient formellement suppliante, et se met ainsi sous la protection de Jupiter, Ζεύς, ὅσθ' ἱκέτῃσιν ἅμ' αἰδοίοισιν ὀπηδεῖ (Odyssée, VII, 165). Aussi Égée accorde-t-il sa demande par respect pour les dieux, θεῶν ἕκατι, vers 720.

ΜΗΔΕΙΑ.

οἴκτειρον οἴκτειρόν με τὴν δυσδαίμονα,
καὶ μή μ' ἔρημον ἐκπεσοῦσαν εἰσίδῃς,
δέξαι δὲ χώρᾳ καὶ δόμοις ἐφέστιον.
Οὕτως ἔρως σοι πρὸς θεῶν τελεσφόρος
γένοιτο παίδων, καὐτὸς ὄλβιος θάλοις. 715
Εὕρημα δ' οὐκ οἶσθ' οἷον εὕρηκας τόδε·
παύσω δέ σ' ὄντ' ἄπαιδα καὶ παίδων γονὰς
σπεῖραί σε θήσω· τοιάδ' οἶδα φάρμακα.

ΑΙΓΕΥΣ.

Πολλῶν ἕκατι τήνδε σοι δοῦναι χάριν,
γύναι, πρόθυμός εἰμι, πρῶτα μὲν θεῶν, 720
ἔπειτα παίδων ὧν ἐπαγγέλλει γονάς·
εἰς τοῦτο γὰρ δὴ φροῦδός εἰμι πᾶς ἐγώ.
[Οὕτω δ' ἔχει μοι· σοῦ μὲν ἐλθούσης χθόνα,
πειράσομαί σου προξενεῖν δίκαιος ὤν.]
Τοσόνδε μέντοι σοι προσημαίνω, γύναι· 725
ἐκ τῆσδε μὲν γῆς οὔ σ' ἄγειν βουλήσομαι,
αὐτὴ δ' ἐάνπερ εἰς ἐμοὺς ἔλθῃς δόμους,
μενεῖς ἄσυλος κοὔ σε μὴ μεθῶ τινι.
Ἐκ τῆσδε δ' αὐτὴ γῆς ἀπαλλάσσου πόδα·
ἀναίτιος γὰρ καὶ ξένοις εἶναι θέλω. 730

ΜΗΔΕΙΑ.

Ἔσται τάδ'· ἀλλὰ πίστις εἰ γένοιτό μοι

NC. 715. La vulgate θάνοις (variante θάνῃς) est fort étrange. J'ai adopté l'excellente correction de Nauck. — 717. Peut-être παύσω γὰρ ὄντ', conjecture de Nauck. — 721. Les manuscrits portent ὧν μ' ἐπαγγέλλει. — 723-24. Ces deux vers, qui pourraient se rattacher à 729, font double emploi avec 726-28, non-seulement pour le fond, mais aussi pour la forme : car οὕτω δ' ἔχει μοι équivaut à τοσόνδε μέντοι σοι προσημαίνω. Il faut donc opter entre la plus courte et la plus longue de ces deux rédactions. Hirzel regarde avec raison la première comme interpolée.

715. Παίδων est rejeté à la fin de la phrase, pour faire antithèse à αὐτός.
722. Φροῦδος équivaut à οἴχομαι, ὥρμημαι. Égée dit que toutes ses pensées s'en sont allées de ce côté, qu'il y est tout entier. On peut comparer la phrase poétique ἐπὶ θήρας πόθον ἐστέλλου, Hipp. 234.
724. Δίκαιος ὤν, comme je le dois. Comp. Hipp. 1084.

729-30. Après avoir dit ce qu'il ne veut pas faire et ce qu'il veut faire, Égée revient encore une fois sur la condition qu'il met à sa promesse : ce qui est naturel et conforme à l'usage. — Ἀπαλλάσσου πόδα se compare à Τειχέων μὲν ἐντὸς οὐ βαίνω πόδα, Électre, 94, et à Βαίνουσιν ἐξ οἴκων πόδα, ib. 1173, passages cités par Nauck.
731. Εἰ γένοιτό μοι. Rien n'est plus natu-

[τούτων, ἔχοιμ᾽ ἂν πάντα πρὸς σέθεν καλῶς.]

ΑΙΓΕΥΣ.

Μῶν οὐ πέποιθας; ἢ τί σοι τὸ δυσχερές;

ΜΗΔΕΙΑ.

Πέποιθα · Πελίου δ᾽ ἐχθρὸς ἐστί μοι δόμος
Κρέων τε. Τούτοις δ᾽, ὁρκίοισι μὲν ζυγεὶς,   735
ἄγουσιν οὐ μεθεῖ᾽ ἂν ἐκ γαίας ἐμέ ·
λόγοις δὲ συμβὰς μὴ θεῶν ἐνώμοτος,
φίλος γένοι᾽ ἂν · . . . .
. . . . κἀπικηρυκεύματα
οὐκ ἂν πίθοιο · τἀμὰ μὲν γὰρ ἀσθενῆ,
τοῖς δ᾽ ὄλβος ἐστὶ καὶ δόμος τυραννικός.   740

ΑΙΓΕΥΣ.

Πολλὴν ἔλεξας, ὦ γύναι, προμηθίαν ·

NC. 732. Nauck a vu que ce vers fut ajouté par quelqu'un qui croyait devoir compléter la phrase et qui s'y prit maladroitement : car le rejet de τούτων n'est pas heureux et le reste de la phrase est d'une grécité douteuse. Je crois que l'interpolateur s'est servi du vers 756. — 736. Les copistes ont mis par erreur μεθῆσ᾽ ἂν ou μεθεῖσ᾽ ἂν pour μεθεῖο ἄν, qu'on trouve dans les scholies. — 737-39. Les manuscrits portent καὶ θεῶν ἐνώμοτος et κἀπικηρυκεύμασιν. Mais les scholies nous apprennent que l'ancienne leçon était κἀπικηρυκεύματα, ce que Didyme expliquait, tant bien que mal, par διὰ τὰ ἐπικηρυκεύματα. Le datif n'est donc qu'une correction peu probable. Καὶ θεῶν semble être une autre correction, faite par ceux qui voulaient mettre le commencement de la phrase d'accord avec la fin οὐκ ἂν πίθοιο, sans tenir compte de l'antithèse indiquée par μὲν..., δε: une scholie explique ces vers en ce sens. Mais une autre scholie donne le vrai sens, lequel exige μὴ θεῶν, conjecture de Hermann, préférable à la conjecture-variante ἀνώμοτος. Ensuite φίλος est plus qu'obscur. On a proposé φαῦλος (Badham) et ψηλός (Nauck), expressions qui blesseraient, ce me semble, les bienséances. Enfin on a mis τάχ᾽ ἂν (Wyttenbach) pour οὐκ ἂν, et πίθοι σε (Nauck) pour πίθοιο. Inutile de citer toutes les conjectures. J'ai indiqué une lacune avant κἀπικηρυκεύματα : (Kirchhoff la soupçonnait après ces mots). On peut la remplir ainsi : Φίλος γένοι᾽ ἂν ἧσσον ἀσφαλὴς φίλοις, κείνων τ᾽ ἀτίζειν τἀπικηρυκεύματα οὐκ ἂν πίθοιο. — 741. Variante ἔλεξας ἐν λόγοις: Nauck veut ἔθηκας ἐν λόγοις. La vulgate n'est pas seulement mieux autorisée; mais elle donne aussi un sens plus satisfaisant.

rel et plus commun que cette ellipse de l'apodose, qui a fini par faire de εἰ une particule de souhait.

737-39. Lié par des serments, dit Médée, tu ne me livreras pas, je pense, à la famille de Pélias ou à Créon, quand ils viendront demander mon extradition, m'arracher à mon asile (ἄγουσιν, c'est le mot propre). Mais s'il n'y a entre nous que de simples paroles, sans foi jurée, tu pourrais être un ami moins sûr pour moi, et tu ne consentirais peut-être pas à repousser leurs sommations. Cf. NC. et le supplément proposé.

741. Πολλὴν.... ἀφίσταμαι, tu dis, tu proposes des précautions très-grandes (exagérées) ; cependant, si tu le veux, je

ΜΗΔΕΙΑ.

ἀλλ' εἰ δοκεῖ σοι, δρᾶν τάδ' οὐκ ἀφίσταμαι.
Ἐμοί τε γὰρ τάδ' ἐστὶν ἀσφαλέστατα,
σκῆψίν τιν' ἐχθροῖς σοῖς ἔχοντα δεικνύναι,
τὸ σόν τ' ἄραρε μᾶλλον · ἐξηγοῦ θεούς.   745

ΜΗΔΕΙΑ.

Ὄμνυ πέδον Γῆς πατέρα θ' Ἥλιον πατρὸς
τοὐμοῦ θεῶν τε συντιθεὶς ἅπαν γένος.

ΑΙΓΕΥΣ.

Τί χρῆμα δράσειν ἢ τί μὴ δράσειν; λέγε.

ΜΗΔΕΙΑ.

Μήτ' αὐτὸς ἐκ γῆς σῆς ἔμ' ἐκβαλεῖν ποτε,
μήτ' ἄλλος ἤν τις τῶν ἐμῶν ἐχθρῶν ἄγειν   750
χρῄζῃ, μεθήσειν ζῶν ἑκουσίῳ τρόπῳ.

ΑΙΓΕΥΣ.

Ὄμνυμι Γαῖαν Ἡλίου θ' ἁγνὸν σέβας
θεούς τε πάντας ἐμμενεῖν ἅ σου κλύω.

ΜΗΔΕΙΑ.

Ἀρκεῖ · τί δ' ὅρκῳ τῷδε μὴ 'μμένων πάθοις;

ΑΙΓΕΥΣ.

Ἃ τοῖσι δυσσεβοῦσι γίγνεται βροτῶν.   755

NC 748. Nauck retranche sans motif suffisant, ce me semble, ce vers, qui est identique au v. 738 d'*Iph. Taur.* Égée avait demandé à Médée de lui indiquer les dieux par lesquels il fallait jurer; il demande maintenant qu'elle formule l'objet du serment. — 751. Variante μεθήσειν γῆς. — 752. Les meilleurs manuscrits ont γαῖαν λαμπρόν θ' ἡλίου φάος; d'autres corrigent la faute de métrique soit en supprimant τε, soit en donnant ἡλίου τε φῶς. Mais la variante Ἡλίου θ' ἁγνὸν σέβας, indiquée dans quelques manuscrits au vers 748, se rapporte à celui-ci, ainsi que Musgrave l'a vu, et elle est excellente. — 753. Schæfer a corrigé la leçon ἐμμένειν. — 755. Il n'est pas d'usage, ainsi que le fait remarquer Nauck, qu'un personnage parte ainsi sans le dire. Je crois qu'il manque deux vers dans lesquels Égée disait adieu à Médée et annonçait son intention d'aller voir Pithée avant de rentrer à Athènes. Ce détail rappelait la naissance de ce fils (le grand Thésée) que les vœux du chœur appellent, vers 760 sq. Comp. l'Introduction.

ne refuse pas de faire ce que tu dis. On voit que ἔλεξας est opposé à δρᾶν et que la leçon est bonne.
743-44. L'accusatif ἔχοντα après ἐμοί est irrégulier, comme le datif μολούσῃ après με au vers 58. Ou bien ἔχοντα δεικνύναι est-il mis pour δεικνύναι ἔχοντα δεικνύναι? — Dans une circonstance analogue l'OEdipe de Sophocle dit avec plus de noblesse : Οὔτοι σ' ὑφ' ὅρκου γ' ὡς κακὸν πιστώσομαι, et Thésée lui répond : Οὔκουν πέρα γ' ἂν οὐδὲν ἢ λόγῳ φέροις (*OEd. Col.* 650 sq.). Son Philoctète aussi croirait faire injure au fils d'Achille en lui faisant prêter serment. Οὐ μήν σ' ἔνορκόν γ' ἀξιῶ θέσθαι, τέκνον, lui dit-il (*Phil.* 814).

ΜΗΔΕΙΑ.

Χαίρων πορεύου· πάντα γὰρ καλῶς ἔχει.
Κἀγὼ πόλιν σὴν ὡς τάχιστ᾽ ἀφίξομαι,
πράξασ᾽ ἃ μέλλω καὶ τυχοῦσ᾽ ἃ βούλομαι.

ΧΟΡΟΣ.

Ἀλλά σ᾽ ὁ Μαίας πομπαῖος ἄναξ
πελάσειε δόμοις, ὧν τ᾽ ἐπίνοιαν   760
σπεύδεις κατέχων πράξειας, ἐπεὶ
γενναῖος ἀνὴρ,
Αἰγεῦ, παρ᾽ ἐμοὶ δεδόκησαι.

ΜΗΔΕΙΑ.

Ὦ Ζεῦ Δίκη τε Ζηνὸς Ἡλίου τε φῶς,
νῦν καλλίνικοι τῶν ἐμῶν ἐχθρῶν, φίλαι,   765
γενησόμεσθα κεἰς ὁδὸν βεβήκαμεν·
νῦν δ᾽ ἐλπὶς ἐχθροὺς τοὺς ἐμοὺς τίσειν δίκην.
Οὗτος γὰρ ἀνὴρ, ᾗ μάλιστ᾽ ἐκάμνομεν,
λιμὴν πέφανται τῶν ἐμῶν βουλευμάτων·
ἐκ τοῦδ᾽ ἀναψόμεσθα πρυμνήτην κάλων,   770
μολόντες ἄστυ καὶ πόλισμα Παλλάδος.
Ἤδη δὲ πάντα τἀμά σοι βουλεύματα

C'est le cas de dire qu'Euripide fait les hommes tels qu'ils sont, Sophocle tels qu'ils doivent être. Faut-il voir dans les vers d'*Œdipe à Colone* une critique indirecte du réalisme d'Euripide ?

760-61. Ὧν.... πράξειας. Voici la paraphrase du scholiaste : Καὶ πράξειας ταῦτα ὧν ἔχων ἐπιθυμίαν σπουδάζεις. Je ne pense pas que κατέχων ait le sens de ἔχων; ce mot veut dire « obtenant, » et il faut construire : Ὧν σπεύδεις ἐπίνοιαν ταῦτα κατέχων πράξειας, puisses-tu obtenir et accomplir ce que ton cœur médites. Voy. d'ailleurs l'observation critique sur le vers 755.

763. La seconde partie de cette scène est symétriquement composée, comme la première. En remontant au vers 709 on trouve trois couplets de dix vers (car le monostique d'Égée, 738, fait en quelque sorte corps avec ce que dit Médée), suivis d'un couplet quinaire. Viennent ensuite six vers, (Ὄμνυ πέδον Γῆς κ. τ. λ.), deux de Médée, un d'Égée, trois de Médée; auxquels répondent six autres vers (Ὄμνυμι Γαῖαν κ. τ. λ.), deux d'Égée, un de Médée, et trois d'Égée, en comptant les deux vers qui manquent après v. 755, si la conjecture proposée dans les notes critiques est juste. Enfin trois trimètres de Médée et une période anapestique forment la double conclusion de cette scène.

764. Δίκη Ζηνός. Comp. Τὰν Ζηνὸς ὁρκίαν Θέμιν, vers 209, et la note. — On rapporte ici le vers de la *Médée* d'Ennius . « Sol, qui candentem in cælo sublimas fa- « cem. »

768. Ἧι.... ἐκάμνομεν, du côté par où j'étais le plus embarrassée.

770. Κάλων, cable. Comp. *Herc. Fur.* 478 : Ὡς ἀνημμένοι κάλως Πρυμνησίοισι βίον ἔχοιτ᾽ εὐδαίμονα. Les Athéniens étaient un peuple marin : on s'en aperçoit en lisant leurs poetes.

ΜΗΔΕΙΑ.

λέξω · δέχου δὲ μὴ πρὸς ἡδονὴν λόγους.
Πέμψασ' ἐμῶν τιν' οἰκετῶν Ἰάσονα
εἰς ὄψιν ἐλθεῖν τὴν ἐμὴν αἰτήσομαι ·   775
μολόντι δ' αὐτῷ μαλθακοὺς λέξω λόγους,
ὡς καὶ δοκεῖ μοι ταῦτα καὶ καλῶς ἔχειν
[γάμους τυράννων οὓς προδοὺς ἡμᾶς ἔχει]
καὶ ξύμφορ' εἶναι καὶ καλῶς ἐγνωσμένα ·
παῖδας δὲ μεῖναι τοὺς ἐμοὺς αἰτήσομαι,   780
οὐχ ὡς λιποῦσα πολεμίας ἐπὶ χθονὸς
[ἐχθροῖσι παῖδας τοὺς ἐμοὺς καθυβρίσαι],
ἀλλ' ὡς δόλοισι παῖδα βασιλέως κτάνω.
Πέμψω γὰρ αὐτοὺς δῶρ' ἔχοντας ἐν χεροῖν,
[νύμφῃ φέροντας, τήνδε μὴ φεύγειν χθόνα,]   785
λεπτόν τε πέπλον καὶ πλόκον χρυσήλατον ·
κἄνπερ λαβοῦσα κόσμον ἀμφιθῇ χροΐ,
κακῶς ὀλεῖται πᾶς θ' ὃς ἂν θίγῃ κόρης ·
τοιοῖσδε χρίσω φαρμάκοις δωρήματα.
Ἐνταῦθα μέντοι τόνδ' ἀπαλλάσσω λόγον ·   790

NC. 777-79. Le second de ces vers, inadmissible pour plus d'une raison, est évidemment de la main d'un interpolateur qui voulait expliquer la pensée du poëte et qui n'y a pas réussi. Sans doute, Médée feindra d'approuver le mariage de Jason aussi bien que son propre bannissement; mais c'est à ce dernier point qu'il fallait s'attacher ici, pour l'opposer à παῖδας δὲ μεῖναι.... Au lieu de consulter le commencement de la scène suivante, l'interpolateur aurait dû s'inspirer des vers 934-940. Brunck a donc bien fait de retrancher le v. 778; mais je ne voudrais pas envelopper dans la même condamnation le vers suivant : cette accumulation de phrases approbatives convient au caractère de Médée. Je l'ai donc conservée en écrivant au v. 777, avec plusieurs éditeurs, ἔχειν pour ἔχει. Mais ce changement ne suffit pas. On demande : ὡς δὴ δοκεῖ μοι τἄλλα καὶ καλῶς ἔχειν καὶ ξύμφορ' εἶναι σωφρόνως τ' ἐγνωσμένα. Le second καὶ καλῶς sera venu du premier, par une erreur fréquente. — 784-82. Brunck a vu que le second de ces vers était fait avec 1060 sq. Dans le premier il faut peut-être ὡς λίπω σφε, d'après la conjecture de Burges. — 785. Ce vers qui est omis dans le manuscrit de Copenhague et placé après le suivant dans celui de Paris, a été condamné par Valckenaer, Porson et d'autres (Cp. 950 et 940). Plusieurs critiques retranchent aussi le vers suivant, qui est identique à 949. Mais il est plus facile de s'en passer plus bas qu'ici, où κόσμον a besoin d'être amené par une indication plus précise que δῶρα.

773. Μὴ πρὸς ἡδονὴν λόγους, des paroles sérieuses, non pas faites pour amuser. l'explique, de même, Soph. *Él.* 921 : Οὐ πρὸς ἡδονὴν λέγω τάδε « je parle sérieusement, » en ôtant le point d'interrogation qu'on met après τάδε. Il est vrai que πρὸς ἡδονὴν λέγειν se prend aussi dans le sens de πρὸς χάριν λέγειν, tenir un langage complaisant.

777-79. Voir la note critique.

ὤμωξα δ᾽ οἷον ἔργον ἔστ᾽ ἐργαστέον
τοὐντεῦθεν ἡμῖν · τέκνα γὰρ κατακτενῶ
τἄμ᾽ · οὔτις ἔστιν ὅστις ἐξαιρήσεται ·
δόμον τε πάντα συγχέασ᾽ Ἰάσονος
ἔξειμι γαίας, φιλτάτων παίδων φόνον   795
φεύγουσα καὶ τλᾶσ᾽ ἔργον ἀνοσιώτατον ·
οὐ γὰρ γελᾶσθαι τλητὸν ἐξ ἐχθρῶν, φίλαι.
Ἴτω · τί μοι ζῆν κέρδος; οὔτε μοι πατρὶς
οὔτ᾽ οἶκός ἐστιν οὔτ᾽ ἀποστροφὴ κακῶν.
Ἡμάρτανον τόθ᾽ ἡνίκ᾽ ἐξελίμπανον   800
δόμους πατρῴους, ἀνδρὸς Ἕλληνος λόγοις
πεισθεῖσ᾽, ὃς ἡμῖν σὺν θεῷ τίσει δίκην.
Οὔτ᾽ ἐξ ἐμοῦ γὰρ παῖδας ὄψεταί ποτε
ζῶντας τὸ λοιπόν, οὔτε τῆς νεοζύγου

NC. 798-99. Ces deux vers sont étranges. Médée ne songe pas à mourir : elle a pris, au contraire, le plus grand soin d'assurer sa retraite, et elle vient de le rappeler. Comment pourrait-elle donc dire : « Que m'importe la vie? Je n'ai pas d'asile (ἀποστροφή).» Ce contre-sens a été très-bien relevé par Hirzel. Cependant nous ne saurions nous résoudre à retrancher avec lui, non-seulement ces deux vers, mais encore (ce qui est la conséquence de cette première athétèse) le reste de ce couplet, c'est-à-dire un morceau qui est de toute beauté. Nous aimons mieux croire à quelque faute de copiste, et nous proposons, d'après le sens général de ce passage : Ἴτω· τί τοι ζῆν κέρδος, οἷσιν οὐ πατρὶς (ou πατήρ), οὐκ οἶκός ἐστιν, οὐκ ἀποστροφὴ κακῶν; L'altération du texte semble venir de ce que le vers 145 : Τί δέ μοι ζῆν ἔτι κέρδος; avait été noté en marge. Et la preuve, c'est que tous les bons manuscrits portent aussi dans le passage qui nous occupe, en dépit du mètre, τί μοι ζῆν ἔτι κέρδος. La variante πατήρ pour πατρίς, qui est indiquée dans le manuscrit de Paris et qui me semble excellente, est peut-être un reste de l'ancienne et véritable leçon de ce vers.

791. Ὤμωξα. Nous nous servons du présent; mais comme la pensée a été conçue avant d'être énoncée, les Grecs mettent l'aoriste. Les exemples de cet idiotisme abondent.

796. Φεύγουσα. La loi bannissait le meurtrier des lieux souillés par le sang qu'il avait versé. Voy. *Hipp.* 35, avec la note.

798-802. Médée vient de dire que l'action qu'elle va commettre, afin de ne pas être la risée de ses ennemis, est une action impie. Elle sent donc ce qu'il y a d'horrible dans son dessein; et si elle s'encourage à persévérer (ἴτω) malgré ce bon sentiment, il faut qu'elle le combatte par d'autres réflexions. «Qu'importe à ces enfants de vivre? s'écrie-t-elle (d'après la conjecture proposée ci-dessus). Ils n'ont ni patrie (ni père, si on adopte la variante πατήρ), ni maison, ni refuge pour échapper aux malheurs de la vie. Ce n'est pas aujourd'hui que je me rendrai criminelle : cette action n'est que la conséquence obligée du crime que je commis en abandonnant la maison paternelle pour suivre un homme étranger, un Grec à la parole séduisante. » En effet, si elle était restée dans sa patrie, si elle y avait accepté un époux de la main de son père, ses enfants n'auraient jamais été livrés à un tel abandon.

ΜΗΔΕΙΑ.

νύμφης τεκνώσει παῖδ', ἐπεὶ κακὴν κακῶς 805
θανεῖν σφ' ἀνάγκη τοῖς ἐμοῖσι φαρμάκοις.
Μηδείς με φαύλην κἀσθενῆ νομιζέτω
μηδ' ἡσυχαίαν, ἀλλὰ θατέρου τρόπου,
βαρεῖαν ἐχθροῖς καὶ φίλοισιν εὐμενῆ·
τῶν γὰρ τοιούτων εὐκλεέστατος βίος. 810

ΧΟΡΟΣ.

Ἐπείπερ ἡμῖν τόνδ' ἐκοίνωσας λόγον,
σέ τ' ὠφελεῖν θέλουσα καὶ νόμοις βροτῶν
ξυλλαμβάνουσα δρᾶν σ' ἀπεννέπω τάδε.

ΜΗΔΕΙΑ.

Οὐκ ἔστιν ἄλλως· σοὶ δὲ συγγνώμη λέγειν
τάδ' ἐστί, μὴ πάσχουσαν ὡς ἐγὼ κακῶς. 815

ΧΟΡΟΣ.

Ἀλλὰ κτανεῖν σὼ παῖδε τολμήσεις, γύναι;

ΜΗΔΕΙΑ.

Οὕτω γὰρ ἂν μάλιστα δηχθείη πόσις.

ΧΟΡΟΣ.

Σὺ δ' ἂν γένοιό γ' ἀθλιωτάτη γυνή.

ΜΗΔΕΙΑ.

Ἴτω· περισσοὶ πάντες οὖν μέσῳ λόγοι. —
Ἀλλ' εἶα χώρει καὶ κόμιζ' Ἰάσονα· 820
εἰς πάντα γὰρ δὴ σοὶ τὰ πιστὰ χρώμεθα.
Λέξῃς δὲ μηδὲν τῶν ἐμοὶ δεδογμένων,
εἴπερ φρονεῖς εὖ δεσπόταις γυνή τ' ἔφυς.

NC. 822. Elmsley a corrigé la leçon λέξεις, qui ne s'accorde pas avec μηδέν.

809. On a dit que Médée ne pouvait se dire φίλοισιν εὐμενῆ au moment même où elle déclare qu'elle tuera ses enfants. On peut faire cette objection à Médée; mais on ne doit pas la faire au poète, qui a bien compris les inconséquences de la passion et le langage de ceux qu'elle entraîne.

815. L'accusatif πάσχουσαν, amené par l'infinitif λέγειν, est moins irrégulier que ἔχοντα au vers 744. Comp. 659 sqq. et 838.

820. On voit que la fidèle servante qui a prononcé le prologue, est toujours près de sa maîtresse, quoique elle ne prenne plus la parole.

823. Δεσπόταις est ce pluriel général des Grecs qui ne désigne qu'une seule personne (comp. 366 et 591). Le français « à tes maîtres », qui se rapporterait à Médée et à Jason, serait un contre-sens. — Γυνή τ' ἔφυς. Les femmes ont été outragées dans la personne de Médée, et ces mots marquent bien cette conspiration des

162 ΜΗΔΕΙΑ.

ΧΟΡΟΣ.

Ἐρεχθεῖδαι τὸ παλαιὸν ὄλβιοι [Strophe 1]
καὶ θεῶν παῖδες μακάρων ἱερᾶς   825
χώρας ἀπορθήτου τ' ἄπο, φερβόμενοι
κλεινοτάταν σοφίαν, ἀεὶ διὰ λαμπροτάτου
βαίνοντες ἁβρῶς αἰθέρος, ἔνθα ποθ' ἁγνὰς   830
ἐννέα Πιερίδας Μούσας λέγουσι
ξανθὰν Ἁρμονίαν φυτεῦσαι

NC. 826-27. On lisait χώρας.... ἀποφερβόμενοι κλεινοτάταν σοφίαν, en faisant dire au poëte que la sagesse est un produit du sol de l'Attique et que les habitants s'en repaissent de la même manière que les animaux broutent l'herbe. Nauck est le seul éditeur qui ait senti le ridicule de cette leçon; mais en retranchant les mots κλεινοτάταν σοφίαν, il a mis une platitude à la place d'une absurdité. Le scholiaste dit : Ἡ σύνταξις οὕτως· ἀπὸ ἀπορθήτου χώρας, observation qu'on n'a pas comprise, mais qui éclaire tout ce passage, dès que l'on met une virgule après ἄπο.

femmes contre les hommes, cette ligne à laquelle le chœur aussi s'est associé, puisqu'il prend le parti d'une étrangère contre les princes de sa patrie. — Voici la disposition de cette scène. Médée se félicite en deux quatrains, 764-774, d'avoir trouvé un asile. Après avoir annoncé dans un distique qu'elle va révéler ses desseins au chœur, elle en expose la première partie, ceux qui regardent la princesse, en huit et cinq vers, 774-789 ; et de même la seconde et plus terrible partie, le meurtre de ses propres enfants, en huit et cinq vers, 790-802. Elle termine par deux quatrains où elle fait voir l'étendue de sa vengeance et la fermeté de son caractère. Le petit dialogue qui suit se compose de cinq et de deux fois quatre vers.

825-30. θεῶν παῖδες χώρας ἄπο est dit comme Φιλίππου παῖς ἐξ Ὀλυμπιάδος. Tout le monde sait combien les Athéniens étaient fiers de leur autochthonie. Les panégyristes et les auteurs d'oraisons funèbres ne manquaient jamais de rappeler ce titre de noblesse. Euripide l'a amplifié en disant que le peuple de l'Attique, enfanté par la Terre, avait pour pères les dieux immortels. Il ne me semble pas nécessaire de songer ici à la fable qui est rapportée par le scholiaste et suivant laquelle Vulcain, Minerve et la Terre auraient concouru à la naissance d'Érechthée d'une manière très peu esthétique. L'épithète ἀπόρθητος se rattache à la gloire de l'autochthonie : n'ayant jamais été conquise,

l'Attique fut toujours habitée par la même race. Cp. Thucydide I, 2 : Τὴν γοῦν Ἀττικὴν ἐκ τοῦ ἐπὶ πλεῖστον.... ἄστασίαστον οὖσαν ἄνθρωποι ᾤκουν οἱ αὐτοὶ ἀεί, ce que Strabon (VIII, p. 383) rend ainsi : Ἀπορθήτους μὲν εἶναι καὶ αὐτόχθονας νομισθῆναι διὰ τοῦτό φησιν ὁ Θουκυδίδης. Le savant géographe semble s'être souvenu d'Euripide. — Φερβόμενοι..?. αἰθέρος. Ces mots se tiennent. Si les Athéniens ont l'intelligence déliée, si la poésie et les arts fleurissent chez eux, ils le doivent à la pureté de l'air ou, comme dit le poëte, de l'éther brillant, dans lequel ils marchent avec délices. On sait que l'air épais de la Béotie exerçait une influence toute contraire sur l'esprit de ses habitants, s'il faut en croire leurs malicieux voisins. Le meilleur commentaire de ces vers est l'allusion qu'y fait le rhéteur Aristide dans un passage rappelé par Musgrave, Panathenaïcus, p. 400 : Οὐ γάρ ἐστιν ὅστις τῶν περὶ γῆν ἀέρων τοσοῦτον ἀφέστηκε γῆς τῇ φύσει, οὐδ' αἰθέρι μᾶλλον εἴκασται. Euripide lui-même, en faisant ailleurs l'éloge d'Athènes, disait : Οὐρανὸν ὑπὲρ γῆ̀ς ἔχομεν εὖ κεκραμένον, ἵν' οὔτ' ἄγαν πῦρ οὔτε χεῖμα συμπίτνει (Plutarque, de exilio, p. 604 D).

831-835. Euripide veut ici que les Muses soient filles d'Harmonie et qu'elles soient nées dans l'Attique Aucun poëte ne l'avait dit avant lui, et je ne sais quel grammairien grec, dont l'opinion est reproduite

ΜΗΔΕΙΑ. 163

τοῦ καλλινάου παρὰ Κηφισοῦ ῥοαῖς, [Antistrophe 1.] 835
τὰν Κύπριν κλῄζουσιν ἀφυσσαμέναν
χώραν καταπνεῦσαι μετρίας ἀνέμων
αὔρας..., ἀεὶ δ' ἐπιβαλλομέναν 840
χαίταισιν εὐώδη ῥοδέων πλόκον ἀνθέων
τᾷ σοφίᾳ παρέδρους πέμπειν ἔρωτας,
παντοίας ἀρετᾶς ξυνεργούς. 845

NC 835-36. On mettait un point en haut à la fin de la strophe et on lisait τοῦ καλλινάου τ' ἀπὸ Κηφισοῦ ῥοὰς τὰν Κύπριν κλῄζουσιν. Mais les manuscrits portent tous ῥοαῖς, leçon qui ne peut être considérée comme une simple erreur, puisqu'on trouve à côté de ἀπὸ la variante ἐπί. Cela indique que τ' ἀπὸ provient de παρὰ, et qu'il faut accentuer τὰν Κύπριν. Hermann avait déjà proposé τᾶν, mais en corrigeant le vers précédent d'une manière peu satisfaisante; Nauck conjecture οὗ καλλινάου παρά. — 840. Les manuscrits de second ordre ajoutent ἡδυπνόους avant αὔρας: supplément ingénieux, mais qui ne rétablit pas l'accord antistrophique. La glose αὔρας ou plutôt αὔραις (car il faut un datif) a été substituée au texte primitif. Hermann a proposé μετρίαις ἀνέμων ἡδυπνόοισι πνοαῖς.

par le scholiaste, était si choqué de cette innovation qu'il aima mieux regarder ἁρμονίαν comme le régime de φυτεῦσαι, en faisant naître une fille de neuf mères. Le poète avait bien le droit de s'écarter de la tradition dans un morceau d'une mythologie philosophique. Il sait même dans quel endroit de l'Attique la blonde Harmonie donna le jour aux Muses: c'était sur les bords du Céphise, où Sophocle, faisant à son tour l'éloge d'Athènes dans son *OEdipe à Colone* (v. 668 sqq.) place les danses des Muses et amène la déesse aux rênes d'or, χρυσάνιος Ἀφροδίτα, que nous allons voir paraître au vers suivant. Faisons remarquer que le premier vers de l'antistrophe, tout en se rattachant grammaticalement à ce qui précède, est cependant lié par le sens à ce qui suit. Ces espèces de rejets, plus apparents que réels, ne sont pas rares.

836-845. Τᾶν.... αὔρας. Vénus tire des eaux du Céphise une douce fraîcheur, qu'elle souffle sur le pays. Le verbe καταπνεῦσαι ne peut guère se construire avec deux accusatifs. Il faudrait χώρας pour χώραν, ou, ce qui est plus probable, μετρίαις αὔραις pour μετρίας αὔρας. — Ἀεὶ.... ξυνεργούς. Couronnée de roses, Vénus envoie les Amours qui sont les compagnons de la sagesse, les auxiliaires de toutes les vertus. Ceci ne veut pas dire, comme on l'a pensé, que Vénus tempère la triste sagesse par les amours et les ris; les mots ont évidemment une plus grande portée et renferment toute une théorie philosophique sur l'amour, des idées déjà voisines de celles de Platon. On n'en doutera pas, après avoir lu ces beaux vers de notre poète, dans lesquels l'amour est proclamé une école de sagesse, une partie essentielle de la vertu. Ils ont été conservés par Athénée XIII, p. 561 A: Παίδευμα δ' ἔρως σοφίας ἀρετῆς Πλεῖστον ὑπάρχει. Καὶ προσομιλεῖν οὗτος ὁ δαίμων Πάντων ἡδίστος ἔφυ θνητοῖς. Καὶ γὰρ ἄλυπον τέρψιν τιν' ἔχων Εἰς ἐλπίδ' ἄγει. Τοῖς δ' ἀτελέστοις τῶν τοῦδε πόνων Μήτε συνείην χωρίς τ' ἀγρίων Ναίοιμι τρόπων. Τὸ δ' ἐρᾶν προλέγω τοῖσι νέοισιν Μήποτε φεύγειν, Χρῆσθαι δ' ὀρθῶς ὅταν ἔλθῃ. L'amour qu'inspirent les belles âmes est opposé par Euripide à l'amour physique, dans ce fragment de *Dictys*, tragédie qui fut jouée avec *Médée*. Καί μ' ἔρως ἕλοι ποτὲ Οὐκ εἰς τὸ μῶρον οὐδέ μ' εἰς Κύπριν τρέπων. Ἀλλ' ἔστι δή τις ἄλλος ἐν βροτοῖς ἔρως, Ψυχῆς δικαίας σώφρονός τε κἀγαθῆς. Καὶ χρῆν δὲ τοῖς βροτοῖσι τόνδ' εἶναι νόμον, Τῶν εὐσεβούντων οἵτινες τε σώφρονες Ἐρᾶν, Κύπριν δὲ τὴν Διὸς χαίρειν ἐᾶν (Stobée, *Ecl. phys.* I, x, 4).

ΜΗΔΕΙΑ.

Πῶς οὖν ἱερῶν ποταμῶν [Strophe 2]
ἢ πόλις ἢ φίλων
πόμπιμός σε χώρα
τὰν παιδολέτειραν ἕξει,
τὰν οὐχ ὁσίαν μετ' ἄλλων. 850
Σκέψαι τεκέων πλαγὰν,
σκέψαι φόνον οἷον αἴρει.
Μὴ, πρὸς γονάτων σε πάντως
πάντῃ σ' ἱκετεύομεν,
τέκνα φονεύσῃς. 855
Πόθεν θράσος ἢ φρενὸς ἢ [Antistrophe 2.]
χειρὶ τέκνων σέθεν
καρδίᾳ τε λήψει,

847. La leçon des manuscrits du premier ordre ἢ φίλων ἢ πόλις, est corrigée dans les autres. — 852. Elmsley a corrigé la leçon αἰρῇ. — 853-54. Πάντως πάντη σ' est dû a Nauck. Les bons manuscrits ont πάντως πάντες, les autres πάντες πάντως. — 855. Brunck a retranché μὴ après τέκνα. La vulgate μὴ τέκνα vient de Musurus, qui interpola aussi dans le vers antistrophique, 865, ἐν avant τλάμονι. — 856-59. Elmsley écrit τέκνοις et καρδίαν, Nauck τέκνον au vocatif. Pour restituer le texte évidemment altéré, il ne faut pas négliger les indices que fournit la symétrie antistrophique. Cette symétrie demande que les particules ἢ.... ἢ se trouvent à la même place que dans la strophe. Peut-être: Πόθεν θράσος ἔρνεσι σοῖς (ou Σέθεν θράσος ἆρα τέκνων) ἢ χερὸς ἢ φρενὸς καρδίᾳ τε λήψει.

846-850. Πῶς οὖν.... ἄλλων. « La ville des fleuves sacrés (soit le Céphise, divisé en une foule de cours d'eau pour les besoins de l'irrigation, cf. Soph. OEd. Col. 687, soit le Céphise et l'Ilisse), le pays hospitalier pour ceux qu'il aime (φιλοξενωτάτη schol.), comment pourra-t-il t'accueillir quand tu auras tué tes enfants, quand il ne te sera plus permis de converser même avec d'autres, moins purs et moins religieux que le noble peuple d'Athènes? » J'ai rendu par une paraphrase les mots τὰν οὐχ ὁσίαν μετ' ἄλλων, qui ont embarrassé les interprètes anciens et modernes. Quelques-uns expliquent : τὰν οὐχ ὁσίαν ὡς οἱ ἄλλοι πολῖται, d'autres : « qui es retranchée de la société des hommes; » d'autres lient ἕξει μετ' ἄλλων, d'autres encore rattachent μετ' ἄλλων à la phrase suivante, comme fait le scholiaste.

853-854. Πάντως et πάντη sont souvent réunis pour donner plus de force au discours. Quant à la répétition du pronom personnel, voy. Soph. OEd. Col. 1278 sq. et d'autres passages cités par Nauck.

856-59. Πόθεν.... τόλμαν. Le chœur demande à Médée où elle prendra le courage d'exécuter un dessein si horrible sur ses propres enfants : le cœur et la main lui failliront. Mais s'il ne peut y avoir de doute sur le sens général de ces vers, il n'est guère possible de rendre compte du détail des mots. Sans doute, le style lyrique permet de dire θράσος τέκνων λήψει προσάγουσα τόλμαν pour θράσος λήψει προσάγουσα τόλμαν τέκνοις. De même le génitif φρενός, qui dépend de θράσος, peut être coordonné aux datifs χειρὶ et καρδίᾳ, qui sont gouvernés par λήψει. Mais il est absurde de distinguer entre le courage de l'âme (φρενός) et celui de la main et du cœur (χειρὶ καρδίᾳ τε); il faudrait opposer la main à l'âme et au cœur (ἢ χερὸς ἢ φρενὸς καρδίᾳ τε).

ΜΗΔΕΙΑ. 165

δεινὰν προσάγουσα τόλμαν;
Πῶς δ' ὄμματα προσβαλοῦσα 860
τέκνοις ἄδακρυν μοῖραν
σχήσεις φόνου; οὐ δυνάσει,
παίδων ἱκετᾶν πιτνόντων,
τέγξαι χέρα φοινίαν
τλάμονι θυμῷ. 865

ΙΑΣΩΝ.

Ἥκω κελευσθείς· καὶ γὰρ οὖσα δυσμενὴς
οὐκ ἄν γ' ἁμάρτοις τοῦδέ γ', ἀλλ' ἀκούσομαι
τί χρῆμα βούλει καινὸν ἐξ ἐμοῦ, γύναι.

ΜΗΔΕΙΑ.

Ἰᾶσον, αἰτοῦμαί σε τῶν εἰρημένων
συγγνώμον' εἶναι· τὰς δ' ἐμὰς ὀργὰς φέρειν 870
εἰκός σ', ἐπεὶ νῷν πόλλ' ὑπείργασται φίλα.
Ἐγὼ δ' ἐμαυτῇ διὰ λόγων ἀφικόμην,
κἀλοιδόρησα· σχετλία, τί μαίνομαι
καὶ δυσμεναίνω τοῖσι βουλεύουσιν εὖ,
ἐχθρὰ δὲ γαίας κοιράνοις καθίσταμαι 875
πόσει θ', ὃς ἡμῖν δρᾷ τὰ συμφορώτατα,
γήμας τύραννον καὶ κασιγνήτους τέκνοις

NC, 862. Les manuscrits ont φόνου ou φόνον, avec la variante φόνῳ, attestée par une scholie qui rattache ce mot à la phrase suivante. Les derniers éditeurs ont adopté cette ponctuation, quoique φόνῳ fasse ainsi double emploi avec φονίαν. — 867. Le premier γ' a été inséré par Musurus. Porson écrit οὗ τἂν pour οὐκ ἄν.

860-62. Πῶς ... φόνου; En jetant les yeux sur tes enfants, comment retiendras-tu la part de larmes qui leur est due à cause du meurtre? C'est à tort que les interprètes construisent : σχήσεις μοῖραν φόνου, en donnant à ces mots un sens qu'ils ne peuvent avoir. Ἄδακρυν μοῖραν σχήσεις équivaut à δακρύων μοῖραν σχήσεις, l'adjectif marquant, par une anticipation familière aux poètes grecs et latins, l'effet de l'action exprimée par le verbe. Cp. Soph. El. 242 : Γονέων ἐκτίμους ἴσχουσα πτέρυγας ὀξυτόνων γόων.

866. La particule καί ne fait pas ici corps avec γάρ, mais signifie vel et porte sur δυσμενὴς οὖσα. Cp. Héraclides, 998 : Καὶ γὰρ ἐχθρὸς ὢν Ἀκούσεται τά γ' ἐσθλά, χρηστὸς ὢν ἀνήρ.

872. Ἐμαυτῇ διὰ λόγων ἀφικόμην. V. sur cet hellénisme Hipp. 542 et la note.

876-881. Médée ne fait que répéter, avec une ironie qui échappe à Jason, les arguments dont celui-ci s'était servi aux vers 547-565.

877. Γήμας τύραννον, en épousant la princesse. Le verbe indique assez que

ἐμοῖς φυτεύων; οὐκ ἀπαλλαχθήσομαι
θυμοῦ; τί πάσχω, θεῶν ποριζόντων καλῶς;
οὐκ εἰσὶ μέν μοι παῖδες, οἶδα δὲ χθόνα   880
φεύγοντας ἡμᾶς καὶ σπανίζοντας φίλων;
Ταῦτ' ἐννοήσασ' ἠσθόμην ἀβουλίαν
πολλὴν ἔχουσα καὶ μάτην θυμουμένη.
Νῦν οὖν ἐπαινῶ, σωφρονεῖν τέ μοι δοκεῖς
κῆδος τόδ' ἡμῖν προσλαβών, ἐγὼ δ' ἄφρων,   885
ᾗ χρῆν μετεῖναι τῶνδε τῶν βουλευμάτων
καὶ ξυμπεραίνειν, καὶ παρεστάναι λέχει
νύμφην τε κηδεύουσαν ἥδεσθαι σέθεν.
Ἀλλ' ἐσμὲν οἷόν ἐσμεν, οὐκ ἐρῶ κακὸν,
γυναῖκες· οὔκουν χρῆν σ' ὁμοιοῦσθαι κακοῖς   890
οὐδ' ἀντιτείνειν νήπι' ἀντὶ νηπίων.
Παριέμεσθα, καί φαμεν κακῶς φρονεῖν
τότ', ἀλλ' ἄμεινον νῦν βεβούλευμαι τόδε. —
Ὦ τέκνα τέκνα, δεῦτε, λείπετε στέγας,

NC. 890. Variante moins autorisée: χρή σ'.

τύραννον est féminin; mais on ne pourrait pas dire de même κτείνας τύραννον sans ajouter l'article τήν.

880-881. Médée dit que l'intérêt de ses enfants et l'état où se trouve la famille (Jason, Médée et leurs enfants, ἡμᾶς), exilée de son pays et sans amis à Corinthe, doivent lui faire approuver ce nouveau mariage. Φεύγοντας ne fait pas allusion au récent bannissement de Médée; et par χθόνα, il faut entendre la Thessalie, comme le scholiaste le fait très-bien remarquer. Mais citons plutôt le poëte lui-même, qui est son meilleur interprète. Jason dit dans le morceau cité plus haut:
Τί τοῦδ' ἂν εὕρημ' εὗρον εὐτυχέστερον
Ἢ παῖδα γῆμαι βασιλέως φυγὰς γεγώς;

882-883. Ἠισθόμην ἔχουσα est l'hellénisme imité par Virgile dans « Sensit medios delapsus in hostes. »

887-888. L'ironie perce de plus en plus : quand nous simulons des sentiments que nous n'avons pas, nous sommes portés à en exagérer l'expression. Cela n'a pas été compris par un des derniers éditeurs, qui a cru devoir écrire παριστάναι λέχη, afin de tempérer l'hyperbole. — Construisez ἥδεσθαι τε κηδεύουσαν νύμφην σέθεν. L'infinitif entraîne l'accusatif du participe, quoi que la phrase commence par ᾗ. Cp. Α

889-891. Ἀλλ' ἐσμὲν.... γυναῖκες. Ce dernier mot est l'attribut et non le sujet de ἐσμέν. Jason avait dit la chose plus explicitement v. 569 sqq.; et ici encore Médée ne fait que répéter les propos qu'il a tenus. — Χρῆν. Médée fait allusion à la manière dont Jason lui a répondu dans leur première entrevue. Si elle disait χρή (variante), elle marquerait ce qu'il doit faire à présent. — Ὁμοιοῦσθαι κακοῖς, faire à ton tour comme moi, qui ne suis qu'une femme, qu'un être déraisonnable. Comme elle parle d'elle-même au pluriel, elle doit se servir du masculin. Cp. la note sur Hipp. 349. Il est impossible de prendre κακοῖς pour un neutre; car les Grecs construisent ὁμοιοῦσθαι avec le datif de la personne et l'accusatif de la chose.

ΜΗΔΕΙΑ.

ἐξέλθετ', ἀσπάσασθε καὶ προσείπατε 895
πατέρα μεθ' ἡμῶν, καὶ διαλλάχθηθ' ἅμα
τῆς πρόσθεν ἔχθρας εἰς φίλους μητρὸς μέτα·
σπονδαὶ γὰρ ἡμῖν καὶ μεθέστηκεν χόλος.
Λάβεσθε χειρὸς δεξιᾶς· οἴμοι, κακῶν
ὡς ἐννοοῦμαι δή τι τῶν κεκρυμμένων. 900
Ἆρ', ὦ τέκν', οὕτω καὶ πολὺν ζῶντες χρόνον
φίλην ὀρέξετ' ὠλένην; Τάλαιν' ἐγώ,
ὡς ἀρτίδακρύς εἰμι καὶ φόβου πλέα·
χρόνῳ δὲ νεῖκος πατρὸς ἐξαιρουμένη
ὄψιν τέρειναν τήνδ' ἔπλησα δακρύων. 905

ΧΟΡΟΣ.

Κἀμοὶ κατ' ὄσσων χλωρὸν ὡρμήθη δάκρυ·
καὶ μὴ προβαίη μεῖζον ἢ τὸ νῦν κακόν.

ΙΑΣΩΝ.

Αἰνῶ, γύναι, τάδ', οὐδ' ἐκεῖνα μέμφομαι·
εἰκὸς γὰρ ὀργὰς θῆλυ ποιεῖσθαι γένος,
γάμους παρεμπολῶντος ἀλλοίους, πόσει. 910
Ἀλλ' εἰς τὸ λῷον σὸν μεθέστηκεν κέαρ,
ἔγνως δὲ τὴν νικῶσαν ἀλλὰ νῦν χρόνῳ
βουλήν· γυναικὸς ἔργα ταῦτα σώφρονος.
Ὑμῖν δὲ, παῖδες, οὐκ ἀφροντίστως πατὴρ

NC. 905. Les manuscrits ont τερεινήν ou τερείνην. — 910. Le scholiaste nous apprend que les acteurs, choqués de la construction irrégulière de cette phrase, écrivaient dans leurs exemplaires ἐμοῦ au lieu de πόσει. J'aime à croire que les acteurs intelligents ne défiguraient pas ainsi le texte de leur poète. — 912. Variante moins autorisée : ἀλλὰ τῷ χρόνῳ. — 913. Nauck retranche ce vers. Ses arguments ne m'ont pas convaincu.

899-900. Οἴμοι.... κεκρυμμένων. Scholie : Τοῦτο ἠρέμα καὶ καθ' ἑαυτήν, ὡς ἐννοοῦσα τὴν ἀπήνειαν τοῦ φόνου κατὰ τῶν παίδων.

903. Ἀρτίδακρυς· εὐχερὴς πρὸς δάκρυον. [Hésychius.]

904. Νεῖκος πατρὸς ἐξαιρουμένη, ôtant, terminant la querelle avec votre père.

906. Χλωρὸν δάκρυ, qui se retrouve chez Euripide, chez Sophocle et ailleurs, veut-il dire des larmes pâles, ou des larmes tendres (dans le sens matériel de ce mot), ou bien des larmes abondantes, comme dans la locution homérique θαλερὸν δάκρυ ?

910. La construction de cette phrase, dont on peut rendre compte en suppléant αὐτοῦ après παρεμπολῶντος, est très-dure. Dindorf fait remarquer que les tragiques ne se servent point du génitif πόσεως.

912-913. Τὴν νικῶσαν βουλήν, le conseil qui l'emporte, le meilleur parti. — Ἀλλὰ νῦν χρόνῳ équivaut à ἀλλὰ νῦν ποτέ, qui est plus usité. La phrase complète serait εἰ καὶ μὴ πρότερον, ἀλλὰ νῦν.

914-915. Jason dit qu'il n'a pas négligé

πολλὴν ἔθηκε σὺν θεοῖς προμηθίαν·
οἶμαι γὰρ ὑμᾶς τῆσδε γῆς Κορινθίας
τὰ πρῶτ᾿ ἔσεσθαι σὺν κασιγνήτοις ἔτι.
Ἀλλ᾿ αὐξάνεσθε· τἄλλα δ᾿ ἐξεργάζεται
πατήρ τε καὶ θεῶν ὅστις ἐστὶν εὐμενής·
ἴδοιμι δ᾿ ὑμᾶς εὐτραφεῖς ἥβης τέλος
μολόντας, ἐχθρῶν τῶν ἐμῶν ὑπερτέρους. —
Αὕτη, τί χλωροῖς δακρύοις τέγγεις κόρας
στρέψασα λευκὴν ἔμπαλιν παρηίδα,
κοὐκ ἀσμένη τόνδ᾿ ἐξ ἐμοῦ δέχει λόγον;

ΜΗΔΕΙΑ.

Οὐδέν· τέκνων τῶνδ᾿ ἐννοουμένη πέρι.

ΙΑΣΩΝ.

Θάρσει νυν· εὖ γὰρ τῶνδε θήσομαι πέρι.

ΜΗΔΕΙΑ.

Δράσω τάδ᾿· οὔτοι σοῖς ἀπιστήσω λόγοις·
γυνὴ δὲ θῆλυ κἀπὶ δακρύοις ἔφυ.

ΙΑΣΩΝ.

Τί δή, τάλαινα, τοῖσδ᾿ ἐπιστένεις τέκνοις;

915

920

925

NC. 923. Ce vers est suspect à cause de sa grande ressemblance avec 1148. Cependant on ne peut dire qu'il soit déplacé, et j'hésite à suivre Hartung et Nauck, qui l'ont mis entre crochets. Quoi qu'il en soit, l'interpolateur de 1006 sq. le trouva déjà dans le texte. — 926. Variantes : τῶνδ᾿ ἐγὼ et τῶνδε νῦν θήσω πέρι.

les intérêts de ses enfants (ἀφροντίστως), mais qu'il leur a préparé un sort qui, avec l'aide des dieux (σὺν θεοῖς), témoignera de sa prévoyance. Dans la phrase grecque, qui est plus rapide, « prévoyance » est mis pour « effet de prévoyance. » Προμηθίαν y prend en quelque sorte le sens de σωτηρίαν (glose qui est devenue une variante), et voilà pourquoi le poète a dit ὑμῖν ἔθηκε, et non ὑμῶν (conjecture admise dans plusieurs éditions) ἔθετο προμηθίαν.

917. Τὰ πρῶτα se dit des personnes qui sont au premier rang, même en prose. Aristophane, *Grenouilles*, 721 : (Ἀρχέδημός) ἐστιν τὰ πρῶτα τῆς ἐκεῖ μοχθηρίας. Cp. παιδεύματα, l'élève, *Hipp.* 11.

920. Ἥβης τέλος ne signifie pas la fin de la jeunesse; la jeunesse, la puberté, ἥβη, est un τέλος, un accomplissement, un but à atteindre. On peut en dire autant de la vieillesse et la mort : de là les phrases γήρως τέλος, θανάτου τέλος.

922-24. Médée se détourne pour cacher ses larmes, mais Jason les aperçoit. Le scholiaste, qui blâme le poète d'avoir prêté ici à Médée une sensibilité peu d'accord avec le caractère de l'héroïne, n'a rien compris à l'admirable conception d'Euripide.

928. Ἐπὶ δακρύοις, portée aux larmes. Elmsley cite à propos ce fragment de la *Danaé* d'Euripide : Ἔρως γὰρ ἀργὸν κἀπὶ τοιούτοις ἔφυ· φιλεῖ κάτοπτρα....

ΜΗΔΕΙΑ.

ΜΗΔΕΙΑ.

Ἔτικτον αὐτούς· ζῆν δ' ὅτ' ἐξεύχου τέκνα. 930
εἰσῆλθέ μ' οἶκτος εἰ γενήσεται τάδε. —
Ἀλλ' ὧνπερ οὕνεκ' εἰς ἐμοὺς ἥκεις λόγους,
τὰ μὲν λέλεκται, τῶν δ' ἐγὼ μνησθήσομαι.
Ἐπεὶ τυράννοις γῆς μ' ἀποστεῖλαι δοκεῖ,
κἀμοὶ τάδ' ἐστὶ λῷστα, γιγνώσκω καλῶς, 935
μήτ' ἐμποδὼν σοὶ μήτε κοιράνοις χθονὸς
ναίειν (δοκῶ γὰρ δυσμενὴς εἶναι δόμοις),
ἡμεῖς μὲν ἐκ γῆς τῆσδ' ἀπαίρομεν φυγῇ,
παῖδας δ', ὅπως ἂν ἐκτραφῶσι σῇ χερί,
αἰτοῦ Κρέοντα τήνδε μὴ φεύγειν χθόνα. 940

ΙΑΣΩΝ.

Οὐκ οἶδ' ἂν εἰ πείσαιμι, πειρᾶσθαι δὲ χρή.

ΜΗΔΕΙΑ.

Σὺ δ' ἀλλὰ σὴν κέλευσον αἰτεῖσθαι πατρὸς
γυναῖκα παῖδας τήνδε μὴ φεύγειν χθόνα.

ΙΑΣΩΝ.

Μάλιστα, καὶ πείσειν γε δοξάζω σφ' ἐγώ,
εἴπερ γυναικῶν ἐστι τῶν ἄλλων μία. 945

ΜΗΔΕΙΑ.

Συλλήψομαι δὲ τοῦδέ σοι κἀγὼ πόνου·
πέμψω γὰρ αὐτῇ δῶρ' ἃ καλλιστεύεται
τῶν νῦν ἐν ἀνθρώποισιν, οἶδ' ἐγώ, πολύ,
[λεπτόν τε πέπλον καὶ πλόκον χρυσήλατον]
παῖδας φέροντας. Ἀλλ' ὅσον τάχος χρεὼν 950

NC. 930. Les meilleurs manuscrits et le scholiaste ont la mauvaise leçon ἐξηύχουν. — 939. J'ai écrit παῖδας pour παῖδες, et j'ai mis une virgule après δ'. — 943. La répétition des mots τήνδε μὴ φεύγειν χθόνα était à bon droit suspecte à Brunck. — 949. Ce vers, identique à 786, embarrasse la phrase sans nécessité. Plusieurs critiques en ont jugé ainsi.

— Il est évident qu'en parlant ainsi, Médée continue de pleurer : Jason répète donc sa question avec plus d'insistance. L'ordre des vers est satisfaisant, et je ne vois pas la nécessité des transpositions qu'on a essayées.

944-945. Σφε n'est pas le sujet, mais le régime de πείσειν : le vers 946 le prouve. Jason se fait donc fort de persuader Glaucé, si elle est une femme comme les autres. Jason est quelque peu fat : cela se marque aussi aux vers 962 sq., et il devait être tel, comme favori de Vénus.

950-951. Ἀλλ' ὅσον.... τινά. Médée

ΜΗΔΕΙΑ.

κόσμον κομίζειν δεῦρο προσπόλων τινά.
Εὐδαιμονήσει δ' οὐχ ἓν ἀλλὰ μυρία,
ἀνδρός τ' ἀρίστου σοῦ τυχοῦσ' ὁμευνέτου
κεκτημένη τε κόσμον ὅν ποθ' Ἥλιος
πατρὸς πατὴρ δίδωσιν ἐκγόνοισιν οἷς.   955
Λάζυσθε φερνὰς τάσδε, παῖδες, εἰς χέρας
καὶ τῇ τυράννῳ μακαρίᾳ νύμφῃ δότε
φέροντες· οὔτοι δῶρα μεμπτὰ δέξεται.

ΙΑΣΩΝ.

Τί δ', ὦ ματαία, τῶνδε σὰς κενοῖς χέρας;
δοκεῖς σπανίζειν δῶμα βασίλειον πέπλων,   960
δοκεῖς δὲ χρυσοῦ; σῶζε, μὴ δίδου τάδε.
Εἴπερ γὰρ ἡμᾶς ἀξιοῖ λόγου τινὸς
γυνή, προθήσει χρημάτων, σάφ' οἶδ' ἐγώ.

ΜΗΔΕΙΑ.

Μή μοι σύ· πείθειν δῶρα καὶ θεοὺς λόγος·
χρυσὸς δὲ κρείσσων μυρίων λόγων βροτοῖς.   965
Κείνης ὁ δαίμων, κεῖνα νῦν αὔξει θεός,
νέα τυραννεῖ· τῶν δ' ἐμῶν παίδων φυγὰς
ψυχῆς ἂν ἀλλαξαίμεθ', οὐ χρυσοῦ μόνον.
Ἀλλ', ὦ τέκν', εἰσελθόντε πλουσίους δόμους,
πατρὸς νέαν γυναῖκα, δεσπότιν δ' ἐμήν,   970

NC. 970. Elmsley corrigea la leçon δεσπότιν τ' ἐμήν, qui serait correcte s'il s'agissait de deux personnes différentes : comp. vers 17.

s'interrompt pour donner cet ordre à l'une de ses servantes. Elle reprend ensuite la suite du discours qu'elle adresse à Jason. Enfin, quand la parure est apportée, elle la remet à ses enfants, en leur disant les trois derniers vers de ce couplet.

958. Οὔτοι.... δέξεται. Le double sens de ces mots est signalé dans la scholie : Τοῦτο διπλῆν ἔχει τὴν ἔννοιαν, μίαν μὲν, ἣν ὁ Ἰάσων ἐκδέχεται, ὅτι οὐκ ἀπόβλητα αὐτῇ τὰ δῶρα, ἀλλὰ θαυμαστά, ἑτέραν δὲ, ἣν αὐτὴ κρύπτει, ἀντὶ τοῦ οὐ γελάσει τὸ δῶρον ὡς ἀσθενὲς, ἀναιρήσει γὰρ αὐτήν. C'est dans ce dernier sens que

Neptune dit chez Homère, Od. V, 379· Οὐδ' ὥς σε ἔολπα ὀνόσσεσθαι κακότητος.

964-965. Μή μοι σύ. Sous-entendez τοιαῦτα λέξῃς. — Πείθειν δῶρα.... On cite ce vers rapporté par Platon, Rep. p. 390 E : Δῶρα θεοὺς πείθει, δῶρ' αἰδοίους βασιλῆας. « Munera, crede mihi, « capiunt hominesque deosque, » dit Ovide, Art d'aimer, III, 653.

966-968. Médée donne deux motifs : le premier, c'est qu'une telle parure convient mieux à une jeune princesse heureuse et favorisée des dieux qu'à une pauvre exilée; le second, c'est que rien n'est trop précieux

ΜΗΔΕΙΑ. 171

ἱκετεύετ' ἐξαιτεῖσθε μὴ φεύγειν χθόνα,
κόσμον διδόντες · τοῦδε γὰρ μάλιστα δεῖ,
εἰς χεῖρ' ἐκείνην δῶρα δέξασθαι τάδε.
Ἴθ' ὡς τάχιστα · μητρὶ δ' ὧν ἐρᾷ τυχεῖν
εὐάγγελοι γένοισθε πράξαντες καλῶς. 975

ΧΟΡΟΣ.

Νῦν ἐλπίδες οὐκέτι μοι παίδων ζόας, [Strophe 4.]
οὐκέτι · στείχουσι γὰρ ἐς φόνον ἤδη.
Δέξεται νύμφα χρυσέων ἀναδεσμῶν
δέξεται δύστανος ἄταν ·
ξανθᾷ δ' ἀμφὶ κόμᾳ θή- 980
σει τὸν Ἅιδα κόσμον αὐ-
τὰ χεροῖν λαβοῦσα.

Πείσει χάρις ἀμβρόσιός τ' αὐγὰ πέπλων [Antistrophe 4.]
χρυσοτεύκτου τε στεφάνου περιθέσθαι ·
νερτέροις δ' ἤδη πάρα νυμφοκομήσει. 985

NC. 976. Porson a corrigé la leçon ζωᾶς. Comp. *Hipp*. 846, NC. — 983-84. Les manuscrits ont πέπλων (ou πέπλου) χρυσεότευκτον στέφανον. On écrit généralement, d'après Reiske et Elmsley, πέπλον χρυσότευκτον τε στέφανον. La correction proposée par Klotz, πέπλων χρυσοτεύκτου τε στεφάνου, m'a semblé plus conforme au style lyrique, et se trouve peut-être confirmée par une scholie du *Vaticanus*.

pour racheter le bannissement de ses enfants. Elle insiste sur le premier motif avec une malice passionnée, et je ne vois rien à reprendre dans le vers 966, bien qu'il ait été suspect à quelques critiques. Κεῖνα équivaut à τὰ ἐκείνης, comme τάδε s'emploie pour τὰ ἐμά ou ἐγώ.

866-975. Voici la disposition de cette scène. Jason débute par trois vers, auxquels répondent trois vers de Médée (866-868; 869-871). Cette dernière reconnaît ses torts dans un distique (882 sq.) précédé et suivi de dix vers (872-881; 884-893), qui en développent la portée. Elle appelle ensuite ses enfants, et les paroles qu'elle leur adresse se divisent en cinq, deux et cinq vers, le distique étant encore placé au milieu (894-905). Après un distique du chœur, Jason dit deux fois trois vers à Médée et deux fois quatre vers à ses enfants (908-924). Les larmes de Médée donnent lieu à un échange entre les époux de dix ou (en supprimant 923) de neuf vers (922-931). Enfin Médée en vient à sa demande, et elle prononce trois couplets, de neuf, de douze et de douze vers (932-40; 946-58; 964-75), lesquels sont séparés, le premier du second, par cinq vers (944-45), formant un petit dialogue, le second du troisième par cinq vers (959-63), appartenant à Jason seul.

978. Glose d'Hésychius : Ἀναδέσμη · μίτρα, ἀνάδημα · οἱ δὲ, εἶδος κόσμου ἐπὶ κεφαλῆς.

985. Νυμφοκομήσει, elle se parera en jeune épouse. Le scholiaste prend ce verbe au sens transitif, en suppléant le sujet τὰ δῶρα.

172   ΜΗΔΕΙΑ

Τοῖον ἁ δύστανος ἄτας
ἔρκος κεῖς θανάτου μοῖ-
ραν τὸν Ἅιδαν οὐχ ὑπερ-
φεύξεται πεσοῦσα.

Σὺ δ', ὦ τάλαν, ὦ κακόνυμφε κηδεμὼν τυράννων,   [Strophe 2.]   990
παισὶν οὐ κατειδὼς
ὄλεθρον βιοτᾷ προσάγεις, ἀλόγῳ
τε σᾷ στυγερὸν θάνατον.
Δύστανε, μοίρας ὅσον παροίχει.   995

Μεταστένομαι δὲ σὸν ἄλγος, ὦ τάλαινα παίδων [Ant. 2.]

NC. 986-89. Les manuscrits portent τοῖον εἰς ἔρκος πεσεῖται καὶ μοῖραν θανάτου δύστανος· ἄταν δ' οὐχ ὑπερφεύξεται. Le mot προσλήψεται qu'un manuscrit corrigé insère après θανάτου, a été avec raison banni des textes par les derniers éditeurs, de même que les conjectures proposées par Porson ici et à la fin de la strophe Nauck essaye d'accorder les strophes en retranchant λαβοῦσα au vers 981. J'ai retrouvé le vrai texte au moyen des symétries antistrophiques, qui sont des guides infaillibles. Il est évident que les mots δύστανος ἄταν ou ἄτας (cf. v. 979) devaient se trouver à la même place dans les deux strophes. Ce premier point établi, on arrive facilement à corriger le reste de la paraphrase, de manière à ce que τὸν Ἅιδαν (v. 988) réponde à τὸν Ἅιδα (v. 981) et πεσοῦσα (v. 989) à λαβοῦσα (v. 982). — 992. La leçon ὄλεθρον βιοτάν a été corrigée par Elmsley d'après le scholiaste et une variante du manuscrit de Paris.

986-989. Construisez : Ἡ δύστηνος πεσοῦσα (εἰς) τοῖον ἔρκος ἄτης καὶ εἰς (τοίαν) μοῖραν θανάτου, οὐχ ὑπερφεύξεται τὸν Ἅιδην. Le premier εἰς est supprimé, comme un premier πρὸς l'est dans *Hec.*, v. 144. — Ἔρκος, les filets. Eschyle, qui affectionne cette métaphore, dit : Δίκης ἐν ἕρκεσιν, γάγγαμον ἄτης, ἀνημονῆς ἀρκύστατα, παρασαίνει βροτὸν εἰς ἄρκυας Ἄτα.
990. Κηδεμών équivaut à κηδεστά. Κακόνυμφε κηδεμὼν τυράννων, époux funeste qui s'allie à la famille de nos princes.
991-92. Παισὶν ὄλεθρον βιοτᾷ προσάγεις est dit comme κύσσε μιν κεφαλήν, μένος οἱ ἔμβαλε θυμῷ, et tant d'autres phrases homériques dans lesquelles un verbe a deux régimes similaires, d'abord la personne, ensuite la partie spécialement affectée par l'action. Comp. *Hipp.* 573.
995. Μοίρας ὅσον παροίχει. Elmsley traduit : « Quantum a pristina fortuna excidisti. » Mais il me semble assez évident que ces mots développent l'idée de οὐ κατειδώς, et que le chœur dit : « Combien tu es éloigné de te douter du destin qui t'attend! » Παροίχεσθαί τινος a le même sens chez Eschyle, *Suppl.* 452, quoi qu'en ait dit Hermann, de l'avis duquel Nauck ponctue d'une manière que nous ne saurions approuver, en mettant ici la virgule après μοίρας.
996. On explique μεταστένομαι, « je déplore ensuite, encore » ou bien, « je déplore au milieu de cela. » Je crois que ce verbe a ici le même sens que μεταλγεῖν a, si je ne me trompe, chez Eschyle, *Suppl.* 406, « déplorer ce qui va venir. » Le chœur plaint Médée, non de l'infidélité de Jason (erreur du scholiaste), mais de la douleur qu'elle aura en tuant ses enfants par jalousie. Il l'appelle ὦ τάλαινα παίδων μᾶτερ, mère infortunée au sujet de ses enfants. Comp. *Suppl.* 825 : Ὦ ματέρες τάλαιναι τέκνων

ΜΗΔΕΙΑ. 173

μᾶτερ, ἅ φονεύσεις
τέκνα νυμφιδίων ἕνεκεν λεχέων,
ἅ σοι προλιπὼν ἀνόμως 1000
ἄλλῃ ξυνοικεῖ πόσις συνεύνῳ.

ΠΑΙΔΑΓΩΓΟΣ.

Δέσποιν', ἀφεῖνται παῖδες οἵδε σοὶ φυγῆς,
καὶ δῶρα νύμφη βασιλὶς ἀσμένη χεροῖν
ἐδέξατ'· εἰρήνη δὲ τἀκεῖθεν τέκνοις.
Ἔα,
τί συγχυθεῖσ' ἕστηκας ἡνίκ' εὐτυχεῖς; 1005
[τί σὴν ἔστρεψας ἔμπαλιν παρηίδα,
κοὐκ ἀσμένη τόνδ' ἐξ ἐμοῦ δέχει λόγον;]

ΜΗΔΕΙΑ.

Αἰαῖ.

ΠΑΙΔΑΓΩΓΟΣ.

Τάδ' οὐ ξυνῳδὰ τοῖσιν ἐξηγγελμένοις.

ΜΗΔΕΙΑ.

Αἰαῖ μάλ' αὖθις.

ΠΑΙΔΑΓΩΓΟΣ.

Μῶν τιν' ἀγγέλλων τύχην
οὐκ οἶδα, δόξης δ' ἐσφάλην εὐαγγέλου; 1010

ΜΗΔΕΙΑ.

Ἤγγειλας οἷ' ἤγγειλας· οὐ σὲ μέμφομαι.

ΠΑΙΔΑΓΩΓΟΣ.

Τί δὴ κατηφεῖς ὄμμα καὶ δακρυρροεῖς;

NC. 1005. Kirchhoff a rendu au Gouverneur l'interjection ἕα, qu'on donnait à Médée. — 1006-7. Valckenaer a reconnu que ces vers, identiques, ou peu s'en faut, à 923 sq., étaient interpolés ici. — 1012. Les manuscrits ont τί δὲ ou τί δαί. Musurus a mis τί δή.

1005. Ἔα, interjection qui marque l'étonnement, convient au Gouverneur, mais ne conviendrait pas à Médée. Voy. NC.
1009. Τύχην se prend ici en mauvaise part.
1010. Δόξης.... εὐαγγέλου; me suis-je trompé en croyant apporter un heureux message?

1011. Ἤγγειλας οἷ' ἤγγειλας. Ce tour qui indique une certaine répugnance à s'expliquer plus clairement, est très-familier aux tragiques. Dans l'OEdipe à Colone, vers 336, Ismène répond à une question qui lui est faite au sujet de ses frères : Εἴσ' οὗπέρ εἰσι· δεινὰ δ' ἐν κείνοις τὰ νῦν.

ΜΗΔΕΙΑ.

ΜΗΔΕΙΑ.

Πολλή μ' ἀνάγκη, πρέσβυ · ταῦτα γὰρ θεοὶ
κἀγὼ κακῶς φρονοῦσ' ἐμηχανησάμην.

ΠΑΙΔΑΓΩΓΟΣ.

Θάρσει · κάτει τοι καὶ σὺ πρὸς τέκνων ἔτι.   1015

ΜΗΔΕΙΑ.

Ἄλλους κατάξω πρόσθεν ἡ τάλαιν' ἐγώ.

ΠΑΙΔΑΓΩΓΟΣ.

Οὔτοι μόνη σὺ σῶν ἀπεζύγης τέκνων ·
κούφως φέρειν χρὴ θνητὸν ὄντα συμφοράς.

ΜΗΔΕΙΑ.

Δράσω τάδ'. Ἀλλὰ βαῖνε δωμάτων ἔσω
καὶ παισὶ πόρσυν' οἷα χρὴ καθ' ἡμέραν. —   1020
Ὦ τέκνα τέκνα, σφῶν μὲν ἔστι δὴ πόλις
καὶ δῶμ', ἐν ᾧ λιπόντες ἀθλίαν ἐμὲ
οἰκήσετ' ἀεὶ μητρὸς ἐστερημένοι ·
ἐγὼ δ' ἐς ἄλλην γαῖαν εἶμι δὴ φυγάς,
πρὶν σφῷν ὄνασθαι κἀπιδεῖν εὐδαίμονας,   1025
πρὶν λέκτρα καὶ γυναῖκα καὶ γαμηλίους
εὐνὰς ἀγῆλαι λαμπάδας τ' ἀνασχεθεῖν.
Ὦ δυστάλαινα τῆς ἐμῆς αὐθαδίας.
Ἄλλως ἄρ' ὑμᾶς, ὦ τέκν', ἐξεθρεψάμην,
ἄλλως δ' ἐμόχθουν καὶ κατεξάνθην πόνοις,   1030
στερρὰς ἐνεγκοῦσ' ἐν τόκοις ἀλγηδόνας.
Ἦ μήν ποθ' ἡ δύστηνος εἶχον ἐλπίδας

NC. 1015. Κάτει, exigé par la réponse de Médée, est l'excellente conjecture de Musgrave et de Porson pour κρατεῖς, leçon vicieuse des manuscrits et du scholiaste. — 1030. Ce vers se retrouve avec une légère modification (μάτην pour ἄλλως) *Troyennes*, 760. Ce n'est pas une raison pour le suspecter ici.

1013-14. Comp. *Œd. Col.* 371 : Ἐκ θεῶν του κἀξ ἀλιτρίου φρενός.

1016. Le Gouverneur ayant dit : « Toi aussi tu retourneras un jour dans ce pays grâce à tes enfants, » κάτει.... ἔτι (on sait que le présent de εἶμι et de ses composés a chez les Attiques le sens d'un futur), Médée répond : Ἄλλους κατάξω πρόσθεν, ce qui veut dire : « d'abord j'en ramènerai d'autres, » ou bien aussi : « d'abord j'en ferai descendre d'autres sous la terre. »

1027. Glose d'Hésychius : Ἀγῆλαι· κοσμῆσαι. — Λαμπάδας τ' ἀνασχεθεῖν. Anciennement la mère portait un flambeau aux noces de son enfant : comp. *Iphig. Aul.* 732; *Phén.* 344 sqq.

ΜΗΔΕΙΑ. 175

πολλὰς ἐν ὑμῖν γηροβοσκήσειν τ' ἐμὲ
καὶ κατθανοῦσαν χερσὶν εὖ περιστελεῖν.
ζηλωτὸν ἀνθρώποισι · νῦν δ' ὄλωλε δὴ   1035
γλυκεῖα φροντίς. Σφῶν γὰρ ἐστερημένη
λυπρὸν διάξω βίοτον ἀλγεινόν τ' ἐμοί.
Ὑμεῖς δὲ μητέρ' οὐκέτ' ὄμμασιν φίλοις
ὄψεσθ', ἐς ἄλλο σχῆμ' ἀποστάντες βίου.
Φεῦ φεῦ · τί προσδέρκεσθέ μ' ὄμμασιν, τέκνα;   1040
τί προσγελᾶτε τὸν πανύστατον γέλων;
Αἰαῖ · τί δράσω; καρδία γὰρ οἴχεται,
γυναῖκες, ὄμμα φαιδρὸν ὡς εἶδον τέκνων.
Οὐκ ἂν δυναίμην · χαιρέτω βουλεύματα
τὰ πρόσθεν · ἄξω παῖδας ἐκ γαίας ἐμούς.   1045
Τί δεῖ με πατέρα τῶνδε τοῖς τούτων κακοῖς
λυποῦσαν αὐτὴν δὶς τόσα κτᾶσθαι κακά;
Οὐ δῆτ' ἔγωγε. Χαιρέτω βουλεύματα.
Καίτοι τί πάσχω; βούλομαι γέλωτ' ὀφλεῖν
ἐχθροὺς μεθεῖσα τοὺς ἐμοὺς ἀζημίους;   1050
Τολμητέον τάδ'. Ἀλλὰ τῆς ἐμῆς κάκης,
τὸ καὶ προέσθαι μαλθακῆς λόγους φρενός.
Χωρεῖτε, παῖδες, εἰς δόμους · ὅτῳ δὲ μὴ

NC. 1052. On lisait προέσθαι μαλθακοὺς λόγους φρενί (ou φρενί, mauvaise variante qui ne se trouve que dans un manuscrit du second ordre). Mais προέσθαι φρενός, pour προέσθαι tout court, est d'une recherche inadmissible. J'ai écrit μαλθακῆς. Badham propose προσέσθαι.

1035. Le neutre ζηλωτόν, chose enviée, se rapporte aux infinitifs qui précèdent. Il est vrai que les tragiques emploient quelquefois la forme masculine des adjectifs verbaux pour le féminin (ζηλωτὸς Ἀνδρομάχη, Androm. 5); mais ici le complément ἀνθρώποισι indique que la pensée est générale.

1039. Ἄλλο σχῆμα βίου, une autre forme de la vie, de l'existence. C'est ainsi que la mort est appelée ἄλλος βίοτος: Hipp. 195. Voyez aussi les autres passages d'Euripide que nous y avons cités.

1048. Οὐ δῆτ' ἔγωγε. Il faut suppléer l'indicatif κτήσομαι, qui est renfermé dans l'infinitif κτᾶσθαι.

1051-52. Ἀλλὰ.... φρενός, mais honte à ma lâcheté, d'aller jusqu'à proférer les discours d'une âme faible! — Τῆς ἐμῆς κάκης est ce qu'on peut appeler un génitif exclamatif. Précédé ou non précédé d'une interjection (φεῦ, Ζεῦ etc.), ce génitif indique le sujet de l'étonnement, du dépit, de l'affection qu'on éprouve.

1053-55. Ὅτῳ.... μελήσει. Médée semble faire allusion à la fable suivant laquelle le Soleil détourna son char pour ne pas voir un crime horrible commis dans la famille des Pélopides. — Χεῖρα δ' οὐ διαφθερῶ, je ne laisserai pas faiblir ma main, est une alliance de mots : on dit au propre γνώμην, θυμὸν διαφθείρειν.

176   ΜΗΔΕΙΑ.

θέμις παρεῖναι τοῖς ἐμοῖσι θύμασιν,
αὐτῷ μελήσει· χεῖρα δ' οὐ διαφθερῶ.   1055
Ἀᾶ·
μὴ δῆτα, θυμὲ, μὴ σύ γ' ἐργάσῃ τάδε·
ἔασον αὐτοὺς, ὦ τάλαν, φεῖσαι τέκνων.
Ἦ καὶ μεθ' ἡμῶν ζῶντες εὐφρανοῦσί με;
μὰ τοὺς παρ' Ἅιδῃ νερτέρους ἀλάστορας,
οὔτοι ποτ' ἔσται τοῦθ' ὅπως ἐχθροῖς ἐγὼ   1060
παῖδας παρήσω τοὺς ἐμοὺς καθυβρίσαι.
[Πάντως σφ' ἀνάγκη κατθανεῖν· ἐπεὶ δὲ χρὴ,
ἡμεῖς κτενοῦμεν οἵπερ ἐξεφύσαμεν.]
Πάντως πέπρωται ταῦτα κοὐκ ἐκφεύξεται.
Καὶ δὴ 'πὶ κρατὶ στέφανος, ἐν πέπλοισι δὲ   1065
νύμφη τύραννος ὄλλυται, σάφ' οἶδ' ἐγώ.
Ἀλλ' εἶμι γὰρ δὴ τλημονεστάτην ὁδὸν

NC. 1054. La plupart des manuscrits ont δώμασιν. Mais θύμασιν est nettement indiquée dans la paraphrase du scholiaste. — 1056. La plupart des manuscrits, et les meilleurs, ont μή ποτ' ἐργάσῃ, qui donne un faux sens. Je suis revenu à la leçon de deux manuscrits du second ordre, quoiqu'elle ne soit peut-être qu'une conjecture. — 1058. On lisait ἐκεῖ μεθ' ἡμῶν ζῶντες εὐφρανοῦσί σε ou με. Le pronom de la première personne, qui se trouve dans le meilleur manuscrit, est préférable, parce qu'il est moins recherché. Mais dans leur ensemble, ces mots seraient en contradiction flagrante avec les vers suivants, dans lesquels Médée, qui ne peut prévoir que le Soleil lui enverra un char ailé, reconnaît implicitement l'impossibilité d'emmener ses enfants. Elle s'était flattée de cette idée au vers 1045. Si elle la reproduit ici, elle doit la réfuter explicitement, avant de raisonner dans l'hypothèse contraire, ou bien ne l'énoncer que dubitativement. Voilà pourquoi j'ai écrit ἦ καὶ, correction qui rétablit le sens et qui fait que le vers suivant n'est plus amené sans transition. On remarquera qu'au vers 1049, le changement des sentiments de Médée était indiqué par καίτοι. Hermann avait proposé καὶ μὴ μεθ' ἡμῶν. — 1062-63. Ces vers, qui sont identiques à 1240 sq., et qui font en partie double emploi avec 1064, ont été d'abord condamnés par Pierson. — 1064. La plupart des manuscrits ont πέπρακται.

1059. Μὰ τοὺς.... Par ce serment Médée fait entendre qu'elle s'exposerait à être châtiée dans les enfers, si elle laissait vivre ses enfants en les abandonnant aux outrages de leurs ennemis. Tels sont les sophismes de la passion.

1064. Ταῦτα. La mort des enfants. Elle est inévitable (οὐκ ἐκφεύξεται), parce que la princesse se débat déjà contre la mort (v. 1065 sq.), et qu'on voudra venger ce crime sur ceux qui en furent l'instrument. La dernière partie de ce raisonnement est sous-entendue.

1067. Ἀλλ' εἶμι.... ὁδόν. Ces mots semblent désigner le départ de Médée, et elle ajoute en effet, qu'elle veut dire adieu à ses enfants, παῖδας προσειπεῖν βούλομαι (v. 1069); mais au fond, elle laisse entendre qu'elle entrera dans la maison pour les tuer. On voit que le vers suivant ne peut être de la main du poëte. — Quant à γὰρ équivalant à ἐπεί, voy. Hipp. 51.

ΜΗΔΕΙΑ.

[καὶ τούσδε πέμψω τλημονεστέραν ἔτι],
παῖδας προσειπεῖν βούλομαι. Δότ', ὦ τέκνα,
δότ' ἀσπάσασθαι μητρὶ δεξιὰν χέρα.   1070
Ὦ φιλτάτη χείρ, φίλτατον δέ μοι κάρα
καὶ σχῆμα καὶ πρόσωπον εὐγενὲς τέκνων,
εὐδαιμονοῖτον, ἀλλ' ἐκεῖ· τὰ δ' ἐνθάδε
πατὴρ ἀφείλετ'. Ὦ γλυκεῖα προσβολή,
ὦ μαλθακὸς χρὼς πνεῦμά θ' ἥδιστον τέκνων.   1075
Χωρεῖτε χωρεῖτ'· οὐκέτ' εἰμὶ προσβλέπειν
οἵα τ' ἐς ὑμᾶς, ἀλλὰ νικῶμαι κακοῖς.
Καὶ μανθάνω μὲν οἷα τολμήσω κακά·
θυμὸς δὲ κρείσσων τῶν ἐμῶν βουλευμάτων,
ὅσπερ μεγίστων αἴτιος κακῶν βροτοῖς.   1080

NC. 1068. Ce vers, qui provient suivant Nauck d'une variante τλημονεστέραν, pour τλημονεστάτην, au v. 1067, a été avec raison condamné par Pierson. — 1071. Variante στόμα pour κάρα. — 1077. Les meilleurs manuscrits ont οἷά τε πρὸς ὑμᾶς. Nauck propose οὐ γάρ εἰμι προσβλέπειν οἷά τ' ἔθ' ὑμᾶς. Dans le *Christus patiens*, on lit deux fois, au v. 695 et au v. 875, ἀλλὰ νικῶμαι πόνοις, qui est peut-être la vraie leçon — 1078. Un manuscrit du second ordre a οἷα δρᾶν μέλλω κακά, et cette paraphrase est ancienne, puisqu'elle se trouve déjà chez Plutarque, *de vitioso pudore*, p. 533 D, et chez une foule d'auteurs qui citent ce passage.

1069-70. Voici la rude imitation d'Ennius : « Salvete, optuma corpora, Cette « manus vostras measque accipite. »

1074. Προσβολή équivaut à περίπτυξις (schol.). Comp. Hécube, 409 : Ἀλλ' ὦ φίλη μοι μῆτερ, ἡδίστην χέρα Δός, καὶ παρειὰν προσβαλεῖν παρηίδι.

1077-80. Les moralistes Plutarque, Arrien, Lucien et beaucoup d'autres ont cité ces vers à l'envi. Tout le monde connaît le mot qu'Ovide met dans la bouche de Médée amoureuse : « Video meliora proboque : « Deteriora sequor. » — Dans le morceau qu'on vient de lire, il y a deux groupes de vers, dans lesquels les sentiments opposés qui luttent dans le cœur de Médée ont revêtu une forme tout antithétique : les sept vers 1042-48 répondent exactement aux sept vers 1049-1055 : le distique commençant par αἰαῖ τί δράσω est opposé au distique commençant par καίτοι τί πάσχω ; le distique οὐκ ἂν δυναίμην.... est opposé au distique τολμητέον τάδ(ε)... ; enfin les trois vers qui restent se terminent d'un côté par χαιρέτω βουλεύματα, de l'autre par χεῖρα δ' οὐ διαφθερῶ. — En remontant au commencement de la scène, v. 1002, on trouve, après une introduction de trois vers, un dialogue composé de trois groupes de quatre vers (deux monostiques et un distique), et terminé par le distique 1019 sq. Dans le premier groupe les monostiques sont précédés d'interjections et le premier vers du distique est divisé entre deux interlocuteurs. Les deux autres groupes se répondent exactement. — Ensuite, v. 1024-1042, Médée pleure la perte de ses enfants : elle ne les verra pas heureux, huit vers ; elle les a donc élevés, enfantés en vain, trois vers interposés ; ils ne rendront pas heureuses sa vieillesse et sa mort, huit vers ; ils lui sourient pour la dernière fois, deux vers amenés par les deux vers qui les précèdent et préparant le morceau analysé plus haut 1042-1055. — Après ce morceau, deux fois six vers sont suivis de deux fois cinq vers, 1056-1080.

ΧΟΡΟΣ.

Πολλάκις ἤδη διὰ λεπτοτέρων
μύθων ἔμολον
καὶ πρὸς ἁμίλλας ἦλθον μείζους
ἢ χρὴ γενεὰν θῆλυν ἐρευνᾶν·
ἀλλὰ γὰρ ἔστιν μοῦσα καὶ ἡμῖν 1085
ἣ προσομιλεῖ σοφίας ἕνεκεν·
πάσαισι μὲν οὔ· παῦρον δὲ γένος
(μίαν ἐν πολλαῖς εὕροις ἂν ἴσως)
οὐκ ἀπόμουσον τὸ γυναικῶν.
Καί φημι βροτῶν οἵτινές εἰσιν 1090
πάμπαν ἄπειροι μηδ' ἐφύτευσαν
παῖδας, προφέρειν εἰς εὐτυχίαν
τῶν γειναμένων. Οἱ μὲν ἄτεκνοι
δι' ἀπειροσύνην εἴθ' ἡδὺ βροτοῖς
εἴτ' ἀνιαρὸν παῖδες τελέθουσ', 1095
οὐχὶ τυχόντες,
πολλῶν μόχθων ἀπέχονται·
οἷσι δὲ τέκνων ἔστιν ἐν οἴκοις
γλυκερὸν βλάστημ', εἶδον μελέτῃ
κατατρυχομένους τὸν ἅπαντα χρόνον· 1100

NC. 1087-89. Les manuscrits portent : παῦρον δὲ δὴ (ou δέ τι) γένος ἐν πολλαῖς.... κοὐκ ἀπόμουσον. Elmsley a vu que δὴ et κ(αὶ) étaient interpolés et qu'il fallait ajouter μίαν, d'après *Héracl.* 328 : ...παύρων μετ' ἄλλων· ἕνα γὰρ ἐν πολλοῖς ἴσως Εὕροις ἂν ὅστις ἐστὶ μὴ χείρων πατρός. La paraphrase du scholiaste : ὧν οὖσα μία καὶ αὐτὴ τυγχάνω, a peut-être conservé un souvenir de la leçon primitive. — 1093. Porson a retranché τ' après μέν. — 1099. La leçon ὁρῶ μελέτῃ a été changée en ἐσορῶ μ. dans les manuscrits corrigés, en ἀθρῶ μ. par Nauck. J'ai mis εἶδον μ., l'aoriste étant ici plus conforme au style poétique. Nous avons vu ἐπεῖδε remplacé par ἐφορᾷ, *Hipp.* 849.

1081-82. La même idée est rendue dans *Alceste*, v. 962, par cette phrase : Ἐγὼ καὶ διὰ μούσας καὶ μετάρσιος ᾖξα, καὶ πλεῖστον ἀψάμενος λόγων....
1087-89. Comme γένος τὸ γυναικῶν désigne toute la race des femmes, l'adjectif παῦρον répond à notre adverbe « quelquefois. » Πολύς est souvent employé ainsi pour πολλάκις. — En écrivant μίαν ἐν πολλαῖς, le poète pensait-il à Aspasie?

1090. Voir des réflexions analogues, mais plus courtes, sur le mariage, *Alceste*, 238 sqq. — Pour réfuter Euripide, on n'a qu'à s'adresser à Euripide lui-même. Dans *Andromaque*, 418 sqq., cette malheureuse mère dit admirablement, en offrant sa vie pour celle de son enfant : Πᾶσι δ' ἀνθρώποις ἄρ' ἦν Ψυχὴ τέκν'· ὅστις δ' αὔτ' ἄπειρος ὢν ψέγει, Ἧσσον μὲν ἀλγεῖ, δυστυχῶν δ' εὐδαιμονεῖ.

ΜΗΔΕΙΑ. 179

πρῶτον μὲν ὅπως θρέψουσι καλῶς
βίοτόν θ' ὁπόθεν λείψουσι τέκνοις·
ἔτι δ' ἐκ τούτων εἴτ' ἐπὶ φλαύροις
εἴτ' ἐπὶ χρηστοῖς
μοχθοῦσι, τόδ' ἐστὶν ἄδηλον.
Ἓν δὲ τὸ πάντων λοίσθιον ἤδη 1105
πᾶσιν κατερῶ θνητοῖσι κακόν·
καὶ δὴ γὰρ ἅλις βιοτὴν εὗρον,
σῶμά τ' ἐς ἥβην ἤλυθε τέκνων
χρηστοί τ' ἐγένοντ'· εἰ δὲ, κυρήσας
δαίμων οὕτως, φροῦδος ἐς Ἅιδην 1110
Θάνατος προφέρων σώματα τέκνων,
πῶς οὖν λύει πρὸς τοῖς ἄλλοις
τήνδ' ἔτι λύπην ἀνιαροτάτην
παίδων ἕνεκεν
θνητοῖσι θεοὺς ἐπιβάλλειν; 1115

ΜΗΔΕΙΑ.

Φίλαι, πάλαι τοι προσμένουσα τὴν τύχην
καραδοκῶ τἀκεῖθεν οἷ προβήσεται.
Καὶ δὴ δέδορκα τόνδε τῶν Ἰάσονος
στείχοντ' ὀπαδῶν· πνεῦμα δ' ἠρεθισμένον
δείκνυσιν ὥς τι καινὸν ἀγγελεῖ κακόν. 1120

ΑΓΓΕΛΟΣ.

Ὦ δεινὸν ἔργον παράνομόν τ' εἰργασμένη

NC. 1101. Brunck a corrigé la leçon θρέψωσι. — 1109-1110. Variantes généralement adoptées : κυρήσαι ou κυρήσει et οὗτος, en mettant un point après τέκνων, v. 1111. La leçon κυρήσας..., οὕτως est celle du scholiaste, et vaut mieux à tout égard. Ensuite Elmsley a corrigé la leçon εἰς ᾍδην. — 1119. Avant la correction de Hermann on lisait πνεῦμά τ' ἠρεθισμένον, en ponctuant après ces mots. — 1121. Le meilleur manuscrit porte παρανόμως τ' εἰργασμένον, leçon adoptée par les derniers éditeurs.

1107. Καὶ δή. Supposons que..., admettons ce cas. Comp. vers 386.

1109-1111. Κυρήσας δαίμων οὕτως équivaut à κυρήσαντος δαίμονος οὕτως. Les Grecs se servent quelquefois du nominatif d'un participe, et continuent la phrase d'une manière irrégulière, comme si elle avait commencé par un génitif absolu. — Φροῦδος joue le rôle d'un verbe.

1114. Les mots παίδων ἕνεκεν ne sont pas inutiles ; ils veulent dire : « pour le plaisir d'avoir des enfants », et le sens général de la phrase est, que ce n'est pas un bien pour les hommes d'avoir des enfants, s'il faut payer ce don des dieux par une si grande douleur.

1115. C'est à des morceaux semblables à celui qu'on vient de lire que pouvait pen-

ΜΗΔΕΙΑ.

Μήδεια, φεῦγε φεῦγε, μήτε ναΐαν
λιποῦσ' ἀπήνην μήτ' ὄχον πεδοστιβῆ.

ΜΗΔΕΙΑ.

Τί δ' ἄξιόν μοι τῆσδε τυγχάνει φυγῆς;

ΑΓΓΕΛΟΣ.

Ὄλωλεν ἡ τύραννος ἀρτίως κόρη   1125
Κρέων θ' ὁ φύσας φαρμάκων τῶν σῶν ὕπο.

ΜΗΔΕΙΑ.

Κάλλιστον εἶπας μῦθον, ἐν δ' εὐεργέταις
τὸ λοιπὸν ἤδη καὶ φίλοις ἐμοῖς ἔσει.

ΑΓΓΕΛΟΣ.

Τί φής; φρονεῖς μὲν ὀρθὰ κοὐ μαίνει, γύναι,
ἥτις τυράννων ἑστίαν ᾐκισμένην   1130
χαίρεις κλύουσα κοὐ φοβεῖ τὰ τοιάδε;

ΜΗΔΕΙΑ.

Ἔχω τι κἀγὼ τοῖσι σοῖς ἐναντίον
λόγοισιν εἰπεῖν · ἀλλὰ μὴ σπέρχου, φίλος,
λέξον δ' ὅπως ὤλοντο · δὶς τόσον γὰρ ἂν
τέρψειας ἡμᾶς, εἰ τεθνᾶσι παγκάκως.   1135

ΑΓΓΕΛΟΣ.

Ἐπεὶ τέκνων σῶν ἦλθε δίπτυχος γονὴ
σὺν πατρὶ καὶ παρῆλθε νυμφικοὺς δόμους,

NC. 1130. Variante : ᾐκισμένη. — 1132. Τοῖσι σοῖς, manuscrit de Copenhague; les autres ont τοῖς γε σοῖς.

ser Aristophane quand il disait d'Euripide : Χρῶμαι γὰρ αὐτοῦ τοῦ στόματος τῷ στρογγύλῳ, Τοὺς νοῦς δ' ἀγοραίους ἧττον ἢ κεῖνος ποιῶ (fragm. 397 Dind.).

1122-23. Le messager dit à Médée de ne négliger aucun moyen de fuir promptement soit par mer, soit par terre. Λιποῦσα a évidemment ici le sens de « négliger » et il est étrange qu'on ait proposé d'autres explications. — Ναΐαν ἀπήνην, un char nautique, un bateau. Καταχρηστικῶς νῦν τὴν ναῦν ἀπήνην ὠνόμασεν · ἀπήνη γὰρ κυρίως ἡ ἅμαξα, dit le scholiaste. Les mots ὄχος et ὄχημα s'appliquent, au contraire, indifféremment à toute espèce de véhicule. — Les vers correspondants de Sénèque, 880 sq. : « Effer citatum sede Pelopea gradum, Medea, præceps quaslibet terras pete, » sont à tort attribués à la nourrice, qui n'a pas de rôle dans cette scène. Ils appartiennent au messager, comme dans la tragédie grecque. Cette rectification m'avait échappé dans la dissertation sur *la règle des trois acteurs dans les tragédies de Sénèque* (*Revue archeologique*, 1865, janvier).

1133. Μὴ σπέρχου, ne t'emporte point (Elmsley). Dans les *Perses* d'Eschyle, Atossa dit au messager trop affligé pour faire un récit détaillé, λέξον καταστάς « parle avec calme, après avoir maîtrisé ton émotion » (vers 295).

ΜΗΔΕΙΑ.

ἥσθημεν οἵπερ σοῖς ἐκάμνομεν κακοῖς
δμῶες· δι' οἴκων δ' εὐθὺς ἦν πολὺς λόγος
σὲ καὶ πόσιν σὸν νεῖκος ἐσπεῖσθαι τὸ πρίν. 1140
Κυνεῖ δ' ὁ μέν τις χεῖρ', ὁ δὲ ξανθὸν κάρα
παίδων· ἐγὼ δὲ καὐτὸς ἡδονῆς ὕπο
στέγας γυναικῶν σὺν τέκνοις ἅμ' ἑσπόμην.
Δέσποινα δ' ἣν νῦν ἀντὶ σοῦ θαυμάζομεν,
πρὶν μὲν τέκνων σῶν εἰσιδεῖν ξυνωρίδα, 1145
πρόθυμον εἶχ' ὀφθαλμὸν εἰς Ἰάσονα·
ἔπειτα μέντοι προυκαλύψατ' ὄμματα
λευκήν τ' ἀπέστρεψ' ἔμπαλιν παρηίδα,
παίδων μυσαχθεῖσ' εἰσόδους· πόσις δὲ σὸς
ὀργὰς ἀφῄρει καὶ νεάνιδος χόλον 1150
λέγων τάδ'· Οὐ μὴ δυσμενὴς ἔσει φίλοις,
παύσει δὲ θυμοῦ καὶ πάλιν στρέψεις κάρα,
φίλους νομίζουσ' οὕσπερ ἂν πόσις σέθεν,
δέξει δὲ δῶρα καὶ παραιτήσει πατρὸς
φυγὰς ἀφεῖναι παισὶ τοῖσδ' ἐμὴν χάριν; 1155
Ἡ δ' ὡς ἐσεῖδε κόσμον, οὐκ ἠνέσχετο,
ἀλλ' ᾔνεσ' ἀνδρὶ πάντα· καὶ πρὶν ἐκ δόμων
μακρὰν ἀπεῖναι πατέρα καὶ παῖδας σέθεν,
λαβοῦσα πέπλους ποικίλους ἠμπίσχετο,
χρυσοῦν τε θεῖσα στέφανον ἀμφὶ βοστρύχοις 1160

NC. 1139. On lisait δι' ὤτων. J'ai écrit δι' οἴκων, d'après la scholie : πολὺς ἦν λόγος κατὰ τὴν οἰκίαν διαλελύσθαι ὑμᾶς. On ne se parle pas à l'oreille pour dire du bien des gens, et il ne s'agit pas de ce qui s'était dit en présence de Jason, mais du bruit que l'arrivée des enfants avait fait dans toute la maison. Δι' ὤτων est une simple erreur de copiste. — 1141. Brunck a corrigé la leçon κύνει. — 1158. Πατέρα καὶ παῖδας σέθεν me semble absurde. Comme le *Vaticanus* porte τέκνα, je propose : πατέρα καὶ τέκν', αὐτόθεν. Le scholiaste dit : ἔτι πλησίον ὄντος τοῦ πατρὸς καὶ τῶν παίδων, εὐθὺς λαβοῦσα.

1145. La locution ξυνωρὶς (*biga*) τέκνων, qui se retrouve dans les *Phéniciennes*, 1092, et dans *OEd. Col.*, 895, équivaut à δίπτυχος γονή, vers 1436. Eschyle dit ζεῦγος Ἀτρειδῶν, *Agam.* 44, et (πημάτων) φοιναία ξυνωρίδα, *ib.* 643.

1151. Οὐ se rapporte à tous les verbes suivants, μή porte seulement sur δυσμενής

ἔσει. Voy. sur οὐ μή dans les phrases interrogatives, *Hipp.* 213 et la note.

1158. Πατέρα καὶ παῖδας σέθεν veut dire : ton père et tes enfants (à la rigueur : le père et tes enfants), mais non : le père et les enfants. Il est singulier que personne ne se soit aperçu de ce contre-sens. Voy. la note critique.

182   ΜΗΔΕΙΑ.

λαμπρῷ κατόπτρῳ σχηματίζεται κόμην,
ἄψυχον εἰκὼ προσγελῶσα σώματος.
Κἄπειτ' ἀναστᾶσ' ἐκ θρόνων διέρχεται
στέγας, ἁβρὸν βαίνουσα παλλεύκῳ ποδὶ,
δώροις ὑπερχαίρουσα, πολλὰ πολλάκις   1165
τένοντ' ἐς ὀρθὸν ὄμμασι σκοπουμένη.
Τοὐνθένδε μέντοι δεινὸν ἦν θέαμ' ἰδεῖν·
χροιὰν γὰρ ἀλλάξασα λεχρία πάλιν
χωρεῖ τρέμουσα κῶλα, καὶ μόλις φθάνει
θρόνοισιν ἐμπεσοῦσα μὴ χαμαὶ πεσεῖν.   1170
Καί τις γεραιὰ προσπόλων δόξασά που
ἢ Πανὸς ὀργὰς ἢ τινὸς θεῶν μολεῖν
ἀνωλόλυξε, πρίν γ' ὁρᾷ διὰ στόμα
χωροῦντα λευκὸν ἀφρὸν, ὀμμάτων δ' ἄπο
κόρας στρέφουσαν, αἷμά τ' οὐκ ἐνὸν χροΐ·   1175
εἶτ' ἀντίμολπον ἧκεν ὀλολυγῆς μέγαν
κωκυτόν. Εὐθὺς δ' ἡ μὲν εἰς πατρὸς δόμους
ὥρμησεν, ἡ δὲ πρὸς τὸν ἀρτίως πόσιν,
φράσουσα νύμφης συμφοράς· ἅπασα δὲ
στέγη πυκνοῖσιν ἐκτύπει δρομήμασιν.   1180
Ἤδη δ' ἀνειλῶν κῶλον ἔκπλεθρον δρόμου

NC. 1181. Les manuscrits portent ἀνέλκων κῶλον ἔκπλεθρον δρόμου. Aujourd'hui on lit généralement ἂν ἕλκων (conj. de Schæfer) κῶλον ἐκπὶ ἔθρου (conj. de Reiske) δρόμου. Mais ἕλκων κῶλον, traînant la jambe, est inadmissible. J'ai donc écrit ἀνειλῶν κῶλον ἔκπλεθρον. La particule ἄν ne semble pas absolument nécessaire : voy. le passage d'*Électre*, cité plus bas. Je ne sais s'il ne faut pas rétablir le même verbe dans *Hipp.*, v. 506, en écrivant: Εἰς τοῦθ' ὃ φεύγω νῦν ἀνειληθήσομαι (*revolvar*), au lieu de ἀναλωθήσομαι, qui est étrange.

1166. Τένοντ'.... σκοπουμένη. La princesse regarde ses talons, en se dressant sur la pointe des pieds : elle veut voir comment tombe sa robe. Comp. Aristénète, I, 25 : Θαμὰ καὶ τὴν πτέρναν, αὐτὴ πρὸς ἑαυτὴν ἐπιστρεφομένη, διεσκοπεῖτο (passage cité par Boissonade). Ceux qui prennent ici τενῶν pour la nuque, prêtent à la princesse un mouvement impossible, ou bien ils forcent le sens des mots, en prétendant que τένοντ' ἐς ὀρθὸν équivaut ici à τένοντι ὀρθῷ.

1168. Λεχρία, penchée et sur le point de tomber.

1169-70. Φθάνει a pour complément ἐμπεσοῦσα, et μὴ πεσεῖν équivaut à ὥστε μὴ πεσεῖν.

1172-73. Πανὸς ὀργάς. Scholiaste : Τὴν τῶν αἰφνιδίων φόβων καὶ ταραχῶν αἰτίαν τῷ Πανὶ ἀνατιθέασιν. Le même explique ἀνωλόλυξε par μετ' εὐχῆς ἐβόησε.

1174. Ἄπο est ici adverbe. En prose on dirait ἀποστρέφουσαν κόρας ὀμμάτων.

1176-77. Quand la vieille voit les symptômes d'un mal réel, elle pousse des lamentations, cris tout différents (ἀντίμολπον) de la solennelle ὀλολυγή.

1181-82. L'évanouissement de la prin-

ΜΗΔΕΙΑ. 183

ταχὺς βαδιστὴς τερμόνων ἀνθήπτετο·
ἡ δ' ἐξ ἀναύδου καὶ μύσαντος ὄμματος
δεινὸν στενάξασ' ἡ τάλαιν' ἠγείρετο·
διπλοῦν γὰρ αὐτῇ πῆμ' ἐπεστρατεύετο. 1185
Χρυσοῦς μὲν ἀμφὶ κρατὶ κείμενος πλόκος
θαυμαστὸν ἵει νᾶμα παμφάγου πυρός·
πέπλοι δὲ λεπτοί, σῶν τέκνων δωρήματα,
λεπτὴν ἔδαπτον σάρκα τῆς δυσδαίμονος.
Φεύγει δ' ἀναστᾶσ' ἐκ θρόνων πυρουμένη, 1190
σείουσα χαίτην κρᾶτά τ' ἄλλοτ' ἄλλοσε,
ῥῖψαι θέλουσα στέφανον· ἀλλ' ἀραρότως
σύνδεσμα χρυσὸς εἶχε, πῦρ δ', ἐπεὶ κόμην
ἔσεισε, μᾶλλον δὶς τόσως τ' ἐλάμπετο.
Πίτνει δ' ἐς οὖδας συμφορᾷ νικωμένη, 1195
πλὴν τῷ τεκόντι κάρτα δυσμαθὴς ἰδεῖν·
οὔτ' ὀμμάτων γὰρ δῆλος ἦν κατάστασις
οὔτ' εὐφυὲς πρόσωπον, αἷμα δ' ἐξ ἄκρου
ἔσταζε κρατὸς συμπεφυρμένον πυρί,
σάρκες δ' ἀπ' ὀστέων, ὥστε πεύκινον δάκρυ, 1200

NC. 1189. Λεπτήν (après λεπτοί) vient de l'étourderie d'un copiste. La vulgate λευκήν est une conjecture de Musurus, meilleure que celle d'après laquelle quelques manuscrits secondaires ont λευκοί au vers précédent. L'antithèse demande plutôt l'idée de « secrètement. » Peut-être κρύβδην. Comp. v. 1201. — 1193-94. J'aimerais mieux ὅσῳ κόμην ἔσεισε μᾶλλον, δὶς τόσως ἐλάμπετο. Quelques manuscrits omettent τ' après τόσως.

cesse dure le temps qu'un homme agile met à faire le diaule, c'est-à-dire à parcourir deux fois les six plèthres du stade, en allant et en revenant. Cette manière, tout à fait grecque, de mesurer le temps se retrouve dans *Électre*, vers 824 : Θᾶσσον δὲ βύρσας ἐξέδειρεν ἢ δρομεὺς Δισσοὺς διαύλους ἱππίους διήνυσεν. — Ἀνειλῶν, *revolvens*, parcourant en revenant sur ses pas. Comp. *Oreste*, 171 : Πάλιν ἀνὰ πόδα σὸν ἑλίξεις. Aristote, *Gen. Anim.* II, 5 : Διαυλοδρομεῖ καὶ ἐπὶ τὴν ἀρχὴν ἀνελίττεται ἡ φύσις. — Κῶλον δρόμου, l'une des deux moitiés de la double course. Eschyle dit, *Agam.* 334 : Κάμψαι διαύλου θάτερον κῶλον πάλιν.

1182. Elle avait perdu l'usage de la parole et des yeux. La concision hardie de la tournure ἐξ ἀναύδου καὶ μύσαντος ὄμματος n'a qu'une fausse ressemblance avec la phrase de Virgile, *Én.* IV, 362 : « Totumque pererrat Luminibus tacitis. »

1189. Λεπτήν. Voy. la note critique.

1196. « Et que méconnaîtrait l'œil même de son père. » Racine, *Phèdre*, V, VI.

1200-1201. Tout le monde comprend la « larme du pin », et sent la beauté de cette expression; mais « la dent invisible du poison » nous étonne. Ce trope est familier à Eschyle, qui dit πυρὸς μαλερὰ γνάθοις, ποταμοὶ πυρὸς δάπτοντες ἀγρίαις γνάθοις.... λευραῖς γύας, ἀγρίαις γνάθοις λειχῆνες ἐξέσθοντες ἀρχαίαν φύσιν (*Choëph.* 325; *Prom.* 368; *Choëph.* 280).

γναθμαῖς ἀδήλοις φαρμάκων ἀπέρρεον,
δεινὸν θέαμα · πᾶσι δ' ἦν φόβος θιγεῖν
νεκροῦ · τύχην γὰρ εἴχομεν διδάσκαλον.
Πατὴρ δ' ὁ τλήμων συμφορᾶς ἀγνωσίᾳ
ἄφνω παρελθὼν δῶμα προσπίτνει νεκρῷ · 1205
ᾤμωξε δ' εὐθὺς, καὶ περιπτύξας δέμας
κυνεῖ προσαυδῶν τοιάδ' · Ὦ δύστηνε παῖ,
τίς σ' ὧδ' ἀτίμως δαιμόνων ἀπώλεσεν;
τίς τὸν γέροντα τύμβον ὀρφανὸν σέθεν
τίθησιν; οἴμοι, συνθάνοιμί σοι, τέκνον. 1210
Ἐπεὶ δὲ θρήνων καὶ γόων ἐπαύσατο,
χρῄζων γεραιὸν ἐξαναστῆσαι δέμας
προσείχεθ', ὥστε κισσὸς ἔρνεσιν δάφνης,
λεπτοῖσι πέπλοις, δεινὰ δ' ἦν παλαίσματα ·
ὁ μὲν γὰρ ἤθελ' ἐξαναστῆσαι γόνυ, 1215
ἡ δ' ἀντελάζυτ' · εἰ δὲ πρὸς βίαν ἄγοι,
σάρκας γεραιὰς ἐσπάρασσ' ἀπ' ὀστέων.
Χρόνῳ δ' ἀπέσβη καὶ μεθῆκ' ὁ δύσμορος
ψυχήν · κακοῦ γὰρ οὐκέτ' ἦν ὑπέρτερος.
Κεῖνται δὲ νεκροὶ παῖς τε καὶ γέρων πατὴρ 1220
πέλας, ποθεινὴ δακρύοισι συμφορά.
Καί μοι τὸ μὲν σὸν ἐκποδὼν ἔστω λόγου ·

NC. 1201. L'ancienne vulgate γναθμῶν ἀδήλοις φαρμάκοις vient d'un manuscrit du second ordre. — 1205. Παρελθών, étant entré, correction de Nauck pour προσελθών, s'étant approché. — 1218. Ἀπέσβη, excellente correction de Scaliger pour ἀπέστη, leçon qui n'est pas mauvaise en elle-même, mais qui ne se lie pas bien à καὶ μεθῆκε ψυχήν.

1209. Γέροντα τύμβον. Euripide se sert aussi dans les *Héraclides*, vers 168, de cette locution, qui a donné lieu au composé τυμβογέρων, et qui semble assez familière, moins toutefois que ἡ σορός appliqué à une vieille femme.

1218. Ἀπεσβη est expliqué dans les glossaires par ἐσβέσθη ἢ ἐπαύσατο, τέθνηκεν.

1221. Ποθεινὴ δακρύοισι συμφορά, malheur cher aux larmes, où les larmes ont de quoi se satisfaire. Suivant l'observation de Matthiæ, les larmes sont ici considérées en quelque sorte comme des personnes désireuses de rencontrer ce qui est conforme à leur nature. C'est ainsi qu'on pourrait dire que le bois sec est agréable au feu, ποθεινὸν πυρί.

1222-1223. Le messager dit qu'il ne veut pas parler de ce qui regarde Médée, qu'elle apprendra assez elle-même, αὐτή (sans qu'il le dise), que le mal retombe sur son auteur. — D'après la vulgate, ζημίας ἀποστροφήν, le messager exprimerait la conviction

ΜΗΔΕΙΑ.

γνώσει γὰρ αὐτὴ ζημίας ἀντιστροφήν.
Τὰ θνητὰ δ' οὐ νῦν πρῶτον ἡγοῦμαι σκιὰν,
οὐδ' ἂν τρέσας εἴποιμι τοὺς σοφοὺς βροτῶν   1225
δοκοῦντας εἶναι καὶ μεριμνητὰς λόγων
τούτους μεγίστην μωρίαν ὀφλισκάνειν.
Θνητῶν γὰρ οὐδείς ἐστιν εὐδαίμων ἀνήρ·
ὄλβου δ' ἐπιρρυέντος εὐτυχέστερος
ἄλλου γένοιτ' ἂν ἄλλος, εὐδαίμων δ' ἂν οὔ.   1230

ΧΟΡΟΣ.

Ἔοιχ' ὁ δαίμων πολλὰ τῇδ' ἐν ἡμέρᾳ
κακὰ ξυνάπτειν ἐνδίκως Ἰάσονι.
Ὦ τλῆμον, ὥς σου συμφορὰς οἰκτείρομεν,
κόρη Κρέοντος, ἥτις εἰς Ἅιδου πύλας
οἴχει γάμων ἕκατι τῶν Ἰάσονος.   1235

ΜΗΔΕΙΑ.

Φίλαι, δέδοκται τοὔργον ὡς τάχιστά μοι
παῖδας κτανούσῃ τῆσδ' ἀφορμᾶσθαι χθονὸς
καὶ μὴ σχολὴν ἄγουσαν ἐκδοῦναι τέκνα
ἄλλῃ φονεῦσαι δυσμενεστέρᾳ χερί.

NC. 1223. Les manuscrits ont ἀποστροφήν. Kirchhoff seul a compris que ἀντιστροφήν, qu'on lit dans *Christus patiens*, v. 800, était la vieille leçon attestée par les scholies : Τὴν ἀντανάκλασιν τῆς συμφορᾶς ἧς δέδρακας καταληψομένην σε.... Ἐπαναστρεφομένην εἰς σὲ τὴν ζημίαν.... Ἐπὶ τῆς εἰς σὲ ἀνακυκλουμένης ζημίας. — 1227. Μωρίαν, correction de Musurus pour ζημίαν. — 1234. Variante : εἰς Ἅιδου δόμους.

que Médée saura se mettre à l'abri de la vengeance.

1226. Μεριμνητὰς λόγων. Aristophane appelle les philosophes μεριμνοφροντισταί (*Nuées*, 101). On retrouve aussi chez lui les λεπτότεροι μῦθοι que nous avons vus au vers 1082. Ces mots semblent avoir été à la mode alors.

1227. Μωρίαν ὀφλισκάνειν. Voy. 403 et la note.

1228-1230. Euripide distingue ici deux mots que l'usage confondait d'ordinaire : εὐδαίμων, heureux, d'un sort heureux, et εὐτυχής, qui réussit pour un temps, dans certaines circonstances. Hérodote fait dire à Solon (I, 32) : Πρὶν δ' ἂν τελευτήσῃ, ἐπισχέειν, μηδὲ καλέειν κω ὄλβιον, ἀλλ' εὐτυχέα.

1232. Ce vers est amené par une transition brusque qui n'est pas dans les habitudes des écrivains grecs.

1238-39. Τοὔργον joue ici le rôle du démonstratif τόδε : il indique ce qui va être précisé par ἀφορμᾶσθαι κτανούσῃ παῖδας. C'est ainsi que πρᾶγμα est employé par Démosthène, et *res* par les Latins (Horace, *Ép.* II, 1, 164 : « Tentavit quoque rem, si digne vertere posset. ») — Le datif κτανούσῃ s'accorde avec μοι, l'accusatif ἄγουσαν se construit avec ἐκδοῦναι. Les deux constructions sont usitées (voyez 815, 888), et ici elles sont coordonnées, comme chez Sophocle, *Électre*, 959 sqq. : Ἡ πάρεστι μὲν στένειν.... ἐστερημένη, πάρεστι δ' ἀλγεῖν.... γηράσκουσαν.

ΜΗΔΕΙΑ.

Πάντως σφ' ἀνάγκη κατθανεῖν · ἐπεὶ δὲ χρή, 1240
ἡμεῖς κτενοῦμεν, οἵπερ ἐξεφύσαμεν.
Ἀλλ' εἶ' ὁπλίζου, καρδία. Τί μέλλομεν
τὰ δεινὰ κἀναγκαῖα μὴ πράσσειν κακά;
Ἄγ', ὦ τάλαινα χεὶρ ἐμή, λαβὲ ξίφος,
λάβ', ἕρπε πρὸς βαλβῖδα λυπηρὰν βίου, 1245
καὶ μὴ κακισθῇς μηδ' ἀναμνησθῇς τέκνων
ὡς φίλταθ', ὡς ἔτικτες · ἀλλὰ τήνδε γε
λαθοῦ βραχεῖαν ἡμέραν παίδων σέθεν,
κἄπειτα θρήνει · καὶ γὰρ εἰ κτενεῖς σφ' ὅμως
φίλοι τ' ἔφυσαν, δυστυχὴς δ' ἐγὼ γυνή. 1250

ΧΟΡΟΣ.

Ἰὼ Γᾶ τε καὶ παμφαὴς [Strophe 1.]
ἀκτὶς Ἀελίου, κατίδετ' ἴδετε τὰν
ὀλομέναν γυναῖκα, πρὶν φοινίαν
τέκνοις προσβαλεῖν χέρ' αὐτοκτόνον.
Σᾶς γὰρ χρυσέας ἀπὸ γονᾶς 1255

NC. 1243. Elmsley écrit μὴ οὐ πράσσειν κακά. J'aimerais mieux : κἀναγκαῖα δὴ πράσσειν κακά. Nauck regarde ce vers comme interpolé. — 1250. Vulgate : φίλοι γ'. Les meilleurs manuscrits ont τ'. — 1252. Ce vers cloche. En adoptant la conjecture de Kirchhoff Ἀκτὶς Ἁλίου, il faudrait écrire au vers 1262 ἆρ' ἄλλως. Mais il est possible que ἀκτὶς Ἀελίου ait pris la place de Ἀελίου κύκλος, la phrase ἀκτῖνα κύκλον θ' ἡλίου, *Hécube*, 412, ayant été notée en marge. — 1253. Φοινίαν, pour φονίαν, est peut-être dû à Musurus. — 1255. Musgrave a transposé la leçon σᾶς γὰρ ἀπὸ χρυσέας.

1242-43. Τί μέλλομεν μὴ πράσσειν est contraire à l'usage. Voyez la conjecture proposée dans la note critique.

1245. Βαλβίς est la barrière d'où s'élancent les coureurs (ἡ τῶν δρομέων ἄφεσις, schol.), l'entrée de la carrière. Une vie de douleur s'ouvre pour la mère qui aura tué ses enfants : elle y marchera résolûment.

1249. Κἄπειτα θρήνει. Shakespeare fait dire à son Othello : *Be thus when thou art dead, and I will kill thee, And love thee after.*

1250. Les Grecs emploient leurs particules avec une singulière finesse. Τε est suivi de δέ, au lieu d'un second τε, parce que le second membre de phrase qui semblerait devoir être coordonné au premier, lui est opposé et prend ainsi plus d'importance.

1251-54. Ennius rendit ces vers lyriques par les tétramètres trochaïques que voici : « Jupiter tuque adeo summe Sol, res om« nis qui inspicis, Quique lumine tuo ma« ria, terram, cœlum contines, Inspice hoc « facinus, priusquam fiat : prohibessis sce« lus. » Ces derniers mots développent bien l'idée contenue dans κατίδετε.

1254. Χέρ' αὐτοκτόνον. Médée est appelée suicide parce qu'elle veut répandre le sang de ses enfants, qui est son propre sang. Cf. v. 1299 : Αὐτοφόνταις, et Eschyle, *Suppl.*, 65 : Ξυντίθησι δὲ παιδὸς μόρον, ὡς αὐτοφόνως ὤλετο πρὸς χειρὸς ἔθεν.

ΜΗΔΕΙΑ.

ἔβλαστεν· πίτνειν δ' αἷμ' ἄμβροτον
φόβος ὑπ' ἀνέρων.
Ἀλλά νιν, ὦ φάος διογενές, κάτειρ-
γε κατάπαυσον, ἔξελ' οἴκων ἀλαίνοντα φονῶντ' Ἐρινῦν ὑπ' ἀλάστορον.   1260
Μάταν μόχθος ἔρρει, τέκνων   [Antistrophe 1.]
ἆρα μάταν γένος φίλιον ἔτεκες, ὦ
κυανεᾶν λιποῦσα Συμπληγάδων
πετρᾶν ἀξενωτάταν εἰσβολάν.
Δειλαία, τί σοι φρένα βαρὺς   1265

NC. 1256. Les manuscrits portent θεοῦ (ou θεῶν?) δ' αἵματι, ou αἷμα, πίτνειν, ou πιτνεῖν. Le datif αἵματι fait un contre-sens. La place que προσπίτνει occupe dans le vers correspondant (1266), m'a engagé à transposer les mots; et la paraphrase du scholiaste θεῖον αἷμα m'a suggéré l'épithète ἄμβροτον, qui rétablit le mètre. — 1259-1260. Voici la leçon des manuscrits : ἔξελ' οἴκων φονίαν τάλαινάν τ' ἐρινῦν ὑπ' ἀλαστόρων, mots qui n'offrent ni mètre, ni construction possible : car il ne faut pas écouter les interprètes hardis, qui ne s'effrayent de rien. L'accentuation ἐρινῦν, qu'on trouve dans le *Vaticanus*, contient un indice précieux, et la conjecture de Kirchhoff φονῶσαν, quoique insuffisante, m'a mis sur la bonne voie. En effet φονίαν répugne à la mesure, et les mots ὑπ' ἀλαστόρων demandent un participe qui les gouverne; mais l'épithète τάλαιναν ne convient pas non plus, et elle est suivie de la conjonction τε contrairement à l'usage des poëtes grecs. Ceci prouve que les mots ont été mal divisés, et que φονίαν τάλαινάν τ' cache φονῶντ' ἀλαίνοντ'. La transposition de ces mots, demandée par la gradation, accorde la strophe avec l'antistrophe. Ἐρινῦν est fourni par le *Vaticanus*, et le changement d'ἀλαστόρων en ἀλάστορον (forme qu'on trouve chez Eschyle et chez Sophocle) rétablit le sens. — 1261-62. Aujourd'hui on lit généralement : ἔρρει τέκνων, μάταν ἆρα γένος. Mais les manuscrits ont ἆρα μάταν, ce qu'il fallait conserver à l'accent près, en mettant la virgule avant τέκνων. — 1265. Φρένα, correction d'Hermann pour φρενῶν, est réclamé par la strophe et la syntaxe.

1256-57. Πίτνειν.... ἀνέρων, il est à craindre que le sang divin ne tombe, que les descendants d'un dieu ne périssent, par une main mortelle. Tel est le sens évident de ces mots. Le Scholiaste ne s'y est pas trompé, et cependant les commentateurs modernes donnent de φόβος l'explication tout à fait impossible : « Nefas est, horrendum est. »

1259-60. Ἔξελ'.... ἀλάστορον. Après avoir prié le Soleil d'arrêter la main de Médée, le chœur se ravise. Il n'est pas naturel qu'un tel crime soit commis par une mère, à moins qu'un démon ne la possède. Le chœur ajoute donc : « Chasse de la maison l'Alastor (le mauvais génie), qui, poussé par les Furies, délire, demande du sang. » C'est ainsi que Clytemnestre prétend, chez Eschyle, *Ag.* 1500 sqq., que ce n'est pas elle, mais l'Alastor, qui tua Agamemnon. — Ἀλαίνοντα. Comp. *Oreste*, 525 : Μανίαις ἀλαίνων καὶ φόβοις. — Ἐρινῦν ὕπο, qui équivaut à ὑπ' Ἐρινύων, est gouverné par les deux participes.

1261. Μόχθος. Le sens de ce mot est déterminé par la phrase suivante : les femmes du chœur ont en vue les douleurs de l'enfantement.

1263. Les roches Symplégades ont déjà été mentionnées dans le prologue et ailleurs.

χόλος προσπίτνει; δύσφρων φόνον
φόνος ἀμείβεται.
Χαλεπὰ γὰρ βροτοῖς ὁμογενῆ μιά-
σματ' ἐπιγάϊ', αὐτοφόνταις ξυνῳδ'
αὖ θεόθεν πίτνοντ' εἰνὶ δόμοις ἄχη.   1270

ΠΑΙΔΕΣ.

· · · · · · · ·

ΧΟΡΟΣ.
Ἀκούεις βοὰν ἀκούεις τέκνων;   [Strophe 2.]
ἰὼ τλᾶμον, ὦ κακοτυχὲς γύναι.

ΠΑΙΣ Α'.
Οἴμοι, τί δράσω; ποῖ φύγω μητρὸς χέρας;

ΠΑΙΣ Β'.
Οὐκ οἶδ', ἀδελφὲ φίλτατ'· ὀλλύμεσθα γάρ.

NC. 1266-67. Les manuscrits portent χόλος προσπίτνει καὶ δυσμενὴς φόνος ἀμείβεται; La phrase suivante étant liée à celle-ci par la particule γάρ, on voit parfaitement ce que le poëte a dû dire, et Matthiæ l'a compris, tout en ayant le tort de vouloir tirer de la leçon gâtée un sens qu'elle ne peut avoir. Il est évident qu'il faut ajouter φόνον, mot qui a été oublié avant φόνος, et cette addition nous oblige à remplacer δυσμενής par δύσφρων. La conjonction καὶ n'a pas de sens. Son insertion s'explique par la forme des paraphrases grecques : elle provient sans doute d'une scholie δύσφρων καὶ δυσμενή: — 1268. Le vers correspondant fait supposer que χαλεπά est la glose de δύσφορα ou d'un autre mot de cette mesure. — 1269. J'ai écrit ἐπιγάϊ(α) pour ἐπὶ γαῖαν, qui ne peut guère se construire. — 1270. J'ai mis ξυνῳδ' αὖ pour ξυνῳδά (συνῳδά), afin de mieux marquer le sens de la phrase et d'accorder ce vers avec le vers strophique. Pour cette dernière raison, j'ai aussi changé ἐπὶ δόμοις en εἰνὶ δόμοις. — 1271-74. Les vers se suivaient dans cet ordre : 1273-74-71-72. La structure antistrophique de ce morceau d'abord signalée par Seidler, exige la transposition que nous avons adoptée et qui coupe très convenablement les vers du chœur, pourvu qu'on suppose avec Schenkl (*Jahrbücher für Philologie*, 1862, p. 850) que cette strophe était précédée de Αἰαῖ αἰαῖ ou d'un autre cri poussé par les enfants. Je ne partage pas l'opinion de Nauck, qui essaye d'accorder les strophes en retranchant, dans l'antistrophe, les vers 1264 et 85 et ici le vers 1274.

1266-67. Δύσφρων.... ἀμείβεται. Le chœur rappelle à Médée que le crime qu'elle médite ne restera pas impuni : le meurtre suit et venge le meurtre. Comp. *Électre*, 1097 : Ἀμείψεται φόνου δικάζων φόνος. Ici l'épithète δύσφρων reprend l'idée contenue dans φρένα βαρὺς χόλος προσπίτνει, et marque par là que l'expiation sera conforme au crime, suivant la loi du talion.

1268-70. Χαλεπά.... ἄχη. « La souillure provenant d'un sang parent répandu sur la terre (μιάσματα ὁμογενῆ ἐπιγάϊα) est funeste aux hommes : les dieux la font retomber (θεόθεν αὖ πίπτοντα) en maux semblables au crime (ἄχη ξυνῳδά) sur la maison homicide (le meurtrier et sa race). » La tournure de la phrase μιάσματα αὖ πίτνοντα ἄχη, « la souillure retombant comme des maux, retombant en maux, » marque bien le rapport étroit entre le châtiment et le crime.

1271. On entend crier derrière la scène les enfants de Médée. Euripide observe

ΜΗΔΕΙΑ.

ΧΟΡΟΣ.

Παρέλθω δόμους ; Ἀρῆξαι φόνον 1275
τέχνοις μοι δοκεῖ.

ΠΑΙΔΕΣ.

Ναί,· πρὸς θεῶν, ἀρήξατ'· ἐν δέοντι γάρ·
ὡς ἐγγὺς ἤδη γ' ἐσμὲν ἀρκύων ξίφους.

ΧΟΡΟΣ.

Τάλαιν', ὡς ἄρ' ἦσθα πέτρος ἢ σίδα-
ρος, ἄτις τέκνων ὃν ἔτεκες 1280
ἄροτον αὐτόχειρι μοίρᾳ κτενεῖς.

Μίαν δὴ κλύω μίαν τῶν πάρος   [Antistrophe 2.]
γυναῖκ' ἐν φίλοις χέρα βαλεῖν τέχνοις,

Ἰνὼ μανεῖσαν ἐκ θεῶν, ὅθ' ἡ Διὸς
δάμαρ νιν ἐξέπεμψε δωμάτων ἄλῃ. 1285

Πίτνει δ' ἁ τάλαιν' ἐς ἅλμαν φόνῳ
τέκνων δυσσεβεῖ,

ἀκτῆς ὑπερτείνασα ποντίας πόδα,
δυοῖν τε παίδοιν συνθανοῦσ'· ἀπόλλυται.

Τί δῆτ' οὖν γένοιτ' ἂν ἔτι δεινόν; Ὦ 1290

NC. 1276. J'ai transposé les mots de la leçon δοκεῖ μοι τέκνοις : car τέκνοις a dû répondre à τέκνων, v. 1287, comme φόνον à φόνῳ, v. 1286. — 1280. Ὃν, pour ὧν : correction de Seidler, motivée par l'antistrophe. — 1283. La plupart des manuscrits ont γυναικῶν ἐν, et tous ont χεῖρα. — 1290. Δῆτ', correction de Hermann pour δήποτ'.

d'avance le précepte d'Horace : « Ne pueros coram populo Medea trucidet. »

1278. Ἀρκύων ξίφους, des filets (des embûches) du fer. Comp. Herc. Fur. 729 : Βρόχοισι δ' ἀρκύων κεκλήσεται Ξιφηφόροισι, passage cité par Elmsley.

1281. Ἄροτον. Les enfants sont le fruit du champ conjugal, ἄρουρα, comme disent les tragiques grecs.

1284-89. D'après la fable généralement reçue et qu'Euripide lui-même semble avoir suivie dans sa tragédie d'Ino, cette malheureuse mère, frappée de démence par Junon, n'immola que l'un de ses enfants, Mélicerte, et se jeta avec lui dans la mer; l'autre, Léarque, avait été tué par Athamas, son père. Ici, le poète fait d'Ino la meurtrière de ses deux enfants, ce qui la rapproche encore plus de Médée.

1290. Δεινόν n'équivaut pas à δεινό-

γυναικῶν λέχος πολύπονον,
ὅσα βροτοῖς ἔρεξας ἤδη κακά.

ΙΑΣΩΝ.

Γυναῖκες, αἳ τῆσδ' ἐγγὺς ἕστατε στέγης,
ἆρ' ἐν δόμοισιν ἡ τὰ δείν' εἰργασμένη
Μήδεια τοισίδ', ἢ μεθέστηκεν φυγῇ; 1295
Δεῖ γάρ νιν ἤτοι γῆς σφε κρυφθῆναι κάτω,
ἢ πτηνὸν ἆραι σῶμ' ἐς αἰθέρος βάθος,
εἰ μὴ τυράννων δώμασιν δώσει δίκην.
Πέποιθ', ἀποκτείνασα κοιράνους χθονὸς,
ἀθῷος αὐτὴ τῶνδε φεύξεσθαι δόμων; 1300
Ἀλλ' οὐ γὰρ αὐτῆς φροντίδ' ὡς τέκνων ἔχω·
κείνην μὲν οὓς ἔδρασεν ἔρξουσιν κακῶς,
ἐμῶν δὲ παίδων ἦλθον ἐκσώσων βίον,
μή μοί τι δράσωσ' οἱ προσήκοντες γένει,
μητρῷον ἐκπράσσοντες ἀνόσιον φόνον. 1305

ΧΟΡΟΣ.

Ὦ τλῆμον, οὐκ οἶσθ' οἷ κακῶν ἐλήλυθας,
Ἰᾶσον· οὐ γὰρ τούσδ' ἂν ἐφθέγξω λόγους.

NC. 1292. Tous les manuscrits, sauf celui de Copenhague, insèrent δή après ὅσα. — 1295. Τοισίδ', conjecture de Canter pour τοῖσδέ γ' ou τοῖσιν. — 1296. Faut-il écrire γῆς καλυφθῆναι κάτω?—1298-1300. Le scholiaste dit : εἰ μὴ ἄρα πέποιθε μὴ δώσειν δίκην τῶν τολμηθέντων. Voilà pourquoi les derniers éditeurs écrivent : εἰ μὴ.... δώσειν δίκην ‖ πέποιθ', et plus bas φεύξεται. Mais de cette façon, πέποιθ (ε) est louche, et il faudrait plutôt μέλλει. Je suis donc revenu à la leçon des manuscrits, dans laquelle il n'y a rien à reprendre.

τερον, comme dit le scholiaste. La phrase est elliptique. « Que pourrait-il encore arriver d'affreux? » sous-entendez : « au prix de cette action ? »

1292. La seconde strophe et la seconde antistrophe des chants dochmiaques qui finissent ici, sont symétriquement coupées de distiques iambiques, comme dans le morceau analogue d'*Hippolyte*, 817 sqq. Mais ici les trimètres de la strophe sont prononcés par d'autres personnages que ceux de l'antistrophe, tandis que dans *Hippolyte* tous appartiennent au même personnage, ce qui est plus régulier.

1296. Σφε fait double emploi avec νιν.

On a allégué quelques exemples d'un tel pléonasme, *Suppl.* 174; Sophocle, *OEd. Roi*, 246; *Trach.* 287, etc. Mais ces passages me semblent assez différents de celui-ci, et je crois que le texte est gâté. V. NC.

1300. Le scholiaste rend ἀθῷος par ἀτιμώρητος. Si ces deux mots étaient tout à fait équivalents, le poëte n'aurait pu opposer ἀθῷος αὐτή, à ἀποκτείνασα κοιράνους χθονός; mais ἀθῷος veut dire : sans mal, et non : sans châtiment.

1302. Οὕς.... κακῶς équivaut à ἐκείνοι οὓς κακῶς ἔδρασεν ἔρξουσιν κακῶς.

1304-5. Μὴ.... γένει, de peur que les parents de la famille royale n'entrepren-

ΜΗΔΕΙΑ.

ΙΑΣΩΝ.

Τί δ' ἔστιν; ἢ που κἄμ' ἀποκτεῖναι θέλει;

ΧΟΡΟΣ.

Παῖδες τεθνᾶσι χειρὶ μητρῴᾳ σέθεν.

ΙΑΣΩΝ.

Οἴμοι τί λέξεις; ὥς μ' ἀπώλεσας, γύναι. 1310

ΧΟΡΟΣ.

Ὡς οὐκέτ' ὄντων σῶν τέκνων φρόντιζε δή.

ΙΑΣΩΝ.

Ποῦ γάρ νιν ἔκτειν', ἐντὸς ἢ ἔξωθεν δόμων;

ΧΟΡΟΣ.

Πύλας ἀνοίξας σῶν τέκνων ὄψει φόνον.

ΙΑΣΩΝ.

Χαλᾶτε κλῇδας ὡς τάχιστα, πρόσπολοι,
ἐκλύεθ' ἁρμούς, ὡς ἴδω διπλοῦν κακόν, 1315
τοὺς μὲν θανόντας, τὴν δὲ τίσομαι φόνῳ. —

ΜΗΔΕΙΑ.

Τί τάσδε κινεῖς κἀναμοχλεύεις πύλας,
νεκροὺς ἐρευνῶν κἀμὲ τὴν εἰργασμένην;

NC. 1316. Variante: τίσωμαι δίκην. Je propose τὴν δὲ τίσουσαν φόνον, « qui payera, qui expiera le meurtre. » Τίσομαι sera le débris d'une paraphrase (par exemple, τίσομαι γὰρ αὐτήν) écrite entre les lignes.

nent quelque chose, ne cherchent à faire quelque mal. Δρᾶν τι est un atticisme qui laisse entendre plus qu'il ne dit, et on s'est étonné à tort qu'il ne fût pas accompagné d'un régime direct. — Μητρῷον φόνον, le meurtre commis par leur mère.
1309. Il est évident que σέθεν dépend de παῖδες. Elmsley compare *Suppl.*, 133 : Τῷ δ' ἐξέδωκας παῖδας Ἀργείων σέθεν;
1310. Τί λέξεις; Voyez, sur ce futur, *Hipp.* 353 et la note.
1316. Les deux choses horribles que verra Jason, ce sont les enfants égorgés et la meurtrière qui va subir le châtiment de son crime. Mais si le sens se devine, les mots n'offrent aucune suite, et les interprètes qui s'obstinent à les expliquer me semblent perdre leur peine. Voy. la note critique.

1317. Scholiaste : Ἐπὶ ὕψους παραφαίνεται ἡ Μήδεια ὀχουμένη δρακοντίνοις ἅρμασι καὶ βαστάζουσα τοὺς παῖδας. Le texte ne dit rien des dragons ailés (v. le premier argument grec); mais on peut croire que ce détail repose sur la tradition des théâtres grecs. Sénèque dit aussi : « Squamosa gemini colla serpentes juga « submissa praebent » (v. 1012). Aristote (*Poét.* ch. xv) critique avec raison ce dénoûment ἀπὸ μηχανῆς, expédient imaginé par le poète pour sortir d'embarras.
— Aristophane a travesti ce vers très plaisamment en faisant dire à ses Nuées (1399) : Σὸν ἔργον, ὦ καινῶν ἐπῶν (var. λόγων) κινητὰ καὶ μοχλευτά, et ces deux vers, celui du tragique et celui du comique, semblent s'être confondus dans la mémoire des Grecs. C'est ainsi seulement

παῦσαι πόνου τοῦδ'· εἰ δ' ἐμοῦ χρείαν ἔχεις,
λέγ' εἴ τι βούλει, χειρὶ δ' οὐ ψαύσεις ποτέ. 1320
Τοιόνδ' ὄχημα πατρὸς Ἥλιος πατὴρ
δίδωσιν ἡμῖν, ἔρυμα πολεμίας χερός.

ΙΑΣΩΝ.

Ὦ μῖσος, ὦ μέγιστον ἐχθίστη γύναι
θεοῖς τε κἀμοὶ παντί τ' ἀνθρώπων γένει,
ἥτις τέκνοισι σοῖσιν ἐμβαλεῖν ξίφος 1325
ἔτλης τεκοῦσα κἄμ' ἄπαιδ' ἀπώλεσας·
καὶ ταῦτα δράσασ' ἥλιόν τε προσβλέπεις
καὶ γαῖαν, ἔργον τλᾶσα δυσσεβέστατον.
Ὄλοι'· ἐγὼ δὲ νῦν φρονῶ, τότ' οὐ φρονῶν
ὅτ' ἐκ δόμων σε βαρβάρου τ' ἀπὸ χθονὸς 1330
Ἕλλην' ἐς οἶκον ἠγόμην, κακὸν μέγα,
πατρός τε καὶ γῆς προδότιν ἥ σ' ἐθρέψατο.
Τῶν σῶν σ' ἀλάστορ' εἰς ἔμ' ἔσκηψαν θεοί·
κτανοῦσα γὰρ δὴ σὸν κάσιν παρέστιον,
τὸ καλλίπρῳρον εἰσέβης Ἀργοῦς σκάφος. 1335
Ἤρξω μὲν ἐκ τοιῶνδε, νυμφευθεῖσα δὲ

NC. 1333. La vulgate τὸν σὸν δ' ἀλάστορ' vient d'un manuscrit du second ordre, les autres ont τὸν σόν ἀλάστορ'. Kirchhoff, qui comprit que l'accent aigu indiquait l'omission d'une enclitique, proposa τοῖόν σ' ἀλάστορ'. Il fallait écrire τῶν σῶν σ'. La faute d'orthographe τὸν σόν σ' entraîna la suppression du pronom, lequel ne se comprenait plus.

qu'on peut expliquer que l'auteur du *Christus patiens* ait écrit dans son centon : Τί τούσδε κινεῖς; κἀναμοχλεύεις λόγους; (v. 437 et, avec une légère modification, v. 121). Euripide n'a pu s'exprimer ainsi ni dans une première édition de cette tragédie, comme on l'a prétendu, ni ailleurs. Je doute fort que les mots Τί ταῦτα κινεῖς κἀναμοχλεύεις, dont Héliodore se sert, *Æthiop.* I, p. 15, en ajoutant τοῦτο δὴ τὸ τῶν τραγῳδῶν, soient tirés d'une tragédie perdue de notre poète.

1322. Ἔρυμα πολεμίας χερός: rappelle les phrases homériques ἕρκος ἀκόντων (le bouclier), ἕρκος πολέμοιο κακοῖο (Achille). Cf. *Iliade*, IV, 137; I, 284.

1330. L'adjectif βάρβαρος se rapporte à δόμοι aussi bien qu'à χθονός, quoiqu'il soit placé avant ce dernier. Cette manière de disposer les mots, si opposée au génie de nos langues, n'avait rien d'extraordinaire pour les Grecs : elle passait au contraire pour une élégance du style poétique. Elle s'applique aussi aux cas où un génitif dépend de deux substantifs coordonnés, (comp. vers 1450), où un substantif dépend de deux adjectifs (comp. Eschyle, *Sept Chefs*, 183 : Ἦ ταῦτ' ἀσωγὰ (c'est ainsi qu'il faut écrire) καὶ πόλει σωτήρια), où une préposition se rapporte à deux substantifs (cf. v. 986 sq.). Les exemples abondent.

1333. Τῶν σῶν.... θεοί, mauvais génie des tiens, tu es venue fatalement t'abattre sur moi (littéralement : les dieux t'ont lancée sur moi).

1334. Παρέστιον équivaut à παρὰ τὴν ἑστίαν, et doit se lier à κτανοῦσα.

ΜΗΔΕΙΑ.

παρ' ἀνδρὶ τῷδε καὶ τεκοῦσά μοι τέκνα,
εὐνῆς ἕκατι καὶ λέχους σφ' ἀπώλεσας.
Οὐκ ἔστιν ἥτις τοῦτ' ἂν Ἑλληνὶς γυνὴ
ἔτλη ποθ', ὧν γε πρόσθεν ἠξίουν ἐγὼ 1340
γῆμαί σε, κῆδος ἐχθρὸν ὀλέθριόν τ' ἐμοί,
λέαιναν, οὐ γυναῖκα, τῆς Τυρσηνίδος
Σκύλλης ἔχουσαν ἀγριωτέραν φύσιν.
Ἀλλ' οὐ γὰρ ἄν σε μυρίοις ὀνείδεσιν
δάκοιμι · τοιόνδ' ἐμπέφυκέ σοι θράσος · 1345
ἔρρ', αἰσχροποιὲ καὶ τέκνων μιαιφόνε.
Ἐμοὶ δὲ τὸν ἐμὸν δαίμον' αἰάζειν πάρα,
ὃς οὔτε λέκτρων νεογάμων ὀνήσομαι,
οὐ παῖδας οὓς ἔφυσα κἀξεθρεψάμην
ἔξω προσειπεῖν ζῶντας, ἀλλ' ἀπώλεσα. 1350

ΜΗΔΕΙΑ.

Μακρὰν ἂν ἐξέτεινα τοῖσδ' ἐναντίον
λόγοισιν, εἰ μὴ Ζεὺς πατὴρ ἠπίστατο ·
οἷ' ἐξ ἐμοῦ πέπονθας οἷά τ' εἰργάσω ·
σὺ δ' οὐκ ἔμελλες τἄμ' ἀτιμάσας λέχη
τερπνὸν διάξειν βίοτον ἐγγελῶν ἐμοί, 1355
οὐδ' ἡ τύραννος οὐδ' ὁ σοὶ προσθεὶς γάμους

NC. 1356. Οὐδ'.... οὐδ', correction d'Elmsley pour οὔθ'.... οὔθ'. — Les meilleurs manuscrits ont προθείς (pour προθείς). Mais la variante προσθείς est confirmée par *Phénic.* 582.

1337. Schol. Ἀνδρὶ τῷδε · δεικτικῶ, ἀντὶ τοῦ ἐμοί · ἑαυτὸν γὰρ δείκνυσι. On sait que le démonstratif ὅδε désigne souvent la première personne.

1339. On voit que Médée n'avait pas tout à fait tort dans ce qu'elle disait aux vers 591 sq.

1343. Dans l'*Agamemnon* d'Eschyle, vers 1232, Cassandre dit de Clytemnestre : Τί νιν καλοῦσα δυσφιλὲς δάκος Τύχοιμ' ἄν; ἀμφίσβαιναν, ἢ Σκύλλην τινα Οἰκοῦσαν ἐν πέτραισι, ναυτίλων βλάβην ;

1346. Il paraît qu'on tourna contre le poète lui-même les mots ἔρρ' αἰσχροποιέ. Voyez dans Athénée, p. 582 C, l'anecdote mise en vers par Machon. En effet, certains sujets scabreux qu'Euripide avait mis sur la scène, pouvaient justifier le nom de αἰσχροποιό:, comme d'autres sujets celui de πτωχοποιός (Aristophane, *Gren.* 842). La scholie : Δοκεῖ τὸν στίχον τοῦτον εἰπὼν Εὐριπίδης ἐκβεβλῆσθαι dénature les faits en les exagérant singulièrement.

1351. Μακρὰν ἂν ἐξέτεινα, je me serais étendue longuement. On trouve assez souvent μακρὰν τείνειν, ἐκτείνειν, λέγειν.

1353 Les mots οἷ' ἐξ ἐμοῦ πέπονθας ne se rapportent pas au meurtre des enfants de Jason, mais aux services que Médée lui rendit autrefois. Ce vers a le même sens que le v. 488: Καὶ ταῦθ' ὑφ' ἡμῶν, ὦ κάκιστ' ἀνδρῶν, παθὼν Προύδωκας ἡμᾶς.

Κρέων ἄτιμον τῆσδέ μ' ἐκβαλεῖν χθονός.
Πρὸς ταῦτα καὶ λέαιναν, εἰ βούλει, κάλει
καὶ Σκύλλαν ἣ Τυρσηνὸν ᾤκησεν πέτρον·
τῆς σῆς γὰρ ὡς χρὴ καρδίας ἀνθηψάμην.   1360

ΙΑΣΩΝ.

Καὐτή γε λυπεῖ καὶ κακῶν κοινωνὸς εἶ.

ΜΗΔΕΙΑ.

Σάφ' ἴσθι· λύει δ' ἄλγος, ἢν σὺ μὴ 'γγελᾷς.

ΙΑΣΩΝ.

Ὦ τέκνα, μητρὸς ὡς κακῆς ἐκύρσατε.

ΜΗΔΕΙΑ.

Ὦ παῖδες, ὡς ὤλεσθε πατρῴᾳ νόσῳ.

ΙΑΣΩΝ.

Οὔτοι νυν ἡμὴ δεξιά σφ' ἀπώλεσεν.   1365

ΜΗΔΕΙΑ.

Ἀλλ' ὕβρις οἵ τε σοὶ νεοδμῆτες γάμοι.

ΙΑΣΩΝ.

Λέχους σφέ γ' ἠξίωσας οὕνεκα κτανεῖν;

ΜΗΔΕΙΑ.

Σμικρὸν γυναικὶ πῆμα τοῦτ' εἶναι δοκεῖς;

ΙΑΣΩΝ.

Ἥτις γε σώφρων· σοὶ δὲ πάντ' ἐστὶν κακά.

NC. 1357. Des deux leçons offertes par les manuscrits et les scholies, ἄτιμον (ou ἀτίμως) et ἀνατεί, ce n'est pas la première qui ressemble à une glose. — 1359. Les manuscrits ont ᾤκησεν πέδον. De la glose σπήλαιον, qui se trouve dans le manuscrit de Paris, Elmsley tira ᾤκησεν πέτραν, qui vaut beaucoup mieux. Il fallait toutefois écrire πέτρον, que les poëtes emploient quelquefois dans le sens de πέτραν. Comp. v. 28 et Soph. Phil. 272 : Ἐν κατηρεφεῖ πέτρῳ, où il s'agit d'une grotte, comme ici. — 1365. Elmsley a rectifié la leçon οὐ τοίνυν. — 1367. La variante σφε κἠξίωσας n'est pas mauvaise, mais elle est moins bien autorisée.

1357. Ἄτιμον équivaut à ἀτιμώρητον (schol.). Comp. Hipp. 1417.
1362. Λύει δ' ἄλγος. Le Scholiaste explique bien : Λυσιτελεῖ δέ μοι τὸ ἄλγος. En prenant ἄλγος pour le régime de λύει, la pensée convient moins au caractère de Médée, et la construction est plus dure.

1364. Νόσῳ doit s'entendre ici au moral. Comp. vers 471.
1366. L'adjectif possessif se rapporte aussi à ὕβρις. Comp. 1330 et la note.
1367. Le pronom enclitique σφε, placé entre λέχους et γε, n'empêche pas cette dernière particule de porter sur le substantif dont elle fait ressortir l'idée.

ΜΗΔΕΙΑ.

ΜΗΔΕΙΑ.

Οἵδ' οὐκέτ' εἰσί· τοῦτο γάρ σε δήξεται.   1370

ΙΑΣΩΝ.

Οἵδ' εἰσὶν ὠμοὶ σῷ κάρᾳ μιάστορες.

ΜΗΔΕΙΑ.

Ἴσασιν ὅστις ἦρξε πημονῆς θεοί.

ΙΑΣΩΝ.

Ἴσασι δῆτα σήν γ' ἀπόπτυστον φρένα.

ΜΗΔΕΙΑ.

Στύγει· πικρὰν δὲ βάξιν ἐχθαίρω σέθεν.

ΙΑΣΩΝ.

Καὶ μὴν ἐγὼ σήν· ῥᾴδιοι δ' ἀπαλλαγαί.   1375

ΜΗΔΕΙΑ.

Πῶς οὖν; τί δράσω; κάρτα γὰρ κἀγὼ θέλω.

ΙΑΣΩΝ.

Θάψαι νεκρούς μοι τούσδε καὶ κλαῦσαι πάρες.

ΜΗΔΕΙΑ.

Οὐ δῆτ', ἐπεί σφας τῇδ' ἐγὼ θάψω χερί,
φέρουσ' ἐς Ἥρας τέμενος Ἀκραίας θεοῦ,
ὡς μή τις αὐτοὺς πολεμίων καθυβρίσῃ,   1380
τύμβους ἀνασπῶν· γῇ δὲ τῇδε Σισύφου

NC. 1371. Ὤμοί, correction de Burges pour ὤμοι ou οἴμοι. — 1374. J'ai écrit στύγει au lieu de στυγῇ ou στυγεῖ, « tu es haï », tournure étrange pour στυγῶ σε, « je te hais », et de plus inconciliable avec la particule adversative δέ.

1371. Μιάστορες est synonyme de ἀλάστορες. Ce vers rappelle Eschyle, *Euménides*, 176 : Ποτιτρόπαιος ὢν ἕτερον ἐν κάρᾳ Μιάστορ' ἐκ γένους πάσεται.

1372. Médée disait au vers 332 : Ζεῦ, μὴ λάθοι σε τῶνδ' ὃς αἴτιος κακῶν.

1374-75. Scholiaste : Βάξιν νῦν εἴρηκε τὴν ὁμιλίαν (conversation). Médée dit à Jason : « Haïs moi, je le veux bien; mais laisse moi : je déteste ta parole odieuse ». Jason lui répond : « Et moi, je déteste la tienne; mais il nous est facile de nous délivrer l'un de l'autre. »

1379. Le scholiaste se trompe en plaçant le temple de Junon Acræa sur l'acropole de Corinthe. Ce temple se trouvait à une certaine distance de la ville, sur le promontoire, ἄκρα, qui marque l'entrée du golfe de Léchée, en face de Sicyone (Voy. Strabon, VIII, p. 380, Tite-Live, XXXII, 23). Si le temple avait été à Corinthe même, on ne comprendrait pas que Médée eût osé s'y arrêter.

1381-83. Voici comment on expliquait à Corinthe l'origine de ces fêtes. On racontait que Médée avait laissé ses enfants dans le temple de Junon Acræa, comme dans un asile inviolable; mais que les habitants du pays les mirent à mort, sans respecter le sanctuaire. Ensuite, une peste ayant affligé le pays, les Corinthiens reçurent de l'oracle l'ordre d'expier ce meurtre par des

σεμνὴν ἑορτὴν καὶ τέλη προσάψομεν
τὸ λοιπὸν ἀντὶ τοῦδε δυσσεβοῦς φόνου.
Αὐτὴ δὲ γαῖαν εἶμι τὴν Ἐρεχθέως,
Αἰγεῖ συνοικήσουσα τῷ Πανδίονος.   1385
Σὺ δ', ὥσπερ εἰκὸς, κατθανεῖ κακὸς κακῶς,
[Ἀργοῦς κάρα σὸν λειψάνῳ πεπληγμένος,]
πικρὰς τελευτὰς τῶν νέων γάμων ἰδών.

ΙΑΣΩΝ.

Ἀλλά σ' Ἐρινὺς ὀλέσειε τέκνων
φονία τε Δίκη.   1390

ΜΗΔΕΙΑ.

Τίς δὲ κλύει σου θεὸς ἢ δαίμων,

NC. 1386-88. Nauck condamne ces trois vers. En effet, la mort étrange à laquelle il est fait allusion ici, et dont on trouve les détails dans le premier argument grec de cette pièce, n'a aucun rapport avec la perfidie de Jason : sa punition naturelle est une triste vieillesse solitaire, et Médée la lui prédira au vers 1396. Mais il suffit de retrancher avec Fritze, auteur d'une traduction allemande, le vers 1387, qui jure avec 1388 et qui est suspect à cause du pronom parasite σόν. Il est l'œuvre d'un grammairien jaloux de compléter le texte du poète par la mention d'une fable, qui avait, ce me semble, la même signification que le chœur de Sénèque, *Médée*, 608 sqq., et la troisième ode d'Horace. L'impie qui avait d'abord osé traverser la mer, devait être tué par le vaisseau même dont il s'était servi pour braver cet élément. — 1385. J'ai corrigé la leçon τῶν ἐμῶν γάμων, qui était un vrai contre-sens. Cp. les vers 398 sq., qui peuvent servir de commentaire à celui-ci

sacrifices et par d'autres honneurs rendus aux enfants de Médée (Voy. les auteurs cités à la page 102, note 2). Euripide, qui voulait rappeler ces honneurs, était obligé de les expliquer d'une manière moins satisfaisante. Mais rien n'autorise à supposer que ces vers proviennent d'une première édition de cette tragédie, dans laquelle le poète se serait conformé à la légende corinthienne. Une telle édition aurait été une tragédie toute différente, ou plutôt une pièce fort peu tragique, et aucun témoignage ancien ne vient à l'appui de cette hypothèse.

1385. Συνοικήσουσα. Comme il s'agit d'un homme et d'une femme, ce mot ne peut guère s'entendre que de la vie conjugale. Il est vrai que, dans la scène entre Médée et Égée, il n'a pas été positivement question de s'unir plus intimement ; mais cela est conforme aux fables attiques qu'Euripide traita dans sa tragédie d'*Égée*, et Médée est femme à le prévoir.

1386-88. Médée dit que Jason mourra misérablement, après une vieillesse solitaire, sans enfants, sans appui, sans affection (comp. vers 1396), et que tels seront les fruits amers de son nouveau mariage, τῶν νέων γάμων. Voy. *Alc.* 1087 : Νέου γάμου πόθος. — Le dernier couplet de Médée est de dix vers, comme celui qu'elle avait prononcé plus haut, 1351-60. Entre ces deux couplets, se trouve un morceau stichomythique de dix-sept vers. D'abord Médée répond quatre fois à Jason, et le neuvième vers, 1369, qui appartient à Jason et qui clôt la première partie de ce morceau, se trouve placé au centre de la stichomythie ; ensuite Jason répond quatre fois à Médée. — Au commencement de la scène, Jason demande où est Médée, trois vers ; il parle de ce qu'elle pourra devenir, cinq vers, et de ce que deviendront ses enfants, cinq vers (1293-1305). Il est instruit par le chœur de la mort de ses enfants · dialogue de six monostiques, précédés d'un

ΜΗΔΕΙΑ.

τοῦ ψευδόρκου καὶ ξειναπάτου;

ΙΑΣΩΝ.

Φεῦ φεῦ, μυσαρὰ καὶ παιδολέτορ.

ΜΗΔΕΙΑ.

Στεῖχε πρὸς οἴκους καὶ θάπτ' ἄλοχον.

ΙΑΣΩΝ.

Στείχω δισσῶν γ' ἄμορος τέκνων.   1395

ΜΗΔΕΙΑ.

Οὔπω θρηνεῖς· μένε καὶ γῆρας.

ΙΑΣΩΝ.

Ὦ τέκνα φίλτατα.

ΜΗΔΕΙΑ.

Μητρί γε, σοὶ δ' οὔ.

ΙΑΣΩΝ.

Κἄπειτ' ἔκανες;

ΜΗΔΕΙΑ.

Σέ γε πημαίνουσ'.

ΙΑΣΩΝ.

Ὤμοι, φιλίου χρῄζω στόματος
παίδων ὁ τάλας προσπτύξασθαι.   1400

ΜΗΔΕΙΑ.

Νῦν σφε προσαυδᾷς, νῦν ἀσπάζει,
τότ' ἀπωσάμενος.

NC. 1398. Elmsley a corrigé la leçon ἔκτανες (ou ἔκτας).

distique et suivis d'un tristique (1306-1316). Médée paraît sur un char aérien. Elle prononce six vers, auxquels Jason répond par six autres (1317-1328); et, donnant un libre cours à son indignation et à sa douleur, il ajoute vingt-deux vers, qui se décomposent en huit (1336-1343) précédés de sept et suivis de sept.
1392. Ξειναπάτου. On a demandé quel hôte Jason avait trompé. Il a trompé Médée qui lui était unie par les liens de l'hospitalité. Nous avons déjà fait remarquer, à propos du vers 492, que les serments trahis par Jason ne sont pas les serments de fidélité que les époux se font aujourd'hui, mais ceux par lesquels Médée le lia, quand elle vint aux secours de cet étranger, quand elle se fit son hôte et son appui.
1398. Κἄπειτ' ἔκανες; On traduit : « Et cependant tu les as tués? » Mais la tournure grecque est plus amère. Jason dit : « Et c'est par suite de cet amour (c'est parce qu'ils te sont chers) que tu les as tués? »
1399-1400. Au lieu de χρῄζω προσπτύξασθαι στόμα, les Grecs peuvent dire, même en prose, χρῄζω στόματος, et ajouter l'infinitif pour compléter l'idée. Klotz

ΙΑΣΩΝ.

Δός μοι πρὸς θεῶν
μαλακοῦ χρωτὸς ψαῦσαι τέκνων.

ΜΗΔΕΙΑ.

Οὐκ ἔστι · μάτην ἔπος ἔρριπται.

ΙΑΣΩΝ.

Ζεῦ, τάδ' ἀκούεις ὡς ἀπελαυνόμεθ', 1405
οἷά τε πάσχομεν ἐκ τῆς μυσαρᾶς
καὶ παιδοφόνου τῆσδε λεαίνης;
Ἀλλ', ὁπόσον γοῦν πάρα καὶ δύναμαι.
τάδε καὶ θρηνῶ κἀπιθεάζω
μαρτυρόμενος δαίμονας ὥς μοι 1410
τέκν' ἀποκτείνασ' ἀποκωλύεις
ψαῦσαί τε χεροῖν θάψαι τε νεκρούς,
οὓς μήποτ' ἐγὼ φύσας ὄφελον
πρὸς σοῦ φθιμένους ἐπιδέσθαι.

ΧΟΡΟΣ.

Πολλῶν ταμίας Ζεὺς ἐν Ὀλύμπῳ, 1415
πολλὰ δ' ἀέλπτως κραίνουσι θεοί ·

NC. 1405. Variante : Ὦ Ζεῦ, τάδ' ὁρᾷ,. — 1409. Blomfield a corrigé la leçon κἀπιθοάζω. — 1413. Ὄφελον, correction d'Elmsley pour ὤφελον, était primitivement écrit dans le *Vaticanus*.

cite à ce sujet la construction latine dont cette phrase de Cicéron (*de Universo*, c. 9) est un exemple : « Reliquorum siderum quae « causa collocandi fuerit. »
1408-1412. La plupart des lecteurs modernes n'aperçoivent peut-être pas toute la portée de ces vers pathétiques. Rendre les derniers honneurs à ses morts était un devoir rigoureux. Jason ne peut l'accomplir, mais il déclare qu'il fait ce qu'il peut : il pleure ses enfants (τάδε), et s'il ne les ensevelit pas, il prend les dieux à témoin qu'il en est empêché par Médée. — Après καὶ θρηνῶ, le second καὶ semble appeler θάπτω. Au lieu de cela, Jason est forcé de dire κἀπιθεάζω (j'atteste les dieux) ὡς ἀποκωλύεις θάψαι.
1415-19. Ces mêmes vers se retrouvent à la fin d'*Alceste*, d'*Andromaque*, d'*Hélène* et des *Bacchantes*, si ce n'est que le premier y est remplacé par Πολλαὶ μορφαὶ τῶν δαιμονίων. Ils conviennent, en effet, au sujet de plus d'une tragédie, et cependant ils s'appliquent moins bien à *Médée* qu'aux quatre autres pièces que nous venons d'énumérer : le dénoûment seul, la fuite merveilleuse de la petite-fille du Soleil, peut les justifier. Le chœur prononçait ces anapestes en sortant de l'orchestre; et comme beaucoup de spectateurs pouvaient avoir hâte de sortir aussi du théâtre, Hermann suppose que ces conclusions se perdaient au milieu du bruit, et que c'est à cause de cela que le poete ne se donnait pas la peine de les varier. D'autres pensent que ces répétitions sont du fait des

καὶ τὰ δοκηθέντ' οὐκ ἐτελέσθη,
τῶν δ' ἀδοκήτων πόρον εὗρε θεός.
Τοιόνδ' ἀπέβη τόδε πρᾶγμα.

acteurs. Il y a une autre formule, plus courte, qu'on lit à la fin d'*Oreste*, des *Phéniciennes* et d'*Iphigénie en Tauride*. Elle contient le vœu de remporter le prix, et elle devait être, à cause de cela, du goût des acteurs. Dans la dernière de ces pièces, elle forme visiblement un appendice ajouté par les interprètes du poete.

ΕΚΑΒΗ

NOTICE

SUR LA FABLE ET SUR LA DATE D'*HÉCUBE*.

Nous allons résumer ce que l'on sait d'ailleurs sur la fable, disons mieux, sur les deux fables qu'Euripide traita dans cette tragédie, la fable de *Polyxène* et celle de *Polydore*. Le poëte les a réunies dans une œuvre qui, malgré la duplicité du sujet, ne manque pas d'une certaine unité, grâce au personnage d'Hécube. Reine tombée dans l'esclavage, mère privée de presque tous ses enfants, Hécube ne survit à sa grandeur et à son bonheur que pour voir traîner au sacrifice la fille qui était sa dernière consolation, et pour découvrir la mort du plus jeune de ses fils. Accablée par l'infortune, elle trouve dans l'excès même de sa douleur la force de se redresser. Elle venge son fils, elle le venge de sa propre main, elle inflige à l'assassin une punition horrible. Il ne lui reste plus qu'à finir sa destinée, en sortant de la vie après avoir perdu les traits humains.

Mais nous ne nous proposons pas de refaire, après M. Patin, l'examen de cette tragédie : nous ne voulons que présenter quelques observations sur les traditions relatives à Polyxène et à Polydore.

Le sacrifice de Polyxène avait été raconté dans l'épopée qui portait le titre de *Sac de Troie* (Ἰλίου πέρσις), et qui passait pour un ouvrage d'Arctinus de Milet [1]. Le poëte lyrique Ibycus avait touché à cette fable [2]. Sophocle la mit sur le théâtre dans sa tragédie de *Polyxène*. Comment ces poëtes ont-ils traité ce sujet ? On ne peut le dire aujourd'hui. Tout ce que nous savons, c'est que l'ombre d'Achille, dont l'apparition est seulement mentionnée par Euripide, se montrait chez Sophocle aux yeux des spectateurs [3] ; et cette scène était admirée par

---

[1]. Ἔπειτα ἐμπρήσαντες τὴν πόλιν, Πολυξένην σφαγιάζουσιν ἐπὶ τὸν τοῦ Ἀχιλλέως τάφον. Ces mots terminent l'analyse de cette épopée dans les Extraits de Proclus : Bekker, *Scholia in Iliadem*, p. II, ou *Cycli fragmenta* à la suite de l'*Homère* de Didot, p. 584.

[2]. Schol. ad Eurip. Héc. 41.

[3]. Porphyrius apud Stob. *Ecl. Phys.* I, XLI, 51 : Σοφοκλῆς ἐν Πολυξένῃ τοῦ Ἀχιλλέως ψυχὴν εἰσάγει λέγουσαν· «Ἀκτὰς ἀπαιωνάς τε καὶ μελαμβαθεῖς λιποῦσα λίμνης ἦλθον ἄρσενας χοὰς Ἀχέροντος, ὀξυπλῆγας ἠχούσας γόους.»

les critiques anciens, qui la mettaient à côté de l'admirable dénoûment d'*Œdipe à Colone*[1]. Mais l'Achille de Sophocle sortait-il de son tombeau pour réclamer le sang de la fille de Priam ? Telle est l'opinion des critiques modernes les plus autorisés[2]. Je pense toutefois que cette apparition n'avait lieu qu'après le sacrifice consommé et à la fin de la tragédie. Au moment où les Grecs voulaient mettre à la voile, l'ombre du héros qu'ils venaient d'honorer les avertit des dangers qui les menaçaient, de la tempête qui allait fondre sur leurs vaisseaux, de la mort ignominieuse qui attendait leur chef. C'est ainsi que l'apparition était motivée dans le vieux poëme du *Retour des Grecs* (Νόστοι)[3], et il semble que Sophocle suivit en ceci fidèlement la tradition épique. En effet, un fragment de sa *Polyxène*[4] fait allusion au vêtement sans issue, χιτὼν ἄπειρος, qui sera jeté sur la tête d'Agamemnon; et un autre[5] aux mutilations que les meurtriers feront subir au cadavre du roi. Tout porte donc à croire que la tragédie de Sophocle se terminait par cette scène imposante. Est-ce à dire qu'Euripide imagina le premier de faire demander par Achille lui-même le don sanglant que, suivant les poëtes antérieurs, ses compagnons d'armes lui avaient accordé soit de leur propre mouvement, soit sur la réclamation de Pyrrhus ou d'après une révélation de Calchas[6] ? Nous connaissons trop imparfaitement la vieille poésie grecque pour rien assurer à ce sujet.

Nous sommes beaucoup mieux renseignés sur les variations que la fable de Polyxène subit après Euripide. La forme plus moderne de cette fable s'est emparée de toutes les imaginations, au point que la plupart des lecteurs et même des éditeurs se laissent aller à la sous-entendre aussi chez Euripide, et à prêter ainsi à ce poëte des idées dont il ne se doutait pas. Tout le monde connaît l'amour d'Achille pour Polyxène : amour si fort que la mort même ne put en triompher et que l'ombre du héros revint au jour pour réclamer l'épouse qui lui avait été promise. Mais on ne sait pas assez généralement que ces fictions n'ont eu cours que très-tard dans l'antiquité, qu'étrangères à la poésie ancienne, elles n'appartiennent qu'aux romans grecs et latins[7].

---

1. *Traité du Sublime*, XV, 7 : Ἄκρως δὲ καὶ ὁ Σοφοκλῆς ἐπὶ τοῦ θνήσκοντος Οἰδίπου καὶ ἑαυτὸν μετὰ διοσημείας τινὸς θάπτοντος πεφάντασται, καὶ κατὰ τὸν ἀπόπλουν τῶν Ἑλλήνων ἐπὶ τοῦ Ἀχιλλέως προφαινομένου τοῖς ἀναγομένοις ὑπὲρ τοῦ τάφου.
2. Particulièrement de Welcker, *Griechische Tragœdien*, I, p. 178 sqq.
3. Voy. les Extraits de Proclus cités ci-dessus.

4. Étymol. M. p. 120, art. Ἄπειρος.
5. Harpocration p. 92 Bekk., art. Ἠκρωτηριασμένοι τὰς ἑαυτῶν ἕκαστοι πατρίδας. Comp. Sophocle, *Électre*, 415.
6. Chez Sénèque, *Troy.* 364 sqq., Calchas confirme la demande d'Achille. Chez Quintus de Smyrne, XIV, 179 sqq., Pyrrhus est averti par un songe du désir de son père.
7. Ce point a été établi par Welcker, *Griech. Trag.* I, p. 183 sq. Comp. Cha-

Dictys de Crète [1] et Darès le Phrygien [2] racontent au long, chacun à sa façon, l'origine et l'histoire de cet amour d'Achille pour la sœur d'Hector. Philostrate [3] sait que Polyxène répondit si bien à l'amour d'Achille qu'après la mort de ce héros elle se réfugia dans le camp des Grecs et finit par s'immoler elle-même sur le tombeau de son amant. Et afin qu'on ne doute pas de faits si contraires aux vieilles traditions, Philostrate assure qu'il tient toutes ces belles choses soit de l'ombre de Protésilas, soit de l'ombre d'Achille lui-même. La version de Philostrate semble plus récente que celles de Dictys et de Darès, sur lesquelles elle renchérit. Quand furent composés les prétendus Mémoires de ces contemporains de la guerre de Troie? De quelle date sont les originaux grecs dont nous avons les traductions ou les remaniements latins? On ne le sait pas au juste, et les avis des savants sont partagés. Il me semble qu'ils doivent être antérieurs à Philostrate, c'est-à-dire au troisième siècle, sans l'être toutefois de beaucoup. En effet Élien, qui était contemporain de Philostrate, parle du prétendu texte phrygien de Darès en termes [4] qui me font supposer qu'au moment où il écrivait, cette mystification littéraire était encore récente. D'un autre côté, le livre de Dictys est certainement postérieur à Néron [5]. C'est donc dans le cours du second siècle après notre ère que l'amour d'Achille pour Polyxène aura été imaginé, avec beaucoup d'autres nouveautés également romanesques. Il est vrai qu'il est question de cet amour dans les fables d'Hygin [6]. Mais on a eu tort d'en conclure que cette fiction devait être plus ancienne que le siècle d'Auguste. Le livre du bibliothécaire d'Auguste a été tant abrégé, interpolé, défiguré, que, dans l'état où il se trouve actuellement, il ne peut servir de base à aucune induction chronolo-

---

sang, *Histoire du roman dans l'antiquité*, p. 368 sqq.

1. Dictys, III, 2 sq. III, 24 sqq. IV, 10 sq. V, 13.

2. Darès, XXVII, XXXIV, XLIII.

3. Philostrate, *Heroicus*, XX, 17, 18, et *Vita Apollonii Tyanensis* IV, 16. — Tzetzès, *Homerica* 388 sqq., *Posthomerica* 385 sqq. et 496 sqq., a suivi Philostrate, et il le dit expressément. M. Chassang (p. 370) n'a pas compris que le Flavius cité au vers 503 des *Posthomériques* n'est autre que Flavius Philostrate.

4. Élien, *Histoire variée*, XI, 2 : Καὶ τὸν Φρύγα δὲ Δάρητα, οὗ Φρυγίαν Ἰλιάδα ἔτι καὶ νῦν ἀποσωζομένην οἶδα, πρὸ Ὁμήρου καὶ τοῦτον γενέσθαι λέγουσι. — On lit dans les extraits que Photius nous a laissés de la Καινὴ ἱστορία de Ptolémée Chennus : Ἀντίπατρος δέ φησιν ὁ Ἀκάνθιος Δάρητα, πρὸ Ὁμήρου γράψαντα τὴν Ἰλιάδα, μνήμονα γενέσθαι Ἕκτορος (Photii *Biblioth.* cod. CXC, p. 147 a Bekk.). Ce Ptolémée, qui fit métier de citer des auteurs qui n'ont jamais existé, était homme à imaginer à la fois le livre d'Antipater et celui de Darès, et ces fausses citations peuvent avoir fourni un point de départ au sophiste qui composa les Mémoires du Phrygien. Voy. sur les supercheries de Ptolémée Chennus, R. Hercher, dans *Jahrbücher für class. Philol.*, nouveaux suppléments, I, p. 267 sqq.

5. On assure dans le Prologue du livre latin, que le manuscrit phénicien de Dictys fut trouvé sous Néron dans un tombeau entr'ouvert par un tremblement de terre.

6. Hygin, *fable* CX.

gique. Au quatrième siècle, Servius, le commentateur de Virgile, résume les différentes versions de cette fable[1]. Elles s'accordent toutes sur un point : c'est qu'Achille fut assassiné par Pâris, quand il vint au temple d'Apollon Thymbréen pour recevoir Polyxène et jurer amitié à Priam. Or, ce trait est en désaccord avec la tradition épique, suivant laquelle Achille fut tué dans la bataille, près de la porte Scée, au moment même où il allait prendre la ville de Troie[2]. Depuis Homère, l'épopée grecque n'a pas varié sur ce point; ni Virgile, ni Ovide ne se sont écartés de cette tradition, et le dernier héritier des Cycliques, Quintus de Smyrne, y est resté fidèle. La tragédie aussi ignora l'amour d'Achille pour Polyxène : il ne se trouve pas plus dans Sénèque que dans Euripide. Des esprits prévenus ont pensé que le vers (612) d'Hécube

Νύμφην τ' ἄνυμφον παρθένον τ' ἀπάρθενον

faisait allusion à cet amour romanesque[3]. Mais tout le reste de la pièce, pourvu qu'on la lise sans opinion préconçue, réfute assez cette interprétation. Achille réclame la plus belle des captives, comme sa part du butin (v. 114 sq.) : or les captives partageaient le lit de leur maître, et Polyxène est appelée νύμφη ἄνυμφος, parce que son maître n'est plus qu'une ombre. Sénèque amplifie cette dernière idée : il présente ce sacrifice comme une cérémonie nuptiale. L'ombre d'Achille dit, dans les *Troyennes*, v. 199 sq. :

> Desponsa nostris cineribus Polyxena
> Pyrrhi manu mactetur et tumulum riget.

Polyxène doit être parée comme une fiancée (v. 365 sqq.) :

> Mactanda virgo est Thessali busto ducis ;
> sed quo jugari Thessalæ cultu solent
> Ionidesve vel Mycenides nurus,
> Pyrrhus parenti conjugem tradat suo.

Et en effet, les choses se passent ainsi (v. 1136 sq.) :

> Cum subito thalami more præcedunt faces.
> It pronuba illic Tyndaris.

---

1. Servius *ad Æn.* III, 322. Cf. *id. ad* VI, 57. — Parmi les mythographes latins publiés par Mai (*Class. auct. e Vatic. codd. edit.* t. III), le premier (36, p. 14) et le troisième (XI, 24, p. 265) dépendent de Servius. Le deuxième (205, p. 154) donne quelques traits particuliers.

2. Voy. Chassang, *l. c.* p. 369.

3. Cette erreur a déjà été commise par Thomas Magister dans sa note sur ce vers, ainsi que dans l'Argument qu'il a rédigé ou amplifié. Une scholie plus ancienne sur le vers 41 rappelle le mariage projeté entre Achille et Polyxène, sans toutefois donner à entendre qu'Euripide connût cette version de la fable.

Des vers comme ceux qu'on vient de lire [1] ont pu suggérer l'idée de la fiction qui est si connue aujourd'hui, mais que Sénèque ignorait tout à fait. On peut s'en convaincre facilement en lisant la seconde scène du deuxième acte de sa tragédie. Pyrrhus y réclame le sacrifice de Polyxène : si elle avait été fiancée à Achille, il ne manquerait pas de faire valoir cet argument.

Nous arrivons maintenant à la seconde des deux fables qui sont traitées dans la tragédie d'*Hécube*. La fable de Polydore a son point de départ dans l'*Iliade*, quoiqu'elle s'écarte de la tradition homérique. Suivant Homère, en effet, Polydore est tué par Achille; mais Homère dit aussi que Polydore était le plus jeune des enfants de Priam, et que son père, qui l'aimait avec tendresse, lui avait défendu de se mêler aux combattants [2]. De là, il n'y avait qu'un pas à faire pour imaginer que Polydore avait été envoyé par ses parents dans un lieu sûr et éloigné du théâtre de la guerre. Ce pas avait-il déjà été fait par d'autres poètes avant Euripide? Sans pouvoir l'affirmer, je suis disposé à le croire. Les tragiques grecs n'avaient pas l'habitude d'inventer le fond même des sujets qu'ils mettaient sur la scène; et certains indices, très-légers il est vrai, laissent entrevoir qu'Euripide prit cette fable ailleurs. Son Polydore n'est plus, comme celui d'Homère, fils de Priam et de Laothoé [3], mais fils de Priam et d'Hécube. Ce changement nécessaire est accompagné d'un autre changement, dont on ne voit pas au premier abord l'utilité. Hécube, qu'Homère appelle fille de Dymas le Phrygien, devient fille de Cissée [4]. Pourquoi Euripide s'est-il éloigné d'Homère sur ce point? Sa tragédie aurait aussi bien marché, s'il avait laissé à Hécube le père que lui donne l'*Iliade*. Selon toute apparence Euripide n'a pas fait ce changement, mais il l'a trouvé chez l'auteur qu'il suit. Le nom de Cissée se rencontre chez Homère : c'est celui d'un prince thrace, beau-père d'Anténor [5]. Afin de motiver l'envoi en Thrace du plus jeune des enfants de Priam, on aura donné la Thrace pour patrie à Hécube, en faisant d'elle la sœur de Théano, épouse d'Anténor. Nous supposons ces motifs : Euripide ne les indique point, il ne dit pas même de quel pays était Cissée : et c'est là une raison de croire qu'un autre poète avait imaginé la fable de Polydore et motivé les détails nouveaux dont nous ne voyons plus aujourd'hui l'à-propos.

---

1. On peut en rapprocher ces vers de Lycophron, *Alex.* 323 sq. : Σὲ δ᾽ ὠμὰ πρὸς νυμφεῖα καὶ γαμηλίους Ἄξει θυηλὰς στυγνὸς Ἴφιδος λέων. (Le lion né d'Iphis, c.-à-d. d'Iphigénie, fille d'Hélène et de Thésée, n'est autre que Pyrrhus). Ces vers, non plus, ne prouvent pas que leur auteur ait connu l'amour d'Achille pour Polyxène.
2. *Iliade* XX, 407 sqq.
3. *Iliade* XXI, 85-91.
4. *Iliade* XVI, 718, *Hécube*, v. 3.
5. Κισσῆς, *Il.* XI, 223. Il est aussi question d'un Thrace Cissée dans l'*Énéide*, V, 537.

Ici encore, nous savons beaucoup mieux ce que la fable devint après Euripide que ce qu'elle avait été avant lui. Une des tragédies les plus goûtées à Rome était l'*Ilione* de Pacuvius, et le sujet de cette tragédie, dont l'invention appartient sans doute à quelque poëte grec, est une ingénieuse modification de la fable de Polydore. Ce sujet est raconté par Hygin [1] avec assez de détails, et les fragments de la pièce de Pacuvius [2] viennent confirmer et compléter la narration du grammairien. Ilione, fille de Priam et femme de Polymestor, a élevé son frère Polydore avec son fils Déiphile, et pour mettre sa responsabilité à couvert, elle a échangé les noms des deux enfants. Si l'un ou l'autre venait à mourir, elle rendrait à ses parents soit le faux Polydore, en perpétuant l'erreur, soit le véritable, en révélant la substitution. Polymestor ne connaît pas ce secret; et lorsque, corrompu par l'or et les promesses des Grecs, il croit tuer le plus jeune des fils de Priam, il donne, sans le savoir, la mort à son propre fils. Au début de la tragédie, l'ombre de Déiphile apparaissait en songe à sa mère pour lui révéler ce qui s'est passé et pour lui demander la sépulture :

Mater, te appello, tu, quæ curam somno suspenso levas,
neque te mei miseret, surge et sepeli natum tuum, priusquam feræ volucresque....
Neu reliquias quæso meas sieris denudatis ossibus
per terram sanie delibutas fœde divexarier.

Cette scène, souvent rappelée par Cicéron [3], qui atteste le grand effet qu'elle produisait au théâtre, était sans contredit plus pathétique que la scène correspondante d'Euripide. L'ombre de Déiphile ne prononçait pas, comme celle de Polydore, un prologue à l'adresse des spectateurs; elle faisait un appel plaintif à Ilione, et la malheureuse mère s'écriait en s'éveillant :

.... Age adsta : mane, audi : iteradum eadem istæc mihi !

Pendant qu'Ilione médite la vengeance, le faux Déiphile, qui se trouve en Grèce, est averti par l'oracle de Delphes que sa patrie est brûlée, son père tué, sa mère esclave. Il se hâte de revenir dans la

---

1. Hygin, *fable* CIX, et pour le suicide d'Ilione, *fable* CCXLIII. Welcker, *Gr. Tr.* III, p. 1150 sqq. Ribbeck, *Tragg. latt. reliquiæ*, p. 292 sq. Patin, *Journal des Savants*, 1864 p. 117 sq. et *Trag. grecs*, III, p. 368.

2. Ribbeck, p. 83 sqq.

3. Cicéron, *Tusc.* I, xliv, 106 et xix, 44; *pro Sestio* LIX, 126; *Acad. pr.* II, xxvii, 88; *ad Att.* XIV, 14. Ajoutez Horace, *Sat.* II, iii, 60, avec les notes des anciens commentateurs latins.

Thrace, et se réjouit de trouver Polymestor et Ilione en vie et en liberté :

> Quos ego ita ut volui offendo incolumes....

Sa sœur l'instruit du secret de sa naissance, et salue en lui un auxiliaire envoyé par les dieux.

> Di me etsi perdunt, tamen esse adjutam expetunt,
> cum priusquam intereo spatium ulciscendi danunt.

Le jeune homme tendra le piége et empêchera qu'on ne vienne au secours de la victime. La mère outragée se charge de l'exécution.

Polymestor a les yeux crevés, comme dans la tragédie grecque. Mais Ilione lui porte un coup plus douloureux encore que celui qui le prive de la vue. Quand l'aveugle demande ce qu'est devenu son fils, et pourquoi il ne vient pas à son secours, la mère s'écrie :

> Occidisti, ut multa paucis verba unose obnuntiem.

La vengeance accomplie, il ne reste plus à Ilione qu'à mourir à son tour. Sa patrie est détruite, sa famille a misérablement péri, son fils a été tué par son époux, son époux par elle-même : elle finit sa tragique destinée en se donnant la mort.

On voit que le sujet d'*Ilione* a plusieurs avantages sur celui d'*Hécube*; il l'emporte surtout par l'unité de l'action. Il est toutefois permis de douter que rien ait pu remplacer un personnage dont la poésie antique a fait l'un des exemples les plus saisissants de la fragilité des choses humaines, ou faire oublier la grande figure de cette reine déchue de sa haute fortune, mais entourée de la majesté du malheur.

Ajoutons quelques mots sur la date d'*Hécube*. Dindorf et Fix pensent que cette tragédie fut jouée dans la quatrième année de la 88ᵉ Olympiade (ou 424 avant notre ère). Cette hypothèse est très-probable. En effet, dans un passage d'*Hécube*[1], l'éloge de l'île et des fêtes de Délos est fait d'une manière qui semble contenir une allusion (Matthiæ l'a déjà remarqué) au nouvel éclat que les Athéniens avaient donné à ces fêtes dans l'année précédente[2]. D'un autre côté, on trouve dans les *Nuées* d'Aristophane, qui furent jouées l'année suivante, la parodie d'un vers d'*Hécube*[3]. Il est vrai que cette seconde preuve n'est pas tout à fait concluante : car les *Nuées* ont été remaniées par Aristophane, en vue d'une

---

[1]. Hécube, v. 458 sqq.
[2]. Voy. Thucydide III, 104.
[3]. Cp. Hécube, 172 sqq. avec Nuées, 1165 sq.

seconde représentation. Cependant la scène où se trouve cette parodie semble appartenir à la première rédaction des *Nuées*. Quoi qu'il en soit, on peut affirmer que la tragédie d'*Hécube* précéda les *Troyennes*, lesquelles, nous le savons positivement, datent de l'an 415 avant notre ère. Dans cette dernière pièce, dont le plan général semble devoir comprendre le sacrifice de Polyxène, la mort de cette fille d'Hécube n'est mentionnée qu'en passant (v. 260 sqq. et 622 sq.). Évidemment le poète avait déjà traité ce sujet auparavant [1].

1. Voy. H. Weil, *de tragœdiarum græcarum cum rebus publicis conjunctione*, p. 32; Patin, *Études sur les tragiques grecs*, 3ᵉ éd., III, p. 365.

SOMMAIRE

La scène est dans la Chersonèse de Thrace, où se trouve le camp des Grecs. On voit plusieurs tentes ou baraques; au milieu, celle d'Agamemnon.

Πρόλογος. Prologue proprement dit. L'ombre de Polydore expose le sujet de la tragédie. Trimètres ïambiques (1-58).

Hécube sort de la tente d'Agamemnon. Effrayée par des visions nocturnes, elle redoute de nouveaux malheurs. Six périodes anapestiques, dont la quatrième et la sixième commencent par deux hexamètres dactyliques (59-97).

Πάροδος. Le chœur, composé de captives troyennes, annonce que les Grecs ont décidé d'immoler Polyxène sur le tombeau d'Achille. Cinq périodes anapestiques (98-153).

Ἐπεισόδιον α'. Hécube appelle Polyxène, et l'instruit de cette nouvelle. Thrénodie de la mère; duo de la mère et de la fille; thrénodie de la fille. Anapestes lyriques mêlés de quelques vers dactyliques, iambiques et dochmiaques (154-215).

Ulysse, annoncé par un distique du coryphée, vient chercher la victime. Couplet d'Ulysse; couplet d'Hécube; dialogue entre ces deux personnages (216-250)[1].

Discours d'Hécube contre le sacrifice décrété par les Grecs; tristique du coryphée (251-298). Discours d'Ulysse pour défendre le décret; distique du coryphée (299-333). Au lieu d'essayer, comme le veut sa mère (334-341), de fléchir Ulysse, Polyxène déclare qu'elle est prête à mourir. Son discours est suivi d'un tristique du chœur (342-381).

Derniers efforts de la mère pour sauver sa fille. Couplet d'Hécube; dialogue entre Hécube et Ulysse; couplet de Polyxène (382-408).

Adieux. Couplet de Polyxène; dialogue stichomythique entre Polyxène et Hécube; couplet de Polyxène; couplet d'Hécube (409-443).

Στάσιμον α'. Le chœur se demande dans quel pays de la Grèce il devra suivre son nouveau maître. Deux couples de strophes (444-483).

Ἐπεισόδιον β'. Talthybius entre. Il échange deux distiques avec le chœur, et, voyant Hécube couchée dans la poussière, il déplore l'instabilité des choses humaines (484-498).

Dialogue, composé de distiques et de tristiques, entre Talthybius et Hécube: il l'invite à venir enterrer Polyxène (499-514).

---

[1]. Tous les morceaux pour lesquels nous ne donnons pas d'autre indication sont en trimètres iambiques.

Sur le désir d'Hécube, Talthybius raconte la mort de Polyxène; son récit est suivi d'un distique du chœur (515-584).
Réflexions d'Hécube (585-628).

Στάσιμον β'. La folle passion de Pâris a coûté des larmes aux femmes de Troie comme aux femmes de la Grèce. Une couple de strophes, suivie d'une épode (629-656).

Ἐπεισόδιον γ'. L'esclave chargée de chercher de l'eau pour la sépulture de Polyxène, apporte le cadavre de Polydore, qu'elle a trouvé sur la plage. Dialogue rapide entre l'esclave et le coryphée d'abord, ensuite entre l'esclave et Hécube (657-683).
Plaintes dochmiaques d'Hécube, coupées par des monostiques iambiques, une fois de l'esclave, une fois du chœur, puis deux fois de l'esclave, deux fois du chœur (684-720).
Après un quatrain du chœur (721-25), Agamemnon vient s'informer du retard apporté à la sépulture de Polyxène (726-732). Tristiques et distiques prononcés alternativement par Agamemnon, qui demande des éclaircissements, et par Hécube, qui se parle à elle-même (733-751). Dialogue entre ces deux interlocuteurs : ils échangent d'abord trois distiques, ensuite trois dizaines de monostiques (752-786).
Hécube supplie Agamemnon de punir le meurtrier de Polydore. Prière d'Hécube, quatrain du chœur, réponse d'Agamemnon (787-863).
Hécube se vengera elle-même sur Polymestor. Ses deux couplets sont séparés par un dialogue rapide entre elle et le roi (864-897). Agamemnon la laissera faire (898-904).

Στάσιμον γ'. Les captives rappellent la dernière nuit de Troie, leur sécurité suivie d'un réveil affreux : deux couples de strophes. Elles maudissent Hélène : épode. (905-951.)

Ἔξοδος. Polymestor, mandé par Hécube, arrive avec ses enfants. Il croit la tromper par des discours mensongers, et il est attiré par elle dans la tente d'Agamemnon. Dialogue qui aboutit à une longue stichomythie suivie d'un quatrain d'Hécube (952-1022).
Le chœur prévoit que justice sera faite. Système dochmiaque (1023-1034).
Les cris de Polymestor, derrière la scène, alternent avec les vers du coryphée.
Hécube sort de la tente, et annonce ce qu'elle a fait (1035-1055).
Tableau. La tente s'ouvre : on voit Polymestor aveuglé et ses enfants massacrés. Thrénodie anapestico-dochmiaque de Polymestor. Le chant sauvage du Thrace est coupé en deux parties, suivies l'une et l'autre d'un distique iambique du coryphée (1056-1108).
Arrivée d'Agamemnon attiré par les cris de Polymestor. Dialogue entre ces deux personnages. Agamemnon jugera l'affaire (1109-1131).
Récit de Polymestor, suivi d'un quatrain du chœur. Réplique d'Hécube, suivie d'un distique du chœur. Agamemnon déclare que la vengeance d'Hécube a été légitime (1132-1251).
Polymestor prédit la métamorphose d'Hécube, la mort de Cassandre et celle d'Agamemnon. Celui-ci ordonne d'exposer le Thrace dans une île déserte. Un distique de Polymestor prélude à une longue stichomythie de ce per-

sonnage et d'Hécube; ensuite Polymestor échange avec Agamemnon quatre monostiques et quatre hémistiches, dont le dernier se rattache à un distique d'Agamemnon (1252-1286).

Conclusion. Le roi et les captives s'apprêtent à partir. Six trimètres d'Agamemnon, et une période anapestique du chœur (1287-1295).

ΥΠΟΘΕΣΙΣ.

Μετὰ τὴν Ἰλίου πολιορκίαν οἱ μὲν Ἕλληνες εἰς τὴν ἀντιπέραν Τρῳάδος Χερρόνησον καθωρμίσθησαν· Ἀχιλλεὺς δὲ νυκτὸς[1] ὀραθεὶς σφαγῆναι ἠξίου μίαν τῶν Πριάμου θυγατέρων[2]. Οἱ μὲν οὖν Ἕλληνες, τιμῶντες τὸν ἥρωα, Πολυξένην ἀποσπάσαντες Ἑκάβης ἐσφαγίασαν. Πολυμήστωρ δὲ ὁ τῶν Θρακῶν βασιλεὺς ἕνα τῶν Πριαμιδῶν Πολύδωρον κατέσφαξεν. Εἰλήφει δὲ τοῦτον παρὰ τοῦ Πριάμου ὁ Πολυμήστωρ εἰς παρακαταθήκην μετὰ χρημάτων. Ἁλούσης δὲ τῆς πόλεως, κατασχεῖν αὐτοῦ βουλόμενος τὸν πλοῦτον, φονεύειν ὥρμησεν καὶ φιλίας δυστυχοῦς ὠλιγώρησεν. Ἐκριφέντος δὲ τοῦ σώματος εἰς τὴν θάλασσαν, τὸ κλυδώνιον πρὸς τὰς τῶν αἰχμαλωτίδων σκηνὰς αὐτὸν ἐξέβαλεν. Ἑκάβη δὲ τὸν νεκρὸν θεασαμένη ἐπέγνω· κοινωσαμένη δὲ τὴν γνώμην Ἀγαμέμνονι, Πολυμήστορα σὺν τοῖς παισὶν αὐτοῦ ὡς ἑαυτὴν μετεπέμψατο, κρύπτουσα τὸ γεγονός, ὡς ἵνα θησαυροὺς ἐν Ἰλίῳ μηνύσῃ αὐτῷ· παραγενομένου δὲ τοὺς μὲν υἱοὺς κατέσφαξεν, αὐτὸν δὲ τῶν ὀφθαλμῶν ἐστέρησεν. Ἐπὶ δὲ τῶν Ἑλλήνων λέγουσα τὸν κατήγορον ἐνίκησεν· ἐκρίθη γὰρ οὐκ ἄρχειν ὠμότητος, ἀλλ' ἀμύνασθαι τὸν κατάρξαντα.

ΑΛΛΩΣ[3].

Μετὰ τὴν Τροίας ἄλωσιν ἄραντες οἱ Ἕλληνες καθωρμίσθησαν ἐν τῇ ἀντιπέραν Χερρονήσῳ τῆς Θρᾴκης, ἧς ἦρχε Πολυμήστωρ· ἔνθα καὶ φανεὶς Ἀχιλλεὺς ἐπέσχε τοὺς Ἀχαιοὺς τῆς ἀναγωγῆς, αἰτῶν τὴν παῖδα Πριάμου Πολυξένην γέρας αὑτῷ δοθῆναι. Ἕλληνες μὲν οὖν ἐψηφίσαντο σφάξαι αὐτὴν ἐπὶ τῷ τάφῳ τοῦ ἥρωος. Ἔπεμψαν δὲ καὶ Ὀδυσσέα πρὸς Ἑκάβην, ὡς ἂν τὴν παρθένον λάβοι· ὃς καὶ

---

1. Νυκτός. Ce détail est ajouté par le scholiaste.
2. Ceci ne s'accorde ni avec le vers 40, ni avec le vers 95 : lesquels, à la vérité, ne s'accordent pas entre eux non plus.
3. Dans la plupart des éditions cet argument est donné d'après une rédaction amplifiée qu'on attribue à Thomas Magister. Nous avons préféré la rédaction qui, à défaut d'autre mérite, a celui d'être plus courte.

παραγενόμενος έλαβεν αυτήν. Σφαγείσης δε αυτής, Έκάβη θεράπαιναν αυτής έπεμψε παρά τας ακτάς, ώστε ύδωρ εκείθεν κομίσασθαι προς λουτρόν Πολυξένης. Εύρε δε Πολύδωρον εκεί κείμενον, ον ό πατήρ Πρίαμος μετά πολλού χρυσού έπεμψε προς Πολυμήστορα λάθρα, ός, επεί άλοϋσαν την Τροίαν έγνω, σφάξας αυτόν έρριψεν εν τή θαλάσση, ως αν αυτός έχη τον χρυσόν. Ώς ουν τούτον εύρεν ή δούλη, ανελομένη κομίζει προς Έκάβην. Και τον Πολύδωρον γνούσα, αθλίως τε έσχε και όπως αμυνείται Πολυμήστορα μηχανάται τοιάδε. Πέμπει την αυτής δούλην προς τον Πολυμήστορα, αυτόν τε και τα τέκνα προς εαυτήν μετακαλουμένη. Ούτος μεν ούν μετά των παίδων προς αυτήν αφικνείται. Έκάβη δε προς αυτόν τούτου χάριν έφη κεκληκέναι ίνα χρυσού θησαυρούς κεκρυμμένους υπ' αυτής εν Ίλίω δείξη. Εισάγει δε και της σκηνής ένδον, ειπούσα ως και έτερ' άττα δώσει χρήματα μεθ' ων εξήλθε της Τροίας. Όν και εισελθόντα σύν ταις γυναιξίν, ων πλήθος ένδον εκρύπτετο, των οφθαλμών τε στερεί και τα τέκνα αυτού αποσφάττει. Δικάσαντος δε αυτούς του Αγαμέμνονος ύστερον και του Πολυμήστορος πολλά περί της σφαγής Πολυδώρου διαπλασαμένου, Έκάβη περιεγένετο, ελέγξασα αυτόν ως του χρυσού χάριν, και ούχ ων προύτεινε, τον παίδα ανείλε, σύμψηφον έχουσα και Αγαμέμνονα.

Η μεν σκηνή του δράματος υπόκειται εν τή αντιπέραν της Θράκης Χερρονήσω· ο δε χορός συνέστηκεν εκ γυναικών αιχμαλωτίδων Τρωάδων συμμαχησουσών τη Έκάβη.

ΤΑ ΤΟΥ ΔΡΑΜΑΤΟΣ ΠΡΟΣΩΠΑ.

ΠΟΛΥΔΩΡΟΥ ΕΙΔΩΛΟΝ.
ΕΚΑΒΗ.
ΧΟΡΟΣ.
ΠΟΛΥΞΕΝΗ.
ΟΔΥΣΣΕΥΣ.

ΤΑΛΘΥΒΙΟΣ.
ΘΕΡΑΠΑΙΝΑ.
ΑΓΑΜΕΜΝΩΝ.
ΠΟΛΥΜΗΣΤΩΡ.

ΕΚΑΒΗ.

ΠΟΛΥΔΩΡΟΥ ΕΙΔΩΛΟΝ.

Ἥκω νεκρῶν κευθμῶνα καὶ σκότου πύλας
λιπών, ἵν' Ἅιδης χωρὶς ᾤκισται θεῶν,
Πολύδωρος Ἑκάβης παῖς γεγὼς τῆς Κισσέως
Πριάμου τε πατρός, ὅς μ', ἐπεὶ Φρυγῶν πόλιν
κίνδυνος ἔσχε δορὶ πεσεῖν Ἑλληνικῷ,   5
δείσας ὑπεξέπεμψε Τρωϊκῆς χθονὸς
Πολυμήστορος πρὸς δῶμα Θρηκίου ξένου,
ὃς τήνδ' ἀρίστην Χερσονησίαν πλάκα

NC. 3. Quelques critiques anciens écrivaient τῆς Κισσίας, supposant qu'Hécube pouvait être appelée ainsi de quelque localité ou de quelque famille de la Phrygie. Ils voulaient mettre Euripide d'accord avec Homère. Voy. ci-dessous. — 7. Brunck a corrigé la leçon χερρονησίαν ici et plus bas. — 8. Τήνδ', correction de Hermann pour τήν. Cp. v. 33. Nauck propose γῆν.

2. Χωρὶς... θεῶν. Homère avait dit que les dieux avaient horreur du séjour de Pluton, οἰκία σμερδαλέ', εὐρώεντα, τά τε στυγέουσι θεοί περ, *Iliade*, XX, 65; et Eschyle avait appelé les fonctions que les Furies exercent dans les Enfers, λάχη θεῶν διχοστατοῦντ' ἀνηλίῳ λάμπᾳ, *Euménides* 386. — On rapportait autrefois à l'*Hécube* d'Ennius ces vers cités par Cicéron, *Tuscul.* I, xvi, 37 : « Adsum atque « advenio Acherunte vix via alta atque « ardua, Per speluncas saxis structas asperis « pendentibus Maximis, ubi rigida constat « crassa caligo inferum. » Mais Cicéron ne cite nulle part l'*Hecube* d'Ennius; et, comme il fait ici allusion à une tragédie souvent jouée de son temps sur le théâtre de Rome, je croirais plutôt que ces vers sont tirés de l'*Iliona* de Pacuvius (voy. p. 208).

Je dois cependant dire que Bergk et Ribbeck pensent que ces vers, qui ont quelque rapport avec un fragment de la *Polyxène* de Sophocle (voy. p. 203, note 3), étaient prononcés par l'ombre d'Achille dans le *Neoptolemus* d'Attius, tragédie dont le sujet me semble fort problématique.

3. Euripide ne s'accorde pas avec Homère. D'après ce dernier, Hécube était fille de Dymas (voy. page 207, note 4). Virgile, *Én.* X, 705, a suivi l'autorité d'Euripide.

4. Les critiques de l'école d'Aristarque font remarquer ici, comme dans les scholies de l'*Iliade*, qu'Homère distingue la Phrygie de la Troade, tandis que les poetes postérieurs confondent ces deux pays.

6. Ὑπεξέπεμψε· ἤγουν λάθρᾳ ἔπεμψεν (schol.).

218   ΕΚΑΒΗ.

σπείρει, φίλιππον λαὸν εὐθύνων δορί.
Πολὺν δὲ σὺν ἐμοὶ χρυσὸν ἐκπέμπει λάθρα   10
πατήρ, ἵν', εἴ ποτ' Ἰλίου τείχη πέσοι,
τοῖς ζῶσιν εἴη παισὶ μὴ σπάνις βίου.
Νεώτατος δ' ἦ Πριαμιδῶν, ὃ καί με γῆς
ὑπεξέπεμψεν· οὔτε γὰρ φέρειν ὅπλα
οὔτ' ἔγχος οἷός τ' ἦ νέῳ βραχίονι.   15
Ἕως μὲν οὖν γῆς ὀρθ' ἔκειθ' ὁρίσματα
πύργοι τ' ἄθραυστοι Τρωικῆς ἦσαν χθονὸς
Ἕκτωρ τ' ἀδελφὸς οὑμὸς εὐτύχει δορί,
καλῶς παρ' ἀνδρὶ Θρηκὶ πατρῴῳ ξένῳ
τροφαῖσιν, ὥς τις πτόρθος, ηὐξόμην τάλας.   20
Ἐπεὶ δὲ Τροία θ' Ἕκτορός τ' ἀπόλλυται
ψυχή, πατρῴα θ' ἑστία κατεσκάφη,
αὐτὸς δὲ βωμῷ πρὸς θεοδμήτῳ πίτνει
σφαγεὶς Ἀχιλλέως παιδὸς ἐκ μιαιφόνου,
κτείνει με χρυσοῦ τὸν ταλαίπωρον χάριν   25
ξένος πατρῷος καὶ κτανὼν ἐς οἶδμ' ἁλὸς

NC. 13. On lisait ἦν. J'ai rétabli la vieille forme attique ἦ, attestée par Didymus dans la scholie publiée par Dindorf, *Scholia in Euripidis tragœdias*, IV, p. 233. — 15. Ici encore les manuscrits portent ἦν. — 16. Scaliger proposait ἐρείσματα.

*9. Εὐθύνων δορί. L'épée tient lieu de sceptre dans une nation belliqueuse. Les scholies vont trop loin en faisant observer : βαρβάρους ὄντας αὐτοὺς τῇ διὰ ξίφους ἀπειλῇ ὑπέτασσε. Le roi d'Athènes dit dans *Hippolyte*, 975: "Ὅρους γῆς ἧς ἐμὸν κρατεῖ δόρυ, et le chœur des *Choephores* d'Eschyle dit, en parlant du gouvernement d'Égisthe et de Clytemnestre, vers 630 : Γυναικείαν ἄτολμον αἰχμάν.

13. Ἦ, première personne de l'imparfait de εἰμί. Voy. *NC*. — Ὃ équivaut à δι' ὅ, et ne fait pas plus de difficulté que ne ferait τοῦτ' ὑπεξέπεμψεν ou τί ὑπεξέπεμψεν; Porson s'est trompé en prenant ὃ pour le sujet de la phrase et en l'expliquant : « cette circonstance, c.-à-d. ma grande jeunesse. » Le sujet de ὑπεξέπεμψεν est évidemment le même que celui de ἐκπέμπει, vers 10.

14. Ὅπλα, opposé à ἔγχος, ne peut désigner que le bouclier et les autres armes défensives (τὰ φυλακτήρια, schol.). Il y a d'autant moins lieu d'en douter ici que tel est le sens propre de ce mot.

16. Γῆς.... ὁρίσματα. On ne peut guère penser ici aux pierres ou colonnes qui marquaient les limites du territoire. Le scholiaste entend les murs qui entouraient la ville. Pour faire ce sens, ἐρείσματα (voy. *NC*.) serait d'autant plus naturel que le poète se sert du verbe ἔκειτο.

20. Ὥς τις πτόρθος. Cf. la phrase homérique ὁ δ' ἀνέδραμεν ἔρνεϊ ἶσος, *Il*. XVIII, 56.

23. Αὐτός se rapporte à πατήρ, dont l'idée est renfermée dans l'adjectif πατρῴα. Porson cite Sophocle, *Trachin*. 259 : Ἔρχεται πόλιν Τὴν Εὐρυτείαν· τόνδε γὰρ μεταίτιον Μόνον βροτῶν ἔφασκε τοῦδ' εἶναι πάθους.

26. Ἐς οἶδμ' ἁλός. On lisait dans l'*Hécube* d'Ennius : *Undantem salum.*

ΕΚΑΒΗ.

μεθῆχ᾽, ἵν᾽ αὐτὸς χρυσὸν ἐν δόμοις ἔχῃ.
Κεῖμαι δ᾽ ἐπ᾽ ἀκτῆς, ἄλλοτ᾽ ἐν πόντου σάλῳ
πολλοῖς διαύλοις κυμάτων φορούμενος,
ἄκλαυστος ἄταφος· νῦν δ᾽ ὑπὲρ μητρὸς φίλης 30
Ἑκάβης ἀΐσσω, σῶμ᾽ ἐρημώσας ἐμόν,
τριταῖον ἤδη φέγγος αἰωρούμενος,
ὅσονπερ ἐν γῇ τῇδε Χερσονησίᾳ
μήτηρ ἐμὴ δύστηνος ἐκ Τροίας πάρα.
Πάντες δ᾽ Ἀχαιοὶ ναῦς ἔχοντες ἥσυχοι 35
θάσσουσ᾽ ἐπ᾽ ἀκταῖς τῆσδε Θρηκίας χθονός·
ὁ Πηλέως γὰρ παῖς ὑπὲρ τύμβου φανεὶς
κατέσχ᾽ Ἀχιλλεὺς πᾶν στράτευμ᾽ Ἑλληνικόν,
πρὸς οἶκον εὐθύνοντας ἐναλίαν πλάτην·
αἰτεῖ δ᾽ ἀδελφὴν τὴν ἐμὴν Πολυξένην 40
τύμβῳ φίλον πρόσφαγμα καὶ γέρας λαβεῖν.
Καὶ τεύξεται τοῦδ᾽, οὐδ᾽ ἀδώρητος φίλων
ἔσται πρὸς ἀνδρῶν· ἡ πεπρωμένη δ᾽ ἄγει
θανεῖν ἀδελφὴν τῷδ᾽ ἐμὴν ἐν ἥματι.
Δυοῖν δὲ παίδοιν δύο νεκρὼ κατόψεται 45
μήτηρ, ἐμοῦ τε τῆς τε δυστήνου κόρης.
Φανήσομαι γάρ, ὡς τάφου τλήμων τύχω,
δούλης ποδῶν πάροιθεν ἐν κλυδωνίῳ.

NC. 28. Variante : ἐπ᾽ ἀκταῖς.

27. Ἔχῃ. Le subjonctif à la suite d'un passé, comme dans *Médée*, au vers 215.

28. Le premier ἄλλοτε est sous-entendu, comme chez Sophocle, *Trachin*. 11 : Φοιτῶν ἐναργὴς ταῦρος, ἄλλοτ᾽ αἰόλος δράκων ἑλικτός. On sait que les poëtes suppriment même un premier οὗτε.

29. Διαύλοις. La double course qui consistait à aller jusqu'au bout du stade et à revenir, désigne ici le va-et-vient des vagues.

30. Ἄκλαυστος ἄταφος. Cette locution, imitée de l'homérique ἄκλαυτος ἄθαπτος, se trouve aussi chez Sophocle, *Antig.* 29. — Ὑπὲρ μητρὸς φίλης est bien expliqué par le scholiaste ὑπὲρ τῆς κεφαλῆς τῆς μητρός· ὅ ἐστιν, ὄναρ αὐτῇ φαίνομαι. L'in-

terprète grec fait allusion à στῆ δ᾽ ἄρ᾽ ὑπὲρ κεφαλῆς, phrase dont Homère se sert souvent. Voy. *Iliade*, II, 20 ; XXIII, 68 ; *Odyssée*, IV, 803, et ailleurs.

35. Πάντες Ἀχαιοί équivaut à l'homérique Παναχαιοί. Cela est encore plus évident dans *Hélène*, au vers 609, passage cité par Dindorf.

39. Εὐθύνοντας. Le pluriel après un nom collectif, comme chez Eschyle, *Agam.* 575 : Τροίαν ἑλόντες δή ποτ᾽ Ἀργείων στόλος, et ailleurs.

40. Voy. la note sur le vers 94'.

48. Δούλης. L'esclave qui apportera le triste message au vers 657 et suivants. — Κλυδώνιον, les vagues qui baignent la plage.

220 ΕΚΑΒΗ.

Τοὺς γὰρ κάτω σθένοντας ἐξῃτησάμην
τύμβου κυρῆσαι κεἰς χέρας μητρὸς πεσεῖν. 50
Τοὐμὸν μὲν οὖν ὅσονπερ ἤθελον τυχεῖν
ἔσται· γεραιᾷ δ' ἐκποδὼν χωρήσομαι
Ἑκάβῃ· περᾷ γὰρ ἥδ' ὑπὸ σκηνῆς πόδα
Ἀγαμέμνονος, φάντασμα δειμαίνους' ἐμόν.
Φεῦ·
ὦ μῆτερ, ἥτις ἐκ τυραννικῶν δόμων 55
δούλειον ἦμαρ εἶδες, ὡς πράσσεις κακῶς
ὅσονπερ εὖ ποτ'· ἀντισηκώσας δέ σε
φθείρει θεῶν τις τῆς πάροιθ' εὐπραξίας.

ΕΚΑΒΗ.

Ἄγετ', ὦ παῖδες, τὴν γραῦν πρὸ δόμων,
ἄγετ' ὀρθοῦσαι τὴν ὁμόδουλον, 60
Τρῳάδες, ὑμῖν, πρόσθε δ' ἄνασσαν·
λάβετε φέρετε πέμπετ' ἀείρετέ μου
γεραιᾶς χειρὸς προσλαζύμεναι·

NC. 53. La variante ὑπὸ σκηνὴν est une mauvaise correction de certains grammairiens.
— 62. Ancienne vulgate : ἀείρετέ μου δέμας. La glose δέμας est désavouée par la plupart des manuscrits et par les scholies, ainsi que par la mesure du vers. Elle vient sans doute d'*Hippolyte* 198, comme Dindorf le fait observer.

54. Τοὐμόν, quant à moi. D'autres regardent ces mots comme le sujet de ἔσται. — L'ombre de Polydore, tout en prononçant le prologue, est censée apparaître en songe à Hécube. C'est là le germe de la scène très-pathétique qui ouvrait l'*Ilione* de Pacuvius.
53-54. Ὑπὸ σκηνῆς, « de dessous la tente », équivaut à ἐκ σκηνῆς.— Hécube sort de la tente d'Agamemnon, lequel est maintenant son maître. Il est vrai que dans les *Troyennes*, 277, Hécube est le lot d'Ulysse; mais Euripide, pas plus qu'Eschyle et que Sophocle, ne se faisait scrupule de varier les détails des fables suivant les convenances de chaque tragédie. D'ailleurs on est libre de supposer que, dans notre pièce, Agamemnon n'est pas le maître définitif d'Hécube, mais celui à qui elle obéit en attendant que le sort ait disposé d'elle. C'est ainsi que les femmes captives qui forment le chœur des *Troyennes* se trouvent dans la tente d'Agamemnon (vers 477) avant d'être réparties parmi les vainqueurs. Mais n'essayons pas de résoudre une question que le poète ne s'était pas même posée.
57-58. Ἀντισηκώσας τῆς πάροιθ' εὐπραξίας, ayant mis dans l'autre plateau de la balance un désastre (φθοράν, idée renfermée dans le verbe φθείρει) égal à tout bonheur passé.
62-67. Hécube dit aux Troyennes qui s'empressent autour de la reine déchue, de la conduire, de la soutenir en prenant son bras affaibli par l'âge (προσλαζύμεναι γεραιᾶς χειρός μου, vers 63) ; elle, de son côté, en s'appuyant sur le bâton qu'elle tient à la main (σκίπωνι χερός, vers 65), hâtera la lenteur de son pied. Que dire de l'explication étrange mise en avant par beaucoup de commentateurs? Sous prétexte que les bâtons, σκίπωνες, étaient généralement droits, ils veulent que le « bâton re-

κἀγὼ σκολιῷ σκίπωνι χερὸς
διερειδομένη σπεύσω βραδύπουν
ἤλυσιν ἄρθρων προτιθεῖσα.
Ὦ στεροπὰ Διός, ὦ σκοτία νύξ,
τί ποτ' αἴρομαι ἔννυχος οὕτω
δείμασι φάσμασιν; ὦ πότνια Χθὼν,
μελανοπτερύγων μῆτερ ὀνείρων,
ἀποπέμπομαι ἔννυχον ὄψιν,
ἣν περὶ παιδὸς ἐμοῦ τοῦ σωζομένου κατὰ Θρήκην
ἀμφὶ Πολυξείνης τε φίλης θυγατρὸς δι' ὀνείρων
φοβερὰν ἐδάην.
Ὦ χθόνιοι θεοί, σώσατε παῖδ' ἐμὸν,
ὃς μόνος οἴκων ἄγκυρ' ἀμῶν
τὴν χιονώδη Θρήκην κατέχει
ξείνου πατρίου φυλακαῖσιν.
Ἔσται τι νέον,
ἥξει τι μέλος γοερὸν γοεραῖς·
οὔποτ' ἐμὰ φρὴν ὧδ' ἀλίαστος

65

70

75

80

85

NC. 69. Hartung écrit ἐννυχίοις, pour faire de ce vers un dimètre acatalectique. Cette conjecture serait plausible, si le scholiaste d'Aristophane, *Nuées*, 1331, et Eustathe, *in Il.* p. 173 et *in Odys.* p. 1877, ne s'accordaient pas avec nos manuscrits dans la leçon ἔννυχος. — 70. Variante ὦ πότνια νύξ. — 76. Les manuscrits portent εἶδον γὰρ φοβερὰν ὄψιν ἔμαθον ἐδάην. Il est évident que l'interprétation s'est substituée au texte. Hartung a retranché les mots parasites. Nauck croit que le poète écrivait ἀμφὶ Πολυξείνης τε φίλης φοβερὰν ἐδάημεν. — 80. Meineke a corrigé la leçon ἄγκυρά τ' ἐμῶν.

« courbé de la main » désigne le bras d'Hécube, laquelle s'appuyerait ainsi sur son propre bras. Le participe προτιθεῖσα, qui a pour régime σκίπωνα (renfermé dans σκίπωνι), et non ἤλυσιν, suffit pour réfuter cette mauvaise interprétation. Χερός est ajouté par opposition à βραδύπουν ἤλυσιν.

68. Στεροπὰ Διός équivaut à ἡμέρα (schol.), ou à Διὸς φάος (vers 707). Homère (*Il.* XIX, 363 et ailleurs) appelle l'éclat de l'airain στεροπή; Sophocle emploie ce mot en parlant du soleil, λαμπρᾷ στεροπᾷ φλεγέθων, *Trach.* 99, passage cité par Hermann. — On rapporte à cet endroit l'octonaire de l'*Hécube* d'Ennius : « O ma- « gna templa caelitum, commixta stellis « splendidis. » (Varro, *lingua lat.* VII, 6.)

70-71. Les Songes passaient généralement pour enfants de la Nuit (Hésiode, *Théog.* 212). Mais la Terre, qui renferme dans son sein les lieux où règne une nuit éternelle et où Homère place l'habitation des Songes (*Odyssée*, XXIV, 12), pouvait tout aussi bien leur servir de mère. Comp. *Iph. Taur.* 1261. C'est ainsi que les Furies, filles de la Nuit chez Eschyle, sont appelées par Sophocle, *OEd. Col.* 40, Γῆς τε καὶ Σκότου τέκνα.

72. Ἀποπέμπομαι, je la lance loin de moi, comme une chose abominable. Ce mot était probablement accompagné d'un geste symbolique.

84-86. Μέλος γοερόν. Voy. *Hipp.* 871, 1178. — Οὔποτ(ε).... ταρβεῖ, jamais mon

φρίσσει ταρβεῖ.
Ποῦ ποτε θείαν Ἑλένου ψυχὰν
ἢ Κασάνδρας ἐσίδω, Τρῳάδες,
ὥς μοι κρίνωσιν ὀνείρους ;
Εἶδον γὰρ βαλιὰν ἔλαφον λύκου αἵμονι χαλᾷ   90
σφαζομέναν, ἀπ' ἐμῶν γονάτων σπασθεῖσαν ἀνοίκτως.
Καὶ τόδε δεῖμά μοι·
ἦλθ' ὑπὲρ ἄκρας τύμβου κορυφᾶς
φάντασμ' Ἀχιλέως·
ᾔτει δὲ γέρας τῶν πολυμόχθων
τινὰ Τρωιάδων.   95
ἀπ' ἐμᾶς οὖν ἀπ' ἐμᾶς τόδε παιδὸς
πέμψατε, δαίμονες, ἱκετεύω.

NC. 88. L'un des scholiastes lit Κασάνδραν. Voy. la note explicative. — 90. Les manuscrits ont σπασθεῖσαν ἀνάγκᾳ, ‖ οἰκτρῶς. La conjecture de Porson σπαθεῖσαν ἀνοίκτως rétablit la mesure et le style. Une scholie du Marcianus, ἀνηλεῶς, semble la confirmer. — 92. Variante ἤλυθ'. Faut-il écrire : ἤλυθ' ἀν' ἄκραν τύμβου κορυφάν? — 96-97. L'absence de césure, ou plutôt de diérèse, dans le premier de ces vers, et le dactyle suivi d'un anapeste dans le second, rendent la leçon suspecte. Ce morceau n'offre aucune licence de ce genre, sauf le proceleusmatique au vers 62. Nauck propose ἀπ' ἐμᾶς, ἀπ' ἐμᾶς τόδε παιδός, en retranchant les autres mots. Peut-être : Ἀπ' ἐμᾶς, ἀπ' ἐμᾶς τόδε δαίμονες, οὖν, ‖ ἱκετεύω, πέμψατε παιδός.

cœur ne tremble, ne frissonne ainsi sans repos ni trêve : il y a donc quelque chose d'extraordinaire. Ἀλίαστος équivalant à ἀμετακίνητος (schol.). Homère avait dit : Μηδ' ἀλίαστον ὀδύρεο σὸν κατὰ θυμόν (Iliade, XXIV, 549). Euripide rapporte cet adjectif au sujet de la phrase. C'est un hellénisme dont les exemples ne sont pas rares.

87. Θείαν Ἑλένου ψυχάν, « l'âme prophétique d'Hélénus », est une périphrase pour τὸν μάντιν Ἕλενον, le devin Hélénus. On lit chez Xénophon, Cyrop. VII, III, 8 : Ὦ ἀγαθὴ καὶ πιστὴ ψυχή. L'auteur d'une scholie (contredite par d'autres) veut que Ἑλένου ψυχάν désigne l'ombre d'Hélénus, ce qui l'oblige d'écrire Κασάνδραν, puisque cette fille de Priam n'était certainement pas morte. Je m'étonne que Porson, Dindorf et d'autres critiques aient adopté l'opinion de ce scholiaste. Hécube demanderait donc aux Troyennes où elle peut rencontrer un revenant. Si, au vers 80, elle appelle Polydore « la seule ancre, la seule espérance de sa maison », on ne voudra pas inférer de cette expression, si naturelle dans la bouche d'une mère qui a vu périr presque tous ses enfants, qu'Hélénus ne pouvait plus être parmi les vivants.

94'-97. L'ombre de Polydore, au vers 40, et Ulysse, au vers 390, assurent qu'Achille demanda Polyxène. N'aurait-on pas dit toute la vérité à Hécube, pour la ménager aussi longtemps que cela pouvait se faire? Il est plus naturel de penser que le fantôme d'Achille ne prononçait pas de nom propre, et les vers 116 sq. viennent à l'appui de cette opinion. On ne pouvait offrir à ce héros que la plus belle et la plus noble des captives, et tout le monde nomma aussitôt Polyxène. La crainte exprimée ici-même par la malheureuse mère fait voir que le vœu d'Achille n'admettait guère d'autre explication. Cependant l'amour romanesque d'Achille pour Polyxène est d'invention plus récente. Voy. la notice préliminaire.

ΕΚΑΒΗ.

ΧΟΡΟΣ.

Ἑκάβη, σπουδῇ πρός σ' ἐλιάσθην
τὰς δεσποσύνους σκηνὰς προλιποῦσ',
ἵν' ἐκληρώθην καὶ προσετάχθην   100
δούλη, πόλεως ἀπελαυνομένη
τῆς Ἰλιάδος, λόγχης αἰχμῇ
δοριθήρατος πρὸς Ἀχαιῶν,
οὐδὲν παθέων ἀποκουφίζουσ',
ἀλλ' ἀγγελίας βάρος ἀραμένη   105
μέγα, σοί τε, γύναι, κῆρυξ ἀχέων.
Ἐν γὰρ Ἀχαιῶν πλήρει ξυνόδῳ
λέγεται δόξαι σὴν παῖδ' Ἀχιλεῖ
σφάγιον θέσθαι· τύμβου δ' ἐπιβὰς
οἶσθ' ὅτε χρυσέοις ἐφάνη σὺν ὅπλοις,   110
τὰς ποντοπόρους δ' ἔσχε σχεδίας
λαίφη προτόνοις ἐπερειδομένας,
τάδε θωΰσσων·
Ποῖ δὴ, Δαναοὶ, τὸν ἐμὸν τύμβον
στέλλεσθ' ἀγέραστον ἀφέντες;   115
Πολλῆς δ' ἔριδος ξυνέπαισε κλύδων,
δόξα δ' ἐχώρει δίχ' ἀν' Ἑλλήνων

98-103. On voit que le chœur est composé de captives qui ont déjà été distribuées parmi les vainqueurs par la voie du sort (ἐκληρώθην), et qui viennent de quitter les tentes de leurs maîtres (voy. cependant vers 447 sqq.). Il ne faut pas les confondre avec les Troyennes qui sont sorties avec Hécube de la tente d'Agamemnon. — Ἐλιάσθην n'équivaut pas à ὡρμήθην, παρεγενόμην, comme dit le scholiaste. Ce verbe homérique a le sens de « se détourner, s'esquiver ». — Λόγχης αἰχμῇ δοριθήρατος est une périphrase poétique de αἰχμαλώτος. Quant au luxe de la diction, comp. βραδύπουν ἤλυσιν ἄρθρων, vers 66; ἄθυτος ἀνίερων πελάνων, Hipp. 147; ἀνάνδρου κοίτας λέκτρον, Médée, 436.

105. Ἀγγελίας βάρος ἀραμένη, m'étant chargé du fardeau d'un message. Cette métaphore, atténuée par ἀποκουφίζουσα, explique les locutions αἴρεσθαι πόνον, πόλεμον etc.

110. Les Grecs disent indifféremment οἶσθ' ὅτε, tu te souviens du jour où](ep, la location latine meministi quum), et οἶσθ' ὅτι, tu te souviens que. — Ἐφάνη, il avait paru. L'aoriste remplace souvent le plus-que-parfait. Au vers 116 le chœur revient à l'assemblée des Grecs, dont il avait interrompu le récit pour rappeler un fait antérieur.

112. Λαίφη προτόνοις ἐπερειδομένας, ayant leurs voiles appuyées sur les cordages, tendues par les cordages, c'est-à-dire prêts à partir.

115. Chez Homère, Il. I, 118, Agamemnon dit : Ὄφρα μὴ οἶος Ἀργείων ἀγέραστος ἔω.

117-119. Δόξα δ' ἐχώρει δίχα équivaut à δίχα δέ σφισιν ἥνδανε βουλή, Homère, Il.

στρατὸν αἰχμητὴν, τοῖς μὲν διδόναι
τύμβῳ σφάγιον, τοῖς δ' οὐχὶ δοκοῦν.
Ἦν δὲ τὸ μὲν σὸν σπεύδων ἀγαθὸν 120
τῆς μαντιπόλου Βάκχης ἀνέχων
λέκτρ' Ἀγαμέμνων·
τὼ Θησείδα δ', ὄζω Ἀθηνῶν,
δισσῶν μύθων ῥήτορες ἦσαν,
γνώμῃ δὲ μιᾷ συνεχωρείτην, 125
τὸν Ἀχίλλειον τύμβον στεφανοῦν
αἵματι χλωρῷ, τὰ δὲ Κασάνδρας
λέκτρ' οὐκ ἐφάτην τῆς Ἀχιλείας
πρόσθεν θήσειν ποτὲ λόγχης.
Σπουδαὶ δὲ λόγων κατατεινομένων 130
ἦσαν ἴσαι πως, πρὶν ὁ ποικιλόφρων
κόπις ἡδυλόγος δημοχαριστὴς
Λαερτιάδης πείθει στρατιὰν
μὴ τὸν ἄριστον Δαναῶν πάντων
δούλων σφαγίων οὕνεχ' ἀπωθεῖν, 135
μηδέ τιν' εἰπεῖν παρὰ Περσεφόνῃ
στάντα φθιμένων
ὡς ἀχάριστοι Δαναοὶ Δαναοῖς
τοῖς οἰχομένοις ὑπὲρ Ἑλλήνων

XVIII, 510, ou à ἐγίνοντο δίχα αἱ γνῶμαι, Hérodote, VI, 109. — Δοκοῦν n'est pas un cas absolu, comme disent quelques commentateurs : ce participe est une apposition qui reprend, sous une autre forme, l'idée de δόξα.

121. Βάκχης. Cp. v. 676 : Τὸ Βακχεῖον κάρα τῆς θεσπιῳδοῦ Κασάνδρας. — Ἀνέχων, soutenant, honorant. Dans l'*Ajax* de Sophocle, le chœur dit à Tecmesse, v. 211 : Λέγ' ἐπεί σε λέχος δουριάλωτον Στέρξας ἀνέχει θούριος Αἴας.

126-127. L'habitude d'honorer les morts en couronnant leurs tombeaux de fleurs fit que les poètes se servirent des verbes στέφειν, στεφανοῦν, et même du substantif στέφη (Eschyle, *Choeph.* 95), en parlant de libations. — Αἷμα χλωρόν désigne ici, comme chez Soph., *Trach.* 1055, un sang jeune. Horace dit : « Virent genua ». Nous disons : « une verte vieillesse ». Hermann explique : « sang vivant (d'un vivant), sang frais. » Cp. les scholies diverses : νέας παιδὸς αἵματι et προσφάτῳ, νεαρῷ.

132. Κόπις, parleur séduisant et roué. Cp. δημοκόπος, et κρουσιδημεῖν chez Aristophane, *Chevaliers*, 859. Euripide développa plus tard cette ébauche du démagogue, et en fit un portrait complet dans *Oreste*, v. 903 sqq. — C'est à tort qu'on rapproche de ce vers d'*Hécube* le passage de Lucien, *Banquet*, 6 : Ξίφος αὐτὸν οἱ μαθηταὶ καὶ κοπίδα καλοῦσιν. Κοπίς diffère de κόπις. Phocion était le couteau, κοπίς ; des discours de Démosthène ; mais il n'était nullement κόπις.

135. Δούλων est ici l'adjectif ; σφαγίων est le substantif.

ΕΚΑΒΗ.   225

Τροίας πεδίων ἀπέβησαν.   140
Ἥξει δ' Ὀδυσεὺς ὅσον οὐκ ἤδη,
πῶλον ἀφέλξων σῶν ἀπὸ μαστῶν
ἔκ τε γεραιᾶς χερὸς ὁρμήσων.
Ἀλλ' ἴθι ναοὺς, ἴθι πρὸς βωμοὺς,
ἵζ' Ἀγαμέμνονος ἱκέτις γονάτων,   145
κήρυσσε θεοὺς τούς τ' οὐρανίδας
τούς θ' ὑπὸ γαῖαν.
Ἢ γάρ σε λιταὶ διακωλύσουσ'
ὀρφανὸν εἶναι παιδὸς μελέας,
ἢ δεῖ σ' ἐπιδεῖν τύμβου προπετῆ   150
φοινισσομένην αἵματι παρθένον
ἐκ χρυσοφόρου
δειρῆς νασμῷ μελαναυγεῖ.

ΕΚΑΒΗ.

Οἲ 'γὼ μελέα, τί ποτ' ἀπύσω;
ποίαν ἀχὼ, ποῖον ὀδυρμόν;   155
δειλαία δειλαίου γήρως,
δουλείας τᾶς οὐ τλατᾶς,
τᾶς οὐ φερτᾶς· ὤμοι μοι.

NC. 145. Ce vers est altéré. Dans les périodes anapestiques qui sont régulières, comme celles-ci, un dactyle ne peut être suivi d'un anapeste. Nauck propose Ἀγαμέμνονος ἵζ' ἱκέτις ou ἵζ' Ἀγαμέμνονος ἱκτήρ. — 147. Quoique γαῖαν se trouve à la fin d'une phrase, la syllabe indifférente au milieu de la période métrique est suspecte. Porson a conjecturé ὑπὸ γαίας, Heimsoeth (*Kritische Studien zu den griechischen Tragikern*, I, p. 174) τούς τε χθονίους.

141. Ἥξει ὅσον οὐκ ἤδη équivaut à ὅσον οὔπω πάρεστι (Thucydide, VI, 34), *tantum non adest*.

142. Πῶλον. Voy. *Hipp.* 546 avec la note. Μόσχος sera employé dans le même sens aux vers 206 et 526.

144. La préposition πρός ne se trouve que dans la seconde phrase, mais elle se rapporte aussi à la première. C'est ainsi que l'adverbe ἄλλοτε, au v. 28, n'avait été énoncé que dans le second membre de phrase.

150. Τύμβου προπετῆ, s'affaissant devant le tombeau. Προπετῆ équivaut à προ-νωπῆ, dont Eschyle se sert (sans complément toutefois) en parlant d'Iphigénie, *Agam.* 234.

152. Χρυσοφόρου. Cette épithète désigne la jeune fille, d'après l'observation de Porson, qui cite Homère *Il.* II, 872 : Ὃς καὶ χρυσὸν ἔχων πολεμόνδ' ἴεν, ἠΰτε κούρη, et Lycophronide chez Athénée, XIII, 564 B : Οὔτε παιδὸς ἄρρενος, οὔτε παρθένων τῶν χρυσοφόρων, οὔτε γυναικῶν βαθυκόλπων καλὸν τὸ πρόσωπον.

156. Δειλαία γήρω: est construit comme τάλαινα παίδων, *Médée*, 996.

15

Τίς ἀμύνει μοι; ποία γέννα,
ποία δὲ πόλις;
φροῦδος πρέσβυς, φροῦδοι παῖδες.
Ποίαν, ἢ ταύταν ἢ κείναν,
στείχω; ποῖ δ' ἥσω; ποῦ τις
θεῶν ἢ δαίμων ἐπαρωγός;
Ὦ κάκ' ἐνεγκοῦσαι Τρῳάδες, ὦ
κάκ' ἐνεγκοῦσαι
πήματ', ἀπωλέσατ' ὠλέσατ'· οὐκέτι μοι βίος
ἀγαστὸς ἐν φάει.

Ὦ τλάμων ἄγησαί μοι
ποὺς, ἄγησαι τᾷ γραίᾳ
πρὸς τάνδ' αὐλάν.
Ὦ τέκνον, ὦ παῖ δυστανοτάτας
ματέρος, ἔξελθ' ἔξελθ' οἴκων.
ἄϊε ματέρος
αὐδὰν, ὦ τέκνον, ὡς εἰδῇς

NC. 159. Porson voulait γενεά. Dindorf pense qu'Euripide allongea la finale de γέννα dans ce morceau lyrique et dans *Iph. Taur.* 154, comme Pindare celle de τόλμα, *Olymp.* IX, 122 et XIII, 14. — 162. On ne sait si les vers cités par Denys d'Halicarnasse, *De compos. verborum,* ch. XVII : Ποίαν δῆθ' ὁρμάσω; ταύταν ἢ κείναν [κείναν ἢ ταύταν]; se rapportent à ce passage. Quoi qu'il en soit, la leçon des manuscrits est irréprochable. — 163-164. Les bons manuscrits ont πῆ δ' ἥσω; et δαιμόνων. Ce dernier est évidemment une glose de δαίμων. Il ne faut interpoler après ce mot ni ἔστ' (qu'on lit dans deux manuscrits du second ordre), ni νῷν (conjecture de Musgrave), en rattachant le mot θεῶν au premier de ces deux vers. Mais la conjecture de Reiske ποῖ δ' ἥσω πόδα; est bonne. Pour la rendre plus probable encore, je propose ποῖ πόδα δ' ἥσω;

159 60. Ποία γέννα, ποία δὲ πόλις; quels enfants, quels concitoyens? Hécube ne demande pas quelle autre race, quelle autre cité viendra à son secours; elle dit que tous ses défenseurs naturels ont péri.

163. Ἥσω doit se prendre intransitivement, dans le sens de ὁρμήσω, si toutefois le texte n'est pas gâté. V. *NC.*

164. Δαίμων, souvent synonyme de θεός, désigne en cet endroit, où il est opposé à θεός, les divinités inférieures. Quelquefois on ajoute encore les demi-dieux : θεοὶ, δαίμονες, ἥρωες.

165-167. Κακὰ ἐνεγκοῦσαι πήματ(α) veut dire ici : « qui avez apporté, annoncé de grands malheurs, » et non : « qui les avez supportés. »

168. Ἀγαστός équivaut à θαυμαστός, ποθητός, περισπούδαστος (schol.).

172-74. Chez Aristophane, *Nuées,* 1165, Strepsiade s'écrie : Ὦ τέκνον, ὦ παῖ, ἔξελθ' οἴκων, ἄϊε σοῦ πατρός. Cette parodie aide à déterminer la date de notre tragédie. Voy. les observations que nous avons présentées à ce sujet dans la notice préliminaire, aux pages 209 et suiv.

οἵαν οἵαν ἀΐω φάμαν 175
περὶ σᾶς ψυχᾶς.

ΠΟΛΥΞΕΝΗ.

Ἰὼ,
μᾶτερ μᾶτερ, τί βοᾷς; τί νέον
καρύξασ' οἴκων μ' ὥστ' ὄρνιν
θάμβει τῷδ' ἐξέπταξας;

ΕΚΑΒΗ.

Οἴμοι, τέκνον. 180

ΠΟΛΥΞΕΝΗ.

Τί με δυσφημεῖς; φροίμιά μοι κακά.

ΕΚΑΒΗ.

Αἰαῖ, σᾶς ψυχᾶς.

ΠΟΛΥΞΕΝΗ.

Ἐξαύδα, μὴ κρύψῃς δαρόν·
δειμαίνω δειμαίνω, μᾶτερ,
τί ποτ' ἀναστένεις. 185

ΕΚΑΒΗ.

Τέκνον ὦ τέκνον μελέας ματρός.

ΠΟΛΥΞΕΝΗ.

Τί τόδ' ἀγγέλλεις;

ΕΚΑΒΗ.

Σφάξαι σ' Ἀργείων κοινὰ
συντείνει πρὸς τύμβον γνώμα

NC. 175. Le *Marcianus* omet οἵαν οἵαν. Nauck propose αὐδάν, τέκνον, ὡς ἀΐω φάμαν. Il se peut que l'interpolation soit plus considérable et que le poète n'ait écrit que ἅ γε ματέρος (apprends de ta mère), τέκνον, φάμαν περὶ σᾶς ψυχᾶς. — 186. Dindorf atransposé la leçon ὦ τέκνον τέκνον. Hermann voulait biffer ὦ. — 187. Nauck propose : Τί ποτ' ἀγγέλλεις; On pourrait conserver ici τόδ', et écrire au v. 185 : Τί τόδ' ἀναστένεις.

178-179. Ὥστ' ὄρνιν. Comme un oiseau timide qu'une frayeur subite (θάμβος) a fait sortir tout tremblant (ἐξέπτηξε) de son nid.

181. Τί με....κακά. « Pourquoi m'abordes-tu en gémissant? Ce début est de mauvais augure pour moi. » Andromaque dit, dans les *Troyennes*, 712 : Τί δ' ἔστιν, ὡς μοι φροιμίων ἄρχει κακῶν. Cf. *Phén.* 1336.

183. Ἐξαύδα μὴ κρύψῃς. Réminiscence d'Homère. Thétis dit à son fils, *Iliade*, I, 363 : Ἐξαύδα, μὴ κεῦθε νόῳ, ἵνα εἴδομεν ἄμφω.

184-185. Δειμαίνω τί ἀναστένεις, *timeo quid ingemiscas :* je tremble en cherchant à deviner ce qui te fait gémir.

Πηλεία γέννα.   190

ΠΟΛΥΞΕΝΗ.

Οἴμοι, μᾶτερ, πῶς φθέγγει
ἀμέγαρτα κακῶν; μάνυσόν μοι
μάνυσον, μᾶτερ.

ΕΚΑΒΗ.

Λυδῶ, παῖ, δυσφήμους φάμας·
ἀγγέλλουσ' Ἀργείων δόξαι   195
ψήφῳ τᾶς σᾶς περί μοι ψυχᾶς.

ΠΟΛΥΞΕΝΗ.

Ὢ δεινὰ παθοῦσ', ὦ παντλάμων,
ὦ δυστάνου μᾶτερ βιοτᾶς,
οἵαν οἵαν αὖ σοι λώβαν
ἐχθίσταν ἀρρήταν τ'   200
ὦρσέν τις δαίμων;
Οὐκέτι σοι παῖς ἅδ' οὐκέτι δὴ

NC. 190. Les manuscrits ont Πηλεῖδα et (la plupart) γέννα. Le datif γέννᾳ est attesté par les scholiastes et particulièrement par celui du cod. *Marcianus*. Ce dernier dit que Πηλεῖδα est pour Πηλέως : πατρωνυμικὸν ἀντὶ πρωτοτύπου. Un autre résoud la difficulté d'une manière encore plus étrange. Il veut que γέννα, au vocatif, ait le sens de ὦ θύγατερ. C'est comme si on voulait dire en français : « Sang » pour « ô mon sang. » J'ai écrit Πηλείᾳ γέννᾳ, mots dont Πηλεῖδα était la glose. — 191-192. La ponctuation de Boissonade : πῶς φθέγγει; ἀμέγαρτα κακῶν μάνυσόν μοι, est erronée. Voyez la note explicative. — 200. La mesure semble demander qu'on retranche ἐχθίσταν (var. αἰσχίσταν) avec Triclinius, ou qu'on ajoute un mot, soit λώβαν (Hermann), soit τάνδ' (Hartung), au commencement du vers. On pourrait aussi écrire : οἵαν οἵαν αὖ σοί τις ‖ λώβαν ἐχθίσταν ἀρρήταν ‖ ὦρσεν δαίμων ;

190. Πηλεία γέννᾳ équivaut à Πηλέως παιδί. Cf. *Iph. Taur.* 1210 : Ἀγαμεμνονείας παιδός. Homère, *Il.* IX, 538 : Δίον γένος, Ἰοχέαιρα.

191-192. Πῶς φθέγγει ἀμέγαρτα κακῶν; « D'où tiens-tu les affreux malheurs que tu annonces ? » Πῶς répond ici à : « comment se fait-il que ?... » — Ἀμέγαρτα, non dignes d'envie, affreux, malheureux. Cp. Homère, *Il.* II, 420 : Πόνος ἀμέγαρτος. Les malheureuses filles de Danaüs s'appellent chez Eschyle, *Suppl.* 642, ποίμναν τάνδ' ἀμέγαρτον.

194-196. Faute d'avoir compris les vers 191-192, on s'est étonné que la seconde réponse d'Hécube fût moins précise que la première (188-190), et Reisig voulait même transposer ces deux morceaux. Mais Hécube répond à la question : « Comment sais-tu ce que tu annonces? » Elle dit : « Je répète ce que l'on m'a rapporté. » Les mots φήμας et ἀγγέλλουσα(ι) sont ce qu'il y a de plus essentiel dans sa réponse; quant au fait lui-même, elle pouvait se contenter de le rappeler d'une manière générale. — Ἀγγέλλουσ(ι)... ψυχᾶς, on annonce qu'on vote des Grecs a décidé de ta vie. L'intraduisible pronom μοι indique le tendre intérêt qu'une mère prend à la vie de sa fille : aussi est-il intercalé au milieu du groupe de mots τᾶς σᾶς ψυχᾶς.

202-204. Σοὶ γήρᾳ, pour τῷ σου γήρᾳ

γήρᾳ δειλαίῳ δειλαία
συνδουλεύσω.
Σκύμνον γάρ μ' ὥστ' οὐριθρέπταν,   205
μόσχον δειλαία δειλαίαν
εἰσόψει χειρὸς ἀναρπαστὰν
σᾶς ἄπο, λαιμότομόν θ' Ἅιδᾳ
γᾶς ὑποπεμπομέναν σκότον, ἔνθα νεκρῶν μέτα
τάλαινα κείσομαι.   210

Καὶ σοῦ μὲν, μᾶτερ, δυστάνου
κλαίω πανδύρτοις θρήνοις,
τὸν ἐμὸν δὲ βίον, λώβαν λύμαν τ',
οὐ μετακλαίομαι, ἀλλὰ θανεῖν μοι
ξυντυχία κρείσσων ἐκύρησεν.   215

ΧΟΡΟΣ.

Καὶ μὴν Ὀδυσσεὺς ἔρχεται σπουδῇ ποδός,
Ἑκάβη, νέον τι πρὸς σὲ σημανῶν ἔπος.

NC. 208. Hermann a corrigé la leçon τ' ἄϊδα ou τ' ἀΐδᾳ. — 210. Seidler a retranché ἁ avant τάλαινα. La pentapodie dactylique du vers 167 est également suivie d'une tripodie iambique. Malgré ce rapport évident, tous les essais pour réduire ce dialogue lyrique en strophes et antistrophes ont été des plus malheureux. — 211. Les bons manuscrits portent καὶ σὲ μὲν μᾶτερ δύστανε, d'autres καὶ σὲ μὲν μᾶτερ δυστάνου βίου. J'ai rétabli le texte d'après cette scholie du *Marcianus* : Ἀντὶ τοῦ, περὶ σοῦ ἢ ἐπὶ σοί, ὥσπερ καὶ θαυμά (θαυμάζω?) σου φασὶν ἀντὶ τοῦ ἐπὶ σοί. Τινὲς δέ φασι λείπειν τὸ χάριν, ἢ ἀπὸ κοινοῦ τὸν βίον (c'est-à-dire que quelques-uns sous-entendent ici les mots τὸν βίον, qui se lisent au v. 213), ἢ κλαίω σου τὸν βίον. Il en résulte qu'on lisait anciennement σοῦ et probablement δυστάνου, et que les leçons de nos manuscrits sont des gloses explicatives, introduites dans le texte en dépit de la mesure. — 212. Blomfield a corrigé la leçon πανοδύρτοις. — 215. Il est probable que ce chant anapestique se terminait par un vers parémiaque. Heimsoeth (*l. c.* p. 191) croit que ξυντυχία est une glose de δαίμων. On peut aussi penser à πότμος.

συνδουλεύσω. Voy. la note sur παισὶν ὄλεθρον βιοτᾷ προσάγεις, *Médée*, 992.

205 206. Σκύμνον οὐριθρέπταν. Comme les bêtes sauvages n'étaient pas offertes en sacrifice, ces mots ne peuvent désigner qu'une génisse nourrie dans les pâturages de la montagne. Cp. *Iph. Aul.* 1082. — Μόσχον, comme πῶλον au v. 142, désigne directement la jeune fille.

211. Σοῦ μὲν, suppléez βίον, est opposé à τὸν ἐμὸν δὲ βίον, v. 213. Cela semble plus naturel que de prendre σοῦ κλαίω dans le sens de περὶ σοῦ κλαίω, σὲ κλαίω, quoique cette construction ne soit pas impossible : voy. v. 1256.

213-214. Λώβαν λύμαν τ' sont des appositions ajoutées à βίον. Polyxène ne pleure pas sa vie, qui n'est qu'outrage et qu'ignominie. — Μετακλαίομαι semble signifier ici pleurer un bien qu'on perd, qu'on re-

ΟΔΥΣΣΕΥΣ.

Γύναι, δοκῶ μέν σ' εἰδέναι γνώμην στρατοῦ
ψῆφόν τε τὴν κρανθεῖσαν· ἀλλ' ὅμως φράσω.
Ἔδοξ' Ἀχαιοῖς παῖδα σὴν Πολυξένην 220
σφάξαι πρὸς ὀρθὸν χῶμ' Ἀχιλλείου τάφου.
Ἡμᾶς δὲ πομποὺς καὶ κομιστῆρας κόρης
τάσσουσιν εἶναι· θύματος δ' ἐπιστάτης
ἱερεύς τ' ἐπέστη τοῦδε παῖς Ἀχιλλέως.
Οἶσθ' οὖν ὃ δρᾶσον; μήτ' ἀποσπασθῇς βίᾳ 225
μήτ' εἰς χερῶν ἅμιλλαν ἐξέλθῃς ἐμοί·
γίγνωσκε δ' ἀλκὴν καὶ παρουσίαν κακῶν
τῶν σῶν. Σοφόν τι κἂν κακοῖς ἃ δεῖ φρονεῖν.

ΕΚΑΒΗ.

Αἰαῖ· παρέστηχ' ὡς ἔοικ' ἀγὼν μέγας,
πλήρης στεναγμῶν οὐδὲ δακρύων κενός. 230
Κἄγωγ' ἄρ' οὐκ ἔθνῃσκον οὗ μ' ἐχρῆν θανεῖν,
οὐδ' ὤλεσέν με Ζεύς, τρέφει δ', ὅπως ὁρῶ
κακῶν κάκ' ἄλλα μεῖζον' ἡ τάλαιν' ἐγώ.
Εἰ δ' ἔστι τοῖς δούλοισι τοὺς ἐλευθέρους

NC. 224. Nauck n'aurait pas dû écrire ἐπέσται. La leçon des manuscrits est bonne; voy. la note explicative. — 228. Variante : σοφόν τοι. — 231. L. Dindorf corrigea la leçon κἀγὼ γάρ.

grette; tandis que κλαίω, v. 212, voulait dire pleurer sur un mal qui existe. Voyez cependant notre remarque sur μεταστένομαι, *Méd.* 996.

224. Ἐπέστη équivaut à ἐτάχθη, ἐχειροτονήθη (schol.). L'aoriste second ἐπέστη ἱερεύς répond à l'aoriste premier ἐπέστησαν ἱερία, comme le passif répond à l'actif. Cp. *Suppl.* 1216 : Σὺ δ' ἀντὶ πατρὸς, Αἰγιαλεῦ, στρατηλάτης νέος κατέστας. *Androm.* 1098 : Ὅσοι θεοῦ χρημάτων ἐφέστασαν. Dans ce dernier exemple, le plus-que-parfait peut se tourner par l'imparfait « présidaient, » comme ici l'aoriste ἐπέστη par le présent « préside. »
— Il va sans dire que τοῦδε se rapporte à θύματος.

225. Οἶσθ' οὖν ὃ δρᾶσον, qui équivaut à οἶσθ' ὃ δρᾶν σε βούλομαι (*Suppl.* 932),

ressemble, pour la construction, à οἶσθ' ὅτι, δῆλον ὅτι employés adverbialement. On peut en rendre compte par la traduction : « Fais, sais-tu quoi ? » (δρᾶσον, οἶσθ' ὅ;) Cette locution se trouve assez souvent chez Euripide et chez Aristophane, plus rarement chez Sophocle. — Μὴ ἀποσπασθῇς, ne te fais pas arracher (d'auprès de ta fille).

227-228. Γίγνωσκε.... τῶν σῶν, connais quelle est ta force, quel est l'état malheureux où tu te trouves. L'ensemble de la phrase ne permet pas de rapporter ἀλκήν à la puissance des maîtres d'Hécube, comme ont fait la plupart des interprètes anciens et modernes. Cp. *Androm.* 126 : Γνῶθι τύχαν, λόγισαι τὸ παρὸν κακὸν εἰς ὅπερ ἥκεις, passage cité par Pflugk.

231. Κἄγωγ' ἄρ' οὐκ ἔθνῃσκον, et c'est donc pour cela que je ne suis pas morte, moi.

ΕΚΑΒΗ.   231

μὴ λυπρὰ μηδὲ καρδίας δηκτήρια   235
ἐξιστορῆσαι, σοὶ μὲν εἰρῆσθαι χρεών,
ἡμᾶς δ᾽ ἀκοῦσαι τοὺς ἐρωτῶντας τάδε.

ΟΔΥΣΣΕΥΣ.

Ἔξεστ᾽, ἐρώτα· τοῦ χρόνου γὰρ οὐ φθονῶ.

ΕΚΑΒΗ.

Οἶσθ᾽ ἡνίκ᾽ ἦλθες Ἰλίου κατάσκοπος,
δυσχλαινίᾳ τ᾽ ἄμορφος, ὀμμάτων τ᾽ ἄπο   240
φόνου σταλαγμοὶ σὴν κατέσταζον γένυν;

ΟΔΥΣΣΕΥΣ.

Οἶδ᾽· οὐ γὰρ ἄκρας καρδίας ἔψαυσέ μου.

ΕΚΑΒΗ.

Ἔγνω δέ σ᾽ Ἑλένη καὶ μόνῃ κατεῖπ᾽ ἐμοί;

NC. 236, Je demande : σὲ μὲν ἐρωτᾶσθαι χρεών.

236-237. Les mots grecs σοὶ μὲν εἰρῆσθαι χρεών ne peuvent signifier σοὶ μὲν πρέπει ἀπολογεῖσθαι πρὸς τὰ ἐρωτώμενα (scholie qui se rapporte peut-être à une autre leçon), mais doivent se traduire : *a te peroratum esse oportet.* Sur ce point, Dindorf a parfaitement raison. Mais ce sens n'est pas satisfaisant. Ulysse n'a aucune envie de parler plus longuement, et Hécube ne veut pas du tout qu'il se taise. Hécube doit dire : « Il convient que tu te laisses interroger, et que j'entende ta réponse. » Le texte est donc altéré. Voy. la conjecture que nous proposons dans la VC. — Τοὺς ἐρωτῶντας, au masculin. Cf. la note sur *Hipp.* 349, et passim.

238. Τοῦ χρόνου γὰρ οὐ φθονῶ, je ne te refuse pas ce délai. Ces mots marquent qu'Hécube gagnera quelques instants, mais qu'elle n'obtiendra rien.

239-241. Cet exploit d'Ulysse est raconté dans l'*Odyssée,* IV, 242 sqq. On y lit qu'Ulysse s'était déchiré la chair par des coups de fouet et qu'il avait jeté des haillons sur ses épaules, afin de ressembler à un esclave (Αὐτόν μιν πληγῇσιν ἀεικελίῃσι δαμάσσας, Σπεῖρα κάκ᾽ ἀμφ᾽ ὤμοισιν ἔχων, οἰκῆϊ ἐοικώς, Ἀνδρῶν δυσμενέων κατέδυ πόλιν εὐρυάγυιαν). C'est là le meilleur commentaire des mots de notre texte : Ὀμμάτων τ᾽ ἄπο .... γένυν. Hécube dit que le sang ruisselait des yeux et du front d'Ulysse jusque sur son menton. [Explication de Jacobs.] Cp. *Rhésus,* 710, où le chœur des Troyens rappelle cette aventure d'Ulysse : Ἔβα καὶ πάρος κατὰ πτόλιν, ὕπαφρον ὄμμ᾽ ἔχων, ῥακοδύτῳ στολᾷ πυκασθείς. Le scholiaste veut que φόνου σταλαγμοί soient des larmes sanglantes, des larmes versées par un homme en danger de mort (ἔκλαιε γὰρ ἐπειδὴ τὸν περὶ ψυχῆς ἔτρεχεν), et Boissonade et d'autres ont approuvé cette explication. Mais, quand même les mots s'y prêteraient, on voit, en lisant ce passage avec un peu d'attention, qu'il s'agit ici des moyens pris par Ulysse pour se défigurer : ce n'est que plus bas qu'il sera raconté comment il fut reconnu et ce qu'il fit alors.

242. Οἶδ᾽.... ἔψαυσέ μου. Ulysse dit qu'il s'en souvient, que les émotions de cette aventure firent plus qu'effleurer son cœur, y laissèrent une profonde et durable impression. Cp. Eschyle, *Agam.* 805 : Οὐκ ἀπ᾽ ἄκρας φρενὸς εὔφρων. Mais dans *Hipp.,* v. 255, πρὸς ἄκρον μυελὸν ψυχῆς désigne ce qu'il y a de plus intime dans l'âme.

243. Chez Homère, Hélène seule reconnaît Ulysse, sans qu'Hécube y soit mêlée; et le scholiaste fait remarquer que cela est beaucoup plus naturel, puisque la reine n'aurait pas laissé échapper ce dangereux ennemi.

ΕΚΑΒΗ.

ΟΔΥΣΣΕΥΣ.
Μεμνήμεθ' ἐς κίνδυνον ἐλθόντες μέγαν.
ΕΚΑΒΗ.
Ἦψω δὲ γονάτων τῶν ἐμῶν ταπεινὸς ὤν; 245
ΟΔΥΣΣΕΥΣ.
Ὥστ' ἐνθανεῖν γε σοῖς πέπλοισι χεῖρ' ἐμήν.
ΕΚΑΒΗ.
Ἔσωσα δῆτά σ' ἐξέπεμψά τε χθονός;
ΟΔΥΣΣΕΥΣ.
Ὥστ' εἰσορᾶν γε φέγγος ἡλίου τόδε.
ΕΚΑΒΗ.
Τί δῆτ' ἔλεξας δοῦλος ὢν ἐμὸς τότε;
ΟΔΥΣΣΕΥΣ.
Πολλῶν λόγων εὑρήμαθ', ὥστε μὴ θανεῖν. 250
ΕΚΑΒΗ.
Οὐκοῦν μ' ἀμύνει τοῖσδε τοῖς βουλεύμασιν,
ὅς ἐξ ἐμοῦ μὲν ἔπαθες οἷα φῇς παθεῖν,
δρᾷς δ' οὐδὲν ἡμᾶς εὖ, κακῶς δ' ὅσον δύνῃ;

NC. 247-250. C'est ainsi que les vers se suivent dans les bons manuscrits. Depuis Porson, la plupart des éditeurs placent 247 et 248 après 250. La transposition est spécieuse: elle rétablit l'ordre des faits. Mais c'est à dessein que le poète a fait suivre une autre marche au dialogue : cf. Leutsch, *Philologus*, XXII, p. 177. Voy. notre note explicative.
— 248. Variante : εἰσορᾶν δή.

246. Ἐνθανεῖν. Ma main, qui avait saisi tes vêtements, s'y mourait, ne pouvait plus s'en détacher. Νεκρωθῆναι ὑπὸ τοῦ δέους τὴν χεῖρά μου, dit le scholiaste. Nous disons bien : « sa voix meurt, » et Boissonade cite cette phrase de Chateaubriand, *Itin.* I, p. 153 : « Elle dégagea son bras... et le laissa retomber mourant sur la couverture. »
249. Ulysse était alors au pouvoir d'Hécube. Mais la reine, qui est maintenant esclave, dit δοῦλος ὢν ἐμὸς τότε, pour mieux marquer la ressemblance des situations.
250. Jusqu'ici Ulysse a répondu à toutes les questions d'Hécube, comme elle le désirait elle-même : il n'a cherché à nier, ni à atténuer aucun des faits avancés par la reine. Mais lorsque Hécube en vient au point essentiel, aux promesses qu'Ulysse lui fit alors, il répond d'une manière évasive, il laisse entendre que les discours qu'on peut tenir pour échapper à la mort n'obligent à rien. C'est là-dessus que la reine, trompée dans son attente, renonce à l'interroger plus longuement. On voit que la marche du dialogue est très-satisfaisante, et qu'il ne faut pas transposer ces vers pour les faire concorder avec l'ordre des faits. — La scène s'ouvre par deux vers du chœur, auxquels répondent en quelque sorte les deux premiers vers d'Ulysse (216-218). Puis le même Ulysse explique son message en cinq et quatre vers (220-228), et Hécube y répond en cinq et quatre vers (229-237). Le dialogue qui suit ces couplets se compose de un, trois, un vers, et de deux fois quatre monostiques.

Ἀχάριστον ὑμῶν σπέρμ', ὅσοι δημηγόρους
ζηλοῦτε τιμάς· μηδὲ γιγνώσκοισθέ μοι, 255
οἳ τοὺς φίλους βλάπτοντες οὐ φροντίζετε,
ἢν τοῖσι πολλοῖς πρὸς χάριν λέγητέ τι. —
Ἀτὰρ τί δὴ σόφισμα τοῦθ' ἡγούμενοι
εἰς τήνδε παῖδα ψῆφον ὥρισαν φόνου ;
Πότερα τὸ χρῆν σφ' ἐπήγαγ' ἀνθρωποσφαγεῖν 260
πρὸς τύμβον, ἔνθα βουθυτεῖν μᾶλλον πρέπει ;
Ἢ τοὺς κτανόντας ἀνταποκτεῖναι θέλων
εἰς τήνδ' Ἀχιλλεὺς ἐνδίκως τείνει φόνον ;
Ἀλλ' οὐδὲν αὐτὸν ἥδε γ' εἴργασται κακόν.
Ἑλένην νιν αἰτεῖν χρῆν τάφῳ προσφάγματα· 265
κείνη γὰρ ὤλεσέν τιν εἰς Τροίαν τ' ἄγει.
Εἰ δ' αἰχμαλώτων χρή τιν' ἔκκριτον θανεῖν
κάλλει θ' ὑπερφέρουσαν, οὐχ ἡμῶν τόδε·
ἡ Τυνδαρὶς γὰρ εἶδος ἐκπρεπεστάτη,
ἀδικοῦσά θ' ἡμῶν οὐδὲν ἧσσον εὑρέθη. 270
Τῷ μὲν δικαίῳ τόνδ' ἁμιλλῶμαι λόγον. —

NC. 260. Nauck croit qu'il faut lire τὸ χρή, mot indéclinable qui forme avec le verbe εἶναι (χρῆσται vient évidemment de χρὴ ἔσται) les temps de ce qu'on appelle vulgairement le verbe χρή. Voy. H. L. Ahrens, *de crasi et aphæresi*, p. 6 sq. — 267. La plupart des manuscrits ont αἰχμαλώτον. — 269. Εἶδος ἐκπρεπεστάτη, leçon du *Vaticanus* s'accorde avec κάλλει ὑπερφέρουσαν mieux que ne fait la variante εὐπρεπεστάτη. La même variante se trouve au v. 335 d'*Alceste*.

254-257. Cette sortie contre les orateurs de l'*agora* d'Athènes complète le trait du vers 132. Le scholiaste dit : Ταῦτα εἰς τὴν κατ' αὐτὸν πολιτείαν λέγει. Καὶ ἔστι τοιοῦτος ὁ Εὐριπίδης, περιάπτων τὰ καθ' ἑαυτὸν τοῖς ἥρωσι καὶ τοὺς χρόνους συγχέων. — Μηδὲ γιγνώσκοισθέ μοι, et puissé-je ne pas vous connaître, ne jamais avoir affaire à vous !

258-259. Hécube prétend que les Grecs, voulant condamner Polyxène à mort, ont pris pour prétexte le sacrifice dû à Achille. Elle veut maintenant examiner la valeur de ce prétexte (τοῦτο) qui leur semble si bien imaginé (σόφισμα ἡγούμενοι).

260. Τὸ χρῆν, le devoir, la convenance. Il est difficile de rendre compte de cette forme qui serait un infinitif très-irrégulier.

263. Τείνει φόνον, trope tiré des locutions τείνειν τόξον, βέλος.

265. Προσφάγματα. Voy. sur ce pluriel *Hipp*. 11; *Méd*. 917.

266. Ὤλεσέν νιν.... ἄγει. Les tragiques mêlent souvent le présent et l'aoriste dans les récits ; mais ici l'emploi du présent a quelque chose de particulier. Logiquement la seconde phrase n'est pas coordonnée à la première : elle en contient l'explication. *Illa enim perdidit eum dum ad Trojam ducit.*

271. Τῷ μὲν δικαίῳ, en faisant valoir la justice. Rost veut qu'elle dise : « Voilà ce que j'oppose au droit que vous invoquez. » Mais cette dernière idée n'est pas exprimée dans le grec et ne peut se sous-entendre : il faudrait τῷ ὑμετέρῳ δικαίῳ. Il

ΕΚΑΒΗ.

Ἃ δ' ἀντιδοῦναι δεῖ σ' ἀπαιτούσης ἐμοῦ,
ἄκουσον. Ἥψω τῆς ἐμῆς, ὡς φής, χερὸς
καὶ τῆσδε γραιᾶς προσπίτνων παρηίδος·
ἀνθάπτομαί σου τῶνδε τῶν αὐτῶν ἐγὼ   275
χάριν τ' ἀπαιτῶ τὴν τότ' ἱκετεύω τέ σε,
μή μου τὸ τέκνον ἐκ χερῶν ἀποσπάσῃς,
μηδὲ κτάνητε· τῶν τεθνηκότων ἅλις.
Ταύτῃ γέγηθα κἀπιλήθομαι κακῶν·
ἥδ' ἀντὶ πολλῶν ἐστί μοι παραψυχή,   280
πόλις τιθήνη βάκτρον ἡγεμὼν ὁδοῦ.
Οὐ τὸν κρατοῦντα χρὴ κρατεῖν ἃ μὴ χρεών,
οὐδ' εὐτυχοῦντας εὖ δοκεῖν πράξειν ἀεί·
κἀγὼ γὰρ ἦν ποτ', ἀλλὰ νῦν οὐκ εἴμ' ἔτι,
τὸν πάντα δ' ὄλβον ἦμαρ ἕν μ' ἀφείλετο. —   285
Ἀλλ' ὦ φίλον γένειον, αἰδέσθητί με,
οἴκτειρον· ἐλθὼν δ' εἰς Ἀχαιϊκὸν στρατὸν
παρηγόρησον, ὡς ἀποκτείνειν φθόνος

NC. 274. La leçon τῆσδε γεραιᾶς donne un vers faux. Dans quelques manuscrits récents on trouve τῆς γεραιᾶς, correction qui ne vaut pas celle de Valckenaer : τῆσδε γραιᾶς. — 279. Hartung et Nauck condamnent ce vers, qu'ils croient tiré d'*Oreste*, 66 : Ταύτῃ γέγηθε κἀπιλήθεται κακῶν. Leurs arguments me semblent insuffisants. Si ce vers contient une hyperbole, cette hyperbole convient au personnage qui parle ; et le vers 281 est mieux amené par deux vers que par un seul. — 281. Πόλις convient à la situation d'Hécube. Cependant un mot comme βίος se lierait mieux aux mots suivants. — 282. Τὸν κρατοῦντα chez Stobée, *Anthol.* CV, 20. Les manuscrits d'Euripide portent τοὺς κρατοῦντας. — 284. J'ai conservé ici et ailleurs la leçon des manuscrits ἦν. Cependant le hasard seul est cause que la vieille forme attique ἦ ne soit plus attestée que pour le vers 13.

est vrai qu'on lit, *Hipp.* 271 : Τί ταῦτα σοῖς ἁμιλλῶμαι λόγοις ; mais on lit aussi, *Hélène*, 165 : Ποῖον ἁμιλλαθῶ γόον ; ce qui prouve que ἁμιλλᾶσθαι peut se passer de régime.

275-276. Τῶνδε τῶν αὐτῶν, ta main et ta joue. — Χάριν ἀπαιτῶ τὴν τότε, suppléez κατατεθεῖσαν, je réclame le bienfait que j'ai mis en dépôt, la reconnaissance que j'ai méritée alors. Χάρις signifie aussi bien le bienfait que la reconnaissance. Thucydide dit ὁ δράσας τὴν χάριν, II, 42.

280-281. Outre le mot d'Andromaque, *Iliade*, VI, 429 sqq., Porson cite le fragment de notre poète, conservé par Alexandre, περὶ σχημάτων, p. 578, 2 : Ἀλλ' ἥδε μ' ἐξέσωσεν, ἥδε μοι τροφός, Μήτηρ ἀδελφὴ δμωὶς ἄγκυρα στέγη.

284. Ἦν ποτ(ε). Il est indispensable de suppléer εὐτυχοῦσα, quoi qu'en dise Pflugl. Ἦν tout court n'a pas le même sens que ἦν τις ou ἦν τι, et en ne suppléant rien, on ferait dire à Hécube qu'elle est morte.

286. Ὦ φίλον γένειον. Scholiaste Ἁπτομένη τοῦ γενείου τοῦτό φησιν. Cp. Homère, *Il.*, I, 500 sqq.

288. Φθόνος ; équivalant à νέμεσις. Un tel acte soulèverait l'indignation de la puissance qui veille sur la conduite des hommes

γυναῖκας, ἃς τὸ πρῶτον οὐκ ἐκτείνατε
βωμῶν ἀποσπάσαντες, ἀλλ' ᾠκτείρατε. 290
Νόμος δ' ἐν ὑμῖν τοῖς τ' ἐλευθέροις ἴσος
καὶ τοῖσι δούλοις αἵματος κεῖται πέρι.
Τὸ δ' ἀξίωμα, κἂν κακῶς λέγῃ, τὸ σὸν
πείσει· λόγος γὰρ ἔκ τ' ἀδοξούντων ἰὼν
κἀκ τῶν δοκούντων αὑτὸς οὐ ταὐτὸν σθένει. 295

ΧΟΡΟΣ.
Οὐκ ἔστιν οὕτω στερρὸς ἀνθρώπου φύσις,
ἥτις γόων σῶν καὶ μακρῶν ὀδυρμάτων
κλύουσα θρήνους οὐκ ἂν ἐκβάλοι δάκρυ.

ΟΔΥΣΣΕΥΣ.
Ἑκάβη, διδάσκου μηδὲ τῷ θυμουμένῳ

NC. 293. Nous adopterions λέγῃς, proposé par Muret, si la leçon λέγῃ n'était pas attestée par les manuscrits d'Euripide, par ceux de Stobée, *Anthol.* XLV, 6, et par ceux d'Aulu-Gelle, XI, 4. Boissonade met la virgule après τὸ σόν, en prenant, avec P.-L. Courier, κἂν τὸ σὸν λέγῃ dans le sens de κἂν σὺ λέγῃς. Mais cette périphrase n'est pas de mise ici. On le sentira en comparant les exemples allégués par Boissonade lui-même : *Or.* 296 : Ὅταν δὲ τἄμ' ἀθυμήσαντ' ἴδῃς, et 1088 : ἐλευθερώσας τοὐμόν. Ces locutions, qui désignent, non la personne elle-même, mais ce qui regarde la personne ou ce qui est dans la personne, seraient étranges dans les cas pareils à celui qui nous occupe. — 294. Aulu-Gelle a νικᾷ pour πείσει. — 295. Porson a corrigé la leçon αὐτός. — 296. Τίς οὕτω στερρός, chez Grégoire de Corinthe, *De dial.* p. 64.

284-292. D'après la loi d'Athènes, quand un esclave avait été tué, son maître était son vengeur, et il pouvait poursuivre devant les tribunaux le meurtrier de l'esclave comme il aurait poursuivi le meurtrier de l'un de ses propres parents. Antiphon, *Sur le meurtre d'Hérode*, 48, dit à ce sujet : Ἡ ψῆφος ἴσον δύναται τῷ δοῦλον ἀποκτείναντι καὶ τῷ ἐλεύθερον. Cp. Lycurgue, *Contre Léocrate*, ch. XVI.

293-295. Κἂν κακῶς λέγῃ, quand même elle (l'autorité) aurait tort, donnerait de mauvais conseils. Cette façon de parler qui a choqué beaucoup d'éditeurs (voy. *NC.*), et qui a été mal défendue par d'autres, est moins extraordinaire en grec qu'en français. Pour les Grecs, le terme abstrait ἀξίωμα désignait la personne elle-même. Cf. *Hipp.* 11 : Ἁγνοῦ Πιτθέως παιδεύματα. — Τῶν δοκούντων prend ici, grâce à l'antithèse ἀδοξούντων, le sens de εὐδοκίμων, qu'il ne pourrait guère avoir par lui-même. Cp. *Troyennes* 609. — Ennius, chez Aulu-Gelle, XI, 4, traduit ainsi ce passage : « Hæc tu etsi « pervorse dices, facile Achivos flexe- « ris : Nam opulenti cum locuntur pariter « atque ignobiles, eadem dicta Eademque « oratio æqua non æque valet. »

284-295. Dans ce discours d'Hécube, on trouve, après un exorde de sept vers, une double argumentation. Elle discute d'abord la légitimité de l'arrêt des Grecs, ensuite les considérations qui devraient agir sur Ulysse en particulier. Chacun de ces points est exposé en deux fois sept vers (258-64, 265-71 ; 272-78, 279-85). La péroraison a deux fois cinq vers.

299. Διδάσκου, laisse-toi éclairer. — Τῷ θυμουμένῳ équivaut à τῷ θυμῷ, mais en présentant la colère comme un principe actif. Voyez sur cet idiotisme, familier aux écrivains de cette époque, notre

τὸν εὖ λέγοντα δυσμενῆ ποιοῦ φρενί.
Ἐγὼ τὸ μὲν σὸν σῶμ', ὑφ' οὗπερ ηὐτύχουν, 300
σώζειν ἕτοιμός εἰμι κοὐκ ἄλλως λέγω·
ἃ δ' εἶπον εἰς ἅπαντας οὐκ ἀρνήσομαι,
Τροίας ἁλούσης ἀνδρὶ τῷ πρώτῳ στρατοῦ
σὴν παῖδα δοῦναι σφάγιον ἐξαιτουμένῳ. 305
Ἐν τῷδε γὰρ κάμνουσιν αἱ πολλαὶ πόλεις,
ὅταν τις ἐσθλὸς καὶ πρόθυμος ὢν ἀνὴρ
μηδὲν φέρηται τῶν κακιόνων πλέον.
Ἡμῖν δ' Ἀχιλλεὺς ἄξιος τιμῆς, γύναι,
θανὼν ὑπὲρ γῆς Ἑλλάδος κάλλιστ' ἀνήρ. 310
Οὔκουν τόδ' αἰσχρόν, εἰ βλέποντι μὲν φίλῳ
χρώμεσθ', ἐπεὶ δ' ὄλωλε, μὴ χρώμεσθ' ἔτι;
Εἶεν· τί δῆτ' ἐρεῖ τις, ἤν τις αὖ φανῇ
στρατοῦ τ' ἄθροισις πολεμίων τ' ἀγωνία;
πότερα μαχούμεθ' ἢ φιλοψυχήσομεν, 315
τὸν κατθανόνθ' ὁρῶντες οὐ τιμώμενον;
Καὶ μὴν ἔμοιγε ζῶντι μέν, καθ' ἡμέραν
κεἰ σμίκρ' ἔχοιμι, πάντ' ἂν ἀρκούντως ἔχοι·

NC. 312. Pour ἐπεὶ δ' ὄλωλε, le manuscrit de Paris, suivi par plusieurs éditeurs, porte ἐπεὶ δ' ἄπεστι. Cette leçon m'a l'air d'une variante à l'usage de ceux qui aimaient à détacher des sentences générales du texte d'Euripide. Elle permet de donner à βλέποντι le sens de « présent. »

observation touchant τὸ μαινόμενον, *Hippolyte*, 248.

300. Δυσμενῆ ποιοῦ φρενί, fais t'en un ennemi dans ton esprit, transforme-le en ennemi, regarde-le comme ennemi. Les Grecs disaient aussi ποιεῖσθαι tout court dans le même sens.

301. Τὸ σὸν σῶμα, ta personne.

303. Εἶπον εἰς ἅπαντας équivaut à εἶπον ἐν ἅπασι, parmi tous, devant tous, mais en y ajoutant l'idée que le discours était adressé à tous, ἅπασιν. Cp. *Hipp.* 986 : Εἰς ὄχλον δοῦναι λόγον. On ne peut donc s'exprimer ainsi que lorsqu'il s'agit d'un certain nombre de personnes ; et ce serait une faute que° de dire εἶπον εἰς τὸν πατέρα. — Ἀρνήσομαι dit ici plus que : « je ne nierai pas. » Ulysse déclare qu'il ne se rétractera pas, ne se donnera pas de démenti.

305. (Εἶπον) δοῦναι, *(dixi) dandam esse*, (je disais) de donner. Le grec εἰπεῖν, λέγειν peut, comme le français « dire, » prendre le sens de conseiller ou d'ordonner, *jubere*, et se construire alors avec un simple infinitif.

306. Κάμνουσιν équivaut à νοσοῦσι. C'est là la maladie, la plaie de la plupart des cités.

309. Ἡμῖν ἄξιος τιμῆς ne veut pas dire : « Il est à nos yeux digne d'être honoré, » mais : « il est digne de nous honneurs, il mérite que nous l'honorions. »

τύμβον δὲ βουλοίμην ἂν ἀξιούμενον
τὸν ἐμὸν ὁρᾶσθαι· διὰ μακροῦ γὰρ ἡ χάρις. — 320
Εἰ δ' οἰκτρὰ πάσχειν φῄς, τάδ' ἀντάκουέ μου.
Εἰσὶν παρ' ἡμῖν οὐδὲν ἧσσον ἄθλιαι
γραῖαι γυναῖκες ἠδὲ πρεσβῦται σέθεν,
νύμφαι τ' ἀρίστων νυμφίων τητώμεναι,
ὧν ἥδε κεύθει σώματ' Ἰδαία κόνις. 325
Τόλμα τάδ'· ἡμεῖς δ' εἰ κακῶς νομίζομεν
τιμᾶν τὸν ἐσθλόν, ἀμαθίαν ὀφλήσομεν·
οἱ βάρβαροι δὲ μήτε τοὺς φίλους φίλους
ἡγεῖσθε μήτε τοὺς καλῶς τεθνηκότας
θαυμάζεθ', ὡς ἂν ἡ μὲν Ἑλλὰς εὐτυχῇ, 330
ὑμεῖς δ' ἔχηθ' ὅμοια τοῖς βουλεύμασιν.

ΧΟΡΟΣ.

Αἰαῖ· τὸ δοῦλον ὡς κακὸν πέφυκ' ἀεί
τολμᾷ θ' ἃ μὴ χρή, τῇ βίᾳ κρατούμενον.

NC. 319. Eustathe se sert deux fois (*ad Hom. Il.* p. 666, 46 et 801, 53) du verbe στεφανοῦσθαι, en faisant allusion à ce vers. Aurait-il lu ἀξιούμενον ‖ στεφῶν ὁρᾶσθαι? Les mots τὸν ἐμόν ne sont pas nécessaires, puisque ἔμοιγε, v. 317, se rapporte aux deux phrases. — 332-333. Les manuscrits d'Euripide portent ὡς κακὸν πεφυκέναι, avec les variantes πέφυκ' ἀεί, qui est la leçon de Stobée (*Anth.* LXII, 25), et πέφυκεν ἀεί, dont π.φυκέναι, qui ne pourrait s'appliquer qu'à des esclaves par naissance ou par nature, n'est qu'une corruption. Il est vrai que τὸ δοῦλον κακὸν πέφυκε pourrait aussi signifier : l'esclave est naturellement lâche. Mais la conjecture de Nauck ὡς κακὸν πέφυκ' ἀεί τολμᾶν ἃ μὴ χρή est bizarre ; on demanderait ἃ χρή. — Κρατούμενον, leçon de Stobée, est avec raison préféré par Dindorf à νικώμενον, qui se trouve dans presque tous les manuscrits d'Euripide.

319. Ἀξιούμενον, honoré. On cite *Héraclides*, 918, et Sophocle, *Ajax*, 1144, pour prouver que ce verbe peut se passer de complément. Voyez toutefois la note critique ci-dessus.

326. Εἰ κακῶς νομίζομεν..., si nous avons tort d'observer la coutume d'honorer les braves, si notre coutume.... est mauvaise. L'antithèse montre assez que tel est le sens de ces mots, et que ceux qui font dépendre κακῶς de τιμᾶν sont dans l'erreur. Cp. *Androm.* 693 : Οἴμοι κάθ' Ἑλλάδ' ὡς κακῶς νομίζεται.

327. Ἀμαθίαν ὀφλήσομεν se rapproche beaucoup du français : « nous serons taxés de sottise. » Cp. ὀφλεῖν γέλωτα, ὀφλεῖν μωρίαν, *Médée*, 403, 1227, avec les notes.

328. Οἱ βάρβαροι, vous autres barbares. Le pronom personnel auquel se rapporte cette apposition, est contenu dans le verbe.

331. Ὅμοια τοῖς βουλεύμασιν, des résultats qui répondent à de tels conseils. — Le discours d'Ulysse se compose de deux parties. En faisant abstraction des préambules qui les annoncent, v. 299 sq. et v. 321, on trouvera que la première partie a deux fois dix vers, la seconde dix vers.

332-333. Τὸ δοῦλον....κρατούμενον, que l'esclavage est toujours misérable, et comme

ΕΚΑΒΗ.

'Ω θύγατερ, ούμοι μὲν λόγοι πρὸς αἰθέρα
φροῦδοι μάτην ῥιφέντες ἀμφὶ σοῦ φόνου· 335
σὺ δ' εἴ τι μείζω δύναμιν ἢ μήτηρ ἔχεις,
σπούδαζε, πάσας ὥστ' ἀηδόνος στόμα
φθογγὰς ἱεῖσα, μὴ στερηθῆναι βίου.
Πρόσπιπτε δ' οἰκτρῶς τοῦδ' Ὀδυσσέως γόνυ,
καὶ πεῖθ'· ἔχεις δὲ πρόφασιν· ἔστι γὰρ τέκνα 340
καὶ τῷδε, τὴν σὴν ὥστ' ἐποικτεῖραι τύχην.

ΠΟΛΥΞΕΝΗ.

Ὁρῶ σ', Ὀδυσσεῦ, δεξιὰν ὑφ' εἵματος
κρύπτοντα χεῖρα καὶ πρόσωπον ἔμπαλιν
στρέφοντα, μή σου προσθίγω γενειάδος.
Θάρσει· πέφευγας τὸν ἐμὸν ἱκέσιον Δία· 345
ὡς ἕψομαί γε τοῦ τ' ἀναγκαίου χάριν
θανεῖν τε χρῄζουσ'· εἰ δὲ μὴ βουλήσομαι,
κακὴ φανοῦμαι καὶ φιλόψυχος γυνή.
Τί γάρ με δεῖ ζῆν; ἧ πατὴρ μὲν ἦν ἄναξ

NC. 335. Variante : ῥιφθέντες. — 346. Variante : ἕψομαί σοι.

il supporte l'insupportable, subjugué qu'il est par la force ! Τολμᾶν désigne ici le courage passif, la résignation, comme au vers 326.

334-335. Hécube dit que ses paroles n'ont frappé que l'air (αἰθέρα), comme des traits qui ont manqué le but (μάτην ῥιφέντες).

337-338. Πάσας.... ἱεῖσα, en prenant tous les tons, comme la voix du rossignol. Le chant du rossignol n'est pas seulement plaintif et touchant, mais il est aussi varié et parcourt un grand nombre de notes. À la comparaison près, la phrase est usuelle. Πάσας ἀφῆκε φωνάς, se lit dans Démosthène, *pro Corona*, 495.

340. Πεῖθε, essaye de le fléchir. On sait que le présent désigne quelquefois une simple tentative. Le verbe πείθω est de ceux dont le sens est souvent modifié ainsi. — Πρόφασιν, un motif à alléguer, une occasion, un moyen d'entrer en matière. On dirait qu'Hécube se souvient de la prière de Priam, qui avait dit en tombant aux pieds d'Achille : Μνῆσαι πατρὸς σοῖο, θεοῖς ἐπιείκελ' Ἀχιλλεῦ (*Il.* XXIV, 486).

345. Πέφευγας....Δία. Les prières solennelles, qui se faisaient en touchant le menton et la main ou le genou de celui qu'on implorait, mettaient le suppliant sous la protection spéciale de Ζεὺς Ἱκέσιος et pouvaient attirer la colère de ce dieu sur la tête de l'homme impitoyable (voyez la note sur *Médée*, 710). Polyxène dit à Ulysse qu'il échappe à ce danger et qu'elle ne le mettra pas dans cet embarras.

346-348. Le stoïcien Cléanthe renferma sa profession de foi dans une noble parodie de ces vers. La voici : Ἄγου δέ μ', ὦ Ζεῦ, καὶ σύ γ' ἡ πεπρωμένη, Ὅποι ποθ' ὑμῖν εἰμὶ διατεταγμένος· Ὡς ἕψομαί γ' ἄοκνος· ἢν δὲ μὴ θέλω, Κακὸς γενόμενος, οὐδὲν ἧσσον ἕψομαι. Epictète, *Manuel*, 77.

Φρυγῶν ἁπάντων· τοῦτό μοι πρῶτον βίου·   350
ἔπειτ' ἐθρέφθην ἐλπίδων καλῶν ὕπο
βασιλεῦσι νύμφη, ζῆλον οὐ σμικρὸν γάμων
ἔχουσ', ὅτου δῶμ' ἑστίαν τ' ἀφίξομαι·
δέσποινα δ' ἡ δύστηνος Ἰδαίαισιν ἦν
γυναιξὶ παρθένοις τ' ἀπόβλεπτος μέτα,   355
ἴση θεοῖσι πλὴν τὸ κατθανεῖν μόνον.
Νῦν δ' εἰμὶ δούλη. Πρῶτα μέν με τοὔνομα
θανεῖν ἐρᾶν τίθησιν οὐκ εἰωθὸς ὄν·
ἔπειτ' ἴσως ἂν δεσποτῶν ὠμῶν φρένας
τύχοιμ' ἄν, ὅστις ἀργύρου μ' ὠνήσεται   360
τὴν Ἕκτορός τε χἀτέρων πολλῶν κάσιν,
προσθεὶς δ' ἀνάγκην σιτοποιὸν ἐν δόμοις,
σαίρειν τε δῶμα κερκίσιν τ' ἐφεστάναι
λυπρὰν ἄγουσαν ἡμέραν μ' ἀναγκάσει.
Λέχη δὲ τἀμὰ δοῦλος ὠνητός ποθεν   365
χρανεῖ, τυράννων πρόσθεν ἠξιωμένα.

NC. 350. Heimsoeth, *l. c.*, propose : Φρυγῶν· ἅπαντα τοῦτό μοι πρῶτον βίου. Quelque ingénieuse que soit cette conjecture, elle ne semble pas nécessaire, et les Phrygiens n'étaient peut-être pas assez estimés en Grèce, pour que Φρυγῶν tout court, rejeté au commencement d'un vers, eût répondu à l'idée de grandeur qu'il s'agissait de réveiller ici.

350. Τοῦτό μοι πρῶτον βίου, voilà le début de ma vie. Évidemment πρῶτον désigne ici l'ordre des temps, et non le degré d'importance.

352-353. Polyxène dit que nombre de princes, jaloux de l'avoir pour femme, se demandaient : Qui sera assez heureux pour la mener dans sa maison? L'indicatif ἀφίξομαι s'explique, suivant l'observation de Rost, par cette liberté qu'avaient les Grecs de se servir de tournures intermédiaires entre la question directe et la question indirecte. — Ζῆλον ἔχων γάμων se dit ici de l'objet auquel le désir s'attache, mais peut aussi se dire de celui qui nourrit ce sentiment. C'est ainsi que ἔλεον ἔχειν, ὀργὴν ἔχειν peuvent signifier : avoir de la pitié ou de la colère, et : exciter de la pitié ou de la colère. Chez Platon, *Ménexène*, p. 243 A, les interprètes s'y sont trompés : ἔπαινον ἔχουσιν y veut dire : ils font l'éloge, et non : ils reçoivent l'éloge.

355-356. Ἀπόβλεπτος, qui attire les regards, comme ἐπίστρεπτος chez Eschyle, *Choéph.* 350. — Τὸ κατθανεῖν, accusatif analogue à celui de la phrase homérique ἀθανάτῃσι φυὴν καὶ εἶδος ὁμοίη (*Odyssée*, VI, 16).

357. Τοὔνομα équivaut à τὸ ὄνομα τοῦτο, c.-à-d. le nom d'esclave.

359. Ὠμῶν φρένας équivaut à ὠμοφρόνων.

360. L'adjectif relatif ὅστις généralise, et renferme l'idée de la pluralité. Aussi a-t-il un pluriel pour corrélatif. Voy. *Hipp.* 79 ; *Méd.* 220.

362-363. Προσθεὶς ἀνάγκην σιτοποιόν, m'infligeant la nécessité de moudre le grain. — Κερκίσιν ἐφεστάναι. Tout le monde sait que, chez les anciens, le métier à tisser était vertical. — Dans la maison d'Alcinoüs les servantes font les travaux de la meule et ceux du métier, *Odyssée*, VII, 104 sqq.

ΕΚΑΒΗ.

Οὐ δῆτ᾽ · ἀφίημ᾽ ὀμμάτων ἐλεύθερον
φέγγος τόδ᾽, Ἅιδῃ προστιθεῖσ᾽ ἐμὸν δέμας.
Ἄγ᾽ οὖν μ᾽, Ὀδυσσεῦ, καὶ διέργασαί μ᾽ ἄγων·
οὔτ᾽ ἐλπίδος γὰρ οὔτε του δόξης ὁρῶ 370
θάρσος παρ᾽ ἡμῖν ὥς ποτ᾽ εὖ πρᾶξαί με χρή.
Μῆτερ, σὺ δ᾽ ἡμῖν μηδὲν ἐμποδὼν γένῃ,
λέγουσα μηδὲ δρῶσα· συμβούλου δέ μοι
θανεῖν πρὶν αἰσχρῶν μὴ κατ᾽ ἀξίαν τυχεῖν.
Ὅστις γὰρ οὐκ εἴωθε γεύεσθαι κακῶν, 375
φέρει μέν, ἀλγεῖ δ᾽ αὐχέν᾽ ἐντιθεὶς ζυγῷ·
θανὼν δ᾽ ἂν εἴη μᾶλλον εὐτυχέστερος
ἢ ζῶν· τὸ γὰρ ζῆν μὴ καλῶς μέγας πόνος.

ΧΟΡΟΣ.

Δεινὸς χαρακτὴρ κἀπίσημος ἐν βροτοῖς
ἐσθλῶν γενέσθαι, κἀπὶ μεῖζον ἔρχεται 380
τῆς εὐγενείας ὄνομα τοῖσιν ἀξίοις.

NC. 369. Le meilleur manuscrit porte ἄγουμ᾽. Ἄγου δέ μ᾽, ὦ Ζεῦ, chez Cléanthe, cité au v. 346, vient sans doute du souvenir d'un passage célèbre d'*Andromède* (fr. XXIII) : Ἄγου δέ μ᾽, ὦ ξέν᾽,.... Dans le passage qui nous occupe le participe ἄγων, à la fin du vers, se réfère évidemment à ἄγε, et non à ἄγου, impératif moyen qui ferait un faux sens: car ἄγεσθαι γυναῖκα est « épouser une femme. » — 378. Nauck condamne ce vers. Il est faible, je l'accorde ; mais il peut être d'Euripide, et je ne pense pas qu'on puisse se passer facilement des mots ἢ ζῶν. Stobée, *Anthol.* XXX, 3 et CXXI, 20, cite ce vers avec les trois précédents.

368. Φέγγος désigne ici la lumière qui jaillit des yeux, le regard. Homère, *Odyssée*, XVI, 15 et passim, appelle les yeux de Télémaque φάεα καλά. Pindare, *Ném.* X, 30, dit κρύπτειν φάος ὀμμάτων, baisser les yeux.

370-372. L'adjectif indéfini, ajouté au second substantif, se rapporte aussi au premier. Il en est souvent de même des adjectifs qualificatifs, des génitifs, des adverbes, etc. V. *Méd.* 1330 et la note. — Δόξα est une simple opinion, une croyance ; ἐλπίς est une espérance ; θάρσος, un motif d'oser. Polyxène dit qu'elle ne voit rien dans sa situation (παρ᾽ ἡμῖν) qui puisse lui donner le courage d'espérer ou de croire qu'elle pût jamais être heureuse, si elle continuait à vivre.

373. Λέγουσα μηδὲ δρῶσα. La négation est sous-entendue pour le premier membre de phrase, comme l'adverbe ἄλλοτε au v. 28, l'adjectif au v. 370. Tous ces cas rentrent sous le même principe. — Συμβούλεσθαι, vouloir avec un autre, diffère de συμβουλεύειν, conseiller.

377. Μᾶλλον εὐτυχέστερος Cp. μᾶλλον ἀλγίων κλύειν, *Hipp.* 485.

342-378. Ce discours de Polyxène est, comme celui d'Hécube, 251-295, suivi d'un tristique du chœur et commence aussi, comme celui-là, par sept vers d'introduction. Puis Polyxène fait en huit vers, 349-56, la peinture de son ancien bonheur, et en huit autres, 357-64, celle des malheurs qui l'attendraient dans la vie. Un dernier trait, renfermé dans un distique, amène un autre distique, où elle déclare sa résolution. Ensuite trois vers, 369-71, sont adressés à Ulysse, trois, 372-74, à Hécube. Un dernier quatrain ajoute une considération générale.

379-381. Le chœur dit que c'est quelque

ΕΚΑΒΗ.

Καλῶς μὲν εἶπας, θύγατερ· ἀλλὰ τῷ καλῷ
λύπη πρόσεστιν. Εἰ δὲ δεῖ τῷ Πηλέως
χάριν γενέσθαι παιδὶ καὶ ψόγον φυγεῖν
ὑμᾶς, Ὀδυσσεῦ, τήνδε μὲν μὴ κτείνετε,   385
ἡμᾶς δ' ἄγοντες πρὸς πυρὰν Ἀχιλλέως
κεντεῖτε, μὴ φείδεσθ'· ἐγὼ 'τεκον Πάριν,
ὃς παῖδα Θέτιδος ὤλεσεν τόξοις βαλών.

ΟΔΥΣΣΕΥΣ.

Οὐ σ', ὦ γεραιά, κατθανεῖν Ἀχιλλέως
φάντασμ' Ἀχαιοὺς, ἀλλὰ τήνδ' ᾐτήσατο.   390

ΕΚΑΒΗ.

Ἡμεῖς δέ μ' ἀλλὰ θυγατρὶ συμφονεύσατε,
καὶ δὶς τόσον πῶμ' αἵματος γενήσεται
γαίᾳ νεκρῷ τε τῷ τάδ' ἐξαιτουμένῳ.

ΟΔΥΣΣΕΥΣ.

Ἅλις κόρης εἷς θάνατος, οὐ προσοιστέος
ἄλλος πρὸς ἄλλῳ· μηδὲ τόνδ' ὠφείλομεν.   395

ΕΚΑΒΗ.

Πολλή γ' ἀνάγκη θυγατρὶ συνθανεῖν ἐμέ.

ΟΔΥΣΣΕΥΣ.

Πῶς; οὐ γὰρ οἶδα δεσπότας κεκτημένος.

NC. 392. Porson a corrigé la leçon πόμ'. — 394. Kirchhoff a rétabli κόρης εἷς d'après le *Martianus*. On lisait κόρη: σῆς.

chose de puissant (δεινός) et d'éclatant (ἐπίσημος) que la marque (χαρακτήρ) qu'une bonne race imprime aux hommes, et il ajoute que ceux qui se montrent dignes de leur noblesse portent encore plus haut l'illustration 'de leur naissance (τῆς εὐγενείας ὄνομα).

387. On trouve le même tour, au v. 1044 : Ἄρασσε, φείδου μηδέν. Cf. *Troyennes*, 1285: Ἀλλ' ἄγετε, μὴ φείδεσθε. Soph. *Ajax*, 844 : Γεύεσθε, μὴ φείδεσθε, πανδήμου στρατοῦ.

390. Il semble que les paroles de l'ombre d'Achille n'étaient pas aussi explicites; mais on pouvait les interpréter en ce sens. Cp. v. 95 et la note.

394. Ἀλλά, eh bien alors, c'est-à-dire :

si Achille a demandé Polyxène. — Ἡμεῖς est mis en tête de la phrase pour faire ressortir l'antithèse ; cette seconde victime serait immolée par l'initiative des Grecs eux-mêmes. — Bothe rapproche de ces mots ce vers d'Ennius que Varron, *De lingua latina*, VII, 13, cite sans indiquer la pièce d'où il est tiré: « Extemplo acceptum (?) « me necato et filiam. »

394-395. Κόρης εἷς θάνατος, une seule mort, celle de la vierge. Il est dans le génie de la langue grecque, d'ajouter εἷς pour faire antithèse à ἄλλος πρὸς ἄλλῳ. — Μηδὲ τόνδ' ὠφείλομεν, plût aux dieux que nous ne fussions pas obligés d'offrir cette victime non plus!

397. La réponse d'Ulysse porte sur le

ΕΚΑΒΗ.

Ὁποῖα κισσὸς δρυὸς ὅπως τῆσδ' ἕξομαι.

ΟΔΥΣΣΕΥΣ.

Οὐκ, ἤν γε πείθῃ τοῖσι σοῦ σοφωτέροις.

ΕΚΑΒΗ.

Ὡς τῆσδ' ἑκοῦσα παιδὸς οὐ μεθήσομαι.   400

ΟΔΥΣΣΕΥΣ.

Ἀλλ' οὐδ' ἐγὼ μὴν τήνδ' ἄπειμ' αὐτοῦ λιπών.

ΠΟΛΥΞΕΝΗ.

Μῆτερ, πιθοῦ μοι· καὶ σύ, παῖ Λαερτίου,
χάλα τοκεῦσιν εἰκότως θυμουμένοις,
σύ τ', ὦ τάλαινα, τοῖς κρατοῦσι μὴ μάχου.
Βούλει πεσεῖν πρὸς οὖδας ἑλκῶσαί τε σὸν   405
γέροντα χρῶτα πρὸς βίαν ὠθουμένη,
ἀσχημονῆσαί τ' ἐκ νέου βραχίονος
σπασθεῖσ'; ἃ πείσει. Μὴ σύ γ'· οὐ γὰρ ἄξιον. —
Ἀλλ' ὦ φίλη μοι μῆτερ, ἡδίστην χέρα
δὸς καὶ παρειὰν προσβαλεῖν παρηίδι·   410
ὡς οὔποτ' αὖθις, ἀλλὰ νῦν πανύστατον
ἀκτῖνα κύκλον θ' ἡλίου προσόψομαι.
Τέλος δέχει δὴ τῶν ἐμῶν προσφθεγμάτων.
Ὦ μῆτερ, ὦ τεκοῦσ'· ἄπειμι δὴ κάτω.

ΕΚΑΒΗ.

Ὦ θύγατερ, ἡμεῖς δ' ἐν φάει δουλεύσομεν.   415

mot ἀνάγκη. « Il le faut! dit-il ; je crois être libre, je n'ai pas de maitre, que je sache. » Quant à οἶδα κεκτημένος, cp. *Hipp.* 56 sq.

398. Au fond, la comparaison est simple ; mais le poète l'a scindée en deux par le tour de l'expression. « Je m'attacherai comme le lierre, ὁποῖα κισσός; à elle, comme à un chêne, δρυὸς ὅπως. » On a comparé *Troyennes*, 146 : Μάτηρ δ' ὡσεὶ πτανοῖς κλαγγὰν ὄρνισιν ὅπως ἐξάρξω 'γὼ μολπάν.

400. Ὡς est affirmatif, comme, dans *Médée*, 609 : Ὡς οὐ κρινοῦμαι τῶνδέ σοι τὰ πλείονα.

403-404. Les pluriels τοκεῦσιν et κρατοῦσι généralisent. Voy. sur cet idiotisme *Médée*, 396, 594, 823 et les notes.

405-407. Racine s'est souvenu de ces vers lorsqu'il écrivait dans *Iphigénie*, V, 3 « Contre un peuple en fureur vous exposerez-vous? N'allez point, dans un camp rebelle à votre époux, Seule à me retenir vainement obstinée, Par des soldats peut-être indignement traînée, Présenter, pour tout fruit d'un déplorable effort, Un spectacle à mes yeux plus cruel que la mort. »

408. Ἃ πείσει, choses que tu endureras — Μὴ σύ γε, mais non, ne t'y expose pas.

ΕΚΑΒΗ.

ΠΟΛΥΞΕΝΗ.

ἄνυμφος ἀνυμέναιος ὦν μ' ἐχρῆν τυχεῖν.

ΕΚΑΒΗ.

Οἰκτρὰ σὺ, τέκνον, ἀθλία δ' ἐγὼ γυνή.

ΠΟΛΥΞΕΝΗ.

Ἐκεῖ δ' ἐν Ἅιδου κείσομαι χωρὶς σέθεν.

ΕΚΑΒΗ.

Οἴμοι· τί δράσω; ποῖ τελευτήσω βίον;

ΠΟΛΥΞΕΝΗ.

Δούλη θανοῦμαι, πατρὸς οὖσ' ἐλευθέρου.   420

ΕΚΑΒΗ.

Ἡμεῖς δὲ πεντήκοντά γ' ἄμμοροι τέκνων.

ΠΟΛΥΞΕΝΗ.

Τί σοι πρὸς Ἕκτορ' ἢ γέροντ' εἴπω πόσιν;

ΕΚΑΒΗ.

Ἄγγελλε πασῶν ἀθλιωτάτην ἐμέ.

ΠΟΛΥΞΕΝΗ.

Ὦ στέρνα μαστοί θ', οἵ μ' ἐθρέψαθ' ἡδέως.

ΕΚΑΒΗ.

Ὦ τῆς ἀώρου θύγατερ ἀθλία τύχης.   425

ΠΟΛΥΞΕΝΗ.

Χαῖρ' ὦ τεκοῦσα, χαῖρε Κασάνδρα τ' ἐμοί,

ΕΚΑΒΗ.

Χαίρουσιν ἄλλοι, μητρὶ δ' οὐκ ἔστιν τόδε.

NC. 416. J'ai effacé la virgule avant ὦν. — 419. Nauck propose ποῖ τελευτήσω τάδε; — 425. Ἀθλία, correction de Markland pour ἀθλίου ou ἀθλίας. On pourrait aussi conserver cette dernière leçon en écrivant σῆς pour τῆς.

416. Ἄνυμφος.... τυχεῖν. On rend compte de cette phrase en rapportant ὧν aux substantifs νυμφεύματα et ὑμέναιοι, renfermés dans ἄνυμφος et ἀνυμέναιος. Je crois qu'il est plus exact de faire dépendre le génitif ὧν directement de ces adjectifs. Ἄνυμφος ἀνυμέναιος (ἐκείνων) ὧν μ' ἐχρῆν τυχεῖν est dit comme ἄνυμφος λέκτρων (Hipp. 546), ἀνέορτος ἱερῶν (El. 310), ἄχαλκος ἀσπίδων (Sophocle, Œd. Roi, 190), etc.

419. Τί δράσω; ποῖ τελευτήσω βίον; que faire? vers quelle fin précipiter ma vie? On dit τελευτᾶν εἴς τι ou ἐπί τι, que ce verbe suit transitif ou neutre. Cp. Eschyle, Sept Chefs, 157 : Ποῖ δ' ἔτι τέλος; ἐπάγει θεός;

421. Il y a ici quelque hyperbole. C'est Priam qui avait cinquante enfants. Hécube lui en avait donné dix-neuf, suivant Homère, Il. XXIV, 496.

427. Χαίρουσιν ἄλλοι. Le vœu χαῖρε,

ΠΟΛΥΞΕΝΗ.

Ὅ τ' ἐν φιλίπποις Θρῃξὶ Πολύδωρος κάσις.

ΕΚΑΒΗ.

Εἰ ζῇ γ'· ἀπιστῶ δ', ὧδε πάντα δυστυχῶ.

ΠΟΛΥΞΕΝΗ.

Ζῇ, καὶ θανούσης ὄμμα συγκλείσει τὸ σόν.   430

ΕΚΑΒΗ.

Τέθνηκ' ἔγωγε, πρὶν θανεῖν, κακῶν ὕπο.

ΠΟΛΥΞΕΝΗ.

Κόμιζ', Ὀδυσσεῦ, μ' ἀμφιθεὶς κάρα πέπλοις·
ὡς πρὶν σφαγῆναί γ' ἐκτέτηκα καρδίαν
θρήνοισι μητρὸς τῆνδε τ' ἐκτήκω γόοις.
Ὦ φῶς· προσειπεῖν γὰρ σὸν ὄνομ' ἔξεστί μοι,   435
μέτεστι δ' οὐδὲν πλὴν ὅσον χρόνον ξίφους
βαίνω μεταξὺ καὶ πυρᾶς Ἀχιλλέως.

ΕΚΑΒΗ.

Οἴ 'γώ, προλείπω· λύεται δέ μου μέλη.
Ὦ θύγατερ, ἅψαι μητρός, ἔκτεινον χέρα,
δός· μὴ λίπῃς μ' ἄπαιδ'. Ἀπωλόμην, φίλαι.   440

---

dit Hécube, s'adresse aux heureux, à ceux qui sont encore capables d'éprouver de la joie, mais non à ta mère. — Il est étrange qu'on ait voulu rapporter ἄλλοι aux Grecs qui se réjouissent de la mort de Polyxène.

433-434. Ὦ; πρὶν.... ἐκτήκω γόοις. En parlant ainsi, Polyxène dit pourquoi elle désire qu'Ulysse l'emmène; elle ne donne pas la raison, qui se comprend assez, pour laquelle elle veut qu'on lui voile la tête. — Ἐκτέτηκα est intransitif, et καρδίαν équivaut à κατὰ καρδίαν.

435-438. Σὸν ὄνομα (et non σὸν ὄμμα, comme on a conjecturé). En faisant ses adieux à la lumière, qu'elle va quitter, il lui semble qu'elle en est déjà privée, et qu'elle n'en jouit plus que de nom. [Observation de Matthiæ.] Elle n'a pour la voir, dit-elle en continuant cette hyperbole, que le court instant où elle se trouve (βαίνω) entre le glaive du sacrificateur et le tombeau d'Achille. Mais, objectera-t-on, Polyxène n'est pas encore arrivée sur le lieu du supplice. Ceux qui demandent partout l'expression exacte et qui n'admettent point de tournure hyperbolique, peuvent recourir à l'explication de Boissonade, qui pensait que les mots πυρᾶς καὶ ξίφους désignaient ensemble le terme de la route, et qui traduisait : « Dum spatium viaeque intervallum trajicio, quod mea gladio Pyrrhi et « Achillis rogo secernit. » Il est vrai que les Grecs peuvent, en se servant de μεταξύ, sous entendre le point de départ, lorsque ce point de départ est le moment présent. Sophocle dit, Œd. Col. 291 : Τὰ δὲ μεταξὺ τούτου (jusque-là) μηδαμοῦ γίγνου κακό;. Cependant Euripide s'étant servi de deux termes et ayant mis les mots βαίνω μεταξύ entre les deux, l'autre explication se présente tout d'abord : elle est la plus naturelle, et elle donne, ce nous semble, un sens plus vif.

ΕΚΑΒΗ.   245

Ὥς τὴν Λάκαιναν σύγγονον Διοσκόροιν
Ἑλένην ἴδοιμι · διὰ καλῶν γὰρ ὀμμάτων
αἴσχιστα Τροίαν εἷλε τὴν εὐδαίμονα.

ΧΟΡΟΣ.

Αὔρα, ποντιὰς αὔρα,   [Strophe 1.]
ἅτε ποντοπόρους κομίζεις   445
θοὰς ἀκάτους ἐπ᾽ οἶδμα λίμνας,
ποῖ με τὰν μελέαν πορεύσεις;
τῷ δουλόσυνος πρὸς οἶκον
κτηθεῖσ᾽ ἀφίξομαι;
ἢ Δωρίδος ὅρμον αἴας   450

NC. 444. Quoique ὡς pour οὕτως soit rare chez les tragiques, il faut cependant le conserver ici. Ceux qui écrivent ὡς, expliquent ὡς ἴδοιμι « puissé-je voir, » en sous-entendant : « je lui ferais un mauvais parti. » L'ellipse est forte, et la malheureuse Hécube, qui, en disant ces mots, s'affaisse accablée de douleur (cf. v. 486), ne peut guère proférer des menaces D'autres veulent que ὡς relatif se prenne ici dans le sens démonstratif Cette explication ne serait possible que s'il avait été, dans ce qui précède, expressément question de l'état où se trouve Polyxène.

441-443. Ὥς, pour οὕτως, se rapporte à la situation de Polyxène, et non à celle d'Hécube. Puissé-je, dit celle-ci, voir Hélène en l'état où je vois ma fille. — On a dit qu'il n'était pas naturel qu'Hécube songeât à autre chose qu'à sa douleur, et qu'il fallait donner ces vers au chœur [Hermann], ou les considérer comme interpolés [Dindorf et Nauck]. La critique serait juste, qu'elle ne prouverait encore rien contre l'authenticité du passage : Euripide a quelquefois commis des fautes de ce genre. Mais il ne faut pas oublier que les malheurs n'ont pas brisé l'énergie d'Hécube, et que sa soif de vengeance est aussi grande que sa douleur : la femme qui crèvera les yeux de Polymestor peut maudire Hélène, même en ce moment. — La fin de cette scène se compose de deux morceaux : Hécube veut mourir à la place de sa fille ou avec sa fille ; elle reçoit ses adieux. En remontant au vers 382, on trouve sept vers d'Hécube, suivis d'un double dialogue entre elle et Ulysse : d'abord deux, trois, deux vers (389-95), puis six monostiques (396-401) échangés entre ces deux personnages. Polyxène intervient en prononçant sept vers (402-408), qui répondent aux sept vers d'Hécube, et un quatrain (409-12) qui termine ce morceau et prépare le suivant. La grande stichomythie entre la mère et la fille est annoncée par le vers 413, et compte neuf couples de monostiques (415 sqq.). Les quatre dernières contiennent les adieux proprement dits ; la cinquième, v. 422 sq., qui proclame Hécube la plus malheureuse des femmes, est placée au milieu. La scène se termine par deux tristiques de Polyxène et deux tristiques d'Hécube.

447-449. Il me semble difficile d'accorder ces vers et les suivants avec le vers 100, où les captives disent que le sort leur a déjà désigné des maîtres. Ici, elles se demandent au contraire dans la maison de quel maître, dans quel pays elles arriveront. Je ne puis voir dans cette contradiction qu'une négligence du poète, négligence vénielle, puisque les commentateurs, qui épluchent tout, ne s'en sont pas aperçus, que je sache.

450-454. La terre dorienne, Δωρὶς αἶα, est le Péloponèse, que Sophocle appelle τὰν μεγάλαν Δωρίδα νᾶσον Πέλοπος (OEd. Col. 695). L'anachronisme de cette désignation ne choquait personne à Athènes. Après la patrie d'Agamemnon, vient celle

ἢ Φθιάδος, ἔνθα τὸν
καλλίστων ὑδάτων πατέρα
φασὶν Ἀπιδανὸν γύας λιπαίνειν;

ἢ νάσων, ἁλιήρει [Antistrophe 1.] 455
κώπᾳ πεμπομέναν τάλαιναν,
οἰκτρὰν βιοτὰν ἔχουσαν οἴκοις,
ἔνθα πρωτόγονός τε φοῖνιξ
δάφνα θ' ἱεροὺς ἀνέσχε
πτόρθους Λατοῖ φίλᾳ 460
ὠδῖνος ἄγαλμα Δίας;
σὺν Δηλιάσιν τε κού-
ραισιν Ἀρτέμιδός τε θεᾶς
χρυσέαν ἄμπυκα τόξα τ' εὐλογήσω; 465

NC. 454. Porson et la plupart des éditeurs retranchent τόν après ἔνθα, et écrivent dans l'antistrophe, v. 464, κούραις à la place de κούραισιν, qu'on lit dans tous les bons manuscrits et dans la plupart des autres. — 454. Les manuscrits ont presque tous πεδία λιπαίνειν. Pour rétablir l'accord antistrophique, Triclinius a écrit τὰς γύας, Hermann a supprimé l'article.

d'Achille, le pays de Phthie arrosé par le cours supérieur de l'Apidanos, affluent du Pénée. — L'accusatif ὅρμον, équivalant à εἰς ὅρμον, se rattache à la question ποῖ με.... πορεύσεις (v. 447). Il faut donc considérer les mots τῷ δουλόσυνος.... ἀφίξομαι; comme une espèce de parenthèse.

455-465. Dans la 3ᵉ année de la 88ᵉ olympiade, 425-424 avant J. C. les Athéniens purifièrent l'île de Délos, et rétablirent avec beaucoup de pompe les fêtes et les jeux qui s'étaient célébrés dans ce centre religieux de la Grèce (Thucydide III, 104). C'est sans doute pour rappeler ces faits (Matthiæ en a fait l'observation) que le poète s'arrête ici sur Délos, bien que cette île n'eût envoyé à Troie aucun héros célébré par l'épopée. Cette allusion contribue à déterminer la date d'Hécube. Dans un chœur des Troyennes relatif au même sujet, on trouve d'autres localités (v. 220 sqq.), dont la mention s'explique par la date connue de cette tragédie. — Ἢ νάσων ... ἔνθα.... construisez : ἢ πορεύσεις με (v. 447) τῶν νήσων εἰς ἐκείνην ἔνθα.... Οἶκος est ajouté à οἰκτρὰν βιοτὰν ἔχουσαν, parce que la Troyenne sera esclave, οἰκέτις. — Rien n'était plus célèbre que le palmier de l'île de Délos, arbre que Latone entoura, dit-on, de ses bras, dans les douleurs de l'enfantement : ἀμφὶ δὲ φοίνικι βάλε πήχεε, dit l'hymne homérique à Apollon Délien, v. 117. Ici et dans Ion, 920, Euripide parle aussi d'un laurier; dans Iph. Taur., 1100, il ajoute un olivier. Dans ce dernier passage, il appelle ces arbres Λατοῦς ὠδῖνα φίλαν, la scène de la délivrance de Latone; ici il les nomme ὠδῖνος ἄγαλμα Δίας, le monument de l'enfantement du fils de Jupiter. — Σὺν Δηλιάσιν.... εὐλογήσω; Ces jeunes filles, qui chantent la déesse chasseresse, sont rappelées d'une manière aimable par le chantre aveugle de Chios à la fin de l'hymne homérique à Apollon Délien. Τε est placé après Ἀρτέμιδος, au commencement du premier membre de phrase, au lieu de l'être entre χρυσέαν et ἄμπυκα. Cette hyperbate n'est pas contraire à l'usage des écrivains grecs.

Ἦ Παλλάδος ἐν πόλει [Strophe 2.]
τᾶς καλλιδίφρου θεᾶς
ναίουσ' ἐν κροκέῳ πέπλῳ
ζεύξομαι ἄρα πώ-
λους ἐν δαιδαλέαισι ποι- 470
κίλλουσ' ἀνθοκρόκοισι πήναις,
ἢ Τιτάνων γενεὰν
τὰν Ζεὺς ἀμφιπύρῳ
κοιμίζει φλογμῷ Κρονίδας;

Ὤμοι τεκέων ἐμῶν, [Antistrophe 2.] 475
ὤμοι πατέρων χθονός θ',
ἃ καπνῷ κατερείπεται
τυφομένα δορί-
κτητος Ἀργείων· ἐγὼ δ'
ἐν ξείνᾳ χθονὶ δὴ κέκλημαι 480

NC. 467-468. Θεᾶς ναίουσ' est l'excellente correction de Nauck pour ἀθανκίας, glose qui produit un hiatus inadmissible. — 469. Ζεύξομαι ἄρα, leçon du *Marcianus* rétablie par Kirchhoff, à l'accent près. On lisait ζεύξομαι ἄρματι. — 478-479. Δορίκτητος Ἀργείων, leçon des bons manuscrits et du scholiaste de Venise (voy. ci-dessous), a été rétabli par Kirchhoff. On lisait δορίληπτος ὑπ' Ἀργείων. Hermann : Ἀργείων.

466-476. A la fête des Grandes Panathénées, on portait en procession au temple de Minerve un voile (πέπλος) brodé par les femmes et les filles d'Athènes. On y voyait la déesse sur son char (καλλίδιφρος) livrant bataille aux ennemis des dieux olympiens; et c'était un grand honneur pour un citoyen que ses actions y trouvassent une place à côté des combats divins. Comme ce chœur est composé de femmes, un des anciens commentateurs d'Euripide invoque une comédie de Phérécrate pour réfuter l'opinion d'Apollodore, suivant lequel les vierges seules travaillaient à ce voile.

476. Comme le chœur parle ici de lui-même au singulier, le pluriel πατέρων (ἐμῶν) ne peut guère désigner que les ancêtres, dont les tombeaux ne seront plus honorés désormais. Cp. Eschyle, *Perses* 405. Le scholiaste, qui tire de ce vers et du précédent la preuve qu'il y avait dans ce chœur non-seulement des femmes, mais aussi des jeunes filles, semble prendre πα- τέρων dans le sens de pères proprement dits, à moins qu'il n'ait lu πατέρος, comme un scholiaste plus récent. Encore ne voit-on pas pourquoi de jeunes femmes ne pourraient avoir perdu leurs pères dans cette guerre.

479. Δορίκτητος Ἀργείων, possession des Grecs acquise par la lance. Le génitif, sans préposition, indique la propriété actuelle : il est gouverné par l'idée de κτῆσις ou κτῆμα renfermée dans δορίκτητος. Le scholiaste ancien dit fort bien ὑπὸ τὴν κτῆσιν καὶ δεσποτείαν γενομένη τῶν Ἑλλήνων. Cp. Soph. *Phil.* 3 : Ὦ κρατίστου πατρὸς Ἑλλήνων τραφείς.

480-483. Le chœur dit qu'il est désormais esclave dans un pays étranger, ayant quitté l'Asie, l'ayant échangée contre (ἀλλάξασα, littéralement « ayant eu en échange ») le séjour (θεράπναν) de l'Europe, maison de Pluton (à ses yeux), c'est-à-dire séjour qui lui est aussi odieux que celui des enfers. Presque tous les commentateurs, anciens et modernes, expliquent Ἀσίαν

ΕΚΑΒΗ.

δούλα, λιποῦσ' Ἀσίαν.
Εὐρώπας θεράπναν
ἀλλάξασ', Ἅιδα θαλάμους.

ΤΑΛΘΥΒΙΟΣ.

Ποῦ τὴν ἄνασσαν δή ποτ' οὖσαν Ἰλίου
Ἑκάβην ἂν ἐξεύροιμι, Τρωάδες κόραι; 485

ΧΟΡΟΣ.

Αὕτη πέλας σου νῶτ' ἔχουσ' ἐπὶ χθονί,
Ταλθύβιε, κεῖται ξυγκεκλημένη πέπλοις.

ΤΑΛΘΥΒΙΟΣ.

Ὦ Ζεῦ, τί λέξω; πότερά σ' ἀνθρώπους ὁρᾶν;
ἢ δόξαν ἄλλως τήνδε κεκτῆσθαι μάτην
[ψευδῆ, δοκοῦντας δαιμόνων εἶναι γένος], 490
τύχην δὲ πάντα τἀν βροτοῖς ἐπισκοπεῖν;
Οὐχ ἥδ' ἄνασσα τῶν πολυχρύσων Φρυγῶν,

NC. 481. Peut-être : λείπουσ', conjecture de Musgrave. — 490. Ce vers, ajouté par un interpolateur qui ne comprenait pas le précédent (voy. la note explicative) a été avec raison condamné par Nauck. En effet, ce vers introduit la question de l'existence des dieux, dont il ne s'agit pas dans ce passage, où leur providence seule est mise en doute; il ajoute fort inutilement ψευδῆ à ἄλλως et à μάτην; il donne une construction des plus embarrassées, et rend le rapport du vers suivant avec l'ensemble de la phrase presque inintelligible.

Εὐρώπας θεράπναν, l'Asie esclave de l'Europe, et ἀλλάξασ' Ἅιδα θαλάμους (τοῦ δούλη κεκλῆσθαι), ayant reçu la servitude au lieu de la mort, n'ayant pas été tuée afin d'être réduite en esclavage. Mais il n'est pas possible de séparer ἀλλάξασα de λιποῦσα, ces deux participes ayant entre eux une relation évidente; et Hartung, le premier qui ait compris ces vers, a fait observer que θεράπνα n'équivalait jamais chez Euripide à θεράπαινα, mais avait toujours le sens d'habitation. Cf. Troy. 211 et 1070; Bacch. 1043; Herc. Fur. 370; Iph. Aul. 1499. Enfin, d'après l'explication usuelle, les captives auraient l'air de se féliciter d'avoir échappé à la mort, les mots ἀλλάξασ' Ἅιδα θαλάμους se trouvant mis en évidence à la fin du chant.

484. Τὴν ἄνασσάν ποτ' οὖσαν, celle qui était autrefois reine. On ne semble pas avoir assez remarqué que le participe du présent répond quelquefois à un imparfait. Cp. *Troyennes*, 1277: Ὦ μεγάλα δή ποτ' ἐμπνέουσ' ἐν βαρβάροις Τροία. Démosthène, *Philipp.* II, 26 : Ταῦτ' ἀκούσαντες ἐκεῖνοι καὶ θορυβοῦντες ὡς ὀρθῶς λέγεται. Dans ce dernier passage, les participes répondent à ἤκουσαν καὶ ἐθορύβουν.

487. Ξυγκεκλημένη est plus fort que συγκεκαλυμμένη; il marque qu'Hécube a fermé ses sens et son âme aux influences du dehors, pour être tout entière à sa douleur.

488. Ὁρᾶν, regarder, veiller sur....

489. Δόξαν κεκτῆσθαι, ou δόξαν ἔχειν, peut signifier deux choses : « avoir une opinion » ou bien « avoir une réputation, c.-à-d. être l'objet de l'opinion d'autrui. » C'est dans ce dernier sens qu'il faut le prendre ici. C'est ce qu'a méconnu l'interpolateur qui ajouta le vers suivant. Voy. notre observation sur ζῆλον ἔχουσα, v. 352.

ΕΚΑΒΗ.

οὐχ ἥδε Πριάμου τοῦ μέγ' ὀλβίου δάμαρ;
Καὶ νῦν πόλις μὲν πᾶσ' ἀνέστηκεν δορί,
αὕτη δὲ δούλη γραῦς ἄπαις ἐπὶ χθονὶ 495
κεῖται κόνει φύρουσα δύστηνον κάρα.
Φεῦ φεῦ· γέρων μέν εἰμ', ὅμως δέ μοι θανεῖν
εἴη πρὶν αἰσχρᾷ περιπεσεῖν τύχῃ τινί. —
Ἀνίστασ', ὦ δύστηνε, καὶ μετάρσιον
πλευρὰν ἔπαιρε καὶ τὸ πάλλευκον κάρα. 500

ΕΚΑΒΗ.

Ἔα· τίς οὗτος σῶμα τοὐμὸν οὐκ ἐᾷς
κεῖσθαι; τί κινεῖς μ', ὅστις εἶ, λυπουμένην;

ΤΑΛΘΥΒΙΟΣ.

Ταλθύβιος ἥκω Δαναϊδῶν σ' ὑπηρέτης.
Ἀγαμέμνονος πέμψαντος, ὦ γύναι, μέτα.

ΕΚΑΒΗ.

Ὦ φίλτατ', ἆρα κἄμ' ἐπισφάξαι τάφῳ 505

NC. 495. Αὐτή, correction d'Elmsley pour αὕτη. Voy. ci-dessous. — 499. Le manuscrit de Venise porte au v. 501 la scholie : Ἔα· γράφεται ὠή. ἔστι δὲ κλητικὸν ἐπίρρημα. Il serait absurde de remplacer ἔα par ὠή ; mais on pourrait insérer cette dernière interjection avant le vers 499. — 503. J'ai ajouté σ' après Δαναϊδῶν. Voy. ci-dessous. On rattachait μέτα à πέμψαντος en suppléant le pronom σε. Mais cette ellipse est inadmissible. Où a-t-on vu qu'un vocatif tînt lieu de régime? On ne peut pas non plus dire μεταπέμπειν pour μεταπέμπεσθαι. Quelques éditeurs se tiraient d'affaire en négligeant μέτα.

494-495. Πόλις veut dire : « sa ville. » Voilà pourquoi le terme opposé à πόλις doit être αὐτή, et non αὕτη.

497-498. Voici, si je ne me trompe, le sens de ces deux vers : Talthybius dit que sa vie ne saurait plus être très-longue, puisqu'il est vieux ; et que cependant, en voyant ce spectacle, il craint de vivre trop longtemps. Il prie donc les dieux d'abréger sa vie plutôt que de le faire tomber dans le malheur et l'ignominie. — On a eu recours à d'autres explications pour rendre compte de ὅμως. La plupart des scholiastes pensent que l'antithèse porte sur ce que les vieillards tiennent beaucoup à la vie. Ce trait de satire serait déplacé ici. D'autres sous-entendent l'idée, que pour un vieillard le malheur ne saurait durer longtemps. Cette explication vaut mieux ; mais elle ne ressort pas assez naturellement des expressions dont s'est servi le poète. — Ennius faisait dire à Talthybius : « Senex sum : utinam mortem « oppetam, priusquam evenat, Quod in « pauperie mea senex graviter gemam. »

501. Τίς οὗτος οὐκ ἐᾷς....; qui es-tu (là) qui ne laisses pas ..? Porson compare le vers d'Homère, Il. X, 82 : Τίς δ' οὗτος κατὰ νῆας; ἀνὰ στρατὸν ἔρχεαι οἶος; On sait que le démonstratif οὗτος se joint souvent à la seconde personne.

503-504. Construisez : (Ἐγὼ,) Ταλθύβιος, μεθήκω σε, ὦ γύναι, Δαναϊδῶν ὑπηρέτης, Ἀγαμέμνονος πέμψαντος. Talthybius dit qu'il vient chercher Hécube, comme agent des Grecs et sur l'ordre d'Agamemnon. Cp. v. 509 et la tournure plus concise, Troy. 1270 : Μεθήκουσίν σ' Ὀδυσσέως πάρα.

δοκοῦν Ἀχαιοῖς ἦλθες; ὡς φίλ' ἂν λέγοις.
Σπεύδωμεν ἐγκονῶμεν· ἡγοῦ μοι, γέρον.

ΤΑΛΘΥΒΙΟΣ

Σὴν παῖδα κατθανοῦσαν ὡς θάψῃς, γύναι,
ἥκω μεταστείχων σε· πέμπουσιν δέ με
δισσοί τ' Ἀτρεῖδαι καὶ λεὼς Ἀχαϊκός.   510

ΕΚΑΒΗ.

Οἴμοι, τί λέξεις; οὐκ ἄρ' ὡς θανουμένους
μετῆλθες ἡμᾶς, ἀλλὰ σημανῶν κακά;
Ὄλωλας, ὦ παῖ, μητρὸς ἁρπασθεῖσ' ἄπο·
ἡμεῖς δ' ἄτεκνοι τοὐπὶ σ'· ὦ τάλαιν' ἐγώ. —
Πῶς καί νιν ἐξεπράξατ'; ἆρ' αἰδούμενοι;   515
ἢ πρὸς τὸ δεινὸν ἤλθεθ' ὡς ἐχθρὰν, γέρον,
κτείνοντες; εἰπὲ καίπερ οὐ λέξων φίλα.

ΤΑΛΘΥΒΙΟΣ.

Διπλᾶ με χρῄζεις δάκρυα κερδᾶναι, γύναι,
σῆς παιδὸς οἴκτῳ· νῦν τε γὰρ λέγων κακὰ
τέγξω τόδ' ὄμμα, πρὸς τάφῳ θ' ὅτ' ὤλλυτο. —   520
Παρῆν μὲν ὄχλος πᾶς Ἀχαϊκοῦ στρατοῦ
πλήρης πρὸ τύμβου σῆς κόρης ἐπὶ σφαγάς·

506. Ὡς n'est pas exclamatif, comme on croit généralement. Cette particule marque ici un rapport de causalité. Il faut sous-entendre : « ne crains pas de parler, parle sans hésitation. »

511. Τί λέξεις; Voy. sur ce futur *Hipp.* 353 et la note. — Θανουμένους, au masculin, d'après la règle dont il a été question à propos de *Hipp.* 349, de *Méd.* 823, et ailleurs.

514. Τοὐπὶ σ(έ), quant à toi, en tant que cela te regarde. Τὸ ἐπὶ σοί signifierait : autant que cela dépend de toi.

515-517. Hécube demande si les bourreaux ont fait voir un sentiment de pitié en immolant la victime, ou bien s'ils l'ont tuée impitoyablement. Le scholiaste, trop préoccupé du v. 569, donne à αἰδούμενοι le sens de « respectant la pudeur de la jeune fille. » C'est une erreur.

518. Δάκρυα κερδᾶναι, gagner des larmes, n'y gagner que des larmes.

Le verbe ἐπαυρέσθαι prend souvent ce sens, qu'on peut appeler ironique. Τοιαῦτ' ἐπηύρου τοῦ φιλανθρώπου τρόπου, dit Vulcain, *Prométhée* d'Eschyle au vers 28.

520. Du futur τέγξω, il faut tirer l'aoriste ἔτεγξα, qui est sous-entendu dans le second membre de phrase. Les Grecs s'exprimaient ainsi, même en prose. — Une pensée analogue est élégamment rendue dans ces vers de Sophocle : Δὶς γὰρ οὐχὶ βούλομαι πονοῦσά τ' ἀλγεῖν καὶ λέγους' αὖθις πάλιν, *OEd. Col.* 363 sq.

522. Πλήρης, au complet. — Le tombeau dont il est question ici est certainement le fameux tombeau qu'Achille avait élevé à Patrocle dans la Troade et où il fut enseveli près de son ami, ἀκτῇ ἐπὶ προυχούσῃ ἐπὶ πλατεῖ Ἑλλησπόντῳ (*Odyssée*, XXIV, 82). Depuis Homère, l'antiquité n'en connut pas d'autre, et l'idée d'un grammairien grec, qui suppose qu'il s'agit ici d'un cénotaphe élevé dans la Cherso-

λαβὼν δ' Ἀχιλλέως παῖς Πολυξένην χερὸς
ἔστησ' ἐπ' ἄκρου χώματος, πέλας δ' ἐγώ·
λεκτοί τ' Ἀχαιῶν ἔκκριτοι νεανίαι, 525
σκίρτημα μόσχου σῆς καθέξοντες χεροῖν,
ἕσποντο. Πλῆρες δ' ἐν χεροῖν λαβὼν δέπας
πάγχρυσον αἴρει χειρὶ παῖς Ἀχιλλέως,
χοὰς θανόντι πατρί· σημαίνει δέ μοι
σιγὴν Ἀχαιῶν παντὶ κηρῦξαι στρατῷ. 530
Κἀγὼ καταστὰς εἶπον ἐν μέσοις τάδε·
Σιγᾶτ', Ἀχαιοί, σῖγα πᾶς ἔστω λεώς,
σίγα σιώπα· νήνεμον δ' ἔστησ' ὄχλον.
Ὁ δ' εἶπεν· Ὦ παῖ Πηλέως, πατὴρ δ' ἐμός,
δέξαι χοάς μου τάσδε κηλητηρίους 535
νεκρῶν ἀγωγούς· ἐλθὲ δ' ὡς πίῃς μέλαν

NC. 527. Ἐν χεροῖν, qui fait double emploi avec χειρί, provient probablement du vers précédent. Le poëte écrivit-il ἐν μέσοις ? — 528. Αἴρει, que la première main avait écrit dans le *Vaticanus* et qui se trouve dans un autre manuscrit, a été rétabli par Kirchhoff. La vulgate ἔρρει est très-mauvaise. D'abord le moment de verser les libations n'est pas encore venu (voy. la note explicative); ensuite ῥεῖν χοάς n'est pas grec. Théocrite dit très-bien d'une rivière ῥείτω γάλα, ῥείτω μέλι (*Id:* V, 124-126); mais il est étrange qu'on se soit servi de ces phrases si simples, si naturelles pour justifier l'énormité que la plupart des manuscrits prêtaient à Euripide. — 534. Καταστάς, leçon du *Vaticanus* et d'un autre manuscrit, vaut mieux que la vulgate παραστάς, qui ne peut guère être suivie de ἐν μέσοις. — 535. La variante μοι est irréprochable, mais elle est moins bien autorisée que μου.

nise de Thrace, est tout à fait gratuite. Il est vrai que le lieu de la scène est dans ce dernier pays, et malgré la proximité des deux côtes, il faut du temps pour passer et repasser l'Hellespont, surtout quand il s'agit de transporter une armée tout entière. Mais laissons ces calculs pédantesques aux admirateurs de d'Aubignac et de la *Pratique du théâtre*; la poésie est ailée, elle se joue des lieux et des temps. Nul Athénien ne songeait à chicaner Euripide sur des détails que le poète a prudemment laissés dans l'ombre.

524. Πέλας δ' ἐγώ. Suppléez ἔστησε. Cette ellipse ressemble à celle du v. 520.

526. Μόσχου. Cp. v. 206.

527-530. Le fils d'Achille lève la main dans laquelle il tient la coupe aux libations, et annonce ainsi son dessein : mais il ne fera l'offrande que lorsque le peuple aura fait silence. C'est bien plus pour cette action que pour les paroles dont il l'accompagne qu'il fait proclamer le *favete linguis*. Les mots δέξαι χοάς μου, v. 535, marquent le moment où la libation est offerte. On voit que la leçon αἴρει (voy. NC.) est la seule bonne. — Χοὰς θανόντι πατρί est une apposition, explicative de πλῆρες δέπας, le contenu étant poétiquement identifié avec le contenant.

535-537. On voit que les libations doivent agir comme un charme (κηλητηρίους) sur l'ombre du défunt, et l'attirer de la maison de Pluton dans le tombeau, où elle recevra l'offrande du sang. — Ἀκραιφνὲς αἷμα, sang pur et virginal. Cp. *Iph. Aul.* 1574 : Ἄχραντον αἷμα καλλιπαρθένου δέρης.

κόρης ἀκραιφνὲς αἷμ', ὅ σοι δωρούμεθα
στρατός τε κἀγώ· πρευμενὴς δ' ἡμῖν γενοῦ,
λῦσαί τε πρύμνας καὶ χαλινωτήρια
νεῶν δὸς ἡμῖν, πρευμενοῦς τ' ἀπ' Ἰλίου 540
νόστου τυχόντας πάντας εἰς πάτραν μολεῖν.
Τοσαῦτ' ἔλεξε, πᾶς δ' ἐπηύξατο στρατός.
Εἶτ' ἀμφίχρυσον φάσγανον κώπης λαβὼν
ἐξεῖλκε κολεοῦ, λογάσι δ' Ἀργείων στρατοῦ
νεανίαις ἔνευσε παρθένον λαβεῖν. 545
Ἡ δ', ὡς ἐφράσθη, τόνδ' ἐσήμηνεν λόγον·
Ὦ τὴν ἐμὴν πέρσαντες Ἀργεῖοι πόλιν,
ἑκοῦσα θνήσκω· μή τις ἅψηται χροὸς
τοὐμοῦ· παρέξω γὰρ δέρην εὐκαρδίως.
Ἐλευθέραν δέ μ', ὡς ἐλευθέρα θάνω, 550
πρὸς θεῶν, μεθέντες κτείνατ'· ἐν νεκροῖσι γὰρ
δούλη κεκλῆσθαι βασιλὶς οὖσ' αἰσχύνομαι.
Λαοὶ δ' ἐπερρόθησαν, Ἀγαμέμνων τ' ἄναξ
εἶπεν μεθεῖναι παρθένον νεανίαις.
[Οἱ δ', ὡς τάχιστ' ἤκουσαν ὑστάτην ὄπα, 555
μεθῆκαν, οὗπερ καὶ μέγιστον ἦν κράτος.]
Κἀπεὶ τόδ' εἰσήκουσε δεσποτῶν ἔπος,

NC. 538. Je suis disposé à regarder γενοῦ comme une glose qui serait avantageusement remplacée par παρών. Les mots πρευμενής et πρευμενοῦς se trouveraient ainsi en tête de deux phrases consécutives, et l'effet de cette figure ne serait pas affaibli par un membre de phrase intermédiaire. — 544. Στρατοῦ, qui a été ajouté après coup dans le *Vaticanus*, et qui est suspect à cause de στρατός au v. 542, pourrait avoir pris la place de ἅμα ou d'un autre mot. — 555-556. Cette pitoyable interpolation, jetée entre deux vers qui ne sauraient être séparés, 554 et 557, a été d'abord reconnue par Jacobs. C'est en vain que Pflugk a essayé de défendre des vers qui comptent certainement parmi les plus mal écrits de ceux dont on a gratifié Euripide.

539. Χαλινωτήρια, l'ancre et les câbles qui servent à attacher les vaisseaux. Pindare appelle l'ancre du navire des Argonautes, θοᾶς Ἀργοῦς χαλινόν, *Pyth.* IV, 25.

541. Τυχόντας (ἡμᾶ:) à l'accusatif, malgré le datif ἡμῖν dans la phrase coordonnée. C'est que le datif, régime de δός, et l'accusatif, sujet de l'infinitif gouverné par δός, sont également de mise. Voy. la note sur *Med.* 1237 sqq.

552. Κεκλῆσθαι αἰσχύνομαι. Elle dirait αἰσχύνομαι κεκλημένη, si elle avait honte de ce qui s'est fait; mais comme elle veut éviter d'avoir à rougir de ce qui pourrait se faire, elle doit se servir de l'infinitif.

ΕΚΑΒΗ.

λαβοῦσα πέπλους ἐξ ἄκρας ἐπωμίδος
ἔρρηξε λαγόνος εἰς μέσον παρ᾽ ὀμφαλὸν,
μαστούς τ᾽ ἔδειξε στέρνα θ᾽ ὡς ἀγάλματος 560
κάλλιστα, καὶ καθεῖσα πρὸς γαῖαν γόνυ
ἔλεξε πάντων τλημονέστατον λόγον·
Ἰδοὺ, τόδ᾽ εἰ μὲν στέρνον, ὦ νεανία,
παίειν προθυμεῖ, παῖσον, εἰ δ᾽ ὑπ᾽ αὐχένα
χρῄζεις, πάρεστι λαιμὸς εὐτρεπὴς ὅδε. 565
Ὁ δ᾽, οὐ θέλων τε καὶ θέλων οἴκτῳ κόρης,
τέμνει σιδήρῳ πνεύματος διαρροάς·
κρουνοὶ δ᾽ ἐχώρουν. Ἡ δὲ καὶ θνήσκουσ᾽ ὅμως
πολλὴν πρόνοιαν εἶχεν εὐσχήμως πεσεῖν,
κρύπτουσ᾽ ἃ κρύπτειν ὄμματ᾽ ἀρσένων χρεών. 570
Ἐπεὶ δ᾽ ἀφῆκε πνεῦμα θανασίμῳ σφαγῇ,
οὐδεὶς τὸν αὐτὸν εἶχεν Ἀργείων πόνον·
ἀλλ᾽ οἱ μὲν αὐτῶν τὴν θανοῦσαν ἐκ χερῶν
φύλλοις ἔβαλλον, οἱ δὲ πληροῦσιν πυρὰν

ΛC. 570. La plupart des manuscrits ont κρύπτειν θ᾽ ἅ. Mais κρύπτουσ᾽ ἅ se lit chez Clement d'Alexandrie, *Stromat.* II, p. 506, chez Hermogène, περὶ κακοζήλου, p. 75, et chez Eustathe *ad Iliadem*, p. 246. — 574. Chœroboscus *in Theodos.* p. 537, 8, cite οἱ δ᾽ ἐπληροῦσαν. Il est difficile d'attribuer à Euripide une forme vulgaire de l'époque hellénistique et du grec moderne.

560. Ὡς ἀγάλματος. Cette comparaison d'un beau corps vivant avec une belle œuvre d'art se trouve aussi chez Platon, *Charmid.* p. 154 C : Πάντες ὥσπερ ἄγαλμα ἐθεῶντο αὐτόν. N'oublions pas toutefois que le mot ἄγαλμα désigne par excellence les images des dieux. Inutile de citer des auteurs de la décadence. Mais il ne faut pas rapprocher de ce vers ce qu'Eschyle dit d'Iphigénie, *Agam.* 233. Ce dernier passage doit être autrement expliqué.

562. Τλημονέστατον équivaut ici à καρτερικώτατον, et non à οἰκτρότατον. Homère joint θαρσαλέοι et τλήμονες, *Iliade*, XXI, 430.

566. Οὐ θέλων τε καὶ θέλων. Homère avait dit : Ἑκὼν ἀέκοντί γε θυμῷ, *Il.* IV, 43. — Comme les mots οἴκτῳ κόρης sont séparés de οὐ θέλων, il faut les rapporter à toute la phrase : « malgré lui, tout en agissant de son plein gré. » Le sentiment qui combattuit la pitié s'entend assez.

569-570. Hermogène, *l. c.*, qui vante l'élévation du premier de ces vers (σεμνῶς εἰπών), trouve le second faible, vulgaire et de mauvais goût (εὐτελὲς καὶ κοινὸν καὶ κακόζηλον). Ovide, qui les a reproduits l'un et l'autre, *Metam.* XIII, 479 sq., n'était apparemment pas de l'avis de ce rhéteur. On voit cependant par son imitation que la simplicité d'Euripide avait besoin, au siècle d'Auguste, d'un peu d'ornement, d'un peu de ce σεμνόν que réclame Hermogène. Il dit : « Tunc quoque cura « fuit partes velare tegendas, Quum cade- « ret, castique decus servare pudoris. »

574. Φύλλοις ἔβαλλον. C'est ainsi qu'on honorait les vainqueurs. Φυλλοβολεῖται ἡ Πολυξένη, dit le scholiaste, ὥσπερ ἐν ἀγῶνι νικήσασα· ἐφυλλοβολοῦντο γὰρ μετὰ τὸ νικῆσαι. Voy. Pindare, *Pyth.* IX, à la fin.

254   ΕΚΑΒΗ.

κορμοὺς φέροντες πευκίνους, ὁ δ' οὐ φέρων   575
πρὸς τοῦ φέροντος τοιάδ' ἤκουεν κακά·
Ἕστηκας, ὦ κάκιστε, τῇ νεάνιδι
οὐ πέπλον οὐδὲ κόσμον ἐν χεροῖν ἔχων;
οὐκ εἶ τι δώσων τῇ περίσσ' εὐκαρδίῳ
ψυχήν τ' ἀρίστῃ; Τοιάδ' ἀμφὶ σῆς λέγω   580
παιδὸς θανούσης, εὐτεκνωτάτην δὲ σὲ
πασῶν γυναικῶν δυστυχεστάτην θ' ὁρῶ.

ΧΟΡΟΣ.

Δεινόν τι πῆμα Πριαμίδαις ἐπέζεσεν
πόλει τε τῇ μῇ θεῶν ἀναγκαῖον τόδε.

ΕΚΑΒΗ.

Ὦ θύγατερ, οὐκ οἶδ' εἰς ὅ τι βλέψω κακῶν   585
πολλῶν παρόντων· ἢν γὰρ ἅψωμαί τινος,
τόδ' οὐκ ἐᾷ με, παρακαλεῖ δ' ἐκεῖθεν αὖ
λύπη τις ἄλλη διάδοχος κακῶν κακοῖς.
Καὶ νῦν τὸ μὲν σὸν ὥστε μὴ στένειν πάθος
οὐκ ἂν δυναίμην ἐξαλείψασθαι φρενός·   590

NC. 578. Nauck regarde ce vers comme interpolé. En effet, chacun pouvait facilement avoir des feuilles ; mais comment se procurer si vite des vêtements et des objets de parure ? — 580-582. Les manuscrits portent λέγων (avec la scholie ἀντὶ τοῦ ἔλεγεν), ou λέγον (pour ἔλεγον). J'ai adopté la conjecture de Heath, λέγω, sans la tenir pour très bonne. Il est plus naturel de rapporter τοιάδ(ε) à ce qui se dit dans l'armée. Le poete aurait-il écrit τοιάδ' ἀμφὶ σῆς ἔπη ‖ παιδός, et les leçons des manuscrits proviendraient-elles d'une glose ἔλεγον? Erfurdt proposait de conserver λέγων en écrivant εὐτεκνωτάτην τε σὲ. Mais λέγων.... ὁρῶ me semble mauvais : ce sont les faits, et non le récit des faits, qui font d'Hécube la mère des plus nobles enfants et la plus malheureuse de toutes les femmes. J'ai la même objection contre l'idée ingénieuse de Nauck qui, en conservant également λέγων, transpose les mots ainsi : δυστυχεστάτην ὁρῶ πασῶν γυναικῶν, εὐτεκνωτάτην δὲ σέ. Il est vrai que plusieurs manuscrits omettent la particule conjonctive avant ὁρῶ ; mais il était si facile d'oublier Θ avant Ο! J'avoue qu'il me semble plus naturel de commencer par l'idée de εὐτεκνωτάτην, et je n'aime pas la chute δὲ σέ à la fin de la phrase et de la tirade. —585. Peut-être : ἐς ὅ τι δὴ βλέψω.

583-584. Δεινόν.... τόδε, la fatalité divine s'est débordée (*effervit*) ici (τόδε) en un malheur affreux pour la famille de Priam et pour notre cité. Il ne faut pas prendre ἐπέζεσε pour un verbe transitif, ni mettre un point en haut après τῇ μῇ. — Les scholiaste explique bien : ἐπέζεσεν, ἀντὶ τοῦ ἐπῄρθη καὶ ηὐξήθη, ἀπὸ μεταφορᾶς τοῦ ζέοντος ὕδατος ἐν τοῖς λέβησι καὶ ἐπαιρομένου ἐν τῷ ζέειν. — Θεῶν ἀναγκαῖον équivaut à ἐκ θεῶν ἀνάγκη, ou à ἀνάγκη δαιμόνων, *Phéniciennes*, 1763 et 1000.

588. Διάδοχος κακῶν κακοῖς, qui succède à des malheurs par des malheurs, c'est-à-dire, qui fait succéder des malheurs aux malheurs, ἡ κακὰ κακοῖς διαδεχομένη

ΕΚΑΒΗ.

τὸ δ' αὖ λίαν παρεῖλες ἀγγελθεῖσά μοι
γενναῖος. Οὔκουν δεινὸν, εἰ γῆ μὲν κακὴ
τυχοῦσα καιροῦ θεόθεν εὖ στάχυν φέρει,
χρηστὴ δ' ἁμαρτοῦσ' ὧν χρεὼν αὐτὴν τυχεῖν
κακὸν δίδωσι καρπόν; ἐν βροτοῖς δ' ἀεὶ   595
ὁ μὲν πονηρὸς οὐδὲν ἄλλο πλὴν κακὸς,
ὁ δ' ἐσθλὸς ἐσθλὸς, οὐδὲ συμφορᾶς ὕπο
φύσιν διέφθειρ', ἀλλὰ χρηστός ἐστ' ἀεί;
Ἆρ' οἱ τεκόντες διαφέρουσιν ἢ τροφαί;
ἔχει γέ τοί τι καὶ τὸ θρεφθῆναι καλῶς   600
δίδαξιν ἐσθλοῦ· τοῦτο δ' ἤν τις εὖ μάθῃ,
οἶδεν τό γ' αἰσχρὸν, κανόνι τοῦ καλοῦ μαθών.
Καὶ ταῦτα μὲν δὴ νοῦς ἐτόξευσεν μάτην.

NC. 595. Les manuscrits portent ἀνθρώποις δ' ἀεί. Hermann y substituait ἄνθρωποι δ' ἀεί, tout en pensant aussi à ἐν βροτοῖς. C'est par cette dernière leçon (Heimsoeth le fait observer avec raison, *l. c.* p. 207) que l'erreur des copistes s'explique d'une manière plus satisfaisante, en supposant que la glose ἀνθρώποις se trouvait écrite au-dessus. Cp. notre note critique sur *Hipp.* 347. — 600. Variante : ἔχει γε μέντοι καί.

592-598. Ces vers ont l'air de contredire les v. 599 seqq., si on y mêle des idées qui n'y sont pas, ce qui est arrivé à plusieurs commentateurs anciens et modernes. Euripide ne dit pas que la culture peut modifier la nature des terres et qu'elle n'a pas la même influence sur les hommes. Les mots τυχοῦσα καιροῦ θεόθεν désignent nettement les influences atmosphériques et déterminent le sens de ὧν χρεὼν αὐτὴν τυχεῖν. Au mauvais temps qui compromet la récolte, répond συμφορᾶς ὕπο, v. 597, le malheur qui frappe l'homme, expression qui détermine à son tour le sens de ἀεί, v. 598. Voici donc ce que dit Hécube ou plutôt ce que dit Euripide ; car c'est décidément le poète lui-même qui prend ici la parole, en oubliant la situation où se trouve le personnage qu'il a mis en scène : « N'est-il pas étonnant (δεινόν) qu'une mauvaise terre produise une bonne récolte, si elle est favorisée par le temps, et que dans le cas contraire une bonne terre donne une mauvaise récolte; tandis que parmi les hommes, les mauvais restent mauvais dans toutes les circonstances et que les bons ne se démentent pas, même dans le malheur? » — Il est possible qu'Attius, chez Cicéron, *Tuscul.* III,

XXVI, 62, se soit souvenu de ce passage en écrivant les vers : « Probae etsi in segetem « sunt deteriorem datae Fruges, tamen « ipsae suapte natura enitent. » Le fait est que ces vers, qu'on donne, je ne sais trop pourquoi, comme traduits d'Euripide, contiennent une pensée toute différente. C'est donc gratuitement qu'on a voulu les attribuer soit au *Néoptolème* d'Attius, soit à l'*Hécube* d'Ennius.
599-602. Cette noblesse de sentiments que les coups de la fortune ne sauraient altérer, tient-elle à la naissance ou à l'éducation ? Euripide fait ici une certaine part à cette dernière. Dans les *Suppliantes*, 914 sqq., il donne tout à l'éducation, et soutient la thèse des philosophes qui pensaient que la vertu peut s'apprendre. Dans *Électre* enfin, 367 sqq., il combat le préjugé qui attache la noblesse du caractère à la noblesse de la race. — Οἶδεν τό γ' αἰσχρόν. Le poète pouvait écrire καὶ τὰσχρὸν οἶδε. Mais la particule γε marque que, connaissant le beau, on sait à plus forte raison ce qui est honteux, que cela va de soi et s'entend assez.
603. Ἐτόξευσεν μάτην. Ces considérations sont comme des traits lancés

Σὺ δ' ἐλθὲ καὶ σήμηνον Ἀργείοις τάδε,
μὴ θιγγάνειν μοι μηδέν', ἀλλ' εἴργειν ὄχλον
τῆς παιδός. Ἔν τοι μυρίῳ στρατεύματι
ἀκόλαστος ὄχλος ναυτική τ' ἀναρχία
κρείσσων πυρός, κακὸς δ' ὁ μή τι δρῶν κακόν.
Σὺ δ' αὖ λαβοῦσα τεῦχος, ἀρχαία λάτρι,
βάψασ' ἔνεγκε δεῦρο ποντίας ἁλός,
ὡς παῖδα λουτροῖς τοῖς πανυστάτοις ἐμὴν,
νύμφην τ' ἄνυμφον παρθένον τ' ἀπάρθενον,
λούσω προθῶμαί θ'· ὡς μὲν ἀξία, πόθεν;
οὐκ ἂν δυναίμην· ὡς δ' ἔχω· τί γὰρ πάθω;
κόσμον τ' ἀγείρασ' αἰχμαλωτίδων πάρα,
αἵ μοι πάρεδροι τῶνδ' ἔσω σκηνωμάτων

605

610

615

NC. 605. Variante μου. Schol. Marc. : Τὸ ἑξῆς, μὴ θιγγάνειν μου τῆς παιδός. — 607. Ναυτική τ' ἀταξία, chez Dion Chrysostome, XXXII, 86.

sans but. Euripide, qui avait le sens critique si développé, comprenait tout le premier que cette digression était déplacée. (Τὸν δὲ Εὐριπίδην καταμεμφόμεθα, ὅτι παρὰ καιρὸν αὐτῷ Ἑκάβη φιλοσοφεῖ, dit Théon, *Progymn.* t. I, p. 149 Walz.) Pour ce qui est du trope, les tragiques appliquent souvent τοξεύειν, ἀκοντίζειν, στοχάζειν à la parole. Ne citons qu'Eschyle, *Suppl.* 446 : Γλῶσσα τοξεύσασα μὴ τὰ καίρια.

608. Κρεῖσσον πυρός. Les Grecs affectionnent cette manière de désigner ce qui est funeste et indomptable. Chez Sophocle, Philoctète apostrophe Néoptolème par les mots : Ὦ πῦρ σὺ καὶ πᾶν δεινόν (v. 927). Dans le premier *Hippolyte*, Euripide faisait dire spirituellement à un chœur de femmes, en faisant allusion à la fable de Prométhée : Ἀντὶ πυρὸς γὰρ ἄλλο πῦρ μεῖζον ἐβλάστομεν γυναῖκες πολὺ δυσμαχώτερον.

610. Ποντίας ἁλός n'est pas un génitif partitif dépendant de ἔνεγκε, mais un des régimes de βάψασα. « L'ayant plongé dans la mer. »

612. Νύμφην ἄνυμφον. Polyxène est appelée « épouse et non-épouse, » parce qu'elle a été offerte à l'ombre d'Achille comme sa part du butin. Or les jeunes captives partageaient la couche du maître : tel avait été le sort de Briséis, de Tecmesse, de Cassandre.

Plus malheureuse ou plus heureuse qu'elle, Polyxène échoit à un époux qui n'était plus. Il ne faut pas songer à la fable du mariage projeté entre Polyxène et Achille. Cette fable n'était pas encore inventée du temps d'Euripide, et il est évident pour quiconque lit cette tragédie sans opinion préconçue qu'il ne la connaissait pas. Voy. la notice préliminaire. — Παρθένον τ' ἀπάρθενον est la contre-partie de νύμφην ἄνυμφον. Je ne comprends pas que Matthiæ et Dindorf s'obstinent à traduire *virginem infelicem* : sens que ces mots pourraient avoir, mais qu'ils n'ont certainement pas ici.

613-618. Προθῶμαι. On connaît l'habitude qu'avaient les anciens de placer les morts dans le vestibule de la maison sous les yeux de tous les visiteurs. — Πόθεν et τί γὰρ πάθω; sont des espèces de parenthèses. Les mots κόσμον τ' ἀγείρασα se rattachent à ὡς δ' ἔχω. Voici ce que dit Hécube : « Lui rendre les derniers honneurs, comme elle le mérite : comment cela est-il possible? Je ne le pourrais point. Je ferai suivant mes ressources (comment faire autrement?) et en quêtant chez les autres captives ce qu'elles auront pu dérober aux vainqueurs. » Le mot κλέμμα, au vers 615, n'implique pas nécessairement l'idée d'un vol, et je ne vois aucun motif de suspecter la leçon des manuscrits.

ΕΚΑΒΗ. 257

ναίουσιν, εἴ τις τοὺς νεωστὶ δεσπότας
λαθοῦσ' ἔχει τι κλέμμα τῶν αὐτῆς δόμων.
Ὦ σχήματ' οἴκων, ὦ ποτ' εὐτυχεῖς δόμοι,
ὦ πλεῖστ' ἔχων κάλλιστά τ' εὐτεκνώτατε   620
Πρίαμε, γεραιά θ' ἥδ' ἐγὼ μήτηρ τέκνων,
ὡς εἰς τὸ μηδὲν ἥκομεν, φρονήματος
τοῦ πρὶν στερέντες. Εἶτα δῆτ' ὀγκούμεθα
ὁ μέν τις ἡμῶν πλουσίοις ἐν δώμασιν,
ὁ δ' ἐν πολίταις τίμιος κεκλημένος.   625
Τὰ δ' οὐδέν· ἄλλως φροντίδων βουλεύματα
γλώσσης τε κόμποι. Κεῖνος ὀλβιώτατος,
ὅτῳ κατ' ἦμαρ τυγχάνει μηδὲν κακόν.

ΧΟΡΟΣ.

Ἐμοὶ χρῆν συμφοράν,   [Strophe.]
ἐμοὶ χρῆν πημονὰν γενέσθαι,   630
Ἰδαίαν ὅτε πρῶτον ὕλαν
Ἀλέξανδρος εἰλατίναν
ἐτάμεθ', ἅλιον ἐπ' οἶδμα ναυστολήσων

NC. 618. Les manuscrits portent αὐτῆς. — 620. Le *Vaticanus* a κ' εὐτεκνώτατε, leçon à tort adoptée par Kirchoff. — 626. Reiske a corrigé la leçon τάδ' et a proposé οὐδὲν ἀλλ' ἢ pour οὐδέν· ἄλλως.

619. Ὦ σχήματ' οἴκων (ὦ καλλωπισμοὶ τῶν οἴκων, scholiaste), ὁ apparence imposante, ô splendeur de mon palais. Cp. *Andromaque*, 1 : Ἀσιάτιδος γῆς σχῆμα, Θηβαία πόλις.

620. La plupart des éditeurs entendent ὦ πλεῖστ' ἔχων κάλλιστά τε de l'opulence de Priam. Porson et d'autres lient κάλλιστά τ' εὐτεκνώτατε. Il me semble qu'il faut construire : Ὦ Πρίαμε εὐτεκνώτατε πλεῖστα κάλλιστά τε ἔχων (τέκνα), et qu'il ne s'agit ici que du grand nombre des beaux et vaillants enfants de Priam. Une scholie porte κτήματα ἢ τέκνα.

623-625. Ὀγκούμεθα équivaut à ἐπαιρόμεθα, μεγαλαυχοῦμεν (schol.). (Cp. Μηδ' ὄγκον ἄρῃς μηδένα, Soph. *Ajax*, 129.) — Ce verbe a deux compléments : πλουσίοις ἐν δώμασιν, qui équivaut à ἐπὶ δώμασι πλουσίοις, et τίμιος κεκλημένος, qui peut se tourner par ἐπὶ τιμῇ.

On voit que les deux ἐν (ἐν δώμασιν et ἐν πολίταις) se prennent en deux sens différents et ne sont pas coordonnés.

626. Ἄλλως est l'attribut de la phrase, et a le sens de μάταιά ἐστιν. « Ils sont vains les projets qui nous préoccupent tant et les grands mots qui flattent notre orgueil. » Voy. cependant NC.

627-628. Muret a rapproché de ce passage les vers d'Ennius, que Cicéron, *De finibus*, II, 13, cite sans dire de quelle pièce ils sont tirés : « Nimium boni est, cui nil est « <in diem> mali. » Le supplément est de Ribbeck.

629-637. La première pensée criminelle de Pâris, le premier coup de hache qui se donna pour la construction de son vaisseau fut la cause fatale (χρῆν) de tous les malheurs qui s'ensuivirent. On se souvient des réflexions analogues de la nourrice dans le prologue de *Médée*.

17

258   ΕΚΑΒΗ.

Ἑλένας ἐπὶ λέκτρα, τὰν   635
καλλίσταν ὁ χρυσοφαὴς
Ἅλιος αὐγάζει.

Πόνοι γὰρ καὶ πόνων   [Antistrophe.]
ἀνάγκαι κρείσσονες κυκλοῦνται·
κοινὸν δ' ἐξ ἰδίας ἀνοίας   640
κακὸν τᾷ Σιμουντίδι γᾷ
ὀλέθριον ἔμολε συμφορά τ' ἀπ' ἄλλων.
Ἐκρίθη δ' ἔρις, ἂν ἐν Ἴ-
δᾳ κρίνει τρισσὰς μακάρων   645
παῖδας ἀνὴρ βούτας,

ἐπὶ δορὶ καὶ φόνῳ καὶ ἐμῶν μελάθρων λώβᾳ·   [Epode.]
στένει δὲ καί τις ἀμφὶ τὸν εὔροον Εὐρώταν   650
Λάκαινα πολυδάκρυτος ἐν δόμοις κόρα,
πολιόν τ' ἐπὶ κρᾶτα μάτηρ
τέκνων θανόντων τίθεται
χέρα δρύπτεταί τε παρειάν,   655
δίαιμον ὄνυχα τιθεμένα σπαραγμοῖς.

ΘΕΡΑΠΑΙΝΑ.

Γυναῖκες, Ἑκάβη ποῦ ποθ' ἡ παναθλία,

NC. 642. Ἀπ' ἄλλων est une cheville intolérable. Faut-il écrire συμφορά τε τ)α-μων? La faute s'expliquerait par l'orthographe ΤΑΙΓΛΑΜΩΝ. — 648. Εὔροον, correction de Hermann pour εὔρουν.

638-639. Πόνων ἀνάγκαι κρείσσονες ne diffère pas essentiellement de πόνων πόνοι κρείσσονες. Le chœur dit que des maux irrésistibles se succèdent, les uns plus cruels que les autres.

640-642. L'antithèse de κοινόν et de ἰδίας est évidente : le malheur de tous provient de l'aveuglement d'un seul. Il ne faut pas torturer ces mots pour donner un sens quelconque à ἀπ' ἄλλων, mots qui sont certainement gâtés. C'est faire injure au poëte que de les entendre des Grecs, et l'explication du scholiaste ἐξαίρετος καὶ μεγάλη,

οἷον πρὸς τὰς ἄλλας συμφορὰς ἐξηλλαγμένη, est impossible.

644-646. Ἃν κρίνει παῖδας. Les deux accusatifs ne font pas plus de difficulté que νικᾶν τινα μάχην, construction qu'on trouve même chez des prosateurs.

650. L'adjectif εὔροος fait allusion au sens du nom propre Εὐρώτας.

657. Le personnage qui entre est la même esclave qu'Hécube chargea, au vers 609, de chercher de l'eau pour les funérailles de Polyxène.

657-660. Ici et au v. 786 le poète in-

ἡ πάντα νικῶσ' ἄνδρά καὶ θῆλυν σποράν
κακοῖσιν ; οὐδεὶς στέφανον ἀνθαιρήσεται.   660

ΧΟΡΟΣ.

Τί δ', ὦ τάλαινα σῆς κακογλώσσου βοῆς ;
ὡς οὔποθ' εὔδει λυπρά σου κηρύγματα.

ΘΕΡΑΠΑΙΝΑ.

Ἑκάβη φέρω τόδ' ἄλγος· ἐν κακοῖσι δὲ
οὐ ῥᾴδιον βροτοῖσιν εὐφημεῖν στόμα.

ΧΟΡΟΣ.

Καὶ μὴν περῶσα τυγχάνει δόμων ὕπερ   665
ἥδ', εἰς δὲ καιρὸν σοῖσι φαίνεται λόγοις.

ΘΕΡΑΠΑΙΝΑ.

Ὦ παντάλαινα κἄτι μᾶλλον ἢ λέγω,
δέσποιν', ὄλωλας, οὐκέτ' εἶ βλέπουσα φῶς,
ἄπαις ἄνανδρος ἄπολις, ἐξεφθαρμένη.

ΕΚΑΒΗ.

Οὐ καινὸν εἶπας, εἰδόσιν δ' ὠνείδισας.   670
Ἀτὰρ τί νεκρὸν τόνδε μοι Πολυξένης
ἥκεις κομίζουσ', ἧς ἀπηγγέλθη τάφος
πάντων Ἀχαιῶν διὰ χερὸς σπουδὴν ἔχειν;

ΘΕΡΑΠΑΙΝΑ.

Ἥδ' οὐδὲν οἶδεν, ἀλλά μοι Πολυξένην
θρηνεῖ, νέων δὲ πημάτων οὐχ ἅπτεται.   675

ΕΚΑΒΗ.

Οἲ 'γὼ τάλαινα· μῶν τὸ βακχεῖον κάρα
τῆς θεσπιῳδοῦ δεῦρο Κασάνδρας φέρεις ;

NC. 665. Les manuscrits ont δόμων ὕπερ ou δόμων ἄπο. On défend la variante-conjecture ὕπο par le vers 53. Heimsoeth demande πάρος. — 668. On n'a pas le droit de mettre une virgule après εἶ, afin de séparer des mots que les Grecs liaient nécessairement : mais on peut conjecturer βλέπουσ' ὅμως.

dique lui-même le caractère distinctif de l'héroïne de cette tragédie.

661-662. Le génitif βοῆς dépend de τάλαινα. Cp. *Méd.* 1028 : Ὦ δυστάλαινα τῆς ἐμῆς αὐθαδίας. Ici l'article (τῆς βοῆς) aurait suffi, s'il ne s'agissait que du message présent ; le pronom possessif σῆς

s'explique par le vers suivant. Quant à ὡς, voyez la note sur le vers 506.

667. Cp. *Alc.* 1084 : Ἀπώλεσέν με, κἄτι μᾶλλον ἢ λέγω.

673. Σπουδὴν ἔχειν, être l'objet de soins empressés. V. sur le double sens des locutions de ce genre les notes sur 352 et 489

ΕΚΑΒΗ.

ΘΕΡΑΠΑΙΝΑ.

Ζῶσαν λέλακας, τὸν θανόντα δ' οὐ στένεις
τόνδ'· ἀλλ' ἄθρησον σῶμα γυμνωθὲν νεκροῦ,
εἴ σοι φανεῖται θαῦμα καὶ παρ' ἐλπίδας. 680

ΕΚΑΒΗ.

Οἴμοι, βλέπω δὴ παῖδ' ἐμὸν τεθνηκότα,
Πολύδωρον, ὅν μοι Θρῇξ ἔσωζ' οἴκοις ἀνήρ.
Ἀπωλόμην δύστηνος, οὐκέτ' εἰμὶ δή.

Ὦ τέκνον τέκνον,
αἰαῖ, κατάρχομαι νόμον 685
βακχεῖον, ἐξ ἀλάστορος
ἀρτιμαθὴς κακῶν.

ΘΕΡΑΠΑΙΝΑ.

Ἔγνως γὰρ ἄτην παιδός, ὦ δύστηνε σύ;

ΕΚΑΒΗ.

Ἄπιστ' ἄπιστα, καινὰ καινὰ δέρκομαι.

Ἕτερα δ' ἀφ' ἑτέρων κακὰ κακῶν κυρεῖ· 690
οὐδέποτ' ἀστενάκτους ἀδακρύτους ἁ-
μέρα ἐπισχήσει.

ΧΟΡΟΣ.

Δείν', ὦ τάλαινα, δεινὰ πάσχομεν κακά.

NC 683. Nauck propose οὐδέν εἰμ' ἔτι. Mais la leçon se défend par *Hipp.* 85°, et surtout par v. 668, auquel celui-ci se rapporte. — 684. Variante : ὦ τέκνον ὦ τέκνον. — 691-692. Les bons manuscrits ont ἀδάκρυτος ἀστένακτος (d'autres ἀδάκρυτον ἀστένακτον) ἀμέρα μ' ἐπισχήσει. Hermann rétablit le mètre dochmiaque en écrivant ἀστένακτος ἀδάκρυτος et en retranchant le pronom personnel. Mais comment entend-il ἐπισχήσει? Il me semble impossible de rendre compte de ce verbe si les adjectifs s'accordent avec ἀμέρα, au lieu de se rapporter à Hécube. Je les ai mis au pluriel par respect pour les bons manuscrits : anciennement on écrivait ο pour ου.

685. Νόμον βακχεῖον, le chant de la démence. Au v. 676 βακχεῖον marquait le délire prophétique.
687. Ἐξ ἀλάστορος. Ces mots ne se rapportent pas au songe d'Hécube, et dépendent de κακῶν. Hécube dit qu'elle n'apprend que maintenant les maux que lui infligea un mauvais génie.
690-691. Ἀστενάκτους.... ἐπισχήσει. L'adjectif marque par prolepse l'effet de l'action, comme dans γοέων ἐκτίμα ἴσχουσα πτέρυγας ὀξυτόνων γόων, Soph *El.* 242. Hécube dit qu'aucun jour n'arrêtera ses larmes.

ΕΚΑΒΗ.

Ὦ τέκνον τέκνον ταλαίνας ματρός,
τίνι μόρῳ θνήσκεις, 695
τίνι πότμῳ κεῖσαι ;
πρὸς τίνος ἀνθρώπων ;

ΘΕΡΑΠΑΙΝΑ.

Οὐκ οἶδ' · ἐπ' ἀκταῖς νιν κυρῶ θαλασσίαις.

ΕΚΑΒΗ.

Ἔκβολον, ἢ πέσημα φονίου δορός,
ψαμάθῳ ἐν λευρᾷ ; 700

ΘΕΡΑΠΑΙΝΑ.

Πόντου νιν ἐξήνεγκε πελάγιος κλύδων.

ΕΚΑΒΗ.

Ὤμοι, αἰαῖ, ἔμαθον ἔνυπνον ὀμμάτων
ἐμῶν ὄψιν, οὔ με παρέβα φάσμα μελανόπτερον, 705
ἂν ἐσεῖδον ἀμφί σ',
ὦ τέκνον, οὐκέτ' ὄντα Διὸς ἐν φάει.

ΧΟΡΟΣ.

Τίς γάρ νιν ἔκτειν' ; οἶσθ' ὀνειρόφρων φράσαι ;

NC. 699. Les manuscrits ont ἔκβλητον, et φονίου (leçon du *Marcianus*) ou φοινίου. La plupart des éditeurs ont préféré ce dernier, pour avoir un vers iambique. Il fallait, au contraire, rétablir la mesure dochmiaque, obscurcie par les copistes. Hartung écrit ἐκβλῆτ'. J'ai préféré ἔκβολον. — 700. Avant Hermann on donnait à tort ce vers à la suivante, qui dans tout ce dialogue ne prononce, ainsi que le coryphée, que des monostiques iambiques. J'ai écrit ψαμάθῳ ἐν pour ἐν ψαμάθῳ, afin de rétablir la continuité de la période dochmiaque. — 702-707. Hermann a corrigé la leçon ἐνύπνιον. Plus bas, il écrit οὐδὲ παρέβα με φάσμα. Les vers sont d'autant plus difficiles à restituer que ce morceau n'est pas antistrophique. — 708. La plupart des manuscrits attribuent ce vers a la servante.

695-696. Τίνι μόρῳ, par quel genre de mort? Τίνι πότμῳ, par quel accident? Μόρῳ μὲν, τῷ θανάτῳ· πότμῳ δὲ, τῇ προφάσει, disent les scholies.

700. Πέσημα δορός, qui est coordonné à ἔκβολον, peut se tourner par l'adjectif δορυπετή.

702-707. Ἔμαθον ne veut pas dire : je compris, mais : je comprends, je viens de comprendre. Voy., sur cet hellénisme, *Med.* 272, 791 ; *Hipp.* 614. Il en est de même de οὔ με παρέβα, *non me fugit*, mots qui font partie d'une phrase parenthétique : car le relatif ἄν se rapporte à ὄψιν.

708. Ὀνειρόφρων, éclairé par un songe, est composé comme θυμόμαντις, devin par la raison, chez Eschyle, *Perses*, 224.

ΕΚΑΒΗ.

Ἐμὸς ἐμὸς ξένος, Θρήκιος ἱππότας, 710
ἵν' ὁ γέρων πατὴρ ἔθετό νιν κρύψας.

ΧΟΡΟΣ.

Ὤμοι, τί λέξεις; χρυσὸν ὡς ἔχοι κτανών;

ΕΚΑΒΗ.

Ἄρρητ' ἀνωνόμαστα, θαυμάτων πέρα,

οὐχ ὅσι' οὐδ' ἀνεκτά. Ποῦ δίκα ξένων; 715
Ὦ κατάρατ' ἀνδρῶν, ὡς διεμοιράσω
χρόα, σιδαρέῳ τεμὼν φασγάνῳ
μέλεα τοῦδε παιδὸς οὐδ' ᾠκτίσω. 720

ΧΟΡΟΣ.

Ὦ τλῆμον, ὥς σε πολυπονωτάτην βροτῶν
δαίμων ἔθηκεν ὅστις ἐστί σοι βαρύς.
Ἀλλ' εἰσορῶ γὰρ τοῦδε δεσπότου δέμας
Ἀγαμέμνονος, τοὐνθένδε σιγῶμεν, φίλαι. 725

ΑΓΑΜΕΜΝΩΝ.

Ἑκάβη, τί μέλλεις παῖδα σὴν κρύπτειν τάφῳ
ἐλθοῦσ', ἐφ' οἷσπερ Ταλθύβιος ἤγγειλέ μοι
μὴ θιγγάνειν σῆς μηδέν' Ἀργείων κόρης;
Ἡμεῖς μὲν οὖν ἐῶμεν οὐδὲ ψαύομεν·
σὺ δὲ σχολάζεις, ὥστε θαυμάζειν ἐμέ. 730
Ἥκω δ' ἀποστελῶν σε· τἀκεῖθεν γὰρ εὖ
πεπραγμέν' ἐστίν, εἴ τι τῶνδ' ἐστὶν καλῶς. —
Ἔα· τίν' ἄνδρα τόνδ' ἐπὶ σκηναῖς ὁρῶ
θανόντα Τρώων; οὐ γὰρ Ἀργεῖον πέπλοι
δέμας περιπτύσσοντες ἀγγέλλουσί μοι. 735

NC. 716. Brunck a substitué ὦ à ἰώ. — 720. Les meilleurs manuscrits ont οἰκτίσω ou ᾠκτίσω, les autres ᾤκτισας. — 729. Οὐδὲ ψαύομεν est une fin de vers irrégulière. Nauck propose εἰῶμεν οὐδ' ἐψαύομεν. — 734. La vulgate Ἀργείων est mal autorisée et mauvaise.

716. Ὦ κατάρατ' ἀνδρῶν. Cp. *Hipp.* 848 et la note.
723. Ὅστις, quel que soit celui qui.
731-732. Τἀκεῖθεν, ce qui pouvait venir de là-bas, les préparatifs qui pouvaient être faits par ceux qui sont sur les lieux. — Εἴ τι.... καλῶς, si le mot « bien » peut s'appliquer à de si tristes choses.

ΕΚΑΒΗ.

Δύστην', ἐμαυτὴν γὰρ λέγω λέγουσα σὲ,
Ἑκάβη, τί δράσω; πότερα προσπέσω γόνυ
Ἀγαμέμνονος τοῦδ', ἢ φέρω σιγῇ κακά;

ΑΓΑΜΕΜΝΩΝ.

Τί μοι προσώπῳ νῶτον ἐγκλίνασα σὸν
δύρει, τὸ πραχθὲν δ' οὐ λέγεις; Τίς ἔσθ' ὅδε;   740

ΕΚΑΒΗ.

Ἀλλ' εἴ με δούλην πολεμίαν θ' ἡγούμενος
γονάτων ἀπώσαιτ', ἄλγος ἂν προσθείμεθ' ἄν.

ΑΓΑΜΕΜΝΩΝ.

Οὔτοι πέφυκα μάντις, ὥστε μὴ κλύων
ἐξιστορῆσαι σῶν ὁδὸν βουλευμάτων.

ΕΚΑΒΗ.

Ἆρ' ἐκλογίζομαί γε πρὸς τὸ δυσμενὲς   745
μᾶλλον φρένας τοῦδ', ὄντος οὐχὶ δυσμενοῦς;

ΑΓΑΜΕΜΝΩΝ.

Εἴ τοί με βούλει τῶνδε μηδὲν εἰδέναι,
εἰς ταὐτὸν ἥκεις· καὶ γὰρ οὐδ' ἐγὼ κλύειν.

ΕΚΑΒΗ.

Οὐκ ἂν δυναίμην τοῦδε τιμωρεῖν ἄτερ

---

736. Ἐμαυτὴν.... σέ. Hécube dit qu'elle s'adresse la parole à elle-même, comme si elle parlait à un autre. D'après le scholiaste, Didyme soutenait que δύστηνε se rapporte à Polydore, et Didyme était un grammairien célèbre! *En cor Zenodoti, en jecur Cratetis!*

739 Τί μοι.... σόν, pourquoi, tournant vers mon visage ton dos courbé en avant...? On voit que, jusqu'au vers 752, Hécube, penchée sur le cadavre de son fils, tourne le dos à Agamemnon et se parle à elle-même, au lieu de lui répondre.

742. La particule ἄν est répétée pour faire ressortir les idées exprimées par ἄλγος et par προσθείμεθ(α). Cp. *Med.* 616.

745-746. Ἆρ'.... δυσμενοῦς; est-ce dans ma pensée seulement (γε) que je tourne les sentiments d'Agamemnon plus qu'il ne faudrait (μᾶλλον) vers l'inimitié, tandis qu'il n'est pas mon ennemi? Cette traduction appuie un peu trop sur les nuances marquées par γε et μᾶλλον. Je la donne pour expliquer pourquoi je n'adopte aucun des changements de texte qu'on a proposés.

748. Εἰς ταὐτὸν ἥκεις, tu te rencontres avec moi, nous sommes d'accord. Agamemnon finit par se fâcher de n'obtenir aucune réponse. — La phrase εἰς ταὐτὸν ἥκεις a le même sens au vers 1280 d'*Oreste*; elle a un sens différent au vers 273 d'*Hippolyte*. C'est qu'il faut sous-entendre tantôt ἐμοί, tantôt une autre idée, selon la circonstance.

τέκνοισι τοῖς ἐμοῖσι. Τί στρέφω τάδε ; 750
τολμᾶν ἀνάγκη, κἂν τύχω κἂν μὴ τύχω. —
Ἀγάμεμνον, ἱκετεύω σε τῶνδε γουνάτων
καὶ σοῦ γενείου δεξιᾶς τ' εὐδαίμονος.

ΑΓΑΜΕΜΝΩΝ.

Τί χρῆμα μαστεύουσα ; μῶν ἐλεύθερον
αἰῶνα θέσθαι ; ῥᾴδιον γάρ ἐστί σοι. 755

ΕΚΑΒΗ.

Οὐ δῆτα· τοὺς κακοὺς δὲ τιμωρουμένη
αἰῶνα τὸν ξύμπαντα δουλεῦσαι θέλω.

ΑΓΑΜΕΜΝΩΝ.

. . . .

ΕΚΑΒΗ.

Οὐδέν τι τούτων ὧν σὺ δοξάζεις, ἄναξ.

ΑΓΑΜΕΜΝΩΝ.

Καὶ δὴ τίν' ἡμᾶς εἰς ἐπάρκεσιν καλεῖς ;

ΕΚΑΒΗ.

Ὁρᾷς νεκρὸν τόνδ', οὗ καταστάζω δάκρυ ; 760

ΑΓΑΜΕΜΝΩΝ.

Ὁρῶ· τὸ μέντοι μέλλον οὐκ ἔχω μαθεῖν.

NC. 750. Je ne pense pas qu'il faille écrire, avec Nauck, ποῖ au lieu de τί. Voy. la note explicative. — 758-759. Variante : εἰς ἐπάρκειαν. Ces vers se suivaient dans l'ordre inverse. Je les ai transposés, et j'ai marqué une lacune avant le premier, d'après l'avis de Hirzel, *l. c.* p. 52. Le peu de suite que présente l'ordre traditionnel est évident, et il avait déjà choqué d'autres critiques. Le mot τούτων indique que le roi a fait plus d'une conjecture. Nauck n'aurait pas dû retrancher 756, 757 et 759. Il est vrai que ces vers manquent dans les deux meilleurs manuscrits; mais cette omission s'explique par la ressemblance des commencements οὐ δῆτα et οὐδέν τι, et le distique d'Hécube est aussi beau qu'il est nécessaire.

750. Τί στρέφω τάδε; pourquoi tourner et retourner ces pensées? que me sert de réfléchir? Cette question a pour réponse : τολμᾶν ἀνάγκη, il faut oser.

755. Ῥᾴδιον γάρ ἐστί σοι. Agamemnon dit qu'il est facile pour Hécube d'obtenir sa liberté. Je ne sais vraiment pas pourquoi on a trouvé cela singulier. D'un côté, le malheur d'Hécube l'entoure de respect, et de l'autre, elle est trop vieille pour rendre des services comme esclave. D'ailleurs, le poète n'a prêté ce langage au roi que pour amener la belle réponse d'Hécube.

758. Dans le vers précédent Agamemnon pouvait demander à Hécube si l'un de ses Grecs l'avait outragée.

760. Voici la traduction d'Ennius : « Vide hunc, meæ in quem lacrimæ guttatim cadunt. »

761. Τὸ μέλλον οὐκ ἔχω μαθεῖν, je ne puis savoir ce qui viendra après, c'est-à-dire : je ne puis savoir où tu veux en venir.

ΕΚΑΒΗ.

Τοῦτόν ποτ' ἔτεκον κἄφερον ζώνης ὕπο.

ΑΓΑΜΕΜΝΩΝ.

Ἔστιν δὲ τίς σῶν οὗτος, ὦ τλῆμον, τέκνων;

ΕΚΑΒΗ.

Οὐ τῶν θανόντων Πριαμιδῶν ὑπ' Ἰλίῳ.

ΑΓΑΜΕΜΝΩΝ.

Ἦ γάρ τιν' ἄλλον ἔτεκες ἢ κείνους, γύναι;   765

ΕΚΑΒΗ.

Ἀνόνητά γ', ὡς ἔοικε, τόνδ' ὃν εἰσορᾷς.

ΑΓΑΜΕΜΝΩΝ.

Ποῦ δ' ὢν ἐτύγχαν', ἡνίκ' ὤλλυτο πτόλις;

ΕΚΑΒΗ.

Πατήρ νιν ἐξέπεμψεν ὀρρωδῶν θανεῖν.

ΑΓΑΜΕΜΝΩΝ.

Ποῖ τῶν τότ' ὄντων χωρίσας τέκνων μόνον;

ΕΚΑΒΗ.

Εἰς τήνδε χώραν, οὗπερ εὑρέθη θανών.   770

ΑΓΑΜΕΜΝΩΝ.

Πρὸς ἄνδρ' ὃς ἄρχει τῆσδε Πολυμήστωρ χθονός;

ΕΚΑΒΗ.

Ἐνταῦθ' ἐπέμφθη πικροτάτου χρυσοῦ φύλαξ.

ΑΓΑΜΕΜΝΩΝ.

Θνῄσκει δὲ πρὸς τοῦ καὶ τίνος πότμου τυχών;

ΕΚΑΒΗ.

Τίνος δ' ὑπ' ἄλλου; Θρῇξ νιν ὤλεσε ξένος.

ΑΓΑΜΕΜΝΩΝ.

Ὦ τλῆμον· ἦ που χρυσὸν ἠράσθη λαβεῖν;   775

NC. 774. Variantes : τίνος γ' ὑπ' ἄλλου et τίνος ὑπ' ἄλλου.

766. L'affirmation est contenue dans la particule γε. Oui, dit-elle, j'ai eu un autre fils, et c'est pour ne pas en jouir, ce semble ; c'est celui que tu vois. Cf. ἔτεκες ἄρ' ἀνόνητα, *Hipp.* 1145.

774. Comme le nom de Polymestor devait être réservé pour la fin, il était conforme au génie de la langue grecque de le faire entrer dans la phrase subordonnée et de le mettre au nominatif. Cp. v. 987.

ΕΚΑΒΗ.

Τοιαῦτ', ἐπειδὴ ξυμφορὰν ἔγνω Φρυγῶν.

ΑΓΑΜΕΜΝΩΝ.

Εὗρες δὲ ποῦ νιν, ἢ τίς ἤνεγκεν νεκρόν;

ΕΚΑΒΗ.

Ἥδ', ἐντυχοῦσα ποντίας ἀκτῆς ἔπι.

ΑΓΑΜΕΜΝΩΝ.

Τοῦτον ματεύουσ' ἢ πονοῦσ' ἄλλον πόνον;

ΕΚΑΒΗ.

Λούτρ' ᾤχετ' οἴσουσ' ἐξ ἁλὸς Πολυξένῃ. 780

ΑΓΑΜΕΜΝΩΝ.

Κτανών νιν, ὡς ἔοικεν, ἐκβάλλει ξένος.

ΕΚΑΒΗ.

Θαλασσόπλαγκτόν γ', ὧδε διατεμὼν χρόα.

ΑΓΑΜΕΜΝΩΝ.

Ὦ σχετλία· σὺ τῶν ἀμετρήτων πόνων.

ΕΚΑΒΗ.

Ὄλωλα κοὐδὲν λοιπόν, Ἀγάμεμνον, κακῶν.

ΑΓΑΜΕΜΝΩΝ.

Φεῦ φεῦ· τίς οὕτω δυστυχὴς ἔφυ γυνή; 785

ΕΚΑΒΗ.

Οὐκ ἔστιν, εἰ μὴ τὴν τύχην αὐτὴν λέγοις. —

NC. 786. Variante : λέγεις.

776. Τοιαῦτ(α), il en est ainsi. Ce tour de la réponse affirmative se retrouve dans *Électre*, 645.

783. Σχετλία πόνων. Cp. 1179 : Ὦ σχέτλιος παθέων ἐγώ.

786. Τὴν τύχην· τὴν δυστυχίαν δηλονότι. [Scholiaste.] — On a rapproché de ce vers ceux d'un poète comique chez Stobée, *Anth.*, XXXVIII, 16 : Οὐδεὶς ἂν εἴποι κείνων ἀνθρώπων κακίω, Οὐδ' εἰ φθόνου γένοιτο δυσμενέστερος, ainsi que ces vers latins : Trabea ap. Cicer. *Tusc.* IV, 31 : « Fortunam ipsam anteibo fortunis meis »; Plaute, *Asin.*, II, 11, 1 : « Ubi ego nunc « Libanum requiram aut familiarem filium, « Uti ego illos lubentiores faciam quam « Lubentia 'st »; Térence, *Adelphes*, IV, VII, 43 : « Ipsa si cupiat Salus, Servare « prorsus non potest hanc familiam. » — En remontant au vers 726 on trouve d'abord sept vers d'Agamemnon. A partir de 733, on ne peut pas dire qu'il y ait dialogue, puisque Hécube se parle à elle-même; mais enfin le roi et la reine prononcent alternativement deux tristiques et six distiques, le dernier distique étant suivi d'un troisième vers, qui marque la fin de ce morceau. Le dialogue proprement dit débute par trois distiques, 752-57, et se continue dans trois dizaines de monostiques, chacune divisée par le sens en six et quatre; 757-62, 763-66; 767-72, 773-76; 777-82,

Ἀλλ' ὧνπερ οὕνεκ' ἀμφὶ σὸν πίπτω γόνυ,
ἄκουσον. Εἰ μὲν ὅσιά σοι παθεῖν δοκῶ,
στέργοιμ' ἄν· εἰ δὲ τοὔμπαλιν, σύ μοι γενοῦ
τιμωρὸς ἀνδρός, ἀνοσιωτάτου ξένου,   790
ὃς οὔτε τοὺς γῆς νέρθεν οὔτε τοὺς ἄνω
δείσας δέδρακεν ἔργον ἀνοσιώτατον
[κοινῆς τραπέζης πολλάκις τυχὼν ἐμοί,
ξενίας τ' ἀριθμῷ πρῶτα τῶν ἐμῶν φίλων·
τυχὼν δ' ὅσων δεῖ καὶ λαβὼν προμηθίαν   795
ἔκτεινε, τύμβου δ', εἰ κτανεῖν ἐβούλετο,
οὐκ ἠξίωσεν, ἀλλ' ἀφῆκε πόντιον].
Ἡμεῖς μὲν οὖν δοῦλοί τε κἀσθενεῖς ἴσως·
ἀλλ' οἱ θεοὶ σθένουσι χὠ κείνων κρατῶν
νόμος· νόμῳ γὰρ δαίμονάς θ' ἡγούμεθα   800
καὶ ζῶμεν ἄδικα καὶ δίκαι' ὡρισμένοι·

NC. 790. La répétition de ἀνοσιώτατος (cp. v. 792) ne saurait être attribuée au poète. Il avait peut-être mis δυσσεβεστάτου ou δυσθεωτάτου. Heimsœth propose ἀξενωτάτου. — 793-797. Nauck a condamné avec raison ces cinq vers, dont deux l'avaient déjà été par Matthiæ, quatre par Dindorf. Ils ne sont qu'un bavardage vague et mal écrit. Le premier ne dit pas ce qu'il devrait dire, à savoir que cette table hospitalière avait été celle d'Hécube. Le second choque par πρῶτα pour τὰ πρῶτα, et par la phrase ξενίας ἀριθμῷ. Dans le troisième, λαβὼν προμηθίαν semble devoir signifier : « s'étant chargé du soin de Polydore ». Les deux derniers enfin ne valent pas beaucoup mieux : εἰ κτανεῖν ἐβούλετο est mal dit; il faudrait plutôt ὅς (ou ὃν) κτανεῖν ἔτλη, d'après la judicieuse observation de Nauck. Ces vers ont-ils pris la place d'autres, plus dignes du poète? Cela est possible; cependant, après le dialogue précédent, on ne demande plus rien. — 798. Nauck propose κἀσθενεῖς φύσει. — 800. On lisait τοὺς θεοὺς ἡγούμεθα, phrase que l'article rend inintelligible. (On n'aurait pas dû alléguer, pour la défendre, la phrase : Τὰ θεῖ' ἡγουμένη, Hélène, 949.) J'ai substitué à la glose τοὺς θεούς le mot dont Euripide se sert souvent pour éviter la répétition de θεός (Cp. Hipp. 98 sq., 475 sq., 1414 sqq.), et j'ai inséré la particule copulative. Mais j'ose affirmer, quoi qu'on en ait dit, que ce vers et le suivant ne sont ni interpolés ni foncièrement gâtés. V. la note explicative.

784-86. Ces observations sont de M. Hirzel.

798. Ἴσως, comme ὥς ἔοικε, v. 766, semble ajouté par une espèce d'atticisme d'autant plus justifié que l'on verra qu'Hécube n'est pas trop faible pour punir.

799-801. Hécube dit : « Je suis faible, sans doute ; mais les dieux sont forts, et forte est la loi qui domine les dieux : car, grâce à la loi, nous croyons qu'il est des dieux, grâce à la loi nous vivons en distinguant le juste et l'injuste. » Cette loi en vertu de laquelle nous croyons qu'il existe des êtres qui veillent sur nos actions, et nous prenons pour règle de notre conduite la distinction du juste et de l'injuste, n'est pas une loi écrite, faite par un législateur, mais l'antique loi traditionnelle du genre humain, celle que Sophocle proclame par la bouche d'Antigone (Ant. 453 sqq.) et qu'il déclare éternelle dans un chœur de l'OEdipe

ὃς εἰς σ' ἀνελθὼν εἰ διαφθαρήσεται,
καὶ μὴ δίκην δώσουσιν οἵτινες ξένους
κτείνουσιν ἢ θεῶν ἱερὰ τολμῶσιν φέρειν,
οὐκ ἔστιν οὐδὲν τῶν ἐν ἀνθρώποις ἴσον. 805
Ταῦτ' οὖν ἐν αἰσχρῷ θέμενος αἰδέσθητί με·
οἴκτειρον ἡμᾶς, ὡς γραφεύς τ' ἀποσταθεὶς
ἰδοῦ με κἀνάθρησον οἷ' ἔχω κακά.
Τύραννος ἦν ποτ', ἀλλὰ νῦν δούλη σέθεν,
εὔπαις ποτ' οὖσα, νῦν δὲ γραῦς ἄπαις θ' ἅμα, 810
ἄπολις ἔρημος, ἀθλιωτάτη βροτῶν. —
Οἴμοι τάλαινα, ποῖ μ' ὑπεξάγεις πόδα;
ἔοικα πράξειν οὐδέν· ὦ τάλαιν' ἐγώ.
Τί δῆτα θνητοὶ τἆλλα μὲν μαθήματα
μοχθοῦμεν ὡς χρὴ πάντα καὶ μαστεύομεν, 815

NC. 803-804. Nauck a tort de suspecter ces vers, sans lesquels le vers 805 ne serait pas assez motivé. V. ci-dessous.

Roi (v. 865 sqq.). Si Euripide dit que cette loi domine les dieux, il ne l'entend pas tout à fait comme Pindare, qui s'écrie, en parlant du droit du plus fort : Νόμος ὁ πάντων βασιλεὺς θνατῶν τε καὶ ἀθανάτων (Platon, *Gorg.* p. 484 B). Voici, suivant nous, la pensée qui résulte de l'enchaînement des idées marqué par la conjonction γάρ. La loi domine les dieux, parce qu'elle est le fondement sur lequel repose notre croyance aux dieux : sans elle, les dieux n'existeraient pas pour nous, ils n'existeraient pas pratiquement parlant. Euripide n'a pas assez distingué ici l'existence réelle des dieux et leur existence dans la pensée des hommes. — Δαίμονας θ' ἡγούμεθα. Cp. *Bacch.* 1326 : Ἡγείσθω θεούς. Platon, *Apol.* p. 27 D : Εἴπερ δαίμονας ἡγοῦμαι.
802-805. Εἰς σ' ἀνελθών, remis entre tes mains. Thésée dit, dans les *Suppliantes*, 564 : Οὐ γάρ ποτ' εἰς Ἕλληνας ἐξοισθήσεται, Ὡς εἰς ἐμ' ἐλθὼν καὶ πόλιν Πανδίονος Νόμος παλαιὸς δαιμόνων διεφθάρη. — Ἢ θεῶν ἱερὰ τολμῶσιν φέρειν. Il est vrai que Polymestor n'a pas commis un sacrilège; mais on remarquera qu'Hécube généralise et qu'elle parle de ce qui arrivera si le crime de Polymestor reste impuni. — Οὐκ ἔστιν.... ἴσον, il n'y aura plus d'équité dans le monde.

806. Ἐν αἰσχρῷ θέμενος, mettant parmi les choses honteuses, regardant comme honteux.

807. Ὡς γραφεύς τ' ἀποσταθείς. Les peintres se mettent à une distance convenable pour bien embrasser du regard l'objet qu'ils contemplent. C'est ainsi qu'Agamemnon doit examiner les malheurs d'Hécube. Notre phrase « embrasse d'un seul coup d'œil, » rend le grec, à la grâce de la comparaison près. Cp. *Hipp.* 1078.

811. Comme Agamemnon délibère avec lui même et fait quelques pas, Hécube se prend à craindre qu'il ne veuille pas l'écouter. — Ποῖ μ' ὑπεξάγεις πόδα; «Où vas tu? Tu cherches à m'éviter? » La phrase ὑπεξάγειν πόδα est traitée comme un verbe transitif (φεύγειν, ἐκστῆναι, ἐκτρέπεσθαι) et gouverne le régime direct με. Pflugk a donné la véritable explication de ces mots, qui ne veulent pas dire : «Où me forces-tu de te suivre? » comme Porson les avait entendus.

814-819. Le poète saisit l'occasion de recommander l'enseignement, alors tout nouveau, des Antiphon, des Gorgias et d'autres professeurs d'éloquence, les mêmes

ΕΚΑΒΗ.

πειθὼ δὲ τὴν τύραννον ἀνθρώποις μόνην
οὐδέν τι μᾶλλον ἐς τέλος σπουδάζομεν
μισθοὺς διδόντες μανθάνειν, ἵν' ἦν ποτε
πείθειν ἅ τις βούλοιτο τυγχάνειν θ' ἅμα;
Πῶς οὖν ἔτ' ἄν τις ἐλπίσαι πράξειν καλῶς; 820
Οἱ μέν ποτ' ὄντες παῖδες οὐκέτ' εἰσί μοι,
αὐτὴ δ' ἐπ' αἰσχροῖς αἰχμάλωτος οἴχομαι·
καπνὸν δὲ πόλεως τόνδ' ὑπερθρώσκονθ' ὁρῶ. —
Καὶ μὴν ἴσως μὲν τοῦ λόγου κενὸν τόδε,
Κύπριν προβάλλειν· ἀλλ' ὅμως εἰρήσεται. 825
Πρὸς σοῖσι πλευροῖς παῖς ἐμὴ κοιμίζεται
ἡ φοιβάς, ἣν καλοῦσι Κασάνδραν Φρύγες.
Ποῦ τὰς φίλας δῆτ' εὐφρόνας δείξεις, ἄναξ;
ἢ τῶν ἐν εὐνῇ φιλτάτων ἀσπασμάτων
χάριν τίν' ἕξει παῖς ἐμὴ, κείνης δ' ἐγώ; 830

ΧC. 818. Ἥν, correction d'Elmsley pour ᾗ, semble avoir été la leçon primitive du meilleur manuscrit. — 820. Je crois qu'il faut écrire τί οὖν ἔτ' ἄν, d'après le *Marcianus*. — 821. Le *Marcianus* et d'autres manuscrits portent οἱ μὲν γὰρ ὄντες, leçon que les derniers éditeurs ont adoptée en rejetant la vulgate οἱ μὲν τοσοῦτοι. Mais οἱ μὲν ὄντες veut dire « ceux que j'ai. » Il fallait écarter la glose γάρ et écrire ποτ' ὄντες. — 824. Nauck propose τοῦ λόγου ξένον, étranger à ce discours.

qu'Aristophane allait persifler dans ses *Nuées* sous le masque de Socrate. L'intention d'Euripide se marque clairement dans les mots μισθοὺς διδόντες. Voy. notre observation sur *Hipp.* 946 sqq.

816. Ce vers caractérise parfaitement le gouvernement des démocraties antiques. Porson en a rapproché cette imitation tirée de l'*Hermione* de Pacuvius : « O flexanima « atque omnium regina rerum oratio. » Cicéron cite ce vers latin, *De Orat.* II, 44 ; et Quintilien y fait allusion, *Instit.* I, 12, 18.

821. Οἱ ποτ' ὄντες, comme εὔπαις ποτ' οὖσα, v. 810. Voy., sur cet emploi du participe présent, v. 484 et la note.

822. Ἐπ' αἰσχροῖς, pour (subir) l'ignominie. Cp. 647, et *Iph. Aul.* 29 : Οὐκ ἐπὶ πᾶσίν σ' ἐφύτευσ' ἀγαθοῖς, Ἀγάμεμνον, Ἀτρεύς.

824. Τοῦ λόγου κενὸν τόδε, cette partie de mon discours est vaine. Il devait en

coûter à Hécube de se faire un titre de la honte de sa fille, et le poëte l'a bien senti : il croit devoir s'excuser avant d'aborder cette matière ; mais il la traite sans craindre le mot propre. Tecmesse, chez Sophocle (*Ajax*, 520 sqq.), s'exprime avec beaucoup plus de réserve, avec cette délicatesse de sentiment qu'on ne trouve guère chez Euripide : il est vrai que Tecmesse est une jeune femme. Le scholiaste, en signalant cette différence de langage, reproche à notre poëte de faire parler Hécube comme une entremetteuse, μαστροπικώτατα. Cette critique est excessive. Les scholies d'Euripide répondent, que la malheureuse mère doit oublier sa fierté, s'accommoder aux circonstances, dire tout ce qui peut lui faire obtenir vengeance.

829-830. L'Hécube d'Ennius disait avec une gravité toute matronale : « Quæ tibi « in concubio verecunde et modice morem « gerit. »

Ἐκ τοῦ σκότου τε τῶν τε νυκτερησίων
φίλτρων μεγίστη γίγνεται βροτοῖς χάρις.
Ἄκουε δή νυν· τὸν θανόντα τόνδ' ὁρᾷς;
τοῦτον καλῶς δρῶν ὄντα κηδεστὴν σέθεν
δράσεις. Ἑνὸς μοι μῦθος ἐνδεὴς ἔτι. 835
Εἴ μοι γένοιτο φθόγγος ἐν βραχίοσιν
καὶ χερσὶ καὶ κόμαισι καὶ ποδῶν βάσει
ἢ Δαιδάλου τέχναισιν ἢ θεῶν τινος,
ὡς πάνθ' ὁμαρτῇ σῶν ἔχοιντο γουνάτων
κλαίοντ' ἐπισκήπτοντα παντοίους λόγους· 840
ὦ δέσποτ', ὦ μέγιστον Ἕλλησιν φάος,
πιθοῦ, παράσχες χεῖρα τῇ πρεσβύτιδι
τιμωρόν, εἰ καὶ μηδέν ἐστιν, ἀλλ' ὅμως·
ἐσθλοῦ γὰρ ἀνδρὸς τῇ δίκῃ θ' ὑπηρετεῖν
καὶ τοὺς κακοὺς δρᾶν πανταχοῦ κακῶς ἀεί. 845

NC. 834. Les meilleurs manuscrits portent τῶν τε νυκτέρων βροτοῖς. Dans les autres, diverses corrections ont été essayées. Tzetzès, *Exeg. Il.* p. 86, 11, omet le premier βροτοῖς. De là l'excellente conjecture de Nauck : νυκτερησίων, que je n'ai pas hésité à adopter. Ce critique juge cependant, avec Matthiæ et d'autres, que ces vers sont déplacés ici. On peut, il est vrai, s'en passer, comme de la plupart des considérations générales. Je ne vois cependant pas de motif suffisant pour les retrancher. — 839. Variante : ἔχοιτο. — 842. Vossius a corrigé la leçon vicieuse πάρασχε.

834-835. Τοῦτον.... δράσεις, si tu agis bien envers lui, tu agiras bien envers un homme qui est le frère de ta femme. Καλῶς se rapporte aussi à δράσεις.

836-840. Signalons un mouvement analogue dans *Électre*, 332 sqq. : Ἀλλ' ὦ ξέν', ἱκετεύω σ', ἀπάγγειλον τάδε. Πολλοὶ δ' ἐπιστέλλουσιν, ἑρμηνεὺς δ' ἐγώ, Αἱ χεῖρες ἡ γλῶσσ' ἡ ταλαίπωρός τε φρὴν Κάρα τ' ἐμὸν ξυρῆκες ὁ τ' ἐκείνου τεκών. — Εἰ équivaut à εἴθε. — Δαιδάλου τέχναισιν. Dédale, représentant mythique d'une école de sculpteurs qui fit faire un premier pas à l'art en ouvrant les yeux des images de bois, en écartant leurs jambes et en détachant leurs bras du corps, passa pour avoir créé des statues vivantes, capables de voir et de marcher. Τὰ Δαιδάλεια πάντα κινεῖσθαι δοκεῖ Βλέπειν τ' ἀγάλματα, disait Euripide dans son *Eurysthée*, Cp. les scholies; Diodore de Sicile, IV, 76, Muller, *Archéologie*, § 68. — Ἔχοιντο Le pluriel semble mieux convenir que le singulier dans un passage où chaque membre du corps est censé avoir une vie à part.

845. Ce couplet d'Hécube se divise en deux parties. La première se compose de six, deux fois quatre, et six vers : 787-792, 798-805, 806-814. Ici Agamemnon s'éloigne d'Hécube. Cette circonstance, qu'elle fait remarquer en deux vers, 812 sq., lui suggère les réflexions des dix vers suivants, 814-853. Après une hésitation exprimée en deux vers, 824 sq., elle adresse un nouvel argument au roi en dix autres vers, 826-835. Enfin, la péroraison est de deux fois cinq vers : 836-840, 841-845.

ΕΚΑΒΗ.   271

ΧΟΡΟΣ.

Δεινόν γε, θνητοῖς ὡς ἅπαντα συμπίτνει,
καὶ τὰς ἀνάγκας οἱ νόμοι διώρισαν,
φίλους τιθέντες τούς γε πολεμιωτάτους,
ἐχθρούς τε τοὺς πρὶν εὐμενεῖς ποιούμενοι.

ΑΓΑΜΕΜΝΩΝ.

Ἐγὼ σὲ καὶ σὸν παῖδα καὶ τύχας σέθεν,   850
Ἑκάβη, δι' οἴκτου χεῖρα θ' ἱκεσίαν ἔχω,
καὶ βούλομαι θεῶν θ' οὕνεκ' ἀνόσιον ξένον
καὶ τοῦ δικαίου τήνδε σοι δοῦναι δίκην,
εἴ πως φανείη γ' ὥστε σοί τ' ἔχειν καλῶς,
στρατῷ τε μὴ δόξαιμι Κασάνδρας χάριν   855
Θρῄκης ἄνακτι τόνδε βουλεῦσαι φόνον.
Ἔστιν γὰρ ᾗ ταραγμὸς ἐμπέπτωκέ μοι·
τὸν ἄνδρα τοῦτον φίλιον ἡγεῖται στρατός,
τὸν κατθανόντα δ' ἐχθρόν· εἰ δ' ἐμοὶ φίλος

NC. 847. Faut-il écrire οὐ νόμοις διώρισαν, en regardant θνητοί comme le sujet de cette phrase? — 850. Variante mal autorisée : ἔγωγε καί. — 859. Elmsley a corrigé la leçon εἰ δὲ σοί, qui ne peut se défendre raisonnablement. L'antithèse κοὐ κοινὸν στρατῷ, au vers 860, exige εἰ δ' ἐμοί : car Hécube ne fait point partie de l'armée.

847. Ce vers a fort embarrassé les commentateurs anciens et les modernes. En effet il est très-obscur, si toutefois il n'est pas gâté. On comprendrait facilement αἱ ἀνάγκαι τοὺς νόμους διώρισαν, et c'est ce qui a fait imaginer à quelques scholiastes qu'il y avait ici la figure appelée antiptose. Voilà un tour de passe-passe assez plaisant. Hermann dit : « Hæc est chori sententia, « prouti nunc hoc nunc illud justum est, « aliam atque aliam hominibus necessitatem « afferri. Ita, quum modo justum fuisset « iratam Agamemnoni esse Hecubam quod « filiam suam immolari passus esset, nunc, « ubi justum est scelus Polymestoris vindi« cari, hæc lex, quæ vindictam sumere « jubet, necessitatem affert in gratiam cum « inimico redeundi. » Voici l'explication que nous soumettons au lecteur. Διορίζειν ne signifie pas seulement déterminer, mais aussi, marquer la différence. On peut dire que le tempérament détermine le teint, le geste, etc. On peut aussi dire que ces signes marquent la différence des tempéraments, et le verbe grec διορίζειν serait de mise dans ces deux phrases. De même Euripide dit ici que le changement de nos habitudes, de notre manière d'être, marque la différence des nécessités, des situations forcées où nous pouvons nous trouver. C'est ainsi que chez les poëtes ὁρίζειν veut quelquefois dire « traverser », c.-à-d. « passer entre deux objets et marquer ainsi leurs limites ». Voy. *Méd.* 432. Eschyle, *Suppl.* 546.

851. Δι' οἴκτου ἔχω, hellénisme usuel pour οἰκτείρω.

852-853. Θεῶν θ' οὕνεκα καὶ τοῦ δικαίου. Ces mots se rapportent à ce qu'Hécube avait dit dans les vers 800 sq.

854-855. Ὥστε σοί τ' ἔχειν καλῶς, de manière à te satisfaire. Cp. *Hipp.* 60. — La suite de la phrase n'est pas tout à fait

ὅδ' ἐστί, χωρὶς τοῦτο κοὐ κοινὸν στρατῷ. 860
Πρὸς ταῦτα φρόντιζ'· ὡς θέλοντα μέν μ' ἔχεις
σοὶ ξυμπονῆσαι καὶ ταχὺν προσαρκέσαι,
βραδὺν δ', Ἀχαιοῖς εἰ διαβληθήσομαι.

ΕΚΑΒΗ.

Φεῦ·
οὐκ ἔστι θνητῶν ὅστις ἔστ' ἐλεύθερος·
ἢ χρημάτων γὰρ δοῦλός ἐστιν ἢ τύχης, 865
ἢ πλῆθος αὐτὸν πόλεως ἢ νόμων γραφαὶ
εἴργουσι χρῆσθαι μὴ κατὰ γνώμην τρόποις.
Ἐπεὶ δὲ ταρβεῖς τῷ τ' ὄχλῳ πλέον νέμεις,
ἐγώ σε θήσω τοῦδ' ἐλεύθερον φόβου.
Ξύνισθι μὲν γὰρ, ἢν τι βουλεύσω κακὸν 870
τῷ τόνδ' ἀποκτείναντι, συνδράσῃς δὲ μή.
Ἢν δ' ἐξ Ἀχαιῶν θόρυβος ἢ 'πικουρία
πάσχοντος ἀνδρὸς Θρηκὸς οἷα πείσεται
φανῇ τις, εἶργε μὴ δοκῶν ἐμὴν χάριν.
Τὰ δ' ἄλλα θάρσει· πάντ' ἐγὼ θήσω καλῶς. 875

ΑΓΑΜΕΜΝΩΝ.

Πῶς οὖν; τί δράσεις; πότερα φάσγανον χερὶ
λαβοῦσα γραίᾳ φῶτα βάρβαρον κτενεῖς,
ἢ φαρμάκοισιν ἢ 'πικουρίᾳ τίνι;
τίς σοι ξυνέσται χείρ; πόθεν κτήσει φίλους;

ΕΚΑΒΗ.

Στέγαι κεκεύθασ' αἵδε Τρῳάδων ὄχλον. 880

ΑΓΑΜΕΜΝΩΝ.

Τὰς αἰχμαλώτους εἶπας, Ἑλλήνων ἄγραν;

ΕΚΑΒΗ.

Σὺν ταῖσδε τὸν ἐμὸν φονέα τιμωρήσομαι.

NC. 864. Οὐκ ἔστιν ἀνδρῶν chez Aristote, *Rhétorique*, II, 21.

régulière. La logique rigoureuse demanderait ἐμέ τε μὴ δόξαι στρατῷ.

873. Πάσχοντος... οἷα πείσεται. Hécube ne veut pas s'expliquer sur le châtiment cruel qu'elle se propose d'infliger à Polymestor.

874. Μὴ δοκῶν ἐμὴν χάριν (εἴργειν), sans avoir l'air de le faire pour moi.

ΑΓΑΜΕΜΝΩΝ.

Καὶ πῶς γυναιξὶν ἀρσένων ἔσται κράτος;

ΕΚΑΒΗ.

Δεινὸν τὸ πλῆθος σὺν δόλῳ τε δύσμαχον.

ΑΓΑΜΕΜΝΩΝ.

Δεινόν· τὸ μέντοι θῆλυ μέμφομαι γένος.   885

ΕΚΑΒΗ.

Τί δ'; οὐ γυναῖκες εἷλον Αἰγύπτου τέκνα
καὶ Λῆμνον ἄρδην ἀρσένων ἐξῴκισαν;
Ἀλλ' ὡς γενέσθω· τόνδε μὲν μέθες λόγον,
πέμψον δέ μοι τήνδ' ἀσφαλῶς διὰ στρατοῦ
γυναῖκα. Καὶ σὺ Θρῃκὶ πλασθεῖσα ξένῳ   890
λέξον· καλεῖ σ' ἄνασσα δή ποτ' Ἰλίου
Ἑκάβη, σὸν οὐκ ἔλασσον ἢ κείνης χρέος,
καὶ παῖδας· ὡς δεῖ καὶ τέκν' εἰδέναι λόγους
τοὺς ἐξ ἐκείνης. Τὸν δὲ τῆς νεοσφαγοῦς
Πολυξένης ἐπίσχες, Ἀγάμεμνον, τάφον,   895
ὡς τώδ' ἀδελφὼ πλησίον μιᾷ φλογί,
δισσὴ μέριμνα μητρί, κρυφθῆτον χθονί.

ΑΓΑΜΕΜΝΩΝ.

Ἔσται τάδ' οὕτω· καὶ γὰρ εἰ μὲν ἦν στρατῷ
πλοῦς, οὐκ ἂν εἶχον τήνδε σοι δοῦναι χάριν·
νῦν δ', οὐ γὰρ ἵησ' οὐρίους πνοὰς θεός,   900
μένειν ἀνάγκη πλοῦν ὁρῶντας ἥσυχον.

NC. 888. Vulgate: γενέσθαι. — 900. Οὐρίους, leçon du manuscrit de Paris. Vulgate : οὐρίας. — 901. Hartung écrit ἡσύχους.

883. Ἀρσένων κράτος « la victoire sur les hommes, » équivant à κρατεῖν ἀρσένων.

885. Μέμφομαι équivaut à φαῦλον ἡγοῦμαι (schol.).

886-87. Tout le monde connaît la fable des Danaïdes, traitée par Eschyle dans une trilogie dont la première pièce, les *Suppliantes*, a été conservée. — Le meurtre des Lemniens tués par leurs femmes était si célèbre, qu'il donna lieu au proverbe Λήμνια κακά, auquel Eschyle fait allusion, *Choéph.* 631 sqq. Ce crime fut attribué soit à la colère de Vénus, soit à une antipathie de races.

890. Hécube charge de ce message la fidèle esclave qu'on a vue plus haut et qui n'a pas encore quitté la scène.

892. Σὸν χρέος, « dans ton intérêt ». Cette locution se rapproche, pour la construction, comme pour le sens, de σὴν χάριν.

901. Πλοῦν ὁρῶντας, en attendant, en épiant le moment où nous pourrons nous embarquer. Ὁρῶντας répond à *exspectantes*: lorsqu'on attend, on regarde attenti-

18

ΕΚΑΒΗ.

Γένοιτο δ' εὖ πως· πᾶσι γὰρ κοινὸν τόδε,
ἰδίᾳ θ' ἑκάστῳ καὶ πόλει, τὸν μὲν κακὸν
κακόν τι πάσχειν, τὸν δὲ χρηστὸν εὐτυχεῖν.

ΧΟΡΟΣ.

Σὺ μὲν, ὦ πατρὶς Ἰλιὰς,   [Strophe 1.] 905
τῶν ἀπορθήτων πόλις οὐκέτι λέξει·
τοῖον Ἑλλάνων νέφος ἀμφί σε κρύπτει
δόρυ δὴ δόρυ πέρσαν.

Ἀπὸ δὲ στεφάναν κέχαρσαι   910
πύργων, κατὰ δ' αἰθάλου
κηλῖδ' οἰκτροτάταν κέχρωσαι,
τάλαιν', οὐκέτι σ' ἐμβατεύσω.

Μεσονύκτιος ὠλλύμαν,   [Antistrophe 1]

NC. 908. On lisait δορὶ δὴ δορὶ πέρσαν. D'après cette leçon, Euripide dirait qu'une nuée de Grecs cache Ilion de tous les côtés, après l'avoir détruite par la lance. N'est-il pas évident que le nuage qui couvre Ilion n'est pas une nuée de Grecs, et que c'est la lance, et non pas un nuage qui a détruit la ville ? J'ai rétabli la justesse de l'image par un changement léger. — 911. Après αἰθάλου, les manuscrits ajoutent καπνοῦ, glose retranchée par Triclinius.

vement. — Ἥσυχον (leçon suspecte) serait à sa place, si les Grecs étaient arrêtés par une tempête. Mais ce n'est pas là ce que vient de dire Agamemnon. Voy. NC.

902. Κοινὸν τόδε, il est de l'intérêt commun.

904. En remontant au vers 860, on trouve d'abord deux fois sept vers d'Agamemnon (850-56, 857-63). Ensuite Hécube prononce deux couplets, de douze vers chacun (864-75, 886-97), lesquels sont séparés par une courte stichomythie précédée d'un quatrain. La scène se termine par sept vers d'Agamemnon (888-904). Elle avait commencé de même (726-33). Cette coïncidence est-elle fortuite ?

908-909. Ἑλλάνων est gouverné par δόρυ, et τοῖον νέφος l'est par κρύπτει. Traduisez : « Tel est le nuage dont te couvre, dont t'enveloppe, la lance des Grecs qui t'a détruite. » Quant aux deux accusatifs régis par ἀμφικρύπτει, comparez la phrase homérique : Ἔσσω μιν χλαῖνάν τε χιτῶνά τε. (Odyssee, XVII, 550.)

910-912. Ἀπὸ στεφάναν κέχαρσαι est dit d'après l'analogie de ἀποκείρεσθαι κόμας : les femmes de Troie parlent de l'abaissement de leur chère ville, comme si c'était une personne, une femme. Nous disons bien aussi « raser des murs »; mais cette phrase toute courante ne dit plus rien à notre imagination. Στεφάνη πύργων, comme στεφάνωμα πύργων chez Sophocle, Antig. 121, ne désigne pas les créneaux, mais les murs mêmes, dont la ville est ceinte et en quelque sorte couronnée Troie est maintenant découronnée de ses murs. — La seconde phrase ressemble à la première. Construisez : κατακέχρωσαι δὲ κηλῖδα οἰκτροτάτην αἰθάλου.

914. Comparez avec cette strophe et les suivantes le chœur des Troyennes, 511 sqq. où le poëte s'est plu aussi à peindre la sécurité dont se berçaient ces malheureux au moment même où ils allaient périr.— Μεσονύκτιος. Dans la Petite Iliade, le moment où les Grecs se précipitent dans la ville était marqué par ces vers : Νὺξ μὲν

ΕΚΑΒΗ.

ἦμος ἐκ δείπνων ὕπνος ἡδὺς ἐπ' ὄσσοις 915
κίδναται, μολπᾶν δ' ἄπο καὶ χαροποιὸν
θυσίαν καταπαύσας
πόσις ἐν θαλάμοις ἔκειτο,·
ξυστὸν δ' ἐπὶ πασσάλῳ, 920
ναύταν οὐκέθ' ὁρῶν ὅμιλον
Τροίαν Ἰλιάδ' ἐμβεβῶτα.

Ἐγὼ δὲ πλόκαμον ἀναδέτοις [Strophe 2.]
μίτραισιν ἐρρυθμιζόμαν
χρυσέων ἐνόπτρων 925
λεύσσουσ' ἀτέρμονας εἰς αὐγάς,
ἐπιδέμνιος ὡς πέσοιμ' ἐς εὐνάν.
Ἀνὰ δὲ κέλαδος ἔμολε πόλιν·
κέλευσμα δ' ἦν κατ' ἄστυ Τροίας τόδ'· ὦ
παῖδες Ἑλλάνων, πότε δὴ πότε τὰν 930
Ἰλιάδα σκοπιὰν

NC. 916-917. Variante σκίδναται. Ensuite les manuscrits flottent entre μολπὰν et μολπᾶν, χοροποιὸν θυσίαν et χαροποιῶν θυσιᾶν. Généralement on met tous ces mots au génitif. Brunck a vu ce qu'il fallait. — 922. Ἐμβεβαῶτα, leçon de la plupart des manuscrits, a été corrigé par Triclinius.

ἔην μέσση, λαμπρὰ δ' ἐπέτελλε σελήνη. Les historiens grecs ont été assez naïfs pour se servir de ce mot d'un poëte dans leurs calculs sur la date de la prise de Troie.

915-917. Ἐκ δείπνων, à la suite du repas. Cp. v. 55. — Μολπᾶν ἄπο et χαροποιὸν θυσίαν καταπαύσας sont deux membres de phrase coordonnés, quoique revêtus de formes grammaticales toutes différentes. Voy. notre observation sur *Hipp.* 188.

920. Ξυστὸν δ' ἐπὶ πασσάλῳ est une phrase parenthétique. Dans une peinture des douceurs de la paix, conservée par Stobée, *Anth.* LV, 4, et tirée de la tragédie d'*Érechthée*, on lit: Θρῄκιον πέλταν πρὸς Ἀθάνας περικίοσιν ἀγκρεμάσα; θαλάμοις.

923-926. Les femmes ne disent pas qu'elles se paraient, ce qui serait fort extraordinaire à cette heure, mais qu'elles faisaient leur toilette de nuit en relevant et fixant leurs cheveux. — Ἐνόπτρων ἀτέρμονας αὐγάς. Les scholiastes et Eustathe (*ad Il.* VII, 446) prétendent que cette périphrase désigne des miroirs ronds, le cercle étant une figure qui n'a ni commencement ni fin. Suivant Boissonade, le poëte voulait dire qu'en regardant dans un miroir notre regard semble plonger dans des profondeurs infinies. Hartung objecte avec raison que cela n'arrive pas avec un miroir suspendu dans une chambre. Les mots ἀτέρμονας αὐγάς; marqueraient-ils qu'un miroir que vous regardez vous regarde sans cesse?

927. Ἐπιδέμνιος.... ἐς εὐνάν. Dindorf compare avec ces mots le vers 1111 des *Bacchantes*: Ὑψόθεν χαμαιπετὴς πίπτει πρὸς οὔδας, où l'on voit la même abondance d'expression.

931. Ἰλιάδα σκοπιάν, l'acropole de Troie.

πέρσαντες ἥξετ' οἴκους;

Λέχη δὲ φίλια μονόπεπλος [Antistrophe 2]
λιποῦσα, Δωρὶς ὡς κόρα,
σεμνὰν προσίζουσ' 935
οὐκ ἤνυσ' Ἄρτεμιν ἁ τλάμων·
ἄγομαι δὲ θανόντ' ἰδοῦσ' ἀκοίταν
τὸν ἐμὸν ἅλιον ἐπὶ πέλαγος,
πόλιν τ' ἀποσκοποῦσ', ἐπεὶ νόστιμον
ναῦς ἐκίνησεν πόδα τ' ἠδ' ἀπὸ γᾶς 940
Ἰλιάδος μ' ὥρισεν·
τάλαιν', ἀπεῖπον ἄλγει·

τὰν τοῖν Διοσκόροιν Ἑλέναν [Epode.]
κάσιν Ἰδαῖόν τε βούταν
αἰνόπαριν κατάρᾳ διδοῦσ', ἐπεί με γᾶς 945
ἐκ πατρίας ἀπώλεσεν ἐξ-
ῴκισεν τ' οἴκων
γάμος, οὐ γάμος ἀλλ' ἀλάστορός τις οἰζύς·

932. Les manuscrits donnent ἥξετ' ἐς οἴκους. King a retranché la glose ἐς. — 940-941. On lisait πόδα καί μ' ἀπὸ γᾶς ὥρισεν Ἰλιάδος. La symétrie antistrophique demande que le mot Ἰλιάδος ait ici la même place qu'Ἰλιάδα occupe dans la strophe. C'est d'après ce principe que j'ai corrigé le texte, légèrement altéré par une paraphrase. — 946. J'ai écrit πατρίας pour πατρῴας, à cause de la mesure. — 948. Les manuscrits portent ὀϊζύς.

934. Δωρὶς ὡς κόρα. Les jeunes filles de Sparte ne portaient qu'un vêtement flottant sans tunique intérieure, ce qui les faisait appeler φαινομηρίδες. Voy. le trait de satire lancé contre elles dans *Andromaque*, v. 595 sqq. Cp. C. O. Muller, *Dorier*, II, p. 263.

935-936. Προσίζουσ' οὐκ ἤνυσ(α) équivaut à προσῖζον ἀνήνυτα, j'implorais (la déesse) sans rien obtenir. Ἄρτεμιν est le régime de προσίζουσ(α).

940. Πόδα. Les interprètes discutent s'il faut entendre le cordage qui portait ce nom, ou bien le gouvernail. Je pense que ce n'est ni l'un ni l'autre : κινεῖν πόδα « à partir » est une phrase toute faite, qui se dit proprement d'un homme, et qui est ici appliquée à un vaisseau, comme elle pourrait l'être à tout autre objet.

942. Les mots τάλαιν', ἀπεῖπον ἄλγει forment encore une parenthèse. Car κατάρᾳ διδοῦσ(α), v. 945, est coordonné à ἀποσκοποῦσα et se rattache à ἄγομαι.

945. Αἰνόπαριν rappelle l'homérique δύσπαρις.

946. Γᾶς ἐκ πατρίας ἀπώλεσεν, *e patria me pessum dedit*, concision énergique, qui fait sentir que c'est périr que d'être ainsi exilé.

948-950. Γάμος, οὐ γάμος ... οἰζύς. Cp. *Androm.* 103 : Ἰλίῳ αἰπεινᾷ Πάρις οὐ γάμον ἀλλά τιν' ἄταν Ἠγάγετ' εὐναίαν εἰς θαλάμους Ἑλέναν. Ce passage prouve, ce que les interprètes ont méconnu, que

ἂν μήτε πέλαγος ἅλιον ἀπαγάγοι πάλιν, 950
μήτε πατρῷον ἵκοιτ' ἐς οἶκον.

ΠΟΛΥΜΗΣΤΩΡ.

Ὦ φίλτατ' ἀνδρῶν Πρίαμε, φιλτάτη δὲ σὺ
Ἑκάβη, δακρύω σ' εἰσορῶν πόλιν τε σὴν,
τήν τ' ἀρτίως θανοῦσαν ἔκγονον σέθεν. 955
Φεῦ·
οὐκ ἔστιν πιστὸν οὐδὲν, οὔτ' εὐδοξία
οὔτ' αὖ καλῶς πράσσοντα μὴ πράξειν κακῶς.
Φύρουσι δ' αὐτὰ θεοὶ πάλιν τε καὶ πρόσω
ταραγμὸν ἐντιθέντες, ὡς ἀγνωσίᾳ
σέβωμεν αὐτούς. Ἀλλὰ ταῦτα μὲν τί δεῖ 960
θρηνεῖν προκόπτοντ' οὐδὲν εἰς πρόσθεν κακῶν;
Σὺ δ' εἴ τι μέμφει τῆς ἐμῆς ἀπουσίας,
σχές· τυγχάνω γὰρ ἐν μέσοις Θρῄκης ὅροις
ἀπὼν, ὅτ' ἦλθες δεῦρ'· ἐπεὶ δ' ἀφικόμην,
ἤδη πόδ' ἔξω δωμάτων αἴροντί μοι 965
εἰς ταὐτὸν ἥδε συμπίτνει δμωὶς σέθεν,
λέγουσα μύθους ὧν κλύων ἀφικόμην.

NC. 956. Variante : οὐκ ἔστιν οὐδὲν πιστόν. — 958. Hermann a corrigé la leçon αὖθ' οἱ
θεοί. — 967. Ce second ἀφικόμην (cf. v. 964) est sans doute une glose. Le poète
pouvait écrire πάρειμί σοι.

c'est Hélène que désignent les expressions γάμος « épouse », et ἀλάστορός τις οἰζύς, «calamité envoyée par un mauvais génie »(ou bien «calamité fatale, » si ἀλάστορος est au nominatif et employé adjectivement). Ainsi s'explique le relatif ἄν, qui se rapporte à οἰζύς, sans qu'on ait besoin de remonter à Ἑλέναν, qui est si éloigné. Voy. aussi Eschyle, *Agam.* 1464, où Hélène est également appelée οἰζύς.

952. On a trouvé extraordinaire que Polymestor apostrophât Priam, qui n'est plus, en saluant Hécube, qui est devant lui. C'est que Polymestor est d'autant plus pathétique qu'il feint des sentiments qu'il n'a pas. Il ne fallait donc pas suspecter ce vers.

957. Construisez αὖ avec πράξειν κακῶς.

964. Προκόπτοντ(α).... κακῶν, puis- qu'on n'avance point dans ses maux, puisqu'on n'arrive pas au terme de ses maux en se lamentant. Προκόπτειν εἰς πρόσθεν, ou simplement προκόπτειν, répond au latin *proficere.* Cp Hérodote, III, 56 : Ἐς τὸ πρόσω οὐδὲν προεκόπτετο τῶν πρηγμάτων.

963. Τυγχάνω, au présent, quoique ἦλθες (v. 964) soit à l'imparfait. Cf. v. 1134, οὐ δίδωσι est amené après ἤν.

964-966. Ἀφικόμην, opposé à ἀπών, a ici, et ailleurs, le sens de rentrer. Polymestor dit, qu'il était au fond de la Thrace quand Hécube arriva dans la Chersonèse, qu'à peine revenu dans ce pays il s'empressa d'aller voir la reine, et que la messagère le rencontra au moment où il sortait dans cette intention de son palais.

ΕΚΑΒΗ.

Αἰσχύνομαί σε προσβλέπειν ἐναντίον,
Πολυμῆστορ, ἐν τοιοῖσδε κειμένη κακοῖς.
Ὅτῳ γὰρ ὤφθην εὐτυχοῦσ', αἰδώς μ' ἔχει   970
ἐν τῷδε πότμῳ τυγχάνουσ' ἵν' εἰμὶ νῦν,
κοὐκ ἂν δυναίμην προσδρακεῖν ὀρθαῖς κόραις.
Ἀλλ' αὐτὸ μὴ δύσνοιαν ἡγήσῃ σέθεν,
Πολυμῆστορ· ἄλλως δ' αἴτιόν τι καὶ νόμος,
γυναῖκας ἀνδρῶν μὴ βλέπειν ἐναντίον.   975

ΠΟΛΥΜΗΣΤΩΡ.

Καὶ θαῦμά γ' οὐδέν. Ἀλλὰ τίς χρεία σ' ἐμοῦ;
τί χρῆμ' ἐπέμψω τὸν ἐμὸν ἐκ δόμων πόδα;

ΕΚΑΒΗ.

Ἴδιον ἐμαυτῆς δή τι πρὸς σὲ βούλομαι
καὶ παῖδας εἰπεῖν σούς· ὁπάονας δέ μοι
χωρὶς κέλευσον τῶνδ' ἀποστῆναι δόμων.   980

ΠΟΛΥΜΗΣΤΩΡ.

Χωρεῖτ'· ἐν ἀσφαλεῖ γὰρ ἥδ' ἐρημία.
Φίλη μὲν εἶ σύ, προσφιλὲς δέ μοι τόδε
στράτευμ' Ἀχαιῶν. Ἀλλὰ σημαίνειν χρεών

NC. 971-972. Reiske, Porson et d'autres critiques voulaient transposer ces vers. Nauck regarde les mots τυγχάνουσ'.... δυναίμην comme interpolés. Ces conjectures sont inutiles, et ἐν τῷδε πότμῳ ne peut guère se passer de participe, ce me semble. Mais j'ai cru devoir écrire προσδρακεῖν ὀρθαῖς pour προσβλέπειν σ' ὀρθαῖς. La répétition de προσβλέπειν (voy. 968 et aussi 975) provient sans doute d'une glose. Le pronom personnel ne se trouve pas dans le meilleur manuscrit. — 982. La plupart des manuscrits insèrent ἡμῖν avant εἶ. Un seul omet τόδε, qu'on ne saurait considérer comme une glose et qui est irréprochable, quoi qu'on en ait dit, puisque Polymestor se trouve au milieu de l'armée grecque. — 983. J'ai écrit χρεών pour σε χρή, qu'Euripide n'aurait pas fait suivre de τί χρή. Le *Marcianus* a σε χρῆν, leçon que les derniers éditeurs n'auraient pas dû admettre, mais qui conserve peut-être un indice de la leçon primitive. Brunck avait conjecturé σε δεῖ.

970-972. Sous-entendez τούτου avant αἰδώς μ' ἔχει, et τοῦτον avant προσδρακεῖν. Comme αἰδώς μ' ἔχει équivaut à αἰδοῦμαι, le nominatif τυγχάνουσα est tout à fait conforme à l'usage des Grecs de cette époque, et l'on est étonné de voir de grands hellénistes essayer de corriger ce passage. Cp. *Hipp.* 23 et 1120; *Médée* 595 et 1409 : un datif irrégulier, *ib.* 58; un accusatif irrégulier, *ib.* 744.

976. Τίς χρεία σ' ἐμοῦ; phrase imitée de l'homérique τί δέ σε χρεὼ ἐμεῖο, *Il.* XI, 606.

977. Τί χρῆμα, pourquoi. Cp. σὸν χρέος, v. 892. — Τὸν ἐμὸν πόδα. Voy. touchant cette périphrase la note sur *Hipp.* 661.

τί χρὴ τὸν εὖ πράσσοντα μὴ πράσσουσιν εὖ
φίλοις ἐπαρκεῖν· ὡς ἕτοιμός εἰμ' ἐγώ. 985
ΕΚΑΒΗ.
Πρῶτον μὲν εἰπὲ παῖδ' ὃν ἐξ ἐμῆς χερὸς
Πολύδωρον ἔκ τε πατρὸς ἐν δόμοις ἔχεις
εἰ ζῇ· τὰ δ' ἄλλα δεύτερόν σ' ἐρήσομαι.
ΠΟΛΥΜΗΣΤΩΡ.
Μάλιστα· τοὐκείνου μὲν εὐτυχεῖς μέρος.
ΕΚΑΒΗ.
Ὦ φίλταθ', ὡς εὖ κἀξίως σέθεν λέγεις. 990
ΠΟΛΥΜΗΣΤΩΡ.
Τί δῆτα βούλει δεύτερον μαθεῖν ἐμοῦ;
ΕΚΑΒΗ.
Εἰ τῆς τεκούσης τῆσδε μέμνηταί τί μου.
ΠΟΛΥΜΗΣΤΩΡ.
Καὶ δεῦρό γ' ὡς σὲ κρύφιος ἐζήτει μολεῖν.
ΕΚΑΒΗ.
Χρυσὸς δὲ σῶς ὃν ἦλθεν ἐκ Τροίας ἔχων;
ΠΟΛΥΜΗΣΤΩΡ.
Σῶς, ἐν δόμοις γε τοῖς ἐμοῖς φρουρούμενος. 995
ΕΚΑΒΗ.
Σῶσόν νυν αὐτὸν, μηδ' ἔρα τῶν πλησίον.
ΠΟΛΥΜΗΣΤΩΡ.
Ἥκιστ'· ὀναίμην τοῦ παρόντος, ὦ γύναι.
ΕΚΑΒΗ.
Οἶσθ' οὖν ἃ λέξαι σοί τε καὶ παισὶν θέλω;
ΠΟΛΥΜΗΣΤΩΡ.
Οὐκ οἶδα· τῷ σῷ τοῦτο σημανεῖς λόγῳ.

NC. 992. J'aimerais mieux μοι au lieu de μου. — 996. Var. τοῦ πλησίον. — 998-999. Il ne semble pas nécessaire d'écrire ἃ pour ἅ, ou τοῦτο pour ταῦτα.

989. Τοὐκείνου μέρος « quant à lui », hellénisme usuel.
992. Εἰ τῆς τεκούσης τῆσδε μέμνηται τί μου. « Ecqua tamen puero est amissae
« cura parentis? » Virg. Énéide, III, 341.
996. Τῶν πλησίον équivaut à τῶν τοῦ πλησίον (χρημάτων) ou à τῶν ἀλλοτρίων.

ΕΚΑΒΗ.
Ἔστ᾽, ὦ φιληθεὶς ὡς σὺ νῦν ἐμοὶ φιλεῖ, 1000
ΠΟΛΥΜΗΣΤΩΡ.
τί χρῆμ᾽ ὃ κἀμὲ καὶ τέκν᾽ εἰδέναι χρεών;
ΕΚΑΒΗ.
χρυσοῦ παλαιαὶ Πριαμιδῶν κατώρυχες.
ΠΟΛΥΜΗΣΤΩΡ.
Ταῦτ᾽ ἔσθ᾽ ἃ βούλει παιδὶ σημῆναι σέθεν;
ΕΚΑΒΗ.
Μάλιστα, διὰ σοῦ γ᾽· εἰ γὰρ εὐσεβὴς ἀνήρ.
ΠΟΛΥΜΗΣΤΩΡ.
Τί δῆτα τέκνων τῶνδε δεῖ παρουσίας; 1005
ΕΚΑΒΗ.
Ἄμεινον, ἢν σὺ κατθάνῃς, τούσδ᾽ εἰδέναι.
ΠΟΛΥΜΗΣΤΩΡ.
Καλῶς ἔλεξας· τῇδε καὶ σοφώτερον.
ΕΚΑΒΗ.
Οἶσθ᾽ οὖν Ἀθάνας Ἰλίας ἵνα στέγαι;
ΠΟΛΥΜΗΣΤΩΡ.
Ἐνταῦθ᾽ ὁ χρυσός ἐστι; Σημεῖον δὲ τί;
ΕΚΑΒΗ.
Μέλαινα πέτρα γῆς ὑπερτέλλουσ᾽ ἄνω. 1010
ΠΟΛΥΜΗΣΤΩΡ.
Ἔτ᾽ οὖν τι βούλει τῶν ἐκεῖ φράζειν ἐμοί;
ΕΚΑΒΗ.
Σῶσαί σε χρήμαθ᾽ οἷς ξυνεξῆλθον θέλω.

NC. 1000. Ἔστ᾽, ὦ, excellente correction de Hermann, pour ἔστω — 1007. Boissonade a mis un point en haut après ἔλεξας, et tous les éditeurs auraient dû adopter cette ponctuation, soit parce que la liaison καλῶς καὶ σοφώτερον a quelque chose de choquant, soit parce que καλῶς ἔλεξας s'emploie toujours sans complément : cf Oreste, 100, 110, 173; Troy. 1054.

1000. On remarquera la sinistre ambiguïté de ce vers, si heureusement retabli par Hermann. — Le singulier ἐστ(ὶ), auquel se rapporte τί χρῆμ(α) dans la question de Polymestor, est suivi du pluriel κατώρυχες (v. 1002) : figure appelée par les grammairiens σχῆμα Πινδαρικόν, et qui se trouve aussi chez les prosateurs grecs.

ΠΟΛΥΜΗΣΤΩΡ.

Ποῦ δῆτα; πέπλων ἐντὸς ἢ κρύψασ' ἔχεις;

ΕΚΑΒΗ.

Σκύλων ἐν ὄχλῳ ταῖσδε σώζεται στέγαις.

ΠΟΛΥΜΗΣΤΩΡ.

Ποῦ δ'; αἵδ' Ἀχαιῶν ναύλοχοι περιπτυχαί.   1015

ΕΚΑΒΗ.

Ἴδιαι γυναικῶν αἰχμαλωτίδων στέγαι.

ΠΟΛΥΜΗΣΤΩΡ.

Τἄνδον δὲ πιστὰ κἀρσένων ἐρημία;

ΕΚΑΒΗ.

Οὐδεὶς Ἀχαιῶν ἔνδον, ἀλλ' ἡμεῖς μόναι. —
Ἀλλ' ἕρπ' ἐς οἴκους· καὶ γὰρ Ἀργεῖοι νεῶν
λῦσαι ποθοῦσιν οἴκαδ' ἐκ Τροίας πόδα·   1020
ὡς πάντα πράξας ὧν σε δεῖ, στείχῃς πάλιν
ξὺν παισὶν οὗπερ τὸν ἐμὸν ᾤκισας γόνον.

ΧΟΡΟΣ.

Οὔπω δέδωκας, ἀλλ' ἴσως δώσεις δίκην·

NC. 1013. Beaucoup d'éditeurs écrivent ἦ, qui se trouve, il est vrai, dans le *Marcianus*, mais qui n'en vaut pas mieux pour cela. — 1016. Var. : ἰδίᾳ. — 1023. Nauck retranche ἴσως et propose οὔπω δέδοικας ou οὔπω δέδιας. J'aimerais mieux : οὔτοι δέδοικας ἂν ἴσως δόσεις δίκην, ou bien, s'il faut un dimètre dochmiaque, οὔτι δέδοικας, ἀλλὰ δώσεις δίκην.

1013. Construisez: ἢ κρύψασ' ἔχεις ἐντὸς πέπλων. Quoique la seconde question ne soit pas opposée à la première, ἢ se conforme à l'usage grec (comme *an* à l'usage latin). On peut en rendre compte par cette périphrase : « ou bien cette question est-elle inutile, puisqu'il faut supposer que tu tiens ces trésors cachés dans tes vêtements? » Voy. Krüger, *Grammaire grecque*, I, 69, 20, 2. Cp. *Iph. Taur.* 1042 et 1168.

1019-1020. Νεῶν λῦσαι πόδα, « délier le pied (entravé) des vaisseaux », comme on délierait le pied d'un cheval : trope facile à saisir Le mot πούς ne peut guère désigner le câble par lequel le vaisseau est attaché au rivage, τὰ ἀπόγεια σχοινία (schol.). Comme terme de marine πούς se dit toujours de l'un des deux cordages attachés aux deux bouts inférieurs de la voile. La phrase ναῦς ἐκίνησεν πόδα, v. 940, ne se rapportait pas non plus à aucune partie du vaisseau, ni des agrès.

1022. Ce vers cache un sens sinistre, comme celui qu'Eschyle plaça dans la bouche de Clytemnestre, *Agam.* 911 : Ἐς δῶμ' ἄελπτον ὡς ἂν ἡγῆται Δίκη, « afin que la Justice le conduise dans la maison inespérée », c'est-à-dire en apparence : « le palais des Atrides », au fond : « la maison de Pluton. »

1023. Si Polymestor semblait devoir jouir encore d'une longue impunité, on comprendrait que le chœur dit : « Tu n'as pas encore expié ton crime; mais tu l'expieras. » Ici, cette pensée semble tout à fait déplacée. D'après les conjectures proposées ci-dessus, le sens de ce vers est : « Tu ne te doutes point du châtiment qui t'attend »; et c'est là ce que demandent et la situation et les vers suivants.

ἀλίμενόν τις ὡς εἰς ἄντλον πεσὼν 1025
λέχριος, ἐκπεσεῖ φίλας καρδίας,
ἀμέρσας βίον. Τὸ γὰρ ὑπέγγυον
Δίκᾳ καὶ θεοῖσιν οὐ ξυμπίτνει, 1030
ὀλέθριον ὀλέθριον κακόν.
Ψεύσει σ' ὁδοῦ τῆσδ' ἐλπὶς ἥ σ' ἐπήγαγεν
θανάσιμον πρὸς Ἅιδαν, ἰὼ τάλας·
ἀπολέμῳ δὲ χειρὶ λείψεις βίον.

ΠΟΛΥΜΗΣΤΩΡ.

Ὤμοι, τυφλοῦμαι φέγγος ὀμμάτων τάλας. 1035

ΧΟΡΟΣ.

Ἠκούσατ' ἀνδρὸς Θρῃκὸς οἰμωγὴν, φίλαι;

ΠΟΛΥΜΗΣΤΩΡ.

Ὤμοι μάλ' αὖθις, τέκνα, δυστήνου σφαγῆς.

NC. 1025. Πεσών, correction de Porson pour ἐμπεσών, leçon introduite pour faire de ce vers quelque chose qui ressemblât à un trimètre. — 1026. Hermann a corrigé la leçon ἐκπέσῃ. — 1027. Βίον, correction de Hermann pour βίοτον, faute que le *Marcianus* présente aussi au v. 1034, et qui s'explique dans les deux cas comme celle du v. 1025.— 1030. La leçon vicieuse οὐ ξυμπίτνει est ancienne, puisque Didymos s'efforça déjà de l'expliquer tant bien que mal. La correction est due à Hemsterhuys. — 1031. Dindorf retranche l'un des deux ὀλέθριον. Mais si ce vers était dochmiaque, je crois qu'il ne serait pas séparé du précédent par un hiatus. — 1032-33. Ces deux vers semblent encore altérés de manière à en faire des trimètres ou à les rapprocher de cette mesure. Faut-il écrire ψεύσει σ' ὁδοῦ τῆσδ' ἐλπὶς ἥ σ' || ἤγαγε θανάσιμον πρὸς Ἅιδαν, τάλας? — 1036, ainsi que 1038, 1041 sqq. et 1047 sq., étaient autrefois attribués aux demi-chœurs, d'après des manuscrits d'une date récente.

1025-1027. Ἀλίμενον.... βίον, tel qu'un homme qui tombe au fond de la haute mer par le flanc (c'est-à-dire par une chute imprévue et sans espoir de revenir sur l'eau), tu seras précipité du haut de tes espérances en perdant la vie. Je prends ἐκπεσεῖ φίλας καρδίας dans le sens de ἀποσφαλήσει φρενῶν, ἐλπίδων. Tous les commentateurs expliquent cette phrase : « excides cara anima », sens qui ne diffère pas de celui de ἀμέρσας βίον. Pour échapper à cette tautologie, Brunck et d'autres veulent que cette dernière phrase, évidemment synonyme de ὀλέσας βίον, signifie : « Ayant privé (un autre) de la vie », ellipse qui me semble inadmissible.

1027-1031. Τὸ γὰρ.... κακόν, là où échoient à la fois la dette à payer à la justice et celle qui est due aux dieux, le malheur est mortel, inévitable. Cp. v. 799 sq. et 852 sq.

1033. Θανάσιμον ne se rapporte pas à Ἅιδαν, mais à σ(ε), c'est-à-dire à Polymestor.

1035. Ici l'on entend Polymestor crier derrière la scène.

1037. On croit généralement qu'ici Polymestor ne se plaint plus de son propre sort, mais qu'il s'apitoie sur celui de ses enfants, qui viennent d'être égorgés par les Troyennes. Cependant la phrase ὤμοι (ou οἴμοι) μάλ' αὖθις, dont le sens n'est pas douteux, s'oppose à cette explication. Agamemnon, chez Eschyle (*Agam.* 1345), et Clytemnestre, chez Sophocle (*Électre*, 1416) se

ΧΟΡΟΣ.
Φίλαι, πέπρακται καίν᾽ ἔσω δόμων κακά.
ΠΟΛΥΜΗΣΤΩΡ.
Ἀλλ᾽ οὔτι μὴ φύγητε λαιψηρῷ ποδί·
βάλλων γὰρ οἴκων τῶνδ᾽ ἀναρρήξω μυχούς. 1040
ΧΟΡΟΣ.
Ἰδοὺ, βαρείας χειρὸς ὁρμᾶται βέλος.
Βούλεσθ᾽ ἐπεισπέσωμεν; ὡς ἀκμὴ καλεῖ
Ἑκάβη παρεῖναι Τρωάσιν τε συμμάχους.
ΕΚΑΒΗ.
Ἄρασσε, φείδου μηδὲν, ἐκβάλλων πύλας·
οὐ γάρ ποτ᾽ ὄμμα λαμπρὸν ἐνθήσεις κόραις, 1045
οὐ παῖδας ὄψει ζῶντας οὓς ἔκτειν᾽ ἐγώ.
ΧΟΡΟΣ.
Ἦ γὰρ καθεῖλες Θρηκίου κράτος ξένου,
δέσποινα, καὶ δέδρακας οἷάπερ λέγεις;
ΕΚΑΒΗ.
Ὄψει νιν αὐτίκ᾽ ὄντα δωμάτων πάρος
τυφλὸν τυφλῷ στείχοντα παραφόρῳ ποδί, 1050

NC. 1041. Certains commentateurs grecs et Hermann donnent ce vers à Polymestor. — 1047. Les manuscrits portent καθεῖλες θρῆκα καὶ κρατεῖς ξένου. Hermann proposait de changer ξένου, qui est une cheville, en ξένον. Mais κρατεῖς, qui ne peut avoir ici que le sens de « tu le tiens en ton pouvoir », me semble encore plus inadmissible. Je crois avoir rétabli la justesse de l'expression et le style poétique en mettant Θρηκίου κράτος à la place de θρῆκα καὶ κρατεῖς.

servent des mêmes mots en recevant un second coup; l'OEdipe et l'Hercule de Sophocle poussent ce cri (OEd. Roi 1317; Trach. 1206) en ressentant une nouvelle atteinte de leur mal. Polymestor aussi reçoit un second coup en s'écriant ὤ ὄσι μάλ᾽ αὖθις: mais en même temps sa pensée revient sur ses enfants, et les mots δυστήνων σφαγῆς, qu'il faut traduire : « qu'on *nous* égorge misérablement! » se rapportent à la fois au père aveugle et aux fils massacrés.

1039-1041. Polymestor dit qu'il finira par atteindre les Troyennes à force de les poursuivre de projectiles lancés assez vigoureusement pour traverser les parois de la maison. En effet, l'un de ces projectiles vient tomber sur la scène, et donne lieu à l'exclamation du chœur.

1047. Θρηκίου κράτος ξένου. Cette périphrase, synonyme de celles qu'Homère forme avec βίη, ἴς, μένος, σθένος, fait ressortir ce qu'il y a de merveilleux dans cette victoire d'une faible femme sur un homme robuste. Les particules ἦ γάρ et les mots καὶ δέδρακας οἷάπερ λέγεις, indiquent que le chœur a peine à y croire.

1050. Τυφλῷ ποδί, d'un pied aveugle. Sophocle dit ἀμαυρῷ κώλῳ, OEd. Col. 182. — Παραφόρῳ. Cet adjectif, qui se rapporte d'ordinaire à l'égarement de l'esprit, indique ici la marche incertaine de l'aveugle.

παίδων τε δισσῶν σώμαθ', οὓς ἔκτειν' ἐγὼ
σὺν ταῖς ἀρίσταις Τρωάσιν· δίκην δέ μοι
δέδωκε· χωρεῖ δ', ὡς ὁρᾷς, ὅδ' ἐκ δόμων.
Ἀλλ' ἐκποδὼν ἄπειμι κἀποστήσομαι
θυμῷ ῥέοντα Θρῇκα δυσμαχωτάτῳ. 1055

ΠΟΛΥΜΗΣΤΩΡ.

Ὤμοι ἐγὼ,
πᾶ βῶ, πᾶ στῶ, πᾶ κέλσω;
Τετράποδος βάσιν θηρὸς ὀρεστέρου,
τιθέμενος ἐπὶ ποδὶ κατ' ἴχνος χέρα·
Ποίαν, ἢ ταύταν ἢ τάνδ', 1060
ἐξαλλάξω, τὰς ἀνδροφόνους
μάρψαι χρῄζων
Ἰλιάδας, αἵ με διώλεσαν;

NC. 1055. Les manuscrits portent θυμῷ ῥέοντι Θρῃκί. La variante mal autorisée ζέοντι est une correction inutile. On a proposé plusieurs moyens d'éviter l'enchevêtrement des datifs : θυμὸν ζέοντι, πολλῷ ῥέοντι, etc. J'ai écrit ῥέοντα Θρῇκα. Les copistes auront méconnu la construction de ἀποστήσομαι avec l'accusatif. — 1056. S'il faut un dochmiaque, on peut suppléer τὶ ἄμων à la fin du vers, ou bien écrire, avec Hermann, ὤ μοί μοι ἐγώ. — 1059. J'ai corrigé la leçon τιθέμενος ἐπὶ χεῖρα κατ' ἴχνος, qui n'offre pas le sens que l'on demande : « marchant à la fois des pieds et des mains. » Expliquer ainsi les mots que nous venons de citer, c'est méconnaître la valeur des prépositions ἐπί et κατά, ainsi que la signification de ἴχνος, mot qui pourrait désigner aussi bien la trace des mains que celle des pieds, lorsqu'il s'agit d'un homme qui marche à quatre pattes. Il faut écrire ἐπὶ ποδὶ χεῖρα κατ' ἴχνος, ou plutôt, en rétablissant le dimètre dochmiaque, ἐπὶ ποδὶ κατ' ἴχνος χέρα. Ce dernier mot ayant été transposé afin de le rapprocher de ἐπὶ ποδί, un copiste pouvait facilement oublier ποδὶ après ἐπί.

1054-1055. Ἀποστήσομαι Θρῇκα. Cp. Xénophon, *Cynég.* III, 3 : Ἀφίστανται τὸν ἥλιον. C'est ainsi que l'on trouve ἐκστῆναι, ὑποχωρεῖν et d'autres verbes encore, construits avec l'accusatif d'après l'analogie de φεύγειν.

1056-1057. Le fond de la scène s'ouvre. On voit l'intérieur de la tente, les enfants étendus sans vie, et l'aveugle qui s'apprête à poursuivre les meurtrières. — Πᾶ κέλσω; où dois-je aborder? c'est-à-dire, où dois-je m'arrêter? comment arriver au but de ma course?

1058-1059. Τετράποδος.... χέρα. L'aveugle ne marche avec ses pieds et ses mains sous les yeux du spectateur; il se demande seulement s'il ne fera pas ainsi. Ceux qui entendent ce passage autrement font injure à Euripide et au public athénien. — Βάσιν n'est pas le régime de τιθέμενος, mais une apposition qui se rapporte à toute la phrase τιθέμενος ἐπὶ ποδί.... χέρα. (Cp. *Oreste*, 1105 : Ἑλένην κτάνωμεν, Μενέλεῳ λύπην πικράν) Cette phrase peut se traduire : « en mettant avec le pied la main (et le pied et la main) dans les traces que je suis ». Κατ' ἴχνος, est bien rendu par la glose d'Hésychius : κατακολουθήσας τὰ ἴχνη. On comprend maintenant l'épithète d'ὀρεστέρου ajoutée à θηρός. Polymestor voudrait courir comme une bête sauvage après ses ennemies.

1060-1061. Ποίαν.... ἐξαλλάξω; Cf. v. 162 : Ποίαν, ἢ ταύταν ἢ κείναν, στείχω·

Τάλαιναι κόραι τάλαιναι Φρυγῶν,
ὦ κατάρατοι, 1065
ποῖ καί με φυγᾷ πτώσσουσι μυχῶν;
Εἴθε μοι ὀμμάτων αἱματόεν βλέφαρον
ἀκέσσαιο τυφλὸν, ἀκέσσαι', Ἅλιε,
φέγγος ἐπαλλάξας.
Λᾶ,
σίγα· κρυπτὰν βάσιν αἰσθάνομαι 1070
τάνδε γυναικῶν. Πᾶ πόδ' ἐπάξας
σαρκῶν ὀστέων τ' ἐμπλησθῶ,
θοίναν ἀγρίων τιθέμενος θηρῶν,
ἀρνύμενος λώβαν
λύμας ἀντίποιν' ἐμᾶς; ὦ τάλας. 1075
Ποῖ πᾶ φέρομαι τέκν' ἔρημα λιπὼν
Βάκχαις Ἅιδου διαμοιρᾶσαι,
σφακτὰ κυσίν τε φονίαν δαῖτ' ἀνήμερόν τ'
ὀρείαν ἐκβολάν;

NC. 1064. Hermann a transposé la leçon τάλαιναι τάλαιναι κόραι Φρυγῶν. — 1068. J'ai corrigé la leçon ἀκέσσαι', ἀκέσαιο τυφλὸν, Ἅλιε. — 1069. On lisait ἀπαλλάξας, et on donnait à ce participe pour régime τυφλὸν φέγγος, en attribuant à ces mots le sens de *cécité*. J'ai écrit ἐπαλλάξας. Reiske avait proposé νέφος ἀπαλλάξας. — 1071. On lisait autrefois τὰνδε. Τάνδε, rétabli par Seidler, se trouve dans quelques bons manuscrits. — 1073. Seidler a transposé la leçon θηρῶν τιθέμενος — 1074-1075. Peut-être . λύμας∥ λώβαν. Ensuite, ὦ τάλας, pour ἰὼ τάλας, est dû à Hermann. — 1078-1079. Σφακτὰ κυσίν τε, correction de Dindorf pour σφακτὰν κυσί τε. J'ai placé après ἀνήμερον le second τε, qui se trouvait après ὀρείαν ou οὐρείαν.

1066. Le génitif μυχῶν dépend de ποῖ. C'est ainsi qu'on dit ποῦ γῆς, *ubi terrarum?*

1067-1069. Polymestor demande au Soleil, qui est le dieu du jour et la source de la lumière, de guérir ses yeux aveugles (ἀκέσσαιο βλέφαρον τυφλὸν) en faisant succéder la clarté aux ténèbres (φέγγος ἐπαλλάξας). Cette idée est conforme aux traditions grecques. C'est ainsi que, d'après la fable, Orion recouvra la vue en rallumant, comme dit Preller, la lumière de ses yeux aux rayons du soleil (ἀνέβλεψεν, ἐκκαεὶς ὑπὸ τῆς ἡλιακῆς ἀκτῖνος, Apollodore, I, IV, 3).

1072-1073. En prêtant au roi Thrace ce langage féroce, ces appétits de bête sauvage, Euripide se souvenait, je crois, de ce qu'Homère raconte du cyclope Polyphème : Ἤσθιε δ' ὥστε λέων ὀρεσίτροφος, οὐδ' ἀπέλειπεν, Ἔγκατά τε σάρκας τε καὶ ὀστέα μυελόεντα.... Αὐτὰρ ἐπεὶ Κύκλωψ μεγάλην ἐμπλήσατο νηδὺν Ἀνδρόμεα κρέ' ἔδων (*Odyssée*, IX, 292 sq.; 296 sq.).

1076-1079. Polymestor se ravise. Au lieu de continuer la poursuite des fugitives, il revient vers la tente, afin de préserver au moins les cadavres de ses enfants. — Βάκχαις Ἅιδου, à ces Ménades des enfers, à ces femmes saisies d'un délire meurtrier. Iole est appelée Ἅιδος Βάκχα dans *Hippolyte* v. 550; et dans *Herc. fur.* 1119, on lit Ἅιδου Βάκχος. — Σφακτὰ.... ἐκβο-

ΕΚΑΒΗ.

Πᾶ βῶ, πᾶ στῶ, πᾶ κάμψω,   1080
ναῦς ὅπως ποντίοις πείσμασι λινόκροκον
φᾶρος στέλλων, ἐπὶ τάνδε συθεὶς
τέκνων ἐμῶν φύλαξ
ὀλέθριον κοίταν;

ΧΟΡΟΣ.

Ὦ τλῆμον, ὥς σοι δύσφορ' εἴργασται κακά·   1085
δράσαντι δ' αἰσχρὰ δεινὰ τἀπιτίμια
[δαίμων ἔδωκεν ὅστις ἐστί σοι βαρύς].

ΠΟΛΥΜΗΣΤΩΡ.

Αἰαῖ, ἰὼ Θρήκης
λογχοφόρον ἔνοπλον εὔιππον Ἄ-
ρει κάτοχον γένος.   1090
Ἰὼ Ἀχαιοί, ἰὼ Ἀτρεῖδαι·
βοὰν βοὰν ἀϋτῶ, βοάν·
ὦ ἴτε, μόλετε πρὸς θεῶν.
Κλύει τις, ἢ οὐδεὶς ἀρκέσει; τί μέλλετε;
Γυναῖκες ὤλεσάν με,   1095
γυναῖκες αἰχμαλώτιδες·
δεινὰ δεινὰ πεπόνθαμεν.

NC. 1080. Les mots πᾶ βῶ, qui se lisaient à la fin du vers, ont été remis par Porson à leur place véritable. Cp. v. 1057. — Πᾶ κάμψω doit-il changer de place avec πᾶ κέλσω (v. 1057)? Ce dernier verbe s'accorderait parfaitement avec la comparaison qui va suivre. — 1081. En mettant ἅτε à la place de ὅπως, on aurait un dimètre dochmiaque. — 1087. Ce vers, identique, ou peu s'en faut, à 722, et évidemment interpolé, a été d'abord condamné par Hermann. — 1089 1090. Dindorf écrit Ἄρῃ, en continuant le mètre péonique. — 1093. Le manuscrit de Paris omet ὦ. Porson écrit ἴτ' ἴτε. — 1097. Peut-être : δεινά, φεῦ, δεινὰ πεπόνθαμεν.

λάν, égorgés pour servir de repas sanglant aux chiens et pour être jetés sans pitié sur la montagne.

1080-1084. Πᾶ κάμψω. Sous-entendez γόνυ ou κῶλα. Antigone invite son père à se reposer, en disant κῶλα κάμψον τοῦδ' ἐπ' ἀξέστου πάγου, Sophocle, ΟΕd. Col. 19. — Πείσμασι.... φᾶρος στέλλων, en pliant la voile au moyen des cordages. On trouve déjà chez Homère ἱστία στέλλειν. Cela se fait quand le marin approche du rivage et peut y arriver par quelques coups de rame. C'est ainsi que Polymestor, re- nonçant à la course lointaine qu'il allait entreprendre, veut revenir en quelques pas vers la tente qu'il vient de quitter, le gîte de ses enfants morts, τέκνων ὀλέθριον κοίταν, qu'il protégera contre l'insulte, φύλαξ.

1086. Ce vers offre un sens complet. La sentence générale qu'il renferme serait gâtée par l'addition du vers que nous avons mis entre crochets. On remarquera d'ailleurs que les deux morceaux chantés par Polymestor sont suivis chacun d'un distique du chœur.

1090. Ἄρει κάτοχον, possédé de Mars, équivaut à ἀρειμανής.

ΕΚΑΒΗ. 287

Ὤμοι ἐμᾶς λώβας.
Ποῖ τράπωμαι, ποῖ πορευθῶ ;
[αἰθέρ'] ἀμπτάμενος οὐράνιον   1100
ὑψιπετὲς εἰς μέλαθρον, Ὠρίων
ἢ Σείριος ἔνθα πυρὸς φλογέας
ἀφίησιν ὄσσων αὐγάς, ἢ τὸν Ἅιδα   .   1105
μελάγχρωτα πορθμὸν ἄξω τάλας ;

ΧΟΡΟΣ.

Συγγνώσθ', ὅταν τις κρεῖσσον' ἢ φέρειν κακὰ
πάθη, ταλαίνης ἐξαπαλλάξαι ζόης. —

ΑΓΑΜΕΜΝΩΝ.

Κραυγῆς ἀκούσας ἦλθον· οὐ γὰρ ἥσυχος
πέτρας ὀρείας παῖς λέλακ' ἀνὰ στρατὸν   1110
Ἠχώ, διδοῦσα θόρυβον· εἰ δὲ μὴ Φρυγῶν
πύργους πεσόντας ᾖσμεν Ἑλλήνων δορί,
φόβον παρέσχεν οὐ μέσως ὅδε κτύπος.

ΠΟΛΥΜΗΣΤΩΡ.

Ὦ φίλτατ', ᾐσθόμην γὰρ, Ἀγάμεμνον, σέθεν

NC. 1100. Le mot αἰθέρ(α) est regardé, par la plupart des critiques modernes, comme interpolé. Une scholie porte : Ἔν τισι τὸ αἰθέρα περισσὸν καὶ οὐ φέρεται. On pourrait toutefois, sans altérer le mètre péonique, écrire αἰθέριος. Cp. *Médée* 440 : Αἰθερία δ' ἀνέπτα, et *Androm.* 830 : Ἔρρ' αἰθέριον.... λεπτόμιτον φάρος. — 1105. Dindorf a corrigé les leçons ἢ τὸν ἐς ἀΐδαν, ou ἀΐδαο, ou ἀΐδα. — 1106. Variante : μελανόχρωτα. — 1113. La conjecture παρέσχ' ἄν a été réfutée par Elmsley. Les Attiques disaient παρέσχεν ἄν.

1099-1106. Chez les tragiques, les malheureux souhaitent souvent de descendre au fond de la terre ou d'être enlevés jusqu'au ciel. Cf. *Hipp.* 732 sqq. et 1290 sqq. Ici le poète a su, par un trait heureux, approprier ce vœu banal à la situation particulière de Polymestor. En parlant du ciel, l'aveugle semble envier Orion et Sirius, dont les yeux lancent des flammes, πυρὸς φλογέας ἀφίησιν ὄσσων αὐγάς. — Ὑψιπετὲς ne diffère guère de ὑψηλόν : il ne faut pas insister sur le sens primitif du second élément de ce composé poétique.

1107-1108. Συγγνώσθ' (συγγνωστά). Voyez sur ce pluriel *Hipp.* 269; *Méd.* 491 et 703. — Κρεῖσσον' ἢ φέρειν κακά, des maux trop lourds pour les porter, pour être portés. Les Grecs mettent, dans les phrases de cette espèce, l'infinitif à l'actif plutôt qu'au passif. — Ἐξαπαλλάξαι se prend ici intransitivement.

1109-1110. Il est évident que la négation porte sur ἥσυχος, et non sur λέλακε. Agamemnon dit que l'écho des montagnes n'est pas resté tranquille, mais qu'il a retenti bruyamment et a donné l'alarme.

1113. Παρέσχεν. La particule ἄν n'est pas absolument nécessaire. Les Latins aussi mettent quelquefois l'indicatif pour le subjonctif de l'imparfait dans les phrases hypothétiques. Cp. Cicéron, *Verr.* II, v, 49 : « Si per Metellum licitum esset, matres « illorum miserorum sororesque venie- « bant. »

φωνῆς ἀκούσας, εἰσορᾷς ἃ πάσχομεν;

ΑΓΑΜΕΜΝΩΝ.

Ἔα·

Πολυμῆστορ ὦ δύστηνε, τίς σ' ἀπώλεσεν;
τίς ὄμμ' ἔθηκε τυφλὸν αἱμάξας κόρας,
παῖδάς τε τούσδ' ἔκτεινεν; ἦ μέγαν χόλον
σοὶ καὶ τέκνοισιν εἶχεν ὅστις ἦν ἄρα.

ΠΟΛΥΜΗΣΤΩΡ.

Ἑκάβη με σὺν γυναιξὶν αἰχμαλώτισιν
ἀπώλεσ', οὐκ ἀπώλεσ' ἀλλὰ μειζόνως.

ΑΓΑΜΕΜΝΩΝ.

Τί φής; σὺ τοὔργον εἴργασαι τόδ', ὡς λέγει;
σὺ τόλμαν, Ἑκάβη, τήνδ' ἔτλης ἀμήχανον;

ΠΟΛΥΜΗΣΤΩΡ.

Ὤμοι, τί λέξεις; ἦ γὰρ ἐγγύς ἐστί που;
σήμηνον, εἰπὲ ποῦ 'σθ', ἵν' ἁρπάσας χεροῖν
διασπάσωμαι καὶ καθαιμάξω χρόα.

ΑΓΑΜΕΜΝΩΝ.

Οὗτος, τί πάσχεις;

ΠΟΛΥΜΗΣΤΩΡ.

Πρὸς θεῶν σε λίσσομαι,
μέθες μ' ἐφεῖναι τῇδε μαργῶσαν χέρα.

ΑΓΑΜΕΜΝΩΝ.

Ἴσχ'· ἐκβαλὼν δὲ καρδίας τὸ βάρβαρον
λέγ', ὡς ἀκούσας σοῦ τε τῆσδέ τ' ἐν μέρει
κρίνω δικαίως ἀνθ' ὅτου πάσχεις τάδε.

ΠΟΛΥΜΗΣΤΩΡ.

Λέγοιμ' ἄν. Ἦν τις Πριαμιδῶν νεώτατος

1121. Ἀπώλεσ', οὐκ ἀπώλεσ' ἀλλὰ μειζόνως. Les mots usuels ne lui semblent pas assez forts pour exprimer l'horreur de ce supplice. On trouve une tournure analogue au v. 667.

1124. Τί λέξεις; que dis-tu? Voy., sur ce futur, v. 511 et *Hipp.* 353 avec la note.

1127. Τί πάσχεις, que deviens-tu? quelle idée te prend? de quelle fureur es-tu saisi?

1128. Μαργῶσαν χέρα. Cp. Soph. *Ajax* 50 : Ἐπέσχε χεῖρα μαιμῶσαν φόνου.

1132. On dit à la première personne λέγοιμ' ἄν, je puis parler, c.-à-d. : je vais

Πολύδωρος, Ἑκάβης παῖς, ὃν ἐκ Τροίας ἐμοὶ
πατὴρ δίδωσι Πρίαμος ἐν δόμοις τρέφειν,
ὕποπτος ὢν δὴ Τρωικῆς ἁλώσεως.   1135
Τοῦτον κατέκτειν'. Ἀνθ' ὅτου δ' ἔκτεινά νιν,
ἄκουσον, ὡς εὖ καὶ σοφῇ προμηθίᾳ.
Ἔδεισα μὴ σοὶ πολέμιος λειφθεὶς ὁ παῖς
Τροίαν ἀθροίσῃ καὶ ξυνοικίσῃ πάλιν,
γνόντες δ' Ἀχαιοὶ ζῶντα Πριαμιδῶν τινα   1140
Φρυγῶν ἐς αἶαν αὖθις ἄρειαν στόλον
κἄπειτα Θρῄκης πεδία τρίβοιεν τάδε
λεηλατοῦντες, γείτοσιν δ' εἴη κακὸν
Τρώων ἐν ᾧπερ νῦν, ἄναξ, ἐκάμνομεν..
Ἑκάβη δὲ παιδὸς γνοῦσα θανάσιμον μόρον   1145
λόγῳ με τοιῷδ' ἤγαγ', ὡς κεκρυμμένας
θήκας φράσουσα Πριαμιδῶν ἐν Ἰλίῳ
χρυσοῦ· μόνον δὲ σὺν τέκνοισί μ' εἰσάγει
δόμους, ἵν' ἄλλος μή τις εἰδείη τάδε.
Ἵζω δὲ κλίνης ἐν μέσῳ κάμψας γόνυ·   1150
πολλαὶ δὲ, χειρὸς αἱ μὲν ἐξ ἀριστερᾶς,
αἱ δ' ἔνθεν, ὡς δὴ παρὰ φίλῳ, Τρώων κόραι

NC. 1137. Nauck retranche ce vers sans raison suffisante. Voy. la note explicative. — 1139. Nauck : ἀθροῖσαι καὶ ξυνοικίσαι. — 1148-49. Nauck veut que le mot χρυσοῦ, ainsi que la phrase ἵν' ἄλλος μή τις εἰδείη τάδε, soient interpolés : il oublie que θήκας Πριαμιδῶν, sans χρυσοῦ, désignerait les tombeaux des Priamides. — 1151. Les manuscrits portent χεῖρες. La correction χειρός est due à Milton.

parler; comme on dit à la seconde personne : λέγοις ἄν, tu peux parler, c'est-à-dire parle.

1135. Ὕποπτος ὤν, pressentant. C'est ainsi que μεμπτός (Soph. Trach. 446), μενετός (Aristoph. Oiseaux 1620) et d'autres adjectifs verbaux ont quelquefois le sens actif. Cp. Hipp. 1347.

1136-1137. Εὖ (ἔκτεινά νιν) ne veut pas dire : « Je l'ai bien tué, » mais « j'ai bien fait de le tuer ». Cp. Soph. Antig. 904 : Καίτοι σ' ἐγὼ 'τίμησα τοῖς φρονοῦσιν εὖ. — Les deux vers peuvent se rendre ainsi : « Je l'ai tué. Quant aux motifs pour lesquels je l'ai tué, apprends comme j'ai bien agi et comme j'ai obéi à une sage prévoyance. »

1139. Τροίαν ἀθροίσῃ. « Rassembler Troie » veut dire « rassembler les débris de Troie, rassembler les Troyens. »

1141. Ἄρειαν, à l'optatif, après les subjonctifs ἀθροίσῃ καὶ ξυνοικίσῃ n'est pas contraire à l'usage. V. Krüger, Gramm. gr. 54, 8, 2 et 9.

1143-1144. Γείτοσιν.... ἐκάμνομεν. Construisez : (ταῖς) δὲ Τρώων γείτοσιν εἴη τὸ κακὸν ἐν ᾧπερ νῦν ἐκάμνομεν.

1146. Ἤγαγ(ε) équivaut à ὑπήγαγε, elle m'attira dans le piége.

1152. Ὡς δή, utpote scilicet.

θάκους ἔχουσαι, κερκίδ᾽ Ἠδωνῆς χερὸς
ᾔνουν, ὑπ᾽ αὐγὰς τούσδε λεύσσουσαι πέπλους·
ἄλλαι δὲ κάμακα Θρηκίαν θεώμεναι 1155
γυμνόν μ᾽ ἔθηκαν διπτύχου στολίσματος.
Ὅσαι δὲ τοκάδες ἦσαν, ἐκπαγλούμεναι
τέκν᾽ ἐν χεροῖν ἔπαλλον, ὡς πρόσω πατρὸς
γένοιτο, διαδοχαῖς ἀμείβουσαι [διὰ χερός].
Κᾆτ᾽ ἐκ γαληνῶν — πῶς δοκεῖς; — προσφθεγμάτων 1160
εὐθὺς λαβοῦσαι φάσγαν᾽ ἐκ πέπλων ποθὲν
κεντοῦσι παῖδας, αἱ δὲ πολεμίων δίκην
ξυναρπάσασαι τὰς ἐμὰς εἶχον χέρας
καὶ κῶλα· παισὶ δ᾽ ἀρκέσαι χρῄζων ἐμοῖς,
εἰ μὲν πρόσωπον ἐξανισταίην ἐμὸν, 1165

NC. 1153-54. Hermann a corrigé les leçons fautives θάκουν, ἔχουσαι et ᾔνουν θ᾽ ὑπ᾽ αὐγάς. — 1156. Le scholiaste cite la variante διπτύχου στοχίσματος. — 1159. V_a γένοιτο. — Les mots διὰ χερός, écrits sur une rature dans les deux meilleurs manuscrits, sont évidemment une glose. Il faut en dire autant des variantes (ἀμείβουσαι) χερῶν et χεροῖν, inadmissibles après ἐν χεροῖν, qui se trouve dans la même phrase.

1153-1154. Κερκίδ᾽ Ἠδωνῆς χερὸς ᾔνουν, elles louaient la navette de la main Édonienne, c'est-à-dire : elles louaient le tissage des femmes thraces.

1156. Διπτύχου στολίσματος. On croit généralement que, par ces mots, Polymestor désigne son vêtement et sa lance. Cette explication est inadmissible. D'abord, il ne s'agit plus ici des femmes qui examinaient le vêtement de Polymestor, mais d'autres : ἄλλαι. Ensuite, pourquoi les Troyennes l'auraient-elles dépouillé de son vêtement? Elles n'avaient aucun motif de le faire, et elles ne le firent point, puisque Polymestor le porte encore : il vient de dire τούσδε πέπλους. Il faut donc entendre par δίπτυχον στόλισμα les deux lances que les guerriers avaient coutume de porter, διπαλτία, et on n'a pas besoin, pour obtenir ce sens, d'écrire avec le scholiaste στοχίσματος (ou plutôt στοχάσματος, mot qui se lit dans les *Bacchantes*, v. 1157). Στόλισμα peut désigner des armes : cp. *Suppl.* 659 : Ἐστολισμένον δορί. Personne ne s'y serait trompé, si le poète avait écrit au vers

précédent κάμακε Θρηκίῳ; mais le singulier κάμακα est un singulier général, qui laisse indéterminé le nombre des lances : c'est ainsi que nous pouvons dire que les femmes regardaient avec admiration une lance de Thrace.

1157. Ἐκπαγλούμεναι est plus fort que θαυμάζουσαι : elles se récriaient sur la beauté des enfants.

1158-1159. Ὦ· πρόσω.... ἀμείβουσαι, en se les passant les unes aux autres, afin de les éloigner de leur père.

1160. Πῶς δοκεῖς; Nous avons déjà rencontré cette locution familière, *Hipp.* 446.

1162. Κεντοῦσι. Sous-ent. αἱ μὲν, qui se tire de αἱ δὲ, comme au vers 28 ἄλλοτε était sous-entendu dans le premier membre de phrase.

1165-1166. Εἰ.... ἐξανισταίην. Cet optatif marque la répétition du fait, de même que l'imparfait κατεῖχον dans la phrase principale. — Κόμης κατεῖχον. Suppléez με : car κόμης veut dire : « par les cheveux. » Comp. λαβὼν χερός et κώπης λαβών, vv. 523 et 543.

ΕΚΑΒΗ. 291

κόμης κατεῖχον, εἰ δὲ κινοίην χέρας,
πλήθει γυναικῶν οὐδὲν ἤνυον τάλας.
Τὸ λοίσθιον δὲ, πῆμα πήματος πλέον,
ἐξειργάσαντο δεῖν· ἐμῶν γὰρ ὀμμάτων,
πόρπας λαβοῦσαι, τὰς ταλαιπώρους κόρας 1170
κεντοῦσιν, αἱμάσσουσιν· εἶτ᾽ ἀνὰ στέγας
φυγάδες ἔβησαν· ἐκ δὲ πηδήσας ἐγὼ
θὴρ ὣς, διώκω τὰς μιαιφόνους κύνας,
ἅπαντ᾽ ἐρευνῶν τοῖχον ὡς κυνηγέτης,
βάλλων, ἀράσσων. Τοιάδε σπεύδων χάριν 1175
πέπονθα τὴν σὴν πολέμιόν τε σὸν κτανών,
Ἀγάμεμνον. Ὡς δὲ μὴ μακροὺς τείνω λόγους,
εἴ τις γυναῖκας τῶν πρὶν εἴρηκεν κακῶς
ἢ νῦν λέγων τις ἔστιν ἢ μέλλει λέγειν,
ἅπαντα ταῦτα συντεμὼν ἐγὼ φράσω· 1180
γένος γὰρ οὔτε πόντος οὔτε γῆ τρέφει
τοιόνδ᾽, ὁ δ᾽ ἀεὶ ξυντυχὼν ἐπίσταται.

ΧΟΡΟΣ.

Μηδὲν θρασύνου μηδὲ τοῖς σαυτοῦ κακοῖς

NC. 1173. J'ai mis une virgule après θὴρ ὣς. En effet cette comparaison porte sur ἐκπηδήσας, et non sur διώκω. Ce verbe se rattache à ἅπαντ᾽ ἐρευνῶν τοῖχον ὡς κυνηγέτης, mots qui renferment une seconde comparaison. — 1176. Nauck propose πολέμιον τὸν σόν. — 1179. Stobée, *Anthol.* LXXIII, 9, cite : ἢ νῦν λέγει τις ἢ πάλιν μέλλει λέγειν. Peut-être faut-il écrire : ἢ νῦν λέγων ἔστ᾽ ἢ πάλιν μέλλει λέγειν, conjecture proposée par Porson, mais non admise par lui.

1168. Πῆμα πήματος πλέον, mal qui mit le comble à mes maux. Cf. *Médée* 234 : Κακοῦ γὰρ τοῦτό γ᾽ ἄλγιον κακόν.

1175-1176. Le mètre permettait d'écrire σπεύδων χάριν τὴν σὴν πέπονθα. En séparant τὴν σὴν du substantif χάριν et en isolant ainsi le pronom possessif, le poete a fait vivement ressortir l'idée que ce pronom exprime. Polymestor dit à Agamemnon : « C'est à toi que je voulais rendre service, c'est ton ennemi que j'ai tué, et voilà ce que j'ai souffert pour toi. »

1178. Liez εἴ τις τῶν πρίν.

1180. Ἅπαντα ταῦτα est mis en tête de la seconde partie de la période, comme si la première partie avait commencé par ὅσα τις. — Συντεμών équivaut à συντόμως συλλαβών (scholiaste).

1182. Ὁ δ᾽ ἀεὶ ξυντυχών équivaut à ὁ ἑκάστοτε ξυντυχών. « Toutes les fois qu'un homme a affaire à cette engeance (γένος), il connaît la vérité de ce que je dis. » Rien n'est plus fréquent que cette signification de ἀεί. Prométhée dit chez Eschyle (v. 937) : Θῶπτε τὸν κρατοῦντ᾽ ἀεί, ce qui ne veut pas dire : « Flatte celui qui règne toujours » (Prométhée prétend au contraire que Jupiter tombera) ; mais : « Flatte chaque fois le maître du jour. »

1183-1184. Τοῖς σαυτοῦ κακοῖς, à cause

ΕΚΑΒΗ.

τὸ θῆλυ συνθεὶς ὧδε πᾶν μέμψη γένος·
πολλῶν γὰρ ἡμῶν, αἱ μὲν εἴσ᾽ ἐπίφθονοι,
αἱ δ᾽ ἀντάριθμοι τῶν κακῶν πεφύκαμεν.

ΕΚΑΒΗ.

Ἀγάμεμνον, ἀνθρώποισιν οὐκ ἐχρῆν ποτε
τῶν πραγμάτων τὴν γλῶσσαν ἰσχύειν πλέον·
ἀλλ᾽ εἴτε χρήστ᾽ ἔδρασε, χρήστ᾽ ἔδει λέγειν,
εἴτ᾽ αὖ πονηρά, τοὺς λόγους εἶναι σαθροὺς
καὶ μὴ δύνασθαι τἄδικ᾽ εὖ λέγειν ποτέ.
Σοφοὶ μὲν οὖν εἴσ᾽ οἱ τάδ᾽ ἠκριβωκότες,
ἀλλ᾽ οὐ δύναιντ᾽ ἂν διὰ τέλους εἶναι σοφοί,
κακῶς δ᾽ ἀπώλοντ᾽· οὔτις ἐξήλυξέ πω.

1185

1190

NC. 1185-86. Les manuscrits d'Euripide et ceux de Stobée (*Anthol.* LXIX, 16) portent πολλαὶ γὰρ ἡμῶν et αἱ δ᾽ εἰς ἀριθμὸν τῶν κακῶν : non-sens complet, que certains commentateurs se sont vainement efforcés d'expliquer. Dindorf condamnait ces deux vers. Hermann a écrit ἀντάριθμοι (dont la glose ἰσάριθμοι peut expliquer l'origine de εἰς ἀριθμόν), et Hartung a complété cette heureuse correction en mettant πολλῶν à la place de πολλαί. Voy. le fragment d'Euripide cité ci-dessous. — 1193. Presque tous les manuscrits portent δύνανται. Mais la leçon du *Vaticanus* δύναιντα confirme la variante δύναιντ᾽ ἄν, introduite par Valckenaer, et à tort abandonnée par les derniers éditeurs. — 1194-95. Ἀπώλοντ᾽· οὔτις et ὧδε φροιμίοις, pour ἀπώλοντο κοὔτις et ὧδ᾽ ἐν φροιμίοις, ne se trouvent que dans un manuscrit corrigé, celui de King.

de tes propres malheurs. — Συνθείς, « réunissant », répond à notre expression familière : « en bloc ».

1185-1186. Πολλῶν γὰρ.... πεφύκαμεν. Dans le grand nombre des femmes, il y en a qui se rendent odieuses; mais d'autres parmi nous (c'est-à-dire : mais les bonnes) sont faites pour balancer le nombre (ἀντάριθμοι πεφύκαμεν) des mauvaises. — On a rapproché de ces vers ce quatrain du *Protesilas* d'Euripide (chez Stobée LXIX, 9) : Ὅστις δὲ πάσας συντιθεὶς ψέγει λόγῳ Γυναῖκας ἑξῆς, σκαιός ἐστι κοὐ σοφός. Πολλῶν γὰρ οὐσῶν τὴν μὲν εὑρήσεις κακήν, Τὴν δ᾽, ὥσπερ αὕτη, λῆμ᾽ ἔχουσαν εὐγενές.

1189-1194. Ἔδρασε au singulier, après le pluriel ἀνθρώποισιν. Ce passage d'un nombre à l'autre est tout a fait conforme aux libres allures du vieux grec. On sent d'ailleurs que le singulier « si quelqu'un a fait » vaut mieux ici que le pluriel « s'ils ont fait. » Par une liberté analogue, δύνασθαι a pour sujet τὸν λέγοντα, celui qui parle, idée non exprimée et qu'il faut tirer de λόγους.

1192-1194. Voilà une sortie contre les mauvais rhéteurs, les hommes qui ont inventé des procédés subtils (ἠκριβωκότες) pour faire triompher, comme on disait alors à Athènes, la cause faible sur la cause forte. Aristophane les flétrit du nom de λεπτολόγοι, et il a dû applaudir ces vers, qui pourraient servir d'épigraphe aux *Nuées*. En effet, le dénoûment de cette comédie met en action les mots κακῶς δ᾽ ἀπώλοντο. Il ne faut pas oublier toutefois qu'Aristophane en veut à la rhétorique et à la philosophie elles-mêmes, tandis qu'Euripide n'en condamne l'abus que pour en mieux recommander le bon usage (cf. v. 814 sqq.). — Ἀλλ᾽ οὐ .... σοφοί, leur sagesse ne peut se soutenir jusqu'à la fin. C'est-à-dire : il se trouve à la fin qu'ils n'ont pas été aussi sages qu'on pensait. Cp. *Médée* 583 : Ἔστι δ᾽ οὐκ ἄγαν σοφός.

Καί μοι τὸ μὲν σὸν ὧδε φροιμίοις ἔχει· 1195
πρὸς τόνδε δ' εἶμι καὶ λόγοις ἀμείψομαι·
ὃς φῂς Ἀχαιῶν πόνον ἀπαλλάσσων διπλοῦν
Ἀγαμέμνονός θ' ἕκατι παῖδ' ἐμὸν κτανεῖν.
Ἀλλ' ὦ κάκιστε, πρῶτον οὔποτ' ἂν φίλον
τὸ βάρβαρον γένοιτ' ἂν Ἕλλησιν γένος, 1200
οὐδ' ἂν δύναιτο. Τίνα δὲ καὶ σπεύδων χάριν
πρόθυμος ἦσθα; πότερα κηδεύσων τινὰ
ἢ ξυγγενὴς ὤν, ἢ τίν' αἰτίαν ἔχων;
Ἢ σῆς ἔμελλον γῆς τεμεῖν βλαστήματα
πλεύσαντες αὖθις; τίνα δοκεῖς πείσειν τάδε; 1205
Ὁ χρυσός, εἰ βούλοιο τἀληθῆ λέγειν,
ἔκτεινε τὸν ἐμὸν παῖδα καὶ κέρδη τὰ σά.
Ἐπεὶ δίδαξον τοῦτο· πῶς ὅτ' εὐτύχει
Τροία, πέριξ δὲ πύργος εἶχ' ἔτι πτόλιν,
ἔζη τε Πρίαμος Ἕκτορός τ' ἤνθει δόρυ, 1210
τί δ' οὐ τότ', εἴπερ τῷδ' ἐβουλήθης χάριν
θέσθαι, τρέφων τὸν παῖδα κἀν δόμοις ἔχων
ἔκτεινας ἢ ζῶντ' ἦλθες Ἀργείοις ἄγων;
Ἀλλ' ἡνίχ' ἡμεῖς οὐκέτ' ἐσμὲν ἐν φάει,

NC. 1197. Variantes mal autorisées : πῶς φῇς; et ὅς φησ'. Heimsœth veut qu'on lise οἷς φησ'. Nauck écrit ἀπαλλάξων. — 1201. Οὐδ' ἄν, correction de Dindorf pour οὔτ' ἄν. — 1214. Ἐσμέν, leçon des deux meilleurs manuscrits. Vulgate : ἦμεν.

1196-1197. Λόγοις est pour τοῖς τοῦδε λόγοις, ce qui se comprend assez après τόνδε. Il n'est pas besoin d'écrire οἷς φησ(ί). — Ὅς φῄς. Ce passage subit de la troisième à la seconde personne donne au discours de la vivacité et de la vérité. Porson cite à propos Soph. OEd. Col. 1352: Ἀξιωθεὶς εἶσι κἀκούσας γ' ἐμοῦ Τοιαῦθ', ἃ τὸν τοῦδ' οὔποτ' εὐφρανεῖ βίον Ὅς γ', ὦ κάκιστε.... — Ἀπαλλάσσων équivaut à ἀπαλλάξων. Le présent marque souvent l'essai, l'intention d'accomplir une action. —Πόνον διπλοῦν, la peine d'assiéger Troie une seconde fois. Cp. 1138 sqq.

1201. Τίνα.... σπεύδων χάριν. Ces mots font allusion à ce que Polymestor avait dit au vers 1175.

1202. Πότερα κηδεύσων τινά, était-ce dans l'intention de contracter une alliance de famille avec un prince grec?

1203. Ἢ τίν' αἰτίαν équivaut à ἢ τίν' ἄλλην αἰτίαν. Cette ellipse est familière aux Grecs. Cp. 1264.

1207. Κέρδη τὰ σά équivaut à αἱ σαὶ πλεονεξίαι (schol.).

1208. Ἐπεὶ δίδαξον. Ἐπεὶ « car, en effet, » est quelquefois suivi de l'impératif. Cp. Soph. OEd. Roi 390 : Ἐπεὶ φέρ' εἰπέ.

1211. Τί δ' οὐ τότ(ε). La question marquée par πῶς, v. 1208, est reprise ici, après plusieurs phrases incidentes, par τί, synonyme de πῶς, en ajoutant, conformément à l'usage grec, la particule δέ, qui répond à peu près au français « dis-je » (comment, dis-je....).

ΕΚΑΒΗ.

καπνῷ δ' ἐσήμην· ἄστυ πολεμίων δαμὲν, 1215
ξένον κατέκτας σὴν μολόντ' ἐφ' ἑστίαν.
Πρὸς τοῖσδέ νυν ἄκουσον, ὡς φανῇς κακός·
Χρῆν σ', εἴπερ ἦσθα τοῖς Ἀχαιοῖσιν φίλος,
τὸν χρυσὸν, ὃν φῂς οὐ σὸν ἀλλὰ τοῦδ' ἔχειν,
δοῦναι φέροντα πενομένοις τε καὶ χρόνον 1220
πολὺν πατρῴας γῆς ἀπεξενωμένοις·
σὺ δ' οὐδὲ νῦν πω σῆς ἀπαλλάξαι χερὸς
τολμᾷς, ἔχων δὲ καρτερεῖς ἔτ' ἐν δόμοις.
Καὶ μὴν τρέφων μὲν ὥς σε παῖδ' ἐχρῆν τρέφειν
σώσας τε τὸν ἐμὸν, εἶχες ἂν καλὸν κλέος· 1225
ἐν τοῖς κακοῖς γὰρ ἀγαθοὶ σαφέστατοι
φίλοι· τὰ χρηστὰ δ' αὔθ' ἕκαστ' ἔχει φίλους.
Εἰ δ' ἐσπάνιζες χρημάτων, ὁ δ' εὐτύχει,

NC. 1215. J'ai écrit πολεμίων δαμέν pour πολεμίων ὕπο (par les ennemis), afin de compléter le sens de la phrase. La préposition ὕπο ou ὕπο, écrite au-dessus de la ligne pour indiquer la construction, aura pris la place de δαμέν. On avait proposé diverses corrections. Je ne citerai que celle de Heimsoeth, *Kritische Studien*, I, p. 69 : Καπνὸς (conjecture inutile de Canter) δ' ἐσήμην' ἄστυ πυρπολούμενον. — 1217. Variante mal autorisée : φανῇ ou φανεῖ. — 1218. Hermann écrit εἴπερ ἦσθ' ὄντως Ἀχαιοῖσιν φίλος, afin d'écarter l'article τοῖς. — 1220. Le *Marcianus* porte πενομένοις τότε καὶ χρόνον.

1215. Eschyle dit de la ville de Troie, *Agam.* 818 : Καπνῷ δ' ἀλοῦσα νῦν ἔτ' εὔσημος πόλις; et ce vers est le meilleur commentaire du nôtre. — Ἐσήμην(ε) « annonça » équivaut à φανερὸν ἐγένετο. Cp. *Médée* 548 : Δείξω σοφὸς γεγώς. Soph. *Électre*, 24 : Σαφῆ σημεῖα φαίνεις ἐσθλὸς εἰς ἡμᾶς γεγώς. — Πολεμίων δαμέν, au lieu de ὕπο πολεμίων δαμέν. On retrouve cette construction poétique dans *Électre*, 123 : Σᾶς ἀλόχου σφαγείς. Cf. Soph. *Aj.* 807 : Φωτὸς ἠπατημένη. Quant à ἄστυ δαμέν, cp. *Phénic.* 563 : Ὄψει δαμασθὲν ἄστυ Θηβαίων τόδε.

1219. Τοῦδε ne peut guère désigner Agamemnon, comme le vieux scholiaste, qui accuse Euripide de négligence, semble l'avoir pris. Ce pronom doit se rapporter à Polydore, qui vient d'être désigné, v. 1216. Hécube rappelle les vv. 994 sqq., où le roi Thrace convint d'avoir reçu un trésor en dépôt. C'est ainsi que ce passage est expliqué dans les scholies rédigées par Thomas Magister.

1223. Τολμᾷς, *in animum inducis.* — Καρτερεῖς, tu persévères.

1224. L'ordre des mots n'est pas aussi étrange que certains commentateurs l'ont prétendu. On le reconnaîtra en complétant la phrase ainsi : σώσας τε (ὥς σε παῖδ' ἐχρῆν σώζειν) τὸν ἐμόν. Si σώσας τε était placé après τὸν ἐμόν, ce complément ne se sous-entendrait plus, et l'unité de la phrase serait rompue.

1225. Κλέος ne se prend pas toujours en bonne part, et καλὸν κλέος s'explique par αἰσχρὸν κλέος, *Hélène* 135. Voy. notre observation sur καλὸν γ' ὄνειδος, *Médée*, 514.

1226-1227. Cicéron, *de Amic.* XVII, 64, cite ce vers d'Ennius : « Amicus certus in re incerta cernitur. » Hartung le croit tiré de la *Médée* de ce poète, et le rapporte à cet endroit.

ΕΚΑΒΗ.   295

θησαυρὸς ἄν σοι παῖς ὑπῆρχ᾽ οὑμὸς μέγας·
νῦν δ᾽ οὔτ᾽ ἐκεῖνον ἄνδρ᾽ ἔχεις σαυτῷ φίλον,   1230
χρυσοῦ τ᾽ ὄνησις οἴχεται παῖδές τέ σοι,
αὐτός τε πράσσεις ὧδε. Σοὶ δ᾽ ἐγὼ λέγω,
Ἀγάμεμνον, εἰ τῷδ᾽ ἀρκέσεις, κακὸς φανεῖ·
οὔτ᾽ εὐσεβῆ γὰρ οὔτε πιστὸν οἷς ἐχρῆν,
οὐχ ὅσιον, οὐ δίκαιον εὖ δράσεις ξένον·   1235
αὐτὸν δὲ χαίρειν τοῖς κακοῖς σὲ φήσομεν
τοιοῦτον ὄντα· δεσπότας δ᾽ οὐ λοιδορῶ.

ΧΟΡΟΣ.

Φεῦ φεῦ· βροτοῖσιν ὡς τὰ χρηστὰ πράγματα
χρηστῶν ἀφορμὰς ἐνδίδωσ᾽ ἀεὶ λόγων.

ΑΓΑΜΕΜΝΩΝ.

Ἀχθεινὰ μέν μοι τἀλλότρια κρίνειν κακά,   1240
ὅμως δ᾽ ἀνάγκη· καὶ γὰρ αἰσχύνην φέρει,
πρᾶγμ᾽ ἐς χέρας λαβόντ᾽ ἀπώσασθαι τόδε.
Ἐμοὶ δ᾽, ἵν᾽ εἰδῇς, οὔτ᾽ ἐμὴν δοκεῖς χάριν
οὔτ᾽ οὖν Ἀχαιῶν ἄνδρ᾽ ἀποκτεῖναι ξένον,
ἀλλ᾽ ὡς ἔχῃς τὸν χρυσὸν ἐν δόμοισι σοῖς.   1245
Λέγεις δὲ σαυτῷ πρόσφορ᾽ ἐν κακοῖσιν ὤν.
Τάχ᾽ οὖν παρ᾽ ὑμῖν ῥᾴδιον ξενοκτονεῖν·

NC. 1236. Le *Vaticanus* porte κακοῖσι σε φήσομεν. Il faut peut-être écrire κακοῖσι φήσομεν, en retranchant le pronom. Nauck veut εὖ δράσας ξένον, αὐτόν σε χαίρειν τοῖς κακοῖσι φήσομεν, et cela le conduit à suspecter le vers 1237, qui nous semble au contraire très-authentique.

1236. Αὐτὸν..., τοιοῦτον ὄντα équivaut à ὄντα καὶ αὐτὸν κακόν. Pour adoucir ce qu'il y a de vif dans ces paroles, Hécube ajoute qu'elle n'entend pas dire une injure à celui qui est son maître (δεσπότας δ᾽ οὐ λοιδορῶ) : c'est-à-dire, qu'elle est bien sûre qu'Agamemnon n'agira pas ainsi. — Il est curieux que ce coupletd'Hécube, 1187-1237, ait exactement le même nombre de vers que le couplet de Polymestor, 1132-82, auquel il répond : ils en comptent l'un et l'autre cinquante et un. On a signalé la même particularité dans *Médée*, 465 sqq., où se répondent deux couplets de cinquante cinq vers chacun, et dans l'*Antigone* de Sophocle, 639 sqq., où la différence d'un vers qu'on remarque entre les deux couplets qui se répondent (celui de Créon est de quarante et un vers, celui d'Hémon de quarante), ne semble pas devoir être attribuée au poëte.

1245. Ὡς ἔχῃς, au subjonctif, et non à l'optatif, quoique le verbe de la phrase principale soit à l'aoriste. Cp. 27, vers semblable à celui-ci, et *Médée* 215.

1247. Ῥᾴδιον se dit ici d'une faute qui n'a pas de gravité, et que l'on commet facilement.

ἡμῖν δέ γ' αἰσχρὸν τοῖσιν Ἕλλησιν τόδε.
Πῶς οὖν σε κρίνας μὴ ἀδικεῖν φύγω ψόγον;
οὐκ ἂν δυναίμην. Ἀλλ' ἐπεὶ τὰ μὴ καλὰ 1250
πράσσειν ἐτόλμας, τλῆθι καὶ τὰ μὴ φίλα.

ΠΟΛΥΜΗΣΤΩΡ.

Οἴμοι, γυναικὸς, ὡς ἔοιχ', ἡσσώμενος
δούλης ὑφέξω τοῖς κακίοσιν δίκην.

ΕΚΑΒΗ.

Οὔκουν δικαίως, εἴπερ εἰργάσω κακά;

ΠΟΛΥΜΗΣΤΩΡ.

Οἴμοι τέκνων τῶνδ' ὀμμάτων τ' ἐμῶν, τάλας. 1255

ΕΚΑΒΗ.

Ἀλγεῖς· τί δ' ἡμᾶς; παιδὸς οὐκ ἀλγεῖν δοκεῖς;

ΠΟΛΥΜΗΣΤΩΡ.

Χαίρεις ὑβρίζουσ' εἰς ἔμ', ὦ πανοῦργε σύ;

ΕΚΑΒΗ.

Οὐ γάρ με χαίρειν χρή σε τιμωρουμένην;

ΠΟΛΥΜΗΣΤΩΡ.

Ἀλλ' οὐ τάχ', ἡνίκ' ἄν σε ποντία νοτὶς

ΕΚΑΒΗ.

μῶν ναυστολήσῃ γῆς ὅρους Ἑλληνίδος; 1260

ΠΟΛΥΜΗΣΤΩΡ.

Κρύψῃ μὲν οὖν πεσοῦσαν ἐκ καρχησίων.

NC. 1254. Tous ou presque tous les manuscrits donnent ce vers à Agamemnon. Οὔκουν Brunck; en conservant la leçon οὐκοῦν, il faudrait mettre un point à la fin du vers. Variante : εἰργάσω τάδε. — 1256. Les bons manuscrits portent τί δ' με ou τί δ' ἐμέ. On a essayé de τί δαί με; de τί δὴ 'μέ; de τί δ'; ἤ 'μέ. J'ai adopté la correction de Scaliger et de Porson.

1250-1251. Ἀλλ' ἐπεί...τὰ μὴ φίλα. Dans les *Choéphores* d'Eschyle, Oreste dit à Clytemnestre (v. 930): Κτανοῦσ' ὃν οὐ χρῆν καὶ τὸ μὴ χρεὼν πάθε.

1253. Τοῖς κακίοσιν, à de plus faibles et de moins considérés que moi. Ces mots reproduisent sous une autre forme l'idée exprimée par γυναικὸς δούλης.

1256. Cp. *Alceste*, 691 : Χαίρεις ὁρῶν φῶς· πατέρα δ' οὐ χαίρειν δοκεῖς;

1259. Ἀλλ' οὐ τάχ(α) équivaut à ἀλλ' οὐ χαιρήσει; τάχα.

1261. Κρύψῃ μὲν οὖν, (lorsqu') au contraire (la mer) t'engloutira. Cp., pour le sens de μὲν οὖν dans une réponse, *Oreste* 1510 : Οὔτι που κραυγὴν ἔθηκας Μενέλεῳ βοηδρομεῖν; — Σοὶ μὲν οὖν ἔγωγ' ἀρήγειν. Sophocle, *Aj.* 1362 : Ἡμᾶς σὺ δειλοὺς τῇδε θἠμέρᾳ φανεῖς.— Ἄνδρας μὲν οὖν Ἕλλησι πᾶσιν ἐνδίκους.

ΕΚΑΒΗ.

Πρὸς τοῦ βιαίων τυγχάνουσαν ἁλμάτων;
ΠΟΛΥΜΗΣΤΩΡ.
Αὐτὴ πρὸς ἱστὸν ναὸς ἀμβήσει ποδί.
ΕΚΑΒΗ.
Ὑποπτέροις νώτοισιν ἢ ποίῳ τρόπῳ;
ΠΟΛΥΜΗΣΤΩΡ.
Κύων γενήσει πύρσ' ἔχουσα δέργματα. 1265
ΕΚΑΒΗ.
Πῶς δ' οἶσθα μορφῆς τῆς ἐμῆς μετάστασιν;
ΠΟΛΥΜΗΣΤΩΡ.
Ὁ Θρῃξὶ μάντις εἶπε Διόνυσος τάδε.
ΕΚΑΒΗ.
Σοὶ δ' οὐκ ἔχρησεν οὐδὲν ὧν ἔχεις κακῶν;
ΠΟΛΥΜΗΣΤΩΡ.
Οὐ γάρ ποτ' ἄν σύ μ' εἷλες ὧδε σὺν δόλῳ.
ΕΚΑΒΗ.
Θανοῦσα δ' ἢ ζῶσ' ἐνθάδ' ἐκστήσω βίον; 1270

NC. 1263. Les meilleurs manuscrits ont ἐμβήσῃ ποδί. — 1270. Les manuscrits portent ἐκπλήσω βίον, leçon dont Musgrave dit avec raison : « Hoc cum θανοῦσα conjunctum ridiculi aliquid habet; cum ζῶσα, tautologici. » Hermann a perdu sa peine à défendre une leçon insoutenable. Cependant la conjecture de Musgrave ἐκπλήσω πότμον n'est pas satisfaisante non plus. La métamorphose n'y est pas désignée, et le mot ἐνθάδ(ε) continue d'y être une cheville. Il fallait écrire ἐκστήσω pour ἐκπλήσω, et peut-être ἐς τάδ(ε) pour ἐνθάδ(ε) : mais ce dernier changement ne m'a pas semblé indispensable. Les scholies, remaniées pour les faire concorder avec la leçon actuelle, semblent toutefois conserver un souvenir de la leçon primitive. Ne citons que celle-ci : Θανοῦσα γενήσομαι κύων, ἢ ζῶσα μεταβληθήσομαι εἰς τὴν κυνὸς μορφήν;

1265. Hésychius et les scholiastes expliquent δέργματα par ὄμματα. Il est plus naturel de conserver à ce mot sa signification usuelle. Πυρσὰ δέργματα sont « des regards enflammés ». C'est ainsi qu'un poëte lyrique (chez Dion Chrysostome XXXII, p. 29 R.) disait que les Furies avaient changé Hécube en χαρόπαν κύνα. Le même poëte ajoutait : Χάλκεον δέ οἱ γνάθων ἐκ πολιᾶν φθεγγομένα· Ὑπάκουε μὲν Ἴδα Τένεδός τε περίρρυτα Θρηΐκιοί τε φιλήνεμοι πέτραι. — Voici, suivant Cicéron, Tuscul., III, 26, la raison de cette métaphore : « Hecubam autem putant propter « animi acerbitatem quamdam et rabiem « fingi in canem esse conversam. »

1267. Hérodote, VII, 111, parle d'un oracle de Bacchus situé au fond des montagnes de la Thrace, probablement le même que consulta Octave, le père de l'empereur Auguste (Suétone, Aug. 94). Dans les Bacchantes, v. 298, Euripide met la prophétie au nombre des attributs qui caractérisent le dieu Bacchus. Cp. aussi Rhésus, 972.

1269. Avant οὐ γάρ.... on supplée facilement ἔχρησεν οὐδὲν ἐμοί. Cette première partie, sous-entendue, de la réponse de Polymestor est indiquée par le tour de la question faite par Hécube.

1270. Ἐνθάδ' ἐκστήσω βίον équivaut à μεταβαλῶ τὸν βίον εἰς τάδε. Cp. Aristote,

ΠΟΛΥΜΗΣΤΩΡ.
Θανοῦσα· τύμβῳ δ' ὄνομα σῷ κεκλήσεται
ΕΚΑΒΗ.
Μορφῆς ἐπῳδὸν, ἢ τί, τῆς ἐμῆς ἐρεῖς;
ΠΟΛΥΜΗΣΤΩΡ.
κυνὸς ταλαίνης σῆμα, ναυτίλοις τέκμαρ.
ΕΚΑΒΗ.
Οὐδὲν μέλει μοι, σοῦ γέ μοι δόντος δίκην·
ΠΟΛΥΜΗΣΤΩΡ.
Καὶ σὴν γ' ἀνάγκη παῖδα Κασάνδραν θανεῖν. 1275
ΕΚΑΒΗ.
Ἀπέπτυσ'· αὐτῷ ταῦτα σοὶ δίδωμ' ἔχειν.
ΠΟΛΥΜΗΣΤΩΡ.
Κτενεῖ νιν ἡ τοῦδ' ἄλοχος, οἰκουρὸς πικρά.
ΕΚΑΒΗ.
Μήπω μανείη Τυνδαρὶς τοσόνδε παῖς.
ΠΟΛΥΜΗΣΤΩΡ.
Καὐτὸν δὲ τοῦτον, πέλεκυν ἐξάρασ' ἄνω·
ΑΓΑΜΕΜΝΩΝ.
Οὗτος σὺ μαίνει καὶ κακῶν ἐρᾷς τυχεῖν; 1280
ΠΟΛΥΜΗΣΤΩΡ.
Κτεῖν', ὡς ἐν Ἄργει φόνια λουτρά σ' ἀμμένει.

NC. 1275. Peut-être καὶ σὴν δ' ἀνάγκη, d'après la conjecture de Kirchhoff. — 1279. Καὐτὸν δὲ (var. καὐτόν γε ou τε) τοῦτον ne se trouve que dans les manuscrits d'une faible autorité. Les bons manuscrits portent καὐτὸν σὲ τοῦτον. Mais cette leçon ne peut être admise que si l'on donne le vers précédent à Agamemnon. Je partage à ce sujet l'opinion de Porson et non celle des derniers éditeurs. — 1281. Ἀμμένει, correction qui ne se trouve que dans un seul manuscrit. Les autres ont ἀναμένει.

Morale à Nicomaque, III, 15 : Ἡ λύπη ἐξίστησι καὶ φθείρει τὴν τοῦ ἔχοντος φύσιν. Id., *Physique*, IV, 12 : Ἡ κίνησις ἐξίστησι τὸ ὑπάρχον. Hécube demande : « Est-ce en mourant, ou en continuant de vivre, que je subirai cette métamorphose? »
1272. Μορφῆς ἐπῳδόν, « faisant allusion à ma figure, » ne diffère guère de μορφῇ συνῳδόν. — La phrase parenthétique ἢ τί équivaut à ἢ τί ἄλλο. Cp. vv. 1203 et 1264.

1273. On montrait le tombeau d'Hécube près du promontoire appelé Κυνὸς σῆμα et situé sur la côte européenne de l'Hellespont. Voy. Strabon, VII, fragm. 56.
1278. Μήπω, « pas encore, » pour μήποτε, « jamais, » est suivant la remarque de Porson, une litote familière aux Attiques. Cp. Soph. *Électre*, 403 : Οὐ δῆτα· μήπω νοῦ τοσόνδ' εἴην κενή.
1281. Κτεῖν', ὡς.... Voici le sens de cette phrase elliptique : « Tu peux me tuer;

ΑΓΑΜΕΜΝΩΝ.
Οὐχ ἕλξετ' αὐτὸν, δμῶες, ἐκποδὼν βίᾳ;
ΠΟΛΥΜΗΣΤΩΡ.
Ἀλγεῖς ἀκούων;
ΑΓΑΜΕΜΝΩΝ.
Οὐχ ἐφέξετε στόμα;
ΠΟΛΥΜΗΣΤΩΡ.
Ἐγκλείετ'· εἴρηται γάρ.
ΑΓΑΜΕΜΝΩΝ.
Οὐχ ὅσον τάχος
νήσων ἐρήμων αὐτὸν ἐκβαλεῖτέ που,   1285
ἐπείπερ οὕτω καὶ λίαν θρασυστομεῖ; —
Ἑκάβη σὺ δ' ὦ τάλαινα, διπτύχους νεκροὺς
στείχουσα θάπτε· δεσποτῶν δ' ὑμᾶς χρεὼν
σκηναῖς πελάζειν, Τρῳάδες· καὶ γὰρ πνοὰς
πρὸς οἶκον ἤδη τάσδε πομπίμους ὁρῶ.   1290
Εὖ δ' ἐς πάτραν πλεύσαιμεν, εὖ δὲ τὰν δόμοις
ἔχοντ' ἴδοιμεν τῶνδ' ἀφειμένοι πόνων.
ΧΟΡΟΣ.
Ἴτε πρὸς λιμένας σκηνάς τε, φίλαι,
τῶν δεσποσύνων πειρασόμεναι
μόχθων· στερρὰ γὰρ ἀνάγκη.   1295

ΝC. 1285. Variante moins autorisée : ἐκβαλεῖτέ ποι.

mais cela n'empêchera pas que.. , mais il n'en est pas moins sûr que.... »

1284. Εἴρηται γάρ. J'ai dit ce que je voulais dire.

1285. Cette peine n'a pas été inventée par Euripide. Chez Homère (Od. III, 270) Égisthe fait mourir dans une île déserte le chanteur qui veillait sur la vertu de Clytemnestre.

1286. Οὕτω καὶ λίαν, si excessivement.

Dans cette phrase, la particule καὶ n'est pas copulative, mais renforce l'idée exprimée par λίαν. Cp. *Médée* 526, et les locutions καὶ μάλα, καὶ πολύ, qu'Elmsley rapproche de καὶ λίαν.

1294-1295. Τῶν δεσποσύνων μόχθων, des maux de la servitude. Cp. Eschyle, *Perses*, 587 : Οὐκέτι δασμοφοροῦσιν δεσποσύνοισιν ἀνάγκαις.

ΙΦΙΓΕΝΕΙΑ Η ΕΝ ΑΥΛΙΔΙ

NOTICE
SUR IPHIGÉNIE A AULIS.

La légende du sacrifice d'Iphigénie se rattache au culte de Diane. Dans plusieurs localités de la Grèce on avait anciennement offert à cette déesse des sacrifices humains. Ils furent abolis quand les mœurs de la nation s'adoucirent, mais le souvenir s'en conserva dans la mémoire des hommes et dans certaines cérémonies symboliques. Le nom d'Iphigénie, qui semble avoir été primitivement celui de la déesse elle-même, fut donné par la suite soit à la prêtresse, soit à la victime de ce culte[1]. Mais ce nom et la légende sanglante qui en est inséparable n'entrèrent dans les récits sur la guerre de Troie qu'à une époque relativement tardive. Homère ne sait rien du sacrifice de la fille d'Agamemnon : les critiques d'Alexandrie ont déjà fait cette remarque[2], qui ne peut échapper à aucun lecteur attentif de l'*Iliade* et de l'*Odyssée*. La victime de Diane et la fille d'Agamemnon furent identifiées dans les *Cypriaques*, épopée destinée à compléter l'*Iliade* par le récit de l'origine de la guerre et de tous les faits antérieurs à la colère d'Achille. C'est dans ce poëme qu'on lisait[3] comment Diane, irritée par une parole présomptueuse d'Agamemnon, envoya des vents contraires qui empêchèrent le départ de la flotte grecque; comment elle demanda, par la bouche de Calchas, que le roi expiât sa faute en immolant sa propre fille sur l'autel; comment enfin, lorsqu'elle eut obtenu ce sacrifice, elle substitua une biche à la fille d'Agamemnon et transporta

---

1. Nous nous abstenons d'approfondir ici une question, intéressante pour ceux qui étudient les antiquités religieuses de la Grèce, mais sans rapport direct avec la tragédie d'Euripide. Cf. C. O. Müller, *Dorier*, I, p. 381 sqq.; Welcker, *Griechische Goetterlehre*, I, p. 571 sqq., II, p. 400 sqq; Preller, *Griechische Mythologie*, I, p. 194 sqq.; Maury, *Histoire des religions de la Grèce antique*, I, p. 184. Voy. aussi les préfaces des éditions d'*Iphigénie en Tauride* par Hermann, par Klotz et par Köchly. Ce dernier surtout donne une exposition complète et lumineuse de ce chapitre quelque peu obscur de la mythologie grecque.

2. Sch. Ven. ad *Il.* IX, 145 : Οὐκ οἶδε τὴν παρὰ τοῖς νεωτέροις σφαγὴν Ἰφιγενείας.

3. Voyez les extraits de la *Chrestomathie* de Proclus, à la suite de l'Homère de la Bibliothèque grecque de Didot, p. 582.

celle-ci dans la Tauride, où elle la rendit immortelle[1]. Voilà quels étaient, dans le poëme de Stasinus, les traits généraux de la fable. Quant aux détails, nous n'en connaissons positivement qu'un seul. La ruse imaginée pour attirer Iphigénie au milieu du camp était dans l'épopée la même que dans la tragédie : cette ruse consistait à feindre l'hymen de la fille d'Agamemnon avec Achille. Mais nous n'hésitons pas à rapporter au poëme des *Cypriaques* d'autres détails mentionnés par Euripide à une époque où il n'avait pas encore traité lui-même le sacrifice d'Iphigénie. D'après deux passages d'*Iphigénie en Tauride*[2], Ulysse était allé chercher la victime à Mycènes : trompée par ses discours, Clytemnestre avait laissé partir Iphigénie sans l'accompagner ; et pendant que la mère, restée à Mycènes, chante l'hyménée avec les Argiennes, la fille est immolée à Aulis, et le sacrificateur, c'est Agamemnon, c'est le père lui-même. Ces incidents, si différents de ceux qu'Euripide mit plus tard sur la scène, n'ont certainement pas été inventés par lui ; et si nous nous demandons d'où il a pu les tirer, la réponse ne saurait être douteuse, ce me semble. Nous voyons ici ce qu'était la fable dans toute son horreur primitive et avant qu'elle eût passé par la main des poëtes dramatiques. Agamemnon, en sa qualité de père et de roi, offre de sa propre main[3] l'horrible sacrifice : ce trait accuse un siècle encore barbare. Clytemnestre n'est pas amenée sur les lieux où se passe l'action principale : c'est ainsi que la fable pouvait être arrangée dans une épopée, dont le récit court librement d'un pays à l'autre. Mais le théâtre a des exigences plus étroites ; et les poëtes tragiques ont dû forcément transporter Clytemnestre à Aulis, ou bien renoncer à donner un rôle à la mère d'Iphigénie.

Faisons toutefois une réserve à l'égard d'Eschyle. Si ce poëte a consacré toute une trilogie à la fable d'Iphigénie, il pouvait se conformer à la tradition épique, en plaçant le lieu de la scène successivement à Mycènes et à Aulis. Mais que peut-on dire sur l'*Iphigénie* d'Eschyle, œuvre dont il ne reste que le titre et deux vers détachés ? Le plus sage est de s'interdire toute conjecture sur ce que nous ignorons

---

1. Proclus, *l. c.* : Ἄρτεμις δὲ αὐτὴν ἐξαρπάσασα εἰς Ταύρους μετακομίζει καὶ ἀθάνατον ποιεῖ. Suivant Hérodote, IV, 103, les Tauriens disaient eux-mêmes que leur déesse était Iphigénie, fille d'Agamemnon. Dans un poëme hésiodique, Iphigénie était confondue avec Hécate. En effet Pausanias rapporte, I, XLIII, 1 : Οἶδα δὲ Ἡσίοδον ποιήσαντα ἐν Καταλόγῳ γυναικῶν Ἰφιγένειαν οὐκ ἀποθανεῖν, γνώμῃ δὲ Ἀρτέμιδος Ἑκάτην εἶναι. Euripide a fait allusion à ces légendes dans les vers 1608 et 1822.

2. *Iph. Taur.*, v. 24 sq., et v. 359-377.

3. Ἱερεὺς δ' ἦν ὁ γεννήσας πατήρ, *Iph. Taur.*, v. 360. Il faut donc entendre au pied de la lettre ces vers d'Eschyle : Εἶ τέκνον δαΐξω.... μιαίνων παρθενοσφάγοισι ῥείθροις πατρῴους χέρας et Ἔτλα δ' οὖν θυτὴρ γενέσθαι θυγατρός (*Agam.*, 207 et 224).

complétement. Nous possédons, il est vrai, un beau morceau lyrique[1] dans lequel Eschyle a raconté le sacrifice d'Iphigénie. Les douloureuses incertitudes qui déchirent le cœur du père jusqu'au moment où il subit « le joug de la nécessité » et consent à être le bourreau de sa fille, les horribles apprêts du sacrifice, l'insensibilité des princes avides de combats, la touchante apparition de la belle victime, tout y est peint de main de maître. Cependant ce chœur de la tragédie d'*Agamemnon* ne nous fournit aucun indice précis sur la manière dont la tragédie d'*Iphigénie* a pu être conduite par le même poëte. Le sacrifice y était sans doute présenté sous un jour moins odieux qu'il ne l'est dans un morceau qui doit faire pressentir que la tête d'un père si cruel est dévouée à la mort.

Sophocle aussi avait écrit une *Iphigénie* avant Euripide. Il en reste quelques fragments[2], grâce auxquels nous savons qu'Ulysse et Clytemnestre avaient des rôles importants dans cette pièce. Le chœur était composé de guerriers grecs. Un tel chœur convenait parfaitement au sujet, et il était plus intéressé à garder le secret d'Agamemnon que ne le sont les jeunes filles qu'on voit paraître chez Euripide. Ennius, tout en prenant d'ailleurs pour modèle l'*Iphigénie* de ce dernier poëte, a mis dans sa tragédie un chœur de guerriers, et on a supposé avec raison[3] que le poëte latin s'était conformé sur ce point à l'exemple donné par Sophocle.

Euripide lutta donc dans ce sujet, comme dans plusieurs autres, contre ses deux rivaux; et plus heureux cette fois qu'il ne le fut pour *Électre*, pour *Antigone*, pour *OEdipe*, pour *Philoctète*, il les éclipsa l'un et l'autre : son *Iphigénie* était déjà dans l'antiquité, et alors que les ouvrages d'Eschyle et de Sophocle existaient encore, l'*Iphigénie* par excellence[4]. Qu'est-ce qui constituait la supériorité de la tragédie d'Euripide? Sans faire une comparaison dont les éléments nous manquent, nous pouvons indiquer les points principaux dans lesquels Euripide semble s'être écarté de ses devanciers, les combinaisons nouvelles qui lui servirent à rajeunir son sujet. Euripide renonça au personnage d'Ulysse, qui jusque-là avait été sur la scène, comme dans l'épopée, chargé de conduire l'intrigue en abusant Clytemnestre et Iphigénie. Notre poëte se priva ainsi d'un élément important de l'action; mais il compensa cette perte de deux façons. D'un côté, il introduisit dans sa pièce le personnage de Ménélas, de tous les Grecs le plus directement intéressé à la consommation du sacrifice. C'est pour cette raison même que Racine, par un sentiment de délicatesse, a de nouveau supprimé ce

---

1. Eschyle, *Agam.*, 184-246.
2. Cp. surtout Suidas, art. πενθερά.
3. Voyez Bergk, cité par Ribbeck, *Tragicorum latinorum reliquiæ*, p. 257.
4. Voir les citations nombreuses que les anciens ont empruntées à cette tragédie, et particulièrement celle dont nous parlons à la page 309, note 1.

personnage. Euripide, au contraire, saisit volontiers l'occasion de montrer à nu l'égoïsme d'un héros qu'il avait déjà plus d'une fois flétri ; et, par un coup de théâtre habilement ménagé, il fit succéder à cet égoïsme une sensibilité imprévue. D'un autre côté, Ulysse étant écarté de la scène, le rôle d'Agamemnon pouvait prendre plus de place et plus d'importance. Ce malheureux père qui, la mort dans l'âme, trompe et trahit malgré lui ce qu'il a de plus cher au monde, est un personnnage bien plus intéressant que le froid politique qui obéit à la raison d'État, sans connaître ni pitié, ni scrupule. Au début de la tragédie, Agamemnon fait, sous les yeux mêmes du spectateur, un dernier effort pour sauver sa fille : il faut, sans doute, faire honneur à Euripide de cette innovation heureuse, à laquelle on doit la belle scène d'exposition et le coup de théâtre que nous venons de rappeler.

C'est encore Euripide qui, suivant toute apparence, créa le rôle d'Achille, rôle si noble, si généreux, et aujourd'hui si original par l'absence de toute galanterie moderne. Chez Eschyle et chez Sophocle Achille eût joué un rôle odieux ; son intervention ne devint possible que grâce à la tournure nouvelle qu'Euripide donna au dénoûment de la fable. Ceci nous mène à la plus considérable et la plus belle des innovations qui distinguent la tragédie de notre poëte. Avant lui, Iphigénie avait été traînée à l'autel, bâillonnée et retenue par de rudes mains pendant que la frappait le glaive du sacrificateur. Le sacrifice avait ressemblé à un supplice. Euripide, le premier, en fait un dévouement : chez lui, la fille des rois marche librement à la mort, elle donne sa vie pour la gloire de la Grèce, et avec cette chaleur de l'héroïsme qui s'éveille la première fois dans une jeune âme, elle s'écrie que c'est elle qui renverse les murs d'Ilion. C'est ainsi qu'Iphigénie devint la sœur de Polyxène et de Macarie, et se plaça à côté des autres figures nobles et virginales qui faisaient les délices d'Euripide. Ce poëte, n'avait pas l'habitude de peindre les hommes en beau : il les représentait tels qu'ils sont. Mais il se consolait du spectacle de la réalité en contemplant l'idéal, tel qu'il le trouvait dans quelques âmes d'élite, âmes jeunes que l'expérience de la vie n'a pas encore flétries, que l'égoïsme n'a pas encore dégradées, et qui forment ce qu'on peut appeler le paradis d'Euripide.

On a prétendu [1] que la substitution d'une biche à la victime humaine était aussi une des nouveautés de la tragédie d'Euripide, et que chez les poëtes dramatiques qui avaient traité le même sujet auparavant, Iphigénie n'était pas sauvée par la déesse. Mais pourquoi ces poëtes auraient-ils abandonné la tradition épique, et quelles preuves donne-

---

1. Kœchly, dans son édition d'*Iphigénie en Tauride*, p. xxxvii sqq.

t-on à l'appui d'une assertion aussi extraordinaire? Dans l'*Agamemnon* d'Eschyle et dans l'*Électre* de Sophocle, Clytemnestre déclare qu'elle a immolé son époux pour venger la mort de sa fille Sans doute. Mais Clytemnestre n'en fait-elle pas autant dans l'*Électre* d'Euripide? Je pourrais dire que les tragiques grecs n'avaient aucun scrupule de se contredire d'une tragédie à l'autre, variant les incidents des fables, suivant les besoins et les convenances de chaque pièce[1]; mais ici il n'y a point, à proprement dire, de contradiction. Cela est si vrai que dans *Iphigénie en Tauride* l'héroïne, sauvée et vivante, passe cependant pour morte aux yeux de sa famille et de toute la Grèce. Rien ne saurait être plus concluant que les vers qui suivent[2] :

>Ἄγγελλ' Ὀρέστῃ παιδὶ τἀγαμέμνονος·
>ἡ 'ν Αὐλίδι σφαγεῖσ' ἐπιστέλλει τάδε
>ζῶσ' Ἰφιγένεια, τοῖς ἐκεῖ δ' οὐ ζῶσ' ἔτι.

Iphigénie avait été frappée du glaive, son corps avait disparu, une biche se trouvait à sa place : voilà ce qu'avaient vu les Grecs. Qu'était devenue la fille d'Agamemnon? Personne ne pouvait le dire positivement. Sans ce miracle, le sacrifice d'Iphigénie était un sujet impossible. Ni Eschyle, ni Sophocle n'ont pu se passer de cet adoucissement de la fable. Les Grecs rassemblés dans Aulis ont pu, dans les tragédies de ces poëtes, faire des conjectures plus ou moins justes sur ce qui s'était passé : le spectateur savait qu'Iphigénie était sauvée.

Iphigénie à Aulis était l'un des derniers ouvrages de notre poëte. Cette tragédie, ainsi que les *Bacchantes* et *Alcméon à Corinthe*, ne fut jouée qu'après sa mort, par les soins de son fils ou de son neveu, Euripide le jeune[3].

Cette circonstance a fourni ample matière aux conjectures des critiques : ils s'en sont servis pour expliquer certaines singularités qu'ils remarquèrent ou qu'ils crurent remarquer dans le texte actuel de cette pièce. Les uns ont pensé que la représentation attestée par les grammairiens anciens n'était qu'une reprise, et que des deux rédactions de cette tragédie qui avaient existé dans l'antiquité, la seconde, la rédaction arrangée par Euripide le jeune, était seule venue jusqu'à nous[4].

---

[1]. Voyez ce que nous avons dit à ce sujet dans notre édition d'Eschyle, à propos du vers 703 du *Prométhée*, p. 73.
[2]. *Iph. Taur.*, 769.
[3]. Voyez la notice que nous donnons à la place de l'Argument perdu, p. 319.
[4]. Cette hypothèse a été d'abord émise par Bœckh, *De trag. græc. principibus*, c. xvii, sqq. — Zirndorfer, *De Euripidis Iphigenia Aulidensi*, Marburg 1838, veut que notre texte soit un mélange de la rédaction primitive avec la rédaction très-différente d'Euripide le jeune. — Le lexique d'Hésychius porte : Ἄθρυστα· σκόσκοπα.

D'autres ont soutenu que le poëte avait laissé son ouvrage inachevé, que son fils ou son neveu en avait publié le manuscrit incomplet, et que les lacunes avaient été comblées par diverses mains et à des époques différentes [1].

Avant d'examiner si l'état du texte autorise ces conjectures, disons que l'hypothèse de deux éditions répondant à deux représentations, l'une faite du vivant du poëte, l'autre après sa mort, n'est nullement justifiée. Les dates des ouvrages dramatiques ont été recueillies de bonne heure, à Athènes même, par Aristote [2] et d'autres amis des lettres, et toutes ces dates se rapportent, cela va sans dire, aux premières représentations. Mais en écartant l'idée d'une première édition perdue, on est libre de croire que le jeune Euripide a mis la main à l'ouvrage qui lui fut légué. Il est aussi impossible de réfuter cette opinion qu'il est difficile de la prouver. — Pour ce qui est de l'autre hypothèse, son principal défenseur, M. Guillaume Dindorf, a compris qu'elle n'était soutenable que si la pièce n'avait point été jouée du tout. Comment supposer en effet qu'Euripide le jeune, après avoir complété la pièce pour le théâtre, l'eût publiée incomplète pour l'usage des lecteurs [3]? Un tel scrupule ne s'accorde guère avec ce que nous savons des mœurs littéraires de la haute antiquité. D'ailleurs nos textes des tragiques grecs proviennent en dernier lieu des copies officielles que l'orateur Lycurgue fit prendre à l'usage du théâtre d'Athènes. Pour soutenir sa thèse, M. Dindorf n'a donc pas hésité à contester l'exactitude de la notice relative à la date de notre tragédie. A l'entendre, c'est *Iphigénie en Tauride*, et non pas *Iphigénie à Aulis*, qui fut jouée après la mort d'Euripide. Que dire d'une hypothèse si gratuite et si contraire à toutes les probabilités? Il y a dans la comédie des *Grenouilles* une allusion à un passage d'*Iphigénie en Tauride* [4]. M. Dindorf est obligé de supposer qu'Aristophane eut connaissance de cette œuvre d'Euripide par les répétitions qu'on pouvait en faire alors. D'un autre côté, Eubulus et Philétérus [5],

---

Εὐριπίδης Ἰφιγενείᾳ τῇ ἐν Αὐλίδι. Le mot ἄθραυστα ne se lit pas dans notre texte. Quelques éditeurs l'introduisent dans le vers 57. Peut-être se trouvait-il dans l'un des vers qui manquent aujourd'hui. Peut-être la citation est-elle erronée. (Le même Hésychius attribue à l'*Iphigénie* de Sophocle le mot ἀπαρθένευτα, qui est tiré du vers 993 de notre *Iphigénie*.) Quoi qu'il en soit, cette citation offre un bien faible appui à l'hypothèse d'une double édition. — Dans les *Grenouilles*, v. 1309 sq., Aristophane semble faire allusion aux vers 1089 sqq. d'*Iphigénie en Tauride*. L'erreur du scholiaste, qui écrit ἐξ Ἰφιγενείας τῆς ἐν Αὐλίδι, est évidente. — Nous parlerons plus bas des vers cités par Élien.

1. Cette seconde hypothèse a été soutenue par Matthiæ et par les deux Dindorf dans leurs éditions d'Euripide.

2. Dans l'ouvrage qui avait pour titre Διδασκαλίαι et dont les fragments ont été réunis par C. Muller, *Fragmenta historicorum græcorum*, II, p. 484 sq.

3. Tel est le système de Matthiæ.

4. Cf. Aristophane, *Grenouilles*, 1232 sq., et Euripide, *Iph. Taur.*, 1 sq.

5. Voyez aux vers 370 et 701.

ΙΦΙΓΕΝΕΙΑ Η ΕΝ ΑΥΛΙΔΙ. 309

poëtes de la comédie moyenne, ont parodié des vers d'*Iphigénie à Aulis*; Aristote cite cette tragédie sans ajouter le nom de l'auteur, comme l'*Iphigénie* la plus connue, l'*Iphigénie* par excellence [1]. Nous trouvons dans ces faits la preuve que cette tragédie ne fut pas jouée une fois, mais qu'elle fut souvent reprise dans le siècle qui suivit la mort d'Euripide; et nous en concluons que le système de M. Dindorf n'est pas plus plausible que les autres.

Mais qu'y a-t-il donc dans l'état actuel de notre tragédie d'assez extraordinaire pour éveiller les soupçons des savants et faire naître tant d'hypothèses différentes ? On a mis en question l'authenticité d'une foule de morceaux; mais les doutes ont porté principalement sur le commencement et sur la fin de la pièce.

Notre *Iphigénie* n'a pas de prologue proprement dit : elle s'ouvre par une scène entre Agamemnon et un esclave, et cette scène est écrite en anapestes : toutes choses contraires, dit-on, à la méthode des expositions d'Euripide. Mais nous ne possédons plus qu'une partie du théâtre de ce poète, et l'une de ses tragédies perdues, l'*Andromède*, débutait également par un morceau anapestique [2]. Ajoutez qu'il n'est pas exact de dire que notre tragédie n'a pas de prologue : la longue tirade d'Agamemnon au milieu de la première scène [3] est un prologue, qui ne se trouve pas à sa place habituelle, il est vrai, mais qui d'ailleurs ne diffère en rien des autres morceaux qui portent ce nom. Ce déplacement du prologue a quelques inconvénients [4], et j'accorde qu'on peut critiquer un tel arrangement, comme on peut critiquer tous les prologues d'Euripide. Mais on n'a pas le droit de soutenir que ce prologue est interpolé, ou que la scène au milieu de laquelle il se trouve n'est pas d'Euripide. Aristote cite un vers de ce prologue [5]; et quant au reste de la scène, Ennius l'a imité, et des auteurs grecs, dont quelques-uns [6] sont antérieurs à Ennius, y ont fait allusion. Il ne restait donc plus qu'à dire (et l'un des derniers éditeurs, M. Hartung, le dit en effet) que cette scène avait été remaniée par une main inconnue, et

---

1. Aristote, *Poétique*, ch. xv.
2. Le scholiaste d'Aristophane dit que les vers anapestiques qu'on lit dans les *Thesmophories*, 1074 sqq. (Ὦ νὺξ ἱερὰ κτέ), formaient le début de l'*Andromède* d'Euripide : τοῦ προλόγου Ἀνδρομέδας εἰσβολή. Il va sans dire que le mot πρόλογος désigne ici, d'après la terminologie antique, non un prologue proprement dit, mais tout ce qui précède la première entrée du chœur. Quant au sens du terme εἰσβολή, cp. le premier Argument de *Médée*, vers la fin. — Malgré ce témoignage, Hartung soutient qu'*Andromède* avait un prologue, et qu'il était prononcé par Écho en personne. L'idée est plaisante.

3. Vers 49 et les suivants.
4. Voyez nos observations sur les vers 49, 124 et 153.
5. V. 80, cité dans la *Rhétorique* d'Aristote, III, 11. — Les vers 74-77 sont cités par Clément d'Alexandrie.
6. Machon et Chrysippe. Cf. les notes sur les vers 23 et 28.

que la tirade d'Agamemnon avait primitivement figuré au début de la pièce. Mais par quel motif et dans quelle intention aurait-on ainsi remanié un texte satisfaisant? Je n'en vois point. Que l'on attribue l'arrangement particulier de la scène d'exposition à Euripide le jeune, c'est là une hypothèse soutenable ; mais qu'on n'essaye pas de nous faire croire à un dérangement postérieur, et surtout qu'on ne dise pas qu'Euripide n'eût jamais inséré un morceau iambique au milieu d'une scène anapestique. Une telle assertion méconnaît les principes qui présidaient au choix des mètres dans les tragédies grecques. Dans les *Perses* d'Eschyle, le chœur converse avec Atossa en trochées (v. 155-175), la reine raconte en iambes le songe qu'elle a fait (v. 176-214), et après la fin de ce récit le dialogue reprend de nouveau en trochées (v. 215-248). De même, Agamemnon a dû faire son récit en vers iambiques, et la reprise de son entretien avec l'esclave impliquait le retour au mètre anapestique.

Nous ne dirons ici qu'un mot des interpolations que l'on a cru découvrir dans le corps de la tragédie, ces questions ne pouvant être traitées utilement que dans des notes relatives à chaque passage. De tous les éditeurs, Dindorf est celui qui a le plus abusé du scalpel critique : il a coupé dans le vif. Plus discrets que lui, Kirchhoff et Nauck me paraissent cependant avoir condamné ou suspecté plus de morceaux qu'il ne fallait. Il y a des interpolations dans *Iphigénie à Aulis*, comme il y en a dans les autres tragédies d'Euripide : celle-ci n'offre à ce sujet rien de bien particulier. Le seul morceau d'une certaine étendue dont on puisse contester l'authenticité avec quelque apparence de raison, c'est la seconde partie du premier chœur[1]. Mais ce morceau peut se retrancher sans laisser de lacune sensible, et, s'il n'est pas d'Euripide, il a dû cependant être écrit à une époque où l'on connaissait encore les procédés de la composition antistrophique.

Nous arrivons au problème le plus difficile, celui qui se rattache à la fin de la tragédie. Porson a le premier émis l'opinion que la scène du messager et les vers qui la suivent[2] étaient une interpolation d'une date assez récente, et que le dénoûment primitif avait été tout différent. Les hellénistes les plus distingués, Hermann, Kirchhoff, Nauck, d'autres encore, se sont rangés à cette opinion ; Matthiæ et Dindorf l'ont adoptée avec quelques restrictions. Enfin la plupart des philologues assignent aujourd'hui, d'un commun accord, une origine tardive à ce morceau considérable. On nous permettra de réviser ce jugement. Soumettons donc le morceau suspect à un nouvel examen,

---

[1]. Voy. la note sur le vers 231.   [2]. V. 1532 sqq. jusqu'à la fin de la pièce.

sous le triple point de vue de l'économie de la pièce, de l'art de la narration, enfin du détail de l'expression et de la versification.

Un messager se présente et fait le récit du sacrifice d'Iphigénie. Ceci est tellement conforme aux habitudes du théâtre grec que je ne comprends vraiment pas que l'on ait pu contester la convenance d'un tel arrangement et lui préférer un autre, suivant lequel Diane aurait paru après le départ d'Iphigénie pour annoncer d'avance qu'elle sauverait la fille de Clytemnestre. Quoi ! le spectateur n'apprendrait pas comment l'héroïsme d'Iphigénie s'est soutenu jusqu'à la fin ? on ne lui ferait pas connaître tous les détails du sacrifice, avant d'annoncer la disparition miraculeuse de la victime ? Cela est inadmissible. Quant à cette disparition, valait-il mieux la faire expliquer par la déesse, ou en abandonner le mystère aux conjectures des hommes témoins d'une scène si extraordinaire ? Dans notre texte aucune divinité ne déclare ce qu'est devenue Iphigénie; Calchas, l'interprète des dieux, ne se prononce pas non plus. Le messager envoyé par Agamemnon et le roi lui-même assurent qu'Iphigénie a été reçue parmi les immortels. Ils l'assurent parce qu'ils le croient, parce qu'ils l'espèrent ; mais ils ne le savent pas. Aussi Clytemnestre n'est nullement convaincue par ces assurances : elle soupçonne au contraire qu'on tient ce langage pour donner le change à sa douleur. Il me semble impossible d'imaginer un autre dénoûment qui, tout en satisfaisant le spectateur, fût aussi bien d'accord avec la suite connue de cette fable : car enfin, tout le monde sait que Clytemnestre tuera son époux pour venger la mort de sa fille. Et que ce dénoûment, qui est le meilleur, ait aussi été le dénoûment préféré par Euripide, nous pouvons le prouver facilement. Deux fois dans cette tragédie, Clytemnestre fait pressentir ses projets de vengeance : d'abord quand elle accable Agamemnon (v. 1182); ensuite, et plus clairement encore, quand elle repousse les généreux conseils d'Iphigénie (v. 1456). Ces deux passages n'auraient plus de portée ni de sens, si Diane annonçait à Clytemnestre que sa fille sera sauvée.

Quant au mérite de la narration, le récit du sacrifice d'Iphigénie ne le cède en rien aux plus beaux récits d'Euripide. Deux vers suffisent au poëte pour peindre la douleur contenue d'Agamemnon, et ces vers ont inspiré le fameux tableau de Timanthe. La vierge offre sa vie pour la gloire de la Grèce, dans un langage d'une noble simplicité qui n'appartient qu'à la plus belle époque de l'antiquité. Remarquez ensuite comment le poëte nous arrête longtemps sur les apprêts du sacrifice, avec quelle habileté il en multiplie les détails, afin de retarder le coup fatal et de faire durer ce moment plein d'anxiété qui précède les grandes catastrophes. Cette habileté révèle tout particulièment la main d'Euripide : elle est l'un des traits distinctifs de tous ses récits. Au contraire, l'accomplissement du sacrifice et la substitution de la biche sont rapportés en peu de vers ; et cette brièveté est encore conforme aux habitudes de notre poëte. Puis le devin annonce que la déesse n'entrave plus le départ de l'armée; et l'on pressent dans son discours l'ardeur avec laquelle les Grecs vont courir aux vaisseaux. Après avoir fini son récit, le messager ajoute, comme il le doit, quelques mots pour engager Clytemnestre à ne plus pleurer sa fille et à pardonner à son époux. Mais la mère craint qu'on ne l'abuse par de vaines consolations, et ce trait, nous l'avons dit, est excellent : Clytemnestre ne serait plus Clytemnestre, si elle tenait un autre langage. Enfin Agamemnon paraît, mais il ne prononce que peu de vers. La rapidité de cette dernière scène convient à la situation. Le drame est dénoué, il doit courir à la fin.

On a fait quelques objections, quelques chicanes que je réfuterai dans les notes. Sans m'y arrêter à présent, je demande ce qu'il y a dans un tel récit et dans une pareille scène finale, qui ne soit pas digne d'Euripide, ou qu'on puisse attribuer raisonnablement à un obscur interpolateur. Un connaisseur d'un goût sûr et délicat, M. Patin, a jugé excellemment que ce récit est, « malgré les fautes de détail qui le défigurent, plein de vérité et de poésie, de pathétique et d'élévation. »

Parlons maintenant de ces fautes de détail, dont les philologues se sont trop exclusivement préoccupés. Le texte que nous discutons se compose de deux parties qui n'ont pas été également bien conservées. Dans la première (v. 1532-1571), les taches ne sont pas plus nombreuses que dans la plupart des textes anciens : une critique judicieuse n'hésitera pas un instant à les attribuer aux copistes et cherchera les moyens de les faire disparaître. La seconde partie (v. 1572-1629) a été ajoutée dans notre meilleur manuscrit, le *Palatinus*, par une main plus récente. Ici les incorrections, ainsi que les fautes de prosodie et de métrique, fourmillent à tel point, que les éditeurs sont excusables d'avoir rejeté ce morceau comme une interpolation, plutôt que d'y reconnaître un vieux texte défiguré et d'en rétablir, autant que possible, l'ancienne pureté. Cependant cette seconde partie se rattache si étroitement à la première qu'il est difficile de l'en séparer; elle est bien composée, nous venons de le voir; et abstraction faite des taches qui la déparent, elle est bien écrite : certaines tournures, certains idiotismes dénotent le plus bel âge de la langue grecque. Quelle idée se fait-on de l'auteur d'une telle interpolation? Il aurait été à la fois habile et maladroit, savant et ignorant. C'est là un être plein de disparates : l'énormité même des fautes qu'on remarque dans ces vers prouve qu'on ne peut les attribuer à l'homme qui avait assez de talent pour écrire ce morceau.

Nous avons essayé d'enlever ces taches ; et si on veut examiner notre travail, on verra que les altérations du texte sont de la même nature, proviennent des mêmes causes, et se corrigent par les mêmes moyens que partout ailleurs. Il y a quelques erreurs de copistes ; quelques gloses ont envahi le texte et en ont expulsé les expressions primitives; enfin et surtout, les mots ont été souvent transposés afin de les rapprocher de l'ordre de la prose ou de ce que nous appelons la construction. Les fautes sont nombreuses, mais elles ne sont ni extraordinaires, ni incurables. Nous y avons appliqué les remèdes usuels, et nous espérons que les hommes compétents qui examineront nos conjectures sans opinion préconçue nous approuveront d'avoir délivré ce morceau des crochets qui l'emprisonnent dans les textes publiés depuis trente à quarante ans, et d'avoir rendu à Euripide le dénoûment d'un chef-d'œuvre que la critique moderne s'était plu à mutiler.

Un seul point reste à considérer. Jusqu'ici, nous nous sommes bornés à discuter le texte des manuscrits d'Euripide, sans nous occuper d'un témoignage qui a beaucoup contribué à égarer la critique. Élien[1] cite comme étant tirés de notre tragédie des vers qu'on y chercherait vainement de nos jours. Les voici :

Ἔλαφον δ' Ἀχαιῶν χερσὶν ἐνθήσω φίλαις
κεροῦσσαν, ἣν σφάζοντες αὐχήσουσι σὴν
σφάζειν θυγατέρα.

On a dit que ces vers avaient fait partie du dénoûment primitif d'*Iphigénie*, et que Diane les prononçait pour faire connaître d'avance à Clytemnestre que le sacrifice ne serait consommé qu'en apparence[2]. Nous ne répéterons pas les objections que nous avons opposées plus haut à une hypothèse aussi étrange : un tel dénoûment est tout à fait inadmissible[3]. Mais d'où viennent les vers cités par Élien? Auraient-ils fait partie, comme d'autres critiques l'ont pensé[4], du prologue de la tragédie d'Euripide? Dans ce système, Diane, avant

---

[1]. Élien, *Histoire des animaux*, VII, 39.

[2]. Cette opinion, d'abord indiquée par Porson dans la préface de son édition d'*Hécube*, p. 24, est aujourd'hui partagée par beaucoup de critiques.

[3]. Zindörfer, *l. c.*, a essayé de motiver ce dénoûment, en supposant que dans la pièce primitive Achille persistait à vouloir défendre Iphigénie, malgré elle-même, contre l'armée grecque, et que l'indomptable fougue de ce héros ne pouvait être arrêtée que par l'intervention de la déesse. C'est là un ingénieux jeu d'esprit.

[4]. En premier lieu, Musgrave, dans son édition d'Euripide; ensuite Bœckh, *l. c.*, et plusieurs autres.

de quitter la scène· et au moment où Agamemnon y entrait, aurait adressé ces paroles au père d'Iphigénie, par manière d'apostrophe et sans être entendue de lui. C'est ainsi que Vénus parle au fils de Thésée à la fin du prologue de l'*Hippolyte*. On a objecté que dans le cas présent l'apostrophe eût été moins naturelle, et qu'Euripide n'avait pas l'habitude de divulguer dès le début le dénoûment du drame d'une manière si claire et si précise. Ajoutons que le morceau débité par Agamemnon aux vers 49 sqq. est un prologue à peine déguisé, et ferait double emploi avec un autre prologue prononcé par Diane. Or, nous l'avons dit, la tirade d'Agamemnon est authentique, puisque Aristote en cite un vers. Que faut il donc penser de la citation d'Élien? Le texte de cet auteur n'est pas gâté en cet endroit; on peut s'en convaincre facilement en lisant tout le chapitre; mais l'auteur lui-même aurait-il attribué par distraction à Euripide des vers écrits par un autre poëte? Cela n'est pas impossible. Toutefois, une autre explication offre plus de vraisemblance. Le *Rhésus*, tragédie qui porte le nom d'Euripide, n'a pas de prologue. Mais les grammairiens grecs connaissaient un prologue apocryphe, qu'on avait de très-bonne heure accolé à cette pièce et dont les premiers vers sont rapportés dans l'Argument qui la précède[1]. On peut croire que les vers cités par Élien sont empruntés à un morceau semblable, destiné à servir d'introduction à une tragédie complète et qui n'en a que faire. Si l'ancien Argument d'*Iphigénie* nous était parvenu, nous y trouverions peut-être une mention de ce faux prologue.

Résumons, en finissant, notre opinion sur l'état du texte d'*Iphigénie à Aulis*. Sans essayer de déterminer aujourd'hui la part qui peut revenir au jeune Euripide dans la rédaction de cette tragédie, et en faisant nos réserves pour les interpolations, les lacunes, les altérations de toute sorte, auxquelles aucun ouvrage d'Euripide n'a complétement échappé, je pense que nous lisons cette œuvre telle qu'Aristote, telle qu'Ennius, telle enfin que tous les anciens l'avaient lue.

1. Nous dirions qu'il existait dans l'antiquité deux prologues différents du *Rhesus*, si nous ne soupçonnions pas, avec quelques critiques, que Dicéarque, cité dans le même Argument, avait en vue le *Rhésus* d'Euripide plutôt que celui du faux Euripide.

SOMMAIRE
D'IPHIGÉNIE A AULIS.

La scène est à Aulis, devant la tente ou baraque d'Agamemnon.

Πρόλογος. Avant le jour Agamemnon sort de sa tente avec un vieil esclave. Dialogue anapestique entre le roi, qui est dans une grande agitation, et l'esclave, qui lui demande la cause de ce trouble (1-48).

Agamemnon expose le sujet de ses peines et l'argument de la pièce. Trimètres iambiques (49-114).

Agamemnon charge le vieillard de porter une lettre à Clytemnestre. Dialogue en anapestes lyriques (115-163).

Πάροδος. Première partie. Le chœur, composé de jeunes femmes de Chalcis, dit pourquoi il est venu dans le camp des Grecs (strophe) ; il nomme les princes qu'il a vus (antistrophe), et distingue Achille entre tous les autres (épode). (164-230.)

Seconde partie. Dénombrement des vaisseaux envoyés par les divers peuples de la Grèce. Trois couples de strophes (231-302).

Ἐπεισόδιον α'. Le vieillard cherche à reprendre la lettre que Ménélas vient de lui arracher : stichomythie. Il appelle Agamemnon à son secours : tristique. Cette scène est écrite en trimètres iambiques (303-316).

Dispute entre Agamemnon et Ménélas. Stichomythie de tétramètres trochaïques (317-334).

Discussion. Couplet trochaïque de Ménélas et couplet trochaïque d'Agamemnon, suivis l'un et l'autre d'un distique iambique du chœur (335-403).

Nouvelles récriminations : monostiques échangés entre les deux frères (404-412). Ménélas, la menace à la bouche, se dispose à partir, quand un messager annonce l'arrivée d'Iphigénie et de Clytemnestre : couplet du messager ; distique d'Agamemnon (413-441)[1].

La douleur d'Agamemnon ramène Ménélas à de meilleurs sentiments. Couplet d'Agamemnon suivi d'un distique du chœur. Deux monostiques échangés entre les frères. Couplet de Ménélas, suivi d'un distique du chœur (442-505).

Agamemnon fait comprendre à Ménélas qu'il est désormais impossible de

---

1. Ces morceaux, ainsi que tous ceux pour lesquels on ne trouvera pas d'autre indication, sont en trimètres iambiques.

sauver Iphigénie. Stichomythie, précédée et suivie d'un couplet d'Agamemnon (506-542).

Στάσιμον α'. Réflexions sur l'amour et sur la vertu : strophe et antistrophe. Les amours coupables de Pâris et d'Hélène sont la cause de la guerre : épode (543-589).

Ἐπεισόδιον β'. Clytemnestre et Iphigénie arrivent sur un char. Leur entrée est accompagnée de plusieurs périodes anapestiques du chœur, qui salue les princesses et s'empresse autour d'elles (590-606).

Pendant que le char est déchargé et que les princesses en descendent avec le petit Oreste, Clytemnestre, qui donne ses ordres et s'occupe de tout, prononce un couplet (607-630).

Agamemnon paraît. Distiques de Clytemnestre et d'Iphigénie (631-639). Dialogue stichomythique entre Iphigénie et Agamemnon : la joie naïve de la jeune fille déchire le cœur du père (640-677). Couplet d'Agamemnon : incapable de maîtriser son émotion, il fait entrer Iphigénie dans la tente (678-684).

Dialogue entre Agamemnon et Clytemnestre. Deux petits couplets (685-694). Grande stichomythie, ouverte et close par un distique : Clytemnestre s'informe de la famille d'Achille ainsi que des cérémonies du mariage, et elle refuse de partir pour Argos (695-741).

Agamemnon, resté seul, déplore le mauvais succès de ses artifices (742-750).

Στάσιμον β'. Les Grecs arriveront devant Troie. Du haut de leurs remparts, les Troyens verront débarquer l'ennemi. Les Troyennes pressentiront l'esclavage qui les attend. La fille de Léda est la cause de leur malheur. Strophe, antistrophe et épode (751-800).

Ἐπεισόδιον γ'. Achille vient trouver Agamemnon, afin de se plaindre de la longue inaction de l'armée (801-818).

Clytemnestre vient au-devant de celui qu'elle regarde comme son gendre. Étonnement d'Achille et de Clytemnestre. Ils échangent trois fois six distiques (819-854).

Le vieux serviteur sort pour leur révéler les desseins secrets d'Agamemnon. Dialogue stichomythique entre le vieillard et Achille d'abord, ensuite entre le vieillard et Clytemnestre, enfin entre Clytemnestre et Achille. Tétramètres trochaïques (855-899).

Clytemnestre se jette aux pieds d'Achille. Son couplet trochaïque est suivi d'un distique iambique du chœur (900-918).

Achille ne permettra pas qu'on fasse un odieux abus de son nom : son propre honneur lui ordonne de prendre la défense de la fille de Clytemnestre. Couplet d'Achille, suivi d'un distique du chœur. Retour aux trimètres iambiques (919-976).

Couplet de Clytemnestre ; elle loue la générosité d'Achille, et demande si Iphigénie doit venir embrasser les genoux de l'homme qui peut la sauver. Couplet d'Achille : il respecte trop la pudeur de la jeune fille pour demander à la voir (977-1007).

Achille conseille que Clytemnestre essaye d'abord de fléchir son époux. Il n'interviendra que si le roi reste sourd aux prières. Stichomythie, suivie de quatre couplets, deux d'Achille et deux de Clytemnestre (1008-1035).

Στάσιμον γ'. Le chœur chante les noces de Thétis et de Pélée, où se rendirent tous les dieux et où fut prédite la naissance d'un fils glorieux : strophe et antistrophe. Un hymen funèbre attend Iphigénie : l'iniquité règne dans le monde : épode (1036-1097).

Ἔξοδος. Entrée de Clytemnestre et, bientôt après, d'Agamemnon. Ce dernier vient chercher sa fille pour le sacrifice qui doit précéder le mariage. Sur l'ordre de Clytemnestre, Iphigénie paraît avec Oreste, qu'elle porte sur son bras (1098-1119).

Dialogue rapide. Voyant que Clytemnestre sait tout, Agamemnon renonce à dissimuler (1120-1145).

Clytemnestre accable Agamemnon de reproches. Après lui avoir rappelé d'anciens torts, elle lui montre l'iniquité et les funestes conséquences du sacrifice qu'il médite. La tirade de Clytemnestre est suivie d'un distique du chœur (1146-1210). Iphigénie fait appel à la tendresse de son père et demande grâce pour sa jeune vie. Nouveau distique du chœur (1211-1254).

Agamemnon sort, en déclarant qu'il n'a pas le pouvoir de sauver Iphigénie, et qu'il doit immoler sa fille à l'intérêt de la Grèce (1255-1275).

Quelques vers anapestiques échangés entre la mère et la fille préludent à une monodie, dans laquelle Iphigénie déplore que Pâris, exposé sur le mont Ida, ait été préservé de la mort afin que la fille d'Agamemnon mourût dans Aulis. Un distique iambique du chœur suit ces plaintes lyriques (1276-1337).

Achille paraît, accompagné de quelques hommes qui portent ses armes. Iphigénie veut fuir; sa mère la retient. Dialogue trochaïque (1338-1344).

Toute l'armée demande le sacrifice, Achille est seul à défendre Iphigénie; mais il la défendra. Il le déclare à Clytemnestre dans un dialogue coupé par hémistiches, les deux interlocuteurs prononçant alternativement la moitié d'un tétramètre trochaïque (1345-1368).

Iphigénie interrompt ce dialogue. Elle accepte sa destinée : elle donnera sa vie afin que les Hellènes soient vainqueurs des Barbares. Son discours trochaïque est suivi de deux iambes du chœur (1368-1404).

Achille approuve ces nobles sentiments, mais il ne s'en tiendra pas moins prêt à répondre à l'appel d'Iphigénie, si elle réclame son secours. Couplet d'Achille, couplet d'Iphigénie, couplet d'Achille. Retour aux trimètres iambiques (1405-1433).

Adieux d'Iphigénie et de Clytemnestre. Stichomythie (1434-1458). Dialogue d'une coupe plus variée : deux fois six vers, suivis d'un quatrain final (1459-1474).

Iphigénie marche à la mort. Son chant iambico-trochaïque est coupé vers la fin par les réponses du chœur (1475-1509).

Pendant la sortie d'Iphigénie et après son départ, le chœur chante des vers iambico-trochaïques (1510-1531).

Un messager apporte d'heureuses nouvelles. Dialogue entre le messager et Clytemnestre (1532-1539). Le messager raconte le sacrifice, la disparition d'Iphigénie, la substitution d'une biche, et il assure que la fille de Clytemnestre vit désormais avec les dieux. Distique du chœur (1540-1614).

Clytemnestre craint de se laisser abuser par de vaines consolations. Le chœur annonce l'entrée d'Agamemnon. Anapestes lyriques (1615-1620).

Agamemnon assure à son tour qu'Iphigénie est reçue parmi les immortels, et il fait de rapides adieux à Clytemnestre. Trimètres iambiques (1621-1626).

Conclusion. Vœux du chœur : courte période lyrique (1627-1629).

ΥΠΟΘΕΣΙΣ[1].

Οὕτω δὲ καὶ αἱ Διδασκαλίαι[2] φέρουσι, τελευτήσαντος Εὐριπίδου τὸν υἱὸν αὐτοῦ[3] δεδιδαχέναι ὁμωνύμως[4] ἐν ἄστει[5] Ἰφιγένειαν τὴν ἐν Αὐλίδι, Ἀλκμαίωνα[6], Βάκχας[7].

1. Les manuscrits n'offrent pas d'Argument. Cette notice nous a été transmise par le scholiaste d'Aristophane, *Grenouilles*, v. 67.

2. Διδασκαλίαι. C'est ainsi qu'on nommait les notices relatives aux représentations des ouvrages dramatiques. Ces notices étaient tirées en dernier lieu d'un ouvrage d'Aristote. Cf. p. 308, note 2.

3. L'auteur de la grande *Vie* d'Euripide dit aussi que le plus jeune des fils de ce poëte s'appelait Euripide, et il ajoute : ὃς ἐδίδαξε τοῦ πατρὸς ἔνια δράματα. Suidas assure qu'Euripide le jeune était le neveu (ἀδελφιδοῦς) du grand poëte.

4. Quelques-uns ont voulu écrire ὁμώνυμος ; d'autres ont bâti des hypothèses hasardées sur le mot ὁμωνύμως. Le sens de la phrase est cependant très-clair. Le jeune Euripide avait demandé le chœur à l'archonte, et avait *enseigné* ou « monté » les trois tragédies. Le monument commémoratif de cette représentation portait donc : Εὐριπίδης ἐδίδασκεν. Généralement cette formule indiquait l'auteur des tragédies représentées : car le poëte se chargeait habituellement de monter lui-même son ouvrage. Voyez l'inscription rapportée par Plutarque, *Themistocle*, V : Θεμιστοκλῆς Φρεάριος ἐχορήγει, Φρύνιχος ἐδίδασκεν, Ἀδείμαντος ἦρχεν. Or, dans le cas présent, le διδάσκαλος n'était pas le même que le poëte, mais il portait le même nom. L'auteur de cette notice pouvait donc très-bien dire δεδιδαχέναι ὁμωνύμως.

5. Ἐν ἄστει, aux Dionysiaques urbaines (Διονυσίοις τοῖς ἐν ἄστει), ou grandes Dionysiaques. On ne jouait que des pièces nouvelles à cette fête, célébrée dans le mois d'Élaphébolion, à une saison où l'état de la mer permettait à un grand nombre d'étrangers d'affluer à Athènes. Il n'en était pas de même aux Dionysiaques rurales, ni aux Lénéennes. Cf. Aristophane, *Acharn.* 502-504.

6. Il faut entendre *Alcméon à Corinthe*, Ἀλκμαίων ὁ διὰ Κορίνθου. La tragédie d'Euripide qui portait le titre Ἀλκμαίων ὁ διὰ Ψωφῖδος, avait été jouée longtemps auparavant. Voyez l'Argument d'*Alceste*.

7. Ces tragédies furent couronnées du premier prix. Voy. la Vie d'Euripide insérée dans le lexique de Suidas, et transcrite par Moschopulus.

ΤΑ ΤΟΥ ΔΡΑΜΑΤΟΣ ΠΡΟΣΩΠΑ.

ΑΓΑΜΕΜΝΩΝ.   ΚΛΥΤΑΙΜΝΗΣΤΡΑ.
ΠΡΕΣΒΥΤΗΣ.   ΙΦΙΓΕΝΕΙΑ.
ΧΟΡΟΣ.   ΑΧΙΛΛΕΥΣ.
ΜΕΝΕΛΑΟΣ.   ΑΓΓΕΛΟΣ.

ΙΦΙΓΕΝΕΙΑ Η ΕΝ ΑΥΛΙΔΙ.

ΑΓΑΜΕΜΝΩΝ.

Ὦ πρέσβυ, δόμων τῶνδε πάροιθεν
στεῖχε.

ΠΡΕΣΒΥΤΗΣ.

Στείχω. Τί δὲ καινουργεῖς,
Ἀγάμεμνον ἄναξ;

ΑΓΑΜΕΜΝΩΝ.

Σπεύσεις;

ΠΡΕΣΒΥΤΗΣ.

Σπεύδω.

Μάλα τοι γῆρας τοὐμὸν ἄϋπνον
καὶ ἐπ' ὀφθαλμοῖς ὀξὺ πάρεστιν.   5

ΑΓΑΜΕΜΝΩΝ.

Τίς ποτ' ἄρ' ἀστὴρ ὅδε πορθμεύει
σείριος ἐγγὺς τῆς ἑπταπόρου
Πλειάδος ᾄσσων ἔτι μεσσήρης;

NC. Cette tragédie ne s'est conservée que dans le *Palatinus*, nº 287, dans le *Florentinus*, XXXII, 2, et dans quelques manuscrits copiés sur ce dernier. — 3. Σπεύσεις; excellente correction de Dobree pour πεύσῃ. Σπεύδω répond à σπεύσεις, comme dans le vers précédent στείχω répond à στεῖχε. — 7-8. Ces deux vers sont généralement attribués au vieillard. Kirchhoff et Nauck les ont donnés à Agamemnon, d'après Théon de Smyrne, que nous citons dans la note explicative. — 8. Les manuscrits ont ᾄσσων.

1. Δόμων. Il faut entendre la tente ou baraque du roi. Cf. v. 10 : Σκηνῆς ἐκτός.
4-5. Construisez : Γῆράς τοι τὸ ἐμὸν ἐπ' ὀφθαλμοῖς μάλ' ἄϋπνον καὶ ὀξὺ πάρεστιν. — Ὀξὺ est ici le contraire de βραδύ, et veut dire « prompt ». Ceux qui l'entendent d'une vue perçante font dire au vieillard ce qu'il ne doit pas dire ici, et négligent la préposition ἐπί. « Senectum impigram insidere oculis suis et quasi in

« illis excubare dicit. » [Bothe.] — Ἐπ' ὀφθαλμοῖς se rapporte à ἄϋπνον aussi bien qu'à ὀξύ. Voy. la note sur le vers 1150 de *Médée*. — Πάρεστιν, *adest*, est prête, est à tes ordres.
6-7. Ἀστὴρ σείριος, étoile (planète) brillante. Théon de Smyrne, Περὶ ἀστρονομίας, XVI (p. 202 de l'édition de H. Martin), dit que les poètes appliquent le mot σείριος soit à toutes les étoiles, soit aux étoiles les

ΙΦΙΓΕΝΕΙΑ Η ΕΝ ΑΥΛΙΔΙ.

Οὔκουν φθόγγος γ' οὔτ' ὀρνίθων
οὔτε θαλάσσης· σιγαὶ δ' ἀνέμων
τόνδε κατ' Εὔριπον ἔχουσιν.

ΠΡΕΣΒΥΤΗΣ.

Τί δὲ σὺ σκηνῆς ἐκτὸς ἀΐσσεις,
Ἀγάμεμνον ἄναξ;
ἔτι δ' ἡσυχία τῇδε κατ' Αὖλιν,
καὶ ἀκίνητοι φυλακαὶ τειχέων.
Στείχωμεν ἔσω.

ΑΓΑΜΕΜΝΩΝ.

Ζηλῶ σέ, γέρον,
ζηλῶ δ' ἀνδρῶν ὃς ἀκίνδυνον
βίον ἐξεπέρασ' ἀγνὼς ἀκλεής·
τοὺς δ' ἐν τιμαῖς ἧσσον ζηλῶ.

ΠΡΕΣΒΥΤΗΣ.

Καὶ μὴν τὸ καλόν γ' ἐνταῦθα βίου.

ΑΓΑΜΕΜΝΩΝ.

Τοῦτο δέ γ' ἐστὶν τὸ καλὸν σφαλερόν·
καὶ τὸ πρότιμον

NC. 19. Il faut peut-être lire ἧσσον ἐπαινῶ avec Stobée, *Anthol.*, LVIII, 2. Cf. *Hippolyte*, v. 204. — 22. Les manuscrits portent καὶ τὸ φιλότιμον, en dépit du mètre. Nauck a substitué à la glose le mot primitif. Les conjectures καὶ φιλότιμον et τό τε φιλότιμον, ainsi que l'idée de retrancher ce vers, sont inadmissibles pour différentes raisons.

plus brillantes; et après avoir cité un passage d'Ibycus où se trouve la locution σείρια παμφανόωντα, et avoir rappelé que le verbe σειριάει se lit dans le poeme d'Aratus (au vers 331), il ajoute notre passage qu'il écrit ainsi : Τί ποτ' ἄρ' ἀστὴρ ὅδε πορθμεύει σείριος; — Si les vers 7 et 8 étaient prononcés par le vieillard, Σείριος serait un nom propre, et le poète commettrait l'erreur étrange de placer Sirius a côté des Pléiades. Cette division vicieuse des rôles semble s'être trouvée dans l'exemplaire dont s'est servi Ennius; mais le poète latin se tira d'affaire en traduisant librement. Chez lui, le roi disait : « Quid « noctis videtur in altisono Caeli clipeo? » et le vieillard répondait : « Temo (le ti-
« mon du Chariot) superat Cogens sublime
« etiam atque etiam Noctis iter. » Voy.
Varron, *de lingua latina*, V, 19 et VII, 73.

9. Ribbeck rapporte à cet endroit le fragment anapestique d'Ennius renfermé dans ce passage de Cicéron, *De divin.* II, xxvi, 57 : « Qui (galli) quidem silentio « noctis, ut ait Ennius, *favent faucibus* « *russis Canta plausuque premunt alas.* »

10-11. Σιγαὶ.... ἔχουσιν. Le silence des vents règne sur l'Euripe (κατέχουσιν Εὔριπον). Le beau pluriel poétique σιγαί, *silentia*, n'a pas besoin d'être défendu par un autre exemple.

17-19. Les moralistes anciens n'ont pas manqué de citer ces vers. Cf. Plutarque, *De tranqu. anim.*, p. 474. Cicéron, *Tusc.*

ΙΦΙΓΕΝΕΙΑ Η ΕΝ ΑΥΛΙΔΙ.

γλυκὺ μὲν, λυπεῖ δὲ προσιστάμενον.
Τοτὲ μὲν τὰ θεῶν οὐκ ὀρθωθέντ᾽
ἀνέτρεψε βίον, τοτὲ δ᾽ ἀνθρώπων   25
γνῶμαι πολλαὶ
καὶ δυσάρεστοι διέκναισαν.

ΠΡΕΣΒΥΤΗΣ.

Οὐκ ἄγαμαι ταῦτ᾽ ἀνδρὸς ἀριστέως·
οὐκ ἐπὶ πᾶσίν σ᾽ ἐφύτευσ᾽ ἀγαθοῖς,
Ἀγάμεμνον, Ἀτρεύς.   30
Δεῖ δέ σε χαίρειν καὶ λυπεῖσθαι·
θνητὸς γὰρ ἔφυς· κἂν μὴ σὺ θέλῃς,
τὰ θεῶν οὕτω βουλόμεν᾽ ἔσται.
Σὺ δὲ λαμπτῆρος φάος ἀμπετάσας
δέλτον τε γράφεις   35
τήνδ᾽ ἣν πρὸ χερῶν ἔτι βαστάζεις

NC. 28. Ἀριστέως, Stobée, *Anthol.*, CV, 6, et Chrysippe dans un papyrus publié d'abord par Letronne, Journal des savants 1838, p. 313 ; ἀριστέος, manuscrits d'Euripide. — 33. Οὕτω βουλομένων ἔσται, Plutarque, *Consol. ad Apoll.*, p. 103 ; οὕτω νενόμισται, Stobée, *l. c.*

III, xxv, 57 : « Nec siletur (a philosophis) « illud potentissimi regis anapæstum, qui « laudat senem et fortunatum esse dicit, « quod inglorius sit et ignobilis ad supre- « mum diem perventurus. »

23. Προσιστάμενον n'équivaut pas à προσγιγνόμενον, comme on l'entend généralement ; mais doit se traduire : « quand on s'en dégoûte ». Προσίσταται se dit d'un mets qui répugne, qui donne du dégoût, et en général de toutes les choses dont on se dégoûte. Cf. Démosthène, Ἐπιτάφιος, 14 : Ἄνευ δὲ ταύτης (τῆς τῶν ἀκουόντων εὐνοίας), κἂν ὑπερβάλῃ τῷ λέγειν καλῶς, προσέστη τοῖς ἀκούουσιν. — Ce vers passa en proverbe, et le poëte comique Machon (chez Athénée VI, 244 A) y faisait allusion en jouant sur les sens divers de προσιστάναι, qui signifie aussi *appendere*. Un homme refuse un morceau de viande où il y a trop d'os, et quand le boucher s'apprête à le peser pourlui (προσιστάναι) en l'assurant que la viande est agréable au goût, il lui répond : Γλυκὺ μὲν, προσιστάμενον δὲ λυπεῖ πανταχῇ.

24. Τὰ θεῶν οὐκ ὀρθωθέντ(α), une faute commise dans les choses qu'on doit aux dieux : « Sacrificia parum rite peracta, « sacrificia non reddita. » [Brodæus.] C'est le cas d'Agamemnon. Οὐκ ὀρθωθέντα équivaut à πταισθέντα.

28. Οὐκ ἄγαμαι ταῦτ᾽ ἀνδρὸς ἀριστέως. Construction, comme dans θαυμάζειν τί τινος.

29-30. Οὐκ.... Ἀτρεύς. « Non ea lege « te genuit Atreus, ut omnia tibi prospere « cederent. » [Bothe.] Voy. la note sur le vers 822 d'*Hécube*.

33. Τὰ θεῶν βουλόμεν(α), la volonté des dieux. Cf. 1270, *Hipp.* 248, avec la note, *Heo.*, 299.

34. Λαμπτῆρος φάος ἀμπετάσας, ayant déployé la lumière de la lampe, c'est-à-dire ayant allumé la lampe. Voy. la note sur *Hipp.* 601 : Ἡλίου τ᾽ ἀναπτυχαί. L'explication « ayant agrandi la flamme de la lampe » méconnaît la diction poétique.

35. Γράφεις. Le présent pour le passé. On l'appelle le présent historique ; mais il est plutôt descriptif.

324   ΙΦΙΓΕΝΕΙΑ Η ΕΝ ΑΥΛΙΔΙ.

καὶ ταὐτὰ πάλιν γράμματα συγχεῖς,
καὶ σφραγίζεις λύεις τ' ὀπίσω
ῥίπτεις τε πέδῳ πεύκην, θαλερὸν
κατὰ δάκρυ χέων,
καὶ τῶν ἀπόρων οὐδενὸς ἐνδεῖς   40
μὴ οὐ μαίνεσθαι. [Τί πονεῖς ;]
τί πονεῖς ; τί νέον περί σοι, βασιλεῦ;
φέρε κοίνωσον μῦθον ἐς ἡμᾶς.
Πρὸς δ' ἄνδρ' ἀγαθὸν πιστόν τε φράσεις·   45
σῇ γάρ μ' ἀλόχῳ τότε Τυνδάρεως
πέμπει φερνὴν
συννυμφοκόμον τε δίκαιον.

ΑΓΑΜΕΜΝΩΝ.

Ἐγένοντο Λήδᾳ Θεστιάδι τρεῖς παρθένοι,
Φοίβη, Κλυταιμνήστρα τ', ἐμὴ ξυνάορος,   50

NC. 42-43. Blomfield a retranché le premier τί πονεῖς. La seconde main du *Palatinus* ajoute au contraire un second τί νέον, et cette leçon est devenue la vulgate. — 45. Δ' après πρὸς est ajouté par la seconde main du *Palatinus*. — 46. Barnes proposait ποτέ. — 47. Les manuscrits ont πέμπε, πέμπεν ou πέμπει. Πέμπεν est la vulgate. Πεμπε a été introduit par Elmsley.

37-42. Racine le fils a rapproché de ces vers le passage d'Ovide, *Metam.* IX, 522 : « Dextra tenet ferrum » (le poinçon pour écrire), « vacuam tenet altera ceram. « Incipit et dubitat. Scribit, damnatque « tabellas : Et notat et delet (γραμματα « συγχεῖς). Mutat culpatque probatque : « Inque vicem sumptas ponit positasque « resumit. »

39-40. Πεύκην, les tablettes. Voy. la note sur *Hipp.* 1253. — Θαλερὸν κατὰ δάκρυ χέων, locution homérique. Cf. *Odyssée*, XI, 466 et *passim*.

41-42. Cf. *Troy.* 797 : Τίνος ἐνδέομεν μὴ οὐ πασσυδίᾳ χωρεῖν ὄλεθρον διὰ παντός. Cette construction est tout à fait usuelle. Ce qu'il y a de particulier ici, c'est qu'il n'est pas dit simplement οὐδενὸς ἐνδεῖς μὴ οὐ (il ne s'en faut de rien que tu....), mais οὐδενὸς τῶν ἀπόρων ἐνδεῖς (il ne s'en faut d'aucune marque de perplexité).

47. Πέμπει, au présent après τότε. Voy. *Med.* 955. — Φερνήν. Cf. v. 369.

49-50. Il est vrai qu'Agamemnon reprend les choses de plus haut que cela n'était nécessaire pour se faire comprendre par le vieillard. Mais il fallait instruire le spectateur, et ce morceau n'est qu'un prologue déguisé. Les critiques qui prétendent que les vers 48-109 se trouvaient originairement au début de la tragédie, ou qu'ils appartenaient à une autre recension que le reste de la première scène, font des hypothèses assez gratuites. Voy. la notice préliminaire. Léda est appelée fille de Thestius par Apollodore I, vii, 10, ainsi que par Euripide lui-même, *Helène*, 434, et *Meléagre*, fr. 1. Quant à Phœbé, fille de Léda, il n'en est question qu'ici et dans Ovide, *Hér.* VIII, 72 (passage cité par Klotz). Le nom de Phœbé s'accorde avec la nature lumineuse de ses frères Castor et Pollux.

Ἑλένη τε· ταύτης οἱ τὰ πρῶτ' ὠλβισμένοι
μνηστῆρες ἦλθον Ἑλλάδος νεανίαι.
Δειναὶ δ' ἀπειλαὶ καὶ κατ' ἀλλήλων φόνος
ξυνίσταθ', ὅστις μὴ λάβοι τὴν παρθένον.
Τὸ πρᾶγμα δ' ἀπόρως εἶχε Τυνδάρεῳ πατρί,   55
δοῦναί τε μὴ δοῦναί τε, τῆς τύχης θ' ὅπως
ἅψαιτ' ἄριστα. Καί νιν εἰσῆλθεν τάδε,
ὅρκους συνάψαι δεξιάς τε συμβαλεῖν
μνηστῆρας ἀλλήλοισι καὶ δι' ἐμπύρων
σπονδὰς καθεῖναι κἀπαράσασθαι τάδε,   60
ὅτου γυνὴ γένοιτο Τυνδαρὶς κόρη,
τούτῳ συναμυνεῖν, εἴ τις ἐκ δόμων λαβὼν
οἴχοιτο τόν τ' ἔχοντ' ἀπωθοίη λέχους,
κἀπιστρατεύσειν καὶ κατασκάψειν πόλιν
Ἕλλην' ὁμοίως βάρβαρόν θ' ὅπλων μέτα.   65
Ἐπεὶ δ' ἐπιστώθησαν, εὖ δέ πως γέρων
ὑπῆλθεν αὐτοὺς Τυνδάρεως πυκνῇ φρενί,

NC. 56. Markland a corrigé la leçon τῆς τύχης ὅπως, en insérant la conjonction τε après τύχης. — 57. Dindorf juge avec raison que la leçon ἅψαιτ' ἄριστα vaut mieux que ἅψαιτ' ἄθραυστα, proposé par Hemsterhuys d'après la glose d'Hésychius : Ἄθραυστα· ἀπρόσκοπα. Εὐριπίδης Ἰφιγενείᾳ τῇ ἐν Αὐλίδι. — 59. Heath a corrigé la leçon συναυψνειν. Heimsœth propose : τῷ συναμυνεῖν, εἴ τίς νιν ἐκ δόμων λαβών. — 63. Variante ἀπώσασθαι. — 64. Markland a corrigé la leçon κἀπιστρατεύειν. — 66. Les conjectures ἐπιστώθησαν ἐμπέδως, γέρων (Nauck), ou ἐπιστώθησαν, ὧδέ πως γέρων (Klotz) ne sont admissibles que si l'on pense que la ruse de Tyndare consistait à laisser à Hélène le choix d'un époux.

51-52. Οἱ τὰ πρῶτ' ὠλβισμένοι Ἑλλάδος νεανίαι est dit comme στρατοῦ τὰ πρῶτ' ἀριστεύσας, Soph. *Aj.* 1279.

53-54. Δειναὶ.... παρθένον, des menaces de mort se formaient, étaient faites (par tous ceux) qui n'obtiendraient pas la jeune fille.

55-57. Le meilleur commentaire de ces vers est ce passage d'Eschyle (*Suppl.* 379), cité par Markland : Ἀμηχανῶ δὲ καὶ φόβος μ' ἔχει φρένας, Δρᾶσαί τε μὴ δρᾶσαι τε καὶ τύχην ἑλεῖν.

59-60. Δι' ἐμπύρων σπονδὰς καθεῖναι, verser les libations dans les sacrifices brûlants. Cette cérémonie donnait plus de solennité au serment. On cite Virgile, *Én.*, XII, 201 : « Tango aras : medios ignes et « numina testor. »

65. Ἕλλην' se trouve quelquefois chez les tragiques rapproché d'un substantif féminin, comme Ἑλλάς d'un substantif masculin.

67. Ὑπῆλθεν αὐτούς, *subierat eos.* La ruse de Tyndare consistait dans le serment qu'il fit jurer aux prétendants de sa fille, et la phrase εὖ δέ πως ... φρενί ne fait que développer ce qui avait déjà été indiqué par ἐπιστώθησαν. Les conjectures mentionnées dans NC. sont donc inutiles.

δίδωσ' ἑλέσθαι θυγατρὶ μνηστήρων ἕνα,
ὅποι πνοαὶ φέροιεν Ἀφροδίτης φίλαι.
Ἡ δ' εἵλεθ', ὅς σφε μήποτ' ὤφελεν λαβεῖν, 70
Μενέλαον. Ἐλθὼν δ' ἐκ Φρυγῶν ὁ τὰς θεὰς
κρίνων ὅδ', ὡς ὁ μῦθος Ἀργείων ἔχει,
Λακεδαίμον', ἀνθηρὸς μὲν εἱμάτων στολῇ
χρυσῷ τε λαμπρὸς, βαρβάρῳ χλιδήματι,
ἐρῶν ἐρῶσαν ᾤχετ' ἐξαναρπάσας 75
Ἑλένην πρὸς Ἴδης βούσταθμ', ἔκδημον λαβὼν
Μενέλαον· ὁ δὲ καθ' Ἑλλάδ' οἰστρήσας πόθῳ
ὅρκους παλαιοὺς Τυνδάρεω μαρτύρεται,
ὡς χρὴ βοηθεῖν τοῖσιν ἠδικημένοις.
Τοὐντεῦθεν οὖν Ἕλληνες ᾄξαντες δορὶ, 80
τεύχη λαβόντες στενόπορ' Αὐλίδος βάθρα
ἥκουσι τῆσδε, ναυσὶν ἀσπίσιν θ' ὁμοῦ
ἵπποις τε πολλοῖς ἅρμασίν τ' ἠσκημένοι.

NC. 68. Markland a corrigé la leçon δίδωσιν. Il en est de la conjecture διδούς (Elmsley) comme de celles qu'on a faites sur le vers 66. — 69. Ὅποι, correction de Lenting pour ὅτου. On avait proposé ὅπου et ὅτῳ. — 70. Ὅς σφε, pour ὥς γε, a été proposé par l'auteur de l'édition de Cambridge, 1840, et approuvé par les derniers éditeurs. En effet, le sujet de λαβεῖν doit être Ménélas. — 72. Tel est le texte cité par Clément d'Alexandrie, *Pædag.* III, 11, 13 et adopté par Kirchhoff et Nauck. Les manuscrits d'Euripide portent κρίνας et μῦθος ἀνθρώπων. — 77. Πόθῳ, correction de Toup. Les manuscrits ont μόρῳ ou μου ou μόνος. Plusieurs éditeurs écrivent δρόμῳ, d'après Markland. — 80. Manuscrits : ἀΐξαντες δορί. Aristote, qui cite ce vers, *Rhet.* III, 11, évidemment de mémoire, a mis par erreur ᾄξαντες ποσίν. — 83. Reiske a corrigé la leçon : πολλοῖς θ' ἅρμασιν ἠσκημένοι.

69. Πνοαὶ Ἀφροδίτης. Cf. Eschyle, *Agam.* 1206, où Cassandre dit de son amant divin : Ἀλλ' ἦν παλαιστὴς κάρτ' ἐμοὶ πνέων χάριν.

71-72. Ὁ τὰς θεὰς κρίνων ὅδ(ε), « ce juge des déesses », est plus ironique que ὁ τὰς θεὰς κρίνας ὅδε, « celui qui jugea les déesses. » — Ὁ μῦθος Ἀργείων. Le poète laisse entendre que cette fable n'a cours que dans un pays éloigné de la Phrygie, et que les compatriotes de Pâris n'y croyaient pas. — Ἔχει est intransitif. Cf. Eschyle, *l erses*, 343 : Ὧδ' ἔχει λόγος.

73-74. Ἀνθηρὸς.... χλιδήματι. Dans les *Troyennes*, 991, Hécube dit à Hélène : Ὅν εἰσιδοῦσα βαρβάροις ἐσθήμασιν χρυσῷ τε λαμπρὸν ἐξεμαργώθης φρένας. Dans l'*Énéide*, IX, 614, Turnus raille ainsi les Phrygiens : « Vobis picta croco et fulgenti « murice vestis ; Desidiæ cordi ; juvat in- « dulgere choreis ; Et tunicæ manicæ etha- « bent redimicula mitræ. »

75. Ἐρῶν ἐρῶσαν. Homère avait dit d'Égisthe et de Clytemnestre : Τὴν δ' ἐθέλων ἐθέλουσαν ἀνήγαγον ὅνδε δόμονδε, *Od.* III, 272.

80. Ἄιξαντες δορί. Cf. Aristophane, *Lysistr.* 1150 : Λάκωνες ἐλθόντες δορί, passage cité par Porson pour défendre la leçon des manuscrits d'Euripide.

ΙΦΙΓΕΝΕΙΑ Η ΕΝ ΑΥΛΙΔΙ.   327

Κάμὲ στρατηγεῖν κάρτα Μενέλεω χάριν
εἵλοντο, σύγγονόν γε. Τάξίωμα δὲ   85
ἄλλος τις ὤφελ' ἀντ' ἐμοῦ λαβεῖν τόδε.
Ἠθροισμένου δὲ καὶ ξυνεστῶτος στρατοῦ,
ἥμεσθ' ἀπλοίᾳ χρώμενοι κατ' Αὐλίδα.
Κάλχας δ' ὁ μάντις ἀπορίᾳ κεχρημένοις
ἀνεῖλεν Ἰφιγένειαν, ἣν ἔσπειρ' ἐγώ,   90
Ἀρτέμιδι θῦσαι τῇ τόδ' οἰκούσῃ πέδον,
καὶ πλοῦν τ' ἔσεσθαι καὶ κατασκαφὰς Φρυγῶν
θύσασι, μὴ θύσασι δ' οὐκ εἶναι τάδε.
Κλύων δ' ἐγὼ ταῦτ', ὀρθίῳ κηρύγματι
Ταλθύβιον εἶπον πάντ' ἀφιέναι στρατόν,   95
ὡς οὔποτ' ἂν τλὰς θυγατέρα κτανεῖν ἐμήν.
Οὗ δή μ' ἀδελφὸς πάντα προσφέρων λόγον
ἔπεισε τλῆναι δεινά. Κἀν δέλτου πτυχαῖς
γράψας ἔπεμψα πρὸς δάμαρτα τὴν ἐμὴν
στέλλειν Ἀχιλλεῖ θυγατέρ' ὡς γαμουμένην,   100
τό τ' ἀξίωμα τἀνδρὸς ἐκγαυρούμενος,
συμπλεῖν τ' Ἀχαιοῖς οὕνεκ' οὐ θέλοι λέγων,
εἰ μὴ παρ' ἡμῶν εἶσιν εἰς Φθίαν λέχος·
πειθὼ γὰρ εἶχον τήνδε πρὸς δάμαρτ' ἐμήν,
ψευδῆ συνάψας ἀμφὶ παρθένου γάμον.   105
Μόνοι δ' Ἀχαιῶν ἴσμεν ὡς ἔχει τάδε
Κάλχας Ὀδυσσεὺς Μενέλεώς θ'. Ἃ δ' οὐ καλῶς
ἔγνων τότ', αὖθις μεταγράφω καλῶς πάλιν

NC. 84. Les manuscrits portent κᾶτα Μενέλεω χάριν. La conjecture de Heath, κάρτα, n'est pas tout à fait satisfaisante. Peut-être : στρατηγεῖν ὕπατα. — 89. Heath a corrigé la leçon κεχρημένος. — 93. Nauck retranche ce vers, que Klotz maintient avec raison. — 100. Στέλλειν, correction de Markland (cf. v. 119). Les manuscrits offrent la glose πέμπειν. — 102. Barnes a corrigé la leçon τοὕνεκ' οὔ. — 105. Ἀμφὶ, correction de Markland pour ἀντί.

84. Κάρτα doit être rattaché à Μενέλεω χάριν. La leçon est douteuse.
93. Ce vers, certainement authentique, indique très-nettement la nécessité d'un sacrifice sans lequel l'entreprise nationale échouerait. Cp. le vers 1007, dont la tournure analogue n'est pas moins expressive.
95. Εἶπον, j'ordonnai, c'est-à-dire : je déclarai que j'allais ordonner.
97. Οὗ δή, c'est là que, c'est alors que.

ΙΦΙΓΕΝΕΙΑ Η ΕΝ ΑΥΛΙΔΙ.

εἰς τήνδε δέλτον, ἣν κατ' εὐφρόνης σκιὰν
λύοντα καὶ συνδοῦντά μ' εἰσεῖδες, γέρον.
Ἀλλ' εἶα χώρει τάσδ' ἐπιστολὰς λαβὼν
πρὸς Ἄργος. Ἃ δὲ κέκευθε δέλτος ἐν πτυχαῖς,
λόγῳ φράσω σοι πάντα τἀγγεγραμμένα·
πιστὸς γὰρ ἀλόχῳ τοῖς τ' ἐμοῖς δόμοισιν εἶ.

ΠΡΕΣΒΥΤΗΣ.

Λέγε καὶ σήμαιν', ἵνα καὶ γλώσσῃ
σύντονα τοῖς σοῖς γράμμασιν αὐδῶ.

ΑΓΑΜΕΜΝΩΝ.

Πέμπω σοι πρὸς ταῖς πρόσθεν
δέλτοις, ὦ Λήδας ἔρνος,
μὴ στέλλειν τὰν σὰν ἶνιν πρὸς
τὰν κολπώδη πτέρυγ' Εὐβοίας
Αὖλιν ἀκλύσταν.
Εἰς ἄλλας ὥρας γὰρ δὴ
παιδὸς δαίσομεν ὑμεναίους.

ΠΡΕΣΒΥΤΗΣ.

Καὶ πῶς Ἀχιλεὺς λέκτρων ἀπλακὼν

110

115

120

NC. 115-116. Ces deux vers, qui se lisaient après le vers 118, ont été remis à leur place par Reiske. — 122. Variante : εἰς τὰς ἄλλας. — 123. L'anapeste (au troisième pied) à la suite d'un dactyle (au second pied), rend la leçon suspecte. — 124. Manuscrits : λέκτρ' ἀμπλακών.

110. Voy. v. 38.
112. Cf. *Iph. Taur.* 760 : Τἀνόντα κἀγγεγραμμέν' ἐν δέλτου πτυχαῖς Λογῳ φράσω σοι πάντ' ἀναγγεῖλαι φίλοις. Si ces vers ressemblent à ceux qu'on lit ici, ce n'est pas là une raison pour suspecter ces derniers.
116. Σύντονα équivaut à σύμφωνα, comme dans *Hipp.* 1361.
119-121. Après avoir désigné le pays d'une manière générale par πρὸς τὰν κολπώδη πτέρυγ' Εὐβοίας, phrase qui peint le site de l'île d'Eubée placée comme une aile devant le continent, le poète ajoute la désignation plus précise de la ville, qui doit être le terme du voyage : Αὖλιν ἀκλύσταν. Cette explication, donnée par Hermann, vaut certainement mieux que celle d'après laquelle la ville d'Aulis serait appelée elle-même « l'aile de l'Eubée, » à cause du pont construit seulement dans les dernières années de la guerre du Péloponnèse (Diodore, XIII, 47) pour relier cette île au continent. Sans parler de l'étrangeté d'une telle métaphore, disons que le chœur traverse l'Euripe en bateau (v. 167). Quant à l'épithète ἀκλύσταν, cp. Strabon IX, p. 403 : Ἡ Αὐλὶς πετρῶδες χωρίον.
122. Εἰς ἄλλας ὥρας, dans une autre année, en d'autres temps.
124-127. En disant, aux vers 108 sq., que Calchas, Ulysse et Ménélas étaient seuls dans le secret, Agamemnon entendait que tout le reste de l'armée ignorait non-seulement que le projet de mariage fût un vain prétexte, mais encore qu'il fût

ΙΦΙΓΕΝΕΙΑ Η ΕΝ ΑΥΛΙΔΙ.   329

οὐ μέγα φυσῶν θυμὸν ἐπαρεῖ   125
σοὶ σῇ τ' ἀλόχῳ;
τόδε καὶ δεινόν. Σήμαιν' ὅ τι φῄς.

ΑΓΑΜΕΜΝΩΝ.

Ὄνομ', οὐκ ἔργον, παρέχων Ἀχιλεὺς
οὐκ οἶδε γάμους, οὐδ' ὅ τι πράσσομεν,
οὐδ' ὅτι κείνῳ παῖδ' ἐπεφήμισα   130
νυμφείους εἰς ἀγκώνων
εὐνὰς ἐκδώσειν λέκτροις.

ΠΡΕΣΒΥΤΗΣ.

Δεινά γε τολμᾷς, Ἀγάμεμνον ἄναξ,
ὃς τῷ τῆς θεᾶς σὴν παῖδ' ἄλοχον
φατίσας ἦγες σφάγιον Δαναοῖς.   135

ΑΓΑΜΕΜΝΩΝ.

Οἴμοι, γνώμας ἐξέσταν,
αἰαῖ, πίπτω δ' εἰς ἄταν.
Ἀλλ' ἴθ' ἐρέσσων σὸν πόδα, γήρᾳ
μηδὲν ὑπείκων.

NC. 125. Manuscrits : φυσσῶν θυμὸν ἐπαίρει. Les corrections sont dues à Musgrave et à Reiske. — 128. Unger veut qu'on écrive ὄνομ' ἀντ' ἔργου, à cause du passage de Libanius, *Lettre* 1398, page 642 : Τοῦτο δέ ἐστι δοκοῦντος φιλεῖν οὐ φιλοῦντος, καὶ κατὰ τὴν τραγῳδίαν ὄνομ' ἀντ' ἔργου παρεχομένου. Nauck et Klotz ont adopté cette correction. — 130. Ἐπεφήμισα, correction de Markland pour ἐπέφησα. Cf. vers 1356. — 132. Ἐκδώσειν, correction du même critique pour ἐνδώσειν. — 134. Canter a corrigé la leçon οὕτω τῆς θεᾶς.

question d'un tel projet et que le roi eût mandé sa fille. Ceci est évident pour quiconque lit la narration d'Agamemnon avec une attention réfléchie. Cependant le vieillard parle ici comme s'il n'avait pas bien compris. Les critiques en ont été choqués au point de s'en faire un argument en faveur de la thèse que toute cette première scène est brouillée. J'avoue ne pas trouver ici de quoi tant s'étonner. Si le vieillard manque un peu d'attention ou d'intelligence, c'est que le poète craignait que le public n'en manquât, et qu'il entendait bien expliquer les choses, afin qu'il ne restât aucune obscurité dans l'esprit du spectateur. Citons, à ce sujet, une scène de la tragédie d'*Oreste*. On y voit, au vers 734, que Pylade sait que les Argiens veulent faire mourir son ami : et cependant il s'informe au vers 757 de cette circonstance, comme s'il l'ignorait encore.

128. Ὄνομ', οὐκ ἔργον. Cf. IV, 940 et 962.

130-132. Κείνῳ.... λέκτροις, *professus sum me filiam in conjugales amplexus* (ἀγώνων εὐνάς) *daturum esse illius lecto*. Εὐνάς équivaut ici à εὐνήματα, comme dans Eschyle, *Perses* 543 : Λέκτρων εὐνὰς ἀβροχίτωνας.

135. Ἦγες, tu allais amener, tu voulais amener.

138-139. Ἐρέσσων σὸν πόδα. Eschyle

ΠΡΕΣΒΥΤΗΣ.

Σπεύδω, βασιλεῦ.

ΑΓΑΜΕΜΝΩΝ.

Μὴ νῦν μήτ' ἀλσώδεις ἵζου
κρήνας, μήθ' ὕπνῳ θελχθῇς.

ΠΡΕΣΒΥΤΗΣ.

Εὔφημα θρόει.

ΑΓΑΜΕΜΝΩΝ.

Πάντη δὲ πόρον σχιστὸν ἀμείβων
λεῦσσε, φυλάσσων μή τίς σε λάθῃ
τροχαλοῖσιν ὄχοις παραμειψαμένη
παῖδα κομίζουσ' ἐνθάδ' ἀπήνη
Δαναῶν πρὸς ναῦς.

ΠΡΕΣΒΥΤΗΣ.

Ἔσται.

ΑΓΑΜΕΜΝΩΝ.

Κλήθρων δ' ἐξόρμοις
ἢν νιν πομπαῖς ἀντήσῃς,
πάλιν ἐξόρμα, σεῖε χαλινούς,
ἐπὶ Κυκλώπων ἱεὶς θυμέλας.

140

145

150

NC. 145. Μή τίς σε, correction de Markland pour μή τί σε. — 149-150. Variante : Ἔσται τάδε. Ensuite, les manuscrits portent : κλήθρων δ' ἐξόρμα. ἢν γάρ νιν πομπαῖς ἀντήσῃς; Hermann transposait le vers 149 après 152. J'ai écrit ἐξόρμοις, et j'ai supprimé la particule γάρ. De cette manière la phrase ἢν νιν πομπαῖς ἀντήσῃς reçoit le complément dont elle avait besoin, et il s'établit une relation entre les termes ἐξόρμοις et πάλιν ἐξόρμα. — 151. Blomfield a très-bien corrigé la leçon ἐξορμάσῃς χαλινούς ou ἐξορμάσεις τοὺς χαλινούς.

dit du mouvement cadencé des mains frappant le visage en signe de deuil : Ἐρέσσετ' ἀμφὶ κρατὶ πόμπιμον χεροῖν πίτυλον (*Sept Chefs*, 855). — On a conservé les deux anapestes correspondants de l'*Iphigénie* d'Ennius (fr. II, Ribbeck) : « Procede : « gradum proferre pedum Nitere : cessas, « o fide senex? »

142. Εὔφημα θρόει, *bona verba, quæso*.

144. Πάντη.... ἀμείβων, toutes les fois que tu passeras un endroit où les chemins se croisent.

149-150. Κλήθρων.... ἀντήσῃς, si tu la rencontres conduite en dehors de l'appartement des jeunes filles. Par κλήθρων, il faut entendre ce qui est désigné au vers 738 par ὀχυροῖσι παρθενῶσι. Callimaque, fragm. 148, appelle les jeunes filles κατάκλειστοι.

152. Θυμέλας, les murs sacrés. — Le voyageur admire encore aujourd'hui ce qui reste des murs du palais des Atrides. Ces ruines avaient déjà étonné les anciens. Ils les attribuaient aux Cyclopes, et les archéologues nomment encore aujourd'hui ouvrages cyclopéens les constructions formées de grands blocs polygones.

ΠΡΕΣΒΥΤΗΣ.

Πιστὸς δὲ φράσας τάδε πῶς ἔσομαι,
λέγε, παιδὶ σέθεν τῇ σῇ τ' ἀλόχῳ;

ΑΓΑΜΕΜΝΩΝ.

Σφραγῖδα φύλασσ' ἣν ἐπὶ δέλτῳ 155
τήνδε κομίζεις. Ἴθι · λευκαίνει
τόδε φῶς ἤδη λάμπουσ' ἠὼς
πῦρ τε τεθρίππων τῶν Ἀελίου·
σύλλαβε μόχθων. 160
Θνητῶν δ' ὄλβιος εἰς τέλος οὐδεὶς
οὐδ' εὐδαίμων·
οὔπω γὰρ ἔφυ τις ἄλυπος.

ΧΟΡΟΣ.

Ἔμολον ἀμφὶ παρακτίαν [Strophe.]
ψάμαθον Αὐλίδος ἐναλίας, 165
Εὐρίπου διὰ χευμάτων
κέλσασα στενοπόρθμων,
Χαλκίδα πόλιν ἐμὰν προλιποῦσ',
ἀγχιάλων ὑδάτων τροφὸν
τᾶς κλεινᾶς Ἀρεθούσας, 170
Ἀχαιῶν στρατιὰν ὡς ἐσιδοίμαν

NC. 161-163. Ces vers sont cités par Clément d'Alexandrie, *Stromat.* III, iii, 23, et par Orion, *Anthol.* VIII, 8. — 167. J'ai corrigé la leçon στενόπορθμον. Une pareille épithète se rattache plus naturellement à χευμάτων qu'à Χαλκίδα ; et la fin de la période glyconique doit coïncider avec la fin du sens, comme dans l'antistrophe. — 171. Les manuscrits ont ὡς ἴδοιμ' ἄν. Elmsley a proposé ὡς ἐσιδοίμαν ; Hermann, ὡς κατιδοίμαν.

153-154. Voilà encore une question à laquelle le vieillard aurait pu facilement répondre lui-même. Le poète a voulu venir en aide aux spectateurs distraits.

156-157. Λευκαίνει.... ἠώς, voici déjà la blanche lumière que répand la brillante aurore. Cette blanche lumière du jour naissant est ce que nous appelons « l'aube » (*alba*). Λευκαίνει τόδε φῶς est dit comme μάχεσθαι μάχην. Ceux qui supposent fort gratuitement que la lampe dont il est question au vers 34, a été apportée sur la scène, et qui entendent ces mots de la lumière artificielle pâlissant à l'approche du jour, se trompent étrangement. Cp. *Troy.* 848 : Λευκοπτέρου ἁμέρας φέγγος. Eschyle, *Perses*, 386 : Λευκόπωλος ἡμέρα. *Agam.* 668 : Λευκὸν κατ' ἦμαρ.

163. Οὔπω.... ἄλυπος équivaut à οὔπω ἐγεννήθη τις ἐπὶ τῷ μὴ λυπεῖσθαι.

170. Il y avait, dans les pays grecs, plusieurs sources qui portaient le nom d'Aréthuse. Celle de Syracuse est la plus connue.

ἀγαυῶν τε πλάτας ναυσιπόρους
ἠϊθέων, οὓς ἐπὶ Τροί-
αν ἐλάταις χιλιόναυσιν
τὸν ξανθὸν Μενέλαόν θ' 175
ἁμέτεροι πόσεις
ἐνέπουσ' Ἀγαμέμνονά τ' εὐπατρίδαν
στέλλειν ἐπὶ τὰν Ἑλέναν,
ἀπ' Εὐρώτα δονακοτρόφου
Πάρις ὁ βουκόλος ἂν ἔλαβε 180
δῶρον τᾶς Ἀφροδίτας,
ὅτ' ἐπὶ κρηναίαισι δρόσοις
Ἥρᾳ Παλλάδι τ' ἔριν ἔριν
μορφᾶς ἁ Κύπρις ἔσχεν.

Πολύθυτον δὲ δι' ἄλσος Ἀρ- [Antistrophe.] 185
τέμιδος ἤλυθον δρομένα,
φοινίσσουσα παρῇδ' ἐμὰν
αἰσχύνᾳ νεοθαλεῖ,
ἀσπίδος ἔρυμα καὶ κλισίας

NC. 172. Ἀγαυῶν, correction de Nauck pour ἀχαιῶν, mot répété par erreur dans les manuscrits. — 173. La leçon ἡμιθέων a été corrigée par Markland. Scaliger avait déjà changé ὡς en οὓς. — 175. Averti par le vers correspondant de l'antistrophe, 196, j'ai ajouté θ' après Μενέλαον. Les vers 175 et 176 ne sont que les membres (κῶλα) d'une période (περίοδος) continue — 186. Ὁρομένα, correction de Canter pour ὁρωμέναν — 187. Manuscrits : παρηῖδ' ἐμάν.

174. Ἐλάταις. Cf. Virg. Én. VIII, 91 : « Labitur uncta vadis abies. » — Χιλιόναυσιν. On pourrait croire que cette épithète ne désigne qu'un grand nombre. Cependant Euripide s'en sert plusieurs fois en parlant de l'expédition de Troie. Il dit χιλιόναυν στρατόν, Oreste, 352 ; ὁ χιλιόναυς Ἑλλάδος ὠκὺς Ἄρης, Androm. 106 ; κώπᾳ χιλιοναύτᾳ, Iph. Taur. 140. De même l'auteur du Rhésus, 261, dit, en parlant de la même expédition : χιλιόναυν στρατείαν ; Eschyle, Agam. 45, στόλον Ἀργείων χιλιοναύταν ; Virgile, Én. II, 198, « mille carinæ. » Or Thucydide (I, 10) estime que, d'après Homère, les Grecs avaient douze cents vaisseaux. Il paraît donc que les poètes grecs et latins ont voulu désigner le même nombre par un chiffre rond. (Voyez la note de Stanley sur le vers d'Eschyle cité ci-dessus.)

175. Τὸν ξανθὸν Μενέλαον. L'époux d'Hélène est blond. Cf. Iliade, III, 284 et passim.

188. Νεοθαλεῖ. Cette belle épithète est employée au propre dans Ion, 112 : Νεοθαλὲς προπόλευμα δάφνας. Ici elle indique qu'en rougissant les joues, la pudeur fait briller de tout son éclat la fleur de la jeunesse.

189. Ἀσπίδος ἔρυμα. Le mot ἀσπίς s'emploie aussi en prose, à la façon des noms collectifs, pour désigner un grand nombre d'hoplites. Cf. Xénophon, Anab. I, vii, 10 : Μυρία ἀσπίς.

ὁπλοφόρους Δαναῶν θέλουσ' 190
ἵππων τ' ὄχλον ἰδέσθαι.
Κατεῖδον δὲ δύ' Αἴαντε συνέδρω,
τὸν Οἰλέως Τελαμῶνός τε γόνον,
τὸν Σαλαμῖνος στέφανον·
Πρωτεσίλαόν τ' ἐπὶ θάκοις 195
πεσσῶν ἡδομένους μορ-
φαῖσι πολυπλόκοις,
Παλαμήδεά θ', ὃν τέκε παῖς ὁ Ποσει-
δᾶνος· Διομήδεά θ' ἡ-
δοναῖς δίσκου κεχαρημένον, 200
παρὰ δὲ Μηριόνην, Ἄρεος
ὄζον, θαῦμα βροτοῖσιν·
τὸν ἀπὸ νησαίων τ' ὀρέων

NC. 191. Heath a placé après ἵππων la conjonction τ(ε) que les manuscrits omettent ou insèrent après ὄχλον. — 194. Les manuscrits portent, en dépit du mètre, τοῖς σαλαμινίοις (σαλαμῖνος, correction de la seconde main du *Palatinus*). Brodæus : τῆς Σαλαμῖνος. Hartung et Nauck : τὸν Σαλαμῖνος. — 196-197. Vers cités par le Scholiaste d'Aristophane, *Gren.* 1400.

192. Συνέδρω. Klotz fait observer que ce mot indique que les deux Ajax se sont assis l'un à côté de l'autre pour tenir conseil ensemble. Cf. Soph. *Aj.* 749 : Ἐκ γὰρ συνέδρου καὶ τυραννικοῦ κύκλου Κάλχας μεταστάς.
194. Τὸν Σαλαμῖνος στέφανον, la gloire de Salamine.
195-198. Construisez : Πρωτεσίλαόν τε Παλαμήδεά θ' ἡδομένους. « Pluralı numero inter duo nomina numeri singularis posito dixit ἡδομένους, schemate usus quod Alcmanicum vocant grammatici. » [Dindorf.] Cette figure, familière au poète Alcman (on la rencontre dans ses fragments), se trouve déjà dans Homère (observation du grammairien Hérodien, περὶ σχημάτων, p. 61, 5 Dindorf). Cf. *Il.* XX, 138 : Εἰ δέ κ' Ἄρης ἄρχωσι μάχης ἢ Φοῖβος Ἀπόλλων. — Πεσσῶν μορφαῖσι πολυπλόκοις, les diverses figures produites par la position des pièces du jeu. — Παλαμήδεα. On sait que Palamède passait pour avoir inventé le jeu des πεσσοί pendant l'inaction forcée du séjour d'Aulis. Ce héros avait pour père Nauplius, fils de Neptune.
200. On a rapproché de ce vers le passage de l'*Iliade* (II, 773), où les guerriers d'Achille, ne pouvant prendre part à la guerre, s'amusent au même exercice : Λαοὶ δὲ παρὰ ῥηγμῖνι θαλάσσης Δίσκοισιν τέρποντο.
201-202. Mérionès de Crète est, dans l'*Iliade*, le compagnon d'armes d'Idoménée. — Ἄρεος ὄζον. Homère appelle ainsi, non pas, il est vrai, Mérionès, mais beaucoup d'autres héros. Cf. *Il.* II, 540 et *passim*. Il n'est pas sûr qu'Euripide fasse allusion à la généalogie que donne Apollodore, I, VII, 7, et suivant laquelle Mérionès aurait été petit-fils du dieu Mars. Cette filiation pourrait avoir été imaginée à cause des vers homériques, *Il.* II, 651 : Μηριόνης τ' ἀτάλαντος Ἐνυαλίῳ ἀνδρειφόντῃ, et XIII, 328 : Μηριόνης δὲ θοῷ ἀτάλαντος Ἄρηϊ.
203. Νησαίων ὀρέων, des îles montagneuses. La nature de l'Ithaque et des autres îles, dont Ulysse commandait les

Λαέρτα τόκον, ἄμα δὲ Νι-
ρέα, κάλλιστον Ἀχαιῶν·

205

τὸν ἰσάνεμόν τε ποδοῖν   [Épode.]
λαιψηροδρόμον Ἀχιλῆα,
τὸν ἁ Θέτις τέκε καὶ
Χείρων ἐξεπόνασεν,
εἶδον αἰγιαλοῖσι παρά τε κροκάλαις   210
δρόμον ἔχοντα σὺν ὅπλοις·
ἅμιλλαν δ' ἐπόνει ποδοῖν
πρὸς ἅρμα τέτρωρον ἑλισ-
σων περὶ νίκας.   215
Ὁ δὲ διφρηλάτας ἐβοᾶτ'
Εὔμηλος Φερητιάδας,
ᾧ καλλίστους ἰδόμαν
χρυσοδαιδάλτους στομίοις
πώλους κέντρῳ θεινομένους,   220
τοὺς μὲν μέσους ζυγίους,
λευκοστίκτῳ τριχὶ βαλιούς,
τοὺς δ' ἔξω σειροφόρους,

NC. 214-215. On a proposé ἑλίσσων περὶ νύσσαν. Cf. Homère, *Il.* XXIII, 309; Théocrite, XXIV, 118. — 216. Ἐβοᾶτ', correction de Dindorf pour βοᾷτ'. — 218. Ἰδόμαν, correction de Dindorf pour εἰδόμαν. — 223. Σειροφόρους correction de Dindorf pour σειραφόρους

guerriers (*Il.* II, 631 sqq.), est agréablement décrite dans l'*Odyssée*, IV, 605 sqq.
205. Cf. *Il.* II, 673 : Νιρεὺς, ὃς κάλλιστος ἀνὴρ ὑπὸ Ἴλιον ἦλθεν. On sait que Nirée n'est nommé que dans cet endroit du *Dénombrement*, et ne figure pas autrement dans l'*Iliade*.
209. Ἐξεπόνασεν, le forma et porta son ouvrage à perfection. Cf. Théocrite, XIII, 8 sqq. : Καί νιν πάντ' ἐδίδαξε πατὴρ ὡσεὶ φίλον υἱέα.... Ὡς αὐτῷ κατὰ θυμὸν ὁ παῖς πεπονημένος εἴη, passage cité par Jacobs.
211. Κροτάλοις. Ce sont les galets de la grève. Théocrite (XXII, 39) les appelle λάλλαι.

214-215. Ἑλίσσων, allant et revenant par la carrière. Arrivé à la borne, il fallait tourner et revenir vers le point de départ. Cf v. 224. D'autres expliquent ἑλίσσων « s'élançant rapidement » ; mais je doute fort que ce verbe ait jamais eu ce sens ; les passages qu'on cite (*Oreste*, 172 et 1294) ne le prouvent pas.
217. Eumélus, fils d'Admète et petit-fils de Phérès, avait les meilleurs coursiers de l'armée, d'après l'*Iliade*, II, 763 sqq.; et cet éloge se vérifie dans les courses du XXIIIe livre, v. 376.
223-224. Σειροφόρους, les chevaux extérieurs du quadrige, attelés par des longes (σειραί) à côté des timonniers. Au mo-

ἀντήρεις καμπαῖσι δρόμων,
πυρρότριχας, μονόχαλα δ' ὑπὸ σφυρὰ 225
ποικιλοδέρμονας· οἷς παρεπάλλετο
Πηλείδας σὺν ὅπλοισι παρ' ἄντυγα
καὶ σύριγγας ἁρματείους. 230

Ναῶν δ' εἰς ἀριθμὸν ἤλυθον [Strophe 1.]
καὶ θέαν ἀθέσφατον,
τὰν γυναικεῖον ὄψιν ὀμμάτων
ὡς πλήσαιμι, μείλινον ἁδονάν.

NC. 226. Manuscrits : ποικιλλοδέρμονας. — 229. Heath a rectifié la leçon ὅπλοις. — 233. Bœckh a corrigé la leçon γυναικείων. — 234. Μείλινον veut généralement dire « de frêne. » La conjecture μείλιχον ne répond pas plus que cette leçon à la mesure du vers antithétique. Existait-il un adjectif μεῖλις, accusatif μείλιν?

ment où l'on tournait la borne (καμπαῖσι δρόμων), l'un de ces chevaux la serrait de près, pendant que l'autre faisait un grand tour : leurs mouvements étaient donc opposés (ἀντήρεις). Cf. Sophocle, Électre, 720 : Κεῖνος δ' ὑπ' αὐτὴν ἐσχάτην στήλην ἔχων Ἔχριμπτ' ἀεὶ σύριγγα, δεξιὸν τ' ἀνεὶς Σειραῖον ἵππον, εἶργε τὸν προσκείμενον.

226-230. Ceci est une illustration de l'épithète ποδάρκης, qu'Achille porte chez Homère. On peut comparer Pindare, Nem. III, 50 sqq., où Achille encore enfant force des cerfs à la course. Τὸν ἐθάμβεον Ἄρτεμις τε καὶ θρασεῖ' Ἀθάνα, Κτείνοντ' ἐλάφους ἄνευ κυνῶν δολίων θ' ἑρκέων· Ποσσὶ γὰρ κράτεσκε.

231. L'épode qu'on vient de lire termine la première partie du chant d'entrée ou parodos. Les trois strophes et les trois antistrophes suivantes en forment la seconde partie, distincte de la première. Dans l'Agamemnon d'Eschyle, la parodos se compose aussi de deux parties : la première formée, comme dans notre tragédie, d'une strophe, d'une antistrophe et d'une épode (v. 104-159), la seconde comprenant cinq couples de strophes (160-257). Cette disposition n'est donc pas sans exemple, et elle ne peut fournir d'argument contre l'authenticité du morceau qui suit. Mais on ne saurait nier que ce morceau assez monotone ne soit bien au-dessous des beaux vers qui le précèdent, et qu'il pourrait se retrancher sans inconvénient, et même avec avantage. Ces strophes, imitées du Dénombrement qui se lit dans le second livre de l'Iliade, n'ajoutent certes rien à la gloire d'Euripide, et les critiques qui ont pensé qu'elles n'étaient pas de lui ne lui ont fait aucun tort. D'un autre côté, les procédés de la composition antistrophique sont parfaitement observés dans ce morceau : la relation des vers correspondants y est marquée par des mots et des tours semblables ou identiques. Enfin ces strophes trochaïques se rapprochent par leur structure de celles qui se trouvent dans les Phéniciennes. Ces faits s'opposent, ce me semble, à l'opinion soutenue par Hermann dans la préface de son édition, que ce morceau aurait été interpolé longtemps après Euripide. Si on veut qu'il ne soit pas de notre poète, il faut l'attribuer, avec Bœckh (Trag. græc. princ., p. 226) à Euripide le jeune, qui monta la tragédie d'Iphigénie pour le théâtre.

234. L'accusatif μείλινον (voy. NC.) ἁδονάν « doux plaisir » est une apposition qui se rapporte non pas à ὄψιν, mais à l'idée contenue dans la phrase précédente : « rassasier mes yeux de femme (ma curiosité féminine) d'un grand spectacle. » Exemples de la même construction, Oreste, 1105 : Ἑλένην κτάνωμεν, Μενέλεῳ λύπην πικράν. Électre, 231 : Εὐδαιμονοίης, μισθὸν ἡδίστων λόγων.

ΙΦΙΓΕΝΕΙΑ Η ΕΝ ΑΥΛΙΔΙ.

Καὶ κέρας μὲν ἦν
δεξιὸν πλάτας ἔχων 235
πεντήκοντα ναυσὶ θουρίαις
Φθιώτας ὁ Μυρμιδὼν Ἄρης·
χρυσέαις δ᾽ εἰκόσιν κατ᾽ ἄκρα Νηρῇδες ἕστασαν θεαί, 240
πρύμναις σῆμ᾽ Ἀχιλλείου στρατοῦ.

Ἀργείων δὲ ταῖσδ᾽ ἰσήρετμοι [Antistrophe ιι]
νᾶες ἕστασαν πέλας·
ὧν ὁ Μηκιστέως στρατηλάτας
παῖς ἦν, Ταλαὸς ὃν τρέφει πατήρ, 245
Καπανέως τε παῖς
Σθένελος. Ἀτθίδος δ᾽ ἄγων
ἑξήκοντα ναῦς ὁ Θησέως
παῖς ἑξῆς ἐναυλόχει θεὰν
Παλλάδ᾽ ἐν μωνύχοις ἔχων πτερω- 250
τοῖσιν ἅρμασιν θετὸν

NC. 237. Ce vers se lisait après 238. Je l'ai transposé, afin que πεντήκοντα ναυσὶν repondit à ἑξήκοντα ναῦς ὁ, vers 248. La phrase aussi gagne à cette transposition, les mots Μυρμιδὼν Ἄρης se trouvant avantageusement rejetés à la fin. — 238. Μυρμιδῶν, correction de Hermann pour μυρμιδόνων. — 239. Pierson a corrigé la leçon κατ᾽ ἄκραν. — 247. Dobree proposait Ἀτθίδας. — 251. Θετόν est altéré. Cependant θετάν, conjecture de Nauck, n'est pas satisfaisant. J'aimerais mieux θοάν.

236. Πλάτας, de la flotte. Cf. ἀσπίδος, v. 189, et πεύκην, *Hipp.* 1254, avec les notes. Ajoutez *Iph. Taur.* 140 : Σὺν κώπᾳ χιλιοναύτᾳ. — Ceux qui prennent πλάτας pour l'accusatif du plur., embrouillent tout.
237-238. Πεντήκοντα.... Ἄρης. Ceci s'accorde avec l'*Iliade*, II, 683 : Οἵ τ᾽ εἶχον Φθίην ἠδ᾽ Ἑλλάδα καλλιγύναικα· Μυρμιδόνες δὲ καλεῦντο καὶ Ἕλληνες καὶ Ἀχαιοί· τῶν αὖ πεντήκοντα νεῶν ἦν ἀρχὸς Ἀχιλλεύς. — Ὁ Μυρμιδὼν Ἄρης n'est pas une manière de désigner Achille, mais signifie « la bataille, l'armée des Myrmidons. » Cf. v. 283, et *Androm.*, 106.
242-247. Ἰσήρετμοι indique évidemment que les vaisseaux Argiens étaient égaux en nombre aux vaisseaux Phthiotes. Cependant ceux-ci sont plus nombreux dans l'*Iliade*, II, 568, où ils sont portés au chiffre de quatre-vingts. Pour les chefs, notre poète s'accorde avec Homère. Cf. *ib.* 565 sq. : Εὐρύαλος ..: Μηκιστέος υἱὸς Ταλαϊονίδαο ἄνακτος, et 564 : Σθένελος, Καπανῆος ἀγακλειτοῦ φίλος υἱός.
245. Τρέφει. Le présent pour le passé. Voy. v. 35 et v. 47.
247-249. Homère (*l. c.* 546 sqq.) fait partir pour Troie cinquante vaisseaux attiques sous le commandement de Ménesthée. Les noms de Démophon et d'Acamas, fils de Thésée, ne se trouvent pas dans l'*Iliade*. Mais ils figuraient dans les épopées plus récentes, telles que la *Petite Iliade*, et les poetes attiques ne manquent pas une occasion de les mettre en avant.
251. Ἅρμασιν désigne ici les chevaux :

ΙΦΙΓΕΝΕΙΑ Η ΕΝ ΑΥΛΙΔΙ.

εὔσημόν τε φάσμα ναυβάταις.

Βοιωτῶν δ' ὅπλισμα, ποντίας [Strophe 2.]
πεντήκοντα νῆας εἰδόμαν
σημείοισιν ἐστολισμένας· 255
τοῖς δὲ Κάδμος ἦν
χρύσεον δράκοντ' ἔχων
ἀμφὶ ναῶν κόρυμβα·
Λήϊτος δ' ὁ γηγενὴς
ἆρχε ναΐου στρατοῦ. 260
Φωκίδος δ' ἀπὸ χθονὸς
⏑ — ⏑ — ⏑ — ⏑ —

. . . . . .
Λοκρὰς δὲ τοῖσδ' ἴσας ἄγων
ἦν ναῦς Οἰλέως τόκος κλυτὰν
Θρονιάδ' ἐκλιπὼν πόλιν.

Μυκήνας δὲ τᾶς Κυκλωπίας [Antistrophe 2.] 265
παῖς Ἀτρέως ἔπεμπε ναυβάτας

NC. 252. Probablement εὔσημόν τι, d'après Markland. — 253. Variante : τῶν βοιωτῶν. — 255. La leçon αὐστολισμένας a été corrigée par Scaliger. — 261. Après ce vers, la place de deux autres vers est laissée en blanc dans le *Palatinus*. J'ai suivi cette indication, qui me semble d'une justesse évidente. Voyez la note explicative. — 262. Λοκράς, correction de Markland pour λοκροῖς. — 265. On lisait : Ἐκ Μυκήνας. Nauck a retranché la glose ἐκ.

l'épithète μωνύχοις le prouve. Cf. *Herc. fur.* 881 : Ἅρμασι δ' ἐνδίδωσι κέντρον. — Minerve sur son char de guerre, ici l'emblème des vaisseaux de Démophon, était aussi brodée sur le Péplos (voy. *Hécube*, 467 sqq.).

254. Πεντήκοντα. Le même nombre dans l'*Iliade*, II, 509.

259. Λήϊτος. Cf. *ib.*, 494. Ce héros est appelé γηγενής, comme descendant des σπαρτοί, ces premiers habitants de Thèbes qui sortirent de la terre quand Cadmus y eut semé les dents du fameux dragon.

261. Φωκίδος δ' ἀπὸ χθονός. Phrase incomplète. Le chef ou les chefs des Pho-

céens et le nombre de leurs vaisseaux ont dû être indiqués. Le mot ἴσας, au vers 262, suppose un chiffre énoncé plus haut. — Dans l'*Iliade*, II, 517 sqq., les villes de la Phocide fournissent quarante vaisseaux commandés par Schédios et Epistrophos.

262. Τοῖσδ' ἴσας équivaut à ταῖς τῶνδε ἴσας, ταῖς τῶν Φωκέων ναυσὶν ἴσας. Cette brachylogie, familière aux Grecs, se trouve déjà dans Homère. Cf. *Il.* I, 163 : Οὐ μὲν σοί ποτε ἴσον ἔχω γέρας. Quant au fait, les Locriens ont, dans l'*Iliade* (II, 534), quarante vaisseaux, comme les Phocéens.

265. Κυκλωπίας. Voy. la note sur le vers 157.

ναῶν ἑκατὸν ἠθροϊσμένους.
Σὺν δ' ἀδελφὸς ἦν
ταγός, ὡς φίλος φίλῳ,
τὰς φυγούσας μέλαθρα 270
βαρβάρων χάριν γάμων
πρᾶξιν Ἑλλὰς ὡς λάβοι.
Ἐκ Πύλου δὲ Νέστορος
Γερηνίου κατειδόμαν

. . . .
⏑ — ⏑ — ⏑ — ⏑ —

πρύμνας σῆμα ταυρόπουν ὁρᾶν, 275
τὸν πάροικον Ἀλφεόν.

Αἰνιάνων δὲ δωδεκάστολοι [Su rphe λ.]
νᾶες ἦσαν, ὧν ἄναξ
Γουνεὺς ἄρχε. Τῶνδε δ' αὖ πέλας
Ἤλιδος δυνάστορες, 280

NC. 268. Les manuscrits portent σὺν δ' ἄδραστος ἦν. La correction de Markland, ἀδελφός, rétablit le sens. (Σὺν δ' ἀρ' αὐτὸς ἦν ταγός, proposé par Mehlhorn, donnerait un faux sens). Mais comment expliquer l'étrange erreur des copistes? La glose δάμαρτος, qui pouvait être ajoutée au vers 270, se serait-elle fourvoyée dans celui-ci? — 274. J'ai marqué après ce vers une lacune, en suivant les indices fournis d'une part par le sens incomplet de ce passage, d'autre part par l'étendue primitive de la strophe. — 277-302. Hermann a compris que ces vers, très maltraités dans les manuscrits, avaient formé primitivement, non pas une epode d'une étendue excessive, mais une strophe et une antistrophe. L'accord est surtout sensible à la fin. Les vers 285 : Φυλέως λόγευμα, et 300 : Νάϊον πάρευμα me semblent mettre hors de doute la structure antistrophique de ce morceau. Cependant, il n'est guère possible de rétablir cette structure avec les moyens dont nous disposons. — 277-278. La leçon δώδεκα στόλοι ναῶν ἦσαν a été corrigée par Hermann. — 279. Γουνεύς, rétabli par Canter pour Ἰουνεύς.

267. Ναῶν ἑκατόν. De même Homère, Il. II, 576 : Τῶν ἑκατὸν νηῶν ἦρχε κρείων Ἀγαμέμνων.
272. Πρᾶξιν, la revendication. C'est ainsi qu'on dit πράττειν ou πράττεσθαι χρέος, faire rentrer une dette.
275. Dans la lacune qui précède ce vers, il a dû être question des vaisseaux de Nestor. Les mots πρύμνας σῆμα κτλ. forment la suite d'une phrase, qui pouvait commencer par εἶχε δὲ ou αἳ δ' ἔχον. — Ταυρόπουν. Le taureau était chez les Grecs le symbole de la force féconde des fleuves. Cf. Ion, 1261 : Ὦ ταυρόμορφον ὄμμα Κηφισοῦ πατρός. Soph. Trach. 11 : Φοιτῶν ἐναργὴς ταῦρος (il s'agit de l'Achéloüs).
277-279. Quant aux Αἰνιᾶνες ou Ἐνιῆνες et à leur chef Gouneus, voy. Iliade, II, 748 sqq.

ΙΦΙΓΕΝΕΙΑ Η ΕΝ ΑΥΛΙΔΙ.

οὓς Ἐπειοὺς ὠνόμαζε πᾶς λεώς·
Εὔρυτος δ' ἄνασσε τῶνδε.
Λευκήρετμον δ' Ἄρη
Τάφιον ἡγεμὼν Μέγης [ἄνασσε],
Φυλέως λόχευμα,   285
τὰς Ἐχίνας λιπών....
νήσους ναυβάταις ἀπροσφόρους.

Αἴας δ' ὁ Σαλαμῖνος ἔντροφος   [Antistrophe 3.]
δεξιὸν κέρας πρὸς τὸ λαιὸν ξύναγε,   290
τῶν ἆσσον ὥρμει, πλάταισιν
ἐσχάταισι συμπλέκων,
δώδεχ' εὐστροφωτάταισι ναυσίν· ὡς

NC. 282. Conjecture de Hermann : Εὐρύτου δ' ἄνασσε τῶνδ' < ἔκγονος κλυτός. > — 284. Hermann a écrit ἡγεμὼν pour ἦγεν ὦν, et a reconnu que ἄνασσε était une glose tirée du vers 282. Le verbe qui gouvernait Ἄρη pouvait se trouver dans la lacune indiquée par le même critique après λιπών, au vers 286. — 286. Brodæus a corrigé la leçon ἐχίδνας. — 293-295. Ὡς ἄϊον.... λεών. Cette phrase fait double emploi avec les vers 299-301. Je la crois interpolée, toute ou en partie.

282. Homère, ib. 620 sq., nomme un fils d'Eurytus parmi les chefs des Épéens. Notre poete semble s'écarter ici de la tradition homérique ; mais, comme le texte de ce morceau est altéré et mutilé, on ne peut rien affirmer à ce sujet. Voir NC.

283-286. Ἄρη Τάφιον. Cp. la note sur le vers 238. Ici le texte est mutilé : il faut suppléer ἔτασσεν ou un autre verbe gouvernant l'accusatif. Les Taphiens habitaient Taphos et quelques autres îles voisines des Echinades (Strabon, X, p. 459). Voici ce qu'on lit dans l'Iliade (II, 625 sqq.) sur Mégès et les peuples que ce héros commandait : Οἱ δ' ἐκ Δουλιχίοιο Ἐχινάων θ' ἱεράων Νήσων, αἳ ναίουσι πέρην ἁλός, Ἤλιδος ἄντα· Τῶν αὖθ' ἡγεμόνευε Μέγης, ἀτάλαντος Ἄρηϊ, Φυλείδης, ὃν τίκτε Διῒ φίλος Ἱππότα Φυλεύς.

287. Ναυβάταις ἀπροσφόρους. Les Taphiens étaient connus comme pirates. Cf. Homère, Od. XV, 427 : Ἀλλά μ' ἀνήρπαξαν Τάφιοι ληΐστορες ἄνδρες.

289-293. Αἴας.... ναυσίν. Pour trouver le sens de ces lignes, il ne faut pas prendre pour point de départ les mots, qui sont obscurs, mais il faut d'abord se demander ce que le poète a dû dire. La revue de la flotte grecque se fait dans l'ordre où se trouvaient placés les vaisseaux des différents peuples qui prenaient part à l'expédition. Le poète nous a conduits de l'aile droite occupée par Achille (v. 235 sqq.) à l'aile gauche, qui est la station d'Ajax. Ceci est conforme à la tradition, qui assignait à ces héros les deux extrémités du camp, les postes d'honneur. Cf. Homère, Il. VIII, 224 sqq., et Sophocle, Ajax, 4. Voici maintenant comment je traduis le passage qui nous occupe : « Ajax, nourri dans Salamine, rattachait son aile droite à l'aile gauche de ceux près desquels il était mouillé, πρὸς τὸ λαιὸν (κέρας ἐκείνων), τῶν ἆσσον ὥρμει, en les joignant avec ses voiles (littéralement rames, πλάταισιν) placées à l'extrémité de la flotte, ses douze vaisseaux très-agiles à la manœuvre. » Pour le chiffre des vaisseaux, cf. Homère, Il. II, 557 : Αἴας δ' ἐκ Σαλαμῖνος ἄγεν δυοκαίδεκα νῆας.

293-295. Ὡς ἄϊον.... λεών. Voir NC.

ἄϊον καὶ ναυϐάταν
εἰδόμαν λεών·
ᾧ τις εἰ προσαρμόσει
βαρϐάρους βάριδας,
νόστον οὐκ ἀποίσεται,
ἐνθάδ᾽ οἷον εἰδόμαν
νάϊον πόρευμα,
τὰ δὲ κατ᾽ οἴκους κλύουσα συγκλήτου
μνήμην σώζομαι στρατεύματος.

ΠΡΕΣΒΥΤΗΣ.
Μενέλαε, τολμᾷς δείν᾽, ἅ σ᾽ οὐ τολμᾶν χρεών.

ΜΕΝΕΛΑΟΣ.
Ἄπελθε· λίαν δεσπόταισι πιστὸς εἶ.

ΠΡΕΣΒΥΤΗΣ.
Καλόν γέ μοι τοὔνειδος ἐξωνείδισας.

ΜΕΝΕΛΑΟΣ.
Κλαίοις ἂν, εἰ πράσσοις ἃ μὴ πράσσειν σε δεῖ.

ΠΡΕΣΒΥΤΗΣ.
Οὐ χρῆν σε λῦσαι δέλτον, ἣν ἐγὼ ᾽φερον.

ΜΕΝΕΛΑΟΣ.
Οὐδέ γε φέρειν σε πᾶσιν Ἕλλησιν κακά.

NC. 299. Ἐνθάδ᾽ οἷον, excellente correction de Hermann pour ἔνθα δ᾽ ἄϊον. — 301. Συγκλήτου, mot qui répugne au mètre, est peut-être la glose de συλλόγου (conjecture de Dindorf). — 308. La vulgate : οὐδέ σε φέρειν δεῖ a été introduite dans le *Palatinus* par une correction de la seconde main. La première main avait écrit οὐδέ γε φέρειν σε δεῖ, leçon excellente, à la glose δεῖ près, laquelle a été retranchée par Elmsley et les derniers éditeurs.

297. Βάριδας. Βᾶρις est un mot égyptien emprunté par les Grecs, qui s'en servaient pour désigner les barques des barbares. Voy. Hérodote II, 96 ; Eschyle, *Suppl.* 874 et *passim*.

298. Νόστον οὐκ ἀποίσεται, *reditum non auferet*, ne retournera pas chez les siens.

299-300. Ἐνθάδ᾽ οἷον.... πόρευμα, à en juger par l'appareil naval que j'ai vu ici. Pour le sens de οἷον, voyez la note sur *Hipp.* 845.

304. Les mots τὰ δὲ κατ᾽ οἴκους κλύουσα sont opposés à ἐνθάδ᾽.... εἰδό-μαν, v. 299. Si ces jeunes femmes savent si bien rendre compte de ce qu'elles ont vu, c'est qu'elles avaient été instruites d'avance par leurs maris (v. 176) des noms des chefs et de certains détails que la simple inspection ne pouvait leur apprendre.

303. Ménélas, impatient de voir arriver Iphigénie, était allé sur la route d'Argos (v. 328). Là il a rencontré le vieillard, lui a arraché la lettre, et l'a ouverte. Le vieillard le suit pour reprendre la lettre.

306. Κλαίοις ἄν, *plorabis, vapulabis*. La menace sera plus explicite au vers 311.

ΠΡΕΣΒΥΤΗΣ.
Ἄλλοις ἁμιλλῶ ταῦτ᾽· ἄφες δὲ τήνδ᾽ ἐμοί.
ΜΕΝΕΛΑΟΣ.
Οὐκ ἂν μεθείμην.
ΠΡΕΣΒΥΤΗΣ.
Οὐδ᾽ ἔγωγ᾽ ἀφήσομαι.   310
ΜΕΝΕΛΑΟΣ·
Σκήπτρῳ τάχ᾽ ἄρα σὸν καθαιμάξω κάρα.
ΠΡΕΣΒΥΤΗΣ.
Ἀλλ᾽ εὐκλεές τοι δεσποτῶν θνήσκειν ὕπερ.
ΜΕΝΕΛΑΟΣ·
Μέθες· μακροὺς δὲ δοῦλος ὢν λέγεις λόγους.
ΠΡΕΣΒΥΤΗΣ.
Ὦ δέσποτ᾽, ἀδικούμεσθα· σὰς δ᾽ ἐπιστολὰς
ἐξαρπάσας ὅδ᾽ ἐκ χερῶν ἐμῶν βίᾳ,   315.
Ἀγάμεμνον, οὐδὲν τῇ δίκῃ χρῆσθαι θέλει.
ΑΓΑΜΕΜΝΩΝ.
Ἔα·
τίς ποτ᾽ ἐν πύλαισι θόρυβος καὶ λόγων ἀκοσμία;

NC. 309. Ἄλλοις, correction de Markland pour ἄλλως.— 317. Les manuscrits portent en dépit du mètre : τίς δῆτ᾽ ἐν πύλαισι (ou πύλαις). Un grammairien dans les *Anecdota* de Bekker, I, p. 369, 8, cite : τίς ποτ᾽ ἐν θύραισι.

309. Ἄλλοις ἁμιλλῶ ταῦτ(α), discute ceci avec d'autres, c'est-à-dire avec Agamemnon. [Markland.]
340. Οὐκ ἂν μεθείμην, sous-ent. αὐτῆς. Suppléez le même cas après ἀφήσομαι. On voit d'ailleurs que l'optatif avec ἂν ne diffère guère ici du futur, avec lequel il alterne.
317. Fragment de scholie : Διὰ τὸ μετὰ δρόμον ἐξελθεῖν τὸν Ἀγαμέμνονα. Cette observation tend évidemment à expliquer pourquoi les trimètres iambiques font ici place aux tétramètres trochaïques. Cf. schol. ad Aristoph. *Acharn.* 204 : Ταῦτα (c'est-à-dire : τα τετράμετρα) δὲ ποιεῖν εἰώθασιν οἱ τῶν δραμάτων ποιηταὶ κωμικοὶ καὶ τραγικοί, ἐπειδὰν δρομαίως εἰσάγωσι τοὺς χορούς, ἵνα ὁ λόγος συντρέχῃ τῷ δράματι. Hermann a remarqué que ce mètre, familier à la tragédie primitive (cf. Aristote, *Poétique*, IV), fut abandonné par les poëtes tragiques pendant un certain temps, et repris seulement à une époque qui correspond à la seconde partie de la guerre du Péloponnèse. En effet, les *Perses* d'Eschyle renferment plusieurs scènes écrites en trochées. Mais il n'y a pas de dialogue trochaïque dans les autres tragédies d'Eschyle (à l'exception de la scène finale d'*Agamemnon*), ni dans une partie considérable du théâtre de Sophocle et d'Euripide. *Médée*, *Hippolyte*, *Hécube*, pour ne parler que des pièces contenues dans ce volume-ci, n'en offrent aucun exemple. Parmi les tragédies dont la date est connue, les *Troyennes*, jouées en 415 avant notre ère, sont la première où les tétramètres reparaissent. C'est qu'à partir de cette époque, la tragédie grecque semble se relâcher quelque peu de sa sévérité, et

ΜΕΝΕΛΑΟΣ.
Οὑμὸς, οὐχ ὁ τοῦδε μῦθος κυριώτερος λέγειν.
ΑΓΑΜΕΜΝΩΝ.
Σὺ δὲ τί τῷδ᾽ ἐς ἔριν ἀφῖξαι, Μενέλεως, βίᾳ τ᾽ ἄγεις;
ΜΕΝΕΛΑΟΣ.
Βλέψον εἰς ἡμᾶς, ἵν᾽ ἀρχὰς τῶν λόγων ταύτας λάβω.
ΑΓΑΜΕΜΝΩΝ. 320
Μῶν τρέσας οὐκ ἀνακαλύψω βλέφαρον, Ἀτρέως γεγώς;
ΜΕΝΕΛΑΟΣ.
Τήνδ᾽ ὁρᾷς δέλτον, κακίστων γραμμάτων ὑπηρέτιν;
ΑΓΑΜΕΜΝΩΝ.
Εἰσορῶ, καὶ πρῶτα ταύτην σῶν ἀπάλλαξον χερῶν.
ΜΕΝΕΛΑΟΣ.
Οὔ, πρὶν ἂν δείξω γε Δαναοῖς πᾶσι τἀγγεγραμμένα.
ΑΓΑΜΕΜΝΩΝ.
Ἢ γὰρ οἶσθ᾽ ἃ μή σε καιρὸς εἰδέναι, σήμαντρ᾽ ἀνείς; 325
ΜΕΝΕΛΑΟΣ.
Ὥστε σ᾽ ἀλγῦναί γ᾽, ἀνοίξας, ἃ σὺ κάκ᾽ εἰργάσω λάθρα.
ΑΓΑΜΕΜΝΩΝ.
Ποῦ δὲ κἄλαβές νιν; ὦ θεοί, σῆς ἀναισχύντου φρενός.

NC. 318. Les manuscrits donnent ce vers au vieillard. Hermann l'a rendu à Ménélas.

rechercher un mouvement plus vif et plus varié. (Voy. Rossbach et Westphal, *Griechische Metrik*, III, p. 147.)

318. Κυριώτερος λέγειν, est plus autorisé à parler. — Appelé par le vieillard, Agamemnon s'était adressé à celui-ci, et sans l'engager expressément à parler, il avait assez montré, en se tournant de son côté, que c'était de lui qu'il attendait une réponse. C'est contre cette invitation tacite que proteste Ménélas. Hermann croyait qu'il manquait un vers d'Agamemnon après le vers 317. Klotz a montré que cette conjecture était inutile.

320. Ἵν᾽ ἀρχάς.... λάβω, pour me servir de ce commencement, c'est-à-dire : voilà par où je veux commencer. Quelques interprètes se sont mépris sur le sens de cette façon de parler, qui est cependant tout à fait analogue aux tournures françaises : « pour ainsi dire, pour tout dire en un mot. »

324. En se servant du mot τρέσας, pour l'opposer à Ἀτρέως γεγώς, le poète semble faire allusion à l'étymologie du nom Ἀτρεύς, que quelques uns expliquaient par ἄτρεστος. Voy. Platon, *Cratyle*, p. 395 B. [Vater.]

326. La particule γ(ε) indique une réponse affirmative, et remplace ainsi les mots « je le sais », que nous sommes obligés d'ajouter. — Ἀνοίξας, ayant découvert en ouvrant la lettre....

ΙΦΙΓΕΝΕΙΑ Η ΕΝ ΑΥΛΙΔΙ.

ΜΕΝΕΛΑΟΣ.
Προσδοκῶν σὴν παῖδ', ἀπ' Ἄργους εἰ στράτευμ' ἀφί-
ξεται.
ΑΓΑΜΕΜΝΩΝ.
Τί δέ σε τἀμὰ δεῖ φυλάσσειν; οὐκ ἀναισχύντου τόδε;
ΜΕΝΕΛΑΟΣ.
Ὅτι τὸ βούλεσθαί μ' ἔκνιζε· σὸς δὲ δοῦλος οὐκ ἔφυν. 330
ΑΓΑΜΕΜΝΩΝ.
Οὐχὶ δεινά; τὸν ἐμὸν οἰκεῖν οἶκον οὐκ ἐάσομαι;
ΜΕΝΕΛΑΟΣ.
Πλάγια γὰρ φρονεῖς, τὰ μὲν νῦν, τὰ δὲ πάλαι, τὰ δ'
αὐτίκα.
ΑΓΑΜΕΜΝΩΝ.
Εὖ κεκόμψευσαι· πονηρῶν γλῶσσ' ἐπίφθονον σοφή.
ΜΕΝΕΛΑΟΣ.
Νοῦς δέ γ' οὐ βέβαιος ἄδικον κτῆμα κοὐ σαφὲς φί-
λοις. —
Βούλομαι δέ σ' ἐξελέγξαι, καὶ σὺ μήτ' ὀργῆς ὕπο 335
ἀποτρέπου τἀληθὲς, οὔτε κατατενῶ λίαν ἐγώ.
Οἶσθ' ὅτ' ἐσπούδαζες ἄρχειν Δαναΐδαις πρὸς Ἴλιον,
τῷ δοκεῖν μὲν οὐχὶ χρῄζων, τῷ δὲ βούλεσθαι θέλων,
ὡς ταπεινὸς ἦσθα, πάσης δεξιᾶς προσθιγγάνων,

NC. 331. Nauck écrit ἐᾷς ἐμέ. Il ne semble pas admettre le sens passif de ἐάσομαι. On lit cependant dans Thucydide, I, 142, οὐδὲ μελετῆσαι ἐασόμενοι. — 333. La leçon ἐκκεκόμψευσαι a été corrigée par Ruhnken; la leçon πονηρόν, par Bothe. — 336. Οὔτε κατατενῶ λίαν ἐγώ, excellente correction de Bœckh et de Hermann pour οὔτοι κατανῶ λίαν σ' ἐγώ. — 339. Les manuscrits ont ἧς πάσης ou ἧς ἁπάσης. La correction de Markland ἦσθα, πάσης est très-bonne. Je ne sais pourquoi Nauck écrit ἦσθα πᾶσι.

329. Ennius (chez Cicéron, *Tuscul.* IV, xxxvi, 77) faisait dire à Agamemnon : « Quis homo te exsuperavit umquam gentium impudentia? » et à Ménélas : « Quis tete autem malitia? » (Texte de Ribbeck, p. 34.)

330. Τὸ βούλεσθαί μ' ἔκνιζε, *voluntas me pungebat.* Κνίζειν se dit du picotement d'une démangeaison.

331. Ennius : « Menelaus me objurgat? « Id meis rebus regimen restitat? »

332. Πλάγια φρονεῖς, « tu biaises », est le contraire de ὀρθὰ φρονεῖς. — Τὰ μὲν.... αὐτίκα (φρονεῖς), tu changes sans cesse de sentiment.

334. Ἄδικον κτῆμα équivaut à ἄδικον tout court.

336. Οὔτε κατατενῶ λίαν ἐγώ, et de mon côté je n'insisterai pas trop vivement. Cf. *Hecube*, v. 130 : Σπουδαὶ δὲ λόγων κατατεινομένων.

338. Τῷ δοκεῖν... θέλων. La même

καὶ θύρας ἔχων ἀκλήστους τῷ θέλοντι δημοτῶν,   340
καὶ διδοὺς πρόσρησιν ἑξῆς πᾶσι, κεἰ μή τις θέλοι,
τοῖς τρόποις ζητῶν πρίασθαι τὸ φιλότιμον ἐκ μέσου ;
Κᾆτ᾽ ἐπεὶ κατέσχες ἀρχάς, μεταβαλὼν ἄλλους τρό-
    πους
τοῖς φίλοισιν οὐκέτ᾽ ἦσθα τοῖς πρὶν ὡς πρόσθεν φίλος,
δυσπρόσιτος ἔσω τε κλήθρων σπάνιος. Ἄνδρα δ᾽ οὐ
  χρεὼν   345
τὸν ἀγαθὸν πράσσοντα μεγάλα τοὺς τρόπους μεθιστάναι,
ἀλλὰ καὶ βέβαιον εἶναι τότε μάλιστα τοῖς φίλοις
ἡνίχ᾽ ὠφελεῖν μάλιστα δυνατός ἐστιν εὐτυχῶν.
Ταῦτα μέν σε πρῶτ᾽ ἐπῆλθον, ἵνα σε πρῶθ᾽ εὗρον κακόν.
Ὡς δ᾽ ἐς Αὖλιν ἦλθες αὖθις χὠ Πανελλήνων στρατὸς 350
οὐρίας πομπῆς σπανίζων, Δαναΐδαι δ᾽ ἀφιέναι
ναῦς διήγγελλον, μάτην δὲ μὴ πονεῖν ἐν Αὐλίδι,
ὡς ἄνολβον εἶχες ὄμμα σύγχυσίν τ᾽, εἰ μὴ νεῶν
χιλίων ἄρχων τὸ Πριάμου πεδίον ἐμπλήσεις δορός.
Οὐδὲν ἦσθ᾽, ἀλλ᾽ ἐξεπλήσσου τῇ τύχῃ τῇ τῶν θεῶν · 355

NC. 349. Εὗρον, correction de Reiske pour εὗρος ou εὕρω. — 350. Musurus a corrigé la leçon ἦλθεν. — 353-354. Variantes : ὡ; δ' ἄνολβον (δ' est une addition de la seconde main dans le *Palatinus*) et εἶχες ὄνομα. Ensuite les manuscrits ont σύγχυσίν τε μὴ et τὸ Πριάμου τε πεδίον (ou Πριάμου τε πεδίον) ἐμπλήσας δορός. Nous avons adopté les corrections de Hartung. — 355. J'ai placé ici ce vers, qui se lisait entre les vers 350 et 354, où il interrompait la suite des idées. Dindorf avait proposé de l'insérer après le vers 352 et de retrancher 353 et 354. Nauck marque une lacune après 352, en écartant à la fois 355 et 353 sq., qui sont, suivant lui, des suppléments divers, ajoutés afin de compléter le texte mutilé.

idée est rendue par cette phrase de Tacite, *Annales*, 1, 3 : «Specie recusantis fla-«grantissime cupiverat. » — Τῷ δὲ βούλεσθαι θέλων, mais le désirant au fond du cœur. Quelques critiques, choqués de voir ici τῷ βούλεσθαι à côté de θέλων, ont proposé de changer le texte : bien à tort, suivant nous. La phrase τῷ βούλεσθαι θέλων dit, il est vrai, la même chose que τῷ ὄντι θέλων ; mais elle le dit d'une manière moins abstraite. On le sentira, en traduisant tout le vers ainsi : «En apparence, tu n'y aspirais point ; mais, à sonder ta volonté, tu le désirais.»

341. Διδοὺς πρόσρησιν ἑξῆς πᾶσι, donnant à tous, sans exception, l'occasion de t'aborder, en les saluant le premier et en t'arrêtant près d'eux.

342. Τὸ φιλότιμον, l'objet de ton ambition.— Ἐκ μέσου, « id quod propositum « in medio fuerat omnibus. » [Brodæus]

345. Δύσπροσιτος... σπάνιος, d'un abord difficile, et te rendant rare en t'enfermant dans ta maison.

349. Ταῦτα... ἵνα...., par cet endroit.... où....

353. Ἄνολβον εἶχες ὄμμα, tes yeux disaient combien tu étais malheureux.

ΙΦΙΓΕΝΕΙΑ Η ΕΝ ΑΥΛΙΔΙ.   345

κἀμὲ παρεκάλεις· τί δράσω; τίν' ἀπόρων εὕρω πόρον,
ὥστε μὴ στερέντας ἀρχῆς ἀπολέσαι καλὸν κλέος;
Κᾆτ' ἐπεὶ Κάλχας ἐν ἱεροῖς εἶπε σὴν θῦσαι κόρην
Ἀρτέμιδι καὶ πλοῦν ἔσεσθαι Δαναΐδαις, ἡσθεὶς φρένας
ἄσμενος θύσειν ὑπέστης παῖδα· καὶ πέμπεις ἑκὼν,   360
οὐ βίᾳ, μὴ τοῦτο λέξῃς, σῇ δάμαρτι, παῖδα σὴν
δεῦρ' ἀποστέλλειν, Ἀχιλλεῖ πρόφασιν ὡς γαμουμένην.
Κᾆθ' ὑποστρέψας λέληψαι μεταβαλὼν ἄλλας γραφὰς,
ὡς φονεὺς οὐκέτι θυγατρὸς σῆς ἔσει. Κάλλιστά γε.
Οὗτος αὐτός ἐστιν αἰθὴρ ὃς τάδ' ἤκουσεν σέθεν.   365
Μυρίοι δέ τοι πεπόνθασ' αὐτὸ πρὸς τὰ πράγματα·
ἐκπονοῦσ' ἑκόντες, εἶτα δ' ἐξεχώρησαν κακῶς,
τὰ μὲν ὑπὸ γνώμης πολιτῶν ἀσυνέτου, τὰ δ' ἐνδίκως
ἀδύνατοι γεγῶτες αὐτοὶ διαφυλάξασθαι πόλιν.
Ἑλλάδος μάλιστ' ἔγωγε τῆς ταλαιπώρου στένω,   370
ἢ θέλουσα δρᾶν τι κεδνὸν, βαρβάρους τοὺς οὐδένας

NC. 356. Les manuscrits ont τίνα δὲ πόρον εὕρω πόθεν; mais δὲ est ajouté par la seconde main du *Palatinus*. Nauck écrit : τίν' ἀπορῶν εὕρω πόρον. J'ai légèrement modifié cette belle conjecture. — 357. Στερέντας, correction de Markland pour στερέντα σ'. — 364. Κάλλιστά γε, belle correction de L. Dindorf pour μάλιστά γε — 365. Markland a corrigé la leçon οὗτος αὐτός. — 367. Ἑκόντες, correction de Canter pour ἔχοντες. — 370. Ce vers a été répété, avec une légère modification, par le poëte comique Eubulus, chez Athénée, XIII, p. 560 A.

356. Τίν' ἀπόρων εὕρω πόρον, quel remède puis-je trouver à ce qui est irremédiable? Cf. Eschyle, *Promethée*, 59 : Δεινὸς γὰρ εὑρεῖν κἀξ ἀμηχάνων πόρους. Euripide, chez Stobée, *Anthol.*, LXIII, 23 : Ἐν τοῖς ἀμηχάνοισιν εὐπορώτατον.
357. Στερέντας. Voy. sur le mélange du pluriel et du singulier de la première personne, *Hipp.* 244 et la note.
360-362. Πέμπεις.... ἀποστέλλειν, tu envoies l'ordre de faire partir. Cf. v. 117 sqq : Πέμπω σοι.... μὴ στέλλειν. — A entendre Agamemnon lui-même, v. 94 sqq., il s'était conduit tout autrement que le prétend ici son frère. Mais comme le malheureux père ne savait que résoudre, et changeait de dessein à chaque instant, ils peuvent être sincères l'un et l'autre en présentant les mêmes faits de deux manières différentes.

362. Πρόφασιν, sous prétexte. Cet accusatif adverbial se trouve en germe dans Homère. Cf. *Iliade*, XIX, 301 : Ἐπὶ δὲ στενάχοντα γυναῖκες, Πάτροκλον πρόφασιν, σφῶν δ' αὐτῶν κήδε' ἑκάστη.
363. Ὑποστρέψας, étant revenu sur ta résolution.—Δέληψαι, tu as été pris sur le fait.
367. Ἐκπονοῦσ' ἑκόντες, sous-entendu τὰ πράγματα (v. 366), ils se donnent volontairement beaucoup de peine pour arriver aux affaires.
368-369. Ἐνδίκως ἀδύνατοι, incapables, à les juger impartialement, c'est-à-dire réellement incapables. [Hermann.]
370. Ἑλλάδος.... στένω. Comparez, pour la construction, Homère, *Il.* VIII, 33 : Ἀλλ' ἔμπης Δαναῶν ὀλοφυρόμεθ' αἰχμητάων.
371. Τοὺς οὐδένας, *homines nullius pretii.* [Matthiæ.] Cf. *Androm.* 699 : Στρ-

346 ΙΦΙΓΕΝΕΙΑ Η ΕΝ ΑΥΛΙΔΙ.

καταγελῶντας ἐξανήσει διὰ σὲ καὶ τὴν σὴν κόρην.
Μηδέν' ἂν χρέους ἕκατι προστάτην θείμην χθονός,
μηδ' ὅπλων ἄρχοντα· νοῦν χρὴ τὸν στρατηλάτην ἔχειν
πόλεος· ὡς ἀρχῶν ἀνὴρ πᾶς, ξύνεσιν ἣν ἔχων τύχῃ. 375

ΧΟΡΟΣ.

Δεινὸν κασιγνήτοισι γίγνεσθαι λόγους
μάχας θ', ὅταν ποτ' ἐμπέσωσιν εἰς ἔριν.

ΑΓΑΜΕΜΝΩΝ.

Βούλομαί σ' εἰπεῖν κακῶς εὖ, βραχέα, μὴ λίαν ἄνω
βλέφαρα πρὸς τἀναιδὲς ἀγαγών, ἀλλὰ σωφρονεστέρως,
ὡς ἀδελφὸν ὄντ'· ἀνὴρ γὰρ χρηστὸς αἰδεῖσθαι φιλεῖ. 380
Εἰπέ μοι, τί δεινὰ φυσᾷς αἱματηρὸν ὄμμ' ἔχων;

NC. 372. Nauck demande s'il ne faudrait pas lire τὴν σὴν κάκην pour τὴν σὴν κόρην. — 373. Comme il y a μηδένα θείμην, et non οὐδένα θείμην, la particule ἂν est inadmissible. Χρέους (χρεους, *Palatinus*) ne donne pas de sens satisfaisant. La correction de ces mots est encore à trouver. — 375. Les manuscrits portent πόλεως· ὡς ἄρχων ἀνὴρ πᾶς, ξύνεσιν ἣν τυχὼν ἔχῃ. La correction de Grotius πόλεος rétablit le mètre. Mais les mots suivants n'offrent point de sens satisfaisant, à moins qu'on n'entende prêter à Ménélas le paradoxe des Stoïciens, que le sage seul est roi. J'ai écrit ἀρχῶν pour ἄρχων. — 376-377. Cités par Stobée, *Anthol.* LXXXIV, 3. — 378. La conjecture κακῶς αὖ est inutile. Ensuite les manuscrits de Stobée, *Anthol.* XXXI, 2, portent ἄνω; ceux d'Euripide : ἂν ὦ. — 379. Σωφρονεστέρως, leçon de Stobée. Les manuscrits d'Euripide ont, à ce qu'il paraît, σωφρονέστερος.— 380. On lit dans Stobée, *l. c.* : ἀνὴρ γὰρ χρηστὸς χρηστὸν αἰδεῖσθαι φιλεῖ, et dans les manuscrits d'Euripide : ἀνὴρ γὰρ αἰσχρός (ou αἰσχρῶς) οὐκ αἰδεῖσθαι φιλεῖ. Grotius a rétabli le texte.

νοὶ δ' ἐν ἀρχαῖς ἥμενοι κατὰ πτόλιν
Φρονοῦσι δήμου μεῖζον, ὄντες οὐδένες.

373. Les mots ἂν χρέους sont altérés. On demande ici l'idée de fortune ou de naissance. Ménélas doit dire qu'il ne voudrait pas confier le commandement à un homme à cause de l'un ou de l'autre de ces avantages.

375. Ὡς ἀρχῶν.... τύχῃ, car tout homme est suffisant (est capable de commander), dès qu'il a de l'intelligence.

376-377. Δεινὸν κασιγνήτοισι γίγνεσθαι λόγους μάχας τε équivaut ici a δεινόν ἐστιν, εἰ κασιγνήτοις γίγνονται λόγοι μάχαι τε, et le sens de ces deux vers, qui ne sont généralement pas bien expliqués, est : qu'entre frères, lorsqu'il leur arrive de se quereller, les altercations (λόγοι) et les luttes (μάχαι) sont plus terribles qu'entre étrangers. Cf. *Phénic.* 374 : Ὡς δεινὸν ἔχθρα, μῆτερ, οἰκείων φίλων Καὶ δυσλύτους ἔχουσα τὰς διαλλαγάς. — On remarquera que le chœur, qui reste calme entre les deux adversaires passionnés, parle en trimètres iambiques, et non en tétramètres trochaïques. Voy. ce que nous avons dit du caractère de ce dernier mètre dans la note sur le vers 317.

378-379. Βούλομαι σ' εἰπεῖν κακῶς εὖ, je veux te dire des injures, mais les dire convenablement. Il y a dans le grec une de ces alliances de mots qui sont familières à Euripide et aux autres tragiques. Cp. *Hipp.* 694 : Μὴ καλῶς εὐεργετεῖν. *Oreste*, 894 : Καλοὺς κακοὺς λόγους ἑλίσσων. Agamemnon explique ce qu'il entend par εὖ, en ajoutant βραχέα, μὴ λίαν κτέ. — Les mots ἄνω βλέφαρα πρὸς τἀναιδὲς ἀγαγών font penser à certains masques antiques.

ΙΦΙΓΕΝΕΙΑ Η ΕΝ ΑΥΛΙΔΙ.

τίς ἀδικεῖ σε; τοῦ κέχρησαι; λέκτρα χρήστ' ἐρᾷς
λαβεῖν;
οὐκ ἔχοιμ' ἄν σοι παρασχεῖν· ὧν γὰρ ἐκτήσω, κακῶς
ἦρχες. Εἶτ' ἐγὼ δίκην δῶ σῶν κακῶν, ὁ μὴ σφαλείς;
Ἢ δάκνει σε τὸ φιλότιμον τοὐμόν; Ἀλλ' ἐν ἀγκάλαις 385
εὐπρεπῆ γυναῖκα χρῄζεις, τὸ λελογισμένον παρεὶς
καὶ τὸ καλόν, ἔχειν; πονηροῦ φωτὸς ἡδοναὶ κακαί.
Εἰ δ' ἐγώ, γνοὺς πρόσθεν οὐκ εὖ, μετετέθην εὐβουλίᾳ,
μαίνομαι; σὺ μᾶλλον, ὅστις ἀπολέσας κακὸν λέχος
ἀναλαβεῖν θέλεις, θεοῦ σοι τὴν τύχην διδόντος εὖ. 390
Ὤμοσαν τὸν Τυνδάρειον ὅρκον οἱ κακόφρονες
φιλόγαμοι μνηστῆρες. Ἡ δέ γ' ἐλπίς, οἶμαι μέν, θεός,
κἀξέπραξεν αὐτὸ μᾶλλον ἢ σὺ καὶ τὸ σὸν σθένος.
Οὓς λαβὼν στράτευ'· ἕτοιμοι δ' εἰσὶ μωρίᾳ φρενῶν·
οὐ γὰρ ἀσύνετον τὸ θεῖον, ἀλλ' ἔχει συνιέναι
τοὺς κακῶς παγέντας ὅρκους καὶ συνηναγκασμένους. 395
Τἀμὰ δ' οὐκ ἀποκτενῶ 'γὼ τέκνα· κοὐ τὸ σὸν μὲν εὖ

NC. 382. La leçon λέκτρ' ἐρᾷς χρηστὰ λαβεῖν a été transposée par Heath.— 384. Δῶ σῶν est dû à Dawes. Les manuscrits portent, à ce qu'il paraît, δώσω. — 391. Nauck écrit ᾖγε δ' ἐλπίς, conjecture de Matthiæ plus séduisante que nécessaire. — 392. Variante mal autorisée = ἐξέπραξεν. — 393. Les manuscrits portent στράτευέ γ' (ou στράτευε) οἶμαι δ' εἴσῃ μωρίᾳ φρενῶν. J'ai adopté, avec Nauck, la correction de l'éditeur de Cambridge. — 394. Ce vers, qui manque dans les manuscrits d'Euripide, est fourni par Théophile, ad *Autolycum*, II, 54, et par Stobée, *Anthol.*, XXVIII, 10. — 395. Chez les auteurs cités on lit κατηναγκασμένους. — 396. Κοὐ τὸ σόν, correction de Lenting, pour καὶ τὸ σόν.

384. Ennius, fr. VI Ribbeck : « Ego « projector, quod tu peccas : tu delin- « quis, ego arguor? » .

386-387. Εὐπρεπῆ, de belle apparence, est opposé à τὸ καλόν, le beau, ou, comme nous dirions, l'honneur. Un philosophe n'aurait pas mieux dit. — Πονηροῦ.... κακαί, des plaisirs honteux sont la marque d'un homme sans valeur. La traduction « un homme sans valeur a des plaisirs honteux » serait contraire à la marche des idées.

391. Κακόφρονες veut dire ici : « mal avisés, imprudents. »

392-393. Ἡ δέ γ' ἐλπίς.... σθένος, l'es-péranco est une déesse, ce me semble ; et c'est elle, bien plus que toi et ta puissance, qui obtint ce serment. En parlant ainsi, Agamemnon semble supposer que Ménélas était déjà sûr d'être le prétendant préféré, avant que fussent prêtés les serments. Cp. d'ailleurs v. 57 sqq.

394-395. Οὐ γὰρ.... συνηναγκασμένους. Cette phrase explique les mots μωρίᾳ φρενῶν, v. 393. Agamemnon dit que les prétendants, s'ils étaient sensés, ne se croiraient pas liés par des serments dont les dieux n'exigent pas l'observation.

396. Τὸ σόν, ce qui te regarde, ta situation. — Voici comment Ennius a rendu

ΙΦΙΓΕΝΕΙΑ Η ΕΝ ΑΥΛΙΔΙ.

παρὰ δίκην ἔσται κακίστης εὔνιδος τιμωρία,
ἐμὲ δὲ συντήξουσι νύκτες ἡμέραι τε δακρύοις,
ἄνομα δρῶντα κοὐ δίκαια παῖδας οὓς ἐγεινάμην.
Ταῦτά σοι βραχέα λέλεκται καὶ σαφῆ καὶ ῥᾴδια· 400
εἰ δὲ μὴ βούλει φρονεῖν σύ, τἄμ' ἐγὼ θήσω καλῶς.

ΧΟΡΟΣ.

Οἵδ' αὖ διάφοροι τῶν πάρος λελεγμένων
μύθων, καλῶς δ' ἔχουσι, φείδεσθαι τέκνων.

ΜΕΝΕΛΑΟΣ.

Αἰαῖ, φίλους ἄρ' οὐχὶ κεκτήμην τάλας;

ΑΓΑΜΕΜΝΩΝ.

Εἰ τοὺς φίλους γε μὴ θέλεις ἀπολλύναι. 405

ΜΕΝΕΛΑΟΣ.

Δείξεις δὲ ποῦ μοι πατρὸς ἐκ ταὐτοῦ γεγώς;

ΑΓΑΜΕΜΝΩΝ.

Συνσωφρονεῖν σοι βούλομ', ἀλλ' οὐ συννοσεῖν.

ΜΕΝΕΛΑΟΣ.

Ἐς κοινὸν ἀλγεῖν τοῖς φίλοισι χρὴ φίλους.

ΑΓΑΜΕΜΝΩΝ.

Εὖ δρῶν παρακάλει μ', ἀλλὰ μὴ λυπῶν ἐμέ.

NC. 397. La leçon πέρα δίκης a été corrigée par Porson ; εὐνίδος par Nauck ; τιμωρία par Musgrave. — 404. Les manuscrits ont φρονεῖν εὖ. J'ai adopté la conjecture de Markland φρονεῖν σύ, exigée, ce me semble, par l'antithèse. — 404. Heath écrit οὐκ ἐκεκτήμην. — J'ai rétabli le point d'interrogation à la fin de ce vers, pour que la réponse d'Agamemnon fût intelligible. — 407. Βούλομ', ἀλλ' οὐ. Comme la diphthongue de la désinence μαι ne s'élide pas chez les tragiques, on a proposé βουλόμεσθ', οὐ (Fix) et βούλομαι κοὐ (Nauck). — Plutarque, *De discr. adul. et amic.*, p. 64 C., cite : συσσωφρονεῖν γάρ, οὐχὶ συννοσεῖν ἔφυ. Il aura confondu le vers d'Euripide avec celui de Sophocle, *Antig.* 523 : Οὔτοι συνέχθειν, ἀλλὰ συμφιλεῖν ἔφυν. (Observation de Fix.)

ce passage : « Pro malefactis Helena redeat, virgo pereat innocens? Tua reconcilietur uxor, mea necetur filia? » Ces vers latins suivaient celui que nous avons cité à propos du vers 394.
398. Ἐμὲ δὲ συντήξουσι. Cf. *Médée*, 25 et la note.
399. Παῖδας. Il ne s'agit que d'Iphigénie. Mais le pluriel généralise. Cp. la note sur *Médée*, 823.
404. Φίλους ἄρ' οὐχὶ κεκτήμην; Nous disons : « N'ai-je donc pas d'amis? » Les Grecs disaient : « N'avais-je donc pas d'amis? » c'est-à-dire : « Me trompais-je quand je croyais avoir des amis? »
405. Sous-entendez : « Tu as des amis. » La particule γε indique une réponse affirmative (cf. 326) ; mais si on mettait (avec la plupart des éditeurs) un point à la fin du vers précédent, Agamemnon affirmerait que son frère n'a pas d'amis.
406. Δείξεις γεγώς. Cf. *Medee*, 548.
407. Cp. NC. et le vers de Sophocle que nous y avons cité.

ΙΦΙΓΕΝΕΙΑ Η ΕΝ ΑΥΛΙΔΙ. 349

ΜΕΝΕΛΑΟΣ.

Οὐκ ἄρα δοκεῖ σοι τάδε πονεῖν σὺν Ἑλλάδι;   410

ΑΓΑΜΕΜΝΩΝ.

Ἑλλὰς δὲ σὺν σοὶ κατὰ θεὸν νοσεῖ τινα.

ΜΕΝΕΛΑΟΣ.

Σκήπτρῳ νῦν αὔχει, σὸν κασίγνητον προδούς.
Ἐγὼ δ' ἐπ' ἄλλας εἶμι μηχανάς τινας,
φίλους τ' ἐπ' ἄλλους.

ΑΓΓΕΛΟΣ.

Ὦ Πανελλήνων ἄναξ,
Ἀγάμεμνον, ἥκω παῖδά σοι τὴν σὴν ἄγων,   415
ἣν Ἰφιγένειαν ὠνόμαζες ἐν δόμοις.
Μήτηρ δ' ὁμαρτεῖ, σῆς Κλυταιμνήστρας δέμας,
καὶ παῖς Ὀρέστης, ᾧ γε τερφθείης ἰδών,
χρόνον παλαιὸν δωμάτων ἔκδημος ὤν.
Ἀλλ' ὡς μακρὰν ἔτεινον, εὔρυτον παρὰ   420

NC. 412. Αὔχει, correction de Tyrwhitt pour αὐχεῖς. — 413-414. L. Dindorf a essayé de prouver que ces vers ne pouvaient être d'Euripide, mais qu'ils avaient été insérés par un versificateur maladroit, afin de combler une lacune du texte. G. Dindorf, Kirchhoff et Nauck partagent cette opinion. Hermann a défendu l'authenticité de ce morceau; et nous croyons, avec Fix, Hartung, Klotz et d'autres, que Hermann était dans le vrai. Le messager dit ce qu'il doit dire, et il le dit en fort bons termes. Il croit réjouir Agamemnon, et il ne prononce pas un mot qui ne perce le cœur du roi. Les objections qu'on a faites contre son discours sont mal fondées, ou portent sur des erreurs de copiste. — 416. La leçon ὠνόμαζες, a été corrigée par Markland. L'ancienne vulgate ὠνόμασάς ποτ' vient de l'édition Aldine. — 417. Elmsley a proposé : σῇ Κλυταιμνήστρᾳ δάμαρ. — 418. La leçon ὥστε τερφθείης est vicieuse : elle demanderait l'addition de la particule ἄν. On a conjecturé ὥς τι et ὥς σύ. J'ai écrit ᾧ γε.

414. Il arrive rarement dans la tragédie grecque qu'un personnage qui entre en scène débute par la seconde partie d'un trimètre. Mais ce n'est pas là une raison pour suspecter ce morceau. Le poëte a fait mieux ressortir ainsi ce qu'il y a d'imprévu dans l'intervention du messager. Un coup de théâtre analogue donne lieu, dans le *Philoctète* de Sophocle, au même arrangement métrique: Hermann l'a rappelé à propos. Au vers 956, Néoptolème, qui ne sait que résoudre, demande τί δρῶμεν ἄνδρες; Dans ce moment, Ulysse se montre tout à coup et achève le vers commencé, en disant:

Ὦ κάκιστ' ἀνδρῶν, τί δρᾷς; Voy. aussi la note sur le vers 1368 de notre tragédie.

418. Ὦ γε τερφθείης ἰδών, afin que tu te réjouisses de sa vue. C'est dans cette intention que Clytemnestre amène le fils unique d'Agamemnon. Le motif du poëte se verra aux vers 1241 sqq.

420-421. Εὔρυτον παρὰ κρήνην.... βάσιν. Ceci ne veut pas dire, comme on l'a pensé, que Clytemnestre et sa fille mettent les pieds dans l'eau d'un ruisseau pour se rafraîchir. Il ne faut pas donner une chose déraisonnable pour « un détail naïf des mœurs antiques. » Les femmes prennent

ΙΦΙΓΕΝΕΙΑ Η ΕΝ ΑΥΛΙΔΙ.

κρήνην ἀναψύχουσι θηλύπουν βάσιν,
αὐταί τε πῶλοί τ'· εἰς δὲ λειμώνων χλόην
καθεῖμεν αὐτὰς, ὡς βορᾶς γευσαίατο.
Ἐγὼ δὲ πρόδρομος σῆς παρασκευῆς χάριν
ἥκω. Πέπυσται δὲ στρατὸς, ταχεῖα γὰρ   425
διῇξε φήμη, παῖδα σὴν ἀφιγμένην.
Πᾶς δ' εἰς θέαν ὅμιλος ἔρχεται δρόμῳ,
σὴν παῖδ' ὅπως ἴδωσιν· οἱ δ' εὐδαίμονες
ἐν πᾶσι κλεινοὶ καὶ περίβλεπτοι βροτοῖς.
Λέγουσι δ'· ὑμέναιός τις ἢ τί πράσσεται;   430
ἢ πόθον ἔχων θυγατρὸς Ἀγαμέμνων ἄναξ
ἐκόμισε παῖδα; Τῶν δ' ἂν ἤκουσας τάδε·
Ἀρτέμιδι προτελίζουσι τὴν νεάνιδα,
Αὐλίδος ἀνάσσῃ· τίς νιν ἄξεταί ποτε;
Ἀλλ' εἶα, τἀπὶ τοισίδ' ἐξάρχου κανᾶ,   435
στεφανοῦσθε κρᾶτα, καὶ σὺ, Μενέλεως ἄναξ,
ὑμέναιον εὐτρέπιζε, καὶ κατὰ στέγας
λωτὸς βοάσθω καὶ ποδῶν ἔστω κτύπος·

NC. 422. Πῶλοι τ', correction de Markland pour πῶλοί γ'. — 425. Les manuscrits portent : πέπυσται γὰρ στρατὸς, ταχεῖα γὰρ (*Florentinus*), ou ταχεῖα ἂν, changé en ταχεῖα δὲ par la seconde main (*Palatinus*). J'ai suivi Hartung.

le frais *près* d'une fontaine, παρὰ κρήνην (et non ἐν κρήνῃ); fatiguées d'avoir longtemps voyagé en voiture, elles se reposent, et comme cette fatigue se fait surtout sentir dans les jambes, le poëte dit : ἀναψύχουσι θηλύπουν βάσιν pour ἀναψύχουσιν ἑαυτάς. C'est ainsi qu'on lit dans *Hipp.*, v. 661 : σὺν πατρὸς μολὼν ποδί pour σὺν πατρὶ μολών, et dans l'*Électre* de Sophocle, v. 1104, ἡμῶν κοινόπουν παρουσίαν pour ἡμῶν κοινὴν παρουσίαν.
424. Σῆς παρασκευῆς χάριν, afin que tu aies le temps de faire les préparatifs nécessaires à la réception des princesses.
425-426. Les mots παῖδα σὴν ἀφιγμένην dépendent de στρατὸς πέπυσται.
429. Ἐν πᾶσι κλεινοὶ..... βροτοῖς, (sont) illustres entre tous les mortels, *inter omnes mortales*.
433. Προτελίζουσι τὴν νεάνιδα. Avant de marier une fille, on avait l'habitude

d'offrir un sacrifice à Junon ou à Diane; parmi d'autres cérémonies, la jeune fille offrait alors une boucle de ses cheveux à la déesse. Cette fête s'appelait προγάμια ou προτέλεια (on donnait le nom de τέλος au mariage même), et l'action de présenter la fiancée devant l'autel se disait προτελίζειν. Voy. Pollux, III, 38 et Hésychius, article Προτέλεια. Cp. aussi v. 718 et v. 1110 sqq.
435. Ἐξάρχου κανᾶ, prépare la cérémonie, en mettant dans les corbeilles l'orge sacrée et les autres objets nécessaires au sacrifice. Cp. v. 1471 sq.
436-438. Ménélas, comme proche parent et comme paranymphe, doit prendre les mesures nécessaires pour que le chant nuptial (ὑμέναιος) et les danses aient lieu suivant la coutume. [Klotz.]
438. Λωτός. Le bois du lotus de Libye servait à faire des flûtes. Cf. v. 1036.

ΙΦΙΓΕΝΕΙΑ Η ΕΝ ΑΥΛΙΔΙ. 351

φῶς γὰρ τόδ' ἥκει μακάριον τῇ παρθένῳ.

ΑΓΑΜΕΜΝΩΝ.

Ἐπῄνεσ', ἀλλὰ στεῖχε δωμάτων ἔσω· 440
τὰ δ' ἄλλ' ἰούσης τῆς τύχης ἔσται καλῶς.
Οἴμοι, τί φῶ δύστηνος; ἄρξομαι πόθεν;
Εἰς οἷ' ἀνάγκης ζεύγματ' ἐμπεπτώκαμεν.
Ὑπῆλθε δαίμων, ὥστε τῶν σοφισμάτων
πολλῷ γενέσθαι τῶν ἐμῶν σοφώτερος. 445
Ἡ δυσγένεια δ' ὡς ἔχει τι χρήσιμον.
Καὶ γὰρ δακρῦσαι ῥᾳδίως αὐτοῖς ἔχει,
ἅπαντά τ' εἰπεῖν· τῷ δὲ γενναίῳ φύσιν
ἄνολβα ταῦτα· προστάτην δὲ τοῦ βίου
τὸν ὄγκον ἔχομεν τῷ τ' ὄχλῳ δουλεύομεν. 450
Ἐγὼ γὰρ ἐκβαλεῖν μὲν αἰδοῦμαι δάκρυ,
τὸ μὴ δακρῦσαι δ' αὖθις αἰδοῦμαι τάλας,
εἰς τὰς μεγίστας συμφορὰς ἀφιγμένος.
Εἶεν, τί φήσω πρὸς δάμαρτα τὴν ἐμήν;
πῶς δέξομαί νιν; ποῖον ὄμμα συμβαλῶ; 455

NC. 442. Il faut peut-être lire ἄρξωμαι, conjecture de Burges. — Πόθεν, correction de Grotius pour σέθεν. — 448-449. Dans les manuscrits, le premier de ces vers commence par ἄνολβά, le second par ἅπαντα. La transposition est due à Musgrave. — 450. Τὸν ὄγκον ἔχομεν, leçon de Plutarque, *Nicias*, V. Les manuscrits d'Euripide portent τὸν δῆμον ἔχομεν. — 452. Le verbe αἰδοῦμαι est probablement répété par erreur. Dobrée a proposé αὖθις οὐ σθένω τάλας. — 455. Variante : συμβάλω.

440. Ἐπῄνεσ(α), c'est bien. Quant à l'aoriste, cp. ᾤκτισα, v. 462; ἀπέπτυσα, *Hipp.* 614; ᾤμωξα, *Méd.* 791, avec la note. — Ἰούσης τῆς τύχης, *cursum suum persequente fortuna*. [Hermann.]
443. Εἰς οἷ' ἀνάγκης ζεύγματ' ἐμπεπτώκαμεν. Eschyle avait dit, en parlant des mêmes faits : Ἐπεὶ δ' ἀνάγκας ἔδυ λέπαδνον (*Agam.* v. 278).
441. Ὑπῆλθε δαίμων, un dieu m'a tendu un piège. Cp. v. 67.
447. Αὐτοῖς. Ce pronom se rapporte à δυσγενεῖς, mot dont l'idée est contenue dans δυσγένεια (v. 446). C'est ainsi que dans *Hécube*, v. 22 sqq., il faut tirer de l'adjectif πατρῷα l'idée de πατήρ. — Passage correspondant d'Ennius (fr. VII Ribbeck) : « Plebes in hoc regi antistat loco : « licet Lacrumare plebi, regi honeste non « licet. »
449. Ἄνολβα ταῦτα, ces choses ne conviennent pas à sa haute fortune.
450. Τὸν ὄγκον, la grandeur, les bienséances attachées à une position élevée.
452. Τὸ μὴ δακρῦσαι... αἰδοῦμαι. D'après cette leçon, Agamemnon dirait qu'il rougit de ne pas pleurer, de paraître insensible à un si grand malheur. Mais ce serait là parler en homme sans cœur. Agamemnon doit dire que, si d'un côté il rougit de pleurer (v. 451), de l'autre côté, il n'a pas la force de retenir ses larmes. Voy. NC.
455. Ποῖον ὄμμα συμβαλῶ; comment

Καὶ γάρ μ' ἀπώλεσ' ἐπὶ κακοῖς ἅ μοι πάρα
ἐλθοῦσ' ἄκλητος. Εἰκότως δ' ἅμ' ἕσπετο
θυγατρὶ νυμφεύσουσα καὶ τὰ φίλτατα
Δώσουσ', ἵν' ἡμᾶς ὄντας εὑρήσει κακούς.
Τὴν δ' αὖ τάλαιναν παρθένον, τί παρθένον;   460
Ἅιδης νιν ὡς ἔοικε νυμφεύσει τάχα,
ὡς ᾤκτισ'· οἶμαι γάρ νιν ἱκετεύσειν τάδε·
Ὦ πάτερ, ἀποκτενεῖς με; τοιούτους γάμους
γήμειας αὐτὸς χὥστις ἐστί σοι φίλος.
Παρὼν δ' Ὀρέστης ἐγγὺς ἀναβοήσεται   465
εὐσύνετ' ἀσυνέτως· ἔτι γάρ ἐστι νήπιος.
Αἰαῖ, τὸν Ἑλένης ὥς μ' ἀπώλεσεν γάμον
γήμας ὁ Πριάμου Πάρις, ὃ μ' εἴργασται τάδε.

ΧΟΡΟΣ.

Κἀγὼ κατῴκτειρ', ὡς γυναῖκα δεῖ ξένην
ὑπὲρ τυράννων συμφορᾶς καταστένειν.   470

ΜΕΝΕΛΑΟΣ.

Ἀδελφὲ, δός μοι δεξιᾶς τῆς σῆς θιγεῖν.

ΑΓΑΜΕΜΝΩΝ.

Δίδωμι· σὸν γὰρ τὸ κράτος, ἄθλιος δ' ἐγώ.

ΜΕΝΕΛΑΟΣ.

Πέλοπα κατόμνυμ', ὃς πατὴρ τοὐμοῦ πατρὸς
τοῦ σοῦ τ' ἐκλήθη, τὸν τεκόντα τ' Ἀτρέα,

NC. 456. Πάρα. Dans le *Palatinus* πάρος est changé par la première main en πκρά. — 458. Markland a corrigé la leçon νυμφεύουσα. — 462. La leçon ἱκετεῦσαι a été corrigée par Markland. — 466. On lisait οὐ σύνετα συνετῶς, ce qui était étrange, parce que les mots ἔτι γάρ ἐστι νήπιος semblaient porter sur συνετῶς. Les éditeurs auraient dû adopter l'excellente conjecture de Musgrave : εὐσύνετ' ἀσυνέτως. — 468. Les manuscrits portent ὅς μ' εἴργασται. Markland a proposé ὅς εἴργασται ou ὅ μ' εἴργασται. Hartung retranche ce vers.

---

rencontrer son regard? Ὄμμα συμβάλλειν est dit d'après l'analogie de συμβάλλειν δεξιᾶς, συμβάλλειν λόγους.

460-462. Τὴν.... παρθένον est le régime de ᾤκτισ(α). Les mots τί παρθένον.... τάχα forment une parenthèse. — Ἅιδης νιν.... νυμφεύσει. On compare *Oreste*, 1109 : Ἅιδην νυμφίον κεκτημένη, et Soph. *Antig.* 815 : Οὔτ' ἐπινύμφειός

πώ με τις ὕμνος ὕμνησεν, ἀλλ' Ἀχέροντι νυμφεύσω.

465-466. Ἀναβοήσεται εὐσύνετ' ἀσυνέτως.... νήπιος. Ils n'auront qu'un sens trop intelligible pour le cœur d'un père, les cris qu'Oreste poussera sans savoir ce qu'il fait (ἀσυνέτως) : car il est encore un petit enfant. (Cp. v. 1245.)

468. Ὅ, ce qui, c'est-à-dire : rapt, qui,

ΙΦΙΓΕΝΕΙΑ Η ΕΝ ΑΥΛΙΔΙ.

ἦ μὴν ἐρεῖν σοι τἀπὸ καρδίας σαφῶς 475
καὶ μὴ 'πίτηδες μηδὲν ἀλλ' ὅσον φρονῶ.
Ἐγώ σ' ἀπ' ὄσσων ἐκβαλόντ' ἰδὼν δάκρυ
ᾤκτειρα καὐτὸς ἀνταφῆκά σοι πάλιν
καὶ τῶν παλαιῶν ἐξαφίσταμαι λόγων,
οὐκ εἰς σὲ δεινός· εἰμι δ' οὖπερ εἶ σὺ νῦν· 480
καί σοι παραινῶ μήτ' ἀποκτείνειν τέκνον
μήτ' ἀνθελέσθαι τοὐμόν. Οὐ γὰρ ἔνδικον
σὲ μὲν στενάζειν, τἀμὰ δ' ἡδέως ἔχειν,
θνῄσκειν τε τοὺς σοὺς, τοὺς δ' ἐμοὺς ὁρᾶν φάος.
Τί βούλομαι γάρ; οὐ γάμους ἐξαιρέτους 485
ἄλλους λάβοιμ' ἄν, εἰ γάμων ἱμείρομαι;
Ἀλλ' ἀπολέσας ἀδελφὸν, ὅν μ' ἥκιστ' ἐχρῆν,
Ἑλένην ἕλωμαι, τὸ κακὸν ἀντὶ τἀγαθοῦ;
ἄφρων νέος τ' ἦν, πρὶν τὰ πράγματ' ἐγγύθεν
σκοπῶν ἐσεῖδον οἷον ἦν κτείνειν τέκνα. 490
Ἄλλως τέ μ' ἔλεος τῆς ταλαιπώρου κόρης
ἐσῆλθε, συγγένειαν ἐννοουμένῳ,
ἣ τῶν ἐμῶν ἕκατι θύεσθαι γάμων
μέλλει. Τί δ' Ἑλένης παρθένῳ τῇ σῇ μέτα;
Ἴτω στρατεία διαλυθεῖσ' ἐξ Αὐλίδος, 495
σὺ δ' ὄμμα παῦσαι δακρύοις τέγγων τὸ σόν,
ἀδελφέ, κἀμὲ παρακαλῶν εἰς δάκρυα.
Εἰ δέ τι κόρης μοι θεσφάτων μέτεστι σῆς,

NC. 480. Peut-être εἰμι δ' οὖπερ εἶ. [Kirchhoff] — 489. Lenting a corrigé la leçon πρίν· τὰ πράγματα δ' ἐγγύθεν. — 495. La leçon στρατιά a été rectifiée par Barnes.—498. Les manuscrits portent εἰ δέ τι κόρης σῆς θεσφάτων μέτεστί σοι. Hermann et les derniers éditeurs sont revenus à cette leçon, en écrivant au vers suivant μὴ 'μοί, et en cherchant à éluder le sens du verbe μετεῖναι. Il me semble évident qu'il faut μέτεστί μοι, correction de Markland, ou, mieux encore : εἰ δέ τι κόρης μοι θεσφάτων μέτεστί σῆς. On avait, sans doute, écrit σῆς au-dessus de μοι, et μοι au-dessus de σῆς. De là l'erreur des copistes.

480. Εἶμι δ' οὖπερ εἶ σὺ νῦν, je me mets à ta place, j'entre dans tes sentiments.

482. Τοὐμόν, mon intérêt.

489. Νέος, jeune, c'est-à-dire sans expérience et sans réflexion. Cf. Παπαῖ, νέος καὶ σκαιός· οἷό; ἐστ' ἀνήρ. (Fragment de la *Ménalippe* d'Euripide, chez Stobée, *Anthol.* LII, 3.)

491-492. Le datif ἐννοουμένῳ est amené après l'accusatif μ(ε), parce que ἔλεός μ' εἰσῆλθε équivaut à ἔλεός μοι ἐγένετο. Cp. *Médée* 57 sq., avec la note.

498-499. Εἰ δέ τι.... τοὐμὸν μέρος. Si

23

ΙΦΙΓΕΝΕΙΑ Η ΕΝ ΑΥΛΙΔΙ.

μή μοι μετέστω· σοὶ νέμω τοὐμὸν μέρος.
Ἀλλ' εἰς μεταβολὰς ἦλθον ἀπὸ δεινῶν λόγων; 500
εἰκὸς πέπονθα· τὸν ὁμόθεν πεφυκότα
στέργων μετέπεσον. Ἀνδρὸς οὐ κακοῦ τρόποι
τοιοίδε, χρῆσθαι τοῖσι βελτίστοις ἀεί.

ΧΟΡΟΣ.

Γενναῖ' ἔλεξας Ταντάλῳ τε τῷ Διὸς
πρέποντα· προγόνους οὐ καταισχύνεις σέθεν. 505

ΑΓΑΜΕΜΝΩΝ.

Αἰνῶ σε, Μενέλεως, ὅτι παρὰ γνώμην ἐμὴν
ὑπέθηκας ὀρθῶς τοὺς λόγους σοῦ τ' ἀξίως.
Ταραχὴ δ' ἀδελφῶν διά τ' ἔρωτα γίγνεται
πλεονεξίαν τε δωμάτων· ἀπέπτυσα
τοιάνδε συγγένειαν ἀλλήλοιν πικράν. 510
Ἀλλ' ἥκομεν γὰρ εἰς ἀναγκαίας τύχας,
θυγατρὸς αἱματηρὸν ἐκπρᾶξαι φόνον.

ΜΕΝΕΛΑΟΣ.

Πῶς; τίς δ' ἀναγκάσει σε τήν γε σὴν κτανεῖν;

NC. 500. J'ai mis un point d'interrogation après λόγων. — 506. Barnes a corrigé la leçon Μενέλαος. — 508-510. Ces vers étaient autrefois attribués à Ménélas. Hermann les a donnés à Agamemnon. Boeckh, Matthiæ, Dindorf et d'autres les considèrent comme interpolés, et cette opinion est fort plausible. — 508. La leçon ταραχή γ' ἀδελφῶν γε (ou ἀδελφῶν τις) δι' ἔρωτα γίνεται a été corrigée par Hermann et Dobree.

j'ai une part dans l'oracle relatif à ta fille, (c'est-à-dire : si j'ai quelque droit d'en réclamer l'exécution), je renonce à cette part (à ce droit), et je te la cède.
500. Ἀλλ' εἰς μεταβολὰς ἦλθον, mais (dira-t-on), j'ai changé d'avis? Ἀλλά marquant ici une objection, il est conforme à l'usage que la phrase qui contient cette objection (ἀλλ' εἰς.... λόγων), et celle qui y répond (εἰκὸς πέπονθα) se suivent sans liaison. Cf. *Hipp.* 966 et 1013. C'est à tort que quelques critiques ont voulu corriger le texte (Hermann), ou retrancher les quatre vers 500-503 (Dindorf).
502-503. Τρόποι. Hartung pense qu'il y a ici un jeu de mots, et que le poëte fait allusion au sens étymologique de τρόπος, mot qui vient de τρέπειν, tourner. —

Χρῆσθαι τοῖσι βελτίστοις ἀεί, choisir toujours ce qu'il y a de meilleur dans la circonstance. Ἀεί veut dire « chaque fois. »
507. Ὑπέθηκας τοὺς λόγους. Ces mots semblent signifier ici : « Tu as substitué ce discours à celui que tu avais tenu auparavant. » Il est vrai que nous ne trouvons pas d'autre exemple de ὑποτιθέναι équivalant au latin *substituere*. On peut comparer toutefois Platon, *Philèbe*, p. 19 A : Τοῦ λόγου διάδοχον ὑποστάντα.
508-510. Allusion à l'inimitié d'Atrée et de Thyeste, dont les querelles avaient eu pour cause l'amour et l'ambition. Ces trois vers forment une espèce de parenthèse, dont, à la vérité, on se passerait volontiers. Les vers 511 sq. se rattachent aux vers 506 sq.

ΑΓΑΜΕΜΝΩΝ.
Ἅπας Ἀχαιῶν σύλλογος στρατεύματος.
ΜΕΝΕΛΑΟΣ.
Οὐκ, ἤν νιν εἰς Ἄργος γ' ἀποστείλῃς πάλιν.   515
ΑΓΑΜΕΜΝΩΝ.
Λάθοιμι τοῦτ' ἄν· ἀλλ' ἐκεῖν' οὐ λήσομεν.
ΜΕΝΕΛΑΟΣ.
Τὸ ποῖον; οὔτοι χρὴ λίαν ταρβεῖν ὄχλον.
ΑΓΑΜΕΜΝΩΝ.
Κάλχας ἐρεῖ μαντεύματ' Ἀργείων στρατῷ.
ΜΕΝΕΛΑΟΣ.
Οὐκ, ἢν θάνῃ γε πρόσθε· τοῦτο δ' εὐμαρές.
ΑΓΑΜΕΜΝΩΝ.
Τὸ μαντικὸν πᾶν σπέρμα φιλότιμον κακόν.   520
ΜΕΝΕΛΑΟΣ.
Κοὐδέν γε χρηστὸν οὐδὲ χρήσιμον παρόν.
ΑΓΑΜΕΜΝΩΝ.
Ἐκεῖνο δ' οὐ δέδοικας οὔμ' εἰσέρχεται;
ΜΕΝΕΛΑΟΣ.
Ὃ μὴ σὺ φράζεις, πῶς ἂν ὑπολάβοιμ' ἔπος;
ΑΓΑΜΕΜΝΩΝ.
Τὸ Σισύφειον σπέρμα πάντ' οἶδεν τάδε.

NC. 515. Les manuscrits portent : οὐκ, ἢν (εἰ par correction) νιν εἰς ἄργος (ου ἄργος γ') ἀποστελεῖς πάλιν. Markland a rétabli le subjonctif de l'aoriste. — 510. Hermann et d'autres critiques écrivent σανῇ pour θάνῃ, et cette conjecture ne laisse pas d'être plausible. Cependant, le mot παρόν au vers 521 semble venir à l'appui de la leçon θάνῃ. Les héros d'Euripide sont peu scrupuleux dans le choix des moyens ; ils ne voient que le but à atteindre. — 521. Canter a corrigé la leçon κοὐδέν γ' ἄχρηστον. Ce dernier mot est probablement une glose explicative de κοὐδέν γε χρηστόν. — 522. La leçon ὅ μ' (ou ὅτι μ') εἰσέρχεται a été corrigée par Markland. — 523. Les manuscrits portent : ὃν μὴ σὺ φράζεις, πῶς ὑπολάβοιμεν λόγον. Markland et d'autres écrivent πῶς ὑπολάβοιμ' ἂν λόγον, ce qui donne un vers très-dur. J'ai adopté l'élégante correction de Heimsœth (*Kritische Studien*, 1, p. 209).

515. Νιν se rapporte à Iphigénie, désignée par τὴν σήν, au vers 513.
520. Φιλότιμον κακόν. Ici κακόν joue le rôle d'un substantif. — On a rapproché de ce vers le mot de Créon chez Sophocle,

Antig. 1010 : Τὸ μαντικὸν γὰρ πᾶν φιλάργυρον γένος.
521. Κοὐδέν γε.... παρόν, et sa présence n'est bonne, n'est utile à rien.
524 Τὸ Σισύφειον σπέρμα, Ulysse. Cf.

ΜΕΝΕΛΑΟΣ.

Οὐκ ἔστ' Ὀδυσσεὺς ὅ τι σὲ κἀμὲ πημανεῖ.   525

ΑΓΑΜΕΜΝΩΝ.

Ποικίλος ἀεὶ πέφυκε τοῦ τ' ὄχλου μέτα.

ΜΕΝΕΛΑΟΣ.

Φιλοτιμίᾳ μὲν ἐνέχεται, δεινῷ κακῷ.

ΑΓΑΜΕΜΝΩΝ.

Οὔκουν δόκει νιν στάντ' ἐν Ἀργείοις μέσοις
λέξειν ἃ Κάλχας θέσφατ' ἐξηγήσατο,
κἄμ' ὡς ὑπέστην θῦμα, κᾆτα ψεύδομαι,   530
Ἀρτέμιδι θύσειν· ὃς ξυναρπάσας στρατὸν,
σὲ κἄμ' ἀποκτείναντας Ἀργείους κόρην
σφάξαι κελεύσει. Κἂν πρὸς Ἄργος ἐκφύγω,
ἐλθόντες αὐτοῖς τείχεσιν Κυκλωπίοις
ἀνασπάσουσι καὶ κατασκάψουσι γῆν.   535
Τοιαῦτα τἀμὰ πήματ'. Ὦ τάλας ἐγὼ,
ὡς ἠπόρημαι πρὸς θεῶν τὰ νῦν τάδε.
Ἕν μοι φύλαξον, Μενέλεως, ἀνὰ στρατὸν
ἐλθὼν, ὅπως ἂν μὴ Κλυταιμνήστρα τάδε
μάθῃ, πρὶν Ἅιδῃ παῖδ' ἐμὴν προσθῶ λαβὼν,   540

NC. 526. La leçon τοῦ γ' ὄχλου μέτα a été corrigée par Reiske. — 528. Le *Palatinus* donne δόκει νῦν. Musgrave voulait οὔκουν δοκεῖς νιν... Si οὔκουν ne peut être suivi d'un impératif, on peut écrire τοιγὰρ δόκει νιν. — 531. Nauck demande s'il ne faudrait pas écrire ὡς pour ὅς. — 535. La leçon ξυναρπάσουσι provient du vers 534. J'ai adopté la conjecture de Markland ἀνασπάσουσι. — 537. On a proposé ἡπάτημαι (Hartung) et ἠμπόλημαι (Kirchhoff) pour ἠπόρημαι.

v. 1362, Soph. *Ajax*, 190, et passim. Homère ne fait aucune allusion au bruit injurieux suivant lequel Anticlée, la mère d'Ulysse, se serait livrée à Sisyphe avant d'épouser Laerte.

526. Τοῦ τ' ὄχλου μέτα. Les meilleurs commentaires de ces mots sont les vers dans lesquels l'*Hécube* d'Euripide (v. 254 sq.) apostrophe les orateurs populaires : Οἳ τοὺς φίλους βλάπτοντες οὐ φροντίζετε, Ἢν τοῖσι πολλοῖς πρὸς χάριν λέγητέ τι.

530. Les mots κᾆτα ψεύδομαι sont placés entre ὑπέστην θῦμα et Ἀρτέμιδι θύσειν, pour mieux faire ressortir l'antithèse.

534. Αὐτοῖς τείχεσιν Κυκλωπίοις ἀνασπάσουσι, ils m'arracheront avec (cf. *Méd.* 164) les murs cyclopéens. Ἀνασπᾶν se dit des murs arrachés de terre avec leurs fondements (cf. *Phénic.* 1132), et se dit aussi des personnes arrachées des lieux qu'ils habitent (cf. *Hérodote*, IV, 204 et passim). — Quant aux murs cyclopéens, voy. la note sur le vers 157.

537. Ἠπόρημαι, j'ai été réduit à cette perplexité. Partout ailleurs ἀπορεῖσθαι vent dire : « être sujet à contestation. »

540. Ἅιδῃ παῖδ' ἐμὴν προσθῶ. Cf. *Hécube*, 368 : Ἅιδῃ προστιθεῖσ' ἐμὸν δέμας.

ΙΦΙΓΕΝΕΙΑ Η ΕΝ ΑΥΛΙΔΙ.   357.

ὡς ἐπ' ἐλαχίστοις δακρύοις πράσσω κακῶς.
Ὑμεῖς τε σιγὴν, ὦ ξέναι, φυλάσσετε.
ΧΟΡΟΣ.

Μάκαρες οἳ μετρίας θεοῦ   [Strophe.]
μετά τε σωφροσύνας μετέ-
σχον λέκτρων Ἀφροδίτας,   545
γαλανείᾳ χρησάμενοι
μαινολῶν οἴστρων, ὅθι δὴ
δίδυμ' Ἔρως ὁ χρυσοκόμας
τόξ' ἐντείνεται χαρίτων,
τὸ μὲν ἐπ' εὐαίωνι πότμῳ,   550
τὸ δ' ἐπὶ συγχύσει βιοτᾶς.
Ἀπενέπω νιν ἁμετέρων,
Κύπρι καλλίστα, θαλάμων.
Εἴη δέ μοι μετρία μὲν
χάρις, πόθοι δ' ὅσιοι,   555
καὶ μετέχοιμι τᾶς Ἀφροδί-
τας, πολλὰν δ' ἀποθείμαν.

Διάφοροι δὲ φύσεις βροτῶν,   [Antistrophe.]

545. Citons l'ingénieuse conjecture de Nauck : θέλκτρων Ἀφροδίτας. — 547. Les manuscrits portent μαινόμεν' οἴστρων. La plupart des éditeurs ont adopté la conjecture de Reiske : μαινομένων. J'ai suivi Nauck. — 550. Εὐαίωνι τύχᾳ chez Athénée, XIII, p. 562 E. — 557. Reiske a rectifié la leçon πολλὰν τ' ἀποθείμαν.

542. Voilà tout ce que dit Agamemnon pour engager le chœur à garder le silence. Le poète n'insiste pas; il glisse rapidement sur un détail dont il n'y avait pas d'autre motif à donner que les conventions du théâtre grec. Si le chœur n'était pas discret, la pièce ne pourrait pas marcher. (Voy. la note sur *Hipp.* 713.) De là le précepte naïf : « Ille tegat commissa ».

543. Le poète avait exprimé des idées et des vœux analogues dans *Médée*, v. 627 sqq.

546-547. Γαλανείᾳ μαινολῶν οἴστρων, « le calme (l'absence) des passions furieuses, » est dit comme ἀνήνεμον πάντων χειμώνων, Sophocle, *OEd. Col.* 677. —Ὅθι, là où, dans les circonstances où. Je ne pense pas que ὅθι ou οὗ ait jamais le sens de « puisque. »

548-549. Δίδυμ(α).... τοξ(α). Les deux flèches qu'Ovide prête à l'Amour (*Metam.* I, 468) se distinguent autrement : « Fugat « hoc, facit illud amorem. »

552. Νιν doit se rapporter à l'arc funeste dont il a été question au vers précédent.

555. Χάρις est le don de plaire, l'amour qu'on inspire. Πόθοι désigne les désirs, l'amour qu'on ressent.

558-56*. Le sens général de ces vers, c'est que la nature et l'éducation peuvent contribuer à rendre l'homme vertueux. « Diverses sont les natures (φύσεις), diverses les manières d'être (τρόποι); mais

διάφοροι δὲ τρόποι· τὸ δ' ὀρθῶς ἐσθλὸν σαφὲς ἀεί·
τροφαί θ' αἱ παιδευόμεναι
μέγα φέρουσ' εἰς τὰν ἀρετάν·
τό τε γὰρ αἰδεῖσθαι σοφία,
τάν τ' ἐξαλλάσσουσαν ἔχει
χάριν ὑπὸ γνώμας ἐσορᾶν
τὸ δέον, ἔνθα δόξα φέρειν
κλέος ἀγήρατον βιοτάν.
Μέγα τι θηρεύειν ἀρετάν,
γυναιξὶ μὲν κατὰ Κύπριν
κρυπτάν, ἐν ἀνδράσι δ' αὖ
κόσμος ἐνὼν ὁ μυριοπλη-
θὴς μείζω πόλιν αὔξει.

NC. 559-560. Les manuscrits portent : διάτροποι δὲ τρόποις· ὁ δ' ὀρθὸς. Διάφοροι est dû à Hœpfner, τρόποι à Barnes, τὸ δ' ὀρθῶς à Musgrave. — 561. Nauck propose : τροφαί τ' εὖ παιδευόμεναι. — 562. Var. εἰς ἀρετάν. — 563. Il paraît que les manuscrits portent σοφία. — 566-567. Manuscrits ἔνθα δόξαν φέρει κλέος ἀγήρατον βιοτάν. On lit ordinairement, d'après les conjectures de Barnes et de Markland, δόξα φέρει et βιοτᾷ. Mais δόξα φέρει κλέος ne me semble pas net. J'ai écrit δόξα φέρειν, en transposant la lettre ν, et j'ai conservé βιοτάν. — 569. Vulgate : γυναιξίν. — 570. Peut-être faut-il lire κριτάν pour κρυπτάν. En effet, κύπρις κριτὰ est l'amour qui reste dans les limites déterminées, qui ne tombe pas dans la confusion, enfin l'amour légitime. Cp. Médée, 642 : Κρίνοι λέχη γυναικῶν. — 571. Κόσμος ἐνών, correction de Musgrave pour κόσμος ἔνδον, leçon qui pèche à la fois contre le sens et contre la mesure.

le naturel vraiment bon (τὸ δ' ὀρθῶς ἐσθλόν) se révèle toujours (σαφὲς ἀεί) par la conduite. La culture de l'éducation aussi (τροφαί θ' αἱ παιδευόμεναι) contribue beaucoup à nous rendre vertueux. » (Nous n'approuvons pas l'explication donnée par Hermann : « Quamvis et ingenia hominum « et mores differant, tamen quid vere « bonum et honestum sit, partim per se « apertum esse, partim bonæ institutionis « ope cognosci. ») Cp. Horace, Odes, IV, IV, 33 : « Doctrina sed vim promovet insi- « tam, Rectique cultūs pectora roborant. »

563-567. L'effet de l'éducation est double : elle donne de bonnes habitudes, elle donne l'intelligence du bien. Le premier point est touché dans le vers 563 : « Avoir de la pudeur (αἰδεῖσθαι), c'est déjà être sage. » Le second point est développé dans les vers suivants : « Ce qu'il y a de plus beau (τὴν ἐξαλλάσσουσαν ἔχει χάριν), c'est de discerner le devoir par l'intelligence (ὑπὸ γνώμας ἐσορᾶν τὸ δέον). C'est alors (c'est là, ἔνθα) que l'on peut croire (δόξα, sous-entendu ἐστί) que notre conduite (βιοτάν) obtiendra une gloire qui ne vieillira pas. » Ἐξαλλάσσουσαν, qui s'écarte (du commun), c'est-à-dire : extraordinaire. On donne de ce mot, ainsi que de l'ensemble de ce morceau, d'autres explications, qui nous semblent forcées, mais qu'il serait trop long de discuter ici.

569-570. Κατὰ Κύπριν κρυπτάν, par rapport à l'amour clandestin. Il faut sous-entendre : « En évitant cet amour. » Avouons que ce sous-entendu est fort étrange. Voy. NC.

571-572. « Singulari ratione dictum κόσ-

ΙΦΙΓΕΝΕΙΑ Η ΕΝ ΑΥΛΙΔΙ.

Ἔμολες, ὦ Πάρις, ᾖτε σύ γε [Épode.]
βουκόλος ἀργενναῖς ἐτράφης
Ἰδαίαις παρὰ μόσχοις, 575
βάρβαρα συρίζων, Φρυγῶν
αὐλῶν Οὐλύμπου καλάμοις
μιμήματα πνείων,
εὔθηλοι δὲ τρέφοντο βόες,
ὅθι σε κρίσις ἔμηνε θεᾶν, 580
ἅ σ' Ἑλλάδα πέμπει
τῶν ἐλεφαντοδέτων πάροι-
θεν δόμων, ὃς τᾶς Ἑλένας
ἐν ἀντωποῖς βλεφάροισιν
ἔρωτά τ' ἔδωκας, ἔρωτι δ' αὐτὸς 585
ἐπτοάθης· ὅθεν ἔρις ἔριν

NC. 573-588. Ces vers constituent l'épode de ce chœur. Je ne vois pas de motif sérieux pour croire, avec Hermann, que ce morceau ait formé primitivement une seconde strophe, une seconde antistrophe et une très-petite épode. — 573. La correction de ce vers altéré est encore à trouver. — 577. Οὐλύμπου, rectification de Heath pour ὀλύμπου. — 578. Πνείων, correction de Dindorf pour πνέων ou πλέων. (Aldine : πλέκων.) — 580. On lit ὅτι dans les manuscrits, ὅτε dans l'édition Aldine, ὅθι dans celle de Cambridge. — Ἔμηνε, correction de Hermann pour ἔμενε. — 582-583. L'article τῶν a été ajouté par Hermann. Le même critique propose θρόνων pour δόμων. — 585. Blomfield a corrigé la leçon ἔρωτα δέδωκας. — 586. Beaucoup d'éditeurs écrivent ἔρις ἔρις.

« μος ὁ μυριοπληθής de modestia quæ « plurimis in rebus conspicua sit, eoque a « mulierum temperantia, quæ ad solas re- « feratur res venereas, differat. » [Hermann.]

573. Ἧτε σύ γε. Ces mots sont altérés. Le sens du texte primitif était probablement : « Tu es venu, ô Paris, des lieux où tu fus nourri. »

574-575. Ἀργενναῖς παρὰ μόσχοις. Les génisses blanches étaient particulièrement estimées, parce qu'on les préférait pour les sacrifices. Cf. Virgile, Géorg. II, 146 : « Hinc albi, Clitumne, greges, » avec la note de Servius ; Aristote, Hist. anim., III, 2 ; Pline, Hist. nat., II, 240. [Klotz.]

576-578. Φρυγίων αὐλῶν.... μιμήματα πνείων. Paris imitait sur le chalumeau les airs qu'Olympos avait composés pour la flûte phrygienne. Il y avait d'anciennes mélodies sur le mode phrygien, très-célèbres dans la Grèce et attribuées à Olympos de Phrygie. Voy. C. O. Müller, Geschichte der griechischen Literatur, I, p. 43 et p. 279.

580. Ἔμηνε, rendit fou. Cf. Ion, 520 : Εὖ φρονεῖς μέν, ἤ σ' ἔμηνε θεοῦ τις, ὦ ξένε, βλάβη;

582. Ἐλεφαντοδέτων. Euripide s'est souvenu de la description qu'Homère fait du palais de Ménélas, Odyssée, IV, 71 sqq. : Φράζεο.... Χαλκοῦ τε στεροπὴν καὶ δώματα ἠχήεντα, Χρυσοῦ τ' ἠλέκτρου τε καὶ ἀργύρου ἠδ' ἐλέφαντος. [Brodœus.]

586. Ἔρις ἔριν Ἑλλάδα.... ἄγει, la querelle (des déesses) amène la querelle grecque, c'est-à-dire la guerre grecque. L'une des rares scholies qui accompagnent le texte de cette tragédie dans le manuscrit de Florence porte : τὴν ἐριστικὴν Ἑλλάδα,

Ἑλλάδα σὺν δορὶ ναυσί τ' ἄγει
ἐς πέργαμα Τροίας.

Ἰὼ ἰώ· μεγάλαι μεγάλων
εὐδαιμονίαι· τὴν τοῦ βασιλέως
ἴδετ' Ἰφιγένειαν ἄνασσαν
τὴν Τυνδαρέου τε Κλυταιμνήστραν,
ὡς ἐκ μεγάλων ἐβλαστήκασ'
ἐπί τ' εὐμήκεις ἥκουσι τύχας.
Θεοί γ' οἱ κρείσσους οἵ τ' ὀλβοφόροι
τοῖς οὐκ εὐδαίμοσι θνατῶν.
Στῶμεν, Χαλκίδος ἔκγονα θρέμματα,
τὴν βασίλειαν δεξώμεθ' ὄχων
ἄπο μὴ σφαλερῶς ἐπὶ γαῖαν.
[Ἀγανῶς δὲ χεροῖν μαλακῇ γνώμῃ,

590

595

600

NC. 588. La leçon ἐς τροίας πέργαμα a été transposée par Blomfield. — 592. Les manuscrits ajoutent ἐμήν après Ἰφιγένειαν. Bothe a retranché le pronom possessif, qui n'est pas de mise ici, et a rétabli ainsi le vers parémiaque indiqué par l'absence de césure après le second anapeste. — 593. Manuscrits : τυνδαρέου γε. Aldine : Τυνδαρέου τε. — 596. Hermann écrit θεοί τοι κρείσσους. — 587. Vulgate τῶν θνατῶν. Mais dans le *Palatinus* τῶν n'est ajouté que par la seconde main. Ici, comme au vers 592, les copistes ont voulu faire un dimètre acatalectique. — 599. Ὄχων, correction de Canter pour ὄχλων. — 600. Ici encore la seconde main du *Palatinus* a ajouté τὴν avant γαῖαν. — 601-606. Ces vers ainsi que les trois vers précédents, sont regardés comme une interpolation par les deux Dindorf et par plusieurs autres critiques. Je n'ai pas cru devoir mettre les vers 598-600, qui me semblent bons, sur la même ligne que la mauvaise amplification qui les suit. Ici, en effet, les vers ne marchent pas ; l'expression laisse beaucoup à désirer ; l'idée que les princesses pourraient s'effrayer de voir ici des femmes inconnues, est étrange.

ὥς που καὶ πόλεμον ἔριν ἔφη τὸν ἐριστικόν. Cependant ἔριν est substantif, et Ἑλλάδα joue ici, comme ailleurs, le rôle d'un adjectif. — Σὺν δορὶ ναυσί τ' ἄγει. Cf. Eschyle, *Agam.* 109 sqq. : Ἀχαιῶν δίθρονον κράτος... πέμπει ξὺν δορὶ καὶ χερὶ πράκτορι θούριος ὄρνις Τευκρίδ' ἐπ' αἶαν.
592. Ce vers parémiaque marque la fin de la première période anapestique. Il en résulte un repos qui appelle l'attention sur Iphigénie, en séparant son nom de celui de Clytemnestre.

595. Εὐμήκεις τύχας. Cette expression n'est pas plus singulière que celle dont s'est servi Empedocle, chez Clément d'Alexandrie, *Strom.* IV, iv, 13 : Ἐξ οἵης τιμῆς τε καὶ οἵου μήκεος ὄλβου. [Porson.]
598. Ὀλβοφόροι, ceux qui ont reçu une haute fortune. Cp. ἀθλοφόρος, μισθοφόρος. — Quant aux idées exprimées ici, voy. *Électre*, 994 : Χαῖρε, σεβίζω σ' ἴσα καὶ μάκαρας Πλούτου μεγάλης τ' εὐδαιμονίας.
600. Μὴ σφαλερῶς, de manière à ce que son pied ne glisse pas.

ΙΦΙΓΕΝΕΙΑ Η ΕΝ ΑΥΛΙΔΙ.

μὴ ταρβήσῃ νεωστί μοι μολὸν
κλεινὸν τέκνον Ἀγαμέμνονος,
μηδὲ θόρυβον μηδ' ἔκπληξιν
ταῖς Ἀργείαις   605
ξεῖναι ξείναις παρέχωμεν.]

ΚΛΥΤΑΙΜΝΗΣΤΡΑ.

Ὄρνιθα μὲν τόνδ' αἴσιον ποιούμεθα,
τὸ σὸν τε χρηστὸν καὶ λόγων εὐφημίαν·
ἐλπίδα δ' ἔχω τιν' ὡς ἐπ' ἐσθλοῖσιν γάμοις
πάρειμι νυμφαγωγός. Ἀλλ' ὀχημάτων   610
ἔξω πορεύεθ' ἃς φέρω φερνὰς κόρῃ,
καὶ πέμπετ' εἰς μέλαθρον εὐλαβούμενοι.
Σὺ δ', ὦ τέκνον, μοι λεῖπε πωλικοὺς ὄχους,
ἁβρὸν τιθεῖσα κῶλον ἀσθενές θ' ἅμα.
Ὑμεῖς δὲ, νεάνιδές, νιν ἀγκάλαις ἔπι   615
δέξασθε καὶ πορεύσατ' ἐξ ὀχημάτων.
Κἀμοὶ χερός τις ἐνδότω στηρίγματα,
θάκους ἀπήνης ὡς ἂν ἐκλίπω καλῶς.
Αἱ δ' εἰς τὸ πρόσθεν στῆτε πωλικῶν ζυγῶν,
φοβερὸν γὰρ ἀπαράμυθον ὄμμα πωλικόν·   620
καὶ παῖδα τόνδε, τὸν Ἀγαμέμνονος γόνον,
λάζυσθ' Ὀρέστην· ἔτι γάρ ἐστι νήπιος.

NC. 614. La conjecture de Hermann : κῶλον ἀσφαλῶς χαμαί, est très-probable. — 615. La leçon νεανίδαισιν ou νεανίδεσσιν ἀγκάλαις a été corrigée par Pierson. — 617. Hermann a rectifié la leçon καί μοι. — 619. Peut-être : οἱ δ' εἰς τὸ πρόσθεν, conjecture de Dobree.

607-608. Ὄρνιθα.... ποιούμεθα, nous regardons ceci (τόνδε) comme un bon présage pour nous. Τόνδ(ε), démonstratif qui doit s'accorder en grec avec le substantif ὄρνιθα, est expliqué par les mots τὸ σόν τ.... εὐφημίαν. — On compare Phénic. 162: Οἰωνὸν ἐθέμην καλλίνικα σὰ σ' ἔφη.
610-612. Ἀλλ' ὀχημάτων.... εὐλαβούμενοι. Clytemnestre donne cet ordre aux serviteurs qui l'accompagnent.
613-615. Ὦ τέκνον, μοι ... νεάνιδές, etc. L'accentuation de ces mots fait voir qu'on ne devrait pas mettre les vocatifs entre deux virgules. Notre ponctuation moderne est contraire au génie de la langue grecque. « Nostra circa distinctiones nimia « cura locos id genus turbat. » [Boissonade]
620. Φοβερὸν.... πωλικόν, les yeux des chevaux (les chevaux) s'effarouchent facilement (φοβερόν), et on ne les rassure pas (ἀπαράμυθον, sous-ent. ὄν). On traduit généralement, à tort suivant nous, comme si ἀπαράμυθον était coordonné à φοβερόν.

ΙΦΙΓΕΝΕΙΑ Η ΕΝ ΑΥΛΙΔΙ.

Τέκνον, καθεύδεις πωλικῷ δαμεὶς ὄχῳ;
ἔγειρ᾽ ἀδελφῆς ἐφ᾽ ὑμέναιον εὐτυχῶς·
ἀνδρὸς γὰρ ἀγαθοῦ κῆδος αὐτὸς ἐσθλὸς ὢν
λήψει, τὸ τῆς Νηρῆδος ἰσόθεον γένος. 625
Ἑξῆς καθίστω δεῦρό μου ποδός, τέκνον
πρὸς μητέρ᾽, Ἰφιγένεια, μακαρίαν δέ με
ξέναισι ταῖσδε πλησία σταθεῖσα θές.
Καὶ δεῦρο δὴ πατέρα προσείπωμεν φίλον. — 630
Ὦ σέβας ἐμοὶ μέγιστον, Ἀγαμέμνων ἄναξ,
ἥκομεν, ἐφετμαῖς οὐκ ἀπιστοῦσαι σέθεν.

ΙΦΙΓΕΝΕΙΑ.

Ὦ μῆτερ, ὑποδραμοῦσά σ᾽, ὀργισθῇς δὲ μὴ,
πρὸς στέρνα πατρὸς στέρνα τἀμὰ προσβαλῶ.
[Ἐγὼ δὲ βούλομαι τὰ σὰ στέρν᾽, ὦ πάτερ, 635

NC. 626. Manuscrits : τὸ νηρηΐδος. — 627-630. Matthiæ pensait que ces vers ne sauraient être d'Euripide. Dindorf en dit autant de tout le couplet de Clytemnestre ; Kirchhoff et Nauck des vers 615-634 ou 615-630. Ces critiques font beaucoup d'honneur à l'interpolateur. — 627. Καθίστω, correction de Markland pour καθήσω. J'ai effacé la virgule après τέκνον. Voy. la note explicative. — 629. Les manuscrits ont σταθεῖσα δός. Plusieurs critiques écrivent θές. — 630. J'ai écrit προσείπωμεν φίλον pour πρόσειπε σὸν φίλον, leçon qui est en contradiction avec les quatre vers suivants, dans lesquels Clytemnestre salue elle-même son époux et Iphigénie demande à sa mère la permission de courir au devant de son père. — 631-632. Ces deux vers, qui se lisaient après 634, ont été transposés par Porson. — 633. Ὑποδραμοῦσά σ᾽, Palatinus avant correction. Ὑποδραμοῦσά γ᾽, vulgate. — 634. Les manuscrits ont περιβαλῶ. Porson a rétabli προσβαλῶ, leçon que l'interpolateur des trois vers suivants avait sous les yeux. — 635-637. Porson a écarté ces trois vers, qui sont évidemment fabriqués au moyen des deux vers précédents. L'interpolation une fois admise dans le texte, la transposition des vers 631-634 en était une conséquence naturelle.

623. Πωλικῷ δαμεὶς ὄχῳ, assoupi par le mouvement de la voiture. Le sens de δαμείς est déterminé par le verbe καθεύδεις. Appeler cette phrase très-poétique une « locutio absurdissima », c'est singulièrement abuser de la critique.

627-628. Ἑξῆς μου ποδός, pour ἑξῆς ἐμοῦ, est une périphrase appropriée à la circonstance. Cf. *Hipp.* 661 : Σὺν πατρὸς μολὼν ποδί.—Τέκνον πρὸς μητέρ(α), la mère à côté de la fille. Il ne faut pas séparer ces mots, rapprochés à dessein par le poète. Une ponctuation vicieuse avait fourni un motif aux critiques qui condamnent ce passage.

629. Ξέναισι ταῖσδε, aux yeux de ces étrangères.

631-632. On a rapproché de ces deux vers des fragments poétiques cités sans nom d'auteur par Cicéron, *ad Att.* XIII, 47, et par Charisius, IV, p. 248 P. Ribbeck (*l. c.*, p. 202 et 256) combine ces fragments de manière à en faire deux tétramètres qui pourraient être tirés de l'*Iphigénie* d'Ennius : *Postequam abs te, Agamemno, tetigit aures nuntius, Extemplo edolavi jussum : concinum tetuli gradum*.

633. Ὑποδραμοῦσά σ(ε), te prévenant (courant de manière à te prévenir).

ὑποδραμοῦσα προσβαλεῖν διὰ χρόνου·
ποθῶ γὰρ ὄμμα δὴ σόν· ὀργισθῇς δὲ μή.]

ΚΛΥΤΑΙΜΝΗΣΤΡΑ.

Ἀλλ᾿, ὦ τέκνον, χρή· φιλοπάτωρ δ᾿ ἀεί ποτ᾿ εἶ
μάλιστα παίδων τῷδ᾿ ὅσους ἐγὼ ᾽τεκον.

ΙΦΙΓΕΝΕΙΑ.

Ὦ πάτερ, ἐσεῖδόν σ᾿ ἀσμένη πολλῷ χρόνῳ. 640

ΑΓΑΜΕΜΝΩΝ.

Καὶ γὰρ πατὴρ σέ· τόδ᾿ ἴσον ὑπὲρ ἀμφοῖν λέγεις.

ΙΦΙΓΕΝΕΙΑ.

Χαῖρ᾿· εὖ δέ μ᾿ ἀγαγὼν πρὸς σ᾿ ἐποίησας, πάτερ.

ΑΓΑΜΕΜΝΩΝ.

Οὐκ οἶδ᾿ ὅπως φῶ τοῦτο καὶ μὴ φῶ, τέκνον.

ΙΦΙΓΕΝΕΙΑ.

Ἔα·
ὡς οὐ βλέπεις ἔκηλον, ἀσμενός μ᾿ ἰδών.

ΑΓΑΜΕΜΝΩΝ.

Πόλλ᾿ ἀνδρὶ βασιλεῖ καὶ στρατηλάτῃ μέλει. 645

ΙΦΙΓΕΝΕΙΑ.

Παρ᾿ ἐμοὶ γενοῦ νῦν, μὴ ᾿πὶ φροντίδας τρέπου.

ΑΓΑΜΕΜΝΩΝ.

Ἀλλ᾿ εἰμὶ παρὰ σοὶ νῦν ἅπας κοὺκ ἄλλοθι.

ΙΦΙΓΕΝΕΙΑ.

Μέθες νυν ὀφρὺν ὄμμα τ᾿ ἔκτεινον φίλον.

NC. 638-639. Ces deux vers étaient attribués à Agamemnon, par suite de l'interpolation des trois vers précédents. Porson les a rendus à Clytemnestre. — 638. Variante moins autorisée : χρῶ. — 639. Τῷδ᾽, correction de l'édition de Cambridge et de Fix, pour τῶνδ᾽, leçon qui ne pourrait se justifier que si tous les enfants de Clytemnestre étaient présents. — 644. Les manuscrits portent βλέπεις μ᾽ εὔκηλον ou βλέπεις εὔκηλον. Nauck a rétabli la forme attique ἔκηλον. — 466. Μή, correction de Barnes, pour καὶ μή.

644. Οὐ βλέπεις ἔκηλον, tu as un regard soucieux. C'est ainsi qu'on dit ἡδὺ βλέπειν, σεμνὸν βλέπειν, δεινὸν δέρκεσθαι, etc. — Ἀσμενός μ᾽ ἰδών, après m'avoir assuré que tu me voyais avec plaisir. Ces mots font allusion au vers 641.
648. Ὄμμα τ᾽ ἔκτεινον, frontemque exporge (Térence). Cf. *Hippol.* 291 : Στυ-

ΙΦΙΓΕΝΕΙΑ Η ΕΝ ΑΥΛΙΔΙ.

ΑΓΑΜΕΜΝΩΝ.
Ἰδοὺ γέγηθά σ᾽ ὡς γέγηθ᾽ ὁρῶν, τέκνον.

ΙΦΙΓΕΝΕΙΑ.
Κἄπειτα λείβεις δάκρυ᾽ ἀπ᾽ ὀμμάτων σέθεν; 650

ΑΓΑΜΕΜΝΩΝ.
Μακρὰ γὰρ ἡμῖν ἡ ᾽πιοῦσ᾽ ἀπουσία.

ΙΦΙΓΕΝΕΙΑ.
Οὐκ οἶδά θ᾽ ὅ τι φῂς, κᾦδα, φίλτατ᾽ ὦ πάτερ.

ΑΓΑΜΕΜΝΩΝ.
Συνετὰ λέγουσα μᾶλλον εἰς οἶκτόν μ᾽ ἄγεις.

ΙΦΙΓΕΝΕΙΑ.
Ἀσύνετα νῦν ἐροῦμεν, εἰ σέ γ᾽ εὐφρανῶ.

ΑΓΑΜΕΜΝΩΝ.
Παπαῖ, τὸ σιγᾶν οὐ σθένω· σὲ δ᾽ ᾔνεσα. 655

ΙΦΙΓΕΝΕΙΑ.
Μέν᾽, ὦ πάτερ, κατ᾽ οἶκον ἐπὶ τέκνοις σέθεν.

ΑΓΑΜΕΜΝΩΝ.
Θέλω γε· τὸ θέλειν δ᾽ οὐκ ἔχων ἀλγύνομαι.

ΙΦΙΓΕΝΕΙΑ.
Ὄλοιντο λόγχαι καὶ τὰ Μενέλεω κακά.

NC. 649. Musgrave a corrigé la leçon γέγηθ᾽ ἕως γέγηθά σ᾽ ὁρῶν. — 652. Les manuscrits portent : οὐκ οἶδ᾽ ὅ τι φῂς οὐκ οἶδα φίλτατ᾽ ἐμοὶ πατήρ. Les conjectures οὐκ οἶδ᾽ ὅ φῂς, οὐκ οἶδα, φίλτατ᾽ ὦ πάτερ (Markland) et οὐκ οἶδά σ᾽ ὅτι φῂς, φίλτατ᾽, οὐκ οἶδ᾽, ὦ πάτερ (Hermann) remettent le vers sur ses pieds; mais elles ne donnent pas un sens qui soit en rapport avec la réponse d'Agamemnon. J'ai écrit οὐκ οἶδά θ᾽ ὅ τι φῂς κᾦδα (ou κᾄδα). Nauck propose de mettre les vers 652-655 à la place des vers 660-663. Notre correction rend ce changement superflu.

γυνὴν ὀφρὺν λύσασα, ainsi que les locutions συνάγειν, συστέλλειν, συσπᾶν τὰς ὀφρῦς.

649. Γέγηθά σ᾽ ὡς γέγηθ᾽ ὁρῶν. Cf. la note sur *Médée*, 1011 : Ἡγεῦ ἅς οἳ ἠγγείλας. Les tragiques affectionnent ces tournures, pour marquer une réticence.

652-653. Οὐκ οἶδά θ᾽ ὅ τι φῂς, κᾦδα. Iphigénie doit ignorer qu'on veut la marier (cf. v. 671); cependant, elle sait très-bien de quoi il s'agit (cf. v. 624). Elle dit donc : « Je ne sais pas ce que tu veux dire, et je le sais. » Mais ces paroles prennent un sens plus profond pour le malheureux père qui les entend. En parlant d'une longue séparation (v. 651), Agamemnon semblait avoir en vue le mariage d'Iphigénie, mais il entendait la mort de sa fille. Celle-ci n'a donc pas compris ce que disait son père, tout en le comprenant jusqu'à un certain point (οὐκ οἶδα κᾦδα). Maintenant on a la clef de la réponse d'Agamemnon : « En disant des paroles sensées, des paroles qui n'ont que trop de sens (συνετὰ λέγουσα : cf. v. 468), tu m'attendris encore davantage. »

657. Θέλω γε.... ἀλγύνομαι, je le veux bien; mais je ne puis le vouloir : et c'est là ce qui m'afflige.

ΙΦΙΓΕΝΕΙΑ Η ΕΝ ΑΥΛΙΔΙ.

ΑΓΑΜΕΜΝΩΝ.
Ἄλλους ὀλεῖ πρόσθ' ἁμὲ διολέσαντ' ἔχει.

ΙΦΙΓΕΝΕΙΑ.
Ὡς πολὺν ἀπῆσθα χρόνον ἐν Αὐλίδος μυχοῖς.   660

ΑΓΑΜΕΜΝΩΝ.
Καὶ νῦν γέ μ' ἴσχει δή τι μὴ στέλλειν στρατόν.

ΙΦΙΓΕΝΕΙΑ.
Ποῦ τοὺς Φρύγας λέγουσιν ᾠκίσθαι, πάτερ;

ΑΓΑΜΕΜΝΩΝ.
Οὗ μήποτ' οἰκεῖν ὤφελ' ὁ Πριάμου Πάρις.

ΙΦΙΓΕΝΕΙΑ.
Μακρὰν γ' ἀπαίρεις, ὦ πάτερ, λιπὼν ἐμέ;

ΑΓΑΜΕΜΝΩΝ.
Εἰς ταὐτὸν ἥκεις, θύγατερ, ᾗ καὶ σὸς πατήρ.   665

ΙΦΙΓΕΝΕΙΑ.
Φεῦ·
εἴθ' ἦν καλόν μοι σοί τ' ἄγειν σύμπλουν ἐμέ.

ΑΓΑΜΕΜΝΩΝ.
Ἔπεστι καὶ σοὶ πλοῦς, ἵνα μνήσει πατρός.

ΙΦΙΓΕΝΕΙΑ.
Σὺν μητρὶ πλεύσασ' ἢ μόνη πορεύσομαι;

NC. 659. La leçon πρόσθεν ἅ με ἃ été rectifiée par Porson. — 662. La leçon ᾠκῆσθαι ἃ été rectifiée par le même — 665. Le *Palatinus* porte : εἰς ταὐτὸν ὦ θύγατερ ἥκεις σῷ πατρί, et au-dessus de la ligne σύ θ', mauvais supplément qui a été inséré avant ἥκεις dans les manuscrits de Paris. J'ai essayé de refaire, par une conjecture plausible, un vers d'une facture plus correcte que ceux qu'on avait proposés. — 667. Ἔπεστι, excellente correction de Nauck pour αἰτεῖς τί ; Porson avait proposé ἔτ' ἔστι.

659. Ἄλλους ... ἔχει, ils (les maux causés par Ménélas, τὰ Μενέλεω κακά) tueront d'abord d'autres, et c'est là ce qui me tue. — Ἁμὲ διολέσαντ' ἔχει. Si on voulait rendre tout ce qu'il y a dans cette périphrase, il faudrait traduire : « Ce qui m'a tué et ce qui fait que je suis mort. » Voyez *Hipp.* 932 et la note.

665. Εἰς ταὐτὸν ἥκεις ... πατήρ. « Il en est de toi, ma fille, comme de ton père: toi aussi, tu pars pour un long voyage. » Cf. *Troy.* 681 : Εἰς ταὐτὸν ἥκεις συμφορᾶς. — Ἥκεις veut dire : « tu es venue, » et les commentateurs qui veulent que ce verbe ait ici le sens d'un futur se trompent certainement.

667. Πλοῦς. On peut entendre la traversée du Styx. Cependant les Grecs prenaient le mot πλοῦς aussi dans le sens général d'entreprise ou d'aventure. Cp. la locution proverbiale δεύτερος πλοῦς, et Sophocle, *Œdipe à Colone*, 663 : Φανήσεται Μακρὰν τὸ δεῦρο πέλαγος, οὐδὲ πλώσιμον. Dans ce dernier passage il ne s'agit point d'un voyage de mer

ΑΓΑΜΕΜΝΩΝ.
Μόνη, μονωθεῖσ᾽ ἀπὸ πατρὸς καὶ μητέρος.
ΙΦΙΓΕΝΕΙΑ.
Οὔ που μ᾽ ἐς ἄλλα δώματ᾽ οἰκίζεις, πάτερ; 670
ΑΓΑΜΕΜΝΩΝ.
Ἔα σύ γ᾽· οὐ χρὴ τοιάδ᾽ εἰδέναι κόρας..
ΙΦΙΓΕΝΕΙΑ.
Σπεῦδ᾽ ἐκ Φρυγῶν μοι, θέμενος εὖ τἀκεῖ, πάτερ.
ΑΓΑΜΕΜΝΩΝ.
Θῦσαί με θυσίαν πρῶτα δεῖ τιν᾽ ἐνθάδε.
ΙΦΙΓΕΝΕΙΑ.
Ἀλλὰ ξυνούσας χρὴ τό γ᾽ εὐσεβὲς σκοπεῖν.
ΑΓΑΜΕΜΝΩΝ.
Εἴσει σύ· χερνίβων γὰρ ἑστήξει πέλας. 675
ΙΦΙΓΕΝΕΙΑ.
Στήσομεν ἄρ᾽ ἀμφὶ βωμὸν, ὦ πάτερ, χορούς;
ΑΓΑΜΕΜΝΩΝ.
Ζηλῶ σὲ μᾶλλον ἢ 'μὲ τοῦ μηδὲν φρονεῖν.
Χώρει δὲ μελάθρων ἐντός. . . . . .

NC. 670. Variante moins autorisée : Ἦ που. — 671. Les manuscrits portent ἔα γε ou ἔα γέ τ᾽. Blomfield a proposé ἔασον. J'ai adopté la conjecture de Klotz : ἔα σύ γ᾽. Ensuite τοιάδ᾽, pour τοι τάδ᾽, est dû à Markland. — 674. On lisait : Ἀλλὰ ξὺν ἱεροῖς χρὴ τό γ᾽ εὐσεβὲς σκοπεῖν, et on traduisait : « At cum sacerdotibus oportet sacram rem « deliberare. » Il serait étrange qu'Iphigénie fît ici cette observation, et la réponse d'Agamemnon montre clairement qu'elle disait autre chose. J'ai rétabli le sens indiqué par cette réponse, en écrivant ξυνούσας. On aura mis au-dessus des deux dernières syllabes de ce mot la glose explicative ἱεροῖς, *sacris*. De là sera venue la leçon vicieuse de nos manuscrits. — 678. Il est difficile de rattacher ὀφθῆναι κόραις aux mots précédents. Comment supposer qu'Iphigénie ait amené ses compagnes dans le camp des Grecs? Elles ne sont pas mentionnées dans les vers prononcés par Clytemnestre au commencement de cette scène (607 sqq.). Je crois donc, avec Hermann, qu'il y a ici une lacune. Ce savant la comblait ainsi : Χώρει δὲ μελάθρων ἐντός, ὡς μετ᾽ ἀνδράσιν ‖ μωμητὸν οἴκων ἐκτὸς ὀφθῆναι κόραις.

674. Ἀλλὰ ξυνούσας.... σκοπεῖν, mais il faut que, près de toi, nous voyions (je voie) ce qu'il est permis de voir. Τό γ᾽ εὐσεβές, *quod quidem fas est, quod quidem per religionem licet*. Cf. Eschyle, *Choëph.* 122 : Καὶ ταῦτά μοὐστὶν εὐσεβῆ θεῶν πάρα;

675. Χερνίβων πέλας équivant à ἀμφὶ βωμόν, v. 676. On compare *Électre*, 790 : Ὡς ἀμφὶ βωμὸν στῶσι χερνίβων πέλας.
677. Cf. Soph., *Ajax*, 552 : Καίτοι σε καὶ νῦν τοῦτό γε ζηλοῦν ἔχω, ὁθούνεκ᾽ οὐδὲν τῶνδ᾽ ἐπαισθάνει κακῶν.
678. Le texte est mutilé. Agamemnon

ΙΦΙΓΕΝΕΙΑ Η ΕΝ ΑΥΛΙΔΙ. 367

. . . . ὀφθῆναι κόραις,
πικρὸν φίλημα δοῦσα δεξιάν τ' ἐμοί,
μέλλουσα δαρὸν πατρὸς ἀποικήσειν χρόνον. 680
Ὦ στέρνα καὶ παρῇδες, ὦ ξανθαὶ κόμαι,
ὡς ἄχθος ὑμῖν ἐγένεθ' ἡ Φρυγῶν πόλις
Ἑλένη τε. Παύω τοὺς λόγους· ταχεῖα γὰρ
νοτὶς διώκει μ' ὀμμάτων ψαύσαντά σου.
Ἴθ' εἰς μέλαθρα. Σὲ δὲ παραιτοῦμαι τάδε, 685
Λήδας γένεθλον, εἰ κατῳκτίσθην ἄγαν,
μέλλων Ἀχιλλεῖ θυγατέρ' ἐκδώσειν ἐμήν.
Ἀποστολαὶ γὰρ μακάριαι μέν, ἀλλ' ὅμως
δάκνουσι τοὺς τεκόντας, ὅταν ἄλλοις δόμοις
παῖδας παραδιδῷ πολλὰ μοχθήσας πατήρ. 690

ΚΛΥΤΑΙΜΝΗΣΤΡΑ.

Οὐχ ὧδ' ἀσύνετός εἰμι, πείσεσθαι δέ με
καὐτὴν δόκει τάδ', ὥστε μή σε νουθετεῖν,
ὅταν σὺν ὑμεναίοισιν ἐξάγω κόρην·
ἀλλ' ὁ νόμος αὐτὰ τῷ χρόνῳ συνισχνανεῖ. —
Τοὔνομα μὲν οὖν παῖδ' οἶδ' ὅτῳ κατήνεσας, 695
γένους δὲ ποίου χὠπόθεν μαθεῖν θέλω.

NC. 681. Manuscrits : παρηΐδες. — 682. La leçon ἡμῖν a été corrigée par Musgrave. —694. Dans le *Palatinus* συνισχάνει se trouve écrit au-dessus de συνανίσχει. La correction συνισχνανεῖ est due à un critique anglais. Nauck a préféré συνισχανεῖ.

disait sans doute qu'il ne convenait pas aux jeunes filles de s'exposer aux regards des hommes. Voy. NC.

681-685. Comparez avec ce morceau les vers 1071-1076 de *Médée*.

684. Διώκει μ(ε), *urget me, instat mihi*. Agamemnon dit qu'il n'a pu caresser sa fille (ψαύσαντά σου) sans fondre aussitôt en larmes.

685-686. Le démonstratif τάδε indique l'idée développée par la phrase εἰ κατῳκτίσθην ἄγαν. Il répond au mot *en* dans cette traduction : « Si je me suis trop attendri, je t'en demande pardon. »

691-693. La phrase subordonnée ὅταν ... ἐξάγω.... κόρην, se rattache à πείσεσθαι δέ με καὐτήν. Les mots intercalés ὥστε μή σε νουθετεῖν ne veulent pas dire : « Sans avoir besoin de tes avis », mais : « loin de te reprocher ta faiblesse ». Σε est le régime de νουθετεῖν.

694. Ἀλλ' ὁ νόμος..., συνισχνανεῖ, L'usage, ainsi que le temps (σὺν τῷ χρόνῳ), adoucira (ἰσχνανεῖ, réduira) ta douleur.

695. Τοὔνομα.... κατήνεσας, quant au nom (s'il suffit de connaître le nom), je sais à qui tu as promis ta fille. Ne construisez pas : οἶδα τοὔνομα (ἐκείνου) ὅτῳ. Cette construction ne pourrait se justifier que s'il y avait ᾧ et non ὅτῳ.

696. Clytemnestre demande à savoir quels sont les ancêtres d'Achille; elle n'ignore pas qu'il est le fils de Thétis. Voy. v. 626.

ΑΓΑΜΕΜΝΩΝ.
Αἴγινα θυγάτηρ ἐγένετ' Ἀσωποῦ πατρός.
ΚΛΥΤΑΙΜΝΗΣΤΡΑ.
Ταύτην δὲ θνητῶν ἢ θεῶν ἔζευξε τίς ;
ΑΓΑΜΕΜΝΩΝ.
Ζεύς· Αἰακὸν δ' ἔφυσεν, Οἰνώνης πρόμον.
ΚΛΥΤΑΙΜΝΗΣΤΡΑ.
Τοῦ δ' Αἰακοῦ παῖς τίς κατέσχε δώματα ; 700
ΑΓΑΜΕΜΝΩΝ.
Πηλεύς· ὁ Πηλεὺς δ' ἔσχε Νηρέως κόρην.
ΚΛΥΤΑΙΜΝΗΣΤΡΑ.
Θεοῦ διδόντος, ἢ βίᾳ θεῶν λαβών;
ΑΓΑΜΕΜΝΩΝ.
Ζεὺς ἠγγύησε, καὶ δίδωσ' ὁ κύριος.
ΚΛΥΤΑΙΜΝΗΣΤΡΑ.
Γαμεῖ δὲ ποῦ νιν; ἢ κατ' οἶδμα πόντιον ;
ΑΓΑΜΕΜΝΩΝ.
Χείρων ἵν' οἰκεῖ σεμνὰ Πηλίου βάθρα. 705
ΚΛΥΤΑΙΜΝΗΣΤΡΑ.
Οὗ φασι Κενταύρειον ᾠκίσθαι γένος ;
ΑΓΑΜΕΜΝΩΝ.
Ἐνταῦθ' ἔδαισαν Πηλέως γάμους θεοί.
ΚΛΥΤΑΙΜΝΗΣΤΡΑ.
Θέτις δ' ἔθρεψεν ἢ πατὴρ Ἀχιλλέα;

NC. 701. Cp. le vers du poëte comique Philétæros, chez Athénée, XIV, p. 474 D: Πηλεύς· ὁ Πηλεὺς δ' ἐστὶν ὄνομα κεραμέως. Cette parodie réfute la conjecture de Hermann : Πηλεύς· ὁ δ' ἔσχε Πηλέως κόρην Θέτιν. — 704. C'est à tort que beaucoup d'éditeurs écrivent ᾗ. La leçon des manuscrits ἢ est conforme à l'usage grec. Cf. *Hécube*, 1013. — 705. Les manuscrits ont πηλείου ou πελείου. — 706. Porson a rectifié la leçon οἰκεῖσθαι.

699. Οἰνώνης. OEnone était l'ancien nom de l'île, appelée plus tard Égine. Ce dernier nom était, suivant la fable grecque, celui de la mère d'Éaque, le premier roi de cette île.

702. Θεοῦ, le dieu, c'est-à-dire Nérée.

Θεοῦ διδόντος est mis ici pour πατρὸς διδόντος, parce qu'il est difficile de croire qu'un dieu donne sa fille à un homme.

703. Ὁ κύριος, celui qui avait le droit de disposer de Thétis, c'est-à-dire son père.

ΑΓΑΜΕΜΝΩΝ.

Χείρων, ἵν' ἤθη μὴ μάθοι κακῶν βροτῶν.

ΚΛΥΤΑΙΜΝΗΣΤΡΑ.

Φεῦ·
σοφός θ' ὁ θρέψας χὠ διδοὺς σοφωτέροις. 710

ΑΓΑΜΕΜΝΩΝ.

Τοιόσδε παιδὸς σῆς ἀνὴρ ἔσται πόσις.

ΚΛΥΤΑΙΜΝΗΣΤΡΑ.

Οὐ μεμπτός. Οἰκεῖ δ' ἄστυ ποῖον Ἑλλάδος;

ΑΓΑΜΕΜΝΩΝ.

Ἀπιδανὸν ἀμφὶ ποταμὸν ἐν Φθίας ὅροις.

ΚΛΥΤΑΙΜΝΗΣΤΡΑ.

Ἐκεῖσ' ἀπάξει σὴν ἐμήν τε παρθένον;

ΑΓΑΜΕΜΝΩΝ.

Κείνῳ μελήσει ταῦτα τῷ κεκτημένῳ. 715

ΚΛΥΤΑΙΜΝΗΣΤΡΑ.

Ἀλλ' εὐτυχοίτην. Τίνι δ' ἐν ἡμέρᾳ γαμεῖ;

ΑΓΑΜΕΜΝΩΝ.

Ὅταν σελήνης εὐτυχὴς ἔλθῃ κύκλος.

ΚΛΥΤΑΙΜΝΗΣΤΡΑ.

Προτέλεια δ' ἤδη παιδὸς ἔσφαξας θεᾷ;

ΑΓΑΜΕΜΝΩΝ.

Μέλλω· 'πὶ ταύτῃ καὶ καθέσταμεν τύχῃ.

NC. 709. La leçon μὴ μάθῃ a été corrigée par Musgrave. — 710. Les manuscrits portent σοφός γ' ὁ θρέψας χὠ διδοὺς σοφωτέρος. Musgrave a écrit σοφωτέροις, l'éditeur de Cambridge a changé γ' en θ'. — 714. Je ne pense pas que la réponse d'Agamemnon exige ici ἀπάξεις, conjecture de Dobree, que plusieurs éditeurs ont adoptée. — 716. La leçon εὐτυχείτην a été rectifiée par Portus.

715. Κείνῳ.... τῷ κεκτημένῳ. Ces paroles sont à double entente. Agamemnon semble parler d'Achille ; mais il entend Pluton. Cf. *Iph. Taur.* 369 : Ἀΐδης Ἀχιλλεὺς ἦν ἄρ', οὐχ ὁ Πηλέως, Ὅν μοι προτείνας πόσιν.... [Hartung.]

717. La pleine lune passait, on le voit, pour une époque favorable à la conclusion d'un mariage. Musgrave rappelle que chez Pindare, *Isthm.* VII, 44, Thétis est unie à Pélée ἐν διχομηνίδεσσιν ἑσπέραις.

718. Προτέλεια. Voyez la note sur le vers 433.

719. ('Ε)πὶ ταύτῃ.... τύχῃ. En se servant de telles expressions, Agamemnon est bien près de trahir son secret.

ΚΛΥΤΑΙΜΝΗΣΤΡΑ.
Κἄπειτα δαίσεις τοὺς γάμους ἐς ὕστερον; 720
ΑΓΑΜΕΜΝΩΝ.
Θύσας γε θύμαθ' ἀμὲ χρὴ θῦσαι θεοῖς.
ΚΛΥΤΑΙΜΝΗΣΤΡΑ.
Ἡμεῖς δὲ θοίνην ποῦ γυναιξὶ θήσομεν;
ΑΓΑΜΕΜΝΩΝ.
Ἐνθάδε παρ' εὐπρύμνοισιν Ἀργείων πλάταις.
ΚΛΥΤΑΙΜΝΗΣΤΡΑ.
Καλῶς ἀναγκαίως τε· συνενέγκαι δ' ὅμως.
ΑΓΑΜΕΜΝΩΝ.
Οἶσθ' οὖν ὃ δρᾶσον, ὦ γύναι; πιθοῦ δέ μοι. 725
ΚΛΥΤΑΙΜΝΗΣΤΡΑ.
Τί χρῆμα; πείθεσθαι γὰρ εἴθισμαι σέθεν.
ΑΓΑΜΕΜΝΩΝ.
Ἡμεῖς μὲν ἐνθάδ', οὗπέρ ἐσθ' ὁ νυμφίος,
ΚΛΥΤΑΙΜΝΗΣΤΡΑ.
μητρὸς τί χωρὶς δράσεθ', ἀμὲ δρᾶν χρεών;
ΑΓΑΜΕΜΝΩΝ.
ἐκδώσομεν σὴν παῖδα Δαναϊδῶν μέτα.
ΚΛΥΤΑΙΜΝΗΣΤΡΑ.
Ἡμᾶς δὲ ποῦ χρὴ τηνικαῦτα τυγχάνειν; 730
ΑΓΑΜΕΜΝΩΝ.
Χώρει πρὸς Ἄργος παρθένους τε τημέλει.
ΚΛΥΤΑΙΜΝΗΣΤΡΑ.
Λιποῦσα παῖδα; τίς δ' ἀνασχήσει φλόγα;

NC. 721. Porson a corrigé les leçons ἄμ' ἐχρῆν et ἄπερ μ' ἐχρῆν. — 725. Le *Palatinus* porte καλῶς δ'. Heath voulait κακῶς ἀναγκαίως δέ. Je propose φαύλως (ou καινῶς) τ' ἀναγκαίως τε. Voy. la note explicative. — 728. Markland a rectifié la leçon ἅ με.

720. Δαίσεις τοὺς γάμους, tu donneras le repas nuptial. Cf. vers 123.

724. Καλῶς ne donne pas de sens satisfaisant. Il faudrait un mot se rapprochant de la signification de ἀναγκαίως. Voy. NC. — Ἀναγκαίως ne veut pas dire ici « nécessairement, » mais « pauvrement, insuffisamment, par nécessité. » Cf. Thucydide, V, 8 : Τὴν ὁπλιτιν ἀναγκαίαν οὖσαν.

726. Οἶσθ' οὖν ὁ δρᾶσον. Cf. *Hécube*, 225 et la note.

727. Πείθεσθαι.... σέθεν. Le verbe πείθεσθαι gouverne quelquefois le génitif, d'après l'analogie du verbe ἀκούειν. Cf. Hérodote, I, 126 : Ἐμέο πειθόμενοι. Thucydide, VII, 83 : Πάντα μᾶλλον ἐλπίζειν ἂν σφῶν πείθεσθαι αὐτούς.

728. Suppléez ἐκείνων avant ἅ ἐμέ.

ΑΓΑΜΕΜΝΩΝ.
Ἐγὼ παρέξω φῶς ὃ νυμφίοις πρέπει.
ΚΛΥΤΑΙΜΝΗΣΤΡΑ.
Οὐχ ὁ νόμος οὗτος· σὺ δ' ἄρα φαῦλ' ἡγεῖ τάδε.
ΑΓΑΜΕΜΝΩΝ.
Οὐ καλὸν ἐν ὄχλῳ σ' ἐξομιλεῖσθαι στρατοῦ. 735
ΚΛΥΤΑΙΜΝΗΣΤΡΑ.
Καλὸν τεκοῦσαν τἀμά μ' ἐκδοῦναι τέκνα.
ΑΓΑΜΕΜΝΩΝ.
Καὶ τάς γ' ἐν οἴκῳ μὴ μόνας εἶναι κόρας.
ΚΛΥΤΑΙΜΝΗΣΤΡΑ.
Ὀχυροῖσι παρθενῶσι φρουροῦνται καλῶς.
ΑΓΑΜΕΜΝΩΝ.
Πιθοῦ.
ΚΛΥΤΑΙΜΝΗΣΤΡΑ.
Μὰ τὴν ἄνασσαν Ἀργείαν θεάν.
Ἐλθὼν σὺ τἄξω πρᾶσσε, τἀν δόμοις δ' ἐγώ 740
[ἃ χρὴ παρεῖναι νυμφίοισι παρθένοις]. —
ΑΓΑΜΕΜΝΩΝ.
Οἴμοι· μάτην ᾖξ', ἐλπίδος δ' ἀπεσφάλην,
ἐξ ὀμμάτων δάμαρτ' ἀποστεῖλαι θέλων.
Σοφίζομαι δὲ κἀπὶ τοῖσι φιλτάτοις
τέχνας πορίζω, πανταχῇ νικώμενος. 745

NC. 734. J'ai écrit, avec Dindorf, σὺ δ' ἄρα puur σὺ δὲ. On a proposé σὺ δὲ τί (Elmsley), μὴ σὺ φαῦλ' ἡγοῦ τάδε (Kirchhoff), etc. — 736. Τἀμά μ', correction de Markland pour τἀμά γ'. — 740. Markland a écrit ἐλθὼν σύ pour ἐλθὼν δὲ ou ἐλθών γε. — 741. Νυμφίοισι παρθένοις est une expression étrange, et ce vers tout entier n'est qu'un mauvais supplément, qui affaiblit le discours de Clytemnestre. L'éditeur de Cambridge a reconnu l'interpolation.

734. Οὐχ ὁ νόμος οὗτος. Voyez, sur l'usage que Clytemnestre veut maintenir, *Médée*, 1027 et la note. — Ἄρα. Si on voulait longuement développer ce qui est rapidement indiqué par cette particule, il faudrait la traduire : « A ce que je vois par ce que tu dis. » — Φαῦλ(α) veut dire ici : « Insignifiant, sans importance. »

735. Ἐξομιλεῖσθαι équivaut à ὁμιλεῖσθαι ἔξω τοῦ οἴκου. [Albresch.]

738. Ὀχυροῖσι παρθενῶσι. Voy. la note sur le vers 149.

739. Μὰ τὴν.... θεάν. Junon était à la fois la déesse d'Argos et la déesse qui présidait à l'union conjugale, la matrone divine. Aucune divinité n'avait plus de titres à être invoquée ici par Clytemnestre.

742. Μάτην ᾖξ(α). On compare *Ion*, 572 : Ὁ δ' ᾖξας ὀρθῶς, τοῦτο κἄμ' ἔχει πόθος.

372   ΙΦΙΓΕΝΕΙΑ Η ΕΝ ΑΥΛΙΔΙ.

Ὅμως δὲ σὺν Κάλχαντι τῷ θυηπόλῳ
κοινῇ τὸ τῆς θεοῦ φίλον, ἐμοὶ δ᾽ οὐκ εὐτυχὲς,
ἐξιστορήσων εἶμι, μόχθον Ἑλλάδος.
Χρὴ δ᾽ ἐν δόμοισιν ἄνδρα τὸν σοφὸν τρέφειν
γυναῖκα χρηστὴν κἀγαθήν, ἢ μὴ γαμεῖν.   750

ΧΟΡΟΣ.

Ἥξει δὴ Σιμόεντα καὶ   [Strophe.]
δίνας ἀργυροειδεῖς
ἄγυρις Ἑλλάνων στρατιᾶς
ἀνά τε ναυσὶν καὶ σὺν ὅπλοις
Ἴλιον εἰς τὸ Τροίας   755
Φοιβήϊον δάπεδον,
τὰν Κασάνδραν ἵν᾽ ἀκού-
ω ῥίπτειν ξανθοὺς πλοκάμους
χλωροκόμῳ στεφάνῳ δάφνας
κοσμηθεῖσαν, ὅταν θεοῦ   760
μαντόσυνοι πνεύσωσ᾽ ἀνάγκαι.

Στάσονται δ᾽ ἐπὶ περγάμων   [Antistrophe.]
Τροίας ἀμφί τε τείχη
Φρύγες, ὅταν χάλκασπις Ἄρης

NC. 747. Kirchhoff a rétabli la leçon du *Palatinus*. Dans ce manuscrit, la seconde main a ajouté γ᾽ après φίλον : de là est venue la vulgate, d'après laquelle on lisait τὸ τῆς θεοῦ φίλον γ᾽, en supprimant le mot κοινῇ. — 750. Γαμεῖν, correction de Hermann pour τρέφειν, mot répété par erreur dans les manuscrits. Ce second τρέφειν ne pourrait avoir d'autre régime que γυναῖκα χρηστὴν κἀγαθήν, ce qui serait absurde. — 754. Variante : ναυσί. — 761. Παντόσυνοι, leçon vicieuse du *Palatinus*. — 764-765. J'ai écrit, avec Hermann, Φρύγες pour Τρῶες, et ἄλιος pour πόντιος, afin de rétablir l'accord antistrophique.

749-750. Le refus de Clytemnestre jette Agamemnon dans un grand embarras, et c'est là ce qui explique cette réflexion, qui d'ailleurs n'est pas équitable : car Clytemnestre n'a fait que maintenir ses droits de mère. Ajoutez que le spectateur et le lecteur savent ce que Clytemnestre deviendra par la suite, et qu'elle ne méritera certes pas le nom de γυνὴ χρηστὴ κἀγαθή.

755-756. Ἴλιον... Φοιβήϊον δάπεδον. Cf. *Hélène*, 1510 : Ἰλίου Φοιβείους ἐπὶ πύργους. Toutefois dans notre passage le poëte appelle la Troade un pays consacré à Apollon, protégé par Apollon, sans faire allusion à la fable suivant laquelle ce dieu avait aidé à construire les murs de Troie.

757. Τὰν Κασάνδραν. La mention de Cassandre, amenée par celle d'Apollon au vers précédent, fait prévoir l'événement sans cesse annoncé dans les prophéties de cette Sibylle, à savoir la chute de Troie.

761. Πνεύσωσ(ι). On compare Virgile,

ΙΦΙΓΕΝΕΙΑ Η ΕΝ ΑΥΛΙΔΙ. 373

ἅλιος εὐπρώροισι πλάταις 765
εἰρεσίᾳ πελάζῃ
Σιμουντίοις ὀχετοῖς,
τὰν τῶν ἐν αἰθέρι δισ—
σῶν Διοσκούρων Ἑλέναν
ἐκ Πριάμου κομίσαι θέλων 770
εἰς γᾶν Ἑλλάδα δοριπόνοις
ἀσπίσι καὶ λόγχαις Ἀχαιῶν.

Πέργαμον δὲ Φρυγῶν πόλιν [Épode.]
λαΐνους περὶ πύργους
κυκλώσας δόρει φονίῳ, 775
λαιμοτόμους σπάσας κεφαλὰς,
πέρσας πόλισμα κατάκρας,
θήσει κόρας πολυκλαύτους
δάμαρτά τε Πριάμου. 780
Ἁ δὲ Διὸς Ἑλένα κόρα

NC. 773-800. Dindorf regarde tout ce morceau comme interpolé; Hartung écarte les vers 773-782, Kirchhoff les vers 776-782. La plupart des objections qu'on a faites contre ces vers se lèvent, ce me semble, par les corrections que j'y ai introduites. Cependant l'épode est d'une longueur excessive ; et comme les vers 773-782 contiennent le récit de l'accomplissement des craintes prêtées aux femmes de Troie dans les vers 783-792, je suis disposé à croire que le premier de ces morceaux était destiné à remplacer le second. Dans la rédaction primitive, celle d'Euripide, l'épode aura commencé au vers 783. Les tristes prévisions des Troyennes se rattachent très-bien au débarquement des Grecs, sur lequel roule l'antistrophe; mais l'annonce directe de la destruction de Troie est quelque peu déplacée ici. — 775. La leçon ἄρει φονίῳ (Aldine : φοινίῳ) est tout à fait inadmissible, puisque Ἄρης (v. 764) est le sujet de la phrase. J'ai adopté, à peu de chose près, la correction de Hermann : δορὶ φοινίῳ. — 776. Variante : λαιμητόμους. Ensuite on lisait κεφαλὰς ‖ σπάσας. J'ai transposé ces mots. — 777. Les manuscrits portent πόλισμα Τροίας ‖ πέρσας κατάκρας πόλιν. J'ai rétabli la mesure, en retranchant πόλιν, qui est la glose de πόλισμα, ainsi que Τροίας, qui est une addition explicative. — 778. La leçon πολυκλαύστους est rectifiée dans l'édition Aldine.

Én. VI, 50 : « Adflata est numine quando « Jam propiore dei. »—Μαντόσυναι ἀνάγκαι. Cf. ib. 80 : « Fera corda domans. »
767. Ὀχετοῖς, ruisseau. Cf. Oreste, 810 : Παρὰ Σιμουντίοις ὀχετοῖς.
768-769. Τὰν... Διοσκούρων, sous-ent. ἀδελφήν.
770-774. Ἐκ Πριάμου, sous-entendez γᾶς, est opposé à εἰς γαν Ἑλλάδα. — Δοριπόνοις, occupés des travaux de la guerre, belliqueux. Cette épithète, qui convient aux Grecs, est ici donnée à leurs armes. Cf. Électre, 479 : Δοριπόνων ἀνδρῶν.
778. Θήσει. Le sujet de ce verbe est toujours Ἄρης, v. 764.

374   ΙΦΙΓΕΝΕΙΑ Η ΕΝ ΑΥΛΙΔΙ.

[πολύκλαυτος] εἴσεται πόσιν προλιποῦσα.
Μήτ' ἐμοὶ μήτ' ἐμοῖσι τέκνων τέκνοις
ἐλπὶς ἅδε ποτ' ἔλθοι,   785
οἵαν αἱ πολύχρυσοι
Λυδαὶ καὶ Φρυγῶν ἄλοχοι
στήσουσι παρ' ἱστοῖς
μυθεῦσαι τάδ' ἐς ἀλλήλας·
τίς ἄρα μ' εὐπλοκάμου κόμας   790
ῥῦμα δακρυόεν τανύσας
πατρίδος ὀλλυμένας ἀπολωτιεῖ;
διὰ σὲ, τὰν κύκνου δολιχαύχενος γόνον,
εἰ δὴ φάτις ἔτυμος, ὡς ἔτεκεν   795
Λήδα σ' ὄρνιθι πταμένῳ
Διὸς ὅτ' ἀλλάχθη δέμας, εἴτ'
ἐν δέλτοις Πιερίσιν μῦθοι τάδ' ἐς ἀνθρώπους
ἤνεγκαν παρὰ καιρὸν ἄλλως.   800

ΑΧΙΛΛΕΥΣ.

Ποῦ τῶν Ἀχαιῶν ἐνθάδ' ὁ στρατηλάτης;

NC. 782. Les manuscrits portent πολύκλαυτος ἐσεῖται. Hermann écrivait πολύκλαυτος ἐίσεται, en marquant une lacune avant ces mots. Je regarde πολύκλαυτος comme une interpolation tirée du vers 778. — 783. Conjecture de Hermann : Ἐμοὶ μήτ' ἐμοῖσι τέκνοις. — 790. La leçon εὐπλοκάμους a été corrigée par Dobree. — 791. Ῥῦμα, correction de Hermann pour ἔρυμα. — 792. Erfurdt a corrigé la leçon οὐλομένης. — 795. Ἔτεκεν, correction de Musgrave pour ἔτυχεν. — 796. Nauck a inséré σ' après Λήδα. Ensuite les manuscrits portent ὄρνιθ' ἱπταμένῳ.

782. Εἴσεται πόσιν προλιποῦσα, elle saura qu'elle a abandonné son époux, c'est-à-dire : elle apprendra à ses dépens qu'elle commit un crime en abandonnant son époux.

785. Ἐλπίς, la prévision, la crainte. Cf. Salluste, Catil. XX : « Nobis est spes « multo asperior. »

786-788. Οἵαν (ἐλπίδα).... στήσουσι. Klotz compare Sophocle, OEd. R. i, 671 : Ὅτου ποτε Μῆνιν τοσήνδε πράγματος στήσας ἔχεις.

789. Μυθεῦσαι pour μυθοῦσαι, comme ὑμνεῦσαι (Médée, 422) pour ὑμνοῦσαι. Le verbe μυθεῖν est attesté par la glose de Photius et de Suidas : Μυθήσας· εἰπών.

791. Ῥῦμα τανύσας; équivaut à ἕλξιν ἕλξας.

793. Διὰ σὲ, τὰν κύκνου.... Le chœur, qui avait fait parler les femmes de Troie dans les vers 790-792, dit ici en son propre nom que tous ces malheurs arriveront à cause d'Hélène. Quant à la naissance de cette fille de Léda et à la métamorphose de Jupiter en cygne, voy. Hélène, v. 17-21. — Τὰν.... γόνον équivaut à τὰν οὖσαν γόνον. Cf. Pindare, Pyth. IV, 256 : Μήδειαν, τὰν Πελίαο φόνον.

798. Ἐν δέλτοις Πιερίσιν, dans les pages des poëtes. Ce vers et les suivants rappellent un doute que Pindare exprime à propos d'une autre fable; Olymp. I, 28 Καὶ πού τι καὶ βροτῶν φάτιν ὑπὲρ τὸν ἀλαθῆ λόγον δεδαιδαλμένοι ψεύδεσι ποικίλοις ἐξαπατῶντι μῦθοι.

ΙΦΙΓΕΝΕΙΑ Η ΕΝ ΑΥΛΙΔΙ. 375

τίς ἂν φράσειε προσπόλων τὸν Πηλέως
ζητοῦντά νιν παῖδ᾽ ἐν πύλαις Ἀχιλλέα;
Οὐκ ἐξ ἴσου γὰρ μένομεν Εὐρίπου πνοάς;
Οἱ μὲν γὰρ ἡμῶν ὄντες ἄζυγες γάμων   805
οἴκους ἐρήμους ἐκλιπόντες ἐνθάδε
θάσσουσ᾽ ἐπ᾽ ἀκταῖς, οἱ δ᾽ ἔχοντες εὐνίδας
καὶ παῖδας· οὕτω δεινὸς ἐμπέπτωκ᾽ ἔρως
τῆσδε στρατείας Ἑλλάδ᾽ οὐκ ἄνευ θεῶν.
Τοὐμὸν μὲν οὖν δίκαιον ἐμὲ λέγειν χρεών·   810
ἄλλος δ᾽ ὁ χρῄζων αὐτὸς ὑπὲρ αὑτοῦ φράσει.
Γῆν γὰρ λιπὼν Φάρσαλον ἠδὲ Πηλέα
. . . .
. . . .
. . . .
μένω 'πὶ λεπταῖς ταισίδ᾽ Εὐρίπου πνοαῖς,

NC. 804. Les manuscrits portent Εὐρίπου πύλας (erreur provenant du mot πύλαις au vers précédent). Depuis Barnes la vulgate est πέλας. Hermann a écrit πνοάς, en mettant un point d'interrogation après ce mot ; et cette correction est nécessaire, parce qu'Achille veut dire évidemment que toute l'armée est également impatiente de partir. — 807. Markland a corrigé la leçon ἐπ᾽ ἀκτάς. — 808. Καὶ παῖδας, correction de Musgrave pour ἄπαιδες. — 809. La leçon Ἑλλάδι γ᾽ a été corrigée par Scaliger. Il faut peut-être écarter ces mots, et écrire, d'après la conjecture d'Elmsley, οὐκ ἄνευ θεῶν τινός.— 812. Après ce vers nous avons marqué, avec Kirchhoff, une lacune de trois vers, laquelle est indiquée dans le *Palatinus*. Au vers 264 ce manuscrit nous a déjà fourni une excellente indication de ce genre. — 813. La leçon ταῖσδε γ᾽ εὐρίπου a été corrigée par Blomfield. Hermann écrit πύλαις pour πνοαῖς : cf. v. 804, NC.

804. Οὐκ ἐξ ἴσου.... πνοάς; N'attendons-nous pas tous dans la même situation d'esprit (avec la même impatience) les vents de l'Euripe ?

806. Οἴκους ἐρήμους ἐκλιπόντες. Ces mots expliquent pourquoi les hommes non mariés, tel qu'Achille, désirent autant que les hommes mariés de partir promptement et de revenir au plus tôt. Leur maison est vide, sans enfants : il leur tarde de perpétuer leur race.

808-809. Ἐμπέπτωκ᾽ ἔρως.... Ἑλλάδ(ι). La finale du datif Ἑλλάδι ne pourrait pas s'élider chez un poëte attique. On trouve d'autres exemples du verbe ἐμπί-πτειν construit avec l'accusatif (cf. *Médée*, v. 93, et la note); mais ils sont contestables. Voyez la conjecture proposée dans la note critique.

812. Dans la lacune marquée après ce vers, Achille développait les motifs particuliers (τοὐμὸν δίκαιον) qui lui faisaient presser le départ. Il pouvait dire que son père était vieux et sans défenseur (cf. *Iliade*, XXIV, 486 sqq.), et ajouter d'autres considérations personnelles.

813. (Ἐ)πὶ λεπταῖς.... πνοαῖς, près des vents faibles de l'Euripe, c'est-à-dire : près de l'Euripe à peine agité par le vent. Cf. v. 10 sq.

Μυρμιδόνας ἴσχων · οἱ δ᾽ ἀεὶ προσκείμενοι
λέγουσ᾽ · Ἀχιλλεῦ, τί μένομεν; ποῖον χρόνον
ἔτ᾽ ἐκμετρῆσαι χρὴ πρὸς Ἰλίου στόλον;
δρᾶ γ᾽, εἴ τι δράσεις, ἢ ἄπαγ᾽ οἴκαδε στρατὸν,
τὰ τῶν Ἀτρειδῶν μὴ μένων μελλήματα.

ΚΛΥΤΑΙΜΝΗΣΤΡΑ.

Ὦ παῖ θεᾶς Νηρῇδος, ἔνδοθεν λόγων
τῶν σῶν ἀκούσασ᾽ ἐξέβην πρὸ δωμάτων.

ΑΧΙΛΛΕΥΣ.

Ὦ πότνι᾽ αἰδὼς, τήνδε τίνα λεύσσω ποτὲ
γυναῖκα, μορφὴν εὐπρεπῆ κεκτημένην;

ΚΛΥΤΑΙΜΝΗΣΤΡΑ.

Οὐ θαῦμά σ᾽ ἡμᾶς ἀγνοεῖν, οὓς μὴ πάρος
κατεῖδες· αἰνῶ δ᾽ ὅτι σέβεις τὸ σωφρονεῖν.

ΑΧΙΛΛΕΥΣ.

Τίς δ᾽ εἶ; τί δ᾽ ἦλθες Δαναϊδῶν εἰς σύλλογον,
γυνὴ πρὸς ἄνδρας ἀσπίσιν πεφραγμένους;

ΚΛΥΤΑΙΜΝΗΣΤΡΑ.

Λήδας μέν εἰμι παῖς, Κλυταιμνήστρα δέ μοι
ὄνομα, πόσις δέ μοὐστὶν Ἀγαμέμνων ἄναξ.

ΑΧΙΛΛΕΥΣ.

Καλῶς ἔλεξας ἐν βραχεῖ τὰ καίρια·

815

820

825

NC. 814. L'éditeur de Cambridge a corrigé la leçon οἴμ᾽ ἀεί (οἵ μ᾽ ἀεί). — 815. Peut-être : πόσον χρόνον, d'après le même éditeur. — 816. Variante : Ἴλιον. — 817. La particule γ᾽ est ajoutée par la seconde main du *Palatinus*. Fix et Nauck écrivent δρᾶ δ᾽. — 824. Κατεῖδες· αἰνῶ est dû à la seconde main du *Palatinus*. La leçon προσέβης ἂν αἰνῶ vient peut-être des mots ὅτι σέβεις. Fix en a tiré πρόσειδες. Nauck propose οἷς μὴ πάρος ‖ προσῆκες.

814. Προσκείμενοι, *instantes*.
815-816. Ποῖον χρόνον.... στόλον; combien de temps faut-il encore attendre jusqu'au départ pour Ilion? Construisez : πρὸς στόλον Ἰλίου, et non στόλον πρὸς Ἰλίου, ce qui voudrait dire : l'expédition venant d'Ilion. — Χρόνον ἐκμετρῆσαι, *tempus emetiri*. Cette expression peint bien la longueur de l'attente.
817. Δρᾶ γ᾽, εἴ τι δράσεις, si tu veux faire quelque chose (entreprendre une action mémorable), fais le tout de suite.
818. Τὰ τῶν Ἀτρειδῶν μὴ μένων μελ-λήματα. Cf. Eschine, *contre Ctésiphon*, 72. Οὐδὲ τὰ τῶν Ἑλλήνων ἀναμένειν μελλήματα, ἀλλ᾽ ἢ πολεμεῖν αὐτοὺς ἢ τὴν εἰρήνην ἰδίᾳ ποιεῖσθαι. [Markland.]
824. Ὦ πότνι᾽ Αἰδώς. Il était contraire aux mœurs, encore un peu orientales, de la Grèce, qu'une honnête femme vînt au devant d'un étranger.
825. Μὴ serait de rigueur dans la phrase générale : οὐ θαῦμά σ᾽ ἀγνοεῖν οὓς μὴ πάρος κατεῖδες. Cette négation est conservée ici malgré le régime déterminé ἡμᾶς.

αἰσχρὸν δέ μοι γυναιξὶ συμβάλλειν λόγους. 830

ΚΛΥΤΑΙΜΝΗΣΤΡΑ.

Μεῖνον· τί φεύγεις; δεξιάν τ' ἐμῇ χερὶ
σύναψον, ἀρχὴν μακαρίων νυμφευμάτων.

ΑΧΙΛΛΕΥΣ.

Τί φής; ἐγώ σοι δεξιάν; αἰδοίμεθ' ἂν
Ἀγαμέμνον', εἰ ψαύοιμεν ὧν μή μοι θέμις.

ΚΛΥΤΑΙΜΝΗΣΤΡΑ.

Θέμις μάλιστα, τὴν ἐμὴν ἐπεὶ γαμεῖς 835
παῖδ', ὦ θεᾶς παῖ ποντίας Νηρηίδος.

ΑΧΙΛΛΕΥΣ.

Ποίους γάμους φής; ἀφασία μ' ἔχει, γύναι·
εἰ μή τι παρανοοῦσα καινουργεῖς λόγον.

ΚΛΥΤΑΙΜΝΗΣΤΡΑ.

Πᾶσιν τόδ' ἐμπέφυκεν, αἰδεῖσθαι φίλους
καινοὺς ὁρῶσι καὶ γάμου μεμνημένοις. 840

ΑΧΙΛΛΕΥΣ.

Οὐπώποτ' ἐμνήστευσα παῖδα σὴν, γύναι,
οὐδ' ἐξ Ἀτρειδῶν ἦλθέ μοι λόγος γάμων.

ΚΛΥΤΑΙΜΝΗΣΤΡΑ.

Τί δῆτ' ἂν εἴη; σὺ πάλιν αὖ λόγους ἐμοὺς
θαύμαζ'· ἐμοὶ γὰρ θαύματ' ἐστὶ τὰ παρὰ σοῦ.

ΑΧΙΛΛΕΥΣ.

Εἴκαζε· κοινόν ἐστιν εἰκάζειν τάδε· 845

NC. 831. Μεῖνον, correction de Valckenaer pour δεινόν. — Δεξιάν τ', correction de Markland pour δεξιάν γ'. — 832. Markland a rectifié la leçon μακαρίαν. — 835. La leçon γαμοῖς est corrigée dans l'édition Aldine. — 837. Φής, correction de Barnes pour ἔφησθ'. — 840. Plusieurs éditeurs écrivent μεμνημένους.

831-832. Δεξιάν τ(ε).... σύναψον. Ces mots se rattachent à μεῖνον. Il faut regarder τί φεύγεις; comme une parenthèse. — Ἀρχήν, commencement, prélude, auspices.
833-834. Achille regarde Clytemnestre comme la propriété d'un autre : ce qu'il respecte en elle, c'est moins son sexe et sa personne que les droits d'un époux. Ces vers le prouvent, et telles étaient les mœurs grecques. — Quant au mélange du pluriel et du singulier de la première personne, cf. *Hipp.* 244.
838. Παρανοοῦσα ne peut guère signifier : « par méprise. » Παρανοεῖν, ainsi que παράνοια, désigne toujours l'égarement de l'esprit. Par respect pour Clytemnestre, Achille aime mieux supposer chez elle un accès de folie qu'un dessein répréhensible.
845-846. Κοινόν ἐστιν.... λόγοις ἴσως, nous pouvons faire là-dessus des conjec-

ἄμφω γὰρ ἐψευδόμεθα τοῖς λόγοις ἴσως.

ΚΛΥΤΑΙΜΝΗΣΤΡΑ.

Ἀλλ' ἦ πέπονθα δεινά; μνηστεύω γάμους
οὐκ ὄντας, ὡς εἴξασιν· αἰδοῦμαι τάδε.

ΑΧΙΛΛΕΥΣ.

Ἴσως ἐκερτόμησε κἀμὲ καὶ σέ τις.
Ἀλλ' ἀμελίᾳ δὸς αὐτὰ καὶ φαύλως φέρε. 850

ΚΛΥΤΑΙΜΝΗΣΤΡΑ.

Χαῖρ'· οὐ γὰρ ὀρθοῖς ὄμμασίν σ' ἔτ' εἰσορῶ,
ψευδὴς γενομένη καὶ παθοῦσ' ἀνάξια.

ΑΧΙΛΛΕΥΣ.

Καὶ σοὶ τόδ' ἐστὶν ἐξ ἐμοῦ· πόσιν δὲ σὸν
στείχω ματεύσων τῶνδε δωμάτων ἔσω.

ΠΡΕΣΒΥΤΗΣ.

Ὦ ξέν', Αἰακοῦ γένεθλον, μεῖνον, ὦ σέ τοι λέγω, 855
τὸν θεᾶς γεγῶτα παῖδα, καὶ σὲ, τὴν Λήδας κόρην.

ΑΧΙΛΛΕΥΣ.

Τίς ὁ καλῶν πύλας παροίξας; ὡς τεταρβηκὼς καλεῖ.

ΠΡΕΣΒΥΤΗΣ.

Δοῦλος, οὐχ ἁβρύνομαι τῷδ'· ἡ τύχη γὰρ οὐκ ἐᾷ.

ΑΧΙΛΛΕΥΣ.

Τίνος; ἐμὸς μὲν οὐχί· χωρὶς τἀμὰ κἀγαμέμνονος.

NC. 846. Fix a rétabli ἐψευδόμεθα, variante (conjecture?) d'un manuscrit secondaire. La leçon οὐ ψευδόμεθα pourrait se comprendre à la rigueur; mais elle ne s'accorde pas avec la réponse de Clytemnestre. Matthiæ voulait οὖν ψευδόμεθα. — 854. La plupart des manuscrits donnent le nom de Θεράπων au personnage qui entre ici en scène, tout en appelant Πρεσβύτης celui qui a paru au début de la pièce. Il est évident que ces deux personnages n'en font qu'un. — 855. Markland a corrigé la leçon ὡς σέ τοι. — 858. Les manuscrits portent γάρ μ' οὐκ ἐᾷ. Elmsley a compris qu'il fallait retrancher le pronom personnel.

tures l'un et l'autre; car l'un et l'autre, nous nous sommes trompés également (ἴσως) dans nos discours.

847. Ἦ πέπονθα δεινά, m'a-t-on indignement trompée?

848. Εἴξασιν, forme attique pour ἐοίκασιν.

850. Φαύλως φέρε, n'y attache pas d'importance. Cp. v. 734.

855. Le mètre trochaïque succède de nouveau aux iambes. Voyez la note sur le vers 317.

857. Πύλας παροίξας, ayant entr'ouvert la porte.

859. Χωρὶς τἀμὰ κἀγαμέμνονος. On voit la préoccupation d'Achille : l'étrange discours de Clytemnestre l'a mis en défiance.

ΙΦΙΓΕΝΕΙΑ Η ΕΝ ΑΥΛΙΔΙ.   379

ΠΡΕΣΒΥΤΗΣ.

Τῆσδε τῆς πάροιθεν οἴκων, Τυνδάρεω δόντος πατρός. 860

ΑΧΙΛΛΕΥΣ.

Ἕσταμεν· φράζ', εἴ τι χρῄζεις, ὧν μ' ἐπέσχες οὕνεκα.

ΠΡΕΣΒΥΤΗΣ.

Ἦ μόνω παρόντε δῆτα ταῖσδ' ἐφέστατον πύλαις;

ΚΛΥΤΑΙΜΝΗΣΤΡΑ.

Ὡς μόνοις λέγοις ἄν, ἔξω δ' ἐλθὲ βασιλείων δόμων.

ΠΡΕΣΒΥΤΗΣ.

Ὦ τύχη πρόνοιά θ' ἡμή, σώσαθ' οὓς ἐγὼ θέλω.

ΚΛΥΤΑΙΜΝΗΣΤΡΑ.

. . . .

ΠΡΕΣΒΥΤΗΣ.

Ὁ λόγος εἰς μέλλοντ' ὀνήσει χρόνον· ἔχει δ' ὄκνον
τινά.   865

ΚΛΥΤΑΙΜΝΗΣΤΡΑ.

Δεξιᾶς ἕκατι μὴ μέλλ', εἴ τί μοι χρῄζεις λέγειν.

ΠΡΕΣΒΥΤΗΣ.

Οἶσθα δῆτά μ' ὅστις ὢν σοὶ καὶ τέκνοις εὔνους ἔφυν.

NC. 860. *Palatinus* : τῶνδε τῶν πάροιθεν. — 862. Παρόντε, correction de Porson et d'autres critiques, pour πάροιθε, mot qui se trouve au vers 860 et que les copistes ont répété par erreur. — 864. Les manuscrits portent σώσας, qui vient évidemment de σώσαθ', et non de σῶσον, correction irréfléchie de la seconde main du *Palatinus*. — 865. Ce vers, généralement attribué à Achille, ne convient pas à ce personnage, qui, d'ailleurs, s'est déjà retiré de la conversation. Je l'ai donné au vieillard, en indiquant qu'il a dû être séparé du vers 864 par un vers de Clytemnestre. — Ὀνήσει, correction de Bœckh pour ἂν ὤσῃ. Ἀνοίσει, proposé par Markland, se rapproche davantage de la leçon des manuscrits, mais ne donne pas un sens satisfaisant. — Ὄκνον, correction de Hermann pour ὄγκον. — 867. Vulgate : δῆτά γ' ὅστις. Mais le *Palatinus* porte, de première main, δῆθ' ὅστις. La correction est de Porson.

866. Voyant que le vieillard a peur (ὄκνον) de parler, Clytemnestre lui tend la main droite afin de le rassurer sur les conséquences fâcheuses que cette révélation pourrait avoir pour lui. Δεξιᾶς ἕκατι équivaut à δεξιᾶς ἕνεκα. « S'il ne s'agit, dit Clytemnestre, que de toucher ma main, parle sans hésitation. » Cf. Platon, *Rép.* I, p. 337 D : Ἀλλ' ἕνεκα ἀργυρίου, ὦ Θρασύμαχε, λέγε· πάντες γὰρ ἡμεῖς Σωκράτει εἰσοίσομεν. Cp. aussi, outre le vers 1367, *Hélène*, 1482 : Ὡς ἂν πόνου γ' ἕκατι μὴ λάθῃ με γῆς Τῆσδ' ἐκκομισθεῖσ' ἄλοχος. — Nous adoptons l'interprétation donnée par Markland. Dindorf et d'autres pensent que la reine prend la main du vieillard pour le supplier de parler, et ils expliquent δεξιᾶς ἕκατι, *per dextram*. Mais il me semble fort douteux que ces mots puissent avoir ce sens.

ΙΦΙΓΕΝΕΙΑ Η ΕΝ ΑΥΛΙΔΙ.

ΚΛΥΤΑΙΜΝΗΣΤΡΑ.

Οἶδά σ' ὄντ' ἐγὼ παλαιὸν δωμάτων ἐμῶν λάτριν.

ΠΡΕΣΒΥΤΗΣ.

Χὤτι μ' ἐν ταῖς σαῖσι φερναῖς ἔλαβεν Ἀγαμέμνων ἄναξ.

ΚΛΥΤΑΙΜΝΗΣΤΡΑ.

Ἦλθες εἰς Ἄργος μεθ' ἡμῶν, κἀμὸς ἦσθ' ἀεί ποτε. 870

ΠΡΕΣΒΥΤΗΣ.

Ὧδ' ἔχει· καὶ σοὶ μὲν εὔνους εἰμί, σῷ δ' ἧσσον πόσει.

ΚΛΥΤΑΙΜΝΗΣΤΡΑ.

Ἐκκάλυπτε νῦν ποθ' ἡμῖν οὕστινας λέγεις λόγους.

ΠΡΕΣΒΥΤΗΣ.

Παῖδα σὴν πατὴρ ὁ φύσας αὐτόχειρ μέλλει κτανεῖν.

ΚΛΥΤΑΙΜΝΗΣΤΡΑ.

Πῶς; ἀπέπτυσ', ὦ γεραιέ, μῦθον· οὐ γὰρ εὖ φρονεῖς.

ΠΡΕΣΒΥΤΗΣ.

Φασγάνῳ λευκὴν φονεύων τῆς ταλαιπώρου δέρην. 875

ΚΛΥΤΑΙΜΝΗΣΤΡΑ.

Ὦ τάλαιν' ἐγώ. Μεμηνὼς ἆρα τυγχάνει πόσις;

ΠΡΕΣΒΥΤΗΣ.

Ἀρτίφρων, πλὴν εἰς σὲ καὶ σὴν παῖδα· τοῦτο δ' οὐ φρονεῖ.

ΚΛΥΤΑΙΜΝΗΣΤΡΑ.

Ἐκ τίνος λόγου; τίς αὐτὸν οὑπάγων ἀλαστόρων;

ΠΡΕΣΒΥΤΗΣ.

Θέσφαθ', ὥς γέ φησι Κάλχας, ἵνα πορεύηται στρατός.

ΚΛΥΤΑΙΜΝΗΣΤΡΑ.

Ποῖ; τάλαιν' ἐγώ, τάλαινα δ' ἣν πατὴρ μέλλει κτανεῖν. 880

ΠΡΕΣΒΥΤΗΣ.

Δαρδάνου πρὸς δώμαθ', Ἑλένην Μενέλεως ὅπως λάβῃ.

NC. 873. Elmsley demande μέλλει κτενεῖν ici et au vers 880. — 875. Manuscrits: ταλαιπώρου. Aldine : τῆς ταλαιπώρου.

877. Τοῦτο, par rapport à cela, en cela.
878. Ἐκ τίνος λόγου; pour quel motif? — Construisez : τίς ἀλαστόρων (ἐστὶν) ὁ ἐπάγων αὐτὸν (κτείνειν τὴν θυγατέρα);

ΙΦΙΓΕΝΕΙΑ Η ΕΝ ΑΥΛΙΔΙ. 381

ΚΛΥΤΑΙΜΝΗΣΤΡΑ.

Εἰς ἆρ' Ἰφιγένειαν Ἑλένης νόστος ἦν πεπρωμένος;

ΠΡΕΣΒΥΤΗΣ.

Πάντ' ἔχεις· Ἀρτέμιδι θύσειν παῖδα σὴν μέλλει πατήρ.

ΚΛΥΤΑΙΜΝΗΣΤΡΑ.

Ὁ δὲ γάμος τίν' εἶχε πρόφασιν, ὅς μ' ἐκόμισεν ἐκ δόμων;

ΠΡΕΣΒΥΤΗΣ.

Ἵν' ἀγάγοις χαίρουσ' Ἀχιλλεῖ παῖδα νυμφεύσουσα σήν. 885

ΚΛΥΤΑΙΜΝΗΣΤΡΑ.

Ὦ θύγατερ, ἥκεις ἐπ' ὀλέθρῳ καὶ σὺ καὶ μήτηρ σέθεν.

ΠΡΕΣΒΥΤΗΣ.

Οἰκτρὰ πάσχετον δύ' οὖσαι· δεινὰ δ' Ἀγαμέμνων ἔτλη.

ΚΛΥΤΑΙΜΝΗΣΤΡΑ.

Οἴχομαι τάλαινα, δάκρυον τ' ὄμματ' οὐκέτι στέγει.

ΠΡΕΣΒΥΤΗΣ.

Οὐ παρὰ λόγον ἦν τὸ τέκνων στερομένην δακρυρροεῖν.

ΚΛΥΤΑΙΜΝΗΣΤΡΑ.

Σὺ δὲ τάδ', ὦ γέρον, πόθεν φὴς εἰδέναι πεπυσμένος; 890

ΠΡΕΣΒΥΤΗΣ.

Δέλτον ᾠχόμην φέρων σοι πρὸς τὰ πρὶν γεγραμμένα.

ΚΛΥΤΑΙΜΝΗΣΤΡΑ.

Οὐκ ἐῶν ἢ ξυγκελεύων παῖδ' ἄγειν θανουμένην;

ΠΡΕΣΒΥΤΗΣ.

Μὴ μὲν οὖν ἄγειν· φρονῶν γὰρ ἔτυχε σὸς πόσις τότ' εὖ.

NC. 884. Manuscrits : ἤ μ' ἐκόμισ'. Markland : ἤ μ' ἐκόμισεν. Pour rétablir le sens, il ne suffit pas de la conjecture ᾗ (Bothe); il faut écrire ᾧ (Musgrave), ou, mieux encore, ὅ; (édition de Cambridge). — 885. Les leçons ἀγάγῃς et νυμφεύουσα ont été rectifiées par Elmsley et par Barnes. — 886. Manuscrits : καὶ σή. Aldine : καὶ σύ. — 888. Nauck adopte δακρύων τ' ὄμματ' οὐκέτι στέγω, leçon de la première main du *Palatinus*. — 889 J'ai écrit οὐ παρὰ λόγον ἦν pour εἴπερ ἀλγεινόν, leçon qui n'offrait pas de sens. Παρὰ λόγον se lit au vers 394 d'*Oreste*. Hartung avait proposé : οὐ γὰρ ἄλογόν ἐστι τέκνων.

883. Εἰς Ἰφιγένειαν, contre Iphigénie, pour le malheur d'Iphigénie.

884. Ὁ δὲ γάμος ... δόμων; et le mariage qui m'a fait partir de la maison, quel motif avait-il? Le mot πρόφασις ne veut pas toujours dire : « prétexte. » Thucydide, I, 23, oppose τὴν ἀληθεστάτην πρόφασιν à αἱ ἐς τὸ φανερὸν λεγόμεναι αἰτίαι.

892. Οὐκ ἐῶν ἢ ξυγκελεύων, en m'empêchant ou en m'engageant...? Nous dirions : « pour m'empêcher ou pour m'engager. » Car au fond le vieillard n'avait qu'à transmettre des ordres, et non pas à en donner. Mais la vivacité du langage grec ne tenait pas compte de cette distinction.

ΚΛΥΤΑΙΜΝΗΣΤΡΑ.
Κᾆτα πῶς φέρων γε δέλτον οὐκ ἐμοὶ δίδως λαβεῖν;
ΠΡΕΣΒΥΤΗΣ.
Μενέλεως ἀφείλεθ' ἡμᾶς, ὃς κακῶν τῶνδ' αἴτιος. 895
ΚΛΥΤΑΙΜΝΗΣΤΡΑ.
Ὦ τέκνον Νηρῇδος, ὦ παῖ Πηλέως, κλύεις τάδε;
ΑΧΙΛΛΕΥΣ.
Ἔκλυον οὖσαν ἀθλίαν σε, τὸ δ' ἐμὸν οὐ φαύλως φέρω.
ΚΛΥΤΑΙΜΝΗΣΤΡΑ.
Παῖδά μου κατακτενοῦσι σοῖς δολώσαντες γάμοις.
ΑΧΙΛΛΕΥΣ.
Μέμφομαι κἀγὼ πόσει σῷ, κοὐχ ἁπλῶς οὕτω φέρω.
ΚΛΥΤΑΙΜΝΗΣΤΡΑ.
Οὐκ ἐπαιδεσθησόμεσθα προσπεσεῖν τὸ σὸν γόνυ, 900
θνητὸς ἐκ θεᾶς γεγῶτα· τί γὰρ ἐγὼ σεμνύνομαι;
ἢ τίνος σπουδαστέον μοι μᾶλλον ἢ τέκνου πέρι;
Ἀλλ' ἄμυνον, ὦ θεᾶς παῖ, τῇ τ' ἐμῇ δυσπραξίᾳ
τῇ τε λεχθείσῃ δάμαρτι σῇ, μάτην μὲν, ἀλλ' ὅμως.
Σοὶ καταστέψασ' ἐγώ νιν ἦγον ὡς γαμουμένην, 905
νῦν δ' ἐπὶ σφαγὰς κομίζω· σοὶ δ' ὄνειδος ἵξεται,
ὅστις οὐκ ἤμυνας· εἰ γὰρ μὴ γάμοισιν ἐζύγης,
ἀλλ' ἐκλήθης γοῦν ταλαίνης παρθένου φίλος πόσις.
Πρὸς γενειάδος σε, πρὸς σῆς δεξιᾶς, πρὸς μητέρος·

NC. 900. Ἐπαιδεσθησόμεσθα, correction de Hermann pour ἐπαιδεσθήσομαί γε. — 901. La variante γεγῶτος est la correction d'un grammairien. — 902. Manuscrits : ἐπὶ τίνος. Porson : ἢ τίνος. Schæfer : περὶ τίνος. Hermann : ἐπὶ τίνι. — 909. Markland a inséré σε après γενειάδος, et a retranché τε avant μητέρος. Le même critique demandait πρός σε δεξιᾶς.

894. Φέρων γε δέλτον, puisque tu portais la lettre.
897. Τὸ δ' ἐμόν, ce qui me regarde, l'injure qui m'est faite. — Οὐ φαύλως φέρω. Voyez la note sur le vers 850.
901. Γεγῶτα s'accorde avec le pronom personnel σέ, qui est renfermé dans τὸ σὸν γόνυ. On compare Soph. Antig. 1001 : Ἀγνῶτ' ἀκούω φθόγγον ὀρνίθων, κακῷ Κλάζοντας οἴστρῳ. Voy. aussi des tournures analogues en principe, ci-dessus v. 447, et Hecube, 23.
904. Ἀλλ' ὅμως, sous-ent. λεχθείσῃ δάμαρτι σῇ. La même idée est développée au vers 908.
906. Νῦν δέ, mais maintenant il se trouve que..., mais en réalité. Νῦν s'emploie encore plus souvent pour marquer qu'après avoir fait une hypothèse, on revient au cas présent et réel.

ΙΦΙΓΕΝΕΙΑ Η ΕΝ ΑΥΛΙΔΙ. 383

ὄνομα γὰρ τὸ σόν μ' ἀπώλεσ', ᾧ σ' ἀμυναθεῖν χρεών. 910
Οὐκ ἔχω βωμὸν καταφυγεῖν ἄλλον ἢ τὸ σὸν γόνυ,
οὐδὲ φίλος οὐδεὶς πέλας μοι· τὰ δ' Ἀγαμέμνονος κλύεις
ὠμὰ καὶ πάντολμ'· ἀφῖγμαι δ', ὥσπερ εἰσορᾷς, γυνὴ
ναυτικὸν στράτευμ' ἄναρχον κἀπὶ τοῖς κακοῖς θρασύ,
χρήσιμον δ', ὅταν θέλωσιν. Ἢν δὲ τολμήσῃς σύ μου 915
χεῖρ' ὑπερτεῖναι, σεσώσμεθ'· εἰ δὲ μὴ, οὐ σεσώσμεθα.

ΧΟΡΟΣ.

Δεινὸν τὸ τίκτειν καὶ φέρει φίλτρον μέγα,
πᾶσίν τε κοινὸν ὥσθ' ὑπερκάμνειν τέκνων.

ΑΧΙΛΛΕΥΣ.

Ὑψηλόφρων μοι θυμὸς αἴρεται πρόσω·
ἐπίσταται δὲ τοῖς κακοῖσί τ' ἀσχαλᾷν 920
μετρίως τε χαίρειν τοῖσιν ἐξωγκωμένοις.
Λελογισμένοι γὰρ οἱ τοιοίδ' εἰσὶν βροτῶν,
ὀρθῶς διαζῆν τὸν βίον γνώμης μέτα.
Ἔστιν μὲν οὖν ἵν' ἡδὺ μὴ λίαν φρονεῖν,
ἔστιν δὲ χὤπου χρήσιμον γνώμην ἔχειν. 925

NC. 912. Les manuscrits portent γελᾷ μοι, expression déplacée dans cet endroit. Markland y a substitué πέλας μοι. Klotz écrit : πέλει μοι. — 916. Πρόσω est suspect. Προσών, conjecture de Hermann, ne serait qu'une cheville. Hartung croit qu'il manque un vers après celui-ci. — 922-923. Ces vers, autrefois attribués au chœur, ont été rendus à Achille, sur l'observation de Burges.

915. Χρήσιμον δ' ὅταν θέλωσιν. Clytemnestre dit que les marins indisciplinés qui forment l'armée grecque sont aussi, lorsqu'ils le veulent, capables de bien, et elle engage Achille à faire en sorte qu'ils le veuillent. Cette explication, qui est de Prévost, me semble bonne, quoi qu'en ait dit Schiller dans les notes ajoutées à sa traduction allemande de cette tragédie.

917. Δεινὸν τὸ τίκτειν, c'est quelque chose de bien fort que d'être mère. Cf. Soph. Électre, 770 : Δεινὸν τὸ τίκτειν ἐστί. Une sœur dit chez Eschyle, Sept Chefs, 1034 : Δεινὸν τὸ κοινὸν σπλάγχνον οὗ πεφύκαμεν.

919. Πρόσω, en avant. Ce mot ne peut guère s'expliquer ici d'une manière satisfaisante. Voy. NC.

920-921. Μετρίως se rapporte à ἀσχαλᾷν aussi bien qu'à χαίρειν. Voy. sur cet arrangement des mots, Médée, 1330 et la note. — Τοῖσιν ἐξωγκωμένοις, de ce que les hommes exaltent. — Euripide s'est évidemment souvenu des vers dans lesquels Archiloque (cité par Stobée, Anthol., XX, 28) disait à son cœur (θυμός) : Χαρτοῖσίν τε χαῖρε καὶ κακοῖσιν ἀσχάλα, Μὴ λίην· γίνωσκε δ' οἷος ῥυσμὸς ἀνθρώπους ἔχει.

922-923. Λελογισμένοι, réfléchis. — Ὀρθῶς διαζῆν équivaut à ὥστε ὀρθῶς διαζῆν. — La traduction de Matthiæ : « calculis quasi subductis constituerunt vivere, » insiste mal à propos sur le sens étymologique de λογίζεσθαι. En se servant de ce mot, les Grecs ne pensaient pas plus au calcul que nous n'y pensons en disant : « Je compte faire cela. »

924. Ἔστιν ἵν(α), il est des cas où.

Ἐγὼ δ' ἐν ἀνδρὸς εὐσεβεστάτου τραφεὶς,
Χείρωνος, ἔμαθον τοὺς τρόπους ἁπλοῦς ἔχειν.
Καὶ τοῖς Ἀτρείδαις, ἢν μὲν ἡγῶνται καλῶς,
πεισόμεθ'· ὅταν δὲ μὴ καλῶς, οὐ πείσομαι·
ἀλλ' ἐνθάδ' ἐν Τροίᾳ τ' ἐλευθέραν φύσιν   930
παρέχων, Ἄρη τὸ κατ' ἐμὲ κοσμήσω δορί.
Σὲ δ', ὦ παθοῦσα σχέτλια πρὸς τῶν φιλτάτων,
ἃ δὴ κατ' ἄνδρα γίγνεται νεανίαν,
τοσοῦτον οἶκτον περιβαλὼν καταστελῶ,
κοὔποτε κόρη σὴ πρὸς πατρὸς σφαγήσεται,   935
ἐμὴ φατισθεῖσ'· οὐ γὰρ ἐμπλέκειν πλοκὰς
ἐγὼ παρέξω σῷ πόσει τοὐμὸν δέμας.
Τοὔνομα γὰρ, εἰ καὶ μὴ σίδηρον ἤρατο,
τοὐμὸν φονεύσει παῖδα σήν. Τὸ δ' αἴτιον
πόσις σός· ἁγνὸν δ' οὐκέτ' ἐστὶ σῶμ' ἐμόν,   940
εἰ δι' ἔμ' ὀλεῖται διά τε τοὺς ἐμοὺς γάμους
ἡ δεινὰ τλᾶσα κοὐκ ἀνεκτὰ παρθένος,
θαυμαστὰ δ' ὡς ἀνάξι' ἠτιμασμένη.

NC. 931. Brodæus a corrigé la leçon ἄρει (ou ἄρη) τῷ κατ' ἐμέ. — 932. La leçon des manuscrits ὦ σχέτλια παθοῦσα donne, non pas un vers faux, comme le croyait Barnes, mais un vers moins élégant que ὦ παθοῦσα σχέτλια, transposition adoptée par Kirchhoff et Nauck. — 934. J'aimerais mieux τοσαῦτά σ', οἶκτον περιβαλών, καταστελῶ. — 938. La leçon εἰ μὴ καί a été rectifiée par Musurus. — 943. Ce vers est suspect à Nauck.

926-927. Jason, autre élève de Chiron, dit aussi (chez Pindare, *Pyth.* IV, 104) qu'il a été habitué par le Centaure à être toujours franc et loyal : Εἴκοσι δ' ἐκτελέσαις ἐνιαυτοὺς οὔτε ἔργον οὔτ' ἔπος εὐτράπελον εἰπών. — Euripide semble faire de Chiron un philosophe moraliste, une espèce d'Anaxagore ou de Socrate. Ainsi s'explique la dissertation par laquelle le jeune Achille, encore tout plein de l'enseignement de son maître, ouvre ce discours. [Observation de Hartung.]

933-934. Ἃ δή... καταστελῶ. «Autant que cela appartient à ma jeunesse, autant je prendrai soin de toi, en t'entourant de pitié.» Le mot τοσοῦτον, tout en s'accordant avec οἶκτον, ne doit pas porter sur ce mot, mais sur la phrase tout entière. La jeunesse d'Achille fait qu'il a moins d'autorité pour protéger Clytemnestre; mais son âge ne le rend pas moins accessible à la pitié.

936-937. Οὐ γὰρ ἐμπλέκειν.... δέμας. «Non enim ad fraudes innectendas concedam ego tuo marito personam meam.» — Τοὐμὸν δέμας, comme σῶμ' ἐμόν, au v. 940, répond à notre périphrase « ma personne.» La locution grecque est plus matérielle : elle vient de l'idée que c'est le corps de l'homme qui constitue sa personnalité, qui est l'homme lui-même. Cf. Homère, *Il.* I, 3 : Πολλὰς δ' ἰφθίμους ψυχὰς Ἄϊδι προΐαψεν Ἡρώων, αὐτοὺς δ' ἑλώρια τεῦχε κύνεσσιν.

943. Θαυμαστά.... ἠτιμασμένη. On

ΙΦΙΓΕΝΕΙΑ Η ΕΝ ΑΥΛΙΔΙ. 385

Ἐγὼ κάκιστος ἦν ἄρ' Ἀργείων ἀνήρ,
ἐγὼ τὸ μηδέν, Μενέλεως δ' ἐν ἀνδράσιν,   945
ὡς οὐχὶ Πηλέως, ἀλλ' ἀλάστορος γεγώς,
εἴπερ φονεύσει τοὐμὸν ὄνομα σῷ πόσει.
Μὰ τὸν δι' ὑγρῶν κυμάτων τεθραμμένον
Νηρέα, φυτουργὸν Θέτιδος ἥ μ' ἐγείνατο,
οὐχ ἅψεται σῆς θυγατρὸς Ἀγαμέμνων ἄναξ,   950
οὐδ' εἰς ἄκραν χεῖρ' ὥστε προσβαλεῖν πέπλοις·
ἢ Σίπυλος ἔσται πόλις, ὅρισμα βαρβάρων,
ὅθεν πεφύκασ' οἱ στρατηλάται γένος,
Φθίας δὲ τοὔνομ' οὐδαμοῦ κεκλήσεται.
Πικροὺς δὲ προχύτας χέρνιβάς τ' ἐνάρξεται   955

N°. 946. Elmsley demandait : ἐγὼ οὐχὶ Πηλέως. Nauck tient ce vers pour suspect. — 947. Εἴπερ, correction de Musurus pour ὅσπερ ou ὥσπερ. — Φονεύσει, pour φονεύει, est une rectification de Schæfer. — On a proposé de substituer σὴν πόριν ou παῖδα σὴν à σῷ πόσει. Mais ces derniers mots sont absolument nécessaires : car Achille se plaint ici de servir d'instrument aux Atrides. Si la locution φονεύσει σῷ πόσει, sans régime direct, a quelque chose de choquant, on peut conjecturer : εἴπερ φονεὺς ἦν, ou bien, εἰ φόνον ἔπρασσε τοὐμὸν κτἑ. Car la leçon ὥσπερ pourrait être une glose de ὡς au vers précédent. — 953. Ce vers est suspect à Nauck. — 954. Φθίας δὲ τοὔνομ', correction de Jacobs pour φθία δὲ τοὐμὸν (ou τοὐμόν τ'). On ne peut plus douter de la justesse de cette excellente conjecture, depuis que l'on sait que τ' est une addition qui ne se trouve pas encore dans le *Palatinus*. — 955. Musgrave a corrigé la leçon ἀνάξεται.

pourrait aussi dire en latin : «Mirum quam « indigne habita. »

945. Μενέλεως δ' ἐν ἀνδράσιν, mais Μενέλας compte parmi les hommes. On a la locution complète dans *Andromaque*, v. 591 : Σοὶ ποῦ μέτεστιν ὦ· ἐν ἀνδράσιν λόγου; Cf. Tyrtée, chez Stobée, *Anthol.* LI, 1 : Οὔτ' ἂν μνησαίμην, οὔτ' ἐν λόγῳ ἄνδρα τιθείμην.

946. Ὡς.... γεγώς. Ces mots se rapportent à ἐγώ, la phrase Μενέλεως δ' ἐν ἀνδράσιν formant une manière de parenthèse. La particule ὡς indique qu'Achille se plaint d'être traité comme s'il était né non de Pélée, mais d'un génie malfaisant.

947. Εἴπερ φονεύσει.... σῷ πόσει, si mon nom sert de bourreau à ton époux.

951. Οὐδ' εἰς.... πέπλοις, non pas même du bout du doigt, de manière à le porter sur ses vêtements. — Εἰς ἄκραν χεῖρ(α) n'équivaut pas à ἄκρᾳ χειρί. La préposition εἰς garde son sens propre, ainsi qu'on peut le voir par cette périphrase : « Il n'en viendra pas même à l'effleurer du doigt. » La phrase : « On n'en vint pas même à une escarmouche » peut se traduire en grec : Τὸ πρᾶγμα οὐδ' εἰς ἀκροβολισμὸν προῆλθεν.

952. Σίπυλος. Cette ville lydienne, placée au pied de la montagne du même nom, passait pour la résidence de Tantale, aïeul d'Atrée. Voy. Pindare, *Olymp.* I, 38. — Ἔσται πόλις, sera une cité, un État, c'est-à-dire une cité, un État considérable. Cf. Sophocle, *ŒEd. Col.*, 879 : Τάνδ' ἄρ' οὐκέτι νέμω πόλιν. — Ὅρισμα, *fines*, territoire d'une cité. Ce mot ne veut pas dire « bourgade », et ce n'est pas un terme de mépris. C'est en ajoutant βαρβάρων qu'Achille dénigre l'origine des Tantalides.

955. Ἐνάρξεται. Voyez la note sur le vers 435.

25

Κάλχας ὁ μάντις. Τίς δὲ μάντις ἔστ' ἀνὴρ,
ὃς ὀλίγ' ἀληθῆ, πολλὰ δὲ ψευδῆ λέγει
τυχών· ὅταν δὲ μὴ τύχῃ, διοίχεται;
Οὐ τῶν γάμων ἕκατι, μυρίαι κόραι
θηρῶσι λέκτρον τοὐμὸν, εἴρηται τόδε· 960
ἀλλ' ὕβριν ἐς ἡμᾶς ὕβρισ' Ἀγαμέμνων ἄναξ.
Χρῆν δ' αὐτὸν αἰτεῖν τοὐμὸν ὄνομ' ἐμοῦ πάρα,
θήραμα παιδός. Εἰ Κλυταιμνήστρα δ' ἐμοὶ
μάλιστ' ἐπείσθη θυγατέρ' ἐκδοῦναι πόσει,
ἔδωκά τἂν Ἕλλησιν, εἰ πρὸς Ἴλιον 965
ἐν τῷδ' ἔκαμνε νόστος· οὐκ ἠρνούμεθ' ἂν
τὸ κοινὸν αὔξειν ὧν μέτ' ἐστρατευόμην.
Νῦν δ' οὐδέν εἰμι παρά γε τοῖς στρατηλάταις,
ἐν εὐμαρεῖ τε δρᾶν τε καὶ μὴ δρᾶν καλῶς.
Τάχ' εἴσεται σίδηρος· ὃν πρὶν ἐς Φρύγας 970

NC. 959. Οὐ, correction de Leating pour ἤ. — Γάμων, correction de Scaliger pour γαμούντων. — 963. Hermann a corrigé la leçon ἢ Κλυταιμνήστρα δέ μοι. — 965. Les manuscrits portent ἐδωκέ τ' ἄν. — 969. Kirchhoff propose κακῶς pour καλῶς. — 970. On mettait une virgule avant ὅν.

957-958. Ὃς ὀλίγ' ἀληθῆ.... τυχών, qui dit peu de choses vraies parmi beaucoup de mensonges, s'il rencontre juste, si la chance lui est favorable. En prenant les mots πολλὰ δὲ ψευδῆ pour une parenthèse, Matthiæ a méconnu l'ironie de ce passage. — Διοίχεται, res sic abit, nec curatur. [Matthiæ.] — Ennius a amplifié ce passage dans les vers cités par Cicéron, de Republ. I, xviii,.30 et de Divin. II, xiii, 30 : « Astrologorum signa in cælo quæsit; ob-« servat, Jovis Cum capra aut nepa aut « exoritur lumen aliquod beluæ. Quod est « ante pedes nemo spectat; cæli scrutantur « plagas. » Si Euripide était jaloux d'éclairer son public, on voit que le poète latin, le traducteur d'Evhémère, renchérissait encore, à cet égard, sur son original.
959-960. Μυρίαι κόραι.... τοὐμόν. Euripide se souvenait de ce qu'Achille dit chez Homère, Il. IX, 395 : Πολλαὶ Ἀχαιΐδες εἰσὶν ἀν' Ἑλλάδα τε Φθίην τε, Κοῦραι ἀριστήων, οἵτε πτολίεθρα ῥύονται· Τάων ἥν κ' ἐθέλωμι φίλην ποιήσομ' ἄκοιτιν.

963. Κλυταιμνήστρα. Achille parle à la troisième personne de Clytemnestre, qui est présente. Fix fait remarquer avec raison qu'Achille adresse cette partie de son discours aux spectateurs.
965-966. Ἔδωκα τἂν Ἕλλησιν, j'aurais permis aux Grecs de se servir de mon nom. — Τἂν est pour τοι ἄν. — Εἰ.... ἔκαμνε νόστος, si le départ pour Ilion était arrêté par cela (c'est-à-dire, faute d'accorder cette permission), in hoc laborabat.
969. Ἐν εὐμαρεῖ τε, suppléez : εἰμι παρά γε τοῖς στρατηλάταις. « Aux yeux des chefs de l'armée, il importe peu de me traiter bien ou mal. »
970. Τάχ' εἴσεται σίδηρος. « Bientôt mon épée le saura, c'est-à-dire : saura si l'on peut m'outrager impunément. » De cette façon le discours d'Achille me semble plus vif et plus naturel qu'en prenant, d'après la ponctuation usuelle (voy. N. C.), la phrase εἰ.... ἐξαιρήσεται, v. 972, pour le complément de εἴσεται. Quant à εἴσεται pour εἴσεται αὐτό, cp. v. 675 : Εἴσει σύ. Hélène, 844 : Εἴσει.

ΙΦΙΓΕΝΕΙΑ Η ΕΝ ΑΥΛΙΔΙ.

ἐλθεῖν, φόνου κηλῖσιν [αἵματι] χρανῶ,
εἴ τίς με τὴν σὴν θυγατέρ' ἐξαιρήσεται.
Ἀλλ' ἡσύχαζε· θεὸς ἐγὼ πέφηνά σοι
μέγιστος, οὐκ ὤν· ἀλλὰ σοὶ γενήσομαι.

ΧΟΡΟΣ.

Ἔλεξας, ὦ παῖ Πηλέως, σοῦ τ' ἄξια   975
καὶ τῆς ἐναλίας δαίμονος, σεμνῆς θεοῦ.

ΚΛΥΤΑΙΜΝΗΣΤΡΑ.

Φεῦ·
πῶς ἄν σ' ἐπαινέσαιμι μὴ λίαν λόγοις,
μήτ' ἐνδεῶς που διολέσαιμι τὴν χάριν;
Αἰνούμενοι γὰρ ἀγαθοὶ τρόπον τινὰ
μισοῦσι τοὺς αἰνοῦντας, ἢν αἰνῶσ' ἄγαν.   980
Αἰσχύνομαι δὲ παραφέρουσ' οἰκτροὺς λόγους,
ἰδίᾳ νοσοῦσα· σὺ δ' ἄνοσος κακῶν γ' ἐμῶν.
Ἀλλ' οὖν ἔχει τοι σχῆμα, κἂν ἄπωθεν ᾖ

NC. 971. Plusieurs éditeurs écrivent, avec Porson : ἐλθεῖν φόνον, κηλῖσιν αἵματος χρανῶ. Mais le sujet de ἐλθεῖν doit être ὅν, c'est-à-dire : l'épée d'Achille. J'ai mis entre crochets le mot αἵματι, glose explicative de φόνου κηλῖσιν, laquelle aura pris la place d'autres mots, par exemple de ἐν μάχῃ. — 973. Heimsoeth (*Kritische Studien*, I, p. 44) propose de lire φίλος pour θεός. J'ai mieux aimé corriger le vers suivant. — 974. On lisait ἀλλ' ὅμως γενήσομαι, ce qui donnait l'antithèse étrange : « Je ne suis pas un dieu ; cependant je le deviendrai. » On demande : « Je ne suis pas un dieu; mais je le serai pour toi. » C'est pourquoi j'ai écrit ἀλλὰ σοὶ γενήσομαι. — Nauck met ce vers entre crochets, et il tient pour suspecte toute la fin de ce couplet depuis le vers 962. Dindorf regarde les vers 942-974 comme l'œuvre d'un interpolateur. Retrancher un morceau qui caractérise si bien l'Achille grec et les mœurs de l'antiquité c'est pousser la critique trop loin. — 978. Les manuscrits portent μήτ' ἐνδεῶς (var. ἐνδεής) μὴ τοῦδ' ἀπολέσαιμι. Aldine: μήτ' ἀπολέσαιμι. Depuis Markland on lit généralement μήτ' (ou μηδ') ἐνδεής (ou ἐνδεῶς) τοῦδ' ἀπολέσαιμι. Mais ἐνδεὴς τοῦδε (c'est-à-dire τοῦ ἐπαινεῖν) donne le faux sens : « sans faire ton éloge, » et ne veut pas dire : «insuffisante dans l'éloge. » J'ai donc écrit μήτ' ἐνδεῶς που διολέσαιμι. Ce dernier mot s'est mêlé dans nos textes avec sa glose ἀπολέσαιμι. — 979. Les manuscrits portent ἀγαθοί (ou οἱ ἀγαθοί) pour ἀγαθοί. — 983. Pour ἔχει τοι, beaucoup d'éditeurs écrivent à tort ἔχει τι, qui est une conjecture de Musurus.

972. Εἴ τίς με.... ἐξαιρήσεται, si on essaye de m'arracher ta fille.

978. Ἐνδεῶς που, sous-entendu ἐπαινέσασα. — Quant à la pensée exprimée ici, cp. Eschyle, *Agam.* 785 : Πῶς σε προσείπω; πῶς σε σεβίζω Μήθ' ὑπεράρας μήθ' ὑποκάμψας Καιρὸν χάριτος;

979-980. Αἰνούμενοι.... αἰνοῦντας.... αἰνῶσ(ι). On trouve rarement chez les Grecs un tel cliquetis de mots. Les vieux poètes latins affectionnaient ces tournures, et on peut croire qu'Ennius aura traduit ces vers avec bonheur.

983. Ἔχει τοι σχῆμα, il est beau, assu-

ἀνὴρ ὁ χρηστός, δυστυχοῦντας ὠφελεῖν.
Οἴκτειρε δ' ἡμᾶς· οἰκτρὰ γὰρ πεπόνθαμεν. 985
Ἡ πρῶτα μέν σε γαμβρὸν οἰηθεῖσ' ἔχειν,
κενὴν κατέσχον ἐλπίδ'· εἶτά σοι τάχα
ὄρνις γένοιτ' ἂν τοῖσι μέλλουσιν γάμοις
θανοῦσ' ἐμὴ παῖς, ὅ σε φυλάξασθαι χρεών.
Ἀλλ' εὖ μὲν ἀρχὰς εἶπας, εὖ δὲ καὶ τέλη· 990
σοῦ γὰρ θέλοντος παῖς ἐμὴ σωθήσεται·
βούλει νιν ἱκέτιν σὸν περιπτύξαι γόνυ;
ἀπαρθένευτα μὲν τάδ'· εἰ δέ σοι δοκεῖ,
ἥξει, δι' αἰδοῦς ὄμμ' ἔχουσ' ἐλεύθερον.
Εἰ δ' οὐ παρούσης ταὐτὰ τεύξομαι σέθεν, 995
μενέτω κατ' οἴκους· σεμνὰ γὰρ σεμνύνεται.
Ὅμως δ' ὅσον γε δυνατὸν αἰδεῖσθαι χρεών.

ΑΧΙΛΛΕΥΣ.

Σὺ μήτε σὴν παῖδ' ἔξαγ' ὄψιν εἰς ἐμήν,
μήτ' εἰς ὄνειδος ἀμαθὲς ἔλθωμεν, γύναι·

NC. 990. Kirchhoff propose τέλει pour τέλη. — 993. Hésychius cite le mot ἀπαρθένευτα comme étant tiré de l'*Iphigénie en Aulide* de Sophocle. L'erreur est évidente. — 995. Εἰ δ' οὐ, correction de Hartung, adoptée par Nauck et Kirchhoff. Les manuscrits portent ἰδού. La vulgate εἰ μὴ vient de Musurus. — Ensuite Heath a rectifié la leçon ταῦτα — 996. Ce vers est généralement attribué à Achille. Elmsley a vu qu'il faisait partie du couplet de Clytemnestre.

rément. On compare *Troy.* 469 : Ὦ θεοί·
κακοὺς μὲν ἀνακαλῶ τοὺς συμμάχους,
Ὅμως δ' ἔχει τι σχῆμα κικλήσκειν θεοὺς,
Ὅταν τις ἡμῶν δυστυχῆ λάβῃ τύχην.
Mais c'est méconnaitre la différence de ces deux passages que d'introduire dans le nôtre le mot τι, qui affaiblirait l'idée de la beauté morale, à la place de τοι, qui fait ressortir cette idée. — Κἂν ἄπωθεν ᾖ, même s'il est étranger; sous-entendez : aux maux qu'il peut secourir (non : à la famille des malheureux). Ces mots reproduisent sous une forme générale l'idée exprimée, au vers précédent, par ἄνοσος κακῶν γ' ἐμῶν.

987-988. Σοὶ.... τοῖσι μέλλουσιν γάμοις équivaut à σοῖς μέλλουσι γάμοις. Cf. *Med.* 992 et *Hec.* 202 sqq. — Ὄρνις, omen.

993. Ἀπαρθένευτα équivaut à οὐ πρέποντα παρθένοις. [Hesychius.]

994. Δι' αἰδοῦς.... ἐλεύθερον, la pudeur voilant son noble regard, *oculos ingenuos*. Δι' αἰδοῦς dépend de ἔχουσ(α) : cf. *Hécube*, 851 : Ἐγὼ σὲ δι' οἴκτου.... ἔχω.

995. Οὐ παρούσης, maintenant qu'elle n'est pas présente. Μὴ παρούσης; voudrait dire : dans le cas où elle ne viendrait pas.

996. Σεμνὰ γὰρ σεμνύνεται, car sa réserve (le respect qu'elle a pour elle-même) est digne de respect.

997. Ὅμως.... χρεών, cependant on ne doit être réservé qu'autant que les circonstances le permettent. [Explication de Hermann.] Ὅσον γε δυνατόν équivaut ici à μόνον ὅσον δυνατόν. Cp. Homère, *Il.* IX, 354 : Ἀλλ' ὅσον ἐς Σκαιάς τε πύλας καὶ φηγὸν ἵκανεν.

999. Ὄνειδος ἀμαθές, un reproche ignorant, c'est-à-dire un reproche provenant de l'ignorance des faits, de la connaissance

ΙΦΙΓΕΝΕΙΑ Η ΕΝ ΑΥΛΙΔΙ. 389

στρατὸς γὰρ ἀθρόος ἀργὸς ὢν τῶν οἴκοθεν 1000
λέσχας πονηρὰς καὶ κακοστόμους φιλεῖ.
Πάντως δέ μ' ἱκετεύοντες ἥξετ' εἰς ἴσον,
ἐπ' ἀνικετεύτῳ θ' · εἷς ἐμοὶ γάρ ἐστ' ἀγὼν
μέγιστος ὑμᾶς ἐξαπαλλάξαι κακῶν.
Ὡς ἕν γ' ἀκούσασ' ἴσθι, μὴ ψευδῶς μ' ἐρεῖν· 1005
ψευδῆ λέγων δὲ καὶ μάτην ἐγκερτομῶν
θάνοιμι· μὴ θάνοιμι δ' ἣν σώσω κόρην.

ΚΛΥΤΑΙΜΝΗΣΤΡΑ.

Ὄναιο συνεχῶς δυστυχοῦντας ὠφελῶν.

ΑΧΙΛΛΕΥΣ.

Ἄκουε δή νυν, ἵνα τὸ πρᾶγμ' ἔχῃ καλῶς.

ΚΛΥΤΑΙΜΝΗΣΤΡΑ.

Τί τοῦτ' ἔλεξας; ὡς ἀκουστέον γέ σου. 1010

ΑΧΙΛΛΕΥΣ.

Πείθωμεν αὖθις πατέρα βέλτιον φρονεῖν.

ΚΛΥΤΑΙΜΝΗΣΤΡΑ.

Κακός τίς ἐστι καὶ λίαν ταρβεῖ στρατόν.

ΑΧΙΛΛΕΥΣ.

Ἀλλ' οὖν λόγοι γε καταπαλαίουσιν λόγους.

ΚΛΥΤΑΙΜΝΗΣΤΡΑ.

Ψυχρὰ μὲν ἐλπίς· ὅ τι δὲ χρή με δρᾶν φράσον.

NC. 1003. Les manuscrits portent : εἴ τ' ἀνικέτευτος ᾖς. On a proposé ἦσθ' et ἦν. Nauck écrit εἶτ' ἀνικετεύτως· εἷς. J'ai adopté εἷς; mais les premiers mots du texte sont, ce me semble, une légère altération de ἐπ' ἀνικετεύτῳ θ' ou ἐπ' ἀνικετεύτοις θ'. — 1013. La leçon ἀλλ' οἱ λόγοι est corrigée dans l'édition de Cambridge. — 1014. Ὅ τι, correction de Reiske pour τί.

inexacte de ce qui se sera passé entre nous. — D'autres expliquent : un reproche grossier. D'autres encore : un reproche imprévu.
1000. Ἀργὸς ὢν τῶν οἴκοθεν, n'ayant pas à s'occuper de ses affaires domestiques. — Il ne faut pas trop insister sur la désinence de οἴκοθεν, ni traduire : « Quum careat nuntiis domesticis », explication que le bon sens réfute assez.
1003. Ἐπ' ἀνικετεύτῳ, s'il n'y a pas de prières, si vous ne me faites pas de prières. Cf. Ion, 223 : Ἐπὶ δ' ἀσφάκτοις μήλοισι δόμων μὴ πάριτ' εἰς μυχόν. Sophocle, Antigone, 556 : Ἀλλ' οὐκ ἐπ' ἀρρήτοις γε τοῖς ἐμοῖς λόγοις.
1005. Ἕν, régime de ἴσθι ἀκούσασα, est développé par les mots μὴ ψευδῶς μ' ἐρεῖν. Achille dit : « Entends et sache une chose : ma parole ne te trompera pas. »
1007. Θάνοιμι· μὴ θάνοιμι δ(έ). On a vu la même tournure au vers 93 : Θύσασι· μὴ θύσασι δ(έ).
1014. Ψυχρὰ ἐλπίς. Cf. Ovide, Ex Ponto, IV, II, 45 : Solatia frigida.

ΙΦΙΓΕΝΕΙΑ Η ΕΝ ΑΥΛΙΔΙ.

ΑΧΙΛΛΕΥΣ.

Ἱκέτευ' ἐκεῖνον πρῶτα μὴ κτείνειν τέκνα· 1015
ἢν δ' ἀντιβαίνῃ, πρὸς ἐμέ σοι πορευτέον.
Ἧι γὰρ τὸ χρῇζον ἐπίθετ', οὐ τοὐμὸν χρεὼν
χωρεῖν· ἔχει γὰρ τοῦτο τὴν σωτηρίαν.
Κἀγώ τ' ἀμείνων πρὸς φίλον γενήσομαι,
στρατός τ' ἂν οὐ μέμψαιτό μ', εἰ τὰ πράγματα 1020
λελογισμένως πράσσοιμι μᾶλλον ἢ σθένει.
Καλῶς δὲ κρανθέντων, πρὸς ἡδονὴν φίλοις
σοί τ' ἂν γένοιτο κἂν ἐμοῦ χωρὶς τάδε.

ΚΛΥΤΑΙΜΝΗΣΤΡΑ.

Ὡς σῶφρον' εἶπας. Δραστέον δ' ἅ σοι δοκεῖ.
Ἢν δ' αὖ τι μὴ πράσσωμεν ὧν ἐγὼ θέλω, 1025
ποῦ σ' αὖθις ὀψόμεσθα; ποῦ χρή μ' ἀθλίαν
ἐλθοῦσαν εὑρεῖν σὴν χέρ' ἐπίκουρον κακῶν;

ΑΧΙΛΛΕΥΣ.

Ἡμεῖς σε φύλακες οὗ χρεὼν φυλάξομεν,

NC. 1016. Ἢν, correction de Markland pour ἄν. — 1017. Les manuscrits portent εἴη γάρ. Il est fort douteux que le *Palatinus* ait εἰ γάρ. En adoptant cette dernière leçon, qui est la vulgate, il faudrait écrire, avec Hermann, πείσετ' au lieu de ἐπίθετ'. Il me semble que εἴη provient de la glose εἴ et de la leçon primitive ᾗ, que j'ai rétablie. — 1022-1023. Je suis disposé à regarder ces deux vers comme une interpolation. Dindorf et Nauck condamnent les vers 1017-1023. — 1025. La leçon ἢν δ' αὐτὰ μὴ πράσσωμεν ἂν ἐγὼ θέλω ne peut se défendre. Hermann écrit ὡς ἐγὼ θέλω. Nous avons adopté la belle correction de l'éditeur de Cambridge. — 1028. Φυλάξομεν, correction de Markland pour φυλάσσομεν.

1016-17. Ἧι γάρ.... χωρεῖν, car là où vous aurez obtenu par la persuasion ce que vous demandez, il n'est pas besoin de mon intervention. Ἧι, adverbe de lieu, s'accorde parfaitement avec le trope χωρεῖν. — Ἐπίθετ' est pour ἐπίθετε, et non, comme on croit généralement, pour ἐπίθετο. Τὸ χρῇζον ἐπίθετο donnerait le faux sens : « il s'est laissé persuader ce qu'*il* demandait. »

1019-1020. Κἀγώ τ(ε).... στρατός τ(ε). Ces deux τε sont corrélatifs. Achille dit que d'un côté il se conduira mieux envers un ami, πρὸς φίλον (c'est-à-dire envers Agamemnon), et qu'en même temps il évitera les reproches de l'armée. Rigoureusement, il faudrait : πρὸς φίλον τε.... στρατός τε.... Mais on transpose souvent la conjonction τε, pour la rapprocher du commencement de la phrase.

1022. Κρανθέντων, sous-entendu τῶν πραγμάτων. — Φίλοις. Entendez Agamemnon, comme au vers 1019.

1025. Ἢν δ' αὖ τι μὴ πράσσωμεν ὧν ἐγὼ θέλω, tournure attique pour ἢν δ' αὖ μὴ πράσσωμεν ἃ ἐγὼ θέλω. Cf. *Iph. Taur.* 513 : Ἆρ' ἄν τί μοι φράσειας ὧν ἐγὼ θέλω; Eschyle, *Agam.* 1059 : Σὺ δ' εἴ τι δράσεις τῶνδε, μὴ σχολὴν τίθει ; *Eumen.* 142 : Ἰδώμεθ', εἴ τι τοῦδε φροιμίου ματᾷ.

ΙΦΙΓΕΝΕΙΑ Η ΕΝ ΑΥΛΙΔΙ.

μή τίς σ' ἴδῃ στείχουσαν ἐπτοημένην
Δαναῶν δι' ὄχλου· μηδὲ πατρῷον δόμον 1030
αἴσχυν'· ὁ γάρ τοι Τυνδάρεως οὐκ ἄξιος
κακῶς ἀκούειν· ἐν γὰρ Ἕλλησιν μέγας.

ΚΛΥΤΑΙΜΝΗΣΤΡΑ.

Ἔσται τάδ'. Ἄρχε· σοί με δουλεύειν χρεών.
Εἰ δ' εἰσὶ θεοί, δίκαιος ὢν ἀνὴρ σύ γε
ἐσθλῶν κυρήσεις· εἰ δὲ μή, τί δεῖ πονεῖν; 1035

ΧΟΡΟΣ.

Τίς ἄρ' ὑμέναιος διὰ λωτοῦ Λίβυος   [Strophe.]
μετά τε φιλοχόρου κιθάρας
συρίγγων θ' ὑπὸ καλαμοεσ—
σᾶν ἔστασεν ἰαχάν,
ὅτ' ἀνὰ Πήλιον αἱ καλλιπλόκαμοι   1040
Πιερίδες παρὰ δαιτὶ θεῶν
χρυσεοσάνδαλον ἴχνος
ἐν γᾷ κρούουσαι
Πηλέως εἰς γάμον ἦλθον,
μελῳδοῖς Θέτιν ἀχήμασι τόν τ' Αἰακίδαν   1045
Κενταύρων ἀν' ὄρος κλέουσαι

NC. 1033. Ἔσται τάδ', correction de Markland pour ἔστιν τάδ'. — 1034. Les mots σύ γε, qui manquent dans le *Palatinus*, sont sujets à caution. — 1038-1039. Markland et Portus ont rectifié les leçons καλαμοέσσαν et ἔστασαν. — 1039. Il n'est pas nécessaire d'écrire ἰαχάν. Nauck (*Euripideische Studien*, I, p. 114 sq.) a prouvé que la pénultième du mot ἰαχά était toujours longue chez les tragiques. — 1041. Παρὰ δαιτί, correction de Kirchhoff pour ἐν δαιτί. Voy. le vers correspondant de l'antistrophe (1068) — 1045. Les leçons μελῳδοί et ἰαχήμασι ont été corrigées par Elmsley et par Markland. — 1046. Les manuscrits portent ἐν ὄρεσι κλύουσαι. Ἀν' ὄρος est dû à Hermann, κλέουσαι à Monk.

1035. Εἰ δὲ μή, τί δεῖ πονεῖν. Cp. Sophocle, *OEd. Roi*, 895 : Εἰ γὰρ αἱ τοιαίδε πράξεις τίμιαι, τί δεῖ με χορεύειν;

1036. Διὰ λωτοῦ Λίβυος. Voy. la note sur le vers 438.

1038. Συρίγγων θ' ὑπὸ καλαμοεσσᾶν. Ces mots désignent des flûtes de Pan, composées de plusieurs tuyaux (κάλαμοι), et différentes de la flûte proprement dite (αὐλός, ici λωτός).

1041. Παρὰ δαιτὶ θεῶν. Tous les dieux assistaient à ce banquet, souvent chanté par les poëtes grecs et latins, depuis Hésiode (dont on cite des Ἐπιθαλάμια εἰς Πηλέα καὶ Θέτιν) jusqu'à Catulle (LXIV).

1045. Αἰακίδαν. Pélée, fils d'Éaque. Cf. v. 700 sq.

1046. Κενταύρων ἀν' ὄρος, sur la montagne des Centaures, c'est-à-dire : sur le fameux Pélion.

Πηλιάδα καθ' ὕλαν.
Ὁ δὲ Δαρδανίδας, Διὸς
λέκτρων τρύφημα φίλον,   1050
χρυσέοισιν ἄφυσσε λοιβὰν
ἐν κρατήρων γυάλοις,
ὁ Φρύγιος Γανυμήδης.
Παρὰ δὲ λευκοφαῆ ψάμαθον
εἰλισσόμεναι [κύκλια]   1055
πεντήκοντα κόραι γάμους
Νηρέως ἐχόρευσαν.

Ἀνὰ δ' ἐλάταισι στεφανώδει τε χλόᾳ   [Antistrophe]
θίασος ἔμολεν ἱπποβάτας
Κενταύρων ἐπὶ δαῖτα τὰν   1060
θεῶν κρατῆρά τε Βάκχου·
μέγα δ', ἀνέκλαγον, ὦ Νηρηὶ κόρα,
παῖδά σε Θεσσαλίᾳ μέγα φῶς

NC. 1055. Nous regardons κύκλια comme une interpolation. — 1056-57. Les manuscrits portent νηρέως (première main du *Palatinus*) ou νηρῆος γάμους. La transposition que j'ai faite pour rétablir le mètre glyconien sera confirmée par l'antistrophe — 1059. Th. Gomperz (*Rhein. Museum*, XI, 470) a corrigé la leçon ἱπποβότας. — 1063. Les manuscrits portent παῖδες αἱ Θεσσαλαί. Or la prédiction du centaure Chiron doit être annoncée, non par les jeunes filles de la Thessalie, mais par les centaures. L'enchaînement des vers 1058-61 ne laisse aucun doute à ce sujet. La conjecture de Kirchhoff : παῖδα σὺ Θεσσαλίᾳ, est donc justifiée par le sens, comme par la mesure du vers correspondant de la strophe (1041). Elle l'est aussi par le vers 449 d'*Électre*, où le poète dit du père d'Achille : τρέφεν Ἑλλάδι φῶς. J'ai écrit toutefois παῖδά σε, en serrant de plus près encore la leçon des manuscrits.

1058. Ἀνὰ δ' ἐλάταισι, appuyé sur des sapins. Il est fort douteux que la préposition ἀνά ait jamais le sens de σύν, comme quelques grammairiens l'ont prétendu. Les sapins du mont Pélion sont les lances gigantesques des Centaures : cf. Hésiode, *Bouclier d'Hercule*, 188 sqq. — Στεφανώδει τε χλόᾳ. Ces mots ne sont plus gouvernés par ἀνά. Au vers 754, le poète dit plus clairement ἀνά τε ναυσὶν καὶ σὺν ὅπλοις.

1062-1063. Le mot μέγα, placé en tête de la prédiction des Centaures, est répété dans Θεσσαλίᾳ μέγα φῶς, et ces derniers mots se rapportent par apposition à παῖδα. — Ἀνέκλαγον, crièrent-ils (les Centaures). La conjonction δ(έ) doit être rattachée à ce verbe, et non à μέγα : car elle ne fait point partie du chant des Centaures. Cependant il serait trop étrange de mettre la virgule entre μέγα et δ(έ). On voit ici que la nature synthétique du grec répugne à notre ponctuation moderne, laquelle est essentiellement analytique. Voyez la note sur les vers 612 et 615. — Σε est le sujet, παῖδα est le régime de γεννάσειν (v. 1065).

μάντις ὁ φοιβάδα μοῦσαν
εἰδὼς γεννάσειν   1065
Χείρων ἐξονόμαζεν·
ὃς ἥξει χθόνα λογχήρεσι σὺν Μυρμιδόνων
ἀσπισταῖς Πριάμοιο κλεινὰν
γαῖαν ἐκπυρώσων,   1070
περὶ σώματι χρυσέων
ὅπλων Ἡφαιστοπόνων
κεκορυθμένος ἔνδυτ', ἐκ θεᾶς
ματρὸς δωρήματ' ἔχων,
Θέτιδος ἅ νιν ἔτικτεν.   1075
Μακάριον τότε δαίμονες
τᾶς εὐπάτριδος
Νηρῇδός τ' ἔθεσαν γάμον
Πηλέως θ' ὑμεναίους.

Σὲ δ' ἐπὶ κάρα στέψουσι καλλικόμαν   [Épode.]   1080
πλόκαμον Ἀργεῖοι, βαλιὰν

NC. 1064. Μάντις ὁ φοιβάδα μοῦσαν est une excellente correction de Hermann, tirée de la leçon du *Palatinus* (première main) μάντι; δ' ὁ φοῖβα μοῦσαν, leçon changée plus tard en μάντις δ' ὁ φοῖβος μουσᾶν τ' ou ὁ μουσᾶν τ'. — 1065. J'ai écrit γεννάσειν pour γεννάσεις. Cette correction, corollaire de celle du vers 1063, rétablit la construction de cette phrase, qui a donné tant de mal aux éditeurs. — 1066. La leçon ἐξονόμασεν a été corrigée par Firnhaber. — 1068. Le *Palatinus* porte λογχήρεσσι. — 1069. Hermann a rectifié la leçon ἀσπισταῖσι. — 1076. Avant Kirchhoff on ponctuait après μακάριον. — Faut-il écrire τότε δὴ μάκαρες? Cp. le vers correspondant 1054. — 1078. Les manuscrits portent γάμον νηρῇδος (ou νηρηΐδος) ἔθεσαν ǁ πρώτας (ou πρώτης). Hermann a inséré τ' après Νηρῇδος. J'ai rétabli la mesure en supprimant la glose πρώτας, et en transposant les mots de manière à ce que γάμον répondît à γάμους (v. 1056), comme Πηλέως répond à Νηρέως (v. 1057). — 1081. Ἀργεῖοι, βαλιάν, excellente correction de Scaliger pour ἀργεῖοί γ' ἁλιάν.

1064. Φοιβάδα μοῦσαν, l'art prophétique.

1066. Ἐξονόμαζεν, *profatus est*. [Musgrave.]

1072-1073. Ὅπλων.... ἔνδυτ(α). On compare *Bacch*. 137 : Νεβρίδος ἔχων ἱερὸν ἔνδυτον.

1076. Μακάριον. En terminant les strophes consacrées aux noces de Thétis et de Pélée, le poète fait ressortir le bonheur de cette fête, afin d'y opposer dans l'épode la triste fête qui se prépare pour Iphigénie sous le prétexte de l'unir au fils de Thétis.

1080-1081. Σὲ... πλόκαμον. « Junge « ἐπιστέψουσί σε κάρα et per appositionem « καλλικόμαν πλόκαμον. » [Matthiæ.]

ὥστε πετραίων ἀπ' ἄν-
τρων ἐλθοῦσαν ὀρείαν
μόσχον ἀκήρατον,
βρότειον αἱμάσσοντες λαιμόν·
οὐ σύριγγι τραφεῖσαν, οὐδ' 1085
ἐν ῥοιϐδήσεσι βουκόλων,
παρὰ δὲ ματέρι νυμφόκομον
Ἰναχίδαις γάμον.
Ποῦ τὸ τᾶς αἰδοῦς ἔτι, ποῦ
τᾶς ἀρετᾶς σθένει τι πρόσωπον; 1090
ὁπότε τὸ μὲν ἄσεπτον ἔχει
δύνασιν, ἁ δ' ἀρετὰ κατόπισθεν θνατοῖς ἀμελεῖται,
ἀνομία δὲ νόμων κρατεῖ, 1095

NC. 1083. Manuscrits : ὀρέων. Hermann : ὀρείων. Édition de Cambridge : ὀρείαν. — 1086. Ῥοιϐδήσεσι, correction de Dobree pour ῥοιϐδήσει. — 1087. Manuscrits : μητέρι. Ensuite j'ai accentué νυμφόκομον au lieu de νυμφοκόμον. — 1089-1090. On lisait : Ποῦ τὸ τᾶς αἰδοῦς ‖ ἢ τὸ τᾶς ἀρετᾶς δύνασιν ἔχει ‖ σθένειν τι πρόσωπον. Pour ἢ τὸ, j'ai écrit ἔτι, ποῦ (cf. *Hipp.* 670, NC.), afin d'avoir des vers possibles et une diction plus poétique ; et j'ai changé σθένειν en σθένει, en retranchant δύνασιν ἔχει, glose tirée évidemment des vers 1091 sq. Nauck avait déjà supprimé le mot δύνασιν. — 1093. Les manuscrits portent δύναμιν. Mais la glose des vers précédents a conservé le mot poétique δύνασιν, que Nauck a rétabli ici.

1082-1083. Ὥστε.... ἀκήρατον. Iphigénie dit elle-même dans *Iph. Taur.*, v. 359 : Οὗ μ' ὥστε μόσχον Δαναΐδαι χειρούμενοι Ἔσφαζον. Polyxène dit, dans *Hécube*, 205 : Σκύμνον γάρ μ' ὥστ' οὐριθρέπταν.... εἰσόψει χειρὸς ἀναρπαστὰν σᾶς ἄπο λαιμότομόν τε.... Cp. aussi Eschyle, *Agam.* 1415 : Ὃς οὐ προτιμῶν, ὡσπερεὶ βοτοῦ μόρον, Μήλων φλεόντων εὐπόκοις νομεύμασιν, Ἔθυσεν αὑτοῦ παῖδα. Horace, *Sat.* II, III, 199 : « Tu quum pro vitula « statuis dulcem Aulide natam Ante aras « spargisque mola caput, improbe, salsa, « Rectum animi servas ? »
1087-1088. (Τραφεῖσαν) νυμφόκομον Ἰναχίδαις γάμον, élevée pour être un jour parée en fiancée et unie à l'un des enfants d'Inachus. — Νυμφόκομος, a parée pour le mariage, » diffère de νυμφοκόμος « parant la jeune épouse. » Le verbe νυμφοκο-

μεῖν réunit les deux significations ; on l'a vu dans le sens neutre ou réfléchi au vers 985 de *Médée.* — Γάμον, épouse. Cf. *Andiom.* 103 : Ἰλίῳ αἰπεινᾷ Πάρις οὐ γάμον ἀλλά τιν' ἄταν Ἤγαγετ' εὐναίαν εἰς θαλάμους Ἑλέναν. C'est par une métonymie analogue que Thucydide dit, II, 41 : Λέγω τὴν πόλιν τῆς Ἑλλάδος παίδευσιν εἶναι.
1091. Τὸ ἄσεπτον a le sens actif, et est ici pour τὸ ἀσεϐές ou pour ἡ ἀσέϐεια. Cp. *Bacch.* 890 : τὸν ἄσεπτον, équivalant à τὸν ἀσεϐῆ.
1092-1093. Ἁ δ' ἀρετὰ κατόπισθεν θνατοῖς ἀμελεῖται. Les hommes tournent le dos à la vertu et la négligent. — En écrivant ces vers, Euripide pensait sans doute à l'effrayante démoralisation où la Grèce était tombée pendant la guerre du Péloponnèse. Cf. Thucydide, III, 82 sq.

ΙΦΙΓΕΝΕΙΑ Η ΕΝ ΑΥΛΙΔΙ.

καὶ μὴ κοινὸς ἀγὼν βροτοῖς,
μή τις θεῶν φθόνος ἔλθῃ.

ΚΛΥΤΑΙΜΝΗΣΤΡΑ.

Ἐξῆλθον οἴκων προσκοπουμένη πόσιν,
χρόνιον ἀπόντα κἀκλελοιπότα στέγας.
Ἐν δακρύοισι δ' ἡ τάλαινα παῖς ἐμή, 1100
πολλὰς ἱεῖσα μεταβολὰς ὀδυρμάτων,
θάνατον ἀκούσασ', ὃν πατὴρ βουλεύεται.
Μνήμην δ' ἄρ' εἶχον πλησίον βεβηκότος
Ἀγαμέμνονος τοῦδ', ὃς ἐπὶ τοῖς αὑτοῦ τέκνοις
ἀνόσια πράσσων αὐτίχ' εὑρεθήσεται. 1105

ΑΓΑΜΕΜΝΩΝ.

Λήδας γένεθλον, ἐν καλῷ σ' ἔξω δόμων
εὕρηχ', ἵν' εἴπω παρθένου χωρὶς λόγους
οὓς οὐκ ἀκούειν τὰς γαμουμένας πρέπει.

ΚΛΥΤΑΙΜΝΗΣΤΡΑ.

Τί δ' ἔστιν, οὗ σοι καιρὸς ἀντιλάζυται;

ΑΓΑΜΕΜΝΩΝ.

Ἔκπεμπε παῖδα δωμάτων πατρὸς μέτα· 1110
ὡς χέρνιβες πάρεισιν ηὐτρεπισμέναι,

NC. 1096. Hermann a inséré μὴ après καί, en rétablissant à la fois la mesure et le sens. — 1100. Ἐν δακρύοισι δ', correction de Markland pour ἐν δακρύοισι θ'. — 1102. La tournure de la phrase me paraît indiquer que θάνατον est une glose, et que le poète avait écrit τὸν γάμον ἀκούσασ' ὃν πατὴρ βουλεύεται. — 1110. Nauck demande δωμάτων πάρος, en ajoutant : « de ceteris non liquet. » Voy. la note explicative.

1101. Πολλὰς ἱεῖσα κτέ. Cf. *Hécube*, 337: Πολλὰς φθογγὰς ἱεῖσα.

1103-1104. Μνήμην.... τοῦδ(ε), à ce que je vois (ἄρα), j'ai parlé d'Agamemnon au moment où il était là (τοῦδε), près de moi.

1105. Πράσσων ne veut pas dire : « faisant » (ποιῶν), mais : « préparant, tramant. »

1106. Ἐν καλῷ, à propos.

1109. Ἀντιλάζυται, équivalent poétique de ἀντιλαμβάνεται. On dit ordinairement καιροῦ ἀντιλαβέσθαι, saisir le moment favorable. Euripide a modifié cette locution, en disant : « Quelle est la chose que saisit l'occasion qui se présente à toi? οὗ σοι καιρὸς ἀντιλάζυται; »

1110. Comme Agamemnon n'entre pas dans la tente, il devrait dire ἔκπεμπε παῖδα δωμάτων πάρος καὶ πέμπε αὐτὴν πατρὶ μέτα. Cependant je ne vois rien de choquant dans la brièveté du texte. Elle me semble conforme au génie de la langue grecque.

1111-1112. Χέρνιβες, les libations. — Προχύται ... χεροῖν, les grains d'orge

προχύται τε βάλλειν πῦρ καθάρσιον χεροῖν,
μόσχοι τε, πρὸ γάμων ἃς θεᾷ πεσεῖν χρεὼν
Ἀρτέμιδι, μέλανος αἵματος φυσήματα.

ΚΛΥΤΑΙΜΝΗΣΤΡΑ.

Τοῖς ὀνόμασιν μὲν εὖ λέγεις, τὰ δ' ἔργα σου 1115
οὐκ οἶδ' ὅπως χρὴ μ' ὀνομάσασαν εὖ λέγειν.
Χώρει δὲ, θύγατερ, ἐκτός· οἶσθα γὰρ πατρὸς
πάντως ἃ μέλλει· χὐπὸ τοῖς πέπλοις ἄγε
λαβοῦσ' Ὀρέστην σὸν κασίγνητον, τέκνον. —
Ἰδοὺ πάρεστιν ἥδε πειθαρχοῦσά σοι. 1120
Τὰ δ' ἄλλ' ἐγὼ πρὸ τῆσδε κἀμαυτῆς φράσω.

ΑΓΑΜΕΜΝΩΝ.

Τέκνον, τί κλαίεις, οὐδ' ἔθ' ἡδέως ὁρᾷς,
εἰς γῆν δ' ἐρείσασ' ὄμμα πρόσθ' ἔχεις πέπλους;

ΚΛΥΤΑΙΜΝΗΣΤΡΑ.

Φεῦ.
[Τίν' ἂν λάβοιμι τῶν ἐμῶν ἀρχὴν κακῶν;
ἅπασι γὰρ πρώτοισι χρήσασθαι πάρα 1125
κἂν ὑστάτοισι κἂν μέσοισι πανταχοῦ].

NC. 1112. Les manuscrits portent πῦρ καθάρειον χερῶν (ou ἐκ χερῶν). Καθάρσιον est dû à Reiske, χεροῖν à Musgrave. — 1118. Matthiæ: σοῖς πέπλοις. — 1122. Markland: ἡδέως μ' ὁρᾷς. — 1124-1126. Ces vers, attribués à Clytemnestre dans les manuscrits, à Iphigénie dans l'édition Aldine, sont, à l'exception de l'interjection φεῦ, inconciliables avec les vers 1127 sq., dans lesquels Agamemnon demande pourquoi on lui montre des regards effarés. Si Clytemnestre (ou Iphigénie) avait dit ce que les manuscrits lui font dire, Agamemnon demanderait ce que signifient des paroles aussi inquiétantes. Bremi et Matthiæ ont compris que les vers 1124-1126 étaient le début d'un discours plus étendu (cp. le passage analogue d'*Électre*, v. 907 sq.). En somme, ces vers sont certainement d'Euripide, mais ils doivent être tirés d'une autre tragédie.

à jeter dans le feu lustral. — Ces usages sont déjà décrits par Homère. Voy. *Iliade*, I, 449-458 : Χερνίψαντο δ' ἔπειτα καὶ οὐλοχύτας ἀνέλοντο.... Αὐτὰρ ἐπεί ῥ' εὔξαντο, καὶ οὐλοχύτας προβάλοντο.

1113. Πρὸ γάμων. Ce n'est donc pas le mariage, mais la fête préparatoire, προτέλεια (v. 718), qui sert de prétexte au sacrifice d'Iphigénie.

1114. Φυσήματα est une apposition poétique qui se rapporte à toute la phrase ἃς πεσεῖν χρεών.

1115-1116. Εὖ λέγεις, tu dis bien. — Εὖ λέγειν, dire du bien de..., louer. Clytemnestre joue amèrement sur les deux sens de εὖ λέγω.

1117. Οἶσθα πατρός équivaut à οἶσθα περὶ πατρός.

1122. Οὐδ' ἔθ' ἡδέως ὁρᾷς, et (pourquoi) ton regard n'est-il plus joyeux?

ΙΦΙΓΕΝΕΙΑ Η ΕΝ ΑΥΛΙΔΙ.   397

ΑΓΑΜΕΜΝΩΝ.

Τί δ' ἔστιν; ὥς μοι πάντες εἰς ἓν ἥκετε,
σύγχυσιν ἔχοντες καὶ ταραγμὸν ὀμμάτων.

ΚΛΥΤΑΙΜΝΗΣΤΡΑ.

Εἴφ' ἂν ἐρωτήσω σε γενναίως, πόσι.

ΑΓΑΜΕΜΝΩΝ.

Οὐδὲν κελευσμοῦ δεῖ σ'· ἐρωτᾶσθαι θέλω.   1130

ΚΛΥΤΑΙΜΝΗΣΤΡΑ.

Τὴν παῖδα τὴν σὴν τὴν τ' ἐμὴν μέλλεις κτανεῖν;

ΑΓΑΜΕΜΝΩΝ.

Ἔα·
τλήμονά γ' ἔλεξας, ὑπονοεῖς θ' ἃ μή σε χρή.

ΚΛΥΤΑΙΜΝΗΣΤΡΑ.

Ἔχ' ἥσυχος,
κἀκεῖνό μοι τὸ πρῶτον ἀπόκριναι πάλιν.

ΑΓΑΜΕΜΝΩΝ.

Σὺ δ' ἢν γ' ἐρωτᾷς εἰκότ', εἰκότ' ἂν κλύοις.

ΚΛΥΤΑΙΜΝΗΣΤΡΑ.

Οὐκ ἀλλ' ἐρωτῶ, καὶ σὺ μὴ λέγ' ἄλλα μοι.   1135

ΑΓΑΜΕΜΝΩΝ.

Ὦ πότνια μοῖρα καὶ τύχη δαίμων τ' ἐμός.

ΚΛΥΤΑΙΜΝΗΣΤΡΑ.

Κἀμός γε καὶ τῆσδ', εἰς τριῶν δυσδαιμόνων.

NC. 1130. Canter et Dobree ont corrigé la leçon οὐδὲν κέλευσμος δεῖ γ' ou οὐδὲν κέλευσμ' οὐ δεῖ γ'. — 1133. Le dimètre ἰὼ ξένοι est placé en dehors du vers, chez Sophocle, *Philoct.* v. 219, comme ἔχ' ἥσυχος l'est ici. Cependant la conjecture de Hartung, lequel croit que ces mots formaient primitivement la fin d'un trimètre dont le commencement était prononcé par Agamemnon, ne laisse pas d'être plausible. A voir la réponse de Clytemnestre, Agamemnon semble en avoir dit davantage. — 1134. La leçon εἰκότα κλύεις a été corrigée par Markland. — 1136. Les manuscrits portent ὦ πότνια τύχη καὶ μοῖρα. Musgrave a transposé les mots. — 1137. Matthiæ a rectifié la leçon κἀμός τε.

1127. Εἰς ἓν ἥκετε, vous vous accordez. Cf. v. 665.

1129. Γενναίως, « bravement, franchement, » dépend de εἴφ' (εἰπέ).

1130. Οὐδὲν κελευσμοῦ δεῖ σ(ε). Le datif σοι ne pourrait s'élider. Cf. *Hipp.* 490 : Οὐ λόγων εὐσχημόνων δεῖ σ(ε) ; Eschyle, *Prométhée,* 86 : Αὐτὸν γάρ σε δεῖ προμηθέως.

1133. Κἀκεῖνό μοι... πάλιν, et fais d'abord une autre réponse (une réponse moins évasive) à ce que je t'ai demandé (ἐκεῖνο).

1137. Κἀμός γε καὶ τῆσδ(ε).... Cp., pour le tour de la phrase, Sophocle, *OEd. Col.* 331. Ὦ δυσάθλιοι τροφαί. — Ἡ τῆσδε κἀμοῦ; — Δυσμόρου τ' ἐμοῦ τρίτης.

ΙΦΙΓΕΝΕΙΑ Η ΕΝ ΑΥΛΙΔΙ.

ΑΓΑΜΕΜΝΩΝ.

Τίς σ' ήδίκησε;

ΚΛΥΤΑΙΜΝΗΣΤΡΑ.

Τοῦτ' ἐμοῦ πεύθει πάρα;
ὁ νοῦς ὅδ' αὐτὸς νοῦν ἔχων οὐ τυγχάνει.

ΑΓΑΜΕΜΝΩΝ.

Ἀπωλόμεσθα· προδέδοται τὰ κρυπτά μου. 1140

ΚΛΥΤΑΙΜΝΗΣΤΡΑ.

Πάντ' οἶδα καὶ πεπύσμεθ' ἃ σὺ μέλλεις με δρᾶν·
αὐτὸ δὲ τὸ σιγᾶν ὁμολογοῦντός ἐστί σου
καὶ τὸ στενάζειν πολλά. Μὴ κάμῃς λέγων.

ΑΓΑΜΕΜΝΩΝ.

Ἰδοὺ σιωπῶ· τὸ γὰρ ἀναίσχυντον τί δεῖ
ψευδῆ λέγοντα προσλαβεῖν τῇ συμφορᾷ; 1145

ΚΛΥΤΑΙΜΝΗΣΤΡΑ.

Ἄκουε δή νυν· ἀνακαλύψω γὰρ λόγους,
κοὐκέτι παρῳδοῖς χρησόμεσθ' αἰνίγμασιν.
Πρῶτον μὲν, ἵνα σοι πρῶτα τοῦτ' ὀνειδίσω,
ἔγημας ἄκουσάν με κἄλαβες βίᾳ,
τὸν πρόσθεν ἄνδρα Τάνταλον κατακτανών, 1150

NC. 1138. Le *Palatinus* porte τί μ' ἠδίκησας, mots changés par la seconde main en τίν' ἠδίκησαι; le *Florentinus* a τί μ' ἠδίκησε. On pourrait conserver τί μ' ἠδίκησας, en donnant ces mots à Clytemnestre, et en supposant qu'il manque un vers d'Agamemnon. Toutefois j'ai cru devoir adopter la correction de Markland τίς σ' ἠδίκησε; — 1141. L'ancienne vulgate πέπυσμ' ἃ σύ γε μέλλεις vient de la leçon πέπεισμ' ἃ σύ γε μέλλεις. Mais γε est un mauvais remplissage, inséré par la seconde main du *Palatinus*. Elmsley a trouvé la correction véritable. — 1143. Porson a rectifié la leçon μὴ κάμνῃς. — 1144. Τί δεῖ, excellente correction d'Elsmley pour με δεῖ, leçon dans laquelle la glose με avait expulsé un mot aussi essentiel que τί. — 1146. Comme la particule γὰρ est ajoutée par la seconde main du *Palatinus*, Kirchhoff propose de lire ἀνακαλύψομεν λόγους. — 1149. En citant ce vers, le scholiaste d'Homère, *ad Odyss.* XI, 430, écrit κάμβαλες pour κἄλαβες.

1139. Ὁ νοῦς.... οὐ τυγχάνει. C'est pousser la finesse à un point où elle cesse d'être finesse et n'a plus de sens. — Bothe cite à propos ce vers de Térence (*Andrienne*, prologue, 17) : « Faciuntne intel-« legendo ut nil intellegant? »

1148. Πρῶτον μὲν κτέ. Clytemnestre remonte bien haut. Mais dans les querelles entre personnes qui vivent ensemble, les femmes, et même les hommes, ont assez l'habitude de revenir sur d'anciens griefs et de se décharger de tout ce qu'ils avaient sur le cœur depuis longtemps, avant d'arriver au fait. Euripide était excellent observateur.

1150. Τὸν πρόσθεν ἄνδρα Τάνταλον.

ΙΦΙΓΕΝΕΙΑ Η ΕΝ ΑΥΛΙΔΙ.

βρέφος τε τοὐμὸν ζῶν προσουδίσας πέδῳ,
μαστῶν βιαίως τῶν ἐμῶν ἀποσπάσας.
Καὶ τὼ Διός σε παῖδ᾽ ἐμὼ δὲ συγγόνω
ἵπποισι μαρμαίροντ᾽ ἐπεστρατευσάτην·
πατὴρ δὲ πρέσβυς Τυνδάρεώς σ᾽ ἐρρύσατο   1155
ἱκέτην γενόμενον, τἀμὰ δ᾽ ἔσχες αὖ λέχη.
Οὗ σοι καταλλαχθεῖσα περὶ σὲ καὶ δόμους
συμμαρτυρήσεις ὡς ἄμεμπτος ἦν γυνή,
εἴς τ᾽ Ἀφροδίτην σωφρονοῦσα καὶ τὸ σὸν
μέλαθρον αὔξουσ᾽, ὥστε σ᾽ εἰσιόντα τε   1160
χαίρειν θύραζέ τ᾽ ἐξιόντ᾽ εὐδαιμονεῖν.
Σπάνιον δὲ θήρευμ᾽ ἀνδρὶ τοιαύτην λαβεῖν
δάμαρτα· φλαύραν δ᾽ οὐ σπάνις γυναῖκ᾽ ἔχειν.
Τίκτω δ᾽ ἐπὶ τρισὶ παρθένοισι παῖδά σοι
τόνδ᾽, ὧν μιᾶς σὺ τλημόνως μ᾽ ἀποστερεῖς.   1165
Κἄν τις σ᾽ ἔρηται τίνος ἕκατί νιν κτενεῖς,

NC. 1151. Les manuscrits portent σῷ προσουρίσας (προσούδεσας, seconde main du *Palatinus*) πάλῳ, ce que Hermann et les derniers éditeurs expliquent : « Tuæ sorti in captivis dividendis adjiciendum curavisti. » Mais cette leçon est obscure par l'expression, et peu satisfaisante pour le sens. Je suis donc revenu à la correction admise par les anciens éditeurs : ζῶν (Musgrave) προσούδισας πέδῳ (Scaliger). Voy. la note explicative. — 1153. Διός σε, conjecture de Markland pour διός γε. — Ἐμὼ δὲ, conjecture de Matthiæ pour ἐμῶ τε. Voy. *Médée*, 970, NC. — 1160. Canter a complété la leçon ὥστ᾽ εἰσιόντα τε.

Il faut entendre Tantale, fils de Thyeste, ou, suivant d'autres, de Protéas, fils de Tantale. Voy. Pausanias, II, xviii, 2; II, xxii, 2, et III, xx, 4. Les scholiastes d'Homère font observer qu'Euripide contredit le vers de l'*Odyssée* (XI, 430), où les mots κουρίδιος πόσις indiquent que Clytemnestre n'avait pas eu d'autre époux avant Agamemnon. Toutefois Euripide n'a certainement pas inventé des faits qu'il mentionne si sommairement ; on sent, au contraire, qu'il rappelle une tradition connue de son temps.

1151. Προσούδισας. Cf. Hérodote, V, xcii, 13 : Τὸ παιδίον προσουδίσαι. — On a prétendu, pour réfuter la leçon admise par nous, qu'une telle cruauté aurait été gratuite de la part d'Agamemnon. Mais Agamemnon haïssait toute la race de Thyeste, et, après qu'il avait tué le père, sa propre sûreté lui commandait de ne pas épargner le fils et le vengeur futur de cette première victime. Un vieux proverbe grec disait : Νήπιος, ὃς πατέρα κτείνας υἱοὺς καταλείπει.

1154. Ἵπποισι μαρμαίροντ(ε). Rien n'est plus connu que les coursiers blancs des Dioscures. Cf. Ovide, *Metam.* VIII, 372 : « At gemini, nondum cælestia si-« dera, fratres, Ambo conspicui, nive cau-« didioribus ambo Vectabantur equis. »

1157. Οὗ, là, alors. Ce mot n'équivaut pas à ἐξ οὗ.

1160. Μέλαθρον, comme οἶκον, maison, biens.

1165. Τόνδ(ε). Clytemnestre montre Oreste qui est porté par Iphigénie. Voy. v. 1119.

λέξον, τί φήσεις; ἢ 'μὲ χρὴ λέγειν τὰ σά;
Ἑλένην Μενέλεως ἵνα λάβῃ. Καλόν γέ τοι
κακῆς γυναικὸς μισθὸν ἀποτῖσαι τέκνα·
τἄχιστα τοῖσι φιλτάτοις ὠνούμεθα. 1170
Ἄγ', ἢν στρατεύσῃ καταλιπών μ' ἐν δώμασιν,
κἀκεῖ γενήσει διὰ μακρᾶς ἀπουσίας,
τίν' ἐν δόμοις με καρδίαν ἕξειν δοκεῖς,
ὅταν θρόνους τῆσδ' εἰσίδω πάντας κενούς,
κενοὺς δὲ παρθενῶνας, ἐπὶ δὲ δακρύοις 1175
μόνη κάθωμαι, τήνδε θρηνῳδοῦσ' ἀεί·
Ἀπώλεσέν σ', ὦ τέκνον, ὁ φυτεύσας πατὴρ,
αὐτὸς κτανών, οὐκ ἄλλος οὐδ' ἄλλῃ χερί,
τοιόνδε μισθὸν καταλιπὼν πρὸς τοὺς δόμους.

NC. 1168. Dobree a rectifié la leçon Μενέλαος. Ensuite καλόν γε τοι est dû à Fix : les manuscrits ont καλὸν γένος. Elmsley avait proposé καλόν γ' ἔθος. — 1170. Τἄχιστα, correction de Brodæus pour ταχθεῖσα. — Markland voulait ὠνουμένῳ. Nauck aimerait mieux ὠνώμεθα; — 1171. Elmsley demandait εἰ στρατεύσει, à cause du futur γενήσει au vers suivant. — 1174. Apsinès (*Rhetores græci*, IV, p. 592, Walz) cite ὅταν δόμους μὲν τούσδε προσίδω κενούς; et Nauck fait observer que πάντας est une cheville. Je propose : ὅταν θρόνους μὲν τῆσδε προσβλέπω κενούς. — 1176. Elmsley a corrigé la leçon κάθημαι. — 1179. Ce vers est gravement altéré. Que veut dire μισθόν? la récompense de la bonne conduite de Clytemnestre? Mais depuis le vers 1165, il a été question de tout autre chose que de cette bonne conduite. La suite des idées semble demander τοιόνδ' ὀδυρμόν ou une expression synonyme. Καταλιπὼν πρὸς τοὺς δόμους n'est pas d'une bonne grécité. Kirchhoff propose πρόσει δόμοις;

1170. Τἄχιστα.... ὠνούμεθα, nous achèterons ce qu'il y a de plus odieux au prix de ce que nous avons de plus cher! — Il n'y a rien à reprendre dans ces mots, qui sont comme un cri d'indignation, et qui n'ont pas besoin d'être liés par la syntaxe à la phrase précédente. — Cp. *Troy.* 370 : Ὁ δὲ στρατηγὸς ὁ σοφὸς ἐχθίστων ὕπερ Τὰ φίλτατ' ὤλεσ(ε).

1172. Γενήσει est à l'indicatif du futur, quoique ἢν στρατεύσῃ soit au subjonctif de l'aoriste. C'est que la longue absence d'Agamemnon n'est qu'un corollaire de son départ pour la guerre. Hermann cite cette phrase d'Hérodote (III, 69) : Ἢν γὰρ δὴ μὴ τυγχάνῃ τὰ ὦτα ἔχων, ἐπίλαμπτος δὲ ἀφάσσουσα ἔσται, κτέ.

1173-1175. Il y a un mouvement semblable dans ces vers de Sophocle (*Électre*, 286 sqq.) : Ἔπειτα ποίας ἡμέρας δοκεῖς μ' ἄγειν, Ὅταν θρόνοις Αἰγίσθον ἐνθακοῦντ' ἴδω Τοῖσιν πατρῴοις, εἰσίδω δ' ἐσθήματα κτέ. Démosthène s'est peut-être souvenu d'Euripide, quand il décrivait, dans son second discours contre Aphobus, § 21, les sentiments qu'éprouverait sa mère s'il n'obtenait justice contre le tuteur infidèle : Τίνα οἴεσθε αὐτὴν ψυχὴν ἕξειν (καρδίαν ἕξειν aurait été trop poétique), ὅταν ἐμὲ μὲν ἴδῃ μὴ μόνον τῶν πατρῴων ἐστερημένον ἀλλὰ καὶ προσητιμωμένον, περὶ δὲ τῆς ἀδελφῆς κτέ. — Quant aux vers 1174 sq., on en a rapproché ce passage d'*Alceste*, v. 945 sq. : Γυναικὸς εὐνὰς εὖτ' ἂν εἰσίδω κενὰς Θρόνους τ' ἐν οἷσιν ἵζε.

1179. Le texte est gâté. Clytemnestre disait peut-être : « Oseras tu rentrer dans ta maison, après y avoir laissé un tel deuil? » Voy. NC.

ΙΦΙΓΕΝΕΙΑ Η ΕΝ ΑΥΛΙΔΙ. 401

Ἐπεὶ βραχείας προφάσεως ἐνδεῖ μόνον, 1180
ἐφ' ᾗ σ' ἐγὼ καὶ παῖδες αἱ λελειμμέναι
δεξόμεθα δέξιν ἥν σε δέξασθαι χρεών.
Μὴ δῆτα πρὸς θεῶν μήτ' ἀναγκάσῃς ἐμὲ
κακὴν γενέσθαι περὶ σὲ, μήτ' αὐτὸς γένῃ.
Εἶεν·
θύσεις δὲ τὴν παῖδ'· ἔνθα τίνας εὐχὰς ἐρεῖς; 1185
τί σοι κατεύξει τἀγαθὸν, σφάζων τέκνον;
νόστον πονηρὸν, οἴκοθέν γ' αἰσχρῶς ἰών;
Ἀλλ' ἐμὲ δίκαιον ἀγαθὸν εὔχεσθαί τι σοί;
οὔ τἄρ' ἀσυνέτους τοὺς θεοὺς ἡγοίμεθ' ἄν,
εἰ τοῖσιν αὐθένταισιν εὔφρον' ἥσομεν; 1190
Ἥκων δ' ἐς Ἄργος προσπεσεῖ τέκνοισι σοῖς;
ἀλλ' οὐ θέμις σοι. Τίς δὲ καὶ προσβλέψεται
παίδων σ'; ἵν' αὐτῶν προσέμενος κτάνῃς τινά;
Ταῦτ' ἦλθες ἤδη διὰ λόγων; ἢ σκῆπτρα σὰ

NC. 1180. Ἐνδεῖ, correction de Reiske pour ἔδει. — 1185. L'article τὴν manque dans le *Palatinus*. — 1189. Musgrave : ἦ τἄρ'. — 1190. J'ai écrit εὔφρον' ἥσομεν pour εὐφρονήσομεν, leçon qui ne répond pas assez à l'idée qu'on demande ici. — 1191. Les manuscrits portent εἰς ἄργος et προσπέσῃς. Musgrave a écrit προσπεσεῖ. — 1193. Les manuscrits portent ἐὰν αὐτῶν προθέμενος. Elmsley a proposé ἵν' αὐτῶν προέμενος. J'ai écrit ἵν' αὐτῶν προσέμενος. Quant à προθέμενος, on en a donné trois ou quatre explications diverses, faute d'en trouver une seule qui fût admissible. — 1194. Ἦλθες a été rétabli par Hermann. Les manuscrits ont ἦλθ' ou ἦλθεν. L'ancienne vulgate ἦλθον vient de l'édition Aldine. — J'ai écrit σκῆπτρα σά pour σκῆπτρά σοι : correction plus facile que celle de Musgrave, qui change au vers suivant σε δεῖ en μέλει.

1180-1182. Ἐπεὶ.... δέξασθαι χρεών. Clytemnestre dit que la première occasion venue lui suffira, à elle et aux filles qu'Agamemnon aura laissées vivre (αἱ λελειμμέναι, mot amer), pour lui faire, à son retour, l'accueil qu'il mérite. Les mots δεξόμεθα δέξιν ἥν σε δέξασθαι χρεών ont quelque chose de sinistre, comme ceux qu'on lit dans les *Bacchantes*, au vers 943 : Κρύψει σὺ κρύψιν, ἥν σε κρυφθῆναι χρεών. C'est ainsi que doit parler une Clytemnestre, et il est étrange que plusieurs éditeurs aient méconnu le sens évident de ces vers.

1189-1190. Οὔ τἄρ' ἀσυνέτους.... εὔφρον' ἥσομεν : «Ne serait-ce pas croire que les dieux sont insensés que d'énoncer des vœux en faveur de parricides?» Εὔφρον' ἥσομεν équivaut à εὔφρονα ἔπη ἥσομεν. On ne trouve pas seulement ἱέναι φωνήν, ἱέναι αὐδήν, mais aussi ἔπος ἱέναι (Sophocle, *Antig.*, v. 1240 sq.).

1193. Προσέμενος, ayant admis près de toi, ayant admis à tes embrassements. Cf. Platon, *Phèdre*, p. 255 A : Προσίεσθαι αὐτὸν εἰς ὁμιλίαν.

1194-1195. Ταῦτ' ἦλθες ἤδη διὰ λόγων; équivaut à ταῦτ' ἤδη διελογίσω; Comparez *Médée*, 827 : Ἐγὼ δ' ἐμαυτῇ διὰ λόγων ἀφικόμην. — Σκῆπτρα σὰ διαφέρειν, porter ton sceptre de tous les côtés, te promener avec ton sceptre et en faire parade.

ΙΦΙΓΕΝΕΙΑ Η ΕΝ ΑΥΛΙΔΙ.

μόνον διαφέρειν καὶ στρατηλατεῖν σε δεῖ; 1195
Ὃν χρῆν δίκαιον λόγον ἐν Ἀργείοις λέγειν·
βούλεσθ', Ἀχαιοί, πλεῖν Φρυγῶν ἐπὶ χθόνα;
κλῆρον τίθεσθε παῖδ' ὅτου θανεῖν χρεών.
Ἐν ἴσῳ γὰρ ἦν τόδ'· ἀλλὰ μὴ σ' ἐξαίρετον
σφάγιον παρασχεῖν Δαναΐδαισι παῖδα σήν· 1200
ἢ Μενέλεων πρὸ μητρὸς Ἑρμιόνην κτανεῖν,
οὗπερ τὸ πρᾶγμ' ἦν. Νῦν δ' ἐγὼ μὲν ἡ τὸ σὸν
σώζουσα λέκτρον παιδὸς ἐστερήσομαι,
ἡ δ' ἐξαμαρτοῦσ', ὑπόροφον νεάνιδα
Σπάρτῃ κομίζουσ', εὐτυχὴς γενήσεται. 1205
Τούτων ἄμειψαί μ' εἴ τι μὴ καλῶς λέγω·
εἰ δ' εὖ λέλεκται, μετανόει δὴ μὴ κτανεῖν
τὴν σήν τε κἀμὴν παῖδα, καὶ σώφρων ἔσει.

ΧΟΡΟΣ.

Πιθοῦ. Τὸ γάρ τοι τέκνα συνσώζειν καλόν,
Ἀγάμεμνον· οὐδεὶς τοῖσδ' ἂν ἀντείποι βροτῶν. 1210

ΙΦΙΓΕΝΕΙΑ.

Εἰ μὲν τὸν Ὀρφέως εἶχον, ὦ πάτερ, λόγον,
πείθειν ἐπᾴδουσ', ὥσθ' ὁμαρτεῖν μοι πέτρας,

NC. 1196. Reiske a corrigé la leçon χρή. — 1203. Ἐστερήσομαι, correction de Reiske pour ὑστερήσομαι. — 1204. Ὑπόροφον, correction de Scaliger pour ὑπόστροφον ou ὑπότροφον. La conjecture de Heath, ὑπότροπος, est moins satisfaisante. — 1207. Les manuscrits portent εἰ δ' εὖ λέλεκται νῷ (ou νῶϊ) μὴ δῆ γε κτάνῃς. Nous avons adopté la belle conjecture de Heimsoeth (*Kritische Studien*, I, p. 271) μετανόει δὴ μὴ κτανεῖν. — 1210. Τοῖσδ' ἂν ἀντείποι, correction de l'éditeur de Cambridge pour πρὸς τάδ' ἀντείποι. Elmsley avait proposé πρὸς τάδ' ἀντερεῖ.

— Pindare, *Pyth.* XI, 60, emploie le verbe διαφέρειν dans le sens de « porter partout, répandre, le nom d'un homme célèbre. »

1199. Ἐν ἴσῳ γὰρ ἦν τόδ(ε), *hoc enim æquum erat.* — Ἐξαίρετον σφάγιον, une victime choisie, une victime particulièrement désignée. Cette idée est opposée à celle de l'égalité équitable du sort, exprimée par ἐν ἴσῳ. — Les infinitifs παρασχεῖν et κτανεῖν dépendent de χρῆν (v. 1196).

1205. Κομίζουσ(α), conservant. — Il est vrai qu'Hélène se trouve à Troie; mais elle n'en conserve pas moins sa fille dans son palais de Sparte.

1209. Τὸ γάρ τοι τέκνα συνσώζειν καλόν. Il est beau que le père et la mère fassent des efforts communs pour sauver leurs enfants.

1211. Εἰ μὲν τὸν Ὀρφέως κτἑ. Admète dit avec plus d'à-propos dans *Alceste*, v. 357 : Εἰ δ' Ὀρφέως μοι γλῶσσα καὶ μέλος παρῆν, Ὥστ' ἢ κόρην Δήμητρος ἢ κείνης πόσιν Ὕμνοισι κηλήσαντά σ' ἐξ Ἅιδου λαβεῖν, Κατῆλθον ἄν.

ΙΦΙΓΕΝΕΙΑ Η ΕΝ ΑΥΛΙΔΙ.

κηλεῖν τε τοῖς λόγοισιν οὓς ἐβουλόμην,
ἐνταῦθ' ἂν ἦλθον. Νῦν δὲ τἀπ' ἐμοῦ σοφά,
δάκρυα παρέξω· ταῦτα γὰρ δυναίμεθ' ἄν. 1215
Ἱκετηρίαν δὲ γόνασιν ἐξάπτω σέθεν
τὸ σῶμα τοὐμόν, ὅπερ ἔτικτεν ἥδε σοι,
μή μ' ἀπολέσῃς ἄωρον· ἡδὺ γὰρ τὸ φῶς
λεύσσειν· τὰ δ' ὑπὸ γῆς μή μ' ἰδεῖν ἀναγκάσῃς.
Πρώτη σ' ἐκάλεσα πατέρα καὶ σὺ παῖδ' ἐμέ· 1220
πρώτη δὲ γόνασι σοῖσι σῶμα δοῦσ' ἐμὸν
φίλας χάριτας ἔδωκα κἀντεδεξάμην.
Λόγος δ' ὁ μὲν σὸς ἦν ὅδ'· ἆρά σ', ὦ τέκνον,
εὐδαίμον' ἀνδρὸς ἐν δόμοισιν ὄψομαι,
ζῶσάν τε καὶ θάλλουσαν ἀξίως ἐμοῦ; 1225
Οὑμὸς δ' ὅδ' ἦν αὖ περὶ σὸν ἐξαρτωμένης
γένειον, οὗ νῦν ἀντιλάζυμαι χερί·
τί δ' ἄρ' ἐγὼ σέ; πρέσβυν ἄρ' εἰσδέξομαι
ἐμῶν φίλαισιν ὑποδοχαῖς δόμων, πάτερ,
πόνων τιθηνοὺς ἀποδιδοῦσά σοι τροφάς; 1230
Τούτων ἐγὼ μὲν τῶν λόγων μνήμην ἔχω,

NC, 1215. Markland a rectifié la leçon δυναίμεθα. — 1219. Les manuscrits d'Euripide portent βλέπειν· τὰ δ' ὑπὸ γῆς. On lit dans Plutarque, *de audiendis poetis*, p. 17 D, λεύσσειν· τὰ δ' ὑπὸ γῆν. Il est évident que βλέπειν est la glose de λεύσσειν. — 1221. Barnes a rectifié la leçon γούνασι. — 1224. Pierson a corrigé la leçon εὐδαίμονος. — 1227. La leçon ἀντιλάζομαι a été rectifiée par Markland. — 1230. Nauck propose τιθηνῶν. Voy. la note explicative.

1214. Τἀπ' ἐμοῦ σοφά, ma science, mon art.
1216. Ἱκετηρίαν, sous-ent. ῥάβδον ou ἐλαίαν, rameau d'olivier que les suppliants portaient entre leurs mains ou déposaient sur l'autel.
1220. Πρώτη σ' ἐκάλεσα πατέρα. Cf. Lucrèce, I, 93 : « Nec miserae prodesse « in tali tempore quibat, Quod patrio « princeps donarat nomine regem. » Eschine s'est servi des souvenirs que lui avait laissés son ancienne profession d'acteur, pour rendre plus pathétiques ses invectives contre Démosthène. Voy. *in Ctesiph.*, 77, p. 84 : Ἑβδόμην δ' ἡμέραν τῆς θυγατρὸς αὐτῷ τετελευτηκυίας…,

στεφανωσάμενος καὶ λευκὴν ἐσθῆτα λαβὼν ἐβουθύτει καὶ παρενόμει, τὴν μόνην ὁ δείλαιος καὶ πρώτην αὐτὸν πατέρα προσειποῦσαν ἀπολέσας.
1221. Δοῦσ(α), abandonnant.
1230. Πόνων.... τροφάς, en te payant les soins pénibles de l'éducation. Je ne pense pas que πόνων soit mis ici pour ἀντὶ πόνων. Le génitif πόνων tient lieu d'un adjectif, comme dans ce passage d'Eschyle, *Prom.* 900 : Δυσπλάνοις ἀλατείαις πόνων. Quant au verbe ἀποδιδόναι, ayant pour régime, non le prix d'un bienfait reçu, mais le bienfait qu'on doit reconnaître, comparez *Troy.* 1040 : Πόνους τ' Ἀχαιῶν ἀπόδος.

σὺ δ' ἐπιλέλησαι, καί μ' ἀποκτεῖναι θέλεις.
Μή, πρός σε Πέλοπος καὶ πρὸς Ἀτρέως πατρὸς
καὶ τῆσδε μητρός, ἣ πρὶν ὠδίνουσ' ἐμὲ
νῦν δευτέραν ὠδῖνα τήνδε λαμβάνει. 1235
Τί μοι μέτεστι τῶν Ἀλεξάνδρου γάμων
Ἑλένης τε; πόθεν ἦλθ' ἐπ' ὀλέθρῳ τὠμῷ, πάτερ;
Βλέψον πρὸς ἡμᾶς, ὄμμα δὸς φιλημά τε,
ἵν' ἀλλὰ τοῦτο κατθανοῦσ' ἔχω σέθεν
μνημεῖον, εἰ μὴ τοῖς ἐμοῖς πείσει λόγοις. 1240
Ἀδελφέ, μικρὸς μὲν σύ γ' ἐπίκουρος φίλοις,
ὅμως δὲ συνδάκρυσον, ἱκέτευσον πατρὸς
τὴν σὴν ἀδελφὴν μὴ θανεῖν· αἴσθημά τοι
κἀν νηπίοις γε τῶν κακῶν ἐγγίγνεται.
Ἰδοὺ σιωπῶν λίσσεταί σ' ὅδ', ὦ πάτερ. 1245
Ἀλλ' αἴδεσαί με καὶ κατοίκτειρον βίον.
Ναὶ πρὸς γενείου σ' ἀντόμεσθα δύο φίλω·
ὁ μὲν νεοσσός ἐστιν, ἡ δ' ηὐξημένη.
Ἓν συντεμοῦσα πάντα νικήσω λόγον·
τὸ φῶς τόδ' ἀνθρώποισιν ἥδιστον βλέπειν, 1250
τὰ νέρθε δ' οὐδέν· μαίνεται δ' ὃς εὔχεται

NC. 1233. Μὴ πρός σε, correction de Markland pour μὴ πρός γε. — 1240. Les manuscrits portent εἰ.... πεισθῇς. Matthiæ voulait ἦν.... πεισθῇς:, Porson εἰ.... πείθει. J'ai écrit πείσει, en supposant que πεισθῇς vient de πεισθήσει. — Il est difficile d'approuver le jugement de Nauck, qui met ce vers entre crochets. — 1241. Peut-être : ἐπικουρεῖν. — 1244. L'éditeur de Cambridge écrit κἂν νηπίοισι. — 1246-47. Markland demandait κατοίκτειρον βίου. On pourrait écrire κατοίκτειρον βίον ‖ νέον. Γενείου σ' ἀντόμεσθα. — 1247. Il paraît que les manuscrits portent δύω pour δύο. — 1248. Dindorf et Nauck jugent avec raison qu'Euripide n'a pas écrit ἐστιν. — 1251. Les manuscrits d'Euripide portent τὰ νέρθε δ' οὐδείς. Ceux de Stobée, qui cite les vers 1250-52 (*Anthologie*, CXIX, 5), donnent τὸ νέρθε δ' οὐδέν.

1233. Πρός σε Πέλοπος, sous-ent. ἱκετεύω. Cp. *Hipp*. 503.

1235. Ὠδῖνα τήνδε. La douleur d'une mère qui tremble pour les jours de sa fille.

1237. Πόθεν; comment se peut-il que....
— *Ἦλθ(ε)*. Le sujet de ce verbe est évidemment Pâris.

1239. Ἀλλὰ τοῦτο (au moins ceci), locution elliptique pour εἰ μὴ ἄλλο τι, ἀλλὰ τοῦτό γε.

1242. Ἱκέτευσον πατρός. Le verbe ἱκετεύω est ici construit avec le génitif d'après l'analogie de δέομαι. [Hermann.]

1246. Κατοίκτειρον βίον. On demande: « Aie pitié de ma jeune vie, de me jeunesse. » Voy. NC.

1249. Ἓν συντεμοῦσα équivaut à ἓν συντόμως εἰποῦσα. Le sens de ce vers est : « Un seul mot l'emportera sur tout ce que l'on peut dire. »

ΙΦΙΓΕΝΕΙΑ Η ΕΝ ΑΥΛΙΔΙ. 405

θανεῖν. Κακῶς ζῆν κρεῖσσον ἢ καλῶς θανεῖν.

ΧΟΡΟΣ.

Ὦ τλῆμον Ἑλένη, διὰ σὲ καὶ τοὺς σοὺς γάμους
ἀγὼν Ἀτρείδαις καὶ τέκνοις ἥκει μέγας.

ΑΓΑΜΕΜΝΩΝ.

Ἐγὼ τά τ' οἰκτρὰ συνετός εἰμι καὶ τὰ μή, 1255
φιλῶν ἐμαυτοῦ τέκνα· μαινοίμην γὰρ ἄν.
Δεινῶς δ' ἔχει μοι ταῦτα τολμῆσαι, γύναι,
δεινῶς δὲ καὶ μή. Τί ποτε γὰρ πρᾶξαί με δεῖ;
Ὁρᾶθ' ὅσον στράτευμα ναύφρακτον τόδε,
χαλκέων θ' ὅπλων ἄνακτες Ἑλλήνων ὅσοι, 1260
οἷς νόστος οὐκ ἔστ' Ἰλίου πύργους ἔπι,
εἰ μή σε θύσω, μάντις ὡς Κάλχας λέγει,
οὐδ' ἔστι Τροίας ἐξελεῖν κλεινὸν βάθρον.
Μέμηνε δ' Ἀφροδίτη τις Ἑλλήνων στρατῷ
πλεῖν ὡς τάχιστα βαρβάρων ἐπὶ χθόνα, 1265
παῦσαί τε λέκτρων ἁρπαγὰς Ἑλληνικάς·

NC. 1252. Je crois que le premier θανεῖν a pris la place de δρακεῖν. — 1256. Markland a proposé φιλῶ τ' pour φιλῶν. — 1257. Ἔχει μοι, correction de Reiske pour ἔχει με. — 1258. J'ai écrit τί ποτε γὰρ pour τοῦτο γάρ, leçon évidemment altérée. — 1263. Reiske a corrigé la leçon vicieuse καινὸν βάθρον. Cependant ce vers laisse encore à desirer. Je propose : θύσασι δ' ἔστι κλεινὸν ἐξελεῖν βάθρον. L'omission des quatre dernières lettres de θύσασι aura entraîné l'insertion de Τροίας. Cp. d'ailleurs v. 92 sq. — 1266. Elmsley : Ἑλληνικῶν.

1255. Τά τ' οἰκτρὰ συνετός εἰμι équivaut à τά τ' οἰκτρὰ συνίημι, je sais ce qui est digne de pitié. Quant au régime direct gouverné par l'adjectif συνετός, cp. Médée, 682 : Τρίβων (ἐστὶ) τοιάδε.

1256. Μαινοίμην γὰρ ἄν, car (autrement, c'est-à-dire : si je n'aimais pas mes enfants), je serais insensé. Cette ellipse, conforme à l'usage de la langue grecque, serait encore plus facile, si, au lieu de φιλῶν, Agamemnon avait dit οὐ μισῶν.

1257-1258. Δεινῶς δ' ἔχει μοι.... καὶ μή. On compare Eschyle, Agam. 193 : Βαρεῖα μὲν κὴρ τὸ μὴ πιθέσθαι, βαρεῖα δ' εἰ τέκνον δαΐξω.

1260. Ὅπλων ἄνακτες. Ces mots ne désignent pas les chefs de l'armée, mais les hoplites, opposés aux marins, dont il a été question dans le vers précédent. C'est ainsi qu'aux vers 1387 sq., μυρίοι μὲν ἄνδρες ἀσπίσιν πεφραγμένοι est opposé à μυρίοι δ' ἐρετμ' ἔχοντες. Pour ce qui est de la périphrase poétique ὅπλων ἄναξ, cp. Eschyle, Perses, 374 : Πᾶς ἀνὴρ κώπης ἄναξ Ἐς ναῦν ἐχώρει πᾶς θ' ὅπλων ἐπιστάτης.

1264. Μέμηνε δ' Ἀφροδίτη τις Ἑλλήνων στρατῷ équivaut à ἔστι δ' ἔρως μαινόμενος (ἐπιθυμία μαινομένη) τις Ἑλλήνων στρατῷ. La phrase est très-poétique, d'une tournure irréprochable; et les corrections proposées sont plus qu'inutiles. Cp. v. 808 : Οὕτω δεινὸς ἐμπέπτωκ' ἔρως τῆσδε στρατείας.

1266. Λέκτρων ἁρπαγὰς Ἑλληνικάς, pour ἁρπαγὰς λέκτρων Ἑλληνικῶν, est

406   ΙΦΙΓΕΝΕΙΑ Η ΕΝ ΑΥΛΙΔΙ.

οἳ τάς τ' ἐν Ἄργει παρθένους κτενοῦσί μου
ὑμᾶς τε κᾀμὲ, θέσφατ' εἰ λύσω θεᾶς.
Οὐ Μενέλεώς με καταδεδούλωται, τέκνον,
οὐδ' ἐπὶ τὸ κείνου βουλόμενον ἐλήλυθα,   1270
ἀλλ' Ἑλλὰς, ᾗ δεῖ, κἂν θέλω κἂν μὴ θέλω,
θῦσαί σε· τούτου δ' ἥσσονες καθέσταμεν.
Ἐλευθέραν γὰρ δεῖ νιν ὅσον ἐν σοὶ, τέκνον,
κἀμοὶ γενέσθαι, μηδὲ βαρβάρων ὕπο
Ἕλληνας ὄντας λέκτρα συλᾶσθαι βίᾳ.   1275

ΚΛΥΤΑΙΜΝΗΣΤΡΑ.

Ὦ τέκνον, ὦ ξέναι,
οἲ 'γὼ θανάτου τοῦ σοῦ μελέα.
Φεύγει σε πατὴρ Ἅιδῃ παραδούς.

ΙΦΙΓΕΝΕΙΑ.

Οἲ 'γὼ, μᾶτερ· ταὐτὸν γὰρ δὴ
μέλος εἰς ἄμφω πέπτωκε τύχης,   1280
κοὐκέτι μοι φῶς
οὐδ' ἀελίου τόδε φέγγος.

NC. 1267-1268. La particule τ' a été insérée par Hermann. — Il paraît que les manuscrits portent κτείνουσί μου et θέσφατον εἰ. — 1274. Musgrave a corrigé la leçon βαρβάροις ὕπο, due, sans doute, à un copiste qui ne voyait pas que βαρβάρων ὕπο dépend de συλᾶσθαι, et non de ὄντας. — 1277. Τοῦ a été inséré par Heath. — 1279. Vulgate : οἲ 'γὼ μῆτερ μῆτερ ταὐτὸ γάρ. Mais la première main du *Palatinus* avait écrit : οἲ ἐγὼ μῆτερ ταὐτὸν γάρ, leçon qui confirme la correction de Dobree : οἲ 'γὼ, μᾶτερ· ταὐτὸν γὰρ δή.

une enallage familière aux poëtes grecs. Cp. Eschyle, *Eumén.* 292 : Χώρας ἐν τόποις Λιβυστικοῖς. Cependant cet exemple, ainsi que beaucoup d'autres qu'on pourrait citer, diffère du nôtre en ce qu'il ne prête pas à une équivoque. Λέκτρων ἁρπαγὰς Ἑλληνικάς semble désigner des enlèvements faits par les Grecs. Il faut dire que ἁρπαγή a ici un sens passif, et signifie l'état de celui qui a été dépouillé.

1267-1268. Agamemnon a exprimé les mêmes craintes aux vers 532 sqq.

1270. Τὸ κείνου βουλόμενον, sa volonté. C'est ainsi que Thucydide, I, 36, dit τὸ δεδιὸς αὐτοῦ, sa crainte. Cette locution parfaitement analogue doit défendre notre passage contre les doutes de certains critiques.

1272. Τούτου. Ce mot ne se rapporte pas à θῦσαι, mais à l'idée contenue dans la phrase précédente, l intérêt de la patrie.

1279-80. Ταὐτὸν γὰρ δὴ μέλος.... τύχης, car les mêmes plaintes nous conviennent à l'une et à l'autre. Iphigénie veut dire qu'elle peut, elle aussi, crier οἲ 'γώ, aussi bien que sa mère. — Cp. *Hippolyte*, 1177 : Ταὐτὸ δακρύων ἔχων μέλος, et la note.

ΙΦΙΓΕΝΕΙΑ Η ΕΝ ΑΥΛΙΔΙ.

Ἰὼ ἰώ·
νιφόβολον Φρυγῶν νάπος Ἴδας τ'
ὄρεα, Πρίαμος ὅθι ποτὲ βρέφος ἁπαλὸν ἔβαλε   1285
ματρὸς ἀποπρὸ νοσφίσας
ἐπὶ μόρῳ θανατόεντι
Πάριν, ὃς Ἰδαῖος, Ἰ-
δαῖος ἐλέγετ' ἐλέγετ' ἐν Φρυγῶν πόλει.   1290
Μή ποτ' ὤφελεν τὸν ἀμφὶ
βουσὶ βουκόλον τραφέντ'
[Ἀλέξανδρον]
οἰκίσαι ἀμφὶ τὸ λευκὸν ὕδωρ, ὅθι
κρῆναι Νυμφᾶν   1295
κεῖνται λειμών τ' ἄνθεσι θάλλων
χλωροῖς, οὗ ῥοδόεντα
ἄνθε' ὑακίνθινά τε θεαῖσι δρέπειν·
ἔνθα ποτὲ Παλλὰς ἔμολε καὶ   1300
δολιόφρων Κύπρις

NC. 1291. Hermann a rectifié la leçon ὤφειλεν. — 1293. Ἀλέξανδρον est une interpolation d'abord signalée par Monk. — 1297-98. Le *Palatinus* porte : οὗ ῥοδόεντ' ἄνθεα. Vulgate : καὶ ῥοδόεντ'. Kirchhoff : οὗ ῥοδόεντα. Je crois qu'il faut écrire ᾗ οὗ ῥοδόενθ' ὑακίνθινα ‖ πέταλά τε θεαῖς δρέπειν, en substituant πέταλα à la glose ἄνθεα tirée du vers 1296. Cf. *Ion*, 889 : Κρόκεα πέταλα φάρεσιν ἔδρεπον Ἀνθίζειν χρυσανταυγῆ.

1283 sqq. Quand Hécube eut donné le jour à Pâris, Priam fit exposer l'enfant sur le mont Ida, afin de détourner un oracle menaçant. Élevé parmi les bergers, Pâris revint plus tard à Troie et fut admis dans la famille royale, malgré les avertissements de Cassandre. Euripide avait traité cette fable dans sa tragédie d'*Alexandre*. Voyez, sur le songe d'Hécube et sur l'oracle qui s'y rattachait, les vers latins que cite Cicéron, *de Divin.* I, xxi, 42, et qui semblent tirés du prologue de l'*Alexandre* d'Ennius.

1289-1290. Ὅς Ἰδαῖος... ἐν Φρυγῶν πόλει. Iphigénie veut dire, ce me semble, que cet homme, destiné à jouer dans le monde un rôle si considérable et si funeste à elle-même, était alors si obscur, que les habitants de la ville de Troie ignoraient jusqu'à son nom, et qu'ils l'appelaient le berger de l'Ida, Ἰδαῖος.

1291. Ὤφελεν. Le sujet de ce verbe est Πρίαμος.

1298. Θεαῖς. Il ne faut pas entendre les déesses qui seront nommées dans les vers suivants, mais les déesses en général, lesquelles viennent dans ces lieux solitaires, et particulièrement les nymphes qui les habitent (v. 1295). — Il n'était pas nécessaire de parler ici des roses et des jacinthes du mont Ida. Ces détails, ainsi que plusieurs autres qu'on rencontre dans ce morceau, peuvent sembler inutiles et même peu en rapport avec la situation d'esprit où Iphigénie se trouve. Mais tel est le style des monodies d'Euripide. Aristophane s'est déjà moqué de ces redondances, en parodiant la manière de notre poète dans les vers 1331-1363 des *Grenouilles*. La critique qui essaye d'élaguer ce luxe n'y parvient pas complétement, et elle excède sa

ΙΦΙΓΕΝΕΙΑ Η ΕΝ ΑΥΛΙΔΙ.

Ἥρα θ᾽ ὁ Διός τ᾽ ἄγγελος Ἑρμᾶς,
ἁ μὲν ἐπὶ πόθῳ τρυφῶσα
Κύπρις, ἁ δὲ δουρὶ Παλλάς,   1305
Ἥρα τε Διὸς ἄνακτος
εὐναῖσι βασιλίσιν,
κρίσιν ἐπὶ στυγνὰν ἔριν τε
καλλονᾶς, ἐμοὶ δὲ θάνατον,
ἄνομα Δαναΐδαισιν ἄν, ὦ κόραι,   1310
προθύματ᾽ ἔλαβεν Ἄρτεμις πρὸς Ἴλιον.
Ὁ δὲ τεκών με τὰν τάλαιναν,
ὦ μᾶτερ ὦ μᾶτερ,
οἴχεται προδοὺς ἔρημον.
Ὦ δυστάλαιν᾽ ἐγώ, πικρὰν   1315
πικρὰν ἰδοῦσα δυσελέναν,
φονεύομαι διόλλυμαι
σφαγαῖσιν ἀνοσίοισιν ἀνοσίου πατρός.
Μή μοι ναῶν χαλκεμβολάδων
πρύμνας ἅδ᾽ Αὐλὶς δέξασθαι   1320

NC. 1302. On lisait Ἥρα θ᾽ Ἑρμᾶς θ᾽ ‖ ὁ Διὸς ἄγγελος. Le *Palatinus* omet θ᾽ après Ἑρμᾶς. J'ai inséré la particule copulative après Διός, et j'ai transposé les mots, de manière à donner un mètre possible. — 1305. L'éditeur de Cambridge a rectifié la leçon δορί. — 1309. Matthiae a retranché τᾶς avant καλλονᾶς. — 1310. On lisait ὄνομα μὲν φέροντα Δαναΐδαισιν, mots qui interrompent la suite des idées, et qui sont tout à fait déplacés ici. Il y a d'ailleurs un indice précis de l'altération du texte : c'est que Δαναΐδαισιν doit être construit nécessairement avec προθύματ(α) πρὸς Ἴλιον : Diane ne partira pas pour Troie. J'ai écrit ἄνομα (Hartung : ἄνομον), et j'ai retranché les mots μὲν φέροντα, lesquels sont une glose amenée par la leçon vicieuse ὄνομα. — Ensuite Nauck a inséré ἄν après Δαναΐδαισιν (Hermann avait écrit Δαναΐδαισιν ὅν). — 1311. Ce vers était attribué au chœur. Elmsley a vu qu'il faisait partie du chant d'Iphigénie. Le même critique a indiqué l'excellente correction προθύματ᾽ ἔλαβεν pour πρόθυμα δ᾽ ἔλαβεν.

mission en entreprenant de corriger le poète lui-même.

1304-1305. Ἁ μέν, l'une; ἁ δέ, l'autre. Κύπρις et Παλλάς sont des appositions explicatives. — Ἐπὶ πόθῳ τρυφῶσα, fière de l'amour qu'elle inspire.

1309. Ἐμοὶ δὲ θάνατον. La préposition ἐπί (v. 1308) se rapporte à θάνατον aussi bien qu'à κρίσιν et à ἔριν.

1310-11. Construisez : (Ἐμοί,) ἂν Ἄρτεμις ἔλαβεν ἄνομα προθύματ(α) Δαναΐδαισιν εἰς Ἴλιον, (pour moi,) que Diane reçut (c'est-à-dire : vouée à Diane) comme un sacrifice inouï qui doit inaugurer le départ des Grecs pour Ilion. — Ἔλαβεν. Le sacrifice n'est pas encore consommé, mais il est décidé. — Προθύματα. C'est ainsi qu'Eschyle (*Agam.* 227) appelle le sacrifice d'Iphigénie προτέλεια ναῶν.

1316. Δυσελέναν. Homère avait dit Δύσπαρις, *Iliade*, III, 39; XIII, 769. Cf. *Hecube*, 945 : Βούταν αἰνόπαριν.

ΙΦΙΓΕΝΕΙΑ Η ΕΝ ΑΥΛΙΔΙ.

τούσδ' εἰς ὅρμους εἰς Τροίαν
ὤφελεν ἐλάταν πομπαίαν,
μηδ' ἀνταίαν Εὐρίπῳ
πνεῦσαι πομπὰν Ζεὺς, μειλίσσων
αὔραν ἄλλοις ἄλλαν θνατῶν   1325
λαίφεσι, χαίρειν,
τοῖσι δὲ λύπαν, τοῖσι δ' ἀνάγκαν,
τοῖς δ' ἐξορμᾶν, τοῖς δὲ στέλλειν,
τοῖσι δὲ μέλλειν.
Ἦ πολύμοχθον ἄρ' ἦν γένος, ἦ πολύμοχθον   1330
ἀμερίων, τὸ χρεὼν δέ τι δύσποτμον
ἀνδράσιν ἀνευρεῖν.
Ἰὼ ἰὼ,
μεγάλα πάθεα, μεγάλα δ' ἄχεα
Δαναΐδαις τιθεῖσα Τυνδαρὶς κόρα.   1335

NC. 1322. Nauck propose ὠφειλ' ἐλάταν. — 1323. Hermann a rectifié la leçon μήτ'. — 1324-26. Nauck propose : Ζεὺς μειλίχιος, ‖ τάσσων αὔραν ἄλλοις ἄλλαν ‖ θνατῶν λαίφεσι ‖ τοῖς μὲν χαίρειν. — 1327. Heath a rectifié la leçon τοῖς δὲ.... τοῖς δὲ. — 1331. L'article τὸ avant χρεὼν a été ajouté par Hermann. — 1332. Ἀνευρεῖν ne donne pas de sens satisfaisant. Dindorf propose εὑρεῖν, conjecture qui ne rectifie que la mesure du vers. On pourrait écrire ἀντλεῖν. — 1333-3*. Ces vers, attribués autrefois au chœur, ont été donnés à Iphigénie par Blomfield.

1321-1322. Construisez (avec Heath) : ἐλάταν πομπαίαν εἰς Τροίαν, « flotte qui doit conduire (les Grecs) à Troie, » et regardez ces mots comme une apposition amplificative de πρύμνας ναῶν χαλκεμβολάδων.
— Ἐλάταν, *abietem*, prend ici le sens collectif de « flotte. » Au vers 174, le poète s'est servi du pluriel ἐλάταις χιλιόναυσιν. Voy. la note sur le vers 1254 d'*Hippolyte*.

1323-1324. Ἀνταίαν πομπάν. est une alliance de mots. Le vent peut être appelé πομπή, parce qu'il conduit ou pousse les vaisseaux (cf. *Héc*. 1290 : Πνοὰς πομπίμους); mais ici il s'agit d'un vent contraire (ἀνταίαν), qui retient les vaisseaux.
— Μειλίσσων, tempérant. Ce mot ne convient pas à tous les cas divers énumérés plus loin par le poëte, mais seulement au premier (χαίρειν).

1326. Avant χαίρειν il faut sous-entendre τοῖς μέν. Voy. sur cette ellipse, familière aux poètes grecs, *Hécube*, v. 1161 et la note.

1328. Στέλλειν, sous-entendez λαίφεα (v. 1326) ou ἱστία, plier les voiles, c'est-à-dire : s'arrêter. On a donné de ce mot les explications les plus diverses; je crois que celle-ci est la véritable. Στέλλειν répond à ἀνάγκαν, « l'enchaînement, l'immobilité forcée, » comme μέλλειν, mot qui dit moins que στέλλειν et qui ne désigne qu'un retard, répond à λύπαν, et comme ἐξορμᾶν répond à χαίρειν. On voit qu'il y a ici deux séries correspondantes, de trois termes chacune.

1331-1332. Τὸ χρεὼν.... ἀνευρεῖν. Le sens de ces mots doit être : « la nécessité est pour les hommes une chose cruelle à endurer. » Mais le verbe ἀνευρεῖν ne se prête guère à cette traduction. Voy. NC.

ΧΟΡΟΣ

Ἐγὼ μὲν οἰκτείρω σε συμφορᾶς κακῆς
τυχοῦσαν, οἵας μήποτ' ὤφελες τυχεῖν.

ΙΦΙΓΕΝΕΙΑ.

Ὦ τεκοῦσα μῆτερ, ἀνδρῶν ὄχλον εἰσορῶ πέλας.

ΚΛΥΤΑΙΜΝΗΣΤΡΑ.

Τόν γε τῆς θεᾶς, τέκνον, ἄλοχος ᾧ σὺ δεῦρ' ἐλήλυθας.

ΙΦΙΓΕΝΕΙΑ.

Διαχαλᾶτέ μοι μέλαθρα, δμῶες, ὡς κρύψω δέμας. 1340

ΚΛΥΤΑΙΜΝΗΣΤΡΑ.

Τί δὲ σὺ φεύγεις, τέκνον;

ΙΦΙΓΕΝΕΙΑ.

Ἄνδρα τόνδ' ἰδεῖν αἰσχύνομαι.

ΚΛΥΤΑΙΜΝΗΣΤΡΑ.

Ὡς τί δή;

ΙΦΙΓΕΝΕΙΑ.

Τὸ δυστυχές μοι τῶν γάμων αἰδῶ φέρει.

ΚΛΥΤΑΙΜΝΗΣΤΡΑ.

Οὐκ ἐν ἁβρότητι κεῖσαι πρὸς τὰ νῦν πεπτωκότα.
Ἀλλὰ μίμν'· οὗ σεμνότητος ἔργον, ἀδυνώμεθα.

NC. 1336. Variante : συμφορᾶς κακῶν. — 1339. La vulgate ne s'éloigne guère de la leçon du *Florentinus* : τόν τε τῆς θεᾶς παῖδ', ὦ τέκνον γ', ᾧ δεῦρ' ἐλήλυθας. Mais le *Palatinus* porte : τόν τε τῆς θεᾶς Ἀχιλλέα, τέκνον, (γ', de la seconde main) ᾧ δεῦρ' ἐλή-λυθας. Hermann écrit : τόν γε τῆς θεᾶς παῖδα, τέκνον, ᾧ σὺ δεῦρ' ἐλήλυθας. Ces derniers mots ont besoin d'une détermination. J'ai donc ajouté ἄλοχος, mot qui a pu être omis à cause de sa ressemblance avec la glose Ἀχιλλέα. — 1341. Les manuscrits portent : ΚΛ. τί δὲ φεύγεις, τέκνον; ΙΦ. ἀχιλλέα τὸν ἰδεῖν. La plupart des éditeurs ont adopté la conjecture de Lenting : ΚΛ. Τί δὲ, τέκνον, φεύγεις; ΙΦ. Ἀχιλλέα τόνδ' ἰδεῖν. J'ai préféré la correction de Hartung. — 1344. On lisait οὗ σεμνότητος ἔργον, ἢν δυνώμεθα. La conjecture de Hermann ἵν' ὀδυνώμεθα est inadmissible. Remarquons que Clytemnestre ne doit pas répéter ici ce qu'elle a déjà dit au vers précédent. Il faut donc écrire οὗ au lieu de οὐ. Ce premier point reconnu, il s'ensuit que ἢν δυνώμεθα est une corruption de ἀνδυνώμεθα.

1343. Οὐκ ἐν ἁβρότητι κεῖσαι, tu ne te trouves pas dans un état à montrer tant de délicatesse. Barnes a déjà cité *Phénic.* 1276, où Antigone ayant dit : Αἰδούμεθ' ὄχλον, sa mère lui répond : Οὐκ ἐν αἰ-σχύνῃ τὰ σά. — Πρὸς τὰ νῦν πεπτωκότα. Cp. *Hippol.* 718 et la note.
1344. Οὗ σεμνότητος ἔργον, ἀνδυνώμεθα (pour ἀναδυώμεθα), là où (lorsque) la fierté sera de mise, retirons-nous pudi-

ΙΦΙΓΕΝΕΙΑ Η ΕΝ ΑΥΛΙΔΙ. 411

ΑΧΙΛΛΕΥΣ.
Ὦ γύναι τάλαινα, Λήδας θύγατερ,

ΚΛΥΤΑΙΜΝΗΣΤΡΑ.
Οὐ ψευδῆ θροεῖς. 1345

ΑΧΙΛΛΕΥΣ.
δείν' ἐν Ἀργείοις βοᾶται

ΚΛΥΤΑΙΜΝΗΣΤΡΑ.
Τίνα βοήν; σήμαινέ μοι.

ΑΧΙΛΛΕΥΣ.
ἀμφὶ σῆς παιδὸς,

ΚΛΥΤΑΙΜΝΗΣΤΡΑ.
Πονηρὸν εἶπας οἰωνὸν λόγων.

ΑΧΙΛΛΕΥΣ.
ὡς χρεὼν σφάξαι νεᾶνιν.

ΚΛΥΤΑΙΜΝΗΣΤΡΑ.
Κοὐδεὶς ἀντίον λέγει;

ΑΧΙΛΛΕΥΣ.
Εἰς θόρυβον ἐγώ τι καὐτὸς ἤλυθον,

ΚΛΥΤΑΙΜΝΗΣΤΡΑ.
Τίν', ὦ ξένε;

ΑΧΙΛΛΕΥΣ.
σῶμα λευσθῆναι πέτροισι.

NC. 1345-48. Le *Palatinus* donne au chœur tout ce qui appartient à Achille dans ces trois vers. — 1347. Variante : λόγον. — 1348. Les manuscrits portent : σφάξαι νιν. ΚΛ. κοὐδεὶς ἐναντία (κοὐδεὶς τοῖσδ' ἐναντίον, seconde main du *Palatinus*) λέγει. Nous avons adopté la correction de Fix. — 1349. La leçon ἐγώ τοι a été corrigée par Musgrave. Ensuite les manuscrits ont ἤλυθον et ἐς τιν'. Nauck a retranché ἐς. Vulgate : ἦλθον et ἐς τίν'.

quement, c'est-à-dire réservons la pudeur pour les cas où la retenue sera à sa place. — Σεμνότητος. Cf. vers 901 et 996. — Ἔργον répond au latin *opus est*. Cf. Platon, *Rép.*, VII, p. 537 D : Ἐνταῦθα δὴ πολλῆς φυλακῆς ἔργον. — Ἀνδυώμεθα est opposé à μίμν(ε). Cf. Démosthène, *Fausseambassade*, 210 : Οὔκουν προσῄει πρὸς ταῦθ' ἡ διάνοια, ἀλλ' ἀνεδύετο· ἐπελαμβάνετο γὰρ αὐτῆς τὸ συνειδέναι. L'orateur dit qu'Eschine avait honte d'accuser

son adversaire de ce que sa conscience lui reprochait à lui-même.
1346. Au lieu de dire τίνα βοὴν λέγεις; Clytemnestre dit : τίνα βοήν; σήμανέ μοι, ce qui équivaut à σήμαινέ μοι βοήν, ἥντινα λέγεις. Ainsi se justifie l'accusatif, que d'autres expliquent d'une manière moins satisfaisante.
1347. Πονηρὸν εἶπας οἰωνὸν λόγων, tu commences ton discours par un mot de mauvais augure.

ΚΛΥΤΑΙΜΝΗΣΤΡΑ.

       Μῶν κόρην σώζων ἐμὴν; 1350

ΑΧΙΛΛΕΥΣ.

Αὐτὸ τοῦτο.

ΚΛΥΤΑΙΜΝΗΣΤΡΑ.

    Τίς δ' ἂν ἔτλη σώματος τοῦ σοῦ θιγεῖν;

ΑΧΙΛΛΕΥΣ.

Πάντες Ἕλληνες.

ΚΛΥΤΑΙΜΝΗΣΤΡΑ.

     Στρατὸς δὲ Μυρμιδὼν οὔ σοι παρῆν;

ΑΧΙΛΛΕΥΣ.

Πρῶτος ἦν ἐκεῖνος ἐχθρός.

ΚΛΥΤΑΙΜΝΗΣΤΡΑ.

       Δι' ἄρ' ὀλώλαμεν, τέκνον.

ΑΧΙΛΛΕΥΣ.

Οἵ με τὸν γάμων ἀπεκάλουν ἧσσον'.

ΚΛΥΤΑΙΜΝΗΣΤΡΑ.

        Ὑπεκρίνω δὲ τί;

ΑΧΙΛΛΕΥΣ.

Τὴν ἐμὴν μέλλουσαν εὐνὴν μὴ κτανεῖν,

ΚΛΥΤΑΙΜΝΗΣΤΡΑ.

        Δίκαια γάρ. 1355

ΑΧΙΛΛΕΥΣ.

ἣν ἐφήμισεν πατήρ μοι.

ΚΛΥΤΑΙΜΝΗΣΤΡΑ.

      Κἀργόθεν γ' ἐπέμψατο.

ΑΧΙΛΛΕΥΣ.

Ἀλλ' ἐνικώμην κεκραγμοῦ.

NC. 1350. Canter a corrigé la leçon σώζειν. — 1351. *Palatinus* : τοῦ σώματος. — 1352. Elmsley a corrigé la vulgate Μυρμιδόνων. — 1354. Matthiæ a corrigé la vulgate τῶν γάμων. — Variante : ἀπεκρίνω. — 1355. Hermann écrit εὐνιν pour εὐνήν.

1350. Σώζων, cherchant à sauver. Voy. la note sur le vers 340 d'*Hécube*.
1354. Τὸν γάμων ἀπεκάλουν ἧσσον(α). L'article ajoute à l'injure. Cp. *Oreste*, 1140 : Ὁ μητροφόντης οὐ καλεῖ, on ne t'appellera pas le parricide (par excellence)
1355. Εὐνήν. Métonymie pour ἄλοχον.
1357. Ἐνικώμην κεκραγμοῦ. Cp. *Médée*, 315 : Κρεισσόνων νικώμενοι.

ΙΦΙΓΕΝΕΙΑ Η ΕΝ ΑΥΛΙΔΙ. 413

ΚΛΥΤΑΙΜΝΗΣΤΡΑ.
            Τὸ πολὺ γὰρ δεινὸν κακόν.
ΑΧΙΛΛΕΥΣ.
Ἀλλ' ὅμως ἀρήξομέν σοι.
        ΚΛΥΤΑΙΜΝΗΣΤΡΑ.
                Καὶ μαχεῖ πολλοῖσιν εἷς;
        ΑΧΙΛΛΕΥΣ.
Εἰσορᾷς τευχη φέροντας τούσδ';
        ΚΛΥΤΑΙΜΝΗΣΤΡΑ.
                    Ὄναιο τῶν φρενῶν.
        ΑΧΙΛΛΕΥΣ.
Ἀλλ' ὀνησόμεσθα.
        ΚΛΥΤΑΙΜΝΗΣΤΡΑ.
                Παῖς ἄρ' οὐκέτι σφαγήσεται;   1360
        ΑΧΙΛΛΕΥΣ.
Οὐκ, ἐμοῦ γ' ἑκόντος.
        ΚΛΥΤΑΙΜΝΗΣΤΡΑ.
                "Ἥξει δ' ὅστις ἅψεται κόρης;
        ΑΧΙΛΛΕΥΣ.
Μυρίοι γ'· ἄξει δ' Ὀδυσσεύς.
        ΚΛΥΤΑΙΜΝΗΣΤΡΑ.
                    Ἆρ' ὁ Σισύφου γόνος;
        ΑΧΙΛΛΕΥΣ.
Αὐτὸς οὗτος.
        ΚΛΥΤΑΙΜΝΗΣΤΡΑ.
            Ἴδια πράσσων, ἢ στρατοῦ ταχθεὶς ὕπο;
        ΑΧΙΛΛΕΥΣ.
Αἱρεθεὶς ἑκών.

NC. 1358. Matthiæ a rectifié la leçon μάχῃ. — 1360. Nauck propose ἐμοῦ γε ζῶντος. — 1363. Heath a corrigé la vulgate ἰδίᾳ.

1357. Τὸ πολύ équivaut à οἱ πολλοί, ὁ ὄχλος.
1359. Τεύχη φέροντας. Il ne faut pas entendre des hommes armés, mais des serviteurs qui portent les armes d'Achille. Le héros marque qu'il est prêt à combattre.

1362. Ὁ Σισύφου γόνος. Cf. vers 524.
1364. Αἱρεθεὶς ἑκών. « Il viendra chargé de cette mission, (mais cependant) de son plein gré. » La traduction : « s'étant laissé choisir de son plein gré, » détruit l'ironie de l'antithèse.

ΚΛΥΤΑΙΜΝΗΣΤΡΑ.

Πονηράν γ' αἵρεσιν, μιαιφονεῖν.

ΑΧΙΛΛΕΥΣ.

Ἀλλ' ἐγὼ σχήσω νιν.

ΚΛΥΤΑΙΜΝΗΣΤΡΑ.

Ἄξει δ' οὐχ ἑκοῦσαν ἁρπάσας; 1365

ΑΧΙΛΛΕΥΣ.

Δηλαδὴ ξανθῆς ἐθείρης.

ΚΛΥΤΑΙΜΝΗΣΤΡΑ.

Ἐμὲ δὲ δρᾶν τί χρὴ τότε;

ΑΧΙΛΛΕΥΣ.

Ἀντέχου θυγατρός.

ΚΛΥΤΑΙΜΝΗΣΤΡΑ.

Ὡς τοῦδ' οὕνεχ' οὐ σφαγήσεται.

ΑΧΙΛΛΕΥΣ.

Ἀλλὰ μὴν εἰς τοῦτό γ' ἥξει.

ΙΦΙΓΕΝΕΙΑ.

Μῆτερ, εἰσακούσατε
τῶν ἐμῶν λόγων· μάτην γάρ σ' εἰσορῶ θυμουμένην
σῷ πόσει· τὰ δ' ἀδύναθ' ἡμῖν καρτερεῖν οὐ ῥᾴδιον. 1370
Τὸν μὲν οὖν ξένον δίκαιον αἰνέσαι προθυμίας·

NC. 1366. La leçon τί χρὴ δρᾶν est transposée d'après Kirchhoff. — 1367. Manuscrits : ἕνεχ'. Aldine : οὕνεχ'. — 1369. Les mots λόγων et σ' sont ajoutés par la seconde main dans le *Palatinus*. Une note de la première main (λείπει) signale une lacune. Avant μάτην, l'omission de μύθων me semble plus probable que celle de λόγων.

1367. Τοῦδ' οὕνεχ(α), s'il ne tient qu'à cela. Voy. la note sur le vers 866.
1368. Εἰς τοῦτό γ' ἥξει. « Les choses en viendront à cette extrémité, » c'est-à-dire : tu seras obligée de couvrir ta fille de ton corps, pendant que je la défendrai par les armes. Τοῦτο se rapporte à τοῦδ(ε) du vers précédent. Ces mots ont été expliqués diversement, et même changés par quelques éditeurs. — Μῆτερ, εἰσακούσατε. Iphigénie se tourne vers sa mère, mais son discours s'adresse aussi, du moins indirectement, à Achille. Ce rapprochement du pluriel de l'impératif avec un vocatif singulier n'est pas rare chez les tragiques.

Cp. Sophocle *Œd. Roi*, 1104 : Προσέλθετ', ὦ παῖ, πατρί. — D'après la disposition du dialogue qui précède, c'était à Clytemnestre de prononcer le second hémistiche de ce vers. Iphigénie coupe la parole à sa mère de façon à ce que son couplet commence au milieu d'un vers. C'est ainsi que le poète a marqué par la versification même ce qu'il y a d'imprévu dans ce coup de théâtre. Cf. la note sur le vers 414.
1370. Τὰ ἀδύνατα καρτερεῖν, persévérer dans l'impossible, s'obstiner à faire l'impossible. Cette locution ne diffère que par une nuance de τολμᾶν ἀδύνατα (*Hélène*, 811).

ΙΦΙΓΕΝΕΙΑ Η ΕΝ ΑΥΛΙΔΙ.

ἀλλὰ καὶ σὲ τοῦθ' ὁρᾶν χρὴ, μὴ διαβληθῇς στρατῷ,
καὶ πλέον πράξωμεν οὐδὲν, ὅδε δὲ συμφορᾶς τύχῃ.
Οἷα δ' εἰσῆλθέν μ' ἄκουσον, μῆτερ, ἐννοουμένην·
κατθανεῖν μέν μου δέδοκται· τοῦτο δ' αὐτὸ βούλομαι   1375
εὐκλέως πρᾶξαι παρεῖσά γ' ἐκποδὼν τὸ δυσγενές.
Δεῦρο δὴ σκέψαι μεθ' ἡμῶν, μῆτερ, ὡς καλῶς λέγω·
εἰς ἔμ' Ἑλλὰς ἡ μεγίστη πᾶσα νῦν ἀποβλέπει,
κἀν ἐμοὶ πορθμός τε ναῶν καὶ Φρυγῶν κατασκαφαὶ,
τάς τε μελλούσας γυναῖκας μή τι δρῶσι βάρβαροι,   1380
μηδ' ἔθ' ἁρπάζωσιν εὐνὰς ὀλβίας ἐξ Ἑλλάδος,
τὸν Ἑλένης τίσαντες ὄλεθρον, ἥντιν' ἥρπασεν Πάρις.
Ταῦτα πάντα κατθανοῦσα ῥύσομαι, καί μου κλέος,
Ἑλλάδ' ὡς ἠλευθέρωσα, μακάριον γενήσεται.
Καὶ γὰρ οὐδέ τοί τι λίαν ἐμὲ φιλοψυχεῖν χρεών·   1385
πᾶσι γάρ μ' Ἕλλησι κοινὸν ἔτεκες, οὐχὶ σοὶ μόνῃ.

NC. 1372. Hartung et l'éditeur de Cambridge écrivent μὴ διαβληθῇ. — 1373. Markland a rectifié la leçon ὃ δὲ. — 1375. La leçon κατθανεῖν μέν μοι δέδοκται (j'ai résolu de mourir) anticipe la pensée exprimée par la phrase suivante. J'ai écrit μου pour μοι. Voy. la note explicative. — 1376. Le *Palatinus* porte δυσμενές. — 1380. J'ai écrit μή τι pour ἥν τι. Faute d'avoir fait cette correction nécessaire, les éditeurs ont vainement essayé de rectifier les deux vers suivants. — 1381. Les manuscrits portent μηκέθ' ἁρπάζειν ἐᾶν τὰς ὀλβίας. Ma correction se défendra assez d'elle-même. — 1382. J'ai écrit τίσαντες pour τίσαντας. Ensuite la leçon primitive du *Palatinus* ἣν ἥρπασεν n'a été changée en ἥντιν' ἥρπασεν que par la seconde main. De toute façon ἥνπερ serait ici plus correct que ἥντιν'. Je propose ἣν διώλεσεν Πάρις. — 1385. Elmsley a inséré τι après τοί.

1375-1376. Κατθανεῖν μέν μου δέδοκται, je suis condamnée à mourir. Δέδοκται μου, poétique pour δέδοκται κατ' ἐμοῦ. Iphigénie dit que, puisque sa mort est arrêtée et qu'elle ne peut échapper au trépas, elle veut mourir glorieusement et sans lâcheté (παρεῖσα τὸ δυσγενές).

1379. Κἀν ἐμοὶ (sous-entendez ἐστίν), et il dépend de moi.

1381. Ὀλβίας. Cet adjectif se rapporte à Ἑλλάδος.

1382. Τὸν Ἑλένας ὄλεθρον, l'enlèvement d'Hélène. C'est ainsi que dans *Iph. Taur.* v. 541, ἀπῳχόμην veut dire : «j'ai été arrachée à ma patrie. » — L'idée exprimée dans les vers 1380-1382 avait été indiquée par Agamemnon, lorsqu'il démontrait à sa fille la nécessité du sacrifice (v. 1266). Il en est de même de la plupart des autres arguments dont Iphigénie se sert ici. La noble jeune fille a trouvé dans son cœur la résolution de se dévouer; mais les raisons qui justifient ce dévouement, elle les emprunte à son père. J'ajoute cette observation à d'autres qu'on a présentées pour réfuter la critique d'Aristote, *Poétique*, XV : Τοῦ δὲ ἀνωμάλου (παράδειγμα) ἡ ἐν Αὐλίδι Ἰφιγένεια· οὐδὲν γὰρ ἔοικεν ἡ ἱκετεύουσα τῇ ὑστέρᾳ.

1386. Κοινόν est au neutre, et n'est pas mis pour κοινάν. Les poètes n'ont re-

ΙΦΙΓΕΝΕΙΑ Η ΕΝ ΑΥΛΙΔΙ.

Ἀλλὰ μυρίοι μὲν ἄνδρες ἀσπίσιν πεφραγμένοι,
μυρίοι δ' ἐρέτμ' ἔχοντες, πατρίδος ἠδικημένης,
δρᾶν τι τολμήσουσιν ἐχθροὺς χὐπὲρ Ἑλλάδος θανεῖν·
ἡ δ' ἐμὴ ψυχὴ μί' οὖσα πάντα κωλύσει τάδε; 1390
τί τὸ δίκαιον ἄρα τούτοις ἔχομεν ἀντειπεῖν ἔπος;
Κἀπ' ἐκεῖν' ἔλθωμεν. Οὐ δεῖ τόνδε διὰ μάχης μολεῖν
πᾶσιν Ἀργείοις γυναικὸς οὔνεκ' οὐδὲ κατθανεῖν.
Εἷς γ' ἀνὴρ κρείσσων γυναικῶν μυρίων ὁρῶν φάος.
Εἰ δ' ἐβουλήθη τὸ σῶμα τοὐμὸν Ἄρτεμις λαβεῖν, 1395
ἐμποδὼν γενήσομαι 'γὼ θνητὸς οὖσα τῇ θεῷ;
Ἀλλ' ἀμήχανον· δίδωμι σῶμα τοὐμὸν Ἑλλάδι.
Θύετ', ἐκπορθεῖτε Τροίαν. Ταῦτα γὰρ μνημεῖά μου
διὰ μακροῦ, καὶ παῖδες οὗτοι καὶ γάμοι καὶ δόξ' ἐμή.
Βαρβάρων δ' Ἕλληνας ἄρχειν εἰκὸς, ἀλλ' οὐ βαρβάρους, 1400
μῆτερ, Ἑλλήνων· τὸ μὲν γὰρ δοῦλον, οἱ δ' ἐλεύθεροι.

ΧΟΡΟΣ.

Τὸ μὲν σὸν, ὦ νεᾶνι, γενναίως ἔχει·
τὸ τῆς τύχης δὲ καὶ τὸ τῆς θεοῦ νοσεῖ.

NC. 1391. Vulgate : τί τὸ δίκαιον τοῦτό γ'; ἄρ' ἔχοιμεν. Mais le *Palatinus* porte de première main : τί τὸ δίκαιον τοῦτ' ἄρ' ἔχοιμεν. J'ai tiré de cette leçon la correction qu'on voit dans le texte. On en avait essayé d'autres. — 1394. Ὁρῶν, correction de Dobree pour ὁρᾷν. — 1395. Τὸ, avant σῶμα, n'est ajouté que par la seconde main du *Palatinus*, et ne se trouve pas dans le *Florentinus*. Nauck propose τόδ' αἷμα τοὐμόν. Peut-être : τόδ' αἷμα σφάγιον. Les mots (τὸ) σῶμα τοῦτο sont une glose tirée du vers 1397. — 1396. Reiske a rectifié la leçon γενήσομ' ἐγώ. — 1400. Manuscrits : εἰκὸς ἄρχειν. Aristote, *Politique*, I, 2 : ἄρχειν εἰκός.

cours aux licences de ce genre que lorsque le vers les y force. Or ici le mètre permettait d'écrire κοινήν. Si Euripide s'est servi du neutre, c'est que κοινὴ Ἑλλάδι aurait prêté à une équivoque fâcheuse. — Quant à la pensée elle-même, cf. Démosthène, *Pro corona*, 205 : Ἡγεῖτο γὰρ αὑτῶν ἕκαστος οὐχὶ τῷ πατρὶ καὶ τῇ μητρὶ μόνον γεγενῆσθαι, ἀλλὰ καὶ τῇ πατρίδι.

1392. Κἀπ' ἐκεῖν' ἔλθωμεν, venons aussi à ceci, c'est-à-dire : passons à une autre considération.

1394. Ἀνὴρ κρείσσων ὁρῶν φάος équivaut à κρεῖσσόν ἐστι, ἄνδρα ὁρᾶν φάος.

Le mélange des deux constructions : κρείσσων ὁρᾶν, ne serait guère admissible. Voy. NC.

1398-1399. Ταῦτα γὰρ.... δόξ' ἐμή. Dans les *Héraclides* (v. 591) Macarie dit en se dévouant pour ses frères : Ταῦτ' ἀντὶ παίδων ἐστί μοι κειμήλια Καὶ παρθενείας.

1401. Τὸ μὲν γὰρ (c'est-à-dire : τὸ μὲν γὰρ βάρβαρον) δοῦλον. Aristote a formulé en axiome ce dogme de l'orgueil hellénique : en citant ce passage d'Euripide (*Politique*, I, 2), il ajoute : ὡς ταὐτὸ φύσει βάρβαρον καὶ δοῦλον ὄν.

ΙΦΙΓΕΝΕΙΑ Η ΕΝ ΑΥΛΙΔΙ.

ΑΧΙΛΛΕΥΣ.

Ἀγαμέμνονος παῖ, μακάριόν μέ τις θεῶν   1405
ἔμελλε θήσειν, εἰ τύχοιμι σῶν γάμων.
Ζηλῶ δὲ σοῦ μὲν Ἑλλάδ', Ἑλλάδος δὲ σέ.
Εὖ γὰρ τάδ' εἶπας ἀξίως τε πατρίδος·
[τὸ θεομαχεῖν γὰρ ἀπολιποῦσ', ὅ σου κρατεῖ,
ἐξελογίσω τὰ χρηστὰ τἀναγκαῖά τε.]   1410
Μᾶλλον δὲ λέκτρων σῶν πόθος μ' εἰσέρχεται
εἰς τὴν φύσιν βλέψαντα· γενναία γὰρ εἶ.
Ὅρα δ'· ἐγὼ γὰρ βούλομαί σ' εὐεργετεῖν,
λαβεῖν τ' ἐς οἴκους· ἄχθομαί τ', ἴστω Θέτις,
εἰ μή σε σώσω Δαναΐδαισι διὰ μάχης   1415
ἐλθών· ἄθρησον, ὁ θάνατος δεινὸν κακόν.

ΙΦΙΓΕΝΕΙΑ.

Λέγω τάδ' [οὐδὲν οὐδέν' εὐλαβουμένη].
Ἡ Τυνδαρὶς παῖς διὰ τὸ σῶμ' ἀρκεῖ μάχας
ἀνδρῶν τιθεῖσα καὶ φόνους· σὺ δ', ὦ ξένε,
μὴ θνῆσκε δι' ἐμὲ μηδ' ἀποκτείνῃς τινά. 1420
Ἔα δὲ σῶσαί μ' Ἑλλάδ', ἢν δυνώμεθα.

ΑΧΙΛΛΕΥΣ.

Ὦ λῆμ' ἄριστον, οὐκ ἔχω πρὸς τοῦτ' ἔτι

NC. 1407. Les manuscrits portent τοῦ μέν pour σοῦ μέν. — 1409-1410. Ces deux vers ont été condamnés par l'éditeur de Cambridge et par Nauck. En effet, Achille ne peut déclarer que le sacrifice d'Iphigénie soit nécessaire, puisqu'il offre de la sauver. Hartung retranche les vers 1411-1416. Mais la réponse d'Iphigénie, ainsi que la réplique d'Achille, montre clairement que ce dernier avait renouvelé sa généreuse proposition. — 1410. Reiske a corrigé la leçon τά τ' (ou τάδ') ἀναγκαῖά γε. — 1417. Le *Palatinus* porte de première main : λέγω τάδ', avec la note λείπει (lacune). Les mots οὐδὲν οὐδέν' εὐλαβουμένη, qui n'ont pas trop de sens, n'ont été ajoutés que par la seconde main. — 1418. Hardion a corrigé la leçon ἄρχει.

1406. En disant εἰ τύχοιμι σῶν γάμων, et non εἰ ἔτυχον σῶν γάμων, Achille marque qu'il ne renonce pas tout à fait à l'espérance de sauver et de posséder Iphigénie.

1409. Ὅ σου κρατεῖ. Le relatif ὅ se rapporte à τὸ θεῖον, idée renfermée dans θεομαχεῖν.

1413-1414. L'idée de εὐεργετεῖν n'est pas développée par λαβεῖν ἐς οἴκους : ces deux infinitifs expriment des idées différentes. Achille dit qu'il désire sauver Iphigénie (c'est là le bienfait dont il parle) et l'épouser ensuite.

1418-1419. Ἀρκεῖ τιθεῖσα. Cp., pour la construction, Sophocle, *Antig.* 543 : Ἀρκέσω θνῄσκων ἐγώ, il suffira de ma mort.
— Ξένε. Ce mot est intraduisible en français. « Ami » dit trop ; « étranger » dit trop peu.

λέγειν, ἐπεί σοι τάδε δοκεῖ· γενναῖα γὰρ
φρονεῖς· τί γὰρ τἀληθὲς οὐκ εἴποι τις ἄν;
Ὅμως δ' ἴσως γε κἂν μεταγνοίης τάδε. 1425
Ὡς οὖν ἂν εἰδῇς τἀπ' ἐμοῦ, λελέξεται·
ἐλθὼν τάδ' ὅπλα θήσομαι βωμοῦ πέλας,
ὡς οὐκ ἐάσων σ' ἀλλὰ κωλύσων θανεῖν.
Χρήσει δὲ καὶ σὺ τοῖς ἐμοῖς λόγοις τάχα,
ὅταν πέλας σῆς φάσγανον δέρης ἴδῃς. 1430
Οὔκουν ἐάσω σ' ἀφροσύνῃ τῇ σῇ θανεῖν·
ἐλθὼν δὲ σὺν ὅπλοις τοῖσδε πρὸς ναὸν θεᾶς
καραδοκήσω σὴν ἐκεῖ παρουσίαν.

ΙΦΙΓΕΝΕΙΑ.
Μῆτερ, τί σιγῇ δακρύοις τέγγεις κόρας;

ΚΛΥΤΑΙΜΝΗΣΤΡΑ.
Ἔχω τάλαινα πρόφασιν ὥστ' ἀλγεῖν φρένα. 1435

ΙΦΙΓΕΝΕΙΑ.
Παῦσαί με μὴ κάκιζε· τάδε δ' ἐμοὶ πιθοῦ.

NC. 1425. Markland : ἴσως σὺ κἄν. Fix : ἴσως γ' ἔτ' ἄν. — 1426. On lisait τἀπ' ἐμοῦ λελεγμένα. Dindorf fait remarquer avec raison que la locution correcte serait τὰ ὑπ' ἐμοῦ λελεγμένα. Mais il a tort de se faire de cette observation une arme contre les vers 1409-1433, qu'il attribue, je ne sais trop pourquoi, à un interpolateur. L'interpolateur qui aurait prêté à Iphigénie le langage qu'elle tient aux vers 1418-1421 eût été un grand poète. Pour revenir au passage qui nous occupe, j'ai changé λελεγμένα en λελέξεται, correction que la suite de la phrase semble exiger absolument. — 1428-1432. Fix veut écarter ces quatre vers, en écrivant au vers 1433 καραδοκήσων pour καραδοκήσω. Cette conjecture est plausible, sans être toutefois nécessaire. Voyez la note explicative. — 1436. Porson demandait παῦσαι, 'μὲ μὴ κάκιζε. Mais la forme pleine (ἐ)μέ ne semble pas de mise ici. Voyez la note explicative.

1426. Τἀπ' ἐμοῦ, ce qui viendra de moi, ce que tu peux attendre de moi. Cf. *Troy.* 74 : Ἕτοιμ' ἃ βούλει τἀπ' ἐμοῦ. — Λελέξεται ne diffère de λεχθήσεται que par une légère nuance. Εἰρήσεται, κεκλήσεται et plusieurs autres futurs antérieurs sont familiers aux poètes attiques.

1431. Ἀφροσύνῃ τῇ σῇ, par irréflexion, faute de t'être assez représenté d'avance toute l'horreur de la mort.

1432-1433. Achille sort après avoir prononcé ces vers, qui sont; il est vrai, une répétition de ce qu'il a déjà dit au vers 1427. Mais la suite de son discours l'y ramène assez naturellement, et il peut trouver convenable d'insister sur une promesse qui doit rassurer Iphigénie.

1436. Παῦσαί με μὴ κάκιζε. «*Confusa in unum* παῦσαί με κακίζων, *et* μή με κάκιζε.» Nous reproduisons cette note de Hermann, sans l'approuver. Il faut se mettre en garde contre le tour de passe-passe qu'on appelle le mélange de deux constructions différentes. Παῦσαί με μὴ κάκιζε est analogue à σχὲς μή με προλίπῃς (v. 1467), à cette différence près que dans le premier de ces deux exemples l'enclitique με est placée après le premier

ΙΦΙΓΕΝΕΙΑ Η ΕΝ ΑΥΛΙΔΙ.   419

ΚΛΥΤΑΙΜΝΗΣΤΡΑ.

Λέγ', ὡς παρ' ἡμῶν γ' οὐδὲν ἀδικήσει, τέκνον.

ΙΦΙΓΕΝΕΙΑ.

Μήτ' οὖν γε τὸν σὸν πλόκαμον ἐκτέμῃς τριχὸς
[μήτ' ἀμφὶ σῶμα μέλανας ἀμπίσχῃ πέπλους.]

ΚΛΥΤΑΙΜΝΗΣΤΡΑ.

Τί δὴ τόδ' εἶπας, τέκνον; ἀπολέσασά σε   1440

ΙΦΙΓΕΝΕΙΑ.

Οὐ σύ γε· σέσωσμαι, κατ' ἐμὲ δ' εὐκλεὴς ἔσει.

ΚΛΥΤΑΙΜΝΗΣΤΡΑ.

Πῶς εἶπας; οὐ πενθεῖν με σὴν ψυχὴν χρεών;

ΙΦΙΓΕΝΕΙΑ.

Ἥκιστ', ἐπεί μοι τύμβος οὐ χωσθήσεται.

ΚΛΥΤΑΙΜΝΗΣΤΡΑ.

Τί δ'; ὃς τέθνηκεν, οὐ τάφος νομίζεται;

ΙΦΙΓΕΝΕΙΑ.

Βωμὸς θεᾶς μοι μνῆμα τῆς Διὸς κόρης.   1445

NC. 1437. J'ai inséré γ' après ἡμῶν. Voy. la note explicative. — 1438. Elmsley : μήτ' οὖν σύ. — 1439. La plupart des critiques condamnent ce vers, qui rompt la loi de la stichomythie. — 1440. La leçon τί δῆτα τόδ' a été corrigée par Barnes, la leçon ὦ τέκνον par Markland. — 1444. On lisait : τί δαί; ou τί δή; (le *Palatinus* porte τί δέ, *littera* ε *in rasura scripta*) τὸ θνῄσκειν οὐ τάφος νομίζεται; Ceci est un non-sens, quoi qu'en disent les interprètes que rien n'effraye. On voit assez ce que Clytemnestre doit dire. Je me suis efforcé de le lui faire dire, en me tenant aussi près que possible de la lettre des manuscrits.

impératif, quoiqu'elle dépende grammaticalement du second impératif. C'est que pour les Grecs les deux impératifs ne faisaient qu'une seule phrase. Ici encore on voit combien notre ponctuation moderne est antipathique au génie de la vieille langue grecque (cf. v. 613-615, v. 1062 et les notes).

1437. Παρ' ἡμῶν γ'. Clytemnestre insiste sur le mot ἡμῶν. Il y a ici une antithèse sous-entendue : Iphigénie a un père cruel, mais elle n'a rien à craindre de sa mère.

1438. En se servant du mot μήτ(ε), Iphigénie a déjà en vue ce que, par suite des interruptions de Clytemnestre, elle ne pourra dire qu'au vers 1449. C'est ce que l'interpolateur du vers 1439 ne semble pas avoir compris.

1442. Σὴν ψυχήν, ta vie.

1444. Ὃς τέθνηκεν, (sous-entendez : τούτῳ), οὐ τάφος νομίζεται; A celui qui est mort, un tombeau n'est-il pas dû suivant l'usage? Νομίζεται est le mot propre : les honneurs dus aux morts étaient appelés τὰ νομιζόμενα. — Quant à l'omission du démonstratif, qui reste sous-entendu quoique le relatif soit à un autre cas, on sait que les Grecs et même les Latins s'expriment ainsi. Cf. Cornélius Népos, *Dio*, IX : « Miseranda vita, qui se metui « quam amari malunt. »

ΚΛΥΤΑΙΜΝΗΣΤΡΑ.
Ἀλλ', ὦ τέκνον, σοὶ πείσομαι· λέγεις γὰρ εὖ.
ΙΦΙΓΕΝΕΙΑ.
Ὡς εὐτυχοῦσά γ' Ἑλλάδος τ' εὐεργέτις.
ΚΛΥΤΑΙΜΝΗΣΤΡΑ.
Τί δὴ κασιγνήταισιν ἀγγείλω σέθεν;
ΙΦΙΓΕΝΕΙΑ.
Μηδ' ἀμφὶ κείναις μέλανας ἐξάψῃς πέπλους.
ΚΛΥΤΑΙΜΝΗΣΤΡΑ.
Εἴπω δὲ παρὰ σοῦ φίλον ἔπος τι παρθένοις; 1450
ΙΦΙΓΕΝΕΙΑ.
Χαίρειν γ'. Ὀρέστην τ' ἔκτρεφ' ἄνδρα τόνδε μοι.
ΚΛΥΤΑΙΜΝΗΣΤΡΑ.
Προσέλκυσαί νιν ὕστατον θεωμένη.
ΙΦΙΓΕΝΕΙΑ.
Ὦ φίλτατ', ἐπεκούρησας ὅσον εἶχες φίλοις.
ΚΛΥΤΑΙΜΝΗΣΤΡΑ.
Ἔσθ' ὅ τι κατ' Ἄργος δρῶσά σοι χάριν φέρω;
ΙΦΙΓΕΝΕΙΑ.
Πατέρα τὸν ἀμὸν μὴ στύγει, πόσιν γε σόν. 1455
ΚΛΥΤΑΙΜΝΗΣΤΡΑ.
Δεινοὺς ἀγῶνας διὰ σὲ δεῖ κεῖνον δραμεῖν.
ΙΦΙΓΕΝΕΙΑ.
Ἄκων μ' ὑπὲρ γῆς Ἑλλάδος διώλεσεν.
ΚΛΥΤΑΙΜΝΗΣΤΡΑ.
Δόλῳ δ', ἀγεννῶς Ἀτρέως τ' οὐκ ἀξίως.

NC. 1448. J'ai écrit ἀγγείλω pour ἀγγελῶ. Kirchhoff : ἀγγέλλω. — 1449. Reiske a corrigé la leçon ἐξάψῃ. — 1450. Ancienne vulgate : ἔπος τί. — 1455. La leçon τὸν ἐμόν a été corrigée par Scaliger, la leçon πόσιν τε par Elmsley. — 1456. Δεῖ κεῖνον, transposition de Porson pour κεῖνον δεῖ.

1447. Ὡς εὐτυχοῦσά γ(ε). Ce nominatif est amené par λέγεις γὰρ εὖ. Clytemnestre avait dit : « Tu as raison. » Iphigénie répond : « Oui, puisque mon sort est heureux et puisque je sauve la Grèce. » La particule γε marque une réponse affirmative.

1451. Χαίρειν γ', d'être heureuses, ici encore il y a une antithèse sous-entendue, comme au vers 1437. Iphigénie oppose son sort à l'heureux destin qu'elle souhaite à ses sœurs.
1453. Allusion aux vers 1211 et 1245.

ΙΦΙΓΕΝΕΙΑ Η ΕΝ ΑΥΛΙΔΙ.

ΙΦΙΓΕΝΕΙΑ.

Τίς μ' εἶσιν ἄξων πρὶν σπαράσσεσθαι κόμης;

ΚΛΥΤΑΙΜΝΗΣΤΡΑ.

Ἔγωγε μετὰ σοῦ

ΙΦΙΓΕΝΕΙΑ.

Μὴ σύ γ'· οὐ καλῶς λέγεις.   1460

ΚΛΥΤΑΙΜΝΗΣΤΡΑ.

πέπλων ἐχομένη σῶν

ΙΦΙΓΕΝΕΙΑ.

Ἐμοί, μῆτερ, πιθοῦ,
μέν'· ὡς ἐμοί τε σοί τε κάλλιον τόδε.
Πατρὸς δ' ὀπαδῶν τῶνδέ τίς με πεμπέτω
Ἀρτέμιδος εἰς λειμῶν', ὅπου σφαγήσομαι.

ΚΛΥΤΑΙΜΝΗΣΤΡΑ.

Ὦ τέκνον, οἴχει;

ΙΦΙΓΕΝΕΙΑ.

Καὶ πάλιν γ' οὐ μὴ μόλω.   1465

ΚΛΥΤΑΙΜΝΗΣΤΡΑ.

Λιποῦσα μητέρ';

ΙΦΙΓΕΝΕΙΑ.

Ὡς ὁρᾷς γ', οὐκ ἀξίως.

ΚΛΥΤΑΙΜΝΗΣΤΡΑ.

Σχές, μή με προλίπῃς.

ΙΦΙΓΕΝΕΙΑ.

Οὐκ ἐῶ στάζειν δάκρυ.
Ὑμεῖς δ' ἐπευφημήσατ', ὦ νεάνιδες,
παιᾶνα τἠμῇ συμφορᾷ Διὸς κόρην

NC. 1459. Elmsley a rectifié la leçon σπαράξεσθαι. — 1460. Markland a corrigé la leçon ἐγὼ μετά γε σοῦ.

1459. Σπαράττεσθαι κόμης. On a vu le même génitif au vers 1366 ; (Ἁρπάσας) ξανθῆς ἐθείρης.

1460. Οὐκ ἀξίως. Si l'on rapporte ces mots à οἴχει, Iphigénie dit qu'elle n'a pas mérité de mourir. Si, au contraire, on sous-entend λιποῦσα, Iphigénie dit que Clytemnestre n'a pas mérité de perdre sa fille.

Cette dernière explication me semble plus conforme aux sentiments qu'Iphigénie exprime d'ailleurs dans ce dialogue et particulièrement au vers suivant.

1468-1470. Ἐπευφημήσατ(ε)... συμφορᾷ... παιᾶνα... Διὸς κόρην Ἄρτεμιν. La locution complexe ἐπευφημήσατε Ἄρτεμιν gouverne l'accusatif παιᾶνα, comme

122   ΙΦΙΓΕΝΕΙΑ Η ΕΝ ΑΥΛΙΔΙ.

Ἄρτεμιν· ἴτω δὲ Δαναΐδαις εὐφημία. 1470
Κανᾶ δ' ἐναρχέσθω τις, αἰθέσθω δὲ πῦρ
προχύταις καθαρσίοισι, καὶ πατὴρ ἐμὸς
ἐνδεξιούσθω βωμόν· ὡς σωτηρίαν
Ἕλλησι δώσουσ' ἔρχομαι νικηφόρον.

Ἄγετέ με τὰν Ἰλίου 1475
καὶ Φρυγῶν ἐλέπτολιν.
Στέφεα περίβολα δίδοτε, φέρε—
τε· πλόκαμος ὅδε καταστέφειν·
χερνίβων τε παγάς.
Ἑλίσσετ' ἀμφὶ ναὸν ἀμφὶ βωμὸν 1480
Ἄρτεμιν ἄνασσαν, Ἄρτεμιν
τὰν μάκαιραν· ὡς ἐμοῖσιν, εἰ χρεών,
αἵμασι θύμασί τε 1485
θέσφατ' ἐξαλείψω.

NC. 1479. Reiske a corrigé la leçon παγαῖσιν. D'autres écrivent χερνίβων γε παγαῖς. Cf. v. 1513, NC. — 1481. Les manuscrits portent ἄρτεμιν τὰν ἄνασσαν ἄρτεμιν. Nauck retranche le premier ἄρτεμιν. Je me suis borné à supprimer l'article. — 1482. Nauck écrit θεὰν μάκαιραν. — 1485. « Τε delendum esse probabiliter conjecit Bothius. » [Dindorf.]

ferait l'expression simple παιωνίζετε. Cf. Sophocle, *Électre*, 123 : Τάκεις οἰμωγὰν τὸν ματρὸς ἁλόντ' ἀπάταις Ἀγαμέμνονα.
1471-1472. Κανᾶ.... καθαρσίοισι. Cf. v. 435 et v. 1112, avec les notes.
1473. Ἐνδεξιούσθω βωμόν équivaut à ἐνδέξια τὸν βωμὸν περιίτω, que mon père fasse le tour de l'autel en se dirigeant vers la droite et en portant le panier sacré. Cette direction était de bon augure. Cf. Aristophane, *Paix*, 956 : Ἄγε δὴ τὸ κανοῦν λαβὼν σὺ καὶ τὴν χέρνιβα Περίιθι τὸν βωμὸν ταχέως ἐπιδέξια (passage cité par Hartung).
1477-1479. Les mots στέφεα περίβολα.... sont séparés de χερνίβων τε παγάς par la parenthèse : πλόκαμος ὅδε καταστέφειν, « voici ma chevelure prête à s'en laisser couronner. » Ὅδε a force verbale et équivaut à ὅδε πάρεστι. Cf. *Hipp.* 294 et la note. — Quant au fond des choses, on compare *Héraclides*, 529 : Ἡγεῖσθ' ὅπου δεῖ σῶμα κατθανεῖν τόδε Καὶ στεμματοῦτε καὶ κατάρχεσθ', εἰ δοκεῖ, Νικᾶτε δ' ἐχθρούς.
1480-1481. Ἑλίσσετ(ε).... Ἄρτεμιν, honorez Diane en dansant autour du temple, autour de l'autel. Cf. *Herc. fur.* 069. Τὸν Λατοῦς εὔπαιδα γόνον εἱλίσσουσαι καλλίχορον.
1486. Θέσφατ' ἐξαλείψω. Il est difficile de croire que le poete ait dit : « effacer des oracles » pour « accomplir des oracles ». Si la leçon est bonne, il faut entendre θέσφατ(α) de l'oracle qui enchaîne la flotte des Grecs à moins qu'Iphigénie ne soit sacrifiée. — Cicéron a fait allusion au passage correspondant de l'*Iphigénie* d'Ennius, en écrivant dans ses *Tusculanes* (I, xlviii, 116); « Iphigenia Aulide duci « se immolandam jubet, ut hostium san- « guis eliciatur suo. »

ΙΦΙΓΕΝΕΙΑ Η ΕΝ ΑΥΛΙΔΙ. 423

Ὦ πότνια πότνια μᾶτερ, ὡς δάκρυά γέ σοι
δώσομεν ἁμέτερα·
παρ' ἱεροῖς γὰρ οὐ πρέπει.   1490
Ὦ νεάνιδες,
συνεπαείδετ' Ἄρτεμιν
Χαλκίδος ἀντίπορον,
ἵνα τε δόρατα μέμονε δάϊα   1495
δι' ἐμὸν ὄνομα τᾶσδ' Αὐλίδος
στενοπόροισιν ὅρμοις.
Ἰὼ γᾶ μᾶτερ ὦ Πελασγία,
Μυκηναῖαί τ' ἐμαὶ θεράπναι.
ΧΟΡΟΣ.
Καλεῖς πόλισμα Περσέως,   1500
Κυκλωπίων πόνον χερῶν;
ΙΦΙΓΕΝΕΙΑ.
Ἔθρεψας Ἑλλάδι με φάος·

NC. 1488-1490. Seidler a vu qu'il fallait donner à Iphigénie ces trois vers, autrefois attribués au chœur. — 1488. Les manuscrits portent μῆτερ. — 1491. Hermann et Nauck écrivent Ἰὼ Ἰὼ νεάνιδες. Je propose ὦ ξέναι νεάνιδες. — 1495. Hermann : δᾶα. Hartung : ναῖα. Voir la note explicative. — 1498. Manuscrits : μῆτερ. — 1499. Scaliger a corrigé la leçon θεράπαιναι. — 1502. Με φάος, correction d'Elmsley pour μέγα φάος. Le même critique proposait : ἐθρέψαθ'. On pourrait écrire φάος μ' ἐθρεψαθ' Ἑλλάδι.

1487-1490. Ὡς δάκρυά γέ σοι.... οὐ πρέπει. « Car je te donnerai maintenant mes larmes : près de l'autel il n'est pas permis de pleurer. » [Fix.] Remarquez qu'Iphigénie ne pleure pas sur elle-même, mais qu'elle est touchée de la douleur de sa mère. C'est à tort qu'on a dit que ces vers ne s'accordaient pas avec l'héroïsme de la jeune fille.

1494. Χαλκίδος ἀντίπορον. Les jeunes femmes qui composent le chœur sont de Chalcis (168), ville située de l'autre côté de l'Euripe, en face d'Aulis. Iphigénie les engage à chanter la déesse d'une cité voisine de la leur.

1495-1497. Ἵνα τε.... ὅρμοις. Voici le sens qu'on donne généralement à cette phrase : « Et où les vaisseaux de guerre se trouvent arrêtés à cause de mon nom (afin d'illustrer mon nom) dans le port étroit de cette Aulis. » Mais le parfait μέμονα ne signifie nulle part « je reste » ; il est toujours l'équivalent de ὁρμῶ, je tends à..., je me propose de.... Cp. *Iph. Taur.* 655, Sophocle, *Phil.* 515 ; Eschyle, *Sept Chefs*, 686 ; Hérodote VI, 84 ; Homère, *Il.* V, 482, et *passim*. Ajoutez que δόρατα δάϊα ne peut guère désigner que des lances hostiles, que la conjonction τε ne s'explique pas, et que le mètre laisse à désirer. On peut donc croire que le texte de ces vers est gâté.

1498. On croyait que les premiers habitants d'Argos avaient été Pélasges. Voy. *Oreste*, 692, et *passim*. Dans les *Suppliantes* d'Eschyle, le roi d'Argos porte le nom de Pelasgus, fils de Palæchthon.

1499. Θεράπναι, demeure. Cf. *Hécube*, 482 et la note.

1500-1501. Πόλισμα Περσέως. Persée passait pour le fondateur de Mycène. Cf. Pausanias, II, 16, 3. — Quant aux murs Cyclopéens, voy. la note sur le vers 152.

424   ΙΦΙΓΕΝΕΙΑ Η ΕΝ ΑΥΛΙΔΙ.

θανοῦσα δ᾽ οὐκ ἀναίνομαι.
ΧΟΡΟΣ.
Κλέος γὰρ οὔ σε μὴ λίπῃ.
ΙΦΙΓΕΝΕΙΑ.
Ἰὼ ἰώ· 1505
λαμπαδοῦχος ἁμέρα Δι-
ός τε φέγγος, ἕτερον ἕτερον
αἰῶνα καὶ μοῖραν οἰκήσομεν.
Χαῖρέ μοι, φίλον φάος.
ΧΟΡΟΣ.
Ἰὼ ἰώ·
ἴδεσθε τὰν Ἰλίου 1510
καὶ Φρυγῶν ἑλέπτολιν
στείχουσαν, ἐπὶ κάρα στέφεα βαλουμέναν
χερνίβων τε παγάς,
βωμὸν διαίμονος θεᾶς
ῥανίσιν αἱματορρύτοις 1515
ῥανοῦσαν εὐφυῆ τε σώματος δέρην [σφαγεῖσαν].
Εὔδροσοι παγαὶ πατρῷαι
μένουσι χέρνιβές τέ σε
στρατός τ᾽ Ἀχαιῶν θέλων

NC. 1509'. Nauck donne ἰὼ ἰώ à Iphigénie. Si on adoptait cette manière de voir, on pourrait placer ces interjections au commencement du vers précédent.—1510-1520. Hermann et Nauck considèrent ces vers comme l'antistrophe des vers 1475-1490. S'ils ont raison, ce morceau doit être altéré et mutilé en plusieurs endroits. Les débuts des deux chants ont entre eux une ressemblance frappante. — 1512. La leçon στέφη a été corrigée par Seidler, la leçon βαλλομέναν par Hartung. — 1513. Παγάς, variante, indiquée dans le *Florentinus*, de la leçon παγαῖς. — 1514. Διαίμονος, correction de Markland pour γε δαίμονος. L. Dindorf propose φιλαίμονος. — 1516. Ῥανοῦσαν, correction de Markland pour θανοῦσαν. Ensuite, σφαγεῖσαν, participe de l'aoriste, n'est pas de mise ici. W. Dindorf y voit avec raison une glose interpolée dans le texte.— 1517. Hermann : εὔδροσοι πατρῷαι || παγαί. — 1518. La leçon μένουσί σε χέρνιβές τε a été transposée par Seidler.

1503. Θανοῦσα δ᾽ οὐκ ἀναίνομαι, et je ne refuse pas de mourir (pour la Grèce). Θανοῦσα est pour θανεῖν. Cp. Eschyle, *Agam.* 583 : Νικώμενος λόγοισιν οὐκ ἀναίνομαι.

1505. Λαμπαδοῦχος ἁμέρα. Cf. *Médée*, 358 : Ἡ 'πιοῦσα λαμπὰς θεοῦ. Virgile,

Én. VII, 148 : *Postera quom prima lustrabat lampade terras Orta dies.*

1509 sqq. Ce chant du chœur accompagne et suit la sortie d'Iphigénie.

1512. Ἐπὶ κάρα βαλουμέναν, qui laissera poser sur sa tête.

ΙΦΙΓΕΝΕΙΑ Η ΕΝ ΑΥΛΙΔΙ.

Ἰλίου πόλιν μολεῖν.
Ἀλλὰ τὰν Διὸς κόραν
κλήσωμεν Ἄρτεμιν, θεῶν ἄνασσαν,
ὡς ἐπ' εὐτυχεῖ πότμῳ.
Ὦ πότνια πότνια, θύμασιν βροτησίοις
χαρεῖσα, πέμψον εἰς Φρυγῶν
γαῖαν Ἑλλάνων στρατὸν
καὶ δολόεντα Τροίας ἕδη,
Ἀγαμέμνονά τε λόγχαις
Ἑλλάσι κλεινότατον στέφανον
δὸς ἀμφὶ κάρα θ' ἑὸν
κλέος ἀείμνηστον ἀμφιθεῖναι.

ΑΓΓΕΛΟΣ.

Ὦ Τυνδαρεία παῖ, Κλυταιμνήστρα, δόμων
ἔξω πέρασον, ὡς κλύῃς ἐμῶν λόγων.

ΚΛΥΤΑΙΜΝΗΣΤΡΑ.

Φθογγῆς κλύουσα δεῦρο σῆς ἀφικόμην,

NC. 1522. Je propose: θεῶν μάκαιραν. Cf. δῖα θεάων, Homère, *Il.*, XIV, 184. La leçon θεῶν ἄνασσαν est peut-être un souvenir du vers 1481. — 1524. La répétition du mot πότνια est due à Hermann. — 1529. Ἑλλάσι, correction de Markland pour ἑλλάδι. — 1530. Scaliger a inséré θ' avant ἑόν. Seidler : κρᾶθ' ἑόν. — 1532. A entendre Porson et plusieurs autres critiques, nous nous trouverions, à partir de ce vers et jusqu'à la fin de la pièce, en présence d'une interpolation (quelques-uns disent « d'une misérable interpolation ») de date récente. Matthiæ a jugé qu'il n'y avait pas beaucoup à redire aux vers 1532-1558, et Dindorf approuve ce jugement. Nous pensons que les vers 1532-1571 sont de toute beauté, que l'art de la narration, les détails si habilement multipliés pour retarder le dénoûment, la noble simplicité du style, tout enfin y révèle la main du maître (voy. la Notice préliminaire, p. 311 sq.). Les taches qui déparent ici le texte traditionnel ne sont ni plus nombreuses ni plus difficiles à enlever qu'elles le sont ailleurs.

1522. Θεῶν ἄνασσαν. Ce titre ne convient pas à Diane. Voir NC.
1524. Θύμασιν βροτησίοις χαρεῖσα, ayant accueilli favorablement ce sacrifice humain. Ne traduisez pas : « qui te plais aux sacrifices humains », ce qui serait en grec θύμασιν βροτησίοις χαίρουσα. L. Dindorf cite à l'appui de cette observation Aristophane, *Nuées*, v. 774 : Ὑπακούσατε δεξάμεναι θυσίαν καὶ τοῖς ἱεροῖσι χαρεῖσαι.
1528-1531. Ἀγαμέμνονά τε.... ἀμφι-θεῖναι. « Precatur chorus, ut Agamemno « hastis Græcis clarissimam coronam, suo « autem capiti æternum decus reportet. » [Hermann.]
1532. Le messager qui entre ici est l'un des serviteurs d'Agamemnon (v. 1463) qui ont conduit Iphigénie à l'autel de Diane (v. 1543-1546). Aussi Clytemnestre semble-t-elle connaître sa voix (v. 1534); il appelle la reine φίλη δέσποινα; et il témoigne un tendre intérêt pour Iphigénie (v. 1580).

ταρβοῦσα τλήμων κἀκπεπληγμένη φόβῳ, 1535
μή μοί τιν' ἄλλην ξυμφορὰν ἥκῃς φέρων
πρὸς τῇ παρούσῃ.

ΑΓΓΕΛΟΣ.
Σῆς μὲν οὖν παιδὸς πέρι
θαυμαστά σοι καὶ κεδνὰ σημῆναι θέλω.

ΚΛΥΤΑΙΜΝΗΣΤΡΑ.
Μὴ μέλλε τοίνυν, ἀλλὰ φράζ' ὅσον τάχος.

ΑΓΓΕΛΟΣ.
Ἀλλ', ὦ φίλη δέσποινα, πᾶν πεύσει σαφῶς. 1540
Λέξω δ' ἀπ' ἀρχῆς, ἤν τι μὴ σφαλεῖσά μου
γνώμη ταράξῃ γλῶσσαν ἐν λόγοις ἐμήν.
Ἐπεὶ γὰρ ἱκόμεσθα τῆς Διὸς κόρης
Ἀρτέμιδος ἄλσος λείμακάς τ' ἀνθεσφόρους,
ἵν' ἦν Ἀχαιῶν σύλλογος στρατεύματος, 1545
σὴν παῖδ' ἄγοντες, εὐθὺς Ἀργείων ὄχλος
ἠθροίζεθ'. Ὡς δ' ἐσεῖδεν Ἀγαμέμνων ἄναξ
ἐπὶ σφαγὰς στείχουσαν εἰς ἄλσος κόρην,
ἀνεστέναζε, κἄμπαλιν στρέψας κάρα
δάκρυα παρῆγεν, ὀμμάτων πέπλον προθείς. 1550

NC. 1536. Portus a rectifié la leçon ἥκεις. — 1538. J'ai écrit καὶ κεδνὰ pour καὶ δεινά, leçon démentie par le dénoûment, et contraire à l'intention du messager, lequel doit tout d'abord rassurer Clytemnestre. La réponse de la reine confirme aussi ma correction. La syllabe κε pouvait être facilement omise après καί, par suite de la ressemblance ou plutôt de l'identité des sons. — 1541. Peut-être σφαλεῖσά που, conjecture de Markland. — 1550. La leçon δάκρυα προῆγεν, « il tira des larmes (sous-entendu : à lui-même) », est inadmissible : personne ne s'est jamais exprimé ainsi. Dindorf pensait à προῆκεν. J'ai écrit παρῆγεν : correction qui me semble mieux convenir à la tournure de cette phrase.

1538. Κεδνά se dit d'une bonne nouvelle. Cf. Ion. 1485 : Λέγ'· ὡς ἐρεῖς τι κεδνὸν εὐτυχές τέ μοι. Eschyle, Agam. 648 : Πῶς κεδνὰ τοῖς κακοῖσι συμμίξω, λέγων Χειμῶνα.

1550. Δάκρυα παρῆγεν, il dérobait ses larmes. On trouve souvent παράγειν τινά, tromper quelqu'un ; mais παράγειν τι, équivalant à κλέπτειν τι, peut aussi se dire. Cp. Démosthène, Contre Onetor, I, 26 : Παραγωγὴ τοῦ πράγματος, moyen de dissimuler la chose. — On sait que dans son tableau du sacrifice d'Iphigénie, après avoir montré les autres témoins de cette scène, Calchas, Ulysse, Ménélas, les uns plus affligés que les autres, et avoir en quelque sorte épuisé tous les moyens d'exprimer la tristesse « quum « tristitiæ omnem imaginem consumpsis-« set » (Pline), le peintre Timanthe ne trouva rien de mieux à faire que de voiler la tête de son Agamemnon. Cf. Cicéron, Orator, XXI, 74 ; Pline, Hist. Nat. XXXV, x, 73. Voyez la peinture murale de Pompéi,

ΙΦΙΓΕΝΕΙΑ Η ΕΝ ΑΥΛΙΔΙ.   427

Ἡ δὲ σταθεῖσα τῷ τεκόντι πλησίον
ἔλεξε τοιάδ'· ὦ πάτερ, πάρειμί σοι,
τοὐμὸν δὲ σῶμα τῆς ἐμῆς ὑπὲρ πάτρας
καὶ τῆς ἁπάσης Ἑλλάδος γαίας ὕπερ
θῦσαι δίδωμ' ἑκοῦσα πρὸς βωμὸν θεᾶς   1555
ἄγοντας, εἴπερ ἐστὶ θέσφατον τόδε.
Καὶ τοὔπ' ἔμ' εὐτυχοῖτε, καὶ νικηφόρου
δορὸς τύχοιτε πατρίδα τ' ἐξίκοισθε γῆν.
Πρὸς ταῦτα μὴ ψαύσῃ τις Ἀργείων ἐμοῦ·
σιγῇ παρέξω γὰρ δέρην εὐκαρδίως.   1560
Τοσαῦτ' ἔλεξε· πᾶς δ' ἐθάμβησεν κλύων
εὐψυχίαν τε κἀρετὴν τῆς παρθένου.
Στὰς δ' ἐν μέσῳ Ταλθύβιος, ᾧ τόδ' ἦν μέλον,
εὐφημίαν ἀνεῖπε καὶ σιγὴν στρατῷ·
Κάλχας δ' ὁ μάντις εἰς κανοῦν χρυσήλατον   1565
ἔθηκεν ὀξὺ χειρὶ φάσγανον σπάσας
ὁλῶν ἔσωθεν, κρᾶτά τ' ἔστεψεν κόρης.

NO. 1557. Man : εὐτυχεῖτε. Ald. εὐτυχοῖτε. — 1558. Δορός, correction de Pierson pour δώρου. — 1567. On lisait κολεῶν ἔσωθεν, « (ayant tiré le glaive) de dedans le fourreau, » locution encore plus bizarre en grec qu'en français. J'ai écrit ὁλῶν ἔσωθεν. Voyez la note explicative.

Raoul-Rochette, *Monum. inéd.* I, pl. 27 ; et d'autres représentations du sacrifice d'Iphigénie sur les planches précédentes.

1556. Ἄγοντας. On s'attendrait plutôt au datif ἄγουσιν ; mais l'accusatif ἄγοντα; s'accorde avec ὑμᾶς, sujet sous-entendu de θῦσαι. Cf. *Médée*, 815 ; 888 ; 1237 sq. ; *Hécube*, 541. — Je considère cette construction comme un indice de l'authenticité de ce morceau. Elle est particulière aux vieux poètes grecs ; un versificateur de l'époque romaine ne l'aurait pas trouvée.

1559. Πρὸς ταῦτα, ainsi donc, c'est-à-dire : comme je m'offre volontairement. Je n'aurais pas fait cette observation, si on n'avait pas chicané le poète à propos de ces mots.

1560. Σιγῇ. Ce mot n'est pas une cheville. D'après la tradition, Iphigénie fut bâillonnée, pour qu'il lui fût impossible de proférer des cris de mauvais augure (cp.

Eschyle, *Agam.* 235 sqq.). Elle déclare ici qu'elle recevra le coup en silence. — Les vers 1559-1560 ressemblent aux vers 548 sq. d'*Hécube* : Ἑκοῦσα θνήσκω· μή τις ἅψηται χροός Τοὐμοῦ· παρέξω γὰρ δέρην εὐκαρδίως. Mais les poètes seconds qui écrivaient pour le théâtre d'Athènes ne craignaient pas de se répéter : sans sortir de cette tragédie, on en a trouvé plus haut plus d'un exemple. Ils se répétaient toutefois avec un discernement qui n'appartient pas aux interpolateurs. Ici le mot σιγῇ ajoute un trait approprié à la circonstance. D'un autre côté un trait qui convenait à Polyxène est judicieusement omis ici. La princesse dont la famille était réduite en esclavage déclare qu'elle est libre et que libre elle veut mourir. La fille d'Agamemnon n'a pas besoin de faire une telle déclaration.

1567. Ὁ᾽ῶν ἔσωθεν. Ces mots se rat-

428   ΙΦΙΓΕΝΕΙΑ Η ΕΝ ΑΥΛΙΔΙ.

Ὁ παῖς δ' ὁ Πηλέως ἐν κύκλῳ βωμὸν θεᾶς
λαβὼν κανοῦν ἔθρεξε χέρνιβάς θ' ὁμοῦ,
ἔλεξε δ'· ὦ παῖ Ζηνὸς, ὦ θηροκτόνε,   1570
τὸ λαμπρὸν εἱλίσσουσ' ἐν εὐφρόνῃ φάος,
δέξαι τὸ θῦμα τοῦθ' ὅ σοι δωρούμεθα
στρατός τ' Ἀχαιῶν ἀθρόος Ἀγαμέμνων τ' ἄναξ,

NC. 1569. Les manuscrits portent ἔθρεξε, et plusieurs critiques ont tiré de cette leçon un argument contre l'authenticité de ce morceau. Ils ont dit qu'il eût été inconvenant de courir en accomplissant un acte aussi solennel; que le verbe τρέχειν ne peut gouverner l'accusatif βωμόν; enfin que l'aoriste ἔθρεξα n'est pas d'un bon atticisme. Cette dernière assertion est contestable, les deux autres objections sont fondées. Je les ai écartées par une correction facile, en écrivant ἔθρεξε. Voy. la note explicative. — 1570. La vulgate ὦ Διὸς Ἄρτεμις θηροκτόνε contient un anapeste vicieux. Mais le *Palatinus* porte de première main : ὦ παῖ ζηνὸς ἄρτεμις θηροκτόνε, leçon dont Nauck a tiré l'excellente correction qu'on voit dans le texte. Ce premier exemple nous porte à croire que les autres fautes de ce genre, que nous trouverons plus loin, doivent aussi être mises à la charge des copistes. — 1572. Dans le *Palatinus*, tout ce qui suit le vers 1571 est écrit par une main récente sur une feuille insérée plus tard. Ici le texte des manuscrits est criblé de fautes si graves et si nombreuses qu'il semble difficile au premier abord de les attribuer toutes aux copistes, et que l'hypothèse d'une interpolation peut paraître légitime. Cependant ce morceau est la suite naturelle de celui qui le précède, et des raisons générales, que nous avons indiquées dans la Notice préliminaire, nous empêchent de l'attribuer à une autre main qu'à celle d'Euripide. Quant aux fautes, on jugera si nous avons réussi à les corriger d'une manière plausible. Elles n'ont rien de bien extraordinaire. Ce sont des erreurs de copistes semblables à celles qu'on rencontre partout, ou des gloses introduites dans le texte. La plupart des vers faux proviennent de ces transpositions de mots que les scholiastes grammairiens avaient l'habitude de faire dans leurs paraphrases des textes poétiques. — 1572. Porson a corrigé la leçon τόδ' ὅ γέ σοι.— 1573. La leçon στρατός τ' Ἀχαιῶν Ἀγαμέμνων τ' ἄναξ ὁμοῦ donnait un trimètre incorrect. Je l'ai rectifiée d'après le vers 1547. L'erreur des copistes vient de ce que ὁμοῦ, glose habituelle de ἀθρόος, se trouvait écrit en marge.

tachent à ἔθηκεν.... φάσγανον. Calchas tire le glaive du fourreau et le met au milieu des grains sacrés qui se trouvaient déjà dans la corbeille. Tel était l'usage, attesté par le scholiaste d'Aristophane, *Paix*, 948 : Ἐκέκρυπτο ἐν τῷ κανῷ ἡ μάχαιρα ταῖς ὀλαῖς καὶ τοῖς στέμμασι. — Ἔσωθεν équivaut souvent à ἔσω. Cf. *Iph. Taur.* 41 et 1389.

1568-1569. Achille a promis de défendre Iphigénie, si elle demandait à vivre. La voyant bien décidée à mourir, il peut s'associer au sacrifice qui ouvre le chemin de la victoire. Ce rôle lui convient parfaitement, quoi qu'on en ait dit. Comme Agamemnon est absorbé par sa douleur, c'est Achille qui doit représenter l'armée. — Ἐν κύκλῳ βωμὸν θεᾶς ἔθρεξε, il aspergea l'autel de la déesse tout autour. Avant d'offrir un sacrifice, on portait autour de l'autel la corbeille où se trouvait l'orge sacrée et un vase qui contenait l'eau lustrale, et on jetait de cette eau, ainsi que de l'orge, contre l'autel. Cf. *Électre*, 803 : Λαβὼν δὲ προχύτας... ἔβαλλε βωμούς. Aristophane, *Lysistrate*, 1130 : Χέρνιβος βωμοὺς περιρραίνοντες.

1571. C'est à tort qu'on a prétendu que les poetes du siècle de Périclès ne confondaient jamais Artemis avec la Lune. Euripide dit, en parlant du même sacrifice, φωσφόρῳ θύσειν θεᾷ, *Iph. Taur.* 21. Dans les *Phéniciennes*, Antigone s'écrie, au

ἄχραντον αἷμα καλλιπαρθένου δέρης,
καὶ δὸς γενέσθαι πλοῦν νεῶν ἀπήμονα   1575
Τροίας τε πέργαμ' ἐξελεῖν ἡμᾶς δορί.
Εἰς γῆν δ' Ἀτρεῖδαι πᾶς στρατός τ' ἔστη βλέπων.
Ἱρεὺς δὲ φάσγανον λαβὼν ἐπεύξατο,
λαιμόν τ' ἐπεσκοπεῖθ' ἵν' εὖ πλήξειεν ἄν·
ἐμοὶ δ' ἐσῄει τ' ἄλγος οὐ μικρὸν φρενί,   1580
κἄστην νενευκώς· θαῦμα δ' ἦν ὁρᾶν ἄφνω·
πληγῆς σαφῶς γὰρ πᾶς τις ᾔσθετο κτύπον,
τὴν παρθένον δ' οὐκ εἶδεν οὗ γῆς εἰσέδυ.

NC. 1578. Aldine : ἱερεύς. — 1579. Manuscrits : ἵνα πλήξειεν ἄν. En écrivant ἵν' εὖ, Hermann a rectifié le vers et complété le sens. — 1580. On lisait ἐμοὶ δέ τ' ἄλγος (*Palatinus* : ἄργος, avant correction) οὐ μικρὸν εἰσῄει φρενί. Ici encore, Hermann a rétabli la mesure et séparé les deux conjonctions de la manière la plus simple. — 1581. J'ai écrit ὁρᾶν ἄφνω pour αἴφνης ὁρᾶν. Le mot αἴφνης ne se trouve que chez les auteurs d'une époque tardive. La conclusion à en tirer, ce n'est pas que ce morceau soit interpolé, mais que αἴφνης est la glose de ἄφνω. — 1582. Les manuscrits portent πληγῆς κτύπον γὰρ πᾶς τις ᾔσθετ' ἄν σαφῶς. La particule ἄν fait un faux sens. Je l'ai écartée, en transposant les mots dérangés par un grammairien. — 1583. Εἶδεν, correction de Matthiæ pour οἶδεν.

vers 109 : Ἰὼ πότνια παῖ Λατοῦς Ἑκάτα, et au vers 175 : Ὦ λιπαροζώνου θύγατερ ἁ Λατοῦς Σελαναία (leçon de Badham et de Nauck). Cp. Eschyle, *Xantries*, fr. IV, Wagner : Ἀστερωπὸν ὄμμα Λητῴα· κόρης.

1574. Cp. *Hécube*, 537 : Κόρης ἀκραιφνὲς αἷμα. De ces mots un poète vulgaire n'aurait pas su tirer un vers aussi beau que celui-ci.

1577. Ici les critiques triomphent. Les païens, disent-ils, tournaient les yeux vers le ciel, quand ils priaient : donc ceci est écrit par un chrétien. La réponse n'est pas difficile. Si les Grecs regardent ici la terre, ce n'est pas à cause de la prière qui va être prononcée, c'est pour ne pas voir l'affreux sacrifice qui se consomme.

1578. Ἱρεύς. Ce sacrificateur n'est pas Calchas, lequel n'exerce que les fonctions de devin.

1579. Λαιμόν dépend de πλήξειεν. Ἵνα a ici son premier sens, celui de *ubi*. — Est-il nécessaire de dire que le sacrificateur doit bien choisir l'endroit où il frappera, afin de ne pas faire souffrir la victime et de n'être pas obligé de porter un second coup? Cependant Matthiæ dit, et les autres

répètent : « Ineptus sacerdos fauces inspiciens, ut, quam faucium partem feriret, constitueret; sed voluit interpolator dicere aliquid simile ei, quod in *Hec.* 563 sqq. legitur. » Voilà comment on chicane le poëte au sujet d'un détail si naturel et dont le but n'échappe à personne. Il fallait tenir le spectateur sous le couteau et faire attendre le dénoûment.

1580. Autre chicane. On prétend que le messager est stupide (*homo stupidus*) de parler de ses propres sentiments et de se donner ainsi de l'importance. Mais partout dans la tragédie grecque les messagers disent naïvement ce qu'ils ont éprouvé. Ce ne sont pas de pures machines à narration, ce sont des hommes qui ont une existence à eux, et dont la condition, les sentiments, la personnalité sont nettement marquées. Celui-ci est de la maison d'Agamemnon (voy. la note sur le vers 1532), et il a de l'affection pour sa jeune maîtresse.

1583. Οὐκ εἶδεν οὗ γῆς εἰσέδυ. En parlant ainsi, le messager n'affirme pas qu'Iphigénie ait été engloutie par la terre; il dit seulement, en se servant d'une tournure familière, qu'elle a disparu.

430   ΙΦΙΓΕΝΕΙΑ Η ΕΝ ΑΥΛΙΔΙ.

Βοᾷ δ' ἄρ' ἱερεύς, πᾶς δ' ἐπήχησε στρατὸς,
ἄελπτον εἰσιδόντες ἐκ θεῶν τινος   1585
φάσμ', οὗ γε μηδ' ὁρωμένου πίστις παρῆν·
ἔλαφος γὰρ ἀσπαίρουσ' ἔκειτ' ἐπὶ χθονὶ
ἰδεῖν μεγίστη διαπρεπής τε τὴν θέαν,
θεοῦ βωμὸς ἄρδην ἧς ἐραίνεθ' αἵματι.
Κἀν τῷδε Κάλχας, πῶς δοκεῖς; χαίρων ἔφη·   1590
Ὦ τοῦδ' Ἀχαιῶν κοίρανοι κοινοῦ στρατοῦ
< λαοί θ' >, ὁρᾶτε βωμίαν ἣν ἡ θεὸς
προύθηκε θυσίαν, τήνδ' ἔλαφον ὀρειδρόμον.
Ταύτην μάλιστα τῆς κόρης ἀσπάζεται,
ὡς μὴ μιάνῃ βωμὸν εὐγενεῖ φόνῳ.   1595
Ἵλεώς τ' ἄποιν' ἐδέξατ', οὔριόν τε πλοῦν

NC. 1584 J'ai inséré ἄρ' avant ἱερεύς (Hermann avait écrit ὅ θ' ἱερεύς), et j'ai mis πᾶς pour ἅπας, afin d'éviter l'anapeste vicieux au second pied et de rétablir la césure du vers. — 1588. « Διαπρεπὴς τὴν θέαν vix alius quisquam dixerit. » [Matthiæ.] Je propose διαπρεπής τε τὴν φύσιν (la taille). L'erreur proviendra du voisinage de θεοῦ. — 1589. *Palatinus:* ἧς αἵματι βωμὸς ἐρραίνετ' (ἀραίνετ', seconde main et les autres manuscrits) ἄρδην τῆς θεοῦ J'ai corrigé ce vers affreux en rétablissant l'ordre des mots poétique. — 1592 1593. On lisait : ὁρᾶτε τήνδε θυσίαν ἣν ἡ θεὸς ǁ προύθηκε βωμίαν, ἔλαφον ὀρειδρόμον; Le premier de ces vers est faux, le second est mal coupé. Musgrave a fort bien vu que les mots θυσίαν et βωμίαν avaient changé de place; mais sa conjecture ἔλαφον οὐρεσιδρόμον répugne au dialecte usité dans les trimètres. Le mot τήνδε doit aussi passer dans le second vers. La lacune qui se produit ainsi dans le premier vers est facile à remplir. Pourquoi Calchas inviterait-il les princes seuls à contempler le miracle? Toute l'armée a des yeux pour le voir. Je n'ai donc pas hésité à ajouter λαοί θ' au commencement du vers 1592. — 1595. La leçon μιάνοι est corrigée dans un manuscrit secondaire. — 1596. Ce vers est l'un des plus maltraités. Les manuscrits portent: ἡδέως τε τοῦτ' ἐδέξατο, καὶ πλοῦν οὔριον. Ce serait une faute que de contracter le mot ἡδέως en deux syllabes; mais cette faute n'a pas été commise par l'auteur de ce morceau. Comment se fait-il qu'une correction aussi facile que ἵλεως, ne se soit présentée à l'esprit de personne? Ensuite τοῦτ(ο) ne dit rien. J'ai écrit τ' ἄποιν' pour τε τοῦτ'. Enfin j'ai rectifié la fin du vers, qu'une paraphrase avait altérée.

1590. Πῶς δοκεῖς; Voy. *Hipp.* 446, avec la note, ainsi que *Héc.* 1160.

1594. Si la leçon est bonne, il faut dire que μάλιστα τῆς κόρης équivaut à μᾶλλον τῆς κόρης καὶ μάλιστα. On trouve la même brachylogie dans l'*Odyssée*, XI, 482 : Σεῖο δ', Ἀχιλλεῦ, Οὔτις ἀνὴρ προπάροιθε μακάρτατος οὔτ' ἄρ' ὀπίσσω. Cp. Apollonius de Rhode, III, 91 : Πίθοιτό κεν ὔμμι μάλιστα Ἡ ἐμοί. Nous n'osons citer d'autres exemples dont la leçon est douteuse.

1595. L'épithète εὐγενεῖ ne se rapporte pas au rang d'Iphigénie. Ce mot désigne la noblesse de l'espèce humaine.

1596. Ἵλεως est ici de deux syllabes, par suite d'une synérèse conforme à la prononciation usuelle, ainsi que l'accentuation de ce mot le prouve. — Ἄποινα, la rançon du sang humain, la compensation

ΙΦΙΓΕΝΕΙΑ Η ΕΝ ΑΥΛΙΔΙ.   431

δίδωσιν ἡμῖν Ἰλίου τ' ἐπιδρομάς.
Πρὸς ταῦτα πᾶς τις θάρσος αἶρε ναυβάτης,
χώρει τε πρὸς ναῦν· ἡμέρας ὡς τῆσδε δεῖ
λιπόντας ἡμᾶς Αὐλίδος κοίλους μυχοὺς   1600
Αἴγαιον οἶδμα διαπερᾶν. Ἐπεὶ δ' ἅπαν
κατηνθρακώθη θῦμ' ἐν Ἡφαίστου φλογί,
τὰ πρόσφορ' ηὔξαθ', ὡς τύχοι νόστου στρατός.
Πέμπει δὲ βασιλεύς μ' ὥστε σοι φράσαι τάδε·
κόρη θ' ὁποίας ἐκ θεῶν μοίρας κυρεῖ   1605
καὶ δόξαν ἔσχεν ἄφθιτον καθ' Ἑλλάδα.
Κἀγὼ παρών τε καὶ τὸ πρᾶγμ' ὁρῶν λέγω·
ἡ παῖς σαφῶς σοι πρὸς θεοὺς ἀφέπτατο.
Λύπης δ' ἀφίει καὶ πόσει πάρες χόλον.

NC. 1599. Les manuscrits portent : ὡς ἡμέρᾳ τῆσδε δεῖ. On a proposé diverses corrections. Celle de Matthiæ, ἡμέρας ὡς τῆσδε δεῖ, nous a paru la plus vraisemblable. — 1604. J'ai substitué βασιλεὺς à Ἀγαμέμνων, glose qui détruit le vers. Ensuite Bothe écrit ὧδε (ici) pour ὥστε. — 1605. On lisait λέγειν θ' ὁποίας. Il me semble évident que λέγειν, après φράσαι, n'est qu'une béquille de grammairien. D'un autre côté, le sujet des verbes κυρεῖ et ἔσχεν, qui n'est plus le même que celui de πέμπει, doit être énoncé expressément. La glose λέγειν a donc pris la place de κόρη. — Les manuscrits portent : ἐγὼ παρὼν δέ. Le rapport de cette phrase avec la phrase précédente exige : κἀγὼ παρών τε. Le narrateur ajoute son témoignage personnel au message dont il est chargé. — 1608. La leçon ἀφίπτατο est contraire à l'usage attique. Voy. la note de Porson sur le vers 4 de *Médée*. — 1609. Manuscrits : λύπης δ' ἀφαίρει. On a écrit λύπας. Mais si telle avait été la leçon primitive, il est peu probable qu'elle eût été changée en λύπης. La faute est dans ἀφαίρει, verbe qui n'est guère de mise ici. J'ai écrit ἀφίει.

Cf. *Iph. Taur.* 1459 : Τῆς σῆς σφαγῆς ἄποιν' ἐπισχέτω ξίφος.
1598-1599. Πᾶς τις suivi des impératifs αἶρε et χώρει, est une de ces belles et vives tournures qui font le charme de la vieille langue grecque, de celle qu'on parlait quand les grammairiens n'avaient pas encore régenté le langage. Un interpolateur ne se serait pas exprimé ainsi. Cp. Aristophane, *Oiseaux*, 1186 : Χώρει δεῦρο πᾶς ὑπηρέτης.
1604. Ὥστε σοι φράσαι ne peut guère se dire pour ἵνα σοι φράσω. Le texte doit être altéré.
1605. θ' (c'est-à-dire τε) ne sert pas à rattacher cette phrase à la phrase précédente : c'est le corrélatif de καί au vers suivant. Κόρη θ' ὁποίας est mis ici pour κόρη ὁποίας τε. Nous avons parlé des transpositions de τε à propos du vers 1019.
1608. Ἡ παῖς.... ἀφέπτατο. D'après une autre tragédie d'Euripide, Iphigénie fut transportée dans la Tauride. Mais c'est ce que ne pouvaient deviner ni Agamemnon ni le messager. Ils ne savent point ce qu'Iphigénie est devenue ; ils supposent qu'elle a été sauvée, qu'elle est désormais parmi les dieux, et cette supposition est conforme à de vieilles légendes que nous avons rapportées dans la Notice préliminaire, p. 304, note 1.
1609. Λύπης δ' ἀφίει. Les verbes ἀφιέναι et μεθιέναι prennent quelquefois le sens neutre à l'actif.

ΙΦΙΓΕΝΕΙΑ Η ΕΝ ΑΥΛΙΔΙ

Ἀπροσδόκητα δὴ βροτοῖς τὰ τῶν θεῶν, 1610
σώζουσί θ' οὓς φιλοῦσιν· ἦμαρ ὡς τόδε
θανοῦσαν εἶδε καὶ βλέπουσαν παῖδα σήν.

ΧΟΡΟΣ.

Ὡς ἥδομαί τοιαῦτ' ἀκούσασ' ἀγγέλου·
ζῶν δ' ἐν θεοῖσι σὸν μένειν φράζει τέκος.

ΚΛΥΤΑΙΜΝΗΣΤΡΑ.

Ὦ παῖ, γέγονάς του κλέμμα θεῶν; 1615
πῶς σε προσείπω; πῶς δ' οὐ φῶ
παραμυθεῖσθαι τούσδ' ἄλλως
μύθους, ὥς σου
πένθους λυγροῦ παυσαίμαν;

ΧΟΡΟΣ.

Καὶ μὴν ὅδ' ἄναξ τούσδ' αὐτὸς ἔχων
στείχει σοι φράζειν μύθους. 1620

ΑΓΑΜΕΜΝΩΝ.

Γύναι, θυγατρὸς οὕνεκ' ὀλβιζοίμεθ' ἄν·

NC. 1610. Bothe a corrigé la leçon ἀπροσδόκητα δὲ βροτοῖσι. — 1611. J'ai écrit ἦμαρ ὡς pour ἦμαρ γάρ, leçon qui péchait contre les règles de versification observées par les poëtes attiques. — 1613. Τοιαῦτ', correction de Fix pour τοι ταῦτ'. Cf. v. 671, NC. — 1615. La leçon θεῶν τοῦ κλέμμα γέγονας; n'a aucune mesure. J'ai transposé les mots, et j'ai écrit του. Clytemnestre ne se demande point par quel dieu sa fille a été enlevée; ses doutes portent plus loin. — 1616. Πῶς δ' οὐ φῶ, autrefois proposé par Musgrave, se trouve être la leçon du *Palatinus*. Vulgate : πῶς δὲ φῶ. — 1617. J'ai écrit τούσδ' ἄλλως pour τούσδε μάτην. Ce changement suffit pour rétablir la mesure, pourvu qu'on divise ce vers et les suivants comme nous avons fait. — 1618ˡ-1620. On lisait : καὶ μὴν Ἀγαμέμνων ἄναξ στείχει, ‖ τούσδ' αὐτοὺς ἔχων σοι φράζειν μύθους. On ne peut se passer du démonstratif ὅδ(ε). En revanche, Ἀγαμέμνων est une glose introduite dans le texte. Quant au reste, j'ai rétabli la mesure en rétablissant l'ordre des mots poétique, et en adoptant la correction évidente de Heath : αὐτός pour αὐτούς. — 1621. *Palatinus* : γύναι, θυγατρὸς οὕνεκ' (seconde main : ἕνεκ') ὄλβιοι γενοίμεθ' ἄν. On a proposé de retrancher soit γύναι, soit οὕνεκ'. La conjecture de Hermann ὀλβιζοίμεθ' ἄν est plus satisfaisante à tout égard.

1610-1612. Personne ne niera que cette conclusion ne porte le cachet d'Euripide.
1616-1619. Πῶς σε προσείπω; quel nom te donner? T'appellerai-je morte ou vivante? — Πῶς δ' οὐ φῶ.... παυσαίμαν; comment ne pas croire que ces discours m'abusent par de vaines consolations (παραμυθεῖσθαι μάταν), afin de me faire renoncer (ὡς παυσαίμαν) au deuil amer que me cause sa perte (σου πένθους λυγροῦ)? — On voit que Clytemnestre n'est nullement convaincue qu'Iphigénie ait été admise parmi les dieux; et, en effet, on ne lui en donne aucune preuve positive. Clytemnestre ne renonce donc ni à sa douleur, ni à son ressentiment. Elle ne serait plus

ΙΦΙΓΕΝΕΙΑ Η ΕΝ ΑΥΛΙΔΙ. 433

ἔχει γὰρ ὄντως ἐν θεοῖς ὁμιλίαν.
Χρὴ δέ σε λαβοῦσαν τόνδε νεοσσὸν εὐγενῆ
στείχειν πρὸς οἴκους· ὡς στρατὸς πρὸς πλοῦν ὁρᾷ.
Καὶ χαῖρε. Χρόνια τἀμά σοι προσφθέγματα   1625
Τροίηθεν ἔσται· καὶ γένοιτό τοι καλῶς.

ΧΟΡΟΣ.

Χαίρων, Ἀτρείδη, γῆν ἱκοῦ
Φρυγίαν, χαίρων δ' ἐπάνηκε,
κάλλιστά μοι σκῦλ' ἑλὼν Τροίας ἄπο.

NC 1623. Les manuscrits portent τόνδε μόσχον νεαγενῆ. Porson a proposé εὐγενῆ pour rectifier le mètre. Cette correction est bonne, mais elle ne suffit pas. Les deux premières lettres de la leçon νεαγενῆ indiquent, si je ne m'abuse, la variante νεοσσόν, laquelle vaut infiniment mieux que μόσχον. — 1625. Barnes a rectifié la leçon χρόνιά γε τἀμά. — 1626. J'ai écrit γένοιτό τοι pour γένοιτό σοι. Voy. la note explicative. — 1629. J'ai transposé la leçon σκῦλ' ἀπὸ Τροίας ἑλών en vue du mètre.

Clytemnestre si elle y renonçait. Voy. ce que nous avons dit à ce sujet dans la Notice préliminaire.
1623. Τόνδε νεοσσὸν εὐγενῆ. Le petit Oreste. Cf. v. 1248; *Alceste*, 803; *Heracl.* 239; *Herc. fur.* 224. — Νεοσσόν est disyllabe par synérèse, comme θεοῦ était monosyllabe au vers 1589.
1624. Στρατὸς πρὸς πλοῦν ὁρᾷ, l'armée tourne ses regards vers le départ, c'est-à-dire: l'armée se dispose à partir. Cf. *Sylcc*,

fragment II, Wagner: Ταῦρος λέοντος ὡς βλέπων πρὸς ἐμβολήν.
1625. Χρόνια, tardifs, *post longum temporis intervallum*.
1626. Καὶ γένοιτό τοι καλῶς. Le sujet de γένοιτο est προσφθέγματα. Tout le monde sait comment Agamemnon sera reçu par Clytemnestre au retour de la guerre. Voilà ce qui donne de l'intérêt à un vœu, en apparence si simple. Cette allusion s'accorde avec celles des vers 1182 et 1456.

ΙΦΙΓΕΝΕΙΑ Η ΕΝ ΤΑΥΡΟΙΣ

NOTICE
SUR IPHIGÉNIE EN TAURIDE.

Si l'on veut savoir comment s'est formée la fable qui fait le sujet d'*Iphigénie en Tauride*, on n'a qu'à lire la fin de cette tragédie. Le point auquel aboutit l'action dramatique a été le point de départ de l'invention de la fable. Il existait à Brauron, dans l'Attique, un vieux temple dont Iphigénie passait pour avoir été la première prêtresse; et, près de Brauron, le bourg d'Hales se vantait de posséder une précieuse image de Diane Tauropole. Cette image, disait-on, était tombée du ciel dans le pays des Tauriens, et de là venue dans l'Attique[1]. Qui donc pouvait avoir apporté l'idole et amené la prêtresse, si ce n'est Oreste? Mais pourquoi Oreste était-il allé chez les Barbares du Pont-Euxin? Apollon lui avait imposé cette tâche dont l'accomplissement devait le délivrer de la poursuite des Furies. Cependant Oreste avait été acquitté par l'Aréopage. Cette légende, illustrée par un chef-d'œuvre d'Eschyle, était chère aux Athéniens. Comment la concilier avec la fable nouvelle? Il est avec la mythologie des accommodements. Toutes les Furies ne se sont pas laissé apaiser par Minerve : quelques-unes, rebelles à la décision du tribunal, ont continué de poursuivre Oreste[2].

Les traits principaux de cette fable peuvent avoir été imaginés par Euripide lui-même; l'invention et l'économie de la tragédie lui appartiennent certainement en propre. Iphigénie est sur le point d'immoler Oreste, lorsqu'une lettre qu'elle charge Pylade de porter dans la Grèce amène la reconnaissance entre le frère et la sœur. Cette inven-

---

[1]. Voyez ce que Minerve dit dans notre tragédie, aux vers 1449-1467. Ajoutez v. 87 sq. — Les Lacédémoniens prétendaient aussi que leur Ἄρτεμις Ὀρθία était la fameuse idole des Tauriens, et cette prétention est sans doute aussi ancienne que la légende attique. Mais s'ils racontèrent au voyageur Pausanias (III, xvi, 7) qu'Oreste et Iphigénie leur avaient apporté cette image, on ne sait s'ils suivirent sur ce point une vieille tradition, ou si leur légende locale avait subi l'influence de la tragédie d'Euripide.

[2]. Cf. v. 961-978.

tion est louée par Aristote[1], et elle n'est pas indigne de cet éloge. Cependant le grand mérite du poëte n'est pas tant d'avoir trouvé cette combinaison, que de l'avoir si bien mise en œuvre. Il fallait, ou qu'Oreste se nommât, ou bien qu'Iphigénie se désignât, en présence des étrangers, comme la sœur d'Oreste. C'est là ce qui arrive : car Iphigénie ne pense qu'à Oreste, dans ses songes même elle s'occupe de ce frère chéri[2]. Dès que les captifs sont amenés devant elle, on pressent a reconnaissance. Plusieurs fois la lumière est sur le point d'éclater, mais le poëte a eu l'art de la montrer et de l'éluder sans cesse. Instruite que l'un des étrangers s'appelle Pylade, Iphigénie insiste pour savoir aussi le nom de l'autre : le fier et mélancolique Oreste dit qu'il s'appelle « l'infortuné », et qu'il veut mourir inconnu[3]. Ensuite, quand la fille d'Agamemnon s'informe des héros de la Grèce[4] et de sa propre famille, chaque question qu'elle fait semble devoir précipiter la reconnaissance, qui cependant est toujours retardée. Le message enfin dont la prêtresse charge l'un des deux amis[5] ne laisse en quelque sorte plus de doute sur l'éclaircissement du mystère. Il faudra bien qu'Iphigénie déclare à qui sa lettre doit être remise. Elle finira, en effet, par le faire[6]; mais auparavant Oreste[7] et Pylade[8] refusent tour à tour de se sauver seuls en portant le message dans la Grèce : chacun veut vivre et mourir avec son ami. Cette noble lutte n'est pas une des moindres beautés qu'Euripide ait su tirer de l'invention louée par Aristote. Mais voici, suivant nous, ce qu'il y a de plus remarquable dans la conduite de l'action. Elle se terminera heureusement. Les acteurs sont très-éloignés de prévoir ce dénoûment : ils passent par des situations très-pathétiques, par des émotions rendues avec tant de vérité, que le spectateur s'y laisse prendre et tremble pour eux. Toutefois il prévoit au fond que tout s'éclaircira, il sait que le poëte se joue à la fois de ses personnages et de son public, il prend plaisir à voir le dénoûment inévitable tant de fois imminent, et tant de fois éludé, il jouit enfin délicieusement d'une émotion qui n'a rien de violent, rien de sérieux, et qui n'en est pas moins réelle.

Tel est le caractère général de ce drame attachant, et tous les détails sont en harmonie avec ce caractère. Le plus tragique des poëtes n'y a pas fait usage de toute sa force : il a usé discrètement des effets

---

1. Aristote, *Poétique*, XVI, 8 : Πασῶν δὲ βελτίστη ἀναγνώρισις ἡ ἐξ αὐτῶν τῶν πραγμάτων, τῆς ἐκπλήξεως γιγνομένης δι' εἰκότων, οἷον ἐν τῷ Σοφοκλέους Οἰδίποδι (l'*Œdipe Roi*) καὶ τῇ Ἰφιγενείᾳ· εἰκὸς γὰρ βούλεσθαι ἐπιθεῖναι γράμματα.

2. Cf. v. 44-58.
3. Cf. v. 499-504.
4. Cf v. 515-575.
5. Cf. v 578 sqq.
6. Au vers 769.
7. Aux vers 597 sqq.
8. Cf. v. 672 sqq.

ΙΦΙΓΕΝΕΙΑ Η ΕΝ ΤΑΥΡΟΙΣ.

dramatiques dont il disposait. On peut craindre que le frère ne soit tué par la sœur ; cependant le glaive n'est pas encore levé sur la victime : le sacrifice est annoncé, mais il n'est pas encore commencé, quand arrive la reconnaissance. Pylade déclare qu'il n'abandonnera pas son ami; cependant il se rend aux arguments sensés par lesquels Oreste le détourne d'un dévouement inutile. Tout est tempéré dans ce beau poëme, tout concourt à produire cette impression, qui en fait le plus grand charme, mais qu'il est difficile de définir. On est ému, et toutefois on se sent au-dessus de l'émotion que l'on éprouve.

Il est à croire que Polyidus, poëte grec qui osa traiter le même sujet après Euripide, ne s'imposa pas la même discrétion. Son Oreste se trouvait probablement déjà près de l'autel, quand il s'écriait qu'il lui était donc réservé d'être immolé à Diane comme sa sœur l'avait été jadis[1]. Ce mot, relevé par la prêtresse, amenait la péripétie. Aristote juge que ce moyen de faire reconnaître Oreste par Iphigénie vaut mieux que les souvenirs de famille qu'invoque l'Oreste d'Euripide[2]. Mais il ne faut pas oublier que dans la tragédie de ce dernier poëte la reconnaissance d'Iphigénie par Oreste, reconnaissance admirée par le même Aristote, est celle qui se fait en premier lieu et qui décide de la marche de l'action. La reconnaissance d'Oreste par Iphigénie ne vient qu'après, en est le corollaire obligé. Chez Polyidus, au contraire, c'était Iphigénie qui reconnaissait d'abord Oreste, et cette reconnaissance était le grand événement de la tragédie.

Si Polyidus modifia la reconnaissance du frère et de la sœur de manière à en tirer un plus grand coup de théâtre, Pacuvius, dans son *Duloreste*, rendit plus saisissant le combat de générosité entre les deux amis. D'après le poëte latin, le roi Thoas est instruit de la présence d'Oreste et veut le mettre à mort ; mais il ignore lequel des deux étrangers est le fils d'Agamemnon. Alors chacun des deux amis veut passer pour Oreste, et quand le roi ne sait que décider, ils demandent tous les deux à mourir ensemble. Tout le monde connaît cette scène par les allusions qu'y fait Cicéron[3] ; mais c'est là tout

---

[1]. Aristote, *Poétique*, c. xvii : Ἐλθὼν δὲ (ὁ ἀδελφὸς τῆς ἱερείας) καὶ θύεσθαι μέλλων ἀνεγνώρισεν..., ὡς Πολύειδος ἐποίησεν, κατὰ τὸ εἰκὸς εἰπών, ὅτι οὐκ ἄρα μόνον τὴν ἀδελφὴν ἀλλὰ καὶ αὐτὸν ἔδει τυθῆναι· καὶ ἐντεῦθεν ἡ σωτηρία.

[2]. Dans le chapitre xvi de sa *Poétique*, Aristote énumère cinq espèces de reconnaissances, ἀναγνωρίσεις. Il met au premier rang celles qui naissent du sujet même, comme la reconnaissance d'Iphigénie par Oreste chez Euripide (cf. p. 438, note 1). Celles qui se font par un raisonnement, ἐκ συλλογισμοῦ, comme la reconnaissance d'Oreste par Iphigénie chez Polyidus, sont placées au second rang. Celles qui n'ont lieu que parce que le poëte le veut, αἱ πεποιημέναι ὑπὸ τοῦ ποιητοῦ, occupent un rang inférieur ; et la reconnaissance d'Oreste par Iphigénie chez Euripide est citée comme un exemple de ces dernières.

[3]. Cicéron, *De finibus*, V, xxii, 63 : « Qui clamores vulgi atque imperitorum

ce que, en dépit de fragments assez nombreux, on sait aujourd'hui de positif sur le *Duloreste* de Pacuvius, tragédie dont le titre même est assez énigmatique[1].

Pour ce qui est de la date d'*Iphigénie en Tauride*, il est facile de se convaincre qu'elle a dû être écrite avant *Iphigénie à Aulis*. Euripide, en rappelant dans la première de ces tragédies le sacrifice d'Iphigénie, ne se serait pas conformé, comme il l'a fait, à la vieille tradition épique[2], s'il eût déjà traité lui-même ce sujet d'une manière toute différente. D'ailleurs le début d'*Iphigénie en Tauride* a été cité par Aristophane, dans ses *Grenouilles* (v. 1232 sq.), à une époque où *Iphigénie à Aulis* n'avait pas encore été jouée[3]. D'un autre côté, la facture des vers et l'emploi, dans une scène[4], de tétramètres trochaïques font supposer que la tragédie qu'on va lire appartient à la seconde partie de la guerre du Péloponèse et aux dernières années du poëte.

« excitantur in theatris, cum illa dicuntur : « *Ego sum Orestes*, contraque ab altero : « *Immo enimvero ego sum, inquam Orestes*. Cum autem etiam exitus ab utroque « datur conturbato errantique regi : *Ambo « ergo una enicavier pi ecamur*, quoties « hoc agitur, ecquandone nisi admirationi-« bus maximis ? » Cf. *ib*. II, xxiv, 79, et *De amicitia*, VII, 24 : « Qui clamores « tota cavea nuper in hospitis et amici « mei M. Pacuvii nova fabula, cum igno-« rante rege, uter esset Orestes...., »

1. Le *Chrysès* de Pacuvius, tragédie imitée de Sophocle, se rattachait à la fable traitée par Euripide et en donnait en quelque sorte une suite. Les deux sujets sont racontés par Hygin, *Fables CXX et CXXI*. Un troisième sujet, le retour d'Oreste et d'Iphigénie dans la Grèce, sujet résumé dans la *Fable CXXII* d'Hygin, semble avoir fourni matière à l'*Alétès* de Sophocle, ainsi qu'à l'*Érigone* d'Attius, tragédie qui, suivant Ribbeck, portait aussi le titre d'*Agamemnonides*. Voy. Welcker, *Griech. Tragœdien*, p. 210 sqq.; *Ribbeck, Tragicorum latinorum reliquiæ*, p. 284 sq. et p. 322 sq.; Patin, *Études sur les tragiques grecs*, 3e éd., IV, p. 115 sq.

2. Voyez la *Notice sur Iphigénie à Aulis*, p 304.

3. Voy. *ib*. p. 307.

4. Cp. vers 1203-1233. Quant à l'indice chronologique qu'on peut tirer de l'emploi de ce mètre, voyez notre observation à propos du vers 317 d'*Iphigénie à Aulis*.

SOMMAIRE
D'IPHIGÉNIE EN TAURIDE.

Le lieu de la scène est dans la Tauride, devant le temple de Diane. On aperçoit l'autel rougi du sang des sacrifices humains (v. 72 sq.).

Πρόλογος. Prologue proprement dit. Iphigénie fait connaître sa naissance et ses aventures, le miracle par lequel elle est arrivée dans ce pays et les fonctions qu'elle y exerce (1-41). Ensuite elle raconte le songe qu'elle a fait dans la dernière nuit. Elle croit y trouver une preuve de la mort de son frère Oreste, et elle se retire pour préparer des libations funèbres (42-66). Trimètres iambiques.

Oreste et Pylade explorent les lieux : stichomythie iambique (67-76). Oreste reproche à Apollon de l'avoir jeté dans une aventure sans issue. Sur l'avis de Pylade il consent à se cacher pendant le jour, afin d'essayer, dans la nuit, de s'emparer de l'idole de Diane. Couplet d'Oreste, couplet de Pylade, couplet d'Oreste [1] (77-122).

Κομμός, tenant lieu de Πάροδος. Le chœur, composé de jeunes esclaves grecques, s'associe aux plaintes d'Iphigénie, laquelle pleure sur la mort d'Oreste et offre des libations à ses mânes. Quatre morceaux d'anapestes lyriques mêlés de quelques tétrapodies trochaïques (197, 220, 232) sont chantés alternativement par le chœur et par Iphigénie (123-235).

Ἐπεισόδιον α'. Un bouvier, annoncé par un distique du chœur, informe la prêtresse de la capture de deux étrangers. Récit, précédé d'un dialogue rapide entre le berger et Iphigénie, et suivi de deux distiques, l'un du chœur, l'autre de la prêtresse (236-343).

Monologue d'Iphigénie. Des sentiments farouches traversent son âme aigrie par le malheur que semble lui annoncer un songe, et par les souvenirs d'Aulis. Mais ces mêmes souvenirs ramènent sa pensée aux adieux qu'elle fit jadis au petit Oreste. Elle s'attendrit, et sa sensibilité se révolte contre le culte barbare dont elle est le ministre (344-391).

Στάσιμον α'. Le chœur se demande, qui peuvent être les Grecs venus dans la Tauride, ce qui les a conduits dans un pays si inhospitalier, comment ils ont pu traverser les roches Symplégades. Il forme enfin le vœu d'être ramené par eux dans la douce patrie. Deux couples de strophes (392-455).

---

1. Ces morceaux, ainsi que tous ceux pour lesquels on ne trouvera pas d'autre indication, sont en trimètres iambiques.

ἘπεισόΔιον β'. Les captifs sont amenés. Deux périodes anapestiques du chœur accompagnent leur entrée (456-466).

Après avoir renvoyé les gardes (467-471), Iphigénie plaint le sort des deux jeunes hommes qui sont devant elle (472-481). Oreste repousse cette pitié (482-491).

La prêtresse s'informe de la condition des deux étrangers, de la guerre de Troie, des héros grecs, et enfin de la famille d'Agamemnon. Stichomythie, divisée en plusieurs groupes de monostiques, ouverts par un distique d'Iphigénie, et suivis d'un petit couplet d'Oreste et d'un distique du chœur (492-577).

La prêtresse offre de sauver l'étranger s'il veut porter un message dans la Grèce (578-596). Oreste veut que son ami jouisse de cette faveur (597-608). Admiration de la prêtresse; détails sur le rite du sacrifice; promesse affectueuse de la prêtresse : deux couplets d'Iphigénie séparés par un dialogue stichomythique entre elle et Oreste (609-635). La prêtresse sort pour chercher la lettre (636-642).

Chant dochmiaque. Le chœur plaint Oreste : strophe, suivie d'un trimètre d'Oreste. Le chœur félicite Pylade : antistrophe, suivie d'un trimètre de Pylade. Mieux éclairé, le chœur se demande lequel des deux amis est le plus à plaindre : épode (643-656).

Oreste parle à Pylade de la jeune prêtresse : dialogue ouvert par deux monostiques (657-671). Pylade déclare qu'il mourra avec Oreste. Cédant aux arguments d'Oreste, il consent à vivre, sans désespérer toutefois de sauver aussi les jours de son ami. Dialogue ouvert également par deux monostiques (672-724).

La prêtresse apporte la lettre, et jure de sauver Pylade, lequel jure à son tour de s'acquitter fidèlement de sa mission. Couplet de la prêtresse; dialogue stichomythique, d'abord entre Oreste et Iphigénie, ensuite entre Iphigénie et Pylade (725-752).

Pylade ayant fait une réserve pour le cas où la lettre viendrait à se perdre, Iphigénie en récite le contenu, avec autant de suite que le lui permettent les exclamations d'Oreste qui l'interrompt à plusieurs reprises (753-787).

Pylade se dégage de son serment en remettant la lettre à Oreste. Oreste court embrasser sa sœur, et se fait connaître à son tour dans un dialogue stichomythique, divisé en deux groupes (788-826).

Transports d'Iphigénie : joie, souvenirs douloureux, terreurs et craintes. Oreste mêle quelques trimètres au chant de sa sœur (827-898).

Distique du chœur. Conseils sensés de Pylade et d'Oreste (900-911). Iphigénie fait de nouvelles questions sur sa famille : dialogue stichomythique entre elle et Oreste (912-939). Oreste raconte ce qui lui arriva depuis la mort de Clytemnestre et ce qui l'amène dans ce pays : couplet, suivi d'un distique du chœur (940-988).

Couplet d'Iphigénie : elle offre sa vie pour sauver son frère et relever la maison d'Agamemnon. Couplet d'Oreste : il n'accepte pas ce sacrifice, et il espère une issue heureuse pour tous (989-1016).

Délibération entre la sœur et le frère. Iphigénie imagine une ruse qui leur permette de fuir en emportant l'idole de Diane : stichomythie, précédée et suivie d'un tristique (1017-1055).

Iphigénie demande et obtient le silence du chœur. Elle fait rentrer les captifs

ΙΦΙΓΕΝΕΙΑ Η ΕΝ ΤΑΥΡΟΙΣ.

dans le temple, et elle y rentre elle-même après avoir adressé une prière à la déesse (1056-1088).

Στάσιμον β'. Plaintes du chœur : il est loin de la patrie (strophe 1), il est réduit en esclavage (antistrophe 1). Les jeunes Grecques envient le bonheur d'Iphigénie, dont le retour sera favorisé par les dieux (strophe 2) ; elles voudraient avoir des ailes pour revoir la maison paternelle et pour prendre part aux danses de leurs compagnes (antistrophe 2). (1089-1151.)

Ἐπεισόδιον γ'. Thoas demande où en est le sacrifice. Iphigénie paraît, portant dans ses bras l'image de Diane, et suivie des deux captifs. Dans un dialogue stichomythique, la prêtresse fait connaître au roi pourquoi et comment elle veut purifier dans les flots de la mer les victimes et l'idole (1152-1202).
Tétramètres trochaïques. Dans un dialogue rapide, dont chaque vers est partagé entre les deux interlocuteurs, Iphigénie indique à Thoas quelles précautions il doit prendre avant et pendant la cérémonie expiatoire. Trois quatrains d'Iphigénie terminent ce morceau (1203-1233).

Στάσιμον γ'. Le chœur chante l'éloge d'Apollon. Encore tout enfant, ce dieu prit possession de l'oracle de Delphes en tuant le serpent Python (strophe), et il obtint de Jupiter la cessation des oracles oniromantiques de la Terre (antistrophe). (1234-1283.)

Ἔξοδος. Un messager vient avertir Thoas de la fuite des prisonniers et de la prêtresse. Il s'avance vers le temple, malgré les faux renseignements que lui donne le chœur pour l'induire en erreur (1284-1303).
Le messager frappe à la porte du temple. Le roi paraît Dialogue rapide entre les deux personnages. Récit du messager. Distique du chœur. Thoas s'apprête à poursuivre les fugitifs (1304-1434).
Minerve intervient. Elle ordonne à Oreste d'emporter l'idole de Diane dans l'Attique, à Thoas de laisser partir les enfants d'Agamemnon et de renvoyer dans la Grèce les jeunes femmes qui forment le chœur. Thoas se soumet à la volonté de la déesse. Minerve le loue, et promet un heureux trajet au vaisseau qui porte la sainte image (1435-1489).
Le chœur sort en prononçant deux ou trois périodes anapestiques (1490-1499).

ΥΠΟΘΕΣΙΣ.

Ὀρέστης κατὰ χρησμὸν ἐλθὼν εἰς Ταύρους τῆς Σκυθίας μετὰ Πυλάδου παρακινηθείς[1] τὸ παρ' αὐτοῖς τιμώμενον τῆς Ἀρτέμιδος ξόανον ὑφελέσθαι προῃρεῖτο. Προελθὼν δ' ἀπὸ τῆς νεὼς καὶ φανεὶς ὑπὸ τῶν ἐντοπίων ἅμα τῷ φίλῳ συλληφθεὶς ἀνήχθη κατὰ τὸν παρ' αὐτοῖς ἐθισμὸν[2], ὅπως τοῦ τῆς Ἀρτέμιδος ἱεροῦ σφάγιον γένωνται. Τοὺς γὰρ καταπλεύσαντας ξένους ἀπέσφαττον. . . . .
. . . .

Ἡ μὲν σκηνὴ τοῦ δράματος ὑπόκειται ἐν Ταύροις τῆς Σκυθίας· ὁ δὲ χορὸς συνέστηκεν ἐξ Ἑλληνίδων γυναικῶν, θεραπαινίδων τῆς Ἰφιγενείας. Προλογίζει δὲ ἡ Ἰφιγένεια.

HYGINI ARGUMENTUM[3].

Orestem Furiæ quum exagitarent, Delphos sciscitatum est profectus quis tandem modus esset ærumnarum. Responsum est, ut in terram Tauricam ad regem Thoantem, patrem Hypsipylæ[4], iret indeque de templo Dianæ signum Argos adferret : tunc finem fore malorum. Sorte audita cum Pylade, Strophii filio, sodale suo, navem conscendit, celeriterque ad Tauricos fines pervenerunt. Quorum fuit institutum, ut qui intra fines eorum hospes venisset, templo Dianæ immolaretur. Ubi

---

1. Παρακινηθείς est la leçon évidemment vicieuse du *Palatinus*. Le *Florentinus* porte παραγενόμενος, en omettant ἐλθὼν avant εἰς Ταύρους. Kirchhoff : παραγενηθείς. Peut-être : παρακομισθείς.
2. Nauck : θεσμόν.
3. Nous avons placé ici la *Fable CXX* d'Hygin, laquelle n'est autre chose qu'une analyse de la tragédie d'Euripide.
4. Euripide appelle le roi des Tauriens un Barbare (v. 31) : il distingue donc ce Thoas de Thoas de Lemnos, le père d'Hypsipyle. Hygin les identifie ici et dans la *Fable XV*. C. O. Muller (*Orchomenes*, p. 310, et *Dorier*, I, 384) s'est servi de ces deux passages à l'appui d'une hypothèse quelque peu hasardée. Ce savant soutient que le nom de Tauride appartenait d'abord à l'île de Lemnos, siége d'un culte de la déesse Tauropole, et ne fut attribué que plus tard à une partie de la Scythie. Maury (*Histoire des religions de la Grèce*

ΙΦΙΓΕΝΕΙΑ Η ΕΝ ΤΑΥΡΟΙΣ.

Orestes et Pylades, quum in spelunca se tutarentur et occasionem captarent, a pastoribus deprehensi ad regem Thoantem sunt deducti. Quos Thoas suo more vinctos[1] in templum Dianæ, ut immolarentur, duci jussit. Ubi Iphigenia, Orestis soror, fuit sacerdos, eosque ex signis atque argumentis, qui essent, quid venissent, postquam resciit, abjectis[2] ministeriis ipsa cœpit signum Dianæ avellere. Quo rex quum intervenisset et rogitaret, cur id faceret, illa ementita est [dicitque] eos sceleratos signum contaminasse; quod impii et scelerati homines in templum essent adducti, signum expiandum in mare ferre oportere et [jubere] eum interdicere civibus, ne quis eorum extra urbem exiret. Rex sacerdoti dicto audiens fuit. Occasionem Iphigenia nacta, signo sublato, cum fratre Oreste et Pylade in navem ascendit.

antique, I, p. 151 sq.) adopte cette opinion.
1. On lisait *iunctos* (*junctos*), faute évidente pour *uinctos* (*vinctos*).

2. Peut-être : *abactis*, ou bien *ablegatis*. Le mot *ministeriis* est employé ici dans le sens de *ministris*.

ΤΑ ΤΟΥ ΔΡΑΜΑΤΟΣ ΠΡΟΣΩΠΑ.

ΙΦΙΓΕΝΕΙΑ.	ΒΟΥΚΟΛΟΣ.
ΟΡΕΣΤΗΣ.	ΘΟΑΣ.
ΠΥΛΑΔΗΣ.	ΑΓΓΕΛΟΣ.
ΧΟΡΟΣ.	ΑΘΗΝΑ.

ΙΦΙΓΕΝΕΙΑ Η ΕΝ ΤΑΥΡΟΙΣ.

ΙΦΙΓΕΝΕΙΑ.

Πέλοψ ὁ Ταντάλειος εἰς Πῖσαν μολὼν
θοαῖσιν ἵπποις Οἰνομάου γαμεῖ κόρην,
ἐξ ἧς Ἀτρεὺς ἔβλαστεν· Ἀτρέως δ' ἄπο
Μενέλαος Ἀγαμέμνων τε· τοῦ δ' ἔφυν ἐγὼ,
τῆς Τυνδαρείας θυγατρὸς Ἰφιγένεια παῖς,   5
ἣν ἀμφὶ δίναις ἃς θάμ' Εὔριπος πυκναῖς
αὔραις ἑλίσσων κυανέαν ἅλα στρέφει,

NC. Cette tragédie a été conservée dans les mêmes manuscrits que l'*Iphigénie à Aulis*. — 1. Les manuscrits portent πίσσαν. — 3. Ἀτρέως δ' ἄπο, correction de Badham pour ἀτρέως δὲ παῖς. L'erreur des copistes vient du vers 5.

1-5. Iphigénie donne la suite complète de ses ancêtres, en commençant par le premier. Le scholiaste d'Aristophane cite ces vers à propos de la plaisante généalogie que débite un bourgeois d'Athènes dans les *Acharniens*, vers 47 sqq. : Ὁ γὰρ Ἀμφίθεος Δήμητρος ἦν Καὶ Τριπτολέμου· τούτου δὲ Κελεὸς γίγνεται· Γαμεῖ δὲ Κελεὸς Φαιναρέτην τήθην ἐμήν, Ἐξ ἧς Λυκῖνος ἐγένετ'· ἐκ τούτου δ' ἐγὼ Ἀθάνατός εἰμι. Mais le scholiaste se borne judicieusement à signaler la ressemblance des deux morceaux. En effet, il est difficile de croire qu'*Iphigénie en Tauride* ait été écrite avant les *Acharniens*, comédie jouée en 425 avant J. C. Aristophane s'y moque sans doute en général de la manière d'Euripide, dont les prologues semblent, à peu près tous, jetés dans le même moule. Le poète comique a fait ressortir cette monotonie dans un morceau célèbre des *Grenouilles* : le début de notre prologue y figure (vers 1232) au nombre de ceux auxquels se trouve accolé le fameux ληκύθιον ἀπώλεσεν.

2. Θοαῖσιν ἵπποις. Ces mots se rattachent évidemment à μολών, et non à γαμεῖ, bien qu'il soit vrai que Pélops gagna par la rapidité de ses coursiers la belle Hippodamie, fille d'OEnomaüs. La fable est racontée dans la première *Olympique* de Pindare, et elle faisait le sujet de tragédies perdues de Sophocle et d'Euripide.

6-7. Πυκναῖς αὔραις ἑλίσσων. Musgrave a déjà rapproché de ces mots la belle description que Tite-Live fait des courants de l'Euripe, XXVIII, vi, 10 : « Haud facile alia infestior classi statio est. « Nam et venti ab utriusque terræ præaltis « montibus subiti ac procellosi se dejiciunt, « et fretum ipsum Euripi non septiens die, « sicut fama fert, temporibus statis reci- « procat, sed temere in modum venti nunc « huc, nunc illuc verso mari velut monte « præcipiti devolutus torrens rapitur. Ita « nec nocte nec die quies navibus datur. »

ἔσφαξεν Ἑλένης οὕνεχ', ὡς δοκεῖ, πατήρ
Ἀρτέμιδι κλειναῖς ἐν πτυχαῖσιν Αὐλίδος.
Ἐνταῦθα γὰρ δὴ χιλίων ναῶν στόλον
Ἑλληνικὸν συνήγαγ' Ἀγαμέμνων ἄναξ,
τὸν καλλίνικον στέφανον Ἰλίου θέλων
λαβεῖν Ἀχαιοῖς, τούς θ' ὑβρισθέντας γάμους
Ἑλένης μετελθεῖν, Μενέλεῳ χάριν φέρων.
Δεινῆς δ' ἀπλοίας πνευμάτων που τυγχάνων,
εἰς ἔμπυρ' ἦλθε, καὶ λέγει Κάλχας τάδε·
Ὦ τῆσδ' ἀνάσσων Ἑλλάδος στρατηγίας,
Ἀγάμεμνον, οὐ μὴ ναῦς ἀφορμίσῃς χθονός,
πρὶν ἂν κόρην σὴν Ἰφιγένειαν Ἄρτεμις

NC. 8. Les manuscrits portent ἔσφαξ' Ἑλένης. — 9. Comme on lit Αὐλίδος κλεινοὺς μυχοὺς au vers 1600 d'*Iphigénie à Aulis*, Elmsley et Cobet demandaient ici κοιλαῖς ἐν πτυχαῖσιν. Mais l'épithète κλειναῖς se justifie par ce qui est dit, dans la phrase suivante, du rassemblement des mille vaisseaux : ἐνταῦθα γὰρ δὴ κτέ. — 11. Les manuscrits portent ἑλληνικήν, erreur qu'on peut expliquer en supposant que στόλον se trouvait anciennement accompagné de la glose παρασκευήν. Nauck propose στολὴν ǁ Ἑλληνικήν. J'aimerais πλάτην mieux que στολήν, mot qu'Euripide n'emploie jamais dans le sens de « flotte ». — 13. Ἀχαιοῖς, correction de Lenting pour ἀχαιούς. — 14. Palatinus ἑλένῃ. — 15. La leçon : δεινῆς τ' ἀπλοίας πνευμάτων τ' οὐ τυγχάνων est plus qu'obscure et ne peut guère se défendre, même en écrivant δεινῆς δ', avec Barnes. Parmi les diverses conjectures proposées par les critiques, citons celle de Nauck : δεθεὶς δ' ἀπλοίᾳ. Il m'a semblé que le changement facile de τ' οὐ en που pouvait rétablir le sens de la phrase. — 18. Manuscrits : ἀφορμίσῃ (ou ἀφορμήσῃ). Nous avons adopté ἀφορμίσῃς, conjecture de Kirchhoff, admise par Klotz.

8. Ὡς δοκεῖ, comme il croit. Ces mots portent sur ἔσφαξεν. Agamemnon croyait avoir réellement immolé sa fille. Cf. vers 771 et 785. Quand Euripide écrivit son *Iphigénie à Aulis*, il modifia la légende sur ce point, comme sur d'autres, afin de donner à cette tragédie un dénoûment plus satisfaisant.

10. Χιλίων ναῶν. Voy. la note sur *Iph. Aul.* 174.

12-14. Τὸν καλλίνικον.... λαβεῖν Ἀχαιοῖς. Cf. *Suppl.* 316 : Πόλει παρόν σοι στέφανον εὐκλείας λαβεῖν. [Lenting.] — Τούς θ' ὑβρισθέντας γάμους Ἑλένης μετελθεῖν, venger l'outrage fait à l'union d'Hélène (avec Ménélas), c'est-à-dire : fait à l'époux d'Hélène. — Μενέλεῳ χάριν φέρων. Euripide se souvenait peut-être des vers de l'*Odyssée*, V, 306 sq. : Δαναοί..., οἳ τότ' ὄλοντο Τροίῃ ἐν εὐρείῃ, χάριν Ἀτρείδῃσι φέροντες.

15. Construisez : Τυγχάνων δέ που πνευμάτων ἀπλοίας δεινῆς. — Πνεύματα ἀπλοίας sont des vents qui empêchent la navigation. Eschyle les appelle πνοαὶ ἀκόσχολοι, *Agam.* 193. — Τυγχάνειν τινός se dit aussi par rapport à des événements fâcheux. Cp. Eschyle, *Agam.* 866 : Καὶ τραυμάτων μὲν εἰ τόσων ἐτύγχανεν.

16. Εἰς ἔμπυρ' ἦλθε équivaut à εἰς ἐμπυροσκοπίαν ἦλθε. Pendant que l'holocauste se consumait sur l'autel, le devin observait la flamme (φλογωπὰ σήματα, Eschyle, *Prométhée*, 496) pour en tirer des augures Cp. les descriptions détaillées, *Phénic.* 1255 sqq., Sophocle, *Antig.* 1005 sqq., Sénèque, *OEd.* 309 sqq.

ΙΦΙΓΕΝΕΙΑ Η ΕΝ ΤΑΥΡΟΙΣ.

λάβη σφαγεῖσαν· ὅ τι γὰρ ἐνιαυτὸς τέκοι 20
κάλλιστον, εὔξω φωσφόρῳ θύσειν θεᾷ.
Παῖδ' οὖν ἐν οἴκοις σὴ Κλυταιμνήστρα δάμαρ
τίκτει (τὸ καλλιστεῖον εἰς ἔμ' ἀναφέρων),
ἣν χρή σε θῦσαι. Καί μ' Ὀδυσσέως τέχναις
μητρὸς παρεῖλοντ' ἐπὶ γάμοις Ἀχιλλέως. 25
Ἐλθοῦσα δ' Αὐλίδ' ἡ τάλαιν' ὑπὲρ πυρᾶς
μεταρσία ληφθεῖσ' ἐκαινόμην ξίφει·
ἀλλ' ἐξέκλεψεν ἔλαφον ἀντιδοῦσά μου
Ἄρτεμις Ἀχαιούς, διὰ δὲ λαμπρὸν αἰθέρα
πέμψασά μ' εἰς τήνδ' ᾤκισεν Ταύρων χθόνα, 30
οὗ γῆς ἀνάσσει βαρβάροισι βάρβαρος
Θόας, ὃς ὠκὺν πόδα τιθεὶς ἴσον πτεροῖς
εἰς τοὔνομ' ἦλθε τόδε ποδωκείας χάριν.
Ναοῖσι δ' ἐν τοῖσδ' ἱερίαν τίθησί με,

NC. 20. G. H. Schæfer a corrigé la leçon λάβοι. — 24. L'édition de Cambridge et Nauck : τέχναι. — 29. Ἀχαιούς, correction de Nauck pour ἀχαιοῖς. En effet, la déesse ne donna pas aux Grecs la biche, puisque cette biche fut sacrifiée sur l'autel; mais elle leur déroba Iphigénie. — 31. Peut-être : οὗ λεῴς ἀνάσσει βαρβάροισι.

20-21. Ὅ τι γὰρ ἐνιαυτὸς τέκοι.... D'après l'épopée des *Cypriaques*, suivie par Sophocle aux vers 566 sqq. d'*Électre*, Agamemnon s'était attiré la colère de Diane en se vantant d'être meilleur archer que la déesse. Cicéron, *De offic*. III, xxv, 95, raconte d'après Euripide : « Agamem- « non quum devovisset Dianæ quod in « suo regno pulcherrimum natum esset « illo anno, immolavit Iphigeniam, qua « nihil erat eo quidem anno natum pul- « chrius. » — Φωσφόρῳ θεᾷ, à Diane, déesse de la lune. Cf. *Iph. Aul.* 1571, avec la note, et Cicéron, *De nat. deorum*, II, xxvii, 68 : « Apud Græcos Dianam.... « Luciferam invocant »

23. Τίκτει, au présent historique. On compare *Bacch*. 2 : Διόνυσος, ὃν τίκτει ποθ' ἡ Κάδμου κόρη; *Phenic*. 55 : Τίκτω δὲ παῖδας παιδί. Voy. aussi *Méd*. 955 et 1322. — Τὸ καλλιστεῖον εἰς ἔμ' ἀναφέρων. Cette phrase, qui ne soit point partie du discours de Calchas, a pour sujet Κάλχας et pour verbe λέγει, v. 16.

24-25. Ὀδυσσέως τέχναις. Euripide suit ici la tradition épique, qu'il modifiera plus tard dans son *Iphigénie à Aulis*. Voy. la notice préliminaire de cette dernière tragédie. — Ἐπὶ γάμοις Ἀχιλλέως, pour un mariage (simulé) avec Achille.

27. Μεταρσία ληφθεῖσ(α). Eschyle, *Agam*. 235, dit, en parlant du même sacrifice, λαβεῖν ἀέρδην. Cf. Lucrèce, I, 95 : « Sublata virum manibus. » — Ἐκαινόμην ξίφει. Les Grecs tuèrent Iphigénie, autant que cela dépendait d'eux. Cf. vers 784 sq. Les verbes grecs expriment souvent le commencement d'une action, ou l'intention de faire une chose. Voy. la note sur *Héc*. 340.

28-29. Ἐξέκλεψεν Ἀχαιούς, elle (me) déroba aux Grecs. C'est ainsi qu'on dit κρύπτειν τινά τι.

31. Οὗ γῆς, *ubi terrarum*. Toutefois cette locution ne convient guère ici, et la leçon est suspecte. Voy. NC.

34. Τίθησι. Le sujet de ce verbe est le même que celui de la dernière phrase principale, Ἄρτεμις, vers 29. On se tromperait en rapportant τίθησι à Thoas.

ὅθεν νόμοισι, τοῖσιν ἥδεται θεά,
χρώμεσθ' ἑορτῆς, τοὔνομ' ἧς καλὸν μόνον,
τὰ δ' ἄλλα σιγῶ, τὴν θεὸν φοβουμένη.
Θύειν γὰρ ὄντος τοῦ νόμου καὶ πρὶν πόλει
ὅς ἂν κατέλθῃ τήνδε γῆν Ἕλλην ἀνὴρ,
κατάρχομαι μὲν, σφάγια δ' ἄλλοισιν μέλει
ἄρρητ' ἔσωθεν τῶνδ' ἀνακτόρων θεᾶς. —
Ἃ καινὰ δ' ἥκει νὺξ φέρουσα φάσματα,
λέξω πρὸς αἰθέρ', εἴ τι δὴ τόδ' ἔστ' ἄκος.
Ἔδοξ' ἐν ὕπνῳ τῆσδ' ἀπαλλαχθεῖσα γῆς
οἰκεῖν ἐν Ἄργει, παρθενῶσι δ' ἐν μέσοις
εὕδειν, χθονὸς δὲ νῶτα σεισθῆναι σάλῳ,
φεύγειν δὲ κἄξω στᾶσα θριγκὸν εἰσιδεῖν

NC. 35. Le *Palatinus* porte de première main τοῖσιδ' pour τοῖσιν. — 36. On lisait Ἄρτεμις ἑορτῆς. J'ai rétabli le sens et la suite de la phrase, en remplaçant la glose Ἄρτεμις par χρώμεσθ'. Quelques éditeurs se tiraient tant bien que mal de la construction du texte gâté; d'autres avaient proposé des conjectures inadmissibles. — 38. Vulgate: θύω. Le *Palatinus* porte θύ, υ étant changé en ει, et ϗ ajouté au-dessus de la ligne par la première main. Kirchhoff écrit θείου. Kvičala et Klotz ont vu qu'il fallait θύειν. — 45. Markland a corrigé la leçon παρθένοισι δ' ἐν μέσαις, défendue à tort par Seidler, Hermann et d'autres. Il est vrai que des filles suivantes couchaient quelquefois dans la chambre d'une jeune princesse; *sed nunc non erat his locus.*

35-36. Ὅθεν νόμοισι.... καλὸν μόνον, de là vient que je pratique les usages, chers à la déesse, d'une fête dont le nom seul est beau. Le mot ἑορτή « fête » réveille des idées riantes; mais les fêtes célébrées dans ce temple n'ont de beau que le nom. (Il ne faut pas rapporter le relatif ἧς à θεά, sous prétexte que l'un des surnoms de Diane était Καλή ou Καλλίστη : la prêtresse ne doit pas dire des injures à la déesse qu'elle sert et qui l'a sauvée.) — Iphigénie s'exprime ainsi, parce qu'il lui répugne de dire qu'elle offre des sacrifices humains. Il faudra cependant qu'elle en convienne. Mais elle aura soin de faire remarquer que cet usage existait déjà avant son arrivée (v. 38), et qu'elle se borne à consacrer la victime, laissant à d'autres mains le soin de l'immoler (v. 40 sq.).

40. Κατάρχομαι. Le rite de la consécration est décrit au vers 622. — Ἄλλοισιν. Cf. v. 624.

43. Ἄκος. Il faut donner à ce mot la signification précise de « remède », et ne pas le prendre dans le sens vague de « soulagement. » Les anciens racontaient au soleil les songes inquiétants qu'ils avaient pu faire pendant la nuit, afin de détourner les malheurs dont ils se croyaient menacés. Cp. Sophocle, *Électre*, 424 : Τοιαῦτα τοῦ παρόντος, ἡνίχ' ἡλίῳ Δείκνυσι τοὔναρ, ἔκλυον ἐξηγουμένου, vers à propos desquels le scholiaste fait observer : Τοῖς παλαιοῖς ἔθος ἦν ἀποτροπιαζομένους τῷ ἡλίῳ διηγεῖσθαι τὰ ὀνείρατα. C'est que la lumière du jour dissipe les terreurs de la nuit sombre.

45. Παρθενῶσι δ' ἐν μέσοις, au fond de l'appartement des jeunes filles.

46. Νῶτα σεισθῆναι, sous-ent. ἔδοξε, renfermé dans ἔδοξ(α), v. 44. Au vers 47 nous revenons à la première personne. — Σάλῳ. Dans les tremblements de terre, le sol s'agite comme les flots de la mer.

ΙΦΙΓΕΝΕΙΑ Η ΕΝ ΤΑΥΡΟΙΣ. 451

δόμων πίτνοντα, πᾶν δ' ἐρείψιμον στέγος
βεβλημένον πρὸς οὖδας ἐξ ἄκρων σταθμῶν.
Μόνος δὲ λειφθεὶς στῦλος εἷς ἔδοξέ μοι 50
δόμων πατρῴων ἔκ τ' ἐπικράνων κόμας
ξανθὰς καθεῖναι, φθέγμα δ' ἀνθρώπου λαβεῖν,
κἀγὼ τέχνην τήνδ' ἣν ἔχω ξενοκτόνον
τιμῶσ' ὑδραίνειν αὐτὸν ὡς θανούμενον,
κλαίουσα. Τοὔναρ δ' ὧδε συμβάλλω τόδε· 55
τέθνηκ' Ὀρέστης, οὗ κατηρξάμην ἐγώ.
Στῦλοι γὰρ οἴκων παῖδές εἰσιν ἄρσενες·
θνῄσκουσι δ' οὓς ἂν χέρνιβες βάλωσ' ἐμαί.
[Οὐδ' αὖ συνάψαι τοὔναρ εἰς φίλους ἔχω·
Στροφίῳ γὰρ οὐκ ἦν παῖς, ὅτ' ὠλλύμην ἐγώ.] 60
Νῦν οὖν ἀδελφῷ βούλομαι δοῦναι χοὰς
ἀποῦσ' ἀπόντι, ταῦτα γὰρ δυναίμεθ' ἄν,

NG. 50-51. Les manuscrits portent μόνος δ' ἐλείφθη (ἐλήφθη, Palatinus) στῦλος ὡς ἔδοξέ μοι, et ἐκ δ' ἐπικράνων. L'indicatif ἐλείφθη ne s'accorde point avec les infinitifs qui suivent. Porson voulait μόνος λελεῖφθαι στῦλος εἷς. J'ai adopté la correction très-facile de Kirchhoff dans le premier de ces vers, et j'ai écrit dans le second ἔκ τ' ἐπικράνων. — 52. Καθεῖναι, correction de Brodæus pour καθεῖμαι. — 54. Ὑδραίνειν, correction de Musgrave pour ὑδραιον ou ὑδραινον. Les altérations de ce vers et du vers 52 sont la conséquence de la leçon fautive du vers 50. — 57. Παῖδές εἰσιν, leçon d'Artémidore, II, 40, de Stobée, Anthol. LXXVII, 3, et d'autres auteurs qui rapportent ce passage. Les manuscrits d'Euripide portent εἰσὶ παῖδες. — 58. Palatinus : ὡς ἄν. — La leçon βάλωσί με a été corrigée par Scaliger. — 59-60. Nauck et Kochly jugent avec raison que ces deux vers ne sont pas d'Euripide. Iphigénie y fait une réflexion étrange. Quand même elle aurait eu plusieurs cousins, la seule colonne subsistante de la maison des Atrides ne pouvait s'appliquer qu'à Oreste, à moins de supposer qu'Oreste fût déjà mort depuis longtemps. De plus φίλους est pris dans un sens extraordinaire. Ce mot doit s'entendre ici de parents éloignés, par opposition au frère d'Iphigénie; tandis que chez les Tragiques il désigne très-souvent les plus proches parents, et particulièrement des frères. Ce sont, sans doute, les vers 920 sq. qui donnèrent l'idée de cette interpolation. — 62. La leçon παροῦσα παντί, d'où Canter avait tiré παροῦσ' ἀπόντι, a été définitivement corrigée par Badham.

52. Φθέγμα δ' ἀνθρώπου. Ici δέ se trouve à la place d'un second τε, parce que le second membre de phrase est considéré comme plus important que le premier. Cf. Méd. 1250 : Φίλοι τ' ἔφυσαν, δυστυχὴς δ' ἐγὼ γυνή.

54. Τιμῶσ(α), colens, cultivant, exerçant religieusement. Eschyle, Agam. 705,

dit τὸ νυμφότιμον μέλος τίοντας de ceux qui chantent l'hyménée. — Ὑδραίνειν, consacrer la victime (cp. κατηρξάμην, v. 56) en répandant sur elle de l'eau lustrale (χέρνιβας, v. 58). Cf. v. 622.

62. Ἀποῦσ' ἀπόντι. Cette tournure, familière aux Grecs, marque que la sœur et le frère sont éloignés l'un de l'autre. Cf.

σὺν προσπόλοισιν, ἃς ἔδωχ' ἡμῖν ἄναξ
Ἑλληνίδας γυναῖκας. Ἀλλ' ἐξ αἰτίας
οὔπω τίνος πάρεισιν; Εἶμ' εἴσω δόμων 65
ἐν οἷσι ναίω τῶνδ' ἀνακτόρων πέλας.

ΟΡΕΣΤΗΣ.

Ὅρα, φυλάσσου μή τις ἐν στίβῳ βροτῶν.

ΠΥΛΑΔΗΣ.

Ὁρῶ, σκοποῦμαι δ' ὄμμα πανταχοῦ στρέφων.

ΟΡΕΣΤΗΣ.

Πυλάδη, δοκεῖ σοι μέλαθρα ταῦτ' εἶναι θεᾶς,
ἔνθ' Ἀργόθεν ναῦν ποντίαν ἐστείλαμεν; 70

ΠΥΛΑΔΗΣ.

Ἔμοιγ', Ὀρέστα· σοὶ δὲ συνδοκεῖν χρεών.

ΟΡΕΣΤΗΣ.

Καὶ βωμὸς, Ἕλλην οὗ καταστάζει φόνος;

ΠΥΛΑΔΗΣ.

Ἐξ αἱμάτων γοῦν ξάνθ' ἔχει θριγκώματα.

NC. 65. Τίνος, rectification de Markland pour τινός. — Εἶμ' εἴσω, correction de Hermann pour εἰς μ' εἴσω, leçon primitive du *Palatinus*. Vulgate : ἐς ἔμ' ἔσω. — 66. Bergk (*Rheinisches Museum*, XVII, p. 583 sqq) a substitué ἀνακτόρων πέλας ἀνακτόρων θεᾶς, faute évidente, laquelle vient du vers 41. Voy. une faute semblable dans les *Suppliantes* d'Eschyle, v. 355 (342 de notre édition). — 67. Nauck écrit, sans nécessité, φύλασσε, d'après une conjecture d'Elmsley. — 70. Badham et Nauck ont tort d'écarter ce vers, duquel on ne peut se passer. Quant à la stichomythie, voy. la note explicative. — 73. Θριγκώματα, correction de Ruhnken pour θριγχώματα (*Palatinus*) ou τριχώματα.

Androm. 738 : Παρὼν δὲ πρὸς παρόντας ἐμφανῶς γαμβροὺς διδάξω καὶ διδάξομαι λόγους. — Ταῦτα γὰρ δυναίμεθ' ἄν. Tout ce que peut faire Iphigénie, c'est de répandre des libations à l'intention d'Oreste. Elle ne peut lui rendre les derniers honneurs, ni déposer une boucle de cheveux sur le tombeau de son frère.

64-65. Ἀλλ' ἐξ αἰτίας.... πάρεισιν; On verra, par le vers 138, qu'Iphigénie a mandé ces jeunes femmes grecques, lesquelles forment le chœur.

67. La forme moyenne φυλάσσου « sois sur tes gardes » diffère par une nuance de la forme active φύλασσε « fais attention »

70. Ἔνθ' ἐστείλαμεν. « Non *ubi ahenimus*, sed *quo tetendimus, ubi appellere consilium fuit.* » [Seidler.] — Les deux amis étaient à une certaine distance l'un de l'autre, en prononçant les vers 67 et 68, qui forment l'introduction de leur dialogue. Maintenant Oreste, s'étant rapproché de Pylade et du temple, adresse un distique (69-70) à son ami ; la conversation continue en monostiques (71-74), et se termine par un distique (75-76). La symétrie du dialogue est donc parfaite, et il n'y avait pas lieu de suspecter le vers 70. [Observations de Kvíčala et de Köchly.]

71. Σοὶ δὲ συνδοκεῖν χρεών. Le sujet de

ΙΦΙΓΕΝΕΙΑ Η ΕΝ ΤΑΥΡΟΙΣ.   453
ΟΡΕΣΤΗΣ.
Θριγκοῖς δ' ὑπ' αὐτοῖς σκῦλ' ὁρᾷς ἠρτημένα;
ΠΥΛΑΔΗΣ.
Τῶν κατθανόντων γ' ἀκροθίνια ξένων.   75
Ἀλλ' ἐγκυκλοῦντ' ὀφθαλμὸν εὖ σκοπεῖν χρεών.
ΟΡΕΣΤΗΣ.
Ὦ Φοῖβε, ποῖ μ' αὖ τήνδ' ἐς ἄρκυν ἤγαγες
χρήσας, ἐπειδὴ πατρὸς αἷμ' ἐτισάμην
μητέρα κατακτάς; Διαδοχαῖς δ' Ἐρινύων
ἠλαυνόμεσθα φυγάδες, ἔξεδροι χθονός,   80
δρόμους τε πολλοὺς ἐξέπλησα καμπίμους·
ἐλθὼν δὲ σ' ἠρώτησα πῶς τροχηλάτου
μανίας ἂν ἔλθοιμ' εἰς τέλος πόνων τ' ἐμῶν
[οὓς ἐξεμόχθουν περιπολῶν καθ' Ἑλλάδα].

NC. 75. L. Dindorf a substitué γ' à τ'. — 76. Reiske a vu le premier que ce vers n'appartenait pas à Oreste, mais à Pylade. — 78. C'est à tort que certains critiques approuvent la conjecture de Markland ἐπεὶ γὰρ πατρός. La leçon ἐπειδὴ πατρός vaut beaucoup mieux. Voy. la note explicative. — 84. Ce vers, inutile ici, et presque identique au vers 1455, a été jugé interpolé par Markland et par d'autres critiques.

συνδοκεῖν est ταῦτα, et non ἐμέ. Pylade dit que la chose est si évidente, qu'Oreste ne saurait être d'un autre avis.

74. Θριγκοῖς δ' ὑπ' αὐτοῖς. Le mot θριγκοῖς doit désigner ici la même chose que θριγκώματα au vers précédent, c'est-à-dire : les bords de l'autel. Cependant les depouilles se suspendaient généralement à l'entrée des temples, au mantelet (θριγκός) du mur. Il est vrai que ces depouilles (σκῦλα) sont ici d'une nature particulière. Schoene a cité un passage d'Ammien Marcellin, qui dit des habitants de la Tauride, II, VIII, 34 : « Dis enim hostiis litantes humanis et immolantes advenas Dianæ, quæ « apud eos dicitur Oreiloche, cæsorum ca- « pita fani parietibus præfigebant, velut formæ tium perpetua monumenta facinorum. »

75. Ἀκροθίνια ξένων ne peut guère désigner que les têtes des étrangers. Ἀκροθίνια tout court pourrait s'entendre de vêtements ou d'armes; mais joint à un génitif, ce mot indique toujours une partie prélevée sur un tout.

77-79. Ὦ Φοῖβε.... κατακτάς; Oreste se plaint qu'en lui imposant le voyage de la Tauride, l'oracle d'Apollon l'ait de nouveau entraîné dans un piège, comme il l'avait fait une autre fois en lui ordonnant de tuer sa mère. Que le parricide ait été consommé sur l'ordre du dieu, Oreste ne le dit pas en propres termes, mais il l'indique assez en plaçant ἐπειδὴ.... ἐτισάμην après αὖ.... χρήσας. Il faut donc bien se garder de rien changer à la forme de cette période (voy. NC.). — Διαδοχαῖς δ' Ἐρινύων équivaut à μεταδρομαῖς Ἐρινύων (v. 941) διαδεχομένων ἀλλήλας, par les Furies qui me poursuivaient alternativement.

82-83. Τροχηλάτου μανίας, d'un égarement sans repos ni trève, faisant tourner comme une roue celui qui en est possédé. On compare Oreste, 36 : Τὸ μητρὸς αἷμά νιν τροχηλατεῖ Μανίαισιν, et Electre, 1252 : Δειναὶ δὲ Κῆρές σ' αἱ κυνώπιδες Θεαὶ Τροχηλατήσουσ' ἐμμανῆ πλανώμενον.

454	ΙΦΙΓΕΝΕΙΑ Η ΕΝ ΤΑΥΡΟΙΣ.

Σὺ δ' εἶπας ἐλθεῖν Ταυρικῆς μ' ὅρους χθονὸς, 85
ἔνθ' Ἄρτεμίς σοι σύγγονος βωμοὺς ἔχει,
λαβεῖν τ' ἄγαλμα θεᾶς, ὅ φασιν οὑνθάδε
εἰς τούσδε ναοὺς οὐρανοῦ πεσεῖν ἄπο·
λαβόντα δ' ἢ τέχναισιν ἢ τύχῃ τινὶ,
κίνδυνον ἐκπλήσαντ', Ἀθηναίων χθονὶ 90
δοῦναι· τὸ δ' ἐνθένδ' οὐδὲν ἐρρήθη πέρα·
καὶ ταῦτα δράσαντ' ἀμπνοὰς ἕξειν πόνων.
Ἥκω δὲ πεισθεὶς σοῖς λόγοισιν ἐνθάδε
ἄγνωστον εἰς γῆν, ἄξενον. Σὲ δ' ἱστορῶ,
Πυλάδη, σὺ γάρ μοι τοῦδε συλλήπτωρ πόνου, 95
τί δρῶμεν; Ἀμφίβληστρα γὰρ τοίχων ὁρᾷς
ὑψηλά· πότερα κλιμάκων προσαμβάσεις
ἐκβησόμεσθα; πῶς ἂν οὖν λάθοιμεν ἄν;
Ἢ χαλκότευκτα κλῇθρα λύσαντες μοχλοῖς,

NC. 86. Kirchhoff a rectifié la leçon σὺ σύγγονος. La vulgate σὴ σύγγονος vient d'une correction introduite dans le *Palatinus*. — 87. Οὑνθάδε, correction de Markland et de Hermann, pour ἐνθάδε. — 91. Brodæus a corrigé la leçon πέρας. — 94. Manuscrits : ἄξεινον. — 97. D'après la leçon des manuscrits : δωμάτων προσαμβάσεις, « les marches par lesquelles on monte au temple », Oreste n'indiquerait qu'un seul moyen d'entrer dans le temple, et la conjonction ἢ au commencement du vers 99 ne s'expliquerait pas. Les critiques ont vainement essayé de transposer, ou d'écarter, ou de corriger le vers 99. Il fallait écrire ici κλιμάκων προσαμβάσεις, locution familière aux Tragiques grecs. — 98. *Palatinus* : πῶς (ἂν ajouté de seconde main) οὖν et, peut-être, λάθοιμεν ἄν; Vulgate : πῶς ἄρ' οὖν μάθοιμεν ἄν;

85. Εἶπας ἐλθεῖν. Voy. la note sur le vers 305 d'*Hecube*.
87. Οὑνθάδε pour οἱ ἐνθάδε.
91. Τὸ ἐνθένδ(ε), « à partir de là, après cela, » est une locution adverbiale, comme τὸ ἐκ τούτων, τὸ πρῶτον, τὸ μέγιστον et beaucoup d'autres. — Ἐρρήθη, a été ordonné. Cf. εἶπας, v. 85.
96. Ἀμφίβληστρα τοίχων, les murs qui entourent le temple.
97-98. Κλιμάκων προσαμβάσεις ἐκβησόμεσθα; « monterons-nous par des échelles sur le haut du mur? » Le verbe ἐκβαίνειν désigne l'ascension accomplie. Eschyle se sert de στείχειν pour peindre un guerrier au moment même de l'ascension, *Sept Chefs*, 466 : Ἀνὴρ ὁπλίτης κλίμακος προσαμβάσει· Στείχει, πρὸς ἐχθρῶν πύργον,

ἐκπέρσαι θέλων. Cp. aussi *Phéniciennes*, v. 100 : Κλίμαχ' ἐκπέρα ποδί. La locution κλιμάκων προσαμβάσεις se retrouve aux vers 489 et 1173 des *Phéniciennes*, et au vers 1213 des *Bacchantes*. Cf. « Tum pia a seportant ascendibilem semitam» (c'est-à-dire : une échelle), vers de Pacuvius, et non de Pomponius, à qui ce fragment est faussement attribué (voy. Lactance, *in Statii Theb.* X, 841, et L. Müller, *De re metrica poëtarum latinorum*).
99. Le second projet aussitôt abandonné que conçu par Oreste, c'est d'enfoncer la porte du temple au moyen d'un levier. Il est vrai que le mot μοχλοί désigne aussi les barres de bois qui servaient de verrous, mais il ne peut être question ici de ces verrous, qui se trouvaient intérieurement.

ΙΦΙΓΕΝΕΙΑ Η ΕΝ ΤΑΥΡΟΙΣ. 455

ὧδ' οὐδὲν ἔσιμεν; ἢν δ' ἀνοίγοντες πύλας 100
ληφθῶμεν εἰσβάσεις τε μηχανώμενοι,
θανούμεθ'. Ἀλλ' ἢ πρὶν θανεῖν, νεὼς ἔπι
φεύγωμεν, ᾗπερ δεῦρ' ἐναυστολήσαμεν;

ΠΥΛΑΔΗΣ.

Φεύγειν μὲν οὐκ ἀνεκτόν, οὐδ' εἰώθαμεν·
τὸν τοῦ θεοῦ δὲ χρησμὸν οὐ κακιστέον. 105
Ναοῦ δ' ἀπαλλαχθέντε κρύψωμεν δέμας
κατ' ἄντρ' ἃ πόντος νοτίδι διακλύζει μέλας,
νεὼς ἄπωθεν, μή τις εἰσιδὼν σκάφος
βασιλεῦσιν εἴπῃ κᾆτα ληφθῶμεν βίᾳ.
Ὅταν δὲ νυκτὸς ὄμμα λυγαίας μόλῃ, 110
τολμητέον τοι ξεστὸν ἐκ ναοῦ λαβεῖν
ἄγαλμα πάσας προσφέροντε μηχανάς·

NC. 100. Les manuscrits portent ὧν οὐδὲν ἴσμεν. L'excellente correction de Badham ὧδ' οὐδὲν ἔσιμεν ne laisse rien à désirer pour le sens. Il est vrai que les Attiques semblent avoir dit ὁδός (forme qui se lit dans l'*OEdipe à Colone* de Sophocle, aux vers 57 et 1590) plutôt que οὐδός. Cependant Lucien, auteur qui se piquait d'écrire le plus pur attique, s'est servi de la forme οὐδός (*De merc. cond.* 4), et la correction de Badham est en quelque sorte autorisée par les manuscrits; tandis que la conjecture de Koehly ὧδ' εἰσίωμεν s'éloigne beaucoup de la leçon traditionnelle. — 102-103. La leçon ἀλλὰ πρὶν θανεῖν.... ἐναυστολήσαμεν est indigne du caractère héroïque d'Oreste. Markland a mis un point d'interrogation à la fin de cette phrase; Hartung a mieux marqué la question en écrivant ἀλλ' ἦ. — 105. Kirchhoff propose οὐκ ἀτιστέον, Rauchenstein οὐ φλαυριστέον. — 111. Les manuscrits portent τολμητέον τοι ou τολμητέον τό. Dindorf écrit τολμητέον νώ-

100-101. Ὧδ(ε), de cette façon, c'est-à-dire après avoir brisé la serrure. Ὧδε et οὕτω servent souvent à résumer une phrase incidente ou principale. — Les mots ἀνοίγοντες πύλας et εἰσβάσεις τε μηχανώμενοι se rapportent aux deux moyens d'entrer dans le temple, et confirment notre correction du vers 97. La conjonction τε peut se traduire par « ou » ici et ailleurs. On trouve même τε.... ἤ.... se répondant comme des corrélatifs.

102-103. Oreste ne propose pas de fuir; il laisse cette question à décider par Pylade, qui a volontairement partagé les travaux de son ami, et qui a plus de raisons que celui-ci de tenir à la vie.

105. Τὸν τοῦ ... κακιστέον, il ne faut pas abandonner par lâcheté (κακία) l'oracle du Dieu. [Matthiœ.] D'autres donnent à οὐ κακιστέον le sens de οὐ φλαυριστέον, « il ne faut pas mépriser. »

108. Νεὼς ἄπωθεν. Le bateau, plus facile à découvrir que deux individus, pourrait trahir leur présence, s'ils se tenaient dans le voisinage : ils se cacheront donc dans un autre endroit.

110. Νυκτὸς ὄμμα λυγαίας. Cette périphrase ne désigne pas, comme on pourrait le croire, la lune, mais la nuit elle-même. C'est ainsi qu'Eschyle dit κελαινῆς νυκτὸς ὄμμα, *Perses*, 426. On remarquera que, dans les deux passages, l'étrangeté de l'expression est corrigée par une épithète qui veut dire « obscure » ou « noire », et qui rappelle que cette locution est en quelque sorte le pendant de ἡμέρας λαμπρᾶς ὄμμα. On sentira encore mieux l'alliance de mots dans le vers 543 des *Phœni-*

ὅρα δ'· ἔνεστι, τριγλύφων ὅπου κενόν,
δέμας καθεῖναι. Τοὺς πόνους γὰρ ἀγαθοὶ
τολμῶσι, δειλοὶ δ' εἰσὶν οὐδὲν οὐδαμοῦ. 115
Οὕτοι μακρὸν μὲν ἤλθομεν κώπῃ πόρον,
ἐκ τερμάτων δὲ νόστον ἀροῦμεν πάλιν.

ΟΡΕΣΤΗΣ.

Ἀλλ' εὖ γὰρ εἶπας, πειστέον· χωρεῖν χρεὼν
ὅποι χθονὸς κρύψαντε λήσομεν δέμας.
Οὐ γάρ τι τοὐμόν γ' αἴτιον γενήσεται 120
πεσεῖν ἄχρηστον θέσφατον· τολμητέον·

NC 113. Le *Palatinus* porte : ὅρα δέ γ' εἴσω τριγλύφων ὅποι κενόν. Variante : ὥρα δέ γ' εἴσω. Blomfield : ὅρα δὲ γεῖσα. Koehly : ῥᾷστον δέ γ' εἴσω. Elmsley : ὅπου. En adoptant cette dernière correction, nous avons substitué δ'· ἔνεστι à δέ γ' εἴσω. Pylade ne doit pas engager Oreste à découvrir un endroit où l'on pourrait s'introduire dans le temple; il est dans son rôle, de chercher lui-même cet endroit et de le montrer à son ami. — 114. Porson a rectifié la leçon ἀγαθοί (ou οἱ ἀγαθοί). — 116-117. C'est avec raison que Hardion (*Hist. de l'Acad. des Insc.* V, p. 117) et Markland ont donné à Pylade ces deux vers, qui sont attribués à Oreste dans les manuscrits et dans beaucoup d'éditions. Bergk veut placer ces vers à la fin du dernier couplet d'Oreste, après le vers 103. — 117. Variante : ἄρωμεν. — 118. Χωρεῖν χρεών, excellente correction de Scaliger pour χωρεῖν νεκρῶν. — 120. On lisait οὐ γὰρ τὸ τοῦ θεοῦ γ' αἴτιον γενήσεται, ce ne sera pas le dieu qui voudra être cause que son oracle tombe (se perde) sans utilité. Pour rendre cette idée, il faudrait plutôt dire : « Le dieu fera en sorte que son oracle s'accomplisse ». Mais cette idée est déplacée. La particule γε et la tournure de cette phrase, ainsi que la suite des idées demandent ce que j'ai mis dans le texte. La leçon θεοῦ est sans doute une glose écrite au-dessus de la première syllabe du mot θέσφατον et substituée à la seconde syllabe de τοὐμόν. — 121. Nauck écrit ἄκραντον θέσφατον, conjecture de Blomfield. Ce changement est rendu inutile par la correction que nous avons introduite dans le vers précédent.

ciennes : Νυκτός τ' ἀφεγγὲς βλέφαρον ἡλίου τε φῶς.

113. Τριγλύφων ὅπου κενόν, là où les triglyphes laissent des intervalles vides. Il faut se figurer ici des triglyphes primitifs, c'est-à-dire des têtes de solives placées sur l'architrave et séparées par des ouvertures. Plus tard, quand la pierre eut remplacé le bois dans la construction des temples, ces ouvertures furent fermées par les métopes. Dans *Oreste*, v. 1371, l'esclave phrygien s'échappe du palais des Atrides κεδρωτὰ παστάδων ὕπερ τέρεμνα Δωρικάς τε τριγλύφους. Cf. C. O. Muller, *Archæologie*, § 52, 3.

116. On peut traduire οὔτοι par « il ne faut pas que », on «al est inadmissible que. »

Cette négation ne porte pas sur ἤλθομεν, mais sur l'ensemble des deux phrases liées par μὲν.... δέ.... Cf. Démosthène, *Pour la couronne*, 179 : Οὐκ εἶπον μὲν ταῦτα, οὐκ ἔγραψα δέ, οὐδ' ἔγραψα μέν, οὐδ' ἐπρέσβευσα δέ, οὐδ' ἐπρέσβευσα μέν, οὐκ ἔπεισα δὲ Θηβαίους, ἀλλ' ἀπὸ τῆς ἀρχῆς διὰ πάντων ἄχρι τῆς τελευτῆς διεξῆλθον.

119. Ὅποι ne se rattache pas à λήσομεν (verbe qui demanderait ὅπου), mais à κρύψαντε. On peut dire κρύπτειν τι εἴς τινα τόπον. Cf. *Cyclope*, 615 : Δαλὸς ἠνθρακωμένος κρύπτεται εἰς σποδιάν. [Seidler.]

120. Οὐ γὰρ ... θέσφατον, « Ce n'est pas moi qui serai cause que l'oracle tombe sans utilité, ait été rendu inutilement. »

ΙΦΙΓΕΝΕΙΑ Η ΕΝ ΤΑΥΡΟΙΣ.

μόχθας γὰρ οὐδεὶς τοῖς νέοις σκῆψιν φέρει.

ΧΟΡΟΣ.

Εὐφαμεῖτ', ὦ
πόντου δισσὰς συγχωρούσας
πέτρας Εὐξείνου ναίοντες.   125
Ὦ παῖ τᾶς Λατοῦς,
Δίκτυνν' οὐρεία,
πρὸς σὰν αὐλὰν, εὐστύλων
ναῶν χρυσήρεις θριγκοὺς,
ὁσίας ὅσιον πόδα παρθένιον   130
κληδούχου δούλα πέμπω,
Ἑλλάδος εὐίππου πύργους
καὶ τείχη χόρτων τ' εὐδένδρων

NC. 123-235. Seidler et Hermann ont vainement essayé de réduire ces chants anapestiques en strophes et antistrophes. — 123-136. Ces vers, autrefois attribués à Iphigénie, ont été rendus au chœur par Tyrwhitt et Musgrave. — 126-127. La leçon de ces vers est douteuse. Si c'étaient des anapestes, il faudrait les considérer comme des tripodies catalectiques, mesure qui ne semble pas pouvoir être mêlée à des tétrapodies et à des dipodies. Veut-on que ce soient des dochmiaques? Ce dernier mètre ne convient qu'à des endroits plus pathétiques. Peut-être : Ὦ παῖ Λατοῦς, ǁ ἁγνὰ Δίκτυνν' οὐρεία. — 130. La leçon πόδα παρθένιον ὅσιον ὁσίας donne un vers inadmissible : dans le paré miaque la longue qui précède la dernière syllabe, et qui avait, dans la récitation, la valeur de deux longues, ne peut jamais être remplacée par deux brèves. Nous avons adopté la transposition indiquée par Seidler : transposition excellente, même abstraction faite du mètre. Heimsœth, *Kritische Studien*, I, p. 176, propose πόδα παρθένιον καθαρὸν καθαρᾶς.

122. Σκῆψιν, un prétexte pour se soustraire au travail imposé.

123. Εὐφαμεῖτ(ε), *favete linguis*. Rien n'est plus connu que cette formule, par laquelle on réclamait le silence pour un acte religieux. On lit déjà dans l'*Iliade*, IX, 171 : Φέρτε δὲ χερσὶν ὕδωρ εὐφημῆσαί τε κέλεσθε, Ὄφρα Διὶ Κρονίωνι ἀρησόμεθ', ἤν κ' ἐλεήσῃ.

124-125. Δισσὰς συγχωρούσας πέτρας. Il faut entendre les Symplégades. Cp. la note sur le vers 2 de *Médée*. — Ναίοντες. Les Tauriens n'habitaient pas les Symplégades; mais comme ces rochers étaient ce qu'il y avait de plus célèbre dans le Pont-Euxin, le poëte les nomme pour désigner cette mer en général : *pars pro toto*.

127. Δίκτυνν(α). Ce nom, qui était primitivement celui d'une espèce de Diane adorée dans l'île de Crète (voy. *Hipp*. 146), est ici généralisé et pris comme synonyme de Ἄρτεμις.

130. Πόδα παρθένιον. Cp. *Phénic*. 838, où Tirésias dit à sa fille : Κλῄζους· τέ μοι φύλασσε παρθένῳ χερί. [Kochly.]

132-136. Les villes fortifiées et les pâturages (χόρτοι) boisés de la Grèce sont opposés à l'état barbare et aux tristes steppes de la Scythie : « Nam procul a « Geticis finibus arbor abest », s'écrie Ovide, *Tristes*, III, xii, 16. — Χόρτων εὐδένδρων dépend de Εὐρώπαν, le génitif tenant poétiquement lieu d'un adjectif. — Ἐξαλλάξασ(α), « ayant quitté, » littéralement : « ayant changé contre un autre séjour ».

458   ΙΦΙΓΕΝΕΙΑ Η ΕΝ ΤΑΥΡΟΙΣ.

ἐξαλλάξασ' Εὐρώπαν,   135
πατρῴων οἴκων ἕδρας.

Ἔμολον· τί νέον; Τίνα φροντίδ' ἔχεις;
τί με πρὸς ναοὺς ἄγαγες ἄγαγες,
ὦ παῖ τοῦ τᾶς Τροίας πύργους
ἐλθόντος κλεινᾷ σὺν κώπᾳ   140
χιλιοναύτᾳ μυριοτευχεῖ
. . Ἀτρειδᾶν τῶν κλεινῶν;

ΙΦΙΓΕΝΕΙΑ.

Ἰὼ δμωαί,
δυσθρηνήτοις ὡς θρήνοις
ἔγκειμαι, τᾶς οὐκ εὐμούσου   145
μολπᾶς βοὰν ἀλύροις ἐλέγοις,
αἰαῖ, κηδείοις οἴκτοις,
αἵ μοι συμβαίνουσ' ἆται,

NC. 135. Beaucoup d'éditeurs ont admis à tort la conjecture de Barnes : Εὐρώταν. Bergk propose εὐρωπὰ νάπη, équivalant à σκοτεινὰ νάπη : cf. v. 626. — 138. Première main du *Palatinus* : ἄγεις ἄγεις. — 140. Bothe : κείνᾳ. L'adjectif κλεινός revient au vers 142. — 141. Μυριοτευχεῖ, correction de Barnes pour μυριοτεύχοις. — 142. La seconde main du *Palatinus* ajoute τῶν avant Ἀτρειδᾶν. Au lieu de ce mauvais supplément Dindorf a proposé γένος, Schoene σπέρμ'. Cette dernière conjecture offre l'avantage de rendre compte du ς final de la leçon μυριοτεύχοις. Kochly pense que la lacune est plus considérable. — 143. Ἰώ, correction de Hermann pour ὦ. — 146. Palatinus : βοάν. Vulgate : βοᾶν. L'un et l'autre n'ont ni sens, ni mesure. Kochly écrit : μουσᾶς μολπαῖς, ἀλύροις ἐλέγοις. — 147. Nauck et Hermann ont corrigé la leçon ἒ ἒ, ἐν κηδείοις οἴκτοισιν.

137. Après avoir salué la déesse, le chœur (ou, pour parler plus exactement, le coryphée) s'adresse à Iphigénie, qui sort dans ce moment de la demeure attenante au temple, où elle s'était rendue après avoir prononcé le prologue.

138. Ἄγαγες veut dire ici : tu m'as fait venir.

140. Κώπᾳ, avec la rame, c'est-à-dire avec les vaisseaux, avec la flotte. Voyez, touchant cette synecdoque, la note sur *Iph. Aul.* 235 : Κέρας δεξιὸν πλάτας. Cp. aussi ci-dessus, v. 10, où la même idée est rendue d'une manière moins lyrique.

145. Ἔγκειμαι, *incumbo*. On compare *Androm.* 91 : Οἷσπερ ἐγκείμεσθ' ἀεὶ θρήνοισι καὶ γόοισι καὶ δακρύμασιν.

146. Βοάν Ce mot est gâté. — Ἀλύροις ἐλέγοις. Les thrènes étaient accompagnés des sons lugubres de la flûte phrygienne. La lyre et la flûte sont nettement opposées dans ce passage d'*Alceste*, v. 446 : Καθ' ἑπτάτονόν τ' ὀρείαν χέλυν ἔν τ' ἀλύροις κλέοντες ὕμνοις. Mais dans les *Phéniciennes*, v. 1028, où il est question du Sphinx, ἄλυρον ἀμφὶ μοῦσαν équivaut à ἄμουσον ἀμφὶ μοῦσαν.

147-148. Οἴκτοις, αἵ μοι συμβαίνουσ' ἆται équivaut à οἴκτοις τῶν ἀτῶν αἵ μοι συμβαίνουσιν. [Elmsley.]

ΙΦΙΓΕΝΕΙΑ Η ΕΝ ΤΑΥΡΟΙΣ.   459

σύγγονον ἀμὸν κατακλαιομένα
ζωᾶς. . .
οἵαν ἰδόμαν ὄψιν ὀνείρων   150
νυκτός, τᾶς ἐξῆλθ' ὄρφνα.
Ὀλόμαν ὀλόμαν·
οὐκ εἴσ' οἴκοι πατρῷοι·
οἴμοι μοι φροῦδος γέννα.
Φεῦ φεῦ τῶν Ἄργει μόχθων.   155
Ἰὼ ἰὼ δαίμων, ὃς τὸν
μοῦνόν με κασίγνητον συλᾷς
Ἅιδᾳ πέμψας, ᾧ τάσδε χοὰς
μέλλω κρατῆρά τε τὸν φθιμένων   160
ὑδραίνειν γαίας ἐν νώτοις,
πηγάς. . . . . . .
. . . τ' οὐρείων ἐκ μόσχων
Βάκχου τ' οἰνηρὰς λοιβὰς
ξουθᾶν τε πόνημα μελισσᾶν,   165

NC. 149. D'autres écrivent κατακλαιομένᾳ. — 149'. Après ζωᾶς Kochly insère ἀπλακόνθ', supplément probable. Elmsley voulait retrancher le mot ζωᾶς. — 152. Heath a corrigé la leçon ὠλόμαν ὠλόμαν. — 154. Hermann a inséré μοι après οἴμοι. — 156-157. Les manuscrits ont Ἰὼ δαῖμον et μόνον. Les rectifications sont dues à Heath. — 158. Manuscrits : ἀΐδᾳ. — 161. Bergk propose ῥαίνειν pour ὑδραίνειν. — 162 163. La lacune que nous avons marquée a été signalée par Köchly. Voici le supplément proposé par ce critique : πηγάς θ' ὑδάτων κρηναίων ‖ γάλα τ' οὐρείων κτλ.

149-150. Ζωᾶς (ἀπ)ακόνθ', voy. NC.) οἵαν ἰδόμαν ὄψιν ὀνείρων, privé de la vie, à en juger par la vision que j'ai eue en rêve. Quant au sens du relatif οἵαν, cp. la note sur *Hipp.* 846 : Μέλεος, οἷον εἶδον ἄλγος δόμων. Ajoutez *ib.* 879 ; *Iph. Aul.* 209.

160. Κρατῆρα τὸν φθιμένων, le cratère des morts, le mélange que boivent les morts. Il faut donner au génitif son sens habituel, et ne pas traduire : le cratère dû aux morts.

162-166. Les libations funèbres sont composées d'eau, de lait, de vin et de miel, comme dans l'*Odyssée*, X, 518 sqq., et dans les *Perses* d'Eschyle, v. 609 sqq. Voici ce dernier passage, dont Euripide s'est évidemment souvenu : Παιδὸς πατρὶ πρευμενεῖς χοὰς φέρουσ', ἅπερ νεκροῖσι μειλικτήρια (cp. ci-dessus v. 166)· Βοός τ' ἀφ' ἁγνῆς λευκὸν εὔποτον γάλα, Τῆς τ' ἀνθεμουργοῦ στάγμα, παμφαὲς μέλι, Λιβάσιν ὑδρηλαῖς παρθένου πηγῆς μέτα, Ἀκήρατόν τε μητρὸς ἀγρίας ἄπο Ποτόν, παλαιᾶς ἀμπέλου γάνος τόδε.

163. Οὐρείων ἐκ μόσχων. Cp. *Hécube*, 205 : Σκύμνον.... οὐριθρέπταν, et *Iph. Aul.* 1082 : Ὀρείαν μόσχον ἀκήρατον. Cette dernière épithète, qui répond à l'expression βοὸς τ' ἀφ' ἁγνῆς dans le passage d'Eschyle, montre qu'il s'agit d'une génisse encore nourrie dans les pâturages de la montagne, où elle vit en liberté et ne porte point le joug.

ἃ νεκροῖς θελκτήρια κεῖται.
Ἀλλ' ἔνδος μοι πάγχρυσον
τεῦχος καὶ λοιβὰν Ἅιδα.
Ὦ κατὰ γαίας Ἀγαμεμνόνιον 170
θάλος, ὡς φθιμένῳ τάδε σοι πέμπω·
δέξαι δ'· οὐ γὰρ πρὸς τύμβον σοι
ξανθὰν χαίταν, οὐ δάκρυ' οἴσω.
Τηλόσε γὰρ δὴ σᾶς ἀπενάσθην 175
πατρίδος καὶ ἐμᾶς, ἔνθα δοκήμασι
κεῖμαι σφαχθεῖσ' ἁ τλάμων.

ΧΟΡΟΣ.

Ἀντιψάλμους ᾠδὰς ὕμνον τ'
Ἀσιήταν σοι βάρβαρον ἀχὰν 180
δέσποινᾳ γ' ἐξαυδάσω,
τὰν ἐν θρήνοισιν μοῦσαν
νέκυσι μελομέναν, τὰν ἐν μολπαῖς
Ἅιδας ὑμνεῖ δίχα παιάνων. 185

NC. 166. Seidler a rectifié la leçon κεῖτ'. Nauck : χεῖται. — 168. Manuscrits : ἄιδα. — 170. Manuscrits : ἀγαμεμνόνειον. — 172. Heath a corrigé la leçon πάρος ‖ τύμβου. — 176. La leçon κεμᾶς, ἔνθα δοκίμα a été corrigée par Porson. — 177. Markland a rectifié la leçon σφαχθεῖσα τλάμων. — 180. Ἀχάν, correction de Nauck pour ἰαχάν. Voy. la note critique sur *Iph. Aul.*, v. 1039. — 181. Telle est la leçon du *Florentinus*. Le *Palatinus* porte de première main δεσποίνᾳ τ' ἐξυδάσω, et de seconde main δέσποιν' ἐξαυδάσω. On pourrait écrire : δέσποιν', ἀντεξαυδάσω. — 182. Les manuscrits portent θρήνοισι (ou θρήνοις). — 183. Νέκυσι μελομέναν, correction de Markland pour νέκυσι μελέον. Schœne et Nauck écrivent νέκυσιν μελέων. — 185. Peut-être : Ἅιδας αἰνεῖ, conjecture de Musgrave.

466. Κεῖται, sont consacrés par l'usage.
168-169. Iphigénie se tourne vers une suivante qui l'accompagne. Après avoir reçu d'elle le vase qui contient les libations, elle les répand, en prononçant les vers suivants.
176. Δοκήμασι, d'après la croyance générale. Voy. la note sur le vers 8. Porson cite le vers 413 des *Troyennes* : Ἀτὰρ τὰ σεμνὰ καὶ δοκήμασιν σοφὰ Οὐδέν τι κρείσσω τῶν τὸ μηδὲν ἦν ἄρα.
179. Ἀντιψάλμους équivaut à ἀντῳδοὺς ou, suivant Hésychius, à ἀντιστρόφους. Il ne faut pas insister sur le sens précis du second élément d'un composé lyrique.

180. Βάρβαρον ἀχάν. Le chœur est composé de jeunes grecques; mais il se trouve dans un pays barbare. D'ailleurs, les chants plaintifs des peuples de l'Asie étaient célèbres dans la Grèce, comme on peut le voir dans les *Perses* d'Eschyle, vv. 937 et 1054, ainsi que dans les *Choephores*, v. 423.
184. Νέκυσι μελομέναν. Markland défend cette correction en citant les vers 1301 sqq. des *Phéniciennes* : Βοᾷ βαρβάρῳ ἰαχὰν στενακτὰν μελομέναν νεκροῖς δάκρυσι θρηνήσω.
185. Δίχα παιάνων. Le joyeux Péan et la plainte funèbre font contraste et s'ex-

ΙΦΙΓΕΝΕΙΑ Η ΕΝ ΤΑΥΡΟΙΣ   461

Οἴμοι, τῶν Ἀτρειδᾶν οἴκων
ἔρρει φῶς σκήπτρων, οἴμοι,
. . πατρῴων οἴκων·
οὐκέτι τῶν εὐόλβων Ἄργει
βασιλέων ἀρχά.   190
Μόχθος δ' ἐκ μόχθων ᾄσσει
. . . .
. . . .
δινευούσαις ἵπποις πταναῖς·
ἀλλάξας δ' ἐξ ἕδρας
ἱερὸν . . . ὄμμ' αὐγᾶς.

NC. 186-202. Ces vers étaient attribués à Iphigénie. Hermann les a rendus au chœur, en invoquant les vers précédents, dans lesquels le chœur annonce un hymne funèbre. — 187. Manuscrits: φόως. — 188. On supplée οἴμοι (Elmsley), oa τῶν σῶν (Köchly) avant πατρῴων. — 189. Les manuscrits portent τίν' ἐκ τῶν. Badham : τίνος ἐκ τῶν. Köchly : οὐκέτι τῶν. — 193. Manuscrits: ἄϊσσει. — 197. La lacune avant ce vers a été signalée par Dindorf et Kirchhoff. — Köchly veut qu'Iphigénie reprenne la parole ici. Il lui semble que le chœur ne doit pas être si bien instruit des malheurs de la maison des Atrides. Mais les Tragiques font leur chœur aussi savant ou aussi ignorant que cela leur plaît; et c'est au vers 203 que le passage d'un rôle à l'autre est sensiblement marqué. — 193. Hermann a rectifié la leçon πτανοῖς. — La vulgate ἐξέδρασ' a été corrigée par Seidler. — 191. Après ἱερόν on peut suppléer καθαρᾶς. Hermann insérait μετέβαλεν. Köchly écrit ἱερᾶν ἅρμ' αὐγᾶν, en invoquant le vers 1001 d'Oreste : "Ἔρις τό τε πτερωτὸν Ἀλίου μετέβαλεν ἅρμα. Mais dans le passage présent la leçon ὄμμα s'accorde parfaitement avec le génitif αὐγᾶς.

cluent mutuellement. Callimaque a bien exprimé cette pensée dans l'*Hymne à Apollon*, v. 20 sq. : Οὐδὲ Θέτις Ἀχιλῆα κινύρεται αἴλινα μήτηρ, Ὁππότ' ἰὴ παιῆον, ἰὴ παιῆον ἀκούσῃ.
187. Φῶς σκήπτρων, « l'éclat du sceptre, » périphrase pour σκῆπτρα. Le mot φῶς désigne tout ce qui contribue à conserver la vie, ou à la rendre brillante et joyeuse. Cf. *Danaé*, fr. X, 7 : Παίδων νεογνῶν ἐν δόμοις ὁρᾶν φάος.
192. Δινευούσαις ἵπποις πταναῖς. Ces mots, qu'il faut entendre des coursiers ailés de Pélops (cf. v. 2), formaient la fin d'une phrase aujourd'hui mutilée, et dans laquelle le meurtre de Myrtile était sans doute indiqué comme le premier anneau de cette longue chaîne de malheurs (μόχθος δ' ἐκ μόχθων ᾄσσει, v. 191), dont la maison des Pélopides fut affligée. Cp. Sophocle, *El.* 504 sqq., et surtout Euripide, *Or.* 988 : Ποτανὸν μὲν δίωγμα πώλων τεθριπποβάμονι στόλῳ Πέλοψ ὅτε πελάγεσι διεδίφρευσε, Μυρτίλου φόνον δικὼν ἐς οἶδμα πόντου. — Ceux qui rattachent les mots δινευούσαις... πταναῖς aux mots suivants et qui les rapportent aux coursiers du Soleil prêtent à Euripide une faute de style. Un détail accessoire ne devait pas être développé si longuement, ni surtout être mis en tête de la phrase.
193-196. Ἀλλάξας.... ὀδύνα. « Le soleil quitta sa station céleste et détourna ailleurs son regard pur et lumineux, quand les malheurs attachés à l'agneau d'or envahirent la maison de Pélops. » Ἀλλάξας ἐξ ἕδρας. Cf. *El.* 739 : Στρέψαι θερμὰν ἀέλιον χρυσωπὸν ἕδραν ἀμείψαντα. Quant au bélier merveilleux et aux querelles d'Atrée et de Thyeste, voy. *Or.* 812 sqq. et 995 sqq.

ἅλιος ἄλλα προσέβαλεν, ὅτ' ἔβα
χρυσέας ἀρνὸς μελάθροις ὀδύνα,
φόνος ἐπὶ φόνῳ, ἄχεά τ' ἄχεσιν·
ἔνθεν τῶν πρόσθεν δμαθέντων
Τανταλιδᾶν ἐκβαίνει ποινά τ'
εἰς οἴκους, σπεύδει τ' ἀσπούδαστ'
ἐπὶ σοὶ δαίμων.

ΙΦΙΓΕΝΕΙΑ.

Ἐξ ἀρχᾶς μοι δυσδαίμων
δαίμων τᾶς ματρὸς ζώνας
καὶ νυκτὸς κείνας· ἐξ ἀρχᾶς
λόχιαι στερρὰν παιδείαν
Μοῖραι συντείνουσιν θεαί,
ἂν πρωτόγονον θάλος ἐν θαλάμοις

195

200

205

NC. 195. Les manuscrits portent : ἅλιος· ἄλλοις δ' ἄλλα προσέβα. La conjecture de Seidler ἄλλαις n'éclaircit pas ce passage. Nous avons adopté l'ingénieuse correction de Kochly. Ἄλλοις provient sans doute de la répétition de ἅλιος, et l'on comprend facilement que, pour προσέβαλεν ὅτ' ἔβα, un copiste ait pu mettre προσέβα. — 197. Barnes a inséré τ' avant ἄχεσιν — 200-202. Les manuscrits portent ποινά γ' et σπεύδει δ'. Nous avons adopté la correction d'Elmsley. Hartung écrit ποίναμ'. Peut-être : Τανταλιδᾶν οἴκοις ἐκβαίνει ‖ ποινά· σπεύδει ‖ δ' ἀσπούδαστ' ἐπὶ σοὶ δαίμων. — 206. Manuscrits : λοχείαν. Elmsley : λοχίαν. Hermann : λόχιαι. — 207. Après ce vers on lit dans les manuscrits le vers 223 de cette édition.

197. Φόνος ἐπὶ φόνῳ, ἄχεά τ' ἄχεσιν. Ces mots, qui forment une apposition poétique à ὀδύνα, ne peuvent recevoir de meilleur commentaire que les vers 816 sqq. d'*Oreste* : "Ὅθεν δώματος οὐ προλείπει φόνῳ φόνος ἐξαμείβων δισσοῖσιν Ἀτρείδαις. — Quant à la tournure de la phrase, cp. *Hélène*, 364 : Ἀχεά τ' ἄχεσι, δάκρυα δάκρυσιν.

201. Σπεύδει δ' ἀσπούδαστ(α), et il inflige des malheurs. Le mot ἀσπούδαστα, « ce qu'on ne recherche pas avec empressement », est choisi à cause du verbe σπεύδειν. L'antithèse est plus réelle au vers 913 des *Bacchantes*, où Bacchus dit qu'il recherche ce qu'on ne doit pas rechercher, σπεύδοντά τ' ἀσπούδαστα.

203-207. Reprenant et confirmant les dernières paroles du chœur, Iphigénie dit: « Depuis le commencement il a été fatal pour moi, le Génie qui présidait à l'hymen de ma mère et à la nuit où s'accomplit cet hymen ; depuis le commencement les Parques, qui présidaient à ma naissance (λόχιαι), m'astreignirent à une dure éducation, c'est-à-dire : me destinèrent à grandir au milieu de dures souffrances. » Iphigénie va indiquer dans les vers suivants, pourquoi elle date ses malheurs de si loin : l'impudent vœu de son père (cf. v. 20 sq.) l'avait vouée à la mort dès avant sa naissance. — Il en est de l'être désigné par δαίμων τᾶς ματρὸς ζώνας καὶ νυκτὸς κείνας comme des λόχιαι Μοῖραι. Toute heure décisive, dans laquelle se préparait une destinée, avait son démon ou génie; l'heure de la naissance d'un homme appartenait plus particulièrement aux Parques, Μοῖραι. — Ζώνας, « nuptiarum, quibus vesperi sponsus virgini zonam solvit. » [Brodæus.] — Συντείνουσι. Ce verbe, que quelques critiques ont voulu changer, est amené par

Λήδας ἁ τλάμων κούρα 210
σφάγιον πατρῴα λώβᾳ
καὶ θῦμ᾽ οὐκ εὐγάθητον
ἔτεκεν, ἔτρεφεν, εὐκταίαν ἂν
ἱππείοις ἐν δίφροισιν
ψαμάθων Αὐλίδος ἐπέβασαν 215
νύμφαν, οἴμοι, δύσνυμφον
τῷ τᾶς Νηρέως κούρας, αἰαῖ.
Νῦν δ᾽ Ἀξείνου πόντου ξείνα
συγχόρτους οἴκους ναίω
ἄγαμος ἄτεκνος, ἄπολις ἄφιλος, 220
ἁ μναστευθεῖσ᾽ ἐξ Ἑλλάνων,
οὐ τὰν Ἄργει μέλπουσ᾽ Ἥραν
οὐδ᾽ ἱστοῖς ἐν καλλιφθόγγοις
κερκίδι Παλλάδος Ἀτθίδος εἰκὼ
καὶ Τιτάνων ποικίλλουσ᾽, ἀλλ᾽

NC. 213. Afin de rétablir à la fois le sens et la mesure, j'ai inséré, de l'avis de Kirchhoff, ἂν après εὐκταίαν. Ceux qui écrivent, au vers 215, ἐπιβᾶσαν, conjecture de Canter, laissent le mètre en souffrance, en admettant ici une tripodie anapestique. — 214. Manuscrits : ἱππείοισιν. — 216. Νύμφαν, correction de Scaliger pour νύμφαιον. Peut-être νύμφευμ᾽. — 219. Συγχόρτους, mot dont Euripide s'est servi dans *Andromaque*, v. 17, et ailleurs, a été substitué par Bergk et Köchly à la leçon inintelligible δυσχόρτους. — 221. Ce vers, que les manuscrits placent après le vers 207, a été transposé ici, de l'avis de Scaliger. — 223. Badham : ἱστοῖσιν καλλιφθόγγῳ. — 224. Καὶ a été inséré par Tyrwhitt.

l'adjectif στερράν. Les Parques ont en quelque sorte resserré la trame, afin de la rendre dure. On pourrait dire, pour marquer l'idée opposée, χαλᾶν μαλακὸν βίον.

211. Πατρῴᾳ λώβᾳ. Par l'aveuglement qui fit prononcer à Agamemnon le vœu rappelé dans la note précédente.

212. Θῦμ᾽ οὐκ εὐγάθητον, un sacrifice non réjouissant, c'est-à-dire : triste, horrible.

213. Εὐκταίαν, *votivam*, vouée à la mort.

215. Ψαμάθων Αὐλίδος ἐπέβασαν. On compare Homère *Od.* VII, 223 : Ὅς κ᾽ ἐμὲ τὸν δύστηνον ἐμῆς ἐπιβήσετε πάτρης.

218. Ἀξείνου πόντου. On sait que tel était l'ancien nom de cette mer inhospitalière, quand les premiers marins grecs s'y

aventurèrent. Cf. Pindare, *Pyth.* IV, 203 : Σὺν Νότου δ᾽ αὔραις ἐπ᾽ Ἀξείνου στόμα πεμπόμενοι.

222-224'. Après avoir dit un mot de Junon, la déesse d'Argos, ce qui convient au personnage d'Iphigénie, le poete s'arrête plus longtemps sur le *Péplos* de Minerve, ce qui plaît à son public athénien. Quant à ce voile, tissé par les femmes d'Athènes et orné de la représentation des combats de Minerve et des autres dieux de l'Olympe contre les Titans, voy. *Hécube*, 466 sqq. avec la note.

223. Ἱστοῖς ἐν καλλιφθόγγοις. En parcourant la trame, la navette fait retentir le métier, et cette musique ne déplait pas aux jeunes ouvrières. Cf. Virgile, *Géorg.* I, 294 : « Arguto conjunx percurrit pectine « telas. »

αίμόρραντον δυσφόρμιγγα
ξείνων αίμάσσουσ' άταν [βωμούς],
οίκτράν τ' αίαζόντων αὐδάν,
οίκτρόν τ' ἐκβαλλόντων δάκρυον. —
Καὶ νῦν κείνων μέν μοι λάθα,
τὸν δ' Ἄργει δμαθέντα κλαίω
σύγγονον, ὃν ἔλιπον ἐπιμαστίδιον
ἔτι βρέφος, ἔτι νέον, ἔτι θάλος
ἐν χερσὶν ματρὸς πρὸς στέρνοις τ'
Ἄργει σκηπτοῦχον Ὀρέσταν.

ΧΟΡΟΣ.

Καὶ μὴν ὅδ' ἀκτὰς ἐκλιπὼν θαλασσίους
βουφορβὸς ἥκει, σημανῶν τί σοι νέον.

ΒΟΥΚΟΛΟΣ.

Ἀγαμέμνονός τε καὶ Κλυταιμνήστρας τέκνον,
ἄκουε καινῶν ἐξ ἐμοῦ κηρυγμάτων.

ΙΦΙΓΕΝΕΙΑ.

Τί δ' ἔστι τοῦ παρόντος ἐκπλῆσσον λόγου;

ΒΟΥΚΟΛΟΣ.

Ἥκουσιν εἰς γῆν, κυανέαν Συμπληγάδα
πλάτῃ φυγόντες, δίπτυχοι νεανίαι,
θεᾷ φίλον πρόσφαγμα καὶ θυτήριον

NC. 225. Canter a rectifié la leçon αἱμορράντων. — 226. Nous croyons avec Matthiæ, que le mot βωμούς, qui excède la mesure du vers, est une glose. Dindorf écrit αἱμοῦσ' ἄταν βωμούς. Kœchly : τέγγουσ' ἄταν βωμοῖς. — 227-228. Αὐδὰν, οἰκτρόν τ', excellente correction de Tyrwhitt pour οὐδ' ἄναικτρόν τ'. — 230. Peut-être : δμαθέντ' ἀγκλαίω. On pourrait aussi écrire : δμαθέντ' ἀμὸν || κλαίω σύγγονον ||, en mesurant ὃν ἔλιπον.... ἔτι θάλος comme un tétramètre trochaïque. — 234. Hermann a rectifié la leçon στέρνοισί τ'. — 239. La leçon ἀγαμέμνονος· παῖ καὶ, qu'on défend en vain par des passages dissemblables, a été corrigée par Reiske. Cf. Andr om. 884 : Ἀγαμέμνονός τε καὶ Κλυταιμνήστρας τόκος. — 240. Markland voulait μόγου pour λόγου. Kœchly écrit γόου.

225. Δυσφόρμιγγα équivaut à ἄλυρον, affreux et accompagné de cris (v. 227), qui ne s'allient point aux joyeux sons de la lyre.

226. Αἱμάσσουσ' ἄταν. Markland rappelle le vers 964 d'*Oreste* : Τιθεῖσα λευκὸν ὄνυχα διὰ παρῃδῶν, αἱματηρὸν ἄταν.

235. Σκηπτοῦχον, prince destiné à porter le sceptre.

240. Τί δ' ἔστι.... ἐκπλῆσσον équivaut à τί δ' ἐξίστησι καὶ ἐκβάλλει; — Τοῦ παρόντος λόγου, de ce que je dis, de ce qui occupe ma pensée dans ce moment. On sait que le mot λόγος a un sens très-général.

243-244. Θεᾷ.... Ἀρτέμιδι. Construisez· Πρόσφαγμα καὶ θυτήριον φίλον θεᾷ Ἀρτέμιδι. — Θυτήριον veut évidemment dire

ΙΦΙΓΕΝΕΙΑ Η ΕΝ ΤΑΥΡΟΙΣ. 465

Ἀρτέμιδι. Χέρνιβας δὲ καὶ κατάργματα
οὐκ ἂν φθάνοις ἂν εὐτρεπῆ ποιουμένη.   245

ΙΦΙΓΕΝΕΙΑ.

Ποδαποί; τίνες; τί δ' ὄνομ' ἔχουσιν οἱ ξένοι;

ΒΟΥΚΟΛΟΣ.

Ἕλληνες· ἓν τοῦτ' οἶδα κοὐ περαιτέρω.

ΙΦΙΓΕΝΕΙΑ.

Οὐδ' ὄνομ' ἀκούσας οἶσθα τῶν ξένων φράσαι,

ΒΟΥΚΟΛΟΣ.

Πυλάδης ἐκλῄζεθ' ἅτερος πρὸς θατέρου.

ΙΦΙΓΕΝΕΙΑ.

Τοῦ ξυζύγου δὲ τοῦ ξένου τί τοὔνομ' ἦν;   250

ΒΟΥΚΟΛΟΣ.

Οὐδεὶς τόδ' οἶδεν· οὐ γὰρ εἰσηκούσαμεν.

ΙΦΙΓΕΝΕΙΑ.

Πῶς δ' εἴδετ' αὐτοὺς καὶ τυχόντες εἵλετε;

NC. 246. Les manuscrits portent : ποδαποί; τίνος γῆς ὄνομ'. Les conjectures τίνος γῆς νόμον (Nauck) et τίνος γῆς σχῆμ'. (Köchly) sont insuffisantes. La réponse du berger prouve qu'Iphigénie avait demandé plusieurs choses à la fois. J'ai donc écrit : τινες; τί δ' ὄνομ'. Maintenant ce vers s'accorde avec le vers suivant, et la répétition du mot ὄνομα au vers 248 se justifie. La leçon τίνος γῆς provient sans doute d'une glose explicative de ποδαποί; — 252. Plusieurs critiques (Musgrave, Elmsley, Badham, Köchly) proposent, ou écrivent, ποῦ pour πῶς. Au premier abord cette conjecture peut sembler évidente à cause de la réponse du berger. Cependant elle est erronée. Au vers 286 Iphigénie ramènera le berger à la première question qu'elle avait faite ici, et à laquelle il n'a pas encore répondu. — Reiske et d'autres demandent κἀντυχόντες.

ici « sacrifice. » Le sens d' « autel » que ce mot a dans le poëme d'Aratus, v. 440, est plus conforme à la signification habituelle de la terminaison -τήριον.

245. Οὐκ ἂν φθάνοις.... ποιουμένη, prépare les promptement. La négation semble inutile : elle s'explique par la tournure interrogative que ces phrases affectaient primitivement. C'est ainsi que οὐκοῦν a fini par prendre le sens de « donc ». — Quant à la répétition de la particule ἄν, voy. les notes sur *Méd.* 166 et sur *Hec.* 742.

246. Iphigénie fait beaucoup de questions à la fois. C'est qu'il lui tarde de savoir qui sont ces étrangers, par lesquels elle espère avoir des nouvelles de sa patrie et de sa famille.

251. Le spectateur s'attend à entendre prononcer le nom d'Oreste. Mais le poëte trompe agréablement cette attente : la reconnaissance du frère et de la sœur eût été prématurée.

252. Τυχόντες, sous-entendu αὐτῶν, « ayant eu la bonne chance de les trouver, » diffère par une légère nuance de ἐντυχόντες (αὐτοῖς), « les ayant rencontrés. » Cf. Sophocle, *OEd. Roi,* 1039 : Ἡ γὰρ παρ' ἄλλου μ' ἔλαβες οὐδ' αὐτὸς τυχών;

30

ΒΟΥΚΟΛΟΣ.
Ἄκραις ἐπὶ ῥηγμῖσιν ἀξένου πόρου
ΙΦΙΓΕΝΕΙΑ.
Καὶ τίς θαλάσσης βουκόλοις κοινωνία;
ΒΟΥΚΟΛΟΣ.
βοῦς ἤλθομεν νίψοντες ἐναλίᾳ δρόσῳ.   255
ΙΦΙΓΕΝΕΙΑ.
Ἐκεῖσε δὴ ʼπάνελθε, πῶς νιν εἵλετε
τρόπῳ θ᾽ ὁποίῳ· τοῦτο γὰρ μαθεῖν θέλω.
Χρόνιοι γὰρ ἥκουσ᾽ οἶδ᾽ ἐπεὶ βωμὸς θεᾶς
Ἑλληνικαῖσιν ἐξεφοινίχθη ῥοαῖς.
ΒΟΥΚΟΛΟΣ.
Ἐπεὶ τὸν εἰσρέοντα διὰ Συμπληγάδων   260
βοῦς ὑλοφορβοὺς πόντον εἰσεβάλλομεν,
ἦν τις διαρρὼξ κυμάτων πολλῷ σάλῳ

NC. 253. Manuscrits d'Euripide : ἀκταῖσιν ἐπὶ ῥηγμῖσιν ἀξένου. Plutarque, *De exitio*, p. 602 : ἄκραις ἐπὶ ῥηγμῖσιν εὐξείνου — J'ai effacé le point qu'on mettait après πόρου. — 256. Ici encore Badham et Küchly écrivent ποῦ pour πῶς. Mais comment Iphigénie demanderait-elle ce qu'on lui a déjà dit? — 258. Seidler a corrigé la leçon ἥκουσιν, οὐδέπω. — 259. Nauck propose ἐξεφοινίχθη φοναῖς. — 261. L'ancienne vulgate ὑλοφορβοί vient de l'édition Aldine.

253. Iphigénie a demandé au berger comment ils ont trouvé et saisi les étrangers. Le berger va faire le récit de cette capture. Mais, au premier mot qu'il dit, Iphigénie l'interrompt par une autre question ; ce qui la forcera de répéter sa première question au vers 256. On voit qu'il ne faut pas mettre de ponctuation à la fin du vers 253, et qu'il faut bien se garder de changer πῶς en ποῦ au vers précédent. — Ἀξένου Voy. la note sur le vers 218. — Πόρου. La mer est ainsi appelée, parce qu'elle sert de chemin aux vaisseaux. Cp. la locution homérique ὑγρὰ κέλευθα, *Il*. I, 312 et *passim*.

256-257. Πῶς.... τρόπῳ θ᾽ ὁποίῳ. Cette abondance d'expression est d'autant plus naturelle, qu'Iphigénie insiste sur une question qu'elle a déjà faite au vers 252. Seidler cite *El*, v. 772 : Ποίῳ τρόπῳ δὲ καὶ τίνι ῥυθμῷ φόνου.

258. Χρόνιοι ... ἐπεί, car ils viennent longtemps après que..., c'est-à-dire : car ils viennent après un long intervalle, et il y a longtemps depuis que.... Quant à ἐπεὶ dans le sens de « depuis que », cp. *Med.* 26 ; Eschyle, *Agam.* 40 : Δέκατον μὲν ἔτος τόδ᾽ ἐπεὶ Πριάμῳ.... Sophocle, *Antig*. 15 : Ἐπεὶ δὲ φροῦδός ἐστιν Ἀργείων στρατός..., οὐδὲν οἶδ᾽ ὑπέρτερον.

261. Ὑλοφορβούς, qui ont l'habitude de paître dans la forêt, sur les montagnes. Cette épithète fait antithèse à πόντον. L'idée de cette antithèse est déjà indiquée au vers 254. Voici d'ailleurs quelques passages cités par Markland et par Musgrave. Homère, *Il*. V, 162 : Πόρτιος ἠὲ βοὸς ξυλόχον κάτα βοσκομενάων. Hésiode, *OEuvres et Jours*, 589 : Βοὸς ὑλοφάγου κρέας. Varron, *De re rust*. II, v, 11 : *Pascuntur armenta commodissime in nemoribus, ubi virgulta et frons multa*. — Πόντον εἰσεβάλλομεν, nous avions fait entrer dans la mer. Cf. *Électre*, 79 : Βοῦς εἰς ἀρούρας ἐμβαλών.

262. Ἦν τις. Cette manière de continuer un récit commencé par ἐπεὶ et repris

κοιλωπὸς ἀγμὸς, πορφυρευτικαὶ στέγαι.
Ἐνταῦθα δισσοὺς εἶδέ τις νεανίας
βουφορβὸς ἡμῶν, κἀνεχώρησεν πάλιν   265
ἄκροισι δακτύλοισι πορθμεύων ἴχνος.
Ἔλεξε δ'· Οὐχ ὁρᾶτε; δαίμονές τινες
θάσσουσιν οἵδε. Θεοσεβὴς δ' ἡμῶν τις ὢν
ἀνέσχε χεῖρε καὶ προσεύξατ' εἰσιδών·
Ὦ ποντίας παῖ Λευκοθέας, νεῶν φύλαξ,   270
δέσποτα Παλαῖμον, ἵλεως ἡμῖν γενοῦ,
εἴτ' οὖν ἐπ' ἀκταῖς θάσσετον Διοσκόρω,
ἢ Νηρέως ἀγάλμαθ', ὃς τὸν εὐγενῆ
ἔτικτε πεντήκοντα Νηρήδων χορόν.
Ἄλλος δέ τις μάταιος, ἀνομίᾳ θρασὺς,   275
ἐγέλασεν εὐχαῖς, ναυτίλους δ' ἐφθαρμένους

NC. 263. *Palatinus* : ἁρμός. Aldine : ἁρμός. — 265. La leçon κἀπεχώρησεν a été corrigée par Blomfield. — 269. Χεῖρε, correction de Markland pour χεῖρα.

plus bas au moyen de ἐνταῦθα, nous paraît négligée. Je ne pense cependant pas, quoi qu'on en ait dit, que le poète ait voulu reproduire ici le langage familier d'un homme du peuple ; le style des écrivains anciens est plein de ces agréables négligences de la langue parlée. Cf. *Hipp.* 1198 sqq. : Ἐπεὶ δ' ἔρημον χῶρον εἰσεβάλλομεν, Ἀκτή τίς ἐστι..., ἔνθεν τις ἠχώ....

263. Πορφυρευτικαὶ στέγαι, lieux où se tiennent les pêcheurs de coquillages à pourpre (οἱ πορφυρεῖς ou οἱ πορφυρευταί), en attendant que leurs filets se remplissent.

266. Πορθμεύων ἴχνος. Rien n'est plus familier aux poètes grecs que ce trope emprunté à la marine. Cf. 936 : Ἐπόρθμευσας πόδα. 1435 : Ποῖ διωγμὸν τόνδε πορθμεύεις ; *Iph. Aul.* 6 : Ἀστὴρ ὅδε πορθμεύει.

271. Παλαῖμον. Mélicerte-Palémon, fils d'Ino-Leucothéa. Voy. Ovide, *Metam.* IV, 416 sqq. Dans la première supposition qu'il fait, le berger ne trouve de nom propre que pour l'un des deux inconnus.

272. Après Διοσκόρω, suppléez ἵλεω γενέσθον.

274. Νηρέως ἀγάλμα(τα), *Nerei deliciæ*. Enfants d'une Néréide, et petits-fils

qui font la joie et l'orgueil de Nérée. On compare *Suppl.* 371 : Ματέρος ἄγαλμα, et Sophocle, *Antig.* 185 : Καδμείας νύμφας ἄγαλμα (Bacchus). — Dans la quatrième *Pythique* de Pindare, v. 87 sqq., quand Jason paraît sur la place publique d'Iolcos, les gens du peuple le prennent aussi pour un dieu, et font à ce sujet plusieurs hypothèses, absolument comme les bergers d'Euripide.

275. Ἀνομίᾳ θρασύς, homme que le mépris des traditions religieuses avait rendu audacieux. Ces mots sont opposés à θεοσεβής, v. 268, et ἄνομος est souvent synonyme de ἄθεος. Le chœur des *Bacchantes*, v. 995, appelle Penthée τὸν ἄθεον ἄνομον ἄδικον Ἐχίονος τόκον γηγενῆ, et en parlant des entreprises de ce prince incrédule, il se sert des expressions παρανόμῳ τ' ὀργᾷ (v. 997) et ἀνόμου τ' ἀφροσύνας (v. 387). C'est que les croyances traditionnelles (πάτριοι παραδοχαί, *Bacch.* 201) étaient une partie considérable des νόμοι. Ici l'esprit fort qui ne veut pas croire à une théophanie, finit par avoir raison.

276. Ἐγέλασεν εὐχαῖς équivaut à ἐγέλασεν ἐπ' εὐχαῖς. Cf. Aristophane *Nuées*, 560 : Ὅστις οὖν τούτοισι γελᾷ, τοῖς ἐμοῖς μὴ χαιρέτω.

ΙΦΙΓΕΝΕΙΑ Η ΕΝ ΤΑΥΡΟΙΣ.

Θάσσειν φάραγγ' ἔφασκε τοῦ νόμου φόβῳ,
κλύοντας ὡς θύοιμεν ἐνθάδε ξένους.
Ἔδοξε δ' ἡμῶν εὖ λέγειν τοῖς πλείοσιν,
θηρᾶν τε τῇ θεῷ σφάγια τἀπιχώρια. 280
Κἂν τῷδε πέτραν ἅτερος λιπὼν ξένοιν
ἔστη κάρα τε διετίναξ' ἄνω κάτω
κἀπεστέναξεν ὠλένας τρέμων ἄκρας,
μανίαις ἀλαίνων, καὶ βοᾷ κυναγὸς ὥς·
Πυλάδη, δέδορκας τήνδε ; Τήνδε δ' οὐχ ὁρᾷς 285
Ἅιδου δράκαιναν, ὥς με βούλεται κτανεῖν
δειναῖς ἐχίδναις εἰς ἔμ' ἐστομωμένη;
Ἡ δ' ἐκ χιτώνων πῦρ πνέουσα καὶ φόνον
πτεροῖς ἐρέσσει, μητέρ' ἀγκάλαις ἐμὴν
ἔχουσα, περὶ τὸν ὄχθον, ὡς ἐπεμβάλῃ. 290

NC. 281. *Palatinus* : πέτροις. Ensuite Brodæus a corrigé la leçon ξένην. — 284. Hermann : βοᾷ· κυναγὸν ὥς. — 285. De toutes les conjectures mises en avant, celle de Kirchhoff, ἡ δ' ἐκ τρίτων αὖ, est seule digne d'être citée. La vraie correction reste à trouver. — 289. Les mots μητέρ' ἀγκάλαις ἐμὴν ἔχουσα sont cités par Plutarque, *adversus Colotem*, p. 1123. — 290. Περὶ τὸν ὄχθον, conjecture de Hirzel, adoptée par Köchly. Les manuscrits portent πέτρινον ὄχθον.

277. Θάσσειν φάραγγ(α). Les poetes emploient transitivement les verbes θάσσειν, καθίζειν, ἧσθαι et d'autres. Cp. *Or*, 871 : Ὄχλον θάσσοντ' ἄκραν, et 956 : Ὁ Πύθιος τρίποδα καθίζων Φοίβος. Eschyle, *Agam.* 183 : Δαιμόνων σέλμα σεμνὸν ἡμένων.

280. Θηρᾶν. « Intellige ἔδοξεν ex versu « antecedente, in quo significat *visus est*, « hic *visum est.* » [Seidler]

284. Κυναγὸς ὥς. Comme un chasseur, à l'aspect d'une bête féroce, crie pour avertir ses compagnons de chasse. Il est vrai que les Furies sont souvent représentées comme des chasseresses qui poursuivent leur proie. Cependant la comparaison que présente ici le texte peut se justifier. Après avoir poussé ces cris, Oreste s'élance à la poursuite des prétendues Furies et essayera de les blesser.

287. Δειναῖς.... ἐστομωμένη, tournant contre moi les terribles vipères dont elle est armée. Στόμα désigne le tranchant (*acies*) d'une épée et le front d'un bataillon. Kœchly cite fort à propos ce passage d'Élien, *Tactique*, XIII, 2 : Τοῦτο γὰρ τὸ ζυγὸν (le premier rang) ξυνέχει τὴν πᾶσαν φάλαγγα καὶ τὸ ἴσον παρέχει αὐτῇ ἐν ταῖς μάχαις, ὅ τι περ τὸ στόμωμα τῷ σιδήρῳ ὁποῖον γὰρ ἂν ᾖ τοῦτο, ἐν ᾧ ἡ τομὴ τοῦ σιδήρου, οὕτω καὶ ὁ πᾶς σίδηρος τὸ αὐτὸ (lisez : τὸ αὐτοῦ) ἐργάζεται. En se retirant du pays des Parthes, Marc-Antoine disposa son armée en carré, de manière à ce qu'elle offrît de tous les côtés un front capable de faire face à l'ennemi : c'est ce que Plutarque appelle πολλοῖς ἀκοντισταῖς καὶ σφενδονήταις οὐ μόνον τὴν οὐραγίαν ἀλλὰ καὶ τὰς πλευρὰς ἑκατέρας στομῶσας (*Vie d' Antoine*, XLII).

288. Ἐκ χιτώνων. Ces mots sont altérés.

289-290. Πτεροῖς.... ἐπεμβάλῃ, elle (la troisième Furie) dirige son vol autour de la falaise, portant ma mère dans ses bras, afin de la jeter sur moi. — Πτεροῖς ἐρέσσει. Cf. Virgile, *Én.* I, 300 : « Volat « ille per aera magnum Remigio alarum. » Si Eschyle ne donne pas d'ailes à ses Euménides (voy. *Eum.* 51), c'est que le

ΙΦΙΓΕΝΕΙΑ Η ΕΝ ΤΑΥΡΟΙΣ.   469

Οἴμοι, κτενεῖ με· ποῖ φύγω; — Παρῆν δ' ὁρᾶν
οὐ ταῦτα μορφῆς σχήματ', ἀλλ' ἠλλάσσετο
φθογγάς τε μόσχων καὶ κυνῶν ὑλάγματα,
ἃ φασ' Ἐρινῦς ἱέναι μυκήματα.
Ἡμεῖς δὲ συσταλέντες, ὡς θανούμενοι,   295
σιγῇ καθήμεθ'· ὁ δὲ χερὶ σπάσας ξίφος,
μόσχους ὀρούσας εἰς μέσας λέων ὅπως,
παίει σιδήρῳ, λαγόνας εἰς πλευρὰς θ' ἱείς,
δοκῶν Ἐρινῦς θεὰς ἀμύνεσθαι τάδε,
ὥσθ' αἱματηρὸν πέλαγος ἐξανθεῖν ἁλός.   300
Κἂν τῷδε πᾶς τις, ὡς ὁρᾷ βουφόρβια
πίπτοντα καὶ πορθούμεν', ἐξωπλίζετο,
κόχλους τε φυσῶν συλλέγων τ' ἐγχωρίους·
πρὸς εὐτραφεῖς γὰρ καὶ νεανίας ξένους
φαύλους μάχεσθαι βουκόλους ἡγούμεθα.   305

NC. 291. On lit dans le *Traité du Sublime*, XV, 2 : Οἴμοι, κτενεῖ με· ποῖ φύγω; — 292. Ταῦτα, correction de Markland et de Seidler pour ταὐτά. Heimsœth, *l. c.*, propose ταῦτ' ἄμορφα σχήματ'. — 294. *Palatinus* : ἃς φᾶσ'. *Florentinus* : ἃς φάσ'. Vulgate : ἃ φάσ'. Badham : ἃ 'φάσκ'. Heimsœth : χἃ φασ'. Ensuite Nauck a corrigé la leçon μιμήματα. — 295. La variante indiquée dans le *Florentinus* : ὡς θαμβούμενοι, a plu à beaucoup d'éditeurs. Mais θανούμενοι peut s'expliquer, et le moyen θαμβεῖσθαι ne se trouve pas chez les Attiques. — 296. Χερὶ σπάσας, correction de Pierson pour περισπάσας. — 298. Nous avons inséré θ' après πλευράς, de l'avis de Reiske et d'autres critiques. — 300. Markland a rectifié la leçon ὥς. Ici, comme au vers 298, Θ a été omis après C. — Seconde main du *Palatinus* : αἱματηρὸν πέλανον.

chœur d'une tragédie ne peut guère être composé de personnages ailés.

291-294. Παρῆν δ' ὁρᾶν.... μυκήματα. Le sens général de ce passage a été d'abord compris par Seidler. Le berger dit qu'on ne pouvait voir aucune des figures décrites par l'étranger ; mais que celui-ci confondait les mugissements des génisses et les aboiements des chiens avec les cris qu'on prête aux Furies. On remarquera que pour Euripide l'apparition des Furies n'a pas de réalité, mais qu'elle n'est qu'une hallucination d'Oreste. Voyez nos observations sur la tragédie d'*Oreste*.

295. Συσταλέντες, ὡς θανούμενοι. A la vue d'un homme furieux qui s'élance de leur côté, l'épée nue à la main, les bergers s'accroupissent d'abord et s'attendent à mourir, sans oser se défendre. Mais lorsqu'ils verront l'étranger massacrer leurs troupeaux, ils essayeront de résister. Tout cela est naturel et n'implique aucune contradiction, quoi qu'on en ait dit.

298. Suppléez εἰς avant λαγόνας.

300. Construisez : ὥστε πέλαγος ἁλὸς ἐξανθεῖν αἱματηρόν, au point que les flots salés se couronnèrent d'une écume sanglante. Ἐξανθεῖν, *efflorescere*, se dit de tout ce qui se produit à la surface des objets.

303. Κόχλους. Les habitants barbares des côtes se servent de conques en guise de cors ou de trompettes. Hésychius : Κόχλοις τοῖς θαλαττίοις ἐχρῶντο πρὸ τῆς τῶν σαλπίγγων εὑρέσεως. Cp. la description de la conque embouchée par Triton chez Ovide, *Metam.* I, 323 sqq.

Πολλοὶ δ' ἐπληρώθημεν ἐν μικρῷ χρόνῳ.
Πίπτει δὲ μανίας πίτυλον ὁ ξένος μεθεὶς,
στάζων ἀφρῷ γένειον· ὡς δ' ἐσείδομεν
προὔργου πεσόντα, πᾶς ἀνὴρ ἔσχεν πόνον
βάλλων ἀράσσων· ἅτερος δὲ τοῖν ξένοιν   310
ἀφρόν τ' ἀπέψα σώματός τ' ἐτημέλει
πέπλων τε προυκάλυπτεν εὐπήνους ὑφὰς,
καραδοκῶν μὲν τἀπιόντα τραύματα,
φίλον δὲ θεραπείαισιν ἄνδρ' εὐεργετῶν.
Ἔμφρων δ' ἀνάξας ὁ ξένος πεσήματος   315
ἔγνω κλύδωνα πολεμίων προσκείμενον
καὶ τὴν παροῦσαν συμφορὰν αὐτοῖν πέλας,
ᾤμωξέ θ'· ἡμεῖς δ' οὐκ ἀνίεμεν πέτρους
βάλλοντες, ἄλλος ἄλλοθεν προσκείμενοι.
Οὗ δὴ τὸ δεινὸν παρακέλευσμ' ἠκούσαμεν·   320
Πυλάδη, θανούμεθ'· ἀλλ' ὅπως θανούμεθα
κάλλισθ'· ἕπου μοι, φάσγανον σπάσας χερί.

NC. 306. Manuscrits: ἐν μακρῷ. Aldine: ἐν μικρῷ. Nauck propose οὐ μακρῷ. — 311. La leçon ἀπέψα se trouve aussi chez Lucien, *Amores*, 47, et chez Hesychius (Ἀπέψα· ἀπεμασσεν). Elmsley: ἀπέψη. — 312. Manuscrits de Lucien : Πέπλου et εὐπήκτου; ὑφὰς ou εὐπήκτοις ὑφαῖς. Hermann : εὐπτύκτους. — 315. Manuscrits : ἀνάξας. — 316. Scaliger a rectifié la leçon ἔγνωκε κλύδωνα. — 318. *Palatinus* : πέτρους. Variante : πέτροις.

306. Πολλοὶ δ' ἐπληρώθημεν, un grand nombre des nôtres se compléta, c'est-à-dire : nous nous trouvâmes réunis en grand nombre. Cf. *Hécube*, 521 : Παρῆν μὲν ὄχλος πᾶς Ἀχαϊκοῦ στρατοῦ Πλήρης πρὸ τύμβου.

307. Μανίας πίτυλον, l'accès de la rage. Πίτυλος se dit au propre du mouvement des rames, et en général de tous les mouvements qui se suivent précipitamment et sans relâche. Cf. *Herc. fur.* 1189 : Μαινομένῳ πιτύλῳ πλαγχθείς.

309. Προὔργου, à propos (pour nous), d'une manière favorable à notre entreprise, πρὸ ἔργου.

312. Πέπλων.... ὑφάς. Comme Pylade n'a pas de bouclier, il se sert de son manteau pour couvrir son ami. Homère, *Il.*

V, 315, raconte presque dans les mêmes termes comment Vénus protège Énée contre la fureur de Diomède : Πρόσθε δέ οἱ πέπλοιο φαεινοῦ πτύγμ' ἐκάλυψεν.

320. Οὗ δή, c'est là, c'est alors.

321-322. Ὅπως θανούμεθα κάλλιστα, mourons noblement! On peut sous-entendre σκόπει ou σκοπῶμεν avant ὅπως. Rien n'est plus usuel que cette tournure elliptique. Cf. Xénophon, *Anab.* I, 7, 3 · Ὅπως οὖν ἔσεσθε ἄνδρες ἄξιοι τῆς ἐλευθερίας ἧς κέκτησθε. — Ceux qui font dépendre ὅπως θανούμεθα de ἕπου, en mettant une virgule avant ce dernier mot, affaiblissent singulièrement l'énergie de cette exhortation, τὸ δεινὸν παρακέλευσμα (vers 320), dont le souvenir seul inspire encore de l'effroi au berger

ΙΦΙΓΕΝΕΙΑ Η ΕΝ ΤΑΥΡΟΙΣ.   471

Ὡς δ' εἴδομεν δίπαλτα πολεμίων ξίφη,
φυγῇ λεπαίας ἐξεπίμπλαμεν νάπας.
Ἀλλ' εἰ φύγοι τις, ἅτεροι προσκείμενοι   325
ἔβαλλον αὐτούς· εἰ δὲ τούσδ' ὠσαίατο,
αὖθις τὸ νῦν ὑπεῖκον ἤρασσον πέτροις.
Ἀλλ' ἦν ἄπιστον· μυρίων γὰρ ἐκ χερῶν
οὐδεὶς τὰ τῆς θεοῦ θύματ' εὐτύχει βαλών.
Μόλις δέ νιν τόλμῃ μὲν οὐ χειρούμεθα,   330
κύκλῳ δὲ περιβαλόντες ἐξεκόψαμεν
πέτροισι χειρῶν φάσγαν'· εἰς δὲ γῆν γόνυ
καμάτῳ καθεῖσαν. Πρὸς δ' ἄνακτα τῆσδε γῆς
κομίζομέν νιν. Ὁ δ' ἐσιδὼν ὅσον τάχος
εἰς χέρνιβάς τε καὶ σφαγεῖ' ἔπεμπέ σοι.   335
Εὔχου δὲ τοιάδ', ὦ νεᾶνι, σοι ξένων

NC. 327. Manuscrits : αὖτις ou οὔ τις. — Aldine : ἤρασσεν. — 329. Il faut probablement écrire ηὐστόχει βαλών, conjecture de Badham. — 331. Reiske a rectifié la leçon περιβάλλοντες. — Ensuite nous avons substitué à la leçon ἐξεκλέψαμεν la conjecture de Bothe ἐξεκόψαμεν, correction d'une justesse évidente et s'accordant très-bien avec τόλμῃ μὲν οὐ χειρούμεθα, quoi qu'en dise Köchly, lequel écrit assez bizarrement ἐξεκλέψαμεν ‖ πέπλοισι. — 335. Les manuscrits portent τε χέρνιβάς τε καὶ σφαγί' ἔπεμπέ σοι. On peut écrire ἐς χέρνιβάς τε (Valkenaër) ou ἐπὶ χέρνιβας τε (Hartung). Une glose, dans laquelle τε était placé au second rang, s'étant mêlée au texte, la préposition a été omise. Ensuite Musgrave a rétabli le mètre en écrivant σφαγεῖ'.

323. Δίπαλτα ξίφη veut dire ici : « les deux épées, » et non : « les épées à deux tranchants, » ni : « les épées brandies avec les deux mains »

325. Εἰ φύγοι τις. Comme τις est ici opposé à ἅτεροι, on peut le traduire par « les uns. » Le pronom indéfini τις renferme l'idée de la pluralité.

326-327. Εἰ δὲ τούσδ' ὠσαίατο ... ἤρασσον πέτροις. Toutes les fois que les étrangers repoussaient les assaillants, ceux qui avaient tantôt fui les accablèrent à leur tour de coups de pierre. — Τὸ νῦν ὑπεῖκον, la partie de la bande qui s'était tantôt (νῦν, modo) retirée. Cette locution, qui équivaut à un nom collectif, est suivie du verbe au pluriel, ἤρασσον.

329. Οὐδεὶς.... βαλών, personne n'atteignit les victimes réservées à la déesse : elles ne devaient tomber qu'à l'autel, et y arriver intactes, sans blessure ni mutilation, conformément à l'usage observé pour tout ce qu'on offrait aux dieux. Le berger laisse entendre que Diane elle-même préserva les étrangers et les désigna ainsi pour le sacrifice.

335. Ἐς χέρνιβάς τε καὶ σφαγεῖ('), pour être consacrés au moyen de l'eau lustrale et être ensuite immolés. Σφαγεῖα équivaut ici à σφαγάς, et exprime l'action d'égorger. Au vers 40 σφάγια a été employé dans le même sens.

336-337. Τοιάδ(ε) σφάγια est mis pour τοιάδ' ἄλλα σφάγια, et ce dernier mot a ici son sens habituel de « victimes. » Si les dieux continuent d'envoyer à Iphigénie de si belles et de si nobles victimes, la Grèce expiera le sacrifice offert à Aulis. — Ὦ νεᾶνι, σοι. La virgule est contraire au génie de la langue grecque. Voy. *Iph. Aul.* 815 : Ὑμεῖ, δὲ, νεανίδες, νιν.... et la note.

ΙΦΙΓΕΝΕΙΑ Η ΕΝ ΤΑΥΡΟΙΣ.

σφάγια παρεῖναι· κἂν ἀναλίσκῃς ξένους
τοιούσδε, τὸν σὸν Ἑλλὰς ἀποτίσει φόνον
δίκας τίνουσα τῆς ἐν Αὐλίδι σφαγῆς.

ΧΟΡΟΣ.

Θαυμάστ' ἔλεξας τὸν φανένθ', ὅστις ποτὲ 340
Ἕλληνος ἐκ γῆς πόντον ἦλθεν ἄξενον.

ΙΦΙΓΕΝΕΙΑ.

Εἶεν. Σὺ μὲν κόμιζε τοὺς ξένους μολών·
τὰ δ' ἐνθάδ' ἡμεῖς οἷα φροντιούμεθα. —
Ὦ καρδία τάλαινα, πρὶν μὲν εἰς ξένους
γαληνὸς ἦσθα καὶ φιλοικτίρμων ἀεί, 345
εἰς θοὐμόφυλον ἀναμετρουμένη δάκρυ,
Ἕλληνας ἄνδρας ἡνίκ' εἰς χέρας λάβοις.
Νῦν δ' ἐξ ὀνείρων, οἷσιν ἠγριώμεθα
δοκοῦσ' Ὀρέστην μηκέθ' ἥλιον βλέπειν,
δύσνουν με λήψεσθ' οἵτινές ποθ' ἥκετε. 350
Καὶ τοῦτ' ἄρ' ἦν ἀληθές, ἠσθόμην, φίλαι·

NC. 339. Nauck veut que ce vers soit interpolé. Kochly propose δίκας διδοῦσα. — 343. Reiske : ὅσια φροντιούμεθα. Badham : ἡμεῖς φροντιοῦμεν οἷα χρή. — 346. Manuscrits : εἰς τὸ ὁμόφυλον. — 349. Variante vicieuse : δοκοῦσαν Ὀρέστην. Nauck veut que ce vers soit interpolé. — 351. La leçon ᾐχθόμην a été corrigée par L. Dindorf.

340. Θαυμάστ' ἔλεξας τὸν φανένθ', tu dis des choses merveilleuses de celui qui a paru. Cp. les locutions ἀγαθά, κακὰ λέγειν τινά, et *Phen.* 200 : Ἡδονὴ δέ τις γυναιξὶ μηδὲν ὑγιὲς ἀλλήλαις λέγειν. Le chœur a été surtout frappé du délire de l'un des deux étrangers.

344. Ἕλληνος ἐκ γῆς, le mot Ἕλλην employé adjectivement et joint à des substantifs féminins se retrouve au vers 495. Cf. *Heracl.* 130 : Στολὴν Ἕλληνα, et d'autres passages cités par Elmsley.

343 Τὰ δ' ἐνθάδ' ἡμεῖς οἷα φροντιούμεθα. La leçon est suspecte, soit à cause de l'ellipse ἔσται après οἷα, soit à cause du moyen φροντιούμεθα mis pour l'actif φροντιοῦμεν. (Voy. NC.)

346. Εἰς θοὐμόφυλον équivaut à εἰς τοὺς ὁμοφύλους comme τὸ ὑπεῖκον, vers 327, était l'équivalent de οἱ ὑπείκοντες.

347. Εἰς χέρας. « Est quidem καρδία « (v. 344) pro ipsa quæ loquitur persona, « et sunt personæ manus : non debuit ta« men a metaphora recedere manusque « animæ dare. » [Boissonade.] Je crains que cette critique n'applique à la poésie grecque des sévérités toutes françaises D'ailleurs Boissonade lui même cite ce passage du Télémaque, I : « La gloire n'est due qu'à un *cœur* qui sait souffrir la peine et fouler *aux pieds* les plaisirs. »

349. Δοκοῦσ(α), au singulier, se construit avec le pluriel ἠγριώμεθα, lequel équivaut à ἠγρίωμαι, de même que, au vers 579, σπεύδουσα se rattache a ἥκομεν. On cite *Herc. fur.* 858 : Ἥλιον μαρτυρόμεσθα δρῶν ἃ δρᾶν οὐ βούλομαι, et d'autres passages. Quant à la simple juxtaposition du pluriel et du singulier de la première personne, voy. la note sur *Hipp.* 244.

351 Καὶ τοῦτ' ἄρ' ἦν ἀληθές, il est donc

οἱ δυστυχεῖς γὰρ τοῖσιν εὐτυχεστέροις
αὐτοὶ κακῶς πράξαντες οὐ φρονοῦσιν εὖ.
Ἀλλ' οὔτε πνεῦμα Διόθεν ἦλθε πώποτε,   355
οὐ πορθμὶς, ἥτις διὰ πέτρας Συμπληγάδας
Ἑλένην ἀπήγαγ' ἐνθάδ', ἥ μ' ἀπώλεσεν,
Μενέλεν θ', ἵν' αὐτοὺς ἀντετιμωρησάμην,
τὴν ἐνθάδ' Αὖλιν ἀντιθεῖσα τῆς ἐκεῖ,
οὗ μ' ὥστε μόσχον Δαναΐδαι χειρούμενοι
ἔσφαζον, ἱερεὺς δ' ἦν ὁ γεννήσας πατήρ.   360
Οἴμοι (κακῶν γὰρ τῶν τότ' οὐκ ἀμνημονῶ),
ὅσας γενείου χεῖρας ἐξηκόντισα
γονάτων τε τοῦ τεκόντος ἐξαρτωμένη,
λέγουσα τοιάδ'· Ὦ πάτερ, νυμφεύομαι

NC. 352-353. On a fait sur le second de ces deux vers toute sorte de conjectures αὐτοὶ καλῶς πράξαντες, αὐτοί ποτ' εὖ πράξαντες, αὐτοῖς κακῶς πράξασιν, etc. Aucune n'éclaircit ce passage. Je le comprendrais, si le vers 352 portait : τοῖς δυσπότμοις γὰρ οἵ ποτ' εὐτυχέστεροι. — 354-355. Kirchhoff propose ἀλλ' εἴθε et ἡ πορθμίς. Cf. vers 439. — 356. Badham : κατήγαγ'. — 357. La leçon Μενέλαον a été rectifiée par Barnes. — 359. Pierson a corrigé la leçon οἵ μ'. — 361. La leçon τῶν τοῦδ' est corrigée dans l'édition Aldine.

νιαί. Dans cette phrase et dans les phrases analogues les Grecs se servent de l'imparfait pour indiquer que la chose a été vraie avant le moment où l'on en a reconnu la vérité. Voy. la note sur *Iph. Aul.* 404.

352-353. On ne comprend pas ce que veulent dire les mots αὐτοὶ κακῶς πράξαντες après οἱ δυστυχεῖς. On s'explique encore moins quel rapport il peut y avoir entre τοῖσιν εὐτυχεστέροις et les malheureux captifs dévoués au supplice. Il faudrait ici une réflexion qui fût d'accord avec la situation où se trouve Iphigénie, par exemple · « Les malheureux trouvent moins de bienveillance chez les heureux, quand ceux-ci sont à leur tour frappés d'un malheur. » Voy. NC.

357. Ἵν' αὐτοὺς ἀντετιμωρησάμ.ν. Cp. *Hipp.* 647 : Ἵν' εἶχον, et 930 : Ὦ, ἐξηλέγχετο. L'imparfait de ces phrases finales répond à l'imparfait avec ἄν des phrases hypothétiques : il indique qu'un but eût été atteint, si un événement, qui ne s'est pas réalisé, avait eu lieu.

358. Τὴν ἐνθάδ' Αὖλιν, cette autre Aulis. Dans l'amertume de son âme, elle appelle Aulis tout lieu où l'on offre des sacrifices humains.

360. Ἱερεὺς δ' ἦν ὁ γεννήσας πατήρ. Ce trait barbare est, sans doute, tiré du poème des *Cypriaques* : cf. p. 304. Quant au tour énergique de l'expression, cp. *Iph. Aul.* 1177 : Ἀπώλεσέν σ', ὦ τέκνον, ὁ φυτεύσας πατήρ.

362. Ὅσας χεῖρας équivaut à ὁσάκις χεῖρας. Cet hellénisme remonte au premier âge de la littérature. Πολύς pour πολλάκις se lit déjà dans Homère, *Od.* II, 151 : Τιναξάσθην πτερὰ πολλά. Cf. *Hipp.* 818 et la note. — Γενείου ἐξηκόντισα, « j'ai lancé vers ton menton, » en prose πρὸς γένειον ἐξέτεινα. Ce trope peint vivement l'insistance de la prière. Pressé par tout le monde de révoquer son ordre rigoureux, Créon s'écrie dans l'*Antigone* de Sophocle, vers 1033 : Πάντες, ὥστε τοξόται σκοποῦ, Τοξεύετ' ἀνδρὸς τοῦδε

νυμφεύματ' αἰσχρὰ πρὸς σέθεν· μήτηρ δ' ἐμὲ 365
σέθεν κατακτείνοντος Ἀργεῖαί τε νῦν
ὑμνοῦσιν ὑμεναίοισιν, αὐλεῖται δὲ πᾶν
μέλαθρον· ἡμεῖς δ' ὀλλύμεσθα πρὸς σέθεν.
Ἅιδης Ἀχιλλεὺς ἦν ἄρ', οὐχ ὁ Πηλέως,
ὅν μοι προτείνας πόσιν ἐν ἁρμάτων ὄχοις 370
εἰς αἱματηρὸν γάμον ἐπόρθμευσας δόλῳ.
Ἐγὼ δὲ λεπτῶν ὄμμα διὰ καλυμμάτων
ἔχουσ', ἀδελφόν τ' οὐκ ἀνειλόμην χεροῖν,
ὃς νῦν ὄλωλεν, οὐ κασιγνήτῃ στόμα
συνῆψ' ὑπ' αἰδοῦς, ὡς ἰοῦσ' εἰς Πηλέως 375
μέλαθρα· πολλὰ δ' ἀπεθέμην ἀσπάσματα
εἰσαῦθις, ὡς ἥξουσ' ἐς Ἄργος αὖ πάλιν.
Ὦ τλῆμον, εἰ τέθνηκας, ἐξ οἵων καλῶν
ἔρρεις, Ὀρέστα, καὶ πατρὸς ζηλωμάτων. —

NC. 365. Reiske a rectifié la leçon μήτηρ δ' ἐμή. — 366. Ἀργεῖαί τε νῦν, correction de Heath pour ἀργεῖαί τέ νιν. — 370. προτείνας, correction de Badham pour προσεῖπας. Ensuite la vulgate ἐν ἁρμάτων δ' ὄχοις vient de l'édition Aldine; les manuscrits n'ont pas la particule δ'. — 373. Tyrwhitt et Hermann ont corrigé la leçon ἀδελεὸν τοῦτον εὑρόμην. — 374. Variante moins autorisée : κασιγνήτῳ — 377. Manuscrits : εἰσαῦτις. — 378. Καλῶν, correction de Reiske pour κακῶν. Le texte a sans doute été altéré par un copiste qui se souvenait des malheurs d'Oreste sans considérer qu'Iphigénie ignore ce qui s'est passé dans la Grèce.

365-368. Μήτηρ δ' ἐμέ.... Clytemnestre n'est donc pas venue à Aulis; c'est dans le palais d'Argos qu'elle fait chanter l'hyménée. Voila encore un détail dont on ne peut guère méconnaître l'origine épique. Voy. notre Notice sur *Iphigénie à Aulis*.

367-368. Αὐλεῖται δε πᾶν μέλαθρον, tournure poétique pour καταυλεῖται δε πᾶν μέλαθρον. On cite *Heraclides*, 401 : Θυηπολεῖται δ' ἄστυ μάντεων ὕπο. .

369. Ἅιδης.... Πηλέως, c'était donc Pluton, et non le fils de Pélée, cet Achille que.... Cp. *Iph. Aul.* 461 : Ἅιδης νιν ὡς ἔοικε νυμφεύσει τάχα.

370. Ἐν ἁρμάτων ὄχοις. Allusion au char sur lequel la jeune mariée était conduite à la maison de l'époux.

372-377. Ces vers ne font plus partie du discours qu'Iphigénie tint à son père.
— Iphigénie était déjà couverte du vêtement nuptial qui voilait le regard de l'épouse et ménageait sa pudeur : λεπτῶν ὄμμα διὰ καλυμμάτων ἔχουσ(α). Dans une comparaison célèbre Eschyle a peint la jeune mariée presque dans les mêmes termes. Cassandre dit dans *Agamemnon*, vers 1178 : Καὶ μὴν ὁ χρησμὸς οὐκέτ' ἐκ καλυμμάτων Ἔσται δεδορκὼς νεογάμου νύμφης δίκην. En quittant l'appartement des vierges (παρθενών), la fille d'Agamemnon a eu honte d'ôter son voile pour embrasser le petit Oreste et sa jeune sœur Électre. Elle se promettait de leur témoigner sa tendresse, quand elle viendrait faire une visite dans la maison paternelle.

378-379. Le génitif πατρός se rattache aussi bien à καλῶν (sort brillant) qu'à ζηλωμάτων (fortune digne d'envie), quoi qu'il soit rapproché de ce dernier mot. Voy. la note sur le vers 1330 de *Médée*.
— Iphigénie suppose que son père vit encore.

Τὰ τῆς θεοῦ δὲ μέμφομαι σοφίσματα,   380
ἥτις βροτῶν μὲν ἤν τις ἅψηται φόνου,
ἢ καὶ λοχείας ἢ νεκροῦ θίγῃ χεροῖν,
βωμῶν ἀπείργει, μυσαρὸν ὡς ἡγουμένη,
αὐτὴ δὲ θυσίαις ἥδεται βροτοκτόνοις.
Οὐκ ἔσθ' ὅπως ποτ' ἔτεκεν ἡ Διὸς δάμαρ   385
Λητὼ τοσαύτην ἀμαθίαν. Ἐγὼ μὲν οὖν
τὰ Ταντάλου τε θεοῖσιν ἑστιάματα
ἄπιστα κρίνω, παιδὸς ἡσθῆναι βορᾷ,
τοὺς δ' ἐνθάδ', αὐτοὺς ὄντας ἀνθρωποκτόνους,
εἰς τὸν θεὸν τὸ φαῦλον ἀναφέρειν δοκῶ·   390
οὐδένα γὰρ οἶμαι δαιμόνων εἶναι κακόν.

NC. 380. L'éditeur de Cambridge et Nauck marquent une lacune avant ce vers. Il faut au moins admettre un moment de réflexion et de silence. — 382. Badham et Nauck condamnent ce vers sans motif suffisant. — 384. Portus a rectifié la leçon αὕτη. — 385. Ὅπως ποτ' ἔτεκεν, correction de Hermann pour ὅπως ἔτεκεν ἄν, leçon qu'on a vainement défendue. Porson avait proposé ὅπως ἔτικτεν. — 387. Hermann a inséré τ' après Ταντάλου. — 390. Markland et plusieurs autres éditeurs écrivent τὴν θεόν.

380. Iphigénie s'est attendrie aux souvenirs qu'elle vient d'évoquer. Aussi l'humeur farouche qui s'était un instant emparée d'elle (v. 348 sqq.) fuit-elle place à des sentiments plus doux. Au moment d'entrer dans le temple afin de préparer le sacrifice des étrangers, elle se révolte contre cet usage barbare avec plus d'énergie qu'elle n'avait fait au debut de la tragédie, vers 34 sqq. — Σοφίσματα, des distinctions subtiles et désavouées par le bon sens.

382. Ἢ καί, ou même. Il y a gradation. Non seulement le meurtre, mais tout ce qui est ou sanglant ou atteint de la mort, un accouchement (λοχεία), un cadavre (νεκρό-), était réputé impur, et quiconque y avait touché se trouvait exclu des lieux sacrés.

388. Τοσαύτην ἀμαθίαν, une si grande déraison, c'est-à-dire : un être si déraisonnable. Abstractum pro concreto. Cf. Catulle, XVII, 21 : « Talis iste meus stupor « nil videt, nihil audit. »

387-391. Voici ce que dit Iphigénie : « De même que je ne crois pas que les dieux se soient repus chez Tantale de la chair du jeune Pélops, de même je pense que es sacrifices humains de la Tauride ont pour cause la férocité des hommes, et non celle des dieux. — Τε après Ταντάλου (v. 387) indique que le premier membre de phrase sera suivi d'un autre; et comme ce second membre de phrase contient l'idée principale, celle qui se rapporte au fait en question, il prend la conjonction δ(έ) (v. 389), au lieu de τε. Voy. la note sur le vers 52.

387. Τὰ Ταντάλου... θεοῖσιν ἑστιάματα, le repas offert par Tantale aux dieux. Le substantif ἑστιάματα gouverne à la fois un génitif, qui est le régime ordinaire des substantifs, et un datif, parce qu'il conserve quelque chose de la nature du verbe dont il dérive. Ces constructions ne sont pas particulières à la poésie grecque. Platon dit dans l'*Apologie de Socrate*, p. 30 A : Τὴν ἐμὴν τῷ θεῷ ὑπηρεσίαν.

388. Παιδὸς ἡσθῆναι βορᾷ, que (les dieux) aient pris plaisir à manger de la chair d'un enfant. Apposition libre.

390. Εἰς τὸν θεόν. Le masculin généralise. Peu importe que Diane soit un dieu ou une déesse : elle est un être divin.

391. Cette belle pensée est rendue ainsi dans un fragment du *Bellérophon* d'Euripide (Stobée, *Anthol.* C, 4) : Εἰ θεοί τι δρῶσιν αἰσχρόν, οὐκ εἰσὶν θεοί. Pindare (*Olymp.* I, 35) dit plus modestement :

476   ΙΦΙΓΕΝΕΙΑ Η ΕΝ ΤΑΥΡΟΙΣ.

ΧΟΡΟΣ.

Κυάνεαι κυάνεαι σύνοδοι θαλάσσας,   [Strophe 1.]
ἵν' οἶστρος ὁ ποτώμενος Ἀργόθεν
ἄξενον ἐπ' οἶδμα διεπέρασε πόρτιν   395
Ἀσιήτιδα γαῖαν
Εὐρώπας διαμείψας.
Τίνες ποτ' ἄρα τὸν εὔυδρον δονακόχλοα
λιπόντες Εὐρώταν   400
ἢ ῥεύματα σεμνὰ Δίρκας
ἔβασαν ἔβασαν ἄμικτον αἶαν, ἔνθα κούρᾳ
Δίᾳ τέγγει
βωμοὺς καὶ περικίονας   405
ναοὺς αἷμα βρότειον;

Ἦ ῥοθίοις εἰλατίναις διχρότοισι κώπαις   [Antistrophe 1.]

NC. 394. Ἰν', correction de Hermann pour ἤν. — *Palatinus* : ὁ πετόμενος. — 395. L'éditeur de Cambridge a corrigé la leçon εὔξεινον ou εὔξενον. Dans le *Palatinus* ce vers se termine par διεπέρασεν, dans le *Florentinus* par διεπέρασεν ποτε. Erfurdt voulait διεπέρασεν Ἰοῦς. D'autres suppléent Ἰώ. La conjecture la plus probable est celle de Bergk (*Rheinisches Museum*, XVIII, p. 201 sqq.) : διεπέρασε πόρτιν. — 402-403. Elmsley a corrigé la vulgate κούρα διατέγγει. Dindorf écrit λούρα Δίᾳ, au nominatif. — 406. La leçon ναοῦ (ou ναῶν) a été rectifiée par Elmsley. — 407. L'ancienne vulgate ἢ a été rectifiée par Barnes, la leçon εἰλατίνοις par Seidler. Kirchhoff propose : ἢ ῥοθίοις εἰλατίνοις διχρότοιο κώπαις.

Ἔστι δ' ἀνδρὶ φάμεν ἐοικὸς ἀμφὶ δαιμόνων καλά, en rejetant, comme Euripide fait ici, la fable qui présentait les dieux de l'Olympe comme des anthropophages. Mais, chose curieuse, quel est le récit que Pindare met à la place de cette fable qui le révolte? Sans songer à mal, Pindare fait de Pélops le mignon de Neptune : il prête ainsi au frère de Jupiter des ardeurs dans lesquelles il ne voit rien de répréhensible. On ne pouvait épurer la mythologie d'une manière plus grecque.

394-395. Οἴστρος.... διεπέρασε πόρτιν, le taon fit traverser la mer à la génisse. Les lecteurs d'Eschyle connaissent Io, la fille d'Inachus, changée en génisse et aiguillonnée par un taon, οἰστροπλὴξ (*Prom.* 681), οἴστρῳ ἐρεσσομένα (*Suppl.* 541). On croyait qu'elle avait passé le détroit de Byzance à la nage, et les mots διεπέρασε πόρτιν sont une périphrase poétique de Βόσπορος.

396-397. Ἀσιήτιδα....διαμείψας, ayant échangé la terre d'Asie contre l'Europe. Cf. *Hélène*, 1186 : Πέπλους μελανας ἐξήψω χροὸς Λευκῶν ἀμείψας(?).

398-401. Τίνες.... Δίρκας. Le chœur se demande qui sont les Grecs jetés sur cette côte inhospitalière : s'ils viennent de Sparte et de la vallée de l'Eurotas, ou du ruisseau Dircé près de Thèbes. — Τὸν εὔυδρον δονακόχλοα. Les joncs de l'Eurotas sont souvent rappelés par les poetes. Il suffit de citer *Hélène*, 349 : Τὸν ὑδρόεντα δόναχι χλωρὸν Εὐρώταν. Quant à l'accusatif irrégulier δονακόχλοα, il est formé d'après l'analogie de λευκόχροα, κυανόχροα etc. On lit ἔγχλοα chez Nicandre, *Ther.* 676 et 885.

407. Διχρότοισι κώπαις répond à la locution homérique ναῦς ἀμφιέλισσα.

ΙΦΙΓΕΝΕΙΑ Η ΕΝ ΤΑΥΡΟΙΣ.   427

ἔπλευσαν ἐπὶ πόντια κύματα
νάϊον ὄχημα λινοπόροισί τ' αὔραις,   410
φιλόπλουτον ἅμιλλαν
αὔξοντες μελάθροισιν ;
Φίλα γὰρ ἐλπὶς ἐγένετ' ἐπὶ πήμασι βροτῶν
ἄπληστος ἀνθρώποις,   415
ὄλβου βάρος οἳ φέρονται
πλάνητες ἐπ' οἶδμα πόλεις τε βαρβάρους περῶντες
κεινᾷ δόξᾳ.
Γνώμα δ' οἷς μὲν ἄκαιρος ὄλ-
βου, τοῖς δ' εἰς μέσον ἥκει.   420

Πῶς πέτρας τὰς συνδρομάδας,   [Strophe 2.]
πῶς Φινείδας ἀΰ-
πνους ἀκτὰς ἐπέρασαν

NC 408. Rauchenstein et Köchly substituent ἔπεμψαν à ἔπλευσαν, qui pourrait être une glose La conjecture de Dindorf πόρευσαν est moins probable, à cause de λινοπόροισι au vers suivant. — 410. La leçon λινοπόροις αὔραις a été corrigée par l'éditeur de Cambridge. Rauchenstein et Köchly écrivent λινοτόνοις ἐν αὔραις. — 413. Manuscrits : γένετ'. Le mot βροτῶν fait double emploi avec ἀνθρώποις, et le vers ne répond pas au vers correspondant de la strophe. Bergk propose ἐπί γε πήμασιν, en retranchant βροτῶν. Peut-être : φίλα γὰρ ἐγένετ' ἐλπὶς ἀπ' (pour ἁ ἐπὶ) ἄχεσι βροτά. — 418. Κεινᾷ δόξᾳ, correction d'Elmsley pour κοιναὶ δόξαι ou κεναὶ δόξαι. — 421. Manuscrits : πῶς τὰς συνδρομάδας πέτρας. Musgrave a déjà indiqué la transposition qu'exige l'accord antistrophique. — 422. Peut-être : Φινείδᾶν (Rauchenstein).

ne faut pas entendre deux rangs de rames, mais des rames manœuvrant également sur les deux bords.

408-410. Ἔπλευσαν.... νάϊον ὄχημα, ils firent voguer leur vaisseau. C'est ainsi que les poètes grecs disent βαίνειν πόδα. Voy. la note sur le vers 649. — Λινοπόροισί τ' αὔραις, et par les vents qui font marcher le vaisseau (νάϊον ὄχημα) au moyen des voiles. Il ne faut pas méconnaître que les poètes usent très-librement des épithètes composés.

411-412. Φιλόπλουτον.... μελάθροισιν, afin d'augmenter pour leur maison les moyens de soutenir la rivalité d'opulence. La rivalité des hommes est attribuée aux maisons, et le sens de ἅμιλλαν est modifié par la même métonymie qui fait que βίος désigne souvent les moyens de vivre. C'est ainsi qu'il faut, suivant nous, expliquer ce passage qui a fort embarrassé les interprètes.

416. Φέρονται, sibi quærunt. [Klotz.]
417. Πλάνητες. Cf. Horace, Art poet. 117 : Mercatorne vagus.
419-420. Γνώμα.... ἥκει. « Sententia « aliis est non tenens modum in divitiis, « aliis autem moderata. » [Hermann.] Εἰς μέσον équivaut à εἰς τὸ μέτριον. On s'est vainement mis en frais de subtilités pour tirer un autre sens de ces mots.

421-423. Πῶς.... ἐπέρασαν. Le chœur s'étonne que les étrangers aient heureusement accompli une navigation si dangereuse. — Φινείδας ἀΰπνους ἀκτάς, la côte de Phinée, c'est-à-dire de Salmydes-

παρ' ἅλιον αἰγιαλὸν ἐπ' Ἀμφιτρίτας
ῥοθίῳ δραμόντες, 425
ὅπου πεντήκοντα κορᾶν
Νηρήδων ποσὶ χοροὶ
μέλπουσιν ἐγκυκλίοις,
πλησιστίοισι πνοαῖς,
συριζόντων κατὰ πρύμναν 430
εὐναίων πηδαλίων
αὔραισιν νοτίαις
ἢ πνεύμασι Ζεφύρου,
τὰν πολυόρνιθον ἐπ' αἶ-
αν, λευκὰν ἀκτάν, Ἀχιλῆ- 435
ος δρόμους καλλισταδίους,

NC. 425. La leçon παράλιον a été rectifiée par Seidler. — 426. Peut-être : ῥοθίων, d'après Bergk. — 428. *Palatinus*: νηρηίδων χοροί. Hermann a inséré ποσί, supplément heureux qui rétablit l'accord antistrophique, et qui détermine le sens de μέλπουσιν. La leçon du *Florentinus*: τῶν νηρηίδων n'est qu'une mauvaise correction. — 429. Heath et d'autres : ἐγκύκλιοι. — 430. Le *Florentinus* interpole καί avant πλησιστίοισι. — 432. Faut-il lire εὐαγῶν (mobiles) πηδαλίων ? — 433. La leçon αὔραις (ou αὔραις ἐν) νοτίαις a été rectifiée par Kirchhoff. — 434. La vulgate ἢ πνοιαῖσι vient de l'édition Aldine. — 436. Manuscrits : ἀχιλλῆος.

sos, parages où la mer agitée « ne s'endort jamais. » En rappelant l'histoire des Phinéides, Sophocle dit : Ἀκταὶ Βοσπόριαι ἰδ' ὁ Θρῃκῶν ἄξενος Σαλμυδησσός (*Antig.* 969).

427-429. Ὅπου ... ἐγκυκλίοις, où le chœur des cinquante Néréides danse en rond. La locution ποσὶ μέλπουσιν veut dire *ludunt pedibus*. On sait que la danse des Néréides figure les ondulations qui rident la surface de la mer, quand elle est tranquille. C'est ainsi que Sophocle (*OEd. Col.* 718) dit d'un vaisseau : Θρώσκει τῶν ἑκατομπόδων Νηρήδων ἀκόλουθος. Je suis toutefois disposé à croire, avec Bergk, qu'il s'agit ici d'une localité particulière où les Néréides avaient un sanctuaire et aimaient à se rendre. A la fin de cette strophe il est question de l'île d'Achille : or le culte des Néréides était souvent associé à celui du fils de Thétis.

430-434. Les mots πλησιστίοισι πνοαῖς dépendent de ἐπέρασαν, vers 424. L'idée indiquée par ces mots est développée dans la phrase incidente : συριζόντων....Ζεφύρου, « quand à la poupe le gouvernail sifflait au vent du Sud ou à la brise du Zéphyre. » Pour ce qui est de l'épithète εὐναίων, les interprètes se sont vainement efforcés de l'expliquer : il faut croire que ce mot a été altéré par les copistes.

435-437. Τὰν πολυόρνιθον ἐπ' αἶαν. Ces mots et les suivants sont encore gouvernés par ἐπέρασαν (v. 424), et toute la strophe ne forme qu'une seule période grammaticale d'une construction un peu lâche. — La localité désignée dans ces vers est une île déserte, habitée seulement par des oiseaux de mer et appelée Leucé à cause de la blancheur de ses côtes. Une légende, qui remonte au poëte épique Arctinus, en avait fait le séjour de l'ombre d'Achille. De là le nom de Δρόμοι Ἀχιλλέως, que quelques-uns donnaient à une presqu'île voisine. Voy. Arrien, *Periple*, 21 sqq., et Euripide, *Androm.* 1259 sqq.

ΙΦΙΓΕΝΕΙΑ Η ΕΝ ΤΑΥΡΟΙΣ.

ἄξεινον κατὰ πόντον;

Εἴθ' εὐχαῖσιν δεσποσύνοις [Antistrophe 2.]
Λήδας Ἑλένα φίλα 440
παῖς ἐλθοῦσα τύχοι τὰν
Τρῳάδα λιποῦσα πόλιν, ἵν' ἀμφὶ χαίτᾳ
δρόσον αἱματηρὰν
εἱλιχθεῖσα λαιμοτόμῳ
δεσποίνας χερὶ θάνῃ 445
ποινὰς δοῦσ' ἀντιπάλους.
Ἥδιστ' ἂν δ' ἀγγελίαν
δεξαίμεσθ', Ἑλλάδος ἐκ γᾶς
πλωτήρων εἴ τις ἔβα,
δουλείας ἐμέθεν 450
δειλαίας παυσίπονος·

NC. 438. Aldine : εὔξεινον. — 439. Markland a corrigé la leçon δεσποσύναις. — 442. Variante : ἀμφὶ χαίταν. — 444. Nauck et d'autres regardent εἱλιχθεῖσα comme gâté. Köchly écrit ἁγνισθεῖσα. Bergk propose χερνιφθεῖσα. Voir la note explicative. — 445. Plusieurs critiques écrivent θάνοι. — 447. Manuscrits : ἥδιστ' ἂν τήνδ' ἀγγελίαν. Nous avons adopté la correction de Hermann. Cependant la leçon primitive peut avoir été : ἥδιστα δ' ἂν τόδ' ἔπος. — 448. Manuscrits : δεξαίμεθ'.

Ἔνθεν κομίζων ξηρὰν ἐκ πόντου πόδα
Τὸν φίλτατόν σοι παῖδ' ἐμοί τ' Ἀχιλλέα
Ὄψει δόμους; ναίοντα νησιωτικοὺς Λευκὴν κατ' ἀκτὴν ἐντὸς Εὐξείνου πόρου. Cette île, située près des embouchures du Danube, est, dit-on, l'île des Serpents, assez connue en France depuis la guerre de Crimée.

439. Εὐχαῖσι δεσποσύνοις, suivant le vœu de ma maîtresse. Cf. vers 354 sqq.

442-444. Ἀμφὶ χαίτᾳ ... εἱλιχθεῖσα, ayant la chevelure ceinte d'une rosée sanglante, c'est-à-dire : des eaux lustrales, qui consacrent la victime et la dévouent à la mort. Cf. vers 622 : Χαίτην ἀμφὶ σὴν χερνίψομαι. — Εἱλιχθεῖσα équivaut à στεφθεῖσα. Les eaux lustrales, répandues autour de la tête, sont comme une autre couronne à côté de la couronne de fleurs que portait la victime. Cf. Iph. Aul. 1477 : Στέψεα περίβολα δίδοτε, φέρετε· πλόκαμος ὅδε καταστέφειν· χερνίβων τε παγάς.

444-445. Λαιμοτόμῳ χερὶ est dit comme δρόσον αἱματηρὰν au vers 443. En consacrant la victime, la main de la prêtresse la condamne à mort et l'égorge en quelque sorte. — Θάνῃ. « Grammatica videtur requirere θάνοι. Sed defendi potest θάνῃ, si fingas cupido chori animo « rem ita præsentem obversari, tanquam « si vere fiat. » [Seidler.] On cite Oreste, 982 sqq. : Μόλοιμι.... πέτραν..., ἵν' ἐν θρήνοισιν ἀναβοάσω.

447. Après avoir épousé un instant les ressentiments d'Iphigénie, le chœur termine en formant des vœux plus doux. Aussi ces vœux se réaliseront-ils à la fin de la tragédie.

450-451. Δουλείας.... δειλαίας. On trouve la même assonance dans Hécube, vers 156 : Δειλαία δειλαίου γήρως, δουλεία; τᾶς; οὐ τλατᾶς.

σὺν γὰρ ὀνείροις ἀποβαί-
η δόμοις πόλει τε πατρώ-
ᾳ τερπνῶν ὕμνων ἀπόλαυ-
ειν, κοινὰν χάριν ὄλβῳ. 455

Ἀλλ' οἵδε χέρας δεσμοῖς δίδυμοι
συνερεισθέντες χωροῦσι, νέον
πρόσφαγμα θεᾶς· σιγᾶτε, φίλαι.
Τὰ γὰρ Ἑλλήνων ἀκροθίνια δὴ
ναοῖσι πέλας τάδε βαίνει· 460
οὐδ' ἀγγελίας ψευδεῖς ἔλακεν
βουφορβὸς ἀνήρ.
Ὦ πότνι', εἴ σοι τάδ' ἀρεσκόντως
πόλις ἥδε τελεῖ, δέξαι θυσίας,
ἃς ὁ παρ' ἡμῖν 465
νόμος οὐχ ὁσίας ἀναφαίνει.

VC. 452. La leçon καὶ (ce mot manque dans le *Palatinus*) γὰρ ὀνείρασι συμβαίην n'offre pas de sens et répugne au mètre. Hermann écrivait καὶ γὰρ ὀνείροις ἐπιβαίην ‖ δόμοις (en substituant ὕπνων a ὕμνων, au vers 454); Kirchhoff propose εἰ γὰρ ὀνείροισι συνείην ‖ δόμοις. Mais le souhait de revoir la patrie en songe, quelque touchant qu'il puisse être, ne convient pas ici. Les vœux du chœur sont plus positifs : les vers précédents le prouvent assez. J'ai donc écrit σὺν γὰρ ὀνείροις ἀποβαίη. L'altération provient sans doute de la glose explicative συμβαίη. — 453. Aldine : οἴκοις, pour δόμοις. — 455. La leçon ἀπόλαυσιν est corrigée dans l'édition Aldine. — *Palatinus*: ὄλβα. — 456-466. Ces vers étaient attribués à Iphigénie dans les éditions antérieures à celle de Seidler. — 458. Markland a rectifié la leçon διδύμοις. — 460. L'ancienne vulgate ἐν ναοῖσι vient de l'édition Aldine. — 466. On lisait ἃς ὁ παρ' ἡμῖν νόμος οὐχ ὁσίας ‖ Ἕλλησι διδοὺς ἀναφαίνει, et l'on se donnait beaucoup de mal pour expliquer ce non-sens. Nous avons retranché, de l'avis de Bergk, les mots Ἕλλησι διδούς, dont le premier est une glose explicative de ἡμῖν, et le second une interpolation faite pour compléter le mètre quand Ἕλλησι s'était introduit dans le texte.

452-453. Le chœur souhaite de voir s'accomplir ce qu'il a si souvent rêvé, de prendre part dans la maison et dans la cité de ses pères à ces chants et à ces danses, qui étaient le plaisir le plus vif dont pût jouir une jeune Grecque. Les mêmes vœux seront répétés avec plus de développement aux vers 1143 sqq. — Σὺν γὰρ ὀνείροις ἀποβαίη, puisse t-il arriver, conformément à mes rêves. Cf. Xénoph. *Anab*. VII, 8, 22 : Καὶ οὕτω τὰ πρότερα ἱερὰ ἀπέβη (s'accomplirent); *Cyrop*. I, III, 17 : Σὺν τῷ νόμῳ τὴν ψῆφον τίθεσθαι. — Κοινὰν χάριν ὄλβῳ, plaisir dont les heureux jouissent en commun, en se réunissant. L'accusatif χάριν forme une apposition libre à la locution τερπνῶν ὕμνων ἀπολαύειν. Cf. *Iph. Aul.* 1144, et la note.

458. Πρόσφαγμα θεᾶς, sacrifice qui est dû à la déesse Cf. v. 329 : Τὰ τῆς θεοῦ θύματ(α).

465-466. Ἃς.... ἀναφαίνει, que l'usage

ΙΦΙΓΕΝΕΙΑ Η ΕΝ ΤΑΥΡΟΙΣ. 481

ΙΦΙΓΕΝΕΙΑ.

Εἶεν·
τὰ τῆς θεοῦ μὲν πρῶτον ὡς καλῶς ἔχῃ
φροντιστέον μοι. Μέθετε τῶν ξένων χέρας,
ὡς ὄντες ἱεροὶ μηκέτ' ὦσι δέσμιοι.
Ναοῦ δ' ἔσω στείχοντες εὐτρεπίζετε   470
ἃ χρὴ 'πὶ τοῖς παροῦσι καὶ νομίζεται.
Φεῦ·
τίς ἄρα μήτηρ ἡ τεκοῦσ' ὑμᾶς ποτε
πατήρ τ' ἀδελφή τ', εἰ γεγῶσα τυγχάνει;
οἵων στερεῖσα διπτύχων νεανιῶν
ἀνάδελφος ἔσται. Τὰς τύχας τίς οἶδ' ὅτῳ   475
τοιαίδ' ἔσονται; πάντα γὰρ τὰ τῶν θεῶν
εἰς ἀφανὲς ἕρπει, κοὐδὲν οἶδ' οὐδεὶς κακόν·
ἡ γὰρ τύχη παρήγαγ' εἰς τὸ δυσμαθές.
Πόθεν ποθ' ἥκετ', ὦ ταλαίπωροι ξένοι;
Ὡς διὰ μακροῦ μὲν τήνδ' ἐπλεύσατε χθόνα,   480
μακρὸν δ' ἀπ' οἴκων χρόνον ἔσεσθε δὴ κάτω.

NC. 470. La leçon ναούς a été corrigée par Valckenaer. — 474. Scaliger a corrigé la leçon στερηθεῖσα. — 475. *Palatinus* : οὐκ οἶδ' ὅτι. — 477. Κακόν semble être un mauvais supplément, ajouté pour combler une lacune. Le vers pouvait se terminer primitivement par τέλος. Cf. *Oreste*, 1545 : Τέλος ἔχει δαίμων βροτοῖς, τέλος ὅπα θέλει. Kirchhoff propose : βροτῶν. La conjecture ἀπόν (Badham) a déjà été rejetée avec raison par Musgrave. — 481 Nous avons adopté la correction de Dobree ἔσεσθε δὴ κάτω pour ἔσεσθ' ἀεὶ κάτω, leçon que Schœne et Köchly ont vainement essayé de défendre. ΔΗ pouvait se confondre facilement avec ΑΙ ou ΑΕΙ.

établi chez nous déclare illicites, impies. Les mots παρ' ἡμῖν sont évidemment opposés à πόλις ἥδε, v. 464.

467. Τὰ τῆς θεοῦ μὲν πρῶτον. Les deux derniers mots indiquent qu'Iphigénie songe dès à présent à interroger les étrangers, mais qu'elle se contient, afin de s'occuper d'abord des choses du culte.

473. Iphigénie ne dit qu'un mot des parents de ces étrangers ; mais elle se met à la place de la sœur qu'ils peuvent avoir. Jeune fille, elle ne connaît encore que l'affection fraternelle, et l'on n'a vu que son frère occupe toute sa pensée.

475. Τὰς τύχας τίς οἶδ' ὅτῳ.... équivaut à τίς οἶδεν ὅτινι αἱ τύχαι.... Cf.

Hipp. 1254 : Τὸν σὸν πιθέσθαι παῖδ' ὅπως ἐστὶν κακός. — « Qui sait qui aura un sort pareil ? » signifie : « Personne ne peut savoir à qui un malheur pareil est réservé. » Si nous donnons cette explication, qui peut sembler inutile, c'est que certains interprètes ont cherché midi à quatorze heures.

477-478. Κακόν ne donne pas de sens satisfaisant. Il faut un mot plus général. Si le poëte a écrit τέλος (voy. NC), les mots suivants : ἡ γὰρ τύχη παρήγαγ' εἰς τὸ δυσμαθές, signifient, que la fortune a dérobé à nos yeux l'issue des choses en la cachant dans une obscurité impénétrable.

480-481. Iphigénie dit : « vous avez fait un

31

ΟΡΕΣΤΗΣ.

Τί ταῦτ' ὀδύρει, κἀπὶ τοῖς μέλλουσι νῷν
κακοῖσι λυπεῖς, ἥτις εἶ ποτ', ὦ γύναι;
Οὔτοι νομίζω σοφὸν, ὃς ἂν μέλλων θανεῖν
οἴκτῳ τὸ δεῖμα τοὐλέθρου νικᾶν θέλῃ, 485
[οὐχ ὅστις Ἅιδην ἐγγὺς ὄντ' οἰκτίζεται,]
σωτηρίας ἄνελπις· ὡς δύ' ἐξ ἑνὸς
κακὼ συνάπτει, μωρίαν τ' ὀφλισκάνει
θνήσκει θ' ὁμοίως· τὴν τύχην δ' ἐᾶν χρεών.
Ἡμᾶς δὲ μὴ θρήνει σύ· τὰς γὰρ ἐνθάδε 490
θυσίας ἐπιστάμεσθα καὶ γιγνώσκομεν.

ΙΦΙΓΕΝΕΙΑ.

Πότερος ἄρ' ὑμῶν, εἴπατ', ὠνομασμένος
Πυλάδης κέκληται; Τόδε μαθεῖν πρῶτον θέλω.

ΟΡΕΣΤΗΣ.

Ὅδ', εἴ τι δή σοι τοῦτ' ἐν ἡδονῇ μαθεῖν.

ΙΦΙΓΕΝΕΙΑ.

Ποίας πολίτης πατρίδος Ἕλληνος γεγώς; 495

ΟΡΕΣΤΗΣ.

Τί δ' ἂν μαθοῦσα τόδε πλέον λάβοις, γύναι;

NC. 482-483. Poison et d'autres écrivent νὼ κακοῖσι λυπεῖς. Cobet veut : νῷν λυπεῖ κακοῖσιν. — 486. Ce vers, déjà suspect à Markland, est avec raison considéré par Hartung et par Köchly comme une citation marginale, tirée d'une autre tragédie. Pour le conserver, plusieurs éditeurs écrivent au vers 484, d'après Seidler, κτανεῖν pour θανεῖν (leçon confirmée par Stobée, *Anth.* VIII, 6), et au vers 486 οὐδ' pour οὐχ. Ils prêtent ainsi à Oreste un langage fort déplaisant. — 487. Ἄνελπις, rétabli par Brodée pour ἂν ἐλπίς. — 492. Nous avons écrit εἴπατ' pour ἐνθάδ', mot plus facile à négliger qu'à expliquer. Le mot ἐνθάδε, au vers 490, aura causé l'erreur.

ong voyage pour venir dans ce pays, et vous serez longtemps absents de votre maison, dans le séjour des morts.» La particule δή marque que la chose n'est que trop évidente.

482-483. Τί ταῦτ' ὀδύρει.... λυπεῖς : « Quid haec lamentaris et ad impendentia « nobis mala insuper molesta es?» Le verbe λυπεῖν s'emploie parfois sans complément dans le sens d'importuner. Cf. Ἄγαν γε λυπεῖς, Sophocle, *Ajax*, 589, et *Antig.* 573. [Klotz et Kœchly.]

488. Μωρίαν ὀφλισκάνει. Voy. *Méd.* 1227, et la note sur le vers 403 de *Médée*.

489. Τὴν τύχην δ' ἐᾶν χρεών, il ne faut point parler du sort. Dans une circonstance analogue Oreste dit à Electre : Τὰ δὲ παρόντ' ἔα κακά (*Or.* 1028).

490. Ἡμᾶς δέ. Ce commencement de phrase indique, qu'après les considérations générales qu'il avait faites dans les vers précédents, Oreste revient à son propre sort.

493. Πυλάδης. Ce nom a été rapporté par le berger, vv. 249 et 285.

495. Πατρίδος Ἕλληνος. Cf. v. 311 avec la note.

ΙΦΙΓΕΝΕΙΑ.

Πότερον ἀδελφὼ μητρός ἐστον ἐκ μιᾶς;

ΟΡΕΣΤΗΣ.

Φιλότητί γ' ἐσμὲν, οὐ κασιγνήτω γένει.

ΙΦΙΓΕΝΕΙΑ.

Σοὶ δ' ὄνομα ποῖον ἔθεθ' ὁ γεννήσας πατήρ;

ΟΡΕΣΤΗΣ.

Τὸ μὲν δίκαιον δυστυχεῖς καλοίμεθ' ἄν.   500

ΙΦΙΓΕΝΕΙΑ.

Οὐ τοῦτ' ἐρωτῶ· τοῦτο μὲν δὸς τῇ τύχῃ.

ΟΡΕΣΤΗΣ.

Ἀνώνυμοι θανόντες οὐ γελῴμεθ' ἄν.

ΙΦΙΓΕΝΕΙΑ.

Τί δὲ φθονεῖς τοῦτ'; Ἤ φρονεῖς οὕτω μέγα;

ΟΡΕΣΤΗΣ.

Τὸ σῶμα θύσεις τοὐμόν, οὐχὶ τοὔνομα.

ΙΦΙΓΕΝΕΙΑ.

Οὐδ' ἂν πόλιν φράσειας ἥτις ἐστί σοι;   505

ΟΡΕΣΤΗΣ.

Ζητεῖς γὰρ οὐδὲν κέρδος, ὡς θανουμένῳ.

ΙΦΙΓΕΝΕΙΑ.

Χάριν δὲ δοῦναι τήνδε κωλύει τί σε;

NC. 498. Koehly a corrigé la leçon ἐσμὲν δ' (δ' ne se trouve peut-être pas dans le *Palatinus*) οὐ κασιγνήτω, γύναι.' — 505. Peut-être : ἥτις ἐστί σή. [Nauck.]

498. Φιλότητί γ(ε).... γένει. L'attribut κασιγνήτω n'est énoncé que dans le second membre de phrase ; mais il se rapporte aussi au premier.

499. Ici ὁ γεννήσας est ajouté à πατήρ par un autre motif qu'au vers 360. Ayant donné le jour à l'enfant, le père a aussi le droit de lui donner un nom.

500. De même qu'au vers 251, le poete nous fait croire ici que le nom d'Oreste va être prononcé, et il évite avec esprit cette révélation prématurée. — Τὸ μὲν δίκαιον, « si justam seu veram rei rationem spectes. » [Seidler.] — La réponse d'Oreste a semblé très-ingénieuse aux anciens Plaute, ou plutôt le modèle grec de Plaute, l'a imitée dans le *Persan*, IV, 4, 94 : « Quis fuit? dic nomen. « — Quid illum miseram memorem qui « fuit? Nunc et illum *Miserum* et me *Mi-* « *seram æquomst nominarier.* » Horace aussi s'en est souvenu dans ses *Épitres*, I, VII, 92 : « Pol me miserum, patrone, vo- « cares, Si velles, inquit, verum mihi po- « nere nomen ». (Passages cités par Mukland et Porson.)

504. Τὸ σῶμα.... τοὔνομα. Cf. *Iph. Aul.* 938 : Τοὔνομα γὰρ.... τοὐμὸν σονεύσει παῖδα σήν.... ἁγνὸν δ' οὐκέτ' ἐστὶ σῶμ' ἐμόν.

506. Construisez : Ζητεῖς γὰρ (ὁ) οὐδὲν κέρδος (ἐστὶν ἐμοί), ὡς θανουμενῳ.

ΟΡΕΣΤΗΣ.
Τὸ κλεινὸν Ἄργος πατρίδ᾽ ἐμὴν ἐπεύχομαι.
ΙΦΙΓΕΝΕΙΑ.
Πρὸς θεῶν ἀληθῶς, ὦ ξέν᾽, εἰ κεῖθεν γεγώς;
ΟΡΕΣΤΗΣ.
Ἐκ τῶν Μυκηνῶν γ᾽, αἵ ποτ᾽ ἦσαν ὄλβιαι. 510
ΙΦΙΓΕΝΕΙΑ.
Φυγὰς δ᾽ ἀπῆρας πατρίδος, ἢ ποίᾳ τύχῃ;
ΟΡΕΣΤΗΣ.
Φεύγω τρόπον γε δή τιν᾽ οὐχ ἑκὼν ἑκών.
ΙΦΙΓΕΝΕΙΑ.
Καὶ μὴν ποθεινός γ᾽ ἦλθες ἐξ Ἄργους μολών.
ΟΡΕΣΤΗΣ.
Οὔκουν ἐμαυτῷ γ᾽· εἰ δὲ σοί, σὺ τοῦθ᾽ ὅρα.
ΙΦΙΓΕΝΕΙΑ.
Ἆρ᾽ ἄν τί μοι φράσειας ὧν ἐγὼ θέλω; 515
ΟΡΕΣΤΗΣ.
Ὡς γ᾽ ἐν παρέργῳ τῆς ἐμῆς δυσπραξίας.
ΙΦΙΓΕΝΕΙΑ.
Τροίαν ἴσως οἶσθ᾽, ἧς ἁπανταχοῦ λόγος.
ΟΡΕΣΤΗΣ.
Ὡς μήποτ᾽ ὤφελόν γε μηδ᾽ ἰδὼν ὄναρ.
ΙΦΙΓΕΝΕΙΑ.
Φασίν νιν οὐκέτ᾽ οὖσαν οἴχεσθαι δορί.

NC. 510. Après Μυκηνῶν nous avons inséré γ', suivant l'édition de Cambridge. — 511. La conjonction δ' après φυγάς est due à Scaliger. — 513-514. Ces deux vers, qui se lisaient après le vers 516, ont été transposés par Kirchhoff. — 514. Σὺ τοῦθ᾽ ὅρα, correction de Seidler pour σὺ τοῦτ᾽ ἔρα. Barnes avait proposé : σὺ τοῦθ᾽ ἔρα.— 516. Hermann a inséré γ' après ὡς.

510. Ἐκ τῶν Μυκηνῶν γ'. En affirmant, par la particule γε, qu'il est du pays d'Argos, Oreste ajoute qu'il est de la ville de Mycène.

512. Οὐχ ἑκὼν ἑκών. Dans l'*Iliade*, IV, 43, Jupiter dit qu'il a consenti à la destruction de Troie ἑκὼν ἀέκοντί γε θυμῷ.

514. Εἰ δὲ σοί, σὺ τοῦθ᾽ ὅρα. « Si tibi « (gratus est adventus meus), hoc tu vi- « deris, i. e. hujus rei rationem tu tibi « reddideris. » [Seidler.] Oreste ne peut comprendre ce qu'Iphigénie veut dire : il doit croire que la prêtresse se réjouit d'avoir une victime à offrir à sa déesse.

516. Ὡς γ᾽ ἐν.... δυσπραξίας. « Oui (γε), je considérerai cet interrogatoire comme un léger surcroît de mon malheur. » Oreste fait cette réponse du même ton que la précédente, en homme blessé, qui se contient à peine, et qui laisse percer son aigreur

ΙΦΙΓΕΝΕΙΑ Η ΕΝ ΤΑΥΡΟΙΣ. 485

ΟΡΕΣΤΗΣ.

Ἔστιν γὰρ οὕτως, οὐδ' ἄκραντ' ἠκούσατε.   520

ΙΦΙΓΕΝΕΙΑ.

Ἑλένη δ' ἀφῖκται δῶμα Μενέλεω πάλιν ;

ΟΡΕΣΤΗΣ.

Ἥκει, κακῶς γ' ἐλθοῦσα τῶν ἐμῶν τινι.

ΙΦΙΓΕΝΕΙΑ.

Καὶ ποῦ 'στι; Κἀμοὶ γάρ τι προυφείλει κακόν.

ΟΡΕΣΤΗΣ.

Σπάρτῃ ξυνοικεῖ τῷ πάρος ξυνευνέτῃ.

ΙΦΙΓΕΝΕΙΑ.

Ὦ μῖσος εἰς Ἕλληνας, οὐκ ἐμοὶ μόνῃ.   525

ΟΡΕΣΤΗΣ.

Ἀπέλαυσα κἀγὼ δή τι τῶν κείνης γάμων.

ΙΦΙΓΕΝΕΙΑ.

Νόστος δ' Ἀχαιῶν ἐγένεθ', ὡς κηρύσσεται ;

ΟΡΕΣΤΗΣ.

Ὡς πάνθ' ἅπαξ με συλλαβοῦσ' ἀνιστορεῖς.

ΙΦΙΓΕΝΕΙΑ.

Πρὶν γὰρ θανεῖν σε, τοῦδ' ἐπαυρέσθαι θέλω.

ΟΡΕΣΤΗΣ.

Ἔλεγχ', ἐπειδὴ τοῦδ' ἐρᾷς· λέξω δ' ἐγώ.   530

ΙΦΙΓΕΝΕΙΑ.

Κάλχας τις ἦλθε μάντις ἐκ Τροίας πάλιν ;

521-522. Ἑλένη.... πάλιν; Ces mots veulent dire : « Hélène est-elle revenue chez Ménélas? » Par δῶμα Μενέλεω il ne faut pas entendre ici le palais de Sparte : les vers 523 sq. le prouvent assez. Ainsi se résout aussi la difficulté que semblait offrir le vers 522. — A qui Oreste fait-il allusion en disant τῶν ἐμῶν τινι? Sans doute, à Agamemnon. Il est vrai qu'Hélène ne revint dans la Grèce que plusieurs années après la mort de ce roi ; mais Oreste parle du moment où le retour d'Hélène chez son époux marqua la fin de la guerre de Troie, fin qui fut fatale à Agamemnon. — Quelques-uns cherchent à éviter cette difficulté en entendant par τινι Oreste lui-même.

Mais comment peut-on dire que le retour définitif d'Hélène ait contribué aux malheurs d'Oreste?

523. Au lieu de dire : « Hélène a aussi « contribué à mon malheur », Iphigénie dit : « elle a encore à me payer un mal « qu'elle me fit autrefois », κἀμὸν γάρ τι προυφείλει κακόν.

526. Ἀπέλαυσα. Le verbe ἀπολαύειν, comme ἀπαυρᾶν, se prend souvent en mauvaise part. Cf. *Phœnic.* 1204 : Κρέων δ' ἔοικε τῶν ἐμῶν νυμφευμάτων Τῶν τ' Οἰδίπου δύστηνος ἀπολαύειν κακῶν, Παιδὸς στερηθείς.

528. Πάντα dépend de συλλαβοῦσ(α), et με est régi par ἀνιστορεῖς.

ΟΡΕΣΤΗΣ.
Ὄλωλεν, ὡς ἦν ἐν Μυκηναίοις λόγος.

ΙΦΙΓΕΝΕΙΑ.
Ὦ πότνι', ὡς εὖ. Τί γὰρ ὁ Λαέρτου γόνος;

ΟΡΕΣΤΗΣ.
Οὔπω νενόστηκ' οἶκον, ἔστι δ', ὡς λόγος.

ΙΦΙΓΕΝΕΙΑ.
Ὄλοιτο, νόστου μήποτ' εἰς πάτραν τυχών. 535

ΟΡΕΣΤΗΣ.
Μηδὲν κατεύχου· πάντα τἀκείνου νοσεῖ.

ΙΦΙΓΕΝΕΙΑ.
Θέτιδος δ' ὁ τῆς Νηρῆδος ἔστι παῖς ἔτι;

ΟΡΕΣΤΗΣ.
Οὐκ ἔστιν· ἄλλως λέκτρ' ἔγημ' ἐν Αὐλίδι.

ΙΦΙΓΕΝΕΙΑ.
Δόλια γάρ, ὡς ἴσασιν οἱ πεπονθότες.

ΟΡΕΣΤΗΣ.
Τίς εἶ ποθ'; ὡς εὖ πυνθάνει τἀφ' Ἑλλάδος. 540

ΙΦΙΓΕΝΕΙΑ.
Ἐκεῖθέν εἰμι· παῖς ἔτ' οὖσ' ἀπωλόμην.

C. 532. Peut-être : ὡς γ' ἦν. [Lenting.] — 533. Ὡς εὖ. Τί γάρ, excellente correction de Musgrave pour ὡς ἔστι γάρ. — 538. Manuscrits : ἔγημεν. Markland a divisé les mots. — 539. *Palatinus* : ὡς φασιν. Vulgate : ὡς γέ φασιν. Nous avons adopté la conjecture de Nauck : ὡς ἴσασιν. — 541. Nauck n'aurait pas dû écrire ἀπωχόμην, conjecture de Badham.

532. Calchas mourut, dit-on, en revenant de Troie, dans le bois d'Apollon Clarien près de Colophon. Strabon, XIV, p. 642, raconte cette légende d'après Hésiode.

533. Ὡς εὖ, que cela est bien fait !

534. Ὡς λόγος. Cette nouvelle avait été donnée par Protée à Ménélas et rapportée par ce dernier dans la Grèce. Cf. Homère, *Od.* IV, 555 sqq.

536. Πάντα τἀκείνου νοσεῖ. Oreste songe à l'anarchie qui régnait dans l'Ithaque et au triste état où se trouvait la maison et la famille d'Ulysse.

538. Οὐκ ἔστιν· ἄλλως λέκτρ' ἔγημ' ἐν Αὐλίδι. Je vois bien, pourquoi le poëte a prêté ces paroles à Oreste : elles doivent amener la réponse d'Iphigénie : mais j'avoue que je ne les comprends pas. Si Achille avait vécu, l'hymen préparé dans Aulis n'en eût pas été moins vain. Ce que dit Oreste, n'aurait de sens, ce me semble, que s'il y avait eu un mariage réel, et si Iphigénie avait attendu dans la Grèce le retour de son époux. Aucun commentateur ne paraît avoir remarqué cette difficulté. J'y vois une distraction du poëte.

541. Ἀπωλόμην est plus fort que ἀπωχόμην : Iphigénie ne dit pas simplement qu'elle a quitté la patrie, mais qu'elle a été perdue, que c'est pour son malheur

ΙΦΙΓΕΝΕΙΑ Η ΕΝ ΤΑΥΡΟΙΣ. 487

ΟΡΕΣΤΗΣ.
Ὀρθῶς ποθεῖς ἄρ' εἰδέναι τἀκεῖ, γύναι.
ΙΦΙΓΕΝΕΙΑ.
Τί δ' ὁ στρατηγὸς, ὃν λέγουσ' εὐδαιμονεῖν;
ΟΡΕΣΤΗΣ.
Τίς; οὐ γὰρ ὅν γ' ἐγῷδα τῶν εὐδαιμόνων.
ΙΦΙΓΕΝΕΙΑ.
Ἀτρέως ἐλέγετο δή τις Ἀγαμέμνων ἄναξ.   545
ΟΡΕΣΤΗΣ.
Οὐκ οἶδ'· ἄπελθε τοῦ λόγου τούτου, γύναι.
ΙΦΙΓΕΝΕΙΑ.
Μὴ πρὸς θεῶν, ἀλλ' εἴφ', ἵν' εὐφρανθῶ, ξένε.
ΟΡΕΣΤΗΣ.
Τέθνηχ' ὁ τλήμων, πρὸς δ' ἀπώλεσέν τινα.
ΙΦΙΓΕΝΕΙΑ.
Τέθνηκε; ποίᾳ συμφορᾷ; τάλαιν' ἐγώ.
ΟΡΕΣΤΗΣ.
Τί δ' ἐστέναξας τοῦτο; μῶν προσῆκέ σοι;   550
ΙΦΙΓΕΝΕΙΑ.
Τὸν ὄλβον αὐτοῦ τὸν πάροιθ' ἀναστένω.
ΟΡΕΣΤΗΣ.
Δεινῶς γὰρ ἐκ γυναικὸς οἴχεται σφαγείς.
ΙΦΙΓΕΝΕΙΑ.
Ὦ πανδάκρυτος ἡ κτανοῦσα χὼ θανών.

NC. 552. Koehly propose : ἐκ δάμαρτος. — 553. *Palatinus* : κτανών pour θανών.

qu'elle a été arrachée à sa famille. Le rapt d'Hélène est appelé Ἑλένης ὄλεθρος dans *Iphigénie à Aulis*, vers 1382. Ἔρρειν et φθείρεσθαι ont aussi les deux significations de « périr », et de « partir pour son malheur ». Cf. *Androm.* 708 : Εἰ μὴ φθερεῖ τῆσδ' ὡς τάχιστ' ἀπὸ στέγης. Il en est de même du latin *perire*. On cite Plaute, *Poen.*, prologue, 86 : « (Filiæ) « cum nutrice una periere ; a Megaribus Eas « qui surripuit, in Anactorium devehit. »

543. Τί δ' ὁ στρατηγός ; sous-entendu πράσσει, comme au vers 533.

544. Construisez : οὐ γὰρ (ἐστι) τῶν εὐδαιμόνων (ἐκεῖνός) γε ὃν ἐγὼ οἶδα.

548. Πρὸς δ' ἀπώλεσέν τινι. Celui dont Oreste parle ainsi à mots couverts, n'est autre que lui-même. On cite à propos Sophocle, *Antig.* 751 : Ἥδ' οὖν θανεῖται, καὶ θανοῦσ' ὀλεῖ τινα. Hémon, qui prononce ce vers, se désigne lui-même en disant τινα.

550. Τί δ' ἐστέναξας τοῦτο ; sous-entendu τὸ στέναγμα, et non τὸ πρᾶγμα. Nous dirions : « Pourquoi gémis-tu ainsi ? » ou « Pourquoi ce gémissement ? »

ΟΡΕΣΤΗΣ.
Παῦσαί νυν ἤδη μηδ' ἐρωτήσῃς πέρα.

ΙΦΙΓΕΝΕΙΑ.
Τοσόνδε γ', εἰ ζῇ τοῦ ταλαιπώρου δάμαρ. 555

ΟΡΕΣΤΗΣ.
Οὐκ ἔστι· παῖς νιν, ὃν ἔτεχ', οὗτος ὤλεσεν.

ΙΦΙΓΕΝΕΙΑ.
Ὦ συνταραχθεὶς οἶκος. Ὡς τί δὴ θέλων;

ΟΡΕΣΤΗΣ.
Πατρὸς θανόντος τήνδε τιμωρῶν δίκην.

ΙΦΙΓΕΝΕΙΑ.
Φεῦ·
ὡς εὖ κακὸν δίκαιον εἰσεπράξατο.

ΟΡΕΣΤΗΣ.
Ἀλλ' οὐ τὰ πρὸς θεῶν εὐτυχεῖ δίκαιος ὤν. 560

ΙΦΙΓΕΝΕΙΑ.
Λείπει δ' ἐν οἴκοις ἄλλον Ἀγαμέμνων γόνον;

ΟΡΕΣΤΗΣ.
Λέλοιπεν Ἠλέκτραν γε παρθένον μίαν.

ΙΦΙΓΕΝΕΙΑ.
Τί δέ; Σφαγείσης θυγατρὸς ἔστι τις λόγος;

ΟΡΕΣΤΗΣ.
Οὐδείς γε πλὴν θανοῦσαν οὐχ ὁρᾶν φάος.

NC. 556. *Palatinus* : πῶς νιν. — 558. Manuscrits : τήνδε τιμωρούμενος. Cette leçon est vicieuse : elle implique antithèse entre τήνδε et πατρός, et Oreste aurait l'air de dire qu'à défaut de son père, qui était mort, il a puni sa mère. La conjecture d'Elmsley αἷμα τιμωρούμενος est arbitraire; celles de Köchly, σφ' ἀντιτιμωρούμενος, et de F.-W. Schmidt (*Jahrbücher für Philologie*, 1864, p. 231), πῆμα τιμωρούμενος, ne satisfont pas non plus. Le mot τήνδε, qu'il faut conserver, indique, ce me semble, que τιμωρούμενος est une glose substituée à τιμωρῶν δίκην. — 559. Au lieu de φεῦ· ὡς εὖ, Nauck écrit ὡς φεῦ, combinaison de mots assez singulière.

558. Τήνδε τιμωρῶν δίκην (cherchant à venger ainsi) est dit comme τήνδε τιμωρῶν τιμωρίαν. Cp *Oreste*, 323 : Αἷμα ὃς τινύμεναι δίκαν.

559. Δίκαιον est ici employé substantivement et δίκαιον εἰσεπράξατο équivaut à δίκην εἰσεπράξατο, *jus repetiit*. L'al-liance de mots εὖ· κακόν (cf. *Iph. Aul.* 378) indique qu'Oreste est, comme dit Ovide, « facto pius et sceleratus eodem. »

560. Δίκαιος ὤν, tout juste qu'il est, quelque juste que soit sa cause.

564. Οὐδείς γε πλήν équivaut à οὐδείς γε ἄλλος· πλήν.

ΙΦΙΓΕΝΕΙΑ Η ΕΝ ΤΑΥΡΟΙΣ. 489

ΙΦΙΓΕΝΕΙΑ.
Τάλαιν' ἐκείνη χὠ κτανὼν αὐτὴν πατήρ. 565
ΟΡΕΣΤΗΣ.
Κακῆς γυναικὸς χάριν ἄχαριν ἀπώλετο.
ΙΦΙΓΕΝΕΙΑ.
Ὁ τοῦ θανόντος δ' ἔστι παῖς Ἄργει πατρός;
ΟΡΕΣΤΗΣ.
Ἔστ', ἄθλιός γε, κοὐδαμοῦ καὶ πανταχοῦ.
ΙΦΙΓΕΝΕΙΑ.
Ψευδεῖς ὄνειροι, χαίρετ'· οὐδὲν ἦτ' ἄρα.
ΟΡΕΣΤΗΣ.
Οὐδ' οἱ σοφοί γε δαίμονες κεκλημένοι 570
πτηνῶν ὀνείρων εἰσὶν ἀψευδέστεροι.
Πολὺς ταραγμὸς ἔν τε τοῖς θείοις ἔνι
κἀν τοῖς βροτείοις· ἓν δὲ λυπεῖται μόνον,

NC. 570-571. Heath a rendu à Oreste ces deux vers qu'on avait donnés à Iphigénie. Hermann a corrigé la vulgate οὔθ' οἱ σοφοί. — 572. θείοις, rétabli par Barnes pour θεοῖς. — 573. Variante mal autorisée : λείπεται μόνον. Le texte est altéré. Peut-être : οὐδὲ παῦλ' ἔσται πόνων.

566. Κακῆς.... ἀπώλετο, elle est morte pour une femme perfide (Hélène), cause indigne d'un tel sacrifice. Seidler traduit χάριν ἄχαριν : « ob causam, quæ causa esse « non debebat, quæ prava erat causa ». Il faut se souvenir que, tout en jouant le rôle d'une préposition, l'accusatif χάριν conserve toujours quelque chose de son premier sens, et peut se trouver accompagné d'un adjectif. Cp. Sophocle, Aj. 176 : Ἦ πού τινος νίκας ἀνάρπωτον χάριν. Chez nous la locution « pour l'amour de », qui répond au grec χάριν mieux que « à cause de », pourrait se construire d'une manière analogue. Ex. Aidez-moi pour le saint amour de Dieu.

568. Ἔστ(ι).... πανταχοῦ, il est, le malheureux, à la fois partout et nulle part, c'est-à-dire : il erre d'un lieu à l'autre sans s'arrêter dans aucun.

569. La stichomythie qui finit ici se divise en groupes dont la plupart sont de six vers : trois d'Iphigénie et trois d'Oreste. Au début, Iphigénie prononce un distique, ce qui fait que le premier groupe (v. 492-498), dans lequel il s'agit de Pylade, compte sept vers. — Ensuite Oreste refuse de dire son nom (499-504), mais il fait connaître sa patrie (505-510) : morceau de deux fois six vers, auxquels se rattachent quatre autres vers (511-514). — Suivent deux autres groupes de six vers, auxquels se rattache également un groupe de quatre vers : la ville de Troie a-t-elle été prise (515-520)? quel a été le sort d'Hélène (521-526)? Oreste est étonné de tant de questions qui fondent sur lui (527-530). On trouve ensuite six vers (531-536) qui se rapportent à Calchas et à Ulysse, et six autres (537-542) relatifs à Achille. — Enfin Iphigénie ose demander des nouvelles de sa propre famille. Agamemnon est mort (543-548); il a été tué par sa propre femme (549-554). — Après ces deux groupes, qui sont encore de six vers chacun, deux autres de la même étendue (555-560 et 561-566) roulent sur le sort de Clytemnestre et de ses filles. Enfin Iphigénie apprend que son frère vit encore, dans les trois derniers monostiques de ce dialogue, auxquels se rattache le couplet d'Oreste, vers 567-575. (Cp. Hirzel, *De Euripidis in componendis diverbiis arte*, p. 18.)

573. Ἓν δὲ λυπεῖται μόνον. Ces mots n'offrent pas de sens satisfaisant.

ὅτ' οὐκ ἄφρων ὢν μάντεων πεισθεὶς λόγοις
ὄλωλεν ὡς ὄλωλε τοῖσιν εἰδόσιν.   575

ΧΟΡΟΣ.

Φεῦ φεῦ· τί δ' ἡμεῖς; οἵ γ' ἐμοὶ γεννήτορες
ἆρ' εἰσίν; ἆρ' οὐκ εἰσί; τίς φράσειεν ἄν;

ΙΦΙΓΕΝΕΙΑ.

Ἀκούσατ'· εἰς γὰρ δή τιν' ἥκομεν λόγον,
ὑμῖν τ' ὄνησιν, ὦ ξένοι, σπεύδουσ' ἅμα
κἀμοί. Τὸ δ' εὖ μάλιστά γ' ὧδε γίγνεται,   580
εἰ πᾶσι ταὐτὸν πρᾶγμ' ἀρεσκόντως ἔχει.
Θέλοις ἄν, εἰ σώσαιμί σ' ἀγγεῖλαί τί μοι
πρὸς Ἄργος ἐλθὼν τοῖς ἐμοῖς ἐκεῖ φίλοις,
δέλτον τ' ἐνεγκεῖν ἥν τις οἰκτείρας ἐμὲ
ἔγραψεν αἰχμάλωτος, οὐχὶ τὴν ἐμὴν   585
φονέα νομίζων χεῖρα, τοῦ νόμου δ' ὕπο
θνήσκειν σφε, τῆς θεοῦ τάδε δίκαι' ἡγουμένης;
Οὐδένα γὰρ εἶχον ὃς, Πελασγίαν μολὼν

NC. 576. On lisait : τί δ' ἡμεῖς οἵ τ' ἐμοὶ γεννήτορες; J'ai écrit οἵ γ' ἐμοί, en transposant le point d'interrogation. Comme τ' ἐμοί est ajouté dans le *Palatinus* par la seconde main, Köchly écrit τί δ' ἡμῖν οἱ φίλοι γεννήτορες. — 579. Musgrave a corrigé la leçon σπουδῆς (ou σπουδαῖς) ἅμα. — 580. La leçon τόδ' εὖ a été rectifiée p.r Markland. — Μάλιστά γ' ὧδε, pour μάλιστά γ' οὕτω, est une conjecture faite par Porson en vue de la cadence du vers. Nauck écrit μάλιστα τοῦτο. — 581. Aldine : ἔχοι. — 582. Manuscrits : θέλεις. Portus : θέλοις. — 587. Σφε, pour γε, est dû à Markland; τάδε, pour ταῦτα, à Pierson. — 588-589. Manuscrits : ὅστις ἀγγεῖλαι μολὼν || εἰς ἄργος αὖθις. On lit dans plusieurs éditions ὅστις ἀγγεῖλαι (Portus) et, plus bas, τάς τ' ἐμὰς ἐπιστολάς (Elmsley) : ce qui n'est qu'un mauvais expédient. Je ne doute pas qu'Euripide ait écrit ὃς Πελασγίαν μολὼν εἰς γαῖαν αὖθις, leçon bouleversée, sous l'influence des mots ἀγγεῖλαί τι μοι || πρὸς Ἄργος (v. 567 sq.), par une erreur de copiste et par la glose Ἄργος. Obligé de revenir sur les mêmes choses, le poète en a varié l'expression. C'est ainsi que dans *Hercule furieux*, après avoir dit, au vers 462, σοὶ μὲν γὰρ Ἄργος ἔνεμ' ὁ κατθανὼν πατήρ, il tourne le vers 4n4 de cette façon : τῆς καλλικάρπου κράτος ἔχων Πελασγίας.

574-575. Ὅτ' οὐκ ἄφρων.... εἰδόσιν, puisque, pour avoir écouté les paroles des devins (qui lui ordonnaient de tuer sa mère), un homme qui ne manquait pas de sens a péri comme il a péri aux yeux de ceux qui le savent, c'est-à-dire : est tombé dans un abîme dont peuvent témoigner ceux qui en sont instruits. — Ὅτ' est pour ὅτε. Ὅτι ne s'élide jamais chez les poètes attiques. — Ὄλωλεν ὡς ὄλωλε. Cf. *Méd.* 1011 : Ἤγγειλας οἷ' ἤγγειλας, et la note.

576. Τί δ' ἡμεῖς; et nous, qu'avons-nous à apprendre?

579. Σπεύδουσ(α) après ἥκομεν. Voy. la note sur le vers 349.

584-585. Si Iphigénie s'est fait écrire cette lettre par un prisonnier grec, c'est qu'elle ne sait pas écrire. Euripide a craint de faire la fille d'Agamemnon plus savante que ne l'étaient la plupart des jeunes Athéniennes au siècle de Périclès.

588-589. Iphigénie dit qu'elle n'a en-

ΙΦΙΓΕΝΕΙΑ Η ΕΝ ΤΑΥΡΟΙΣ. 491

εἰς γαῖαν αὖθις, τὰς ἐμὰς ἐπιστολὰς
πέμψειε σωθεὶς τῶν ἐμῶν φίλων τινί. 590
Σὺ δ' εἰ γάρ, ὡς ἔοικας, οὔτε δυσγενὴς
καὶ τὰς Μυκήνας οἶσθά γ', ὡς κἀγὼ θέλω,
σώθητι καὶ σύ, μισθὸν οὐκ αἰσχρὸν λαβὼν
κούφων ἕκατι γραμμάτων σωτηρίαν.
Οὗτος δ', ἐπείπερ πόλις ἀναγκάζει τάδε, 595
θεᾷ γενέσθω θῦμα χωρισθεὶς σέθεν.

ΟΡΕΣΤΗΣ.

Καλῶς ἔλεξας τἄλλα πλὴν ἕν, ὦ ξένη·
τὸ γὰρ σφαγῆναι τόνδ' ἐμοὶ βάρος μέγα.
Ὁ ναυστολῶν γάρ εἰμ' ἐγὼ τὰς συμφοράς·
οὗτος δὲ συμπλεῖ τῶν ἐμῶν μόχθων χάριν. 600
Οὔκουν δίκαιον ἐπ' ὀλέθρῳ τῷ τοῦδ' ἐμὲ
χάριν τίθεσθαι καὐτὸν ἐκδῦναι κακῶν.
Ἀλλ' ὣς γενέσθω· τῷδε μὲν δέλτον δίδου,
πέμψει γὰρ Ἄργος, ὥστε σοι καλῶς ἔχειν·
ἡμᾶς δ' ὁ χρῄζων κτεινέτω. Τὰ τῶν φίλων 605

NC. 591. *Palatinus* : δυσμενής. — 592. Afin de rétablir le sens de ce vers et du suivant, j'ai écrit οἶσθά γ', ὡς pour οἶσθα χοῦς. Bergk avait proposé οἶσθας, ὡς. Il est inutile de citer les autres conjectures qu'on a faites sur ce passage. — 593. Pour οὐκ αἰσχρόν on a proposé οὐκ ἰσχνόν, οὐ γλίσχρον, οὐ σμικρόν. — 603. Γενέσθω, leçon des manuscrits et de Lucien, *Amours*, XLVII, où se trouvent cités les vers 603-605, ainsi que 598 et 599. Ancienne vulgate : γενέσθαι.

core en personne qui, étant du pays d'Argos, pût, en retournant chez lui, s'acquitter de la mission qu'elle lui eût confiée — Πελασγίαν.... εἰς γαῖαν équivaut à εἰς Ἄργος· Cf. *Iph. Aul.* 1498 : Ἰὼ γᾶ μᾶτερ ὁ Πελασγία, et la note. Ajoutez *Herc. Fur.* 464; *Or.* 960, et *passim*.

591-593. Οὔτι.... καί.... Ces conjonctions se suivent moins souvent que οὔτε.... τε.... Cf. Cicéron, *De orat.* I, 39 : « Homo nec meo judicio stultus et suo « valde prudens. » — Οἶσθά γ(ε). La particule γε marque l'évidence. L'étranger doit connaître Mycène, puisqu'il y est né. — Ὡς κἀγὼ θέλω (sous entendu σωθῆναι), σώθητι καὶ σύ, sauve-toi, comme je désire, moi-aussi, de me sauver (au moyen de la lettre que tu porteras). La répétition de la particule καί dans les deux membres de phrase est un idiotisme grec, qui fait ressortir le rapport réciproque des deux situations. — Οὐκ αἰσχρόν équivaut à καλόν.

599-600. Ὁ ναυστολῶν.... συμπλεῖ, c'est moi qui suis le maître du vaisseau chargé de malheurs, il n'est que passager. Les tropes tirés de la marine sont familiers aux Grecs. Cp. vers 675. Pindare, *Ném.* IV, 33, dit d'une noble famille Éginète : ἴδια ναυστολέοντες ἐπικώμια.

602. Χάριν τίθεσθαι (τινι), mériter la reconnaissance (de quelqu'un), rendre service à quelqu'un.

605-607. Construisez : Αἴσχιστον ἔστιν, ὅστις (pour εἴ τις), καταβαλὼν τὰ τῶν φίλων (*res amicorum, amicos*) εἰς

492   ΙΦΙΓΕΝΕΙΑ Η ΕΝ ΤΑΥΡΟΙΣ.

αἴσχιστον ὅστις καταβαλὼν εἰς ξυμφορὰς
αὐτὸς σέσωσται. Τυγχάνει δ' ὅδ' ὢν φίλος,
ὃν οὐδὲν ἧσσον ἢ 'μὲ φῶς ὁρᾶν θέλω.

ΙΦΙΓΕΝΕΙΑ.

Ὦ λῆμ' ἄριστον, ὡς ἀπ' εὐγενοῦς τινος
ῥίζης πέφυκας τοῖς φίλοις τ' ὀρθῶς φίλος.   610
Τοιοῦτος εἴη τῶν ἐμῶν ὁμοσπόρων
ὅσπερ λέλειπται. Καὶ γὰρ οὐδ' ἐγώ, ξένοι,
ἀνάδελφός εἰμι, πλὴν ὅσ' οὐχ ὁρῶσά νιν.
Ἐπεὶ δὲ βούλει ταῦτα, τόνδε πέμψομεν
δέλτον φέροντα, σὺ δὲ θανεῖ· πολλὴ δέ τις   615
προθυμία σε τοῦδ' ἔχουσα τυγχάνει.

ΟΡΕΣΤΗΣ.

Θύσει δὲ τίς με καὶ τὰ δεινὰ τλήσεται;

ΙΦΙΓΕΝΕΙΑ.

Ἐγώ· θεᾶς γὰρ τήνδε προστροπὴν ἔχω.

ΟΡΕΣΤΗΣ.

Ἄζηλά γ', ὦ νεᾶνι, κοὐκ εὐδαίμονα.

ΙΦΙΓΕΝΕΙΑ.

Ἀλλ' εἰς ἀνάγκην κείμεθ' ἣν φυλακτέον.   620

NC. 607. *Palatinus:* σεσώσεται. — 608. Manuscrits : ἢ με. — 610. *Palatinus:* ὀρθός φίλος. — 618. Τήνδε, correction de Bothe pour τῆσδε.

ξυμφορὰς, σέσωσται αὐτός. — Ὅς ou ὅστις pour εἴ τις est un hellénisme qu'on trouve déjà dans Homère. Cf. *Il.* XIV, 81 : Βέλτερον, ὃς φεύγων προφύγῃ κακόν, ἠὲ ἁλώῃ.

610. Ὀρθῶς φίλος, vraiment ami. On cite *Androm*: 376 : Φίλων γὰρ οὐδὲν ἴδιον, οἵτινες φίλοι Ὀρθῶς πέφυκας', ἀλλὰ κοινὰ πράγματα. Sophocle, *Ant.* 99 : Ἄνους μὲν ἔρχει, τοῖς φίλοις δ' ὀρθῶς φίλη.

613. Πλὴν ὅσ(α), si ce n'est en tant que.

616. Τοῦδ(ε), c'est-à-dire τοῦ θανεῖν.

618. Θεᾶς γὰρ τήνδε προστροπὴν ἔχω, j'ai la fonction d'apaiser ainsi la déesse. Le substantif προστροπή, dérivé du verbe προστρέπεσθαι « s'adresser à quel- « qu'un », peut s'appliquer aussi bien à un sacrifice qu'à une prière. Cf. *Alc.* 1156 : Βωμούς τε κνισᾶν βουθύτοισι προστροπαῖς.

619. Ἄζηλα, fonction peu digne d'envie. En grec, le pluriel d'un substantif, ou d'un adjectif neutre tenant lieu de substantif, peut se rattacher comme apposition à un substantif au singulier. Cp. Sophocle, *Philoct.* 35 : Ἔκπωμα, φλαυρουργοῦ τινος Τεχνήματ' ἀνδρός.

620. Εἰς ἀνάγκην κείμεθ(α), *in necessitatem incidi.* Κεῖμαι équivaut souvent à τέθειμαι (ex. : κεῖται ἄεθλον), et ici à πέπτωκα. On comprend donc que ce verbe se construise avec la préposition εἰς : tout en exprimant le repos, il fait naître l'idée du mouvement qui précéda ce repos. C'est ainsi que « je me plaçais à côté de lui » se dirait en grec « ἔστην παρ' αὐτόν. »

ΙΦΙΓΕΝΕΙΑ Η ΕΝ ΤΑΥΡΟΙΣ.

ΟΡΕΣΤΗΣ.

Αυτή ξίφει θύουσα θήλυς άρσενας;

ΙΦΙΓΕΝΕΙΑ.

Ούκ· αλλά χαίτην αμφί σην χερνίψομαι.

ΟΡΕΣΤΗΣ.

Ὁ δὲ σφαγεὺς τίς; εἰ τάδ᾽ ἱστορεῖν με χρή.

ΙΦΙΓΕΝΕΙΑ.

Εἴσω δόμων τῶνδ᾽ εἰσὶν οἷς μέλει τάδε.

ΟΡΕΣΤΗΣ.

Τάφος δὲ ποῖος δέξεταί μ᾽ ὅταν θάνω; 625

ΙΦΙΓΕΝΕΙΑ.

Πῦρ ἱερὸν ἔνδον χάσμα τ᾽ εὐρωπὸν πέτρας.

ΟΡΕΣΤΗΣ.

Φεῦ·

πῶς ἄν μ᾽ ἀδελφῆς χεὶρ περιστείλειεν ἄν;

ΙΦΙΓΕΝΕΙΑ.

Μάταιον εὐχὴν, ὦ τάλας, ὅστις ποτ᾽ εἶ,
ηὔξω· μακρὰν γὰρ βαρβάρου ναίει χθονός.
Οὐ μὴν, ἐπειδὴ τυγχάνεις Ἀργεῖος ὤν, 630

NC. 626. Εὐρωπὸν χθονός (voir la note explicative) est une erreur de Diodore, qui citait apparemment de mémoire.

626. Εὐρωπόν. Les grammairiens grecs expliquent ce mot par σκοτεινόν ou par πλατύ, et ils attribuent aussi ces deux sens à l'adjectif εὐρώεις. D'après l'étymologie, εὐρωπός veut dire « vaste », et εὐρώεις « moisi, sombre. » — Les corps des victimes sont consumés par le feu sacré qui brûle dans un gouffre, une caverne souterraine. Diodore, XX, 14, a fait sur ce vers une observation déjà citée par Brodæus. La voici. Ἦν δὲ παρ᾽ αὐτοῖς (τοῖς Καρχηδονίοις) ἀνδριὰς Κρόνου χαλκοῦς, ἐκτετακὼς τὰς χεῖρας ὑπτίας ἐγκεκλιμένας ἐπὶ τὴν γῆν, ὥστε τὸν ἐπιτεθέντα τῶν παίδων ἀποκυλίεσθαι καὶ πίπτειν εἴς τι χάσμα πλῆρες πυρός. Εἰκὸς δὲ καὶ τὸν Εὐριπίδην ἐντεῦθεν εἰληφέναι τὰ μυθολογούμενα παρ᾽ αὐτῷ περὶ τὴν ἐν Ταύροις θυσίαν, ἐν οἷς εἰσάγει τὴν Ἰφιγένειαν ὑπὸ Ὀρέστου διερωτωμένην. « Τάφος δὲ ποῖος δέξεταί μ᾽ ὅταν θάνω, » ....

« Πῦρ ἱερὸν ἔνδον χάσμα τ᾽ εὐρωπὸν χθονός. » Il y a cependant cette différence, que les victimes dont parle Euripide avaient été mises à mort avant d'être jetées dans le gouffre ardent.

627. Πῶς ἄν ne diffère guère de εἴθε. Voy. la note sur le vers 208 d'*Hippolyte*, et *passim*.

629. Βαρβάρου χθονός dépend de μακράν. Quelques commentateurs, trop subtils suivant nous, ont assuré que ces mots étaient à double entente. Hermann dit : « Observanda consulto quæsita ambiguitas, « quum hæc verba etiam sic accipi pos- « sint, ut longe a Græcia remota inter « barbaros vivere dicatur. »

630. Οὐ μὴν...: ἀλλά. Ces particules sont ici séparées par une phrase incidente. Elles conservent cependant le sens de « néanmoins », qu'elles ont généralement.

ΙΦΙΓΕΝΕΙΑ Η ΕΝ ΤΑΥΡΟΙΣ.

ἀλλ᾽ ὧν γε δυνατὸν οὐδ᾽ ἐγὼ ᾽λείψω χάριν.
Πολύν τε γάρ σοι κόσμον ἐνθήσω τάφῳ,
ξανθῷ τ᾽ ἐλαίῳ σῶμα σὸν κατασβέσω,
καὶ τῆς ὀρείας ἀνθεμόρρυτον γάνος
ξουθῆς μελίσσης εἰς πυρὰν βαλῶ σέθεν. — 635
Ἀλλ᾽ εἶμι δέλτον τ᾽ ἐκ θεᾶς ἀνακτόρων
οἴσω· τὸ μέντοι δυσμενὲς μὴ ᾽μοῦ λάβῃς.
Φυλάσσετ᾽ αὐτοὺς, πρόσπολοι, δεσμῶν ἄτερ.
Ἴσως ἄελπτα τῶν ἐμῶν φίλων τινὶ
πέμψω πρὸς Ἄργος, ὃν μάλιστ᾽ ἐγὼ φιλῶ, 640
καὶ δέλτος αὐτῷ ζῶντας, οὓς δοκεῖ θανεῖν,
λέγουσ᾽ ἀπίστους ἡδονὰς ἀπαγγελεῖ.

ΧΟΡΟΣ.

Κατολοφυρόμεθα σὲ τὸν χερνίβων [Strophe.

NC. 631. Ἐγὼ ᾽λείψω, correction de Markland pour ἐγὼ λείψω. — 633. Pour κατασβέσω, on a proposé καταστελῶ (Musgrave), κατασκεδῶ (Geel), καταψεκῶ (Köchly). Cette dernière conjecture est la plus probable. Nous pensons cependant qu'avant de l'admettre dans le texte, il faudrait savoir positivement si les Attiques ont formé le futur ψεκῶ. — 635. Canter a corrigé la leçon εἰς πῦρ ἐμβαλών, née sans doute de l'orthographe πυραμβαλω. — 636. *Palatinus :* τε θεᾶς. — 637. *Palatinus :* εἴσω et μή μου βάλῃς. *Florentinus :* μή μου λάβῃς. Kirchhoff propose μή μοι ᾽γκαλῇς. — 642. On lisait λέγουσα πιστάς. J'ai écrit λέγουσ᾽ ἀπίστους, correction déjà proposée au XVIe siècle par Æmilius Portus, et qui me semble évidente, quoique les éditeurs ne l'aient pas admise. Les mots ζῶντας, οὓς δοκεῖ θανεῖν, λέγουσ(α) amènent nécessairement l'idée de ἄπιστος· — 643. J'ai écrit κατολοφυρόμεθα pour κατολοφύρομαι, afin que la strophe répondît exactement à l'antistrophe.

631. Ὧν γε δυνατόν. Comme les corps étaient jetés dans un gouffre, il n'était pas possible d'accomplir toutes les cérémonies, par exemple de recueillir les cendres.

632. Ἐνθήσω τάφῳ, je jetterai dans la flamme. Cf. Homère, *Od.* XXIV, 67 : Καῖέ ο δ᾽ ἐν τ᾽ ἐσθῆτι θεῶν καὶ ἀλείφατι πολλῷ Καὶ μέλιτι γλυκερῷ. Ce passage est développé dans les vers 632-635 d'Euripide.

633. Κατασβέσω est un non-sens : l'huile augmente la flamme et ne l'éteint pas. L'explication « Oleo affuso efficiam « ut citius consumpto corpore extinguatur « ignis » est plaisante. Voy. NC.

637. Τὸ μέντοι δυσμενὲς μὴ ᾽μοῦ λάβῃς, mais ce qu'il y a d'hostile (de cruel) dans le sort qu'on te prépare, ne le prends pas (ne le regarde pas) comme venant de moi. Il faut donner à λαμβάνειν le sens du latin *accipere.* Cf. Plutarque, *Cic.* XIII : Τοῦτο πρὸς ἀτιμίαν ὁ δῆμος ἔλαβεν.

638. Iphigénie a prononcé ce vers en ouvrant la porte du temple. C'est là que se trouvent les gardes qu'elle a renvoyés, vers 470, afin de s'entretenir plus librement avec les étrangers.

642. Ἀπίστους ἡδονάς, « Une bonne nouvelle incroyable; » expression hyperbolique pour « inespérée. » La même idée a été rendue par ἄελπτα au vers 639. À la vue du cadavre de Polymestor, Hécube s'écrie : Ἄπιστ᾽ ἄπιστα, καινὰ καινὰ δέρκομαι (*Héc.* 689).

643-645. Τὸν χερνίβων ῥανίσι μελόμενον, toi qui es cher (c'est-à-dire : qui es

ΙΦΙΓΕΝΕΙΑ Η ΕΝ ΤΑΥΡΟΙΣ.

ῥανίσι. . .
μελόμενον αἱμακταῖς.   645

ΟΡΕΣΤΗΣ.

Οἶκτος γὰρ οὐ ταῦτ', ἀλλὰ χαίρετ' ὦ ξέναι.

ΧΟΡΟΣ.

Σὲ δὲ τύχας, μακάριος ὦ νεανία,   [Antistrophe.]
σεβόμεθ', εἰς πάτραν
ὅτι πόδ' ἐπεμβάσει.

ΠΥΛΑΔΗΣ.

Ἄζηλά τοι φίλοισι, θνησκόντων φίλων.   650

ΧΟΡΟΣ.

Ὦ σχέτλιοι πομπαί,   [Épode.]
φεῦ φεῦ, διολλῦσαι,

NC. 644. L'accord antistrophique, d'abord signalé par Hermann, prouve qu'il manque ici trois syllabes formant un crétique. Je propose : ῥανίσιν, ὦ μέλεος. Prononcez ce dernier mot comme un disyllabe. — 647. Manuscrits : τύχας μάκαρος. Schoene et Kuchly : τύχας, μακάριος. Seidler : μάκαρος, ἰώ. Le mot νεανία est ici de trois syllabes. — 649. Elmsley a corrigé la leçon πότ' ἐπεμβάσει. — 650. La leçon ἄζηλα τοῖς φίλοισι a été rectifiée par Hermann. — 651-652. On lisait : Ὦ σχέτλιοι πομπαί. Φεῦ φεῦ, διόλλυσαι, en rapportant la première phrase à Pylade, et la seconde à Oreste. Cela ne serait intelligible qu'en y introduisant la conjecture de Dindorf : Σὺ δὲ διόλλυσαι. On comprendrait ainsi qu'il s'agit de deux personnes différentes : encore l'antithèse de πομπαί et de σύ laisserait-elle à désirer. Nous nous sommes borné à substituer διολλῦσαι a διόλλυσαι. Cette correction facile rétablit à la fois la continuité de la phrase, et le sens général du passage : car l'idée de διολλύναι doit porter sur les deux amis. Enfin, le mètre y gagne, puisque le second vers devient ainsi exactement pareil au premier.

dévoué) aux aspersions de l'eau lustrale. Cp. vers 184, et *Hélène*, 197 : Ἰλίου κατασκαφὰν πυρὶ μέλουσαν δαΐῳ. Pindare, *Ol.* I, 89, dit : Ἀρεταῖσι μεμαλότας υἱούς. — Αἱμακταῖς. Cp. la note sur δρόσον αἱματηράν, vers 443.

645. La tournure usuelle de cette phrase serait : Ἀλλ' οὐ γὰρ οἶκτος ταῦτα, χαίρετ', ὦ ξέναι. Voy. la note sur le vers 54 d'*Hippolyte*.

647-648. Σὲ δὲ τύχας σεβόμεθα équivaut à σὲ δὲ τύχης μακαρίζομεν.

649. Πόδ' ἐπεμβάσει. Cf. *Héracl.* 168 : Εἰς ἄντλον ἐμβήσει πόδα, et 802 : Ἐκ- βὰς τεθρίππων Ὕλος ἁρμάτων πόδα. Les poètes grecs disent de même βαίνειν πόδα, προβαίνειν πόδα. Ces tournures s'expliquent par la phrase assez analogue

βαίνειν βάσιν, laquelle n'offre aucune difficulté.

650. Les mots ἄζηλά τοι φίλοισι se rattachent, comme une apposition, à la phrase εἰς πάτραν πόδ' ἐπεμβάσει. Triste bonheur pour un ami, dit Pylade, s'il faut l'acheter de la mort de son ami!

651. En voyant la sérénité d'Oreste et la douleur de Pylade, le chœur change de langage. Il comprend que la mission qui sauve la vie de l'un des deux amis n'est pas moins funeste pour celui qui part que pour celui qui meurt, et il se demande lequel est le plus à plaindre. Ὦ σχέτλιοι... μᾶλλον, *o improba missio* (hei hei) *pessumdans* (eheu eheu), *utrumne magis?* Διολλῦσαι semble demander pour régime ἀμφότερον. Mais, comme la langue grec-

ΙΦΙΓΕΝΕΙΑ Η ΕΝ ΤΑΥΡΟΙΣ.

αἰαῖ αἰαῖ,
πότερον οὖν μᾶλλον;
ἔτι γὰρ ἀμφίλογα δίδυμα μέμονε φρήν,
σὲ πάρος ἢ σ᾽ ἀναστενάξω γόοις. 655

ΟΡΕΣΤΗΣ.

Πυλάδη, πέπονθας ταὐτά, πρὸς θεῶν, ἐμοί;

ΠΥΛΑΔΗΣ.

Οὐκ οἶδ᾽· ἐρωτᾷς οὐ λέγειν ἔχοντά με.

ΟΡΕΣΤΗΣ.

Τίς ἐστὶν ἡ νεᾶνις; ὡς Ἑλληνικῶς 660
ἀνήρεθ᾽ ἡμᾶς τούς τ᾽ ἐν Ἰλίῳ πόνους
νόστον τ᾽ Ἀχαιῶν, τόν τ᾽ ἐν οἰωνοῖς σοφὸν
Κάλχαντ᾽ Ἀχιλλέως τ᾽ ὄνομα, καὶ τὸν ἄθλιον
Ἀγαμέμνον᾽· ὡς ᾤκτειρεν ἠρώτα τέ με
γυναῖκα παῖδάς τ᾽. Ἔστιν ἡ ξένη γένος 665
ἐκεῖθεν Ἀργειῶτις· οὐ γὰρ ἄν ποτε
δέλτον τ᾽ ἔπεμπε καὶ τάδ᾽ ἐξεμάνθανεν,
ὡς κοινὰ πράσσουσ᾽, Ἄργος εἰ πράσσει καλῶς.

NC. 654. Les manuscrits portent πότερος, ὁ μέλλων, leçon qui ne satisfait ni au sens, ni à la mesure. La conjecture de Musgrave : πότερος ὁ μᾶλλον est extrêmement obscure. En considérant l'ensemble de la phrase, on verra qu'il faut : πότερον οὖν μᾶλλον. Comme ου était primitivement identique à ο, et que ν s'omet facilement, οὖν pouvait être pris pour ὁ, première erreur qui entraîna le changement de πότερον en πότερος. — 655. La leçon ἀμφίλογα (ou ἀμφίβολα) a été corrigée dans la vieille édition de Brubach. — Manuscrits μέμηνε, avec indication de la variante μέμονε. — 657. Ταὐτά, correction d'Elmsley pour ταὐτό. — 664. Manuscrits : ᾤκτειρεν ἀνηρώτα. En comparant le vers 661, on comprendra pourquoi nous avons préféré, avec Markland et Kochly, ᾤκτειρεν ἠρώτα à ᾤκτειρ᾽ ἀνηρώτα. — 666. Ἀργειῶτις, correction de Nauck pour ἀργεία τις. — 668. Hermann et d'autres : εἰ πράσσοι. Nous pensons avec Klotz que ce changement n'est pas nécessaire.

que permet d'introduire la tournure interrogative au milieu ou à la fin d'une phrase, le poète ajoute une idée nouvelle, en remplaçant ἀμφότερον par πότερον οὖν μᾶλλον; Quant à l'expression hyperbolique de cette idée, cp. *Hippol.* 839, où Thésée, ayant appris la mort subite de Phèdre, s'écrie : Ἀπώλεσας γὰρ μᾶλλον ἢ κατέφθισο.

655. Ἔτι γὰρ.... φρήν, mon cœur agite encore deux idées qui se combattent, c'est-à-dire : mon cœur flotte incertain entre deux partis. Hésychius explique μέμονε par θέλει, ὁρμᾷ. Cf. Homère, *Il.* XVI, 435 : Διχθὰ δέ μοι κραδίη μέμονε φρεσὶν ὁρμαίνοντι.

660. Ἑλληνικῶς. D'une manière qui indique qu'elle ne prétend pas seulement être Grecque, mais qu'elle l'est en effet.

668. Ὡς κοινά.... καλῶς, en personne qui prend sa part de bonheur, si Argos est prospère.

ΙΦΙΓΕΝΕΙΑ Η ΕΝ ΤΑΥΡΟΙΣ. 497

ΠΥΛΑΔΗΣ.

Ἔφθης με μικρόν· ταὐτὰ δὲ φθάσας λέγεις,
πλὴν ἕν· τὰ γάρ τοι βασιλέων παθήματα   670
ἴσασι πάντες, ὧν ἐπιστροφή τις ἦν. —
Ἀτὰρ διῆλθον χἄτερον λόγον τινά.

ΟΡΕΣΤΗΣ.

Τίν'; Εἰς τὸ κοινὸν δοὺς ἄμεινον ἂν μάθοις.

ΠΥΛΑΔΗΣ.

Αἰσχρὸν θανόντος σοῦ βλέπειν ἡμᾶς φάος·
κοινῇ τ' ἔπλευσα, δεῖ με καὶ κοινῇ θανεῖν.   675
Καὶ δειλίαν γὰρ καὶ κάκην κεκτήσομαι
Ἄργει τε Φωκέων τ' ἐν πολυπτύχῳ χθονί,
δόξω δὲ τοῖς πολλοῖσι, πολλοὶ γὰρ κακοί,

NC. 669. *Palatinus* : ταῦτα et φράσας. Bergk propose : ταὐτὰ δ' ἐκφράσας ἔχεις. — 670. Hermann a corrigé la leçon τὰ γὰρ τῶν βασιλέων. — 672. Manuscrits : διῆλθε. La correction de Seidler : διῆλθον, est nécessaire, quoi qu'on en ait dit. La réponse d'Oreste se rapporte évidemment à un raisonnement que Pylade a fait à part soi. La réplique de Pylade (v. 674) s'accorde aussi mieux avec διῆλθον. — 675. Les conjectures κοινῇ δὲ πλεύσας (Elmsley) et κοινῇ 'ξέπλευσα (Badham) sont inutiles.

670. Πλὴν ἕν. Il est évident que ἕν désigne le point qui sera expliqué dans la phrase immédiatement suivante (τὰ γάρ.... ἦν) et liée à celle-ci au moyen de la particule γάρ « en effet ». On ne doit pas entendre par ἕν le nouveau sujet auquel Pylade passera au vers 672.

671. Πάντες, ὧν ἐπιστροφή τις ἦν, tous ceux qui ont eu quelque commerce avec les hommes, qui sont visités par des étrangers. Cp. Homère, *Od.* I, 177 : Ἐπεὶ καὶ κεῖνος ἐπίστροφος ἦν ἀνθρώπων, car il avait beaucoup de commerce avec les hommes. Euripide, *Hel.* 440 : Κατθανεῖ Ἕλλην πεφυκώς, οἷσιν οὐκ ἐπιστροφαί, à qui l'accès de ce pays est interdit. *Ib.* 80 : Τί Νείλου τούσδ' ἐπιστρέφει γύας; — Grotius traduisait : « Sciunt, « sciendi cura quos aliqua occupat. » D'autres rapportent ὧν à βασιλέων ou à παθήματα, et pensent que la phrase incidente signifie : « dont les hommes se sont quelque peu occupés. »

673. Pylade ayant dit qu'il a encore fait un autre raisonnement (ἀτὰρ διῆλθον χἄτερον λόγον τινά), Oreste répond : Τίν'; εἰς τὸ κοινὸν δοὺς ἄμεινον ἂν μάθοις, lequel? en le communiquant, tu le comprendras, sans doute, mieux. Hermann cite à propos Platon, *Phèdre*, p. 238 B : Λεχθὲν δὲ ἢ μὴ λεχθὲν πάντως σαφέστερον, et *Lysis*, p. 248 E : Εἰκότως γε, ἦν δ' ἐγώ· ἀλλ' ὧδε ἴσως ἀκολουθήσεις, οἴμαι δὲ καὶ ἐγὼ μᾶλλον εἴσομαι ὅ τι λέγω. — Ce vers et le précédent ouvrent la seconde partie de ce dialogue, comme les deux monostiques 657 sq. en avaient ouvert la première partie.

675. Καὶ est le corrélatif de τε. S'il y avait κοινῇ τ' ἔπλευσα, καί με δεῖ κοι ῇ θανεῖν, personne n'aurait songé à modifier le texte. Euripide a rapproché καί du second κοινῇ pour mieux faire ressortir l'antithèse. [Kœchly.] Cp. d'ailleurs les vers 599 sq., auxquels Pylade répond ici en se servant de la même image.

676. Δειλίαν κεκτήσομαι équivaut à δειλίας δόξαν κεκτήσομαι. Voy. la note sur δύσκλειαν ἐκτήσαντο καὶ ῥαθυμίαν. *Méd.* 218.

προδούς σεσῶσθαί σ' αὐτὸς εἰς οἴκους μόνος,
ἢ κἀφεδρεύσας ἐπὶ νοσοῦσι δώμασιν
ῥάψαι μόρον σοι σῆς τυραννίδος χάριν,
ἔγκληρον ὡς δὴ σὴν κασιγνήτην γαμῶν.
Ταῦτ' οὖν φοβοῦμαι καὶ δι' αἰσχύνης ἔχω,
κοὐκ ἔσθ' ὅπως οὐ χρὴ συνεκπνεῦσαί μέ σοι
καὶ συσφαγῆναι καὶ πυρωθῆναι δέμας,
φίλον γεγῶτα καὶ φοβούμενον ψόγον.

ΟΡΕΣΤΗΣ.

Εὔφημα φώνει· τἀμὰ δεῖ φέρειν κακά·
ἁπλᾶς δὲ λύπας ἐξὸν, οὐκ οἴσω διπλᾶς.
Ὃ γὰρ σὺ λυπρὸν κἀπονείδιστον λέγεις,
ταῦτ' ἔστιν ἡμῖν, εἴ σε συμμοχθοῦντ' ἐμοὶ
κτενῶ· τὸ μὲν γὰρ εἰς ἔμ' οὐ κακῶς ἔχει,

680

685

690

NC. 679. Προδοὺς σεσῶσθαί σ' αὐτός, correction d'Elmsley pour προδούς τε σώζεσθ' αὐτός. L'élision de la diphthongue de σώζεσθαι ne semble pas admissible dans la tragédie. Cf. d'ailleurs vers 607. — 680. Ἡ κἀφεδρεύσας, excellente correction de Lobeck pour ἢ καὶ φονεῦσαι. Bergk propose φονεῦσαί σ' et, au vers suivant, ῥάψας. — 682. Ce vers est condamné sans motif suffisant par Dindorf, Nauck et Bergk. — 687. Porson a proposé φέρειν ἐμέ. Bergk : τἄμ' ἄλις φέρειν κακά. — 690. Ταῦτ', conjecture de L. Dindorf, dénature le sens de ce passage (voir la note explicative).

679. Προδοὺς σεσῶσθαί σ(ε). La place donnée au pronom σε met en relief l'idée de σεσῶσθαι, opposée à celle de προδούς. Cp. *Hécube*, 503, et *Ion*, 293 : Καὶ πῶς ξένος σ' ὢν ἔσχεν οὖσαν ἐγγενῆ.

680-682. Voici le sens de ces trois vers : « Ou bien même, ἢ κ(αὶ), dira-t-on qu'à l'affût d'une maison bouleversée, νοσοῦσι (par la mort d'Agamemnon et la démence d'Oreste), j'ai tramé ta mort afin de m'emparer de ton sceptre, en ma qualité d'époux de ta sœur, devenue héritière. » — '(Ε)φεδρεύσας ἐπὶ νοσοῦσι δώμασιν. Aristote, *Polit*. II, ix, dit que les Ilotes sont un danger permanent pour Sparte : ὥσπερ γὰρ ἐφεδρεύοντες τοῖς ἀτυχήμασι διατελοῦσιν. — Ἔγκληρον équivaut à ἐπίκληρον. — Γαμῶν, ayant épousé, étant l'époux. Le présent est mis pour le passé : cp. le vers 23, et Eschyle, *Prom*. 107 : Θνητοῖς γὰρ γέρα Πορὼν ἀνάγκαις ταῖσδ' ὑπέζευγμαι τάλας· Ναρθηκοπλήρωτον δὲ θηρῶμαι πυρὸς Πηγὴν κλοπαίαν, ἣ διδάσκαλος τέχνης Πάσης βροτοῖς πέφηνε. On pourrait facilement multiplier les exemples.

687. Τἀμὰ δεῖ φέρειν κακά. Oreste dit qu'il ne peut faire autrement que de porter ses malheurs; mais qu'il ne veut pas y ajouter les malheurs de l'ami. Cette dernière idée est rendue, sous une autre forme, dans le vers suivant.

689-694. Ὃ γὰρ σύ.... κτενῶ, la douleur et la honte dont tu parles, elles tomberont sur moi, si je te fais mourir, toi, le compagnon volontaire de mes infortunes. Oreste ne dit pas qu'il a les mêmes raisons (ταῦτ' ἐστὶν ἡμῖν) que Pylade de refuser le sacrifice de l'ami; il dit que c'est lui qui a ces raisons (ταῦτ' ἐστὶν ἡμῖν), et que Pylade ne les a pas....

ΙΦΙΓΕΝΕΙΑ Η ΕΝ ΤΑΥΡΟΙΣ.   499

πράσσονθ' ἃ πράσσω πρὸς θεῶν, λύειν βίον.
Σὺ δ' ὄλβιός τ' εἶ καθαρά τ', οὐ νοσοῦντ', ἔχεις
μέλαθρ', ἐγὼ δὲ δυσσεβῆ καὶ δυστυχῆ.
Σωθεὶς δὲ παῖδας ἐξ ἐμῆς ὁμοσπόρου   695
κτησάμενος, ἣν ἔδωκά σοι δάμαρτ' ἔχειν,
ὄνομά τ' ἐμοῦ γένοιτ' ἄν, οὐδ' ἄπαις δόμος
πατρῷος οὑμὸς ἐξαλειφθείη ποτ' ἄν.
Ἀλλ' ἕρπε καὶ ζῆ καὶ δόμους οἴκει πατρός.
Ὅταν δ' ἐς Ἑλλάδ' ἱππιόν τ' Ἄργος μόλῃς,   700
πρὸς δεξιᾶς σε τῆσδ' ἐπισκήπτω τάδε·
τύμβον τε χῶσον κἀπίθες μνημεῖά μοι,
καὶ δάκρυ' ἀδελφὴ καὶ κόμας δότω τάφῳ.
Ἄγγελλε δ' ὡς ὄλωλ' ὑπ' Ἀργείας τινὸς
γυναικός, ἀμφὶ βωμὸν ἁγνισθεὶς φόνῳ.   705
Καὶ μὴ προδῷς μου τὴν κασιγνήτην ποτὲ,
ἔρημα κήδη καὶ δόμους ὁρῶν πατρός.

NC. 692. Manuscrits : λήσειν, avec la variante λήγειν; peut-être aussi λύσειν. Is. Vossius : λύειν. Badham : λιπεῖν. — 707. L'ancienne vulgate : δόμους προδούς, ainsi que ὡς πόλλ' pour ὦ πόλλ' au vers 710, vient de l'édition Aldine.

692. Πράσσονθ' ἃ πράσσω πρὸς θεῶν, me trouvant dans la situation (infortunée) où les dieux m'ont jeté. — Λύειν βίον, *vitam solvere, vita defungi*, indique mieux que λιπεῖν βίον que c'est une délivrance pour Oreste que de mourir.

695-696. Σωθείς.... κτησάμενος, ayant eu des enfants après avoir échappé à la mort. Les Grecs subordonnent ainsi deux ou même plusieurs participes l'un à l'autre.

697-698. Ὄνομά τ' ἐμοῦ γένοιτ' ἄν est irrégulier, à la suite de κτησάμενος. Nous dirions : « Tu pourras perpétuer mon nom ». Mais les Grecs ne craignaient pas ces licences d'un langage qui se laisse aller naturellement. Cf. *Hipp.* 23 et la note. L'ombre de Clytemnestre dit chez Eschyle, *Eum.* 100 : Παθοῦσα δ' οὕτω δεινὰ πρὸς τῶν φιλτάτων, Οὐδεὶς ὑπέρ μου δαιμόνων μηνίεται. — Pour ce qui est des idées exprimées dans ces deux vers, Oreste entend qu'en épousant Électre, le seul enfant survivant et l'héritière d'Agamemnon, Pylade perpétue, non la maison de Strophius, son propre père, mais la maison d'Agamemnon. Les enfants qui naîtront de ce mariage seront des Atrides, et Oreste sera l'objet de leur culte domestique. Voir, sur les principes qui réglaient chez les Grecs la succession des filles, ou plutôt la transmission des biens et du culte par les filles, Fustel de Coulanges, *la Cité antique*, p. 90.

699. Δόμους οἴκει πατρός. D'après ce qu'on a vu dans la note précédente, il faut entendre la maison du père d'Oreste.

700. Ἱππιόν τ' Ἄργος. On cite Ἄργος ἐς ἱππόβοτον, Homère, *Il.* III, 75 et *passim*. Ces épithètes rappellent les guerriers nobles, qui combattent à cheval.

702. Τύμβον τε χῶσον. Ce tombeau ne peut être qu'un cénotaphe. Voilà, d'ailleurs, les commencements de ce culte domestique que nous avons rappelé aux vers 697 sq.

704-705. Construisez : ἁγνισθεὶς φόνῳ ὑπὸ Ἀργείας τινὸς γυναικός, purifié pour la mort (c'est-à-dire : dévoué au sacrifice au moyen de l'eau lustrale) par une femme d'Argos. Cf. v. 40 et v. 622

707. Ἔρημα κήδη.... πατρός, voyant

ΙΦΙΓΕΝΕΙΑ Η ΕΝ ΤΑΥΡΟΙΣ.

Καὶ χαῖρ'· ἐμῶν γὰρ φίλτατόν σ' εὗρον φίλων,
ὦ συγκυναγὲ καὶ συνεκτραφεὶς ἐμοί,
ὦ πόλλ' ἐνεγκὼν τῶν ἐμῶν ἄχθη κακῶν. 710
Ἡμᾶς δ' ὁ Φοῖβος μάντις ὢν ἐψεύσατο·
τέχνην δὲ θέμενος ὡς προσώταθ' Ἑλλάδος
ἀπήλασ' αἰδοῖ τῶν πάρος μαντευμάτων.
Ὧι πάντ' ἐγὼ δοὺς τἀμὰ καὶ πεισθεὶς λόγοις,
μητέρα κατακτὰς αὐτὸς ἀνταπόλλυμαι. 715

ΠΥΛΑΔΗΣ.

Ἔσται τάφος σοι, καὶ κασιγνήτης λέχος
οὐκ ἂν προδοίην, ὦ τάλας, ἐπεὶ οὔ σ' ἐγὼ
βλέποντα μᾶλλον ἢ θανόνθ' ἔξω φίλον.
Ἀτὰρ τὸ τοῦ θεοῦ σ' οὐ διέφθορέν γέ πω
μάντευμα, καίτοι γ' ἐγγὺς ἕστηκας φόνου. 720
Ἀλλ' ἔστιν ἔστιν ἡ λίαν δυσπραξία
λίαν διδοῦσα μεταβολάς, ὅταν τύχῃ.

ΟΡΕΣΤΗΣ.

Σίγα· τὰ Φοίβου δ' οὐδὲν ὠφελεῖ μ' ἔπη·
γυνὴ γὰρ ἥδε δωμάτων ἔξω περᾷ.

NC. 713. Manuscrits : ἀπήλασεν. — 717-718. On lisait : ἐπεί σ' ἐγὼ ‖ θανόντα μᾶλλον ἢ βλέπονθ' ἔξω φίλον, car tu me seras plus cher mort que vivant. Pourquoi cela? La tragédie grecque aime les sentiments naturels. Euripide a dû écrire : ἐπεὶ οὔ σ' ἐγὼ βλέποντα μᾶλλον ἢ θανόνθ'. L'omission de οὐ après ἐπεὶ a entraîné la transposition des deux participes. — 719. Manuscrits : τὸ τοῦ θεοῦ γ' οὐ διέφθειρέν μέ πω, ou διέφθορέν μέ πω. Vulgate : σέ πω. Nauck a transposé les enclitiques γε et σε. — 720. « Καίτοι γ' vix sanum. » [Nauck.] Peut-être : καίπερ ἐγγὺς ἑστῶτος φόνου.

dans quel abandon se trouvent la famille à laquelle tu t'es allié (en épousant Électre) et la maison de mon père.

709. Ὦ συγκυναγὲ καὶ συνεκτραφεὶς ἐμοί. La chasse faisait partie de l'éducation d'un jeune Grec. En parlant des anciennes institutions d'Athènes, Isocrate dit, Aréop. 48 : Τοὺς δὲ βίον ἱκανὸν κεκτημένους περὶ τὴν ἱππικὴν καὶ τὰ γυμνάσια καὶ τὰ κυνηγέσια…. ἠνάγκασαν διατρίβειν.

712. Τέχνην θέμενος équivaut à τεχνησάμενος, δόλῳ χρησάμενος. La traduction « m'ayant dressé un piége » n'est pas tout à fait exacte. Ne négligeons pas la différence entre θέμενος et θείς.

713. Τῶν πάρος μαντευμάτων. Il faut entendre l'oracle qui ordonnait à Oreste de tuer sa mère.

717-718. Ἐπεὶ οὔ σ' ἐγὼ … φίλον, quandoquidem te non vivum magis quam mortuum carum habebo, car, mort, tu ne me seras pas moins cher que vivant. — La synérèse ἐπεὶ οὐ se trouve chez les poëtes attiques, comme chez Homère.

721-722. Ἔστιν…. διδοῦσα μεταβολάς, elle permet des changements, elle se prête aux révolutions. — Ὅταν τύχῃ, « quum ita fors tulerit. »

724. Γυνὴ γάρ…. L'arrivée de la pré-

ΙΦΙΓΕΝΕΙΑ Η ΕΝ ΤΑΥΡΟΙΣ.   501

ΙΦΙΓΕΝΕΙΑ.

Ἀπέλθεθ' ὑμεῖς καὶ παρευτρεπίζετε   725
τἄνδον μολόντες τοῖς ἐφεστῶσι σφαγῇ. —
Δέλτου μὲν αἵδε πολύθυροι διαπτυχαί,
ξένοι, πάρεισιν· ἃ δ᾽ ἐπὶ τοῖσδε βούλομαι,
ἀκοῦσατ᾽· οὐδεὶς αὐτὸς ἐν πόνοις ἀνὴρ
ὅταν τε πρὸς τὸ θάρσος ἐκ φόβου πέσῃ.   730
Ἐγὼ δὲ ταρβῶ μὴ ἀπονοστήσας χθονὸς
θῆται παρ᾽ οὐδὲν τὰς ἐμὰς ἐπιστολὰς
ὁ τήνδε μέλλων δέλτον εἰς Ἄργος φέρειν.

ΟΡΕΣΤΗΣ.

Τί δῆτα βούλει; τίνος ἀμηχανεῖς πέρι;

ΙΦΙΓΕΝΕΙΑ.

Ὅρκον δότω μοι τάσδε πορθμεύσειν γραφάς   735
[πρὸς Ἄργος, οἷσι βούλομαι πέμψαι φίλων].

NC. 727. Πολύθυροι, chez Aristote, *Rhét*. III, 6. Les manuscrits d'Euripide portent πολύθρηνοι. — 728. Pierson a corrigé la leçon ξένοις. — 729. Manuscrits : αὐτός. — 731. Kirchhoff veut χθόνα. Koehly écrit δόμον. — 733. *Palatinus*: ὅταν δέ, changé par la seconde main en : ὁ τόνδε. — 736. Ce vers, suspect à Badham, a été mis entre crochets par Nauck.

tresse est la raison pour laquelle Pylade doit se taire, et aussi celle qui fait qu'Oreste se considère comme perdu, malgré l'oracle d'Apollon.

725. Ὑμεῖς. Iphigénie s'adresse aux hommes qui ont gardé les prisonniers pendant l'absence de la prêtresse : voy. v. 638. Elle les avait déjà renvoyés sous le même prétexte au vers 470.

727. Δέλτου πολύθυροι διαπτυχαί. Cette périphrase poétique, pour désigner une lettre plusieurs fois pliée, a pour point de départ un trope usuel. Les Attiques appelaient les plis d'une lettre θύρας ou θυρίδας, et ils disaient en particulier γραμματεῖον δίθυρον (voy. Pollux, *Onom*. IV, 18; X, 57, et Hésychius, art. θυρίδας). Aristote, *Rhet*. III, 6, cite notre passage en faisant observer que l'emploi du pluriel pour le singulier est un moyen de donner de la dignité au discours : (εἰς ὄγκον τῆς λέξεως συμβάλλεται) καὶ τὸ ἐν πολλὰ ποιεῖν, ὅπερ οἱ ποιηταὶ ποιοῦσιν· ἑνὸς ὄντος λιμένος ὅμως λέ-γουσι « λιμένας εἰς Ἀχαϊκούς, » καὶ « δέλτου μὲν αἵδε πολύθυροι διαπτυχαί. »

729-730. Οὐδεὶς.... πέσῃ. Les hommes ne sont pas les mêmes sous le coup d'un danger et lorsque, la crainte passée (ἐκ φόβου), ils reviennent à la confiance. Πίπτειν ἔκ τινος εἴς τι, être jeté, passer, d'une situation à une autre.

731. Ἀπονοστήσας χθονός, revenu de ce pays. Il est vrai que le verbe ἀπονοστεῖν se construit plutôt avec l'accusatif du lieu où l'on retourne qu'avec le génitif du lieu que l'on quitte. Voy. NC.

735. Comme tout ce dialogue est en monostiques, la symétrie semble demander qu'Iphigénie ne réponde pas ici par un distique. Faisons d'ailleurs remarquer que, grâce à la suppression du vers 736, le morceau relatif au serment se compose de deux groupes de neuf vers : le premier (734-743) échangé entre Oreste et Iphigénie, le second (744-752) échangé entre Iphigénie et Pylade. Avec le vers 753 on passe à un autre sujet.

ΟΡΕΣΤΗΣ.
Ἦ κἀντιδώσεις τῷδε τοὺς αὐτοὺς λόγους;
ΙΦΙΓΕΝΕΙΑ.
Τί χρῆμα δράσειν ἢ τί μὴ δράσειν; λέγε.
ΟΡΕΣΤΗΣ.
Ἐκ γῆς ἀφήσειν μὴ θανόντα βαρβάρου.
ΙΦΙΓΕΝΕΙΑ.
Δίκαιον εἶπας· πῶς γὰρ ἀγγείλειεν ἄν;   740
ΟΡΕΣΤΗΣ.
Ἦ καὶ τύραννος ταῦτα συγχωρήσεται;
ΙΦΙΓΕΝΕΙΑ.
Πείσω σφε, καὐτὴ ναὸς εἰσβήσω σκάφος.
ΟΡΕΣΤΗΣ.
Ὄμνυ· σὺ δ' ἔξαρχ' ὅρκον ὅστις εὐσεβής.
ΙΦΙΓΕΝΕΙΑ.
Δώσω, λέγειν χρὴ, τήνδε τοῖσι σοῖς φίλοις.
ΠΥΛΑΔΗΣ.
Τοῖς σοῖς φίλοισι γράμματ' ἀποδώσω τάδε.   745
ΙΦΙΓΕΝΕΙΑ.
Κἀγὼ σὲ σώσω κυανέας ἔξω πέτρας.
ΠΥΛΑΔΗΣ.
Τίν' οὖν ἐπόμνυς τοισίδ' ὅρκιον θεῶν;
ΙΦΙΓΕΝΕΙΑ.
Ἄρτεμιν, ἐν ἧσπερ δώμασιν τιμὰς ἔχω.

NC. 737. Nauck propose τῶνδε pour τῷδε. — 742. *Palatinus* et *Florentinus* : ναί. πείσω σφε. La glose ναί est supprimée dans quelques manuscrits secondaires. — 744. Τοῖσι σοῖς φίλοις, correction de Bothe pour τοῖς ἐμοῖς φίλοις, qui est une mauvaise leçon dont l'origine s'explique facilement. D'autres écrivent δώσειν ou δώσεις pour δώσω. Les anciennes éditions attribuent δώσω à Pylade. — 746. Markland a corrigé la leçon ἐπόμνυς τοῖσιν.

737. Ἦ.... τοὺς αὐτοὺς λόγους; Lui rendras-tu serment pour serment?
740. Πῶς γὰρ ἀγγείλειεν ἄν; sous-entendu ἄλλως. Cf. la note sur le vers 1239 d'*Iph. Aul.*
742. Καὐτὴ ναὸς εἰσβήσω σκάφος, et moi-même je ferai monter (Pylade) à bord d'un vaisseau.

743. Ὄμνυ.... εὐσεβής. « Tu, Pylades, « jura; tu vero », Iphigenia, præi verba « jusjurandi cujuslibet quod pium sit. » [Heath.]
746. Κυανέας.... πέτρας. Cf. v. 241.
747. Τίν' οὖν ἐπόμνυς τοισίδ' ὅρκιον θεῶν; en invoquant quel dieu comme témoin et garant de ce serment?

ΙΦΙΓΕΝΕΙΑ Η ΕΝ ΤΑΥΡΟΙΣ. 503

ΠΥΛΑΔΗΣ.
Ἐγὼ δ' ἄνακτά γ' οὐρανοῦ, σεμνὸν Δία.
ΙΦΙΓΕΝΕΙΑ.
Εἰ δ' ἐκλιπὼν τὸν ὅρκον ἀδικοίης ἐμέ; 750
ΠΥΛΑΔΗΣ.
Ἄνοστος εἴην. Τί δὲ σὺ, μὴ σώσασά με;
ΙΦΙΓΕΝΕΙΑ.
Μήποτε κατ' Ἄργος ζῶσ' ἴχνος θείην ποδός. —
ΠΥΛΑΔΗΣ.
Ἄκουε δή νυν ὃν παρήλθομεν λόγον.
ΙΦΙΓΕΝΕΙΑ.
Ἀλλ' οὔτις ἔστ' ἄκαιρος, ἢν καλῶς ἔχῃ.
ΠΥΛΑΔΗΣ.
Ἐξαίρετόν μοι δὸς τόδ', ἤν τι ναῦς πάθῃ, 755
χἡ δέλτος ἐν κλύδωνι χρημάτων μέτα
ἀφανὴς γένηται, σῶμα δ' ἐκσώσω μόνον,
τὸν ὅρκον εἶναι τόνδε μηκέτ' ἔμπεδον.
ΙΦΙΓΕΝΕΙΑ.
Ἀλλ' οἶσθ' ὃ δράσω; πολλὰ γὰρ πολλῶν κυρεῖ.
Τἀνόντα κἀγγεγραμμέν' ἐν δέλτου πτυχαῖς 760
λόγῳ φράσω σοι πάντ' ἀναγγεῖλαι φίλοις.
Ἐν ἀσφαλεῖ γάρ· ἢν μὲν ἐκσώσῃς γραφὴν,

NC. 749. Nauck propose : ἀνάκτορ' οὐρανοῦ. — 754. Bothe a corrigé d'une manière évidente la leçon inintelligible, quoi que certains éditeurs en aient dit, ἀλλ' αὖτις ἔσται καινός. La conjecture de Pierson : ἀλλ' αὖθις ἔσται καιρός n'est pas satisfaisante. — 756. Koehly propose σελμάτων μέτα. — 761. Elmsley voulait ἀπαγγεῖλαι. Voir la note explicative.

754. Ἀλλ' οὔτις.... ἔχῃ. Comme Pylade demande à ajouter une chose dont on a oublié de parler, Iphigénie répond qu'il y a toujours de l'à-propos à parler d'une chose qui est bonne à dire.

755. Ἐξαίρετόν μοι δός τόδ(ε), « excep-« tionem mihi hanc da. »

756. Χρημάτων μέτα. Ces mots, qui sont opposés à σῶμα μόνον (vers 757), indiquent que Pylade fera tous ses efforts pour conserver la lettre, et qu'il ne se croirait délié de son serment que dans le cas où le vaisseau périrait avec tous les biens.

759. Πολλὰ γὰρ πολλῶν κυρεῖ, « multa « enim multa obtinent, aut : per plurima plu-« rimis prospicitur. » [Heath.] Beaucoup de précautions font beaucoup réussir, c'est-à-dire : on arrive d'autant plus sûrement au but, qu'on prend plus de précautions.

761. Ἀναγγεῖλαι, rapporter, redire ce que je vais te dire. Ailleurs ἀναγγέλλειν se dit du rapport fait au retour d'une mission; mais ce sens ne convient pas à ce passage.

αὕτη φράσει σιγῶσα τἀγγεγραμμένα·
ἢν δ' ἐν θαλάσσῃ γράμματ' ἀφανισθῇ τάδε,
τὸ σῶμα σώσας τοὺς λόγους σώσεις ἐμοί. 765

ΠΥΛΑΔΗΣ.

Καλῶς ἔλεξας τῶν τε σῶν ἐμοῦ θ' ὕπερ.
Σήμαινε δ' ᾧ χρὴ τάσδ' ἐπιστολὰς φέρειν
πρὸς Ἄργος ὅ τι τε χρὴ κλύοντά σου λέγειν.

ΙΦΙΓΕΝΕΙΑ.

Ἄγγελλ' Ὀρέστῃ, παιδὶ τἀγαμέμνονος·
ἡ 'ν Αὐλίδι σφαγεῖσ' ἐπιστέλλει τάδε 770
ζῶσ' Ἰφιγένεια, τοῖς ἐκεῖ δ' οὐ ζῶσ' ἔτι.

ΟΡΕΣΤΗΣ.

Ποῦ δ' ἔστ' ἐκείνη; κατθανοῦσ' ἥκει πάλιν;

ΙΦΙΓΕΝΕΙΑ.

Ἥδ' ἣν ὁρᾷς σύ· μὴ λόγοις ἔκπλησσέ με.
Κόμισαί μ' ἐς Ἄργος, ὦ σύναιμε, πρὶν θανεῖν,
ἐκ βαρβάρου γῆς καὶ μετάστησον θεᾶς 775
σφαγίων, ἐφ' αἷσι ξενοφόνους τιμὰς ἔχω.

ΟΡΕΣΤΗΣ.

Πυλάδη, τί λέξω; ποῦ ποτ' ὄνθ' εὑρήμεθα;

ΙΦΙΓΕΝΕΙΑ.

Ἢ σοῖς ἀραία δώμασιν γενήσομαι,

NC. 765. Peut-être : σώσεις ἅμα. [Heimsoeth, *Kritische Studien*, I, p. 68.] — 766. M. Haupt a corrigé la leçon τῶν θεῶν ἐμοῦ θ' ὕπερ. — 769. Manuscrits : τῶ 'γαμέμνονος. — 773. Probablement : μὴ λόγων. [Seidler.] — 776. *Palatinus* : ξενοκτόνους.

763. Φράσει σιγῶσα. Il y a ici le germe de l'énigme que Sapho proposait dans une comédie d'Antiphane (Athénée, X, p. 450 E) : Ἔστι φύσις θήλεια βρέφη σῴζουσ' ὑπὸ κόλποις Αὑτῆς. Ὄντα δ' ἄφωνα βοὴν ἵστησι γεγωνὸν Καὶ διὰ ποντίον οἶδμα καὶ ἠπείρου διὰ πάσης Οἷς ἐθέλει θνητῶν κτέ.

765. Τὸ σῶμα σώσας τοὺς λόγους σώσεις. C'est sans doute à dessein, et non par inadvertance, que la lettre *sigma* est si souvent répétée dans ces mots. Voy. la note sur le vers 476 de *Médée*.

767–768. Σήμαινε δ' ᾧ χρή, *indica eum cui debeo*.... La tournure de la question indirecte serait σήμαινε ὅτῳ χρή (*indica cui debeam*); et c'est cette tournure qu'on voit dans le second membre de phrase : ὅ τι τε χρή.

773. Μὴ λόγοις (sous-entendu τοῖς σοῖς) ἔκπλησσέ με (sous-entendu τῶν ἐμῶν λόγων), ne me fais pas, en parlant, perdre la suite de ce que je récite de mémoire. Voy. NC.

778. Ἀραία, une cause de malédiction. Voy. *Hipp.* 1415 et *Med.* 605, avec les notes.

ΙΦΙΓΕΝΕΙΑ Η ΕΝ ΤΑΥΡΟΙΣ.

Ορέσθ', ἵν' αὖθις ὄνομα δὶς κλύων μάθῃς.

ΟΡΕΣΤΗΣ.

Ὦ θεοί.

ΙΦΙΓΕΝΕΙΑ.

Τί τοὺς θεοὺς ἀνακαλεῖς ἐν τοῖς ἐμοῖς;

ΟΡΕΣΤΗΣ.

Οὐδέν· πέραινε δ'· ἐξέβην γὰρ ἄλλοσε. 781

ΙΦΙΓΕΝΕΙΑ.

Τάχ' οὖν ἐρωτῶν σ' εἰς ἄπιστ' ἀφίξεται·
λέγ' οὕνεχ' ἔλαφον ἀντιδοῦσά μου θεὰ
Ἄρτεμις ἔσωσέ μ', ἣν ἔθυσ' ἐμὸς πατήρ,
δοκῶν ἐς ἡμᾶς ὀξὺ φάσγανον βαλεῖν, 785
εἰς τήνδε δ' ᾤκισ' αἶαν. Αἵδ' ἐπιστολαί,
τάδ' ἐστὶ τὰν δέλτοισιν ἐγγεγραμμένα.

ΠΥΛΑΔΗΣ.

Ὦ ῥᾳδίοις ὅρκοισι περιβαλοῦσά με,
κάλλιστα δ' ὀμόσασ', οὐ πολὺν σχήσω χρόνον,
τὸν δ' ὅρκον ὃν κατώμοσ' ἐμπεδώσομεν. 790
Ἰδού, φέρω σοι δέλτον ἀποδίδωμί τε,

NC. 780-784. C'est avec raison que Hermann a rendu à Oreste l'exclamation ὦ θεοί et le vers 781, qu'on attribuait à Pylade. Dans ce qui précède, Oreste a déjà deux fois interrompu Iphigénie; Pylade sait se contenir jusqu'à la fin. — 782. Les manuscrits portent ἀφίξομαι, et ils donnent ce vers à Pylade. Dindorf et Nauck s'en débarrassent en le declarant interpolé. Hermann et Hartung l'insèrent après 811 ou avant 810, non sans le modifier considérablement. Mais ce vers n'est ni interpolé, ni transposé. Il faut le laisser à sa place, en le donnant à Iphigénie. C'est ce qu'a déja compris Markland, qui voulait écrire : τάχ' οὖν σ' ἐρωτῶ'. En dernier lieu, Heimsoeth a proposé : τάχ' οὖν σ' ἔροιτ' ἄν πῶς ἄπυστος ᾠχόμην. Il suffit de changer ἀφίξομαι en ἀφίξεται. — 787. Ταῦτ' ἐστὶ τὰν δέλτοισιν chez Plutarque, Apophth. p. 182 E. Les manuscrits d'Euripide portent : τάδ' ἐστὶν ἐν δέλτοισιν. — 789. Variante : ὀμόσας.

779. Ἵν' αὖθις,... μάθῃς. Il est évident que ces mots s'adressent à Pylade, et ne font point partie du contenu de la lettre.

780. Ἐν τοῖς ἐμοῖς, « in meis rebus. « quarum tua nihil interest. » [Brodæus].

782. Τάχ' οὖν.... ἀφίξεται, en t'interrogeant il (Oreste) rencontrera sans doute un point qu'il ne pourra croire. Dans les vers suivants Iphigénie indique comment il faudra expliquer cette circonstance incroyable. Ces vers, qui contiennent des instructions verbales (λέγ' οὕνεχ' ἔλαφον....)

destinées à compléter et à éclairer la lettre, sont annoncés et amenés par le vers 782.

783-784. En récitant ces deux vers, il faut appuyer sur ἔλαφον, qui est le mot le plus important de toute la phrase. De cette manière l'auditeur comprendra que le relatif ἥν, bien que placé immédiatement après μ(ε) et séparé de ἔλαφον, se rapporte cependant à ce dernier mot.

791. Ἀποδίδωμί τε. Le verbe ἀποδιδόναι ne veut pas simplement dire « donner, » mais « donner à qui de droit ».

Ὀρέστα, τῆσδε σῆς κασιγνήτης πάρα.

ΟΡΕΣΤΗΣ.

Δέχομαι· παρεὶς δὲ γραμμάτων διαπτυχάς,
τὴν ἡδονὴν πρῶτ᾽ οὐ λόγοις αἱρήσομαι.
Ὦ φιλτάτη μοι σύγγον᾽, ἐκπεπληγμένος   795
ὅμως σ᾽ ἀπίστῳ περιβαλὼν βραχίονι
εἰς τέρψιν εἶμι, πυθόμενος θαυμάστ᾽ ἐμοί.

ΧΟΡΟΣ.

Ξεῖν᾽, οὐ δικαίως τῆς θεοῦ τὴν πρόσπολον
χραίνεις ἀθίκτοις περιβαλὼν πέπλοις χέρα.

ΟΡΕΣΤΗΣ.

Ὦ συγκασιγνήτη τε κἀκ ταὐτοῦ πατρὸς   800
Ἀγαμέμνονος γεγῶσα, μή μ᾽ ἀποστρέφου,
ἔχουσ᾽ ἀδελφὸν, οὐ δοκοῦσ᾽ ἕξειν ποτέ.

ΙΦΙΓΕΝΕΙΑ.

Ἐγώ σ᾽ ἀδελφὸν τὸν ἐμόν; οὐ παύσει λέγων;
Τό τ᾽ Ἄργος αὐτῷ μέλετον ἥ τε Ναυπλία.

ΟΡΕΣΤΗΣ.

Οὐκ ἔστ᾽ ἐκεῖ σὸς, ὦ τάλαινα, σύγγονος.   805

ΙΦΙΓΕΝΕΙΑ.

Ἀλλ᾽ ἡ Λάκαινα Τυνδαρίς σ᾽ ἐγείνατο;

NC. 793. Badham : ἀναπτυχάς. — 795. L'ancienne vulgate ἐκπεπληγμένη vient de l'édition Aldine. — 796. Ὅμως σ᾽ ἀπίστῳ, excellente correction de Markland pour ὅμως ἀπιστῶ. — 802. Aldine : οὐ δοκῶν. — 804. La leçon τὸ δ᾽ Ἄργος αὐτοῦ μεστόν (« Argos est plein de lui » pour « il est dans Argos ») ne peut se justifier par les passages très-différents qu'on a cités à l'appui, Oreste, vers 54 : Λιμένα δὲ Ναυπλίειον ἐκπληρῶν πλάτῃ, et Tibulle, I, ɪᴠ, 69 : « Et ter centenas erroribus expleat urbes. » Bergk propose : τό τ᾽ Ἄργος αὐτὸν ἴστον. J'ai écrit αὐτῷ μέλετον. — 806. Hartung a rectifié la leçon ἀλλ᾽ ἡ.

793. Γραμμάτων διαπτυχάς, périphrase qu'on a déjà vue au vers 727.

794. Οὐ λόγοις, complétez : ἀλλ᾽ ἔργῳ. Oreste dit qu'il ne perdra pas le temps à lire la lettre, mais qu'il embrassera sa sœur.

795-797. Ἐκπεπληγμένος.... εἰς τέρψιν εἶμι, tout stupéfié que je suis (ἐκπεπληγμένος ὅμως;), je veux me donner la joie de t'entourer d'un bras qui ne peut croire à son bonheur (βραχίονι ἀπιστῷ).

804. Μέλετον. Le verbe, au duel, s'accorde avec les deux sujets, tout en étant placé après le premier. Les grammairiens grecs appellent σχῆμα Ἀλκμανικόν cette figure qui se trouve déjà dans Homère. Cf. Od. X, 513 : Ἔνθα μὲν εἰς Ἀχέροντα Πυριφλεγέθων τε ῥέουσιν Κωκυτός τε. Voy. la note sur les vers 195 sqq. d'Iph. Aul.

806. Ἀλλ᾽ ἡ. Ces particules marquent que celui qui fait la question n'en peut

ΙΦΙΓΕΝΕΙΑ Η ΕΝ ΤΑΥΡΟΙΣ.   507

ΟΡΕΣΤΗΣ.
Πέλοπός γε παιδὶ παιδὸς, οὗ 'κπέφυκ' ἐγώ.

ΙΦΙΓΕΝΕΙΑ.
Τί φής; ἔχεις τι τῶνδέ μοι τεκμήριον;

ΟΡΕΣΤΗΣ.
Ἔχω· πατρῴων ἐκ δόμων τι πυνθάνου.

ΙΦΙΓΕΝΕΙΑ.
Οὐκοῦν λέγειν μὲν χρὴ σὲ, μανθάνειν δ' ἐμέ.   810

ΟΡΕΣΤΗΣ.
Λέγοιμ' ἂν ἀκοῇ πρῶτον Ἠλέκτρας τάδε·
Ἀτρέως Θυέστου τ' οἶσθα γενομένην ἔριν;

ΙΦΙΓΕΝΕΙΑ.
Ἤκουσα, χρυσῆς ἀρνὸς ἡνίκ' ἦν πέρι.

ΟΡΕΣΤΗΣ.
Ταῦτ' οὖν ὑφήνασ' οἶσθ' ἐν εὐπήνοις ὑφαῖς;

ΙΦΙΓΕΝΕΙΑ.
Ὦ φίλτατ', ἐγγὺς τῶν ἐμῶν κάμπτεις φρενῶν.   815

ΟΡΕΣΤΗΣ.
Εἰκώ τ' ἐν ἱστοῖς ἡλίου μετάστασιν;

NC. 807. Γε, correction de Seidler pour τε. Ensuite οὗ 'κπέφυκ', pour ἐκπέφυκ', est dû à Elmsley. Ceux qui conservent τε en appellent aux vers 1000 sq. de l'*Œdipe Roi* : Ἦ γὰρ τάδ' ὀκνῶν κεῖθεν ᾖσθ' ἀπόπτολις; — Πατρός τε χρῄζων μὴ φονεὺς εἶναι, et à d'autres passages qui diffèrent essentiellement du nôtre. — 811. Les manuscrits portent : λέγοιμ' ἂν ἄκουε πρῶτον ἠλέκτρα τάδε, var. : ἠλέκτρας τάδε. Markland a rétabli le sens et le mètre. Nauck tient ce vers pour suspect; mais le vers 822, qui s'y réfère évidemment, en prouve l'authenticité. — 812. Manuscrits : οἶδα. Édition de Brubach : οἶσθα. — 813. On a émis les conjectures : οὕνεκ' ἦν πέρι (Barnes), ἣν ἄγον πέρι (Markland), ἥτις ἦν πέρι (Porson). — 814. Nauck : οἶσθας εὐπήνοις. —. 815. Blomfield a rectifié la leçon κάμπτῃ.

croire ses oreilles. Cf. Sophocle, *Électre*, 879 : Ἀλλ' ἦ μέμηνας, ὦ τάλαινα;

814. Ἀκοῇ Ἠλέκτρας, pour les avoir entendu dire à Électre. — Les vers 814-821 forment un groupe distinct; et le début de ce groupe, composé d'ailleurs de monostiques, est indiqué par un distique.

813. Construisez : ἤκουσα (ἔξιν γενομένην τοτε), ἡνίκ(α).... Seidler cite à propos les vers 70 sq. des *Troyennes* : Οὐκ οἶσθ' ὑβρισθεῖσάν με καὶ ναοὺς ἐμούς; — Οἶδ', ἡνίκ' Αἴας εἷλκε Κασάνδραν βίᾳ.

815. Ἐγγὺς.... κάμπτεις φρενῶν, tu fais tourner ton char (voy. la note sur le 224 d'*Iph. Aul.*) près de ma pensée, c'est-à-dire : tu rencontres ma pensée. Les tropes tirés des exercices de l'hippodrome sont familiers aux Grecs. Dans les *Choéphores* d'Eschyle, Oreste, qui sent sa raison s'égarer, dit : Ὥσπερ ξὺν ἵπποις ἡνιοστροφῶν δρόμου Ἐξωτέρω (vers 1022).

816. Ἡλίου μετάστασιν. Oreste fait allusion à la fable qui a été mentionnée aux vers 194 sq.

ΙΦΙΓΕΝΕΙΑ Η ΕΝ ΤΑΥΡΟΙΣ.

ΙΦΙΓΕΝΕΙΑ.
Ὕφηνα καὶ τόδ' εἶδος εὐμίτοις πλοκαῖς·
ΟΡΕΣΤΗΣ.
Καὶ λούτρ' ἐς Αὖλιν μητρὸς ἀνεδέξω πάρα;
ΙΦΙΓΕΝΕΙΑ.
Οἶδ'· οὐ γὰρ ὁ γάμος ἐσθλὸς ὢν μ' ἀφείλετο.
ΟΡΕΣΤΗΣ.
Τί γαρ; κόμας σὰς μητρὶ δοῦσα σῇ φέρειν; 820
ΙΦΙΓΕΝΕΙΑ.
Μνημεῖά γ' ἀντὶ σώματος τοὐμοῦ τάφῳ.
ΟΡΕΣΤΗΣ.
Ἃ δ' εἶδον αὐτός, τάδε φράσω τεκμήρια·
Πέλοπος παλαιὰν ἐν δόμοις λόγχην πατρός,

NC. 818. Kirchhoff veut : μητρὸς ἃ ἐδέξω πάρα. Peut-être . μητρὸς ἀνεδέξω (pour ἃ ἀνεδέξω) πάρα. — 819. Bergk propose : οὐ γὰρ ἐσθλὸς ὁ γάμος· ὦν μ' ἀφείλετο, ce qu'il explique : « le mariage n'étant pas réel m'en priva ». Mais comment rendre compte de la conjonction γάρ ? — 821. Musgrave voulait τροφῷ pour τάφῳ.

818. Il était d'usage que l'épouse, ainsi que l'époux, se purifiât par un bain dans la matinée du jour des noces. L'eau de ce bain était puisée dans une source particulièrement consacrée à cet usage : à Athènes, dans la Callirhoé ou Ennéacrounos (voy. Thucyd. II, 15), à Thèbes, dans l'Ismène (Eurip. Phén. 347). L'hymen d'Iphigénie devait être célébré à Aulis ; mais sa mère voulait que les eaux d'une source d'Argos y suivissent la jeune épouse pour lui servir le jour de son mariage.

819. Οἶδ(α).... ἀφείλετο. Le sens de ces mots doit être : « Je me le rappelle : ce n'est pas le bonheur de mon mariage qui m'en a ôté le souvenir. » Iphigénie aurait pu oublier ce détail, s'il avait été suivi d'un heureux mariage ; mais, se trouvant lié aux souvenirs ineffaçables du jour le plus funeste de sa vie, il est resté gravé dans sa mémoire. Une scholie porte : ἀφείλετο· τοῦτο τὸ μὴ εἰδέναι. — Il me semble difficile d'approuver l'explication de Matthiæ : « Nuptiæ enim bonæ (cum nobili « viro iucundæ), non effecerunt ut lavacris « a matre ministrandis carerem. »

820. Avant δοῦσα, sous-entendez οἶσθα, renfermé dans οἶδ(α) au vers 819. Si l'on adoptait la correction que nous avons proposée pour le v. 818, le verbe οἶσθ(α), v. 814, porterait sur toutes les questions d'Oreste.

821. Μνημεῖά γ(ε).... τάφῳ. Avant de mourir, Iphigénie envoya à sa mère une boucle de ses cheveux, relique qui devait tenir lieu de ses cendres et être déposée dans son cénotaphe. [Seidler.] On cite à propos un passage de Stace, Theb. IX, 900 sqq. Parthénopée, blessé mortellement, fait couper une boucle de ses cheveux, afin qu'on la porte à sa mère Atalante : « Hunc tamen, orba parens, crinem « (dextraque secundum Præbuit), hunc toto « capies pro corpore (ἀντὶ σώματος τοῦ- « μοῦ) crinem.... Huic dubiis exequias. »

822. Ἃ δ' εἶδον αὐτός. Ces mots sont opposés à Λέγοιμ' ἂν ἀκοῇ πρῶτον Ἠλέκτρας τάδε, v. 811.

823-826. Ces vers semblent indiquer qu'après avoir vaincu OEnomaus à la course des chars, Pélops eut encore à soutenir un combat singulier contre le père d'Hippodamie. La lance dont Pélops s'était servi dans ce combat fut conservée comme un palladium par ses descendants, et déposée dans l'appartement des filles, lieu sûr et à l'abri de toute recherche indiscrète.

ΙΦΙΓΕΝΕΙΑ Η ΕΝ ΤΑΥΡΟΙΣ.

ἣν χερσὶ πάλλων παρθένον Πισάτιδα
ἐκτήσαθ' Ἱπποδάμειαν, Οἰνόμαον κτανών,   825
ἐν παρθενῶσι τοῖσι σοῖς κεκρυμμένην.

ΙΦΙΓΕΝΕΙΑ.

Ὦ φίλτατ', οὐδὲν ἄλλο, φίλτατος γὰρ εἶ,
ἔχω σ', Ὀρέστα,
τηλύγετον χθονὸς ἀπὸ πατρίδος
Ἀργόθεν, ὦ φίλος.   830

ΟΡΕΣΤΗΣ.

Κἀγώ σε τὴν θανοῦσαν, ὡς δοξάζεται.
Κατὰ δὲ δάκρυ' ἀδάκρυα, κατὰ γόος ἅμα χαρᾷ
τὸ σὸν νοτίζει βλέφαρον, ὡσαύτως δ' ἐμόν.

ΙΦΙΓΕΝΕΙΑ.

Τὸν ἔτι βρέφος ἔλιπον ἀγκάλαι-
σι νεαρὸν τροφοῦ νεαρὸν ἐν δόμοις.   835
Ὦ κρεῖσσον ἢ λόγοισιν εὐτυχοῦντ' ἐμά,
ψυχά, τί φῶ; θαυμάτων

NC. 820. Elmsley tenait le mot τηλύγετον pour suspect. Köchly croit qu'il faut insérer avant χθονός un participe tel que μολόντα ou φανέντα. — 832. Les manuscrits portent : κατὰ δὲ δάκρυα, κατὰ δὲ γόος. Aldine : κατὰ δὲ δάκρυα δάκρυα, κατὰ δὲ γόος. Musgrave : δάκρυ' ἀδάκρυα, correction que j'ai adoptée en retranchant le second δέ. Dans tout ce morceau Oreste, plus calme que sa sœur, ne parle qu'en trimètres. Hermann et d'autres écrivent κατὰ δὲ δάκρυ ἄδακρυ, κατὰ δέ. Dindorf propose χαρᾷ δ' ἅμα en conservant d'ailleurs la leçon des manuscrits. — 834. Τὸν ἔτι, excellente correction de Bergk pour τὸ δέ τι. Fix : τότ' ἔτι et ἔλιπον ἔλιπον. En adoptant ces dernières conjectures, il faudrait écrire avec Nauck : ἀγκάλαις σέ. Il serait trop long de citer toutes les autres conjectures faites sur ce passage. — 836. Hartung : ἢ λέγοι τις Ensuite les manuscrits portent εὐτυχῶν (ou εὐτυχῶν) ἐμοῦ. Markland songeait à εὐτυχοῦσ' ἐμὰ (ψυχά). J'ai écrit εὐτυχοῦντ' ἐμά. Elmsley, Hermann et Nauck retranchent ἐμοῦ, et substituent à ψυχά soit τύχαι, soit τύχαν, soit τυχᾶν. — 839. Florentinus : ψυχᾷ. — Le Palatinus attribue τί φῶ à Oreste.

827. Οὐδὲν ἄλλο. Ces mots, qui font apposition au vocatif ὦ φίλτατ(ε), peuvent se rendre : « Car c'est bien ainsi, et non autrement, que je dois t'appeler. »

829. Τηλύγετον. Agamemnon dit dans l'Iliade, IX, 143 : Τίσω δέ μιν ἴσον Ὀρέστῃ, Ὅς μοι τηλύγετος (tendrement chéri) τρέφεται θαλίῃ ἔνι πολλῇ. Il est difficile de croire qu'Euripide ait déjà donné le sens inexact de « venu de loin »

à cette épithète épique qui ne se retrouve d'ailleurs pas chez les tragiques. Voy. NC.

832-833. Κατὰ... νοτίζει. Tmèse épique et lyrique.

834. Τόν, toi que. Cet accusatif dépend de ἔχω σε (v. 828), mots qu'il faut sous-entendre ici.

836-837. Κρεῖσσον équivaut ici à μᾶλλον. — Ἦ λόγοισιν, sous-entendez φάναι, infinitif qu'on peut tirer de τί φῶ. Cf.

πέρα καὶ λόγου τάδ' ἐπέβα πρόσω. 840

ΟΡΕΣΤΗΣ.

Τὸ λοιπὸν εὐτυχοῖμεν ἀλλήλων μέτα.

ΙΦΙΓΕΝΕΙΑ.

Ἄτοπον ἁδονὰν ἔλαβον, ὦ φίλαι·
δέδοικα δ' ἐκ χερῶν με μὴ πρὸς αἰθέρα
ἀμπτάμενος φύγῃ.
Ὦ Κυκλωπίδες ἑστίαι, ὦ πατρὶς, 845
Μυκήνα φίλα,
χάριν ἔχω ζόας, χάριν ἔχω τροφᾶς,
ὅτι μοι συνομαίμονα τόνδε δόμοις
ἐξεθρέψω φάος.

ΟΡΕΣΤΗΣ.

Γένει μὲν εὐτυχοῦμεν, εἰς δὲ συμφορὰς, 850
ὦ σύγγον', ἡμῶν δυστυχὴς ἔφυ βίος.

ΙΦΙΓΕΝΕΙΑ.

Ἐγὼ ἐγὼ μέλεος οἶδ', ὅτε φάσγανον
δέρᾳ θῆκέ μοι μελεόφρων πατήρ,

NC. 840. On lisait πρόσω τάδ' ἐπέβα. J'ai transposé ces mots afin de rectifier le mètre dochmiaque. Reiske voulait ἀπέβα. — 842. Manuscrits : ἡδονῆς ou ἡδοναν. — 845. Seidler et Hermann : Ἰὼ Κυκλωπὶς ἑστία, Ἰὼ πατρίς. — 847. Blomfield a rectifié la leçon ζωᾶς. — 848. Seidler et d'autres : τόνδε δόμοισιν, en rattachant ces mots au vers suivant. — 852. Le second ἐγώ est ajouté de l'avis de Kirchhoff. Hermann : ἐγὼ δὴ μέλεος.

Suppl. 844 : Εἶδον γὰρ αὐτὸν κοεῖσσον· ἢ λέξαι λόγῳ Τολμήμαθ', οἷς ἤλπιζον αἱρήσειν πόλιν. — Ψυχά, ὁ mon cœur. Cp. 881 : Ὦ μελέα ψυχά, et 344 : Ὦ καρδία. — Hécube dit d'un malheur inattendu : Ἄρρητ' ἀνωνόμαστα, θαυμάτων πέρα (*Héc.* 713).

843-844. Iphigénie craint que ce frère, qui lui est si miraculeusement rendu, ne s'échappe de ses bras comme un rêve ailé. Dans *Hippolyte*, 828 sq., Thésée, privé subitement de Phèdre, s'écrie : Ὄρνις γὰρ ὥς τις ἐκ χερῶν ἄφαντος εἶ, Πήδημ' ἐς Ἅιδου κραιπνὸν ὁρμήσασά μοι.

845. Ὦ Κυκλωπίδες ἑστίαι, Voy. la note sur le vers 152 d'*Iph. Aul.*

847-849. L idée indiquée par ζόας et par τροφᾶς est précisée au moyen de la phrase subordonnée ὅτι μοι ἐξεθρέψω συνομαίμονα τόνδε φάος δόμοις.

850. Γένει μὲν εὐτυχοῦμεν. Il me semble que γένει se réfère à δόμοις, et qu'Oreste dit : « Nous sommes heureux pour notre race, par rapport à notre race (que nous perpétuons) ; mais individuellement nous avons été malheureux. » On explique généralement « nous sommes heureux par la noblesse de notre race. » Mais comment cette idée se rattache-t-elle à ce que vient de dire Iphigénie?

852. Οἶδ', ὅτε. Voy., touchant cette construction (différente de celle qu'on a vue au vers 813), la note sur le vers 110 d'*Hécube*.

ΙΦΙΓΕΝΕΙΑ Η ΕΝ ΤΑΥΡΟΙΣ.   511

ΟΡΕΣΤΗΣ.

Οἴμοι· δοκῶ γὰρ οὖν παρών σ' ὁρᾶν ἐκεῖ.   855

ΙΦΙΓΕΝΕΙΑ.

ἀνυμέναιος, ὦ σύγγον', Ἀχιλλέως
εἰς κλισίαν λέκτρων δόλι' ὅτ' ἀγόμαν·
παρὰ δὲ βωμὸν ἦν δάκρυα καὶ γόοι·   860
φεῦ φεῦ χερνίβων ἐκεῖ....

ΟΡΕΣΤΗΣ.

Ὤιμωξα κἀγὼ τόλμαν ἣν ἔτλη πατήρ.

ΙΦΙΓΕΝΕΙΑ.

Ἀπάτορ' ἀπάτορα πότμον ἔλαχον.
Ἄλλα δ' ἐξ ἄλλων κυρεῖ   865

ΟΡΕΣΤΗΣ.

εἰ σόν γ' ἀδελφὸν, ὦ τάλαιν', ἀπώλεσας

ΙΦΙΓΕΝΕΙΑ.

δαίμονος τύχᾳ τινός.
Ὦ μελέα δεινᾶς τόλμας· δείν' ἔτλαν,
δείν' ἔτλαν, ὤμοι, σύγγονε, παρὰ δ' ὀλίγον   870
ἀπέφυγες ὄλεθρον ἀνόσιον ἐξ ἐμᾶν
δαϊχθεὶς χερῶν.

NC. 855. J'ai écrit οὖν παρών pour οὐ παρών, leçon indigne d'Euripide. F. W. Schmidt, le premier qui ait remarqué la faiblesse de cette leçon, avait proposé τοι πικρῶν (Jahrbucher für Philologie, 1864, p. 232). — 856. Ὦ a été inséré par Seidler. — 859. Δόλι', correction de Hermann pour δολίαν. — 861-868. Les manuscrits attribuent le premier de ces vers à Oreste, les vers 862 sq. à Iphigénie, les vers 865-868, jusqu'au mot τόλμας à Oreste. Tyrwhitt a rétabli la distribution des rôles, au vers 867 près. — 864. Seidler et d'autres écrivent τῶν ἐκεῖ. Il est probable qu'il manque quelque chose à la fin du vers. Kœchly supplée: τῶν πικρῶν. — 863. Nauck propose, après d'autres, πατέρ' ἀπάτορα, πότμον ἄποτμον ἔλαχον. — 867. Seidler et Klotz ont raison d'attribuer ce vers à Iphigénie, et non à Oreste, qui ne prononce que des trimètres dans tout ce morceau. — 871. Musgrave a rectifié la leçon ἀμφέρυγες. Peut-être · ἀνόσιον ἀπέφυγες ὄλεθρον ἐξ ἐμᾶν.

856-857. Construisez : ὅτ' ἀγόμαν δόλι(α) (accusatif adverbial) εἰς κλισίαν λέκτρων Ἀχιλλέως. Le mot κλισίαν équivaut ici à εὐνήν ou à κατάκλισιν. Cf. Alc. 993 : Γενναιοτάταν δὲ πασᾶν ἐζεύξω κλισίαις ἄκοιτιν.

863. Ἀπάτορ(α'.... ἔλαχον. Iphigénie dit qu'elle a été traitée par son père d'une manière peu paternelle.

867. Iphigénie reprend ici la suite de la phrase qu'elle avait commencée au vers 865, et qu'Oreste avait interrompue en devinant et en complétant la pensée de sa sœur.

Ἀ δὲ πάντως τίς τελευτά;
τίς τύχα μοι συγκυρήσει;
τίνα σοι πόρον εὐρομένα 875
πάλιν ἀπὸ πόλεως, ἀπὸ φόνου πέμψω
πατρίδ᾽ ἐς Ἀργείαν,
πρὶν ἐπὶ ξίφος αἵματι σῷ
πελάσσαι; Τόδε σὸν, ὦ μελέα ψυχὰ, 880
χρέος ἀνευρίσκειν.
Πότερον κατὰ χέρσον, οὐχὶ ναί,
ἀλλὰ ποδῶν ῥιπᾷ; 885
Θανάτῳ πελάσεις ἄρα, βάρβαρα φῦλα
καὶ δι᾽ ὁδοὺς ἀνόδους στείχων· διὰ κυανέας μὴν
στενοπόρου πέτρας 890
μακρὰ κέλευθα ναΐοισιν δρασμοῖς.
Τάλαινα, τάλαινα.
Τίς ἂν οὖν τάδ᾽ ἂν ἢ θεὸς ἢ βροτὸς ἢ 895

NC. 873. J'ai écrit ἃ δὲ πάντως pour ἃ δ᾽ ἐπ᾽ αὐτοῖσι (Hermann : αὐτοῖς), leçon qui ne dit rien. — 874. Συγκυρήσει, correction de Hermann pour συγχωρήσει. — 876. Kœchly écrit παλιν ἀπὸ ξένας. Bergk propose πάλιν ἀποστεῖλῶ σ᾽. F. W. Schmidt: πάλιν ἀποπρὸ νεῶ σ᾽. — 880. Bergk veut qu'on écrive ἔσω pour ἔτι. Cf. *Hélène*, 356 — 881. Les leçons πελάσαι (var.: παλαῖσαι. Scaliger: παλάξαι) et τόδε τοδε σόν ont été modifiées par Nauck et Seidler. Kœchly propose : πελάσαι; τόδε σὸν, τόδε σὸν, ‖ ὦ. — 886. Ἄρα, correction de Markland pour ἀνά. — 887. Les manuscrits portent διόδους. Reiske a divisé les mots. — 895. Les mots ἂν οὖν τάδ᾽ ἂν sont altérés. Badham et Nauck écrivent ἄρ᾽ οὖν, τάλαν. Quelque facile que soit ce changement, τάλαν se fait difficilement accepter après τάλαινα, τάλαινα.

873. Πάντως, de toute manière, c'est-à-dire : même après avoir évité le malheur de tuer mon frère. Cf. *Hipp.* 1062 : Οὐ δῆτα πάντως οὐ πίθοιμ᾽ ἂν οὕς με δεῖ, je ne parlerai point : de toute façon (même en révélant le secret) je ne convaincrais pas mon père.

876. Ἀπὸ πόλεως équivaut à ἀπὸ χθονός.

880-881. Ἐπὶ.... πελάσσαι, tmèse pour ἐπιπελάσαι, est ici employé intransitivement, comme πελάσεις au vers 886. Ce verbe est transitif dans ce passage, d'ailleurs semblable, d'*Hélène*, v. 356 : Αὐτοσίδαρον ἔσω πελάσω διὰ σαρκὸς ἅμιλλαν.

886-887. Ἄρα. Cette particule est à sa place : Iphigénie indique quelle serait la conséquence fatale de la tentative de retourner par terre dans la Grèce. — Βάρβαρα φῦλα καὶ δι᾽ ὁδοὺς ἀνόδους. La préposition διά gouverne aussi βάρβαρα φῦλα. Cf. *Héc.* 144 : Ἀλλ᾽ ἴθι ναοὺς, ἴθι πρὸς βωμούς, avec la note. Virgile dit, *Én.* VI, 692 : « Quas ego te terras et quanta per « æquora vectum Accipio. »

895-896. Τίς ἂν οὖν τάδ᾽ ἂν. Nous n'essayerons pas de rendre compte de ces mots : la leçon est gâtée. — Ἢ τί τρίτον Il faut entendre les natures intermédiaires entre les dieux et les hommes, c'est-à-dire les demi-dieux. Cf. *Hélène*, 1137 : Ὅ τι θεὸς ἢ μὴ θεὸς ἢ τὸ μέσον, et Eschyle, *Prom.* 116 : Θεόσυτος ἢ βρότειος; ἢ κεκραμένη. — Τῶν ἀδοκήτων πόρον. Tout le monde se souvient du vers τῶν δ᾽ ἀδο-

ΙΦΙΓΕΝΕΙΑ Η ΕΝ ΤΑΥΡΟΙΣ. 513

τί <τρίτον> τῶν ἀδοκήτων πόρον εὔπορον ἐξανύσας
δυοῖν τοῖν μόνοιν Ἀτρείδαιν φανεῖ
κακῶν ἔκλυσιν ;

ΧΟΡΟΣ.

Ἐν τοῖσι θαυμαστοῖσι καὶ μύθων πέρα   900
τάδ' εἶδον αὐτὴ κοὺ κλύουσ' ἀπ' ἀγγέλων.

ΠΥΛΑΔΗΣ.

Τὸ μὲν φίλους ἐλθόντας εἰς ὄψιν φίλων,
Ὀρέστα, χειρῶν περιβολὰς εἰκὸς λαβεῖν·
λήξαντα δ' οἴκτων κἀπ' ἐκεῖν' ἐλθεῖν χρεών,
ὅπως τὸ κλεινὸν ὄμμα τῆς σωτηρίας   905
λαβόντες ἐκ γῆς βησόμεσθα βαρβάρου.
Σοφῶν γὰρ ἀνδρῶν ταῦτα, μὴ 'κβάντας τύχης,

NC. 896. Comme les mots τῶν ἀδοκήτων sont évidemment gouvernés par πόρον [Seidler], j'ai inséré τρίτον entre τί et τῶν. Voy. la note explicative. Ensuite εὔπορον est une correction de Hermann pour ἄπορον. Seidler écrivait ἄποσον πόρο/. — 897. Φανεῖ manque dans le *Palatinus*. Cependant le mètre dochmiaque semble réclamer ce mot; et nous ne saurions approuver Kirchhoff et Nauck de l'avoir retranché en écrivant au vers précédent ἐξανύσαι. — 901. La leçon καὶ κλύουσ' ἀπαγγελῶ a été corrigée pu L. Dindorf et par Hermann. — 902-908. Ces vers sont attribués au Chœur dans tous les manuscrits ou dans la plupart. Heath a vu qu'ils appartiennent à Pylade. — 905. Τὸ κλεινὸν ὄμμα, leçon (ou correction) d'un manuscrit secondaire pour τὸ κλεινὸν ὄνομα, a été avec raison adopté par Hartung et par Köchly. On sent combien la périphrase ὄνομα est déplacée dans ce passage.

κήτων πόρον εὗρε θεός, lequel se lit à la fin de *Médée* et de plusieurs autres tragédies d'Euripide.

897. Δυοῖν τοῖν μόνοιν Ἀτρείδαιν. Dans son désespoir, Iphigénie peut s'exprimer de la sorte, quoique Électre soit encore vivante. Rien n'est plus naturel. C'est ainsi que l'Antigone de Sophocle s'appelle τὴν βασιλίδα μούνην λοιπήν, sans songer à sa sœur Ismène. A propos de ce dernier passage (*Ant.* 941), Brunck fait observer : « Ea est magni doloris vis, ut qui eo « obruitur se solum respiciat, nec quic- « quam aliud præter se et id, quo movetur « affectus, spectet. Unde intelligere est, « quam bene apud Euripidem Iphigenia « gaudio simul agniti fratris perturbata et « metu ne eum occidere cogatur, in se et « fratre totius Agamemnonis stirpis sa- « lutem verti dicat, licet Electra superstes sit. »

901. Τάδ' εἶδον.... ἀπ' ἀγγέλων. Cette antithèse se trouve souvent chez les tragiques. Pour nous borner à Euripide, on cite *Méd.* 652 ; *Suppl.* 684 : Λεύσσων δὲ ταῦτα κοὺ κλύων... *Troy.* 481 : Καὶ τὸν φυτουργὸν Πρίαμον οὐκ ἄλλων πάρα Κλύουσ' ἔκλαυσα, τοῖσδε δ' εἶδον ὄμμασιν Αὐτή.

905. Τὸ κλεινὸν ὄμμα τῆς σωτηρίας, littéralement : l'apparition, la figure brillante du salut, *pulchrum salutis lumen*. C'est ainsi qu'Eschyle appelle la victoire εὔμορφον κράτος, *Choeph*. 490. Cp. Sophocle, *OEd. Roi* 187 : Εὐῶπα πέμψον ἀλκάν, et *Trach*. 204 : Ἀελπτον ὄμμ' ἐμοὶ Φήμης ἀνασχὸν τῆσδε.

907-908. Σοφῶν γάρ.... λαβεῖν, il est digne d'hommes sages de ne pas vouloir, en sortant de la voie ouverte par la fortune, quand une occasion leur est échue, courir après de vains plaisirs. Le démonstratif

33

ΙΦΙΓΕΝΕΙΑ Η ΕΝ ΤΑΥΡΟΙΣ.

καιρὸν λαχόντας, ἡδονὰς ἄλλας λαβεῖν.

ΟΡΕΣΤΗΣ.

Καλῶς ἔλεξας· τῇ τύχῃ δ' οἶμαι μέλειν
τοῦδε ξὺν ἡμῖν· ἢν δέ τις πρόθυμος ᾖ,
σθένειν τὸ θεῖον μᾶλλον εἰκότως ἔχει.

ΙΦΙΓΕΝΕΙΑ.

Οὐδέν μ' ἐπίσχει γ', οὐδ' ἀφεστήξει λόγου
πρῶτον πυθέσθαι τίνα ποτ' Ἠλέκτρα πότμον
εἴληχε βιότου· φίλα γάρ ἐστι τἄμ' ἐμοί.

ΟΡΕΣΤΗΣ.

Τῷδε ξυνοικεῖ βίον ἔχουσ' εὐδαίμονα.

ΙΦΙΓΕΝΕΙΑ.

Οὗτος δὲ ποδαπὸς καὶ τίνος πέφυκε παῖς;

ΟΡΕΣΤΗΣ.

Στρόφιος ὁ Φωκεὺς τοῦδε κλήζεται πατήρ.

ΙΦΙΓΕΝΕΙΑ.

Ὁ δ' ἐστί γ' Ἀτρέως θυγατρός, ὁμογενὴς ἐμός;

ΟΡΕΣΤΗΣ.

Ἀνεψιός γε, μόνος ἐμοὶ σαφὴς φίλος.

NC. 908. J'ai écrit καιρὸν λαχόντας pour καιρὸν λαβόντας, leçon qui faisait un faux sens à côté de ἡδονὰς λαβεῖν. — Scaliger : ἄλλως pour ἄλλας. — 912. Manuscrits : οὐδέν μ' ἐπίσχῃ γ' οὐδ' ἀποστήσει (ou ἀποστήσῃ) λόγου. La conjecture d'Elmsley οὐ μή μ' ἐπίσχῃ, ainsi que la plupart des autres, prête à Iphigénie un langage trop passionné pour la circonstance. Heimsœth a vu que ἀποστήσει avait pris la place du vieux futur attique ἀφεστήξει. Les autres changements proposés par ce critique nous semblent inutiles — 914 La leçon φίλα γάρ ἔσται πάντ' ἐμοί est ici un vrai non-sens. Markland voulait φίλα γάρ ἐστι ταῦτ' ἐμοί, Seidler : ἐστι πάντ' ἐμά. Il faut évidemment ἐστι τἄμ' ἐμοί, correction de Schöne. Citons cependant la jolie conjecture de Heimsœth : φίλα φίλων δὲ πάντ' ἐμοί. — 918. Ὁ δ', correction de L. Dindorf pour ὅδ'. Peut-être : ὅδ'.

ταῦτα désigne ici ce qui suit. S'il se rapportait à ce qui précède, il devrait être suivi de οὐ au lieu de μή.
910-911. Ἢν δέ τις.... ἔχει. Nous disons : « Aide-toi, le ciel t'aidera. »
912-913. Iphigénie ne s'abandonnera plus aux transports de sa sensibilité. « Du moins, dit-elle, rien ne m'empêche, οὐδέν μ' ἐπίσχει γ(ε), de m'informer du sort d'Électre; et ces questions ne seront pas hors de propos, οὐδ' ἀφεστήξει λόγου. » Cf. Eschyle, Choéph. 514 : Πυθέσθαι δ' οὐδέν ἐστ' ἔξω δρόμου.

914. Τἀμ(ά) ne diffère de οἱ ἐμοί qu'en ce que le neutre a quelque chose de plus général que le masculin. Cf. Oreste, 1192. Πᾶν γὰρ ἓν φίλον τόδε.
916-917. Ἀτρέως θυγατρός. La fille d'Atrée était suivant les uns la mère, suivant les autres l'aïeule de Pylade. Cette dernière généalogie est indiquée dans Oreste, v. 1233 ; et rien n'empêche de l'admettre ici. Le terme ἀνεψιός, au vrai suivant, a un sens aussi large que le français cousin.
919. Ἀνεψιός γε, oui, ton cousin. Γ

ΙΦΙΓΕΝΕΙΑ Η ΕΝ ΤΑΥΡΟΙΣ.   515

ΙΦΙΓΕΝΕΙΑ.

Οὐκ ἦν τόθ' οὗτος ὅτε πατὴρ ἔκτεινέ με.   920

ΟΡΕΣΤΗΣ.

Οὐκ ἦν· χρόνον γὰρ Στρόφιος ἦν ἄπαις τινά.

ΙΦΙΓΕΝΕΙΑ.

Χαῖρ' ὦ πόσις μοι τῆς ἐμῆς ὁμοσπόρου.

ΟΡΕΣΤΗΣ.

Κἀμός γε σωτὴρ, οὐχὶ συγγενὴς μόνον.

ΙΦΙΓΕΝΕΙΑ.

Τὰ δεινὰ δ' ἔργα πῶς ἔτλης μητρὸς πέρι;

ΟΡΕΣΤΗΣ.

Σιγῶμεν αὐτά· πατρὶ τιμωρῶν ἐμῷ.   925

ΙΦΙΓΕΝΕΙΑ.

Ἡ δ' αἰτία τίς ἀνθ' ὅτου κτείνει πόσιν;

ΟΡΕΣΤΗΣ.

Ἔα τὰ μητρός· οὐδὲ σοὶ κλύειν καλόν.

ΙΦΙΓΕΝΕΙΑ.

Σιγῶ· τὸ δ' Ἄργος πρὸς σὲ νῦν ἀποβλέπει;

ΟΡΕΣΤΗΣ.

Μενέλαος ἄρχει· φυγάδες ἐσμὲν ἐκ πάτρας.

ΙΦΙΓΕΝΕΙΑ.

Οὔ που νοσοῦντας θεῖος ὕβρισεν δόμους;   930

ΟΡΕΣΤΗΣ.

Οὐκ, ἀλλ' Ἐρινύων δεῖμά μ' ἐκβάλλει χθονός.

ΙΦΙΓΕΝΕΙΑ.

Ταῦτ' ἄρ' ἐπ' ἀκταῖς κἀνθάδ' ἠγγέλθης μανείς;

NC. 930. *Palatinus*: ἦπου (ἦ δε seconde main). *Florentinus*: οὔπω, avec la variante ἦπου. Hermann: οὔ που. — 931. Dindorf écrit Ἐρινῦν pour Ἐρινύων, ici et partout où ce genitif doit se prononcer comme un trisyllabe. Nous n'avons cru devoir adopter cette orthographe que dans les morceaux lyriques. — 932. Elmsley a rectifié la leçon ἠγγέλης;.

marque une réponse affirmative. Cf. *Iph. Aul.* 326, 405 et *passim*.

926. Αἰτία ἀνθ' ὅτου, la raison pourquoi (au lieu de : pour laquelle). Le grec ἀνθ' ὅτου est aussi une locution toute faite, qui ne prend pas l'accord.

927. Avant οὐδὲ σοὶ κλύειν καλόν, « et il ne convient pas non plus que tu l'entendes », suppléez : « Je n'aime pas a en parler » : idée renfermée dans les mots ἔα τὰ μητρός.

932. Ταῦτ' ἄρ(α) équivaut à διὰ ταῦτ,

516 ΙΦΙΓΕΝΕΙΑ Η ΕΝ ΤΑΥΡΟΙΣ.

ΟΡΕΣΤΗΣ.
Ὤφθημεν οὐ νῦν πρῶτον ὄντες ἄθλιοι.
ΙΦΙΓΕΝΕΙΑ.
Ἔγνωκα, μητρός σ' οὕνεκ' ἠλάστρουν θεαί.
ΟΡΕΣΤΗΣ.
Ὥσθ' αἱματηρὰν ἀτμίδ' ἐμβαλεῖν ἐμοί. 935
ΙΦΙΓΕΝΕΙΑ.
Τί γάρ ποτ' εἰς γῆν τήνδ' ἐπόρθμευσας πόδα;
ΟΡΕΣΤΗΣ.
Φοίβου κελευσθεὶς θεσφάτοις ἀφικόμην.
ΙΦΙΓΕΝΕΙΑ.
Τί χρῆμα δράσων; ῥητὸν ἢ σιγώμενον;
ΟΡΕΣΤΗΣ.
Λέγοιμ' ἄν· ἀρχαὶ δ' αἵδε μοι πολλῶν πόνων. —
Ἐπεὶ τὰ μητρὸς ταῦθ' ἃ σιγῶμεν κακὰ 940
εἰς χεῖρας ἦλθε, μεταδρομαῖς Ἐρινύων
ἠλαυνόμεσθα φυγάδες ἐμμανῆ πόδα,

NC. 934. Σ' après μητρός a été ajouté par Markland. — 935. Les manuscrits portent. ὥσθ' αἱματηρὰ στόμι' ἐπεμβαλεῖν ἐμοί. Στόμια ne peut signifier *victus*, comme quelques interprètes l'ont prétendu, mais veut dire : *frena*. Or, ce trope ne convient pas aux Furies, que les poëtes représentent toujours comme courant après leurs victimes (μεταδρομαῖς, v. 941) : l'imagination des Grecs n'a jamais varié sur ce point. Un passage d'Eschyle, cité dans la note explicative, m'a mis sur la voie du texte primitif. J'ai préféré αἱματηρὰν ἀτμίδ' à αἱματηρὰ πνεύματ', parce que ce dernier mot s'éloigne davantage de la leçon des manuscrits, et qu'il n'aurait probablement pas été altéré par les copistes. — 938. Δράσων, pour δράσειν, est une correction d'Elmsley, lequel préférait toutefois δράσαι. — 942-943. Les manuscrits portent : φυγάδες, ἔνθεν μοι πόδα ‖ εἰς τὰς Ἀθήνας δή γ' ἐπεμψε. Nauck écrit ἔνθ' ἐμὸν πόδα (Hermann) et δῆτ' ἐπεμψα (Scaliger). Ni ἔνθα, ni δῆτα ne conviennent ici. Köchly a compris qu'il fallait ἔστε; mais il n'a pas vu que la leçon εἰς τὰς Ἀθήνας δή γ' provenait de ἔστ' εἰς Ἀθήνας δή μ'. Il s'ensuit qu'il faut chercher dans ἔνθεν μοι une épithète de πόδα. On ne pourra guère trouver que ἐμμανῆ-

ἄρα. — Κἀνθάδ(ε), aussi dans ce pays. La particule καί oppose ἐνθάδε à χθονός (Ἀργείας) du vers précédent, et ne sert pas à lier ἐπ' ἀκταῖς et ἐνθάδε. [Elmsley.]

935. Αἱματηρὰν ἀτμίδ(α), leur souffle sanglant. L'ombre de Clytemnestre dit aux Furies, dans les *Euménides* d'Eschyle, v. 137 : Σὺ δ' αἱματηρὸν πνεῦμ' ἐπουρίσασα τῷ, Ἀτμῷ κατισχναίνουσα, νηδύος πυρί, ἕπου, μάραινε δευτέροις διώγμασιν.

939. Voici le sens du vers : « Je le dirai, (quoique je n'aime pas en parler : car) les ordres d'Apollon ont été pour moi le commencement de nombreux malheurs. »

942. Ἐμμανῆ πόδα. Cp. *Él.* 1252 : Δειναὶ δὲ Κῆρές σ' αἱ κυνώπιδες θεαὶ Τροχηλατήσουσ' ἐμμανῆ πλανώμενον. Dans le passage qui nous occupe, l'accusatif πόδα est, suivant l'usage grec, gouverné par le passif ἠλαυνόμεσθα, parce

ΙΦΙΓΕΝΕΙΑ Η ΕΝ ΤΑΥΡΟΙΣ.

ἔστ' εἰς Ἀθήνας δή μ' ἔπεμψε Λοξίας,
δίκην παρασχεῖν ταῖς ἀνωνύμοις θεαῖς.
Ἔστιν γὰρ ὁσία ψῆφος, ἥν Ἄρει ποτὲ 945
Ζεὺς εἶσατ' ἔκ του δή χερῶν μιάσματος.
Ἐλθὼν δ' ἐκεῖσε, πρῶτα μέν μ' οὐδεὶς ξένων
ἑκὼν ἐδέξαθ', ὡς θεοῖς στυγούμενον·
οἵ δ' ἔσχον αἰδῶ, ξένια μονοτράπεζά μοι
παρέσχον, οἴκων ὄντες ἐν ταὐτῷ στέγει, 950
εἰς δ' ἄγγος ἴδιον ἴσον ἅπασι βακχίου
μέτρημα πληρώσαντες εἶχον ἡδονήν
σιγῇ τ', ἐτεκτήναντό τ' ἀφθεγκτόν μ', ὅπως
δαιτὸς γενοίμην πώματός τ' αὐτῶν δίχα.

NC. 947. L'ancienne vulgate ἐλθόντα δ' n'est qu'une mauvaise variante. Μ' avant οὐδείς a été inséré par Barnes. — 950. Manuscrits : τέγει. Aldine : στέγει. — 951-952. Ces deux vers, qui se lisaient après 954, ont été placés ici par Schöne et Köchly. La justesse de cette transposition se prouve par les mots πώματος τ' αὐτῶν, v. 954, lesquels doivent évidemment suivre ces deux vers et non les précéder. — 951. Aldine : ἔγκος. — 953. Manuscrits : σιγῇ δ' ἐτεκτήναντ' (Palatinus: ἐτεκτήναντ') ἀπόφθεγκτόν μ'. Je ne pense pas qu'on puisse dire ἀπόφθεγκτος pour ἄφθεγκτος : car ἀπό n'a le sens privatif qu'en se joignant à des substantifs, comme dans ἀπόθεος, ἀπόπολις, ἀποχρήματος. Cependant la conjecture de Hermann ἀπρόσφθεγκτον ne satisfait pas. Les mots εἶχον ἡδονήν, au vers précédent, ont besoin d'un complément, lequel doit être σιγῇ. Ce point compris, la correction des mots suivants n'offre plus de difficulté. — 954. Αὐτῶν, correction de Scaliger pour αὐτοῦ.

qu'on dirait à l'actif ἥλαυνον πόδα μου. Cp. *Hipp.* 1343 : Σάρκας νεαράς ξανθόν τε κάρα Διαλυμανθείς. *Med.* 8 : "Ερωτι θυμὸν ἐκπλαγεῖσ' Ἰάσονος.

944. Ταῖς ἀνωνύμοις θεαῖς, aux déesses dont on n'ose prononcer le nom, ἃς τρέμομεν λέγειν, comme dit Sophocle dans *OEd. Col.*, v. 128.

945-946. Ψῆφος, un vote, un jugement, un tribunal. — Ἔκ του δὴ χερῶν μιάσματος. Oreste ne veut pas entrer dans les détails. Le sang dont Mars avait souillé ses mains était celui d'Halirrothius, fils de Neptune, lequel avait violé la fille de Mars, Alcippé. Voy. *Él.* 1258 sqq. et Apollodore, III, xiv, 2.

947. Ἐλθὼν δ' ἐκεῖσε. Nominatif irrégulier, mais conforme aux habitudes de la vieille langue grecque. Voy. la note sur le vers 697.

949-952. Ceux qui avaient honte de repousser un hôte mangèrent bien dans la même pièce avec Oreste, mais de façon à ce que chaque convive fût servi sur une table à part, et eût sa cruche de vin à lui, tandis qu'habituellement tout le monde mangeait à la même table et recevait du vin puisé dans le cratère commun.

952-954. Εἶχον ἡδονήν.... ἀφθεγκτόν μ(ε). Ils jouirent en silence du plaisir de manger et de boire, et obligèrent ainsi leur hôte à rester silencieux à son tour. C'est qu'avant d'être purifié, l'homicide ne devait adresser la parole à personne : on se croyait souillé par son abord. Cp. Eschyle, *Eumén.* 448 : Ἄφθογγον εἶναι τὸν παλαμναῖον νόμος, Ἔστ' ἄν προσαρδμοῖς αἵματος καθαρσίου Σφαγαὶ καθαιμάξωσι νεοθήλου βοτοῦ. (Voy. aussi *Électre*, 1294, et *Oreste*, 47 et 75.)

518   ΙΦΙΓΕΝΕΙΑ Η ΕΝ ΤΑΥΡΟΙΣ.

Κἀγὼ 'ξελέγξαι μὲν ξένους οὐκ ἠξίουν, 955
ἤλγουν δὲ σιγῇ κἀδόκουν οὐκ εἰδέναι,
μέγα στενάζων, οὕνεχ' ἦν μητρὸς φονεύς.
Κλύω δ' Ἀθηναίοισι τἀμὰ δυστυχῆ
τελετὴν γενέσθαι, κἄτι τὸν νόμον μένειν,
χοῆρες ἄγγος Παλλάδος τιμᾶν λεών. 960
Ὡς δ' εἰς Ἄρειον ὄχθον ἦκον, ἐς δίκην τ'
ἔστην, ἐγὼ μὲν θάτερον λαβὼν βάθρον,
τὸ δ' ἄλλο πρέσβειρ' ἥπερ ἦν Ἐρινύων,
εἰπὼν ἀκούσας θ' αἵματος μητρὸς πέρι,
Φοῖβός μ' ἔσωσε μαρτυρῶν· ἴσας δέ μοι 965
ψήφους διηρίθμησε Παλλὰς ὠλένῃ,

NC. 955. Markland a rectifié la leçon κάγωγ' ἐξελέγξαι. 961. — Kirchhoff et Nauck retranchent τ' à la fin de ce vers et ajoutent δ' après εἰπὼν au commencement du vers 964. — 966. *Palatinus*: διηρίθμιζε. Quelques-uns des derniers éditeurs : διερρύθμιζε. — Le mot ὠλένῃ est plus que suspect. Kvičala propose ὧδε δὴ || νικῶν ἀπῆρα. T. W. Schmidt (*Jahrbucher für Philologie*, 1864, p. 235) : Παλλὰς εὐμενής.

958-960. Dans le repas public qui se faisait à Athènes le jour des Χόες, lequel était le second de la fête des Anthestéries, on servait à chaque convive un pot de vin, χοῦς, ou, comme dit Euripide, un vase contenant un χοῦς, χοῆρες ἄγγος. (Le χοῦς était la douzième partie du μετρητής et contenait douze κοτύλαι.) Les Athéniens expliquaient cette particularité par la fable d'Oreste. Il en est de cette explication comme de toutes les légendes imaginées, soit chez nous, soit parmi les anciens, afin d'expliquer certains usages dont on ignore l'origine.

961. On remarquera l'apostrophe à la fin de ce vers. Ailleurs on trouve des trimètres terminés par des prépositions (cf. Soph. *Phil.* 626 : Εἴμ' ἐπὶ || ναῦν, et *passim*). Ces innovations, ainsi que d'autres du même genre, nous apprennent quelque chose sur la manière dont les vers se disaient sur la scène. Dans le cours de la guerre du Péloponèse, la méthode de déclamation a dû changer. Évidemment les acteurs se dégagèrent alors de la gravité, un peu compassée, qui avait jusque-là enchaîné leur débit comme leur geste : ils commencèrent à mettre plus de naturel dans le dialogue, à dissimuler les divisions métriques pour se rapprocher du langage ordinaire. Dans les plus anciennes pièces d'Euripide et de Sophocle on ne voit rien de pareil. Chez Eschyle on ne trouve pas même de trimètre partagé entre deux interlocuteurs : pour le vieux poète, le vers iambique est un tout indivisible. Quant aux vers terminés par une apostrophe, je ne sais si on en trouve d'autres exemples chez Euripide; ils ne sont pas rares dans certaines tragédies de Sophocle. Cf. *OEd. Roi*, 29, 332, 785, 1184, 1224; *El.* 1017; *OEd. Col.* 17, 1164.

962-963. Les βάθρα désignés ici étaient des pierres brutes (λίθοι ἀργοί). Sur l'une se tenait l'accusé : c'était la pierre du crime (ὕβρεως). Sur l'autre se tenait l'accusateur, disons mieux, le vengeur : on l'appelait la pierre de l'implacable (ἀναιδείας, littéralement : *implacabilitatis*). Cf. Pausanias, I, xxviii, 5.

964-965. Εἰπὼν ἀκούσας θ'.... Φοῖβός μ' ἔσωσε. C'est la même irrégularité de construction qu'on vient de voir au v. 947.

966. Ὠλένη, *ulna* ou *brachio*, doit signifier ici *manu*. Mais la leçon est probablement gâtée. Cp. d'ailleurs ce que

νικῶν δ' ἀπῆρα φόνια πειρατήρια.
Ὅσαι μὲν οὖν ἕζοντο πεισθεῖσαι δίκῃ,
ψῆφον παρ' αὐτὴν ἱερὸν ὡρίσαντ' ἔχειν·
ὅσαι δ' Ἐρινύων οὐκ ἐπείσθησαν νόμῳ, 970
δρόμοις ἀνιδρύτοισιν ἠλάστρουν μ' ἀεί,
ἕως ἐς ἁγνὸν ἦλθον αὖ Φοίβου πέδον,
καὶ πρόσθεν ἀδύτων ἐκταθεὶς, νῆστις βορᾶς,
ἐπώμοσ' αὐτοῦ βίον ἀπορρήξειν θανών,
εἰ μή με σώσει Φοῖβος, ὅς μ' ἀπώλεσεν. 975
Ἐντεῦθεν αὐδὴν τρίποδος ἐκ χρυσοῦ λακὼν
Φοῖβός μ' ἔπεμψε δεῦρο, διοπετὲς λαβεῖν
ἄγαλμ' Ἀθηνῶν τ' ἐγκαθιδρῦσαι χθονί.
Ἀλλ' ἥνπερ ἡμῖν ὥρισεν σωτηρίαν,
σύμπραξον· ἢν γὰρ θεᾶς κατάσχωμεν βρέτας, 980

NC. 976. Λακών, correction de Scaliger pour λαβών. — 980. Seidler a rectifié la leçon ἂν γάρ.

Minerve dira aux vers 1470 sqq., et ce que cette déesse dit dans les *Euménides* d Eschyle, 722 sq. : Ἀνὴρ ὅδ' ἐκπέφευγεν αἵματος δίκην· Ἴσον γάρ ἐστι τἀρίθμημα τῶν παλῶν.

967. Νικῶν φόνια πειρητήρια équivaut à νικῶν τὸν περὶ φόνου ἀγῶνα, sortant victorieux de la poursuite criminelle (pour meurtre). Πειρητήρια est l'épreuve judiciaire, en anglais *trial*.

969. Ψῆφον παρ' αὐτήν, près du lieu même où l'arrêt avait été rendu. Cp., au sujet de cet hellénisme, *Med*. 68 : Πεσσοὺς προσελθών et la note. — Ἱερὸν ὡρίσαντ' ἔχειν, *sibi pactæ sunt templum habere*. [Seidler.] Les Euménides avaient une grotte consacrée à leur culte au pied de l'Aréopage. Voy. Eschyle, *Eum*., 1004 sqq.

970. Jusqu'ici Euripide a suivi la tradition attique telle qu'elle avait été fixée par les *Euménides* d'Eschyle. Mais comment accorder avec cette tradition la nouvelle épreuve imposée à Oreste pour qu'il soit délivré de la poursuite des Furies? Le poete imagine que toutes les Furies n'acceptèrent pas la décision des juges, mais que quelques-unes continuèrent de s'acharner sur leur victime. — Ὅσαι δ' Ἐρινύων. Ces mots impliquent qu'il y avait plus de trois Furies. Eschyle avait déjà augmenté le nombre de ces déesses, afin de pouvoir en former un chœur tragique. Dans *Oreste*, v. 1650, Euripide revient au nombre de trois. — Νόμῳ. Il faut entendre la prescription du droit nouveau en vertu de laquelle les homicides n'étaient plus soumis à la juridiction exclusive des Furies.

973-974. La conduite prêtée ici par Euripide à son héros est conforme aux mœurs grecques, et ne devait pas étonner les Athéniens. Leurs ambassadeurs en avaient fait autant dans la guerre médique. Ayant reçu d'Apollon un oracle effrayant pour thènes, ils s'adressèrent à lui une seconde fois en suppliants, et voici, suivant Hérodote, VII, 140, le langage qu'ils tinrent : « Ὦναξ, χρῆσον ἡμῖν ἄμεινόν τι περὶ τῆς πατρίδος, αἰδεσθεὶς τὰς ἱκετηρίας τάσδε, τάς τοι ἥκομεν φέροντες· ἢ οὔ τοι ἄπιμεν ἐκ τοῦ ἀδύτου, ἀλλ' αὐτοῦ τῇδε μενέομεν, ἔστ' ἂν καὶ τελευτήσωμεν. » (Nous empruntons ce rapprochement au commentaire de Kochly.)

977. Διοπετές, tombé de Jupiter, c'est-à-dire : tombé du ciel. Cf. v. 88.

μανιῶν τε λήξω καὶ σὲ πολυκώπῳ σκάφει
στείλας Μυκήναις ἐγκαταστήσω πάλιν.
Ἀλλ' ὦ φιληθεῖσ', ὦ κασίγνητον κάρα,
σῶσον πατρῷον οἶκον, ἔκσωσον δ' ἐμέ·
ὡς τἄμ' ὄλωλε πάντα καὶ τὰ Πελοπιδῶν, 985
οὐράνιον εἰ μὴ ληψόμεσθα θεᾶς βρέτας.

ΧΟΡΟΣ.

Δεινή τις ὀργὴ δαιμόνων ἐπέζεσεν
τὸ Ταντάλειον σπέρμα διὰ πόνων τ' ἄγει.

ΙΦΙΓΕΝΕΙΑ.

Τὸ μὲν ποθεινὸν πρίν σε δεῦρ' ἐλθεῖν ἔχω,
Ἄργει γενέσθαι καὶ σὲ, σύγγον', εἰσιδεῖν· 990
θέλω δ' ἅπερ σὺ, σέ τε μεταστῆσαι πόνων

NC. 983. *Palatinus* : ὦ φιλεῖσ' ὦ. Aldine : ὦ φίλη γ' ὦ. — 988. Ἄγει, correction de Canter pour ἀεί. — 989. J'ai rétabli le sens de ce vers en substituant ποθεινόν à πρόθυμον, leçon vicieuse qui est le résultat d'une erreur doublée d'une mauvaise correction. Cette petite rectification rend inutiles les moyens plus violents, et cependant insuffisants, qu'on avait proposés pour rétablir la suite des idées dans ce couplet. Nauck considérait le vers 990 comme interpolé; Kvičala voulait écarter les vers 990 et 992-994; Köchly transpose les vers 994-998 après le vers 1003. Voy. nos notes explicatives. — 991. Canter a corrigé la leçon σοί τε μεταστῆσαι πόνον (var. : πόνων).

984. Πολυκώπῳ σκάφει. Il faut remarquer ce détail, jusqu'ici ignoré d'Iphigénie. Désormais elle ne doute plus qu'il ne soit possible de se sauver par la fuite. Sur ce point elle partage la confiance d'Oreste. L'enlèvement de l'idole est la difficulté qui reste à résoudre.

988. Placés entre ἐπέζεσεν et ἄγει, dont ils forment le régime commun, les mots τὸ Ταντάλειον σπέρμα sont mis à l'accusatif, cas que gouverne le second de ces verbes, tandis que ἐπέζεσεν demanderait plutôt le datif. Cf. *Hec.* 583 : Δεινόν τι πῆμα Πριαμίδαις ἐπέζεσεν.

989-990. Ces vers n'ont pas été compris. On a cru qu'Iphigénie voulait dire qu'avant l'arrivée d'Oreste elle avait le désir, τὸ πρόθυμον (c'est ainsi qu'on lisait) d'être à Argos et de voir son frère. Le présent ἔχω, qui ne saurait remplacer l'imparfait dans une phrase de cette tournure, rend cette explication inadmissible.

A quel propos d'ailleurs Iphigénie parlerait-elle maintenant du passé? Il ne s'agit pas de cela; et si le poëte lui avait prêté cette réflexion, il aurait tout au moins marqué la transition de cette phrase à la phrase suivante par les particules καὶ νῦν. Voici le sens des deux vers qui nous occupent : « Ce que je souhaitais (τὸ ποθεινόν) avant ta venue, je le tiens (ἔχω) : je puis revenir à Argos et jouir de ta vue, ô mon frère ». « Mais (tel est le sens général de ce qu'Iphigénie va dire dans les vers suivants) je suis prête à sacrifier mes plus douces espérances, ma vie même, si je puis par là te délivrer de tes souffrances et rétablir la fortune de notre maison ».

991. Θέλω δ' ἅπερ σύ. « Mais je veux ce que tu veux », fallût-il pour cela renoncer à l'accomplissement de mes désirs. Voy. la note sur les vers précédents.

ΙΦΙΓΕΝΕΙΑ Η ΕΝ ΤΑΥΡΟΙΣ.   521

νοσοῦντά τ' οἶκον, οὐχὶ τῷ κτανόντι με
θυμουμένη, πατρῷον ὀρθῶσαι πάλιν.
Σφαγῆς τε γὰρ σῆς χεῖρ' ἀπαλλάξαιμεν ἂν
σώσαιμί τ' οἴκους· τὴν θεὸν δ' ὅπως λάθω   995
δέδοικα καὶ τύραννον, ἡνίκ' ἂν κενὰς
κρηπῖδας εὕρῃ λαΐνας ἀγάλματος.
Πῶς δ' οὐ θανοῦμαι; τίς δ' ἔνεστί μοι λόγος;
Ἀλλ' εἰ μὲν ἕν τι τοῦθ' ὁμοῦ γενήσεται,
ἄγαλμά τ' οἴσεις κἄμ' ἐπ' εὐπρύμνου νεὼς   1000
ἄξεις, τὸ κινδύνευμα γίγνεται καλόν·
τούτω δὲ χωρισθέντ', ἐγὼ μὲν ὄλλυμαι,
σὺ δ' ἂν τὰ σαυτοῦ θέμενος εὖ νόστου τύχοις.
Οὐ μήν τι φεύγω γ' οὐδέ μ' εἰ θανεῖν χρεών,

NC. 992. La leçon τῷ κτανοῦντί με a été rectifiée par Heath. Il est possible que le texte primitif ait porté τοῖς κτανοῦσί με. Tel était l'avis de Hermann, lequel faisait observer finement : « Confert aliquid pluralis ad lenitatem sententiæ. » — 993. Manuscrits : ὀρθῶσαι θέλω. Ce dernier mot est évidemment une glose, et le mot expulsé ne peut guère être que πάλιν : Markland l'a déjà compris. Cf. Sophocle, Ant. 163. — 995. Σώσαιμί τ', correction de Markland pour σώσαιμι δ'. — 999. La conjecture de Markland ταῦθ', pour τοῦθ', n'aurait pas dû trouver de partisans, depuis qu'elle a été réfutée par Seidler. — 1000-1001. Peut-être : Ἄγαλμά θ' ὥστε κἄμ'.... ἄξαι. — 1002. J'ai corrigé la leçon τούτον δὲ χωρισθεῖσ', qu'on expliquait tant bien que mal, mais qui ne fait pas antithèse aux vers 969 sqq.

992-993. Οὐχὶ.... θυμουμένη. Le rétablissement d'Oreste sur le trône d'Argos relève la maison d'Agamemnon et rend aux mânes du défunt les honneurs qui lui sont dus. Mais Iphigénie ne nourrit point de ressentiment contre son père : elle offre de se sacrifier pour celui qui l'a immolée.
994-998. Dans ces vers, Iphigénie explique ce qu'elle avait indiqué dans les vers précédents : à savoir, qu'en faisant ce que lui demande son frère, elle devra se résigner à ne plus revoir la patrie. Elle espère pouvoir sauver la vie d'Oreste, elle espère aussi pouvoir lui remettre l'idole, à laquelle sont attachés le salut de son frère et celui de sa maison (σώσαιμί τ' οἴκους, v. 995); mais elle désespère de se sauver elle-même après avoir commis ce larcin. On voit que la particule γάρ, v. 994, est à sa place, et que nous avons donné le vrai sens des vers 989 sq. Avec l'ancienne explication de ces vers, la conjonction γάρ ne se comprenait pas, et la suite des idées était obscure, au point que les critiques avaient recours à la suppression ou à la transposition de plusieurs vers (voy. la note critique sur le vers 989).
999. Les mots ἕν τι, étant au singulier, sont, d'après l'usage grec, suivis de τοῦτο et non de ταῦτα. C'est ainsi que, dans Oreste, v. 1192, Électre dit : πᾶν γὰρ ἓν φίλον τόδε au lieu de πάντες γὰρ οἶδε ἓν φίλον.
1002. Τοῦτω δὲ χωρισθέντ(ε), mais si ces deux choses ne peuvent se concilier. Les nominatifs placés en tête de cette phrase tiennent lieu de génitifs absolus. Cf. la note sur le vers 1109 de Médée.
1004-1005. Οὐ μήν.... σώσασά σ(ε), après t'avoir sauvé (pourvu que je parvienne à te sauver), je ne refuse pas même de mourir, s'il le faut. Nous avons placé les

522 ΙΦΙΓΕΝΕΙΑ Η ΕΝ ΤΑΥΡΟΙΣ.

σώσασα σ'· οὐ γὰρ ἀλλ' ἀνὴρ μὲν ἐκ δόμων 1005
θανὼν ποθεινός, τὰ δὲ γυναικὸς ἀσθενῆ.

ΟΡΕΣΤΗΣ.

Οὐκ ἂν γενοίμην σοῦ τε καὶ μητρὸς φονεύς·
ἅλις τὸ κείνης αἷμα· κοινόφρων δὲ σοὶ
καὶ ζῆν θέλοιμ' ἂν καὶ θανὼν λαχεῖν ἴσον.
Ἄξω δέ σ', ἤνπερ καὐτὸς ἔνθεν ἐκπέσω, 1010
πρὸς οἶκον, ἢ σοῦ κατθανὼν μενῶ μέτα.
Γνώμης δ' ἄκουσον· εἰ πρόσαντες ἦν τόδε
Ἀρτέμιδι, πῶς ἂν Λοξίας ἐθέσπισεν
κομίσαι μ' ἄγαλμα θεᾶς πόλισμα Παλλάδος;

. . . .

. . . .

καὶ σὸν πρόσωπον εἰσιδεῖν; ἅπαντα γὰρ 1015

NC. 1005. Les conjectures de Hartung et de Kirchhoff σώσασαν ou σῶσαι τὰ σ(ά) sont inutiles, quoi qu'on en ait dit. — 1008. *Florentinus* : γυναικῶν. Aldine : γυναικός, et telle est peut-être aussi la leçon du *Palatinus*. — 1009. Hartung et Köchly écrivent sans nécessité ζῶν pour ζῆν. — 1010. Ἄξω δέ σ', correction de Canter pour ἤξω δέ γ'. Ensuite les manuscrits portent ἤνπερ καὐτὸς ἐνταυθοῖ πέσω. Plusieurs éditeurs ont adopté la conjecture de Markland μὴ αὐτός. Mais comment supposer qu'Euripide eût fait dire à Oreste : « Je te ramènerai si je ne meurs pas ici, ou bien je mourrai avec toi »? Ce n'est pas ainsi que s'exprime un poète qui sait écrire. D'ailleurs les tragiques ne se servent point de la forme ἐνταυθοῖ. Seidler voulait : ἤνπερ καὐτὸς ἐντεῦθεν περῶ. On sent que le verbe περῶ ne convient pas ici. Il faut ἔνθεν ἐκπέσω. — 1014. Elmsley a corrigé la leçon πόλισμ' εἰς παλλάδος. — 1015. La lacune avant ce vers a été signalée par Köchly. Εἰσιδεῖν ne peut dépendre de ἐθέσπισεν : Apollon n'a pas ordonné à Oreste d'aller trouver Iphigénie. Il est vrai que dans le drame de Gœthe l'oracle est a double entente : on y reconnaît à la fin que la sœur à ramener dans la Grèce n'est pas la sœur d'Apollon, mais la sœur d'Oreste. Mais de quel droit Seidler et d'autres attribuent-ils à Euripide une équivoque pareille? Rien dans la tragédie grecque n'autorise cette supposition gratuite.

mots « après t'avoir sauvé » [en tête de cette traduction, pour faire voir que σώσασα n'a pas besoin d'être changé en σώσασαν. La phrase subordonnée οὐδέ μ' εἰ θανεῖν χρεών tient lieu de régime au verbe φεύγω.

1005-1006. Οὐ γὰρ ἀλλ(ά).... ἀσθενῆ. Que la vie d'un homme fût plus précieuse que celle d'une femme, les femmes grecques l'admettaient aussi bien que les hommes. Dans *Iph. Aul.*, v. 1394, l'héroïne dit : Εἷς γ' ἀνὴρ κρείσσων γυναικῶν μυρίων ὁρῶν φάος.

1010. Ἔνθεν ἐκπέσω, (si) je m'échappe d'ici. Cf. Eschyle, *Eumén.* 147 : Ἐξ ἀρκύων πέπτωκεν οἴχεται θ' ὁ θήρ. Le verbe ἐκπίπτειν s'emploie souvent dans le sens de « faire une sortie. »

1014. Πόλισμα Παλλάδος. Les poètes se servent de l'accusatif local sans ajouter la préposition εἰς.

1015. Dans les vers qui manquent,

συνθεὶς τάδ' εἰς ἓν νόστον ἐλπίζω λαβεῖν.

ΙΦΙΓΕΝΕΙΑ.

Πῶς οὖν γένοιτ' ἂν ὥστε μήθ' ἡμᾶς θανεῖν,
λαβεῖν θ' ἃ βουλόμεσθα; τῇδε γὰρ νοσεῖ
νόστος πρὸς οἴκους· ἥδε βούλευσις πάρα.

ΟΡΕΣΤΗΣ.

Ἆρ' ἂν τύραννον διολέσαι δυναίμεθ' ἄν; 1020

ΙΦΙΓΕΝΕΙΑ.

Δεινὸν τόδ' εἶπας, ξενοφονεῖν ἐπήλυδας.

ΟΡΕΣΤΗΣ.

Ἀλλ' εἰ σὲ σώσει κἀμέ, κινδυνευτέον.

ΙΦΙΓΕΝΕΙΑ.

Οὐκ ἂν δυναίμην, τὸ δὲ πρόθυμον ᾔνεσα.

ΟΡΕΣΤΗΣ.

Τί δ', εἴ με ναῷ τῷδε κρύψειας λάθρα;

ΙΦΙΓΕΝΕΙΑ.

[Ὡς δὴ σκότος λαβόντες ἐκσωθεῖμεν ἄν; 1025

ΟΡΕΣΤΗΣ.

Κλεπτῶν γὰρ ἡ νύξ, τῆς δ' ἀληθείας τὸ φῶς.]

ΙΦΙΓΕΝΕΙΑ.

Εἴσ' ἔνδον ἱεροῦ φύλακες, οὓς οὐ λήσομεν.

NC. 1017-1018. *Palotinus* : ἡμᾶς κτανεῖν, λαβεῖν θ', deux fautes qui se tiennent. Nauck et d'autres ont à tort admis λαβεῖν. Ensuite la leçon νόει a été corrigée par Markland. Les premiers éditeurs avaient écrit νόει ‖ νόστον. — 1019. Ἥδε βούλευσις, excellente correction de Markland pour ἡ δὲ βούλησις. — 1025-1026. Ces vers suspects à Markland, condamnés par Kirchhoff et par Nauck, semblent être tirés d'ailleurs L'argument dont se sert Oreste est plus propre à réfuter son opinion qu'à la soutenir. — 1025. Brodæus a corrigé la leçon ἐξωθεῖμεν ou ἔξω θεῖμεν. — 1027. Manuscrits : ἱεροὶ φύλακες. Markland : ἱεροφύλακες. Dobree : ἱεροῦ φύλακες.

Oreste disait sans doute : « Pourquoi Diane elle-même t'aurait-elle dérobée aux sacrificateurs, pourquoi m'aurait-elle permis de te retrouver dans ce pays lointain, et de voir ton visage (καὶ σὸν πρόσωπον εἰσιδεῖν) ?» C'est à tous ces arguments que se rapporte le mot ἅπαντα. [Köchly].

1018-1019. Τῇδε γὰρ νοσεῖ νόστος, voilà par où notre retour est malade, c'est-à-dire : voilà ce qui compromet notre retour. Voy. la note sur *Hipp.* 937, et cp. *Iph. Aul.* 966 : Πρὸς Ἴλιον Ἐν τῷδ' ἔκαμνε νόστος. — Ἥδε βούλευσις πάρα, c'est là-dessus que nous avons à délibérer. Le démonstratif ἥδε se rapporte à πῶς οὖν γένοιτ' ἄν..., βουλόμεσθα; Les mots τῇδε... πρὸς οἴκους forment une phrase parenthétique.

1023. Οὐκ ἂν δυναίμην. « Je ne puis me résoudre à tuer mon hôte (ξενοφονεῖν,

ΟΡΕΣΤΗΣ.
Οἴμοι διεφθάρμεσθα· πῶς σωθεῖμεν ἄν;
ΙΦΙΓΕΝΕΙΑ.
Ἔχειν δοκῶ μοι καινὸν ἐξεύρημά τι.
ΟΡΕΣΤΗΣ.
Ποῖόν τι; δόξης μετάδος, ὡς κἀγὼ μάθω.   1030
ΙΦΙΓΕΝΕΙΑ.
Ταῖς σαῖς ἀνίαις χρήσομαι σοφίσμασιν.
ΟΡΕΣΤΗΣ.
Δειναὶ γὰρ αἱ γυναῖκες εὑρίσκειν τέχνας.
ΙΦΙΓΕΝΕΙΑ.
Φονέα σε φήσω μητρὸς ἐξ Ἄργους μολεῖν.
ΟΡΕΣΤΗΣ.
Χρῆσαι κακοῖσι τοῖς ἐμοῖς, εἰ κερδανεῖς.
ΙΦΙΓΕΝΕΙΑ.
Ὡς οὐ θέμις σε λέξομεν θύειν θεᾷ,   1035
ΟΡΕΣΤΗΣ.
τίν' αἰτίαν ἔχουσ'; ὑποπτεύω τι γάρ.
ΙΦΙΓΕΝΕΙΑ.
οὐ καθαρὸν ὄντα, τὸ δ' ὅσιον δώσω φόνῳ.

NC. 1031. Aldine : ἀνοίαις. — 1032. Δειναὶ μέν chez Stobée, *Anthol.* LXXIII, 26. Ce vers se trouve aussi parmi les *Monostiques* attribués à Ménandre, vers 130. — 1015. θέμις σε, correction de Reiske pour θέμις γε. — 1036. Peut-être · τίν' αἰτίαν σχοῦσ'; ὡς ὑποπτεύω τι δή. — 1037. Manuscrits : τὸ δ' ὅσιον et φόνῳ. Aldine : τὸν δ' ὅσιον et φόβῳ.

v. 1021). » Les saintes lois de l'hospitalité l'emportent sur toutes les autres considérations dans le cœur de la jeune fille. — Ἤνεσα, je loue. Cp., au sujet de cet hellénisme, *Hipp.* 614; *Med.* 272 et 794; *Hec.* 702; *Iph. Aul.* 440.

1029. Καινὸν ἐξεύρημά τι. Euripide excite la curiosité du spectateur : il laisse entendre que le moyen imaginé dans cette circonstance n'est pas usé et banal. Dans *Hélène*, v. 1056, Ménélas, à qui on propose de se faire passer pour mort pour se sauver, hésite : car, dit-il, παλαιότης γὰρ τῷ λόγῳ γ' ἔνεστί τις.

1031. Ταῖς σαῖς ἀνίαις, du malheur qui t'afflige. Ἀνίαις équivaut à κακοῖσι, synonyme employé au vers 1034.

1032. Γάρ, conjonction qui s'explique par une pensée que tout le monde sousentend aisément, peut se rendre par : « C'est que. »

1035. Construisez : Λέξομεν ὡς οὐ θέμις (ἐστί) σε θύειν θεᾷ. Cette phrase, interrompue par la question d'Oreste, se complète au moyen du vers 1037.

1037. Τὸ δ' ὅσιον δώσω φόνῳ, mais je dirai que (λέξομεν ὡς, v. 1035) je ne livrerai à la mort que ce qu'il est permis de sacrifier, c'est-à-dire : que je ne te laisserai sacrifier qu'après t'avoir purifié. Τὸ

ΙΦΙΓΕΝΕΙΑ Η ΕΝ ΤΑΥΡΟΙΣ.   525

ΟΡΕΣΤΗΣ.
Τί δῆτα μᾶλλον θεᾶς ἄγαλμ' ἁλίσκεται;
ΙΦΙΓΕΝΕΙΑ.
Πόντου σε πηγαῖς ἁγνίσαι βουλήσομαι,
ΟΡΕΣΤΗΣ.
Ἔτ' ἐν δόμοισι βρέτας, ἐφ' ᾧ πεπλεύκαμεν.   1040
ΙΦΙΓΕΝΕΙΑ.
κἀκεῖνο νίψαι, σοῦ θιγόντος ὣς, ἐρῶ.
ΟΡΕΣΤΗΣ.
Ποῖ δῆτα; τόνδε νοτερὸν ἢ παρ' ἔκβολον;
ΙΦΙΓΕΝΕΙΑ.
Οὗ ναῦς χαλινοῖς λινοδέτοις ὁρμεῖ σέθεν.
ΟΡΕΣΤΗΣ.
Σὺ δ' ἢ τις ἄλλος ἐν χεροῖν οἴσει βρέτας;

NC. 1040. *Palatinus :* ἔστ' ἐν. Ensuite Kirchhoff demande ἐφ' ὃ γε πεπλεύκαμεν. Peut-être : ἐφ' ὅπερ ἐπλεύσαμεν. — 1041. *Palatinus :* ἐρῷ. — 1042. On lisait πόντου νοτερὸν εἶπας ἔκβολον; Dans cette leçon πόντου ἔκβολον ne peut guère désigner qu'un endroit où la mer épanche ses eaux dans la campagne, et νοτερόν est une épithète redondante, admissible seulement dans le style lyrique. Mettre le premier point d'interrogation après πόντου serait un mauvais expédient. Eustathe, *ad Odyss.* p. 1405, dit qu'Euripide emploie le mot ἔκβολος dans le sens de ὀξὺ ἀκρωτήριον. Cette explication et l'indication précise du substantif masculin ὁ ἔκβολος, laquelle ne saurait se tirer de notre texte, m'ont suggéré la correction τόνδε νοτερὸν ἢ παρ' ἔκβολον; Le démonstratif τόνδε est nécessaire pour préciser le lieu dont il s'agit. Πόντου vient sans doute du vers 1039. On ne peut se passer non plus de la préposition παρά. Reiske voulait πόντου νοτερὸν εἰ παρ' ἔκβολον; — 1044. La vulgate σοὶ δὴ τίς ἄλλος a été corrigée par Fr. Jacobs.

ὅσιον est plus général que τὸν ὅσιον. Voy. la note sur le vers 954.

1040. Ἔτ' ἐν δόμοισι βρέτας, l'image est encore dans le temple, c'est-à-dire : je ne vois pas encore comment nous ferons sortir l'image du sanctuaire.

1041. Σοῦ θιγόντος ὣς, « tamquam a te tactam. » [Seidler.]

1042. Ποῖ δῆτα; Où veux-tu la porter pour la laver? On cite Sophocle, *Phil.* 1211, οὗ πατέρα ματεύω est suivi de la question ποῖ γᾶς; — Τόνδε.... ἔκβολον; Est-ce près de ce promontoire humide (qui s'avance dans la mer)? Cp. Eustathe cité dans la note critique. Quant à ἢ, les Grecs se servent de cette particule, et non de ἦ,

dans une seconde interrogation, lors même que celle-ci n'est pas opposée à la première. Cf. *Héc.* 1013 ; *Iph. Aul.* 1042. Il en est de même du latin *an.* « On voit par la scène II de l'acte V [v. 1197] que la mer baignait les murs du temple. Il est probable qu'elle occupait une partie de la décoration. Je crois qu'Oreste montre d'un geste cette partie du rivage, et demande à Iphigénie si c'est là, sur ce promontoire baigné des flots [cette traduction, que l'ancien texte ne justifiait pas, rend très-exactement notre correction], qu'elle se propose de feindre de purifier les victimes. Iphigénie répond que ce sera au lieu même où est le vaisseau d'Oreste. » [Prévost.]

ΙΦΙΓΕΝΕΙΑ Η ΕΝ ΤΑΥΡΟΙΣ.

ΙΦΙΓΕΝΕΙΑ.

Ἐγώ· θιγεῖν γὰρ ὅσιόν ἐστ' ἐμοὶ μόνῃ. 1045

ΟΡΕΣΤΗΣ.

Πυλάδης δ' ὅδ' ἡμῖν ποῦ τετάξεται χοροῦ;

ΙΦΙΓΕΝΕΙΑ.

Ταὐτὸν χεροῖν σοὶ λέξεται μίασμ' ἔχων.

ΟΡΕΣΤΗΣ.

Λάθρα δ' ἄνακτος ἢ εἰδότος δράσεις τάδε;

ΙΦΙΓΕΝΕΙΑ.

Πείσασα μύθοις· οὐ γὰρ ἂν λάθοιμί γε.

ΟΡΕΣΤΗΣ.

Καὶ μὴν νεώς γε πίτυλος εὐήρης πάρα. 1050

ΙΦΙΓΕΝΕΙΑ.

Σοὶ δὴ μέλειν χρὴ τἄλλ' ὅπως ἕξει καλῶς.

ΟΡΕΣΤΗΣ.

.   .   .   .

ΙΦΙΓΕΝΕΙΑ.

Ἑνὸς μόνου δεῖ, τάσδε συγκρύψαι τάδε.

NC. 1046. La leçon ποῦ τετάξεται φόνου anticipe sur la reponse d'Iphigénie. On a proposé πόνου, δόλου, λόγου, φράσον. Nous avons adopté la belle correction de Winckelmann (*Zeitschrift für die Alterthumswissenschaft*, 1840, p. 1283), χοροῦ. — 1047. Kirchhoff propose ἔχειν pour ἔχων. — 1049. Les vieilles éditions portent λάθοιμί σε ou ϛε. — 1051-1052. Nous avons marqué une lacune entre ces deux vers. On attribuait le second à Oreste, ce qui faisait qu'il n'y avait aucun rapport entre les deux propos : Iphigénie parlait de ce qui restait à faire quand on serait près du vaisseau, Oreste répondait qu'il ne restait qu'à obtenir le silence du chœur. Voilà pourquoi nous croyons que la réponse d'Oreste manque, et que le vers 1052 appartient à Iphigénie. Hirzel (*De Euripidis in componendis diverbiis arte*, p. 51) supplée un vers d'Iphigénie avant le vers 1051, qu'il donne à Oreste. Köchly veut qu'un vers d'Oreste manque après 1049, et il intervertit l'ordre des vers 1051 et 1052.

1046. Ποῦ τετάξεται χοροῦ; quelle place occupera-t-il dans cette combinaison. Winckelmann cite fort à propos Platon, *Euthyd.* p. 279 C : Τὴν δὲ σοφίαν ποῦ χοροῦ τάξομεν; ἐν τοῖς ἀγαθοῖς, ἢ πῶς λέγεις; Cette locution semble avoir été proverbiale chez les Athéniens, et cela se comprend aisément : ils passaient la moitié de leur vie à préparer et à exécuter des chœurs, ou à en voir. Rappelons un passage de l'*OEconomique* de Xénophon, VIII, 20. Ischomaque y dit à sa jeune femme que dans une maison où chaque objet est à sa place, les chaussures avec les chaussures, les vêtements avec les vêtements, et ainsi de suite, χορὸς σκευῶν ἕκαστα φαίνεται.

1051. Τἄλλ(α) désigne ce qu'il faudra faire ensuite, quand on sera arrivé près du vaisseau. Dans le vers qui manque, Oreste demandait sans doute à sa sœur

ΙΦΙΓΕΝΕΙΑ Η ΕΝ ΤΑΥΡΟΙΣ.   527

ΟΡΕΣΤΗΣ.
Ἀλλ' ἀντίαζε καὶ λόγους πειστηρίους
εὕρισκ'· ἔχει τοι δύναμιν εἰς οἶκτον γυνή.
Τὰ δ' ἄλλ' ἴσως ἂν πάντα συμβαίη καλῶς.   1055

ΙΦΙΓΕΝΕΙΑ.
Ὦ φίλταται γυναῖκες, εἰς ὑμᾶς βλέπω,
καὶ τἄμ' ἐν ὑμῖν ἐστιν ἢ καλῶς ἔχειν
ἢ μηδὲν εἶναι καὶ στερηθῆναι πάτρας
φίλου τ' ἀδελφοῦ φιλτάτης τε συγγόνου.
Καὶ πρῶτα μέν μοι τοῦ λόγου τάδ' ἀρχέτω·   1060
γυναῖκές ἐσμεν, φιλόφρον ἀλλήλαις γένος,
σώζειν τε κοινὰ πράγματ' ἀσφαλέσταται·
σιγήσαθ' ἡμῖν καὶ συνεκπονήσατε
φυγάς· καλόν τοι γλῶσσ' ὅτῳ πιστὴ παρῇ.
Ὁρᾶτε δ' ὡς τρεῖς μία τύχη τοὺς φιλτάτους,   1065
ἢ γῆς πατρῴας νόστος ἢ θανεῖν, ἔχει.
Σωθεῖσα δ', ὡς ἂν καὶ σὺ κοινωνῇς τύχης,
σώσω σ' ἐς Ἑλλάδ'. Ἀλλὰ πρός σε δεξιᾶς,
σὲ καὶ σ' ἱκνοῦμαι, σὲ δὲ φίλης παρηίδος
γονάτων τε καὶ τῶν ἐν δόμοισι φιλτάτων   1070
[μητρὸς πατρός τε καὶ τέκνων ὅτῳ κυρεῖ],

NC. 1055. Ἴσως ἂν πάντα, correction de Markland pour ἴσως ἅπαντα. — 1056. Hermann a corrigé la leçon ὡς ὑμᾶς. — 1059. Φιλτάτης, correction de Seidler pour φιλτάτου. — 1061. *Palatinus*: ἀλλήλων. — 1064. La leçon καλόν τοι (*Palatinus*: τι) γλῶσσ', ὅτῳ πίστις παρῇ, ne peut s'expliquer qu'au moyen d'une interprétation forcée. La plupart des éditeurs ont avec raison adopté la correction de Hermann, πιστή. Πίστις vient peut-être d'une glose explicative. — 1066. Heath a corrigé la leçon νόστον. — 1071. Dindorf et d'autres critiques ont jugé avec raison que ce vers était suspect d'interpolation. Suivant le vers 130 le chœur était composé de vierges.

elle avait songé à toutes les mesures qui la regardaient, s'il ne restait plus aucune précaution à prendre dès maintenant.
1055. En remontant au vers 1017, on trouve un morceau de dialogue qui commence et qui finit par un tristique, et dont le corps est formé par quatre fois huit monostiques : 1020-1029 (en ne comptant pas les deux vers qui sont mis entre crochets); 1030-1037; 1038-1045; 1046-1052. [Hirzel.]

1057-1058. Comme τἀμ(ά) ne diffère guère de ἐμέ, il est facile d'en tirer ce dernier mot, lequel doit être le sujet des infinitifs εἶναι et στερηθῆναι. On cite Platon, *Protag.* p. 313 A : Ὁ δὲ περὶ πλείονος τοῦ σώματος, ἡγεῖ, τὴν ψυχὴν, καὶ ἐν ᾧ πόντ' ἔστι τὰ σὰ ἢ εὖ ἢ κακῶς πράττειν. Dans ce passage πράττειν est mis pour ἔχειν, comme si le sujet était σέ, et non τὰ σά.
1066. Γῆς πατρῴας νόστος, le retour

528 ΙΦΙΓΕΝΕΙΑ Η ΕΝ ΤΑΥΡΟΙΣ.

τί φατέ; τίς ὑμῶν φησιν ἢ τίς οὐ θέλει,
φθέγξασθε, ταῦτα; Μὴ γὰρ αἰνουσῶν λόγους
ὄλωλα κἀγὼ καὶ κασίγνητος τάλας.

ΧΟΡΟΣ.

Θάρσει, φίλη δέσποινα, καὶ σώζου μόνον· 1075
ὡς ἔκ γ' ἐμοῦ σοι πάντα σιγηθήσεται,
ἴστω μέγας Ζεὺς, ὧν ἐπισκήπτεις πέρι.

ΙΦΙΓΕΝΕΙΑ.

Ὄναισθε μύθων καὶ γένοισθ' εὐδαίμονες.
Σὸν ἔργον ἤδη καὶ σὸν εἰσβαίνειν δόμους·
ὡς αὐτίχ' ἥξει τῆσδε κοίρανος χθονὸς, 1080
θυσίαν ἐλέγξων, εἰ κατείργασται, ξένων.
Ὦ πότνι', ἥπερ μ' Αὐλίδος κατὰ πτυχὰς
δεινῆς ἔσωσας ἐκ πατροκτόνου χερὸς,
σῶσόν με καὶ νῦν τούσδε τ'· ἢ τὸ Λοξίου
οὐκέτι βροτοῖσι διὰ σ' ἐτήτυμον στόμα. 1085
Ἀλλ' εὐμενὴς ἔκβηθι βαρβάρου χθονὸς
εἰς τὰς Ἀθήνας· καὶ γὰρ ἐνθάδ' οὐ πρέπει
ναίειν, παρόν σοι πόλιν ἔχειν εὐδαίμονα.

ΧΟΡΟΣ.

Ὄρνις, ἃ παρὰ πετρίνας [Strophe 1.]
πόντου δειράδας, ἀλκυὼν, 1090

NC. 1073. Probablement : φθέγξασθε δῆτα, conjecture de Nauck. — 1080. *Palatinus* : τύραννος χθονός. — 1081. Markland a rectifié la leçon ἐλέγχων. — 1089. L'ancienne vulgate παρὰ τὰς πετρίνας vient de l'édition Aldine.

dans la patrie. On cite Homère, *Od.* V, 344 : Νόστος γαίης Φαιήκων.

1074. Φησιν. Le grec φημί s'emploie, comme le latin *aio*, dans le sens de « j'affirme. »

1078. Ὄναισθε μύθων. Cf. *Iph. Aul.*, 1359 : Ὄναιο τῶν φρενῶν.

1079. Σὸν ἔργον ἤδη καὶ σόν. Ces paroles s'adressent à Oreste et à Pylade.

1083. Ἐκ πατροκτόνου χερὸς équivaut à ἐκ πατρὸς χερὸς φονίας. En détournant ainsi le composé πατροκτόνος de son sens habituel, Euripide a fait jouer au second des éléments qui y entrent le rôle d'un simple suffixe, et voilà comment πατρὸ y a le même sens que dans πατρῷος.

1089-1091. Dans les *Grenouilles* d'Aristophane, v. 1309 sq., Eschyle commence ainsi une parodie de la manière lyrique d'Euripide : Ἀλκυόνες, αἲ παρ' ἀενάοις θαλάσσης κύμασι στωμύλλετε. Le scholiaste fait remarquer que ces vers font allusion à un passage d'*Iphigénie à Aulis* : Bergler et d'autres ont pensé avec raison que le commentateur grec aura voulu dire *Iphigénie en Tauride*.

ΙΦΙΓΕΝΕΙΑ Η ΕΝ ΤΑΥΡΟΙΣ.   529

ἔλεγον οἰκτρὸν ἀείδεις,
εὐξύνετον ξυνετοῖσι βοὰν,
ὅτι πόσιν κελαδεῖς ἀεὶ μολπαῖς,
ἐγώ σοι παραβάλλομαι
θρήνους, ἄπτερος ὄρνις,   1095
Ἑλλάνων ἀγόρους ποθοῦσ᾽,
Ἄρτεμιν λοχίαν ποθοῦσ᾽,
ἃ παρὰ Κύνθιον ὄχθον οἰκεῖ
φοίνικά θ᾽ ἁβροκόμαν
δάφναν τ᾽ εὐερνέα καὶ   1100
γλαυκᾶς θαλλὸν ἱρὸν ἐλαί-
ας, Λατοῦς ὠδῖνα φίλαν,

NC. 1091. Οἰκτρόν, correction de Barnes pour οἶτον. On pourrait aussi écrire οἶμον. — 1092. *Palatinus* : ξυνετοῖς. — 1095 Reiske : θρηνοῦσ᾽. — 1096-1097. On lisait : ποθοῦσ᾽ Ἑλλάνων ἀγόρους ‖ ποθοῦσ᾽ Ἄρτεμιν λοχίαν (manuscrits : λοχείαν). Afin de rétablir l'accord antistrophique, Nauck écrit ici : Ἄρτεμιν ὀλβίαν, et au vers 1113 : ἐν ᾇ τᾶς Ἑλλανοφόνου. Ces changements ne sont rien moins que probables. Il suffit de transposer les mots comme nous avons fait. — 1101. Manuscrits . θάλος ou θάλλος, et ἱερόν. — 1002. Portus voulait ὠδῖνι, Markland, ὠδῖνι φίλον ou φίλος.

1092-1093. Εὐξύνετον.... μολπαῖς, accents que comprennent ceux qui connaissent les fables : (ils savent) que c'est en l'honneur d'un mari que tu fais toujours entendre ces chants. La phrase subordonnée : ὅτι... μολπαῖς, développe l'idée indiquée par εὐξύνετον. Quant à la fable d'Alcyone et de Céyx, cf. Apollodore, I, VII, 4 ; Ovide, *Métam*. IX, 270 sqq.

1094-1095. Ἐγώ.... θρήνους, je me compare à toi quant aux chants plaintifs, c'est-à-dire : je compare mes chants plaintifs aux tiens. Nous attendons ἐμοὺς σοῖς pour ἐγώ σοι. — Ἄπτερος ὄρνις. L'adjectif corrige ce qu'il y a de trop hardi dans l'emploi métaphorique du substantif. Les tournures de ce genre sont familières aux poëtes grecs. Eschyle (*Agam.* 1258) appelle Clytemnestre δίπους λεαινα ; Euripide, rajeunissant avec esprit une locution d'Eschyle (*Choeph.* 493) désignait les chaînes de l'amour par πέδαι ἀχάλκευτοι (Plutarque, *Amat*. XVIII). Ailleurs, il nomme Oreste et Pylade ἄθυρσοι βάκχαι, et le feu de la haine soufflé par Électre, ἀνήφαι-

στον πῦρ (*Oreste*, 1493 et 621). Cf. la note sur *Hipp*., 235.

1098. Κύνθιον ὄχθον. Le mont Cynthus dans l'île de Délos. — Ce vers et les suivants ne prouvent pas que les jeunes filles qui forment le chœur soient nées à Délos : Seidler a très-bien refuté cette opinion. Au lieu de la Diane sanguinaire de la Tauride, elles voudraient vénérer la Diane grecque, déesse secourable aux mères (λοχίαν, v. 1096). Or cette Diane était particulièrement adorée a Délos, son berceau, disait-on, et l'une de ses résidences favorites.

1099-1101. Voy., au sujet des arbres sacrés de Délos, la note sur les vers 458 sqq. d'*Hécube*. L'olivier, qui figure ici à côté du palmier et du laurier, est aussi mentionné par Callimaque, *Hymne à Délos*, v. 282, et par Catulle, XXXII, v. 9.

1102. Λατοῦς ὠδῖνα. Tournure lyrique pour dire que ces arbres ont été témoins des douleurs de Latone. « Mihi Euripides « audacius partum Latonæ divisse videtur « arborem, cui obnixa peperit Apollinem « et Dianam. » [Hermann.]

λίμναν θ' εἰλίσσουσαν ὕδωρ
κύκλιον, ἔνθα κύκνος μελῳ-
δὸς Μούσας θεραπεύει.   1105

Ὦ πολλαὶ δακρύων λιβάδες,   [Antistrophe 4.]
αἳ παρηίδας εἰς ἐμὰς
ἔπεσον, ἀνίκα πύργων
ὀλλυμένων ἐπὶ ναυσὶν ἔβαν
πολεμίων ἐρετμοῖσι καὶ λόγχαις.   1110
Ζαχρύσου δὲ δι' ἐμπολὰς
νόστον βάρβαρον ἦλθον,
ἔνθα τὰς ἐλαφοκτόνου
κούραν ἀμφίπολον θεᾶς
παῖδ' Ἀγαμεμνονίαν λατρεύω   1115
βωμούς θ' ἑλληνοθύτας,
ζηλοῦσ' αἶσαν διὰ παν-

NC. 1104. Κύκλιον, excellente correction de Seidler pour κύκνειον. — 1105. *Palatinus*: μοῦσα. — 1106. Peut-être δακρύων λίβε:. Cf. Eschyle, *Choéph.* 202 : Φιλοσπόνδου λιβός. — 1109. La leçon ὀλομένων (ou οὐλομένων) a été corrigée par Erfurdt. La leçon ἐν (ou ἐνὶ) ναυσίν l'a été par Elmsley. — 1111-1112. Les conjectures νᾶσον βάρβαρον (Nauck) et ζάχρυσον.... ναὸν βάρβαρον (Bergk) semblent inutiles. — 1114. On lisait θεᾶς ἀμφίπολον κόραν ou κούραν. J'ai transposé les mots en vue de l'accord des strophes et du style poétique. — 1116. Βωμούς· θ' ἑλληνοθύτας, correction d'Enger et de Koehly pour βωμούς τε μηλοθύτας. Schœne avait proposé ξενοθύτας. — 1117. *Palatinus*: ζητοῦσ'. Ensuite αἶσαν, pour ἄταν, est dû à Koehly.

1103-1104. Λίμναν κύκλιον. Il s'agit du fameux lac circulaire de l'île de Délos, ἡ Τροχοειδὴς καλευμένη, Hérodote, II, 170. Cp. Théognis, v. 7 ; Callimaque, *Hymne à Apollon*, v. 59, et *Hymne à Délos*, v. 261.

1111-1112. Ζαχρύσου.... ἦλθον, vendue pour de l'or je vins dans un pays barbare. — Νόστον βάρβαρον, « le voyage dans un pays barbare », est dit comme γῆς πατρῴας νόστος, v. 1066 : l'adjectif βάρβαρον équivalant au génitif γῆς βαρβάρου. Quant à νόστος dans le sens de voyage, cp. *Iph. Aul.* 966.

1115. Λατρεύω est ici construit avec l'accusatif d'après l'analogie de θεραπεύω : cf. *Electre*, 131. [Seidler.]

1117-1122. Voici ce que disent ces jeunes filles, arrachées à une douce existence pour tomber dans l'esclavage : « Nous regardons comme digne d'envie un sort qui fut toujours malheureux. Le joug de la nécessité n'est pas douloureux pour quiconque y a été plié dès l'enfance; il l'est pour celui qui quitte le bonheur. Subir le malheur après la prospérité, voilà un sort pénible pour les mortels. » — Δέ, v. 1121, équivaut à γάρ, conjonction que les copistes y ont en effet substituée : voy. NC. Cf. la note sur le vers 1367 d'*Hippolyte*. Parmi les passages qu'on a rapprochés de celui-ci, citons *Hercule fur.* 1291 : Κεκλημένῳ δὲ φωτὶ μακαρίῳ ποτὲ Αἱ μεταβολαὶ λυπρόν· ᾧ δ' ἀεὶ κακῶς Ἔστ', οὐδὲν ἀλγε[ι]

τὸς δυσδαίμον'· ἐν γὰρ ἀνάγκαις οὐ κάμνει σύντροφος ὤν,
ἀλλάσσων δ' εὐδαιμονίαν·   1120
τὸ δὲ μετ' εὐτυχίαν κακοῦ-
σθαι θνατοῖς βαρὺς αἰών.

Καὶ σὲ μὲν, πότνι', Ἀργεία   [Strophe 2.]
πεντηκόντορος οἶκον ἄξει·
συρίζων δ' ὁ κηροδέτας   1125
οὐρείου Πανὸς κάλαμος
κώπαις ἐπιθωΰξει,
ὁ Φοῖβός θ' ὁ μάντις ἔχων
ἑπτατόνου κέλαδον λύρας
ἀείδων ἄξει λιπαρὰν   1130

NC. 1119. Reiske a rectifié la leçon κάμνεις σύντροφος. — 1120. Manuscrits : μετα-βάλλει δυσδαιμονία. Markland et Hermann : μεταβάλλει δ' εὐδαιμονία. Seidler : μεταβάλλειν δυσδαιμονίαν. Hartung : ᾧ || μέτα πάλαι δυσδαιμονία. Badham : τᾷ πάλαι δυσδαιμονία. Il me semble que la correction μεταβάλλων δ' εὐδαιμονίαν satisferait au sens; cependant le mètre demande ἀλλάσσων pour μεταβάλλων. — 1121. Seidler a corrigé la vulgate τὸ γὰρ μετ'. Ensuite εὐτυχίαν pour εὐτυχίας est une rectification de Scaliger. —1126. Manuscrits : κάλαμος οὐρείου πανός. L'analogie des autres vers de cette strophe semble demander qu'on transpose les mots comme nous avons fait avec Hartung. — 1129. Ἑπτατόνου κέλαδον, pour κέλαδον ἑπτατόνου, transposition indiquée par Enger (*Jahrbücher für Philologie*, 1862, p. 588). Cf. vers 1144. — 1130. Ἀείδων est peut être une glose de μελοποιῶν : cf. vers 1145. [Enger.]

συγγενῶς δύστηνος ὤν. Ces derniers mots sont comme une paraphrase de : ἐν ἀνάγκαις σύντροφος ὤν.

1125. Κηροδέτας. Cf. Virgile, *Ecl.* II, 32 : « Pan primus calamos cera conjungere « plures Instituit. »

1126. Κώπαις ἐπιθωΰξει, il excitera les rames, c'est-à-dire : les rameurs. Pan remplit ici les fonctions du joueur de flûte, qui marquait la mesure aux rameurs, du τριηραύλης, dont parle Démosthène, *Pour la couronne*, 129.

1129-1133. Apollon, qui avait envoyé Oreste dans la Tauride, veillera sur son retour et dirigera, en sa qualité de devin (ὁ μάντις), la course du vaisseau qui doit porter en Grèce l'image de Diane. Dans la haute antiquité, les devins donnaient des di- rections aux marins, de même qu'ils se mêlaient de guérir les maladies et de beaucoup d'autres choses. L'*Iliade*, I, 71, raconte de Calchas : Καὶ νήεσσ' ἡγήσατ' Ἀχαιῶν Ἴλιον εἴσω Ἣν διὰ μαντοσύνην, τήν οἱ πόρε Φοῖβος Ἀπόλλων.

1130. Λιπαράν. Depuis que Pindare avait dit dans un dithyrambe (fr. 46) : Ὦ ταὶ λιπαραὶ καὶ ἰοστέφανοι καὶ ἀοίδιμοι, Ἑλλάδος ἔρεισμα, κλειναὶ Ἀθᾶναι, δαιμόνιον πτολίεθρον, l'épithète de λιπαρά était restée à la ville d'Athènes. Aristophane prétend qu'avec ce mot on pouvait tout obtenir des Athéniens. Voy. *Acharn.* 639 : Εἰ δέ τις ὑμᾶς ὑποθωπεύσας λιπαρὰς καλέσειεν Ἀθήνας, εὕρετο πᾶν ἂν διὰ τὰς λιπαράς, ἀφύων τιμὴν περιάψας. [Kuchly.]

εὖ σ' Ἀθηναίων ἐπὶ γᾶν.
Ἐμὲ δ' αὐτοῦ προλιποῦσα
βήσει ῥοθίοις πλαγαῖς·
ἀέρι δ' ἱστία πὰρ πρότονον κατὰ
πρῷραν ὑπὲρ στόλον ἐκπετάσουσι πό-   1135
δες νεὸς ὠκυπόμπου.

Λαμπρὸν ἱππόδρομον βαίην,   [Antistrophe 2.]
ἔνθ' εὐάλιον ἔρχεται πῦρ·
οἰκείων δ' ὑπὲρ θαλάμων   1140
ἐν νώτοις ἁμοῖς πτέρυγας
λήξαιμι θοάζουσα·
χοροὺς δ' ἱσταίην, ὅθι καὶ
παρθένος εὐδοκίμων γάμων,
παρὰ πόδ' εἱλίσσουσα φίλας   1145

NC. 1131. Εὖ σ', correction de Seidler pour εἰς. Hermann : σ'. — 1132. Προλιποῦσα, pour λιποῦσα, est dû à Hermann. — 1133. J'ai substitué πλαγαῖς à πλάταις, à cause du vers antithétique, 1148. — 1134. *Palatinus* : πρότονος. *Florentinus* : πρότονοι. Seidler : πρὸ προτόνου. Bergk : πὰρ πρότονον. — 1135-1136. Manuscrits : πόδα ‖ ναός. Seidler : πόδες, ‖ ναός. Nous avons écrit νεός (forme qui n'est pas plus épique que νηός, qu'on trouve dans les chœurs des tragiques), et nous avons divisé les lignes (κῶλα), de manière à ce que le vers 1135 fût, comme le vers 1134, une tétrapod e dactylique. Pour arriver à ce résultat Hermann voulait retrancher ἱστία (vers 1134), Dindorf écartait πρῷραν. — 1137. *Palatinus* : λαμπροὺς ἱπποδρόμους. — 1141. On lisait πτέρυγας ἐν νώτοις ἁμοῖς. J'ai transposé les mots. Voy. vers 1126. — 1143. Badham a corrigé la leçon χοροῖς δὲ σταίην. — 1144. Nauck écrit πάροχος pour παρθένος, en supposant, sans doute, qu'on disait ἡ πάροχος, comme ἡ παράνυμφος, ἡ νυμφεύτρια. Enger veut εὐδοκίμων γονέων. Köchly : εὐδοκίμων δόμων.

1133. Ῥοθίοις πλαγαῖς. Voyez le vers 1387 avec la note.

1134-1136. Le sens général de ces vers peut se résumer par cette phrase homérique : Οὔρῳ πέτασ' ἱστία δῖος Ὀδυσσεύς (*Od.* V, 269). On appelait πρότονοι les cordes qui retenaient le mât en avant et en arrière. On donnait le nom de στόλος au bois qui rattachait la proue proprement dite (πρῷρα) à l'éperon, c'est-à-dire à cette partie du vaisseau qui faisait saillie en avant. Enfin les πόδες étaient deux cordages attachés aux extrémités inférieures de la voile. Ces cordages, dit le chœur, tendront (ἐκπετάσουσι) la voile et la re- tiendront en arrière, tandis que, gonflée par le vent, elle se déploiera en avant au-dessus de l'extrémité de la proue.

1137-1142. Le chœur voudrait parcourir à tire-d'aile la carrière du Soleil, c'est-à-dire : les espaces célestes, et s'arrêter au-dessus de la maison paternelle.

1143. Χόρους δ' ἱσταίην. Cf. *Iph. Aul.* 676 : Στήσομεν ἄρ' ἀμφὶ βωμὸν, ὦ πάτερ, χορούς;

1144. Παρθένος εὐδοκίμων γάμων, « virgo nobili conjugio destinata. » [Matthiæ.]

1145-1146. Seidler explique παρὰ πόδ(α) ματρός, « coram matre. » Mais les

ΙΦΙΓΕΝΕΙΑ Η ΕΝ ΤΑΥΡΟΙΣ.   533

ματρὸς, ἡλίκων θιάσοις
ἐς ἁμίλλας χαρίτων τε
χαίτας θ' ἁβροπλούτοιο
εἰς ἔριν ὀρνυμένα, πολυποίκιλα
φάρεα καὶ πλοκάμους περιβαλλομέ-   1150
να γένυν ἐσκίαζον.
            ΘΟΑΣ.
Ποῦ' σθ' ἡ πυλωρὸς τῶνδε δωμάτων γυνὴ
Ἑλληνίς; Ἤδη τῶν ξένων κατήρξατο,
ἀδύτοις τ' ἐν ἁγνοῖς σῶμα δάπτονται πυρί,   1155
            ΧΟΡΟΣ.
"Ἥδ' ἐστὶν, ἥ σοι πάντ', ἄναξ, ἐρεῖ σαφῶς.
            ΘΟΑΣ.
Ἔα·
τί τόδε μεταίρεις ἐξ ἀκινήτων βάθρων,
Ἀγαμέμνονος παῖ, θεᾶς ἄγαλμ' ἐν ὠλέναις,

NC. 1146. *Palatinus* : ματέρος. Hermann substitue à ce mot la préposition πρός, en écrivant au vers précédent περὶ πόδ' εἱλίσσουσα. Il suffit de changer, avec Badham la leçon θιάσου: en θιάσοις. — 1147-1148. J'ai ajouté, avec Hermann, τε après χαρίτων (cf. vers 1132), et j'ai inséré θ' après χαίτας. Pour ce dernier mot Markland voulait χλιδᾶς. — 1149. Ancienne vulgate : ἐς ἔριν. — 1151. J'ai écrit γένυν pour γένυσιν. Canter et Hermann : γένυν συνεσκίαζον. — 1154. Ἤδη, correction de Reiske pour ἢ δή. — 1155. Bothe a inséré τ' après ἀδύτοις. Ensuite δάπτονται est une conjecture de Fr. Jacobs pour λάμπονται. — 1158. Aldine : ὠλένῃ.

mots πόδ' εἱλίσσουσα forment une locution usuelle. Je crois qu'un lecteur grec ne les séparait pas, mais qu'il construisait : εἱλίσσουσα πόδα παρὰ ματρὸς φίλας. La jeune fille quitte la place où elle se trouvait à côté de sa mère, pour se mêler à ses joyeuses compagnes. Les mots qui désignent ces dernières, ἡλίκων θιάσοις, sont à dessein placés en tête du membre de phrase suivant. Cp. d'ailleurs Sophocle, *Trach*. 129 : Ἐπὶ πῆμα καὶ χαρὰ πᾶσι κυκλοῦσιν, passage dans lequel une préposition est, comme ici, séparée de son régime par un autre substantif.

1145-1149. Ἡλίκων.... ὀρνυμένα. La jeune fille se lève pour lutter de grâce (ἐς ἁμίλλας χαρίτων) avec la troupe joyeuse de ses compagnes (ἡλίκων θιάσοις) et pour rivaliser avec elles par le luxe de sa coiffure (εἰς ἔριν χαίτης ἁβροπλούτοιο). La parure d'or se mettait surtout dans les cheveux. Andromaque se vante d'avoir apporté de Sparte l'or qui orne sa tête, κόσμον μὲν ἀμφὶ κρατὶ χρυσέας χλιδῆς.... Μενέλαος ἡμῖν.... δωρεῖται πατήρ (*Androm*. 147).

1149-1151. Πολυποίκιλα φάρεα désigne ici un voile richement brodé. — Γένυν ἐσκίαζον, j'ombrageais mes joues. On cite *Phoeniss*. 1485 : Οὐ προκαλυπτομένα βοτρυχώδεος ἁβρὰ παρηΐδος, et *Bacch*. 455 : Πλόκαμός τε γάρ σου.... γένυν παρ' αὐτὴν κεχυμένος, πόθου πλέως.

1152. Ἡ πυλωρὸς τῶνδε δωμάτων. Le prêtre gardait les clefs du temple. Au vers 131, Iphigénie était appelée κληδοῦχος, de même que la prêtresse est désignée par κληδοῦχος Ἥρας dans les *Suppliantes* d'Eschyle, v. 291.

1155. Σῶμα δάπτονται πυρί. Voy. le vers 626.

ΙΦΙΓΕΝΕΙΑ.
Ἄναξ, ἔχ' αὐτοῦ πόδα σὸν ἐν παραστάσιν.
ΘΟΑΣ.
Τί δ' ἔστιν, Ἰφιγένεια, καινὸν ἐν δόμοις;   1160
ΙΦΙΓΕΝΕΙΑ.
Ἀπέπτυσ'· ὁσίᾳ γὰρ δίδωμ' ἔπος τόδε.
ΘΟΑΣ.
Τί φροιμιάζει νεοχμόν; ἔξαυδα σαφῶς.
ΙΦΙΓΕΝΕΙΑ.
Οὐ καθαρά μοι τὰ θύματ' ἠγρεύσασθ', ἄναξ.
ΘΟΑΣ.
Τί τοὐκδιδάξαν τοῦτό σ'; ἢ δόξαν λέγεις,
ΙΦΙΓΕΝΕΙΑ.
Βρέτας τὸ τῆς θεοῦ πάλιν ἕδρας ἀπεστράφη.   1165
ΘΟΑΣ.
Αὐτόματον, ἤ νιν σεισμὸς ἔστρεψε χθονός;
ΙΦΙΓΕΝΕΙΑ.
Αὐτόματον· ὄψιν δ' ὀμμάτων ξυνήρμοσεν.
ΘΟΑΣ.
Ἡ δ' αἰτία τίς; ἢ τὸ τῶν ξένων μύσος;
ΙΦΙΓΕΝΕΙΑ.
Ἥδ', οὐδὲν ἄλλο· δεινὰ γὰρ δεδράκατον.
ΘΟΑΣ.
Ἀλλ' ἦ τιν' ἔκανον βαρβάρων ἀκτῆς ἔπι;   1170
ΙΦΙΓΕΝΕΙΑ.
Οἰκεῖον ἦλθον τὸν φόνον κεκτημένοι.

NC. 1159. Variante : παραστάσει. — 1168. Kirchhoff propose ἤ τι.

1159. Ἐν παραστάσιν, sous les piliers du portique.

1161. Pour détourner un mauvais augure, on crachait, ou bien on disait seulement ἀπέπτυσα : le mot tenant lieu de la chose. Avant de dire la cause des prodiges effrayants qu'elle prétend avoir vus dans le temple, Iphigénie prononce ce mot en se conformant à un pieux usage (ὁσία).

1165. Πάλιν équivaut ici ὀπίσω. Chez Homère, ce mot est souvent employé dans ce sens, qui est son sens premier. Cf. Il. XVIII, 138 : Πάλιν τράπεθ' υἱὸς οἷο.

1171. Τὸν φόνον κεκτημένοι équivaut à τὸ τοῦ φόνου μίασμα ἔχοντες. Ici φόνον est accompagné de l'article, parce que ce substantif ne fait que répéter et confirmer la conjecture de Thoas ; c'est l'adjectif οἰκεῖος qui exprime l'idée nouvelle ajoutée par Iphigénie.

ΙΦΙΓΕΝΕΙΑ Η ΕΝ ΤΑΥΡΟΙΣ.

ΘΟΑΣ.
Τίν'; εἰς ἔρον γὰρ τοῦ μαθεῖν πεπτώκαμεν.
ΙΦΙΓΕΝΕΙΑ.
Μητέρα κατειργάσαντο κοινωνῷ ξίφει.
ΘΟΑΣ.
Ἄπολλον, οὐδ' ἂν βαρβάροις ἔτλη τις ἄν.
ΙΦΙΓΕΝΕΙΑ.
Πάσης διωγμοῖς ἠλάθησαν Ἑλλάδος. 1175
ΘΟΑΣ.
Ἦ τῶνδ' ἕκατι δῆτ' ἄγαλμ' ἔξω φέρεις;
ΙΦΙΓΕΝΕΙΑ.
Σεμνόν γ' ὑπ' αἰθέρ', ὡς μεταστήσω φόνου.
ΘΟΑΣ.
Μίασμα δ' ἔγνως τοῖν ξένοιν ποίῳ τρόπῳ;
ΙΦΙΓΕΝΕΙΑ.
Ἤλεγχον, ὡς θεᾶς βρέτας ἀπεστράφη πάλιν.
ΘΟΑΣ.
Σοφήν σ' ἔθρεψεν Ἑλλάς, ὡς ᾔσθου καλῶς. — 1180
ΙΦΙΓΕΝΕΙΑ.
Καὶ νῦν καθεῖσαν δέλεαρ ἡδύ μοι φρενῶν.
ΘΟΑΣ.
Τῶν Ἀργόθεν τι φίλτρον ἀγγέλλοντέ σοι;

VC. 1174. Les manuscrits portent οὐδ' ἐν βαρβάροις τόδ' ἔτλη τις ἄν. Pour rétablir le vers, la plupart des éditeurs retranchent τόδ', ou le remplacent par γ'. Hermann écrivant ἔτλη τόδ' ἄν. Mais ἔτλη a besoin d'un sujet, comme il a besoin d'un régime. Elmsley voulait τόδ' ἤλπισ' ἄν. J'ai écrit ἐν βαρβάροις. — 1182. Matthiæ a rectifié la leçon τί φίλτρον.

1174. Οὐδ' ἂν βαρβάροις est pour ἃ οὐδ' ἐν βαρβάροις. — Le roi Thoas, tout barbare qu'il est, semble aussi convaincu que le poète ou le public d'Athènes de la supériorité morale des Grecs sur les Barbares.

1177. Ὡς μεταστήσω φόνου, afin que je l'éloigne de la contagion du meurtre. Cf. 1171. Il est vrai qu'Iphigénie se fera accompagner par les meurtriers; mais en plein air leur présence ne pourra plus souiller l'image, comme dans un endroit fermé.

1179. Ἤλεγχον, je les ai forcés d'avouer, en leur faisant subir un interrogatoire.

1181. Le génitif φρενῶν est régi par καθεῖσαν, et καθεῖσαν δέλεαρ φρενῶν est dit, à la métaphore près, comme οἶνον λαυκανίης καθῆκα (Iliade, XXIV, 642), ou comme δι' ἐμπύρων σπονδὰς καθεῖναι (Iph. Aul. 59).

ΙΦΙΓΕΝΕΙΑ.
Τὸν μόνον Ὀρέστην ἐμὸν ἀδελφὸν εὐτυχεῖν.
ΘΟΑΣ.
Ὡς δή σφε σώσαις ἡδοναῖς ἀγγελμάτων.
ΙΦΙΓΕΝΕΙΑ.
Καὶ πατέρα γε ζῆν καὶ καλῶς πράσσειν ἐμόν.   1185
ΘΟΑΣ.
Σὺ δ' εἰς τὸ τῆς θεοῦ γ' ἐξένευσας εἰκότως.
ΙΦΙΓΕΝΕΙΑ.
Πᾶσάν γε μισοῦσ' Ἑλλάδ', ἥ μ' ἀπώλεσεν.
ΘΟΑΣ.
Τί δῆτα δρῶμεν, φράζε, τοῖν ξένοιν πέρι·
ΙΦΙΓΕΝΕΙΑ.
Τὸν νόμον ἀνάγκη τὸν προκείμενον σέβειν.
ΘΟΑΣ.
Οὔκουν ἐν ἔργῳ χέρνιβες ξίφος τε σόν;   1190
ΙΦΙΓΕΝΕΙΑ.
Ἁγνοῖς καθαρμοῖς πρῶτά νιν νίψαι θέλω.
ΘΟΑΣ.
Πηγαῖσιν ὑδάτων ἢ θαλασσίᾳ δρόσῳ;
ΙΦΙΓΕΝΕΙΑ.
Θάλασσα κλύζει πάντα τἀνθρώπων κακά.
ΘΟΑΣ.
Ὁσιώτερον γοῦν τῇ θεῷ πέσοιεν ἄν.
ΙΦΙΓΕΝΕΙΑ.
Καὶ τἀμά γ' οὕτω μᾶλλον ἂν καλῶς ἔχοι.   1195

1186. Ἐξένευσας semble venir ici de ἐκνεύειν « se détourner vers.... » plutôt que de ἐκνεῖν « se sauver à la nage. »

1193. On attribuait à la mer une vertu toute particulière pour purifier et guérir. Cf. Homère, Il. I, 313 : Οἱ δ' ἀπελυμαίνοντο καὶ εἰς ἅλα λύματ' ἔβαλλον, où le scholiaste dit : Τὰ περιττώματα εἰς τὴν ἀπέριττον θάλατταν βάλουσι· φύσει γὰρ τὸ ὕδωρ τῆς θαλάσσης καθαρτικόν. Καὶ Εὐριπίδης· « Θάλασσα.... κακά. » On peut voir dans Diogène Laërce, III, 6, quel roman les inventeurs d'anecdotes se sont amusés à bâtir sur ce vers d'Euripide.

1195. Τἀμά est à double entente. Iphigénie semble parler de ses fonctions sacerdotales, mais elle pense aux projets de fuite qu'elle a formés.

ΘΟΑΣ.
Οὔκουν πρὸς αὐτὸν ναὸν ἐκπίπτει κλύδων

ΙΦΙΓΕΝΕΙΑ.
Ἐρημίας δεῖ· καὶ γὰρ ἄλλα δράσομεν.

ΘΟΑΣ.
Ἄγ' ἔνθα χρῄζεις· οὐ φιλῶ τἄρρηθ' ὁρᾶν.

ΙΦΙΓΕΝΕΙΑ.
Ἁγνιστέον μοι καὶ τὸ τῆς θεοῦ βρέτας.

ΘΟΑΣ.
Εἴπερ γε κηλὶς ἔβαλέ νιν μητροκτόνος.   1200

ΙΦΙΓΕΝΕΙΑ.
Οὐ γάρ ποτ' ἂν νιν ἠράμην βάθρων ἄπο.

ΘΟΑΣ.
Δίκαιος ηὐσέβεια καὶ προμηθία.

ΙΦΙΓΕΝΕΙΑ.
Οἶσθά νυν ἅ μοι γενέσθω;

ΘΟΑΣ.
Σὸν τὸ σημαίνειν τόδε.

ΙΦΙΓΕΝΕΙΑ.
Δεσμὰ τοῖς ξένοισι πρόσθες.

ΘΟΑΣ.
Ποῖ δέ σ' ἐκφύγοιεν ἄν;

NC. 1201. Musgrave a corrigé les leçons ποτέ νιν ἀνηράμην et ποτ' ἄν νιν ἀνηράμην.

1196-1197. Thoas indique le même endroit qu'Oreste a désigné au vers 1042; Iphigénie pense à celui qu'elle a plus clairement nommé au vers 1043. Voy. la note sur ces vers.

1202. Le dialogue entre Thoas et Iphigénie débute par un distique, 1157 sq., et se continue dans une longue stichomythie composée de deux parties, ayant chacune vingt-deux vers, 1159-1180 et 1181-1202. Dans la première partie la prêtresse fait connaître les prodiges qui, suivant elle, ont eu lieu dans le temple, ainsi que les crimes qui causèrent ces prodiges. Ce morceau se subdivise en cinq, trois fois quatre, et cinq monostiques : 1159-1163, 1164-1175, 1176-80. Dans la seconde partie, Iphigénie raconte comment elle a résisté aux offres séduisantes de ses compatriotes; et, après avoir ainsi prévenu les soupçons que le roi pourrait concevoir, elle annonce par quelles mesures extraordinaires elle va purifier les victimes et l'idole. Ce morceau se subdivise en sept, deux fois quatre et sept monostiques : 1181-1187, 1188-1195, 1196-1202.

1203. Le passage des trimètres iambiques aux tétramètres trochaïques répond à l'allure plus vive et plus rapide que le dialogue prend ici. Cf. les notes sur les vers 317, 855 et 1338 d'*Iphigénie à Aulis*. — Οἶσθά νυν ἅ μοι γενεσθω. Cp. Οἶσθ' οὖν ὃ δρᾶσον, *Héc*. 225 et *Iph. Aul.* 726, avec les notes.

ΙΦΙΓΕΝΕΙΑ.
Πιστὸν Ἑλλὰς οἶδεν οὐδέν.

ΘΟΑΣ.
Ἴτ' ἐπὶ δεσμὰ, πρόσπολοι.   1205

ΙΦΙΓΕΝΕΙΑ.
Κἀκκομιζόντων δὲ δεῦρο τοὺς ξένους,

ΘΟΑΣ.
Ἔσται τάδε.

ΙΦΙΓΕΝΕΙΑ.
κρᾶτα κρύψαντες πέπλοισιν.

ΘΟΑΣ.
Ἡλίου πρόσθεν φλογός.

ΙΦΙΓΕΝΕΙΑ.
Σῶν τέ μοι σύμπεμπ' ὀπαδῶν.

ΘΟΑΣ.
Οἵδ' ὁμαρτήσουσί σοι.

ΙΦΙΓΕΝΕΙΑ.
Καὶ πόλει πέμψον τιν' ὅστις σημανεῖ

ΘΟΑΣ.
ποίας τύχας;

ΙΦΙΓΕΝΕΙΑ.
ἐν δόμοις μίμνειν ἅπαντας.

ΘΟΑΣ.
Μὴ συναντῶσιν φόνῳ;   1210

NC. 1207. Κρᾶτα κρύψαντες, correction de Musgrave pour κατακρύψαντες. — Le *Palatinus* et les anciennes éditions attribuent ce vers en entier à Iphigénie, et intervertissent tous les rôles des vers 1208-1213. Markland a corrigé cette erreur, qui d'ailleurs ne se trouve pas dans tous les manuscrits. — 1209. Elmsley a vu qu'au lieu de ποίας τύχας, il fallait ποίους λόγους, ou une locution équivalente. Si les lettres ειποιας cachent le mot ἐντολὰς, Euripide avait écrit : καὶ πόλει τὸν σημανοῦντα πέμψον — ἐντολὰς τίνας; — 1210. Elmsley a rectifié la leçon συναντῶμεν.

1206. Κἀκκομιζόντων δέ, mais qu'ils fassent sortir aussi. C'est à tort que Porson et d'autres critiques ont voulu bannir des textes des tragiques grecs la combinaison des particules καὶ.... δέ.
1207. Ἡλίου πρόσθεν φλογός. La pure lumière du soleil ne doit pas être souillée en tombant sur des hommes criminels.
1209. Ποίας τύχας; A cette question Iphigénie ne pourrait répondre comme elle fait au vers suivant. La leçon est altérée. Voyez NC.

ΙΦΙΓΕΝΕΙΑ Η ΕΝ ΤΑΥΡΟΙΣ. 539

ΙΦΙΓΕΝΕΙΑ.
Μυσαρὰ γὰρ τὰ τοιάδ᾽ ἐστι.
ΘΟΑΣ.
Στεῖχε καὶ σήμαινε σὺ
ΙΦΙΓΕΝΕΙΑ.
μηδέν᾽ εἰς ὄψιν πελάζειν.
ΘΟΑΣ.
Εὖ γε κηδεύεις πόλιν,
ΙΦΙΓΕΝΕΙΑ.
καὶ φίλων γ᾽ οὓς δεῖ μάλιστα.
ΘΟΑΣ.
Τοῦτ᾽ ἔλεξας εἰς ἐμέ.
ΙΦΙΓΕΝΕΙΑ.
. . . . . .
ΘΟΑΣ.
Ὡς εἰκότως σε πᾶσα θαυμάζει πόλις.
ΙΦΙΓΕΝΕΙΑ.
Σὺ δὲ μένων αὐτοῦ πρὸ ναῶν τῇ θεῷ
ΘΟΑΣ.
τί χρῆμα δρῶ; 1215
ΙΦΙΓΕΝΕΙΑ.
ἄγνισον πυρσῷ μέλαθρον.

NC. 1211-1212. J'ai effacé le point qu'on mettait après σήμαινε σύ, et qui jetait dans ce dialogue l'incohérence à laquelle Hermann cherchait à remédier par une transposition. En effet, avec l'ancienne ponctuation les mots μηδέν᾽ εἰς ὄψιν πελάζειν auraient eu besoin d'être rattachés par une conjonction à ἐν δόμοις μίμνειν ἅπαντας (1210). — 1213. Φίλων γ᾽ οὓς δεῖ, excellente correction de Kvičala pour φίλων γ᾽ οὐδείς. Hermann écrivait φίλων γε δεῖ, en plaçant les vers dans cet ordre : 1210, 1213, 1212, 1211, et en transposant assez arbitrairement les hémistiches prononcés par Thoas. — 1214. Hermann a signalé la lacune au commencement de ce tétramètre. Il la comblait par εἰκότως. On peut aussi suppléer εὖ λέγεις, ou une phrase équivalente. Dindorf et Nauck considèrent ce vers comme interpolé. — 1216. Πυρσῷ, correction de Reiske pour χρυσῷ.

1212. Μηδέν᾽ εἰς πόλιν πελάζειν. Par ces mots Iphigénie, s'adresssant directement au garde désigné par un geste de Thoas, complète et précise l'ordre du roi. Aussi ce dernier loue-t-il la sollicitude de la prêtresse en disant εὖ γε κηδεύεις πόλιν.

1213. Καὶ φίλων γ᾽ οὓς δεῖ μάλιστα.

Ces mots se rattachent aussi aux derniers mots de Thoas. Iphigénie dit : « Et (je prends) particulièrement (soin) des amis auxquels ma sollicitude doit s'étendre surtout. » Elle pense à Oreste et à Pylade; mais Thoas prend ces paroles pour lui-même. [Kvičala.]

1216. Πυρσῷ. Cp. Homère, *Od.* XXII,

ΘΟΑΣ.
Καθαρὸν ὡς μόλῃς πάλιν;

ΙΦΙΓΕΝΕΙΑ.
Ἡνίκ' ἂν δ' ἔξω περῶσιν οἱ ξένοι,

ΘΟΑΣ.
τί χρή με δρᾶν;

ΙΦΙΓΕΝΕΙΑ.
πέπλον ὀμμάτων προθέσθαι.

ΘΟΑΣ.
Μὴ παλαμναῖον λάβω;

ΙΦΙΓΕΝΕΙΑ.
Ἢν δ' ἄγαν δοκῶ χρονίζειν,

ΘΟΑΣ.
Τοῦδ' ὅρος τίς ἐστί μοι;

ΙΦΙΓΕΝΕΙΑ.
θαυμάσῃς μηδέν.

ΘΟΑΣ.
Τὰ τῆς θεοῦ πρᾶσσ' ἐπὶ σχολῆς καλῶς. 1220

ΙΦΙΓΕΝΕΙΑ.
Εἰ γὰρ ὡς θέλω καθαρμὸς ὅδε πέσοι.

ΘΟΑΣ.
Συνεύχομαι.

ΙΦΙΓΕΝΕΙΑ.
Τούσδ' ἄρ' ἐκβαίνοντας ἤδη δωμάτων ὁρῶ ξένους
καὶ θεᾶς κόσμους νεογνούς τ' ἄρνας, ὡς φόνῳ φόνον
μυσαρὸν ἐκνίψω, σέλας τε λαμπάδων τά τ' ἄλλ' ὅσα
προυθέμην ἐγὼ ξένοισι καὶ θεᾷ καθάρσια. 1225

NC. 1220. Μηδέν pour μηθέν, et ἐπὶ σχολῆς pour ἐπεὶ σχολῇ ou ἐπὶ σχολῇ, sont des rectifications dues à Schæfer. — 1223. Ἄρνας, correction de Pierson pour ἄρσενας; Kirchhoff propose κόσμον pour κόσμους, et ἂν pour ὡς.

481, où Ulysse, après la naissance des prétendants, purifie sa demeure en y allumant du soufre. On cite en outre les passages d'Euripide, *Hélène*, 865 sqq., et *Herc. fur.* 1145 : Οὗ' ἀμφὶ βωμὸν χεῖρας ἥγνιζον πυρί. — Καθαρόν, entendez εἰς καθαρὸν μέλαθρον.

1218. Παλαμναῖον, le génie malfaisant, vengeur du sang répandu ; cf. Xénophon, *Cyrop.* VIII, vii, 13. D'autres pensent que ce mot est ici au neutre, et le traduisent « contagium cædis » ou « piaculum ».

1223. Θεᾶς κόσμους. Les idoles des Grecs et des Romains avaient des parures et toute une toilette quelquefois très-variée. Iphigénie ne veut pas emporter l'image nue.

ΙΦΙΓΕΝΕΙΑ Η ΕΝ ΤΑΥΡΟΙΣ.

Ἐκποδὼν δ' αὐδῶ πολίταις τοῦδ' ἔχειν μιάσματος,
εἴ τις ἢ ναῶν πυλωρὸς χεῖρας ἁγνεύει θεοῖς
ἢ γάμον στείχει συνάψων ἢ τόκοις βαρύνεται,
φεύγετ' ἐξίστασθε, μή τῳ προσπέσῃ μύσος τόδε. —
Ὦ Διὸς Λητοῦς τ' ἄνασσα παρθέν', ἢν νίψω φόνον   1230
τῶνδε καὶ θύσωμεν οὗ χρή, καθαρὸν οἰκήσεις δόμον,
εὐτυχεῖς δ' ἡμεῖς ἐσόμεθα. Τἄλλα δ' οὐ λέγουσ', ὅμως
τοῖς τὰ πλείον' εἰδόσιν θεοῖς σοί τε σημαίνω, θεά.

ΧΟΡΟΣ.

Εὔπαις ὁ Λατοῦς γόνος,   [Strophe.]

NC. 1232. Markland a rectifié la leçon ἐσόμεσθα. — 1233. *Palatinus*: θεᾷ. — 1234. La composition antistrophique de ce chant a été d'abord reconnue par Tyrwhitt et Musgrave.

1227-1229. Iphigénie désigne ici les personnes qui pourraient avoir un motif particulier de se diriger vers le temple et aussi d'éviter plus scrupuleusement toute souillure. Ce sont les prêtres gardiens du sanctuaire; ceux qui veulent contracter mariage et offrir à Diane le sacrifice préparatoire, προτέλεια (voy. *Iph. Aul.* 718); enfin ce sont les femmes enceintes qui ont besoin du secours de la déesse.

1231. Οὗ χρή, dans le lieu où il faut. Iphigénie veut dire la Grèce. Tout ce discours est à double entente.

1232-1233. Τἄλλα.... θεά. Dans l'*Électre* de Sophocle, vers 657 sqq., Clytemnestre dit à Apollon, après lui avoir adressé une prière à mots couverts : Τὰ δ' ἄλλα πάντα καὶ σιωπώσης ἐμοῦ Ἐπαξιῶ σε δαίμον' ὄντ' ἐξειδέναι. Τοὺς ἐκ Διὸς γὰρ εἰκός ἐστι πάνθ' ὁρᾶν. — En remontant au commencement des trochées, on trouve d'abord un dialogue rapide, dont chaque vers est partagé entre les deux interlocuteurs. Dans six vers, 1203-1208, il est question des précautions à prendre au sujet des prisonniers; six autres vers, 1209-1214, se rapportent aux citoyens; six autres encore, 1215-1220, à Thoas. Le vers 1221, qui contient des vœux, termine le dialogue. Trois quatrains, prononcés par Iphigénie, 1222-1225, 1226-1229, 1230-1233, forment la conclusion de cette scène.

1234-1283. Le chœur exalte Apollon, en racontant comment ce dieu prit, encore tout enfant, possession de l'oracle de Delphes. Quel est le lien qui rattache ce morceau lyrique au sujet de la tragédie et aux dernières scènes? Le poëte ne l'a pas indiqué expressément; mais le lecteur et le spectateur le comprennent sans trop de peine. Un ordre émané de Delphes a conduit Oreste dans l'inhospitalière Tauride. Le héros se préparait déjà à mourir, et reprochait au dieu de lui avoir tendu un piège (v. 77 sqq., 711 sqq.). De la manière la plus inattendue Oreste a trouvé dans ce pays barbare non-seulement le salut promis, mais encore une sœur qu'il croyait morte. Désormais on ne peut plus douter que le dieu de Delphes n'ait préparé une si heureuse rencontre et qu'il ne veille lui-même au dénoûment de cette aventure. Le moment est donc bien choisi pour chanter la gloire d'Apollon et de son oracle. — Quant à la fable qui fait le sujet de ce chœur, la version d'Euripide diffère en quelques points de celle de l'Hymne homérique à Apollon Pythien. Dans ce dernier poëme Python est représenté comme un dragon malfaisant; ici, au contraire, il est le gardien d'un ancien oracle, établi à Delphes avant l'arrivée d'Apollon. Cette dernière forme de la fable est résumée par Apollodore (I, IV, 4) en quelques mots, qui peuvent servir de sommaire à ce chœur : Ἀπόλλων.... ἧκεν εἰς Δελφοὺς, χρησμῳδούσης τότε Θέμιδος· ὡς δὲ ὁ φρουρῶν τὸ μαντεῖον Πύθων ὄφις ἐκώλυεν αὐτὸν παρελθεῖν ἐπὶ τὸ χάσμα, τοῦτον ἀνελὼν

ὅν ποτε Δηλιάσιν 1235
καρποφόρος γυάλοις
⟨ ἔτικτε ⟩ χρυσοκόμαν,
ἐν κιθάρᾳ σοφὸν ᾇ τ' ἐπὶ τόξων
εὐστοχίᾳ γάνυται· φέρε δ' ἵνιν
ἀπὸ δειράδος εἰναλίας, 1240

NC. 1235. Peut-être : τόν ποτε. [Hermann.] — Δηλιάσιν, correction de Seidler pour δηλιὰς ἐν. — 1236. J'ai écrit καρποφόρος pour καρποφόροις. Cette épithète ne convient pas à l'île de Délos, dont la stérilité bien connue est déjà dans l'hymne homérique à Apollon Délien rattachée au récit de la naissance de ce dieu. Rapporter καρποφόροις aux trois arbres sacrés (vers 1099 sqq.), c'est forcer le sens de ce mot. — 1237. Schöne et Köchly suppléent τίκτουσα. Mais comme le verbe φέρε, vers 1239, est accompagné du régime ἵνιν, nous croyons, avec Kirchhoff et Bergk, que le mot omis est ἔτικτε. — Après χρυσοκόμαν les manuscrits ajoutent φοῖβον. glose écartée par Seidler. — 1238. On lisait ᾇ τ' ἐπὶ τόξων, comme s'il pouvait être ici question de Diane. La mention de la sœur d'Apollon embrouillait tout ce passage. J'ai écrit ᾇ pour ᾇ. Apollon doit être dès l'abord présenté, non-seulement comme musicien, mais aussi comme archer. c'est avec ses flèches qu'il tuera le dragon. — 1239. Variante : γάνυται. Ensuite les manuscrits portent φέρειν νιν. Seidler : φέρεν ἵνιν. Kirchhoff : φέρε δ' ἵνιν. Voy. la note critique sur le vers 1237. — 1240. Variante : ἐναλίας.

τὸ μαντεῖον παραλαμβάνει. Eschyle dit au début de ses *Euménides* que la transmission de l'oracle de Delphes s'est faite paisiblement et sans violence (οὐδὲ πρὸς βίαν τινός, v. 5). Il est évident que ce poete connaissait une fable qu'il s'applique à contredire et à corriger, et qui d'ailleurs, au témoignage du scholiaste d'Eschyle, avait été traitée par Pindare.

1234. Εὔπαις ὁ Λατοῦς γόνος équivaut à ἄριστός ἐστιν ὁ Λητοῦς γόνος. L'épithète εὔπαις s'applique généralement à un père ou à une mère, et équivaut à ἀγαθοὺς παῖδας ἔχων ou ἔχουσα. Aussi ne pensons-nous pas qu'Euripide eût écrit εὔπαις ὁ Φοῖβος. Mais la locution εὔπαις γόνος est claire et irréprochable : le second élément de l'adjectif composé n'y fait que reproduire l'idée exprimée par le substantif. Cf. *Herc. fur.* 691 : Λατοῦς εὔπαιδα γόνον.

1235-1236. Δηλιάσιν καρποφόρος γυάλοις, féconde pour les ravins de Délos. En y donnant le jour à l'enfant (καρπός) divin, Latone enrichit cet écueil stérile, non par les produits du sol (καρποί), mais par les revenus (καρποί) d'un temple visité de nombreux pèlerins. Dans le premier hymne homérique, v. 54 sqq., la déesse dit à l'île de Délos : Οὐδ' εὔβων σε ἔσεσθαι ὀΐομαι,

οὔτ' εὔμηλον, Οὐδὲ τρύγην οἴσεις, οὔτ' ἄρ φυτὰ μυρία φύσεις. Αἱ δέ κ' Ἀπόλλωνος ἐλαέργου νηὸν ἔχῃσθα, Ἄνθρωποί τοι πάντες ἀγινήσουσ' ἑκατόμβας Ἐνθάδ' ἀγειρόμενοι, κνίσση δέ τοι ἄσπετος αἰεί. — Quant à la forme féminine Δηλιάσιν rapprochée de γυάλοις, cf. *Or.* 270 : Μανιάσιν λυσσήμασιν ; *Phén.* 1024 : Φοιτάσι πτεροῖς ; *Hél.* 1301 : Δρομάδι κώλῳ.

1238-1239. Construisez : σοφὸν ἐν κιθάρᾳ καὶ (ἐν ἐκείνῃ), ἐφ' ᾇ (ᾗ) γάνυται, εὐστοχίᾳ τόξων. Mais cette construction analytique ne vaut pas le tour synthétique du texte, ou de cette traduction latine : *Cithara pollentem quaque gaudet arcu bene dirigendi peritia* — La cithare et l'arc sont les deux attributs d'Apollon. Dans l'Hymne cité, le dieu est à peine né qu'il s'écrie déjà : Εἴη μοι κίθαρίς τε φίλη καὶ καμπύλα τόξα (v. 131). Ce rapprochement confirme la correction que nous avons introduite dans le texte d'Euripide.

1240. Ἀπὸ δειράδος εἰναλίας. Ces mots ne désignent pas le mont Cynthus, mais toute l'île de Délos, laquelle n'est qu'un rocher au milieu de la mer. Eschyle, *Eum.* 9, l'appelle Δηλίαν χοιράδα.

ΙΦΙΓΕΝΕΙΑ Η ΕΝ ΤΑΥΡΟΙΣ. 543

λοχεῖα κλεινὰ λιποῦσ',
ἀστάκτων ματέρ' εἰς ὑδάτων,
τὰν βακχεύουσαν Διονύ-
σῳ Παρνάσιον κορυφάν,
ὅθι ποικιλόνωτος οἰνωπὸς δράκων   1245
σκιερᾷ κατάχαλκος εὐφύλλῳ δάφνᾳ,
γᾶς πελώριον τέρας, ἄμφεπε
μαντεῖον χθόνιον ∪ — —.
Ἔτι νιν ἔτι βρέφος, ἔτι φίλας
ἐπὶ ματέρος ἀγκάλαισι θρώσκων   1250
ἔκανες, ὦ Φοῖβε, μαν-
τείων δ' ἐπέβας ζαθέων,
τρίποδί τ' ἐν χρυσέῳ
θάσσεις, ἐν ἀψευδεῖ θρόνῳ

CN. 1242. On lisait μάτηρ ὑδάτων. J'ai écrit ματέρ' εἰς ὑδάτων, correction qui me semble évidente en elle même, et qui permettra de conserver le mot γᾶς dans le vers antithétique, 1267. Je vois que Jacobs avait déjà proposé ματέρ' ὑδάτων, conjecture qui répugne au mètre et qui donne une phrase amphibologique, mais qui cependant a été trop négligée par les éditeurs. — 1246. Κατάχαλκος est un mot altéré. — Aldine : εὐφύλλων. — 1247. Seidler a corrigé la leçon ἀμφέπει. — 1248. A la fin de ce vers on peut suppléer φυλάσσων. [Köchly.] — 1249. Manuscrits : ἔτι μιν. Nauck propose σὺ δέ νιν. — 1254. *Palatinus* : ἀψευδεῖ χρόνῳ.

1242. Ἀστάκτων ματέρ' εἰς ὑδάτων. Euripide appelle ici la cime du Parnasse « mère d'eaux abondantes, » comme il appelle dans *Hécube*, vers 452, l'Apidanus καλλίστων ὑδάτων πατερα, ou comme Pindare, *Pyth.* I, 20, dit de l'Etna πάνετες χιόνος ὀξείας τιθήνα. Quant aux sources du Parnasse, rien n'est plus connu que la fontaine Castalie et la rivière Plisthus. — Ἀστάκτων. Cp. Hesychius : Ἀστακτον· οὐ καταστάζον, ἀλλὰ ῥύδην.

1243. Τὰν βακχεύουσαν Διονύσῳ est plus poétique que τὰν βακχευθεῖσαν Διονύσῳ. La montagne elle-même partage l'ivresse bachique. Πᾶν δὲ συνεδάχευσ' ὄρος, dit Euripide dans les *Bacchantes*, vers 726. Avant lui, Eschyle avait écrit dans les *Édoniens* : Ἐνθουσιᾷ δὴ δῶμα, βακχεύει στέγη (*Traité du Sublime*, XV, 6). On sait d'ailleurs que les grandes fêtes nocturnes de Bacchus se célébraient sur le sommet du Parnasse, au milieu de la neige.

1245-1246. Δράκων. Le dragon Python, fils de la Terre. — Κατάχαλκος « tout cuirassé d'écailles d'airain » est une épithète qui conviendrait au dragon, mais qui n'a pas de sens à la place où elle se trouve, entre σκιερᾷ et εὐφύλλῳ δάφνᾳ. On attend un synonyme de κατηρεφής : « sous la voûte de.... »

1249. Ἔτι βρέφος. L'hymne homérique ne dit pas qu'Apollon fût encore un petit enfant quand il tua le dragon ; cependant on y lit (v. 127 sqq.) qu'à peine né le jeune dieu demanda déjà une cithare et un arc. La version suivie par Euripide est d'ailleurs analogue à ce qu'on racontait de l'enfance de Mercure et de celle d'Hercule, et elle se retrouve chez Cléarque de Soles, cité par Athénée, XV, p. 701 E, ainsi que dans Hygin, *fable* CXL.

μαντείας βροτοῖς
θεσφάτων νέμων
ἀδύτων ὕπο, Κασταλίας ῥεέθρων
γείτων, μέσον γᾶς ἔχων μέλαθρον.

[Antistrophe.]

Θέμιν δ' ἐπεὶ γαίων
παῖς ἀπέναασεν ὁ Λα-
τῷος ἀπὸ ζαθέων
χρηστηρίων, νύχια
χθὼν ἐτεκνώσατο φάσματ' ὀνείρων,
οἳ πολέσιν μερόπων τά τε πρῶτα
τά τ' ἔπειθ' ὅσ' ἔμελλε τυχεῖν
ὕπνου κατὰ δνοφερὰς
γᾶς εὐνὰς φράζον· Γαῖα δὲ τὰν

NC. 1255-1256. Les manuscrits portent βροτοῖς ἀναφαίνων θεσφάτων ἐμῶν. Musgrave a rétabli νέμων. Seidler a retranché la glose ἀναφαίνων. — 1257. Ὕπο, correction de Seidler pour ὑπέρ. — 1259-1264. Manuscrits: θέμιν δ' ἐπὶ γᾶς ἰὼν παῖδ' ἀπενάσατο (ou ἀπενάσσατο) ἀπὸ ζαθέων. Ἐπεὶ est dû à Scaliger. Pour le reste, nous avons adopté les excellentes corrections de Nauck et de Köchly. Les deux dernières syllabes de ἀπενάσσατο semblent être un débris de Λατῷος. Hermann suppléait Πυθῶνος en conservant ἀπενάσσατο, forme moyenne qui ne peut guère avoir le sens de ἀπέναασεν. — 1263. Florentinus : τεκνώσατο. Palatinus : φάσματ' ἆ, en omettant ὀνείρων. — 1265 La leçon ὅσα τ' ἔμελλε a été corrigée par Hermann et par Hartung. Seidler : ἅ τ' ἔμελλε. — 1266. Ancienne vulgate : δνοφερᾶς. — 1267. Musgrave et d'autres retranchent γᾶς. Nous avons conservé ce mot en corrigeant le vers correspondant de l'antistrophe, 1242. Ensuite le Palatinus : porte γαῖα δὲ τήν. Mais τὴν ne se lit pas dans le Palatinus. Peut-être γαῖα δὲ μαν-τείων, et au vers 1243 : βακχεύουσαν au lieu de τὰν βακχεύουσαν. Hermann regardait les mots Γαῖα δὲ τὴν comme interpolés.

1257. Ἀδύτων ὕπο « du fond de son sanctuaire » équivaut à ἐξ ἀδύτων ou ὑπὲξ ἀδύτων : cf. *Hécube*, 53 : Ὑπὸ σκηνῆς. Le sanctuaire inaccessible aux profanes (ἄδυτον) communiquait avec la caverne d'où sortait la vapeur prophétique et sur laquelle se trouvait le trépied de la Pythie.

1258. Μέσον γᾶς. Voy. la note sur le vers 668 de *Médée*.

1259-1268. Quand Apollon eut dépossédé Thémis, qui était l'ancienne déesse prophétique de Delphes, la Terre, pour venger l'injure de sa fille et pour faire concurrence au jeune dieu, fonda un oracle oniromantique, c'est-à-dire : un oracle dont les visiteurs dormaient dans le sanctuaire et croyaient que l'avenir leur était révélé par les songes qu'ils y pouvaient avoir. Voyez la description de l'oracle d'Albunéa dans l'*Énéide*, VII, 86 sqq.

1259-1262. Γαίων.... χρηστηρίων. Ces mots équivalent à μαντεῖον χθόνιον, v. 1248.

1266-1267. Ὕπνου κατὰ δνοφερὰς γᾶς εὐνάς, *per somni tenebricosa cubilia subterranea*. Le génitif ὕπνου dépend de γᾶς εὐνάς : car γᾶς, placé entre δνοφερᾶς et εὐνάς fait corps avec ce dernier mot. Euripide dit que ceux qui consultaient cet oracle s'étendaient pour dormir dans de sombres lieux souterrains.

ΙΦΙΓΕΝΕΙΑ Η ΕΝ ΤΑΥΡΟΙΣ.

μαντείων ἀφείλετο τι-
μὰν Φοῖβον φθόνῳ θυγατρός·
ταχύπους δ' ἐς Ὄλυμπον ὁρμαθεὶς ἄναξ   1270
χέρα παιδνὸν ἔλιξεν ἐκ Ζηνὸς θρόνων
Πυθίων δόμων χθονίαν ἀφε-
λεῖν μῆνιν νυχίους τ' ὀνείρους.
Γέλασε δ', ὅτι τέκος ἄφαρ ἔβα
πολύχρυσα θέλων λατρεύματα σχεῖν·   1275
ἐπὶ δὲ σείσας κόμαν,
παῦσεν νυχίους ἐνοπὰς,
ἀπὸ δὲ λαθοσύναν
νυκτωπὸν ἐξεῖλεν βροτῶν,
καὶ τιμὰς πάλιν   1280

NC. 1268. Μαντείων, correction de Seidler pour μαντεῖον. — 1271. Παιδνόν, correction de Scaliger pour ψαιδνόν ou ψεδνόν. Ensuite les manuscrits portent : ἔλιξ' (ἔλεξ', *Palatinus* avant correction) ἐκ διὸς θρόνων. Seidler : ἔλιξεν. Hermann : Ζηνός. Badham et Nauck écrivent, d'après Jacobs, ὄρεξεν εἰς Δῖον θρόνον : changement téméraire, puisque ἔλεξ' vient, sans doute, d'une glose ἔπλεξ'. — 1273. Manuscrits : ἀφελεῖν θεᾶς μῆνιν νυχίους τ' ἐνοπάς. Nauck écrit χθονίας au vers précédent. Mais θεᾶς est une glose (le mètre le prouve), et ἐνοπάς doit changer de place avec ὀνείρους, mot que les manuscrits donnent au vers 1277. Ces corrections sont dues à Seidler et à Köchly. — 1276. Manuscrits : ἐπεὶ δ' ἔσεισεν κόμαν. Tous les éditeurs ont adopté ἐπὶ, correction de Musgrave; mais ils n'ont pas admis la conjecture du même critique : δὲ σείσας. Cependant le participe est nécessaire, et les deux changements se tiennent : la faute ἐπεί entraîna la mauvaise correction δ' ἔσεισεν. — 1277. C'est ici que les manuscrits portent νυχίους ὀνείρους. Voyez la note critique sur le vers 1273, et cp. le vers strophique 1252. — 1278. A λαθοσύναν Musgrave substituait μαντοσύναν. Rien n'est moins probable que cette conjecture, qui est devenue une espèce de vulgate. W. Hoffmann (*Jahrb. für Philol.* 1862, p. 592) propose ἀδαμοσύναν.

1260. Φθόνῳ θυγατρός, parce qu'elle lui en voulait à cause de sa fille (Thémis).

1271. Χέρα.... θρόνων, il suspendit sa main enfantine au trône de Jupiter et l'y tint enlacée. Le verbe ἔλιξεν, qui devrait être suivi de ἀμφὶ θρόνους, a pour complément ἐκ θρόνων, parce qu'il renferme l'idée, sous-entendue, de ἐξήρτησεν. Et comme toute cette locution a le sens de ἱκέτευσεν, elle gouverne l'infinitif ἀφελεῖν.

1275. Πολύχρυσα λατρεύματα, un culte qui fera affluer l'or dans le temple du dieu.

1276. Ἐπὶ δὲ σείσας κόμαν. La chevelure de Jupiter s'agite quand le dieu confirme une promesse par un signe de sa tête. Cf. Homère, *Il.* I, 528 : Ἦ, καὶ κυανέῃσιν ἐπ' ὀφρύσι νεῦσε Κρονίων· Ἀμβρόσιαι δ' ἄρα χαῖται ἐπερρώσαντο ἄνακτος Κρατὸς ἀπ' ἀθανάτοιο.

1277. Νυχίους τ' ἐνοπάς. Les visiteurs de l'oracle oniromantique entendaient pendant la nuit toutes sortes de bruits. « Et « varias audit voces, » dit Virgile, *l. c.* Dans l'antre de Trophonius on entendait des mugissements, μυκηθμούς (Étymol. M. p. 204, 8 sqq.).

1278-1279. Si la leçon n'est pas altérée, les mots λαθοσύναν νυκτωπόν désignent l'état d'oubli et de stupeur où ceux qui

546   ΙΦΙΓΕΝΕΙΑ Η ΕΝ ΤΑΥΡΟΙΣ.

θῆκε Λοξία,
πολυάνορι δ' ἐν ξενόεντι θρόνῳ
θάρση βροτοῖς θεσφάτων ἀοιδαῖς.

ΑΓΓΕΛΟΣ.

Ὦ ναοφύλακες βώμιοί τ' ἐπιστάται,
Θόας ἄναξ γῆς τῆσδε ποῦ κυρεῖ βεβώς ;   1285
καλεῖτ', ἀναπτύξαντες εὐγόμφους πύλας,
ἔξω μελάθρων τῶνδε κοίρανον χθονός.

ΧΟΡΟΣ.

Τί δ' ἔστιν, εἰ χρὴ μὴ κελευσθεῖσαν λέγειν;

ΑΓΓΕΛΟΣ.

Βεβᾶσι φροῦδοι δίπτυχοι νεανίαι
Ἀγαμεμνονείας παιδὸς ἐκ βουλευμάτων   1290
φεύγοντες ἐκ γῆς τῆσδε καὶ σεμνὸν βρέτας
λαβόντες ἐν κόλποισιν Ἑλλάδος νεώς.

ΧΟΡΟΣ.

Ἄπιστον εἶπας μῦθον· ὃν δ' ἰδεῖν θέλεις
ἄνακτα χώρας, φροῦδος ἐκ ναοῦ συθείς.

ΑΓΓΕΛΟΣ.

Ποῖ; δεῖ γὰρ αὐτὸν εἰδέναι τὰ δρώμενα.   1295

ΧΟΡΟΣ.

Οὐκ ἴσμεν· ἀλλὰ στεῖχε καὶ δίωκέ νιν

NC. 1291. Markland proposait φυγόντες.

---

consultaient les oracles souterrains étaient jetés par des visions nocturnes.

1283. Construisez : (Πάλιν ἔθηκε) βροτοῖς θάρση ἀοιδαῖς θεσφάτων, ce qui équivaut à πάλιν ἔθηκε (ou ἐποίησε) βροτοὺς θαρσεῖν θεσφάτοις. Le substantif θάρσος gouverne poétiquement un datif, comme ferait le verbe θαρσῶ. — Θεσφάτων ἀοιδαῖς. La parole divine révélée par le chant de la Pythie, est opposée aux visions obscures et aux bruits confus des oracles souterrains.

1284. Βώμιοι ἐπιστάται, vous qui veillez sur l'autel et offrez les sacrifices (cp. v. 624). Cette locution poétique rappelle le titre de certain fonctionnaire du temple d'Éleusis, ὁ ἐπὶ βωμῷ, Boeckh, Corp. inscr. gr. 71; 184 et passim.

1288. Le messager a appelé les prêtres à haute voix et de loin, sans adresser la parole au chœur. Cependant (μὴ κελευσθεῖσα λέγειν) celui-ci le questionne, et cherche à l'arrêter. Pendant le dialogue suivant le messager s'approche de plus en plus de l'entrée du temple. Il y arrive au vers 1304.

1291-1292. Φεύγοντες.... λαβόντες. « Horum participiorum diversa ratio est « Quippe fugiebant adhuc, quam abirent, « sed deæ statuam jam secum abstulerant. » [Seidler.]

1296-1297. Δίωκέ νιν.... λόγους, cont

ΙΦΙΓΕΝΕΙΑ Η ΕΝ ΤΑΥΡΟΙΣ. 547

ὅπου κυρήσας τούσδ' ἀπαγγελεῖς λόγους.

ΑΓΓΕΛΟΣ.

Ὁρᾶτ', ἄπιστον ὡς γυναικεῖον γένος,
μέτεστί θ' ὑμῖν τῶν πεπραγμένων μέρος.

ΧΟΡΟΣ.

Μαίνει; τί δ' ἡμῖν τῶν ξένων δρασμοῦ μέτα;   1300
Οὐκ εἶ κρατούντων πρὸς πύλας ὅσον τάχος;

ΑΓΓΕΛΟΣ.

Οὐ πρίν γ' ἂν εἴπῃ τοὔπος ἑρμηνεὺς τόδε,
εἴτ' ἔνδον εἴτ' οὐκ ἔνδον ἀρχηγὸς χθονός. —
Ὠή χαλᾶτε κλῇθρα, τοῖς ἔνδον λέγω,
καὶ δεσπότῃ σημήναθ' οὕνεκ' ἐν πύλαις   1305
πάρειμι, καινῶν φόρτον ἀγγέλλων κακῶν.

ΘΟΑΣ.

Τίς ἀμφὶ δῶμα θεᾶς τόδ' ἵστησιν βοήν,
πύλας ἀράξας καὶ ψόφον πέμψας ἔσω;

ΑΓΓΕΛΟΣ.

Ψευδῶς ἔλεγον αἵδε καί μ' ἀπήλαυνον δόμων,

NC. 1299. On a proposé μέτεστι χὺμῖν ou μέτεστιν ὑμῖν. La conjonction θ' ne semble guère admissible. — 1300. Aldine : τοῦ ξένων. — 1301-1303. Avant la correction de Heath le vers 1301 était attribué au messager, et les vers 1302 sq. l'étaient au chœur. — 1302. Porson a rectifié la leçon εἴποι. — 1306. J'aimerais mieux καινῶν φόρτον εἰσφέρων κακῶν. Le verbe ἀγγέλλων ne s'allie pas bien à la métaphore φόρτον, et pourrait être une glose. Cf. *Bacch.* 650 : Τοὺς λόγους γὰρ εἰσφέρεις καινοὺς ἀεί. — 1308. Variante : καὶ φόβον. — 1309. Je propose : Ψευδηγόροι δή μ' αἵδ' ἀπήλαυνον. On lit ψευδηγορεῖν dans un fragment du *Thyeste* d'Euripide, conservé par Aristote, *Rhét.* II, 23. Voici d'autres conjectures : Ψευδῶς λέγουσαί μ' αἵδ' ἀπήλαυνον (Pierson). Ἀλλ' ἔλεγον (Elmsley). Πῶς δ' ἔλεγον (Nauck). Ψευδῶς ἄρ' αἵδε (Hermann) θεᾶς μ' ἀπήλαυνον (Kirchhoff). Ψευδεῖς ἄρ' αἵδε (Hartung) γ' αἵ μ' ἀπήλαυνον (Rauchenstein). Ἔψευδον αἵδε. (Heimsœth, *de diversa diversorum mendorum emendatione*, comm. III, p. 8.)

après lui, (jusque dans les lieux) où l'ayant atteint (κυρήσας), tu lui annonceras cette nouvelle.

1299. Le mot μέρος ne fait qu'insister sur l'idée déjà exprimée par μέτεστι. On pourrait s'en passer, ainsi que le prouve le vers suivant.

1302. Ἑρμηνεύς, pour ἑρμηνεύς τις,

« qui exponere possit ». [Seidler.] On ne peut guère penser ici aux fonctions d'un interprète proprement dit.

1306. Φόρτον ἀγγέλλων κακῶν. Voir NC. Cf. *Héc.* 106 : Ἀγγελίας βάρος ἀραμένη μέγα.

1309. La correction de ce vers faux est incertaine. Voir NC.

ΙΦΙΓΕΝΕΙΑ Η ΕΝ ΤΑΥΡΟΙΣ.

ὡς ἐκτὸς εἴης· σὺ δὲ κατ' οἶκον ἦσθ' ἄρα. 1310

ΘΟΑΣ.

Τί προσδοκῶσαι κέρδος ἢ θηρώμεναι;

ΑΓΓΕΛΟΣ.

Αὖθις τὰ τῶνδε σημανῶ· τὰ δ' ἐν ποσὶν
παρόντ' ἄκουσον. Ἡ νεᾶνις ἡ 'νθάδε
βωμοῖς παρίστατ', Ἰφιγένει', ἔξω χθονὸς
σὺν τοῖς ξένοισιν οἴχεται, σεμνὸν θεᾶς 1315
ἄγαλμ' ἔχουσα· δόλια δ' ἦν καθάρματα.

ΘΟΑΣ.

Πῶς φῄς; Τί πνεῦμα συμφορᾶς κεκτημένη;

ΑΓΓΕΛΟΣ.

Σώζουσ' Ὀρέστην· τοῦτο γὰρ σὺ θαυμάσει.

ΘΟΑΣ.

Τὸν ποῖον; ἆρ' ὃν Τυνδαρὶς τίκτει κόρη;

ΑΓΓΕΛΟΣ.

Ὃν τοῖσδε βωμοῖς θεὰ καθωσιώσατο. 1320

ΘΟΑΣ.

Ὦ θαῦμα, πῶς σε μεῖζον ὀνομάσας τύχω;

ΑΓΓΕΛΟΣ.

Μὴ 'νταῦθα τρέψῃς σὴν φρέν', ἀλλ' ἄκουέ μου·
σαφῶς δ' ἀθρήσας καὶ κλύων ἐκφρόντισον

NC. 1310. Scaliger a rectifié la leçon ὡς ἐκτὸς ἦς. — 1312. Ancienne vulgate: αὖτις — 1319. *Palatinus* : τὸ ποῖον; — 1320. Aldine : θεᾷ.

1310. Ἄρα. Cette conjonction veut dire : « mon doute était donc fondé. »

1312. Αὖθις, une autre fois, plus tard.

1317. Τί πνεῦμα συμφορᾶς κεκτημένη; « Quamnam casus auram nacta, id est, quo quasi vento fortunæ potita? » [Hermann.]

1818. Σώζουσ' Ὀρέστην, en cherchant à sauver Oreste. Les verbes grecs marquent souvent une simple intention. Cf. *Iph. Aul.* 1350 : Μῶν κόρην σώζων ἐμήν; *Oreste*, 129 : Σώζουσα κάλος; et *passim.* Les latins se serviraient dans ces cas du participe futur.

1319. Hermann a fait observer qu'en supposant le nom d'Oreste connu parmi les Tauriens, le poète évite de longues explications, inutiles pour le spectateur. — Τίκτει. Cf. vers 23 et la note.

1320. Θεὰ καθωσιώσατο, la déesse s'est fait consacrer. Quant à ce sens de la voix moyenne, cf. la note sur *Méd.* 295.

1321. Ὦ θαῦμα, πῶς.... τύχω; ô merveille, de quel nom plus fort t'appellerai-je pour rencontrer juste, pour te donner le nom qui te convient? Voy. la note sur *Hipp.* 826 : Τίνα λόγον, τάλας, τίνα τύχαν σέθεν βαρύποτμον, γύναι, προσαυδῶν τύχω; Ajoutez *Héc.* 667 : Ὦ παντάλαινα, κἄτι μεῖζον ἢ λέγω.

ΙΦΙΓΕΝΕΙΑ Η ΕΝ ΤΑΥΡΟΙΣ.

διωγμὰς ὅστις τοὺς ξένους θηράσεται.

ΘΟΑΣ.

Λέγ'· εὖ γὰρ εἶπας· οὐ γὰρ ἀγχίπλουν πόρον 1325
φεύγουσιν, ὥστε διαφυγεῖν τοὐμὸν δόρυ.

ΑΓΓΕΛΟΣ.

Ἐπεὶ πρὸς ἀκτὰς ἤλθομεν θαλασσίας,
οὗ ναῦς Ὀρέστου κρύφιος ἦν ὡρμισμένη,
ἡμᾶς μὲν, οὓς σὺ δεσμὰ συμπέμπεις ξένων
ἔχοντας, ἐξένευσ' ἀποστῆναι πρόσω 1330
Ἀγαμέμνονος παῖς, ὡς ἀπόρρητον φλόγα
θύουσα καὶ καθαρμὸν ὃν μετώχετο.
Αὐτὴ δὲ, χερσὶ δέσμ' ἔχουσα τοῖν ξένοιν,
ἔστειχ' ὄπισθε. Καὶ τάδ' ἦν ὕποπτα μὲν,
ἤρεσκε μέντοι σοῖσι προσπόλοις, ἄναξ. 1335
Χρόνῳ δ', ἵν' ἡμῖν δρᾶν τι δὴ δοκοῖ πλέον,
ἀνωλόλυξε καὶ κατῇδε βάρβαρα
μέλη μαγεύουσ', ὡς φόνον νίζουσα δή.

NC 1324. Hermann : διωγμόν. — 1325. Hésychius : Ἀγχίπους· εὐδιακόμιστος, καὶ ὁ παρεστὼς καὶ σύνεγγυς. Εὐριπίδης Ἰφιγενείᾳ τῇ ἐν Ταύροις. Le texte d'Euripide portait-il anciennement ἀγχίπουν? ou bien faut-il écrire ἀγχίπλους chez le glossographe? Cette dernière opinion était celle de Hermann. En effet εὐδιακόμιστος semble se rapporter à ἀγχίπλους. Mais l'autre sens, ὁ παρεστὼς καὶ σύνεγγυς, convient parfaitement à ἀγχίπους. Je suis donc disposé à croire que dans cet article d'Hésychius, comme dans plus d'un autre, deux gloses différentes ont été confondues. — 1333-1334. On lisait αὐτὴ δ' ὄπισθε et ἔστειχε χερσί. La transposition est due à Nauck. Pour χερσί le *Palatinus* donne χεροῖν. La leçon primitive était peut-être χειρί. — Nauck écrit, d'après Badham, ὕποπτά μοι, changement que nous ne saurions approuver. Voy. la note explicative. — 1336. Matthiæ a rectifié la leçon δοκῇ. — 1338. Μαγεύουσ', correction de Reiske pour ματεύουσ'.

1325-1326. Οὐ γάρ.... φεύγουσιν, ce n'est pas une courte navigation qu'ils ont à faire en fuyant. — Ἀγχίπλουν πόρον, « navigationem qua propinqua tantum loca « permeantur ». [Seidler.]

1330. Ἐξένευσ(ε), *nutu removit*. Le premier élément de ce verbe composé indique d'avance l'idée développée par ἀποστῆναι πρόσω. La prêtresse donne ses ordres par signes, pour ne pas interrompre le silence solennel qui convient à la prétendue cérémonie religieuse.

1331-1332. Φλόγα θύουσα καὶ καθαρμόν, allant offrir un holocauste expiatoire. On cite à propos *Herc. fur.* 936 : Θύω.... καθάρσιον πῦρ. Quant au participe présent θύουσα, voy. la note sur le vers 1318.

1334-1335. Καὶ τάδ' ἦν.... προσπόλοις, cela était suspect à tes serviteurs; cependant ils y acquiescèrent, ils ne s'y opposèrent pas. [Klotz.]

1336. Ἵν' ἡμῖν.... πλέον, « ut nobis « aliquid majus scilicet videretur agere. » [Markland.]

ΙΦΙΓΕΝΕΙΑ Η ΕΝ ΤΑΥΡΟΙΣ.

Ἐπεὶ δὲ δαρὸν ἦμεν ἥμενοι χρόνον,
ἐσῆλθεν ἡμᾶς μὴ λυθέντες οἱ ξένοι 1340
κτάνοιεν αὐτὴν δραπέται τ᾽ οἴχοιατο.
Φόβῳ δ᾽ ἃ μὴ χρῆν εἰσορᾶν καθήμεθα
σιγῇ· τέλος δὲ πᾶσιν ἦν αὐτὸς λόγος,
στείχειν ἵν᾽ ἦσαν, καίπερ οὐκ ἐωμένοις.
Κἀνταῦθ᾽ ὁρῶμεν Ἑλλάδος νεὼς σκάφος 1345
ναύτας τε πεντήκοντ᾽ ἐπὶ σκαλμῶν πλάτας
ἔχοντας, ἐκ δεσμῶν δὲ τοὺς νεανίας
ἐλευθέρους . . . .
. . . . πρύμνηθεν ἑστῶτες νεὼς
σπεύδοντες ἦγον διὰ χερῶν πρυμνήσια,
κοντοῖς δὲ πρῷραν εἶχον, οἱ δ᾽ ἐπωτίδων 1350
ἄγκυραν ἐξανῆπτον, οἱ δὲ κλίμακας

NC. 1343. G. H. Schæfer a rectifié la leçon αὐτός. — 1345. Après ce vers on lit dans les manuscrits le vers 1394' de cette édition. — 1348. Manuscrits : πρύμνηθεν ἑστῶτας νεώς. Aldine : νεώς. Köchly a écrit ἑστῶτες, et il a marqué la lacune après ἐλευθέρους. Voy. la note explicative. — 1349. Ce vers se lisait après le vers 1351, en dépit du bon sens. La transposition est due à Köchly. — 1351. Scaliger a rectifié la leçon ἀγκύρας.

1340. Ἐσῆλθεν ἡμᾶς, *succurrit nobis*. Cette locution impersonnelle est ici suivie de μή, parce qu'elle équivaut à φόβος ἐσῆλθεν ἡμᾶς.

1348-1352. Les marins s'occupent des préparatifs du départ et mettent le vaisseau à l'abri d'un assaut des Tauriens, sans négliger toutefois les passagers qui ne sont pas encore à bord et qui doivent y monter. Les marins qui sont sur la proue ramassent les amarres (πρυμνήσια) au moyen desquels la proue était attachée au rivage. D'autres retiennent la proue du vaisseau démarré au moyen de longues perches (κοντοῖς). D'autres encore suspendent l'ancre aux béliers de la proue (ἐπωτίδων). Enfin quelques marins baissent l'échelle par laquelle Oreste et Pylade monteront à bord. Sauf ce dernier détail, lequel tient à une circonstance particulière, on voit le départ d'un vaisseau décrit absolument de la même façon dans deux passages cités par Seidler. Chez Lucien, *Dialogue des morts*, X, § 10, Mercure dit à Charon : Εὖ ἔχει, ὥστε λύε τὰ ἀπόγεια (synonyme de πρυμνήσια), τὴν ἀποβάθραν (terme technique pour désigner l'échelle, κλίμαξ, d'un vaisseau) ἀνελώμεθα, τὸ ἀγκύριον ἀνεσπάσθω. Cf. Polyen, IV, vi, 8 : Ἄλλοι μὲν ἀνέσπων τὰ πρυμνήσια, ἄλλοι δὲ ἀνεῖλκον τὰς ἀποβάθρας, ἄλλοι δὲ ἀγκύρας ἀνιμῶντο.

1348. Πρύμνηθεν ἑστῶτας νεώς, se tenant sur la proue du vaisseau. C'est forcer le sens de ces mots que de les rapporter (en lisant ἑστῶτες) à Oreste et à Pylade, qui étaient encore sur la plage.

1350. Κοντοῖς δὲ πρῷραν εἶχον, οἱ (δὲ).... équivaut à οἱ δὲ κοντοῖς.... οἱ δὲ..., le premier οἱ étant sous-entendu. Cp. la note sur *Hécube*, 1162 : Κεντοῦσι παῖδες, αἱ δὲ.... τὰς ἐμὰς εἶχον χέρας — Ἐπωτίδων. On voit l'usage de ces béliers marins dans Thucydide VII, 34, où le scholiaste explique ce terme par τὰ ἑκατέρωθεν τῆς πρῴρας ἐξέχοντα ξύλα.

1351-1352. Κλίμακας πόντῳ διδόντες. Ils baissent l'échelle vers la mer, le vais-

ΙΦΙΓΕΝΕΙΑ Η ΕΝ ΤΑΥΡΟΙΣ.

πόντῳ διδόντες τοῖν ξένοιν καθίεσαν.
Ἡμεῖς δ' ἀφειδήσαντες, ὡς ἐσείδομεν
δόλια τεχνήματ', εἰχόμεσθα τῆς ξένης 1355
πρυμνησίων τε, καὶ δι' εὐθυντηρίας
οἴακας ἐξῃροῦμεν εὐπρύμνου νεώς.
Λόγοι δ' ἐχώρουν· Τίνι νόμῳ πορθμεύετε
κλέπτοντες ἐκ γῆς ξόανα καὶ θυηπόλους;
τίνος τίς ὢν σὺ τήνδ' ἀπεμπολᾷς χθονός; 1360
Ὁ δ' εἶπ'· Ὀρέστης τῆσδ' ὅμαιμος, ὡς μάθῃς,
Ἀγαμέμνονος παῖς, τήνδ' ἐμὴν κομίζομαι
λαβὼν ἀδελφήν, ἣν ἀπώλεσ' ἐκ δόμων.
Ἀλλ' οὐδὲν ἧσσον εἰχόμεσθα τῆς ξένης
καὶ πρὸς σ' ἕπεσθαι διεβιαζόμεσθά νιν. 1365
Ὅθεν τὰ δεινὰ πλήγματ' ἦν γενειάδων·
κεῖνοί τε γὰρ σίδηρον οὐκ εἶχον χεροῖν

NC. 1352. Πόντῳ διδόντες, correction de Kirchhoff pour πόντῳ δὲ δόντες. Le même critique a vu que ces mots devaient se rattacher à κλίμακας (ou à κλίμακα, comme il veut qu'on écrive). Τοῖν ξένοιν, correction de Seidler pour τὴν ξένην. Musgrave avait proposé τῇ ξένῃ. — 1358. Τίνι νόμῳ, correction de Nauck pour τίνι λόγῳ. Le mot λόγοι a causé l'erreur. — 1359. Musgrave a corrigé la leçon ξόανον καὶ θυηπόλον. — 1360. Σύ a été inséré par Markland. — 1361. Aldine : μάθοις.

seau se trouvant a une petite distance du rivage : voy. v. 1379. — Κλίμακας désigne ici une seule échelle, scalas : la conjecture κλίμακα est inutile. Cp. *Phénic.* 104 : 'Ορεγέ νυν.... χεῖρ' ἀπὸ κλιμάκων, et 1182 : Ἐκ δὲ κλιμάκων ἐσφενδονᾶτο.

1354. Ἀφειδήσαντες. On traduit généralement « non parcentes nobis ». C'est plutôt : « sans égard (pour la prêtresse). » Cf. Apollonius de Rhodes, I, 338 : Τὸν ἄριστον ἀφειδήσαντες ἕλεσθε Ὀργαμεν ὑμείων. Lorsque ἀφειδήσαντες n'est pas accompagné d'un régime, le sens de ce participe se détermine par le reste de la phrase. La traduction reçue serait légitime, s'il y avait : ἀφειδήσαντες εἰς τοὺς κινδύνους ὡρμήσαμεν. Mais le texte porte ; ἀφειδήσαντες.... εἰχόμεσθα τῆς ξένης.

1356-1357. Les Tauriens saisissent les amarres (πρυμνήσια), qui avaient été détachées du rivage, mais qui n'étaient pas encore tout à fait ramassées à bord, et cherchent à s'emparer des gouvernails.

Chacun de ces derniers (il y en avait généralement deux) était passé par une ouverture (εὐθυντηρία) dans laquelle le retenait une courroie (τροπωτήρ). Les Tauriens s'efforçaient de retirer les gouvernails à travers cette ouverture. Ἐξῃροῦμεν marque une simple tentative.

1359. Ξόανα καὶ θυηπόλους. Nous avons souvent signalé le pluriel qui généralise, et qui semble ici aggraver l'accusation de sacrilège.

1360. Τίνος τίς ὤν. En l'absence de noms de famille, une personne se fait toujours connaître par le nom de son père, ajouté à son propre nom. Les deux questions sont réunies en une seule phrase par un hellénisme connu, et dont la phrase homérique τίς πόθεν εἶς ἀνδρῶν; offre déjà un exemple.

1363. Ἀπώλεσ(α). Voy. la note sur le vers 544.

1367-1368. Οὐκ εἴχομεν, renfermé dans οὐκ εἶχον, est l'attribut du second

552   ΙΦΙΓΕΝΕΙΑ Η ΕΝ ΤΑΥΡΟΙΣ.

ἡμεῖς τε· πυγμαὶ δ' ἦσαν ἐγκροτούμεναι,
καὶ κῶλ' ἀπ' ἀμφοῖν τοῖν νεανίαιν ἅμα
εἰς πλευρὰ καὶ πρὸς ἧπαρ ἠκοντίζετο,   1370
ὥστε ξυνάπτειν καὶ συναποκαμεῖν μέλη.
Δεινοῖς δὲ σημάντροισιν ἐσφραγισμένοι
ἐφεύγομεν πρὸς κρημνὸν, οἱ μὲν ἐν κάρᾳ
κάθαιμ' ἔχοντες τραύμαθ', οἱ δ' ἐν ὄμμασιν.
Ὄχθοις δ' ἐπισταθέντες, εὐλαβεστέρως   1375
ἐμαρνάμεσθα καὶ πέτρους ἐβάλλομεν.
Ἀλλ' εἶργον ἡμᾶς τοξόται πρύμνης ἔπι
σταθέντες ἰοῖς, ὥστ' ἀναστεῖλαι πρόσω.
Κἀν τῷδε, δεινὸς γὰρ κλύδων ὤκειλε ναῦν
πρὸς γῆν, φόβος δ' ἦν <νεάνιδος> τέγξαι πόδα,   1380
λαβὼν Ὀρέστης ὦμον εἰς ἀριστερὸν,
βὰς εἰς θάλασσαν κἀπὶ κλίμακος θορών,

NC. 1368. La leçon πυγμαί τ' est rectifiée dans l'édition Aldine. Badham : ἧσσον ἐγκροτούμεναι. — 1369. Peut-être : Θαμά pour ἅμα. [Bergk.] — 1371. Markland · ὥστε συγαπειπεῖν. Hermann : ὡς τῷ ξυνάπτειν. — 1380. Palatinus : φόβος δ' ἦν ναυάταις μὴ τέγξαι πόδα, mais le mot ναυάταις est ajouté par la seconde main dans une lacune laissée par la première. Florentinus : ἦν ὥστε μὴ τέγξαι. Les conjectures ἦν παρθένῳ τέγξαι (Badham), ἦν ἱερίαν τέγξαι (Köchly) donnent le sens qu'il faut. Nous avons suppléé νεάνιδος, afin de nous rapprocher quelque peu de ναυάταις.

sujet ἡμεῖς τε. La tournure usuelle serait : οὔτε γὰρ ἐκεῖνοι οὔθ' ἡμεῖς εἴχομεν σίδηρον χεροῖν. Faute d'armes, les deux princes grecs font merveilles de leurs poings et de leurs jambes, exercés qu'ils sont au pugilat et aux coups de pied.

1369. Ἅμα ne porte pas seulement sur ἀπ' ἀμφοῖν τοῖν νεανίαιν, mais sur tout ce qui précède. Le messager dit que les Tauriens reçurent des jeunes hommes à la fois des coups de poing et des coups de pied.

1371. Ὥστε.... μέλη. « Les coups de nos adversaires, dit le messager, étaient si rapides et si vigoureux que, dès que nous engagions la lutte (ξυνάπτειν μέλη, *membra conserere*), nos membres se fatiguaient aussitôt (καὶ συναποκαμεῖν μέλη). » La force de συν dans συναποκαμεῖν ressortirait peut-être encore mieux, si on écrivait, avec Hermann : ὡς τῷ ξυνάπτειν, *ut simul cum conserendo*.

1372. Σημάντροισιν ἐσφραγισμένοι, marqués de cachets, c'est-à-dire : marqués de traces. On cite une épigramme sur un athlète, *Anthol.* de Planude, XXV, où il est dit : Οὐ κατ' εὔγυρον πάλην Ψάμμος πεσόντος νῶτον οὐκ ἐσφράγισεν. Virgile, *Georg.* IV, 15 : « Et manibus Procne pectus signata cruentis. »

1373. Κρημνόν, la falaise au-dessus de la grève. Le même endroit est désigné par ὄχθοις au vers 1375.

1379-1380. Δεινὸς γάρ.... πόδα. Ces deux phrases motivent la conduite d'Oreste. Le flot jetait le vaisseau vers le rivage : il fallait profiter de cette circonstance pour monter à bord. On craignait de mouiller les pieds de la jeune fille : Oreste la place donc sur l'une de ses épaules. — Νεάνιδος. Les deux premières syllabes de ce mot n'en forment qu'une seule dans la prononciation, ici et ailleurs.

ΙΦΙΓΕΝΕΙΑ Η ΕΝ ΤΑΥΡΟΙΣ.   553

ἔθηκ' ἀδελφὴν ἐντὸς εὐσέλμου νεὼς
τό τ' οὐρανοῦ πέσημα, τῆς Διὸς κόρης
ἄγαλμα. Ναὸς δ' ἐκ μέσης ἐφθέγξατο   1385
βοή τις· Ὦ γῆς Ἑλλάδος ναῦται νεώς,
λάβεσθε κώπης ῥόθιά τ' ἐκλευκαίνετε·
ἔχομεν γὰρ ὧνπερ οὕνεκ' ἄξενον πόρον
Συμπληγάδων ἔσωθεν εἰσεπλεύσαμεν.
Οἱ δὲ στεναγμὸν ἡδὺν ἐκβρυχώμενοι   1390
ἔπαισαν ἄλμην. Ναῦς δ', ἕως μὲν ἐντὸς ἦν
λιμένος, ἐχώρει· στόμια διαπερῶσα δὲ
λάβρῳ κλύδωνι συμπεσοῦσ' ἠπείγετο·
δεινὸς γὰρ ἐλθὼν ἄνεμος ἐξαίφνης νεὼς
ταρσῷ κατήρει πίτυλον ἐπτερωμένον   1394'

NC. 1383. Εὐσέλμου, correction de Pierson pour εὐσήμου. — 1384-1385. Markland a rectifié la leçon τὸ δ' οὐρανοῦ, et a inséré δ' après ναός (manuscrits : νηός). — 1386. L'ancienne vulgate βοήν τιν' est une mauvaise correction introduite dans l'édition Aldine par suite des leçons vicieuses des deux vers précédents. — Markland voulait τῇ σ δ' Ἑλλάδος. Nauck propose Ἑλλάδος νεανίαι. Kochly écrit : Ἑλλάδος νεηλάται. — 1387. La leçon κώπαις a été corrigée par Reiske. Ensuite τ' ἐκλευκαίνετε est une rectification de Scaliger pour τε λευκαίνετε. — 1388. La leçon εὔξεινον a été corrigée par l'éditeur de Cambridge. — 1394. Ce vers, qui se lisait après le vers 1345, où il était de trop, a été inséré ici par Hermann, afin de combler une lacune.

1384. Τό τ' οὐρανοῦ πέσημα. Cf. v. 87 sq. et v. 977 sq.

1386. Βοή τις, une voix mystérieuse, surhumaine. — Les mots suivants sont altérés. Ὦ ναῦται νεὼς Ἑλλάδος (d'un vaisseau grec) serait une locution irréprochable ; de même ὦ ναῦται γῆς Ἑλλάδος : mais ὦ ναῦται νεὼς γῆς Ἑλλάδος est étrange.

1390. Στεναγμόν. L'effort que les rameurs sont obligés de faire est naturellement accompagné d'une respiration profonde, d'un gémissement. Les compagnons d'Oreste, heureux de retourner dans leur patrie, donnent de grands coups de rames, et leurs gémissements, tirés du fond de la poitrine, sont sonores et joyeux (στεναγμὸν ἡδὺν ἐκβρυχώμενοι).

1391. Ἔπαισαν ἄλμην. Cf. Eschyle, *Perses*, 396 : Εὐθὺς δὲ κώπης ῥοθιάδος ξυνεμβολῇ Ἔπαισαν ἄλμην βρύχιον ἐκ κελεύματος.

1392. Στόμια, l'entrée du port.
1393. Ἠπείγετο. « Jactata, vexata est.

« Sic Homerus, *Odyss.*, XXIII, 234 : « Ὧντε Ποσειδάων εὐεργέα νῆ' ἐνὶ πόντῳ « Ῥαίσῃ, ἐπειγομένην ἀνέμῳ καὶ κύματι « πηγῷ. » [Musgrave.]

1394-1394'. Νεὼς ταρσῷ.... ἐπτερωμένον, le vaisseau qui battait de ses deux rangées de bonnes rames comme de deux ailes. — Ταρσῷ. Cf. Boekh, *Urkunden über das Seewesen des attischen Staates*, p. 112 sq. « Ταρσός (forme attique : θαρρός) désigne la partie inférieure et large du pied, et de même la partie correspondante de la rame, le plat de la rame (*palma* ou *palmula remi*). Voy. Hérodote, VIII, 12 : Τοὺς ταρσοὺς τῶν κωπέων. Par synecdoche ce mot s'applique aussi à la rame tout entière, et dans nos inscriptions c'est le terme technique pour désigner tout l'appareil des rames, à l'exception des gouvernails. C'est dans ce dernier sens que le singulier ταρσός est employé par Euripide dans *Iph. Taur.*, ainsi que dans *Hélène*, v. 1535 (?), et beaucoup plus tard

ὤθει παλιμπρυμνηδόν· οἱ δ' ἐκαρτέρουν 1395
πρὸς κῦμα λακτίζοντες· εἰς δὲ γῆν πάλιν
κλύδων παλίρρους ἦγε ναῦν. Σταθεῖσα δὲ
Ἀγαμέμνονος παῖς εὔξατ'· ὦ Λητοῦς κόρη,
σῶσόν με τὴν σὴν ἱερίαν πρὸς Ἑλλάδα
ἐκ βαρβάρου γῆς καὶ κλοπαῖς σύγγνωθ' ἐμαῖς. 1400
Φιλεῖς δὲ καὶ σὺ σὸν κασίγνητον, θεά·
φιλεῖν δὲ κἀμὲ τοὺς ὁμαίμονας δόκει.
Ναῦται δ' ἐπευφήμησαν εὐχαῖσιν κόρης
παιᾶνα, γυμνὰς ἐξ ἐπωμίδος χέρας
κώπῃ προσαρμόσαντες ἐκ κελεύσματος. 1405
Μᾶλλον δὲ μᾶλλον πρὸς πέτρας ᾔει σκάφος.

NC. 1395. La leçon ὤθει πάλιν πρυμνήσι' est un non-sens. L'excellente correction de Hermann, παλιμπρυμνηδόν, est tirée du lexique d'Hésychius, où ce mot est expliqué : οἷον παλίμπρυμνον χώρησιν προῆλθεν εἰς τοὔπισθεν ἀνακάμπτουσα, ὡς ἐπὶ πρύμναν κροῦσαι. — 1396. Nauck écrit πρὸς κέντρα λακτίζοντες. — Canter a rectifié la leçon εἰς γῆν δὲ (ou δὴ) πάλιν. Musgrave : εἰς γῆν δ' ἔμπαλιν. — 1399. La leçon ἱέρειαν a été rectifiée par Barnes. — 1404. *Palatinus* : γυμνὰς ἐκ χερῶν ἐπωμίδας. *Florentinus* : γυμνὰς ἐκβαλόντες ἐπωμίδας. Markland : ἐξ ἐπωμίδων χέρας, conjecture que nous avons adoptée, en écrivant toutefois ἐπωμίδος. Le dernier mot ayant été changé par erreur en ἐπωρίδας, χέρας devint χερός, et les copistes s'en tirèrent comme ils purent. Markland voulait ἐκ πέπλων ἐπωμίδας; Matthiæ : ἐκβαλόντες ὠλένας; Nauck : εὐχεροῖς ἐπωμίδας. Mais le régime χέρας est le seul qui convienne au participe προσαρμόσαντες, tout en se prêtant aussi au reste de la phrase. Köchly pense que ce passage est mutilé.

encore par Polybe, XVI, III, 12 : Παραπεσὼν τοῖς πολεμίοις ἀπέβαλε τὸν δεξιὸν ταρσὸν τῆς νεώς. Par une belle métaphore on a donné le nom de ταρσός aux ailes des oiseaux : leurs plumes rangées les unes à côté des autres représentent en effet l'image d'un appareil de rames. C'est ainsi que Méléagre (*Ant. Pal.* XII, 144) dit à l'Amour : Τί δ' ἄγρια τόξα καὶ ἰοὺς Ἔρριψας διφυῆ ταρσὸν ἀνεὶς πτερύγων; » Les poetes latins disent *remigium alarum, alarum remi*, et ici la locution ταρσῷ ἐπτερωμένον rappelle les deux métaphores. — Κατήρει, *apte instructo*. Hermann cite Hérodote, VIII, 21 : Εἶχε πλοῖον κατήρες ἕτοιμον. — Πίτυλον. Le mouvement des rames (voy. la note sur le vers 307) et, par extension, un vaisseau en mouvement. Cf. v. 1050, et *Troy*. 1123 : Νεὼς μὲν πίτυλος εἰς λελειμμένος.

1395. Παλιμπρυμνηδόν, de manière à faire reculer le vaisseau, la poupe étant tournée en avant. Voy. Hésychius cité dans la note critique.

1396. Πρὸς κῦμα λακτίζοντες, « régimbant contre les flots », variation de la locution proverbiale πρὸς κέντρα λακτίζειν.

1404. Γυμνὰς ἐξ ἐπωμίδος χέρας. « nudas usque ab humeris manus ». [Musgrave.] Par χέρας il faut entendre ici, comme ailleurs, l'ensemble des bras et des mains. La traduction *bras* convient à γυμνάς, mais elle ne convient pas à κώπῃ προσαρμόσαντες : la traduction *mains* a l'inconvénient inverse. Ἐπωμίς désigne tantôt le haut de l'épaule (κλειδῶν τὸ πρὸς ὠμοπλάτας, τὸ ὑπερέχον τοῦ βραχίονος, Pollux, II, 133 et 137), tantôt un vêtement à manches, à l'usage des femmes (Pollux, VII, 49). Au vers 558 d'*Hécube*, on peut entendre ce mot indifféremment soit du haut de l'épaule, soit de la partie correspondante du vêtement de Polyxène.

ΙΦΙΓΕΝΕΙΑ Η ΕΝ ΤΑΥΡΟΙΣ.

Χὼ μέν τις εἰς θάλασσαν ὡρμήθη ποσίν,
ἄλλος δὲ πλεκτὰς ἐξανῆπτεν ἀγκύλας.
Κἀγὼ μὲν εὐθὺς πρὸς σὲ δεῦρ' ἀπεστάλην,
σοὶ τὰς ἐκεῖθεν σημανῶν, ἄναξ, τύχας.   1410
Ἀλλ' ἕρπε, δεσμὰ καὶ βρόχους λαβὼν χεροῖν·
εἰ μὴ γὰρ οἶδμα νήνεμον γενήσεται,
οὐκ ἔστιν ἐλπὶς τοῖς ξένοις σωτηρίας.
Πόντου δ' ἀνάκτωρ Ἰλιόν τ' ἐπισκοπεῖ
σεμνὸς Ποσειδῶν, Πελοπίδαις δ' ἐναντίος·   1415
καὶ νῦν παρέξει τὸν Ἀγαμέμνονος γόνον
σοὶ καὶ πολίταις, ὡς ἔοικεν, ἐν χεροῖν
λαβεῖν τ' ἀδελφήν, ἣ φόνου τοῦ 'ν Αὐλίδι
ἀμνημόνευτος θεὰν προδοῦσ' ἁλίσκεται.

ΧΟΡΟΣ.

Ὦ τλῆμον Ἰφιγένεια, συγγόνου μέτα   1420
θανεῖ, πάλιν μολοῦσα δεσποτῶν χέρας.

ΘΟΑΣ.

Ὦ πάντες ἀστοὶ τῆσδε βαρβάρου χθονὸς,

NC. 1407. Köchly, d'après Rauchenstein : χἠμῶν τις. — 1408. Variante : ἄλλοι (seconde main du *Palatinus*) et ἐξανῆπτον. — Ἀγκύλας, correction de Markland pour ἀγκύρας, se trouvait peut-être d'abord dans le *Palatinus*, où la lettre p est de seconde main. — 1418-1419. Musgrave : λαβεῖν ἀδελφήν θ'. Ensuite les manuscrits portent φόνον τὸν Αὐλίδι ἀμνημόνευτον θεᾷ, mots qui ne sauraient signifier ce qu'on veut leur faire dire. Nous avons adopté l'excellente correction de Badham. — 1421. *Palatinus* : πόλιν μολοῦσα.

1407-1408. On croit généralement qu'il s'agit dans ces deux vers des hommes à bord du vaisseau d'Oreste, et l'on se donne beaucoup de mal pour expliquer pourquoi ils se jettent à la mer, et dans quel endroit ils attachent des cordes. Le fait est que ces manœuvres sont inexplicables de leur part. Mais elles se comprennent très-bien des Tauriens, ainsi que Kvičala et Köchly l'ont vu. Les Tauriens, voyant que le vaisseau ne peut plus avancer, cherchent à s'en emparer. Quelques-uns entrent dans la mer, d'autres attachent aux arbres, aux pieux qui se trouvent sur le rivage, des lacets ou amarres (ἀγκύλας), qu'ils jetteront à leurs camarades. Il suffit d'ailleurs, ce me semble, des mots εἰς θάλασσαν ὡρμήθη ποσίν pour réfuter l'erreur commune. Qui s'est jamais exprimé ainsi en parlant d'un marin qui saute de son bord à la mer? Ajoutez que κἀγὼ μὲν, vers 1409, indique qu'il a été question des Tauriens dans les vers précédents.

1414. Ἰλιόν τ' ἐπισκοπεῖ. Neptune protège Ilion, dont il a construit les murs avec Apollon. Voy. *Iliade*, VII, 452 sq.; XII, 17 sqq.; Euripide, *Troyennes*, 4 sqq.

1415. Δ(έ) tient lieu d'un second τε, pour faire ressortir le second membre de phrase. Cf. v. 52 et v. 389.

1418. Λαβεῖν τ' ἀδελφήν pour λαβεῖν ἀδελφήν τε. Hyperbate de τε. Voy. la note sur le vers 464 d'*Hécube*.

οὐκ εἶα πώλοις ἐμβαλόντες ἡνίας
παράκτιοι δραμεῖσθε κἀκβολὰς νεὼς
Ἑλληνίδος δέξεσθε, σὺν δὲ τῇ θεῷ 1425
σπεύδοντες ἄνδρας δυσσεβεῖς θηράσετε,
οἱ δ᾽ ὠκυπομποὺς ἕλξετ᾽ εἰς πόντον πλάτας;
ὡς ἐκ θαλάσσης ἔκ τε γῆς ἱππεύμασιν
λαβόντες αὐτοὺς ἢ κατὰ στύφλου πέτρας
ῥίψωμεν, ἢ σκόλοψι πήξωμεν δέμας. 1430
Ὑμᾶς δὲ τὰς τῶνδ᾽ ἴστορας βουλευμάτων
γυναῖκας αὖθις, ἡνίκ᾽ ἂν σχολὴν λάβω,
ποινασόμεσθα· νῦν δὲ τὴν προκειμένην
σπουδὴν ἔχοντες οὐ μενοῦμεν ἥσυχοι.

ΑΘΗΝΑ.

Ποῖ ποῖ διωγμὸν τόνδε πορθμεύεις, ἄναξ 1435
Θόας; ἄκουσον τῆσδ᾽ Ἀθηναίας λόγους.
Παῦσαι διώκων ῥεῦμά τ᾽ ἐξορμῶν στρατοῦ·
πεπρωμένος γὰρ θεσφάτοισι Λοξίου
δεῦρ᾽ ἦλθ᾽ Ὀρέστης, τόν τ᾽ Ἐρινύων χόλον
φεύγων ἀδελφῆς τ᾽ Ἄργος εἰσπέμψων δέμας 1440
ἄγαλμά θ᾽ ἱερὸν εἰς ἐμὴν ἄξων χθόνα,
τῶν νῦν παρόντων πημάτων ἀναψυχάς.

NC. 1432. Manuscrits : αὖτις. — 1435. Nauck propose πορσύνεις pour πορθμεύεις. — 1438. Πεπρωμένος, correction de Hermann pour πεπρωμένοις. — 1439. *Palatinus*: τῶν τ᾽ ἐριννύων. — 1442. Ce vers manque dans le *Palatinus*, ainsi que dans les vieilles éditions, et il ressemble au vers 600 d'*Hippolyte* : Τῶν νῦν παρόντων πημάτων ἄκος μόνον. Mais il n'est nullement déplacé ici, et nous ne voyons pas de raison suffisante pour le rejeter, avec Kirchhoff et d'autres, en dehors du texte.

1424. (Ἐ)κβολὰς νεώς, les débris du naufrage, *naufragia*, hommes et choses.

1425. Σὺν τῇ θεῷ, avec l'aide de la déesse.

1427. Οἱ δ(έ). De ces mots il faut tirer οἱ μέν, sujet de δραμεῖσθε et de θηράσετε dans les vers précédents. Cf. v. 1350.

1430. Σκόλοψι πήξωμεν δέμας. Il s'agit de l'empalement : peine que les Grecs ne semblent pas avoir appliquée, mais qui était usitée chez les Barbares, et dont la tradition ne s'est pas encore perdue en Orient. Cf. *Rhésus*, 513 sqq.; Eschyle, *Eum.* 181.

1435. Διωγμὸν τόνδε πορθμεύεις. Cf. vers 266 avec la note.

1436. Τῆσδ᾽ Ἀθηναίας, de Minerve que voici. Le démonstratif ὅδε peut se rapporter à la première comme à la troisième personne.

1437. Ῥεῦμα στρατοῦ. Cf. Eschyle, *Perses*, 404 : Ῥεῦμα Περσικοῦ στρατοῦ.

1442. Ἀναψυχάς. Cet accusatif est une apposition qui porte, non sur ἄγαλμα, mais sur les trois phrases participiales τόν τ᾽ Ἐρινύων... ἄξων χθόνα. Cf. la note sur le vers 455.

ΙΦΙΓΕΝΕΙΑ Η ΕΝ ΤΑΥΡΟΙΣ. 557

Πρὸς μὲν σ' ὅδ' ἡμῖν μῦθος· ὃν δ' ἀποκτενεῖν
δοκεῖς Ὀρέστην ποντίῳ λαβὼν σάλῳ,
ἤδη Ποσειδῶν χάριν ἐμὴν ἀκύμονα
πόντου τίθησι νῶτα πορθμεύων πλάτῃ. 1445
Μαθὼν δ', Ὀρέστα, τὰς ἐμὰς ἐπιστολάς,
κλύεις γὰρ αὐδὴν καίπερ οὐ παρὼν θεᾶς,
χώρει λαβὼν ἄγαλμα σύγγονόν τε σήν.
Ὅταν δ' Ἀθήνας τὰς θεοδμήτους μόλῃς,
χῶρός τις ἔστιν Ἀτθίδος πρὸς ἐσχάτοις 1450
ὅροισι, γείτων δειράδος Καρυστίας,
ἱερός, Ἁλάς νιν οὑμὸς ὀνομάζει λεώς·
ἐνταῦθα τεύξας ναὸν ἵδρυσαι βρέτας,
ἐπώνυμον γῆς Ταυρικῆς πόνων τε σῶν,
οὓς ἐξεμόχθεις περιπολῶν καθ' Ἑλλάδα 1455
οἴστροις Ἐρινύων· Ἄρτεμιν δέ νιν βροτοὶ
τὸ λοιπὸν ὑμνήσουσι Ταυροπόλον θεάν.
Νόμον τε θὲς τόνδ'· Ὅταν ἑορτάζῃ λεώς,
τῆς σῆς σφαγῆς ἄποιν' ἐπισχέτω ξίφος

NC. 1445. Tyrwhitt voulait πορθμεύειν. — 1447. Markland et Klotz mettent la virgule avant θεᾶς. — 1453. Τεύξας, correction de Pierson pour τάξας. — 1454. Γῆς, correction de Hermann pour τῆς. — 1457. Peut-être : Ταυροπόλον εἰς τὸ λοιπὸν ὑμνήσουσι θεάν. Le mot important serait mis en évidence ; l'anapeste du cinquième pied, irrégularité que Sophocle et Euripide se sont, il est vrai, quelquefois permise dans les noms propres, se trouverait écrité. — 1458. Manuscrits : νόμον τε θέσθε (ou θέσθαι) τόνδ' ὅταν. Dans l'édition Aldine ce dernier mot est changé en ὅτ'. Porson a donné la vraie correction de ce vers.

1444'-1445. Νῶτα dépend de τίθησι, et πορθμεύων a pour régime τοῦτον, corrélatif sous-entendu de ὅν (v. 1443). Seidler fait observer avec raison que d'après nos habitudes modernes nous nous attendrions plutôt à voir cette phrase tournée ainsi : τοῦτον Ποσειδῶν, πόντου νῶτα ἀκύμονα τιθεὶς, πορθμεύει πλάτῃ.

1447. Κλύεις... θεᾶς. Markland compare Plaute, *Amphitr.* III, III, 22, où Jupiter dit à Mercure : « Audis quæ dico, « tametsi præsens non ades. »

1450-1452. Près de Carystos, dans l'île d'Eubée, se trouve un promontoire (δειρὰς Καρυστία), et sur la côte opposée à ce promontoire était situé le petit bourg attique Ἁλαί, surnommé Ἀραφηνίδες pour le distinguer d'une autre localité appelée Ἁλαὶ Αἰξωνίδες. Cf. Callimaque, *Hymne à Diane*, 137 : Ἵνα, δαῖμον, Ἁλὰς Ἀραφηνίδας οἰκήσουσα Ἦλθες ἀπὸ Σκυθίης, ἀπὸ δ' εἴπαο τέθμια Ταύρων.

1453-1454. « Documento hic locus est, « quam ipsi Græci ignoraverint cur Ταυρο- « πόλος dicta esset Diana, quum et a Tau- « ris et ab Orestis περιπολήσει appellatam « tradat Euripides. » [Hermann.]

1459. Τῆς σῆς σφαγῆς ἄποιν(α), comme rachat de ton immolation, pour tenir lieu de ton sang non versé. Les cérémonies

δέρη πρὸς ἀνδρὸς αἷμά τ' ἐξανιέτω, 1460
ὁσίας ἕκατι θεά θ' ὅπως τιμὰς ἔχῃ.
Σὲ δ' ἀμφὶ σεμνάς, Ἰφιγένεια, κλίμακας
Βραυρωνίας δεῖ τῆσδε κληδουχεῖν θεᾶς·
οὗ καὶ τεθάψει κατθανοῦσα, καὶ πέπλων
ἄγαλμά σοι θήσουσιν εὐπήνους ὑφάς, 1465
ἃς ἂν γυναῖκες ἐν τόκοις ψυχορραγεῖς
λείπωσ' ἐν οἴκοις. Τάσδε δ' ἐκπέμπειν χθονὸς
Ἑλληνίδας γυναῖκας ἐξεφίεμαι

. . . .

. . . .

γνώμης δικαίας οὕνεκ' ἐκσώσασά σε

NC. 1460. La leçon ἐξανυέτω a été rectifiée par Musgrave. — 1461. Θεά θ', excellente correction de Markland pour θεᾶς. — 1469. Brodæus, Markland, Kirchhoff et d'autres critiques ont jugé avec raison qu'il y avait une lacune avant ce vers. Ceux qui en relient les trois premiers mots à la phrase précédente et qui mettent une virgule après οὕνεκ', parviennent, sans doute, à faire une période qui se suit, mais ils ne réussissent pas à mettre de la suite dans les idées. — Le Scholiaste d'Aristophane, *Gren.* 685, cite ce passage en écrivant ἐξέσωσά σε.

décrites ici par Euripide n'avaient probablement aucun rapport avec la fable d'Oreste; mais elles étaient en effet, on ne saurait s'y méprendre, un dernier souvenir et un rachat symbolique d'anciens sacrifices humains, abolis quand les mœurs se révoltèrent contre une dévotion aussi sanglante. — Ἐπισχέτω. Suppléez: l'homme que ces fonctions regardent, c'est-à-dire: le sacrificateur. Le sujet est sous-entendu comme dans les phrases: ἐκήρυξεν (ὁ κῆρυξ), ἐσήμηνεν (ὁ σαλπιγκτής), ἀναγνώσεται (ὁ γραμματεύς).

1461. Ὁσίας ἕκατι, afin de s'acquitter ne fût-ce que pour la forme (*dicis causa*) d'un devoir sanctionné par la religion. « Nam aliquid tantum sanguinis conspici « satis erat. Similis ὁσία erat in ejusdem « dem sacris apud Spartanos flagellatio « puerorum, de qua accurate exposuit « Pausanias, III, xvi, extr. » [Hermann.]

1462-1463. Κλίμακας Βραυρωνίας, les gradins de Brauron. L'antique Brauron, l'une des douze cités de l'ancienne confédération Attique, était située sur une hauteur qui s'élève en terrasse au-dessus du port d'Hales. La déesse de Brauron occupait une grande place dans le culte d'Athènes: de là l'épithète σεμνάς. C'est dans le temple de Brauron qu'Iphigénie porta l'idole des Tauriens, suivant Pausanias, I, XLIII, 1. Cependant Euripide distingue évidemment le sanctuaire d'Hales, où doit être déposée l'image, et celui de Brauron, dont Iphigénie sera la prêtresse. Strabon, IX, p. 399, dit, conformément au témoignage du poète: Βραυρὼν, ὅπου τὸ τῆς Βραυρωνίας Ἀρτέμιδος ἱερόν· Ἁλαὶ Ἀραφηνίδες, ὅπου τὸ τῆς Ταυροπόλου.— Κληδουχεῖν. Voy. la note sur le vers 1153 Ce verbe est ici construit avec le génitif, parce qu'il équivaut à κληδοῦχον εἶναι.

1464-1467. Καὶ πέπλων.... ἐν οἴκοις. Les vêtements des femmes mortes en couches doivent être consacrés à Iphigénie. Une telle offrande convient à la déesse qui préside aux accouchements, Ἄρτεμις λοχεία. On en a conclu avec raison qu'Iphigénie avait été primitivement le nom ou le surnom de la déesse elle-même. Ἄρτεμις Ἰφιγένεια était adorée dans la ville d'Hermione (cf. Pausanias, II, xxxv, 1) et ailleurs.

1467-1469. Τάσδε... ἐξεφίεμαι. Cet ordre doit s'adresser à Thoas. Ensuite la

ΙΦΙΓΕΝΕΙΑ Η ΕΝ ΤΑΥΡΟΙΣ.   559

καὶ πρίν γ' Ἀρείοις ἐν πάγοις ψήφους ἴσας   1470
κρίνασ', Ὀρέστα· καὶ νόμισμ' ἔσται τόδε,
νικᾶν ἰσήρεις ὅστις ἂν ψήφους λάβῃ.
Ἀλλ' ἐκκομίζου σὴν κασιγνήτην χθονός,
Ἀγαμέμνονος παῖ, καὶ σὺ μὴ θυμοῦ, Θόας.

ΘΟΑΣ.

Ἄνασσ' Ἀθάνα, τοῖσι τῶν θεῶν λόγοις   1475
ὅστις κλύων ἄπιστος, οὐκ ὀρθῶς φρονεῖ.
Ἐγὼ δ' Ὀρέστῃ τ', εἰ φέρων βρέτας θεᾶς
βέβηκ', ἀδελφῇ τ' οὐχὶ θυμοῦμαι· τί γὰρ
πρὸς τοὺς σθένοντας θεοὺς ἁμιλλᾶσθαι καλόν;
Ἴτωσαν εἰς σὴν σὺν θεᾶς ἀγάλματι   1480
γαῖαν, καθιδρύσαιντό τ' εὐτυχῶς βρέτας.
Πέμψω δὲ καὶ τάσδ' Ἑλλάδ' εἰς εὐδαίμονα
γυναῖκας, ὥσπερ σὸν κέλευσμ' ἐφίεται.
Παύσω δὲ λόγχην ἣν ἐπαίρομαι ξένοις
νεῶν τ' ἐρετμά, σοὶ τάδ' ὡς δοκεῖ, θεά.   1485

ΑΘΗΝΑ.

Αἰνῶ· τὸ γὰρ χρεὼν σοῦ τε καὶ θεῶν κρατεῖ.
Ἴτ' ὦ πνοαί, ναυσθλοῦσθε τὸν Ἀγαμέμνονος
παῖδ' εἰς Ἀθήνας· συμπορεύσομαι δ' ἐγώ,
σώζουσ' ἀδελφῆς τῆς ἐμῆς σεμνὸν βρέτας.

NC. 1471. Ἔσται τόδε, correction de Markland pour εἰς ταὐτό γε. — 1473. Elmsley a rectifié la leçon κασίγνητον. — 1485. Boissonade a rectifié la leçon νηῶν. Ensuite la leçon θεᾷ a été corrigée dans l'Aldine. — 1486. Ce vers, que le *Palatinus* attribue à Thoas, est condamné par Nauck. — 1487-1489. Les manuscrits attribuent ces vers à Apollon. — 1487. Aldine : ναυσθλοῦσαι.

déesse faisait sans doute certaines recommandations aux jeunes Grecques qui forment le chœur : on peut l'inférer du vers 1494, ainsi que Koehly le fait observer. Enfin Minerve promettait de délivrer Oreste définitivement de la poursuite des Furies : les mots ἐκσώσασά σε καὶ πρίν γ(ε), vers 1469 sq., nous le font penser.

1470. Voy. vers 965 sqq.

1476. Ἄπιστος (pour ἄπιστός ἐστιν), a ici la signification de « indocile. » Cf. Eschyle, *Sept Chefs*, 1022 : Ἔχουσ' ἄπιστον τήνδ' ἀναρχίαν πόλει.

1477-1478. La phrase incidente εἰ.... βέβηκ(ε) est gouvernée par θυμοῦμαι.

1486. Αἰνῶ.... κρατεῖ. Minerve dit que Thoas fait bien de se soumettre à la nécessité, puisque cette puissance souveraine triomphe des dieux eux-mêmes. On cite le mot de Simonide : ἀνάγκᾳ δ' οὐδὲ θεοὶ μάχονται, sentence qui passa en proverbe parmi les Grecs.

ΧΟΡΟΣ.

Ἴτ' ἐπ' εὐτυχίᾳ τῆς σωζομένης
μοίρας εὐδαίμονες ὄντες.
Ἀλλ' ὦ σεμνὴ παρά τ' ἀθανάτοις
καὶ παρὰ θνητοῖς, Παλλὰς Ἀθάνα,
δράσομεν οὕτως ὡς σὺ κελεύεις·
μάλα γὰρ τερπνὴν κἀνέλπιστον
φήμην ἀκοαῖσι δέδεγμαι.
[Ὦ μέγα σεμνὴ Νίκη, τὸν ἐμὸν
βίοτον κατέχοις
καὶ μὴ λήγοις στεφανοῦσα.]

1490

1495

NC. 1490-1491. Ces deux vers anapestiques sont attribués dans les manuscrits à Apollon, dans le vieilles éditions à Minerve. Seidler les a rendus au chœur. — 1494. Manuscrits : εὐδαίμονος. Aldine : εὐδαίμονες. — 1495. L. Dindorf a rectifié la leçon τερπνόν. — 1497-1499. Ces trois vers ont été mis entre crochets par Nauck. — 1497. *Palatinus* : νίκα.

1490-1491. Le génitif τῆς σωζομένης μοίρας dépend du participe ὄντες. « Op-« portune Musgravius commemoravit Ari-« stidem, qui, tom. II, p. 582 ed. Din-« dorf, scripsit : Ἐπειδὴ τοιοῦτ' ἀφέστη-« κεν, ἀπολαῦσαι τοῦ βίου τὰ κάλλιστα, « ἕως ἔξεστιν, ἵν', εἰ μὲν τῆς σωζομέ-« νης μοίρας εἴημεν, ἐν τοῖς καλλί-« στοις σωζοίμεθα. Ex quo apparet τὴν « σωζομένην μοῖραν eos ex aliquo nu-« mero dici, qui cæteris pereuntibus salvi « evadunt. » [Hermann.]

1497-1499. Ces vers, qui se retrouvent à la fin d'*Oreste* et des *Phéniciennes*, contiennent évidemment un vœu pour le succès de la pièce : le chœur demande à Nikê de le faire sortir victorieux, lui et son poete, des concours dramatiques. Ici ces vers forment un appendice qu'on peut croire ajouté par les acteurs.

ΗΛΕΚΤΡΑ

NOTICE
SUR ÉLECTRE.

L'*Électre* d'Euripide a été écrite longtemps après les *Choéphores* d'Eschyle, et tout porte à croire qu'elle est aussi postérieure à l'*Électre* de Sophocle. Nous ne nous proposons pas de faire le parallèle détaillé, encore moins de présenter, après M. Patin, l'analyse complète de ces trois tragédies, où l'on voit le même sujet traité tour à tour par les trois maîtres de la scène attique. Nous nous bornerons à quelques observations générales. Chacun des trois poëtes a envisagé la vieille fable à un point de vue particulier : ce sont ces différences que nous voulons marquer avec autant de précision qu'il nous sera possible.

Les *Choéphores* font partie d'une trilogie. Elles sont précédées de l'*Agamemnon*. Arrivé au faîte des grandeurs humaines, le vainqueur des Troyens, héros dont la tête est vouée à la mort par les crimes de ses ancêtres et par cette fille qu'il a immolée à son ambition, Agamemnon, succombe sous les coups d'une femme; il reçoit la mort des mains de sa propre épouse. — Le châtiment de Clytemnestre est le sujet des *Choéphores*. Oreste, élevé à l'étranger, près du temple de Delphes, revient accomplir le devoir sacré de la vengeance, que lui imposent et la loi des temps héroïques, et l'ordre du Dieu Apollon, interprète de cette loi. Au crime sa peine; le sang appelle le sang; celle qui a frappé, est frappée à son tour; elle a vaincu par la ruse, par la ruse elle périra; elle a tué un époux, la main d'un fils l'immolera. Justice est faite. Mais cette justice outrage la nature : en vengeant son père, Oreste commet un parricide. La légitimité de la vengeance est balancée par l'horreur qu'elle soulève. Ces deux faces de l'action sont également mises en lumière dans la tragédie d'Eschyle : les chants du chœur, le dialogue des personnages, la rencontre entre la mère et le fils, la scène finale, tout nous parle de la lutte de deux devoirs, de deux sentiments opposés. — La troisième tragédie, *les Euménides*, fait à ce douloureux conflit succéder un dénoûment paisible et satisfaisant. Poursuivi par les Furies et jugé par l'Aréopage, Oreste est gracié plutôt qu'absous, par suite de l'intervention de Minerve. Mais désormais un tribunal institué par les dieux de l'Olympe jugera les homicides; la vengeance ne se perpétuera plus dans les familles, et, pour parler le langage d'Eschyle, « le vieux meurtre n'enfantera plus dans les maisons ».

Le sujet de cette vaste composition dramatique, c'est, on le voit, le sort d'une famille, rattaché à un progrès de la civilisation. Le personnage principal est d'abord Clytemnestre, c'est ensuite Oreste, c'est enfin cette Furie qui déjà avait présidé, invisible, à tout l'enchaînement de crimes et de vengeances : le véritable héros de la trilogie, c'est la race des Atrides représentée tour à tour par d'autres individus. Eschyle est le peintre des races.

Sophocle était imbu des mêmes croyances qu'Eschyle. Mais sa nature plus douce et sa piété plus éclairée faisaient une place plus large à la liberté humaine. Aussi abandonna-t-il la forme trilogique, cadre favorable à la peinture d'une mystérieuse fatalité planant sur des races entières. Et, par le même motif, lorsque, après Eschyle, il isola de l'ensemble de la légende et traita en un seul drame le sujet de la mort de Clytemnestre, il déplaça l'intérêt et, pour ainsi dire, le centre de l'action, en donnant à un personnage qui avait été secondaire dans les *Choéphores*, le premier rôle de sa tragédie. Oreste agit par l'ordre d'Apollon : il obéit à un oracle, et non aux mouvements de son cœur : il ne pouvait être le héros de Sophocle. Ce poëte laissa donc Oreste sur le second plan, et s'attacha à peindre avec amour l'âme d'une vierge noble et pure, fidèle au culte de ses morts, fidèle à sa douleur, fidèle à ses âpres devoirs. Électre est toujours dans la maison où son père fut égorgé : elle vit à côté des meurtriers d'Agamemnon, sous leur dépendance. Entourée de souvenirs lugubres, son affliction est, après de longues années, aussi profonde et aussi vive que le premier jour. Témoin de la prospérité insolente des coupables, elle réveille sans cesse leur conscience endurcie, elle les fait trembler en leur montrant la vengeance suspendue sur leur tête. Le temps et l'habitude n'ont pas émoussé ses sentiments; l'intérêt ni la crainte ne la font pactiser avec les meurtriers de son père. Les âmes vulgaires oublient; les âmes d'élite se consacrent tout entières à une douleur légitime, ne laissent jamais s'affaiblir en elles les saintes indignations. Telle est l'Électre de Sophocle. — Le poëte, qui met le spectateur dans la confidence des projets d'Oreste, a voulu qu'Électre fût trompée par le stratagème de son frère. Elle apprend la mort du vengeur qu'elle attend : son unique espérance s'évanouit. Sous cette nouvelle douleur qui vient s'ajouter à tant d'autres, ce cœur aimant, à qui se dérobe le dernier objet de son affection, semble s'affaisser, se briser. Y succombera-t-il? Non; telles ne sont point les nobles filles de Sophocle, aussi courageuses que dévouées, aussi héroïques qu'aimantes. Électre trouve dans l'excès même de son malheur une énergie imprévue; d'un profond accablement elle s'élève à une grande résolution. Agamemnon doit être vengé. Son fils n'est plus : sa fille s'armera pour lui. Elle n'est qu'une faible femme; mais le sentiment du devoir la soutient : c'est elle qui frappera Égisthe, seule et de sa propre main. — Mais une nouvelle épreuve l'attend. Deux étrangers apportent une urne, et cette urne renferme, disent-ils, la cendre d'Oreste. Électre pleure la mort de ce frère qui est là, près d'elle, plein de vie et d'espérance, et qui va tantôt, en se faisant reconnaître, faire succéder à tant d'émotions douloureuses la joie la plus expansive.

Cette reconnaissance est, à vrai dire, la péripétie de l'*Électre* de Sophocle. L'intérêt du drame se concentre sur la sœur d'Oreste : ce qu'elle éprouve en est le vrai sujet. La vengeance accomplie par le fils d'Agamemnon n'est que l'occasion à propos de laquelle le poëte nous montre dans les situations les plus variées une des plus belles figures qu'il ait créées. Le parricide tient peu de place dans sa tragédie. Sophocle évite d'en occuper l'imagination du spectateur : le songe même de Clytemnestre, si expressif chez Eschyle[1], est modifié ici[2] de manière à ne réveiller que l'idée du rétablissement de l'héritier légitime. Il faut cependant que la mère soit immolée par le fils : elle l'est, presque sous nos yeux, dans une scène terrible, mais rapide. La mort de Clytemnestre est suivie de la mort d'Égisthe, et ce renversement de la gradation tragique sert les intentions du poëte. Sophocle insiste sur la justice de la vengeance, et en dissimule l'horreur autant que cela se peut. Son Oreste est tombé au rang d'un personnage secondaire; et cette déchéance tient au privilége qu'il a d'agir sans être responsable de ses actes. L'ordre d'un dieu le couvre. Exécuteur des volontés d'Apollon, il immole sa mère sans hésitation, sans lutte intérieure avant de porter les coups, sans remords et sans châtiment après avoir consommé l'œuvre imposée. Il n'est pas poursuivi par les Furies, et il ne le sera point. La conclusion de la tragédie dit nettement que les descendants d'Atrée, rendus enfin à la liberté, sont maintenant arrivés au terme de leurs souffrances.

> Ὦ σπέρμ' Ἀτρέως, ὡς πολλὰ παθὸν
> δι' ἐλευθερίας μόλις ἐξῆλθες,
> τῇ νῦν ὁρμῇ τελεωθέν.

[1]. Eschyle, *Choéphores*, 526-550. — 2. Sophocle, *Électre*, 417-423.

A la fin des *Choéphores*, le chœur ne savait si Oreste avait été le sauveur ou la ruine de sa maison, et il se demandait, avec anxiété, où iraient aboutir, comment s'assoupiraient enfin tant de flots de malheur.

Νῦν δ' αὖ τρίτος ἦλθέ ποθεν σωτὴρ,
ἢ μόρον εἴπω;
Ποῖ δῆτα κρανεῖ, ποῖ καταλήξει
μετακοιμισθὲν μένος ἄτης;

La comparaison de ces deux passages ne laisse aucun doute sur l'intention de Sophocle. Ce poëte avertit les spectateurs de n'imaginer rien de pareil à ce qu'ils ont vu dans la trilogie d'Eschyle : il affirme qu'Oreste n'a pas à redouter les atteintes des Euménides. Mais de quel droit Sophocle retranche-t-il ainsi le châtiment du parricide, en contredisant, non pas, il est vrai, le récit homérique [1], mais la tradition généralement reçue, tradition consacrée par une foule de légendes, de poëmes, et, qui plus est, par la conscience humaine? Sommé de répondre à cette question, le poëte aurait pu dire, en citant les vers qu'il a écrits ailleurs [2] : « Un dieu vous prescrirait de vous écarter de la justice, il faudrait marcher où il l'ordonne. Ce que les dieux commandent ne saurait être mauvais. »

Ἀλλ' εἰς θεοὺς ὁρῶντα, κἂν ἔξω δίκης
χωρεῖν κελεύῃ, κεῖσ' ὁδοιπορεῖν χρεών·
αἰσχρὸν γὰρ οὐδὲν ὧν ὑφηγοῦνται θεοί.

Eschyle avait également mis en lumière et ce qu'il y a de légitime, et ce qu'il y a d'horrible dans une action qui est à la fois l'accomplissement d'un devoir et la consommation d'un crime. De ces deux faces que présente l'acte de vengeance, Sophocle montre l'une, celle du devoir et de la justice; Euripide s'attache à l'autre, celle du crime et de l'horreur qu'il inspire. Cependant Euripide aussi fait agir Oreste en vertu d'un oracle : mais au lieu d'innocenter le mortel qui obéit, il condamne le dieu qui commande un crime. La raison du poëte se révolte contre un ordre si impie : elle proteste contre des croyances qui font des immortels les promoteurs du parricide. Obéissant à l'esprit de doute et de critique qui anime Euripide, le fils d'Agamemnon se prend à craindre qu'un démon malfaisant n'ait parlé du haut du trépied de Delphes [3]. Et quand Oreste a tué celle qui lui donna le jour, de ce sang maternel,

---

1. Voyez l'*Odyssée*, III, 306-312.
2. Fragment du premier *Thyeste* de Sophocle, conservé par Orion, *Anthologn.* V, 10. Meineke propose de lire dans le premier vers : ἀλλ' εἰς θεόν σ' ὁρῶντα.
3. Cf. vers 979.

qui le glace d'horreur, s'élève un cri accusateur contre Apollon : le dieu est convaincu de folie et d'injustice.

Aussi Euripide a-t-il pris autant de soin de présenter la vengeance sous un jour odieux que Sophocle s'est efforcé d'en voiler l'horreur. Oreste, il est vrai, est chez notre poëte plus malheureux que coupable. Mais Électre nourrit contre sa mère une haine atroce. Avant même de connaître l'ordre d'Apollon, elle est prête à immoler Clytemnestre. « Puissé-je, s'écrie-t-elle[1], répandre le sang de ma mère, et mourir! » Après avoir dit au cadavre d'Égisthe les vérités qu'elle n'osait dire en face à son ennemi vivant[2], Électre attire Clytemnestre dans un piége horrible[3]; c'est elle qui combat l'émotion légitime d'Oreste, qui fait taire en lui la voix du sang[4], qui l'encourage de la voix quand son courage faiblit, et qui enfin, lorsqu'il se couvre les yeux pour ne pas voir les coups qu'il porte, guide la main mal assurée de son frère, et dirige contre le sein de leur mère l'arme parricide[5]. On ne reconnaît plus la noble vierge de Sophocle dans cette passion féroce. Euripide y ajoute la dégradation sociale. Son Électre est mariée par Égisthe à un pauvre cultivateur. C'est à la campagne et dans une humble chaumière que se passe une action dont le vrai théâtre est le palais des Atrides, témoin de tous les malheurs de la race, témoin surtout du crime qui appelle cette dernière vengeance. De là naissent une série de scènes dont le ton, pour ainsi dire, bourgeois contraste singulièrement avec la sombre grandeur du sujet, mais ne déplaisait pas à Euripide. Mais voici ce qui semble avoir surtout engagé le poëte à tenter cette combinaison nouvelle et plus que hasardée. Il voulait faire d'un simple paysan l'honnête homme de sa tragédie. Le Laboureur respecte la fille d'Agamemnon, il ne veut être son époux que de nom, et toutes ses paroles respirent les sentiments les plus généreux. C'est l'un de ces hommes qui cultivent leur champ de leurs propres mains (αὐτουργοί), et qui « seuls soutiennent l'État. » Euripide leur donne cet éloge dans un autre endroit[6], et là il choisit parmi eux l'homme qu'il présente comme le modèle du citoyen intègre. Ce rapprochement marque bien quelle était aux yeux du poëte la portée du rôle que le Laboureur remplit dans notre tragédie. Du reste ce rôle donne lieu à une tirade[7] dans laquelle est longuement réfuté le préjugé qui rattache la vraie noblesse à la naissance ou à l'opulence ou à la force physique. Nous croyons donc qu'Euripide a voulu protester contre le privilége que les fables don-

---

1. Cf. vers 281.
2. Cf. vers 910 sqq.
3. Cf. vers 647-663, et vers 988-1146.
4. Cf. vers 967-987.
5. Cf. vers 1221-1226.
6. *Oreste*, 920 : Αὐτουργὸς, οἵπερ καὶ μόνοι σώζουσι γῆν.
7. Cf. *Électre*, vers 367-390.

naient aux races aristocratiques. En rabaissant les héros, il a relevé l'homme du peuple, il a, en quelque sorte, introduit la démocratie dans les vieilles légendes.

Si l'on ajoute que le poëte a inséré dans cette tragédie un morceau[1] qui n'a évidemment d'autre but que de soumettre à une critique incisive une scène des *Choéphores* d'Eschyle, on voit que l'esprit de critique et de libre examen qui caractérise Euripide s'est donné ici libre carrière, a pénétré, envahi le drame presque tout entier. Critique des dieux populaires, critique des races héroïques, critique d'un poëte vénéré, rien ne manque. De là est née une œuvre singulière, dénuée d'harmonie, intéressante cependant, parce qu'on y voit fortement accusées, même portées à l'excès, les principales tendances de l'esprit d'Euripide. C'est que nulle part le poëte philosophe ne s'est trouvé en contradiction plus absolue avec le sujet qu'il traitait : un parricide commis sur l'ordre d'un dieu lui a semblé chose révoltante, absurde même. Aussi a-t-il senti le besoin de marquer fortement sa protestation. Le penseur a fait tort au poëte : ce que l'un crée, l'autre le détruit, et la vieille fable, ou dénaturée, ou à la fois conservée et condamnée, périt au milieu de ces tiraillements.

A quelle époque fut joué l'*Électre* d'Euripide? Nous n'avons à ce sujet aucun témoignage direct; mais quelques vers de la tragédie en fixent assez la date[2]. Dans l'épilogue[3], les Dioscures annoncent l'arrivée de Ménélas et d'Hélène. Cette dernière, disent-ils, revient d'Égypte : elle n'est jamais allée à Troie, et Pâris n'enleva qu'un fantôme semblable à la fille de Jupiter. Il y a ici une allusion à une fable extraordinaire et peu répandue, très-différente de la tradition consacrée par Homère et suivie par la plupart des poëtes, ainsi que par Euripide lui-même dans presque tout son théâtre. Une seule fois notre poëte s'est plu à s'écarter de cette tradition, en mettant sur la scène une Hélène fidèle et vertueuse. Il s'est passé cette fantaisie dans la tragédie qui porte le nom de l'héroïne, et les vers d'*Électre* que nous venons de citer sont évidemment écrits dans le but d'annoncer une si grande nouveauté. Or nous savons que la tragédie d'*Hélène* fut jouée avec *Andromède*[4], et que cette dernière précéda de sept ans[5] les *Gre-*

---

[1]. Cf. vers 509-546 et Eschyle, *Choéphores*, vers 168-211.

[2]. Cf. Bergk, *in Aristophanis fragmenta*, p. 952, et dans les *Nachträge* de l'ouvrage de Welcker, *Die griechischen Tragödien*; C. O. Muller, *Geschichte der griechischen Literatur*, II, p. 169 sq.; Hartung, *Euripides restitutus*, II, p. 304;

Fix, dans l'*Euripide* de la Bibliothèque Didot, p. xi.

[3]. Cf. vers 1278-1284.

[4]. Schol. Aristoph. *Thesmoph.* 1060 : Συνδεδίδακται γὰρ (ἡ Ἀνδρομέδα) τῇ Ἑλένῃ.

[5]. Schol. Aristoph. *Ran.* 53 : Ἡ γὰρ Ἀνδρομέδα ὀγδόῳ ἔτει προεισῆκται.

nouilles d'Aristophane, comédie représentée dans la troisième année de la 93ᵉ Olympiade[1]. *Hélène* et *Andromède* se placent donc dans la quatrième année de la 91ᵉ Olympiade, soit en 412 avant Jésus-Christ.

La date d'*Hélène* étant connue, celle d'*Électre* peut se déterminer avec une grande probabilité. *Hélène* a dû suivre *Électre*, et la suivre de très-près. L'hypothèse qui se présente tout d'abord, c'est que les deux tragédies aient été jouées dans la même année. En effet plusieurs savants[2] ont soutenu cette opinion. Cependant il est difficile de l'admettre. Aux vers 1347 sq.[3] les Dioscures déclarent qu'ils vont partir pour la mer de Sicile, afin de veiller sur les vaisseaux qui s'y trouvent. Ces vaisseaux sont évidemment des vaisseaux athéniens, et ces vers nous rapportent à l'époque de l'expédition de Sicile. Or à la date où fut jouée *Hélène*, c'est-à-dire en 412, toute la flotte d'Athènes avait péri depuis longtemps, et les Dioscures n'auraient plus rien trouvé à sauver. On a dit[4], il est vrai, en invoquant Thucydide[5], que les Athéniens se refusèrent d'abord à croire à toute l'étendue du désastre. Mais l'armée de Nicias fut détruite au commencement du mois de septembre[6] de l'an 413. Comment veut-on qu'en 412, à la fin de janvier ou de mars, époques des fêtes dramatiques, un fait d'une telle gravité n'ait pas été connu positivement? L'incertitude ne pouvait se prolonger si longtemps. Le bon sens le dit assez; et le récit de Thucydide démontre qu'avant la fin de l'été de 413 on savait à Athènes tout ce qui s'était passé dans la Sicile. C'est donc au printemps de cette même année 413, dix ou douze mois avant *Hélène*, qu'aura été jouée la tragédie d'*Électre*. Alors les Athéniens venaient d'envoyer au secours de l'armée de Nicias une flotte considérable que commandait Démosthène[7]. Ce sont là, sans doute, les vaisseaux que les Dioscures se proposent de protéger contre les périls de la mer.

---

1. Argument grec des *Grenouilles* d'Aristophane : Ἐδιδάχθη ἐπὶ Καλλίου τοῦ μετὰ Ἀντιγένη.
2. Bergk, Hartung, Fix.
3. Voy. la *notula* de Boissonnade sur ces vers.
4. Voy. Fix, *l. c.*
5. Thucydide, VIII, 1.
6. Cf. Plutarque, *Nicias*, XXVIII : Ἡμέρα δ᾽ ἦν τετρὰς φθίνοντος τοῦ Καρνείου μηνός, ὃν Ἀθηναῖοι Μεταγειτνιῶνα προσαγορεύουσι.
7. Cf. Thucydide, VII, 20 : Τοῦ ἦρος εὐθὺς ἀρχομένου.... τὸν Δημοσθένην εἰς τὴν Σικελίαν, ὥσπερ ἔμελλον, ἀπέστελλον ἑξήκοντα μὲν ναυσὶν Ἀθηναίων καὶ πέντε Χίαις κτέ. Nous supposons qu'*Électre* fut jouée aux grandes Dionysiaques. Si l'on veut que la représentation ait eu lieu à la fête des Lénéennes, qui se célébraient en hiver, il faut penser au premier renfort envoyé en Sicile sous la conduite d'Eurymédon. Voy. Thucydide VII, 16 : Καὶ τὸν μὲν Εὐρυμέδοντα εὐθὺς περὶ ἡλίου τροπὰς τὰς χειμερινὰς ἀποπέμπουσιν εἰς τὴν Σικελίαν μετὰ δέκα νεῶν.

SOMMAIRE
D'ÉLECTRE.

Le lieu de la scène est dans le pays d'Argos, à la campagne, devant la maison d'un cultivateur.

Πρόλογος. Le prologue proprement dit est prononcé par le cultivateur (Αὐτουργός), qui a été forcé par Égisthe d'épouser Électre, mais qui respecte la fille d'Agamemnon et ne veut être son époux que de nom (1-53)[1].

Électre sort avant le jour afin de chercher de l'eau à la fontaine. Son mari lui remontre en vain qu'elle se charge d'un travail indigne de sa naissance. Ils échangent quatre couplets, et quittent la scène l'un et l'autre (54-81).

Oreste entre. Revenu dans le pays sur l'ordre d'Apollon, de qui l'oracle lui a enjoint de punir les meurtriers d'Agamemnon, il se tient d'abord à la campagne, afin de courir moins de dangers et de se concerter avec sa sœur. A la vue d'une femme, qu'il prend pour une esclave, il se retire à l'écart avec son ami Pylade, personnage muet (82-111).

Électre revient portant une cruche d'eau sur sa tête. Tout en marchant, elle déplore sa triste destinée : première couple de strophes séparées par une mésode. Après avoir déposé son fardeau, elle s'arrête pour pleurer sur la mort d'Agamemnon : seconde couple de strophes séparées par une mésode. (112-166.)

Πάροδος. Le chœur, composé de jeunes paysannes, invite Électre à se rendre à la ville pour une fête de Junon, et offre de prêter une robe et des bijoux à la fille d'Agamemnon. Celle-ci refuse. Une strophe et une antistrophe, partagées entre le chœur et Électre (167-212).

Ἐπεισόδιον α'. Distique du chœur. Petit couplet d'Électre, effrayée par la vue de deux étrangers. Longue stichomythie : Oreste rassure Électre, en se disant chargé de lui apporter des nouvelles de son frère; Électre fait connaître l'abaissement dans lequel elle vit, la générosité de son époux, et se dit prête, si Oreste revenait, à immoler avec lui une mère détestée (213-289). Pressée par l'étranger et par le chœur, Électre fait un récit suivi des

---

[1]. Ce morceau, ainsi que tous ceux pour lesquels nous ne donnons pas d'autre indication, est en trimètres iambiques.

outrages par lesquels les meurtriers d'Agamemnon insultent à sa fille, à sa mémoire et à son tombeau (290-338).

Un distique du chœur annonce la rentrée du Laboureur. Celui-ci échange avec Électre deux quatrains et plusieurs monostiques, afin de savoir qui sont les étrangers, et il leur offre l'hospitalité (339-363). Oreste fait des réflexions sur la vraie noblesse et sur les signes qui peuvent la faire reconnaître : il entre, avec Pylade et les serviteurs qui l'accompagnent, dans l'humble demeure d'un hôte pauvre, mais généreux (363-400).

Espérances du chœur. Embarras d'Électre : elle gronde son mari, et, pour réparer l'imprudence qu'il a commise, elle l'envoie chez un vieux serviteur de la maison d'Agamemnon, lequel apportera de quoi offrir un repas aux nobles hôtes de la pauvre chaumière. Deux distiques et deux couplets de douze vers échangés entre les deux époux. (401-431.)

Στάσιμον α'. Le chœur chante le départ des Grecs pour Troie et l'armure divine du fils de Pélée. Le chef de tels guerriers mourut de la main de Clytemnestre : ce crime ne restera pas impuni. Deux couples de strophes suivies d'une épode (432-486).

Ἐπεισόδιον β'. Le Vieillard mandé par Électre apporte quelques vivres. Il a vu des offrandes déposées sur le tombeau d'Agamemnon, et il en tire la conséquence qu'Oreste est dans le pays. Électre réfute les inductions du Vieillard : critique d'une scène des *Choéphores* d'Eschyle. (487-546.)

Oreste revient sur la scène. Le Vieillard reconnaît son jeune maître ; Électre embrasse son frère. Dialogue rapide entre ces trois personnages. (547-584.)

Joie et vœux du chœur. Strophe dochmiaque (585-595).

Oreste s'informe des moyens d'accomplir la vengeance. Le Vieillard rapporte qu'Égisthe est allé à la campagne offrir un sacrifice aux Nymphes : le fils d'Agamemnon pourra se faire inviter au banquet et saisir l'occasion d'abattre son ennemi. Électre se charge de dresser des embûches à Clytemnestre : la fausse nouvelle de l'accouchement de sa fille attirera la reine dans la maison du Laboureur. Deux couplets échangés entre Oreste et le Vieillard sont suivis d'une longue stichomythie, dont les interlocuteurs sont tour à tour Oreste et le Vieillard, Oreste et Électre, le Vieillard et Électre, enfin, pour les trois derniers monostiques, ces trois personnages (596-670).

Prières adressées à Jupiter, à Junon et aux mânes d'Agamemnon : duo d'Oreste et d'Électre (671-684). Électre adresse une dernière exhortation à son frère, et se prépare à mourir s'il succombe. Oreste part avec le Vieillard ; Électre rentre dans la maison. (685-698.)

Στάσιμον β'. Le chœur rappelle la discorde d'Atrée et de Thyeste, les crimes qui bouleversèrent la maison de Pélops et qui changèrent le mouvement des astres. Cette fable, sinon vraie, du moins utile pour contenir les hommes, n'a pas arrêté le bras homicide de Clytemnestre. Deux couples de strophes (699-746).

Ἐπεισόδιον γ'. On entend des cris lointains : quatrain du chœur. Alarmes d'Électre : elle sort de la maison et échange une série de monostiques avec le chœur. (747-760.)

Un messager annonce la mort d'Égisthe : quatrain. Après avoir répondu rapidement aux questions d'Électre, le messager fait un récit suivi de tout ce qui s'est passé. (761-858.)

Transporté de joie, le chœur chante et danse au son de la flûte. Une strophe et une antistrophe, séparées par un couplet d'Électre (859-879).

Oreste et Pylade arrivent. Électre leur offre des couronnes, mieux méritées que celles des vainqueurs du stade. Oreste livre à sa sœur le cadavre d'Égisthe, lequel est apporté sur la scène. Deux couplets de dix vers (880-899). Après un dialogue rapide avec son frère, Électre s'adresse au cadavre, et dit à Égisthe mort toutes les vérités qu'elle n'osait dire au vivant. Distique du chœur. (900-958.)

Oreste fait transporter le corps d'Égisthe dans la maison. Le char de Clytemnestre se montre au loin. A cette vue Oreste s'émeut : son cœur proteste contre un oracle qui lui impose un parricide. Mais son courage est raffermi par Électre, et il se retire pour consommer la vengeance. Tristique d'Oreste ; stichomythie, terminée par deux tristiques (959-987).

Clytemnestre paraît sur la scène. Son entrée est accompagnée de deux périodes anapestiques, prononcées par le chœur (988-997).

La reine ordonne aux esclaves troyennes qui la suivent de l'aider à descendre de son char. Électre demande à rendre des services qui conviennent à l'humble condition où sa mère l'a réduite (998-1010). Clytemnestre justifie, dans un discours de quarante vers, la conduite qu'elle a tenue. Après s'être assuré l'impunité, Électre réfute, dans un discours de quarante vers aussi, les arguments de Clytemnestre. Un distique du chœur suit cette discussion. (1011-1101.) Clytemnestre pardonne à la vivacité de sa fille, et comme celle ci prétend avoir donné le jour à un fils, la reine se charge d'offrir le sacrifice d'usage pour l'enfant nouveau-né. Elle entre dans la chaumière. Électre la suit, après avoir annoncé, en quelques paroles sarcastiques, le sacrifice qui se prépare. Plusieurs couplets mêlés à deux morceaux stichomythiques (1102-1146).

Στάσιμον γ'. Le chœur rappelle les circonstances de la mort d'Agamemnon. Tout à coup des cris proférés dans l'intérieur de la maison annoncent que la vengeance s'accomplit. Le chœur proclame la justice des dieux. Une couple de strophes, et une épode coupée par les cris de Clytemnestre et par quelques paroles d'un des chorentes (1147-1171).

Ἔξοδος. Le fond de la scène s'ouvre. On voit les cadavres d'Égisthe et de Clytemnestre étendus par terre. Oreste et Électre s'accusent d'avoir commis un crime horrible en obéissant à l'oracle d'Apollon. Cinq trimètres du coryphée servent d'introduction à un duo des enfants de Clytemnestre, formant trois couples de strophes. Les quatre dernières strophes ont pour conclusion un vers du chœur. (1172-1232.)

Une apparition divine est annoncée par le chœur : une période anapestique (1233-1237).

ΗΛΕΚΤΡΑ. 573

Les Dioscures proclament l'arrêt du destin et de Jupiter. Oreste, poursuivi par les Furies et absous par l'Aréopage, retrouvera la paix après beaucoup d'épreuves. Pylade épousera Électre, et comblera de biens l'honnête Laboureur, qui doit les accompagner en Phocide. Trimètres (1238-1291).

Aux questions qui leur sont adressées les Dioscures répondent en invoquant la fatalité. Ils consolent Oreste et Électre, dont les tristes adieux les touchent de pitié. Ils partent après avoir fait connaître leur mission divine. Trois périodes anapestiques (1292-1356).

Conclusion mélancolique. Le chœur sort en prononçant quelques anapestes (1357-1359).

ΥΠΟΘΕΣΙΣ.

. . . .
. . . .
Ἡ μὲν σκηνὴ τοῦ δράματος ὑπόκειται ἐν ὁρίοις τῆς Ἀργείας γῆς·
ὁ δὲ χορὸς συνέστηκεν ἐξ ἐπιχωρίων γυναικῶν.

ΤΑ ΤΟΥ ΔΡΑΜΑΤΟΣ ΠΡΟΣΩΠΑ.

ΑΥΤΟΥΡΓΟΣ ΜΥΚΗΝΑΙΟΣ.   ΚΛΥΤΑΙΜΝΗΣΤΡΑ.
ΗΛΕΚΤΡΑ.   ΠΡΕΣΒΥΣ.
ΟΡΕΣΤΗΣ.   ΑΓΓΕΛΟΣ.
ΠΥΛΑΔΗΣ κωφον προσωπον.   ΔΙΟΣΚΟΥΡΟΙ.
ΧΟΡΟΣ.

ΠΡΟΛΟΓΙΖΕΙ ΔΕ Ο ΑΥΤΟΥΡΓΟΣ.

ΗΛΕΚΤΡΑ.

ΑΥΤΟΥΡΓΟΣ.

Ὦ γῆς παλαιὸν Ἄργος, Ἰνάχου ῥοαί,
ὅθεν ποτ' ἄρας ναυσὶ χιλίαις Ἄρη
εἰς γῆν ἔπλευσε Τρῳάδ' Ἀγαμέμνων ἄναξ·
κτείνας δὲ τὸν κρατοῦντ' ἐν Ἰδαίᾳ χθονὶ
Πρίαμον ἑλών τε Δαρδάνου κλεινὴν πόλιν,   5
ἀφίκετ' εἰς τόδ' Ἄργος, ὑψηλῶν δ' ἐπὶ
ναῶν τέθεικε σκῦλα πλεῖστα βαρβάρων.

NC. Cette tragédie ne nous a été transmise que dans le *Florentinus*, XXXII, 2, et dans quelques copies tirées de ce manuscrit.
1. La glose Ἄργος a expulsé un autre mot, par exemple δάπεδον. Heimsœth (*Kritische Studien*, I, p. 42) propose : ὦ γῆς παλαιὸν ἄλσος. — 4. Manuscrit : Ἰλιάδι. La correction d'Elmsley, Ἰδαίᾳ, écarte l'anapeste. Bothe : Ἰλίᾳ, adjectif qui ne se trouve pas ailleurs.

1. Le laboureur invoque « l'antique pays arrosé par l'Inachus. » L'apposition Ἰνάχου ῥοαί est une locution poétique équivalant à διαρρεόμενον ὑπὸ τοῦ Ἰνάχου. Mais les mots ὦ γῆς παλαιὸν Ἄργος sont certainement altérés, quoi qu'en disent Seidler et Matthiæ. On comprendrait ὦ γῆς παλαιὸν δάπεδον. Il est clair, toutefois, qu'il s'agit du pays, et non de la ville d'Argos. Le lieu de la scène et les deux derniers mots de ce vers le prouvent assez. — Quant à l'invocation, Seidler dit bien : « Notandum autem est hoc genus « compellationis per vocativum ad quam « in sequentibus non amplius respicitur. « Exclamationem verius dixeris quam compellationem. Pari modo noster in Andromachæ initio : Ἀσιάτιδος γῆς σχῆμα, « Θηβαία πόλις, Ὅθεν ποθ' ἔδνων σὺν « πολυχρύσῳ χλιδῇ Πριάμου τύραννον « ἑστίαν ἀφικόμην.... Alcestidis quoque « initium non multum differt : Ὦ δώματ' « Ἀδμήτει, ἐν οἷς ἔτλην ἐγὼ Θῆσσαν « τράπεζαν αἰνέσαι, θεός περ ὤν. Ζεὺς « γὰρ.... » Cf. aussi le vers 432 de notre tragédie.
2. Ναυσὶ χιλίαις. Voy. la note sur le vers 174 d'*Iphigénie à Aulis*.
6-7. Ὑψηλῶν.... βαρβάρων. On suspendait les trophées à l'entrée des temples, « in foribus sacris, primoque in limine « templi » (Silius Italicus, I, 617). Cf. *Él.* 1000; *Androm.* 573 sqq.: Σκύλοις τε Φρυγῶν.... στέψει ναούς. Eschyle, *Sept Chefs*, 278; *Agam.* 577 : Τροίαν ἑλόντες δή ποτ' Ἀργείων στόλος Θεοῖς λάφυρα ταῦτα τοῖς καθ' Ἑλλάδα δόμοις ἐπασσάλευσαν ἀρχαῖον γάνος;

Κἀκεῖ μὲν εὐτύχησεν· ἐν δὲ δώμασιν
θνήσκει γυναικὸς πρὸς Κλυταιμνήστρας δόλῳ
[καὶ τοῦ Θυέστου παιδὸς Αἰγίσθου χερί]. 10
Χὼ μὲν παλαιὰ σκῆπτρα Τανταλου λιπὼν
ὄλωλεν, Αἴγισθος δὲ βασιλεύει χθονός,
ἄλοχον ἐκείνου Τυνδαρίδα κόρην ἔχων.
Οὓς δ' ἐν δόμοισιν ἔλιφ', ὅτ' εἰς Τροίαν ἔπλει,
ἄρσενά τ' Ὀρέστην θῆλύ τ' Ἠλέκτρας θάλος, 15
τὸν μὲν πατρὸς γεραιὸς ἐκκλέπτει τροφεὺς
μέλλοντ' Ὀρέστην χερὸς ὕπ' Αἰγίσθου θανεῖν,
Στροφίῳ τ' ἔδωκε Φωκέων εἰς γῆν τρέφειν·
ἡ δ' ἐν δόμοις ἔμεινεν Ἠλέκτρα πατρός,
ταύτην ἐπειδὴ θαλερὸς εἶχ' ἥβης χρόνος, 20
μνηστῆρες ᾔτουν Ἑλλάδος πρῶτοι χθονός.
Δείσας δὲ μή τῳ παῖδ' ἀριστέων τέκοι
Ἀγαμέμνονος ποινάτορ', εἶχεν ἐν δόμοις
Αἴγισθος οὐδ' ἥρμοζε νυμφίῳ τινί.
Ἐπεὶ δὲ καὶ τοῦτ' ἦν φόβου πολλοῦ πλέων, 25
μή τῳ λαθραίως τέκνα γενναίῳ τέκοι,
κτανεῖν σφε βουλεύσαντος ὠμόφρων ὅμως

NC. 10. Nous considérons ce vers comme interpolé. Voy. la note explicative. — 14. Manuscrit : ἐν δόμοις ἔλιπεν. « Elegantiores numeros restitui ad exemplum *Orest.* « versus 68 : "Ην γὰρ κατ' οἴκους ἔλιφ', ὅτ' εἰς Τροίαν ἔπλει. » [Seidler.] Voy. la leçon fautive du vers 33. — 19. Seidler a rectifié la leçon ἡ δ', d'après le même vers d'*Oreste.* — 21-22. Παῖδ' ἀριστέων et ποινάτορ' excellentes corrections de Porson pour παῖδας ἀργείων et ποινάτορας, leçons qui pèchent à la fois contre le sens et contre le mètre. — 23. Nauck écrit εἷργεν ἐν δόμοις. — 25. Ancienne vulgate : πλέον. — 27. Manuscrit : κτανεῖν σφ' ἐβουλεύσαντ'· ὠμόφρων δ' ὅμως. Vulgate : ἐβουλεύσατ'. La correction est due à Seidler.

9-10. Le verbe θνήσκει a deux compléments : πρὸς γυναικὸς Κλυταιμνήστρας et δόλῳ. Ce dernier mot ne contredit pas la tradition suivant laquelle Agamemnon fut tué de la propre main de Clytemnestre. C'est ainsi que ces faits sont racontés par Eschyle et les autres tragiques. Euripide lui-même dit au vers 1160 : Ἃ πόσιν.... ὀξυθήκτῳ βέλει κατέκαν' αὐτόχειρ, πέλεκυν ἐν χεροῖν λαβοῦσα. Le poëte ne s'accorderait pas avec lui-même, s'il restreignait ici le sens de δόλῳ en y opposant χερί. On voit que le vers 10 a dû être ajouté par une autre main.

18. Les mots Φωκέων εἰς γῆν dépendent de ἔδωκε, et non de τρέφειν.

26-26. Τοῦτ(ο) se rapporte à ce qui précède, et désigne τὸ ἐν δόμοις ἔχειν μηδ' ἁρμόζειν νυμφίῳ τινί. La phrase subordonnée μή τῳ.... τέκνα développe l'idée indiquée par φόβου πλέων.

27-28. Construisez : Μήτηρ, ὠμόφρων

ΗΛΕΚΤΡΑ. 577

μήτηρ νιν ἐξέσωσεν Αἰγίσθου χερός.
Εἰς μὲν γὰρ ἄνδρα σκῆψιν εἶχ' ὀλωλότα,
παίδων δ' ἔδεισε μὴ φθονηθείη φόνῳ,   30
Ἐκ τῶνδε δὴ τοιόνδ' ἐμηχανήσατο
Αἴγισθος· ὃς μὲν γῆς ἀπηλλάχθη φυγὰς
Ἀγαμέμνονος παῖς, χρυσὸν εἶφ' ὃς ἂν κτάνῃ,
ἡμῖν δὲ δὴ δίδωσιν Ἠλέκτραν ἔχειν
δάμαρτα, πατέρων μὲν Μυκηναίων ἄπο   35
γεγῶσιν· οὐ δὴ τοῦτό γ' ἐξελέγχομαι·
λαμπροὶ γὰρ εἰς γένος γε, χρημάτων γε μὴν
πένητες, ἔνθεν ηὐγένει' ἀπόλλυται·
ὡς ἀσθενεῖ δοὺς ἀσθενῆ λάβοι φόβον.
Εἰ γάρ νιν ἔσχεν ἀξίωμ' ἔχων ἀνὴρ,   40
εὕδοντ' ἂν ἐξήγειρε τὸν Ἀγαμέμνονος
φόνον δίκη τ' ἂν ἦλθεν Αἰγίσθῳ τότε.

NC. 32. Φυγάς, correction de Victorius pour φύλαξ. — 33. Schœfer a rectifié la leçon εἶπεν ὅς. — 37. Χρημάτων γε μήν, leçon de Stobée, *Anthol.* xcvii, 5, où ce vers et le suivant se trouvent cités. Le manuscrit d'Euripide porte χρημάτων δὲ δή, en répétant les particules employées dans le vers 34. — 42. Peut-être : Αἰγίσθῳ ποτέ, conjecture de Reiske.

ὅμως (bien que farouche), ἐξέσωσέ νιν (ἐκ) χερὸς Αἰγίσθου βουλεύσαντος κτανεῖν. Mais on comprend que cette construction grammaticale détruit l'ordre naturel des idées, et que les mots κτανεῖν σφε βουλεύσαντος devaient être placés en tête de la phrase. Aussi faut-il rendre cette phrase grecque par deux phrases françaises.

29. Σκῆψιν, un prétexte. Elle disait que le sang d'Agamemnon dut être répandu en expiation du sang d'Iphigénie. Cf. vers 1018 sqq.

30. Μὴ φθονηθείη, *ne invidiam sibi conflaret*, qu'elle ne devint odieuse.

33. Χρυσὸν εἶφ' ὅς ἂν κτάνῃ; c.-à-d. χρυσὸν εἶπεν ἐκείνῳ ὅς ἂν κτάνῃ αὐτόν, il déclara qu'il donnerait de l'or à quiconque aurait tué Oreste. Seidler cite quelques passages dans lesquels les verbes λέγειν et ὀνομάζειν ont le sens de « promettre » : Homère, *Il.* IX, 515 : Εἰ μὲν γὰρ μὴ δῶρα φέροι, τὰ δ' ὄπισθ' ὀνομάζοι. Hérodote, VI, 23 : Μισθὸς δέ οἱ ἦν εἰρημένος ὅδε, etc. Faisons toutefois remarquer que

εἰπεῖν et ὀνομάζειν renferment une idée qui n'est pas dans ὑποσχέσθαι, celle d'une déclaration formelle et publique. Euripide dit qu'Égisthe fit une *proclamation* pour mettre la tête d'Oreste à prix.

37. Λαμπροὶ γάρ, suppléez : ἐσμέν, ellipse rare, si ce n'est après certains adjectifs qui ont force verbale, tels que φροῦδος et ἔτοιμος. — Εἰς, par rapport à. Cf. vers 29.

38. Πένητες. Ce nominatif est amené par la phrase parenthétique λαμπροὶ γάρ. Cependant le datif conviendrait mieux à l'ensemble de la période. En supprimant les phrases intermédiaires, on voit en effet que les idées se suivent ainsi : πατέρων μὲν Μυκηναίων ἄπο γεγῶσιν.... χρημάτων γε μὴν πένησιν.

39. Ὡς.... λάβοι. « Hæc spectant ad « versum 34 : ἡμῖν δίδωσι δάμαρτα. Sen« sus est : *ut, humili viro eam collocans, « metum sibi minueret.* » [Seidler.]

41-42. Εὔδοντ' ἄν.... τότε. « Un époux puissant aurait réveillé le souvenir assoupi d'Agamemnon, et tiré vengeance

578   ΗΛΕΚΤΡΑ.

Ἦν οὔποθ᾽ ἀνὴρ ὅδε, σύνοιδέ μοι Κύπρις,
ᾔσχυνεν εὐνῇ· παρθένος δ᾽ ἔτ᾽ ἐστὶ δή.
Αἰσχύνομαι γὰρ ὀλβίων ἀνδρῶν τέκνα   45
λαβὼν ὑβρίζειν, οὐ κατάξιος γεγώς.
Στένω δὲ τὸν λόγοισι κηδεύοντ᾽ ἐμοὶ
ἄθλιον Ὀρέστην, εἴ ποτ᾽ εἰς Ἄργος μολὼν
γάμους ἀδελφῆς δυστυχεῖς εἰσόψεται.
Ὅστις δέ μ᾽ εἶναί φησι μῶρον εἰ λαβὼν   50
νέαν ἐς οἴκους παρθένον μὴ θιγγάνω,
γνώμης πονηροῖς κανόσιν ἀναμετρούμενος
τὸ σῶφρον ἴστω καὐτὸς αὖ τοιοῦτος ὤν.

ΗΛΕΚΤΡΑ.

Ὦ νὺξ μέλαινα, χρυσέων ἄστρων τροφέ,
ἐν ᾗ τόδ᾽ ἄγγος τῷδ᾽ ἐφεδρεῦον κάρᾳ   55
φέρουσα πηγὰς ποταμίας μετέρχομαι.
Οὐ δή τι, χρείας εἰς τοσόνδ᾽ ἀφιγμένη,

NC. 43. Seidler a rectifié la leçon ἀνήρ. — 44. Nauck croit que ce vers n'est pas d'Euripide. Quoi qu'il en soit, on ne saurait attribuer au poète la répétition ᾔσχυνεν.... αἰσχύνομαι. — 53. Nauck propose καὐτὸς ἄν. — 57-58. On lisait : οὐ δή τι χρείας..., ἀλλ᾽ ὡς ὕβριν δείξωμεν. Nauck met ces deux vers entre crochets, en les déclarant absurdes (inepti). Ils le sont en effet d'après la leçon traditionnelle. Si Électre descendait sans nécessité à ces travaux serviles, si elle avait les moyens de nourrir une esclave, comment pourrait-elle espérer de tromper les dieux par une vaine comédie ? Mais la suite montrera qu'Électre ne pourrait se décharger des soins du ménage que sur son mari, et elle dira elle-même pourquoi elle ne veut pas lui imposer ce surcroît de travail. Nous croyons avoir rétabli le sens de ces vers, en mettant une virgule avant χρείας, et en écrivant ἄλλως pour ἀλλ᾽ ὡς et δείξαιμ᾽ ἄν pour δείξωμεν.

de cet assassinat. Comp. *Suppl.* 1146 : Ἔτ᾽ ἂν θεοῦ θέλοντος ἔλθοι δίκα πατρῷος· οὔπω κακὸν τόδ᾽ εὕδει. » [Fix.]

43. Ἦν se rapporte à νιν, vers 40, c'est-à-dire à Électre. — Ἀνὴρ ὅδε. Scholiaste : Δεικτικῶς ἀντὶ τοῦ ἐγώ.

45. Τέκνα, pluriel général, « un enfant, une fille. » Voy. *Méd.* 823, avec la note, et *passim*.

46. Οὐ κατάξιος, sous-ent. λαβεῖν.

47. Τὸν λόγοισι κηδεύοντ᾽ ἐμοί, mon beau-frère de nom. Λόγοισι est le contraire de ἔργῳ. Cf. Soph. *Él.* 59 : Τί γάρ με λυπεῖ τοῦθ᾽, ὅταν λόγῳ θανὼν Ἔργοισι σωθῶ ;

52. Γνώμης.... τοιοῦτος ὤν, qu'il sa-che qu'il applique à la sagesse la mesure viciée de sa pensée, et que c'est lui, au contraire, qui mérite le reproche qu'il m'adresse. — Πονηροῖς κανόσιν. Dans les *Grenouilles* d'Aristophane, vers 956, Euripide se vante d'avoir enseigné aux Athéniens λεπτῶν κανόνων εἰσβολάς. — Τοιοῦτος ὤν se rapporte à εἶναι.... μῶρον, vers 50. Il faut se souvenir que μῶρος a souvent le sens de « lascif ». Cf. *Hipp.* 644, 966 et *passim*.

54. Χρυσέων ἄστρων τροφέ. Musgrave cite à propos Tibulle, II, 1, 87 : «Ludite : jam « Nox jungit equos, currumque sequuntur « Matris lascivo sidera fulva choro. »

57-59. Οὐ δή τι.... πατρί, 1 éduite à

ΗΛΕΚΤΡΑ. 579

ἄλλως ὕϐριν δείξαιμ' ἂν Αἰγίσθου θεοῖς
γόους τ' ἀφείην αἰθέρ' εἰς μέγαν πατρί.
Ἡ γὰρ πανώλης Τυνδαρὶς, μήτηρ ἐμὴ, 60
ἐξέϐαλέ μ' οἴκων, χάριτα τιθεμένη πόσει·
τεκοῦσα δ' ἄλλους παῖδας Αἰγίσθῳ πάρα
πάρεργ' Ὀρέστην κἀμὲ ποιεῖται δόμων.

ΑΥΤΟΥΡΓΟΣ.

Τί γὰρ τάδ', ὦ δύστην', ἐμὴν μοχθεῖς χάριν
πόνους ἔχουσα, πρόσθεν εὖ τεθραμμένη, 65
καὶ ταῦτ' ἐμοῦ λέγοντος οὐκ ἀφίστασαι;

ΗΛΕΚΤΡΑ.

Ἐγώ σ' ἴσον θεοῖσιν ἡγοῦμαι φίλον·
ἐν τοῖς ἐμοῖς γὰρ οὐκ ἐνύϐρισας κακοῖς.
Μεγάλη δὲ θνητοῖς μοῖρα συμφορᾶς κακῆς
ἰατρὸν εὑρεῖν, ὡς ἐγὼ σὲ λαμϐάνω. 70
Δεῖ δή με κἀκέλευστον εἰς ὅσον σθένω
μόχθου 'πικουφίζουσαν, ὡς ῥᾷον φέρῃς,
συνεκκομίζειν σοὶ πόνους. Ἅλις δ' ἔχεις
τἄξωθεν ἔργα· τἀν δόμοις δ' ἡμᾶς χρεών
ἐξευτρεπίζειν. Εἰσιόντι δ' ἐργάτῃ 75

NC. 59. Manuscrit : ἀφίην. Les éditeurs balançaient entre ἀφείην (Portus) et ἀφίημ' (Reiske). Notre correction du vers précédent ne laisse plus de doute sur la leçon de ce vers-ci.

une telle misère, j'espère ne pas montrer en vain aux dieux les outrages d'Égisthe, ni faire éclater vainement à la face du ciel les lamentations dues au sort de mon père. — Οὐ.... ἄλλως... δείξαιμ' ἂν, *non frustra ostenderim*. La particule ἂν, ainsi que l'adverbe ἄλλως, se rapporte aussi à ἀφείην.

63. Πάρεργ(α).... ποιεῖται δόμων, elle traite Oreste et moi comme les accessoires, comme les rebuts de la famille. Seidler rappelle la glose d'Hésychius dans laquelle πάρεργον est expliqué par νόθον, « bâtard ».

66. Καὶ ταῦτ' ἐμοῦ λέγοντος, et même lorsque je t'y engage. Ne construisez pas, comme on fait généralement, ἐμοῦ λέγοντος ταῦτα. La locution καὶ ταῦτα répond au latin *idque*. Cp. Sophocle, *Électre*, 613 : Ἥτις τοιαῦτα τὴν τεκοῦσαν ὕϐρισεν, Καὶ ταῦτα τηλικοῦτος. Xénophon, *Anab.* II, IV, 15 : Μένωνα δὲ οὐκ ἐζήτει, καὶ ταῦτα παρὰ Ἀριαίου ὢν, τοῦ Μένωνος ξένου.

69. Μεγάλη μοῖρα, une grande faveur du sort. Seidler fait remarquer que ces mêmes mots pourraient aussi signifier « un grand malheur ». C'est que μοῖρα est du nombre des termes qui se prennent tantôt en bonne, tantôt en mauvaise part.

73. Συνεκκομίζειν. Ce verbe, qu'Euripide semble avoir affectionné, équivaut à συνεκφέρειν ou συνεκπονεῖν. [Seidler.] Victorius cite Horace, *Épodes*, II, 39 : « Quod si pudica mulier *in partem juvet* « *domum*. »

580   ΗΛΕΚΤΡΑ.

θύραθεν ἡδὺ τἄνδον εὑρίσκειν καλῶς.

ΑΥΤΟΥΡΓΟΣ.

Εἴ τοι δοκεῖ σοι, στεῖχε· καὶ γὰρ οὐ πρόσω
πηγαὶ μελάθρων τῶνδ'. Ἐγὼ δ' ἅμ' ἡμέρᾳ
βοῦς εἰς ἀρούρας εἰσβαλὼν σπερῶ γύας.
Ἀργὸς γὰρ οὐδεὶς θεοὺς ἔχων ἀνὰ στόμα   80
βίον δύναιτ' ἂν ξυλλέγειν ἄνευ πόνου.

ΟΡΕΣΤΗΣ.

Πυλάδη, σὲ γὰρ δὴ πρῶτον ἀνθρώπων ἐγὼ
πιστὸν νομίζω καὶ φίλον ξένον τ' ἐμοί·
μόνος δ' Ὀρέστην τόνδ' ἐθαύμαζες φίλων,
πράσσονθ' ἃ πράσσω, δείν' ὑπ' Αἰγίσθου παθών,   85
ὅς μου κατέκτα πατέρα χἠ πανώλεθρος
μήτηρ. Ἀφῖγμαι δ' ἐκ θεοῦ χρηστηρίων
Ἀργεῖον οὖδας οὐδενὸς ξυνειδότος,
φόνον φονεῦσι πατρὸς ἀλλάξων ἐμοῦ.
Νυκτὸς δὲ τῆσδε πρὸς τάφον μολὼν πατρὸς   90

NC. 81. Συλλέγειν ἄνευ πόνων chez Stobée, *Anthol*. XXX, 12, où ce vers et le précédent sont cités. — 83. P. La Roche propose καὶ φίλον ξυνόντ' ἐμόι (*Philologus*, XVI, p. 527). — 87. Χρηστηρίων, correction de Barnes pour μυστηρίων.

78. Καλῶς, suppléez ἔχοντα.
79. Εἰς ἀρούρας εἰσβαλών. Cf. *Iph. Taur*. 262.
80-81. Ἀργὸς.... πόνου. Scholiaste : Οὐδεὶς ἀπὸ μόνου ζῇ τοῦ ἐπικαλεῖσθαι θεούς. Πρὸς τοῦτο δὲ καὶ τὸ « σὺν Ἀθηνᾷ καὶ χεῖρα κίνει » (proverbe qui se trouve aussi cité ailleurs). Cf. *Iph. Taur*. 910 sq. — Βίον, *victum*. — Ἄνευ πόνου. La même idée avait déjà été exprimée au commencement de la phrase par ἀργός. Mais, comme c'est l'idée principale, elle pouvait être utilement reproduite à la fin de la phrase. — Après avoir prononcé ces vers, le Laboureur sort à son tour, et la scène reste un instant vide.
82-83. Avant σὲ γὰρ sous-entendez : « c'est à toi que je m'adresse, c'est avec toi que je délibère ». — Πρῶτον. Ce mot, qui porte sur πιστόν, φίλον et ξένον, donne à ces trois adjectifs le sens de superlatifs.

84. Ὀρέστην τόνδ(ε). Cf. ἀνὴρ ὅδε, vers 43. « Addidisse τόνδε videtur poeta, « ne auditor forte nomen loquentis ignoraret. » [Musgrave.] — Ἐθαύμαζες équivaut ici à ἐτίμας. Cf. vers 519. *Méd*. 1144 : Δέσποινα δ' ἦν νῦν ἀντὶ σοῦ θαυμάζομεν. Isocrate, *Ad Demonicum*, 10: Μᾶλλον ἐθαύμαζε τοὺς περὶ αὐτὸν σπουδάζοντας ἢ τοὺς τῷ γένει προσήκοντας.
85. Πράσσονθ' ἃ πράσσω, malgré le malheur où je me trouve.
86. Avant χἠ (καὶ ἡ) il faudrait d'après nos habitudes françaises, suppléer αὐτός : « lui et.... »
89. Φόνον ἀλλάξων, suppléez φόνου, idée qui est contenue dans φονεῦσι. « Afin de donner mort pour mort. » Cf. vers 1093 sq. et *Méd*. 1266 sq.
90. Πρὸς τάφον μολὼν πατρός. Oreste a déjà accompli l'acte religieux qu'il fait sous les yeux du spectateur au début des *Choéphores* d'Eschyle, et qu'il se propose

ΗΛΕΚΤΡΑ.   581

δάκρυά τ' ἔδωκα καὶ κόμης ἀπηρξάμην
πυρᾷ τ' ἐπέσφαξ' αἷμα μηλείου φόνου,
λαθὼν τυράννους οἳ κρατοῦσι τῆσδε γῆς.
Καὶ τειχέων μὲν ἐντὸς οὐ βαίνω πόδα,
δυοῖν δ' ἅμιλλαν ξυντιθεὶς ἀφικόμην   95
πρὸς τέρμονας γῆς τῆσδ'· ἵν' ἐκβάλω ποδὶ
ἄλλην ἐπ' αἶαν, εἴ μέ τις γνοίη σκοπῶν,
ζητῶν τ' ἀδελφὴν (φασὶ γάρ νιν ἐν γάμοις
ζευχθεῖσαν οἰκεῖν οὐδὲ παρθένον μένειν),
ὡς συγγένωμαι καὶ φόνου συνεργάτιν   100
λαβὼν τά γ' εἴσω τειχέων σαφῶς μάθω.
Νῦν οὖν, Ἕως γὰρ λευκὸν ὄμμ' ἀναίρεται,

NC. 95. Pierson a corrigé la leçon δυεῖν δ' ἀμίλλαιν. — 96. Variante marginale : ἐμβάλω. — 98. Manuscrit : ζητοῦντ' ἀδελφήν. J'ai adopté la correction de Pierson ζητῶν τ' ἀδε)ρήν. Pour défendre ζητοῦντ', on est obligé de forcer le sens des mots δυοῖν δ' ἅμιλλαν ξυντιθείς, v. 95, et de prêter à Euripide une longue période mal construite et inintelligible. — 99. Je propose de lire ζευχθεῖσαν ἐνθάδ'. Il faut qu'Oreste dise ici non-seulement que sa sœur est mariée, mais aussi qu'elle vit à la campagne. C'est même là le point essentiel. Je regarde donc οἰκεῖν comme une glose écrite d'abord au-dessus de ἐνθάδ', et ensuite substituée à ce mot par une erreur dont les exemples ne sont pas rares. — 102. Kirchhoff propose : ἕω γὰρ λευκὸν ὄμμ' ἐγείρεται.

de faire chez Sophocle, dans la première scène d'Électre.

92. Αἷμα μηλείου φόνου, locution poétique pour dire : « le sang d'une brebis égorgée. »

94-101. Chez Eschyle et chez Sophocle Oreste se rend directement à Mycènes : c'était là ce qu'il y avait de plus simple et de plus naturel. L'Oreste d'Euripide doit expliquer, pourquoi il erre dans la campagne près des frontières du territoire d'Argos. Il allègue deux motifs. « Il veut être à même, dit-il, de se sauver dans un autre pays, s'il venait à être découvert par l'un des espions (σκοπῶν, v. 97) d'Égisthe (nous dirions : par un homme de la police du roi). Il veut aussi tâcher de trouver sa sœur, qui habite la campagne, l'associer à son entreprise, et apprendre d'elle quel est l'état des choses et des esprits dans la ville de Mycènes. »

94. Βαίνω πόδα est dit d'après l'analogie de βαίνω βάσιν, πορεύομαι ὁδόν, sans que le verbe βαίνειν devienne, à proprement dire, un verbe transitif. Voy. la note sur le vers 408 d'Iph. Taur.

95. Δυοῖν δ' ἅμιλλαν ξυντιθείς, mais combinant la poursuite de deux buts, poursuivant deux buts à la fois.

96. Ἵν' ἐκβάλω, afin de me jeter dehors, de me détourner. Ἐκβάλλειν est ici employé intransitivement, comme ἐμβάλλειν l'est souvent.

98-99. Ζητῶν τ(ε), et afin de chercher. Ce participe est coordonné à la phrase ἵν' ἐκβάλω. Les anciens aiment à varier la forme grammaticale des membres de phrases parallèles. — D'après la conjecture proposée dans la note critique, φασί serait de même suivi des deux espèces de compléments qu'il peut prendre : un participe, ζευχθεῖσαν, et un infinitif, μένειν. Quant à la première de ces constructions, cf. Sophocle, Électre, 676 : Θανόντ' Ὀρέστην νῦν τε καὶ πάλαι λέγω.

102. Λευκὸν ὄμμα, sa face brillante. Voy. la note sur λευκαίνει τόδε φῶς, Iph. Aul. 156.

ΗΛΕΚΤΡΑ.

ἔξω τρίβου τοῦδ᾽ ἴχνος ἀλλαξώμεθα.
Ἢ γάρ τις ἀροτὴρ ἤ τις οἰκέτις γυνὴ
φανήσεται νῷν, ἥντιν᾽ ἱστορήσομεν   105
εἰ τούσδε ναίει σύγγονος τόπους ἐμή.
Ἀλλ᾽ εἰσορῶ γὰρ τήνδε προσπόλων τινά,
πηγαῖον ἄχθος ἐν κεκαρμένῳ κάρᾳ
φέρουσαν· ἐζώμεσθα κἀκπυθώμεθα
δούλης γυναικός, ἤν τι δεξώμεσθ᾽ ἔπος   110
ἐφ᾽ οἷσι, Πυλάδη, τήνδ᾽ ἀφίγμεθα χθόνα.

ΗΛΕΚΤΡΑ.

Σύντειν᾽, ὥρα, ποδὸς ὁρμάν· ὦ   [Strophe 1.]
ἔμβα ἔμβα κατακλαίουσ᾽·
ἰώ μοί μοι.
Ἐγενόμαν Ἀγαμέμνονος   115
[κούρα] καί μ᾽ ἔτικτε Κλυταιμνήστρα,
στυγνὰ Τυνδαρέου κόρα·
κικλήσκουσι δέ μ᾽ ἀθλίαν
Ἠλέκτραν πολιῆται.
Φεῦ φεῦ τῶν σχετλίων πόνων   120
καὶ στυγερᾶς ζόας.
Ὦ πάτερ, σὺ δ᾽ ἐν Ἀΐδα
κεῖσαι, σᾶς ἀλόχου σφαγεὶς

NC. 108. Le *Florentinus* porte, à ce qu'il paraît, ἐγκεκαρμένῳ. Cette ancienne vulgate a été corrigée par Fix d'après les manuscrits de Paris. — 112-113. Dobree proposait: συντείνειν ὥρα. Nous nous sommes borné à changer la division des vers (les éditions portent ὁρμάν· || ὦ), et à écrire, d'après Matthiæ, κατακλαίουσ᾽ pour κατακλαίουσα. De cette manière ces deux vers anapestiques sont tout à fait analogues aux deux vers dactyliques, 140 sq., qui ouvrent la strophe 2. — 116. Seidler a rétabli le mètre en désignant κούρα comme une glose et en indiquant la correction ἔτικτε pour ἔτεκε. Les conjectures de Hermann et de Nauck sont moins satisfaisantes. Le nom de Clytemnestre, que ce dernier voudrait écarter, me semble nécessaire, d'abord parce qu'Agamemnon est nommé, ensuite parce que Tyndare avait plus d'une fille. — 117. Dindorf : Τυνδαρέω. — 121. Manuscrit ζωᾶς. — 122. Ἀΐδα, correction de Nauck pour ἄδα δή, allonge la première voyelle ici, comme ailleurs. — 123. Porson et Hermann : σφαγαῖς.

111. Avant ἐφ᾽ οἷσι sous-entendez περὶ ἐκείνων.
112. Ὥρα, sous-ent. ἐστί, « il en est temps ». — Électre se parle à elle-même.

116. Ἔτικτεν à l'imparfait. Cf. vers 1184, 1211 et 1229.
123. Σᾶς ἀλόχου σφαγείς, victime de son épouse. Le participe passif σφαγείς

ΗΛΕΚΤΡΑ.   583

Αἰγίσθου τ', Ἀγαμέμνον.

Ἴθι τὸν αὐτὸν ἔγειρε γόον,   [Mésode.]   125
ἄναγε πολύδακρυν ἀδονάν.

Σύντειν', ὥρα, ποδὸς ὁρμάν· ὦ   [Antistrophe 1.]
ἔμβα ἔμβα κατακλαίους'·
ἰώ μοί μοι.
Τίνα πόλιν, τίνα δ' οἶκον, ὦ   130
τλᾶμον σύγγονε, λατρεύεις
οἰκτρὰν ἐν θαλάμοις λιπὼν
πατρῴοις ἐπὶ συμφοραῖς
ἀλγίσταισιν ἀδελφάν;
Ἔλθοις τῶνδε πόνων ἐμοὶ   135
τᾷ μελέᾳ λυτήρ,
ὦ Ζεῦ Ζεῦ, πατρί θ' αἱμάτων

NC. 125-126. Galenus, V, p. 423, cite τὸν αὐτὸν ἀνέγειρε.... ἀδονάν. — 128-129. Voy. les vers 112 sq. — 130-131. La conjecture de Hartung σύγγον' ἀλατεύεις, est probable; mais, en l'adoptant, il faudrait aussi écrire τίνα δ' αἶαν pour τίνα δ' οἶκον. Quant à la construction, cp. *Hélène*, 532 : Πορθμοὺς ἀλᾶσθαι μυρίους. — 133. Manuscrit : πατρῴαις. — 134. Heath a rectifié la leçon ἀδελφεάν.

gouverne ici un génitif sans ὑπό, et cette construction le rapproche de la nature d'un substantif. Voy. la note sur δορίκτητος Ἀργείων, *Hécube*, 479.

125. Τὸν αὐτὸν γόον. Aux trois premiers vers près, lesquels sont identiques dans la strophe et dans l'antistrophe, Electre ne dira pas, il est vrai, les mêmes paroles, mais elle répétera le même air.

126. Ἄναγε, ramène, renouvelle. — Πολύδακρυν ἀδονάν. Cette belle expression est un souvenir homérique. Cf. *Il.* XXIII, 98 : Ὀλοοῖο τεταρπώμεσθα γόοιο.

130-131. Τίνα πόλιν.... λατρεύεις. Si la leçon n'est pas altérée (voy. NC.), le verbe λατρεύειν, « servir », est ici mis pour ξενιτεύειν, « vivre à l'étranger », hyperbole qui indique que les Grecs regardaient l'exil comme voisin de la servitude. Dans les *Phéniciennes*, vers 391 sq., Polynice ayant dit que l'exilé n'a pas le droit de parler librement, οὐκ ἔχει παρρησίαν, Jocaste répond : Δούλου τόδ' εἶπας, μὴ λέγειν ἅ τις φρονεῖ. — La construction de λατρεύειν avec un accusatif ne se retrouve, suivant Seidler, que dans *Iph. Taur.* 1115 (παῖδ' Ἀγαμεμνονίαν λατρεύω) et chez les écrivains ecclésiastiques.

133-134. Ἐπὶ συμφοραῖς ἀλγίσταισιν, pour y subir les maux les plus cruels. La préposition ἐπί marque ici l'effet. Cp. *Hécube*, 643 sqq. : Ἐκρίθη δ' ἔρις.... ἐπὶ δορὶ καὶ φόνῳ καὶ ἐμῶν μελάθρων λύμᾳ.

137-138. L'invocation ὦ Ζεῦ Ζεῦ se rattache au membre de phrase suivant, quoique la conjonction τε ne soit placée qu'après πατρί. Jupiter doit favoriser la vengeance : cf. Eschyle, *Choéph.* 382 : Ζεῦ Ζεῦ, κάτωθεν ἀμπέμπων ὑστερόποινον ἄταν. — Πατρί θ' αἱμάτων ἐχθίστων ἐπίκουρος, et vengeur de l'odieux meurtre d'un père. Le pluriel poétique αἵματα désigne

ἐχθίστων ἐπίκουρος, Ἄρ-
γει κέλσας πόδ' ἀλάταν.

Θὲς τόδε τεῦχος ἐμῆς ἀπὸ κρατὸς ἑ- [Strophe 2.] 140
λοῦσ', ἵνα πατρὶ γόους νυχίους
ἐπορθρεύσω.
Ἰαχὰν, Ἄϊδα μέλος, σοί, πάτερ,
κάτω γᾶς ἐνέπω γόους,
οἷς ἀεὶ τὸ κατ' ἦμαρ 145
διέπομαι, κατὰ μὲν φίλαν
ὄνυχι τεμνομένα δέραν,
χέρα τε κρᾶτ' ἐπὶ κούριμον
τιθεμένα θανάτῳ σῷ.

NC. 136. Seidler a proposé αἰσχίστων. — 139. Après ce vers Nauck marque une grande lacune. Il pense qu'il manque à la fin de cette antistrophe deux vers qui répondaient aux vers 125 sqq., et au commencement de la strophe suivante sept vers qui répondaient aux vers 150-156. Si cette conjecture est fondée, cette monodie d'Électre se composait primitivement de deux couples de strophes sans mésodes. — 140. Peut-être : Θῶ τόδε τεῦχος. [Dobree.] — 142. Manuscrit : ἐπορθοβοάσω, pour ἐπορθροβοάσω, glose à laquelle Dindorf a substitué ἐπορθρεύσω. — 143. Manuscrit : ἰαχὰν ἀοιδὰν μέλος; ἄϊδα, πάτερ, σοί. Seidler : ἰαχχάν, changement inutile : voy. *Iph. Aul.* 1039, NC. Reiske et Hartung ont vu que ἀοιδὰν, mis par erreur pour ἄϊδα, faisait double emploi avec ce dernier mot. Ensuite Hartung a bien fait de transposer les mots πάτερ, σοί, d'après les indices fournis par l'antistrophe. — 144. Κάτω et ἐνέπω, corrections de Seidler pour κατὰ et ἐνέπω. — 146. Διέπομαι. « Verbum neque aliunde cognitum neque aptum huic loco, qui τάχομαι, ἔγκειμαι vel simile quid postulat. » [Dindorf.] — 148. Barnes a corrigé la leçon κρᾶτ' ἀποκούριμον.

le sang répandu. Ἐπίκουρος, « auxiliaire, » est souvent synonyme de τιμωρός. Cf. Sophocle, *OEd. Roi*, 495 : Λαβδακίδαις ἐπίκουρος ἀδήλων θανάτων.

139. Κέλσας. Cette métaphore n'indique pas qu'Oreste doive arriver par mer. Cp. *Héc.* 1057 : Πᾶ κέλσω; *Iph. Taur.* 1435 : Ποῖ διωγμὸν τόνδε πορθμεύεις;

140. Électre se parle toujours à elle-même. Mais il est singulier que θές, seconde personne de l'impératif, soit suivi du pronom de la première personne, ἐμῆς. Voy. NC.

141-142. Ἵνα.... ἐπορθρεύσω, afin que j'adresse de grand matin, avant le jour, des lamentations à mon père.

143. Ἄϊδα μέλος, chant de Pluton. Cf. *Suppl.* 773 : Ἅιδου μολπάς. Eschyle, *Perses*, 619 : Νερτέρων ὕμνους. *Choéph.* 151 : Παιᾶνα τοῦ θανόντος.

146. Διέπομαι, mot altéré. — Κατὰ est un adverbe qui se rapporte à τεμνομένα. C'est ce que les grammairiens appellent une tmèse.

148. Χέρα τε.... τιθεμένα, et portant la main sur ma tête rasée (cf. vers 108), c.-à-d. me frappant la tête en signe de deuil. (Voy. *Hoc.* 652 sqq., et *Troy.* 279 : Ἄρασσε κρᾶτα κούριμον.) Τε est ici corrélatif de μὲν (v. 146), comme dans le vers 430 de *Médée*. — Θανάτῳ σῷ équivaut à ἐπὶ θανάτῳ σῷ. « Similiter Æschylus *Choéph.* 51 : Δεσποτῶν θανάτοισιν. » [Seidler.]

ΗΛΕΚΤΡΑ.   585

Ἐή, δρύπτε κάρα·   [Mésode.]   150
οἷα δέ τις κύκνος ἀχέτας
ποταμίοις παρὰ χεύμασιν
πατέρα φίλτατον ἀνακαλεῖ,
ὀλόμενον δολίοις βρόχων
ἕρκεσιν, ὡς σὲ τὸν ἄθλιον   155
πατέρ' ἐγὼ κατακλαίομαι,

λουτρὰ πανύσταθ' ὑδρανάμενον χροΐ,   [Antistrophe 2.]
κοίτᾳ ἐν οἰκτροτάτᾳ θανάτου.
Ἰώ μοί μοι
πικρᾶς μὲν πελέκεως τομᾶς σᾶς, πάτερ,   160
πικρᾶς δ' ἐκ Τροίας ὁδοῦ [βουλᾶς].
Οὐ μίτραισι γυνή σε
δέξατ', οὐ στεφάνοις ἔπι,
ξίφεσι δ' ἀμφιτόμοις λυγράν σ'
Αἰγίσθου λώβαν θεμένα   165

NC. 150. Manuscrit : ἒ ἔ. — 153. On lisait φίλτατον καλεῖ. Hartung a compris que le mètre glyconique demandait ἀνακαλεῖ ou ἀγκαλεῖ. — 161. Manuscrit : τροίας. Le mot βουλᾶς, qui répugne également au sens et au mètre, est écarté par Hartung. Hermann proposait : ὁδίου βουλᾶς, ce qui est peu satisfaisant. — 162. Seidler a corrigé la leçon οὐ μίτραις σε γυνή. — 163. On lisait οὐδ' ἐπὶ στεφάνοις. J'ai rétabli l'accord antistrophique. — 164. Nous avons, avec Hartung, inséré σ' après λυγράν. — 165. Ce vers ne répond pas au vers 148. La transposition θεμένα λώβαν ne donnerait qu'un accord incomplet.

157. Λουτρά. D'après la tradition des tragiques, différente de celle d'Homère, Agamemnon fut tué en sortant du bain que Clytemnestre lui avait préparé suivant l'usage. Cf. Eschyle, *Agam.* 1408 : Τὸν ὁμοδέμνιον πόσιν λουτροῖσι φαιδρύνασα.

158. Κοίτᾳ... θανάτου. La périphrase κοίτᾳ fait allusion au lit de repos sur lequel Agamemnon aurait dû s'étendre après le bain.

160. Πελέκεως τομᾶς σᾶς, de ta blessure par la hache. La construction est la même qu'offrirait cette phrase latine : « Patris « amor meus. » Comme le pronom possessif équivant à un génitif, on peut comparer Eschyle, *Eumén.* 499 : Οὐδὲ γὰρ βροτοσκόπων μαινάδων τῶνδ' ἐφέρψει χότος τιν' ἐργμάτων.

160-161. Ces deux vers ont beaucoup d'analogie avec ceux dans lesquels Sophocle (*El.* 194 sqq.) a fait allusion aux mêmes faits : Οἰκτρὰ μὲν νόστοις αὐδᾶ, οἰκτρὰ δ' ἐν κοίταις πατρῴαις ὅτε οἱ παγχάλκων ἀνταία γενύων ὡρμάθη πλαγά.

162-163. Οὐ μίτραισι.... στεφάνοις ἔπι. Ce sont là les honneurs auxquels le vainqueur pouvait s'attendre. Cf. vers 872 : Στέψω τ' ἀδελφοῦ κρᾶτα τοῦ νικηφόρου.

164-166. Ξίφεσι.... ἀκοίταν, « sed « postquam te occisum Ægisthi contume- « liæ obtulit, nacta est illum quem clam « mariti loco habuerut. » [Seidler.] Τίθεσθαί τινα λώβαν, « faire de quelqu'un l'objet de ses outrages, » se dit comme γέλωτα τίθεσθαί τινα (*Bacch.* 1081), ὕβρισμα τίθεσθαί τινα (*Oreste*, 1038).

δόλιον έσχεν άκοίταν.

ΧΟΡΟΣ.

Ἀγαμέμνονος ὦ κόρα, [Strophe 1]
ἤλυθον, Ἠλέκτρα, ποτὶ σὰν ἀγρότεραν αὐλάν.
Ἔμολε τις ἔμολεν ἀνὴρ γαλακτοπότας
Μυκηναῖος ὀρειβάτας·   170
ἀγγέλλει δ' ὅτι νῦν τριται-
αν καρύσσουσιν θυσίαν
Ἀργεῖοι, πᾶσαι δὲ παρ' Ἥ-
ραν μέλλουσιν παρθενικαὶ στείχειν.

ΗΛΕΚΤΡΑ.

Οὐκ ἐπ' ἀγλαΐαις, φίλαι,   175
θυμὸν οὐδ' ἐπὶ χρυσέοις
ὅρμοισιν πεπόταμαι

NC. 167. Manuscrit : κούρα. Plutarque (voy. note explicative) : κόρα. — 168. Dans Plutarque on lit ἀγρότειραν. Musgrave : ἀγρότεραν. — 169. Manuscrit : ἔμολέ τις ἔμολέ τις γαλακτοπότας ἀνήρ. Victorius a supprimé le second τις. Fix a transposé les deux derniers mots : voy. l'antistrophe. — 170. Dindorf et Nauck : οὐριβάτας. Nous avons cru devoir conserver la leçon ὀρειβάτας, en y accommodant le vers correspondant de l'antistrophe. — 173. Je propose : Ἀργείαν (ou Ἀργεῖαι) δ' ἀθρόαι παρ' Ἥραν. Le vers antistrophique et l'analogie de la période (couple de vers) précédente semblent demander ce changement. — 177. Manuscrit : ὅρμοισι. Victorius : ὅρμοις ἐκπεπόταμαι.

167. D'après une anecdote rapportée par Plutarque, *Lysandre*, XV, ce morceau contribua au salut d'Athènes, lorsque, après la prise de cette ville par Lysandre, on proposa de la détruire et de vendre les citoyens comme esclaves. Dans un banquet où étaient réunis les généraux alliés, un des convives chanta, dit-on, ces vers d'Euripide, et les vainqueurs furent touchés, en rapprochant du sort de la fille d'Agamemnon l'abaissement où allait tomber la glorieuse cité d'Athènes. Εἶτα μέντοι, συνουσίας γενομένης τῶν ἡγεμόνων, καὶ παρὰ πότον τινὸς Φωκέως ᾄσαντος ἐκ τῆς Εὐριπίδου Ἠλέκτρας τὴν πάροδον, ἧς ἡ ἀρχή· «Ἀγαμέμνονος ὦ κόρα.... ἀγρότειραν αὐλάν· » πάντας ἐπικλασθῆναι, καὶ φανῆναι σχέτλιον ἔργον τὴν οὕτως εὐκλεᾶ καὶ τοιούτους ἄνδρας φέρουσαν ἀνελεῖν καὶ διεργάσασθαι πόλιν.

168. Ἀγρότεραν, forme poétique pour ἀγρότειραν, si toutefois la leçon des manuscrits est bonne. Le masculin ἀγροτήρ se trouve au vers 463.

169. Ἀνὴρ γαλακτοπότας. Un des bergers de la montagne qui boivent du lait au lieu de vin. Ce trait nous semble tout à fait d'accord avec le caractère idyllique de ce morceau, n'en déplaise à M. Nauck, qui déclare : « Γαλακτοπότας absurdum. »

171-172. Τριταίαν καρύσσουσιν θυσίαν, ils vont proclamer par le héraut qu'un sacrifice aura lieu le troisième jour, c'est-à-dire : dans deux jours. Il s'agit sans doute de la grande fête de Junon Argienne, fête qui portait le nom de Ἥραια ou Ἑκατόμβαια (Euripide dit θυσίαν), et dont parle Hérodote, I, xxxi.

175-177. Οὐκ ἐπ' ἀγλαΐαις.... πεπόταμαι, mon cœur, ô mes amies, ne désire pas les fêtes, ni les colliers d'or. Les Grecs disent « mon cœur prend des ailes et s'envole vers l'objet de ses désirs ». Cf. Aristophane, *Oiseaux*, 1444 : Ὁ δέ τις

'τάλαιν', οὐδ' ἱστᾶσα χοροὺς
Ἀργείαις ἅμα νύμφαις
εἱλικτὸν κρούσω πόδ' ἐμόν.   180
Δάκρυσι νυχεύω, δακρύων δέ μοι μέλει
δειλαίᾳ τὸ κατ' ἄμαρ.
Σκέψαι μου κόμαν πιναρὰν
καὶ πέπλων τρύχη τάδ' ἐμῶν,   185
εἰ πρέποντ' Ἀγαμένονος
κούρᾳ 'σται βασιλείᾳ
τᾷ Τροίᾳ θ' ἃ 'μοῦ πατέρος
μέμναταί ποθ' ἁλοῦσα.

ΧΟΡΟΣ.

Μεγάλα θεός· ἀλλ' ἴθι,   [Antistrophe.]   190
καὶ παρ' ἐμοῦ χρῆσαι πολύπηνα φάρεα δῦναι
χρύσεά τε χάρισι προθήματ' ἀγλαΐας.

NC. 178. Manuscrit : οὐδὲ χοροὺς στᾶσα. Vulgate : οὐδὲ στᾶσα χοροὺς. Seidler : χοροῖς. La vraie correction est due à Reiske ; cf. *Iph. Taur.* 1144. — 180. Vulgate : ἑλικτόν. Ensuite Canter a corrigé la leçon κρούσω πόλεμον. — 181-182. Manuscrit : δάκρυσι χεύω. Porson avait proposé χορεύω. L'excellente correction de Hermann, νυχεύω, se justifie par l'antithèse τὸ κατ' ἄμαρ (manuscrit : ἦμαρ). — 183. Manuscrit : σκέψαι μου πιναρὰν κόμαν ‖ καὶ τρύχη τάδ' ἐμῶν πέπλων. L'accord antistrophique exige la transposition indiquée par Nauck. — 186. Εἰ πρέποντ', correction de Reiske pour εἴ πέρ πότ'. — 187. Nauck a corrigé la leçon κούρας τὰ βασιλεία. Vulgate : κούρᾳ τᾷ βασιλείᾳ. — 188. Manuscrit : ἅμου. L. Dindorf : Τροίᾳ θ', ἃ τοὐμοῦ, en retranchant l'article τᾷ. — 191. Seidler et Dindorf insèrent à tort τε après πολύπηνα. — 192. Χάρισι, correction de Musgrave pour χάρισαι. Cette faute vient sans doute de χρῆσα., vers 191. — Vulgate : προσθήματ'. L'article d'Hésychius dans lequel πρόθημα se trouve expliqué par πρόσθημα καὶ προσθήκη confirme, tout altéré qu'il est, la leçon du manuscrit : προθήματ'. (Cf. W. Hoffmann dans *Jahrbücher für Philologie*, 1862, p. 595.)

τὸν αὑτοῦ (sous-ent. υἱόν) φησιν ἐπὶ τραγῳδίᾳ Ἀνεπτερῶσθαι καὶ πεποιῆσθαι τὰς φρένας. Le poète comique explique lui-même cette manière de parler, en ajoutant : 'Ὁ νοῦς τε μετεωρίζεται Ἐπαίρεται τ' ἄνθρωπος.

180. Εἱλικτὸν κρούσω πόδ' ἐμόν. Cf. *Iph. Aul.* 1044 : Χρυσεοσάνδαλον ἴχνος ἐν γᾷ κρούουσαι, et 1055 : Εἱλισσόμεναι κύκλια κόραι.

181. Νυχεύω. Ce verbe, qu'Hésychius explique par νυκτερεύω, se retrouve dans le *Rhésus*, vers 520 : Χῶρον, ἔνθα χρὴ στρατὸν Τὸν σὸν νυχεῦσαι.

188-189. Ἃ 'μοῦ πατέρος.... ἁλοῦσα. Cf. Eschyle, *Perses*, 286 : Στυγνᾶν Ἀθανᾶν δαΐοις Μεμνῆσθαί τοι πάρα, Ὡ; Περσίδων πολλὰς μάταν Εὔνιδας ἔκτισσαν ἠδ' ἀνάνδρους.

190. Θεός. Junon.

191. Χρῆσαι.... δῦναι, « pallia utenda accipe quæ induas. Χρῆσον est *da mutua*, χρῆσαι *mutuo accipe*. » [Seidler.] C'est ainsi que Simætha, chez Théocrite, II, 74, emprunte la belle robe d'une amie pour voir une procession (πομπή).

192. Χάρισι προθήματ' ἀγλαΐας, une parure de fête pour (rehausser) ta beauté.

Δοκεῖς που δακρύοισι σοῖς,
μὴ τιμῶσα θεοὺς, κρατή-
σειν ἐχθρῶν; οὔτοι στοναχαῖς,   195
ἀλλ' εὐχαῖσι θεοὺς σεβί-
ζουσ' ἕξεις εὐαμερίαν, ὦ παῖ.

ΗΛΕΚΤΡΑ.

Οὐδεὶς θεῶν ἐνοπὰς κλύει
τᾶς δυσδαίμονος, οὐ παλαι-
ῶν πατρὸς σφαγιασμῶν.   200
Οἴμοι τοῦ τε καπφθιμένου
τοῦ τε ζῶντος ἀλάτα,
ὅς που γᾶν ἄλλαν κατέχει
μέλεος ἀλαίνων ποτὶ θῆσσαν ἑστίαν,   205
τοῦ κλεινοῦ πατρὸς ἐκφύς.
Αὐτὰ δ' ἐν χερνῆσι δόμοις
ναίω ψυχὰν τακομένα
δωμάτων πατρίων φυγὰς,
οὐρείας ἀν' ἐρίπνας.   210
Μάτηρ δ' ἐν λέκτροις φονίοις
ἄλλῳ σύγγαμος οἰκεῖ.

NC. 193. Manuscrit : δοκεῖς τοῖς σοῖσι δακρύοισι. Heath : τοῖ.ι σοῖς ζακρύ ι:. Nous avons corrigé ce vers d'après le vers correspondant de la strophe, 170. — 196. Seidler a corrigé la leçon ἀλλ' εὐχαῖς τοὺς θεοὺς γε σεβίζουσ'. — 201. Τοῦ τε καπφθιμένου, correction d'Elmsley pour τοῦ καταφθιμένου. — 209. J'ai rectifié la leçon πατρῴων. — 210. Musgrave a très-bien corrigé la leçon οὐρείας ναίων ἐρίπνας. — 211. La leçon φόνιος a été rectifiée par Barnes.

198-200. Οὐδεὶς.... σφαγιασμῶν. Voilà encore un exemple des variations de construction, si familières aux auteurs de cette époque. Le verbe κλύει est d'abord construit avec un double régime, l'accusatif de la chose (ἐνοπάς) et le génitif de la personne (τᾶς δυσδαίμονος,) ; dans le second membre de phrase il gouverne le génitif de la chose (σφαγιασμῶν), et il prend le sens général de αἰσθάνεσθαι, « remarquer, faire attention à ». Cp. Hésiode, OEuvres et Jours, 9 : Κλῦθι ἰδὼν ἀίων τε. — Παλαιῶν πατρὸς σφαγιασμῶν. Heath et d'autres expliquent : « sacrificiorum olim a patre oblatorum ». Il est plus naturel d'entendre ces mots du meurtre d'Agamemnon. L'épithète παλαιῶν indique que ce crime, déjà ancien, n'a pas encore été expié.

205. Ποτὶ (pour πρὸς) θῆσσαν ἑστίαν, vers un foyer servile, c'est-à-dire : vers un foyer où il n'occupe pas la place d'un citoyen. C'est ainsi qu'Apollon dit, au commencement d'Alceste, que dans la maison d'Admète il était forcé, tout dieu qu'il est, de se contenter d'une table servile : Ὦ δώματ' Ἀδμήτει', ἐν οἷς ἔτλην ἐγὼ θῆσσαν τράπεζαν αἰνέσαι θεός περ ὤν.

209. Φυγάς, exilée. Il ne faut pas prendre ce mot pour l'accusatif pluriel de φυγή sous prétexte que la continuité du mètre

ΗΛΕΚΤΡΑ. 589

ΧΟΡΟΣ.

Πολλῶν κακῶν Ἕλλησιν αἰτίαν ἔχει
σῆς μητρὸς Ἑλένη σύγγονος δόμοις τε σοῖς.

ΗΛΕΚΤΡΑ.

Οἴμοι, γυναῖκες, ἐξέβην θρηνημάτων.   215
Ξένοι τινὲς παρ' οἶκον οἵδ' ἐξαισίους
εὐνὰς ἔχοντες ἐξανίσταται λόχου·
φυγῇ σὺ μὲν κατ' οἶμον, εἰς δόμους δ' ἐγὼ
φῶτας κακούργους ἐξαλύξωμεν ποδί.

ΟΡΕΣΤΗΣ.

Μέν', ὦ τάλαινα· μὴ τρέσῃς ἐμὴν χέρα.   220

ΗΛΕΚΤΡΑ.

Ὦ Φοῖβ' Ἄπολλον, προσπίτνω σε μὴ θανεῖν.

ΟΡΕΣΤΗΣ.

Ἄλλους κτάνοιμ' ἂν μᾶλλον ἐχθίους σέθεν.

ΗΛΕΚΤΡΑ.

Ἄπελθε, μὴ ψαῦ' ὧν σε μὴ ψαύειν χρεών.

NC. 216. On lisait οἵδ' ἐφεστίους. Or ce dernier mot ne doit pas simplement reproduire l'idée de παρ' οἶκον, mais y ajouter quelque chose. En effet ἐφέστιος veut dire « près du foyer ». Mais ce n'est pas là que les étrangers se sont assis, puisqu'ils ne sont pas entrés dans la maison ; et s'ils y étaient assis, cette posture, qui est celle des suppliants, ne pourrait inquiéter Électre. (Cf. Eschyle, Eumén. 577 : Ἱκέτης ὅδ' ἀνὴρ καὶ δόμων ἐφέστιος Ἐμῶν.) J'ai donc écrit ἐξαισίους. L'orthographe vicieuse ἐξεσίους peut expliquer la faute du manuscrit. — 222. Barnes a rectifié la leçon ἂν κτάνοιμι. Matthiæ et d'autres suppriment ἄν.

demande une syllabe longue à la fin de ce vers : l'explication naturelle doit prévaloir sur cet argument, d'ailleurs fort contestable.

213. Αἰτίαν ἔχει, elle est accusée, elle est cause. Quant au double sens des locutions de ce genre, voy. la note sur Hec. 352.

215. Ἐξέβην θρηνημάτων, je suis arrachée à mes lamentations. Cf. Iph. Taur. 240 : Τί δ' ἔστι τοῦ παρόντος ἐκκλῆσον λόγου; — Ἐξέβην, à l'aoriste. Voy. au sujet de cet hellénisme Méd. 791 avec la note, et passim.

216. Ἐξαισίους, insolites et peu rassurantes.

219. Ποδί est ajouté, quoique le verbe ἐξαλύξωμεν ait déjà pour complément un autre datif, φυγῇ. Mais ce dernier datif est d'une autre nature, et φυγῇ équivaut à φυγάδες. Cf. Oreste, 1468 : Φυγᾷ δὲ ποδί... ἴχνος ἔφερεν.

221. Προσπίτνω σε. Le pronom σε ne s'adresse pas à l'étranger, mais au dieu tutélaire. Électre se met sous la protection d'Apollon, dieu dont l'image ou la représentation symbolique (une espèce de pyramide) se trouvait à l'entrée des maisons, et qui était appelée, à cause de cela, θυραῖος. Il est invoqué sous le nom de προστατήριος par Clytemnestre chez Sophocle, Él. 637; sous celui de ἀγυιάτης ou de ἀγυιεύς par Cassandre chez Eschyle, Agam. 1081, et par Étéocle dans les Phéniciennes d'Euripide, vers 631.

ΟΡΕΣΤΗΣ.
Οὐκ ἔσθ' ὅτου θίγοιμ' ἂν ἐνδικώτερον.

ΗΛΕΚΤΡΑ.
Καὶ πῶς ξιφήρης πρὸς δόμοις λοχᾷς ἐμοῖς; 225

ΟΡΕΣΤΗΣ.
Μείνασ' ἄκουσον, καὶ τάχ' οὐκ ἄλλως ἐρεῖς.

ΗΛΕΚΤΡΑ.
Ἕστηκα· πάντως δ' εἰμὶ σή· κρείσσων γὰρ εἶ.

ΟΡΕΣΤΗΣ.
Ἥκω φέρων σοι σοῦ κασιγνήτου λόγους

ΗΛΕΚΤΡΑ.
Ὦ φίλτατ', ἆρα ζῶντος ἢ τεθνηκότος;

ΟΡΕΣΤΗΣ.
Ζῇ· πρῶτα γάρ σοι τἀγάθ' ἀγγέλλειν θέλω. 230

ΗΛΕΚΤΡΑ.
Εὐδαιμονοίης, μισθὸν ἡδίστων λόγων.

ΟΡΕΣΤΗΣ.
Κοινῇ δίδωμι τοῦτο νῷν ἀμφοῖν ἔχειν.

ΗΛΕΚΤΡΑ.
Ποῦ γῆς ὁ τλήμων τλήμονας φυγὰς ἔχων;

ΟΡΕΣΤΗΣ.
Οὐχ ἕνα νομίζων φθείρεται πόλεως νόμον.

NC. 225. Variante : λοχᾷς ἐμέ. — 226. La leçon οὐ καλῶς ἐρεῖς a été corrigée par Victorius. — 233. On lit φυγὰς ἔχει dans Dion Chrysostome, XIII, p. 254, où les vers 233-236 se trouvent cités. — 234. Chez Dion πόλεως τόπον, leçon adoptée par les derniers éditeurs.

225. Καὶ πῶς...; S'il en est ainsi, d'où vient que...?

226. Οὐκ ἄλλως ἐρεῖς; tu diras comme moi. Oreste se reporte au vers 224.

227. Πάντως δ' εἰμὶ σή, de toute façon (quoi que je fasse), je suis tienne. Électre entend : « je suis en ton pouvoir » ; elle ne connaît pas toute la portée du mot qui lui échappe. — Quant au sens de πάντως, voy. la note sur *Iph. Taur.* vers 873.

231. Μισθόν est une apposition qui se rapporte, suivant l'usage grec, au verbe εὐδαιμονοίης, c'est-à-dire : à toute une phrase. Voy. *Iph. Aul.* 234, avec la note, et *passim*.

232. Τοῦτο· ἤγουν τὸ εὐδαιμονεῖν. [Schol.]

233. Ποῦ γῆς, sous-ent. ζῇ : car cette question d'Électre se rattache au vers 230, les deux vers intermédiaires formant une sorte de parenthèse dans ce dialogue.

234. Οὐχ ἕνα.... νόμον, « usurpans « non unam unius civitatis legem (sed plu- « rium) conflictatur. » [Seidler.] Cf Eschyle, *Choëph.* 1002 : Ἀργυροστερῆ βίον νομίζων.

ΗΛΕΚΤΡΑ.

ΗΛΕΚΤΡΑ.
Οὔ που σπανίζει τοῦ καθ' ἡμέραν βίου;   235
ΟΡΕΣΤΗΣ.
Ἔχει μὲν, ἀσθενὴς δὲ δὴ φεύγων ἀνήρ.
ΗΛΕΚΤΡΑ.
Λόγον δὲ δὴ τίν' ἦλθες ἐκ κείνου φέρων;
ΟΡΕΣΤΗΣ.
Εἰ ζῇς, ὅπως τε ζῶσα συμφορᾶς ἔχεις.
ΗΛΕΚΤΡΑ.
Οὐκοῦν ὁρᾷς μου πρῶτον ὡς ξηρὸν δέμας.
ΟΡΕΣΤΗΣ.
Λύπαις γε συντετηκὸς, ὥστε με στένειν.   240
ΗΛΕΚΤΡΑ.
Καὶ κρᾶτα πλόκαμόν τ' ἐσκυθισμένον ξυρῷ.
ΟΡΕΣΤΗΣ.
Δάκνει σ' ἀδελφὸς ὅ τε θανὼν ἴσως πατήρ.
ΗΛΕΚΤΡΑ.
Οἴμοι, τί γάρ μοι τῶνδέ γ' ἐστὶ φίλτερον;
ΟΡΕΣΤΗΣ.
Φεῦ φεῦ· τί δαὶ σοῦ σῷ κασιγνήτῳ δοκεῖς;
ΗΛΕΚΤΡΑ.
Ἀπὼν ἐκεῖνος, οὐ παρὼν ἡμῖν φίλος.   245

NC. 235. Manuscrit : οὔπου σπανίζων. Chez Dion : ἤπου σπανίζει. — 236. Chez Dion : ἀσθενῆ δ' ἄτε φεύγων. — 238. Ὅπως, correction d'Elmsley pour ὅπου. En effet on dit πῶς συμφορᾶς ἔχει ; et ποῦ συμφορᾶς ἐστι ; Nauck propose : ὅπου.... κυρεῖς.— Ancienne vulgate : συμφοράς.— 240. Manuscrit : λύπαις τε συντέτηκας. Les corrections sont dues à Heath et à Reiske. — 244. Σοῦ, excellente correction de Seidler pour σύ.

238. Avant εἰ ζῇς sous-entendez : « je viens m'informer ». Le vers précédent n'offre que l'idée de « venir » (ἦλθες). — Ὅπως τε.... ἔχεις, et, étant vivante (au cas où tu serais en vie), dans quelle situation tu te trouves. Ὅπως συμφορᾶς ἔχεις est dit comme ὅπως βίου ἔχεις, ὅπως παιδείας ἔχεις, et autres locutions analogues.
241. Ἐσκυθισμένον, rasé. Cf. Troy. 1025 : "Ἣν χρῆν ταπεινὴν, ἐν πέπλων ἐρειπίοις, Φρίκῃ τρέμουσαν, κρᾶτ' ἀπεσκυθισμένην Ἑλθεῖν. Les Scythes avaient l'habitude de scalper les ennemis vaincus (cf. Hérodote, IV, 64), et il paraît que telle est la signification première de ces verbes. Voy. les lexiques de Phavorinus et de Suidas. Athénée, XII, p. 524 F, donne une autre explication.
242. Δάκνει σ(ε), cruciat te.
244. Σοῦ, suppléez : φίλτερον εἶναι.
245. Ἀπὼν.... φίλος. Electre laisse entendre que l'affection d'Oreste se marquerait mieux s'il venait au secours de sa

ΟΡΕΣΤΗΣ.
Ἐκ τοῦ δὲ ναίεις ἐνθάδ᾽ ἄστεως ἑκάς;
ΗΛΕΚΤΡΑ.
Ἐγημάμεσθ᾽, ὦ ξεῖνε, θανάσιμον γάμον.
ΟΡΕΣΤΗΣ.
Ὤιμωξ᾽ ἀδελφὸν σόν. Μυκηναίων τινί;
ΗΛΕΚΤΡΑ.
Οὐχ ᾧ πατήρ μ᾽ ἤλπιζεν ἐκδώσειν ποτέ.
ΟΡΕΣΤΗΣ.
Εἴφ᾽, ὡς ἀκούσας σῷ κασιγνήτῳ λέγω.   250
ΗΛΕΚΤΡΑ.
Ἐν τοῖσδ᾽ ἐκείνου τηλορὸς ναίω δόμοις.
ΟΡΕΣΤΗΣ.
Σκαφεύς τις ἢ βουφορβὸς ἄξιος δόμων.
ΗΛΕΚΤΡΑ.
Πένης ἀνὴρ γενναῖος εἴς τ᾽ ἔμ᾽ εὐσεβής.

NC. 248. Manuscrit : τινά, avec la note marginale : γρ. καὶ τινί, ἵν᾽ ᾖ ὁ νοῦς· Μυκηναίων τινὶ ἐγαμήθης. — 249. Ancienne vulgate : οὐχ ὡς. — 251. Seidler a proposé de substituer τῆλ᾽ ὅρος à τηλορός; et cette conjecture a plu aux critiques. Quelque facile que soit le changement, on ne nous persuadera pas qu'Euripide se soit si mal exprimé. D'ailleurs, la forme τηλορός se justifie par l'analogie. Voy. la note explicative.

sœur. C'est ainsi que l'Électre de Sophocle dit, vers 171 : Ἀεὶ μὲν γὰρ ποθεῖ, Ποθῶν δ᾽ οὐκ ἀξιοῖ φανῆναι.

246. Ἐκ τοῦ n'équivaut pas à ἐκ τίνος χρόνου; mais à ἐκ τίνος λόγου; ἐκ τίνος αἰτίας; Cf. Suppl. 131, avec la note de Markland.

248. Ὤιμωξ(α). Voy. la note sur l'aoriste ἐξέβην, vers 215.

249. Οὐχ ᾧ.... On verra, au vers 312, qu'Électre avait été fiancée à Castor.

251. Ἐν τοῖσδ(ε).... δόμοις, c'est dans cette maison, qui est la sienne (c'est-à-dire celle de mon mari), que j'habite à l'écart. Il ne faut pas construire : ἐκείνου τηλορός, « loin d'Oreste ». La suite des idées s'oppose à cette explication. Oreste a demandé quel est l'époux d'Électre : elle doit donc parler de cet époux dans sa réponse ; et elle le fait en disant ἐκείνου. — Τηλορός, mot poétique, ne se lit que dans ce passage. Eschyle, dans le *Prométhée*, vers 1 et 809, et Euripide lui-même, dans *Androm.* vers 890, et dans *Oreste*, vers 323, disent τηλουρός. Est-ce là une raison de douter de la forme τηλορός? Nous ne le pensons pas. Si l'on veut que ce mot soit composé de τῆλε et de ὅρος, l'analogie des formes ὅμορος et ὅμουρος prouve alors que τηλορός est plus attique que τηλουρός. Cependant cette étymologie nous semble erronée. L'accentuation indique que τηλουρός est dérivé de τῆλε (ou plutôt du radical τηλο), comme αἰψηρός de αἶψα. Or voyelle qui précède le suffixe ρός, est tantôt brève, comme dans καρτερός, γλαφυρός, tantôt longue, comme dans πονηρός, ὀχληρός, et τηλορός a pu exister à côté de τηλουρός, comme νοσερός à côté de νοσηρός.

252. Σκαφεύς τις.... ἄξιος δόμων pouvait se dire aussi bien que δόμοι ἄξιοί εἰσι σκαφέως τινός.

253. Construisez : Πένης (ὢν ὁ) ἀνὴρ (ἐστι) γενναῖος.

ΗΛΕΚΤΡΑ.   ·593

ΟΡΕΣΤΗΣ.

Ἡ δ' εὐσέβεια τίς πρόσεστι σῷ πόσει;

ΗΛΕΚΤΡΑ.

Οὐπώποτ' εὐνῆς τῆς ἐμῆς ἔτλη θιγεῖν.   255

ΟΡΕΣΤΗΣ.

Ἅγνευμ' ἔχων τι θεῖον, ἤ σ' ἀπαξιῶν;

ΗΛΕΚΤΡΑ.

Γονέας ὑβρίζειν τοὺς ἐμοὺς οὐκ ἠξίου.

ΟΡΕΣΤΗΣ.

Καὶ πῶς γάμον τοιοῦτον οὐχ ἥσθη λαβών;

ΗΛΕΚΤΡΑ.

Οὐ κύριον τὸν δόντα μ' ἡγεῖται, ξένε.

ΟΡΕΣΤΗΣ.

Ξυνῆκ'· Ὀρέστῃ μή ποτ' ἐκτίσῃ δίκην.   260

ΗΛΕΚΤΡΑ.

Τοῦτ' αὐτὸ ταρβῶν, πρὸς δὲ καὶ σώφρων ἔφυ.

ΟΡΕΣΤΗΣ.

Φεῦ·
γενναῖον ἄνδρ' ἔλεξας, εὖ τε δραστέον.

ΗΛΕΚΤΡΑ.

Εἰ δή ποθ' ἥξει γ' εἰς δόμους ὁ νῦν ἀπών.

ΟΡΕΣΤΗΣ.

Μήτηρ δέ σ' ἡ τεκοῦσα ταῦτ' ἠνέσχετο;

NC. 256. Ἀπαξιῶν, correction de Schæfer pour ἀναξιῶν.

254. Ἡ δ' εὐσέβεια... πόσει; équivaut à τίς δ' ἐστὶν ἡ εὐσέβεια ἡ προσοῦσα τῷ σῷ πόσει;

256. Ἅγνευμ(α) θεῖον, une chasteté religieuse, un vœu de chasteté. Dans les *Troyennes*, vers 501, Hécube dit à Cassaudre : Οἵαις ἔλυσας συμφοραῖς ἅγνευμα σόν, et dans ce cas-là il s'agit bien d'un ἅγνευμα θεῖον.

257. Οὐκ ἠξίου. Electre se sert de cette locution, parce qu'Oreste a dit ἤ σ' ἀπαξιῶν. « Ce qu'il regarde comme indigne de lui, c'est d'insulter à ma naissance. »

259. Οὐ κύριον τὸν δόντα.... Le droit de disposer de la main d'une jeune fille n'appartenait qu'au chef de la famille, c'est-à-dire : au père, ou bien, si le père était mort, à l'aîné des frères. Cf. la note sur ζῶ' ὁ κύριος, vers 703 d'*Iphigénie à Aulis*.

263. Ὁ νῦν ἀπών. Oreste.

264. Μήτηρ δέ σ' ἡ τεκοῦσα pour ἡ τεκοῦσά σε. Cette transposition du pronom se retrouve ailleurs. On compare, entre autres exemples, Sophocle, *OEd. Col.* 994 : Πατήρ σ' ὁ καίνων.

38

ΗΛΕΚΤΡΑ.

Γυναῖκες ἀνδρῶν, ὦ ξέν', οὐ παίδων φίλαι. 265
ΟΡΕΣΤΗΣ.
Τίνος δέ σ' οὔνεχ' ὕβρισ' Αἴγισθος τάδε;
ΗΛΕΚΤΡΑ.
Τεκεῖν μ' ἐβούλετ' ἀσθενῆ, τοιῷδε δούς.
ΟΡΕΣΤΗΣ.
Ὡς δῆθε παῖδας μὴ τέκοις ποινάτορας;
ΗΛΕΚΤΡΑ.
Τοιαῦτ' ἐβούλευσ'· ὧν ἐμοὶ δοίη δίκην.
ΟΡΕΣΤΗΣ.
Οἶδεν δέ σ' οὖσαν παρθένον μητρὸς πόσις; 270
ΗΛΕΚΤΡΑ.
Οὐκ οἶδε· σιγῇ τοῦθ' ὑφαιρούμεσθά νιν.
ΟΡΕΣΤΗΣ.
Αἵδ' οὖν φίλαι σοι τούσδ' ἀκούουσιν λόγους;
ΗΛΕΚΤΡΑ.
Ὥστε στέγειν γε τἀμὰ καὶ σ' ἔπη καλῶς.
ΟΡΕΣΤΗΣ.
Τί δῆτ', Ὀρέστης πρὸς τόδ' Ἄργος ἢν μόλῃ;
ΗΛΕΚΤΡΑ.
Ἤρου τόδ'; αἰσχρόν γ' εἶπας· οὐ γὰρ νῦν ἀκμή; 275
ΟΡΕΣΤΗΣ.
Ἐλθὼν δὲ δὴ πῶς φονέας ἂν κτάνοι πατρός;

NC. 267. La leçon με βούλετ' a été rectifiée par Porson. — 268. Matthiæ : ὡς δῆτα παῖδας. Elmsley : ὡς παῖδα δῆθεν.... ποινάτορα; — 272. Φίλαι σοι, correction de Victorius pour φίλαισι.

267. Ἀσθενῆ, sous-ent. τέκνα, idée renfermée dans τεκεῖν. — Τοιῷδε, c'est-à-dire ἀσθενεῖ. Cf. vers 39.
268. Δῆθε, pour δῆθεν, ne se retrouve pas ailleurs. Oreste dit ici ce que le Laboureur a dit aux vers 22 sq.
272. Φίλαι σοι, sous-ent. οὖσαι.
273. Καὶ σ' ἔπη, pour καὶ σὰ ἔπη.
275. Ἤρου τόδ'...; ἀκμή; « Huccine « tu interrogabas? Turpis profecto est « talis interrogatio. Nonne summum jam « res nacta est fastigium, i. e. nonne « tanta jam sunt matris meæ et Ægisthi « flagitia, ut ultra progredi non possint? « Quis igitur quæret, quid Orestem in « patriam reversum facere deceat, quum « apertum sit illos mortem commeruisse? « Intelligit sororis mentem Orestes respon-« dens : sed *quomodo* fieri potest cædes? » [Seidler.]

ΗΛΕΚΤΡΑ.

Τολμῶν ὑπ' ἐχθρῶν οἷ' ἐτολμήθη πατήρ.

ΟΡΕΣΤΗΣ.

Ἦ καὶ μετ' αὐτοῦ μητέρ' ἂν τλαίης κτανεῖν;

ΗΛΕΚΤΡΑ.

Ταὐτῷ γε πελέκει τῷ πατὴρ ἀπώλετο.

ΟΡΕΣΤΗΣ.

Λέγω τάδ' αὐτῷ, καὶ βέβαια τἀπὸ σοῦ;   280

ΗΛΕΚΤΡΑ.

Θάνοιμι μητρὸς αἷμ' ἐπισφάξασ' ἐμῆς.

ΟΡΕΣΤΗΣ.

Φεῦ·
εἴθ' ἦν Ὀρέστης πλησίον κλύων τάδε.

ΗΛΕΚΤΡΑ.

Ἀλλ', ὦ ξέν', οὐ γνοίην ἂν εἰσιδοῦσά νιν.

ΟΡΕΣΤΗΣ.

Νέα γὰρ, οὐδὲν θαῦμ', ἀπεζεύχθης νέου.

ΗΛΕΚΤΡΑ.

Εἷς ἂν μόνος νιν τῶν ἐμῶν γνοίη φίλων.   285

NC. 277. Nauck écrit ἐτολμήθη ποτέ. Voy. la note explicative.

277. Ὑπ' ἐχθρῶν οἷ' ἐτολμήθη πατήρ équivaut à οἷ' ἔπασχε πατὴρ ὑπὸ τῆς τῶν ἐχθρῶν τόλμης. La tournure est hardie, puisqu'on dit à l'actif τολμᾶν τι κατά τινος : aussi certains critiques ont-ils voulu corriger la leçon. Ils ont fait une querelle de grammairien, non pas aux copistes, mais au poète lui-même. Il est permis en poésie de se servir du simple au lieu du composé. Or la phrase οἷα πατὴρ κατετολμήθη ὑπὸ τῶν ἐχθρῶν serait correcte et pourrait même être employée en prose. Cp., au vers 686, παλαισθείς pour καταπαλαισθείς.

280. Λέγω est au subjonctif. — Καὶ βέβαια τἀπὸ σοῦ, et peut-on compter sur ce qui doit venir de toi (sur ta coopération)?

281. Θάνοιμι μητρὸς αἷμ' ἐπισφάξασ' ἐμῆς. Dans les *Choéphores* d'Eschyle, vers 435, Oreste s'écrie : Πατρὸς δ' ἀτίμωσιν ἆρα τίσει Ἕκατι μὲν δαιμόνων, Ἕκατι δ' ἀμᾶν χερῶν. Ἔπειτ' ἐγὼ νοσφίσας ὀλοίμην. Mais c'est après avoir pleuré sur le tombeau de son père, après avoir appris tous les outrages infligés à Agamemnon, c'est dans un morceau lyrique où se peint l'exaltation de la douleur, qu'Oreste jette ce cri. Ajoutez qu'Oreste a reçu d'un dieu l'ordre formel de tuer sa mère, tandis qu'Électre n'obéit ici qu'à sa haine. L'Électre de Sophocle, quand elle croit que son frère n'est plus, s'élève à l'héroïque résolution de tuer Égisthe (vers 955 sqq.) ; elle ne s'associe au parricide qu'après avoir appris l'oracle d'Apollon.

284. Ἀπεζεύχθης, *disjuncta* es. Ce verbe marque la séparation de personnes unies par les liens de l'affection. Cf. *Médée*, 1017 : Σῶν ἀπεζύγης τέκνων.

ΟΡΕΣΤΗΣ.

Ἆρ' ὃν λέγουσιν αὐτὸν ἐκκλέψαι φόνου;

ΗΛΕΚΤΡΑ.

Πατρός γε παιδαγωγὸς ἀρχαῖος γέρων.

ΟΡΕΣΤΗΣ.

Ὁ κατθανὼν δὲ σὸς πατὴρ τύμβου κυρεῖ;

ΗΛΕΚΤΡΑ.

Ἔκυρσεν ὡς ἔκυρσεν, ἐκβληθεὶς δόμων.

ΟΡΕΣΤΗΣ.

Οἴμοι, τόδ' οἷον εἶπας· αἴσθησις γὰρ οὖν   290
κἀκ τῶν θυραίων πημάτων δάκνει βροτούς.
Λέξον δ', ἵν' εἰδὼς σῷ κασιγνήτῳ φέρω
λόγους ἀτερπεῖς, ἀλλ' ἀναγκαίους κλύειν.
Ἔνεστι δ' οἶκτος ἀμαθίᾳ μὲν οὐδαμοῦ,
σοφοῖσι δ' ἀνδρῶν· οὐ γὰρ οὐδ' ἀζήμιον   295
γνώμην ἐνεῖναι τοῖς σοφοῖς λίαν σοφήν.

ΧΟΡΟΣ.

Κἀγὼ τὸν αὐτὸν τῷδ' ἔρον ψυχῆς ἔχω.

NC. 295. Le manuscrit d'Euripide porte : σοφοῖσιν ἀνδρῶν· οὐ γὰρ οὐδ'. Dans l'*Anthologie* de Stobée, III, 27, on lit : σοφοῖσι δ' ἀνδρῶν· καὶ γὰρ οὐδ'. — 296. Les leçons γνώμην μὲν εἶναι et λίην sont corrigées d'après Stobée.

287. Ἀρχαῖος γέρων, un vieillard des temps anciens. Cette locution, qui est comme un superlatif de γέρων, donne quelque chose de vénérable à ce vieux serviteur.

289. Ἔκυρσεν ὡς ἔκυρσεν. Réticence douloureuse. Voy. la note sur ἤγγειλας οἳ ἤγγειλας, *Méd.* 1011. — Le dialogue stichomythique qui finit ici, se divise en plusieurs groupes. Après huit vers d'introduction (220-227) neuf vers roulent sur la situation d'Oreste (228-236), neuf autres sur les peines d'Electre (237-245), et huit sur l'abaissement de la fille d'Agamemnon (246-253). Après ces quatre groupes de huit, neuf, neuf et huit monostiques, on en trouve quatre autres de huit, dix, dix et huit monostiques : 254-261, la générosité de l'époux d'Électre ; 262-271, la conduite de Clytemnestre et d'Égisthe ; 272-281, le retour d'Oreste vaguement annoncé ; 282-289, mention d'un vieux serviteur, le seul qui puisse reconnaître le jeune prince.

291. Θυραίων, *alienorum*, est le contraire de οἰκείων, *domesticorum*.

294-296. Oreste dit que l'ignorance, ἀμαθία (nous dirions : « la grossièreté »), est inaccessible à la pitié; qu'il faut de la sagesse (nous dirions : « une certaine culture de l'âme ») pour compatir aux maux d'autrui, et il ajoute, que la sagesse (la culture), en nous rendant plus sensibles, nous expose donc à souffrir. — Il nous semble difficile de trouver dans les mots καὶ γὰρ οὐδ' ἀζήμιον.... σοφήν le sens qu'y attachent Prévost et Matthiæ : « Nimia sapientia, v. c. si quis sapientis non esse putat misereri et idcirco omnem misericordiam ex animo ejicit, damno est hominibus. » — Οὐ γὰρ οὐδ(έ). Les deux négations se renforcent, comme dans οὐ μὴν οὐδέ, οὐδὲ γὰρ οὐδέ.

Πρόσω γὰρ ἄστεως οὖσα τἀν πόλει κακὰ
οὐκ οἶδα, νῦν δὲ βούλομαι κἀγὼ μαθεῖν.

ΗΛΕΚΤΡΑ.

Λέγοιμ' ἄν, εἰ χρή· χρὴ δὲ πρὸς φίλον λέγειν 300
τύχας βαρείας τὰς ἐμὰς κἀμοῦ πατρός.
Ἐπεὶ δὲ κινεῖς μῦθον, ἱκετεύω, ξένε,
ἄγγελλ' Ὀρέστῃ τἀμὰ καὶ κείνου κακά·
πρῶτον μὲν, οἵοις ἐν πέπλοις αὐαίνομαι,
πίνῳ θ' ὅσῳ βέβριθ', ὑπὸ στέγαισί τε 305
οἵαισι ναίω βασιλικῶν ἐκ δωμάτων,
αὐτὴ μὲν ἐκμοχθοῦσα κερκίσιν πέπλους,
ἢ γυμνὸν ἕξω σῶμα καὶ στερήσομαι,
αὐτὴ δὲ πηγὰς ποταμίους φορουμένη.
Ἀναίνομαι γυναῖκας οὖσα παρθένος, 310
ἀνέορτος ἱερῶν καὶ χορῶν τητωμένη·
ἀναίνομαι δὲ Κάστορ', ᾧ πρὶν εἰς θεοὺς

NC. 298. Vulgate : ἄστεος. — 304. J'ai corrigé la leçon ἐν πέπλοις αὐλίζομαι, qui ne peut s'interpréter d'une façon satisfaisante. La faute s'explique par la ressemblance des lettres Λ et Α. L'erreur αὐλίνομαι, pour αὐαίνομαι, donna lieu à la mauvaise correction αὐλίζομαι. — 308. Nauck propose κἀστερήσομαι. — 309. Après ce vers se lisait notre vers 311. La transposition est due à Kirchhoff. — 310. Manuscrit : ἀναίνομαι δὲ γυμνὰς οὖσα παρθένος. Le mot γυναῖκας, qui s'y trouve écrit au-dessus de γυμνάς, a donné lieu à la vulgate : ἀναίνομαι γυναῖκας, leçon que j'ai conservée, faute de mieux, quoiqu'elle ait le tort de supprimer la conjonction δέ. Kirchhoff et Nauck écrivent : ἀναίνομαι δὲ γυμνὰς οὖσα παρθένους, en y attachant un sens que je ne devine pas. — 312-313. Peut-être : Ὃς πρίν.... ἔμ' ἐμνήστευεν. [Nauck.] Manuscrit : ᾧ πρὶν.... ἐμὲ μνήστευον.

302. Κινεῖς, tu suscites, tu provoques.
304. Αὐαίνομαι, je me dessèche. Électre a dit au vers 239 : Ὁρᾷς μου.... ὡς ξηρὸν δέμας. Quant à l'expression, comparez Sophocle, *Phil.* vers 954 : Ἀλλ' αὐανοῦμαι τῷδ' ἐν αὐλίῳ μόνος, et Sophocle, *Él.* 819 : Τῇδε πρὸς πύλῃ παρεῖσ' ἐμαυτὴν ἄφιλος αὐανῶ βίον. — Βασιλικῶν ἐκ δωμάτων, après avoir habité le palais d'un roi. Ἐκ marque la succession (ἐκδοχή). Cp. Hécube 55 : Ἐκ τυραννικῶν δόμων, et 915 : Ἐκ δείπνων.
308. « Hic versus quasi parenthesin « facit. Addit autem hæc, quia puellam « suas sibi ipsam vestes texere per se non

« indecorum est, sed ita demum, si alio- « qui nuda futura sit. Ἢ est *alioqui*. » [Matthiæ.]
310-311. Électre dit que, n'étant épouse que de nom, elle évite de se mêler aux femmes et ne paraît point au milieu d'elles dans les fêtes et dans les danses publiques. — Ἀνέορτος ἱερῶν équivaut à οὐχ ἑορτάζουσα τὰ ἱερά. Voyez la note à ἄθυτος ἀνέρων πελάνων, *Hipp.* 147. — Χορῶν. Dans *Iphig. Taur.* 454 et 1143 sqq. de jeunes Grecques, captives dans un pays barbare, regrettent plus que tout le reste les chœurs de leur patrie.
311. Ἀναίνομαι δὲ Κάστορ(α), je suis

ἐλθεῖν ἔμ' ἐμνήστευον, οὖσαν ἐγγενῆ.
Μήτηρ δ' ἐμὴ Φρυγίοισιν ἐν σκυλεύμασιν
θρόνῳ κάθηται, πρὸς δ' ἕδρας Ἀσιάτιδες   315
δμωαὶ στατίζουσ', ἃς ἔπερσ' ἐμὸς πατὴρ,
Ἰδαῖα φάρη χρυσέαις ἐζευγμέναι
πόρπαισιν. Αἷμα δ' ἔτι πατρὸς κατὰ στέγας
μέλαν σέσηπεν· ὃς δ' ἐκεῖνον ἔκτανεν,
εἰς ταὐτὰ βαίνων ἅρματ' ἐκφοιτᾷ πατρὶ   320
καὶ σκῆπτρ', ἐν οἷς Ἕλλησιν ἐστρατηλάτει,
μιαιφόνοισι χερσὶ γαυροῦται λαβών.
Ἀγαμέμνονος δὲ τύμβος ἠτιμασμένος
οὐπώποτε χοὰς οὐδὲ κλῶνα μυρσίνης
ἔλαβε, πυρὰ δὲ χέρσος ἀγλαϊσμάτων.   325
Μέθῃ δὲ βρεχθεὶς τῆς ἐμῆς μητρὸς πόσις
ὁ κλεινός, ὡς λέγουσιν, ἐνθρώσκει τάφῳ

NC. 315. Manuscrit : ἀσιήτιδες. Probablement πρὸς δ' ἕδραισιν Ἀσίδες. [Hermann].
— 324. Pierson a corrigé la leçon οὐπώποτ' οὐ χοάς. La conjecture de Thiersch οὔπω χοάς ποτ' donne un vers plus élégant.

le souvenir de Castor, j'en ai honte. Cf. *Bacch.* 251 : Ἀναίνομαι.... τὸ γῆρας ὑμῶν εἰσορῶν νοῦν οὐκ ἔχον.

316. Στατίζουσι· στάσιν ἔχουσιν. [Hésychius.] Si la leçon πρὸς δ' ἕδρας, dans le vers précédent, est bonne, στατίζουσι signifiera ici : « elles se placent près ». Στῆναι et ἵστασθαι prennent souvent ce sens. Cf. Homère, *Il.* XVI, 2 : Πάτροκλος δ' Ἀχιλῆϊ παρίστατο, « Patrocle s'approcha d'Achille. » — Ἐπερσ(ε). Ce verbe se dit aussi du butin qu'on fait en saccageant une ville. Cf. Homère, *Il.* I, 125 : Ἀλλὰ τὰ μὲν πολίων ἐξ ἐπράθομεν, τὰ δέδασται.

317. Ἐζευγμέναι est au moyen. L'accusatif φάρη, qui en dépend, n'a donc rien de particulier, et la traduction « ayant rattaché leurs robes » est très-exacte. — Ἰδαῖα, de Troie. Allusion au luxe de l'Asie.

319. Σέσηπεν dit plus que πέπηγεν, mot dont Eschyle s'est servi pour rendre la même idée, *Choéph.* vers 67. La trace du sang pourri est indélébile.

319-322. Ὃς δ' ἐκεῖνον.... λαβών. Euripide a visiblement repris et varié ce que l'Électre de Sophocle dit d'Égisthe (*Él.* 267 sqq.) : Ὅταν θρόνοις Αἴγισθον ἐνθακοῦντ' ἴδω Τοῖσιν πατρῴοις, εἰσίδω δ' ἐσθήματα Φοροῦντ' ἐκείνῳ ταὐτά, καὶ παρεστίους Σπένδοντα λοιβὰς ἔνθ' ἐκεῖνον ὤλεσεν. Il est intéressant de comparer dans leur ensemble les couplets correspondants des deux Électre.

321. Σκῆπτρ' ἐν οἷς, « le sceptre avec lequel, » est dit d'après l'analogie de ἐσθῆτα ἐν ᾗ, κόσμος ἐν ᾧ, le sceptre faisant partie du costume. Cf. Eschyle, *Prom.* 424 ? Στρατὸς ὀξυπρῴροισι βρέμων ἐν αἰχμαῖς.

325. Χέρσος, « stérile, inculte, » est ici l'équivalent poétique de ἄμοιρος; *expers, orbus.*

326. Μέθῃ δὲ βρεχθείς. Les poètes latins disent : *vino madens, irriguus, uvidus.*

327. Ὁ κλεινός. L'Électre de Sophocle appelle Égisthe ὁ κλεινός... νυμφίος, v. 300. Dans notre passage il ne faut pas rapporter ὡς λέγουσιν à ὁ κλεινός : ce serait affaiblir l'ironie. Les mots « à ce qu'on

ΗΛΕΚΤΡΑ. 599

πέτροις τε λεύει μνῆμα λάϊνον πατρὸς
καὶ τοῦτο τολμᾷ τοὔπος εἰς ἡμᾶς λέγειν·
Ποῦ παῖς Ὀρέστης; ἆρά σοι τύμβῳ καλῶς 330
παρὼν ἀμύνει; Ταῦτ' ἀπὼν ὑβρίζεται.
Ἀλλ', ὦ ξέν', ἱκετεύω σ', ἀπάγγειλον τάδε·
πολλοὶ δ' ἐπιστέλλουσιν, ἑρμηνεὺς δ' ἐγώ,
αἱ χεῖρες ἡ γλῶσσ' ἡ ταλαίπωρός τε φρὴν
κάρα τ' ἐμὸν ξυρῆκες ὅ τ' ἐκείνου τεκών. 335
Αἰσχρὸν γάρ, εἰ πατὴρ μὲν ἐξεῖλεν Φρύγας,
ὁ δ' ἄνδρ' ἕν' εἷς ὢν οὐ δυνήσεται κτανεῖν
νέος πεφυκὼς κἀξ ἀμείνονος πατρός.

ΧΟΡΟΣ.

Καὶ μὴν δέδορκα τόνδε, σὸν λέγω πόσιν,
λήξαντα μόχθου πρὸς δόμους ὡρμημένον. 340

ΑΥΤΟΥΡΓΟΣ.

Ἔα· τίνας τούσδ' ἐν πύλαις ὁρῶ ξένους;
τίνος δ' ἕκατι τάσδ' ἐπ' ἀγραύλους πύλας
προσῆλθον; ἢ 'μοῦ δεόμενοι; γυναικί τοι
αἰσχρὸν μετ' ἀνδρῶν ἑστάναι νεανιῶν.

ΗΛΕΚΤΡΑ.

Ὦ φίλτατ', εἰς ὕποπτα μὴ μόλῃς ἐμοί· 345
τὸν ὄντα δ' εἴσει μῦθον· οἵδε γὰρ ξένοι
ἥκουσ' Ὀρέστου πρός με κήρυκες λόγων.
Ἀλλ', ὦ ξένοι, σύγγνωτε τοῖς εἰρημένοις.

NC. 343. La leçon ἢ μου a été corrigée par L. Dindorf.

dit » portent sur le fait rapporté par Électre d'après les bruits qui en couraient.

328. Πέτροις τε λεύει μνῆμα. Sophocle dit (*Él.*, 277 sqq.) que les meurtriers d'Agamemnon ont fait de l'anniversaire de sa mort un jour de fête. On voit qu'Euripide a voulu renchérir sur son devancier.

329. Εἰς ἡμᾶς, sur nous, contre nous, c.-à-d. contre les enfants d'Agamemnon.

330. Σοὶ τύμβῳ, construction homérique (καθ' ὅλον καὶ κατὰ μέρος). Voyez la note sur παισὶν ὄλεθρον βιοτᾷ προσάψεις, *Méd.*, 991 sq.

333-335. Comparez avec cette péroraison pathétique ce que souhaite une autre héroïne d'Euripide, dans *Hécube*, v. 836 sqq. — Ἑρμηνεὺς δ' ἐγώ est une phrase parenthétique. — Ὅ τ' ἐκείνου τεκών, le père d'Oreste. Le participe τεκών est ici employé substantivement et gouverne un génitif. Cf. Eschyle, *Perses*, 245 : Δεινά τοι λέγεις ἰόντων τοῖς τεκοῦσι φροντίσαι.

345. Εἰς ὕποπτα équivaut à εἰς ὑποψίαν.

348. Τοῖς εἰρημένοις. Électre demande pardon de ce qu'a dit le Laboureur.

ΑΥΤΟΥΡΓΟΣ.

Τί φασίν; ἀνὴρ ἔστι καὶ λεύσσει φάος;

ΗΛΕΚΤΡΑ.

Ἔστιν λόγῳ γοῦν· φασὶ δ᾽ οὐκ ἄπιστ᾽ ἐμοί.   350

ΑΥΤΟΥΡΓΟΣ.

Ἦ καί τι πατρὸς σῶν τε μέμνηται κακῶν;

ΗΛΕΚΤΡΑ.

Ἐν ἐλπίσιν ταῦτ᾽· ἀσθενὴς φεύγων ἀνήρ.

ΑΥΤΟΥΡΓΟΣ.

Ἦλθον δ᾽ Ὀρέστου τίν᾽ ἀγορεύοντες λόγον;

ΗΛΕΚΤΡΑ.

Σκοποὺς ἔπεμψε τούσδε τῶν ἐμῶν κακῶν.

ΑΥΤΟΥΡΓΟΣ.

Οὐκοῦν τὰ μὲν λεύσσουσι, τὰ δὲ σύ που λέγεις.   355

ΗΛΕΚΤΡΑ.

Ἴσασιν, οὐδὲν τῶνδ᾽ ἔχουσιν ἐνδεές.

ΑΥΤΟΥΡΓΟΣ.

Οὐκοῦν πάλαι χρῆν τοῖσδ᾽ ἀνεπτύχθαι πύλας.
Χωρεῖτ᾽ ἐς οἴκους· ἀντὶ γὰρ χρηστῶν λόγων
ξενίων κυρήσεθ᾽, οἷ᾽ ἐμὸς κεύθει δόμος.
Αἴρεσθ᾽, ὀπαδοί, τῶνδ᾽ ἔσω τεύχη δόμων·   360
καὶ μηδὲν ἀντείπητε, παρὰ φίλου φίλοι

NC. 349. Schæfer a rectifié la leçon ἀνήρ ici et au vers 364.

350. Λόγῳ γοῦν, du moins à ce qu'ils disent. Λόγῳ, « en paroles », est le contraire de ἔργῳ, « en réalité ». Comme il peut y avoir dans cette manière de s'exprimer quelque chose de fâcheux pour les étrangers, Electre se hâte d'ajouter : « Mais ce qu'ils disent ne me semble pas indigne de foi. »

351. Construisez : πατρὸς (κακῶν) σῶν τε κακῶν.

352. Ἐν ἐλπίσιν ταῦτ(α), il espère nous venger. Ταῦτα se réfère à l'idée de vengeance, qui est implicitement contenue dans la question du Laboureur : μέμνηται κακῶν; Dans son ensemble ce vers fait allusion au proverbe grec : « Les exilés se repaissent d'espérances ». Cf. Phénic. 396 : Αἱ δ᾽ ἐλπίδες βόσκουσι φυγάδας, ὡς λόγος. Voy. aussi Eschyle, Agam., 1668, où Égisthe dit précisément à propos du retour d'Oreste, dont on le menace : Οἶδ᾽ ἐγὼ φεύγοντας ἄνδρας ἐλπίδας σιτουμένους.

360. Ὀπαδοί. Il faut entendre les serviteurs qui accompagnent les deux étrangers; le Laboureur n'en a point.—Τῶνδ(ε), étant immédiatement suivi d'ἔσω, doit être rapporté à δόμος. Aucun Grec n'aurait eu l'idée de construire τεύχη τῶνδε.

361. Καὶ μηδὲν ἀντείπητε. Ces mots s'adressent à Oreste et à Pylade.

ΗΛΕΚΤΡΑ.

μολόντες ἀνδρός· καὶ γὰρ, εἰ πένης ἔφυν,
οὔτοι τόγ' ἦθος δυσγενὲς παρέξομαι.

ΟΡΕΣΤΗΣ.

Πρὸς θεῶν, ὅδ' ἀνὴρ ὃς συνεκκλέπτει γάμους
τοὺς σοὺς, Ὀρέστην οὐ καταισχύνειν θέλων;   365

ΗΛΕΚΤΡΑ.

Οὗτος κέκληται πόσις ἐμὸς τῆς ἀθλίας.

ΟΡΕΣΤΗΣ.

Φεῦ·
οὐκ ἔστ' ἀκριβὲς οὐδὲν εἰς εὐανδρίαν·
ἔχουσι γὰρ ταραγμὸν αἱ φύσεις βροτῶν.
Ἤδη γὰρ εἶδον ἄνδρα γενναίου πατρὸς
τὸ μηδὲν ὄντα, χρηστὰ δ' ἐκ κακῶν τέκνα,   370
λιμόν τ' ἐν ἀνδρὸς πλουσίου φρονήματι,
γνώμην δὲ μεγάλην ἐν πένητι σώματι.
Πῶς οὖν τις αὐτὰ διαλαβὼν ὀρθῶς κρινεῖ;
πλούτῳ; πονηρῷ γ' ἄρα χρήσεται κριτῇ·
ἢ τοῖς ἔχουσι μηδέν; ἀλλ' ἔχει νόσον   375
πενία, διδάσκει δ' ἄνδρα τῇ χρείᾳ κακόν.

NC. 363. Δυσγενές, correction de Canter pour δυσμενές. — 370. Manuscrit : χρηστά τ'. La bonne leçon se trouve chez Orion, *Anthologn*. VIII. 7, et chez Stobée, *Anthol.* LXXXVII, 40, où les vers 367-370 sont cités. — 372. Seidler a rectifié la leçon γνώμην τε. — 373. Manuscrit : κρίνῃ.

364-365. Συνεκκλέπτει γάμους τοὺς σοὺς, de concert avec toi il élude furtivement l'hymen contracté avec toi. L'explication : « una nuptias tuas celat quales a sint », est erronée. Les mots suivants : Ὀρέστην οὐ καταισχύνειν θέλων, le prouvent assez. Κλέπτειν et ἐκκλέπτειν signifient quelquefois « écarter furtivement », et tel est le sens que ces verbes ont ici dans le composé συνεκκλέπτει.

367. Ἀκριβές, sous-ent. κριτήριον. Oreste dit qu'il n'y a point d'indice certain de la valeur d'un homme. — Εἰς, par rapport à ... Cf. v. 329.

370. Τὸ μηδὲν ὄντα, étant un homme de rien, un homme nul et sans valeur. Cf. *Iph. Aul.*, 945 : Ἐγὼ τὸ μηδέν, Μενέλεως δ' ἐν ἀνδράσιν.

371. Λιμόν... φρονήματι, et (j'ai vu) la misère dans les sentiments d'un homme riche. Ce beau vers était peut-être présent au souvenir du poète comique Alexis (ou Ménandre), dont Stobée, *Anthol.*, XCIII, 4, cite ce fragment : Ψυχὴν ἔχειν δεῖ πλουσίαν· τὰ δὲ χρήματα Ταῦτ' ἐστιν ὄψις, παραπέτασμα τοῦ βίου.

374. Κριτῇ. En prose, on aurait dit κριτηρίῳ.

375. Ἢ τοῖς ἔχουσι μηδέν, suppléez : ἀρετὴν ἐνεῖναι κρινεῖ; La tournure de ces phrases serait plus régulière, si après la première question : πλούτῳ; le poète avait amené, comme seconde question, ἢ ἐνδείᾳ; — Νόσον, un vice.

376. Διδάσκει.... κακόν. Ne traduisez pas : « (la pauvreté) enseigne le mal ». Pour rendre cette idée, un Grec aurait dit διδάσκει κακά. Ici κακόν est adjectif

602   ΗΛΕΚΤΡΑ

Ἀλλ' εἰς ὅπλ' ἔλθω ; τίς δὲ πρὸς λόγχην βλέπων
μάρτυς γένοιτ' ἂν ὅστις ἐστὶν ἀγαθός ;
Κράτιστον εἰκῆ ταῦτ' ἐᾶν ἀφειμένα.
Οὗτος γὰρ ἀνὴρ οὔτ' ἐν Ἀργείοις μέγας   380
οὔτ' αὖ δοκήσει δωμάτων ὠγκωμένος,
ἐν τοῖς δὲ πολλοῖς ὤν, ἄριστος εὑρέθη.
Οὐ μὴ ἀφρονήσεθ', οἳ κενῶν δοξασμάτων
πλήρεις πλανᾶσθε, τῇ δ' ὁμιλίᾳ βροτοὺς
κρινεῖτε καὶ τοῖς ἤθεσιν τοὺς εὐγενεῖς ;   385
Οἱ γὰρ τοιοίδε καὶ πόλεις οἰκοῦσιν εὖ

NC. 378. Manuscrit : ἀγαθός. — 380. Manuscrit : ἀνήρ. — 382. Manuscrit : ἐν τοῖς τε πολλοῖς. On peut écrire, avec Fix et Kirchhoff, ἐν τοῖς δὲ πολλοῖς, correction qui se trouve déjà dans l'un des *apographa;* ou bien, d'après Nauck, ἐν τοῖσι πολλοῖς. — 383. J'ai corrigé la leçon οὐ μὴ φρονήσεθ', qui donne un contre-sens, quoi qu'on en ait dit. Celle de Stobée, *Anth.* LXXXVI, 4 : οὐ μὴ φρονήσηθ', ne vaut pas mieux. — 386. Manuscrit : τοιοῦτοι. Stobée : τοιοίδε. — Ensuite καὶ πόλεις, pour τὰς πόλεις, est une correction indiquée par Cobet, *Novæ Lectiones.*

masculin, et διδάσκει κακόν est dit d'après l'analogie de ποιεῖ κακόν : « la pauvreté enseigne à l'homme à être pervers ». Cf. *Méd.*, 295 : Παῖδας περισσῶς ἐκδιδάσκεσθαι σοφούς. On cite un vers tiré du *Télèphe* d'Euripide et passé en proverbe : Χρεία διδάσκει, κἂν βραδύς τις ᾖ, σοφόν (Stobée, *Anth.*, XXIX, 55, et Suidas, art. Χρεία). Ajoutez Soph., *Él.*, 13 : Κἀξεθρεψάμην (σε).... πατρὶ τιμωρὸν φόνου.
377-378. Euripide dit qu'on ne peut pas non plus juger de la valeur d'un homme sur le champ de bataille, parce que la confusion qui y règne ne permet pas de distinguer les braves. Citons les vers 840 sqq. des *Suppliantes*, lesquels sont le meilleur commentaire de notre passage : Κενοὶ γὰρ οὗτοι τῶν τ' ἀκουόντων λόγοι Καὶ τοῦ λέγοντος, ὅστις ἐν μάχῃ βεβώς, Λόγχης ἰούσης πρόσθεν ὀμμάτων πυκνῆς, Σαφῶς ἀπήγγειλ' ὅστις ἐστὶν ἀγαθός.
379. Κράτιστον.... ἀφειμένα, le plus sage est de ne pas chercher une règle dans ce qui est l'effet du hasard. S'il faut en croire Diogène Laerce (II, 33), ce vers (qui est attribué à l'*Augé* d'Euripide par ce compilateur d'anecdotes) excita l'indignation de Socrate. Diogène prétend que le philosophe se leva, et sortit du théâtre en disant qu'il était ridicule de courir après un esclave perdu et de renoncer à chercher la vertu. Je regrette que Socrate ait été si vif et si impatient dans cette occasion. En restant quelques minutes de plus, il aurait reconnu l'injustice de sa critique. Euripide engage les hommes à juger de la vertu de leurs semblables, non sur de vaines apparences, mais d'après leur conduite et leur vie tout entière. Voy. v. 384 sq. Mais ne prenons pas Socrate à partie : il n'est pas responsable de tous les mots que les faiseurs de biographies ont mis sur son compte.
381. Δοκήσει δωμάτων ὠγκωμένος, « gentis nobilitate elatus, i. e. clarus. » [Fix.]
382. Ἐν τοῖς δὲ πολλοῖς ὤν. Les Grecs ont l'habitude d'opposer οἱ πολλοί, le peuple, à οἱ ὀλίγοι, les nobles.
383. Οὐ μὴ ἀφρονήσεθ' (synérèse usitée), ne cesserez-vous pas d'être insensés? Voy. la note sur οὐ μὴ παρ' ὄχλῳ τᾷδε γηρύσει; *Hipp.*, 213.
384-385. Τῇ ὁμιλίᾳ καὶ τοῖς ἤθεσιν, en vivant avec eux et en observant leur caractère.
386. Οἱ τοιοίδε, c'est-à-dire : οἱ τῇ ὁμιλίᾳ καὶ τοῖς ἤθεσιν εὐγενεῖς κριθέντες, les hommes vraiment nobles.

ΗΛΕΚΤΡΑ. 603

καὶ δώμαθ᾽· αἱ δὲ σάρκες αἱ κεναὶ φρενῶν
ἀγάλματ᾽ ἀγορᾶς εἰσιν. Οὐδὲ γὰρ δόρυ
μᾶλλον βραχίων στεναρὸς ἀσθενοῦς μένει·
ἐν τῇ φύσει δὲ τοῦτο κἂν εὐψυχίᾳ. —   390
Ἀλλ᾽ ἄξιος γὰρ ὅ τε παρὼν ὅ τ᾽ οὐ παρὼν
Ἀγαμέμνονος παῖς, οὗπερ οὕνεχ᾽ ἥκομεν,
δεξώμεθ᾽ οἴκων καταλύσεις· χωρεῖν χρεὼν,
δμῶες, δόμων τῶνδ᾽ ἐντός· ὡς ἐμοὶ πένης
εἴη πρόθυμος πλουσίου μᾶλλον ξένος.   395
Αἰνῶ μὲν οὖν τοῦδ᾽ ἀνδρὸς εἰσδοχὰς δόμων·
ἐβουλόμην δ᾽ ἄν, εἰ κασίγνητός με σὸς
εἰς εὐτυχοῦντας ἦγεν εὐτυχῶν δόμους.
Ἴσως δ᾽ ἂν ἔλθοι· Λοξίου γὰρ ἔμπεδοι
χρησμοί, βροτῶν δὲ μαντικὴν χαίρειν ἐῶ.   400
ΧΟΡΟΣ.
Νῦν ἢ πάροιθεν μᾶλλον, Ἠλέκτρα, χαρᾷ

NC. 388. Manuscrit : δορί. Stobée : δόρυ.

388-389. Ἀγάλματ᾽ ἀγορᾶς, de belles images qu'admire la foule assemblée dans la place publique. On a rapproché de ce passage un fragment de l'*Autolycus* (Athénée, X, p. 413 C), dans lequel Euripide attaque vivement les athlètes, et où il dit d'eux (v. 10) : Λαμπροὶ δ᾽ ἐν ἥβῃ καὶ πόλεως ἀγάλματα Φοιτῶσι. Ajoutons le mot de Démosthène appelant Eschine τὸν καλὸν ἀνδριάντα (*Couronne*, 129). — Δόρυ.... μένει, il attend de pied ferme la lance de l'ennemi. Cf. Homère, *Iliade*, V, 527 : Ὡς Δαναοὶ Τρῶας μένον ἔμπεδον οὐδ᾽ ἐφέβοντο, et *passim*.

390. Il ne faut pas prétendre que le lieu commun qui se termine ici soit un hors-d'œuvre. Le poëte y expose une des vues principales de ce drame, celle-là même à laquelle il a donné un corps en créant le personnage du Laboureur. Voyez p. 567.

391-393. Ἀλλ᾽ ἄξιος γὰρ.... καταλύσεις, mais acceptons l'hospitalité dans cette maison : elle n'est pas indigne du prince à la fois présent et absent, du fils d'Agamemnon, pour lequel nous sommes venus. En grec on peut dire indifféremment ἡ κατάλυσις ἀξία ἐστὶν Ὀρέστου et Ὀρέστης ἄξιός ἐστι τῆς καταλύσεως. Voy. la note sur le vers 252. — Ὅ τε παρὼν ὅ τ᾽ οὐ παρών. Ces mots sont à double entente. L'étranger semble dire qu'Oreste est en quelque sorte présent dans la personne de son représentant, quoiqu'en réalité il soit absent. Cependant le sens véritable de ces mots, c'est qu'Oreste est présent en réalité, quoiqu'il passe pour absent. La traduction de Matthiæ : « sive adsit, sive absit », n'est pas exacte. Elle ne serait admissible que s'il y avait παρών τε καὶ οὐ παρών, sans article.

394-395. Ὡς ἐμοὶ.... ξένος, car pour ma part j'aime mieux (ἐμοὶ εἴη μᾶλλον, puissé-je avoir plutôt) un hôte pauvre et empressé qu'un hôte riche.

397-398. Ἐβουλόμην δ᾽ ἄν, j'aimerais mieux. — Εἰ ἦγεν εἰς δόμους, s'il me conduisait, c.-à-d. s'il me recevait, dans sa maison.

401-402. Le vers permettait d'écrire νῦν μᾶλλον ἢ πάροιθεν. Mais l'ordre des mots préféré par le poëte fait mieux ressortir l'antithèse. — Χαρᾷ θερμαινόμεσθα καρδίαν, nous nous réchauffons le cœur par la joie. Barnes a déjà cité Homère, *Od.*, VI, 156 :

θερμαινόμεσθα καρδίαν· ἴσως γὰρ ἂν
μόλις προβαίνουσ' ἡ τύχη σταίη καλῶς.

ΗΛΕΚΤΡΑ.

Ὦ τλῆμον, εἰδὼς δωμάτων χρείαν σέθεν
τί τούσδ' ἐδέξω μείζονας σαυτοῦ ξένους; 405

ΑΥΤΟΥΡΓΟΣ.

Τί δ'; εἴπερ εἰσὶν ὡς δοκοῦσιν εὐγενεῖς,
οὐκ ἔν τε μικροῖς ἔν τε μὴ στέρξουσ' ὁμῶς;

ΗΛΕΚΤΡΑ.

Ἐπεί νυν ἐξήμαρτες ἐν σμικροῖσιν ὤν,
ἐλθ' ὡς παλαιὸν τροφὸν ἐμοῦ φίλον πατρός·
ὃς ἀμφὶ ποταμὸν Τάναον, Ἀργείας ὅρους 410
τέμνοντα γαίας Σπαρτιάτιδός τε γῆς,
ποίμναις ὁμαρτεῖ πόλεος ἐκβεβλημένος·
κέλευε δ' αὐτὸν εἰς δόμους ἀφιγμένον
ἐλθεῖν ξένων τ' εἰς δαῖτα πορσῦναί τινα.
Ἡσθήσεταί τοι καὶ προσεύξεται θεοῖς, 415
ζῶντ' εἰσακούσας παῖδ' ὃν ἐκσώζει ποτέ.
Οὐ γὰρ πατρῴων ἐκ δόμων μητρὸς πάρα
λάβοιμεν ἄν τι· πικρὰ δ' ἀγγείλαιμεν ἄν,
εἰ ζῶντ' Ὀρέστην ἡ τάλαιν' αἴσθοιτ' ἔτι.

NC. 407. La leçon στέξουσ' ὅμως a été corrigée par Victorius et par Seidler. — 408. Manuscrit : ἐπεὶ νῦν. — 409. Manuscrit : ἐμὸν φίλου. La correction est due à Camper. — 412. Manuscrit : πόλεως. — 413. Scaliger a corrigé la leçon αὐτὸν τόνδ' εἰς. — 418. Victorius a rectifié la leçon ἀγγεῖλαι μὲν ἄν.

Μάλα που σφίσι θυμὸς ᾄεν εὐφροσύνῃσιν ἰαίνεται.

407. Στέρξουσ(ι), ils seront contents. Cp. *Hipp.*, 458 et 464. — Il faut avouer que le Laboureur marque des sentiments plus élevés, plus vraiment nobles que la fille des rois. Mais Électre est comme toutes les maîtresses de maison : sa grande préoccupation, c'est de se faire honneur en offrant à ses hôtes un repas convenable.

410. Ποταμὸν Τάναον. A la fin de son deuxième livre, Pausanias, après avoir marqué l'endroit où les territoires d'Argos, de Sparte et de Tégée confinent ensemble, ajoute : Ποταμὸς δὲ καὶ οὔμενος Τάναος (vulgate vicieuse : Τάνος), εἰς γὰρ δὴ οὗτος ἐκ τοῦ Πάρνωνος κάτεισι, ῥέων διὰ τῆς Ἀργείας ἐκδίδωσιν ἐς τὸν Θυρεάτην κόλπον.

413. Εἰς δόμους ἀφιγμένον, dès qu'il sera rentré. Cf. *Héc.*, 967.

416. Ὃν ἐκσώζει ποτέ. Le présent se trouve quelquefois rapproché de ποτέ. Cf. *Méd.*, 954 : Κόσμον ὃν ποθ' Ἥλιος... δίδωσιν ἐκγόνοισιν οἷς.

418. Πικρά, une nouvelle amère pour nous, une nouvelle qu'elle nous ferait payer cher. [Fix.] La tournure du vers suivant réfute l'explication « une nouvelle douloureuse pour elle ».

ΗΛΕΚΤΡΑ. 605

ΑΥΤΟΥΡΓΟΣ.

Ἀλλ' εἰ δοκεῖ σοι, τούσδ' ἀπαγγελῶ λόγους 420
γέροντι· χώρει δ' εἰς δόμους ὅσον τάχος
καὶ τἄνδον ἐξάρτυε. Πολλά τοι γυνὴ
χρῄζουσ' ἂν εὕροι δαιτὶ προσφορήματα.
Ἔστιν δὲ δὴ τοσαῦτά γ' ἐν δόμοις ἔτι,
ὥσθ' ἕν γ' ἐπ' ἦμαρ τούσδε πληρῶσαι βορᾶς. 425
Ἐν τοῖς τοιούτοις δ' ἡνίκ' ἂν γνώμης πέσω,
σκοπῶ τὰ χρήμαθ' ὡς ἔχει μέγα σθένος,
φίλοις τε δοῦναι σῶμά τ' εἰς νόσον πεσὸν
δαπάναισι σῶσαι· τῆς δ' ἐφ' ἡμέραν βορᾶς
εἰς μικρὸν ἥκει· πᾶς γὰρ ἐμπλησθεὶς ἀνὴρ 430
ὁ πλούσιός τε χὠ πένης ἴσον φέρει.

ΧΟΡΟΣ.

Κλειναὶ νᾶες, αἵ ποτ' ἔμβατε Τροίαν [Strophe 1.]
τοῖς ἀμετρήτοις ἐρετμοῖς
πέμπουσαι χοροὺς μετὰ Νηρῄδων,

NC. 424. Ancienne vulgate : τοσαῦτα τἀν δόμοις. — 426. Manuscrit : γνώμη. Stobée, *Anthol.* XCI, 6 : γνώμης. — 428 : Manuscrit : ξένοις τε δοῦναι. Stobée, *c.*, et Plutarque, *De aud. poetis*, p. 33 : φίλοις τε δοῦναι. Chez ce dernier, on lit aussi εἰς νόσους. — 429. Stobée : ἐφημέρου βορᾶς. — 434. Manuscrit : νηρηΐδων.

423. Προσφορήματα. Ce mot, qui ne se lit qu'ici, est généralement pris pour un synonyme de προσφορά, « nourriture » (et non « plat » : car ce substantif répond au verbe moyen προσφέρεσθαι). J'aimerais mieux l'expliquer : « additions, assaisonnements ».

426. Le génitif γνώμης dépend grammaticalement des mots ἐν τοῖς τοιούτοις : « Quand je tombe sur de telles pensées. » Quant à la construction πίπτειν ἔν τινι, cp Homère, *Il.* XIII, 205 : Πέσεν ἐν κονίῃσιν, et *passim*.

429-430. Τῆς.... ἥκει. « Ad quotidianum vero victum parvi refert. »

431. Le dialogue entre Électre et le Laboureur se compose de deux distiques (404-407), et de deux couplets, de douze vers chacun (408-431).

432. Κλειναὶ νᾶες. La magnificence du départ de la flotte grecque, tableau placé au début de ce chœur, contraste avec le sujet de l'épode, le triste retour et la mort ignominieuse d'Agamemnon. — Αἵ ποτ' ἔμβατε (pour ἐνέβητε) Τροίαν, qui jadis vous dirigiez vers Troie.

433. Ἀμετρήτοις équivaut ici à ἀναριθμήτοις.

434. Πέμπουσαι χοροὺς, « ducentes choreas ». Avec leurs rames innombrables, qui sont comme autant de pieds, les vaisseaux dansent sur les flots, et les flots, agités par le mouvement des rames, bondissent autour des vaisseaux, semblent s'associer à leur danse. Traduisez ces faits en langage poétique et mythologique, vous verrez les chœurs des Néréides accompagner la danse des vaisseaux. Sophocle dit (*OEd. Col.* 716) : Ἃ δ' εὐήρετμος ἔκπαγλ' ἁλία χερσὶ παραπτομένα πλάτα θρώσκει τῶν ἑκατομπόδων Νηρῄδων ἀκόλουθος. Ailleurs Euripide lui-même fait conduire les

ἵν' ὁ φίλαυλος ἔπαλλε δελ-
φὶς πρώραις κυανεμβόλοις
εἱλισσόμενος,
πορεύων τὸν τᾶς Θέτιδος
κοῦφον ἅλμα ποδῶν Ἀχιλῆ
σὺν Ἀγαμέμνονι Τρωΐας
ἐπὶ Σιμουντίδας ἀκτάς.

435

440

Νηρῇδες δ' Εὐβοΐδας ἀκτὰς λιποῦσαι [Antistrophe 4.]

NC. 436. Ancienne vulgate : κυανεμβόλοισιν. — 437. Manuscrit : εἰειλισσόμενος. Cette leçon, qui met ce vers d'accord avec le vers antithétique (447), est remarquable parce qu'Aristophane, dans un morceau où il se moque du style lyrique d'Euripide, et où les vers 435 et 436 se trouvent insérés, écrit εἰειειειειειλίσσετε δακτύλοις φάλαγγε; (*Gren.* 1314). Cependant cette imitation comique du chant (κατὰ μίμησιν τῆς μελοποιΐας, dit le scholiaste d'Aristophane) ne semble pas être de mise dans le texte d'une tragédie. Faut-il lire : Κοίν' εἱλισσόμενος? — 439. La leçon ἀχιλῆ a été rectifiée par Heath. — 440. Manuscrit : τροίας. Seidler : Τρωΐας ou Τρωϊκάς. — 442. Seidler a rectifié la leçon εὐβοΐδας.

chœurs des dauphins par un navire qu'il appelle : Χοραγὲ τῶν καλλιχόρων δελφίνων. (*Hélène*, 1454, passage cité par Seidler.)

435. Φίλαυλος. Les dauphins aiment la musique : tout le monde sait ce que les Grecs racontaient d'Arion. Ici, c'est la flûte du τριηραύλης (voy. la note sur *Iph. Taur.* 1126) qui attire les dauphins. — Ἔπαλλε est ici employé intransitivement : « il se balançait. »

438. Πορεύων, conduisant, escortant.

439. Κοῦφον ἅλμα ποδῶν, « léger au saut des pieds, » répond à l'homérique πόδας ὠκύς.

440. Σὺν Ἀγαμέμνονι. Ces mots sont importants, parce qu'ils établissent jusqu'à un certain point l'unité de ce chœur. Achille, le guerrier le plus brillant de l'armée grecque, ne figure ici que pour mettre en lumière la gloire de celui qui commandait toute cette armée, et qui périt de la main d'une femme. Il est vrai que le poète s'arrêtera si longtemps sur Achille et sur le bouclier d'Achille qu'il nous fera perdre de vue le véritable sujet de ce morceau : l'accessoire s'étend aux dépens du principal.

442. Εὐβοΐδας ἀκτὰς λιποῦσαι. Les Néréides, qui viennent de la haute mer et peut-être de Lemnos, où était la forge de Vulcain, passent près de la côte nord-ouest de l'île d'Eubée pour se rendre dans la Thessalie.

442-451. Les Néréides viennent trouver Achille au fond des montagnes de la Thessalie, où le jeune héros est élevé par son père, et lui apportent les armes fabriquées pour lui par Vulcain. On voit qu'Euripide (sans doute d'après d'autres poëtes) fait sortir aussi la première armure d'Achille des mains de l'ouvrier divin. De plus, il contredit ici la fable suivant laquelle Pélée cacha son fils dans l'île de Scyros pour le dérober à une mort précoce. Mais du temps d'Euripide ces faits étaient racontés de diverses manières, et la version qui domine aujourd'hui n'était pas encore généralement et exclusivement admise. Dans l'*Iliade* (XI, 765 sqq.) Ulysse et Phénix viennent trouver Achille dans la maison de son père : Pélée n'a nullement songé à cacher son fils, et il ne fait aucune difficulté de le laisser partir. (Cf. *Il.* IX, 253 et 439; XVIII, 58.) D'après les *Cypriaques* (voy. l'extrait de Proclus) et la *Petite Iliade* (voy. schol. ad *Il.* XIX, 326) c'était au retour de l'expédition de Mysie

ΗΛΕΚΤΡΑ.   607

Ἡφαίστου χρυσέων ἀκμόνων
μόχθους ἀσπιστὰς ἔφερον τευχέων,
ἀνά τε Πήλιον ἀνά τε πρύ-   445
μνας Ὄσσας ἱερὰς νάπας,
Νυμφαίας σκοπιὰς
χοροστάσεις τ', ἔνθα πατὴρ
ἱππότας τρέφεν Ἑλλάδι φῶς
Θέτιδος εἰνάλιον γόνον,   450
ταχύπορον πόδ' Ἀτρείδαις.

Ἰλιόθεν δ' ἔκλυόν τινος ἐν λιμέσιν   [Strophe 2.]
Ναυπλίοισι βεβῶτος

NC. 447. La conjecture Νυμφᾶν σκοπιάς (Seidler) est peu probable : l'adjectif Νυμφαίας n'a pas l'air d'une glose. Il faut plutôt croire que le vers correspondant, 437, devrait avoir une syllabe de plus. — 448. Manuscrit : κόρας μάτευσ'. J'ai hasardé la conjecture χοροστάσεις τ', afin de rendre ce passage intelligible. — 450. La leçon ἐνάλιον a été rectifiée par Seidler. — 452. Manuscrit : τινὸς.

qu'Achille aborda dans Scyros et épousa Déidamie. Welcker (*Der epische Cyclus,* I, p. 60 et II, p. 144) en conclut avec raison que dans ces poëmes il n'était pas non plus question du séjour du jeune Achille parmi les filles du roi Lycomède. Cette dernière fable a fourni, il est vrai, à Euripide le sujet de sa tragédie des *Scyriennes*. Mais ce n'est pas là une raison de croire que notre poëte n'ait pu suivre ici une autre fable : il ne s'est jamais piqué de faire de son théâtre un cours uniforme d'histoire fabuleuse. Les critiques qui, pour mettre Euripide d'accord avec lui-même et avec une fable très-répandue de nos jours, prétendent que toute cette strophe est gravement altérée, émettent donc une supposition gratuite. Du reste, on a beau faire une part très-large aux erreurs des copistes, le sens général de ces vers est clair et évident.

443-444. Ἡφαίστου χρυσέων ἀκμόνων μόχθους, les travaux des enclumes d'or de Vulcain. Ces travaux consistent dans une armure dont la pièce principale est un bouclier. Ceci est lyriquement exprimé par deux autres compléments de μόχθους : par l'épithète ἀσπιστάς, et par τευχέων, génitif qui marque le contenu, tandis que le génitif ἀκμόνων marque la provenance. — Χρυσέων. Il y a ici synérèse, et ce mot est de deux syllabes.

445-446. Πήλιον. C'est là que résidait Chiron, le sage Centaure chargé de l'éducation d'Achille, et qui, dans ce morceau, n'est rappelé qu'indirectement par la mention de cette montagne. — Πρύμνας.... νάπας, les vallons reculés.

447-448. Νυμφαίας σκοπιὰς χοροστάσεις τ', sur les cimes, *speculæ*, d'où les Nymphes regardent au loin, et dans les vallées où elles forment leurs danses. La forme χοροστασις est à χοροστασία ce que ἱππόστασις et βούστασις sont à ἱπποστασία et à βουστασία.

449. Ἱππότας. Homère dit ἱππηλάτα Πηλεύς, *Il.*, VII, 125. — Τρέφεν Ἑλλάδι φῶς, il l'éleva (pour être un jour) la joie de la Grèce. Voy. la note sur le vers 376. Cp. d'ailleurs *Iph. Aul.*, 1063, où Achille est appelé Θεσσαλίᾳ μέγα φῶς.

451. L'accusatif πόδ(α) dépend de l'adjectif ταχύπορον, comme, au vers 439, ἅλμα ποδῶν dépend de κοῦφον. — Ἀτρείδαις. Voilà encore un mot qui nous ramène au sujet principal de ce chœur. Voy. la note sur le vers 440.

453. Ναυπλίοισι. Strabon, VIII, p. 368 :

τὰς σὰς, ὦ Θέτιδος παῖ,
κλεινᾶς ἀσπίδος ἐν κύκλῳ 455
τοιάδε σήματα δείματα φρικτὰ τετύχθαι.
Περιδρόμῳ μὲν ἴτυος ἕδρᾳ
Περσέα λαιμοτόμαν ὑπὲρ
ἁλὸς ποτανοῖσι πεδί- 460
λοισι φυὰν Γοργόνος ἴσ-
χειν, Διὸς ἀγγέλῳ σὺν Ἑρμᾷ,
τῷ Μαίας ἀγροτῆρι κούρῳ.

Ἐν δὲ μέσῳ κατέλαμπε σάκει φαέθων [Antistrophe 2.]
κύκλος ἀελίοιο 465
ἵπποις ἂν πτεροέσσαις
ἄστρων τ' αἰθέριοι χοροί,
Πλειάδες Ὑάδες, Ἕκτορος ὄμμα τρόπαιον.
Ἐπὶ δὲ χρυσοτύπῳ κράνει 470

NC. 456. On lisait δείματα ‖ Φρύγια, ce qu'on expliquait : « objets de terreur pour les Phrygiens, » au lieu de s'avouer que ces mots n'offraient aucun sens. Nous avons adopté la correction de Nauck φρικτά. — 459. Λαιμοτόμαν, correction de Seidler pour λαιμότομον. — 469. Manuscrit : ὄμμασι τροπαίοις. Barnes : ὄμμασι τροπαῖοι. J'ai écrit ὄμμα τροπαῖον pour rétablir l'accord antistrophique. Les copistes ont changé ce qu'ils ne comprenaient pas. — 470. Manuscrit : χρυσεοτύπῳ. Seidler : χρυσοτύπῳ. Si l'on écrivait χρυσοτυπεῖ, l'accord antistrophique serait plus rigoureux.

Ἡ Ναυπλία τὸ τῶν Ἀργείων ναύσταθμον. [Musgrave.]

456. Δείματα φρικτά. Ces mots expliquent pourquoi Euripide s'éloigne tant d'Homère dans la description du bouclier d'Achille. Il veut y mettre des figures qui puissent effrayer l'ennemi, comme Hésiode a fait pour le *Bouclier d'Hercule.* Voy, les vers 161 sqq. de ce petit poéme : Ἐν δ' ὀφίων κεφαλαὶ δεινῶν ἔσαν, οὔτι φατειῶν, Δώδεκα, ταὶ φοβέεσκον ἐπὶ χθονὶ φῦλ' ἀνθρώπων Οἵτινες ἀντιβίην πόλεμον Διὸς υἷι φέροιεν.

457. Περιδρόμῳ μὲν ἴτυος ἕδρᾳ, sur le bord qui courait autour du bouclier. La périphrase ἴτυος ἕδρα désigne ce bord circulaire (ἴτυς) comme l'endroit (ἕδρα) où les figures se trouvaient placées. Hésiode, l. c. 314, dit simplement ἀμφὶ δ' ἴτυν pour exprimer la même idée.

458-461. Construisez : (Ἔκλυον, v.452) Περσέα (sous-ent. ἀρθέντα ou πετόμενον) ὑπὲρ ἁλὸς πεδίλοισι ποτανοῖσιν, ἴσχειν φυὰν λαιμοτόμαν Γοργόνος. Le féminin λαιμοτόμαν, pour λαιμότομον, est une licence admise dans les morceaux lyriques.

462. Ἀγροτῆρι. On sait que Mercure est le dieu des troupeaux et des bergers.

466. Ἄν, apocope pour ἀνά.

467-468. Ἄστρων.... Ὑάδες. Dans l'*Iliade*, XVIII, 485, Vulcain figure sur le bouclier d'Achille : Ἐν δὲ τὰ τείρεα πάντα, τάτ' οὐρανὸς ἐστεφάνωται, Πληιάδας θ' Ὑάδας τε....

468. Ἕκτορος ὄμμα τροπαῖον, vue qui fait fuir Hector. Cf. v. 671 : Ὦ Ζεῦ... τρόπαι' ἐχθρῶν ἐμῶν. — Quant à ὄμμα dans le sens de ὅραμα ou ὄψις, cf. Sophocle, *Ajax*, 1004 : Ὦ δυσθέατον ὄμμα,

ΗΛΕΚΤΡΑ. 609

Σφίγγες ὄνυξιν ἀοίδιμον
ἄγραν φέρουσαι. Περιπλεύ-
ρῳ δὲ κύτει πυρπνόος ἔ-
σπευδε δρόμῳ λέαινα χαλαῖς
Πειρηναῖον ὁρῶσα πῶλον. 475

Ἐν δὲ δόρει φονίῳ τετραβάμονες ἵπποι ἔπαλλον, [Épode.]
κελαινὰ δ' ἀμφὶ νῶθ' ἵετο κόνις.
Τοιῶνδ' ἄνακτα δοριπόνων
ἔκανεν ἀνδρῶν, Τυνδαρί, 480
σὰ λέχεα, κακόφρων κόρα.
Τοιγάρ σέ ποτ' οὐρανίδαι
πέμψουσιν θανάτοις· ἦ μὰν
ἔτ' ἔτι φόνιον ὑπὸ δέραν 485
ὄψομαι αἷμα χυθὲν σιδάρῳ.

ΠΡΕΣΒΥΣ.

Ποῦ ποῦ νεᾶνις πότνι' ἐμὴ δέσποινά τε,

NC. 475. Bothe a substitué ὁρῶσα à θορῶσα. — 476. La leçon δορί a été rectifiée par Hermann. Hartung : ἆορι δ' ἐν φονίῳ. — 481-482. Manuscrit : τυνδαρὶς ἀλέχεα. Seidler a reconnu qu'il faut lire : Τυνδαρί, σὰ λέχεα. Mais il n'aurait pas dû changer ἔκανεν en ἔκανες; et traduire σὰ λέχεα « tuum maritum ». Les mots λέχος, λέκτρον, εὐνή peuvent s'appliquer par métonymie à la femme; mais ils ne désignent jamais l'homme. — Dindorf a rectifié la leçon κούρα. — 483. Θανάτοις· ἦ μάν, correction de Nauck pour θανάτοισι· κἄν. — 485 : Manuscrit: ἔτι ἔτι. — 486. Manuscrit : ὄψομ' αἷμα.

et *Électre*, 903 : Ἐμπαίει τί μοι Ψυχῇ σύνηθες ὄμμα.

471-472. Ἀοίδιμον ἄγραν, « praedam canta comparatam. » [Musgrave.] Le Sphinx chantait ses énigmes. Sophocle l'appelle σκληρὰ ἀοιδός, ποικιλῳδός et ῥαψῳδός (*OEd. Roi*, 36, 130, 391).

472-476. Περιπλεύρῳ... πῶλον. Sur la cuirasse d'Achille on voyait la Chimère fuir à l'aspect de Pégase, monté par Bellérophon. — Περιπλεύρῳ κύτει, littéralement : « sur l'enveloppe qui serrait ses flancs ». — Πυρπνόος λέαινα Homère, *Il.* VI, 181, donne de la Chimère cette description : Πρόσθε λέων, ὄπιθεν δὲ δράκων, μέσση δὲ χίμαιρα, δεινὸν ἀποπνείουσα πυρὸς μένος αἰθομένοιο. —

Πειρηναῖον πῶλον. Pégase, le cheval des sources (son nom l'indique), fit jaillir, en frappant la terre de son pied, la source de Pirène près de Corinthe, comme celle d'Hippocrène sur l'Hélicon.

476. Ἐν δὲ δόρει, et sur le bois de sa lance. — Ἔπαλλον est intransitif, comme ἔπαλλε au vers 435.

478. Τοιῶνδ(ε).... Par cette transition, nous sommes ramenés au vrai sujet de ce chœur. Voy. les notes sur les vers 440 et 451.

481. Σὰ λέχεα, ton lit criminel, ton adultère.

485. Ἔτ' ἔτι φόνιον.... Cf. Eschyle, *Agam.* 1429 : Ἔτι σὲ χρὴ στερομέναν φίλων τύμμα τύμματι τῖσαι.

39

Ἀγαμέμνονος παῖς, ὅν ποτ' ἐξέθρεψ' ἐγώ;
ὡς πρόσβασιν τῶνδ' ὀρθίαν οἴκων ἔχει
ῥυσῷ γέροντι τῷδε προσβῆναι ποδί.
Ὅμως δὲ πρός γε τοὺς φίλους ἐξελκτέον
διπλῆν ἄκανθαν καὶ παλίρροπον γόνυ. —
Ὦ θύγατερ, ἄρτι γάρ σε πρὸς δόμοις ὁρῶ,
ἥκω φέρων σοι τῶν ἐμῶν βοσκημάτων
ποίμνης νεογνὸν θρέμμ' ὑποσπάσας τόδε
πελάνους τε τευχέων τ' ἐξελὼν τυρεύματα,
παλαιόν τε θησαύρισμα Διονύσου τόδε
ὀσμῇ κατῆρες, μικρόν, ἀλλ' ἐπεισβαλεῖν
ἡδὺ σκύφον τοῦδ' ἀσθενεστέρῳ ποτῷ.
Ἴτω φέρων τις τοῖς ξένοις τάδ' εἰς δόμους·
ἐγὼ δὲ τρύχει τῷδ' ἐμῶν πέπλων κόρας
δακρύοισι τέγξας ἐξομόρξασθαι θέλω.

490

495

500

ΗΛΕΚΤΡΑ.

Τί δ', ὦ γεραιέ, διάβροχον τόδ' ὄμμ' ἔχεις;

NC. 488. Manuscrit : ἥν ποτ'. Pierson : ὅν ποτ', d'après les vers 409 et 506. On dit que cette correction est inutile, parce que le même homme peut avoir élevé Agamemnon et Électre. On oublie que chez les Grecs les femmes étaient toujours élevées par des femmes : elles ont leur τροφός (mot qu'on traduit improprement par « nourrice »), comme les hommes ont leur παιδαγωγός. — 489. Peut-être προσβάσιν τήνδ', conjecture de Musgrave. — 490. Hartung : προσστείχειν pour προσβῆναι, leçon qui pourrait être une glose tirée de πρόσβασιν. — 491. Manuscrit : ἐξελεκτέον. — 496. Nous avons adopté πελάνους, conjecture de Jacobs pour στεφάνους. Les couronnes (à l'usage des convives) seraient singulièrement placées entre l'agneau et le fromage; et il était inutile d'apporter ce qu'à la campagne les plus pauvres pouvaient se procurer partout. — 497. Scaliger voulait πολιὸν pour παλαιόν. On peut aussi penser à γέρον. Cependant la leçon peut se défendre. — 498. Κατῆρες est suspect. — 499. Τοῦδ', correction de Reiske pour τῷδ'.

489. Avant ὡς, qui n'est pas exclamatif, mais qui veut dire : « car », suppléez : « Je l'appelle d'en bas ». — Le sujet de ἔχει est Électre.

490. Γέροντι τῷδε, pour ce vieillard, c'est-à-dire : pour moi.

491. Ἐξελκτέον, il faut traîner jusqu'au bout.

492. Διπλῆν, pliée, courbée (par l'âge). On cite Virgile, Én. XI, 645 : « Duplicatque virum (hasta) transfixa dolore. » Ajoutez Ovide, Métam. VI, 293 : « Duplicataque vulnere caeco est. »

493. Ὦ θύγατερ.... Après avoir péniblement gravi l'élévation sur laquelle se trouve la maison du Laboureur (c'est-à-dire : après avoir monté les marches qui séparent la scène de l'orchestre), le vieillard aperçoit Électre et lui adresse ces paroles.

497. Il paraît que la diphthongue de παλαιόν s'abrège ici devant la voyelle qui la suit. La même abréviation a quelquefois lieu dans δείλαιος et γεραιός (γεραός).

498. Ὀσμῇ κατῆρες, « odore instructum. » [Markland.] Toutefois la leçon semble douteuse.

ΗΛΕΚΤΡΑ. 611

μῶν τἀμὰ διὰ χρόνου σ' ἀνέμνησαν κακά;
ἢ τὰς Ὀρέστου τλήμονας φυγὰς στένεις 505
καὶ πατέρα τὸν ἐμόν, ὅν ποτ' ἐν χεροῖν ἔχων
ἀνόνητ' ἔθρεψάς σοί τε καὶ τοῖς σοῖς φίλοις;

ΠΡΕΣΒΥΣ.

Ἀνόνηθ'· ὅμως δ' οὖν τοῦτό γ' οὐκ ἠνεσχόμην.
Ἦλθον γὰρ αὐτοῦ πρὸς τάφον πάρεργ' ὁδοῦ,
καὶ προσπεσὼν ἔκλαυσ' ἐρημίας τυχών, 510
σπονδάς τε, λύσας ἀσκὸν ὃν φέρω ξένοις,
ἔσπεισα, τύμβῳ δ' ἀμφέθηκα μυρσίνας.
Πυρᾶς δ' ἐπ' αὐτῆς οἶν μελάγχιμον πόκῳ
σφάγιον ἐσεῖδον αἷμά τ' οὐ πάλαι χυθὲν
ξανθῆς τε χαίτης βοστρύχους κεκαρμένους. 515
Κἀθαύμασ', ὦ παῖ, τίς ποτ' ἀνθρώπων ἔτλη
πρὸς τύμβον ἐλθεῖν· οὐ γὰρ Ἀργείων γέ τις·
ἀλλ' ἦλθ' ἴσως που σὸς κασίγνητος λάθρα,
μολὼν δ' ἐθαύμασ' ἄθλιον τύμβον πατρός.
Σκέψαι δὲ χαίτην προστιθεῖσα σῇ κόμῃ, 520

NC. 504. Probablement : ἀνέμνησεν. [Dobree.] — 508. Manuscrit : ἀνόνητ'. — Ὅμως δ' οὖν, rectification d'Elmsley pour ὅμως γοῦν. — Ensuite le sens demande οὐκ ἀνίστενον ou quelque expression analogue.—513. La leçon οἶν a été rectifiée par Schæfer.

504. Μῶν.... κακά; (en me revoyant) après un long intervalle, mon infortune a-t-elle renouvelé ta douleur? Ἀναμνῆσαί τινα δακρύων « rappeler les larmes à quelqu'un » répond à μνήσασθαι δακρύων, « se souvenir des larmes », c.-à-d. verser « des larmes ». Cp. les locutions homériques μνήσασθαι ἀλκῆς, κοίτου, ὕπνου.

508. Ὅμως δ'οὖν τοῦτό γ' οὐκ ἠνεσχόμην. Seidler explique : « Verum ab hoc « mihi non potui temperare, scil. ne sepul« crum Agamemnonis adirem et honora« rem. Spectat enim ad proxime sequentia. » Ce sens est inconciliable avec la conjonction ὅμως, verum. Le vieillard disait évidemment : « Cependant ce n'est pas là ce que je déplorais », et τοῦτο se rapporte, comme d'ordinaire, à ce qui précède. Le verbe ἠνεσχόμην est donc altéré.

509. Ἦλθον.... πάρεργ' ὁδοῦ, « j'y suis allé en accessoire de mon chemin, c'est-à-dire : en passant », est une phrase construite comme ἦλθον ὁδόν.

519. Ἐθαύμασ(ε), il honora. Voy. la note sur le vers 84.— Ἄθλιον τύμβον, le tombeau malheureux, négligé, privé d'honneur. La conjecture ἀθλίου (Lenting) semble inutile.

520 sqq. Le vieillard prétend reconnaître la présence d'Oreste aux mêmes indices qui agissent sur l'esprit d'Électre dans les Choéphores d'Eschyle, v. 166 sqq. Mais il est évident qu'Euripide n'a prêté ces réflexions à l'un de ses personnages que pour les faire réfuter par un autre personnage. Son intention était de critiquer une scène d'Eschyle, que les Athéniens n'avaient pas encore oubliée. Que cette scène fût alors présente à tous les souvenirs, c'est ce qu'on voit par l'allusion qu'Aristophane y fait dans la Parabase des Nuées (v. 534-536) : allusion qui n'est pas, comme on a prétendu, une critique, mais, tout au contraire,

εἰ χρῶμα ταὐτὸ κουρίμης ἔσται τριχός·
φιλεῖ γάρ, αἷμα ταὐτὸν οἷς ἂν ᾖ πατρὸς,
τὰ πόλλ᾽ ὅμοια σώματος πεφυκέναι.

ΗΛΕΚΤΡΑ.

Οὐκ ἄξι᾽ ἀνδρὸς, ὦ γέρον, σοφοῦ λέγεις,
εἰ κρυπτὸν εἰς γῆν τήνδ᾽ ἂν Αἰγίσθου φόβῳ   525
δοκεῖς ἀδελφὸν τὸν ἐμὸν εὐθαρσῆ μολεῖν.
Ἔπειτα χαίτης πῶς συνοίσεται πλόκος,
ὁ μὲν παλαίστραις ἀνδρὸς εὐγενοῦς τραφεὶς,
ὁ δὲ κτενισμοῖς θῆλυς; ἀλλ᾽ ἀμήχανον.
Πολλοῖς δ᾽ ἂν εὕροις βοστρύχους ὁμοπτέρους   530
καὶ μὴ γεγῶσιν αἵματος ταὐτοῦ, γέρον.

ΠΡΕΣΒΥΣ.

Σὺ δ᾽ εἰς ἴχνος βᾶσ᾽ ἀρβύλης σκέψαι βάσιν,
εἰ σύμμετρος σῷ ποδὶ γενήσεται, τέκνον.

ΗΛΕΚΤΡΑ.

Πῶς δ᾽ ἂν γένοιτ᾽ ἂν ἐν κραταιλέῳ πέδῳ

NC. 521. Scaliger a corrigé la leçon χρῶματ᾽ αὐτῆς. — 525. Nauck propose : εἰς τήνδ᾽ αἶαν.

un hommage rendu au génie du grand poète tragique. On peut donc croire que l'*Orestie* d'Eschyle avait été reprise vers cette époque. — Σκέψαι.... κόμῃ. Cp. Eschyle, *Choéph.* 239 : Σκέψαι τομῇ προσθεῖσα βόστρυχον τριχός. Il est vrai que la ressemblance est tout extérieure. Chez Eschyle Oreste, qui prononce ce vers, engage sa sœur à s'assurer que c'est bien lui qui a déposé la boucle sur le tombeau.

521. Κουρίμης τριχός: équivaut à τριχὸς κεκαρμένης, τετμημένης. Eschyle, *ib.* 180, dit χαίτην κουρίμην.

523. Τὰ πολλὰ σώματος, « multa in « corpore. »

526. Εὐθαρσῆ, lui qui est plein de courage. « Électre dit qu'Oreste a trop de cœur pour cacher son retour dans sa patrie par crainte d'un Égisthe. Or, cette timidité qui l'indigne, Euripide l'a précisément attribuée à Oreste, qui, chez lui, ne visite que de nuit le tombeau de son père, ne se fait pas connaître, même à sa sœur, et a bien soin de se tenir, en cas de besoin, à portée de la frontière. En se faisant ainsi, sans doute involontairement, son procès, Euripide a comme pris soin de venger Eschyle. » [Patin.]

528. Le génitif ἀνδρὸς εὐγενοῦς ne dépend pas de παλαίστραις (opinion de Matthiæ), mais de ὁ μὲν (sous-ent. πλόκος), de même qu'au vers suivant l'adjectif θῆλυς se rapporte à ὁ δέ. Il n'en est pas moins vrai que l'épithète εὐγενοῦς « bien né » indique que les exercices de la palestre conviennent à une éducation libérale.

530. Ὁμοπτέρους, semblables. Allusion au vers d'Eschyle, *ib.* 174 : Καὶ μὴν ὅδ᾽ (ὁ βόστρυχος) ἐστὶ κάρτ᾽ ἰδεῖν ὁμόπτερος.

532-533. Électre dit dans les *Choéphores*, v. 209 : Πτέρναι τενόντων θ᾽ ὑπογραφαὶ μετρούμεναι Ἐς ταὐτὸ συμβαίνουσι τοῖς ἐμοῖς στίβοις.

544. Πῶς δ᾽ ἂν γένοιτ᾽ ἄν. En répétant la particule ἄν, Électre insiste sur l'impossibilité d'une telle ressemblance. — L'adjectif κραταίλεως, « rocailleux, » a été em-

ΗΛΕΚΤΡΑ.   613

γαίας ποδῶν ἔκμακτρον; Εἰ δ' ἔστιν τόδε,   535
δυοῖν ἀδελφοῖν ποὺς ἂν οὐ γένοιτ' ἴσος
ἀνδρός τε καὶ γυναικός, ἀλλ' ἄρσην κρατεῖ.

ΠΡΕΣΒΥΣ.

Οὐ δ' ἔστιν, εἰ παρῆν κασίγνητος μολών,
κερκίδος ὅτῳ γνοίης ἂν ἐξύφασμα σῆς,
ἐν ᾧ ποτ' αὐτὸν ἐξέκλεψα μὴ θανεῖν;   540

ΗΛΕΚΤΡΑ.

Οὐκ οἶσθ', Ὀρέστης ἡνίκ' ἐκπίπτει χθονός,
νέαν μ' ἔτ' οὖσαν; Εἰ δὲ κἄκρεκον πέπλους,
πῶς ἂν, τότ' ὢν παῖς, ταὐτὰ νῦν ἔχοι φάρη,
εἰ μὴ ξυναύξοινθ' οἱ πέπλοι τῷ σώματι;
Ἀλλ' ἤ τις αὐτοῦ τάφον ἐποικτείρας ξένος   545
ἐκείρατ', ἢ 'κ τῆσδε σκοποὺς λαθὼν χθονός.

ΠΡΕΣΒΥΣ.

Οἱ δὲ ξένοι ποῦ; βούλομαι γὰρ εἰσιδὼν
αὐτοὺς ἐρέσθαι σοῦ κασιγνήτου πέρι.

ΗΛΕΚΤΡΑ.

Οἵδ' ἐκ δόμων βαίνουσι λαιψηρῷ ποδί.

NC. 536. Manuscrit : οὐδένοιτ' ἴσος. — 537. Vulgate : ἄρσην. — 538. Manuscrit : εἰ δ' ἔστιν, avec la variante οὐκ ἔστιν, laquelle est devenue la vulgate. J'ai écrit οὐ δ' ἔστιν. — Εἰ παρῆν, excellente correction de Canter pour εἰ καὶ γῆν. D'autres conservent cette leçon, en substituant, avec Musgrave, μόλοι à μολών. — 543. Manuscrit : νῦν ταῦτ' ἂν ἔχῃ, avec la variante ἔχοι. La correction est due à Barnes et à Dindorf. Nauck : νῦν τὰ τότ' ἂν ἔχοι. — 546. Manuscrit : ἢ τῆσδε σκοποὺς λαθὼν χθονός. Nous avons adopté la conjecture de Pierson : ἢ 'κ τῆσδε, sans laquelle il est difficile de ne pas construire σκοποὺς χθονὸς τῆσδε. Ensuite λαθών est dû à Victorius. Seidler σκότος λαθών.

ployé par Eschyle, Agam. 666 : Πρὸς κραταίλεων χθόνα.

538-539. Construisez : Οὐ δ' ἔστιν ἐξύφασμα κερκίδος σῆς ὅτῳ γνοίης ἂν (αὐτόν); et non, comme on fait généralement : οὐ δ' ἔστιν ὅτῳ γνοίης ἂν ἐξύφασμα. Le vieillard dit : « Mais n'y a-t-il donc pas un tissu de ta main (de ta navette, κερκίδος) auquel tu pusses reconnaître ton frère s'il était présent? »

540. Ἐν ᾧ ... θανεῖν. Ce détail est ajouté par Euripide. Chez Eschyle (v. 231)

Oreste se fait reconnaître en disant : Ἰδοὺ δ' ὕφασμα τοῦτο σῆς ἔργον χερός, Σπάθης τε πληγὰς ἔσιδε, θήρειον γραφήν. On est donc libre de supposer qu'Electre envoya ce tissu à son frère longtemps après la mort d'Agamemnon.

545-546. Αὐτοῦ τάφον, le tombeau d'Agamemnon. — Les sujets des deux phrases sont ἤ τις ξένος et ἢ (τις ἐ)κ τῆσδε χθονός, « soit un étranger, soit un homme du pays. » — Σκοπούς. Il a été question des espions d'Égisthe au vers 97.

ΠΡΕΣΒΥΣ.

Ἀλλ' εὐγενεῖς μὲν, ἐν δὲ κιβδήλῳ τόδε· 550
πολλοὶ γὰρ ὄντες εὐγενεῖς εἰσιν κακοί.
Ὅμως δὲ χαίρειν τοὺς ξένους προσεννέπω.

ΟΡΕΣΤΗΣ.

Χαῖρ', ὦ γεραιέ. Τοῦ ποτ', Ἠλέκτρα, τόδε
παλαιὸν ἀνδρὸς λείψανον φίλων κυρεῖ;

ΗΛΕΚΤΡΑ.

Οὗτος τὸν ἀμὸν πατέρ' ἔθρεψεν, ὦ ξένε. 555

ΟΡΕΣΤΗΣ.

Τί φής; ὅδ' ὃς σὸν ἐξέκλεψε σύγγονον;

ΗΛΕΚΤΡΑ.

Ὅδ' ἔσθ' ὁ σώσας κεῖνον, εἴπερ ἔστ' ἔτι.

ΟΡΕΣΤΗΣ.

Ἔα·
τί μ' εἰσδέδορκεν ὥσπερ ἀργύρου σκοπῶν
λαμπρὸν χαρακτῆρ'; ἢ προσεικάζει μέ τῳ;

ΗΛΕΚΤΡΑ.

Ἴσως Ὀρέστου σ' ἥλιχ' ἥδεται βλέπων. 560

ΟΡΕΣΤΗΣ.

Φίλου γε φωτός. Τί δὲ κυκλεῖ πέριξ πόδα;

ΗΛΕΚΤΡΑ.

Καὐτὴ τόδ' εἰσορῶσα θαυμάζω, ξένε.

NC. 556. Pierson a substitué ἐξέκλεψεν à ἐξέθρεψε, erreur causée par le mot ἔθρεψεν dans le vers précédent.

550-554. Εὐγενεῖς, *liberales, facie liberali*. Le vieillard partage évidemment les vues exposées par Oreste, vers 367 sqq., c'est-à-dire : les vues d'Euripide.

553-554. Construisez : Τοῦ πότε φίλων κυρεῖ τόδε παλαιὸν ἀνδρὸς λείψανον, à quel ami appartient donc ce vieux débris d'homme? En style noble on aurait dit ἀνδρὸς εἴδωλον (Sophocle, *OEd. Col.* 110) au lieu de ἀνδρὸς λείψανον.

557. Εἴπερ ἔστ' ἔτι. On croit généralement que ces mots se rapportent à Oreste. Mais il me semble difficile qu'Electre, qui vient de recevoir un message d'Oreste, se prenne à douter de la vie de son frère. Remarquons que le verbe ἔστ(ι) revient deux fois dans ce vers. Après avoir dit ὅδ' ἔστι, Électre se demande si l'on peut dire d'un vieillard cassé, d'un débris d'homme (v. 554) qu'il *est*, et elle ajoute: εἴπερ ἔστ' ἔτι.

558-559. Ἀργύρου σκοπῶν λαμπρὸν χαρακτῆρ(α). Cf. Lucien, *Hermotimus*, 68 : Κατὰ τοὺς ἀργυρογνώμονας διεγιγνώσκειν ἅ τε δόκιμα καὶ ἀκίβδηλα, καὶ ἃ παρακεκομμένα. — Ἤ, *an*, et non ἦ. Voy. la note sur *Iph. Taur.*, 1042.

561. Τί δὲ κυκλεῖ πέριξ πόδα; pourquoi fait-il tourner ses pas (pourquoi tourne-t-il) autour de moi?

ΗΛΕΚΤΡΑ. 615

ΠΡΕΣΒΥΣ.

Ὦ πότνι', εὔχου, θύγατερ Ἠλέκτρα, θεοῖς

ΗΛΕΚΤΡΑ.

Τί τῶν ἀπόντων ἢ τί τῶν ὄντων πέρι;

ΠΡΕΣΒΥΣ.

λαβεῖν φίλον θησαυρόν, ὃν φαίνει θεός.   565

ΗΛΕΚΤΡΑ.

Ἰδού· καλῶ θεούς. Ἢ τί δὴ λέγεις, γέρον;

ΠΡΕΣΒΥΣ.

Βλέψον νυν εἰς τόνδ', ὦ τέκνον, τὸν φίλτατον.

ΗΛΕΚΤΡΑ.

Πάλαι δέδοικα, μὴ σύ γ' οὐκέτ' εὖ φρονῇς.

ΠΡΕΣΒΥΣ.

Οὐκ εὖ φρονῶ 'γὼ σὸν κασίγνητον βλέπων;

ΗΛΕΚΤΡΑ.

Πῶς εἶπας, ὦ γεραί', ἀνέλπιστον λόγον;   570

ΠΡΕΣΒΥΣ.

Ὁρᾶν Ὀρέστην τόνδε τὸν Ἀγαμέμνονος.

ΗΛΕΚΤΡΑ.

Ποῖον χαρακτῆρ' εἰσιδὼν ᾧ πείσομαι;

ΠΡΕΣΒΥΣ.

Οὐλὴν παρ' ὀφρύν, ἥν ποτ' ἐν πατρὸς δόμοις
νεβρὸν διώκων σοῦ μεθ' ᾑμάχθη πεσών.

NC. 567. Manuscrit : νῦν. — 566. Le point d'interrogation que Nauck met après θεούς est inconciliable avec ἰδού. — 571. Ancienne vulgate : ὁρῶν.

564. Τί τῶν ἀπόντων.... πέρι; au sujet de quelle chose que je n'aie pas ou de quelle chose que j'aie (veux-tu que j'adresse des prières aux dieux)? Par les choses qu'elle n'a pas, Électre entend le retour de son frère. Ὄντων n'équivaut pas tout à fait à παρόντων : la traduction « des choses présentes » est donc inexacte.

565. Le vieillard dit : « Demande aux dieux qu'ils te donnent en effet (λαβεῖν, de recevoir en effet) le cher trésor qu'ils te montrent ». Seidler fait observer avec justesse que le vieux serviteur ne suit pas en-core s'il doit en croire ses yeux, s'il n'est pas le jouet d'une illusion.

566. Ἰδού. voilà. Cf. Or. 144 et 145.

570. Πῶς εἶπας.... ἀνέλπιστον λόγον; Comment entends-tu une parole si imprévue? Cf. Soph. Aj. 270 : Πῶς τοῦτ' ἔλεξας; en quel sens as-tu dit cela?

571. Avant ὁρᾶν suppléez εἶπον, renfermé dans εἶπας, vers 570.

573-574. Homère a fourni à Euripide ce moyen de reconnaissance. Dans l'Odyssée, XIX, 392 sqq., Euryclée reconnaît Ulysse à une vieille cicatrice. [Portus.]

ΗΛΕΚΤΡΑ.

ΗΛΕΚΤΡΑ.
Πῶς φῄς; Ὁρῶ μὲν πτώματος τεκμήριον.   575
ΠΡΕΣΒΥΣ.
Ἔπειτα μέλλεις προσπίτνειν τοῖς φιλτάτοις;
ΗΛΕΚΤΡΑ.
Ἀλλ' οὐκέτ', ὦ γεραιέ· συμβόλοισι γὰρ
τοῖς σοῖς πέπεισμαι θυμόν. Ὦ χρόνῳ φανεὶς,
ἔχω σ' ἀέλπτως,
ΟΡΕΣΤΗΣ.
Κἀξ ἐμοῦ γ' ἔχει χρόνῳ.
ΗΛΕΚΤΡΑ.
οὐδέποτε δόξασ'.
ΟΡΕΣΤΗΣ.
Οὐδ' ἐγὼ γὰρ ἤλπισα.   580
ΗΛΕΚΤΡΑ.
Ἐκεῖνος εἶ σύ;
ΟΡΕΣΤΗΣ.
Σύμμαχός γέ σοι μόνος,
ἢν ἀνσπάσωμαί γ' ὃν μετέρχομαι βόλον.
Πέποιθα δ'· ἢ χρὴ μηκέθ' ἡγεῖσθαι θεοὺς,
εἰ τἄδικ' ἔσται τῆς δίκης ὑπέρτερα.
ΧΟΡΟΣ.
Ἔμολες ἔμολες, ὦ χρόνιος ἁμέρα,   585
κατέλαμψας, ἔδειξας ἐμφανῆ
πόλει πυρσὸν, ὃς παλαιᾷ φυγᾷ
πατρῴων ἀπὸ δωμάτων τάλας

NC. 580. La leçon οὐδέποτ' ἐδόξασ' a été corrigée par Musgrave. — 582. Manuscrit :
ἢν δ' ἀσπάσωμαί γ'. Victorius : ἢν δ' ἐκσπάσωμαί γ'. Musgrave a supprimé δ'. Nauck
propose : νῦν δὲ σπασαίμην γ'. Il fallait écrire ἢν ἀνσπάσωμαί γ'. — 583-584. Ces
deux vers, qu'on attribuait à Électre, ont été rendus à Oreste par Musgrave. —
588. Nauck a rectifié la leçon πατρῴων.

575. Μέλλεις προσπίτνειν signifie ici : « tu hésites à embrasser. »

582. Ἀνσπάσωμαι, syncope pour ἀνασπάσωμαι. — Βόλον, *retis jactum*, le coup de filet.

587. Πυρσόν. Ce mot signifie : un feu, signal de la chute des tyrans et de l'affranchissement de la cité. Eschyle dit, en parlant de l'avénement d'Oreste, *Choéph.* 863 : Πῦρ καὶ φῶς ἐπ' ἐλευθερίᾳ δαίων. Mais Euripide se sert ici de πυρσός par métaphore : le signal lumineux qui annonce des jours meilleurs, n'est autre qu'Oreste lui-même, ce prince qui errait depuis longtemps dans l'exil, ὃς παλαιᾷ φυγᾷ... ἀλαίνων ἔβα.

ΗΛΕΚΤΡΑ. 617

ἀλαίνων ἔβα.
Θεὸς αὖ θεὸς ἁμετέραν τις ἄγει 590
νίκαν. Ὦ φίλα,
ἄνεχε χέρας, ἄνεχε λόγον, ἵει λιτὰς
λιτὰς εἰς θεοὺς, τύχᾳ σοι τύχᾳ
κασίγνητον ἐμβατεῦσαι πόλιν. 595

ΟΡΕΣΤΗΣ.

Εἶεν· φίλας μὲν ἡδονὰς ἀσπασμάτων
ἔχω, χρόνῳ δὲ καὖθις αὐτὰ δώσομεν.
Σὺ δ', ὦ γεραιὲ, καίριος γὰρ ἤλυθες,
λέξον, τί δρῶν ἂν φονέα τισαίμην πατρὸς
μητέρα τε τὴν κοινωνὸν ἀνοσίων γάμων; 600
Ἔστιν τί μοι κατ' Ἄργος εὐμενὲς φίλων;
ἦ πάντ' ἀνεσκευάσμεθ', ὥσπερ αἱ τύχαι;
Τῷ συγγένωμαι; νύχιος ἢ καθ' ἡμέραν;
Ποίαν ὁδὸν τραπώμεθ' εἰς ἐχθροὺς ἐμούς;

NC. 589. Manuscrits : ἔβασε. Reiske : ἔβα. Σὲ (θεός). Matthiæ a retranché σε, lettres qui proviennent sans doute de la répétition de la première syllabe de θεός. — 592-593. Manuscrit : ἵει λιτὰς εἰς τοὺς θεοὺς· τύχα σοι τύχα. Matthiæ a répété le mot λιτάς, Victorius a supprimé τούς, Tyrwhitt a écrit τύχᾳ σοι τύχᾳ, en mettant une virgule avant ces mots. — 600. Τὴν avant κοινωνόν a été ajouté par Canter.

590. Αὖ dépend de ἄγει. « Il amène de « nouveau, il ramène. »
592. Ἄνεχε λόγον est amené par ἄνεχε χέρας. « Dirige vers le ciel tes mains, tes « discours. »
593. Τύχᾳ équivaut à ἀγαθῇ τύχῃ. « Deos « precare, ut bonis avibus frater tibi ter-« ram patriam ingrediatur. » [Musgrave.]
597. Καὶ αὖθις αὐτὰ δώσομεν, nous les renouvellerons aussi. — On voit que, pendant le chant du chœur, les enfants d'Agamemnon s'étaient embrassés. Oreste met fin à ces effusions de tendresse, comme il le fait dans l'Électre de Sophocle, vers 1288 sqq.
599 Φονέα. Ici la dernière voyelle de ce mot est brève, comme elle l'est au vers 763. La désinence de l'accusatif singulier des noms en εύς est rarement abrégée par les poètes attiques.
601. Ἔστιν τί μοι... φίλων; ai-je dans

Argos quelques amis (amicorum quid) fidèles? Nous n'approuvons pas l'explication de Matthiæ qui construit τί εὐμενές, équivalant à τὶς εὐμένεια.
602. Ἢ πάντ' ἀνεσκευάσμεθ(α); ou bien suis-je dépouillé de tout? Cf. Thuc. IV, 116 : Τὴν Λήκυθον καθελὼν καὶ ἀνασκευάσας, ayant détruit Lécythos et enlevé tout ce qui pouvait s'emporter. L'auteur de l'Hymne homérique à Mercure, v. 285, dit d'un voleur : σκευάζοντα κατ' οἶκον ἄνευ ψόφου. — Les banquiers faillis s'appelaient ἀνεσκευασμένοι, parce que leurs tables étaient enlevées de la place publique (cf. ἀνασκευασθείσης τῆς τραπέζης, Démosthène, in Apat., 9). Mais pourquoi veut-on que le trope dont se sert Euripide, soit tiré de ce dernier sens du verbe ἀνασκευάζεσθαι? Il n'est pas nécessaire, ce me semble, de penser ici à un terme de commerce.

ΠΡΕΣΒΥΣ.

Ὦ τέκνον, οὐδεὶς δυστυχοῦντί σοι φίλος. 605
Εὕρημα γὰρ τὸ χρῆμα γίγνεται τόδε,
κοινῇ μετασχεῖν τἀγαθοῦ καὶ τοῦ κακοῦ.
Σὺ δ', ἐκ βάθρων γὰρ πᾶς ἀνήρησαι φίλοις
οὐδ' ἐλλέλοιπας ἐλπίδ', ἴσθι μου κλύων·
ἐν χειρὶ τῇ σῇ πάντ' ἔχεις καὶ τῇ τύχῃ. 610
πατρῷον οἶκον καὶ πόλιν λαβεῖν σέθεν.

ΟΡΕΣΤΗΣ.

Τί δῆτα δρῶντες τοῦδ' ἂν ἐξικοίμεθα;

ΠΡΕΣΒΥΣ.

Κτανὼν Θυέστου παῖδα σήν τε μητέρα.

ΟΡΕΣΤΗΣ.

Ἥκω 'πὶ τόνδε στέφανον· ἀλλὰ πῶς λάβω;

ΠΡΕΣΒΥΣ.

Τειχέων μὲν ἐλθὼν ἐντὸς οὐδὲν ἂν σθένοις. 615

ΟΡΕΣΤΗΣ.

Φρουραῖς κέκασται δεξιαῖς τε δορυφόρων;

ΠΡΕΣΒΥΣ.

Ἔγνως· φοβεῖται γάρ σε κοὐχ εὕδει σαφῶς.

ΟΡΕΣΤΗΣ.

Εἶεν· σὺ δὴ τοὐνθένδε βούλευσον, γέρον.

NC. 607. Manuscrit : τὸ κοινῇ. — 608. Kirchhoff veut qu'on écrive ἀνήρησαι, φίλος. — 615. On lisait οὐδ' ἂν εἰ θέλοις, tu ne réussirais pas même quand tu le voudrais. Mais il est impossible de douter qu'Oreste ait le désir de réussir. Nous avons donc adopté la correction de Nauck : οὐδὲν ἂν σθένοις.

606. Εὕρημα équivaut à ἕρμαιον. [Barnes.] « Une trouvaille, un rare bonheur. »

608-609. Ἐκ βάθρων γὰρ... ἐλπίδ(α), puisque tu es complètement (ἐκ βάθρων, *funditus*) et tout entier arraché du cœur de tes amis et que tu n'y as pas même laissé d'espoir, c'est-à-dire: et qu'ils ne conservent pas même l'espoir de te voir réussir. Le datif φίλοις se rapporte aussi à ἐλλέλοιπας.

610-611. « Infinitivo λαβεῖν explicatur « praegressum πάντα. Tum λαβεῖν esse « videtur pro ἀναλαβεῖν, ἀνασῶσαι. » [Matthiæ.]

616. Le sujet de κέκασται, « ils sont garnis, » est τὰ τείχη.

617. Οὐχ εὕδει σαφῶς équivaut à οὐχ εὕδει ἀκριβῶς, il ne dort pas franchement, il ne dort que d'un œil. Φίλος σαφής est un ami sûr et sur lequel on peut compter. De même οὐχ εὕδει σαφῶς veut dire qu'on ne peut jamais compter sur son sommeil, qu'il dort d'un sommeil douteux.

ΗΛΕΚΤΡΑ. 619

ΠΡΕΣΒΥΣ.
Κἀμοῦ γ' ἄκουσον· ἄρτι γάρ μ' ἐσῆλθέ τι.
ΟΡΕΣΤΗΣ.
Ἐσθλόν τι μηνύσειας, αἰσθοίμην δ' ἐγώ. 620
ΠΡΕΣΒΥΣ.
Αἴγισθον εἶδον, ἡνίχ' εἶρπον ἐνθάδε.
ΟΡΕΣΤΗΣ.
Προσηκάμην τὸ ῥηθέν. Ἐν ποίοις τόποις;
ΠΡΕΣΒΥΣ.
Ἀγρῶν πέλας τῶνδ', ἱπποφορβίων ἔπι.
ΟΡΕΣΤΗΣ.
Τί δρῶνθ'; ὁρῶ γὰρ ἐλπίδ' ἐξ ἀμηχάνων.
ΠΡΕΣΒΥΣ.
Νύμφαις ἐπόρσυν' ἔροτιν, ὡς ἔδοξέ μοι. 625
ΟΡΕΣΤΗΣ.
Τροφεῖα παίδων, ἢ πρὸ μέλλοντος τόκου;
ΠΡΕΣΒΥΣ.
Οὐκ οἶδα πλὴν ἕν· βουσφαγεῖν ὡπλίζετο.
ΟΡΕΣΤΗΣ.
Πόσων μετ' ἀνδρῶν; ἢ μόνος δμώων μέτα;
ΠΡΕΣΒΥΣ.
Οὐδεὶς παρῆν Ἀργεῖος, οἰκεία δὲ χείρ.
ΟΡΕΣΤΗΣ.
Οὔ πού τις ὅστις γνωριεῖ μ' ἰδών, γέρον; 630

NC. 619. Kirchhoff propose καὶ μὴν ἄκουσον. — 624. Ἐλπίδ' correction de Barnes pour ἐλπίδας. — 630. Ancienne vulgate : ᾖπου.

619. Κἀμοῦ γ' ἄκουσον, et c'est moi, en effet, que je veux que tu écoutes.
622. Προσηκάμην τὸ ῥηθέν, je reçois cette nouvelle avec plaisir. Seidler cite Hésychius : Προσίεται· ἀρέσκεται, προσδέχεται, ἡδέως λαμβάνει. Dans le même sens Hérodote dit, IX, 90 : Δέκομαι τὸν οἰωνόν, et Eschyle, *Agam.*, 1653 : Δεχομένοις λέγεις θανεῖν σε.
624. Ἐξ ἀμηχάνων équivaut à ἐξ ἀπορίας. Cf. vers 306 avec la note.
625. Ἔροτιν· ἑορτὴν Αἰολικῶς. [Schol.]
626. Les Nymphes, ainsi que les dieux des rivières, présidaient à la fécondité et à la croissance de l'espèce humaine, comme de la végétation : elles étaient κουροτρόφοι. Oreste demande, si Égisthe offre un sacrifice aux Nymphes pour les remercier de la naissance d'un enfant ou pour leur demander l'heureuse naissance d'un héritier. — Τροφεῖα, prix de la nourriture, grâces rendues aux divinités qui ont conservé la vie d'un enfant dans le sein de sa mère et au moment de la naissance.
629. Οἰκεία χείρ, *domestica manus*, les esclaves d'Égisthe.

ΗΛΕΚΤΡΑ.

ΠΡΕΣΒΥΣ.
Δμῶες μέν εἰσιν οἳ σέ γ' οὐκ εἶδόν ποτε.
ΟΡΕΣΤΗΣ.
Ἡμῖν δ' ἂν εἶεν, εἰ κρατοῖμεν, εὐμενεῖς ;
ΠΡΕΣΒΥΣ.
Δούλων γὰρ ἴδιον τοῦτο, σοὶ δὲ σύμφορον.
ΟΡΕΣΤΗΣ.
Πῶς οὖν ἂν αὐτῷ πλησιασθείην ποτέ ;
ΠΡΕΣΒΥΣ.
Στείχων ὅθεν σε βουθυτῶν ἐσόψεται. 635
ΟΡΕΣΤΗΣ.
Ὁδὸν παρ' αὐτὴν, ὡς ἔοικ', ἀγροὺς ἔχει.
ΠΡΕΣΒΥΣ.
Ὅθεν γ' ἰδών σε δαιτὶ κοινωνὸν καλεῖ.
ΟΡΕΣΤΗΣ.
Πικρόν γε συνθοινάτορ', ἢν θεὸς θέλῃ.
ΠΡΕΣΒΥΣ.
Τοὐνθένδε πρὸς τὸ πῖπτον αὐτὸς ἐννόει.
ΟΡΕΣΤΗΣ.
Καλῶς ἔλεξας. Ἡ τεκοῦσα δ' ἐστὶ ποῦ ; 640
ΠΡΕΣΒΥΣ.
Ἄργει· παρέσται δ' ἐν μέρει θοίνην ἔπι.

NC. 631. Manuscrit : εἰσιν οὕς ἐγ' οὐκ εἰδόν ποτε. La correction est due à Pierson. — 632. Δ' a été inséré par Victorius. — 633. Δούλων, rétabli par Musgrave, semble être la leçon du manuscrit. — 636. La leçon ὁδὸν γὰρ αὐτὴν a été corrigée par Pierson. — 637. Le même critique a inséré γ' après ὅθεν. Nauck écrit ὅθεν σ' ἰδών. — 638. La leçon πικρόν τε a été corrigée par Reiske. — 641. Manuscrit : ἐν πόσει. Toutes les conjectures qui maintiennent πόσει (ᾧ πόσει, αὖ πόσει, οὖν πόσει) sont erronées, puisque ce mot provient évidemment du vers suivant. Nous avons écrit ἐν μέρει, correction autrefois proposée par Hartung, et confirmée par l'antithèse ἅμ.(α).

633. Δούλων γάρ... σύμφορον, (ils seront pour toi, si tu es vainqueur :) car c'est là le propre des esclaves, et cette faiblesse est avantageuse pour toi.

637. Ὅθεν γ' ἰδών... καλεῖ, oui, assez près du chemin pour qu'il puisse te voir et t'inviter à prendre part au repas. La particule γε marque une réponse affirmative ici et dans le vers suivant. On voit, du reste, qu'il était d'usage d'inviter les passants quand on offrait un sacrifice.

639. Πρὸς τὸ πῖπτον αὐτὸς ἐννόει, avise toi-même selon les circonstances, *prout res acciderit*. [Fix.] Cp. la note sur πρὸς τὰ νῦν πεπτωκότα, *Hipp.* 718.

641. Ἐν μέρει, à son tour.

ΗΛΕΚΤΡΑ.

ΟΡΕΣΤΗΣ.
Τί δ' οὐχ ἅμ' ἐξωρμᾶτ' ἐμὴ μήτηρ πόσει;
ΠΡΕΣΒΥΣ.
Ψόγον τρέμουσα δημοτῶν ἐλείπετο.
ΟΡΕΣΤΗΣ.
Ξυνῆχ'· ὕποπτος οὖσα γιγνώσκει πόλει.
ΠΡΕΣΒΥΣ.
Τοιαῦτα· μισεῖται γὰρ ἀνόσιος γυνή.   645
ΟΡΕΣΤΗΣ.
Πῶς οὖν ἐκείνην τόνδε τ' ἐν ταὐτῷ κτενῶ;
ΗΛΕΚΤΡΑ.
Ἐγὼ φόνον γε μητρὸς ἐξαρτύσομαι.
ΟΡΕΣΤΗΣ.
Καὶ μὴν ἐκεῖνά γ' ἡ τύχη θήσει καλῶς.
ΗΛΕΚΤΡΑ.
Ὑπηρετείτω μὴν δυοῖν ὄντοιν τόδε.
ΠΡΕΣΒΥΣ.
Ἔσται τάδ'· εὑρίσκεις δὲ μητρὶ πῶς φόνον;   650
ΗΛΕΚΤΡΑ.
Λέγ', ὦ γεραιέ, τάδε Κλυταιμνήστρᾳ μολών.
ΠΡΕΣΒΥΣ.

.   .   .   .

ΗΛΕΚΤΡΑ.
Λεχώ μ' ἀπάγγελλ' οὖσαν ἄρσενος τόκου.

NC. 642. Manuscrit : ἐξορμᾶτ'. — 644. Manuscrit : ξυνῆχ'. — 647. Manuscrit : ἐξαιτήσομαι· γρ. ἐξαρτίσομαι. — 649. Μήν, correction de Hartung pour μέν. C'est à tort que Tyrwhitt et plusieurs éditeurs substituent ὅδε à τόδε. — 651. Matthiæ et d'autres condamnent ce vers. Fix et Kirchhoff le conservent en supposant que la réponse du vieillard a été omise par les copistes. Ils ont raison.

645. Τοιαῦτα, il en est ainsi. Cf. *Héc.* 776.

648. Ἐκεῖνά γ(ε), ce qui regarde Égisthe. Comme Électre s'offre à préparer le meurtre de Clytemnestre, Oreste exprime la confiance que l'entreprise dont il s'est chargé lui-même, réussira.

649. Ὑπηρετείτω... τόδε, puisse la Fortune nous rendre ce service à nous deux, c'est-à-dire : puisse-t-elle faire réussir ce que nous entreprenons l'un et l'autre.

650. Ἔσται τάδ(ε), il en sera ainsi. De même qu'Oreste, le vieillard compte sur le succès d'une entreprise qu'il combine avec ses jeunes maîtres. Il demande qu'Électre dise maintenant quel piége elle veut tendre

ΠΡΕΣΒΥΣ.

Πότερα πάλαι τεκοῦσαν ἢ νεωστὶ δή;

ΗΛΕΚΤΡΑ.

Δέχ' ἡλίους, ἐν οἷσιν ἁγνεύει λεχώ.

ΠΡΕΣΒΥΣ.

Καὶ δὴ τί τοῦτο μητρὶ προσβάλλει φόνον; 655

ΗΛΕΚΤΡΑ.

Ἥξει κλύουσα λόχι' ἐμοῦ νοσήματα.

ΠΡΕΣΒΥΣ.

Πόθεν; τί δ' αὐτῇ σοῦ μέλειν δοκεῖς, τέκνον;

ΗΛΕΚΤΡΑ.

Ναί· καὶ δακρύσει γ' ἀξίωμ' ἐμῶν τόκων.

ΠΡΕΣΒΥΣ.

Ἴσως· πάλιν τοι μῦθον εἰς καμπὴν ἄγε.

ΗΛΕΚΤΡΑ.

Ἐλθοῦσα μέντοι δῆλον ὡς ἀπόλλυται. 660

ΠΡΕΣΒΥΣ.

Καὶ μὴν ἐπ' αὐτάς γ' εἰσίτω δόμων πύλας.

ΗΛΕΚΤΡΑ.

Οὐκοῦν τραπέσθαι σμικρὸν εἰς Ἅιδου τόδε.

NC. 654. Δέχ', excellente correction d'Elmsley pour λέγ'. Cette dernière leçon ne pourrait se défendre que si ἡλίους était suivi de ὅσους au lieu de ἐν οἷσιν. — 656. Musgrave a corrigé la leçon λοχεῖ' ἐμοῦ νοσήματος. — 657. Peut-être : σὺ δ' αὐτῇ. La question τί ne peut guère être suivie de la réponse ναί. — 659. Ἄγε, correction de Jortin pour ἄγω. — 661. La leçon εἰσίτω a été rectifiée par Musgrave.

à Clytemnestre. Ces mots se comprennent très-bien, sans qu'on ait besoin de changer au vers précédent τόδε en ὅδε.

654. Nous nous exprimerions plus rigoureusement. Ἐν οἷσιν (époque à laquelle) doit se rapporter à l'idée de δέκατον ἥλιον (δεκάτην ἡμέραν), renfermée dans δέχ' ἡλίους. Les femmes en couches passaient pour impures (cf. Iph. Taur. 382.) : la cérémonie de la lustration se faisait ordinairement le dixième jour. C'est alors qu'on offrait un sacrifice (v. 1132 sq.), et qu'on donnait un nom à l'enfant en présence des parents et amis invités pour la fête (cf. Bekker, Anecdota, p. 237).

658. Καὶ δακρύσει γ(ε)..., elle pleurera même sur le rang de mon enfant, c'est-à-dire : sur l'humble condition où se trouve l'enfant de la fille d'Agamemnon. Électre laisse entendre que Clytemnestre versera des larmes hypocrites.

659. Πάλιν... ἄγε, ramène le discours vers le but qu'il doit atteindre. Καμπή désigne la colonne (meta) à l'extrémité du stade ou de l'hippodrome, colonne autour de laquelle il fallait tourner pour revenir au point de départ, qui était aussi le but de la course. Cf. Méd. 1181; Iph. Aul. 224.

661-662. Le vieillard dit : « Je veux

ΗΛΕΚΤΡΑ.

ΠΡΕΣΒΥΣ.
Εἰ γὰρ θάνοιμι τοῦτ᾽ ἰδὼν ἐγώ ποτε.
ΗΛΕΚΤΡΑ.
Πρώτιστα μέν νυν τῷδ᾽ ὑφήγησαι, γέρον.
ΠΡΕΣΒΥΣ.
Αἴγισθος ἔνθα νῦν θυηπολεῖ θεοῖς.   665
ΗΛΕΚΤΡΑ.
Ἔπειτ᾽ ἀπαντῶν μητρὶ τἀπ᾽ ἐμοῦ φράσον.
ΠΡΕΣΒΥΣ.
Ὥστ᾽ αὐτά γ᾽ ἐκ σοῦ στόματος εἰρῆσθαι δοκεῖν.
ΗΛΕΚΤΡΑ.
Σὸν ἔργον ἤδη· πρόσθεν εἴληχας φόνου.
ΟΡΕΣΤΗΣ.
Στείχοιμ᾽ ἄν, εἴ τις ἡγεμὼν γίγνοιθ᾽ ὁδοῦ.
ΠΡΕΣΒΥΣ.
Καὶ μὴν ἐγὼ πέμποιμ᾽ ἂν οὐκ ἀκουσίως. —   670
ΟΡΕΣΤΗΣ.
Ὦ Ζεῦ πατρῷε καὶ τροπαῖ᾽ ἐχθρῶν ἐμῶν,

NC. 665. Plusieurs éditeurs mettent un point d'interrogation à la fin de ce vers. Mais si le vieillard faisait une question, Électre y répondrait, ne fût-ce que par une particule. — 666. Manuscrit : ἔπειτα πάντων. Pierson a vu comment il fallait diviser les mots. — 667. Manuscrit : ὡς ταῦτά γ᾽. Elmsley a indiqué la véritable division des mots. — 674-676. Kirchhoff et Nauck divisent ce morceau en monostiques, prononcés alternativement par Oreste et par Électre, et, à cet effet, ils transposent les vers 672 sq. après le vers 676. Cette transposition est malheureuse. Les enfants d'Agamemnon demandent d'abord que les dieux aient pitié de leur malheur, ensuite qu'ils leur accordent la victoire. Il n'est pas naturel de renverser l'ordre de ces prières. Ajoutez que le vers 676 doit précéder immédiatement le vers 677. L'association d'idées qui les rattache l'un à l'autre est évidente.

« qu'elle franchisse les portes de cette « maison, c'est-à-dire : je t'accorde que tu « obtiendras cela de Clytemnestre, mais je « ne vois pas encore ce que nous y gagne- « rons. » Électre répond : « Eh bien, il « ne faut qu'un petit changement pour « faire de ce que tu dis (τόδε), dès portes « de cette maison (δόμων πύλας); les por- « tes de Pluton (Ἄιδου πύλας). » Dans l'Agamemnon d'Eschyle, v. 1291, Cassandre dit en s'avançant vers l'entrée du palais où elle trouvera la mort : Ἄιδου πύλας δὴ τάσδ᾽ ἐγὼ προσεννέπω.

667. Avant ὥστε suppléez φράσω οὕτως, mots dont l'idée est indiquée par la particule γ(ε).
668. Σὸν ἔργον ἤδη. Ces paroles s'adressent à Oreste. — Πρόσθεν εἴληχας φόνου, priore loco caedem sortitus es.
669-670. Στείχοιμ᾽ ἄν, je suis prêt à marcher. De même πέμποιμ᾽ ἄν, je suis prêt à conduire.
671. Ὦ Ζεῦ πατρῷε. Tantale était fils de Jupiter. Ce dieu était donc l'auteur de la race d'Oreste. Cp. v. 673. — Τροπαῖ᾽ ἐχθρῶν ἐμῶν, fugator hostium meorum.

624 ΗΛΕΚΤΡΑ.

οἴκτειρέ θ᾿ ἡμᾶς· οἰκτρὰ γὰρ πεπόνθαμεν·

ΗΛΕΚΤΡΑ.

Οἴκτειρε δῆτα σούς γε φύντας ἐκγόνους.

ΟΡΕΣΤΗΣ.

Ἥρα τε, βωμῶν ἣ Μυκηναίων κρατεῖς,
νίκην δὸς ἡμῖν, εἰ δίκαι᾿ αἰτούμεθα. 675

ΗΛΕΚΤΡΑ.

Δὸς δῆτα πατρὸς τοῖσδε τιμωρὸν δίκην.

ΟΡΕΣΤΗΣ.

Σύ τ᾿, ὦ κάτω γῆς ἀνοσίως οἰκῶν πάτερ,
καὶ Γαῖ᾿ ἄνασσα, χεῖρας ᾗ δίδωμ᾿ ἐμάς,
ἄμυν᾿ ἄμυνε τοῖσδε φιλτάτοις τέκνοις.

ΗΛΕΚΤΡΑ.

Νῦν πάντα νεκρὸν ἐλθὲ σύμμαχον λαβών, 680

NC. 672. Manuscrit : οἴκτειρεθ᾿. Victorius en a fait deux mots. La conjecture οἴκτειρ᾿ ἔθ᾿ est mauvaise. — 673. Barnes et beaucoup d'autres écrivent σοῦ au lieu de σούς, qui est une leçon irréprochable. — 676. Je propose : δὸς δῆτα πατρὸς τοῖσδε τιμωροῖς κράτος. La leçon du manuscrit viendra de la glose νίκην écrite au-dessus de κράτος. — 677-682. Ces six vers étaient attribués à Oreste. Kirchhoff et Nauck les distribuent vers par vers entre le frère et la sœur. Nous avons laissé les trois premiers à Oreste, et donné les trois autres à Électre. La division en groupes ternaires est la loi de ce morceau. — 678. Musgrave a corrigé la leçon καὶ γῆ τ᾿ ἄνασσα. Matthiæ et d'autres condamnent ce vers.

Oreste dit ici ce qu'il veut que Jupiter soit pour lui.

672. Οἴκτειρέ θ᾿ ἡμᾶς. La particule τε, avec raison défendue par Seidler, fait prévoir la seconde prière d'Oreste νίκην δὸς ἡμῖν, v. 675. Il est vrai que le second τε est rapproché du nom de Junon, Ἥρα τε, v. 674. Il aurait donc été plus régulier de placer le premier τε après ὦ Ζεῦ. Mais des licences de ce genre ne sont pas rares chez les poètes grecs : cp. Héc., 463. Ici la position irrégulière des deux τε est expressive : elle marque que les deux prières sont adressées aux deux divinités.

673. Σούς γε φύντας ἐκγόνους. Le pronom possessif se justifie par cette phrase qu'on lit dans Oreste, v. 1329 : Ἐμούς γε συγγενεῖς πεφυκότας.

676.. Δός... δίκην, accorde-nous de venger un père. Δὸς τοῖσδε δίκην équivaut à δὸς ἡμῖν λαμβάνειν δίκην. Voy. cependant NC.

677. Κάτω γῆς ἀνοσίως οἰκῶν, précipité par un crime impie dans la demeure souterraine. Οἰκῶν équivaut ici a οἰκισθείς. C'est ainsi que α tué par un crime impie » se dit en grec : ἀνοσίως θανών.

678. L'invocation de la Terre n'est ici que subsidiaire : elle forme une sorte de parenthèse, ou plutôt elle fait partie de l'invocation d'Agamemnon. C'est que l'ombre de ce roi ne peut agir qu'avec le secours de la Terre. Dans un morceau des Choëphores, lequel a évidemment servi de modèle à celui-ci, Oreste s'écrie : Ὦ γαῖ᾿, ἄνες μοι πατέρ᾿ ἐποπτεῦσαι μάχην (vers 489). — Χεῖρας ᾗ δίδωμ᾿ ἐμάς. En s'adressant aux mânes ou aux dieux souterrains, on tendait les bras vers la terre; quelquefois on la frappait de ses mains.

ΗΛΕΚΤΡΑ.

οἵπερ γε σὺν σοὶ Φρύγας ἀνάλωσαν δορὶ,
χῶσοι στυγοῦσιν ἀνοσίους μιάστορας.

ΟΡΕΣΤΗΣ.

Ἤκουσας, ὦ δείν' ἐξ ἐμῆς μητρὸς παθών;

ΗΛΕΚΤΡΑ.

Πάντ', οἶδ', ἀκούει τάδε πατήρ· στείχειν δ' ἀκμή. —
Καί σοι προφωνῶ πρὸς τάδ' Αἴγισθον θανεῖν· 685
ὡς εἰ παλαισθεὶς πτῶμα θανάσιμον πεσεῖ,
τέθνηκα κἀγὼ, μηδέ με ζῶσαν λέγε·
παίσω κάρα γὰρ τοὐμὸν ἀμφήκει ξίφει.
Δόμων δ' ἔσω βᾶσ' εὐτρεπὲς ποιήσομαι·
ὡς ἢν μὲν ἔλθῃ πύστις εὐτυχὴς σέθεν, 690
ὀλολύξεται πᾶν δῶμα· θνήσκοντος δὲ σοῦ
τἀναντί' ἔσται τῶνδε· ταῦτά σοι λέγω.

ΟΡΕΣΤΗΣ.

Πάντ' οἶδα.

ΗΛΕΚΤΡΑ.

Πρὸς τάδ' ἄνδρα γίγνεσθαί σε χρή.
Ὑμεῖς δέ μοι, γυναῖκες, εὖ πυρσεύετε
κραυγὴν ἀγῶνος τοῦδε· φρουρήσω δ' ἐγὼ 695

NC. 682-683. Le manuscrit présente ces vers dans l'ordre inverse. Reiske les a transposés, et il a rectifié la leçon ὡς δείν'. — 684. Manuscrit : οἶδεν. Victorius : οἶδ'.
— 685. Victorius a rectifié la leçon προσφωνῶ. — Pour θανεῖν on a proposé θενεῖν (Musgrave) et κτανεῖν (Seidler).

683. Cf. *Choéph.* 495 sq. : Ἆρ' ἐξεγείρει τοῖσδ' ὀνείδεσιν, πάτερ; Ἆρ' ὀρθὸν αἴρεις φίλτατον τὸ σὸν κάρα.
684. En remontant au vers 671, on voit que les prières des enfants d'Agamemnon sont disposées symétriquement. Il y a quatre groupes de trois vers. Les deux premiers groupes se divisent en un distique prononcé par Oreste, et un monostique prononcé par Électre; le troisième tercet appartient tout entier à Oreste. le quatrième tout entier à Électre. Deux monostiques forment la conclusion du morceau.
685. Καί σοι... θανεῖν, et là-dessus je te dis: qu'Égisthe meure! — Πρὸς τάδε, *proinde*, diffère de πρὸς τοῖσδε, *præterea*.—
Fix fait remarquer que προφωνῶ Αἴγισθον

θανεῖν est plus énergique que προφωνῶ Αἴγισθον κτανεῖν. Il compare v. 221 : Ὦ Φοῖβ' Ἄπολλον, προσπίτνω σε μὴ θανεῖν.
686. Παλαισθείς équivaut à καταπαλαισθείς, « vaincu dans la lutte. »
687. Μηδέ με ζῶσαν λέγε, ne crois pas que je survive à ta mort.
691. Ὀλολύξεται πᾶν δῶμα, toute la maison retentira de cris de joie. Cf. Eschyle, *Choéph.* 943 : Ἐπολολύξατ' ὦ δεσποσύνων δόμων ἀναρυγᾷ κακῶν.
694-695. Εὖ πυρσεύετε κραυγὴν ἀγῶνος τοῦδε, « probe mihi indicate tumultum « qui a luctantibus (Oreste et Ægistho) orie« tur. Cf. vers 747 sqq. » [Reiske.] Πυρσεύειν, qui se dit des signaux donnés par le feu, est ici pris dans un sens plus général.

ΗΛΕΚΤΡΑ.

πρόχειρον ἔγχος χειρὶ βαστάζουσ' ἐμῇ.
Οὐ γάρ ποτ' ἐχθροῖς τοῖς ἐμοῖς νικωμένη
δίκην ὑφέξω σῶμ' ἐμὸν καθυβρίσαι.

ΧΟΡΟΣ.

Ἀταλᾶς ὑπὸ ματέρος Ἀρ- [Strophe 1.]
γείων ὀρέων ποτὲ κληδὼν 700
ἐν πολιαῖσι μένει φάμαις
εὐαρμόστοις ἐν καλάμοις
Πᾶνα μοῦσαν ἀδύθροον
πνείοντ', ἀγρῶν ταμίαν,
χρυσέαν ἄρνα καλλιπλόκαμον πορεῦσαι. 705
Πετρίνοις δ' ἐπιστὰς
κᾶρυξ ἴαχεν βάθροις·
Ἀγορὰν ἀγορὰν, Μυκη-
ναῖοι, στείχετε μακαρίων
ὀψόμενοι τυράννων 710

NC. 699-700. Dindorf: ματρὸς ‖ Ἀργείων. — 701. Manuscrit : φήμαις. — 703. Manuscrit : ἠδύθροον. — 704. Hartung a rectifié la leçon πνέοντ'. — 705. Heath et Nauck : καλλίποκον. — 706. Kirchhoff a substitué δ' à τ'. — 707. Manuscrit : ἴαχει βάθροις. La correction est due à Elmsley.

698. L'accusatif δίκην est développé par la locution infinitive σῶμ' ἐμὸν καθυβρίσαι.

699-705. Pour expliquer les dissensions sanglantes des Pélopides, Euripide remonte ici au fameux bélier d'or et à la querelle que la possession de ce gage du pouvoir («regni stabilimen,» Attius, *Atree*, fr. VIII Ribbeck) fit naître entre Atrée et Thyeste, Sophocle, *Électre*, 504 sqq., et Euripide lui-même dans l'*Oreste*, 998 sqq., remontent encore plus haut, jusqu'au meurtre de Myrtile. — Les mots ἀταλᾶς ὑπὸ ματέρος Ἀργείων ὀρέων ποτε dépendent de χρυσέαν ἄρνα πορεῦσαι. Il n'est pas rare que le commencement et la fin d'une phrase se rattachent l'un à l'autre. Le sujet de πορεῦσαι est Πᾶνα, et la phrase infinitive Πᾶνα πορεῦσαι ἄρνα est gouvernée par κληδὼν μένει ἐν πολιαῖσι φάμαις.

699-700. Ἀταλᾶς ὑπὸ ματέρος, «ab uberibus matris abstractam». Ὑπὸ équivaut à ὑπέκ : cf. *Héc.* 53. [Matthiæ.]

— Ἀργείων ὀρέων, du haut des montagnes d'Argos. Il ne faut pas rattacher ces mots à κληδὼν: placés avant ποτέ, ils se rapportent évidemment, ainsi que les précédents, à πορεῦσαι ἄρνα, v. 705.

704. Ἐν πολιαῖσι φάμαις, dans les antiques traditions. Cp. Eschyle, *Choéph.*, 314 : Τριγέρων μῦθος τάδε φωνεῖ.

702. Εὐαρμόστοις ἐν καλάμοις, «in arundinibus bene compactis ». Pan joue de la flûte qui porte son nom.

704-705. Ἀγρῶν ταμίαν. Ces mots sont séparés de Πᾶνα et rapprochés de χρυσέαν ...πορεῦσαι, parce que c'est en sa qualité de dieu des champs et des troupeaux que Pan apporte l'agneau à la toison d'or. — Dans l'épithète καλλιπλόκαμον la toison frisée des brebis est comparée à des boucles. Cf. Attius, *l. c.* : « Agnum inter pecudes aurea clarum coma ».

706-707. Πετρίνοις.... βάθροις. Il s'agit sans doute du rocher de l'acropole de Mycène.

ΗΛΕΚΤΡΑ.

φάσματα δείματα. Κῶ-
μοι δ' Ἀτρειδᾶν ἐγέραιρον οἴκους.

Θυμέλαι δ' ἐπίτναντο χρυσή-   [Antistrophe 4.]
λατοι, σελαγεῖτο δ' ἀν' ἄστυ
πῦρ ἐπιβώμιον Ἀργείων·   715
λωτὸς δὲ φθόγγον κελάδει
κάλλιστον, Μουσᾶν θεράπων·
μολπαὶ δ' ηὔξοντ' ἐραταὶ,
χρυσέας ἀρνὸς ὡς εἰσὶ λόχοι Θυέστου.
Κρυφίαις γὰρ εὐναῖς   720
πείσας ἄλοχον φίλαν
Ἀτρέως, τέρας ἐκκομί-
ζει πρὸς δώματα· νεόμενος δ'
εἰς ἀγόρους ἀΰτει
τὰν κερόεσσαν ἔχειν   725
χρυσόμαλλον κατὰ δῶμα ποίμναν.

NC. 711. Erfurdt a rétabli le mètre en mettant κῶμοι à la place de la leçon (glose) χοροί. — 719. La leçon ὡς ἐπίλογοι Θυέστου n'offre aucun sens. (Le mot ὡς est omis dans les vieilles éditions; mais, à en juger par les apographes, il doit se trouver dans le manuscrit.) Seidler : ὡς ἐστὶ λόγος, Θυέστου, ce qui n'est pas satisfaisant. J'ai écrit ὡς εἰσι λόχοι Θυέστου. — 724. Victorius a corrigé la leçon ἀγορᾶς. — 725. La leçon χρυσεόμαλλον a été rectifié par Musgrave. — Ancienne vulgate : δώματα.

711. Φάσματα δείματα. « Tale portentum, ut a diis missum, sine horrore esse non poterat. » [Seidler.]

713. Θυμέλαι δ' ἐπίτναντο, i. e. ἐπετάννυτο. Les temples étaient ouverts, comme dans un jour de fête. — Χρυσήλατοι. On compare *Ion.* 457 : Χρυσήρεις οἴκους (le temple de Delphes), et *Iph. Taur.* 129 : Ναῶν χρυσήρεις θριγκούς. — La première syllabe de χρυσήλατοι est ici abrégée, comme celle de χρυσέῳ l'est dans *Iph. Taur.*, v. 1273.

716. Λωτός, la flûte. Voy. la note sur *Iph. Aul.* 438.

717. Μουσᾶν θεράπων. La flûte reçoit ici l'appellation qu'on donnait généralement aux poètes. Le *Margitès*, épopée burlesque attribuée à Homère, commençait par les vers : Ἦλθέ τις εἰς Κολοφῶνα γέρων καὶ θεῖος ἀοιδός, Μουσάων θεράπων καὶ ἑκηβόλου Ἀπόλλωνος.

719. Χρυσέας.... Θυέστου, (on chantait) que chez Thyeste était né l'agneau d'or (littéralement : « que la naissance de l'agneau d'or appartenait à Thyeste »). — Λόχοι équivaut à τόκοι. Cf. Eschyle, *Suppl.* 676 : Ἄρτεμιν δ' ἑκάταν γυναικῶν λόχους ἐφορεύειν. Dans *Oreste*, 997, Euripide appelle le bélier fatal : Λόχευμα ποιμνίοισι... Ἀτρέος ἱπποβώτα. Le scholiaste y dit : Ὁ δὲ Ἀτρεὺς βουλόμενος δεῖξαι ὅτι αὐτοῦ ἐστιν ἡ βασιλεία ἔφη [δεῖξαι] ὅτι χρυσόμαλλος ἀρνειὸς αὐτῷ ἐτέχθη.

721. Ἄλοχον. Ἐρόπη (Ἀερόπη), femme d'Atrée, séduite par Thyeste.

724. Ἀγόρους. Cf. *Iph. Taur.* 1096.

726. Ποίμναν. Il ne s'agit que d'un

ΗΛΕΚΤΡΑ.

Τότε δὴ τότε φαεννὰς [Strophe 2.]
ἄστρων μετέβασ' ὁδοὺς
Ζεὺς καὶ φέγγος ἀελίου
λευκόν τε πρόσωπον ἀοῦς· 730
τὰ δ' ἕσπερα νῶτ' ἐλαύνει
θερμᾷ φλογὶ θεοπύρῳ,
νεφέλαι δ' ἔνυδροι πρὸς ἄρκτον,
ξηραί τ' Ἀμμωνίδες ἕδραι
φθίνουσ' ἀπειρόδροσοι, 735
καλλίστων ὄμβρων Διόθεν στερεῖσαι.

Λέγεται, τὰν δὲ πίστιν [Antistrophe 2.]

NC. 728. Manuscrit : μεταβάς. Victorius : μεταβάλλει. La vraie correction est due à Musgrave. — 732. Manuscrit : θερμά (à ce qu'il paraît). — 735. Bothe a corrigé la leçon ἄπειροι δρόσου. — 737. L'accord antistrophique semble demander la correction de Porson : τάδε δὲ πίστιν.

seul animal. C'est ainsi que Sénèque dit (*Thy.* 225) : « Est Pelopis altis nobile in « stabulis pecus, Arcanus aries. »

727-730. Suivant la fable la plus répandue, le soleil recula d'horreur et les ténèbres couvrirent la terre, quand Atrée offrit à son frère l'horrible repas que l'on sait. Mais cette tradition fut modifiée quand on se mit à étudier l'astronomie. Quelques-uns prétendirent que le soleil s'était autrefois levé à l'occident et que le mouvement (apparent) du ciel avait aussi été le contraire de ce qu'il est aujourd'hui; d'autres pensèrent que le soleil avait dû primitivement marcher dans le même sens que le ciel étoilé. D'après les uns et les autres, Jupiter établit l'ordre actuel pour annoncer aux hommes la fraude de Thyeste. Platon rapporte la première de ces versions, *Politicus*, p. 268 sq. : Τὸ περὶ τὴν Ἀτρέως καὶ Θυέστου λεχθεῖσαν ἔριν φάσμα... τὸ περὶ τῆς μεταβολῆς δύσεώς τε καὶ ἀνατολῆς ἡλίου καὶ τῶν ἄλλων ἄστρων, ὡς ἄρα ὅθεν μὲν ἀνατέλλει νῦν, εἰς τοῦτον τότε τὸν τόπον ἐδύετο, ἀνέτελλε δ' ἐκ τοῦ ἐναντίου· τότε δὲ δὴ μαρτυρήσας ἄρα ὁ θεὸς Ἀτρεῖ μετέβαλεν αὐτὸ ἐπὶ τὸ νῦν σχῆμα. Polybe, chez Strabon, I, p. 23, interprète la seconde de ces versions en faisant d'Atrée le premier astronome qui enseignât que le mouvement du soleil est opposé à celui du ciel (τοῦ ἡλίου τὸν ὑπεναντίον τῷ οὐρανῷ δρόμον). Dans ses *Crétoises* (fr. III, Wagner), Euripide faisait dire à Atrée : Δείξας γὰρ ἄστρων τὴν ἐναντίαν ὁδὸν Δήμους τ' ἔσωσα καὶ τύραννος ἰζόμην. Dans le passage présent, ainsi qu'aux vers 1001 sqq. de l'*Oreste*, Euripide semble suivre la fable mentionnée par Platon.

731-736. Depuis la querelle des fils de Pélops le soleil ne se leva pas seulement à l'orient au lieu de se lever à l'occident, il dévia aussi vers le midi. Ainsi furent desséchés les pays tropiques, et le nord seul jouit de pluies bienfaisantes et d'un climat tempéré.

734. Ἕσπερα νῶτ(α). Il faut évidemment entendre le côté méridional : Hartung le fait observer avec raison, et l'ensemble de ce passage le prouve assez. — Ἐλαύνει a pour sujet ὁ ἥλιος.

732. Θεοπύρῳ. « Trisyllabum, quasi « θευπύρῳ scriptum esset. » [Dindorf.]

734. Ἀμμωνίδες ἕδραι, les déserts de l'Afrique. — L'aridité de ces pays était aussi expliquée par l'imprudence de Phaéthon. Voy. Ovide, *Métam.*, II, 237.

737-744. Euripide déclare qu'il ne croit pas que cette révolution céleste se soit ac-

ΗΛΕΚΤΡΑ. 629

σμικρὰν παρ' ἔμοιγ' ἔχει,
στρέψαι θερμὰν ἀέλιον
χρυσωπὸν ἕδραν ἀμείψαν- 740
τα δυστυχίᾳ βροτείῳ
θνατᾶς ἕνεκεν δίκας.
Φοβεροὶ δὲ βροτοῖσι μῦθοι
κέρδος πρὸς θεῶν θεραπείας.
Ὧν οὐ μνασθεῖσα πόσιν 745
κτείνεις, κλεινῶν συγγενέτειρ' ἀδελφῶν.

Ἔα ἔα·
φίλαι, βοῆς ἠκούσατ', ἢ δοκῶ κενὴ
ὑπῆλθέ μ', ὥστε νερτέρα βροντὴ Διός;
Ἰδοὺ, τάδ' οὐκ ἄσημα πνεύματ' αἴρεται·
δέσποιν', ἄμειψον δώματ', Ἠλέκτρα, τάδε. 750

ΗΛΕΚΤΡΑ.

Φίλαι, τί χρῆμα; πῶς ἀγῶνος ἥκομεν;

NC. 739-740. Nous avons substitué, avec Canter, ἀέλιον à ἀελίου, et, avec Dindorf, ἀμείψαντα à ἀλλάξαντα, tout en sentant que ces corrections ne donnent pas encore un texte parfaitement satisfaisant. — 744. Matthiæ a rectifié la leçon θεραπείαις.

complie et que les habitants de la Libye aient été punis parce que les fils de Pélops exerçaient entre eux des vengeances cruelles. Il pense toutefois que de pareilles fables sont utiles pour inspirer aux hommes la crainte des dieux.

739-740. Θερμὰν ἕδραν. Ces mots semblent désigner le char du soleil.

741. Avant δυστυχίᾳ βροτείῳ on peut suppléer ἐπί. « Pour le malheur des humains. »

742. Θνατᾶς ἕνεκεν δίκας, à cause des vengeances exercées par des mortels. [Seidler.]

746. Κλεινῶν συγγενέτειρ' ἀδελφῶν, sœur de frères illustres. Le crime de Clytemnestre contraste avec la vertu de Castor et de Pollux. Barnes a déjà cité le v. 990 : Τοῖν ἀγαθοῖν σύγγονε κούροιν, ainsi que le vers 1063, où Clytemnestre et Hélène sont déclarées indignes de tels frères. — Il est vrai que γενέτειρα désigne ordinairement la mère. Mais c'est faire injure au poëte que d'expliquer ces mots, comme font la plupart des interprètes : « Quæ una « cum marito claros fratres, i. e. Orestem « et Electram, procreavisti. » Le masculin γενέτης prend le sens de « fils » dans Ion, 916 : Ὁ δ' ἐμὸς γενέτας καὶ σός, ainsi que chez Sophocle, OEd. Roi, 478, où Apollon est appelé ὁ Διὸς γενέτας. Euphorion, fragment XLVII Meineke, a employé γενέτειρα dans le sens de « fille ».

747. Δοκῶ, pour δόκησις, ne se lit que dans ce passage. C'est ainsi qu'Eschyle, Agam. 1356, dit μελλώ pour μέλλησις.

748. Ὥστε νερτέρα βροντὴ Διός. Ces mots sont au nominatif, comme s'il y avait plus haut βοὴ ἐγένετο. — Dans Hippolyte, 1201, le bruit qu'on entendait au moment où la mer se soulevait, était aussi comparé à ces tonnerres souterrains qui précèdent les tremblements de terre, χθόνιος ὡς βροντὴ Διός.

749. Πνεύματ(α), des souffles, des cris.

751. Πῶς ἀγῶνος ἥκομεν; Ici ἥκομεν

ΗΛΕΚΤΡΑ.

ΧΟΡΟΣ.

Οὐκ οἶδα πλὴν ἕν· φόνιον οἰμωγὴν κλύω.

ΗΛΕΚΤΡΑ.

Ἤκουσα κἀγώ, τηλόθεν μέν, ἀλλ' ὅμως.

ΧΟΡΟΣ.

Μακρὰν γὰρ ἕρπει γῆρυς, ἐμφανής γε μήν.

ΗΛΕΚΤΡΑ.

Ἀργεῖος ὁ στεναγμὸς ἢ φίλων ἐμῶν;   755

ΧΟΡΟΣ.

Οὐκ οἶδα· πᾶν γὰρ μίγνυται μέλος βοῆς.

ΗΛΕΚΤΡΑ.

Σφαγὴν ἀϋτεῖς τήνδε μοι· τί μέλλομεν;

ΧΟΡΟΣ.

Ἐπίσχε, τρανῶς ὡς μάθῃς τύχας σέθεν.

ΗΛΕΚΤΡΑ.

Οὐκ ἔστι· νικώμεσθα· ποῦ γὰρ ἄγγελοι;

ΧΟΡΟΣ.

Ἥξουσιν· οὔτοι βασιλέα φαῦλον κτανεῖν.   760

ΑΓΓΕΛΟΣ.

Ὦ καλλίνικοι παρθένοι Μυκηνίδες,
νικῶντ' Ὀρέστην πᾶσιν ἀγγέλλω φίλοις,
Ἀγαμέμνονος δὲ φονέα κείμενον πέδῳ
Αἴγισθον· ἀλλὰ θεοῖσιν εὔχεσθαι χρεών.

ΗΛΕΚΤΡΑ.

Τίς δ' εἶ σύ; πῶς μοι πιστὰ σημαίνεις τάδε;   765

NC. 752. Manuscrit : πλὴν ἐμφόνιον. C'est ainsi qu'on trouve τὸμ πατέρα,

équivaut à ἔχομεν. Matthiæ compare Hérodote, I, 102 : Ἑωυτῶν εὖ ἥκοντες, et ib. 140 : Κόρην.... ὡρέων ἤκουσαν οὐκ ὁμοίως.

756. Πᾶν μέλος βοῆς, toute espèce de cris (des cris chantés sur tous les airs). Cp. Hipp. 1178 : Ταὐτὸ δακρύων ἔχων μέλος.

757. Σφαγὴν ἀϋτεῖς τήνδε μοι, c'est le signal de la mort que tu me donnes là. Le grec τήνδε répond ici au français « là. »

Seidler traduit très-exactement : « Cum hæc mihi nuntias, nuntias, ut me οἶδαμ. » Car si l'on remplaçait τήνδε par τάδε, le sens serait le même.

759. Ποῦ γὰρ ἄγγελοι; L'absence de nouvelles, dit Electre, prouve que nous sommes vaincus : vainqueur, Oreste aurait envoyé un messager.

760. Οὐ φαῦλον, ce n'est pas une petite chose, une chose facile.

ΗΛΕΚΤΡΑ. 631

ΑΓΓΕΛΟΣ.

Οὐκ οἶσθ' ἀδελφοῦ μ' εἰσορῶσα πρόσπολον ;

ΗΛΕΚΤΡΑ.

Ὦ φίλτατ', ἔκ τοι δείματος δυσγνωσίαν
εἶχον προσώπου· νῦν δὲ γιγνώσκω σε δή·
τί φής; τέθνηκε πατρὸς ἐμοῦ στυγνὸς φονεύς;

ΑΓΓΕΛΟΣ.

Τέθνηκε· δίς σοι ταῦθ', ἅ γ' οὖν βούλει, λέγω.   770

ΗΛΕΚΤΡΑ.

Ὦ θεοί, Δίκη τε πάνθ' ὁρῶσ', ἦλθές ποτε.
Ποίῳ τρόπῳ δὲ καὶ τίνι ῥυθμῷ φόνου
κτείνει Θυέστου παῖδα, βούλομαι μαθεῖν.

ΑΓΓΕΛΟΣ.

Ἐπεὶ μελάθρων τῶνδ' ἀπήραμεν πόδα,
εἰσβάντες ᾖμεν δίκροτον εἰς ἁμαξιτὸν   775
ἔνθ' ἦν ὁ κλεινὸς τῶν Μυκηναίων ἄναξ.
Κυρεῖ δὲ κήποις ἐν καταρρύτοις βεβώς,
δρέπων τερείνης μυρσίνης κάρᾳ πλόκους·
ἰδών τ' ἀΰτεῖ· Χαίρετ', ὦ ξένοι· τίνες
πόθεν πορεύεσθ' ἐς πέδον ποίας χθονός;   780

NC. 769. Barnes a supprimé γ' après πατρός. — 770. La leçon γοῦν a été rectifiée par Elmsley. — 771. Ce vers, généralement attribué au chœur, a été rendu à Electre par Kirchhoff. — 772. Manuscrit : τίνος. Victorius : τίνι. — 775. Lobeck voulait : δίκρουν. — 778. Portus a rectifié la leçon κάρα. — 780. Manuscrit : πορεύεσθ' τ' ἐκ ποίας χθονός; On écrit généralement, d'après Musgrave, πορεύεσθ' ἔστε τ' ἐκ ποίας χθονός; Mais il est évident qu'Égisthe demande d'où ils viennent et où ils vont. Le bon sens et la réponse d'Oreste le disent assez. J'ai donc corrigé le texte d'une autre manière.

772. Τίνι ῥυθμῷ. Cp. *Suppl.* 94 : Γυναῖκας οὐχ ἕνα ῥυθμὸν Κακῶν ἐχούσας. Une voyelle brève s'allonge quelquefois devant ῥ initial.

775-776. Δίκροτον εἰς ἁμαξιτόν est le complément de εἰσβάντες, et ἔνθ' ἦν.... se rattache directement à ᾖμεν. — Ἁμαξιτὸς δίκροτος est une grande route à deux ornières, un chemin dans lequel les voitures peuvent rouler et se faire entendre (κροτεῖν) de côté et d'autre. Barnes a déjà cité : Ἱππόκροτον σκυρωτὰν ὁδόν, Pindare, *Pyth.*, V, 86. — Ὁ κλεινός. Cf. v. 327 et la note.

777. Κυρεῖ βεβώς, il se trouve. Au parfait, et même au présent, le verbe βαίνειν signifie assez souvent : « se tenir, se trouver ». Cf. *Hécube*, 437.

779-780. Τίνες πόθεν.... ἐς πέδον ποίας χθονός; On sait que les Grecs réunissent plusieurs questions en une seule, sans conjonction intermédiaire.—Πέδον χθονός est une périphrase familière aux tragiques. Cf. *Med.* 666 : Πόθεν γῆς; τῇσδ' ἐπιστρωφᾷ πέδον,

Ὁ δ' εἶπ' Ὀρέστης· Θεσσαλοί· πρὸς δ' Ἀλφεὸν
θύσοντες ἐρχόμεσθ' Ὀλυμπίῳ Διί.
Κλύων δὲ ταῦτ' Αἴγισθος ἐννέπει τάδε·
Νῦν μὲν παρ' ἡμῖν χρὴ συνεστίους ἐμοὶ
θοίνῃ γενέσθαι· τυγχάνω δὲ βουθυτῶν 785
Νύμφαις· ἑῷοι δ' ἐξαναστάντες λέχους
εἰς ταὐτὸν ἥξετ'. Ἀλλ' ἴωμεν εἰς δόμους —
καὶ ταῦθ' ἅμ' ἠγόρευε καὶ χερὸς λαβὼν
παρῆγεν ἡμᾶς — οὐδ' ἀπαρνεῖσθαι χρεών.
Ἐπεὶ δ' ἐν οἴκοις ἦμεν, ἐννέπει τάδε· 790
Λούτρ' ὡς τάχιστα τοῖς ξένοις τις αἱρέτω,
ὡς ἀμφὶ βωμὸν στῶσι χερνίβων πέλας.
Ἀλλ' εἶπ' Ὀρέστης· Ἀρτίως ἡγνίσμεθα
λουτροῖσι καθαροῖς ποταμίων ῥείθρων ἄπο.
Εἰ δὲ ξένους ἀστοῖσι συνθύειν χρεών, 795
Αἴγισθ', ἕτοιμοι κοὐκ ἀπαρνούμεσθ', ἄναξ.
Τοῦτον μὲν οὖν μεθεῖσαν ἐκ μέσου λόγον·
λόγχας δὲ θέντες, δεσπότου φρουρήματα,
δμῶες πρὸς ἔργον πάντες ἴεσαν χέρας.
Οἱ μὲν σφαγεῖον ἔφερον, οἱ δ' ἦρον κανᾶ, 800

NC. 785. Θοίνῃ, correction de Seidler pour θοίνην. — 800. La leçon σφάγι' ἐνέφερον a été corrigée par Scaliger.

781. Ὁ δ' εἶπ' Ὀρέστης. Ici ὁ garde son ancienne valeur pronominale, comme dans l'homérique : Αὐτὰρ ὁ μήνιε.... Πηλέος υἱός (Il. I, 488.)

784-785. Παρ' ἡμῖν, chez moi. — Ἐμοὶ et θοίνῃ dépendent de συνεστίους γενέσθαι : le second de ces datifs ajoute une détermination plus précise.

786. Νύμφαις. Cf. v. 625.

787. Εἰς ταὐτὸν ἥξετ(ε), vous arriverez au même résultat, vous regagnerez le temps perdu.

789. Les mots οὐδ' ἀπαρνεῖσθαι χρεών font partie du discours d'Égisthe, ainsi que cela est indiqué par la ponctuation.

795. Εἰ δὲ ξένους.... La stricte observance du droit primitif excluait l'étranger des cérémonies religieuses. (Voy. Fustel de Coulanges, *La Cité antique*, p. 247.) Dans l'*Agamemnon* d'Eschyle, v. 1036 sqq., Cassandre est invitée, en sa qualité de membre esclave de la famille, à se placer près de l'autel et à prendre sa part de l'eau lustrale, κοινωνὸν εἶναι χερνίβων.

796. Ἕτοιμοι. Cet adjectif, qui a force verbale, n'a pas besoin d'être accompagné du verbe εἶναι. Cf. *Méd.* 612, et la note.

797. Μεθεῖσαν ἐκ μέσου. De même qu'on dit προτιθέναι λόγον ἐς μέσον, *sermonem in medium proferre*, on peut aussi dire μεθιέναι λόγον ἐκ μέσου, *e medio auferre sermonem*, « laisser un discours, abandonner un sujet de conversation ».

798. Λόγχας, δεσπότου φρουρήματα, les lances qui servent à garantir le maître.

800. Σφαγεῖον, « le vase pour recueillir

ΗΛΕΚΤΡΑ. 633

ἄλλοι δὲ πῦρ ἀνῆπτον ἀμφί τ᾽ ἐσχάρας
λέβητας ὤρθουν· πᾶσα δ᾽ ἐκτύπει στέγη.
Λαβὼν δὲ προχύτας μητρὸς εὐνέτης σέθεν
ἔβαλλε βωμούς, τοιάδ᾽ ἐννέπων ἔπη·
Νύμφαι πετραῖαι, πολλάκις με βουθυτεῖν   805
καὶ τὴν κατ᾽ οἴκους Τυνδαρίδα δάμαρτ᾽ ἐμὴν
πράσσοντας ὡς νῦν, τοὺς δ᾽ ἐμοὺς ἐχθροὺς κακῶς·
λέγων Ὀρέστην καὶ σέ. Δεσπότης δ᾽ ἐμὸς
τἀναντί᾽ εὔχετ᾽, οὐ γεγωνίσκων λόγους,
λαβεῖν πατρῷα δώματ᾽. Ἐκ κανοῦ δ᾽ ἑλὼν   810
Αἴγισθος ὀρθὴν σφαγίδα, μοσχείαν τρίχα
τεμὼν ἐφ᾽ ἁγνὸν πῦρ ἔθηκε δεξιᾷ,
κἄσφαξεν ὤμων μόσχον ὡς ἦραν χεροῖν
δμῶες, λέγει δὲ σῷ κασιγνήτῳ τάδε·
Ἐκ τῶν καλῶν κομποῦσι τοῖσι Θεσσαλοῖς   815

NC. 804. Manuscrit : πυρὰν ἦπτον. Canter a divisé les mots comme il le fallait. — 811. Nauck a rectifié la leçon μοσχίαν. — 813. J'ai écrit κάσφαξεν ὤμων pour κάσφαξ᾽ ἐπ᾽ ὤμων, leçon qui n'offrait pas de sens satisfaisant. Les mots ἐπ᾽ ὤμων ne pouvaient être joints ni à ἔσφαξ(ε), puisqu'on égorgeait en coupant les veines jugulaires, ni à ἦραν, puisque les ministres du sacrifice soulevaient la victime sans la mettre sur leurs épaules.

le sang » et non : « la victime. » Le sens usuel de ce mot et le verbe ἔφερον s'opposent à cette dernière explication. Il est singulier toutefois que dans un récit où il est fait mention de tout ce qu'il faut pour le sacrifice, la victime elle-même soit oubliée. — Κανᾶ, la corbeille sacrée. Elle renfermait les grains d'orge, προχύτας (v. 803), et le couteau, σφαγίδα (v. 811). Cf. la note sur *Iph. Aul.* v. 1567.

805. Πολλάκις με βουθυτεῖν. Il est inutile de sous-entendre δότε : l'infinitif exprime un vœu. Homère emploie ce mode concurremment avec l'optatif. Cf. *Od.* XVII, 354 : Ζεῦ ἄνα, Τηλέμαχόν μοι ἐν ἀνδράσιν ὄλβιον εἶναι, Καί οἱ πάντα γένοιθ᾽ ὅσσα φρεσὶν ᾗσι μενοινᾷ.

807. Κακῶς, sous-ent. πράσσειν, infinitif renfermé dans le participe πράσσοντας.

808. Λέγων Ὀρέστην καὶ σέ, (il parlait ainsi) ayant en vue Oreste et toi.

811-812. Ὀρθὴν σφαγίδα. Le couteau qui servait à égorger les victimes était droit, et non recourbé. — Μοσχείαν τρίχα.... δεξιᾷ. C'est là le prélude du sacrifice et comme la consécration de la victime. Cf. Homère, *Od.* XIV, 422 : Ἀλλ᾽ ὅγ᾽ ἀπαρχόμενος κεφαλῆς τρίχας ἐν πυρὶ βάλλεν.

813. Ἔσφαξεν. Ici la victime est égorgée vivante ; dans l'*Odyssée*, au passage cité ci-dessus, elle est d'abord assommée. — Ὤμων μόσχον ὡς ἦραν χεροῖν, comme de leurs mains ils levaient la génisse par les épaules. Ὤμων est le génitif de la partie touchée. Cp. *Iph. Aul.* 1366 : (Ἁρπάσας) ξανθῆς ἐθείρης, et 1469 : Πρὶν σπαράσσεσθαι κόμης.

815. Ἐκ τῶν καλῶν, parmi les choses honorables. « Historica hæc, non a poeta « ficta. Dissertatio dorica *de honesto et* « *turpi*, p. 55, ed. Gale : Θεσσαλοῖσι δὲ « καλὸν τὼς ἵππως ἐκ τᾶς ἀγέλας λαβόντι « αὔτως δαμάσαι καὶ τὼς ὀρέας· βῶς τε « λαβόντι αὔτως σφάξαι καὶ ἐκδεῖραι καὶ

εἶναι τόδ', ὅστις ταῦρον ἀρταμεῖ καλῶς
ἵππους τ' ὀχμάζει· λαβὲ σίδηρον, ὦ ξένε,
δεῖξόν τε φήμην ἔτυμον ἀμφὶ Θεσσαλῶν.
Ὁ δ' εὐκρότητον Δωρίδ' ἁρπάσας χεροῖν,
ῥίψας ἀπ' ὤμων εὐπρεπῆ πορπάματα, 820
Πυλάδην μὲν εἷλετ' ἐν πόνοις ὑπηρέτην,
δμῶας δ' ἀπωθεῖ· καὶ λαβὼν μόσχου πόδα,
λευκὰς ἐγύμνου σάρκας ἐκτείνων χέρα·
θᾶσσον δὲ βύρσαν ἐξέδειρεν ἢ δρομεὺς
δισσοὺς διαύλους ἱππίους διήνυσεν, 825
κἀνεῖτο λαγόνας. Ἱερὰ δ' εἰς χεῖρας λαβὼν
Αἴγισθος ἤθρει. Καὶ λοβὸς μὲν οὐ προσῆν,
σπλάγχνοις, πύλαι δὲ καὶ δοχαὶ χολῆς πέλας
κακὰς ἔφαινον τῷ σκοποῦντι προσβολάς.
Χὼ μὲν σκυθράζει, δεσπότης δ' ἀνιστορεῖ· 830

NC. 813. Peut-être : ἀμφὶ δημοτῶν. La leçon Θεσσαλῶν semble être une glose tirée du vers 815. — 819. Nauck propose : δαρίδ' ἀναρπάσας. En effet δορίς est le nom usuel du couteau qui servait à écorcher les victimes. Cependant le vers 837 semble confirmer la leçon δωρίδ' ἁρπάσας. — 825. Musgrave : ἵππιος.

« κατακόψαι. Hinc, si quis putet Ægis-
« thum rem indecoram ab Oreste petere,
« facile est poetam defendere. » [Musgrave.]
817. Ἵππους τ' ὀχμάζει, et dompte les chevaux. On cite la définition donnée par le scholiaste d'Apollonius de Rhodes, I, 743 : Ὀχμάζειν κυρίως ἐστὶ τὸν ἵππον ὑπὸ χαλινὸν ἄγειν ἢ ὑπὸ ὄχημα.
819. Εὐκρότητον, bien forgé. — Δωρίδ(α), un couteau dorien.
820. Πορπάματα, le manteau (χλαμύς) attaché au moyen d'une agrafe (πόρπη). Cf. v. 317 sq.
825. Δισσοὺς διαύλους ἱππίους. Exécuter le diaule c'était parcourir le stade deux fois, en allant et en revenant. Le double diaule était l'espace parcouru dans la course appelée δρόμος ἵππιος ou ἐφίππιος, mais exécutée à pied. Voyez Dissen, Pindari carmina, I, p. 268. Comp. du reste Médée, v. 1181 sq., où la durée du temps est déterminée d'une manière tout analogue.
826. Κἀνεῖτο (pour καὶ ἀνεῖτο, aoriste second moyen de ἀνίημι), et il découvrit.

On cite Homère, Od. II, 299 : Εὗρε δ' ἄρα μνηστῆρας ἀγήνορας ἐν μεγάροισιν Αἶγας ἀνιεμένους (écorchant). Ajoutez L. XXII, 80 : Κόλπον ἀνιεμένη, découvrant son sein. — Ἱερά. Les parties de la victime qui servaient à l'aruspicine, ἱεροσκοπία. On sait que le foie y tenait la première place.
827-829. Λοβός. L'un des lobes du foie, celui que les Latins appelaient caput jecoris. — Πύλαι. L'endroit où la veine porte (elle a conservé ce nom) entre dans le foie. Pollux, 215 : Καλεῖται δὲ τοῦ ἥπατος, τὸ μὲν αὐτοῦ πύλαι, καθ' ἃς ὑποδέχεται τὸ αἷμα ὅπερ διὰ μιᾶς φλεβὸς εἰς πάσας τὰς φλέβας ἀπ' αὐτῶν ἀναπέμπεται. — Δοχαὶ χολῆς, la vésicule biliaire, laquelle se trouve à côté du foie, πέλας (οὖσαι). — L'état extraordinaire de ces organes annonçait qu'un malheur menaçait (s'avançait vers) celui qui consultait les entrailles (τῷ σκοποῦντι). Κακὰς προσβολὰς équivaut à προσβολὰς κακῶν.
830. Σκυθράζει· σκυθρωπάζει. [Hésychius.]

Τί χρῆμ' ἀθυμεῖς; Ὦ ξέν', ὀρρωδῶ τινα
δόλον θυραῖον· ἔστι δ' ἔχθιστος βροτῶν
Ἀγαμέμνονος παῖς πολέμιος τ' ἐμοῖς δόμοις.
Ὁ δ' εἶπε· Φυγάδος δῆτα δειμαίνεις δόλον,
πόλεως ἀνάσσων; οὐχ, ὅπως παστήρια   835
θοινασόμεσθα, Φθιάδ' ἀντὶ Δωρικῆς
οἴσει τις ἡμῖν κοπίδ', ἀπορρήξω χέλυν;
Λαβὼν δὲ κόπτει. Σπλάγχνα δ' Αἴγισθος λαβὼν
ἤθρει διαιρῶν. Τοῦ δὲ νεύοντος κάτω
ὄνυχας ἐπ' ἄκρους στὰς κασίγνητος σέθεν   840
εἰς σφονδύλους ἔπαισε, νωτιαῖα δὲ
ἔρρηξεν ἄρθρα· πᾶν δὲ σῶμ' ἄνω κάτω
ἤσπαιρεν ἐσφάδαζε δυσθνητοῦν φόνῳ.
Δμῶες δ' ἰδόντες εὐθὺς ᾖξαν εἰς δόρυ,
πολλοὶ μάχεσθαι πρὸς δύ'· ἀνδρείας δ' ὕπο   845

NC. 834. Nauck attribue les mots ὦ ξέν' à Oreste. — 835. Manuscrit : παστηρίαν. Victorius : πευστηρίαν, fausse correction qui est devenue la vulgate. Nauck a tiré la vraie leçon de l'article d'Hésychius : Παστήρια· σπλάγχνα τὰ ἐντοσθίδια, κοιλία. — 837. Musgrave : ἀπορρῆξαι. — 843. Ἐσφάδαζε, correction de Valckenaer pour ἠλάλαζε, leçon vicieuse, qui vient peut-être du vers 855. Nauck propose ἠσκάριζε, en se fondant sur l'article d'Hésychius : Ἤσπαιρεν ἐσκάριζε· ἔστιλβεν, ἔλαμπεν, ἀπέπνιγεν, ἔσπαιρεν. Mais il faut sans doute ponctuer : Ἤσπαιρεν· ἐσκάριζε. Car σκαρίζειν est la glose habituelle de ἀσπαίρειν. Voyez Suidas : Ἀσπαίροντες· σκαρίζοντες. — Δυσθνητοῦν a été substitué par Nauck à δυσθνῆσκον, mot composé contrairement à l'analogie. — 845. La leçon ἀνδρίας a été rectifiée par Elmsley.

832. Θυραῖον, venant du dehors.
835. Παστήρια. Ce mot ne se trouve que dans un article d'Hésychius (voy. NC.), lequel n'est ni très-explicite, ni très-exact. Nous croyons que le terme παστήρια trouve son explication dans la locution homérique σπλάγχν' ἐπάσαντο (Il. I, 464; II, 427). Après avoir offert aux dieux les parties de la victime qui leur étaient destinées, on grillait les entrailles principales (σπλάγχνα), le cœur, les poumons, le foie, et on les mangeait en attendant que les chairs fussent rôties. La visceratio ouvrait le repas qui suivait le sacrifice.
836-837. Oreste s'était servi d'un couteau dorien pour écorcher la victime. Il veut maintenant ouvrir le thorax. Pour cette opération il a besoin d'un instrument plus fort. Il demande donc l'un de ces couteaux recourbés qui venaient de la Thessalie, c.-à-d. du pays dont il prétendait être lui-même, Φθιάδ(α) κοπίδ(α). On cite ce passage de Quinte-Curce, VIII, 48 : « Copidas vocant gladios curvatos falcibus similes. » — Ἀπορρήξω, (afin que) je brise. Ce subjonctif est directement gouverné par οἴσει τις, tournure interrogative qui équivaut à un impératif. Voy. la note sur le vers 567 d'Hippolyte : Ἐπίσχετ', αὐδὴν τῶν ἔσωθεν ἐκμάθω. — Χέλυν, la tortue, et, par métaphore, le thorax. La cuirasse osseuse qui protége les poumons et le cœur, ressemble à la carapace d'une tortue.
844. Ἦξαν εἰς δόρυ. Les gardes d'Égisthe reprennent précipitamment les armes qu'ils avaient déposées. Cf. vers 798.

ἔστησαν ἀντίπρωρα σείοντες βέλη
Πυλάδης Ὀρέστης τ᾽. Εἶπε δ᾽· Οὐχὶ δυσμενὴς
ἥκω πόλει τῇδ᾽ οὐδ᾽ ἐμοῖς ὀπάοσιν,
φονέα δὲ πατρὸς ἀντετιμωρησάμην
τλήμων Ὀρέστης· ἀλλὰ μή με κτείνετε,   850
πατρὸς παλαιοὶ δμῶες. Οἱ δ᾽ ἐπεὶ λόγων
ἤκουσαν, ἔσχον κάμακας· ἐγνώσθη δ᾽ ὑπὸ
γέροντος ἐν δόμοισιν ἀρχαίου τινός.
Στέφουσι δ᾽ εὐθὺς σοῦ κασιγνήτου κάρα
χαίροντες ἀλαλάζοντες. Ἔρχεται δὲ σοὶ   855
κάρα ᾽πιδείξων, οὐχὶ Γοργόνος φέρων,
ἀλλ᾽ ὃν στυγεῖς Αἴγισθον· αἷμα δ᾽ αἵματος
πικρὸς δανεισμὸς ἦλθε τῷ θανόντι νῦν.

ΧΟΡΟΣ.

Θὲς εἰς χορὸν, ὦ φίλα, ἴχνος,   [Strophe]
ὡς νεβρὸς οὐράνιον   · 860
πήδημα κουφίζουσα σὺν ἀγλαΐᾳ.
Νικᾷ στεφαναφοριᾶν

NC. 849. Porson a corrigé la leçon φονέα τε. — 856. Manuscrit : κάρα γ᾽ ἐπιδείξων. La correction est due à Heath. — 862-863. Manuscrit : νίκας στεφαναφορίαν (vulgate : στεφανοφορίαν) κρείσσω τοῖς (c.-à-d. τᾶς) παρ᾽. Comme le participe de l'aoriste τελέσας ne peut guère tenir lieu de verbe, il faut écrire νικᾷ, correction de Canter : l'erreur des copistes vient de ce que le mot qui suit νικᾷ commence par un σ. Comme le mètre exige la suppression de l'article τοῖς ou τᾶς, il faut substituer νικαφοριᾶν à νικαφορίαν. Dindorf : νικαφορίαν οἵαν παρ᾽, ce qui est contraire à l'intention d'Euripide.

847. Εἶπε. On comprend assez qu'il s'agit d'Oreste.

848. Ἐμοῖς ὀπάοσιν. Comme Oreste est l'héritier légitime de son père, les serviteurs d'Agamemnon sont les siens.

852. Ἔσχον κάμακας, ils retinrent leurs lances. Ἔχειν est ici le contraire de σείειν, « vibrer » (v. 846).

853. Γέροντος ἀρχαίου. Cf. la note sur le vers 287. Ce vieillard est évidemment le même qu'on a vu paraître plus haut. Il faut donc croire qu'après s'être acquitté de son message pour Clytemnestre (v. 666), il est revenu à la maison de campagne où Égisthe est tué.

856. Φέρων, comme ailleurs ἄγων, ἔχων, λαβών, est ajouté par un pléonasme familier aux poètes grecs.

857. Ἀλλ᾽ ὃν στυγεῖς Αἴγισθον équivaut à ἀλλ᾽ Αἰγίσθου ὃν στυγεῖς.

858. Νῦν ne se rapporte pas à τῷ θανόντι, mais à ἦλθε.

859-861. Le chœur ne veut pas seulement qu'Électre se livre à la danse : il prêche d'exemple, il bondit de joie. Cp. les danses exécutées en des circonstances analogues par les chœurs de Sophocle dans l'*Ajax*, v. 693 sqq., et dans les *Trachiniennes*, v. 205 sqq. — Οὐράνιον πήδημα κουφίζουσα. Aristophane dit, en parlant la langue de la comédie, ῥίπτε σκέλος οὐράνιον (*Guêpes*, 1530).

862-863. Construisez : Νικᾷ τελέσας

ΗΛΕΚΤΡΑ. 637

κρείσσω παρ' Άλφειοῦ ῥεέθροις τελέσας
κασίγνητος σέθεν· ἀλλ' ἐπάειδε
καλλίνικον ᾠδὰν ἐμῷ χορῷ. 865

ΗΛΕΚΤΡΑ.

Ὦ φέγγος, ὦ τέθριππον ἡλίου σέλας,
ὦ γαῖα καὶ νὺξ ἣν ἐδερκόμην πάρος,
νῦν ὄμμα τοὐμὸν ἀμπτυχαί τ' ἐλεύθεροι,
ἐπεὶ πατρὸς πέπτωκεν Αἴγισθος φονεύς.
Φέρ', οἷα δὴ 'χω καὶ δόμοι κεύθουσί μου 870
κόμης ἀγάλματ' ἐξενέγκωμαι, φίλαι,
στέψω τ' ἀδελφοῦ κρᾶτα τοῦ νικηφόρου.

ΧΟΡΟΣ.

Σὺ μὲν νυν ἀγάλματ' ἄειρε [Antistrophe.]
κρατί· τὸ δ' ἀμέτερον
χωρήσεται Μούσαισι χόρευμα φίλον. 875
Νῦν οἱ πάρος ἀμέτεροι
γαίας τυραννεύσουσι φίλοι βασιλῆς,
δικαίως τούσδ' ἀδίκους καθελόντες.
Ἀλλ' ἴτω ξύναυλος βοὰ χαρᾷ.

NC. 870. La leçon δὴ 'γώ a été corrigée par Canter. — 873. La leçon νῦν a été rectifiée par le même critique. — 875. Seidler : χορεύσεται. Mais χωρήσεται χόρευμα n'est pas plus extraordinaire que ἴτω βοά, v. 879. — 877. Seidler a rectifié la leçon βασιλῆες. — 878. Matthiæ : τοὺς ἀδίκους.

(στεφαναφορίαν) κρείσσω στεφαναφοριᾶν (τῶν) παρ' Ἀλφειοῦ ῥεέθροις. Cette idée sera développée par Électre aux vers 883 sqq.

864-865. Ἐπάειδε.... χορῷ, accompagne ma danse d'un chant triomphal. L'épithète καλλίνικον fait allusion à l'hymne qu'on chantait à Olympie (παρ' Ἀλφειοῦ ῥεέθροις), et qui avait pour refrain : Τήνελλα καλλίνικε : cf. Schol. Pind. Ol. IX, 1.

866-867. Ὦ φέγγος.... καὶ νύξ. C'est ainsi que l'esclave phrygien s'écrie dans Oreste, 1496 : Ὦ Ζεῦ καὶ γᾶ καὶ φῶς καὶ νύξ. Mais en se servant d'une invocation usuelle, Électre prend le mot « nuit, » νύξ, dans un sens métaphorique, puisqu'elle ajoute ἣν ἐδερκόμην πάρος. Les malheureux sont plongés dans la nuit ; le jour luit aux heureux. Dans les Perses d'Eschyle, quand Atossa apprend que son fils est encore en vie, elle dit (v. 300) : Ἐμοῖς μὲν εἶπας δώμασιν φέγγος μέγα Καὶ λευκὸν ἦμαρ νυκτὸς ἐκ μελαγχίμου.

868. Ὄμμα τοὐμὸν ἀμπτυχαί τ' ἐλεύθεροι équivaut à ὀμμάτων ἐμῶν ἀναπτυχαὶ ἐλεύθεροι. Électre dit qu'elle peut désormais lever les yeux et déployer librement ses regards. (Cf. la note sur le vers 601 d'*Hippolyte*.) — Heath et Fix ont bien compris ce vers, mal expliqué ou corrigé sans motif par d'autres interprètes.

879. On donne à ξύναυλος le sens général de σύμφωνος. Mais je ne doute pas que cette danse n'ait été exécutée au son de la flûte. Dans l'un des morceaux ana-

ΗΛΕΚΤΡΑ.

ΗΛΕΚΤΡΑ.

Ὦ καλλίνικε, πατρὸς ἐκ νικηφόρου 880
γεγὼς, Ὀρέστα, τῆς ὑπ' Ἰλίῳ μάχης,
δέξαι κόμης σῆς βοστρύχων ἀνδήματα.
Ἥκεις γὰρ οὐκ ἀχρεῖον ἔκπλεθρον δραμὼν
ἀγῶν' ἐς οἴκους, ἀλλὰ πολέμιον κτανὼν
Αἴγισθον, ὃς σὸν πατέρα κἀμὸν ὤλεσεν. 885
Σύ τ', ὦ παρασπίστ', ἀνδρὸς εὐσεβεστάτου
παίδευμα Πυλάδη, στέφανον ἐξ ἐμῆς χερὸς
δέχου· φέρει γὰρ καὶ σὺ τῷδ' ἴσον μέρος
ἀγῶνος· ἀεὶ δ' εὐτυχεῖς φαίνοισθέ μοι.

ΟΡΕΣΤΗΣ.

Θεοὺς μὲν ἡγοῦ πρῶτον, Ἠλέκτρα, τύχης 890

NC. 882. Manuscrit : ἀναδήματα. La rectification est due à Blomfield. — 883. Reiske a corrigé la leçon ἔκπλεθρον. Cf. *Méd.*, 1181, NC.

logues que nous avons déjà cités, on lit : Ἄειρομ' οὐδ' ἀπώσομαι τὸν αὐλὸν (Sophocle, *Trach.* 216.) Il faut donc expliquer ἴτω ξύναυλος βοὰ χαρᾷ, « que le son de la flûte réponde à notre allégresse, » ἴτω αὐλῶν βοὰ σύμφωνος χαρᾷ.

881. Τῆς ὑπ' Ἰλίου μάχης. Ces mots sont gouvernés par νικηφόρου.

882. Ἀνδήματα, pour ἀναδήματα, *redimicula*.

883. Ἔκπλεθρον. Le stade avait six mètres. — Euripide déclare ici que les courses du stade sont inutiles, et que les Grecs ont tort de récompenser les vainqueurs des jeux gymniques. On a déjà vu au vers 387 une sortie contre les athlètes. On trouve une protestation plus explicite contre ces concours qui passionnaient toute la Grèce, dans un fragment de l'*Autolycus*, cité par Athénée, X, p. 413 C : Ἐμεμψάμην δὲ καὶ τὸν Ἑλλήνων νόμον.... Τίς γὰρ παλαίσας εὖ, τίς ὠκύπους ἀνήρ, Ἢ δίσκον ἄρας, ἢ γνάθον παίσας καλῶς, Πόλει πατρῴᾳ στέφανον ἤρεσεν λαβών; Πότερα μαχοῦνται πολεμίοισιν ἐν χεροῖν δίσκους ἔχοντες;... Ἄνδρας οὖν ἐχρῆν σοφούς τε κἀγαθοὺς φύλλοις στέφεσθαι, χὤστις ἡγεῖται πόλει κάλλιστα, σώφρων καὶ δίκαιος ὢν ἀνήρ, Ὅστις τε μύθοις ἔργ' ἀπαλλάσσει κακά, Μάχας τ' ἀφαιρῶν καὶ στάσεις. Τοιαῦτα γὰρ Πόλει τε πάσῃ πᾶσι θ' Ἕλλησιν καλά. Déjà avant Euripide le philosophe Xénophane n'avait pas craint de contredire le sentiment public. Dans une élégie, citée par le même Athénée, il se plaignait que sa sagesse n'obtînt pas les honneurs follement prodigués aux vainqueurs de jeux inutiles : Ἀλλ' εἰ μὲν ταχυτῆτι ποδῶν νίκην τις ἄροιτο Ἢ πενταθλεύων, ἔνθα Διὸς τέμενος Πάρ Πίσαο ῥοῇς ἐν Ὀλυμπίῃ, εἴτε παλαίων, Ἢ καὶ πυκτοσύνην ἀλγινόεσσαν ἔχων, Εἴτε τὸ δεινὸν ἄθλον, ὃ παγκράτιον καλέουσιν, Ἀστοῖσίν κ' εἴη κυδρότερος προσορᾶν, Καί κε προεδρίην φανερὴν ἐν ἀγῶσιν ἄροιτο, Καί κεν σῖτ' εἴη δημοσίων κτεάνων Ἐκ πόλιος καὶ δῶρον ὅ οἱ κειμήλιον εἴη· Εἴτε καὶ ἵπποισιν, ταῦτά κε πάντα λάχοι, Οὐκ ὢν ἄξιος, ὥσπερ ἐγώ· ῥώμης γὰρ ἀμείνων Ἀνδρῶν ἠδ' ἵππων ἡμετέρη σοφίη, — Ἀλλ' εἰκῇ μάλα τοῦτο νομίζεται· οὐδὲ δίκαιον Προκρίνειν ῥώμην τῆς ἀγαθῆς σοφίας. Et Xénophane ajoute des considérations semblables à celle qu'Euripide présente dans les vers que nous venons de citer.

886-887. Ἀνδρὸς εὐσεβεστάτου παίδευμα. Pylade n'avait pas seulement été élevé par Strophius, il était aussi son fils. Mais c'était ici le cas d'insister sur l'éducation plus que sur la naissance.

ΗΛΕΚΤΡΑ. 639

ἀρχηγέτας τῆσδ', εἶτα κἄμ' ἐπαίνεσον
τὸν τῶν θεῶν τε τῆς τύχης θ' ὑπηρέτην.
Ἥκω γὰρ οὐ λόγοισιν ἀλλ' ἔργοις κτανὼν
Αἴγισθον· ὡς δέ τῳ σάφ' εἰδέναι τάδε
προθῶμεν, αὐτὸν τὸν θανόντα σοι φέρω, 895
ὃν εἴτε χρῄζεις θηρσὶν ἁρπαγὴν πρόθες,
ἢ σκῦλον οἰωνοῖσιν αἰθέρος τέκνοις
πήξασ' ἔρεισον σκόλοπι· σὸς γάρ ἐστι νῦν
δοῦλος, πάροιθε δεσπότης κεκλημένος.

ΗΛΕΚΤΡΑ.

Αἰσχύνομαι μέν, βούλομαι δ' εἰπεῖν ὅμως, 900

ΟΡΕΣΤΗΣ.

Τί χρῆμα· λέξον, ὡς φόβου γ' ἔξωθεν εἶ.

ΗΛΕΚΤΡΑ.

νεκροὺς ὑβρίζειν, μή μέ τις φθόνῳ βάλῃ.

ΟΡΕΣΤΗΣ.

Οὐκ ἔστιν οὐδεὶς ὅστις ἂν μέμψαιτό σε.

ΗΛΕΚΤΡΑ.

Δυσάρεστος ἡμῶν καὶ φιλόψογος πόλις.

ΟΡΕΣΤΗΣ.

Λέγ' εἴ τι χρῄζεις, σύγγον'· ἀσπόνδοισι γὰρ 905

NC. 894. La leçon δὴ τῷ a été corrigée par Burnes. — 902. Tyrwhitt voulait : φθόνος. — 903. Vulgate : μέμψαιτό σοι. Le manuscrit porte σε. — 904. Victorius a corrigé la leçon φιλόψυχος.

894. Ὡς δέ τῳ.... προθῶμεν, « et ut « rem alicui clare cognoscendam exhibea- « mus, oh oculos ponamus. » [Seidler.]— Τῷ, à quelqu'un (à chacun). Il est dommage que nous ne puissions nous servir du pronom « on » qu'au nominatif.

895. Φέρω. Les compagnons d'Oreste apportent le cadavre d'Égisthe.

899. Le couplet d'Oreste a dix vers, divisés en trois, trois et quatre. On remarquera que le couplet d'Électre, 880-889, en avait autant et se décomposait de la même manière.

900. Il y a une suspension à la fin du vers ; Électre hésite et s'arrête : elle n'achève sa pensée qu'au vers 902. Le sens s'enchaîne ainsi : αἰσχύνομαι μὲν νεκροὺς ὑβρίζειν, βούλομαι δ' ὅμως εἰπεῖν.

902. Μή μέ τις φθόνῳ βάλῃ, ne quis mihi invidiam conflet. Homère eût dit : Νέμεσις δέ μοι ἐξ ἀνθρώπων Ἔσσεται (Od. II, 136). Quant à l'expression φθόνῳ βάλλειν, elle vient de ce qu'on croyait qu'un sentiment, ou un mot, ou même un regard malveillant pouvait nuire à celui qu'il atteignait. Cf. Eschyle, Agam. 947 : Θεῶν Μή τις πρόσωθεν ὄμματος βάλῃ φθόνος. Du reste, Électre s'expose à un blâme très-légitime en enfreignant le précepte déjà proclamé par Homère : Οὐχ ὁσίη κταμένοισιν ἐπ' ἀνδράσιν εὐχετάασθαι (Od. XXII, 412).

905-906. Ἀσπόνδοισι νόμοισιν ἔχθραν συμβεβλήκαμεν est dit d'après l'analogie νόμοισιν ἔχθραν τῷδε συμβεβλήκαμεν.

ΗΛΕΚΤΡΑ.

Εἶεν· τίν' ἀρχὴν πρῶτά σ' ἐξείπω κακῶν,
ποίας τελευτάς; τίνα μέσον τάξω λόγον;
Καὶ μὴν δι' ὄρθρων γ' οὔποτ' ἐξελίμπανον
θρυλοῦσ' ἅ γ' εἰπεῖν ἤθελον κατ' ὄμμα σόν,   910
εἰ δὴ γενοίμην δειμάτων ἐλευθέρα
τῶν πρόσθε· νῦν οὖν ἐσμεν· ἀποδώσω δέ σοι
ἐκεῖν' ἅ σε ζῶντ' ἤθελον λέξαι κακά.
Ἀπώλεσάς με κὠρφανὴν φίλου πατρὸς
καὶ τόνδ' ἔθηκας, οὐδὲν ἠδικημένος,   915
κἄγημας αἰσχρῶς μητέρ' ἄνδρα τ' ἔκτανες
στρατηλατοῦνθ' Ἕλλησιν, οὐκ ἐλθὼν Φρύγας.
Εἰς τοῦτο δ' ἦλθες ἀμαθίας, ὥστ' ἤλπισας
ὡς εἰς σὲ μὲν δὴ μητέρ' οὐχ ἕξεις κακὴν
γήμας, ἐμοῦ δὲ πατρὸς ἠδίκεις λέχη.   920
Ἴστω δ', ὅταν τις διολέσας δάμαρτά του
κρυπταῖσιν εὐναῖς εἶτ' ἀναγκασθῇ λαβεῖν,
δύστηνός ἐστιν, εἰ δοκεῖ τὸ σωφρονεῖν
ἐκεῖ μὲν αὐτὴν οὐκ ἔχειν, παρ' οἷ δ' ἔχειν.
Ἄλγιστα δ' ᾤκεις, οὐ δοκῶν οἰκεῖν κακῶς·   925

NC. 910. Manuscrit : θρυλλοῦσ'. — Heimsoeth (*Kritische Studien*, I, p. 171) propose d'écarter γ' en substituant φωνεῖν ou λάσκειν à εἰπεῖν. — 912. Manuscrit : πρόσθεν. — 919. Reiske et Nauck : ὡς εἰς σ' ἐμήν. — 921. Lobeck et Nauck : ὅταν τις δελεάσας. — 925. Musgrave a corrigé la leçon οἰκεῖς.

de ἄσπονδον πόλεμον συμβάλλειν. Oreste dit qu'ils ont engagé contre Égisthe une lutte qui n'admet ni paix ni trêve, et que la mort même du coupable ne doit rien ôter à la haine qu'il leur inspirait. Il a beau dire : les discours que tiendra Électre n'en sont pas moins choquants.

907. Τίν' ἀρχήν σ' ἐξείπω κακῶν; Les deux accusatifs se justifient par l'analogie de λέγω σε κακά. Quant à cette entrée en matière, Barnes a déjà cité Homère, *Od.* IX, 14 : Τί πρῶτόν τοι ἔπειτα, τί δ' ὑστάτιον καταλέξω;

909. Δι' ὄρθρων, dans mes veilles matinales. Cf. v. 141 sq.

920. « Jure Canteri conjecturam ἠδίκει « improbat Heathius. Sensus est : In te « quidem putabas matrem meum justam « fore, in patrem autem meum fecisti ut « injusta esset. » [Seidler.]

921. Ἴστω, qu'il le sache. Si cet impératif entrait dans la construction de la phrase, il serait suivi de δύστηνος ὤν, et non de δύστηνός ἐστιν (v. 923). — Διολέσας, ayant perdu, ayant corrompu. L'expression usuelle διαφθείρας aurait moins de force.

924. Ἐκεῖ, équivalant à παρ' ἐκείνῳ, est opposé à παρ' οἷ, qui est pour παρ' ἑαυτῷ.

925. Ὤικεις, tu vivais dans ta maison. Voy. la note sur le vers 559 de *Médée*.

ΗΛΕΚΤΡΑ. 641

ᾔδεισθα γὰρ δῆτ' ἀνόσιον γήμας γάμον,
μήτηρ δὲ σ' ἄνδρα δυσσεβῆ κεκτημένη.
Ἄμφω πονηρὼ δ' ὄντ' ἐπηύρεσθον τύχην,
κείνη τε τὴν σὴν καὶ σὺ τοὐκείνης κακόν.
Πᾶσιν δ' ἐν Ἀργείοισιν ἤκουες τάδε·   930
Ὁ τῆς γυναικός, οὐχὶ τἀνδρὸς ἡ γυνή.
Καίτοι τόδ' αἰσχρόν, προστατεῖν γε δωμάτων
γυναῖκα, μὴ τὸν ἄνδρα· κἀκείνους στυγῶ
τοὺς παῖδας, ὅστις τοῦ μὲν ἄρσενος πατρὸς
οὐκ ὠνόμασται, τῆς δὲ μητρὸς ἐν πόλει.   935
Ἐπίσημα γὰρ γήμαντι καὶ μείζω λέχη
τἀνδρὸς μὲν οὐδείς, τῶν δὲ θηλειῶν λόγος.
Ὃ δ' ἠπάτα σε πλεῖστον οὐκ ἐγνωκότα,
ηὔχεις τις εἶναι τοῖσι χρήμασι σθένων·
τὰ δ' οὐδὲν εἰ μὴ βραχὺν ὁμιλῆσαι χρόνον.   940
Ἡ γὰρ φύσις βέβαιος, οὐ τὰ χρήματα·
ἡ μὲν γὰρ ἀεὶ παραμένουσ' αἴρει κακά·
ὁ δ' ὄλβος ἀδίκως καὶ μετὰ σκαιῶν ξυνὼν

NC. 926. Lobeck : ᾔδησθα. — 928. Manuscrit : ἀφαιρεῖσθον. Hartung : ἐπηυράσθην. Il faut écrire : ἐπηύρεσθον, ou bien : ἐπηυρέσθην, s'il est vrai que la seconde personne du duel ne différait pas de la troisième personne. — 942. Manuscrit : αἴρει κακά. Tyrwhitt : αἴρει κάρα. Seidler : ἀρκεῖ κακά. Nous avons adopté la correction de Fix. — 943. Ἀδίκως est la leçon de Stobée, *Anthol.* XCIV, 5. Le manuscrit d'Euripide porte ἄδικος.

928-929. Ἐπηύρεσθον.... κακόν, chacun de vous deux a recueilli le malheur attaché au crime de l'autre. Le mot κακόν, ci synonyme de τύχην, est introduit dans cette phrase par l'une de ces irrégularités familières aux poëtes du siècle de Périclès. La construction rigoureuse demanderait καὶ σὺ τὴν ἐκείνης.

930. Ἤκουες τάδε, on parlait ainsi de toi. Cp. les locutions εὖ ἀκούειν, κακῶς ἀκούειν, *bene audire, male audire.*

931. On a rapproché de ce vers une épigramme de Martial (VIII, 12) : « Uxorem quare locupletem ducere nolim, « Quæritis : uxori nubere nolo meæ. » Cp. aussi *Oreste*, 742.

934. Ὅστις se réfère régulièrement à un pluriel. Voy. la note sur le vers 23

d'*Hippolyte.* — Τοῦ μὲν ἄρσενος πατρός, sous-ent. υἱός, comme dans Μιλτιάδης ὁ Κίμωνος. L'adjectif ἄρσενος indique que le père, étant l'homme, doit l'emporter sur la mère.

937. Τἀνδρὸς μέν est pour αὐτοῦ μέν, ἀνδρὸς ὄντος.

939. Τις, quelqu'un, un personnage considérable.

940. « Plena oratio est, τὰ δὲ οὐδέν ἐστιν εἰ μὴ τοιοῦτόν τι, οἵῳ (sive ὥστε αὐτῷ) βραχὺν χρόνον ὁμιλῆσαι. » [Seidler.]

942. Αἱρεῖ κακά, (la vertu innée) triomphe des malheurs. Le succès des enfants d'Agamemnon le prouve. — Fix cite *Suppl.* 67 : Δυστυχίαν καθελεῖν.

943-944. Ὁ δ' ὄλβος.... χρόνον, la ri-

ἐξέπτατ' οἴκων, σμικρὸν ἀνθήσας χρόνον.
Ἃ δ' εἰς γυναῖκας, παρθένῳ γὰρ οὐ καλὸν
λέγειν, σιωπῶ, γνωρίμως δ' αἰνίξομαι.
Ὕβριζες, ὡς δὴ βασιλικοὺς ἔχων δόμους
κάλλει τ' ἀραρώς. Ἀλλ' ἔμοιγ' εἴη πόσις
μὴ παρθενωπός, ἀλλὰ τἀνδρείου τρόπου.
Τὰ γὰρ τέκν' αὐτῶν Ἄρεος ἐκκρεμάννυται,
τὰ δ' εὐπρεπῆ δὴ κόσμος ἐν χοροῖς μόνον.
Ἔρρ', οὐδὲν εἰδὼς ὧν ὑφ' αἱρεθεὶς χρόνῳ
δίκην δέδωκας. Ὧδέ τις κακοῦργος ὢν
μή μοι, τὸ πρῶτον βῆμ' ἐὰν δράμῃ καλῶς,

945

950

NC. 944. Stobée cite : βραχὺν ὁμιλήσας χρόνον, erreur qui vient du vers 940. Mais Sextus Empiricus, p. 557, s'accorde avec notre manuscrit, si ce n'est qu'il écrit μικρόν. — 948. La leçon ἀραρών a été rectifiée par Scaliger. — 952. Manuscrits : ὧν ἐφευρεθείς. Le verbe ἐφευρίσκεσθαι, « être convaincu de, » a toujours un participe pour complément. Cependant la conjecture de Fix : ἐφευρέθης.... δεδωκώς ne donne pas de sens satisfaisant. D'autres ont voulu changer les mots οὐδὲν εἰδὼς ὧν, sans s'apercevoir que ces mots sont d'accord avec la phrase suivante, dans laquelle il s'agit de la sécurité trompeuse du coupable. La faute est donc dans ἐφευρεθείς. J'y ai substitué ὑφ' αἱρεθείς. — 953. Dans beaucoup d'éditions les mots ὧδέ τις κακουργὸς ὢν sont rapportés à la phrase précédente. Cette ponctuation vicieuse a été réfutée par Heath. Le manuscrit de Stobée, *Ecl. phys.* I, III, 48, où sont cités les vers 953-956, porte ὥστε τῆς ἐπιρουρίας, faute qui cache, ce me semble, la variante : ὥστε τῆς αἰσχρουργίας. Kirchhoff et Nauck ont admis ὥστε. Nous pensons qu'il n'y a rien à reprendre dans la leçon du manuscrit d'Euripide.

chesse qui est entrée dans la maison par l'injustice et qui y habite avec des hommes pervers, s'envole après y avoir brillé (fleuri) peu de temps.

945. Ἃ δ' εἰς γυναῖκας, pour ce qui regarde les femmes. Il n'est pas exact, de suppléer ἐποίεις, verbe qui ne pourrait guère se sous-entendre, bien qu'il s'accorde avec le sens de la phrase.

947. Ὕβριζες. Électre laisse entendre (αἰνίσσεται) qu'Égisthe séduisait les femmes et les filles d'Argos.

948. Κάλλει τ' ἀραρώς, et fort de ta beauté. Cf. *Il.* XV, 737 : Πόλις πύργοις ἀραρυῖα.

950. Ἄρεος ἐκκρεμάννυται, ils sont attachés, ils sont adonnés à Mars. « Ἐκ« κρεμάννυσθαί τινος est adhaerere alicui « ita, ut totum te ei committas, sive ar« ctissime se ad aliquid applicare. » Plato,

Legg., V, 732 : Ἔστι δὴ φύσει ἀνθρώπειον μάλιστα ἡδοναὶ καὶ λῦπαι καὶ ἐπιθυμίαι, ἐξ ὧν ἀνάγκη τὸ θνητὸν πᾶν ζῷον ἀτεχνῶς οἷον ἐξηρτῆσθαί τε καὶ ἐκκρεμάμενον εἶναι σπουδαῖς ταῖς μεγίσταις. Hugo Grotius vertit : « Maritus « sit mihi, Non virginali fronte, sed vi « mascula. Namque apta Marti talium pro« les patrum : Pulchros at illos non nisi « choreæ decent. » [Seidler.]

952-953. Οὐδὲν εἰδὼς ὧν ὑφ' αἱρεθεὶς χρόνῳ δίκην δέδωκας, toi qui ne prévoyais rien de cette punition sous l'atteinte de laquelle (littéralement : de ce par où atteint) tu as enfin expié tes crimes.

954. Τὸ πρῶτον βῆμα équivaut à τὸν πρῶτον δρόμον, la première partie de la course. —Ὧδε, « ainsi, *itaque*, » ne porte pas sur κακοῦργος, mais sur toute la phrase.

ΗΛΕΚΤΡΑ.   643

νικᾶν δοκείτω τὴν δίκην, πρὶν ἂν πέρας   955
γραμμῆς ἵκηται καὶ τέλος κάμψῃ βίου.
ΧΟΡΟΣ.
Ἔπραξε δεινὰ, δεινὰ δ' ἀντέδωκε σοὶ
καὶ τῷδ'· ἔχει γὰρ ἡ Δίκη μέγα σθένος.
ΟΡΕΣΤΗΣ.
Εἶεν· κομίζειν τοῦδε σῶμ' εἴσω χρεὼν
σκότῳ τε δοῦναι, δμῶες, ὡς, ὅταν μόλῃ   960
μήτηρ, σφαγῆς πάροιθε μὴ εἰσίδῃ νεκρόν.
ΗΛΕΚΤΡΑ.
Ἐπίσχες· ἐμβάλωμεν εἰς ἄλλον λόγον.
ΟΡΕΣΤΗΣ.
Τί δ'; ἐκ Μυκηνῶν μῶν βοηδρόμους ὁρᾷς;
ΗΛΕΚΤΡΑ.
Οὔκ, ἀλλὰ τὴν τεκοῦσαν ἥ μ' ἐγείνατο.
ΟΡΕΣΤΗΣ.
Καλῶς ἄρ' ἄρκυν εἰς μέσην πορεύεται.   965
ΗΛΕΚΤΡΑ.
Καὶ μὴν ὄχοις γε καὶ στολῇ λαμπρύνεται.
ΟΡΕΣΤΗΣ.
Τί δῆτα δρῶμεν; μητέρ' ἢ φονεύσομεν;

NC. 955-956. Manuscrit : πρὶν ἂν πέλας et τέλος κάμψῃ. Dans Stobée on lit deux fois τέλος. Dans Orion, *Anthologn.*, vers la fin : πρὶν ἂν τέλος et πέρας κάμψῃ. Cette dernière leçon se rapproche le plus du texte primitif : elle prouve que πέλας, qui ne dit pas assez, provient de πέρας. — 959-966. Nauck croit que dans tout ce morceau les vers attribués à Oreste appartiennent à Électre, et que les vers attribués à Électre devraient être donnés à Oreste; et il suppose l'omission d'un vers d'Électre après 966. Nous ne sommes pas de cet avis. Voir la note explicative du vers 967. — 960. Reiske a corrigé la leçon σκότῳ γε. — 961. La leçon μ' εἰσίδῃ a été rectifiée par Barnes. — 965-966. Kirchhoff intervertit l'ordre et les attributions de ces deux vers. — 966. Schæfer a corrigé la leçon ὄχοις τε.

955-956. Πέρας γραμμῆς, la ligne qui marque le terme de la course. Cf. Horace, *Epist.* I, xvi, 79 : « Mors ultima linea « rerum est. » — Τέλο: κάμψῃ βίου. Ce trope, emprunté au même ordre d'images, vient de ce que dans la plupart des exercices du stade et de l'hippodrome il fallait revenir au point de départ. Cf. vers 825; *Hipp.* 87; et *passim.*

961. Σφαγῆς πάροιθε, avant d'être tuée. — Μὴ εἰσίδῃ. Il n'est pas rare que μή, ἤ, χρή se mêlent par synérèse avec une voyelle ou une dipthongue.

964. Τὴν τεκοῦσαν ἥ μ' ἐγείνατο. Cp. *Iph. Taur.* 360 : Ὁ γεννήσας πατήρ, et la note.

967. C'est à ce moment qu'Oreste aperçoit Clytemnestre. Jusqu'ici il a froidement

ΗΛΕΚΤΡΑ.

ΗΛΕΚΤΡΑ.

Μῶν σ' οἶκτος εἷλε, μητρὸς ὡς εἶδες δέμας,

ΟΡΕΣΤΗΣ.

Φεῦ·
πῶς γὰρ κτάνω νιν, ἥ μ' ἔθρεψε κἄτεκεν;

ΗΛΕΚΤΡΑ.

Ὥσπερ πατέρα σὸν ἥδε κἀμὸν ὤλεσεν. 970

ΟΡΕΣΤΗΣ.

Ὦ Φοῖβε, πολλήν γ' ἀμαθίαν ἐθέσπισας,

ΗΛΕΚΤΡΑ.

Ὅπου δ' Ἀπόλλων σκαιὸς ᾖ, τίνες σοφοί;

ΟΡΕΣΤΗΣ.

ὅστις μ' ἔχρησας μητέρ', ἥν οὐ χρῆν, κτανεῖν.

ΗΛΕΚΤΡΑ.

Βλάπτει δὲ δὴ τί πατρὶ τιμωρῶν σέθεν;

ΟΡΕΣΤΗΣ.

Μητροκτόνος νῦν φεύξομαι, τόθ' ἁγνὸς ὤν. 975

ΗΛΕΚΤΡΑ.

Καὶ μή γ' ἀμύνων πατρὶ δυσσεβὴς ἔσει.

ΟΡΕΣΤΗΣ.

Θιγὼν δὲ μητρός, τοῦ φόνου δώσω δίκας.

NC. 976. Καὶ μή, correction de Reiske pour καὶ μήν. — 977. Manuscrit : ἐγὼ δὴ μητρός. Aujourd'hui on écrit généralement, d'après l'un des apographa, ἐγὼ δὲ μητρί. L'antithèse exige que l'on substitue, comme nous avons fait, θιγών ἃ ἐγώ, en conservant la leçon μητρός.

parlé du parricide qu'il doit commettre; mais à la vue de sa mère, sa résolution faiblit. Ce trait, plein de vérité, est emprunté à une scène encore plus saisissante des *Choéphores* d'Eschyle (v. 891 sqq). Si Oreste change tout à coup de langage, cette contradiction est donc une beauté poétique, que la critique ne doit avoir garde d'effacer. Cf. NC. sur vers 959 sqq.

969. Ἥ μ' ἔθρεψε κἄτεκεν, elle qui m'a nourri, qui m'a enfanté. La gradation exigeait le renversement de l'ordre naturel des faits.

970. Ὥσπερ, « de la même manière que, » répond à la question d'Oreste : πῶς.

972. Σκαιός est souvent opposé à σοφός. Cf. *Méd.* 298 : Σκαιοῖσι μὲν γὰρ καινὰ προσφέρων σοφά.

975. Μητροκτόνος φεύξομαι, " cœdis « maternæ accusabor. » [Matthiæ.] Les Grecs disaient, comme nous, que l'accusateur poursuit en justice, διώκει, et ils disaient de plus, que l'accusé fuit, φεύγει. — Νῦν, « maintenant, en accomplissant l'ordre d'Apollon, » est opposé à τότε, « alors, autrefois, avant d'avoir reçu cet ordre ». Cf. vers 1202, ainsi que *Méd.* 1401 : Νῦν ἀσπάζει, τότ' ἀπωσάμενος : passages cités par Fix.

977. Θιγὼν δὲ μητρός, mais si je porte

ΗΛΕΚΤΡΑ.

ΗΛΕΚΤΡΑ.
Πῶς δ' οὒ, πατρῴαν διαμεθεὶς τιμωρίαν;
ΟΡΕΣΤΗΣ.
Ἆρ' αὖτ' ἀλάστωρ εἶπ' ἀπεικασθεὶς θεῷ;
ΗΛΕΚΤΡΑ.
Ἱερὸν καθίζων τρίποδ'; ἐγὼ μὲν οὐ δοκῶ.   980
ΟΡΕΣΤΗΣ.
Οὐδ' ἂν πιθοίμην εὖ μεμαντεῦσθαι τάδε.
ΗΛΕΚΤΡΑ.
Οὐ μὴ κακισθεὶς εἰς ἀνανδρίαν πεσεῖ,
ἀλλ' εἰ τὸν αὐτὸν τῇδ' ὑποστήσων δόλον,
ᾧ καὶ πόσιν καθεῖλες Αἴγισθον κτανών;
ΟΡΕΣΤΗΣ.
Εἴσειμι· δεινοῦ δ' ἄρχομαι προβλήματος   985
καὶ δεινὰ δράσω γ'· εἰ δὲ θεοῖς δοκεῖ τάδε,
ἔστω· πικρὸν δ' οὐχ ἡδὺ τἀγώνισμά μοι.
ΧΟΡΟΣ.
Ἰώ,
βασίλεια γύναι χθονὸς Ἀργείας,

NC. 978. J'ai corrigé la leçon τῷ δαὶ πατρῴαν διαμεθῇς. Les conjectures : τῷ δ' αὖ πατρῴαν διαμεθείς (Porson), et : τῷ δ' ἣν πατρῴαν διαμεθῇς (Nauck) ne me satisfont pas. — 979. Peut-être : εἶπεν εἰκασθείς. — 981. Hermann : οὔ τἄν. — Vulgate : τόδε. — 982. La leçon πέσῃς a été corrigée par Elmsley. — 983. Le manuscrit attribue ce vers à Oreste, et il porte : ἀλλ' εἰς τὸν αὐτὸν τῇδ' ὑποστήσω δόλον; Les éditeurs écrivent ἀλλ' ἤ ou ἀλλ' ᾖ. Ils n'ont pas vu que les rôles étaient mal distribués. Ce vers appartient évidemment à Électre, aussi bien que le précédent et le suivant. Il faut donc substituer εἰς, ou plutôt εἰ, à εἰς, et ὑποστήσων à ὑποστήσω. — 986. J'ai inséré δὲ après εἰ, afin de pouvoir rattacher cette phrase à ἔστω. Le mot θεοῖς est ici monosyllabe. — 987. Πικρὸν δ' οὐχ ἡδύ, correction de Musgrave pour πικρὸν δὲ χἠδύ. — 988. Dans le manuscrit ἰώ est biffé par un correcteur.

la main sur ma mère. Cf. *Bacch.* 1182 : Τοῦδ' ἔθιγε θηρός, elle frappa cette bête sauvage. *Iph. Aul.* 1351 : Τίς δ' ἂν ἔτλη σώματος τοῦ σοῦ θιγεῖν;
978. Πῶς δ' οὔ, sous-ent. δώσω δίκην; C'est là le terrible dilemme où était placé Oreste. Dans les *Choéphores* d'Eschyle (v. 924 sq.) Clytemnestre dit à son fils : Ὄρα, φύλαξαι μητρὸς ἐγκότους κύνας. Oreste répond : Τὰς τοῦ πατρὸς δὲ πῶς φύγω, παρεὶς τάδε;

979. Le soupçon qu'un mauvais génie ait emprunté la voix d'Apollon est répété dans *Oreste*, 1668 sq.
981. Οὐδ' ἂν πιθοίμην, (je t'accorde que mon doute est mal fondé,) mais d'un autre côté je ne saurais me persuader....
982-983. Οὐ μή. Pour le sens de ces particules dans les phrases interrogatives, voy. la note sur le vers 213 d'*Hippolyte*. Ici οὐ porte sur les deux phrases, tandis que μή n'appartient qu'à la première :

ΗΛΕΚΤΡΑ.

παῖ Τυνδαρέου,
καὶ τοῖν ἀγαθοῖν ξύγγονε κούροιν
Διὸς, οἳ φλογερὰν αἰθέρ' ἐν ἄστροις
ναίουσι, βροτῶν ἐν ἁλὸς ῥοθίοις
τιμὰς σωτῆρας ἔχοντες·
χαῖρε, σεβίζω σ' ἴσα καὶ μάκαρας
πλούτου μεγάλης τ' εὐδαιμονίας.
Τὰς σὰς δὲ τύχας θεραπεύεσθαι
καιρός· <χαῖρ',> ὦ βασιλεία. 990

995

ΚΛΥΤΑΙΜΝΗΣΤΡΑ.

Ἔκβητ' ἀπήνης, Τρωάδες, χειρὸς δ' ἐμῆς
λάβεσθ', ἵν' ἔξω τοῦδ' ὄχου στήσω πόδα.
Σκύλοισι μὲν γὰρ θεῶν κεκόσμηνται δόμοι 1000
Φρυγίοις, ἐγὼ δὲ τάσδε, Τρωάδος χθονὸς
ἐξαίρετ', ἀντὶ παιδὸς ἣν ἀπώλεσα
σμικρὸν γέρας, καλὸν δὲ κέκτημαι δόμοις.

ΗΛΕΚΤΡΑ.

Οὔκουν ἐγὼ, δούλη γὰρ ἐκβεβλημένη
δόμων πατρῴων δυστυχεῖς οἰκῶ δόμους, 1005
μῆτερ, λάβωμαι μακαρίας τῆς σῆς χερός;

ΚΛΥΤΑΙΜΝΗΣΤΡΑ.

Δοῦλαι πάρεισιν αἵδε, μὴ σύ μοι πόνει.

ΗΛΕΚΤΡΑ.

Τί δ'; αἰχμάλωτόν τοί μ' ἀπῴκισας δόμων,

NC. 993. Bothe et Schæfer : σωτῆρες. — 997. Χαῖρ' est le supplément de Nauck. D'autres ont proposé νῦν (Musgrave) ou κάρτ' (Fix.) — 999. La leçon ἔξω τοῦ λόχου a été corrigée par Victorius.

μή.... πεσεῖ est opposé à ἀλλ' εἰ (seconde personne de εἶμι, je vais).... ὑποστήσων.

992-993. Βροτῶν τιμὰς σωτῆρας, la fonction, le privilége de sauver les mortels. Τιμάς équivaut à γέρας, et désigne les attributions dont on s'honore. Seidler cite *Iph. Taur.* 776 : Ξενοφόνους τιμὰς ἔχω, et Eschyle, *Eumen.* 449 : Τιμάς γε μὲν δὴ τὰς ἐμὰς πεύσει τάχα. — Quant à σωτῆρας pour σωτείρας; cf. *Méd.* 360 :

Χθόνα σωτῆρα κακῶν. Eschyle, *Sept Chefs*, 825 : Σωτῆρι τύχᾳ. Soph. *Œd. Roi*, 80 : Τύχῃ γέ τῳ σωτῆρι.

994-995. Σεβίζω σ(ε) πλούτου est dit comme θαυμάζω σε σοφίας. — Ἴσα καὶ μάκαρας. Cf. *Iph. Aul.* 596 sq.

1000. Cf. v. 6.

1002. Ἐξαίρετ(α). Cet adjectif neutre se rapporte par apposition à τάσδε : il est inutile de sous-entendre δῶρα. Eschyle, *Agam.* 954, appelle Cassandre captive πολ-

ΗΛΕΚΤΡΑ. 647

ᾑρημένων δὲ δωμάτων ᾑρήμεθα,
ὡς αἵδε, πατρὸς ὀρφανοὶ λελειμμένοι. 1010

ΚΛΥΤΑΙΜΝΗΣΤΡΑ.

Τοιαῦτα μέντοι σὸς πατὴρ βουλεύματα
εἰς οὓς ἐχρῆν ἥκιστ' ἐβούλευσεν φίλων.
Λέξω δέ· καίτοι δόξ' ὅταν λάβῃ κακὴ
γυναῖκα, γλώσσῃ πικρότης ἔνεστί τις·
ὡς μὲν παρ' ἡμῖν, οὐ καλῶς· τὸ πρᾶγμα δὲ 1015
μαθόντας, ἢν μὲν ἀξίως μισεῖν ἔχῃ,
στυγεῖν δίκαιον· εἰ δὲ μή, τί δεῖ στυγεῖν;
Ἡμᾶς δ' ἔδωκε Τυνδάρεως τῷ σῷ πατρί,
οὐχ ὥστε θνῄσκειν, οὐδ' ἃ γειναίμην ἐγώ.
Κεῖνος δὲ παῖδα τὴν ἐμὴν Ἀχιλλέως 1020
λέκτροισι πείσας ᾤχετ' ἐκ δόμων ἄγων
πρυμνοῦχον Αὖλιν· ἔνθ' ὑπερτείνας πυρᾶς

NC. 1010. On lisait ὀρφανοὶ λελειμμένοι. Comme ces mots se rapportent à Électre, et non aux Troyennes, Fix a substitué le masculin au féminin. Le manuscrit dans lequel cette tragédie s'est conservée, porte la même faute au vers 349 d'*Hippolyte*. — 1011. Βουλεύματα, correction de Victorius pour βουλεύεται. — 1016. Les leçons μαθόντα σ' et ἔχῃς ont été rectifiées par Reisko et par Seidler. — 1018. Manuscrit δέδωκε. Dawes a divisé les mots. — 1019. La leçon ἃ 'γειναίμην a été corrigée par Reiske. — Heimsœth propose de substituer τέκν' à οὐδ'. On pourrait écrire : τῷδ' ἃ γειναίμην. — 1022. Πυρᾶς, correction de Tyrwhitt pour πύλας.

λῶν χρημάτων ἐξαίρετον ἄνθος. — Παιδός. Iphigénie.

1009. Ἠιρημένων δὲ δωμάτων ᾑρήμεθα, *capta autem domo ego quoque capta sum*.

1010. Ὀρφανοὶ λελειμμένοι, au masculin (cf. NC.), d'après la règle mentionnée à propos du vers 349 d'*Hippolyte*.

1011-1012. Τοιαῦτα μέντοι σὸς πατὴρ βουλεύματα.... ἐβούλευσεν, sous-entendu ὥστ' ἐμ' ἀναγκάσαι ποιῆσαι ἃ σύ μοι ἐγκαλεῖς. Clytemnestre dit : « La faute en est aux attentats de ton père. »

1014. Γλώσσῃ πικρότης ἔνεστί τις, sa parole a quelque chose de désagréable, ses discours sont mal reçus. Cf. *Méd*. 1374 : Πικρὰν δὲ βάξιν ἐχθαίρω σέθεν.

1015. Ὡς μὲν παρ' ἡμῖν, οὐ καλῶς, selon moi, à tort. — Ὡς παρ' ἡμῖν équivaut à ὡς ἐμοὶ δοκεῖ. Seidler, le premier qui ait compris ce passage, cite *Héracl*. 181 : Παρ' ἡμῖν μὲν γὰρ οὐ σοφὸν τόδε. — Τὸ πρᾶγμα, « le fait, » est opposé à δόξα (v. 1013), « l'opinion, la réputation. »

1019. Οὐχ ὥστε.... ἐγώ, *non ea lege ut morerer, neque ut morerentur quæ peperissem ego*.

1020-1023. Les faits sont présentés ici comme dans *Iphigénie en Tauride*, v. 359 sqq. Cp. surtout v. 370 : Ἐν ἁρμάτων μ' ὄχοις Εἰς αἱματηρὸν γάμον ἐπόρθμευσαν δόλῳ.

1022. Πρυμνοῦχον. Cp. le développement de cette épithète dans *Iph. Aul*., v. 1319 : Μή μοι ναῶν χαλκεμβολάδων πρύμνας ἅδ' Αὐλὶς δέξασθαι.... ὤφελεν. — Ὑπερτείνας πυρᾶς. Cf. *Iph. Taur*. 26 : Ὑπὲρ πυρᾶς Μετάρσια ληφθεῖσ' ἐκαινόμην ξίφει.

λευκὴν διήμησ' Ἰφιγόνης παρηίδα.
Κεἰ μὲν πόλεως ἅλωσιν ἐξιώμενος
ἢ δῶμ' ὀνήσων τἄλλα τ' ἐκσώσων τέκνα   1025
ἔκτεινε πολλῶν μίαν ὕπερ, συγγνώστ' ἂν ἦν·
νῦν δ' οὕνεχ' Ἑλένη μάργος ἦν, ὅ τ' αὖ λαβὼν
ἄλοχον κολάζειν προδότιν οὐκ ἠπίστατο,
τούτων ἕκατι παῖδ' ἐμὴν διώλεσεν.
Ἐπὶ τοῖσδε τοίνυν, καίπερ ἠδικημένη,   1030
οὐκ ἠγριούμην οὐδ' ἂν ἔκτανον πόσιν·
ἀλλ' ἦλθ' ἔχων μοι μαινάδ' ἔνθεον κόρην
λέκτροις τ' ἐπεισέφρησε, καὶ νύμφα δύο
ἐν τοῖσιν αὐτοῖς δώμασιν κατείχομεν.
Μῶρον μὲν οὖν γυναῖκες, οὐκ ἄλλως λέγω·   1035
ὅταν δ', ὑπόντος τοῦδ', ἁμαρτάνῃ πόσις
τἄνδον παρώσας λέκτρα, μιμεῖσθαι θέλει
γυνὴ τὸν ἄνδρα χἄτερον κτᾶσθαι φίλον·
κᾆπειτ' ἐν ἡμῖν ὁ ψόγος λαμπρύνεται,
οἱ δ' αἴτιοι τῶνδ' οὐ κλύουσ' ἄνδρες κακῶς.   1040
Εἰ δ' ἐκ δόμων ἥρπαστο Μενέλεως λάθρα,

NC. 1025. La leçon ἐκσώζων a été rectifiée par Nauck. — 1026. Συγγνώστ' ἂν ἦν, correction de Scaliger pour σύγγνωστά νιν. — 1027. Manuscrit : ἐλένης. — Peut-être : ὅ δ' αὖ. [Kirchhoff.] — 1028. Canter a corrigé la leçon προδότην. — 1030. Le même critique a substitué τοίνυν à τὸ νῦν. — 1033. Dawes a corrigé les leçons ἐπεισέφρηκε et δύω. — 1034. La leçon ἐν τοῖς αὐτοῖσι a été rectifiée par Canter. — Beaucoup d'éditeurs ont adopté la conjecture de Dawes : κατεῖχ' ὁμοῦ.

1023. Ἰφιγόνης. Autre forme du nom Ἰφιγένεια. On compare Ἠριγόνη et Ἠριγένεια, Χρυσογόνη et Χρυσογένεια.

1024. Πόλεως ἅλωσιν ἐξιώμενος, cherchant un remède à la prise de la ville, cherchant à détourner de la cité le malheur d'être prise par l'ennemi. Quant au participe présent, cp. *Iph. Aul.* 1350 : Μῶν κόρην σώζων ἐμήν; et la note.

1027. Ὅ τ' αὖ λαβών, et que, d'un autre côté, celui qui l'avait reçue en mariage ...

1032. Μαινάδ' ἔνθεον κόρην. Dans *Hécube*, v. 676, la même Cassandre est appelée τὸ βακχεῖον κάρα τῆς θεσπιωδοῦ Κασάνδρας.

1034. Κατείχομεν, nous habitions.

1035. Μῶρον est ici le contraire de σῶφρον. Cf. Hipp. 644 et 966. Quant au neutre, on connaît cet hellénisme, quelquefois imité par les Latins. Ex. « Varium et mutabile semper Femina » (Virgile, *Én.* IV, 569).

1036. Ὑπόντος τοῦδε, cette faiblesse étant donnée.

1039. Ἐν ἡμῖν ὁ ψόγος λαμπρύνεται, on nous inflige un blâme éclatant.

1041. Après s'être plainte de l'infidélité d'Agamemnon, Clytemnestre revient au sacrifice d'Iphigénie. C'est là son argument le plus fort : elle le reprend donc en terminant, et elle lui donne une tour-

ΗΛΕΚΤΡΑ. 649

κτανεῖν μ' Ὀρέστην χρῆν, κασιγνήτης πόσιν
Μενέλαον ὡς σώσαιμι; σὸς δὲ πῶς πατὴρ
ἠνέσχετ' ἂν ταῦτ'; εἶτα τὸν μὲν οὐ θανεῖν
κτείνοντα χρῆν τἄμ', ἐμὲ δὲ πρὸς κείνου παθεῖν; 1045
Ἔκτειν', ἐτρέφθην ἥνπερ ἦν πορεύσιμον,
πρὸς τοὺς ἐκείνῳ πολεμίους· φίλων γὰρ ἂν
τίς ἂν πατρὸς σοῦ φόνον ἐκοινώνησέ μοι;
Λέγ' εἴ τι χρῄζεις κἀντίθες παρρησίᾳ,
ὅπως τέθνηκε σὸς πατὴρ οὐκ ἐνδίκως. 1050

ΗΛΕΚΤΡΑ.

Δίκαια λέξω· σὴ δίκη δ' αἰσχρῶς ἔχει·
~υναῖκα γὰρ χρὴ πάντα συγχωρεῖν πόσει,
ἥτις φρενήρης· ᾗ δὲ μὴ δοκεῖ τάδε,
οὐδ' εἰς ἀριθμὸν τῶν ἐμῶν ἥκει λόγων.
Μέμνησο, μῆτερ, οὓς ἔλεξας ὑστάτους 1055
λόγους, διδοῦσα πρός σέ μοι παρρησίαν.

ΚΛΥΤΑΙΜΝΗΣΤΡΑ.

Καὶ νῦν γέ φημι κοὐκ ἀπαρνοῦμαι, τέκνον.

ΗΛΕΚΤΡΑ.

Ἡ παρακαλοῦσα, μῆτερ, εἶτ' ἔρξεις κακῶς;

NC. 1045. Matthiæ : κτείναντα. Sans nécessité. — 1051. Manuscrit : δίκαι' ἔλεξας· ἡ δίκη, leçon qui ne dit pas ce qu'on veut lui faire dire. Nauck : δίκην ἔλεξας· σὴ δίκη. Il fallait écrire δίκαια λέξω· σὴ δίκη. Ces mots ont été mal divisés; puis, mal corrigés. — 1052. Χρή, correction de Matthiæ pour χρῆν. — 1053. Reiske a substitué ᾗ à εἰ. — 1058. Manuscrit : ἆρα κλύουσα. Comme l'allongement de la voyelle qui précède κλ initial, est contraire à l'usage des poëtes attiques, Dobree proposait : ἆρ' οὖν κλύουσα. Mais la situation demande une autre antithèse. Clytemnestre a provoqué la réponse d'Électre : il faut donc écrire : ἡ παρακαλοῦσα. La faute vient, sans doute, de la glose ἆρα écrite au-dessus de ἡ παρα.

nure neuve et frappante, destinée surtout, ce semble, à rivaliser avec le morceau correspondant de l'*Électre* de Sophocle, vers 539 sqq.

1045. Ἐμὲ δὲ πρὸς κείνου παθεῖν (χρῆν); moi au contraire, j'aurais dû être punie par lui, si j'avais immolé Oreste pour rendre à ma sœur son époux enlevé? L'ensemble du raisonnement prouve que tel est le sens de ces mots.

1046. Ἐτρέφθην (sous-ent. τὴν ὁδὸν) ἥνπερ ἦν πορεύσιμον, je me tournai du côté, où je pouvais m'adresser : je pris la seule voie qui m'était ouverte.

1051. Σὴ δίκη, ta justice, ce que tu veux faire passer pour la justice.

1053-1054. Ἧι δὲ μὴ δοκεῖ.... λόγων, la femme qui ne pense pas ainsi, je ne tiens pas même compte d'elle dans mes discours. — Οὐδ' εἰς ἀριθμὸν ἥκει, « ne in censum quidem venit ». [Reiske.]

1057. Cp. Sophocle, *Ant.* 443 : Καί φημι δρᾶσαι κοὐκ ἀπαρνοῦμαι τὸ μή.

1058. Ἡ παρακαλοῦσα.... κακῶς; toi

ΚΛΥΤΑΙΜΝΗΣΤΡΑ.

Οὐκ ἔστι, τῇ σῇ δ' ἡδὺ προσθήσω φρενί.

ΗΛΕΚΤΡΑ.

Λέγοιμ' ἄν· ἀρχὴ δ' ἥδε μοι προοιμίου. 1060
Εἴθ' εἶχες, ὦ τεκοῦσα, βελτίους φρένας.
Τὸ μὲν γὰρ εἶδος αἶνον ἄξιον φέρειν
Ἑλένης τε καὶ σοῦ, δύο δ' ἔφυτε συγγόνω
ἄμφω ματαίω Κάστορός τ' οὐκ ἀξίω.
Ἡ μὲν γὰρ ἁρπασθεῖσ' ἑκοῦσ' ἀπώλετο· 1065
σὺ δ' ἄνδρ' ἄριστον Ἑλλάδος διώλεσας,
σκῆψιν προτείνουσ', ὡς ὑπὲρ τέκνου πόσιν
ἔκτεινας· οὐ γάρ, ὡς ἔγωγ', ἴσασί σ' εὖ·
ἥτις θυγατρὸς πρὶν κεκυρῶσθαι σφαγὰς
νέον τ' ἀπ' οἴκων ἀνδρὸς ἐξωρμημένου 1070
ξανθὸν κατόπτρῳ πλόκαμον ἐξήσκεις κόμης.
Γυνὴ δ' ἀπόντος ἥτις ἀνδρὸς ἐκ δόμων
εἰς κάλλος ἀσκεῖ, διάγραφ' ὡς οὖσαν κακήν.

NC. 1062. La leçon φέρει a été corrigée par Porson. — 1065. La plupart des éditeurs ont adopté la conjecture de Pierson ἀπώχετο. Voy. la note explicative. — 1068. Ἴσασί σ' εὖ, correction de Porson pour ἴσασιν εὖ. On peut aussi écrire οὐ γάρ σ' (Dobree), ou ἐγώ σ' (Hartung). — 1069. La leçon ἢ τῆς θυγατρός a été rectifiée par L. Dindorf. — 1072. On lisait ἀνδρὸς ἥτις ἐκ δόμων. Nous avons adopté l'excellente transposition indiquée par Heimsoeth.

qui m'engages (à te répondre), me puniras-tu ensuite (d'avoir parlé)? Le participe du présent n'est pas rare avant εἶτα. Voy. Eschyle, *Prom.* 777 : Μή μοι προτείνων κέρδος εἶτ' ἀποστέρει.

1059. Τῇ σῇ δ' ἡδὺ προσθήσω φρενί, « immo quod animo tuo gratum erit, insuper tibi retribuam. » [Heath.]

1062-1063. On peut construire : τὸ μὲν γὰρ Ἑλένης τε καὶ σοῦ εἶδος ἄξιόν (ἐστι) φέρειν αἶνον. Mais il ne faut pas oublier que les idées essentielles ressortent mieux grâce à l'arrangement des mots qu'on voit dans le texte.

1064. Ἄμφω fait partie de l'attribut de la phrase, et ne doit pas être séparé de ματαίω.

1065. Ἀπώλετο, elle s'est perdue, elle s'est laissé corrompre. Cp. διολέσας, vers 921, et τὸν Ἑλένης ὄλεθρον, *Iph. Aul.* 1382.

1067. Οὐ γάρ.... εὖ, (tu peux alléguer ce prétexte devant les hommes) : car ils ne te connaissent pas à fond, comme je te connais moi.

1072. Γυνὴ δ' ἀπόντος ἥτις ἀνδρὸς ἐκ δόμων. Placés ainsi, les mots se prêtent sans effort à la construction : ἀνδρὸς ἀπόντος, ἐκ δόμων. La vulgate ἀπόντος ἀνδρὸς ἥτις ἐκ δόμων offre un vicieux arrangement des mots.

1073. Εἰς κάλλος ἀσκεῖ, se pare pour paraître belle. Le verbe ἀσκεῖν se prend souvent intransitivement dans le sens de « s'exercer », ou de « se parer ». Cf. Xénophon, *Cyrop.* VIII, viii, 28 : Ὁμοίους τοὺς ἀνασκήτους τοῖς ἠσκηκόσιν ἔσεσθαι. — Διάγραφ(ε), raye-la, retranche-la

ΗΛΕΚΤΡΑ. 651

Οὐδὲν γὰρ αὐτὴν δεῖ θύρασιν εὐπρεπὲς
φαίνειν πρόσωπον, ἤν τι μὴ ζητῇ κακόν. 1075
Μόνην δὲ πασῶν οἶδ' ἐγώ σ' Ἑλληνίδων,
εἰ μὲν τὰ Τρώων εὐτυχοῖ, κεχαρμένην,
εἰ δ' ἧσσον εἴη, συννεφοῦσαν ὄμματα,
Ἀγαμέμνον' οὐ χρῄζουσαν ἐκ Τροίας μολεῖν.
Καίτοι καλῶς γε σωφρονεῖν παρεῖχέ σοι· 1080
ἄνδρ' εἶχες οὐ κακίον' Αἰγίσθου πόσιν,
ὃν Ἑλλὰς αὑτῆς εἴλετο στρατηλάτην.
Ἑλένης δ' ἀδελφῆς τοιάδ' ἐξειργασμένης
ἐξῆν κλέος σοι μέγα λαβεῖν· τὰ γὰρ κακὰ
παράδειγμα τοῖς ἐσθλοῖσιν εἰσοψίν τ' ἔχει. 1085
Εἰ δ', ὡς λέγεις, σὴν θυγατέρ' ἔκτεινεν πατήρ,
ἐγώ τί σ' ἠδίκησ' ἐμός τε σύγγονος;
πῶς οὐ, πόσιν κτείνασα, πατρῴους δόμους
ἡμῖν προσῆψας, ἀλλ' ἀπηνέγκω λέχη
τἀλλότρια, μισθοῦ τοὺς γάμους ὠνουμένη; 1090
κοὔτ' ἀντιφεύγει παιδὸς ἀντὶ σοῦ πόσις,
οὔτ' ἀντ' ἐμοῦ τέθνηκε, δὶς τόσως ἐμὲ
κτείνας ἀδελφῆς ζῶσαν; Εἰ δ' ἀμείψεται

NC. 1074. La leçon θύρασιν a été corrigée par Elmsley. — 1076. Manuscrit : μόνη. Victorius : μόνην. — 1077. Manuscrit : πατρῷ' ἦν εὐτυχῇ. Canter : τὰ Τρῷ' ἦν εὐτυχῇ. La correction définitive est due à Musgrave. — 1085. Scaliger a rectifié la leçon εἰς ὄψιν. — 1088. Manuscrit : πῶς οὖν πόσιν κτείνασ' οὐ. Canter a rétabli le mètre. — 1093. La leçon ἀδελφοῦ a été corrigée par Victorius.

du nombre des femmes (honnêtes). Διαγράφειν veut dire : « rayer d'un rôle, d'un registre. » Ce verbe a ici cette signification, et non celle de « dépeindre. »

1078. Συννεφοῦσαν ὄμματα. Cf. *Hipp.* 172 : Στυγνὸν δ' ὀφρύων νέφος αὐξάνεται.

1080. Παρεῖχέ σοι, « in promtu tibi « erat, facile erat. » [Seidler.]

1085. Εἰσοψίν τ' ἔχει, et offrent une chose, un exemple, à regarder. — Un exemple s'appelle παράδειγμα, en tant qu'il nous est montré, εἴσοψις, en tant que nous le contemplons.

1089-1090. Ἀπηνέγκω λέχη τἀλλότρια, tu as obtenu (*tibi abstulisti*) ce lit qui devait te rester étranger. Ces mots sont déterminés et expliqués par : μισθοῦ τοὺς γάμους ὠνουμένη, en achetant cet hymen à ce prix, c'est-à-dire : au prix du patrimoine ravi à tes enfants.

1091-1093. Κοὔτ' ἀντιφεύγει παιδὸς ἀντὶ.... ἀδελφῆς ζῶσαν. Voici ce que dit Électre : « Pourquoi Égisthe n'est-il pas dans l'exil pour expier l'exil de ton fils? pourquoi n'est-il pas mort pour m'avoir infligé une mort deux fois aussi cruelle que la mort de ma sœur Iphigénie, pour m'avoir tuée vivante? »

1093-1094. Εἰ δ' ἀμείψεται.... φόνος, si le meurtre est compensé par un meurtre

ΗΛΕΚΤΡΑ.

φόνον δικάζων φόνος, ἀποκτενῶ σ' ἐγὼ
καὶ παῖς Ὀρέστης πατρὶ τιμωρούμενοι· 1095
εἰ γὰρ δίκαι' ἐκεῖνα, καὶ τάδ' ἔνδικα.
Ὅστις δὲ πλοῦτον ἢ εὐγένειαν εἰσιδὼν
γαμεῖ πονηράν, μῶρός ἐστι· μικρὰ γὰρ
μεγάλων ἀμείνω σώφροσιν δόμοις ἔχειν.

ΧΟΡΟΣ.

Τύχη γυναικῶν εἰς λέχη· τὰ μὲν γὰρ εὖ, 1100
τὰ δ' οὐ καλῶς πίπτοντα δέρκομαι βροτῶν.

ΚΛΥΤΑΙΜΝΗΣΤΡΑ.

Ὦ παῖ, πέφυκας πατέρα σὸν στέργειν ἀεί.
Ἔστιν δὲ καὶ τοῦθ'· οἱ μέν εἰσιν ἀρσένων,
οἱ δ' αὖ φιλοῦσι μητέρας μᾶλλον πατρός.

NC. 1097-1101. Nauck dit au sujet de ces cinq vers : « hoc loco incommodi. » Soit. Mais était-ce là une raison de les mettre entre crochets? Ces vers sont tout à fait dans la manière d'Euripide, et je ne doute pas que le poète lui-même ne les ait placés ici. — 1098. Manuscrit : πονηρά. Dans l'*Anthologie* de Stobée, LXXII, 4, où les vers 1097-1099 se trouvent cités à la suite d'un fragment des *Crétoises d'Euripide*, on lit : πονηράν. — 1099. Manuscrit : σώφρον' ἐν δόμοις λέχη. Stobée : σώφρον' εἰ δόμοις ἔχει. Nauck : σώφροσιν δόμοις ἔχει. J'ai écrit ἔχειν. — 1100. On lisait γυναικῶν εἰς γάμους, comme si un homme pouvait épouser autre chose qu'une femme, et quoique γάμους dût être suivi de οἱ μέν, au lieu de τὰ μέν, afin que la seconde phrase eût quelque rapport avec la première et ne fût pas tout à fait générale. J'ai remédié à ces deux inconvénients en substituant à la glose γάμους le mot λέχη, qui s'était égaré dans le vers précédent.

vengeur. Cf. *Médée*, 1266 : Δύσφρων φόνον φόνος ἀμείβεται.
1096. Εἰ γάρ.... ἔνδικον. Dans la tragédie de Sophocle, vers 582, Électre dit à Clytemnestre : Εἰ γὰρ κτενοῦμεν ἄλλον ἀντ' ἄλλου, σύ τοι Πρώτη θάνοις ἄν, εἰ δίκης γε τυγχάνοις.
. 1098-1099. Μικρὰ γὰρ μεγάλων ἀμείνω (ἐστὶν ὥστε αὐτὰ ἐν) σώφροσιν δόμοις ἔχειν, peu de bien vaut mieux que de grandes richesses, à l'avoir (si on l'a) dans une maison chaste. — Électre réfute Clytemnestre dans un couplet composé de quarante vers, 1060-1099. Or le couplet de Clytemnestre compte exactement le même nombre de vers, 1011-1050. Voy. la note sur le vers 1236 d'*Hécube*, où nous avons cité d'autres exemples de ces symétries.

1100. Τύχη γυναικῶν εἰς λέχη, par rapport à l'union avec une femme, (il n'y a que du) hasard.
1101. Πίπτοντα « tombant, arrivant, » se dit au propre d'un coup de dé. Cp. vers 639, et *Hipp.* 718 avec la note.
1103. Ἔστιν δὲ καὶ τοῦτο, cela se rencontre aussi, c'est une chose qu'on doit admettre. Comp. le fragment d'*Antiope*, cité en partie par Marc-Aurèle, XI, 6 et vii, 41, en partie par Stobée, *Anthologie*, XCVIII, 38 : Εἰ δ' ἡμελήθην ἐκ θεῶν καὶ παῖδ' ἐγώ, Ἔχει λόγον καὶ τοῦτο· τῶν πολλῶν βροτῶν Δεῖ τοὺς μὲν εἶναι δυστυχεῖς, τοὺς δ' εὐτυχεῖς. — Οἱ μέν εἰσιν ἀρσένων, les uns sont attachés à leurs pères. Fix compare Eschyle, *Euménides*, 738 : Κάρτα δ' εἰμὶ τοῦ πατρός.

ΗΛΕΚΤΡΑ.

Συγγνώσομαί σοι· καὶ γὰρ οὐχ οὕτως ἄγαν   1105
χαίρω τι, τέκνον, τοῖς δεδραμένοις ἐμοί.
Σὺ δ' ὧδ' ἄλουτος καὶ δυσείματος χρόα,
λεχὼ νεογνῶν ἐκ τόκων πεπαυμένη;
Οἴμοι τάλαινα τῶν ἐμῶν βουλευμάτων·
ὡς μᾶλλον ἢ χρῆν ἤλασ' εἰς ὀργὴν πόσιν.   1110

ΗΛΕΚΤΡΑ.

Ὀψὲ στενάζεις, ἡνίκ' οὐκ ἔχεις ἄκη.
Πατὴρ μὲν οὖν τέθνηκε· τὸν δ' ἔξω χθονὸς
πῶς οὐ κομίζει παῖδ' ἀλητεύοντα σόν;

ΚΛΥΤΑΙΜΝΗΣΤΡΑ.

Δέδοικα· τοὐμὸν δ', οὐχὶ τοὐκείνου σκοπῶ.
[Πατρὸς γάρ, ὡς λέγουσι, θυμοῦται φόνῳ.]   1115

ΗΛΕΚΤΡΑ.

Τί δαὶ πόσιν σὸν ἄγριον εἰς ἡμᾶς ἔχεις;

ΚΛΥΤΑΙΜΝΗΣΤΡΑ.

Τρόποι τοιοῦτοι· καὶ σὺ δ' αὐθάδης ἔφυς.

ΗΛΕΚΤΡΑ.

Ἀλγῶ γάρ· ἀλλὰ παύσομαι θυμουμένη.

ΚΛΥΤΑΙΜΝΗΣΤΡΑ.

Καὶ μὴν ἐκεῖνος οὐκέτ' ἔσται σοι βαρύς.

NC. 1115. Nauck a mis entre crochets ce vers plus qu'inutile. — 1116. Le même critique propose τί δ' αὖ.

1105-1110. Euripide aurait-il prêté de la douceur et de bons sentiments à Clytemnestre, afin de rendre le parricide plus odieux? Cela s'accorderait avec l'esprit dans lequel toute cette tragédie a été conçue par lui. (Voyez la notice préliminaire.) Cependant l'affabilité de la reine pourrait venir de la joie qu'elle éprouve de voir la dégradation d'Électre consommée par la naissance d'un enfant, et de n'avoir plus la crainte qu'un petit-fils d'Agamemnon osât un jour venger la mort de son aïeul (cf. v. 22-39). Ce sont là du moins les sentiments qu'Électre suppose chez sa mère (cf. v. 658).
1113. Πῶς οὐ κομίζει, comment se fait-il que tu ne le ramènes pas près de toi?

1114. Τοὐμὸν, mon intérêt. Cf. Iph. Aul. 482 : Μηδ' ἀνθε)έσθαι τοὐμόν.
1116. Ἄγριον εἰς ἡμᾶς ἔχεις, « tu l'entretiens dans des dispositions farouches contre nous, » dit un peu plus que ἀγριοῖς εἰς ἡμᾶς.
1117. Τρόποι τοιοῦτοι. Clytemnestre répond qu'Égisthe est violent par nature, et non par suite des conseils qu'elle lui donne.
1119. Οὐκέτ' ἔσται σοι βαρύς. Clytemnestre veut dire que, depuis qu'Électre a donné un fils au Laboureur, la haine d'Égisthe est satisfaite. Mais les paroles dont se sert Clytemnestre ont une portée dont elle ne se doute pas elle même, et qui frappe d'autant plus vivement le spectateur.

ΗΛΕΚΤΡΑ.

ΗΛΕΚΤΡΑ.

Φρονεῖ μέγ'· ἐν γὰρ τοῖς ἐμοῖς ναίει δόμοις. 1120

ΚΛΥΤΑΙΜΝΗΣΤΡΑ.

Ὁρᾷς, ἄν' αὖ σὺ ζωπυρεῖς νείκη νέα.

ΗΛΕΚΤΡΑ.

Σιγῶ· δέδοικα γάρ νιν ὡς δέδοικ' ἐγώ.

ΚΛΥΤΑΙΜΝΗΣΤΡΑ.

Παῦσαι λόγων τῶνδ'· ἀλλὰ τί μ' ἐκάλεις, τέκνον;

ΗΛΕΚΤΡΑ.

Ἤκουσας, οἶμαι, τῶν ἐμῶν λοχευμάτων·
τούτων ὕπερ μοι θῦσον, οὐ γὰρ οἶδ' ἐγώ, 1125
δεκάτῃ σελήνῃ παιδὸς ὡς νομίζεται·
τρίβων γὰρ οὐκ εἴμ', ἄτοκος οὖσ' ἐν τῷ πάρος.

ΚΛΥΤΑΙΜΝΗΣΤΡΑ.

Ἄλλης τόδ' ἔργον, ἥ σ' ἔλυσεν ἐκ τόκων.

ΗΛΕΚΤΡΑ.

Αὐτὴ 'λόχευον κἄτεκον μόνη βρέφος.

ΚΛΥΤΑΙΜΝΗΣΤΡΑ.

Οὕτως ἀγείτων οἶκος ἵδρυται φίλων; 1130

ΗΛΕΚΤΡΑ.

Πένητας οὐδεὶς βούλεται κτᾶσθαι φίλους.

ΚΛΥΤΑΙΜΝΗΣΤΡΑ.

Ἀλλ' εἶμι, παιδὸς ἀριθμὸν ὡς τελεσφόρον

NC. 1121. Boissonade a substitué ἄν' à ἄν. — 1126. Musgrave : δεκάτην σελήνην.— C'est à tort que Nauck considère le mot παιδός comme altéré. Cf. v. 1132 et le passage d'Eubulus cité dans la note explicative. — 1130. Musgrave : ἀγείτον' οἶκον (leçon de quelques apographa) ἵδρυσαι.

1120. La réponse d'Électre est aussi à double entente; mais Électre sait ce qu'elle dit. Les mots ἐν γὰρ τοῖς ἐμοῖς ναίει δόμοις semblent désigner le palais d'Agamemnon dont Égisthe s'est emparé; mais ils se rapportent en effet à la maison du Laboureur où se trouve le cadavre du tyran.

1121. Ἀν(ὰ).... ζωπυρεῖς équivaut à ἀναζωπυρεῖς, tu rallumes.

1122. Δέδοικα ὡς δέδοικ' ἐγώ. Réticence sinistre. Voy. la note sur le vers 289.

1126. Δεκάτῃ σελήνῃ παιδός. Voy. la note sur le vers 654. On attribuait à la lune une grande influence soit sur les femmes en couches, soit sur les nouveaunés. Aussi la fête du dixième jour après la la naissance d'un enfant se prolongeait-elle dans la nuit. Cf. Eubulus chez Athénée, p. 668 D : Εἶεν, γυναῖκες, νῦν ὅπως τὴν νύχθ' ὅλην Ἐν τῇ δεκάτῃ τοῦ παιδίου χορεύσετε.

1130. Ἀγείτων φίλων, sans voisins amis. Cp. v. 341 : Ἀνέορτος ἱερῶν, et la note.

1132. Παιδὸς ἀριθμὸν ὡς τελεσφόρον θύσω équivaut à ὡς θύσω δεκάτῃ παιδός, afin que je célèbre par un sacrifice

ΗΛΕΚΤΡΑ. 655

θύσω θεοῖσι· σοὶ δ' ὅταν πράξω χάριν
τήνδ', εἶμ' ἐπ' ἀγρόν, οὗ πόσις θυηπολεῖ
Νύμφαισιν. Ἀλλὰ τούσδ' ὄχους, ὀπάονες, 1135
φάτναις ἄγοντες πρόσθεθ'· ἡνίκ' ἂν δέ με
δοκῆτε θυσίας τῆσδ' ἀπηλλάχθαι θεοῖς,
πάρεστε· δεῖ γὰρ καὶ πόσει δοῦναι χάριν.

ΗΛΕΚΤΡΑ.

Χώρει πένητας εἰς δόμους · φρούρει δέ μοι
μή σ' αἰθαλώσῃ πολύκαπνον στέγος πέπλους. 1140
Θύσεις γὰρ οἷα χρή σε δαίμοσιν θύη.
Κανοῦν δ' ἐνῆρκται καὶ τεθηγμένη σφαγίς,
ἥπερ καθεῖλε ταῦρον, οὗ πέλας πεσεῖ
πληγεῖσα· νυμφεύσει δὲ κἀν Ἅιδου δόμοις
ᾧπερ ξυνηῦδες ἐν φάει. Τοσήνδ' ἐγὼ 1145
δώσω χάριν σοι, σὺ δὲ δίκην ἐμοὶ πατρός.

ΧΟΡΟΣ.

Ἀμοιβαὶ κακῶν· μετάτροποι πνέου- [Strophe.]
σιν αὖραι δόμων. Τότε μὲν ἐν λουτροῖς

NC. 1141. Θύη, excellente correction de Nauck pour θύειν. — 1146. Manuscrit : σὺ δ' ἐμοὶ δίκην. Barnes : σὺ δέ γ' ἐμοὶ δίκην. Nauck a transposé les mots. — 1148. Seidler a inséré ἐν avant λουτροῖς. Nauck voudrait que ἐν λουτροῖς et ἀρχέτας (v. 1149) changeassent de place. Je doute fort que les lois du mètre autorisent cette transposition. Il faut corriger l'antistrophe.

le dixième jour de la naissance de l'enfant. Le nombre dix passait dans l'école de Pythagore pour le nombre parfait : τέλειον ἡ δεκὰς εἶναι δοκεῖ καὶ πᾶσαν περιειληφέναι τὴν τῶν ἀριθμῶν φύσιν (Aristote, Metaph. I, v, p. 986, a, 8). Philolaus, chez Stobée, Ecl. 1, 8, dit de la décade : Μεγάλα γὰρ καὶ παντελὴς καὶ παντοεργὸς καὶ θείω καὶ οὐρανίω βίω καὶ ἀνθρωπίνω ἀρχὰ καὶ ἀγεμών. — Quant au verbe θύειν construit avec l'accusatif de la fête en l'honneur de laquelle on sacrifie, cf. δαίσομεν ὑμεναίους, ἐδαίσαν γάμους, γάμους ἐχόρευσαν, Iph. Aul. 123, 707, 1057.

1140. Le verbe αἰθαλώσῃ, gouverne ici deux accusatifs, celui du tout, σ(ε), et celui de la partie, πέπλους. Cf. les deux datifs, σοι et τύμβῳ, gouvernés par ἀμύνει v. 330.

1141. Θύσεις.... θύη. La victime offerte par Clytemnestre, c'est Clytemnestre elle-même. — Ici la reine entre dans la maison du Laboureur. Électre reste seule sur la scène.

1142. Κανοῦν δ' ἐνῆρκται, « canistrum « autem ad sacra auspicanda est paratum. » Voy. la note sur le vers 800. Cf. Iph. Aul. 1474 : Κανᾶ δ' ἐναρχέσθω τις.

1143-1145. Ταῦρον. Égisthe. Ce trope, familier à la poésie grecque, est approprié à la circonstance, puisqu'il s'agit d'un sacrifice. Dans l'Agamemnon d'Eschyle, v. 1125, Cassandre appelle Agamemnon τὸν ταῦρον et dit de Clytemnestre τᾶς βοός. — Οὗ πέλας πεσεῖ.... ξυνηῦδες ἐν φάει. Cp. ce qu'Oreste dit dans les Choéphores, v. 904 : Ἕπου, πρὸς αὐτὸν τόνδε σὲ σφάξαι θέλω. Καὶ ζῶντα γάρ νιν κρείσσον' ἡγήσω πατρός· Τῷ καὶ θανοῦσα ξυγκάθευδε.

1147-1148. Μετάτροποι πνέουσιν αὖ-

ἔπεσεν ἐμὸς ἐμὸς ἀρχέτας,
ἰάχησε δὲ στέγεα λάϊνοί
τε θριγκοὶ δόμων,
τάδ' ἐνέποντος· Ὦ σχέτλιος ἦ γύναι
φονεύσεις φίλαν πατρίδα δεκέτεσι
σποραῖσιν ἐλθόντ' ἐμάν;

1150

Παλίρρους δὲ τάνδ' ἀναδρόμους λόχους [Antistrophe.] 1155
ὑπᾶγεν δίκα, μέλεον εἰς οἴκους
χρόνιον ἱκόμενον ἃ πόσιν

NC. 1150. Il est inutile d'écrire ἰάχηησε. Cf. *Iph. Aul.* 1039, NC. — Musgrave a substitué στέγεα à στέγα, en vue de l'accord antistrophique. — 1152-1153. Manuscrit : τάδ' ἐννέποντος· ὦ σχετλία, τί με, γύναι, φονεύσεις. On écrit ordinairement : τάδ' ἐνέποντος· ὦ σχέτλια (Seidler) τί με, γύναι, φονεύεις (Victorius). Le vocatif ὦ σχετλία, écarté pour rétablir le mètre dochmiaque, était bien plus naturel. Or le futur φονεύσεις indique que τί provient de ἦ : on sait, en effet, que ΤΙ et Η ont été souvent confondus par les copistes. Il s'ensuit que με est interpolé, et que σχετλία a été substitué à σχέτλιος. Nous arrivons ainsi à une tournure plus énergique et à une correspondance exacte de la strophe et de l'antistrophe. — Manuscrit : δεκέτεσιν. C'est à tort que beaucoup d'éditeurs insèrent ἐν après ce mot. — 1155-1157. Manuscrit : τάνδ' ὑπάγεται δίκαν (Victorius : δίκα) διαδρόμου λόχους. Quand même ces deux derniers mots pourraient désigner l'adultère, Clytemnestre n'est pas punie pour avoir été infidèle à son époux, mais pour l'avoir tué. De plus, ὑπάγεται devrait être à l'actif, et demande encore un complément : où la justice attire-t-elle Clytemnestre? J'ai donc écrit τάνδ' ἀναδρόμους λόχους ὑπᾶγεν δίκα, ce qui répond exactement à la mesure de la strophe. ΑΝΑ et ΔΙΑ sont souvent confondus par les copistes. — 1156-1157. Manuscrit : μελέαν ἃ πόσιν χρόνιον ἱκόμενον ἐς οἴκους. Seidler : μέλεον. Victorius : εἰς οἴκους. J'ai rétabli, en vue de l'accord antistrophique, l'ordre des mots poétique, encore dérangé par les grammairiens.

ραι δόμων, le vent tourne, le sort de la maison change. On a le même trope dans *Ion*, 1507 : Ἑλισσόμεθ' ἐκεῖθεν ἐνθάδε δυστυχίαισιν εὐτυχίαις τε πάλιν, μεθίσταται δὲ πνεύματα. — Ἐν λουτροῖς. Cf. v. 157.

1152. Ὦ σχέτλιος ἦ γύναι φονεύσεις équivaut à ὦ σχετλία γύναι, ἦ φονεύσεις; L'adjectif σχέτλιος est de ceux qui ont tantôt trois, tantôt deux terminaisons. Les poëtes placent souvent à côté d'un substantif au vocatif un adjectif ayant la désinence du nominatif. Ex. *Hélène*, 623 : Ὦ ποθεινὸς ἡμέρα.

1153-1154. Δεκέτεσι σποραῖσιν, après dix semailles, après dix ans. Le même laps de temps est exprimé par δεκασπόρῳ χρόνῳ, *Troy.* 20. Cp. Soph. *Trach.* : Δωδέκατος ἄροτος. Callimaque, fr. 182, et d'autres poëtes grecs disent ποιάς pour ἐνιαυτούς. A leur imitation Virgile écrit, *Bucol.* I, 70 : « Post aliquot, mea regna « videns, mirabor aristas. » Quant à ce dernier passage, nous pensons que *aliquot* ne saurait être séparé de *post* ; et nous doutons de la justesse de l'explication donnée par Heyne, et adoptée récemment dans l'excellent commentaire de M. Benoist.

1155-1156. Παλίρρους.... δίκα, la justice vengeresse l'a attirée dans un autre piège. Les épithètes παλίρρους, *reflua*, et ἀναδρόμους, *recurrentes*, expriment poétiquement, que par un juste retour le crime retombe sur le coupable. Cf. *Herc. fur.* 737 : Ἰὼ δίκα καὶ θεῶν παλίρρους πότμος.

1156-1158. Construisez : ἃ (κατέκανε) πόσιν ἱκόμενον χρόνιον (après une longue

ΗΛΕΚΤΡΑ. 657

Κυκλώπειά τ' ούράνια τείχε' ό-
ξυθήκτω βέλει
κατέκαν' αύτόχειρ, πέλεκυν έν χεροΐν 1160
λαβοΰσ' ά παλαμναΐος, ὅ τί ποτε τάν
τάλαιναν έσχεν κακόν.

Όρεία τις ὡς λέαιν' όργάδων [Épode.]
δρύοχα νεμομένα, τάδε κατήνυσεν.

ΚΛΥΤΑΙΜΝΗΣΤΡΑ.
Ὠ τέκνα, πρὸς θεῶν, μὴ κτάνητε μητέρα. 1165
ΧΟΡΟΣ.
Κλύεις ὑπώροφον βοάν;
ΚΛΥΤΑΙΜΝΗΣΤΡΑ.
Ἰώ μοί μοι.
ΧΟΡΟΣ.
Ὤμωξα κἀγὼ πρὸς τέκνων χειρουμένης.

Νέμει τοι δίκαν θεός, ὅταν τύχη·
σχέτλια μὲν ἔπαθες, ἀνόσια δ' εἰργάσω, 1170
τάλαιν', εὐνέταν.

NC. 1160. Manuscrit : λαβοῦσα τλάμων πόσις ὅ τί ποτε τάν. On s'est préoccupé du mètre, sans s'apercevoir que le sens laissait autant à désirer que la facture du vers. Il ne doit plus être question ici d'Agamemnon : la phrase ὅ τί ποτε..., qu'on explique généralement de la façon la plus étrange, indique que le poëte disait : « l'épouse a été coupable, quelque motif qui l'ait poussée à tuer l'époux ». Le texte est donc foncièrement gâté. Notre correction satisfait à la fois au sens et à l'accord antistrophique. — 1169. La leçon νέμοι δίκαν τοι θεός a été corrigée par Victorius.

absence) εἰς οἴκους Κυκλώπειά τ(ε) τεί-χε(α) οὐράνια. Quant aux murs cyclopéens de Mycènes, cp. la note sur *Iph. Aul.* 152.

1161-1162. Ἀ παλαμναῖος.... κακόν, meurtrière impie, quelque douleur qu'ait pesé sur l'infortunée. Ces derniers mots font allusion au sacrifice d'Iphigénie.

1165-1168. Le chœur vient de rappeler le crime; et dans ce même moment a lieu l'expiation. Cette coïncidence est rendue plus frappante parce que les cris de la victime interrompent une nouvelle section, à peine commencée, des chants du chœur. Deux vers de Clytemnestre et deux vers du coryphée sont ici insérés au milieu de l'épode, comme les cris des enfants le sont dans la seconde strophe d'un chœur de *Médée*, v. 1273 sqq.

1168. Le génitif χειρουμένης dépend de ὤμωξα. Cf. *Iph. Aul.* 370 : Ἑλλάδος μάλιστ' ἔγωγε τῆς ταλαιπώρου στένω. Quant à l'aoriste ὤμωξα, voy. la note sur le vers 791 de *Médée*.

1169. Ὅταν τύχη, quand l'occasion s'en présente.

1170. Σχέτλια.... εἰργάσω. Cf. Eschyle, *Choéph.* 930 : Κτανοῦσ' ὃν οὐ χρῆν καὶ τὸ μὴ χρεών πάθε.

Ἀλλ' οἵδε μητρὸς νεοφόνοις ἐν αἵμασιν
πεφυρμένοι βαίνουσιν ἐξ οἴκων πόδα,
τρόπαια δείγματ' ἀθλίων προσφαγμάτων.
Οὐκ ἔστιν οὐδεὶς οἶκος ἀθλιώτερος 1175
τῶν Τανταλείων οὐδ' ἔφυ ποτ' ἐκγόνων.

ΟΡΕΣΤΗΣ.

Ἰὼ Γαῖα καὶ [Ζεῦ] πανδερκέτα [Strophe 1.]
βροτῶν, ἴδετε τάδ' ἔργα δει-
νὰ μυσαρά, φόνια σώματα
χθόνια προχείμεν' ἀλλαγᾷ 1180
χερὸς ὑπ' ἐμᾶς, ἄποιν' ἐμῶν πημάτων.

. . . .

. . . .

NC. 1174. Προσφαγμάτων, excellente correction de Musgrave pour προσφθεγμάτων. — 1177. Seidler a, le premier, reconnu la disposition antistrophique du morceau qui suit. — Manuscrit : γᾶ καὶ ζεῦ. Nauck propose de lire ici Γαῖα καὶ Ζεῦ, et au vers 1190 : ἰὼ Φοῖβε, σὰν ὕμνησας. Cette dernière conjecture nous semble peu probable ; nous aimons mieux considérer le mot Ζεῦ comme interpolé. — 1178-1179. On lisait : ἴδετε τάδ' ἔργα φόνια μυσαρά, δίγονα σώματ'. L'épithète δίγονα est fort étrange : on le sentira, en comparant *Hercule fur.*, 1023 : Τέκνα τρίγονα, et *Ion.*, 496 : Ἀγραύλου κόραι τρίγονοι. Ici l'observation des symétries antistrophiques nous a mis sur la voie du texte primitif. Les vers 1191 sq. prouvent que φόνια doit prendre la place de δίγονα. Ce dernier mot est donc un mélange de φόνια et de δεινά, épithète qui avait été transposée. — 1180. Manuscrit : ἐν χθονὶ κείμενα πλαγᾷ. Le mètre est détruit; mais il s'est conservé dans l'antistrophe. Nous l'avons rétabli en écrivant χθόνια προχείμεν' ἀλλαγᾷ. On voit que le commencement du vers a été envahi par une glose explicative, et que la fin a été défigurée par une faute de copiste. — 1181. La lacune après ce vers a été indiquée par Seidler.

1173. Βαίνουσιν.... πόδα. Voy. la note sur le vers 94.

1174. Τρόπαια.... προσφαγμάτων, indices victorieux d'un triste sacrifice, indices d'une victoire remportée par un triste sacrifice. Ces mots forment une apposition à toute la phrase qui précède.

1175-1176. Construisez : Οὐκ ἔστιν οὐδ' ἔφυ ποτ' οὐδεὶς οἶκος ἀθλιώτερος τῶν Τανταλείων ἐκγόνων.

1177. Le fond de la scène s'ouvre, et l'on voit Oreste et Electre, ainsi que Pylade, à côté des corps sanglants de Clytemnestre et d'Egisthe. — Oreste invoque la Terre et le dieu qui voit toutes les actions des mortels. Ce dieu est évidemment le Ciel ou Jupiter : l'épithète πανδερκέτα et le rapprochement de Γαῖα l'indiquent assez : nous pouvons nous passer du nom Ζεῦ.

1178-1179. Les mots τάδ' ἔργα δεινά μυσαρά ont pour apposition φόνια σώματα. C'est ainsi que, dans l'*Agamemnon* d'Eschyle, v. 1405, Clytemnestre appelle le cadavre de son époux : Τῆσδε δεξιᾶς χερὸς Ἔργον, δικαίας τέκτονος.

1180. Ἀλλαγᾷ équivaut à ἀμοιβῇ : « par un (juste) retour », en échange du cadavre d'Agamemnon, en punition du meurtre commis.

1181. Ἐμῶν πημάτων. Ces mots ne

ΗΛΕΚΤΡΑ.

ΗΛΕΚΤΡΑ.

Δακρύτ' ἄγαν, ὦ σύγγον', αἰτία δ' ἐγώ·
διὰ πυρὸς ἔμολον ἁ τάλαινα ματρὶ τᾷδ',
ἅ μ' ἔτικτε κούραν.

ΟΡΕΣΤΗΣ.

Ἰὼ τύχας, κακὰς σέθεν　　　　　　　　　　　　　1185
τύχας τεκοῦσα, μᾶτερ,
ἄλαστα μέλεα καὶ πέρα
παθοῦσα σῶν τέκνων ὑπαί.
Πατρὸς δ' ἔτισας φόνον δικαίως.

Ἰὼ Φοῖβ', ἀνύμνησας δίκαν,　　　　[Antistrophe 1.]　1190
ἄφαντα φανερὰ δ' ἐξέπρα-

NC. 1182. La leçon δάκρυά τ' ἄγαν γ' a été corrigée par Victorius. — 1183. Peut-être : ἃ μάλον τάλαινα, ce qui rétablirait la rigueur de l'accord antistrophique. Manuscrit : μητρί. — 1185-1189. Ces vers, autrefois attribués à Électre, ont été rendus par Seidler à Oreste, lequel prononce les vers correspondants de l'antistrophe. Kirchhoff donne les uns et les autres au chœur. — 1185-1186. Manuscrit : ἰὼ τύχας τὰς σὰς τύχας μᾶτερ τεκοῦσ'. Éditions : τὰς σὰς τύχας ou σὰς τύχας. Pour accorder ces vers avec les vers correspondants de l'antistrophe, Seidler écrit : ἰὼ τεκοῦσα μᾶτερ, Dindorf et Nauck veulent retrancher πρὸς αὔραν, v. 1202. Mais ils n'établissent ainsi qu'un accord incomplet, et ils ne satisfont pas au sens. Le participe τεκοῦσα demande un complément, et la leçon du manuscrit est bonne en tant qu'elle présente un accusatif Mais τὰς est un reste de κακάς, et σάς est une glose de σέθεν. — 1187. Seidler a corrigé la leçon μελία καὶ πέρα γε. — 1190. Ἰώ, correction de Victorius pour ὤ. — 1191. Ἄφαντα, correction d'Elmsley pour ἄφατα.

désignent pas seulement l'exil d'Oreste, mais encore, et surtout, la mort du père d'Oreste.

1183. Διὰ πυρὸς ἔμολον ματρί équivaut à διὰ δεινοτάτης ἔχθρας ἦλθον ματρί, « j'avais une haine ardente pour ma mère. » Comp. *Andromaque*, 488 : Διὰ γὰρ πυρὸς ἦλθ' ἑτέρῳ λέγει. — Suivi de μετά τινος, comme dans le passage de Xénophon, *Banquet*, IV, 16 : Ἐγὼ οὖν μετὰ Κλεινίου κἂν διὰ πυρὸς ἰοίην, cette locution a un sens tout à fait différent : elle marque une amitié à toute épreuve.

1185-1186. Τύχας, κακὰς σέθεν τύχας. Ces mots désignent les enfants de Clytemnestre, enfants qui ont été les fléaux, la calamité de leur mère. La même idée est rendue plus directement par le vers 1229 : Φονέας ἔτικτες ἄρά σοι. Quant à la locution τεκοῦσα κακὰς σέθεν τύχας, comp. Eschyle, *Sept Chefs*, 754 : Ἐγείνατο μὲν μόρον αὑτῷ, πατροκτόνον Οἰδιπόδαν. Eschine, *adv. Ctesiph.* 253 : Οὐκ ἀποπέμψεσθε τὸν ἄνθρωπον ὡς κοινὴν τῶν Ἑλλήνων συμφοράν;

1190. Ἀνύμνησας, tu as proclamé par un oracle. Les oracles étaient chantés. Cf. *Ion*, 6 : Φοῖβος ὑμνῳδεῖ βροτοῖς.... θεσπίζων.

1191. Ἄφαντα φανερὰ δ' ἐξέπραξας ἄχεα, des maux que le jour ne devrait pas éclairer, tu les as produits au jour, c.-à-d. : tu m'as fait commettre un crime horrible.

ξας ἄχεα, φόνια δ᾽ ὤπασας
λάχε᾽ ἀπὸ γᾶς Πελασγίδος.
Τίνα δ᾽ ἑτέραν μόλω πόλιν; τίς ξένος,
τίς εὐσεβὴς ἐμὸν κάρα   1195
προσόψεται ματέρα κτανόντος;

ΗΛΕΚΤΡΑ.

Ἰὼ ἰώ μοι. Ποῖ δ᾽ ἐγώ; τίν᾽ εἰς χορὸν,
τίνα γάμον εἶμι; τίς πόσις με δέξεται
νυμφικὰς ἐς εὐνάς;   1200

ΟΡΕΣΤΗΣ.

Πάλιν, πάλιν φρόνημα σὸν
μετεστάθη πρὸς αὔραν·
φρονεῖς γὰρ ὅσια νῦν, τότ᾽ οὐ
φρονοῦσα, δεινὰ δ᾽ εἰργάσω,
φίλα, κασίγνητον οὐ θέλοντα.   1205
Κατεῖδες, οἷον ἁ τάλαιν᾽ ἑῶν πέπλων   [Strophe 2.]

NC. 1192-1193. On lisait : φόνια (substitué par Seidler à φοίνια) δ᾽ ὤπασας λέχε᾽ ἀπὸ γᾶς Ἑλλανίδος. Que dire des interprètes qui, sous prétexte qu'Homère emploie quelquefois le verbe ὀπάζειν dans le sens de *instare, a tergo insequi*, ont cru pouvoir expliquer ce non-sens par : « exterminasti sanguinaria concubia e terra Græcanica »? C'est méconnaître à la fois la valeur des mots et la marche des idées. La phrase suivante indique clairement quel a dû être le sens de celle-ci. Oreste disait que, pour avoir obéi à l'ordre d'Apollon, il était condamné à fuir la terre d'Argos. J'ai donc écrit λάχε᾽ pour λέχε᾽ et Πελασγίδος pour Ἑλλανίδος. — 1194. Victorius a supprimé δέ avant ξένος. — 1197. Ancienne vulgate : ἰώ μοι μοι et χῶρον. — 1199. Victorius a corrigé la leçon τίν᾽ εἰς γάμον. — 1204. Après φρονοῦσα le manuscrit ajoute γ᾽ εὖ, interpolation supprimée par Victorius. — Le reste de ce vers, ainsi que le vers suivant, est attribué dans le manuscrit à Électre. — 1205. Seidler a rectifié la leçon οὐκ ἐθέλοντα. — 1206-1207. Manuscrit : ἑῶν πέπλων ἔβαλεν, ἔδειξε μαστόν. Seidler voulait : ἔξω πέπλων. Elmsley : ἐμῶν πέπλων ἐλάβετ᾽. En transposant ἐλάβετ᾽, j'ai rétabli l'accord rigoureux de la strophe et de l'antistrophe, et j'ai pu conserver ἑῶν πέπλων. — La leçon ἐν φοναῖς a été rectifiée par Seidler.

1192-1193. Φόνια.... Πελασγίδος, tu m'as attiré le sort d'un meurtrier, φόνια λάχεα, de la part de la terre Pélasge, c.-à-d. : tu es cause que la terre d'Argos me frappe de bannissement. Par la terre Pélasge il faut sans doute entendre le sol même du pays : infectée par le sang qu'elle a bu, la terre d'Argos ne supporte pas la présence du meurtrier. Telles étaient les idées antiques. On pourrait aussi attacher au mot γᾶς le sens de « cité » : dans l'*Oreste*, les citoyens d'Argos jugent le parricide. Je m'en tiens cependant à la première explication.

1202. Μετεστάθη πρὸς αὔραν, il a changé avec le changement du vent, il a changé quand a changé le souffle des circonstances. Quant à ce trope, cp. v. 1147 : Μετάτροποι πνέουσιν αὖραι δόμων.

1206-1207. Κατεῖδες, οἷον... ἔδειξε

ΗΛΕΚΤΡΑ. 661

ἔδειξε μαστὸν, ἐλάβετ' ἐν φοναῖσιν,
ἰώ μοι, πρὸς πέδῳ
τιθεῖσα γοῦνα μέλεα; τακόμαν δ' ἐγώ.

ΧΟΡΟΣ.

Σάφ' οἶδα, δι' ὀδύνας ἔβας, ἰήϊον 1210
κλύων γόον ματρὸς, ἅ σ' ἔτικτεν.

ΟΡΕΣΤΗΣ.

Βοὰν δ' ἔλασκε τάνδε, πρὸς γένυν ἐμὰν [Anti strophe 2.]
τιθεῖσα χεῖρα· Τέκος ἐμὸν, λιταίνω· 1215
παρήδων τ' ἐξ ἐμᾶν
ἐκρίμναθ', ὥστε χέρας ἐμὰς λιπεῖν βέλος·

ΧΟΡΟΣ.

Τάλαινα. Πῶς ἔτλας φόνον δι' ὀμμάτων
ἰδεῖν σέθεν ματρὸς ἐκπνεούσας; 1220

ΟΡΕΣΤΗΣ.

Ἐγὼ μὲν ἐπιβαλὼν φάρη κόραις ἐμαῖς [Strophe 3.]

NC. 1208. Manuscrit : ἰὼ ἰώ μοι. La correction est due à Seidler. Nauck : ἐν φοναῖς, ὦ ǀǀ ἰώ μοι. — 1209. Manuscrit : γόνιμα μέλεα. Nauck, d'après Camper : γόνατα μέλεα. L'antistrophe demande γοῦνα. — Τακόμαν, excellente correction de Seidler pour τὰν κόμαν. — 1210-1211. Le manuscrit attribue ces deux vers à Électre, et les vers correspondants de l'antistrophe, 1219 sq., au chœur. Comme cette dernière attribution nous semble incontestable, nous avons, avec Kirchhoff, donné les uns et les autres au chœur, afin de rétablir la symétrie. — 1212. Victorius a retranché γ' après γένυν. — 1215. Seidler a corrigé la leçon τιθεῖσα χέρας. — 1216. Manuscrit : παρηΐδων τέ γ' ἐξ. Seidler : παρήδων. Victorius : τ' ἐξ. — 1217. Manuscrit : ἐκρίμναθ'. — 1219-1220. Seidler et Nauck veulent que ces deux vers soient prononcés par Électre. Il nous semble que les vers 1224 sqq. s'opposent absolument à cette attribution. — 1220. Manuscrit : μητρός. — 1221. Κόρχις, correction de Victorius pour κόμαις. La leçon ἐμαῖσι a été rectifiée par Seidler.

μαστόν, as-tu vu comment l'infortunée montra son sein (en dehors) de ses vêtements? Le génitif ἑῶν πέπλων est gouverné par ἔδειξε, la préposition ἐξ restant sous-entendue. Cf. Sophocle, Él. 324 : Δόμων ὁρῶ.... Χρυσόθεμιν.... ἐντάφια χεροῖν φέρουσαν. — Ἐλάβετ(ο), sousent. ἐμοῦ.

1210. Δι' ὀδύνας ἔβας, tu éprouvas de la douleur. Voy. la note sur le vers 542

d'Hippolyte. — Ἰήϊον, adjectif tiré de l'interjection ἰή. Sophocle, Œd. Roi, 174, donne aux douleurs de l'enfantement le nom de ἰηΐων καμάτων.

1217. L'infinitif λιπεῖν a pour sujet βέλος; et pour régime χέρας ἐμάς. « De manière que l'arme s'échappa de ma main ».

1219. L'exclamation τάλαινα se rapporte à Clytemnestre; la question πῶς ἔτλας s'adresse à Oreste.

ΗΛΕΚΤΡΑ.

φασγάνῳ κατηρξάμαν
ματέρος ἔσω δέρας μεθείς.

ΗΛΕΚΤΡΑ.

Ἐγὼ δ' ἐπεγκέλευσά σοι
ξίφους τ' ἐφηψάμαν ἅμα.   1225

ΧΟΡΟΣ.

Δεινότατον παθέων ἔρεξας.

ΟΡΕΣΤΗΣ.

Λαβοῦ, μέλεα κάλυπτε ματέρος πέπλοις,   [Antistrophe 3.]
συγκαθάρμοσον σφαγάς.
Φονέας ἔτικτες ἄρά σοι.

ΗΛΕΚΤΡΑ.

Ἰδού, φίλαν τε κοὐ φίλαν   1230
φάρη τάδ' ἀμφιβάλλομεν.

ΧΟΡΟΣ.

Τέρμα κακῶν μεγάλων δόμοισιν.
Ἀλλ' οἵδε δόμων ὑπὲρ ἀκροτάτων

NC. 1223. Ματέρος ne répond pas exactement à φονέας, v. 1229. Faut-il écrire τοκάδος? Cf. *Cycl.* 42; *Hipp.* 560. — 1224. Manuscrit : ἐγὼ δέ γ' ἐπεκέλευσά (ou ἐγὼ δ' ἐπεκέλευσά?) σοι. L'antistrophe demande ἐγὼ δ' ἐπεγκέλευσά σοι (Musgrave) plutôt que ἐγὼ δ' ἐπενεκέλευσά σοι (Nauck). — 1225. Manuscrit : ἐφηψάμην. — 1226. Seidler attribue ce vers à Électre. Victorius a retranché ὦ avant δεινότατον. Nauck écrit dans le vers précédent : ἅμ' ὤ. — 1227-1229. Le manuscrit attribue ces trois vers au chœur. — 1227. Manuscrit : κάλυπτε μέλεα. J'ai transposé ces mots en vue de l'accord antistrophique. — 1228. J'ai écrit συγκαθάρμοσον pour καθάρμοσον. Seidler et Nauck insèrent καὶ avant ce dernier mot. — 1229. Le manuscrit porte, à ce qu'il paraît, ἄρα. — 1230. La leçon φίλαι τε κοὐ φίλαι a été corrigée par Seidler. — 1231. Manuscrit : φάρεα δέ γ' ἀμφιβάλλομεν. Seidler : φάρεα σέ γ'. « Potius γ' a metrico additum videtur, « quum φάρεα τάδ', ut fere fit, truncatum abiisset in φάρεα δ'. » [Kirchhoff.] J'ai adopté cette conjecture, en écrivant φάρη. — 1232. Dans le manuscrit ce vers appartient encore à Électre. Ayant laissé le vers antithétique, 1226, au chœur, nous avons dû, avec Kirchhoff, attribuer celui-ci au même personnage. Victorius a retranché τε après μεγάλων.

1222. Κατηρξάμαν, j'ai commencé le sacrifice. Cf. *Iph. Taur.*, v. 40.
1226. Δεινότατον παθέων ἔρεξας. Fix cite Hérodote, I, 137 : Ἀνήκεστον πάθος ἔρδειν.
1228. Συγκαθάρμοσον σφαγάς, mecum compone vulnera. Cf. Sophocle, *Ajax*, 922 : Πεπτῶτ' ἀδελφὸν τόνδε συγκαθαρμόσαι.

1229. Φονέας.... σοι. En prononçant ces paroles Oreste se tourne vers le cadavre de Clytemnestre, qu'il apostrophe.
1232. Τέρμα κακῶν, le couronnement des malheurs. Dans l'*Agamemnon* d'Eschyle, vers 1282, Cassandre prédit en ces termes le retour d'Oreste : Φυγὰς δ' ἀλήτης τῆσδε γῆς ἀπόξενος Κάτεισιν, ἄτας τάσδε θριγκώσων φίλοις.

ΗΛΕΚΤΡΑ. 663

φαίνουσί τινες δαίμονες ἢ θεῶν
τῶν οὐρανίων· οὐ γὰρ θνητῶν γ'   1235
ἥδε κέλευθος· τί ποτ' εἰς φανερὰν
ὄψιν βαίνουσι βροτοῖσιν;

ΔΙΟΣΚΟΥΡΟΙ.

Ἀγαμέμνονος παῖ, κλῦθι· δίπτυχοι δέ σε
καλοῦσι μητρὸς σύγγονοι Διόσκοροι,
Κάστωρ κασίγνητός τε Πολυδεύκης ὅδε.   1240
Δεινὸν δὲ ναὸς ἀρτίως πόντου σάλον
παύσαντ' ἀφίγμεθ' Ἄργος, ὡς ἐσείδομεν
σφαγὰς ἀδελφῆς τῆσδε, μητέρος δὲ σῆς.
Δίκαια μέν νυν ἥδ' ἔχει· σὺ δ' οὐχὶ δρᾷς,
Φοῖβός τε, Φοῖβος — ἀλλ' ἄναξ γάρ ἐστ' ἐμὸς,   1245
σιγῶ· σοφὸς δ' ὢν οὐκ ἔχρησέ σοι σοφά.
Αἰνεῖν δ' ἀνάγκη ταῦτα· τἀντεῦθεν δὲ χρὴ
πράσσειν ἃ μοῖρα Ζεύς τ' ἔκρανε σοῦ πέρι.
Πυλάδῃ μὲν Ἠλέκτραν δὸς ἄλοχον εἰς δόμους,
σὺ δ' Ἄργος ἔκλιπ'· οὐ γὰρ ἔστι σοι πόλιν   1250
τήνδ' ἐμβατεύειν, μητέρα κτείναντα σήν.
Δειναὶ δὲ Κῆρές σ' αἱ κυνώπιδες θεαὶ
τροχηλατήσουσ' ἐμμανῆ πλανώμενον.

NC. 1242. La leçon ὡς εἴδομεν a été corrigée par Victorius. — 1252. L. Dindorf a inséré σ' après Κῆρες.

1234. Φαίνουσι est ici employé intransitivement.

1240. Κάστωρ. Il faut croire que Castor porte la parole. Son nom précède celui de Pollux, et l'on sait que les Grecs et les Latins avaient l'habitude, en parlant d'eux-mêmes et d'un autre, de se nommer les premiers.

1241. Le génitif ναὸς dépend de πόντου σάλον, mots qui font corps, et qui équivalent à πόντιον σάλον, « ballottement par la mer. » [Seidler.]

1245. Φοῖβός τε, Φοῖβος. — Aposiopèse. Le respect qu'il doit avoir pour un dieu d'un si haut rang empêche Castor de dire toute sa pensée.

1247. Αἰνεῖν, se résigner. Cf. Eschyle, *Agam.* 1570 : Τάδε μὲν στέργειν δύστλητά περ ὄντα.

1251. L'accusatif κτείναντα se rapporte à σέ, sujet sous-entendu de ἐμβατεύειν. Le datif κτείναντι, qui serait aussi de mise, se rapporterait à σοι. Cf. *Médée*, 815 et 1237 sqq. avec les notes.

1252. Κῆρες. Ces déesses de la mort sont souvent confondues avec les Parques, Μοῖραι, quelquefois avec les Furies, Ἐρινύες : cf. *Herc. fur.* 870.

1254. Τροχηλατήσουσ(ι) est plus fort que ἐλῶσι. Ce verbe indique que la démence poussera le malheureux de côté et d'autre, et le fera tourner comme une roue. Cf. *Oreste*, 36, ainsi que la note sur τροχηλάτου μανίας; *Iph. Taur.* 83.

ΗΛΕΚΤΡΑ.

Ἐλθὼν δ' Ἀθήνας Παλλάδος σεμνὸν βρέτας
πρόσπτυξον· εἴρξει γάρ νιν ἐπτοημένας 1255
δεινοῖς δράκουσιν ὥστε μὴ ψαύειν σέθεν,
γοργῶπ' ὑπερτείνουσά σου κάρα κύκλον.
Ἔστιν δ' Ἄρεώς τις ὄχθος, οὗ πρῶτον θεοὶ
ἕζοντ' ἐπὶ ψήφοισιν αἵματος πέρι,
Ἁλιρρόθιον δτ' ἔκταν' ὠμόφρων Ἄρης, 1260
μῆνιν θυγατρὸς ἀνοσίων νυμφευμάτων,
πόντου κρέοντος παῖδ', ἵν' εὐσεβεστάτη
ψῆφος βεβαία τ' ἐστὶν ἔκ γε τοῦ θεοῖς.
Ἐνταῦθα καὶ σὲ δεῖ δραμεῖν φόνου πέρι.
Ἴσαι δέ σ' ἐκσώσουσι μὴ θανεῖν δίκῃ 1265

NC. 1255. Kirchhoff propose νιν ἐστομωμένας. Cf. *Iph. Taur.* 287. — 1257. Manuscrit : γοργῶπ'. — 1258. Seidler a rectifié la leçon ἀρεός τις. — 1263. Manuscrit : ἔκ τε τοῦ. Pierson : ἐκ τούτου. Schæfer : ἔκ γε τοῦ. — 1265. Porson a corrigé la leçon ἐκσώζουσι. Voy. la note explicative.

1255. Πρόσπτυξον. Dans les *Euménides* d'Eschyle on voyait Oreste assis près de la statue de Minerve et l'entourant de ses bras : περὶ βρέτει πλεχθεὶς θεᾶς ἀμβρότου, v. 259. — Ἐπτοημένας désigne ici, non la crainte, mais la poursuite passionnée, l'acharnement des Furies contre leur victime.

1256. Δεινοῖς δράκουσιν. Ce datif est gouverné par ψαύειν, et non par ἐπτοημέναις.

1257. Κύκλον, bouclier.

1260. Ἁλιρρόθιον.... Ἄρης. La colline d'Arès, Ἄρειος πάγος, Ἄρεως ὄχθος, était ainsi appelée parce qu'on y avait établi le tribunal qui connaissait du meurtre, ἄρης. Traduit en langage mythologique, ce fait général donna la légende que le Meurtre en personne, Ἄρης, fut d'abord jugé en ces lieux. Eschyle a été fidèle au tour d'imagination et d'expression d'où cette légende est sortie, en écrivant cette phrase poétique (*Eum.* 355) : Ὅταν ἄρης ….. ὧν φίλον ….. « lorsque au sein de la paix le meurtre frappe un ami. »

1261. Μῆνιν, équivalant à μήνιμα [Hermann], est un accusatif adverbial comme χάριν, qu'on pourrait y substituer, ou comme πρόφασιν, *Iphigénie en Aulide*, 362. — Ἀνοσίων νυμφευμάτων. Halirrothius, fils de Neptune, avait fait violence à Alcippe, fille de Mars. Cf. Démosthène, *contre Aristocrate*, 66; Apollodore, III, xiv, 2; Pausanias, I, xxi, 4; xxviii, 5.

1262. Ἵν(α) est coordonné à οὗ, vers 1259, et se rapporte à Ἄρεώς τις ὄχθος.

1263. Βεβαία θεοῖς, qui inspire confiance aux dieux. Aussi Minerve portera-t-elle la cause d'Oreste devant ce tribunal. (Ordinairement on fait dépendre θεοῖς de ἐστίν, dans le sens de θεοὶ ἔχουσι, θεοὶ τιθέασι ψῆφον.)

1264. Δραμεῖν, sous-ent. κίνδυνον ou ἀγῶνα (*Iph. Aul.* 1456; *Or.* 878), se dit de l'accusé, et équivaut alors à φεύγειν, « être poursuivi. » Au vers 883 on trouve la locution δραμὼν ἀγῶνα dans son sens premier.

1265-1269. Cp. *Iph. Taur.* 964-967 et 1470-1472. — Ἐκσώσουσι μὴ θανεῖν δίκῃ, te sauveront de manière à ce que tu échappes à la sentence de mort. D'après la leçon ἐκσώζουσι, Castor dirait seulement qu'Oreste sera absous dans le cas où les suffrages se trouveront partagés. Or la phrase suivante prouve que le dieu annonce l'acquittement d'Oreste d'une manière positive.

ΗΛΕΚΤΡΑ. 665

ψῆφοι τεθεῖσαι· Λοξίας γὰρ αἰτίαν
εἰς αὑτὸν οἴσει, μητέρος χρήσας φόνον.
Καὶ τοῖσι λοιποῖς ὅδε νόμος τεθήσεται,
νικᾶν ἴσαις ψήφοισι τὸν φεύγοντ' ἀεί.
Δειναὶ μὲν οὖν θεαὶ τῷδ' ἄχει πεπληγμέναι   1270
πάγον παρ' αὐτὸν χάσμα δύσονται χθονὸς,
σεμνὸν βροτοῖσιν εὐσεβὲς χρηστήριον.
Σὲ δ' Ἀρκάδων χρὴ πόλιν ἐπ' Ἀλφειοῦ ῥοαῖς
οἰκεῖν Λυκαίου πλησίον σηκώματος·
ἐπώνυμος δὲ σοῦ πόλις κεκλήσεται.   1275
Σοὶ μὲν τάδ' εἶπον· τόνδε δ' Αἰγίσθου νέκυν
Ἄργους πολῖται γῆς καλύψουσιν τάφῳ.
Μητέρα δὲ τὴν σὴν ἄρτι Ναυπλίαν παρὼν
Μενέλαος, ἐξ οὗ Τρωικὴν εἷλε χθόνα,
Ἑλένη τε θάψει· Πρωτέως γὰρ ἐκ δόμων   1280
ἥκει λιποῦσ' Αἴγυπτον οὐδ' ἦλθεν Φρύγας.
Ζεὺς δ', ὡς ἔρις γένοιτο καὶ φόνος βροτῶν,
εἴδωλον Ἑλένης ἐξέπεμψ' εἰς Ἴλιον.

NC. 1266. Peut-être γνῶμαι τεθεῖσαι. — 1267. La leçon εἰς τ' αὑτόν a été rectifiée par Victorius. — 1271. Manuscrit : φάσμα. Victorius : χάσμα. — 1272. Reiske proposait ἀστιβὲς pour εὐσεβές. Le mot χρηστήριον est aussi suspect. Faut-il écrire : σεμνὸν βροτῶν εὐσεβέσιν οἰκητήριον, ou βροτοῖς εὔσεπτον οἰκητήριον?

1271. Χάσμα χθονός. C'est la grotte consacrée aux Furies, ou, comme disaient les Athéniens, aux Déesses Vénérables, Σεμναί. Eschyle, *Eum.* 805, l'appelle κευθμῶνας· χθονός.

1272. Εὐσεβές. Si la leçon est bonne, ce mot doit prendre ici le sens insolite de εὔσεπτον, vénérable. — Χρηστήριον. Il n'est nulle part question d'oracles rendus par les Euménides de l'Aréopage. Voy. NC.

1274. Λυκαίου σηκώματος. Il s'agit de l'antique sanctuaire de Jupiter Lycéen sur le Lycée, montagne de l'Arcadie. Cf. Pausanias, VIII, xxxviii, 6 sqq.

1275. Ἐπώνυμος σοῦ πόλις. La ville d'Orestéum. Voy. *Oreste*, 1647. Cependant d'après ce dernier passage Oreste passe d'abord une année en Arcadie, et se fait ensuite juger par l'Aréopage. Ici, au contraire, l'acquittement précède le séjour de l'Arcadie, et le poète semble adopter les traditions suivant lesquelles Oreste mourut dans ce pays.

1278. Ἄρτι Ναυπλίαν παρὼν (pour εἰς Ναυπλίαν ἀφικόμενος) Μενέλαος. Dans l'*Odyssée*, III, 311, Ménélas revient le jour même (αὐτῆμαρ) où se font les funérailles d'Égisthe et de Clytemnestre. — Nauplie était le port d'Argos.

1281-1282. Οὐδ' ἦλθεν Φρύγας. Ζεὺς, δ', ὡς ἔρις γένοιτο καὶ.... Ἴλιον. Euripide indique ici d'un mot la fable qu'il a traitée dans sa tragédie d'*Hélène*. Le motif ὡς ἔρις γένοιτο καὶ φόνος βροτῶν s'y trouve développé aux vers 38-44, ainsi que dans *Oreste*, 1639 sqq. Voy. ci-dessus, p. 589 sq.

Πυλάδης μὲν οὖν κόρην τε καὶ δάμαρτ' ἔχων
Ἀχαιίδος γῆς οἴκαδ' εἰσπορευέτω 1285
καὶ τὸν λόγῳ σὸν πενθερὸν κομιζέτω
Φωκέων ἐς αἶαν καὶ δότω πλούτου βάρος.
Σὺ δ' Ἰσθμίας γῆς αὐχέν' ἐμβαίνων ποδὶ
χώρει πρὸς ὄχθον Κεκροπίας εὐδαίμονα.
Πεπρωμένην γὰρ μοῖραν ἐκπλήσας φόνου, 1290
εὐδαιμονήσεις τῶνδ' ἀπαλλαχθεὶς πόνων.

ΧΟΡΟΣ.

Ὦ παῖδε Διὸς, θέμις εἰς φθογγὰς
τὰς ὑμετέραις ἡμῖν πελάθειν;

ΔΙΟΣΚΟΥΡΟΙ.

Θέμις, οὐ μυσαραῖς τοῖσδε σφαγίοις.

ΟΡΕΣΤΗΣ.

Κἀμοὶ μύθου μέτα, Τυνδαρίδαι; 1295

ΔΙΟΣΚΟΥΡΟΙ.

Καὶ σοί· Φοίβῳ τήνδ' ἀναθήσω
πρᾶξιν φονίαν.

ΧΟΡΟΣ.

Πῶς ὄντε θεὼ τῆσδέ τ' ἀδελφὼ

NC. 1284. Heimsœth (*Kritische Studien*, I, p. 343) propose Πυλάδης μὲν οὖν ἀκήρατον δάμαρτ' ἔχων, en comparant *Troy*. 675. — 1285. Manuscrit : ἀχαιίδος. — 1289. Ὄχθον, correction de Valckenaer pour οἶκον. Dindorf cherche à justifier la leçon du manuscrit en alléguant δῶμα Καδμεῖον, Sophocle, *OEd. Roi*, 29. Mais il n'y aurait de l'analogie entre les deux passages que si on lisait ici οἶκον Κέκροπος, ou οἶκον Κεκρόπιον. — 1294. J'ai substitué μυσαραῖς à μυσαροῖς. La forme masculine pour le féminin n'était pas motivée par le mètre, et elle causait une obscurité fâcheuse. — 1295. Ce vers a été attribué à Oreste par Victorius; le manuscrit le donne à Électre.

1284. Κόρην τε καὶ δάμαρτ' ἔχων. Ces mots sont altérés (Voy. NC.). On en donne une explication inadmissible. « Virginem et uxorem. Virgo enim adhuc erat, « sed uxor putabatur [Seidler]. » Mais comme δάμαρτ' ἔχων veut dire : « ayant pour épouse », le texte, tel qu'il est, signifie qu'Électre doit vivre avec Pylade comme elle a fait avec le Laboureur.

1285. Avant Ἀχαιίδος γῆς, mots qui désignent ici l'Argolide, sous-entendez la préposition ἐκ.

1286. Τὸν λόγῳ σὸν πενθερόν, celui qui était nominalement ton beau-frère, c'est-à-dire le Laboureur. Cf. v. 47.

1288. Αὐχέν(α), le col, l'isthme. Hérodote, IV, 37, appelle τὸν αὐχένα τῆς Χερσονήσου ce qu'il vient de nommer τὸν ἰσθμὸν τῆς Χερσονήσου.

1290. Πεπρωμένην μοῖραν φόνου, les malheurs que le destin inflige au meurtrier.

1292-1293. Εἰς φθογγὰς τὰς ὑμετέραις πελάθειν. Cf. Sophocle, *OEd. Col.* 166 : Λόγον εἴ τιν' οἴσεις πρὸς ἐμὰν λέσχαν.

1294. Construisez : Θέμις (ὑμῖν) οὐκ (οὔσαις) μυσαραῖς σφαγίοις τοῖσδε.

ΗΛΕΚΤΡΑ. 63~

τῆς καπφθιμένης
οὐκ ἠρκέσατον κῆρας μελάθροις ;   1300

ΔΙΟΣΚΟΥΡΟΙ.

Μοῖραν ἀνάγκης ἦγεν τὸ χρεών,
Φοίβου τ' ἄσοφοι γλώσσης ἐνοπαί.

ΗΛΕΚΤΡΑ.

Τίς δ' ἔμ' Ἀπόλλων, ποῖοι χρησμοὶ
φονίαν ἔδοσαν μητρὶ γενέσθαι ;

ΔΙΟΣΚΟΥΡΟΙ.

Κοιναὶ πράξεις, κοινοὶ δὲ πότμοι,   1305
μία δ' ἀμφοτέρους
ἄτη πατέρων διέκναισεν.

ΟΡΕΣΤΗΣ.

Ὦ σύγγονέ μοι χρονίαν σ' ἐσιδὼν
τῶν σῶν εὐθὺς φίλτρων στέρομαι
καὶ σ' ἀπολείψω σοῦ λειπόμενος.   1310

ΔΙΟΣΚΟΥΡΟΙ.

Πόσις ἔστ' αὐτῇ καὶ δόμος · οὐχ ἥδ'
οἰκτρὰ πέπονθεν, πλὴν ὅτι λείπει
πόλιν Ἀργείων.

ΟΡΕΣΤΗΣ.

Καὶ τίνες ἄλλαι στοναχαὶ μείζους
ἢ γῆς πατρίας ὅρον ἐκλείπειν;   1315
Ἀλλ' ἐγὼ οἴκων ἔξειμι πατρὸς

NC. 1299. Elmsley a rectifié la leçon καταρθιμένης. — 1301. Manuscrit : μοίρας ἀνάγκης ἡγεῖτο χρεών. La correction est due à Seidler. — 1303. Τίς δ' ἔμ', correction de Seidler pour τί δαί μ'. — 1304. Manuscrit : μητέρι. — 1311. Αὐτῇ, correction de Barnes pour αὐτός. — 1315. La leçon πατρῴας a été rectifiée par Schæfer, la leçon ἐκλιπεῖν par Heath.

1301. Construisez : τὸ ἀνάγκης χρεὼν ἦγε μοῖραν (αὐτῆς), l'inévitable nécessité amena la mort de Clytemnestre.

1303-1304. Électre demande quelle influence funeste a pu la porter au parricide : elle n'admet point qu'elle ait commis un crime si horrible par un simple effet de sa volonté. — Ἔδοσαν γενέσθαι équivaut à ἔθηκαν γενέσθαι, « ont fait que je devinsse. »

1308. Χρονίαν. Voy. la note sur χρόνιον ἱκόμενον, vers 1157.

1316-1318. Après avoir déploré le malheur de sa sœur, Oreste dit qu'il est lui-même encore plus malheureux qu'Électre. — Ἐπ' ἀλλοτρίοις ψήφοισι φόνον (pour

καὶ ἐπ' ἀλλοτρίαις ψήφοισι φόνον
μητρὸς ὑφέξω.

ΔΙΟΣΚΟΥΡΟΙ.

Θάρσει· Παλλάδος
ὁσίαν ἥξεις πόλιν· ἀλλ' ἀνέχου. 1320

ΗΛΕΚΤΡΑ.

Περί μοι στέρνοις στέρνα πρόσαψον,
σύγγονε φίλτατε·
διὰ γὰρ ζευγνῦσ' ἡμᾶς πατρίων
μελάθρων μητρὸς φόνιοι κατάραι.

ΟΡΕΣΤΗΣ.

Βάλε, πρόσπτυξον σῶμα· θανόντος δ' 1325
ὡς ἐπὶ τύμβῳ καταθρήνησον.

ΔΙΟΣΚΟΥΡΟΙ.

Φεῦ φεῦ· δεινὸν τόδ' ἐγηρύσω
καὶ θεοῖσι κλύειν.
Ἔνι γὰρ κἀμοὶ τοῖς τ' οὐρανίδαις
οἴκτοι θνητῶν πολυμόχθων. 1330

ΟΡΕΣΤΗΣ.

Οὐκέτι σ' ὄψομαι.

ΗΛΕΚΤΡΑ.

Οὐδ' ἐγὼ εἰς σὸν βλέφαρον πελάσω.

ΟΡΕΣΤΗΣ.

Τάδε λοίσθιά μοι προσφθέγματά σου.

NC. 1319-1320. L'anapeste ὁσίαν ne semble guère admissible à la suite du dactyle Παλλάδος, quoique ces mots n'appartiennent pas au même membre métrique. La transposition ἥξεις ὁσίαν, indiquée par Monk, est peu probable. Peut-être : Ὁσίαν, θάρσει, Παλλάδος ἥξεις. — 1321. Heimsœth propose : φέρ', ἐμοῖς στέρνοις. — 1322-1323. Φίλτατε· διὰ γάρ. La ponctuation excuse ici jusqu'à un certain point l'irrégularité métrique que nous venons de signaler au vers 1320. — Manuscrit : πατρῴων. — 1327-1330. Le manuscrit attribue ces vers à Electre. Le copiste n'aura pas compris le vers 1329.

φόνου δίκην) μητρὸς ὑφέξω, au gré de juges étrangers j'expierai le meurtre de ma mère.

1320. Ὁσίαν πόλιν équivaut à ὁσίους πολίτας. La piété des Athéniens garantit à Oreste un jugement équitable.

1323-1324. Le génitif μελάθρων πατρίων est gouverné par διαζευγνῦσα(ι).

1325. Βάλε, suppléez στέρνα περὶ στέρνοις, v. 1321.

1329. Τοῖς τ' (sous-ent. ἄλλοις) οὐρανίδαις, et aux autres dieux.

ΗΛΕΚΤΡΑ.

ΗΛΕΚΤΡΑ.

Ὦ χαῖρε, πόλις·
χαίρετε δ' ὑμεῖς πολλὰ, πολίτιδες. 1335

ΟΡΕΣΤΗΣ.

Ὦ πιστοτάτη, στείχεις ἤδη;

ΗΛΕΚΤΡΑ.

Στείχω βλέφαρον τέγγουσ' ἁπαλόν.

ΟΡΕΣΤΗΣ.

Πυλάδη, χαίρων ἴθι, νυμφεύου 1340
δέμας Ἠλέκτρας.

ΔΙΟΣΚΟΥΡΟΙ.

Τοῖσδε μελήσει γάμος· ἀλλὰ κύνας
τάσδ' ὑποφεύγων στεῖχ' ἐπ' Ἀθηνῶν·
δεινὸν γὰρ ἴχνος βάλλουσ' ἐπὶ σοὶ
χειροδράκοντες χρῶτα κελαιναὶ, 1345
δεινῶν ὀδυνῶν καρπὸν ἔχουσαι·
νὼ δ' ἐπὶ πόντον Σικελὸν σπουδῇ
σώσοντε νεῶν πρῴρας ἐνάλους.
Διὰ δ' αἰθερίας στείχοντε πλακὸς
τοῖς μὲν μυσαροῖς οὐκ ἐπαρήγομεν, 1350
οἷσιν δ' ὅσιον καὶ τὸ δίκαιον

NC. 1344. Jacobs proposait : ἴχνος πάλλουσ'. — 1346. Le poète n'a peut-être pas répété l'épithète δεινῶν. — 1348. Les leçons νηῶν et ἐναύλους ont été corrigées par Hugo Grotius.

1342-1343. Κύνας τάσδ(ε). Les Dioscures montrent au loin les Furies, que le spectateur ne voyait pas, de même qu'il ne les voyait pas à la fin des *Choéphores* d'Eschyle. Là aussi ces monstres qui courent, comme des chiens de chasse, sur la piste du meurtrier, sont appelés κύνες, v. 1054.

1344. Ἴχνος βάλλουσ(ι), elles lancent leurs pas. Chez Eschyle les Furies décrivent ainsi elles-mêmes leurs bonds terribles: Μάλα γὰρ οὖν ἁλομένα ἀνέκαθεν βαρυπεσῆ καταφέρω ποδὸς ἀκμάν, *Eum.* 368.

1345. Χειροδράκοντες, armées de serpents qui leur servent, en quelque sorte, de mains.

1346. Δεινῶν ὀδυνῶν καρπὸν ἔχουσαι équivaut à δεινὰς ὀδύνας καρπούμεναι, recueillant, ayant pour revenus, d'affreuses douleurs, se repaissant des affreuses douleurs qu'elles infligent à leurs victimes. Les Furies boivent le sang des meurtriers ; cf. Eschyle, *Eum.* 264 : Ἀλλ' ἀντιδοῦναι δεῖ σ' ἀπὸ ζῶντος ῥοφεῖν ἐρυθρὸν ἐκ μελέων πέλανον.

1347. Ἐπὶ πόντον Σικελόν, sous-ent. στείχομεν, qui se tire de στεῖχε, v. 1343. Du reste, il y a ici une allusion à des faits contemporains : voy. la notice préliminaire.

1351. Ὅσιον καὶ τὸ δίκαιον pour τὸ ὅσιον καὶ τὸ δίκαιον, comme ἴθι ναούς,

φίλον ἐν βιότῳ, τούτους χαλεπῶν
ἐκλύοντες μόχθων σώζομεν.
Οὕτως ἀδικεῖν μηδεὶς θελέτω
μηδ' ἐπιόρκων μέτα συμπλείτω· 1355
θεὸς ὢν θνητοῖς ἀγορεύω.

ΧΟΡΟΣ.

Χαίρετε· χαίρειν δ' ὅστις δύναται
καὶ ξυντυχίᾳ μή τινι κάμνει
θνητῶν, εὐδαίμονα πράσσει.

NC. 1354. Manuscrit : μηθείς. — 1359. Manuscrit : πράσσειν.

ἴθι πρὸς βωμούς, pour ἴθι πρὸς ναούς, ἴθι πρὸς βωμούς, *Héc.* 144.

1355. Μηδ' ἐπιόρκων μέτα συμπλείτω. En s'associant au coupable, l'innocent s'expose à périr avec lui. Cf. Eschyle, *Sept Chefs*, 602 sqq. Horace, *Odes*, III, II, 26 sqq.

1359. Εὐδαίμονα πράσσει, est heureux. Cp. *Iph. Aul.* 346 : Πράσσοντα μεγάλα. *Iph. Taur.* 668 : Κοινὰ πράσσουσα.

ΟΡΕΣΤΗΣ

NOTICE

SUR L'*ORESTE* D'EURIPIDE.

La tragédie d'*Oreste* fut jouée pour la première fois dans la quatrième année de la quatre-vingt-douzième olympiade[1], en 408 av. J. C., deux ou trois ans avant la mort d'Euripide. Quelque défectueuse qu'elle puisse paraître aux yeux de la critique, cette tragédie était de celles qui plaisaient au public, et elle se maintint longtemps sur les théâtres de la Grèce[2].

Dans *Oreste* Euripide reprend l'histoire des enfants d'Agamemnon à peu près au point où il l'avait laissée à la fin d'*Électre*. La vengeance est consommée, et Ménélas vient d'arriver dans le port de Nauplie. En quelques endroits, le poëte semble faire allusion à la tragédie d'*Électre* : il rappelle les doutes qui s'élèvent dans l'esprit d'Oreste avant d'exécuter l'ordre d'Apollon[3]; il juge cet ordre avec la même liberté[4]; il rapporte de la même manière, et presque dans les mêmes termes, la part active qu'Électre prit au parricide[5]. Cependant ce qu'il y avait de plus original dans la première de ces tragédies, le mariage de la fille d'Agamemnon avec un pauvre cultivateur, n'est rappelé nulle part dans la seconde.

Ici la situation générale qui fait le fond et le point de départ de l'action, ainsi que les personnages qui en sont les acteurs, se trouvait donnée par la vieille légende ; mais les combinaisons dramatiques sont nouvelles, et l'intrigue est de l'invention d'Euripide. Toutefois, la première partie de la pièce offre quelques analogies avec les *Euménides* d'Eschyle : Oreste est encore poursuivi par les Furies, il est encore jugé par un tribunal. Mais combien Euripide s'éloigne-t-il de son devancier ! La

---

1. Scholie sur le vers 371 : Πρὸ γὰρ Διοκλέους, ἐφ' οὗ τὸν Ὀρέστην ἐδίδαξε, τῶν Λακεδαιμονίων πρεσβευσαμένων περὶ εἰρήνης κτλ. Cp. la scholie sur le vers 772.
2. Voy. le deuxième argument grec, dont le témoignage est confirmé par de nombreuses scholies dans lesquelles les acteurs sont pris à partie par les commentateurs.
3. Cp. *Oreste*, 1688 sq. avec *Électre*, 979.
4. Cp. *Oreste*, 28 sqq., 191 sqq., 285 sqq., 415 avec *Électre*, 1190 sqq., 1246, 1302.
5. Cp. *Oreste*, 1235, avec *Électre*, 1225.

ressemblance du sujet ne sert qu'à faire plus vivement ressortir la distance qui sépare les vues des deux poètes et qui se marque dans la différence de leurs conceptions.

Eschyle évoque les Furies avec sa puissance ordinaire. Elles sont là, sous nos yeux : elles se réveillent, s'élancent, exécutent la danse sinistre, chantent sur la victime l'hymne du délire. Ce sont bien des êtres réels, vivants. Pour Euripide les Furies sont des fantômes engendrés par les remords du fils parricide, par le trouble qui a dérangé son esprit et épuisé son corps. Oreste ne fuit pas devant des êtres qui le poursuivent : il est souffrant, il garde le lit, sa sœur Électre le veille. Nous assistons à un accès de sa maladie. En proie à des transports frénétiques, il croit voir les terribles filles de la Nuit. Électre lui assure que ces démons n'existent que dans son imagination et qu'il a tort d'ajouter foi aux terreurs qui l'agitent[1]. Électre a raison. Il est évident, en effet, qu'Oreste est dans le délire. Les hallucinés confondent les objets, les personnes qu'ils voient autour d'eux, avec les spectres créés par leur esprit malade. C'est ainsi que fait Oreste. Électre le saisit entre ses bras afin de l'empêcher de sauter de son lit. « Laisse-moi, s'écrie-t-il[2], tu es une de ces Furies : tu me prends par le milieu du corps pour me jeter dans le Tartare. » Ce trait est beau, il est d'une vérité saisissante ; mais ce n'est plus là de la mythologie. Ensuite, Oreste demande l'arc qu'il a reçu d'Apollon. A l'aide des flèches divines il croit mettre en fuite les Euménides : une illusion le guérit de l'autre. Quand il reprend ses esprits, il ne s'abuse plus sur la nature de son mal, il sait que sa raison s'est troublée[3], et, comme tous les aliénés, il est honteux de son égarement[4] : autre trait parfaitement observé.

Ailleurs, Oreste raconte l'origine de sa maladie. C'était aux funérailles de sa mère. Il faisait nuit ; Oreste veillait assis près du bûcher de Clytemnestre, il regardait les flammes s'éteindre peu à peu, attendant le moment où l'on pourrait recueillir les os calcinés. C'est alors que son esprit se troubla. Tout cela est admirablement imaginé par le poète. Mais comment se déclara la maladie ? « Je crus voir trois femmes semblables à la Nuit[5]. » C'est ainsi que s'exprime Oreste dans un moment lucide : il ne croit donc pas lui-même, que ses visions aient de la réalité. Il est plus explicite encore quand Ménélas lui demande quel est le mal qui le consume. « C'est, dit-il[6], la conscience de l'affreux crime que j'ai commis. »

Ἡ σύνεσις, ὅτι σύνοιδα δείν' εἰργασμένος.

1. Cf. vers 259 et vers 312 sqq.
2. Vers 264 sq.
3. Cf. vers 297.
4. Cf. vers 281.
5. Vers 408.
6. Vers 396.

Et comme ce langage d'une philosophie alors nouvelle au théâtre semblait avoir besoin d'un commentaire, il ajoute[1] : « Ce qui me consume, c'est la tristesse, ce sont les fureurs vengeresses du sang de ma mère. »

Λύπη μάλιστά γ' ἡ διαφθείρουσά με,
μανίαι τε, μητρὸς αἵματος τιμωρίαι.

Que nous sommes loin d'Eschyle! La mythologie s'est transformée en psychologie.

Le jugement que subit Oreste s'écarte tout autant et d'Eschyle et de la vieille légende. Le parricide est jugé par le peuple d'Argos. Mais si la cité se croyait déjà alors le droit de connaître des meurtres et de les punir, si la vengeance n'était pas le devoir exclusif du plus proche parent de la victime, l'oracle d'Apollon et l'action d'Oreste ne se comprennent point. Chez Euripide[2] Tyndare reproche à Oreste d'avoir levé une main impie sur Clytemnestre au lieu de la poursuivre en justice. Cet argument a trop de portée : il ne condamne pas seulement Oreste, il détruit la fable tout entière. D'après Eschyle[3], l'Aréopage, institué exprès pour le cas d'Oreste, était le premier tribunal qui reçût des dieux la mission d'intervenir entre le meurtrier et la famille de la victime. Mais Euripide ne se soucie pas de se conformer dans ses fictions aux mœurs de l'âge héroïque. C'est à son siècle, c'est aux hommes de son temps que se rapportent ses pensées; ce sont ses propres idées qui le préoccupent et qu'il cherche à répandre du haut de la scène.

Les Argiens condamnent Oreste et Électre à se donner la mort. Ménélas, en lâche égoïste, n'a pas cherché à sauver les enfants de son frère : candidat au trône d'Argos, il n'a songé qu'à ses propres intérêts. Le dévouement de Pylade a pu soutenir Oreste; mais un étranger n'a pas le droit de prendre la parole dans l'assemblée des citoyens d'Argos. Pylade est décidé à mourir avec ses amis. C'est ici[4] que commence la seconde partie de la pièce, et que les choses changent de face de la manière la plus imprévue. Avant de se donner la mort, les amis veulent se venger de l'homme qui les a trahis et, s'il se peut, tenter encore une chance de salut. Ils conviennent d'assassiner Hélène et de s'emparer d'Hermione. Cette dernière leur servira d'otage. Si Ménélas leur accorde l'impunité, ils épargneront sa fille; ils l'immoleront, si le père se montre intraitable. Ces projets de forcenés s'accomplissent heureusement, mais au grand préjudice des caractères d'Oreste et d'Électre. Il est vrai que le poëte s'est efforcé d'excuser leur conduite en prêtant à

---

[1]. Vers 398 et 400.
[2]. Cf. vers 500 sq.
[3]. Cf. Eschyle, Eumén. 682.
[4]. Au vers 1098.

Ménélas et à Hélène un égoïsme qui rend ces personnages tout à fait méprisables[1]; mais en noircissant les uns, il n'a pas réussi à justifier les autres, et en dernière analyse on ne voit guère à qui l'on pourrait s'intéresser parmi les personnages de cette tragédie.

Une intrigue qui semble n'avoir point d'issue, est dénouée par l'intervention d'un dieu. Ménélas ne savait que décider : il se reconciliera avec Oreste. Oreste avait ordonné de mettre le feu au palais de ses pères; il s'était réfugié sur le toit avec Hermione, sa captive, prêt à la frapper d'une épée nue qu'il tenait suspendue sur sa tête. Oreste régnera dans ce palais, et il épousera celle qu'il était sur le point d'immoler. Électre et Pylade se disposaient à mourir; ils vivront, et ils seront d'heureux époux. Ce double mariage a déjà fait dire à un critique ancien[2] que cette tragédie se terminait comme une comédie. Un personnage accessoire, mais fort original, ajoute à cet effet. C'est l'eunuque Phrygien qui vient, tremblant d'effroi, faire connaître ce qui s'est passé dans le palais : la monodie curieuse qu'il chante et qui remplace le récit habituel, égaye le spectateur. Oreste lui-même, oubliant la gravité de sa situation, prend part à l'hilarité du public, et s'amuse un instant à faire peur à ce pauvre homme.

Quelques critiques[3] ont pensé que ce mélange de la plaisanterie avec la dignité ordinaire de la tragédie devait s'expliquer par des circonstances particulières. L'*Alceste* d'Euripide fut jouée à la suite de trois tragédies, de manière à tenir la place du drame satyrique[4]. On a supposé qu'il en avait été de même de notre tragédie. Nous ne partageons pas cette opinion. Sans faire ici un examen complet des caractères particuliers qui distinguent l'*Alceste*, nous nous arrêterons à un seul trait. Le personnage d'Hercule, mangeur et buveur intrépide, et la scène bachique dans laquelle paraît ce personnage, nous transportent en plein drame satyrique. On chercherait vainement dans l'*Oreste* aucun personnage, aucune scène analogue. Si cette tragédie se termine d'une manière heureuse, beaucoup d'autres tragédies de notre poëte offrent un dénoûment semblable. Les mariages arrangés par Apollon ne sont pas plus comiques que le mariage annoncé dans l'épilogue

---

1. Aristote, au chap. xv de sa *Poétique*, cite le Ménélas de notre tragédie comme exemple d'un caractère mauvais sans nécessité (ἔστι δὲ παράδειγμα πονηρίας μὲν ἤθους μὴ ἀναγκαίου οἷον ὁ Μενέλαος ὁ ἐν τῷ Ὀρέστῃ), et il répète cette critique au chap. xxv. Mais, le plan de la tragédie étant donné, ne fallait-il pas avilir Ménélas, si l'on voulait motiver la conduite d'Oreste envers lui? Nous ne saurions donc souscrire sans restriction au jugement d'Aristote.

2. Aristophane de Byzance. Voy. le second argument grec.

3. Hartung, *Euripides restitutus*, II, p. 386 sqq., 471 sqq. M. Patin, *Tragiques grecs*, III, p. 270 sq.; incline vers cette manière de voir.

4. Voyez l'argument d'Aristophane de Byzance en tête d'*Alceste*.

d'*Électre*. La Nourrice dans les *Choéphores* d'Eschyle, le Garde dans l'*Antigone* de Sophocle, sont des personnages dont la familiarité tranche aussi avec le ton habituel de la tragédie, et qui se comparent jusqu'à un certain point à notre esclave phrygien. Ajoutons une dernière considération. A en juger par le *Cyclope*, les drames satyriques étaient de petites pièces, de peu d'étendue, et n'exigeant, pour être jouées, que le concours de deux acteurs. Sous ce rapport *Alceste* s'accorde avec le *Cyclope*. Au contraire *Oreste* est une des pièces les plus longues d'Euripide, et le poëte y a fait un large usage des trois acteurs dont le règlement de la fête l'autorisait à se servir dans les tragédies proprement dites : il a introduit trois interlocuteurs dans un grand nombre de scènes. Un tel fait nous semble plus décisif que les considérations générales que nous avons présentées plus haut. Il nous porte à rejeter absolument l'hypothèse suivant laquelle *Oreste* aurait tenu lieu d'un drame satyrique.

SOMMAIRE
D'ORESTE.

La scène est à Argos, devant le palais des Atrides.

Πρόλογος. Prologue proprement dit. Électre expose la pièce. Oreste, qu'on voit étendu sur un lit, est, depuis les funérailles de Clytemnestre, en proie à des accès de délire. En ce jour, le peuple d'Argos doit s'assembler pour juger les enfants d'Agamemnon : il les condamnera pour parricide, si Ménélas, enfin revenu après de longues erreurs, ne prend leur défense. Trimètres iambiques. (1-70.)

Hélène sort du palais où elle était entrée de nuit et avant son époux. Elle veut envoyer des offrandes au tombeau de sa sœur Clytemnestre. Électre, qui ne peut quitter le malade, engage Hélène à charger Hermione de cette mission. Dialogue aigre-doux entre les deux femmes. Deux couplets suivis d'une stichomythie (71-111)[1].

Hélène appelle sa fille Hermione, et lui donne ses instructions. Après le départ de la mère et de la fille, Électre fait des observations malicieuses sur l'incorrigible coquetterie d'Hélène; puis, comme elle voit venir des femmes d'Argos, ses compagnes, elle leur montre Oreste endormi, et les prie d'approcher doucement. (112-139.)

Πάροδος. Le chœur s'avance sans bruit, et demande des nouvelles du malade. Électre conjure ses amies de ne pas le réveiller; elle invoque la Nuit, mère du Sommeil; elle déplore les malheurs que l'oracle d'Apollon attira sur elle et sur son frère. Dialogue lyrique, composé de deux couples de strophes (140-207).

Ἐπεισόδιον α'. Tristique du chœur. Oreste se réveille. Il prononce trois distiques, et en échange une série d'autres avec sa sœur, laquelle lui donne des soins touchants et l'informe des derniers événements. (208-254.) La raison d'Oreste se trouble; il croit voir les Furies, et saute de son lit pour leur échapper. Tristique d'Oreste, suivi d'un dialogue en distiques (255-267). Oreste demande l'arc qu'il tient d'Apollon et au moyen duquel il croit mettre les Euménides en fuite. Couplet composé d'un tristique et de plusieurs distiques (268-276).

Oreste revient à la raison. Il a honte de ses divagations; il déplore le crime

---

1. Ce morceau, ainsi que tous ceux pour lesquels on ne trouvera pas d'autre indication, est en trimètres iambiques.

ΟΡΕΣΤΗΣ.   679

qu'il a commis sur l'ordre d'un dieu; il cherche à consoler sa sœur, et l'engage à prendre quelque repos (277-306). Électre n'abandonnera pas son frère; mais, pour lui obéir, elle rentre dans le palais (307-315).

Στάσιμον α'. Le chœur supplie les Euménides d'épargner Oreste. La glorieuse maison de Tantale est près de sombrer dans la tourmente. Une couple de strophes (316-347).

Ἐπεισόδιον β'. Une période anapestique du chœur accompagne l'entrée de Ménélas (348-355).
Le fils d'Atrée salue la maison de ses pères. Il raconte comment il a été informé de la mort d'Agamemnon et de celle de Clytemnestre. (356-374.) Ménélas demande où est Oreste, qu'il ne connaît pas. Oreste se nomme, et se jette à ses pieds en suppliant. Deux couplets quinaires (375-384). Un dialogue stichomythique entre ces deux personnages fait connaître dans quelle situation se trouve Oreste (385-448). Nouvelles supplications de ce dernier (449-455).
Un tristique du chœur (456-458) annonce l'entrée de Tyndare. Oreste voudrait se cacher pour fuir les yeux du père de Clytemnestre (459-469). Le vieux Tyndare arrive, appuyé sur les bras de ses serviteurs. Venu dans Argos pour offrir des libations sur le tombeau de sa fille, il se fait conduire près de son gendre, dont il a appris l'arrivée (470-475). Après l'échange des premières salutations, Tyndare, voyant Oreste près de Ménélas, s'indigne que ce dernier adresse la parole à un parricide. Discussion acerbe. Dialogue stichomythique, interrompu par un tristique (476-490). Tyndare accuse Oreste, sans justifier Clytemnestre; entraîné par sa propre émotion, il apostrophe le parricide; puis, s'adressant de nouveau à Ménélas, il menace de l'exclure de Sparte, s'il cherche à empêcher la condamnation d'Oreste. Discours suivi d'un distique du chœur (491-543). Oreste explique que c'est pour un fils un devoir impérieux de venger son père, fût-ce sur sa propre mère, et il rassemble tous les arguments qui peuvent justifier la conduite qu'il a tenue. La défense d'Oreste est suivie d'un distique du chœur (544-606). Tyndare annonce qu'il va se rendre dans l'assemblée des Argiens pour demander qu'Oreste et Électre soient lapidés; et il renouvelle les menaces qu'il a déjà faites à Ménélas. Un distique d'Oreste accompagne la sortie de Tyndare (607-631).
Oreste rappelle tout ce que Ménélas doit à Agamemnon, et il le conjure de ne pas laisser mourir ignominieusement le fils et le vengeur d'un frère si généreux. Ménélas fait de grandes protestations de dévouement; mais il se retranche derrière l'impossibilité où il se trouve de résister seul à la colère de tout le peuple d'Argos. Échange de quatre distiques, puis de deux grands discours, séparés par un distique du chœur (632-716). Oreste poursuit de ses invectives le lâche qui le fuit. Il déplore son propre isolement, lorsque la vue de Pylade ranime son courage. Couplet dont les quatre derniers vers servent d'introduction à la scène suivante (717-728).
Tétramètres trochaïques. Pylade, banni de la Phocide, et informé du danger qui menace Oreste, accourt près de son ami. Pentastique de Pylade, suivi d'un dialogue en monostiques (729-773). Les deux amis délibèrent. Oreste se présentera devant le peuple; Pylade l'y conduira, sans craindre la contagion d'un mal redouté par tout autre : dialogue en hémistiches, suivi d'un

pentastique de Pylade (774-803). Un tristique d'Oreste clôt cette scène : un véritable ami vaut mieux que mille parents (804-806).

Στάσιμον β'. La haute fortune des Atrides s'est évanouie. Sous l'influence d'un crime ancien les meurtres se sont sans relâche succédé dans ce palais. Un horrible parricide est expié par une démence affreuse. Strophe, antistrophe et épode (807-843).

Ἐπεισόδιον γ'. Électre revient sur la scène. Elle apprend du chœur qu'Oreste est allé se présenter devant le peuple d'Argos, et puis aussitôt un messager lui annonce qu'ils sont condamnés à mort, elle et son frère (844-860). Sur les instances d'Électre (861-865), le messager fait un récit complet de ce qui s'est passé dans l'assemblée du peuple (866-956). Un tristique du chœur (957-959) annonce le morceau lyrique qui va suivre.

Monodie d'Électre. En se déchirant les joues et en se frappant la tête, elle déplore les malheurs qui fondent sur elle et sur son frère : une strophe et une antistrophe (960-981). Elle remonte ensuite aux malheurs et aux crimes qui se sont succédé dans la maison de Tantale, et qui pèsent encore sur la génération actuelle : cinq strophes (982-1012).

Une période anapestique du chœur annonce et accompagne la rentrée d'Oreste et de Pylade (1013-1017).

Électre et Oreste s'attendrissent mutuellement sur leur sort et s'embrassent une dernière fois avant de mourir ensemble. Premier groupe de vers : échange de douze distiques, précédés et suivis d'un double distique (1018-1050). Deuxième groupe : échange de quatre distiques (1052-1059).

Oreste se prépare à mourir (couplet) ; Pylade déclare qu'il ne survivra pas à son ami (stichomythie), et il résiste aux objections d'Oreste (deux couplets) (1060-1097).

Avant de mourir, on se vengera de Ménélas. Pylade propose de tuer Hélène. Dans un dialogue stichomythique (1098-1131) il fait connaître son plan à Oreste. Il démontre ensuite qu'il est juste et glorieux de faire expier à Hélène tous les malheurs qu'elle attira sur la Grèce : couplet suivi d'un distique du chœur (1132-1154). Oreste accueille ce projet avec transport (1155-1171).

Mais ne pourrait-on donner la mort sans la subir? (1172-1176) Ce vœu d'Oreste sera rempli, grâce à l'avis ouvert par Électre. Elle propose de s'emparer d'Hermione et de se servir d'elle comme d'un otage, afin de forcer Ménélas d'épargner la vie des trois amis, sous peine de voir égorger sa fille. Dialogue en distiques, puis en monostiques, suivi d'un couplet d'Électre (1177-1203). Oreste et Pylade admirent les vues d'Électre et concertent avec elle les détails de l'exécution (1204-1224).

Les trois amis invoquent les mânes d'Agamemnon : ils le supplient de venir au secours de ses vengeurs. Trio symétrique (1225-1245), après lequel Oreste et Pylade entrent dans le palais.

Στάσιμον γ'. Électre fait surveiller les abords du palais par le chœur, lequel se divise à cet effet en deux demi-chœurs. Puis, courant vers la porte du palais, elle encourage de la voix les meurtriers, et, quand les cris d'Hélène se sont fait entendre, elle les conjure de consommer l'ouvrage commencé. Dialogue lyrique, mêlé de trimètres iambiques, entre Électre et le chœur ou les demi-chœurs. Une strophe, une antistrophe et une épode (1246-1310).

'Έξοδος. Le chœur entend un bruit de pas qui approchent ; Électre prend ses précautions pour que rien ne trouble la sécurité d'Hermione (1311-1320). Hermione arrive. Elle consent à supplier sa mère de sauver la vie à Oreste et à Électre. Celle-ci entre avec elle dans le palais, et la livre aux meurtriers d'Hélène. Une stichomythie, précédée et suivie de quelques couplets de peu d'étendue (1321-1352).

Le chœur danse et chante afin d'écarter les soupçons des Argiens : il célèbre la justice des dieux, qui viennent de punir Hélène. Strophe, deux fois coupée par un distique iambique (1353-1365).

Annoncé par trois trimètres du chœur (1366-1368), un eunuque Phrygien vient, tout tremblant de frayeur, raconter ce qui s'est passé dans le palais : l'attentat presque consommé, et la disparition merveilleuse d'Hélène. Récit lyrique en six parties, entre lesquelles se place chaque fois un trimètre du chœur (1369-1502).

Annoncé à son tour par trois trimètres du chœur (1503-1505), Oreste arrive sur la scène. Il s'amuse à faire peur au Phrygien, puis le force à rentrer dans le palais, et l'y suit lui-même. Tétramètres trochaïques. Stichomythie terminée par deux vers dont chacun est partagé entre le Phrygien et Oreste, et suivie d'un dizain de ce dernier (1506-1536).

Dans un morceau qui sert de pendant aux vers 1353-1365, les femmes d'Argos, soit réunies en chœur, soit divisées en demi-chœurs, s'entretiennent de la lutte nouvelle qui se prépare entre les Atrides. Antistrophe, deux fois coupée par un distique iambique (1537-1549).

Des tétramètres trochaïques du chœur annoncent l'arrivée de Ménélas (1549'-1553). Trimètres iambiques. Ménélas, qui ne croit pas à la disparition d'Hélène, vient pour venger sa femme et sauver sa fille (1554-1566). Oreste, paraissant sur le toit du palais, et tenant une épée nue au-dessus de la tête d'Hermione, sa captive, se rit des vaines menaces de Ménélas (1567-1572). Tristique de Ménélas. Stichomythie : échange de monostiques, puis échange de parties de vers. Tristique d'Oreste. (1573-1620.) Ménélas appelle les Argiens à son secours (1621-1624).

Apollon paraît dans les airs. Il annonce l'apothéose d'Hélène et le sort réservé aux acteurs de ce drame. Après bien des épreuves Oreste épousera Hermione, et régnera sur les Argiens ; Électre sera unie à Pylade ; Ménélas se contentera de commander à Sparte (1625-1665).

Oreste et Ménélas se réconcilient sur l'ordre du dieu (1666-1681).

Apollon monte à l'Olympe avec Hélène : période anapestique (1682-1690).

Conclusion. Prière pour la victoire : période anapestique du chœur (1691-1693).

ΥΠΟΘΕΣΙΣ.

Ὀρέστης τὸν φόνον τοῦ πατρὸς μεταπορευόμενος ἀνεῖλεν Αἴγισθον καὶ Κλυταιμνήστραν· μητροκτονῆσαι δὲ τολμήσας, παραχρῆμα τὴν δίκην ἔδωκεν ἐμμανὴς γενόμενος. Τυνδάρεω δὲ, τοῦ πατρὸς τῆς ἀνῃρημένης, κατηγορήσαντος κατ' αὐτοῦ[1], ἔμελλον κοινὴν Ἀργεῖοι ψῆφον ἐκφέρεσθαι περὶ τοῦ τί δεῖ παθεῖν τὸν ἀσεβήσαντα. Κατὰ τύχην δὲ Μενέλαος ἐκ τῆς πλάνης ὑποστρέψας, νυκτὸς μὲν Ἑλένην εἰσαπέστειλε, μεθ' ἡμέραν δ' αὐτὸς ἦλθε. Καὶ παρακαλούμενος ὑπ' Ὀρέστου βοηθῆσαι αὐτῷ, ἀντιλέγοντα Τυνδάρεων μᾶλλον ηὐλαβήθη. Λεχθέντων δὲ λόγων ἐν τοῖς ὄχλοις, ἐπηνέχθη τὸ πλῆθος ἀποκτείνειν Ὀρέστην[2].... Συνὼν δὲ τούτοις ὁ Πυλάδης, ὁ φίλος αὐτοῦ, συνεβούλευσε πρῶτον Μενελάου τιμωρίαν λαβεῖν, Ἑλένην ἀποκτείναντας. Αὐτοὶ μὲν οὖν ἐπὶ τούτοις ἐλθόντες διεψεύσθησαν τῆς ἐλπίδος, θεῶν τὴν Ἑλένην ἁρπασάντων· Ἠλέκτρα δὲ Ἑρμιόνην ἐπιφανεῖσαν ἔδωκεν εἰς χεῖρας αὐτοῖς· οἱ δὲ ταύτην φονεύειν ἔμελλον. Ἐπιφανεὶς δὲ Μενέλαος καὶ βλέπων ἑαυτὸν ἅμα γυναικὸς καὶ τέκνου στερούμενον ὑπ' αὐτῶν, ἐπεβάλετο τὰ βασίλεια πορθεῖν· οἱ δὲ φθάσαντες ὑφάψειν ἠπείλησαν. Ἐπιφανεὶς δὲ ὁ Ἀπόλλων Ἑλένην μὲν ἔφησεν εἰς θεοὺς διακομίζειν, Ὀρέστῃ δὲ Ἑρμιόνην ἐπέταξε λαβεῖν, Πυλάδῃ δὲ Ἠλέκτραν συνοικίσαι, καθαρθέντι δὲ τοῦ φόνου Ἄργους ἄρχειν.

ΑΡΙΣΤΟΦΑΝΟΥΣ ΓΡΑΜΜΑΤΙΚΟΥ ΥΠΟΘΕΣΙΣ.

Ὀρέστης, διὰ τὴν τῆς μητρὸς σφαγὴν ἅμα καὶ ὑπὸ τῶν Ἐρινύων δειματούμενος καὶ ὑπὸ τῶν Ἀργείων κατακριθεὶς θανάτῳ, μέλλων φονεύειν Ἑλένην καὶ Ἑρμιόνην ἀνθ' ὧν Μενέλαος παρὼν οὐκ ἐβοή-

---

1. Τυνδάρεω.... αὐτοῦ. Inexact. Ce n'est pas sur la plainte de Tyndare qu'Oreste est mis en jugement dans la tragédie d'Euripide. Cf. vers 471 sq. et 609 sqq.

2. Lacune signalée par Porson. On lit ici dans les manuscrits ce débris d'une phrase mutilé : ἐπαγγειλάμενος αὐτὸν εἰς τὸν βίον (ou ἐκ τοῦ βίου) προέεσθαι.

θησεν¹, διεκωλύθη ὑπὸ Ἀπόλλωνος. Παρ' οὐδετέρῳ² δὲ κεῖται ἡ μυθοποιία.

Ἡ μὲν σκηνὴ τοῦ δράματος ὑπόκειται ἐν Ἄργει· ὁ δὲ χορὸς συνέστηκεν ἐκ γυναικῶν Ἀργείων, ἡλικιωτίδων Ἠλέκτρας, αἳ καὶ παραγίνονται ὑπὲρ τῆς τοῦ Ὀρέστου πυνθανόμεναι συμφορᾶς. Προλογίζει δὲ Ἠλέκτρα. Τὸ δὲ δρᾶμα κωμικωτέραν ἔχει τὴν καταστροφήν.

Ἡ³ δὲ διασκευὴ τοῦ δράματός ἐστι τοιαύτη. Πρὸς τὰ τοῦ Ἀγαμέμνονος βασίλεια ὑπόκειται Ὀρέστης κάμνων καὶ κείμενος ὑπὸ μανίας ἐπὶ κλινιδίου, ᾧ προσκαθέζεται πρὸς τοῖς ποσὶν Ἠλέκτρα. Διαπορεῖται δὲ τί δήποτε οὐ πρὸς τῇ κεφαλῇ καθέζεται· οὕτω δὲ μᾶλλον ἂν⁴ ἐδόκει τὸν ἀδελφὸν τημελεῖν, πλησιαίτερον αὐτῷ⁵ προσκαθεζομένη. Ἔοικεν οὖν διὰ τὸν χορὸν ὁ ποιητὴς διασκευάσαι· διηγέρθη γὰρ ἂν ὁ Ὀρέστης, ἄρτι καὶ μόγις καταδραθείς, πλησιαίτερον αὐτῷ τῶν κατὰ τὸν χορὸν γυναικῶν παρισταμένων. Ἔστι δὲ ὑπονοῆσαι τοῦτο ἐξ ὧν φησιν Ἠλέκτρα τῷ χορῷ· « Σῖγα σῖγα, λεπτὸν ἴχνος ἀρβύλης⁶ ». Πιθανὸν οὖν ταύτην εἶναι τὴν πρόφασιν τῆς τοιαύτης διαθέσεως.

Τὸ δρᾶμα τῶν ἐπὶ σκηνῆς εὐδοκιμούντων, χείριστον δὲ τοῖς ἤθεσι· πλὴν γὰρ Πυλάδου πάντες φαῦλοι [ἦσαν]⁷.

ΘΩΜΑ ΤΟΥ ΜΑΓΙΣΤΡΟΥ⁸.

Ὅτε κατὰ τῶν Τρώων ἡ Ἑλλὰς ὥρμησεν, Ἀγαμέμνων στρατηγὸς ᾑρέθη παντὸς τοῦ στόλου, ἅτε προέχειν τῶν ἄλλων δοκῶν ἀρχῆς τε μεγέθει καὶ πλήθει νεῶν· ἑκατὸν γὰρ ναῦς εἰς τὴν τοῦ στόλου συντέλειαν εἰσέφερε. Καὶ ὃς μέλλων ἀνάγεσθαι καταλείπει τῶν οἴκοι πραγμάτων αὐτοῦ ἐπιμελητὴν καὶ προστάτην Αἴγισθον⁹. Ἐπεὶ δὲ πολὺς ἠνύετο χρόνος καὶ Ἀγαμέμνων οὐκέτ' ἐπανῄει, οἷα δὴ πολλὰ γίνεται, συνῆλθεν ἀθέσμως Αἴγισθος Κλυταιμνήστρᾳ τῇ τοῦ Ἀγα-

1. Ἀνθ' ὧν.... ἐβοήθησεν, en revanche de l'abandon où l'avait laissé Ménélas.
2. Παρ' οὐδετέρῳ, ni chez Eschyle, ni chez Sophocle. Cp. le second argument grec de *Médée*, p. 108.
3. Ce qui suit ne doit plus être attribué à Aristophane de Byzance. [Dindorf].
4. La particule ἂν a été insérée par Nauck.
5. Αὐτῷ, correction de Nauck pour οὕτω.

6. Vers 140. Cependant ces paroles sont prononcées par le chœur.
7. Je considère ἦσαν comme une glose. Nauck écrit φαῦλοί εἰσιν.
8. Voyez chez Dindorf, *Scholia Græca in Euripidis tragœdias*, I, p. xvii, l'indication des manuscrits qui attribuent cet argument à Thomas Magister.
9. Égisthe, le lieutenant d'Agamemnon! Où Thomas a-t-il pris cette nouveauté étrange?

μέμνονος γυναικί. Μαθόντες δὲ Κλυταιμνήστρα καὶ Αἴγισθος τήν τε Τροίαν ἁλοῦσαν καὶ Ἀγαμέμνονα μετὰ τῶν ἄλλων οἴκαδε πλέοντα, βουλεύονται τοῦτον τῆς οἰκίας ἐπειλημμένον ἀποκτενεῖν, ἵνα μὴ, τούτῳ γνωσθέντος τοῦ σφῶν πονηρεύματος, αὐτοὶ παραδοθεῖεν θανάτῳ· ὃ δὴ καὶ ἤνυσαν. Καὶ ἐπανελθόντα τὸν Ἀγαμέμνονα ἀποκτείνουσι· χιτῶνα γὰρ μὴ διεξόδους κεφαλῆς καὶ χειρῶν ἔχοντα μετὰ τὸ λουτρὸν ἐνδιδύσκουσι καὶ ἐν τῷ πελέκει τοῦτον φονεύουσι.

Μεταξὺ γοῦν τοῦ Ἀγαμεμνονείου φόνου Ἠλέκτρα τὸν ἀδελφὸν Ὀρέστην, ἵνα μὴ καὶ οὗτος ἀναιρεθείη, κλέψασα καί τινι δοῦσα παιδαγωγῷ εἰς Φωκίδα παρὰ Στρόφιον πέμπει, φίλον καὶ συγγενῆ τοῦ πατρὸς αὐτῆς τυγχάνοντα. Ὀρέστης δὲ εἰς ἄνδρας ἥκων, παραλαβὼν Πυλάδην τὸν παῖδα Στροφίου, ἐφ' ᾧ μετ' αὐτοῦ Αἴγισθον καὶ Κλυταιμνήστραν τιμωρήσαιτο, καταλαμβάνει λάθρα τὸ Ἄργος. Καὶ χρησμὸν παρὰ τοῦ Πυθίου δεξάμενος τοῦτο ποιεῖν, πρῶτον μὲν ἔρχεται πρὸς τὸν τοῦ πατρὸς τάφον καὶ θύει, εἶτά τι μηχανᾶται τοιόνδε. Τὸν γὰρ παιδαγωγὸν, ᾧ παρὰ τῆς Ἠλέκτρας πάλαι πιστευθεὶς ἥκεν, ὡς ἔφημεν, εἰς τὴν Φωκίδα, τοῦτον προπέμπει εἰς Αἴγισθον καὶ Κλυταιμνήστραν λέγοντα ὡς Ὀρέστης ἐν Πυθικοῖς ἄθλοις ἀνῃρέθη καὶ νῦν ἄνδρες τὰ τούτου ὀστᾶ ἐν κιβωτίῳ κομίζουσιν, ἵνα πατρῴων γοῦν τάφων τύχῃ. Ὑπαχθέντες δὲ τῇ τοιαύτῃ ἀπάτῃ Κλυταιμνήστρα καὶ Αἴγισθος, ἵνα μὴ μακρολογῶ, ἀναιροῦνται ὑπὸ Ὀρέστου καὶ Πυλάδου, πρώτη μὲν Κλυταιμνήστρα, ὕστερος δὲ Αἴγισθος[1].

Μητροκτονήσας τοίνυν Ὀρέστης Ἐρινύσι παραχρῆμα τὴν δίκην ἔδωκε μανείς. Μενέλαος δὲ ἐκ Τροίας ἐλθὼν, ὕστερος γὰρ Ἀγαμέμνονος ἐπανῆκε, καὶ τῷ Ναυπλίῳ λιμένι προσσχὼν, νυκτὸς μὲν Ἑλένην εἰσπέμπει πρὸς Μυκήνας, μεθ' ἡμέραν δὲ αὐτὸς εἰσῄει, καὶ τὸν Ὀρέστην μεμηνότα εὑρὼν, παρακαλεῖται μὲν ὑπὸ Ὀρέστου καὶ Ἠλέκτρας σῶσαι αὐτούς· ὁ γὰρ τῆς Κλυταιμνήστρας πατὴρ Τυνδάρεως πάντας Ἀργείους κατ' αὐτῶν ἐκίνησεν, ἵνα τούτους ὡς μητροκτόνους ἀνέλοιεν· ὡς δὲ τὸν Τυνδάρεων ἀντιλέγοντα εὗρε, καὶ ἅμα καὶ αὐτὸς ὑπολογιζόμενος ὡς, εἰ Ὀρέστης ἀναιρεθείη, βασιλεὺς αὐτὸς ἔσται τοῦ Ἄργους, οὐκ ἤθελεν Ὀρέστῃ τε καὶ τῇ ἀδελφῇ συμμαχεῖν, ἀλλὰ τὸ τῶν Ἀργείων πλῆθος ἔλεγεν εὐλαβεῖσθαι. Πρῶτον μὲν οὖν Ὀρέστης καὶ Τυνδάρεως διελέχθησαν πρὸς ἀλλήλους, ὁ μὲν ὡς οὐ δικαίως ἀνείλετο Κλυταιμνήστραν δεικνύς, Ὀρέστης δὲ ὡς καὶ μάλα δικαίως, εἰ καὶ

---

[1]. Dans l'alinéa qui finit ici le grammairien byzantin n'a fait que résumer l'Électre de Sophocle : singulière introduction à une tragédie d'Euripide.

ΟΡΕΣΤΗΣ. 685

μυριάκις αυτόν[1] έδει τεθνάναι. Έπειτα εκκλησίας εν ακροπόλει Μυκηνών γενομένης και συνιόντων των προυχόντων εν Άργει, Ορέστης υπό Πυλάδου φοράδην εκείσε κομίζεται. Λόγων δε πολλών γινομένων και των μεν βοηθούντων Ορέστη, των δε εναντιουμένων, τέλος ενίκησαν οι κακοί, και κατακρίνεται Ορέστης αυτός τε και η αδελφή λίθοις βληθέντες αποθανείν. Ορέστης δε επηγγείλατο προς το πλήθος αυτοχειρία εαυτόν και την αδελφήν αποσφάξαι. Και ο φίλος Πυλάδης και παρά την συμφοράν φίλος έμεινε και κοινωνείν αυτώ της τελευτής ηξίωσε προθυμότατα. Επεί δε σφίσι τούτο παθείν προύκειτο, συμβουλεύει Πυλάδης, Μενέλεω πρώτον τιμωρίαν λαβείν, λέγων ως ού δεί τούτον τρυφάν ημών απιόντων. Όθεν εισελθόντες είσω των βασιλείων Ελένης δήθεν δεησόμενοι, ίνα μη περιίδη σφάς ολλυμένους, αλλά χείρα ορέξη και Μενέλεων και άκοντα προς σωτηρίαν κινήση, επεί ταύτην φονεύειν έμελλον, ταύτης μεν ήμαρτον, υπό Απόλλωνος αρπασθείσης κελεύσει Διός, Ερμιόνην δε συλλαμβάνουσιν εκ του της Κλυταιμνήστρας τάφου επανήκουσαν· πρώην γαρ αυτήν Ελένη πεπόμφει τη αδελφή θύσουσαν. Λαβόντες δε Ερμιόνην και ένδοθεν τας των βασιλείων ασφαλίσαντες πύλας, ανήλθον εν μετεώρω των βασιλείων, έχοντές τε την Ερμιόνην και ξίφος προς τη δέρη αυτής, και μέλλοντες μετά την ταύτης διαχείρισιν, αν μη σφάς Μενέλεως σώση, και τους δόμους υφάψειν πυρί. Μενέλεως μεν, υπό τούτων· Ελένην τεθνάναι μαθών, ίνα κάν σώση την παίδα ελθών, ήρξατο πορθείν τα βασίλεια· επιφανείς δε Απόλλων διήλλαξε τούτους, Ελένην μεν εις ουρανούς φήσας διακομίσαι, Μενέλεων δε ετέραν λαβείν κελεύσας γυναίκα, Ορέστη δε Ερμιόνην συνάψαι μετά την του φόνου κάθαρσιν· ης Αθήνησιν έτυχε μετά Ερινύων εις Άρειον πάγον κριθείς, ότε και καταδικασθήναι μέλλοντα υπό πάντων θεών Αθηνά ψήφον βαλούσα νικήσαι τούτον εποίησε. Και ούτως Ορέστης ύστερον Ερμιόνην γυναίκα λαμβάνει κατά το του Απόλλωνος θέσπισμα και Άργους κρατεί, Πυλάδη δε Ηλέκτραν δίδωσι την και πρότερον υπ' αυτού κατεγγυηθείσαν τούτω.

Ιστέον δε ότι πάσα τραγωδία σύμφωνον έχει και το τέλος· εκ λύπης γαρ άρχεται και εις λύπην τελευτά· το παρόν δε δράμα εστίν εκ τραγικού κωμικόν· λήγει γαρ εις τας παρ' Απόλλωνος διαλλαγάς, εκ συμφορών εις ευθυμίαν κατηντηκός· η δε κωμωδία γέλωσι και ευφροσύναις ενύφανται.

1. J'ai substitué αυτόν à αυτήν.

ΤΑ ΤΟΥ ΔΡΑΜΑΤΟΣ ΠΡΟΣΩΠΑ.

ΗΛΕΚΤΡΑ. ΠΥΛΑΔΗΣ.
ΕΛΕΝΗ. ΑΓΓΕΛΟΣ.
ΧΟΡΟΣ. ΕΡΜΙΟΝΗ.
ΟΡΕΣΤΗΣ. ΦΡΥΞ.
ΜΕΝΕΛΑΟΣ. ΑΠΟΛΛΩΝ.
ΤΥΝΔΑΡΕΩΣ.

ΟΡΕΣΤΗΣ.

ΗΛΕΚΤΡΑ.

Οὐκ ἔστιν οὐδὲν δεινὸν ὧδ' εἰπεῖν ἔπος
οὐδὲ πάθος οὐδὲ συμφορὰ θεήλατος,
ἧς οὐκ ἂν ἄραιτ' ἄχθος ἀνθρώπου φύσις.
Ὁ γὰρ μακάριος, κοὐκ ὀνειδίζω τύχας,
Διὸς πεφυκώς, ὡς λέγουσι, Τάνταλος   5
κορυφῆς ὑπερτέλλοντα δειμαίνων πέτρον
ἀέρι ποτᾶται καὶ τίνει ταύτην δίκην,

NC. 2. La logique semble demander : οὔτε.... οὔτε. Mais il serait téméraire de changer une leçon attestée par tous les manuscrits d'Euripide et par plusieurs auteurs qui citent les vers 1-3. — *Marcianus* et *Vaticanus* : συμφορὰν θεήλατον. — 3. *Marcianus* et Lucien, *Ocypus*, 107 : ἀνθρώπων.

1-3. Du temps des grammairiens d'Alexandrie les acteurs s'étaient avisés d'ouvrir cette tragédie par un spectacle pompeux. On voyait Hélène, au milieu des dépouilles de Troie, rentrer dans le palais des Atrides. Une scholie sur le vers 58 critique cet arrangement comme contraire aux intentions d'Euripide. — Οὐκ ἔστιν.... εἰπεῖν ἔπος, on ne peut rien dire (rien concevoir) de si terrible. L'idée générale exprimée par ἔπος, « mot, objet du discours, chose, » devrait être divisée en πάθος, « souffrance, » et συμφορὰ θεήλατος, « malheur infligé par les dieux ». Cependant le poète a coordonné ces trois idées, puisqu'il s'est servi des conjonctions οὐδὲ.... οὐδὲ, et non de οὔτε.... οὔτε. — L'explication suivant laquelle ὧδ' εἰπεῖν ἔπος équivaudrait à la locution ὡς εἰπεῖν ἔπος, « pour ainsi dire, » a été avec raison abandonnée par Musgrave et d'autres. Cf. Cicéron, *Tuscul.* IV, xxix, 62 : « Non sine caussa, quum Ore-

« stem fabulam doceret Euripides, primos « tres versus revocasse dicitur Socrates : « *Neque tam terribilis ulla fando oratio* « *est, Nec fors, neque ira cælitum invec-* « *tum malum, Quod non natura humana* « *patiendo ecferat.* »

4. Les mots κοὐκ ὀνειδίζω τύχας portent nécessairement sur μακάριος : l'usage ne permet pas de les entendre de ce qui sera dit aux vers 6 sq. Rien n'était plus connu que le châtiment du malheureux Tantale. En rappelant la haute fortune du chef de sa race, et en lui donnant le nom d'*heureux*, μακάριος, Électre déclare qu'elle ne parle point ainsi par sarcasme.

6-7. Κορυφῆς... ποτᾶται. Suspendu au milieu des airs, Tantale voit avec effroi un rocher planer au-dessus de sa tête. Cp. Lucrèce III, 980 : « Nec miser impendens « magnum timet aëre saxum Tantalus, ut « famast, cassa formidine torpens. » Pindare, *Ol.* I, 91 et *Isthm.* VIII, 21, rap-

ὡς μὲν λέγουσιν, ὅτι θεοῖς ἄνθρωπος ὢν
κοινῆς τραπέζης ἀξίωμ' ἔχων ἴσον,
ἀκόλαστον ἔσχε γλῶσσαν, αἰσχίστην νόσον.   10
Οὗτος φυτεύει Πέλοπα, τοῦ δ' Ἀτρεὺς ἔφυ,
ᾧ στέμματα ξήνασ' ἐπέκλωσεν θεὰ
ἔριν, Θυέστῃ πόλεμον ὄντι συγγόνῳ
θέσθαι· τί τἄρρητ' ἀναμετρήσασθαί με δεῖ;
ἔδαισε δ' οὖν νιν τέκν' ἀποκτείνας Ἀτρεύς·   15
Ἀτρέως δὲ, τὰς γὰρ ἐν μέσῳ σιγῶ τύχας,
ὁ κλεινὸς, εἰ δὴ κλεινὸς, Ἀγαμέμνων ἔφυ
Μενέλεώς τε Κρήσσης μητρὸς Ἀερόπης ἄπο.
Γαμεῖ δ' ὁ μὲν δὴ τὴν θεοῖς στυγουμένην
Μενέλαος Ἑλένην, ὁ δὲ Κλυταιμνήστρας λέχος   20
ἐπίσημον εἰς Ἕλληνας Ἀγαμέμνων ἄναξ·
ᾧ παρθένοι μὲν τρεῖς ἔφυμεν ἐκ μιᾶς,

NC. 13. Scholiaste : Γράφεται δὲ καὶ Ἔρις, ἵν' ᾖ · ἡ θεὰ Ἔρις τὸν πόλεμον ἐπέ-κλωσε Θυέστῃ καὶ Ἀτρεῖ. — 20. La leçon μενέλεως est corrigée dans quelques manuscrits récents. Hermann fait observer qu'on pourrait aussi écrire Ἑλένην Μενέλεως.

pelle la même fable d'après Archiloque, Alcman et Alcée. L'*Odyssée*, XI, 582 sqq., place Tantale dans les enfers, et lui fait subir un autre supplice.

8-9. Le datif θεοῖς est gouverné par ἴσον.

10. Ἀκόλαστον ἔσχε γλῶσσαν, il ne sut contenir sa langue. Un poète latin chez Cicéron, *Tusc.* IV, xvi, 35, dit que Tantale fut puni « ob animi impotentiam et « superbiloquentiam »; et ces expressions semblent mieux rendre le sens du grec ἀκόλαστον que celles dont se sert Ovide, *Amores*, II, ii, 43 : « Hoc illi garrula lingua dedit. » D'ailleurs les poètes ne s'accordent pas plus sur la faute commise par Tantale que sur le châtiment qu'il encourut.

11. Ὧι στέμματα ξήνασ(α), en filant la trame de sa vie. — Θεά, la Parque.

13. Ἔριν, régime de ἐπέκλωσεν, est déterminé et développé par la phrase infinitive θέσθαι πόλεμον Θυέστῃ ὄντι συγγόνῳ. On peut suppléer ὥστε, si l'on tient à ces béquilles inventées par les grammairiens.

14. Τἄρρητ(α) · τὰ μὴ πρέποντα λέγεσθαι ὡς αἰσχρά. Λέγει δὲ τὸ τῆς μοιχείας τοῦ Θυέστου. [Scholiaste.] Cf. *El.* 720 : Κρυφίαις γὰρ εὐναῖς πείσας ἄλοχον φίλαν Ἀτρέως, τέρας ἐκκομίζει πρὸς δώματα.

15. Ἔδαισε.... ἀποκτείνας. Eschyle, *Agamemnon*, 1593, dit, en parlant des mêmes faits : Παρέσχε δαῖτα παιδείων κρεῶν.

17. Εἰ δὴ κλεινός, si on peut parler de la gloire d'un prince qui périt si misérablement.

18. Κρήσσης. Érope, épouse d'Atrée, était fille de Catrée, roi de Crète.

21. Ἐπίσημον εἰς Ἕλληνας, dont la renommée s'est répandue parmi les Grecs. Le sens de ces mots est déterminé par les mots τὴν θεοῖς στυγουμένην (v. 19), qui leur servent de pendant. Toutefois, en parlant de sa mère, Électre s'exprime avec plus de réserve qu'elle n'avait fait à l'égard d'Hélène. Cf. vers 249.

22. Ἐκ μιᾶς. Ces mots ne sont ajoutés que pour faire antithèse avec τρεῖς. Cf. *Hipp.* 1403.

ΟΡΕΣΤΗΣ.

Χρυσόθεμις Ἰφιγένειά τ' Ἠλέκτρα τ' ἐγώ,
ἄρσην τ' Ὀρέστης μητρὸς ἀνοσιωτάτης,
ἣ πόσιν ἀπείρῳ περιβαλοῦσ' ὑφάσματι 25
ἔκτεινεν· ὧν δ' ἕκατι, παρθένῳ λέγειν
οὐ καλόν· ἐῶ τοῦτ' ἀσαφὲς ἐν κοινῷ σκοπεῖν.
Φοίβου δ' ἀδικίαν μὲν τί δεῖ κατηγορεῖν ;
πείθει δ' Ὀρέστην μητέρ' ἥ σφ' ἐγείνατο
κτεῖναι, πρὸς οὐχ ἅπαντας εὔκλειαν φέρον. 30
Ὅμως δ' ἀπέκτειν' οὐκ ἀπειθήσας θεῷ·
κἀγὼ μετέσχον, οἷα δὴ γυνή, φόνου
Πυλάδης θ', ὃς ἡμῖν συγκατείργασται τάδε.
Ἐντεῦθεν ἀγρίᾳ συντακεὶς νόσῳ δέμας
τλήμων Ὀρέστης ὅδε πεσὼν ἐν δεμνίοις 35
κεῖται, τὸ μητρὸς δ' αἷμά νιν τροχηλατεῖ
μανίαισιν· ὀνομάζειν γὰρ αἰδοῦμαι θεὰς
Εὐμενίδας, αἳ τόνδ' ἐξαμιλλῶνται φόβῳ.

NC. 24. Elmsley : ἄρσην δ'. — 26. Ancienne vulgate, moins autorisée : παρθένον. — 34-35. Manuscrits : συντακεὶς νόσῳ νοσεῖ et ὁ δὲ πεσών. Hermann : νόσῳ δέμας; et ὅδε πεσών. Cette dernière correction est de Reiske, lequel voulait insérer τ' après πεσών, en conservant νοσεῖ. — 38. Nauck condamne ce vers. Il suffit d'écarter la glose Εὐμενίδας. Peut-être : δεινοῖσιν αἳ τόνδ' ἐξαμιλλῶνται φόβοις. Cp. v. 532 : μανίαις ἀλαίνων καὶ φόβοις.

25. Ἀπείρῳ ὑφάσματι. Il est souvent question dans l'*Orestie* d'Eschyle du vêtement sans issue jeté par Clytemnestre sur la tête de son époux. Cf. *Agam.* 1382 : Ἄπειρον ἀμφίβληστρον, ὥσπερ ἰχθύων, Περιστιχίζω. Le scholiaste d'Euripide cite : Αἰσχύλος δέ φησιν « ἀμήχανον τεύχημα (lisez : τέχνημα, Nauck), καὶ δυσέκλυτον (lisez : δυσέκδυτον, Dindorf) ». Nous pensons que ce vers est tiré du *Protée*, drame satyrique qui faisait suite à la trilogie d'Eschyle et dans lequel la mort d'Agamemnon dut être racontée par Protée à Ménélas.

27. Ἐῶ ἐν κοινῷ, *in medio relinquo*.

28. Φοίβου. Quoique ce génitif ne puisse dépendre grammaticalement que de κατηγορεῖν, l'idée d'*Apollon* est commune aux deux phrases : ἀδικίαν μὲν.... et πείθει δ(ὲ).... Électre dit : « Mais Apollon — je ne veux pas l'accuser d'iniquité — cependant il a persuadé à Oreste de commettre un parricide. »

30. Πρὸς οὐχ.... φέρον, chose qui n'est pas glorieuse aux yeux de tout le monde. Le neutre φέρον se rapporte à l'infinitif κτεῖναι.

32. Οἷα δὴ γυνή, autant qu'une femme en est capable.

34. Συντακεὶς νόσῳ δέμας, ayant le corps miné par la maladie. Cf. *Suppl.* 1116 : Δέμας γεραιὸν συντακείς. *Hipp.* 274 : Ὡς ἀσθενεῖ τε καὶ κατέξανται δέμας.

35. Ὅδε. Électre montre Oreste étendu sur un lit.

36. Τροχηλατεῖ· ταχέως κινεῖσθαι ποιεῖ ὧδε κἀκεῖσε δίκην τροχοῦ. [Scholiaste.] Cf. *Él.* 1253; *Iph. Taur.* 82.

37-38. Ὀνομάζειν.... θεάς. Électre craint de prononcer le nom des déesses redoutables, dont un chœur de Sophocle (*Œd. Col.* 429) dit : ἃς τρέμομεν λέγειν. Il est donc évident qu'elle ne peut ajouter Εὐμενίδας : voy. NC. — Αἳ τόνδ' ἐξαμιλλῶνται

690   ΟΡΕΣΤΗΣ.

Ἕκτον δὲ δὴ τόδ' ἦμαρ ἐξ ὅτου σφαγαῖς
θανοῦσα μήτηρ πυρὶ καθήγνισται δέμας,   40
ὧν οὔτε σῖτα διὰ δέρης ἐδέξατο,
οὐ λούτρ' ἔδωκε χρωτί· χλανιδίων δ' ἔσω
κρυφθεὶς, ὅταν μὲν σῶμα κουφισθῇ νόσου,
ἔμφρων δακρύει, ποτὲ δὲ δεμνίων ἄπο
πηδᾷ δρομαῖος, πῶλος ὣς ἀπὸ ζυγοῦ.   45
Ἔδοξε δ' Ἄργει τῷδε μήθ' ἡμᾶς στέγαις,
μὴ πυρὶ δέχεσθαι, μήτε προσφωνεῖν τινα
μητροκτονοῦντας· κυρία δ' ἥδ' ἡμέρα
ἐν ᾗ διοίσει ψῆφον Ἀργείων πόλις,
εἰ χρὴ θανεῖν νὼ λευσίμῳ πετρώματι,   50
[ἢ φάσγανον θήξαντ' ἐπ' αὐχένος βαλεῖν].
Ἐλπίδα δὲ δή τιν' ἔχομεν ὥστε μὴ θανεῖν·
ἥκει γὰρ εἰς γῆν Μενέλεως Τροίας ἄπο,

NC. 51. Les meilleurs manuscrits portent θήξαντας. — Herwerden (*Mnemosyne*, IV, p. 358 sqq.) et Nauck ont prouvé que ce vers est interpolé. Il est vrai que les enfants d'Agamemnon obtiendront, comme une dernière faveur, de pouvoir se tuer de leurs propres mains (cf. v. 947 et v. 1036); mais la question soumise à l'assemblée du peuple est de savoir s'ils subiront la peine des parricides ou s'ils vivront. Voy. vers 758. — 52. Le *Marcianus* omet δή.

φόβῳ, qui l'épouvantent à l'envi. Cf. *Cyclope*, 627 : Ἔστ' ἄν ὄμματος Ὄψις Κύκλωπος ἐξαμιλληθῇ πυρί.
40. Πυρὶ καθήγνισται δέμας. Un cadavre était considéré comme impur; le feu, qui le réduisait en cendres, lui rendait la pureté.
41. Ὧν, « pendant lesquels, » suppléez ἡμάτων ou ἡμερῶν, pluriel contenu dans ἕκτον.... ἦμαρ ἐξ ὅτου, v. 39.
46. Ἄργει τῷδε. Le démonstratif indique que le lieu de la scène est à Argos. Suivant Homère, Mycènes était la résidence des Pélopides; et c'est conformément à cette tradition qu'au vers 1246 Électre donne aux femmes du chœur le nom de Μυκηνίδες. Concilier ces deux données, en disant, que par Ἄργος il faut entendre tout le pays de l'Argolide, cela est possible dans d'autres tragédies, mais non dans celle-ci. Les vers 871 sqq. désignent nettement la *ville* d'Argos. La destruction de Mycènes et la réunion de son territoire à celui d'Argos, faits qui eurent lieu en 468 avant J. C., jointes au double sens du nom de Ἄργος, permirent de confondre deux villes très-distinctes.
47. Μὴ πυρὶ δέχεσθαι, ne pas admettre au partage du feu. Cf. Demosthène *contre Aristogiton*, 81 : Μὴ πυρὸς, μὴ λύχνου .... τούτῳ κοινωνεῖν.
48. Μητροκτονοῦντας, « étant parricides, » est plus expressif que μητροκτονήσαντας. [Schæfer.]
49. Διοίσει ψῆφον. Le verbe composé διαφέρειν est de mise dans cette locution, parce que les juges déposent leurs votes dans des urnes différentes. Cp. Hérodote IV, 138 : Οἱ διαφέροντες τὴν ψῆφον. Thucydide, IV, 73 : Ψῆφον φανερὰν διενεγκεῖν. [Porson.]
53. Ἥκει γάρ.... Τροίας ἄπο. Quant à l'époque de retour de Ménélas, voy. *Él.* 1278 et la note.

ΟΡΕΣΤΗΣ.

λιμένα δὲ Ναυπλίειον ἐκπληρῶν πλάτῃ
ἀκταῖσιν ὁρμεῖ, δαρὸν ἐκ Τροίας χρόνον 55
ἅλαισι πλαγχθείς· τὴν δὲ δὴ πολύστονον
Ἑλένην, φυλάξας νύκτα, μή τις εἰσιδὼν
μεθ' ἡμέραν στείχουσαν, ὧν ὑπ' Ἰλίῳ
παῖδες τεθνᾶσιν, εἰς πέτρων ἔλθῃ βολάς,
προύπεμψεν εἰς δῶμ' ἡμέτερον· ἔστιν δ' ἔσω 60
κλαίουσ' ἀδελφὴν ξυμφοράς τε δωμάτων.
Ἔχει δὲ δή τιν' ἀλγέων παραψυχήν·
ἣν γὰρ κατ' οἴκους ἔλιφ', ὅτ' ἐς Τροίαν ἔπλει,
παρθένον ἐμῇ τε μητρὶ παρέδωκεν τρέφειν
Μενέλαος ἀγαγὼν Ἑρμιόνην Σπάρτης ἄπο, 65
ταύτῃ γέγηθε κἀπιλήθεται κακῶν.
Βλέπω δὲ πᾶσαν εἰς ὁδόν, πότ' ὄψομαι
Μενέλαον ἥκονθ'· ὡς τά γ' ἄλλ' ἐπ' ἀσθενοῦς
ῥοπῆς ὀχούμεθ', ἤν τι μὴ κείνου πάρα
σωθῶμεν. Ἄπορον χρῆμα δυστυχῶν δόμος. 70

NC. 54. *Marcianus :* ναύπλιον. — Seviu (*Hist. de l'Acad. des Inscr.* III, p. 288) proposait ἐκπερῶν pour ἐκπληρῶν. — 59. Variante : ἔλθοι. — 67. Vulgate : εἴσοδον. Musgrave a rétabli εἰς ὁδόν, leçon qui se trouve, à ce qu'il paraît, dans deux manuscrits. On appelait εἴσοδος l'intervalle entre les coulisses par lequel entrait le chœur. Il en est question chez Aristophane, *Nuées*, 326; *Oiseaux*, 296. Mais il est évident que ces termes techniques du théâtre ne sont pas de mise dans la tragédie. — 69. Ῥοπῆς, excellente correction de Nauck pour ῥώμης. L'alliance de mots ἀσθενοῦς ῥώμης est aussi déplacée ici qu'elle est naturelle dans les *Héraclides*, v. 646 : Ἀσθενὴς μὲν ἥ γ' ἐμὴ Ῥώμη.

54. Λιμένα ἐκπληρῶν, « gagnant le port, » équivaut à λιμένα διανύσας. [Scholiaste.] Heath dit fort bien : « *Explere portum et explere navigationem ad portum rem eandem verbis non multum diversis exprimunt.* » L'explication de Porson : « *Dicitur quis id spatium explere cujus varias partes oberrat,* » ne convient pas à ce passage.

57. Φυλάξας νύκτα, ayant épié la nuit, ayant eu soin de choisir la nuit, comme le temps le plus favorable. Cp. Hérodote, VIII, 9 : Δείλην ὀψίην γιγνομένης τῆς ἡμέρας φυλάξαντες αὐτοὶ ἐπανέπλωον. Démosthène, *Philipp.*, I, 31 : Φυλάξας τοὺς ἐτησίας ἢ τὸν χειμῶνα.

58. Ὧν. Ce génitif dépend de τις, v. 57.

59. Εἰς πέτρων ἔλθῃ βολάς, n'en vienne à la lapider.

66. Le poète a repris ici le vers 279 d'*Hécube* : Ταύτῃ γέγηθα κἀπιλήθομαι κακῶν.

68-69. Ἐπ' ἀσθενοῦς ῥοπῆς, *in infirmo momento.* Cp. *Hipp.* 1163 : Ἐπὶ σμικρᾶς ῥοπῆς, avec la note; Thucydide, V. 103 : Ἀσθενεῖ τε καὶ ἐπὶ ῥοπῆς μιᾶς (Nauck : σμικρᾶς) ὄντες. — Ὀχούμεθ(α), *vehimur.* On compare Aristophane, *Chevaliers*, 1244 : Λεπτή τις ἐλπίς ἐσθ' ἐφ' ἧς ὀχούμεθα, et beaucoup d'autres passages de poètes et de prosateurs.

ΕΛΕΝΗ.

Ὦ παῖ Κλυταιμνήστρας τε κἀγαμέμνονος,
παρθένε μακρὸν δὴ μῆκος Ἠλέκτρα χρόνου,
πῶς, ὦ τάλαινα, σύ τε κασίγνητός τε σὸς
τλήμων Ὀρέστης μητρὸς ὅδε φονεὺς ἔφυ;
Προσφθέγμασιν γὰρ οὐ μιαίνομαι σέθεν,   75
εἰς Φοῖβον ἀναφέρουσα τὴν ἁμαρτίαν.
Καίτοι στένω γε τὸν Κλυταιμνήστρας μόρον
ἐμῆς ἀδελφῆς, ἥν, ἐπεὶ πρὸς Ἴλιον
ἔπλευσ' ὅπως ἔπλευσα θεομανεῖ πότμῳ,
οὐκ εἶδον, ἀπολειφθεῖσα δ' αἰάζω τύχας.   80

ΗΛΕΚΤΡΑ.

Ἑλένη, τί σοι λέγοιμ' ἂν ἅ γε παροῦσ' ὁρᾷς,
ἐν συμφοραῖσι τὸν Ἀγαμέμνονος γόνον;
Ἐγὼ μὲν ἄϋπνος πάρεδρος ἀθλίῳ νεκρῷ,
νεκρὸς γὰρ οὗτος οὕνεκα σμικρᾶς πνοῆς,

NC. 74. Heath et Hermann : φονεὺς ἔχει. Porson pensait à μητρὸς ὃς φονεὺς ἔφυ. Kirchhoff tient ce vers pour interpolé. On pourrait tenter φόνευς ὁ φύς. — 79. Manuscrits : ὅπως δ' ἔπλευσα. — 82. Kirchhoff tient ce vers pour suspect. — 84. La conjecture de Hartung et de Nauck : σμικρᾶς ῥοπῆς ne me satisfait pas. Je comprendrais : νεκρὸς γάρ, εἰ μή γ' οὕνεκα σμικρᾶς πνοῆς.

72. Παρθένε.... χρόνου. La pitié d'Hélène, quelque sincère qu'elle soit, peut avoir quelque chose de blessant pour Électre. C'est l'opinion de Plutarque, lequel pense (de ira cohibenda, III) que cette dernière se venge par le vers 90. Quoi qu'il en soit, nous croyons que le poète ne prête pas sans quelque malice un tel langage à la femme qui se donna à Déiphobe après avoir perdu Pâris, et qui semble avoir regardé comme le plus grand des malheurs de se passer d'époux.

73-74. Πῶς.... ἔφυ; A prendre les mots tels qu'ils sont, Hélène demande comment Électre et Oreste ont pu tuer leur mère. Cependant la réponse d'Électre prouve qu'Hélène s'informe ici de l'état où se trouvent les enfants d'Agamemnon. Il faut donc croire que le texte est altéré. Voy. NC.

75-76. Avant προσφθέγμασιν γάρ, suppléez l'idée de : « Je permets que tu me répondes. » On évitait tout commerce avec un meurtrier tant qu'il n'était pas purifié par une cérémonie expiatoire : on se croyait souillé par son abord, ses paroles (voy. Iph. Taur., 951). Mais Hélène ne regarde pas Électre comme responsable d'un meurtre ordonné par Apollon. Les Dioscures en avaient jugé de même dans la tragédie d'Électre, v. 1296.

79. Ἔπλευσ' ὅπως ἔπλευσα. Formule de réticence. Voy. Méd. 1011, et passim.

82. Γόνον, la postérité, les enfants. Cf. v. 1038, où ce mot semble employé dans le même sens.

84. Νεκρὸς γάρ.... πνοῆς, car il est un cadavre, parce qu'il n'a plus qu'un léger souffle. Il faudrait dire : « A un léger souffle près, il est mort. » Voy. NC., et cp. Hipp. 1162 : Ἱππόλυτος οὐκέτ' ἔστιν, ὡς εἰπεῖν ἔπος. Δέδορκα μέντοι φῶς ἐπὶ σμικρᾶς ῥοπῆς.

ΟΡΕΣΤΗΣ. 693

θάσσω· τὰ τούτου δ' οὐκ ὀνειδίζω κακά· 85
σὺ δ' εἶ μακαρία, μακάριός θ' ὁ σὸς πόσις
ἥκετον ἐφ' ἡμᾶς ἀθλίως πεπραγότας.

ΕΛΕΝΗ.

Πόσον χρόνον δὲ δεμνίοις πέπτωχ' ὅδε;

ΗΛΕΚΤΡΑ.

Ἐξ οὗπερ αἷμα γενέθλιον κατήνυσεν.

ΕΛΕΝΗ.

Ὦ μέλεος, ἡ τεκοῦσά θ', ὡς διώλετο. 90

ΗΛΕΚΤΡΑ.

Οὕτως ἔχει τάδ', ὥστ' ἀπείρηκεν κακοῖς.

ΕΛΕΝΗ.

Πρὸς θεῶν, πίθοι' ἂν δῆτά μοί τι, παρθένε;

ΗΛΕΚΤΡΑ.

Ὡς ἄσχολός γε συγγόνου προσεδρίᾳ.

ΕΛΕΝΗ.

Βούλει τάφον μοι πρὸς κασιγνήτης μολεῖν;

ΗΛΕΚΤΡΑ.

Μητρὸς κελεύεις τῆς ἐμῆς; τίνος χάριν; 95

NC. 86. Σὺ δ' εἶ est la leçon des scholies et de presque tous les manuscrits. La variante σὺ δ' ἤ est une correction qui donne un faux sens. On a proposé σὺ δ' οὖν (Kirchhoff) et σὺ δ' αὖ (Nauck). — 87. Eustathe, *ad Iliad.* p. 146, 12, et ailleurs, cite ἥκεις. — 88. Musgrave : δ' ἐν δεμνίοις. — 91. Vulgate : ἀπείρηκ' ἐν κακοῖς. La correction de Porson, ἀπείρηκεν, s'est trouvée dans le meilleur manuscrit.

85. Οὐκ ὀνειδίζω κακά. Scholiaste : Σιωπῶ τὰ κακὰ τούτου, ἵνα μὴ δόξω αὐτῷ ὀνειδίζειν τὴν μητροκτονίαν.
86-87. La construction est irrégulière. Si la leçon est bonne, il faut dire que σύ, sujet de la première phrase, est sous-entendu dans la seconde phrase : car le duel ἥκετον demande un double sujet.
89. Αἷμα γενέθλιον κατήνυσεν équivaut à διεπράξατο τὸν τῆς μητρὸς φόνον (schol.). Αἷμα prend souvent le sens de « sang répandu, meurtre ». Quant à γενέθλιον, « d'une mère », Matthiæ compare Eschyle, *Choéph.* 909 : Οὐδὲν σεβίζει γενεθλίους ἀράς, τέκνον;
90. Ὦ μέλεος.... διώλετο. Oh l'infor-

tuné, et sa mère (infortunée), comme ils ont péri ! Ὡς est exclamatif, et n'équivaut pas à ὅτι, quoi qu'en dise Matthiæ. Διώλετο s'applique aussi bien à l'état misérable d'Oreste qu'à la mort de Clytemnestre.
92. Le scholiaste cite Homère, *Il.* XIV, 90 : Ἦ ῥά νύ μοί τι πίθοιο, φίλον τέκος, ὅ ττι κεν εἴπω;
93. Ὡς.... προσεδρίᾳ. Électre ne refuse pas de rendre service à Hélène ; elle s'y déclare prête autant que le lui permettent les soins qu'elle donne à son frère. La particule γε indique nettement que la réponse est affirmative avec une restriction. C'est ce qu'on avait méconnu avant Schæfer.

ΕΛΕΝΗ.

Κόμης ἀπαρχὰς καὶ χοὰς φέρουσ' ἐμάς.

ΗΛΕΚΤΡΑ.

Σοὶ δ' οὐχὶ θεμιτὸν πρὸς φίλων στείχειν τάφον·

ΕΛΕΝΗ.

Δεῖξαι γὰρ Ἀργείοισι σῶμ' αἰσχύνομαι.

ΗΛΕΚΤΡΑ.

Ὀψέ γε φρονεῖς εὖ, τότε λιποῦσ' αἰσχρῶς δόμους.

ΕΛΕΝΗ.

Ὀρθῶς ἔλεξας, οὐ φίλως δέ μοι λέγεις.   100

ΗΛΕΚΤΡΑ.

Αἰδὼς δὲ δὴ τίς σ' ἐς Μυκηναίους ἔχει;

ΕΛΕΝΗ.

Δέδοικα πατέρας τῶν ὑπ' Ἰλίῳ νεκρῶν.

ΗΛΕΚΤΡΑ.

Δεινὸν γὰρ Ἄργει γ' ἀναβοᾷ διὰ στόμα.

ΕΛΕΝΗ.

Σύ νυν χάριν μοι τὸν φόβον λύσασα δός.

ΗΛΕΚΤΡΑ.

Οὐκ ἂν δυναίμην μητρὸς εἰσβλέψαι τάφον.   105

ΕΛΕΝΗ.

Αἰσχρόν γε μέντοι προσπόλους φέρειν τάδε.

ΗΛΕΚΤΡΑ.

Τί δ' οὐχὶ θυγατρὸς Ἑρμιόνης πέμπεις δέμας;

ΕΛΕΝΗ.

Εἰς ὄχλον ἕρπειν παρθένοισιν οὐ καλόν.

NC. 97. Mauvaise variante : φίλον. — 100. Reiske : ὀρθῶς ἐλέγξας'. Hartung : ὀρθῶς ἐλέγχεις. Porson : ὀρθῶς γε λέξας' οὐ φίλως ἐμοὶ λέγεις. — 103. Ἄργει γ', correction de Matthiæ pour ἄργει τ'. Canter avait proposé : Ἄργει καταβοᾷ.

97. Φίλων, d'une proche parenté. Cp., au sujet de ce pluriel, *Méd.* 594 et *passim.*

99. Τότε, « alors, à l'époque que tu sais », est une expression plus vive que ποτέ, « jadis ». Cf. *Iph. Aul.* 46 ; *Él.* 1203.

101. Εἰς Μυκηναίους, par rapport aux habitants de Mycènes.

103. Δεινὸν.... διὰ στόμα, tu es, en effet, fort décriée parmi les Argiens. Scholiaste : Τὸ ἀναβοᾷ προσώπου ἐστὶ δευτέρου παθητικῆς διαθέσεως.... Ὁ δὲ νοῦς· δεινῶς γὰρ διὰ τοῦ στόματος τῶν Ἀργείων ἀναβοᾷ.

107. Δέμας. Voyez, au sujet de cette périphrase, la note sur le vers 937 d'*Iphigenie à Aulis.*

ΟΡΕΣΤΗΣ.

ΗΛΕΚΤΡΑ.

Καὶ μὴν τίνοι γ' ἂν τῇ τεθνηκυίᾳ τροφάς.

ΕΛΕΝΗ.

Καλῶς ἔλεξας, πείθομαί τέ σοι, κόρη. 110
[Καὶ πέμψομαί γε θυγατέρ'· εὖ γάρ τοι λέγεις.] —
Ὦ τέκνον, ἔξελθ', Ἑρμιόνη, δόμων πάρος
καὶ λαβὲ χοὰς τάσδ' ἐν χεροῖν κόμας τ' ἐμάς·
ἐλθοῦσα δ' ἀμφὶ τὸν Κλυταιμνήστρας τάφον
μελίκρατ' ἄφες γάλακτος οἰνωπόν τ' ἄχνην, 115
καὶ στᾶσ' ἐπ' ἄκρου χώματος λέξον τάδε·
Ἑλένη σ' ἀδελφὴ ταῖσδε δωρεῖται χοαῖς,
φόβῳ προσελθεῖν μνῆμα σόν, ταρβοῦσά τε
Ἀργεῖον ὄχλον. Εὐμενῆ δ' ἄνωγέ νιν
ἐμοί τε καὶ σοὶ καὶ πόσει γνώμην ἔχειν 120
τοῖν τ' ἀθλίοιν τοῖνδ' οὓς ἀπώλεσεν θεός.
Ἃ δ' εἰς ἀδελφὴν καιρὸς ἐκπονεῖν ἐμήν,
ἅπανθ' ὑπισχνοῦ νερτέρων δωρήματα.
Ἴθ' ὦ τέκνον μοι, σπεῦδε καὶ χοὰς τάφῳ
δοῦσ' ὡς τάχιστα τῆς πάλιν μέμνησ' ὁδοῦ. 125

ΗΛΕΚΤΡΑ.

Ὦ φύσις, ἐν ἀνθρώποισιν ὡς μέγ' εἶ κακόν,

NC. 110. La plupart des manuscrits : ὀρθῶς ἔλεξας. — 111. Ce vers a été condamné par Matthiæ et par d'autres critiques. — 116. Variante mal autorisée : στᾶσά γ' ἐπ' ἄκρου. — 118. Ce vers est altéré. Les mots φόβῳ προσελθεῖν μνῆμα σόν ne se comprendraient que s'il y avait dans le vers précédent τάσδε σοι πέμπει χοάς, au lieu de σ(ε) ταῖσδε δωρεῖται χοάς. La conjonction τε donne un faux sens. Si Hélène craint de visiter le tombeau de sa sœur, c'est uniquement parce qu'elle redoute le peuple d'Argos. *Schol. Marc.* : Περιττὸς ὅ τε. Βούλεται δὲ λέγειν φόβῳ ταρβοῦσα. — 122. Variante : ἐκπονεῖν ἐμέ.

109. Τίνοι γ' ἂν τροφάς équivaut à ἐκτίνοι γ' ἂν τροφεῖα. Le prologue nous a déjà appris qu'Hermione fut élevée par Clytemnestre : cf. v. 64.

115. Μελίκρατ(α).... ἄχνην. Les libations qu'on offrait aux mortsse composaient de miel, de lait et de vin. Cf. *Iph. Taur.* 160 sqq., avec la note.—Ἄχνην, la rosée.

116. Ἐπ' ἄκρου χώματος. Pour parler aux morts, on se plaçait sur le haut du tumulus. Cf. Eschyle, *Choéphores*, 4 : Τύμβου δ' ἐπ' ὄχθῳ τῷδε κηρύσσω πατρί.
118. Voyez *NC*.

123. Νερτέρων δωρήματα, les dons qu'on offre aux morts. Cf. *Iph. Taur.* 329 : Τὰ τῆς θεοῦ θύματα.

126. Φύσις, le naturel. C'est à tort que certains scholiastes veulent que ce mot signifie ici la beauté. Électre explique assez sa pensée en ajoutant : ἔστι δ' ἡ πάλαι γυνή, « elle est toujours la même ! » vers 129. [Matthiæ].

ΟΡΕΣΤΗΣ.

σωτήριόν τε τοῖς καλῶς κεκτημένοις.
Εἴδετε παρ' ἄκρας ὡς ἀπέθρισεν τρίχας,
σώζουσα κάλλος; ἔστι δ' ἡ πάλαι γυνή.
Θεοί σε μισήσειαν, ὥς μ' ἀπώλεσας   130
καὶ τόνδε πᾶσάν θ' Ἑλλάδ'. Ὦ τάλαιν' ἐγώ·
αἵδ' αὖ πάρεισι τοῖς ἐμοῖς θρηνήμασιν
φίλαι ξυνῳδοί· τάχα μεταστήσουσ' ὕπνου
τόνδ' ἡσυχάζοντ', ὄμμα δ' ἐκτήξουσ' ἐμὸν
δακρύοις, ἀδελφὸν ὅταν ὁρῶ μεμηνότα.   135
Ὦ φίλταται γυναῖκες, ἡσύχῳ ποδὶ
χωρεῖτε, μὴ ψοφεῖτε, μηδ' ἔστω κτύπος.
Φιλία γὰρ ἡ σὴ πρευμενὴς μὲν, ἀλλ' ἐμοὶ
τόνδ' ἐξεγεῖραι ξυμφορὰ γενήσεται.

ΧΟΡΟΣ.

Σῖγα σῖγα, λεπτὸν ἴχνος ἀρβύλης   [Strophe 1.]   140
τίθετε, μὴ κτυπεῖτ'.

NC. 128. Variantes : ἴδετε et ἀπέθριξεν. — Euripide se serait-il servi de l'adjectif composé παράκρους? — 132. Brunck, Porson et d'autres écrivent αἱ δ' αὖ, en mettant un point à la fin du vers précédent. — 140-141. Les manuscrits d'Euripide, ainsi qu'un grammairien dans les *Anecdota* de Cramer, I, p. 19, attribuent ces deux vers au chœur, et l'antistrophe prouve qu'ils ont raison. Denys d'Halicarnasse, *de compos. verborum*, XI, Diogène Laërce, VII, 172, et l'un des arguments grecs (voy. p. 688) prétendent à tort que ces vers sont prononcés par Électre. — Manuscrits d'Euripide : σίγα σίγα (ou σιγᾶ σιγᾶ). Ensuite λευκόν est une variante mal autorisée. — Τίθετε, correction de Porson pour τιθεῖτε, était évidemment la leçon de Denys, quoiqu'on lise aujourd'hui τιθεῖτε chez cet auteur. — Manuscrits d'Euripide : μὴ κτυπεῖτε μηδ' ἔστω κτύπος. Les trois derniers mots, qui ne se lisent pas chez Denys d'Halicarnasse, sont évidemment tirés du vers 137, et interpolés ici pour faire un trimètre. Kirchhoff et Nauck les ont écartés.

127. Σωτήριόν τε.... κεκτημένοις. Il ne faut pas rapporter au chœur cette réflexion tout à fait générale. Le poëte l'a ajoutée pour corriger ce qu'il y a d'excessif dans la boutade provoquée par la conduite d'Hélène.

128. Εἴδετε. Électre s'adresse au public, et non au chœur, qu'elle n'apercevra qu'à la fin du vers 131. Scholiaste : Ἔνιοι δέ φασι ταῖς δμωσὶ ταῦτα λέγειν, οἱ δὲ πρὸς τὸ θέατρον, ὃ καὶ ἄμεινον. Ἐφελκυστικὸς γάρ ἐστιν ἀεὶ μᾶλλον τῶν θεατῶν ὁ ποιητής, οὐ φροντίζων τῶν ἀκριβολογούντων. — Construisez : ἀπέθρισε τρίχας παρ' ἄκρας (τὰς τρίχας), elle a coupé ses cheveux par le bout.

129. Σώζουσα κάλλος, en cherchant à conserver sa beauté, afin de conserver sa beauté. Cf. *Iph. Aul.* 1350 : Μῶν κόρην σώζων ἐμήν; et la note.

130. Ὥς μ' ἀπώλεσας. Ici ὡς n'équivaut pas à ὅτι, mais à οὕτως ὡς, *ita ut*.

138. Πρευμενής, bienveillante, affectueuse. En traduisant « *grata*, agréable », on donne à ce mot un sens qu'il ne semble pas avoir.

140-142. Denys d'Halicarnasse (*l. c.* dans les Notes critiques) rapporte qu'au

ΟΡΕΣΤΗΣ.   697

                    ΗΛΕΚΤΡΑ.
Ἀποπρὸ βᾶτ' ἐκεῖσ', ἀποπρό μοι κοίτας.
                    ΧΟΡΟΣ.
Ἰδοὺ, πείθομαι.
                    ΗΛΕΚΤΡΑ.
Ἆᾶ, [σύριγγος] φώνει μοι,   145
λεπτοῦ δόνακος, ὦ φίλα, ὅπως πνοά.
                    ΧΟΡΟΣ.
Ἴδ', ἀθρεμαίαν ὡς ὑπόροφον φέρω
βοάν.
                    ΗΛΕΚΤΡΑ.
      Ναὶ οὕτως
κάταγε κάταγε, πρόσιθ' ἀτρέμας, ἀτρέμας ἴθι·

NC. 142. Denys et le *Marcianus.* écrivent ἀποπρόβατ' en un mot. — 145-146. On lisait : ἆ ἆ σύριγγος ὅπως πνοά ‖ λεπτοῦ δόνακος, ὦ φίλα, φώνει μοι. Le mot σύριγγος, que j'ai mis entre crochets, fait un contresens (voy. ci-dessous), et il ne s'accorde pas avec le vers antithétique, 157. Je le regarde comme une mauvaise glose écrite au-dessus de δόνακος. On peut y substituer μικρότερα ou ἰσχνότερα. La conjecture φωνεῖς (Tyrwhitt) ne suffit pas. Ensuite j'ai transposé les mots ὅπως πνοά et φώνει μοι, afin de rétablir l'accord antistrophique. — 147. Variantes : ἀτρεμαῖαν ou ἀτρεμαῖον, et ὑπώροφον. — 148. Variante : οὕτω.

théâtre les six syllabes σῖγα σῖγα λεπτόν se chantaient sur le même son (ἐφ' ἑνὸς φθόγγου μελῳδεῖται), en dépit de la prononciation habituelle, laquelle donnait aux syllabes accentuées un son plus aigu qu'aux syllabes privées d'accent ; et il donne encore d'autres renseignements de ce genre sur le reste de ces trois vers. Il veut faire voir au moyen d'un exemple que le chant composé par le poète musicien ne s'accorde pas avec le chant naturel de l'accentuation. Malheureusement, ce qu'il en dit ne suffit point pour donner une idée de l'air de ce morceau.

145-146. Après πνοά suppléez ἐστίν ou γίγνεται. Électre veut que le chœur lui parle d'un ton aussi doux que le souffle des légers roseaux agités par le vent : τοιαύτην πέμπε φωνήν, οἵα ἐστιν ἦχος [σύριγγος] καλάμων λεπτῶν ἐν τοῖς ἕλεσιν ἀποτελούμενος. [Schol.] Il ne saurait être question ici de la flûte de Pan, σύριγξ, laquelle avait un son pénétrant, capable, à ce que dit le scholiaste, de réveiller Endymion : οὗτος γὰρ καὶ Ἐνδυμίωνα ἐγείρει.

147-148. Construisez : ἴδε, ὡς ἀτρεμαίαν βοάν φέρω ὑπόροφον, vois, comme je porte une voix douce dans l'intérieur de la maison. Quoique visible sur la scène, le lit d'Oreste est censé être dans le palais, dont l'intérieur se trouve rapproché du spectateur au moyen de la machine appelée ἐκκύκλημα. — Les lexicographes grecs expliquent ὑπόροφος ou ὑπώροφος par ὑπόστεγος. Tel est le sens de cet adjectif dans l'*Électre*, v. 1166, et tel il doit être ici. C'est avec raison que Matthiæ a rejeté l'interprétation des scholiastes, qui veulent que ὑπόροφος désigne le son extrêmement léger d'une espèce de jonc, ὄροφος, dont on se servait aussi pour couvrir les toits. Cette explication artificielle ne s'accorde guère avec le premier élément du composé ὑπόροφος, et Matthiæ fait observer : « Φέρειν βοήν « pro *edere vocem*, an dici possit dubito, « nisi locus addatur in quem inferatur « vox. »

149. Κάταγε, baisse la voix. Scholiaste : Τὸ κάταγε ἐναντίον ἐστὶ τῇ ἀνατάσει τῆς φωνῆς.

λόγον ἀπόδος ἐφ' ὅ τι χρέος ἐμόλετέ ποτε. 150
Χρόνια γὰρ πεσὼν ὅδ' εὐνάζεται.

ΧΟΡΟΣ.

Πῶς ἔχει; Λόγου μετάδος, ὦ φίλα. [Antistrophe 1.]
Τίνα τύχαν εἴπω; τίνα δὲ συμφοράν;

ΗΛΕΚΤΡΑ.

Ἔτι μὲν ἐμπνέει, βραχὺ δ' ἀναστένει. 155

ΧΟΡΟΣ.

Τί φής; Ὦ τάλας.

ΗΛΕΚΤΡΑ.

Ὀλεῖς, εἰ βλέφαρα κινήσεις
ὕπνου γλυκυτάταν φερομένῳ χάριν.

ΧΟΡΟΣ.

Μέλεος ἐχθίστων θεόθεν ἐργμάτων, 160
τάλας.

ΗΛΕΚΤΡΑ.

Φεῦ μόχθων.
Ἄδικος ἄδικα τότ' ἄρ' ἔλακεν ἔλακεν, ἀπόφονον ὅτ' ἐπὶ τρίποδι Θέμιδος ἄρ' ἐδίκασε

NC. 154. Les manuscrits attribuent ce vers à Électre. Seidler l'a rendu au chœur. Mais il ne devrait y avoir ici qu'un seul dochmiaque. Nauck met les mots τίνα τύχαν εἴπω; entre crochets, en sous-entendant ἔχει avant συμφοράν. — 155. L'accord antistrophique laisse à désirer. Peut-être βραχὺ δ' ἀγασθμαίνει. [Musgrave et Nauck.] — 158. Nauck propose δρεπομένῳ. — La leçon χαρὰν devrait être changée en χάριν, quand même le manuscrit de Paris n'indiquerait pas cette variante. — 160. Variante : ὦ (ou ὤ) μέλεος. — 161. Variante : ὦ (ou ὤ) τάλας. — Avant Seidler les mots φεῦ μόχθων étaient attribués au chœur.

151. Χρόνια.... εὐνάζεται. Ces mots ne veulent pas dire : « il dort depuis longtemps », mais : « il repose enfin (après un long accès de démence) ». Cp. v. 475 : χρόνιον εἰσιδὼν φίλον, et passim.
157. Ὀλεῖς, sous-ent. αὐτὸν, et non ἐμέ.
159. Ὕπνου.... χάριν, à lui qui jouit du (littéralement : qui obtient le) doux bienfait du sommeil.
160. Μέλεος.... ἐργμάτων. La construction est la même que dans τάλαινα παίδων, Médée, 996.
162-163. Ἔλακεν, verbe poétique, qui s'applique très-particulièrement aux oracles. — Ἀπόφονον φόνον, un meurtre affreux. L'explication d'Hermann : « eadem non « pro cæde habendam », est en contradiction avec le sens général de la phrase. Électre reproche au dieu de Delphes d'avoir ordonné une action impie. — Le détail ἐπὶ τρίποδι Θέμιδος est ajouté dans la même intention qui a dicté le choix du verbe ἐδίκασε : l'un et l'autre font antithèse à ἄδικος ἄδικα. Les oracles d'Apollon étaient considérés comme des arrêts, θέμιστες (Pindare, Pyth. IV, 54, Euripide, Ion, 371), ce qui explique la légende d'après laquelle

ΟΡΕΣΤΗΣ. 699

φόνον ὁ Λοξίας ἐμᾶς ματέρος. 165
ΧΟΡΟΣ.
Ὁρᾷς; ἐν πέπλοισι κινεῖ δέμας. [Strophe 2.]
ΗΛΕΚΤΡΑ.
Σὺ γάρ νιν, ὦ τάλαινα,
θωύξασ' ἔβαλες ἐξ ὕπνου.
ΧΟΡΟΣ.
Εὕδειν μὲν οὖν ἔδοξα.
ΗΛΕΚΤΡΑ.
Οὐκ ἀφ' ἡμῶν, οὐκ ἀπ' οἴκων 170
πάλιν ἀνὰ μεθεμένα κτύπου
πόδα σὸν εἰλίξεις;
ΧΟΡΟΣ.
Ὑπνώσσει· λέγεις εὖ.
ΗΛΕΚΤΡΑ.
Πότνια, πότνια νύξ,
ὑπνοδότειρα τῶν πολυπόνων βροτῶν, 175
ἐρεβόθεν ἴθι, μόλε μόλε κατάπτερος
τὸν Ἀγαμεμνόνιον ἐπὶ δόμον.

NC. 169. Ancienne vulgate : οὖν νιν ἔδοξα. — 171-172. La leçon πάλιν ἀνὰ πόδα σὸν εἰλίξεις ‖ μεθεμένα κτύπου a été transposée par Porson, afin de rétablir l'accord antistrophique. Nauck : πάλιν ἄρα. — 173. Kirchhoff a vu que les mots λέγεις εὖ, qu'on attribuait à Électre, appartenaient au chœur. — 174-184. Ces vers, autrefois attribués au chœur (jusqu'au mot οἰχόμεθα), doivent être prononcés par Électre, aussi bien que les vers correspondants de l'antistrophe. Seidler l'a compris ; et le meilleur manuscrit, ainsi que le scholiaste, confirme cette division des rôles. — 177. Ἀγαμεμνόνιον, pour ἀγαμεμνόνειον, est une correction de Porson, laquelle se trouve déjà indiquée dans le manuscrit de Paris.

ce dieu succéda à Thémis dans le sanctuaire de Delphes. (Cf. *Iph. Taur.* 1259.)
168. Θωύξασ(α) équivaut à μεγάλως βοήσασα. [Scholiaste.] Le verbe θωύσσειν désigne proprement les cris par lesquels les chasseurs animent leurs chiens.
171-172. Construisez : πάλιν ἀνειλίξεις πόδα σόν; feras-tu de nouveau revenir ton pied en arrière?
174. Une scholie nous apprend que le morceau qui commence ici était chanté par Électre sur des notes très-aiguës, et cependant à voix basse. L'un n'exclut pas l'autre. Le scholiaste confond les deux sens du mot ὀξύς, *aigu*, et se crée une difficulté imaginaire en ajoutant : Ἀπίθανον οὖν τὴν Ἠλέκτραν ὀξείᾳ φωνῇ κεχρῆσθαι, καὶ ταῦτα ἐπιπλήσσουσαν τῷ χορῷ (et cela en reprochant au chœur de parler trop haut). — On peut comparer avec cette invocation le beau passage du *Philoctète* de Sophocle, vers 827 : Ὕπν' ὀδύνας ἀδαής, ὕπνε δ' ἀλγέων, εὐαὲς ἡμῖν ἔλθοις.
175. Ὑπνοδότειρα est poétiquement construit avec le génitif βροτῶν, d'après l'analogie de la locution εὐεργέτις βροτῶν.

700 ΟΡΕΣΤΗΣ.

Ὑπὸ γὰρ ἀλγέων ὑπό τε συμφορᾶς 180
διοιχόμεθ᾽, οἰχόμεθα. Κτύπον ἠγάγετ᾽· οὐχὶ σῖγα
σῖγα φυλασσόμενα
στόματος ἀνακέλαδον ἀπὸ λέχεος 185
ἥσυχον ὕπνου χάριν παρέξεις, φίλα;

ΧΟΡΟΣ.

Θρόει, τίς κακῶν τελευτὰ μένει; [Antistrophe 2.]

ΗΛΕΚΤΡΑ.

Θανεῖν· τί δ᾽ ἄλλο;
οὐ δὴ γὰρ πόθον ἔχει βορᾶς.

ΧΟΡΟΣ.

Πρόδηλος ἄρ᾽ ὁ πότμος. 190

ΗΛΕΚΤΡΑ.

Ἐξέθυσεν Φοῖβος ἡμᾶς
μέλεον ἀπόφονον αἷμα δοὺς
πατροφόνου ματρός.

ΧΟΡΟΣ.

Δίκᾳ μὲν, καλῶς δ᾽ οὔ.

NC. 181-182. Variantes : διοιχόμεσθ᾽ οἰχόμεσθα, et σίγα σίγα, comme au vers 140. — 186. Manuscrits : χαράν. On trouve χάριν dans une scholie. Cf. v. 158. — Variante : ὦ φίλα. — 188. Ce vers est trop court de deux syllabes. Quelques manuscrits ajoutent γ᾽ εἴποις ou γ᾽ εἴπω après τί δ᾽ ἄλλο. La conjecture de Lachmann : θανεῖν θανεῖν est plus probable. — 189. La conjecture de Dindorf : οὐ δὴ γάρ pour οὐδὲ (ou οὔτε) γάρ rétablit l'accord antistrophique. Musgrave voulait οὐδὲν γάρ. — 191. J'ai substitué ἐξέθυσεν Φοῖβος à ἐξέθυσ᾽ ὁ Φοῖβος. Cette correction, déjà proposée par King, se justifie par le vers antithétique, v. 170. Hésychius : Ἐξέθυσεν· ἀνεῖλεν. — 193. Variante : ματέρος. — 194. Δίκᾳ, correction de Triclinius pour δίκαια.

185-186. Ἀπὸ λέχεος (ou ἄπο λέχεος, d'après quelques éditeurs), loin du lit d'Oreste. — Ἥσυχον ὕπνου χάριν παρέξεις; le laisseras-tu jouir en repos du sommeil? « quietamne soporis gratium præstabis? »

191. Ἐξέθυσεν Φοῖβος ἡμᾶς, Apollon nous immola, nous perdit : nous avons été victimes de son ordre impie.

192. Ἀπόφονον αἷμα, « un sang qui n'aurait pas dû être répandu, » équivaut à ἀπόφονον φόνον, v. 162 sqq. — Δούς, accordant, imposant. Musgrave cite *Él.* 1304 : Τίς δ᾽ ἔμ᾽ Ἀπόλλων, ποῖοι χρησμοὶ Φονίαν ἔδοσαν μητρὶ γενέσθαι;

193. Πατροφόνου ματρός, la mère qui tua notre père. Clytemnestre n'était point πατροφόνος : cette épithète ne lui convient que par rapport à Électre, qui parle ici. C'est ainsi qu'Oreste dit dans les *Choéphores* d'Eschyle, v. 909 : Πατροκτονοῦσα γὰρ συνοικήσεις ἐμοί; On compare Homère, *Od.* I, 299 : Ἦ οὐκ ἀΐεις οἷον κλέος ἔλλαβε δῖος Ὀρέστης· Πάντας ἐπ᾽ ἀνθρώπους, ἐπεὶ ἔκτανε πατροφονῆα, Αἴγισθον δολόμητιν, ὅς οἱ πατέρα κλυτὸν ἔκτα. Sophocle, *Trach.* 1125 : Παρεμνήσω γὰρ αὖ Τῆς πατροφάντου μητρός.

194. Δίκᾳ μὲν, καλῶς δ᾽ οὔ. Scholiaste:

ΗΛΕΚΤΡΑ.

Ἔθανες ἔκανες, ὦ 195
τεκομένα με μᾶτερ, ἀπὸ δ' ὤλεσας
πατέρα τέκνα τε τάδε σέθεν ἀφ' αἵματος·
ὀλόμεθ' ἰσονέκυ', ὀλόμεθα. 200
Σύ τε γὰρ ἐν νεκροῖς, τό τ' ἐμὸν οἴχεται
βίου τὸ πλέον μέρος ἐν στοναχαῖσί τε καὶ γόοισι
δάκρυσί τ' ἐννυχίοις· 205
ἄγαμος, ἔπιδ', ἄτεκνος ἅτε βίοτον
ἁ μέλεος εἰς τὸν αἰὲν ἕλκω χρόνον.

ΧΟΡΟΣ.

Ὅρα παροῦσα, παρθέν' Ἠλέκτρα, πέλας,
μὴ κατθανών σε σύγγονος λέληθ' ὅδε·
οὐ γάρ μ' ἀρέσκει τῷ λίαν παρειμένῳ. 210

ΟΡΕΣΤΗΣ.

Ὦ φίλον ὕπνου θέλγητρον, ἐπίκουρον νόσου,

NC. 195. Les conjectures ἔκανες ἔκανες et ἔθανες ἔθανες sont également mauvaises. — 200. Ἰσονέκυ', correction de Porson pour ἰσονέκυες. Cependant ce critique avait écrit ὀλόμεθ' ὀλόμεθ' ἰσονέκυε, en conservant l'ordre des mots qui se trouve dans le *Vaticanus* et dans les anciennes éditions. — 201. Peut-être : ὅδε γὰρ ἐν νεκροῖς. — 202. Porson : πλέον βιότου μέρος. Voy. la note explicative. — Variante : γόοις. — 206. Variante : ἔπι δ' (ou ἐπεὶ δ') ἄτεκνος.

Ὠφείλετο μὲν γὰρ αὐτὴ ἀναιρεθῆναι, οὐ μέντοι ὑπὸ τοῦ παιδός. Dans *Électre*, vers 1244, les Dioscures disent à Oreste : Δίκαια μέν νυν ἥδ' ἔχει, σὺ δ' οὐχὶ ὀρᾷς. Cf. Théodecte, cité par Aristote, *Rhét.* II, 23.

195-197. Ἔκανες ἔθανες, tu as tué, tu as été tué. Les deux faits sont intimement liés, et les deux mots sont rapprochés par une concision énergique. Ἔκανες est développé par ἀπὸ δ' ὤλεσας (ἀπώλεσας; δὲ) πατέρα, et ἔθανες l'est par (ἀπώλεσας) τέκνα τε τάδε.

201-202. Σύ ne se rapporte pas à Clytemnestre, mais à Oreste, lequel n'est déjà plus, pour ainsi dire, parmi les vivants : cf. v. 83 sq. Le mot ἰσονέκυ(ε), dont Électre vient de se servir, est expliqué et motivé par ce qu'elle dit ici. — Τό τ' ἐμὸν.... βίου τὸ πλέον μέρος. Ces derniers mots veulent dire : « la plus grande partie » [Klotz] ; et on pourrait se passer plus facilement du premier τό, qui sert à introduire ce membre de phrase, que du second τό.

206. Ἔπιδ(ε), « voyez, » forme une parenthèse. — Ἅτε, *quippe*. Cette conjonction gouverne toute la phrase : ἄγαμος...., χρόνον.

208. Παροῦσα.... πέλας. Électre est sur la scène et près du lit d'Oreste ; le chœur se trouve dans l'orchestre, à une distance qui ne lui permet pas de bien observer le malade.

210. Μ' ἀρέσκει est pour με ἀρέσκει. Le datif μοι ne s'élide pas chez les poètes attiques. — Τῷ λίαν παρειμένῳ, à cause de cette trop grande langueur. Voy. la note sur τὸ μαινόμενον pour ἡ μανία, *Hipp.* 248.

ΟΡΕΣΤΗΣ.

ὡς ἡδύ μοι προσῆλθες ἐν δέοντί γε.
Ὦ πότνια λήθη τῶν κακῶν, ὡς εἶ σοφὴ
καὶ τοῖσι δυστυχοῦσιν εὐκταία θεός.
Πόθεν ποτ' ἦλθον δεῦρο; πῶς δ' ἀφικόμην; 215
Ἀμνημονῶ γὰρ, τῶν πρὶν ἀπολειφθεὶς φρενῶν.

ΗΛΕΚΤΡΑ.

Ὦ φίλταθ', ὥς μ' εὔφρανας εἰς ὕπνον πεσών.
Βούλει θίγω σου κἀνακουφίσω δέμας;

ΟΡΕΣΤΗΣ.

Λαβοῦ λαβοῦ δῆτ', ἐκ δ' ὄμορξον ἀθλίου
στόματος ἀφρώδη πέλανον ὀμμάτων τ' ἐμῶν. 220

ΗΛΕΚΤΡΑ.

Ἰδού· τὸ δούλευμ' ἡδὺ, κοὐκ ἀναίνομαι.
ἀδέλφ' ἀδελφῇ χειρὶ θεραπεύειν μέλη.

ΟΡΕΣΤΗΣ.

Ὑπόβαλε πλευροῖς πλευρὰ, καὐχμώδη κόμην
ἄφελε προσώπου· λεπτὰ γὰρ λεύσσω κόραις.

ΗΛΕΚΤΡΑ.

Ὦ βοστρύχων πινῶδες ἄθλιον κάρα, 225
ὡς ἠγρίωσαι διὰ μακρᾶς ἀλουσίας.

ΟΡΕΣΤΗΣ.

Κλῖνόν μ' ἐς εὐνὴν αὖθις· ὅταν ἀνῇ νόσος

NC. 212. Quelques manuscrits (*Marianus* etc.), ainsi que Plutarque *de superst.* p. 165, donnent ἐν δέοντί γε, d'autres, et Stobée, *Anthol.* C, 1, portent ἐν δέοντί τι. — 216. Quelques éditeurs mettent la virgule après πρίν. Matthiæ a rétabli la ponctuation des scholies. — 224. Variante : λεύσσω νόσῳ. — 227. Heath a retranché μ' après ὅταν.

213. Comme λήθη, « l'oubli, » est ici proclamée une divinité, ceux qui identifiaient Latone avec la Nuit, et faisaient venir le nom grec de cette déesse, Λητώ, de λανθάνεσθαι, s'autorisaient de ce passage. (Voy. les scholies et Eustathe, *ad Iliad.* p. 22, 34, lesquels suivent peut-être des autorités stoïciennes). Il va sans dire qu'Euripide ne songeait ni à Latone, ni à ces théories.

216. Τῶν πρὶν ἀπολειφθεὶς φρενῶν, étant privé de l'ancienne lucidité de mon esprit, c.-à-d. : par suite de la démence.

— On remarquera que les trois distiques d'Oreste, v. 214-216, préludent au dialogue suivant, qui est tout en distiques.

220. Ἀφρώδη πέλανον, l'écume figée, τὸν περιπεπηγότα τῷ στόματι ἀφρόν, d'après l'explication d'Hésychius.

224. Λεπτὰ γὰρ λεύσσω κόραις, car mes yeux voient faiblement. Scholiaste : ἀμυδρὰ γὰρ βλέπω τοῖς ὀφθαλμοῖς. Ce détail n'est pas sans portée. Se trouvant dans un état pareil, Oreste pourra bientôt voir des fantômes.

225. Βοστρύχων πινῶδες κάρα équivaut

μανιάς, άναρθρός είμι κάσθενῶ μέλη.

ΗΛΕΚΤΡΑ.

Ἰδού. Φίλον τοι τῷ νοσοῦντι δέμνιον,
ἀνιαρὸν ὃν τὸ κτῆμ', ἀναγκαῖον δ' ὅμως. 230

ΟΡΕΣΤΗΣ.

Αὖθίς μ' ἐς ὀρθὸν στῆσον, ἀνακύκλει δέμας·
δυσάρεστον οἱ νοσοῦντες ἀπορίας ὕπο.

ΗΛΕΚΤΡΑ.

Ἦ κἀπὶ γαίας ἁρμόσαι πόδας θέλεις,
χρόνιον ἴχνος θείς; μεταβολὴ πάντων γλυκύ.

ΟΡΕΣΤΗΣ.

Μάλιστα· δόξαν γὰρ τόδ' ὑγιείας ἔχει. 235
Κρεῖσσον δὲ τὸ δοκεῖν, κἂν ἀληθείας ἀπῇ.

ΗΛΕΚΤΡΑ.

Ἄκουε δὴ νῦν, ὦ κασίγνητον κάρα,
ἕως ἐῶσιν εὖ φρονεῖν Ἐρινύες.

ΟΡΕΣΤΗΣ.

Λέξεις τι καινόν· κεἰ μὲν εὖ, χάριν φέρεις·

NC. 228. Manuscrits : μανίας. Mais les scholies mentionnent la leçon μανιάς, que Porson a préférée avec raison. — Variante : κἀσθενῶ δέμας. — 229-230. Stobée, *Anthol*. C, 2 : δέμνια· ‖ ἀνιαρὸν μὲν τὸ κτῆμ'. — 231. Stobée, *l. c.* αὖθις δ' ἐς. — 232. La plupart des manuscrits attribuent ce vers au chœur ou à Électre. — 238. Ἐῶσιν εὖ est la leçon du *Marcianus*. Vulgate : ἐῶσί σ' εὖ. — 239. On mettait un point d'interrogation après καινόν. J'ai corrigé la ponctuation d'après la scholie du *Marcianus* : Πάντως καινότερόν τι ἐπαγγέλλεις.

ἀ βοστρύχων πινωδῶν κάρα. D'autres expliquent : κάρα πινῶδες (ἕνεκα) βοστρύχων.

228. Ἄναρθρός εἰμι, mes articulations sont brisées.

229. Scholiaste : Ἰδού, κλίνω σε. En disant : ἰδού, « voilà, » Électre marque qu'elle vient d'exécuter les ordres d'Oreste. [Hermann.]

231. Ἀνακύκλει δέμας, remets mon corps dans la position que j'essayais de prendre tantôt (v. 218 sqq.). Ἀνακυκλεῖν veut dire : faire revenir comme en cercle. L'explication des scholiastes et d'Hésychius : ἀνόρθου, n'est pas assez exacte; quoiqu'elle rende le sens matériel des paroles d'Oreste.

232. Δυσάρεστον.... ἀπορίας ὕπο, il est difficile de contenter les malades, parce qu'ils ne savent quel parti prendre, parce qu'ils se trouvent mal quoi qu'ils fassent. Cf. *Hippol*. 177 sqq.

234. Χρόνιον ἴχνος θείς, faisant un pas tardif, c'est-à-dire : te remettant enfin à marcher, après être resté longtemps couché. L'explication βραδεῖαν βάσιν est erronée. Voy. la note sur le vers 451.

236. Κρεῖσσον δὲ τὸ δοκεῖν, complétez : τοῦ μὴ δοκεῖν.

239. Λέξεις τι καινόν. Voy. NC.

εἰ δ' εἰς βλάβην τιν', ἅλις ἔχω τοῦ δυστυχεῖν. 240

ΗΛΕΚΤΡΑ.

Μενέλαος ἥκει, σοῦ κασίγνητος πατρός,
ἐν Ναυπλίᾳ δὲ σέλμαθ' ὥρμισται νεῶν.

ΟΡΕΣΤΗΣ.

Πῶς εἶπας; ἥκει φῶς ἐμοῖς καὶ σοῖς κακοῖς,
ἀνὴρ ὁμογενὴς καὶ χάριτας ἔχων πατρός;

ΗΛΕΚΤΡΑ.

Ἥκει, τὸ πιστὸν τόδε λόγων ἐμῶν δέχου, 245
Ἑλένην ἀγόμενος Τρωικῶν ἐκ τειχέων.

ΟΡΕΣΤΗΣ.

Εἰ μόνος ἐσώθη, μᾶλλον ἂν ζηλωτὸς ἦν·
εἰ δ' ἄλοχον ἄγεται, κακὸν ἔχων ἥκει μέγα.

ΗΛΕΚΤΡΑ.

Ἐπίσημον ἔτεκε Τυνδάρεως εἰς τὸν ψόγον
γένος θυγατέρων δυσκλεές τ' ἀν' Ἑλλάδα. 250

ΟΡΕΣΤΗΣ.

Σύ νυν διάφερε τῶν κακῶν· ἔξεστι γάρ·
καὶ μὴ μόνον λέγ', ἀλλὰ καὶ φρόνει τάδε.

ΗΛΕΚΤΡΑ.

Οἴμοι, κασίγνητ', ὄμμα σὸν ταράσσεται,
ταχὺς δὲ μετέθου λύσσαν, ἄρτι σωφρονῶν.

ΟΡΕΣΤΗΣ.

Ὦ μῆτερ, ἱκετεύω σε, μὴ 'πίσειέ μοι 255

NC. 240. Variantes: τὸ δυστυχεῖν et τῷ δυστυχεῖν. — 249. La leçon εἰς τὸν ψόγον laisse à désirer. L'article τὸν se trouvant omis dans quelques manuscrits, Hermann écrit: γὰρ ἐς ψόγον. Schol. Marc. : Περισσὸν δὲ τὸ ἄρθρον. — 251. Σύ τοι dans Plutarque, De cap. ex inimicis util. p. 88, et dans Orion, Anthol. I, 46. — 255. Μὴ 'πίσειέ μου, leçon de la première main du Vaticanus.

240. Εἰς βλάβην τιν(ά), suppléez ἀφορῶν. [Schol.]
242. Ἐν Ναυπλίᾳ. Nauplie est le port d'Argos. Cf. Él. 1278.
243. Φῶς, « lumière, » métaphore usuelle pour « salut. »
245. Le démonstratif τόδε porte sur les mots Ἑλένην ἀγόμενος. La preuve qu'É-cotro dit vrai en annonçant le retour de Ménélas, c'est qu'Hélène est arrivée. Or Ménélas n'est pas loin d'Hélène: ὅπου γὰρ Ἑλένη, πάντως που καὶ Μενέλαος. [Schol.]
254. Ταχὺς δὲ μετέθου λύσσαν ἄρτι σωφρονῶν équivaut à ταχέως μετέθου λύσσαν ἀντὶ τῆς ἄρτι σωφροσύνης. Le

ΟΡΕΣΤΗΣ.

τὰς αἱματωποὺς καὶ δρακοντώδεις κόρας·
αὗται γὰρ αὗται πλησίον θρώσκουσί μου.

ΗΛΕΚΤΡΑ.

Μέν', ὦ ταλαίπωρ', ἀτρέμα σοῖς ἐν δεμνίοις.
Ὁρᾷς γὰρ οὐδὲν ὧν δοκεῖς σάφ' εἰδέναι.

ΟΡΕΣΤΗΣ.

Ὦ Φοῖβ', ἀποκτενοῦσί μ' αἱ κυνώπιδες   260
γοργῶπες ἐνέρων ἱέρίαι, δειναὶ θεαί.

ΗΛΕΚΤΡΑ.

Οὔτοι μεθήσω· χεῖρα δ' ἐμπλέξασ' ἐμὴν
σχήσω σε πηδᾶν δυστυχῆ πηδήματα.

ΟΡΕΣΤΗΣ.

Μέθες· μί' οὖσα τῶν ἐμῶν Ἐρινύων,
μέσον μ' ὀχμάζεις, ὡς βάλῃς εἰς Τάρταρον.   265

NC. 257. Ce vers, qui est cité avec les deux précédents, par Longin, *De sublimi*, XV, 2, et par Plutarque, *De plac. philos.*, p. 991, ne se défend pas seulement par ces autorités, mais aussi par sa beauté dramatique. C'est à tort que Nauck et Kirchhoff le donnent pour interpolé, qu'Elmsley et Hartung veulent le transposer après le vers 270. Si Oreste prononce ici un tristique au lieu d'un distique, c'est que le poète a voulu marquer ainsi le commencement d'un nouveau groupe de vers, d'une nouvelle phase du dialogue : en effet, la lucidité d'Oreste fait ici place à la démence. Voyez notes explicatives, v. 276. — 258. Variante vicieuse : ἀτρέμας σοῖς. — 261. Les manuscrits portent, tous ou la plupart, ἱέρειαι.

verbe μετατίθεσθαι signifie ici : « prendre une chose à la place d'une autre. » Sans l'addition ἄρτι σωφρονῶν, le sens de μετέθου λύσσαν serait: « deposuisti insaniam. »

256. Αἱματωπούς est expliqué dans le lexique d'Hésychius par αἷμα βλεπούσας. Le meilleur commentaire de cette épithète est le vers 1058 des *Choephores* d'Eschyle : Κἀξ ὀμμάτων στάζουσιν αἷμα δυσφιλές.

257. Αὗται γὰρ αὗται, voici, voici.

259. Σάφ' εἰδέναι ne veut pas dire : « voir clairement », mais : « savoir et tenir pour certain ». Hermann insiste avec raison sur la différence que l'usage constant de tous les écrivains met entre εἰδέναι et ἰδεῖν. Thomas Magister fait, à propos de εἰδέναι, l'observation très-juste : βλέπειν εἰπεῖν ἔμελλεν· ὅτι δὲ ὁ βλέπει τις γινώσκει, οὕτως ἐξήνεγκεν.

264-265. Oreste reconnaît encore sa sœur; mais comme elle le prend par le milieu du corps pour le retenir, il est sur le point de la confondre avec les fantômes qui le hantent : elle commence à prendre aux yeux de l'infortuné la figure d'une Furie. Voilà une peinture admirable de l'hallucination. Évidemment Euripide décrit les visions d'un esprit égaré, d'une âme malade, et non l'apparition de démons véritables. Electre a raison de ne pas croire à la présence des Furies (vers 259 et 312 sqq.), et ceux qui pensent que les spectateurs les apercevaient ou qu'ils voyaient l'ombre de Clytemnestre, invoquée au vers 255, se trompent étrangement. (Cp. v. 297, et la note sur le vers 291 sqq. d'*Iphigénie en Tauride*.) Le scholiaste dit fort bien : Ἐκ τοῦ ἀφανοῦς ὑπέθετο τὰς Ἐρινύας αὐτὸν διωκούσας, ἵνα τὴν δόξαν τοῦ μεμηνότος ἡμῖν παραστήσῃ· ὡς εἴγε παρήγαγεν αὐτὰς εἰς μέσον, ἐσωφρόνει ἂν ὁ Ὀρέστης, τὰ αὐτὰ πᾶσιν ὁρῶν.

ΟΡΕΣΤΗΣ.

ΗΛΕΚΤΡΑ.

Οἴ 'γὼ τάλαινα, τίν' ἐπικουρίαν λάβω,
ἐπεὶ τὸ θεῖον δυσμενὲς κεκτήμεθα;

ΟΡΕΣΤΗΣ.

Δὸς τόξα μοι κερουλκά, δῶρα Λοξίου,
οἷς μ' εἶπ' Ἀπόλλων ἐξαμύνεσθαι θεάς,
εἴ μ' ἐκφοβοῖεν μανιάσιν λυσσήμασιν.   270
Βεβλήσεταί τις θεῶν βροτησίᾳ χερί,
εἰ μὴ 'ξαμείψει χωρὶς ὀμμάτων ἐμῶν.
Οὐκ εἰσακούετ'; οὐχ ὁρᾶθ' ἐκηβόλων
τόξων πτερωτὰς γλυφίδας ἐξορμωμένας;
Ἆ ἆ·
τί δῆτα μέλλετ'; ἐξακρίζετ' αἰθέρα   275
πτεροῖς· τὰ Φοίβου δ' αἰτιᾶσθε θέσφατα.

NC. 271. On considérait les mots βεβλήσεται.... χερί comme une question d'Électre; Hartung, Dindorf et d'autres critiques les ont attribués à Oreste, et ils ont remplacé le point d'interrogation par une virgule. En apostrophant Alexandre, Anaxarque se servit de ce vers comme d'une menace, et non comme d'une question : voy. Plutarque, *Quæst. symp.* IX, 1, 2, et Diogène Laërce, IX, 60. L'autorité des manuscrits ne peut guère décider de questions de cette nature : dans plusieurs les vers 280 et 283 sont également assignés à Électre.

267. Τὸ θεῖον. Ces mots ne font pas allusion aux Furies, dont Électre n'admet point la réalité, mais à la démence, maladie qui était, plus que toute autre, attribuée à la colère d'un dieu.

268. Κερουλκά. L'arc se tend par les deux extrémités. — Δῶρα Λοξίου. Le scholiaste nous apprend qu'Euripide emprunta ce détail à Stésichore. Chez Eschyle, Apollon défend Oreste en justice; Stésichore avait imaginé un secours plus matériel, le prêt des flèches divines, capables de tenir les Furies en respect. Du reste, le lyrique sicilien est, à notre connaissance, le premier poète qui ait fait poursuivre Oreste par les Furies. Il n'en est point question dans Homère. — Le poète voulait-il que l'acteur saisît un arc qui pouvait se trouver à sa portée? ou qu'il fît seulement le geste de tirer des flèches? Cette dernière hypothèse nous semble plus conforme à l'esprit de cette scène, dont l'imagination d'Oreste fait seule tous les frais, et nous nous rangeons du côté des acteurs contre le critique ancien auquel on doit cette scholie : Στησιχόρῳ ἑπόμενος τόξα φησὶν αὐτὸν εἰληφέναι παρὰ Ἀπόλλωνος. Ἔδει οὖν τὸν ὑποκριτὴν τόξα λαβόντα τοξεύειν. Οἱ δὲ νῦν ὑποκρινόμενοι τὸν ἥρωα αἰτοῦσι μὲν τὰ τόξα, μὴ δεχόμενοι δὲ σχηματίζονται τοξεύειν.

270. Μανιάσιν λυσσήμασιν. L'adjectif μανιάς, qui n'existe que dans la forme féminine, peut être rapproché d'un substantif neutre. Voy. la note sur Δηλιάσιν γυάλοισι, *Iph. Taur.*, 1235.

273-274. Ἐκηβόλων. Cette épithète rappelle que l'arc dont se sert Oreste est celui d'Apollon. — Γλυφίδας. Ce mot désigne au propre l'entaille au moyen de laquelle la flèche repose sur la corde.

275. Ἐξακρίζετ' αἰθέρα, locution poétique pour εἰς τὸν ἄκρον αἰθέρα τρέχετε. [Scholiaste.] Le verbe ἐξακρίζειν gouverne l'accusatif, en suivant l'analogie de ἐξικνεῖσθαι.

276. En remontant au vers 268, on

ΟΡΕΣΤΗΣ.

· Ἔα ·
τί χρῆμ' ἀλύω, πνεῦμ' ἀνεὶς ἐκ πλευμόνων;
ποῖ ποῖ ποθ' ἡλάμεσθα δεμνίων ἄπο;
ἐκ κυμάτων γὰρ αὖθις αὖ γαλήν' ὁρῶ.
Σύγγονε, τί κλαίεις κρᾶτα θεῖσ' εἴσω πέπλων;   280
Αἰσχύνομαί σε μεταδιδοὺς πόνων ἐμῶν
ὄχλον τε παρέχων παρθένῳ νόσοις ἐμαῖς.
Μὴ τῶν ἐμῶν ἕκατι συντήκου κακῶν·
σὺ μὲν γὰρ ἐπένευσας τάδ', εἴργασται δ' ἐμοὶ
μητρῷον αἷμα · Λοξίᾳ δὲ μέμφομαι,   285
ὅστις μ' ἐπάρας ἔργον ἀνοσιώτατον,
τοῖς μὲν λόγοις εὔφρανε, τοῖς δ' ἔργοισιν οὔ.
Οἶμαι δὲ πατέρα τὸν ἐμόν, εἰ κατ' ὄμματα

NC. 277. Manuscrits : πνευμόνων. Nauck y a substitué πλευμόνων, seule forme attique au témoignage des grammairiens grecs. — 281. Variante mal autorisée : αἰσχύνομαί σοι. — 284. Nauck et Heimsœth proposent ᾔνεσας pour ἐπένευσας, leçon qui pourrait venir de la glose ἐπῄνεσας. — 286-287. Variantes vicieuses : εἰς ἔργον et ἔργον ἐς. Nauck voudrait écrire ὅς δρᾶν μ' ἐπάρας. On pourrait aussi substituer à τοῖς μὲν λόγοις, soit δρᾶν, τοῖς λόγοις (Hartung), soit δρᾶσαι, λόγοις (Hermann).

trouve un tristique, suivi de trois distiques. La première phase de la démence d'Oreste était exposée dans un dialogue qui s'ouvrait aussi par un tristique, vers 255-257, et se continuait en distiques. Son retour à la raison est également marqué par un tristique, 277-279. Enfin cette scène débutait par un tristique du chœur, 208-210, suivi de trois distiques d'Oreste, 211-216.

277. Τί χρῆμ(α) équivaut à τί, « pourquoi? »

279. En déclamant ce vers sur la scène, l'acteur Hégélochos prononça γαλήν' ὁρῶ, « je vois le calme, » comme γαλῆν ὁρῶ, « je vois un chat. » Aristophane, Grenouilles, 306, et d'autres comiques, cités dans les scholies, ne se sont pas fait faute de se moquer de l'acteur, et aussi un peu du poète.

284-285. Ici ἐπένευσας ne veut pas dire « annuisti, tu as promis, » mais équivaut à συνῄνεσας « tu as marqué ton assentiment. » — Εἴργασται δ' ἐμοί.... αἷμα, mais c'est moi qui ai consommé le patricide. On voit que αἷμα prend le sens de φόνος. Cf. vers 89 : Αἷμα γενέθλιον κατήνυσεν, et passim.

286. Si la leçon est bonne, ἐπάρας est ici construit avec deux accusatifs.

287. Τοῖς μὲν λόγοις.... οὔ. Dans les Suppliantes d'Eschyle, vers 515, le chœur des Danaïdes dit au roi d'Argos, en se servant toutefois d'une tournure plus discrète : Σὺ καὶ λέγων εὔφραινε καὶ πράσσων φρένα.

288-293. Euripide (on l'a remarqué plus d'une fois) suppose ici ce que Shakespeare a réalisé. « But, howsoever thou pursu'st this act, Taint not thy mind, nor let thy soul contrive Against thy mother aught », dit l'ombre du vieil Hamlet à son fils. Rien ne fait mieux voir que cette coïncidence, combien Euripide se rapprochait déjà des modernes par sa manière de penser et de sentir. De toutes les protestations de notre poète contre la vieille légende, celle-ci est sans contredit la plus éloquente.

288-289. Εἰ κατ' ὄμματα ἐξιστόρουν νιν..., si j'avais pu le voir et lui demander, s'il fallait tuer ma mère.

ἐξιστόρουν νιν, μητέρ' εἰ κτεῖναί με χρή,
πολλὰς γενείου τοῦδ' ἂν ἐκτεῖναι λιτὰς 290
μήπω τεκούσης εἰς σφαγὰς ὦσαι ξίφος,
εἰ μήτ' ἐκεῖνος ἀναλαβεῖν ἔμελλε φῶς,
ἐγώ δ' ὁ τλήμων τοιάδ' ἐκπλήσειν κακά.
Καὶ νῦν ἀνακάλυπτ', ὦ κασίγνητον κάρα,
ἐκ δακρύων τ' ἄπελθε, κεἰ μάλ' ἀθλίως 295
ἔχομεν· ὅταν δὲ τἄμ' ἀθυμήσαντ' ἴδῃς,
σύ μου τὸ δεινὸν καὶ διαφθαρὲν φρενῶν
ἴσχναινε παραμυθοῦ θ'· ὅταν δὲ σὺ στένῃς,
ἡμᾶς παρόντας χρή σε νουθετεῖν φίλα·
ἐπικουρίαι γὰρ αἵδε τοῖς φίλοις καλαί. 300
Ἀλλ', ὦ τάλαινα, βᾶσα δωμάτων ἔσω
ὕπνῳ τ' ἄυπνον βλέφαρον ἐκταθεῖσα δός,
σῖτόν τ' ὄρεξαι λουτρά τ' ἐπιβαλοῦ χροΐ.
Εἰ γὰρ προλείψεις μ' ἢ προσεδρείᾳ νόσον

NC. 291. J'ai rétabli μήπω d'après le meilleur manuscrit. Depuis Barnes la vulgate avait μή ποτε. *Vaticanus* : μήπωτε, transition entre la leçon primitive et la leçon corrigée. Porson : μὴ τῆς τεκούσης. — 294. Brunck : ἀνακάλυπτ', ὦ κασιγνήτη, κάρα. — 298. Variante : ἴσχανε. Cp. *Iph. Aul.*, 694, NC. — 303. *Marcianus* : σίτων τ' et λουτρ' ἐπιχροΐ βάλλει. *Vaticanus* et d'autres : σῖτόν τ' et λουτρά τ' ἐπὶ χροΐ βαλέ. Nous avons suivi Hermann. — 304. Variante : προσεδρίᾳ.

290. Πολλὰς γενείου τοῦδ' ἂν ἐκτεῖναι λιτὰς est dit poétiquement pour πολλάκις ἂν ἐκτεῖναι χεῖρα ἱκεσίαν πρὸς γένειον ἐμόν. Cf. v. 383, et *Iph. Taur.* 362 : Ὅσας γενείου χεῖρας ἐξηκόντισα.

291. Μήπω, litote attique pour μήποτε. Cf. *Héc.* 1278, avec la note.

292-293. Εἰ μήτ' ἐκεῖνος..., ἐγὼ δ(ὲ)... La conjonction δὲ répond ici à μήτε, comme elle répond à οὔτε et à τε aux vers 443 et 1250 de *Médée*. Voy. les notes sur ces passages.

294. Ἀνακάλυπτ(ε), découvre-toi. Électre pleure en cachant sa tête dans son voile.

296. Τἄμ(ὰ) ἀθυμήσαντ(α), ne diffère pas essentiellement de ἐμὲ ἀθυμήσαντα.

297-298. Oreste dit à sa sœur : « Apaise les frayeurs et conjure par tes paroles les défaillances de mon esprit ». Ἴσχναινε porte sur τὸ δεινόν, et παραμυθοῦ porte sur (τὸ) διαφθαρέν. Quant au sens de τὸ δεινὸν φρενῶν, cp. *Hél.* 500 : Τὸ δεινὸν προσπόλου.
— On voit qu'Oreste lui-même comprend maintenant que les fantômes qu'il vient de voir sont engendrés par son esprit malade.

299. Χρή σε νουθετεῖν φίλα équivaut à χρή σε νουθετεῖν φίλα νουθετήματα, il faut que je t'adresse des exhortations amies

304. Προλείψεις. Oreste ne craint nullement qu'Électre le néglige; il craint qu'à force d'assiduité (προσεδρείᾳ) Électre ne vienne à mourir ou à tomber malade. L'un des scholiastes l'a compris. Dans *Alceste*, v. 391, Admète dit à son épouse mourante : Τί δρᾷς; προλείπεις; Ici le datif προσεδρείᾳ, qui se rapporte aussi à προλείψεις (voy. les notes sur *Méd.* 1330, sur *Iph. Aul.* 5, et *passim*) détermine le sens de ce verbe et forme avec lui une alliance de mots.

ΟΡΕΣΤΗΣ. 709

κτήσει τιν', οἰχόμεσθα· σὲ γὰρ ἔχω μόνην 305
ἐπίκουρον, ἄλλων, ὡς ὁρᾷς, ἔρημος ὤν.

ΗΛΕΚΤΡΑ.

Οὐκ ἔστι· σὺν σοὶ καὶ θανεῖν αἱρήσομαι
καὶ ζῆν· ἔχει γὰρ ταὐτόν· ἢν σὺ κατθάνῃς,
γυνὴ τί δράσω; πῶς μόνη σωθήσομαι,
ἀνάδελφος ἀπάτωρ ἄφιλος; Εἰ δὲ σοὶ δοκεῖ, 310
δρᾶν χρὴ τάδ'. Ἀλλὰ κλῖνον εἰς εὐνὴν δέμας,
καὶ μὴ τὸ ταρβοῦν κἀκφοβοῦν σ' ἐκ δεμνίων
ἄγαν ἀποδέχου, μένε δ' ἐπὶ στρωτοῦ λέχους.
Κἂν μὴ νοσῇ γὰρ, ἀλλὰ δοξάζῃ νοσεῖν,
κάματος βροτοῖσιν ἀπορία τε γίγνεται. 315

ΧΟΡΟΣ.

Αἴα, [Strophe.]
δρομάδες ὦ πτεροφόροι
ποτνιάδες θεαί,
ἀβάκχευτον αἳ θίασον ἐλλάχετε

NC. 307. Variante : σὺν σοὶ κατθανεῖν. — 314. Vulgate : νοσῇς et δοξάζῃς. Or la seconde personne, qu'on ne peut rapporter qu'à Oreste (la suite du discours interdisant toute autre explication), répugne au vers suivant, dont la tournure est générale. Callistrate, critique de l'école d'Aristophane de Byzance, a déjà recommandé la troisième personne. Aussi νοσῇ et δοξάζῃ se lisent-ils dans le manuscrit de Paris. La leçon du *Marcianus* νοσήσηις est, d'après Kirchhoff, un amalgame de νοσῇ et de νοσῇς. Nauck propose d'écrire νοσῇς et δοξάζεις, en retranchant le vers 315. — 319. Ἐλλάχετε, correction de Nauck, pour ἔλαχετ' ἐν.

308. Ἔχει γὰρ ταὐτόν. Scholiaste : Ὁ γὰρ σὸς θάνατος καὶ ἐμὸς θάνατός ἐστι, καὶ ἡ σὴ ζωὴ ἐμὴ ζωή.

312-313. Καὶ μὴ τὸ ταρβοῦν.... ἀποδέχου, et n'attache pas trop de créance aux terreurs qui te chassent de ton lit. Cf. Thucydide, VI, 29 et 41 : Διαβολὰς ἀποδέχεσθαι.

314. Κἂν μὴ νοσῇ γὰρ, lors même qu'on n'est pas malade. Le singulier νοσῇ peut répondre, en grec, au pluriel βροτοῖσιν. Cf. *Hecube*, 1189 sqq., avec la note. — Le poëte insiste ici, par la bouche d'Électre, sur un point sans doute nouveau pour la majorité de son public : l'explication philosophique de la légende des Euménides. Les terreurs d'Oreste sont imaginaires; mais puisqu'il y croit, il n'en est pas moins malheureux.

315. Après avoir prononcé ce vers, Électre entre dans le palais.

318. Ποτνιάδες θεαί, déesses du délire. Cf. Hésychius : Ποτνιάδες αἱ Βάκχαι, ἀντὶ τοῦ μαινάδες, λυσσάδες, μανίας αἴτιαι. Cette dernière explication semble être donnée en vue de notre passage; le commencement de l'article se rapporte à Βάκχας ποτνιάδας εἰσιδών, *Bacch*. 664. L'épithète ποτνιά; est dérivée de πότνιαι, « les vénérables », nom des Euménides.

319. L'épithète ἀβάκχευτον est amenée par ποτνιάδες. Les Furies ont reçu la mission (ἔλαχον) de former une troupe (θίασον) échevelée, comme les Bacchantes;

ΟΡΕΣΤΗΣ.

δάκρυσι καὶ γόοις,
μελάγχρωτες Εὐμενίδες, αἳ πτερὸν
ταναὸν ἀμπάλλεσθ' αἰθέρος, αἱμάτων
τινύμεναι δίκαν, τινύμεναι φόνον,
καθικετεύομαι καθικετεύομαι,
τὸν Ἀγαμέμνονος
γόνον ἐάσατ' ἐκλαθέσθαι λύσσας
μανιάδος φοιταλέου. Φεῦ μόχθων,
οἵων, ὦ τάλας, ὀρεχθεὶς ἔρρεις,
τρίποδος ἄπο φάτιν ἂν ὁ Φοῖβος
ἔλακεν ἔλακε δεξάμενος ἀνὰ δάπεδον, 330

320

325

NC. 320. La conjecture de Hermann : καὶ θρήνοις, rétablirait l'accord antistrophique. — 321-322. Nauck a corrigé l'accent de la leçon μελαγχρῶτες, d'après Arcadius, p. 93, 21. — On lisait : Εὐμενίδες, αἵτε τὸν ‖ ταναὸν αἰθέρ' ἀμπάλλεσθ', αἵματος. Les conjectures de Nauck : αἵ γε et ἀμπολεῖσθ', sont insuffisantes. L'épithète ταναός ne convient pas à l'éther ; mais elle convient aux bonds des Furies, à leurs pieds ou à leurs ailes. Cp. les mots composés τανύπους et τανύπτερος ou τανυσίπτερος. Les syllabes insignifiantes τε τόν cachent donc le mot πτερόν, et il faut écrire ταναὸν ἀμπάλλεσθ' αἰθέρος. Il s'ensuit que αἵματος a pris la place du pluriel αἱμάτων. Ces corrections, indiquées par le sens, se confirment par l'accord métrique qui règne maintenant entre les vers 322 et 338, et par la correspondance de αἰθέρος αἱμάτων et ματέρος αἷμα σᾶς. — 327-328. Le mot φοιταλέου répugne au mètre, et ces vers ne s'accordent pas assez avec l'antistrophe. — Quelques manuscrits de peu de valeur insèrent la glose κακῶν avant μόχθων. — Variante : ὁ τάλας. — 329. Variante vicieuse : ἀπόφασιν. — Les mots ὁ Φοῖβος manquent dans le *Marcianus*. — 330. L'accord antistrophique laisse à désirer. Nauck voudrait retrancher ici les mots ἔλακεν et ἀνὰ δάπεδον, et dans l'antistrophe, vers 347, τὸν ἀπὸ Ταντάλου. Peut-être : ἔλακε δεξάμενος ἔλακεν ἂμ πέδον.

mais cette troupe ne ressemble pas aux bandes joyeuses qui invoquent Bacchus : les pleurs et les gémissements lui sont échus en partage.

321-323. Αἳ πτερόν.... τινύμεναι φόνον, qui, déployant vos larges ailes, vous lancez par les airs, afin de faire expier le sang répandu, afin de punir l'homicide. Eschyle ne prête pas d'ailes aux Furies (voy. la note sur le vers 289 d'*Iphigénie en Tauride*) ; mais, à cette différence près, il peint, comme Euripide, les terribles déesses se lançant à grands bonds au travers des airs à la poursuite du coupable : Μάλα γὰρ οὖν ἁλομένα ἀνέκαθεν βαρυπεσῆ καταφέρω ποδὸς ἀκμάν, *Eumen*. 368. Sophocle, *Ajax*, 837, dit : Σεμνὰς Ἐρινῦς τανύποδας. —Πτερὸν ἀμπάλλεσθ' αἰθέρος est dit comme εἰς ἄντλον ἐμβήσει πόδα, *Héracl.* 168. Voyez sur cet accusatif *Él.* 94 et 1173, avec les notes. Αἰθέρος est un génitif local, qui équivaut à δι' αἰθέρος.— Αἱμάτων τινύμεναι δίκαν ne diffère pas de λαμβάνουσαι δίκην αἱμάτων. Le participe présent a le sens du participe futur latin, comme σώζουσα κάλλος, v. 129.

327-328. Ὀρεχθείς. En formant le dessein de tuer sa mère, Oreste aspira, en quelque sorte, aux maux que le parricide attira sur lui. Car ce sont ces maux qu'il faut entendre par μόχθων : la suite des idées le prouve assez.

329-331. Construisez : Δεξάμενος φάτιν ἂν ὁ Φοῖβος ἔλακεν ἀπὸ τρίποδος ἀνὰ δάπεδον ἵνα.... — Μεσόμφαλοι μυχοί. Les Grecs croyaient que l'oracle de Del-

ΟΡΕΣΤΗΣ.   711

ἵνα μεσόμφαλοι λέγονται μυχοί.

Ὦ Ζεῦ,   [Antistrophe.]
τίς ἔλεος, τίς ὅδ' ἀγὼν
φόνιος ἔρχεται,
θοάζων σε τὸν μέλεον, ᾧ δάκρυα   335
δάκρυσι συμβάλλει
πορεύων τις εἰς δόμον ἀλαστόρων,
ὅ σ' ἀναβακχεύει, ματέρος αἷμα σᾶς·
Ὁ μέγας ὄλβος οὐ μόνιμος ἐν βροτοῖς·
κατολοφύρομαι κατολοφύρομαι·   340
ἀνὰ δὲ λαῖφος ὥς
τις ἀκάτου θοᾶς τινάξας δαίμων
κατέκλυσεν δεινῶν πόνων, ὡς πόντου
λάβροις ὀλεθρίοισιν ἐν κύμασιν.
Τίνα γὰρ ἔτι πάρος οἶκον ἄλλον   345
ἕτερον ἢ τὸν ἀπὸ θεογόνων γάμων,

NC. 331. Triclinius a supprimé γᾶς après μυχοί. — 332. Manuscrits : ἰὼ. King : ὤ. — 337. Εἰς δόμον, correction de Triclinius, pour εἰς δόμους. Mais il se pourrait que le texte fût plus gravement altéré. — 338. J'ai rétabli l'accord des strophes et j'ai arrondi la période en transposant la leçon ματέρος αἷμα σᾶς, ὅ σ' ἀναβακχεύει. — 339-340. Ces vers se lisaient dans l'ordre inverse. Kirchhoff a vu que κατολοφύρομαι κατολοφύρομαι devait répondre à καθικετεύομαι καθικετεύομαι (v. 324). — 344. Ce vers ne répond pas assez au vers 328. — 345-346. Brunck : ἐπίπαρος. Quelques manuscrits omettent soit ἄλλον, soit ἕτερον.

phes occupait le centre de la terre. Voy. la note sur le vers 668 de *Médée*.

333. Τίς ἔλεος, quelle pitié, c'est-à-dire : quelle nécessité lamentable.

335. Θοάζων, « stimulant, » équivaut ici à παροξύνων. [Scholiaste.]

337-338. Si la leçon εἰς δόμον est bonne, il faut, sans doute, construire πορεύων (σε) εἰς δόμον, et regarder ὅ σ' ἀναβακχεύει, ματέρος αἷμα σᾶς, « le sang de ta mère, auquel suscite ta démence, » comme une apposition relative à δάκρυα, v. 335.

341-344. Ἀνὰ δὲ λαῖφος ὥς.... ἐν κύμασιν, un dieu ébranle (ἀνατινάξας) la haute fortune des mortels (τὸ μέγαν ὄλβον, régime qui se tire du vers 339), comme (la tempête fouette) la voile d'un navire rapide, et la fait ensuite sombrer dans d'horribles malheurs, comme dans les flots avides, funestes, de la mer.

345-347. Le sens général de ces vers est : « Car quelle maison dois-je honorer plus que la maison de Pélops? » Et voici les idées sous-entendues : « Or cette maison périt à mes yeux. Il est donc vrai que la fortune des mortels ne dure point. » — Ἔτι, à l'avenir. — Πάρος est l'antécédent de ἤ, et ces deux mots signifient : « avant, au-dessus de, plus que. » — Ἄλλον ἕτερον. Ce pléonasme se retrouve ailleurs. On cite *Suppl.* 573 : Πολλοὺς ἔτλην δὴ χἀτέρους ἄλλους πόνους. Démosthène, *Liberté des Rhodiens*, 27 : Κἂν καὶ Ῥόδον καὶ ἄλας πόλεις ἑτέρας Ἑλληνίδας. Suidas, article :

ΟΡΕΣΤΗΣ.

τὸν ἀπὸ Ταντάλου, σέβεσθαί με χρή;

Καὶ μὴν βασιλεὺς ὅδε δὴ στείχει,
Μενέλαος ἄναξ, πολὺ δ' ἁβροσύνῃ
δῆλος ὁρᾶσθαι   350
τῶν Τανταλιδῶν ἐξ αἵματος ὤν.
Ὦ χιλιόναυν στρατὸν ὁρμήσας
εἰς γῆν Ἀσίαν,
χαῖρ'· εὐτυχίᾳ δ' αὐτὸς ὁμιλεῖς,
θεόθεν πράξας ἅπερ ηὔχου.   355

ΜΕΝΕΛΑΟΣ.

Ὦ δῶμα, τῇ μέν σ' ἡδέως προσδέρκομαι
Τροίαθεν ἐλθών, τῇ δ' ἰδὼν καταστένω·
κύκλῳ γὰρ εἱλιχθεῖσαν ἀθλίοις κακοῖς
οὐπώποτ' ἄλλην μᾶλλον εἶδον ἑστίαν.
Ἀγαμέμνονος μὲν γὰρ τύχας ἠπιστάμην   360
καὶ θάνατον, οἵῳ πρὸς δάμαρτος ὤλετο,
Μαλέᾳ προσίσχων πρῷραν· ἐκ δὲ κυμάτων
ὁ ναυτίλοισι μάντις ἐξήγγειλέ μοι

NC. 348. *Marcianus* : ὅδε. — 349. Manuscrits : πολλῇ ou πολύ (première main du *Marcianus*) δ' ἁβροσύνῃ. Les deux leçons se trouvent aussi dans Dion Chrysostome, II, p. 30, où plusieurs manuscrits remplacent la particule δ' par γ'. L. Dindorf propose : πάνυ δ' ἁβροσύνῃ. Klotz : πολλῇ δὲ τρυφῇ. — 352. Variante vicieuse : ὁρμίσας. — 356-357. Variante : πῇ μέν.... πῇ δ'. — 358. Variante : ἀθλίως. — 360. Heimsœth, *Kritische Studien*, I, p. 36, veut qu'on écrive ἐπῃσθόμην. — 361. Dindorf croit que ce vers est interpolé.

Ἄλλο ἕτερον. —Τὸν ἀπὸ θεογόνων γάμων. Pélops était né du mariage de Tantale avec la fille d'un dieu, Dioné, issue d'Atlas. Hermann rappelle à propos cette généalogie, rapportée par Hygin, fable LXXXIII.

350-351. Δῆλος ὁρᾶσθαι.... ὤν, on voit clairement qu'il est.... L'infinitif ὁρᾶσθαι, « à le voir, » est joint à δῆλος, quoique cet adjectif ait pour complément le participe ὤν. Matthiæ cite σῆμα ταυρόπουν ὁρᾶν, *Iph. Aul.* 275.

352. Χιλιόναυν στρατόν. Voy. la note sur le vers 174 d'*Iphigénie à Aulis*.

355. Θεόθεν πράξα:, ayant obtenu des dieux. Cf. Pindare, *Isthm.* IV, 9 : Κλέος ἔπραξεν.

360. Ἠπιστάμην répond à notre « j'ai su ». Cf. Thuc. VI, 60 : Ὅσα ἀκοῇ περὶ αὐτῶν ἠπίστατο.

362. Μαλέᾳ προσίσχων πρῷραν. Ménélas faisait voile vers le cap Malée, et voulait se rendre dans son palais de Lacédémone, quand Glaucus surgit des flots pour lui annoncer la mort d'Agamemnon. Cette nouvelle engagea Ménélas à changer de direction et à cingler vers Nauplie, le port d'Argos. En effet, on l'y verra arriver au vers 369.

ΟΡΕΣΤΗΣ.

Νηρέως προφήτης Γλαύκος άψευδής θεός,
ὅς μοι τόδ' εἶπεν ἐμφανῶς κατασταθείς· 365
Μενέλαε, κεῖται σὸς κασίγνητος θανών,
λουτροῖσιν ἀλόχου περιπεσὼν πανυστάτοις.
Δακρύων δ' ἔπλησεν ἐμέ τε καὶ ναύτας ἐμοὺς
πολλῶν. Ἐπεὶ δὲ Ναυπλίας ψαύω χθονός,
ἤδη δάμαρτος ἐνθάθ' ἐξορμωμένης, 370
δοκῶν Ὀρέστην παῖδα τὸν Ἀγαμέμνονος
φίλαισι χερσὶ περιβαλεῖν καὶ μητέρα,
ὡς εὐτυχοῦντας, ἔκλυον ἀλιτύπων τινὸς
τῆς Τυνδαρείας παιδὸς ἀνόσιον φόνον. —
Καὶ νῦν ὅπου 'στὶν εἴπατ', ὦ νεάνιδες, 375
Ἀγαμέμνονος παῖς, ὃς τὰ δείν' ἔτλη κακά.
Βρέφος γὰρ ἦν τότ' ἐν Κλυταιμνήστρας χεροῖν,
ὅτ' ἐξέλειπον μέλαθρον εἰς Τροίαν ἰών,
ὥστ' οὐκ ἂν αὐτὸν γνωρίσαιμ' ἂν εἰσιδών.

ΟΡΕΣΤΗΣ.

Ὅδ' εἴμ' Ὀρέστης, Μενέλεως, ὃν ἱστορεῖς· 380
ἑκὼν ἐγώ σοι τἀμὰ μηνύσω κακά.
Τῶν σῶν δὲ γονάτων πρωτόλεια θιγγάνω

NC. 364. *Marcianus* : προφήτης μάντις ἀψευδής. — 365. Variantes : τάδ' et παρα-
σταθείς. — 367. Nauck substitue, sans motif suffisant, ἀρχυστάτοις à πανυστάτοις. —
368. Ancienne vulgate : δακρύων τ'. — 373. Les manuscrits du premier ordre portent
ἀλιτύπων. — 374. Variante : θυγατρός.—378. Les mêmes manuscrits portent ἐξέλιπον.
— 380. *Marcianus* et *Vaticanus* : ὧδ'. Voy. 348. NC.— 381. Variante : σημανῶ κακά.

364. Γλαῦκος. Dans l'*Odyssée*, IV, 492
sqq., c'est en Égypte que Ménélas est instruit de ces faits par Protée. Euripide a
substitué à Protée un autre dieu marin, Glaucus, dont la légende était bien connue des
matelots attiques. Voyez sur ce Glaucus,
qui avait fourni à Eschyle le sujet d'un
drame satyrique, Ovide, *Metam.* XIII,
904 sqq.

367. Λουτροῖσιν.... πανυστάτοις. Cf.
El. 157 : Πατέρ' ἐγὼ κατακλαίομαι λουτρὰ πανύσταθ' ὑδρανάμενον χροΐ.

370. Ἐξορμωμένης, « quand elle partait, quand elle s'apprêtait à partir, » diffère de ἐξωρμωμένης, participe parfait.

372. Καὶ μητέρα. Cette étonnante tendresse du frère d'Agamemnon pour Clytemnestre est de mauvais augure pour les
intérêts d'Oreste. L'observation du scholiaste : Ὕπουλα πάντα τὰ ῥήματα Μενελάου, s'applique à ce passage; mais il a
le tort de vouloir découvrir de la noirceur
et de la perfidie dans tout ce que dit Ménélas, et d'interpréter à mal les paroles les
plus simples.

373. Ἀλιτύπων. Le composé poétique
ἀλιτύπος équivaut à ἁλιεύς.

379. La particule ἄν est répétée comme
dans *Médée*, v. 616, et ailleurs.

382. Πρωτόλεια θιγγάνω équivaut à

ἱκέτης, ἀφύλλου στόματος ἐξάπτων λιτάς·
σῶσόν μ᾽· ἀφῖξαι δ᾽ αὐτὸν εἰς καιρὸν κακῶν.

ΜΕΝΕΛΑΟΣ.

Ὦ θεοί, τί λεύσσω; τίνα δέδορκα νερτέρων; 385

ΟΡΕΣΤΗΣ.

Εὖ γ᾽ εἶπας· οὐ γὰρ ζῶ κακοῖς, φάος δ᾽ ὁρῶ.

ΜΕΝΕΛΑΟΣ.

Ὡς ἠγρίωσαι πλόκαμον αὐχμηρόν, τάλας,

ΟΡΕΣΤΗΣ.

Οὐχ ἡ πρόσοψίς μ᾽, ἀλλὰ τἄργ᾽ αἰκίζεται.

ΜΕΝΕΛΑΟΣ.

δεινὸν δὲ λεύσσεις ὀμμάτων ξηραῖς κόραις.

ΟΡΕΣΤΗΣ.

Τὸ σῶμα φροῦδον· τὸ δ᾽ ὄνομ᾽ οὐ λέλοιπέ με· 390

ΜΕΝΕΛΑΟΣ.

Ὦ παρὰ λόγον μοι σὴ φανεῖσ᾽ ἀμορφία.

ΟΡΕΣΤΗΣ.

ὅδ᾽ εἰμὶ μητρὸς τῆς ταλαιπώρου φονεύς.

ΜΕΝΕΛΑΟΣ.

Ἤκουσα· φείδου δ᾽ ὀλιγάκις λέγειν κακά.

NC. 383. Nauck adopte, sans nécessité, la conjecture de Reiske : ἀφύλλους. — 384. Manuscrits : αὐτός. La correction de Schaefer αὐτόν, est confirmée par la scholie : εἰς αὐτὴν τὴν ἀκμὴν τῶν κακῶν. — 388. *Vaticanus* et Eustathe, *ad Iliad.* p. 694, 32 : οὐχὶ πρόσοψίς μ᾽. — 390. Variante : λέλοιπέ μοι. — On mettait un point à la fin de ce vers. — 391. Nauck a rectifié la leçon παράλογόν μοι.

πρώτην ἱκεσίαν θιγγάνω ou à πρώτην θίξιν ἱκεσίαν θιγγάνω. Oreste dit que c'est pour la première fois qu'il touche en suppliant les genoux d'un homme. Le mot πρωτόλεια, qui désigne au propre les prémices du butin, prend le sens de « prémices » en général.

383. Ἀφύλλου στόματος ἐξάπτων λιτάς, en suspendant (à tes genoux) les prières d'une bouche qui n'a pas besoin du secours d'un rameau sacré. Oreste fait allusion à la branche d'olivier que les suppliants avaient coutume de porter entre leurs mains. Cp. *Iph. Aul.* 1216 : Ἱκετηρίαν δὲ γόνασιν ἐξάπτω σέθεν Τὸ σῶμα τοὐμόν. On lit au contraire dans les *Suppliantes* d'Eschyle,

v. 656 : Τοιγὰρ ὑποσκίων ἐκ στομάτων ποτάσθω φιλότιμος εὐχά. — L'article d'Hésychius : Ἀφύλλου στόματος· ἄνευ ἱκετηρίας, se rapporte à notre passage.

388. Τἄργ(α), « la réalité » (et non « mes actions »), est opposé à ἡ πρόσοψις, « l'apparence ». On connaît l'antithèse usuelle de ἔργα et λόγοι.

389. Ξηραῖς équivaut à αὐαλέαις, « desséchées ».

390. Τὸ δ᾽ ὄνομ(α). Oreste expliquera lui-même ces mots, en se nommant, au vers 392, μητρὸς τῆς ταλαιπώρου φονεύς.

393. Φείδου δ᾽ ὀλιγάκις λέγειν κακά équivaut à : φείδου μὴ πολλάκις λέγειν κακά. « Sois réservé dans tes paroles,

ΟΡΕΣΤΗΣ.
Φειδόμεθ'· ὁ δαίμων δ' εἰς με πλούσιος κακῶν.
ΜΕΝΕΛΑΟΣ.
Τί χρῆμα πάσχεις; τίς σ' ἀπόλλυσιν νόσος; 395
ΟΡΕΣΤΗΣ.
Ἡ σύνεσις, ὅτι σύνοιδα δείν' εἰργασμένος.
ΜΕΝΕΛΑΟΣ.
Πῶς φής; σοφόν τοι τὸ σαφές, οὐ τὸ μὴ σαφές.
ΟΡΕΣΤΗΣ.
Λύπη μάλιστά γ' ἡ διαφθείρουσά με,
ΜΕΝΕΛΑΟΣ.
Δεινὴ γὰρ ἡ θεὸς, ἀλλ' ὅμως ἰάσιμος.
ΟΡΕΣΤΗΣ.
μανίαι τε, μητρὸς αἵματος τιμωρίαι. 400
ΜΕΝΕΛΑΟΣ.
Ἤρξω δὲ λύσσης πότε; τίς ἡμέρα τότ' ἦν;
ΟΡΕΣΤΗΣ.
Ἐν ᾗ τάλαιναν μητέρ' ἐξώγκουν τάφῳ.
ΜΕΝΕΛΑΟΣ.
Πότερα κατ' οἴκους, ἢ προσεδρεύων πυρᾷ;

NC. 394. La leçon εἰς ἐμέ a été corrigée par Elmsley. — 395. Pour τί χρῆμα πάσχεις, on lit chez Clément d'Alexandrie, *Strom.* VII, p. 303, Ὀρέστα, chez Stobée, *Anth.* XXIV, 5, Ὀρέστα τλῆμον. Ces variantes sont dues aux faiseurs d'extraits. — 397. Variante : σοφόν τι. — 400. Brunck a retranché la conjonction θ' que la plupart des manuscrits insèrent après μητρός, mais que l'auteur d'une scholie sur le vers 396 n'avait pas sous les yeux. — Peut-être : αἱμάτων.

parce verbis, de manière à ne pas insister sur ce qui est malheureux ».

397. Πῶς φής; ;... μὴ σαφές, que veux-tu dire? j'appelle sagesse (sagement dit) ce qui est clair, et non, ce qui est obscur. — La réponse d'Oreste ne nous paraît pas obscure; mais le public d'Athènes demandait un commentaire. Substituer aux Furies la conscience, c'était là une nouveauté philosophique qui avait besoin d'être développée pour être comprise. La tournure quelque peu abstruite : ἡ σύνεσις, ὅτι σύνοιδα δείν' εἰργασμένος, ne semblait donc pas assez explicite. Ménélas est l'interprète des spectateurs en réclamant quelque chose de plus clair : « un mot philosophique, dit-il, ne passera pour sage et bien dit qu'à condition d'être clairement exprimé ». Voilà comment nous rendons compte de ce vers qui a beaucoup embarrassé les interprètes.

398. Μάλιστά γ'. Ces mots indiquent que ce vers et le vers 400 donnent l'explication du vers 396.

399. Ἡ θεός. La tristesse, λύπη, est ici appelée une déesse, comme l'espérance l'est dans *Iph. Aul.*, v. 392. Cependant l'attribut ἰάσιμος fait voir que cette soi-disant déesse n'est au fond qu'une maladie.

402. Ἐξώγκουν τάφῳ équivaut à ἔθαπτον. [Hésychius.] On cite *Ion*, 388 : Ὡς

ΟΡΕΣΤΗΣ.

Νυκτὸς φυλάσσων ὀστέων ἀναίρεσιν.

ΜΕΝΕΛΑΟΣ.

Παρῆν τις ἄλλος, ὃς σὸν ὤρθευεν δέμας; 405

ΟΡΕΣΤΗΣ.

Πυλάδης, ὁ συνδρῶν αἷμα καὶ μητρὸς φόνον.

ΜΕΝΕΛΑΟΣ.

Φαντασμάτων δὲ τάδε νοσεῖς ποίων ὕπο;

ΟΡΕΣΤΗΣ.

Ἔδοξ' ἰδεῖν τρεῖς νυκτὶ προσφερεῖς κόρας.

ΜΕΝΕΛΑΟΣ.

Οἶδ' ἃς ἔλεξας, ὀνομάσαι δ' οὐ βούλομαι.

ΟΡΕΣΤΗΣ.

Σεμναὶ γάρ· εὐπαίδευτα δ' ἀποτρέπει λέγειν. 410

ΜΕΝΕΛΑΟΣ.

Αὗταί σε βακχεύουσι συγγενεῖ φόνῳ;

ΟΡΕΣΤΗΣ.

Οἴμοι διωγμῶν, οἷς ἐλαύνομαι τάλας.

ΜΕΝΕΛΑΟΣ.

Οὐ δεινὰ πάσχειν δεινὰ τοὺς εἰργασμένους.

ΟΡΕΣΤΗΣ.

Ἀλλ' ἔστιν ἡμῖν ἀναφορὰ τῆς ξυμφορᾶς

NC. 407. La leçon ἐκ φασμάτων, quoiqu'elle se trouve dans les meilleurs manuscrits, doit être sans doute considérée comme une glose de la variante φαντασμάτων. — 410. Les meilleurs manuscrits ont εὐπαίδευτα δ' ἀποτρέπου, les autres, ἀπαίδευτα δ' ἀποτρέπου. La correction est due à Musgrave. Hermann ἀπετρέπου.

εἰ μὲν οὐκέτ' ἐστίν, ὀγκωθῇ τάφῳ. Le sens littéral de cette locution est : « couvrir d'un tertre élevé. »

404. Φυλάσσων ὀστέων ἀναίρεσιν, en attendant, en épiant le moment (où le bûcher serait brûlé et) où je pourrais recueillir les ossements. — Ces circonstances ont été heureusement imaginées par Euripide. Rien n'était plus capable de faire réfléchir Oreste et de troubler son âme que cette veillée nocturne près du bûcher de Clytemnestre.

405. Hésychius : Ὤρθευεν δέμας· ἀνώρθου, ἐθεράπευεν.

406. Ὁ συνδρῶν αἷμα. Voyez la note sur εἴργασται αἷμα, v. 284.

408. Νυκτὶ προσφερεῖς. Les Euménides sont appelées μελάγχρωτες au vers 321.

410. Εὐπαίδευτα est un accusatif adverbial.

413. Οὐ δεινά équivaut à οὐ δεινόν ἐστι. Cf. *Hipp.* 269 : Ἄσημα δ' ἡμῖν ἥτις ἐστὶν ἡ νόσος. Après τοὺς εἰργασμένους il faut sous-entendre un troisième δεινά.

414-415. Ἀναφορὰ τῆς ξυμφορᾶς. Oreste veut dire, qu'il peut rejeter sur un autre la faute qu'il a commise. Ménélas en-

ΟΡΕΣΤΗΣ.

ΜΕΝΕΛΑΟΣ.
Μὴ θάνατον εἴπῃς· τοῦτο μὲν γὰρ οὐ σοφόν.   415
ΟΡΕΣΤΗΣ.
Φοῖβος, κελεύσας μητρὸς ἐκπρᾶξαι φόνον.
ΜΕΝΕΛΑΟΣ.
Ἀμαθέστερός γ' ὢν τοῦ καλοῦ καὶ τῆς δίκης.
ΟΡΕΣΤΗΣ.
Δουλεύομεν θεοῖς, ὅ τι ποτ' εἰσὶν οἱ θεοί.
ΜΕΝΕΛΑΟΣ.
Κᾆτ' οὐκ ἀμύνει Λοξίας τοῖς σοῖς κακοῖς;
ΟΡΕΣΤΗΣ.
Μέλλει· τὸ θεῖον δ' ἐστὶ τοιοῦτον φύσει.   420
ΜΕΝΕΛΑΟΣ.
Πόσον χρόνον δὲ μητρὸς οἴχονται πνοαί;
ΟΡΕΣΤΗΣ.
Ἕκτον τόδ' ἦμαρ· ἔτι πυρὰ θερμὴ τάφου.
ΜΕΝΕΛΑΟΣ.
Ὡς ταχὺ μετῆλθόν σ' αἷμα μητέρος θεαί.
ΟΡΕΣΤΗΣ.
Οὐ σοφός, ἀληθὴς δ' εἰς φίλους ἔφυν φίλος.

NC. 415. Peut-être : μὴ πατέρα γ' εἴπῃς. La leçon θάνατον pourrait venir d'une glose. Nous lisons dans une scholie : Μηδ', αὐτὸς ἁμαρτὼν, εἰς τὸν πατέρα ἀνάφερε τὴν ἁμαρτίαν. — 418. La leçon ὅ τι ποτ' εἰσὶ θεοί ne se trouve complétée que dans quelques manuscrits de date récente. — 423. Nauck propose : αἷμα μητρῷον. — 424. Manuscrits : εἰς φίλους ἔφυς κακός (ou εἰπὼν κακῶς). Le sens est heureusement rétabli par la correction de Brunck : ἔφυν φίλος. Mais comment expliquer l'origine de la faute? Κακός serait-il une glose de φαῦλος, mis par erreur pour φίλος?

tend, qu'Oreste sait un moyen de soulager son malheur, et que ce moyen est le suicide. En effet, les mots ἀναφορά et ἀναφέρειν sont ambigus. [Heath.] Cependant le scholiaste dit en expliquant le vers 416 : Μὴ λέγε τὸν θάνατον τοῦ πατρός. Ce sens est beaucoup plus satisfaisant ; mais il demanderait une correction du texte : cf. NC.

418. Ὅ τι ποτ' εἰσὶν οἱ θεοί. On compare *Hercule furieux*, 1263 : Ζεὺς δ', ὅστις ὁ Ζεύς, ainsi que le fragment I de *Mélanippe* : Ζεὺς, ὅστις ὁ Ζεύς· οὐ γὰρ οἶδα πλὴν λόγῳ κλύων.

420. Τοιοῦτον, c'est-à-dire μελλητικόν. Les dieux sont lents à secourir, et surtout à punir; cette dernière idée est souvent exprimée par les poètes grecs. Cf. Sophocle, *OEd. Col.* 1536 : Θεοὶ γὰρ εὖ μὲν, ὀψὲ δ' εἰσορῶσ', ὅταν τὰ θεῖ' ἀφείς τις εἰς τὸ μαίνεσθαι τραπῇ.

423. Μετῆλθόν σ' αἷμα. Le verbe μετέρχεσθαι peut se construire avec le double accusatif de la personne poursuivie et du crime à venger. Cf. *Cyclope*, 280.

424. Οὐ σοφός.... φίλος. C'est ainsi que dans l'*Antigone* de Sophocle, v. 98, Ismène

ΜΕΝΕΛΑΟΣ.
Πατρὸς δὲ δή τι σ' ὠφελεῖ τιμωρία; 425
ΟΡΕΣΤΗΣ.
Οὔπω· τὸ μέλλον δ' ἴσον ἀπραξίᾳ λέγω.
ΜΕΝΕΛΑΟΣ.
Τὰ πρὸς πόλιν δὲ πῶς ἔχεις δράσας τάδε;
ΟΡΕΣΤΗΣ.
Μισούμεθ' οὕτως ὥστε μὴ προσεννέπειν.
ΜΕΝΕΛΑΟΣ.
Οὐδ' ἥγνισαι σὸν αἷμα κατὰ νόμον χεροῖν;
ΟΡΕΣΤΗΣ.
Ἐκκλείομαι γὰρ δωμάτων ὅπῃ μόλω. 430
ΜΕΝΕΛΑΟΣ.
Τίνες πολιτῶν ἐξαμιλλῶνταί σε γῆς;
ΟΡΕΣΤΗΣ.
Οἴαξ, τὸ Τροίας μῖσος ἀναφέρων πατρί.
ΜΕΝΕΛΑΟΣ.
Ξυνῆκα· Παλαμήδους σε τιμωρεῖ φόνου.
ΟΡΕΣΤΗΣ.
Οὗ γ' οὐ μετῆν μοι· διὰ τριῶν δ' ἀπόλλυμαι.

NC. 425. *Marcianus* : τίς σ' ὠφελεῖ. — 429. *Marcianus* : νόμον. Vulgate : νόμους. Nauck propose : τόδ' αἷμα κατὰ νόμον πόλεως. Peut-être : κατὰ νόμον χθονός. — 432. Musgrave : Τροίᾳ. — 433. Variante : φόνος. — 434. Variantes : οὗ γ' οὐ et οὔκουν. — Je comprendrais δι' ἑτέρων δ' ἀπόλλυμαι.

dit à sa sœur: Ἄνους μὲν ἔρχει, τοῖς φίλοις δ' ὀρθῶς φίλη. [Brunck.] — Les mots εἰς φίλους désignent Agamemnon. La réplique de Ménélas se rattache donc étroitement à ce vers, tel qu'il a été corrigé par Brunck.

426. Τὸ μέλλον δ' ἴσον ἀπραξίᾳ λέγω équivaut à τὸ μέλλειν ἴσον λέγω τῷ μηδὲν πράσσειν.

427. Τὰ πρὸς πόλιν, pour ce qui regarde tes rapports avec la ville.

428. Προσεννέπειν. Le sujet τινά ou τοὺς πολίτας est sous-entendu.

429. Construisez : σὸν αἷμα χεροῖν, le sang qui souille tes mains. — L'isolement où se trouve Oreste fait supposer à Ménélas que la cérémonie expiatoire, dont nous avons parlé à propos du vers 75, n'a pas encore été accomplie.

430. Afin d'être purifié, il fallait se présenter en suppliant devant le foyer d'une autre maison. Or toutes les portes se fermaient pour Oreste.

431. Ἐξαμιλλῶνται. Cf. v. 38.

432. OEax était frère de Palamède. On connaît par Ovide, *Métam.* XIII, 56 sqq., et par d'autres, l'odieuse intrigue à laquelle succomba ce héros. Aussi OEax nourrissait-il une haine implacable contre Agamemnon et la famille d'Agamemnon. — Τὸ Τροίας μῖσος, la haine qui vient de Troie, la haine conçue pour ce qui s'est passé devant Troie.

434. Διὰ τριῶν δ' ἀπόλλυμαι. On peut

ΟΡΕΣΤΗΣ. 719

ΜΕΝΕΛΑΟΣ.
Τίς δ' ἄλλος; ἢ που τῶν ἀπ' Αἰγίσθου φίλων; 435
ΟΡΕΣΤΗΣ.
Οὗτοι μ' ὑβρίζουσ', ὧν πόλις τὰ νῦν κλύει.
ΜΕΝΕΛΑΟΣ.
Ἀγαμέμνονος δὲ σκῆπτρ' ἐᾷ σ' ἔχειν πόλις;
ΟΡΕΣΤΗΣ.
Πῶς, οἵτινες ζῆν οὐκ' ἐῶσ' ἡμᾶς ἔτι;
ΜΕΝΕΛΑΟΣ.
Τί δρῶντες ὅ τι καὶ σαφὲς ἔχεις εἰπεῖν ἐμοί;
ΟΡΕΣΤΗΣ.
Ψῆφος καθ' ἡμῶν οἴσεται τῇδ' ἡμέρᾳ. 440
ΜΕΝΕΛΑΟΣ.
Φεύγειν πόλιν τήνδ', ἢ θανεῖν ἢ μὴ θανεῖν;
ΟΡΕΣΤΗΣ.
Θανεῖν ὑπ' ἀστῶν λευσίμῳ πετρώματι.
ΜΕΝΕΛΑΟΣ.
Κᾆτ' οὐχὶ φεύγεις γῆς ὑπερβαλὼν ὅρους;
ΟΡΕΣΤΗΣ.
Κύκλῳ γὰρ εἱλισσόμεθα παγχάλκοις ὅπλοις.

NC. 439. Un scholiaste cite la variante ἢ τί, et les meilleurs manuscrits portent εἰπεῖν ἔχεις. Nauck en tire la conjecture : τί δρῶντες; ἢ τι καὶ σαφῶς εἰπεῖν ἔχεις; — 441-442. Ces deux vers sont peut-être interpolés. Après ce qu'Oreste a dit au vers 438, il est clair que les Argiens veulent le condamner à mort. Le vers 441 choque par la cheville ἢ μὴ θανεῖν. Le vers 442 était facile à faire d'après le vers 50.

trouver soit dans les scholies grecques, soit chez les commentateurs modernes, une foule d'explications différentes de ce passage obscur. Aucune ne nous a semblé plausible. Citons la plus ancienne. Callistrate rapportait le mot τριῶν à Ulysse, Diomède et Agamemnon, les trois auteurs de la mort de Palamède. Faut-il tenter une autre explication? Oreste veut-il dire, qu'un meurtre dans lequel il n'a pas trempé (οὗ γ' οὐ μετῆν μοι), le fait périr indirectement et à travers trois intermédiaires; à savoir Pa-

lamède, Agamemnon et OEax? (Cf. Xénophon, Cyrop. VII, ιι, 24 : Πρῶτον μὲν ἐκ θεῶν γεγονότι, ἔπειτα δὲ διὰ βασιλέων πεφυκότι.) Nous aimons mieux croire à une très-ancienne altération du texte. Cf. NC.

435. Τίς δ' ἄλλος, sous-entendu ἐξαμιλλᾶταί σε γῆς; Cf. vers 431.

441. Ἢ θανεῖν ἢ μὴ θανεῖν; ou bien pour décider si tu dois mourrir ou vivre? — Ce vers ne contient pas trois questions, mais seulement deux, dont la seconde est subdivisée. [Hartung.]

ΜΕΝΕΛΑΟΣ.

Ἰδίᾳ πρὸς ἐχθρῶν, ἢ πρὸς Ἀργείας χερός; 445
ΟΡΕΣΤΗΣ.
Πάντων πρὸς ἀστῶν, ὡς θάνω· βραχὺς λόγος.
ΜΕΝΕΛΑΟΣ.
Ὦ μέλεος, ἥκεις ξυμφορᾶς εἰς τοὔσχατον.
ΟΡΕΣΤΗΣ.
Εἰς σ' ἐλπὶς ἡμὴ καταφυγὰς ἔχει κακῶν. —
Ἀλλ' ἀθλίως πράσσουσιν εὐτυχὴς μολὼν
μετάδος φίλοισι σοῖσι σῆς εὐπραξίας, 450
καὶ μὴ μόνος τὸ χρηστὸν ἀπολαβὼν ἔχε,
ἀλλ' ἀντιλάζου καὶ πόνων ἐν τῷ μέρει,
χάριτας πατρῴας ἐκτίνων εἰς οὕς σε δεῖ.
Ὄνομα γὰρ, ἔργον δ' οὐκ ἔχουσιν οἱ φίλοι
οἱ μὴ 'πὶ ταῖσι συμφοραῖς ὄντες φίλοι. 455
ΧΟΡΟΣ.
Καὶ μὴν γέροντι δεῦρ' ἁμιλλᾶται ποδὶ
ὁ Σπαρτιάτης Τυνδάρεως, μελάμπεπλος
κουρᾷ τε θυγατρὸς πενθίμῳ κεκαρμένος.
ΟΡΕΣΤΗΣ.
Ἀπωλόμην, Μενέλαε· Τυνδάρεως ὅδε
στείχει πρὸς ἡμᾶς, οὗ μάλιστ' αἰδώς μ' ἔχει 460
εἰς ὄμματ' ἐλθεῖν τοῖσιν ἐξειργασμένοις.
Καὶ γάρ μ' ἔθρεψε μικρὸν ὄντα, πολλὰ δὲ

NC. 445. La variante χθονός pour χερός est indiquée dans le *Vaticanus*. — 451. Variante mal autorisée : μόνον. — 461. Varianto (glose) : τοῖσιν ἡμαρτημένοις.

445. Πρὸς Ἀργείας χερός équivaut à παρὰ τῆς Ἀργείων δυνάμεως. [Schol.] Ces mots renferment implicitement l'idée de δημοσίᾳ, opposé à ἰδίᾳ.

448. Καταφυγὰς κακῶν, un asile contre le malheur, un refuge pour échapper au malheur. Schæfer cite v. 779 : Μολόντι δ' ἐλπίς ἐστι σωθῆναι κακῶν. — La longue stichomythie qui se termine ici, est précédée de deux couplets quinaires, 375-379, 380-384, et se compose de neuf groupes. Le premier groupe est formé de dix monostiques, 385-394; les sept suivants en comptent chacun six, 395-400, 401-406, 407-412, 413-418, 419-424, 425-430, 431-436; le dernier groupe est, comme le premier, de dix monostiques, 437-448 (en retranchant les vers 441 sqq. d'après la conjecture proposée dans les notes critiques.)

461. Τοῖσιν ἐξειργασμένοις, à cause de ce que j'ai fait. Cp., pour cette signification du datif, *Héc.* 1183 : Μηδὲ τοῖς σαυτοῦ κακοῖς Τὸ θῆλυ συνθεὶς ὧδε πᾶν μέμψῃ γένος.

ΟΡΕΣΤΗΣ.

φιλήματ' ἐξέπλησε, τὸν Ἀγαμέμνονος
παῖδ' ἀγκάλαισι περιφέρων, Λήδα θ' ἅμα,
τιμῶντέ μ' οὐδὲν ἧσσον ἢ Διοσκόρω · 465
οἷς, ὦ τάλαινα καρδία ψυχή τ' ἐμή,
ἀπέδωκ' ἀμοιβὰς οὐ καλάς. Τίνα σκότον
λάβω προσώπῳ; ποῖον ἐπίπροσθεν νέφος
θῶμαι, γέροντος ὀμμάτων φεύγων κόρας;

ΤΥΝΔΑΡΕΩΣ.

Ποῦ ποῦ θυγατρὸς τῆς ἐμῆς ἴδω πόσιν, 470
Μενέλαον; ἐπὶ γὰρ τῷ Κλυταιμνήστρας τάφῳ
χοὰς χεύμενος ἔκλυον ὡς εἰς Ναυπλίαν
ἥκοι σὺν ἀλόχῳ πολυετὴς σεσωσμένος.
Ἄγετέ με · πρὸς γὰρ δεξιὰν αὐτοῦ θέλω
στὰς ἀσπάσασθαι, χρόνιος εἰσιδὼν φίλον. 475

ΜΕΝΕΛΑΟΣ.

Ὦ πρέσβυ, χαῖρε, Ζηνὸς ὁμόλεκτρον κάρα.

ΤΥΝΔΑΡΕΩΣ.

Ὦ χαῖρε καὶ σὺ, Μενέλεως, κήδευμ' ἐμόν.
Ἔα · τὸ μέλλον ὡς κακὸν τὸ μὴ εἰδέναι ·
ὁ μητροφόντης ὅδε πρὸ δωμάτων δράκων

NC. 468. Seidler proposait βάλω pour λάβω. — 472. *Marcianus*: χεύμενος. — 473. Variante: ἥκει. — 475. *Marcianus*: χρόνιος. Vulgate: χρόνιον.

463. Φιλήματ' ἐξέπλησε, il se rassasia de baisers. Cf. *Androm*. 1087 : Τρεῖς.... ἡλίου διεξόδους θεᾷ διδόντες ὄμματ' ἐξεπίμπλαμεν. *Ion*, 1170 : Βορᾶς ψυχὴν ἐπλήρουν.

468. Νέφος. Les dieux d'Homère se rendent invisibles en se couvrant d'un nuage.

460. Φεύγων, cherchant à éviter. Cf. σώζουσα κάλλος, v. 129.

473. Πολυετής, après un grand nombre d'années. L'adjectif χρόνιος s'emploie souvent ainsi, Cf. *Él*. 1157 : Χρόνιον ἱκόμενον εἰς οἴκους.

475. Χρόνιος εἰσιδὼν φίλον, puisque je revois un ami après une longue absence. Voy. la note sur le vers 473.

476. Ζηνὸς ὁμόλεκτρον κάρα. C'est un honneur pour Tyndare que d'avoir partagé l'hymen de Léda avec Jupiter. Dans l'*Hercule Furieux*, v. 339, Amphitryon dit : Ὦ Ζεῦ, μάτην ἄρ' ὁμόγαμόν σ' ἐκτησάμην.

478. La vue d'Oreste arrache à Tyndare un cri d'étonnement, ἔα. « Qu'il est malheureux, » ajoute le père de Clytemnestre, « de ne pas prévoir les événements! » τὸ μέλλον ὡς κακὸν τὸ μὴ εἰδέναι, c'est-à-dire : Si j'avais su que je trouverais ici le parricide, je ne serais pas venu. [Scholiaste.]

479. Ὁ μητροφόντης δράκων. Les anciens croyaient que les vipères (ἔχεις) venaient au monde en déchirant le sein de leur mère. Le scholiaste cite un vers de Nicandre, *Theriaca*, 134 : Γαστέρ' ἀναβρώσαντες; ἀμήτορες ἐξεγένοντο.

στίλβει νοσώδεις ἀστραπάς, στύγημ' ἐμόν. 480
Μενέλαε, προσφθέγγει νιν ἀνόσιον κάρα;

ΜΕΝΕΛΑΟΣ.

Τί γάρ; φίλου μοι πατρός ἐστιν ἔκγονος.

ΤΥΝΔΑΡΕΩΣ.

Κείνου γὰρ ὅδε πέφυκε, τοιοῦτος γεγώς;

ΜΕΝΕΛΑΟΣ.

Πέφυκεν· εἰ δὲ δυστυχεῖ, τιμητέος.

ΤΥΝΔΑΡΕΩΣ.

Βεβαρβάρωσαι, χρόνιος ὢν ἐν βαρβάροις. 485

ΜΕΝΕΛΑΟΣ.

Ἑλληνικόν τοι τὸν ὁμόθεν τιμᾶν ἀεί.

ΤΥΝΔΑΡΕΩΣ.

Καὶ τῶν νόμων γε μὴ πρότερον εἶναι θέλειν.

ΜΕΝΕΛΑΟΣ.

Πᾶν τοὐξ ἀνάγκης δοῦλόν ἐστ' ἐν τοῖς σοφοῖς.

ΤΥΝΔΑΡΕΩΣ.

Κέκτησό νυν σὺ τοῦτ', ἐγὼ δ' οὐ κτήσομαι.

ΜΕΝΕΛΑΟΣ.

Ὀργὴ γὰρ ἅμα σου καὶ τὸ γῆρας οὐ σοφόν. 490

NC. 484. Scholiaste : Γράφεται δὲ καὶ « ἀκάθαρτον κάρα. » — 485. Variante : χρόνιος ὢν ἀφ' Ἑλλάδος. C'est sous cette forme que ce vers semble avoir passé en proverbe : voy. Apollonius de Tyane, *Épîtres*, p. 49, 8, éd. Kayser.

480. Στίλβει νοσώδεις ἀστραπάς. L'éclat maladif des yeux de l'aliéné est comparé au regard d'un serpent.

484. Ἀνόσιον κάρα est une apposition à νιν. Quant à l'idée, cf. v. 428, avec la note.

483. Tyndare dit : « Un parricide serait-il en effet le fils de ton frère? Il a plutôt été enfanté par un mauvais génie. »

484. Τιμητέος, *colendus est.*

485. Χρόνιος ὢν équivaut à ὅτι ἐπὶ πολὺν χρόνον ἦς. Le participe présent répond à l'imparfait. Voy. la note sur τὴν ἄνασσαν δή ποτ' οὖσαν Ἰλίου, *Héc.* 484.

— Scholiaste : Εἰς παροιμίαν δὲ ὁ στίχος οὗτος ἐχώρησεν.

486. Τὸν ὁμόθεν équivaut à τὸν ὁμόθεν γεγονότα ou πεφυκότα, *Iph. Aul.* 501.

487. Καὶ τῶν νόμων γε μὴ πρότερον εἶναι θέλειν. Cf. Thucydide, I, 84 : Ἀμαθέστερον τῶν νόμων τῆς ὑπεροψίας παιδευόμενοι.

488. Πᾶν.... σοφοῖς. Ménélas refuse de se soumettre à une coutume (νόμος) qu'il n'approuve pas. « Aux yeux des sages (ἐν τοῖς σοφοῖς), dit-il, tout ce qui se fait par contrainte, est servile. » C'est ainsi qu'Aristophane de Byzance semble avoir entendu ce passage, puisqu'il l'expliquait : Πᾶν τὸ ἐξ ἀνάγκης γινόμενον δουλοῖ, οἷον ταπεινοῖ, κατὰ τὴν τῶν σοφῶν κρίσιν.

489. Κέκτησό νυν σὺ τοῦτ(ο), possède cela, c.-à-d. que ce soient là tes principes à toi.

ΟΡΕΣΤΗΣ.

ΤΥΝΔΑΡΕΩΣ.

Πρὸς τόνδε σοφίας τίς ἂν ἀγὼν ἥκοι πέρι;
Εἰ τὰ καλὰ πᾶσι φανερὰ καὶ τὰ μὴ καλά,
τούτου τίς ἀνδρῶν ἐγένετ' ἀσυνετώτερος,
ὅστις τὸ μὲν δίκαιον οὐκ ἐσκέψατο
οὐδ' ἦλθεν ἐπὶ τὸν κοινὸν Ἑλλήνων νόμον;   495
Ἐπεὶ γὰρ ἐξέπνευσεν Ἀγαμέμνων βίον
πληγεὶς θυγατρὸς τῆς ἐμῆς ὑπαὶ κάρα,
αἴσχιστον ἔργον, οὐ γὰρ αἰνέσω ποτέ,
χρῆν αὐτὸν ἐπιθεῖναι μὲν αἵματος δίκην   500
ὁσίαν διώκοντ', ἐκβαλεῖν τε δωμάτων
μητέρα· τὸ σῶφρόν τ' ἔλαβεν ἂν τῆς συμφορᾶς,
καὶ τοῦ νόμου τ' ἂν εἶχετ' εὐσεβής τ' ἂν ἦν.
Νῦν δ' εἰς τὸν αὐτὸν δαίμον' ἦλθε μητέρι.
Κακὴν γὰρ αὐτὴν ἐνδίκως ἡγούμενος,   505
αὐτὸς κακίων μητέρ' ἐγένετο κτανών.
Ἐρήσομαι δὲ, Μενέλεως, τοσόνδε σε·

NC. 494. Porson a corrigé la leçon πρὸς τόνδ' ἀγών (Gregorius Corinthius, VII, p. 1272, éd. Walz : ἀγῶνα) τις σοφίας ἥκει πέρι; Nauck écrit : πρὸς τόνδ' ἀγὼν ἂν τί σοφίας εἴη πέρι; — 493. Les meilleurs manuscrits portent : γένετ'. Nauck propose : γέγονεν.—497. Nous n'avons pas admis sans hésitation la conjecture de Hermann : ὑπαί, pour ὑπέρ. Peut-être : κάρα θυγατρὸς τῆς ἐμῆς πληγεὶς ὕπο (Brunck). Comme la leçon des meilleurs manuscrits est τῆς ἐμῆς θυγατρός. Kirchhoff conjecture : πληγεὶς ἐμῆς θυγατρὸς ἐκ χειρὸς κάρα. — 501. Marcianus : διώκειν τ'. — 502. Variante : ἀντὶ συμφορᾶς. Mais la plupart des manuscrits, et les meilleurs, portent ἂν τῆς συμφορᾶς, et telle était évidemment la leçon que les scholiastes avaient sous les yeux. — 506. La leçon ἐγένετο μητέρα a été transposée par Porson. Nauck écrit γέγονε μητέρα.

494. Ἥκοι équivaut à προσήκοι. Cf. Alc. 291 : Καλῶς μὲν αὐτοῖς κατθανεῖν ἥκον βίον. Sophocle, ŒEdip. Col. 738 : Ἥκέ μοι γένει Τὰ τοῦδε πενθεῖν πήματ' εἰς πλεῖστον πόλεως.

493. Θυγατρός est gouverné par ὑπαί, forme poétique pour ὑπό. Cp. Él. 1187; Eschyle, Agam. 892 et 944. Ces deux derniers exemples sont tirés du dialogue iambique.

501. Διώκοντ(α), en la poursuivant en justice. Euripide prête à la haute antiquité les institutions d'une époque plus avancée. S'il y avait déjà eu des tribunaux pour connaître de l'homicide, l'action d'Oreste ne se comprendrait pas. Voy. la Notice préliminaire.

502. Τὸ σῶφρον ἔλαβεν ἂν τῆς συμφορᾶς, il aurait tiré de ce malheur la réputation de la sagesse. Nous croyons, avec Boissonade, que τῆς συμφορᾶς équivaut ici à ἐκ τῆς συμφορᾶς, et non, suivant l'explication généralement admise, à ἀντὶ τῆς συμφορᾶς. Quant à τὸ σῶφρον, voy. la note sur Méd. 296 : Χωρὶς γὰρ ἄλλης ἧς ἔχουσιν ἀργίας.

504. Εἰς τὸν αὐτὸν δαίμον(α) équivaut à τὴν αὐτὴν τύχην.

εἰ τόνδ᾿ ἀποκτείνειεν ὁμόλεκτρος γυνή,
χὠ τοῦδε παῖς αὖ μητέρ᾿ ἀνταποκτενεῖ,
κἄπειθ᾿ ὁ κείνου γενόμενος φόνῳ φόνον   510
λύσει, πέρας δὴ ποῖ κακῶν προβήσεται;
Καλῶς ἔθεντο ταῦτα πατέρες οἱ πάλαι·
εἰς ὀμμάτων μὲν ὄψιν οὐκ εἴων περᾶν
οὐδ᾿ εἰς ἀπάντημ᾿, ὅστις αἷμ᾿ ἔχων κυροῖ,
φυγαῖσι δ᾿ ὁσιοῦν, ἀνταποκτείνειν δὲ μή.   515
Ἀεὶ γὰρ εἷς ἔμελλεν ἕξεσθαι φόνου,
τὸ λοίσθιον μίασμα λαμβάνων χερός.
Ἐγὼ δὲ μισῶ μὲν γυναῖκας ἀνοσίους,
πρώτην δὲ θυγατέρ᾿, ἣ πόσιν κατέκτανεν·
Ἑλένην τε τὴν σὴν ἄλοχον οὔποτ᾿ αἰνέσω,   520
οὐδ᾿ ἂν προσείποιμ᾿· οὐδὲ σὲ ζηλῶ, κακῆς
γυναικὸς ἐλθόνθ᾿ οὕνεκ᾿ ἐς Τροίας πέδον.
Ἀμυνῶ δ᾿ ὅσονπερ δυνατός εἰμι τῷ νόμῳ,
τὸ θηριῶδες τοῦτο καὶ μιαιφόνον
παύων, ὃ καὶ γῆν καὶ πόλεις ὄλλυσ᾿ ἀεί.   525
Ἐπεὶ τίν᾿ εἶχες, ὦ τάλας, ψυχὴν τότε

NC. 511, Δὴ ποῖ, correction de Heath pour δὲ ποῖ, se lit dans quelques manuscrits. — 514. Variante : κυρεῖ. — 515. Ancienne vulgate : ὡσίουν, ἀνταποκτεῖναι. — 516. Variantes: ἐμελλ᾿ ἐνέξεσθαι et φόνῳ. Le scholiaste du *Marcianus* lisait ἔξεσθαι. — 517. Variante : χεροῖν. — 519. Les meilleurs manuscrits portent πόσιν κατέκτεινεν, soit pour πόσιν κατέκτανεν, soit pour κατέκτεινεν πόσιν. — 523. Leçon vicieuse : ἀμύνω.

514. Αἷμ᾿ ἔχων, ayant du sang (à ses mains).

515. Φυγαῖσι δ᾿ ὁσιοῦν, mais (ils ordonnaient) de le purifier par l'exil. Le verbe sous-entendu ἐκέλευον se tire de οὐκ εἴων, v. 513. Matthiæ cite Hérodote, VII, 104 : Ὁ νόμος ἀνώγει τωυτὸ αἰεί, οὐκ ἐῶν φεύγειν οὐδὲν πλῆθος ἀνθρώπων ἐκ τῆς μάχης, ἀλλὰ (sous-ent. κελεύων) μένοντας ἐν τῇ τάξι ἐπικρατέειν ἢ ἀπόλλυσθαι. Soph. *OEd. Roi*, 236 : Τὸν ἄνδρ᾿ ἀπαυδῶ τοῦτον.... μήτ᾿ εἰσδέχεσθαι μήτε προσφωνεῖν τινα.... ὠθεῖν δ᾿ ἀπ᾿ οἴκων πάντας.

516. Ἀεὶ.... φόνου. Scholiaste : Διόλου γὰρ ὁ ὕστερος ἀπέκειτο ἐνέξεσθαι, ἤγουν ἔνοχος ἔσεσθαι, τοῦ φονευθῆναι. Ce vers et le suivant disent ce qui arrive quand les vengeances se perpétuent, quand on ne suit pas la loi : ἀνταποκτείνειν δὲ μή. La locution ἔχεσθαι φόνου veut dire ici « être dévoué au fer du meurtrier », et non « être convaincu d'homicide, *teneri cædis.* » Cp. κρίνεσθαι θανάτου, καταψηφίζεσθαι θανάτου (Platon, *Rép.* VIII, p. 558 A).

523. Ἀμυνῶ δὲ τῷ νόμῳ, mais, d'un autre côté, je viendrai au secours de la loi. Il faut entendre la loi dont il a été question aux vers 495 et 512 sqq.

526. Ἐπεὶ τίν᾿ εἶχες, ὦ τάλας. Scholiaste : Ἀποστροφὴ τὸ σχῆμα. Πρὸς τὸν Ὀρέστην ἰδίως ἀπέστρεψε τὸν λόγον καὶ διαλέγεται πρὸς αὐτὸν ὃ περὶ τούτου πρὸ ὀλίγου ἐγκαλῶν τῷ Μενελάῳ. Cette apo-

ΟΡΕΣΤΗΣ.

ὅτ' ἐξέβαλλε μαστὸν ἱκετεύουσά σε
μήτηρ; Ἐγὼ μὲν οὐκ ἰδὼν τἀκεῖ κακά,
δακρύοις γέροντ' ὀφθαλμὸν ἐκτήκω τάλας.
Ἐν οὖν λόγοισι τοῖς ἐμοῖς ὁμορροθεῖ· 530
μισεῖ γε πρὸς θεῶν καὶ τίνεις μητρὸς δίκας,
μανίαις ἀλαίνων καὶ φόβοις. Τί μαρτύρων
ἄλλων ἀκούειν δεῖ μ', ἅ γ' εἰσορᾶν πάρα;
Ὡς οὖν ἂν εἰδῇς, Μενέλεως, τοῖσιν θεοῖς
μὴ πρᾶσσ' ἐναντί', ὠφελεῖν τοῦτον θέλων· 535
ἔα δ' ὑπ' ἀστῶν καταφονευθῆναι πέτροις,
ἢ μὴ 'πίβαινε Σπαρτιάτιδος χθονός.
Θυγάτηρ ἐμὴ θανοῦσ' ἔπραξεν ἔνδικα·
ἀλλ' οὐχὶ πρὸς τοῦδ' εἰκὸς ἦν αὐτὴν θανεῖν.
Ἐγὼ δὲ τἄλλα μακάριος πέφυκ' ἀνήρ, 540
πλὴν εἰς θυγατέρας· τοῦτο δ' οὐκ εὐδαιμονῶ.

ΧΟΡΟΣ.

Ζηλωτὸς ὅστις εὐτύχησεν εἰς τέκνα
καὶ μὴ 'πισήμους συμφορὰς ἐκτήσατο.

ΟΡΕΣΤΗΣ.

Ὦ γέρον, ἐγώ τοι πρὸς σὲ δειμαίνω λέγειν,
ὅπου γε μέλλω σήν τι λυπήσειν φρένα. 545

NC. 531. Porson : μισεῖ τε. Hermann : μισεῖ σύ. — 536-537. Ces deux vers, identiques à 625 sq., sont retranchés par Brunck et par d'autres éditeurs. Hermann a vu qu'on ne pouvait se passer du vers 536, puisque Oreste y fait allusion (v. 564). Mais, quoi qu'en dise le même critique, le vers 537 n'est pas moins indispensable. En s'adressant à Ménélas, Tyndare commence par les mots : ὡς οὖν ἂν εἰδῇς, « pour que tu n'en ignores point » (v. 534) : il doit donc lui faire une menace précise. — 538. Kirchhoff : ἐνδίκως, parce que les deux dernières lettres de ἔνδικα sont écrites *in rasura* dans le *Marcianus*. — 542-543. *Marcianus* : εὐτύχηκεν. Stobée, LXXV, 10 (où ces deux vers sont attribués à Dicæogène) : ἐν τέκνοις || καὶ μὴ 'πισήμοις συμφοραῖς ὠδύρετο. — 545. Manuscrits : ὅπου σε μέλλω σήν τε λυπήσειν φρένα. Nous avons adopté la correction de Musgrave. — Ce vers était suivi des vers 549 et 550, que nous avons transposés avec Hartung et Kirchhoff.

strophe pathétique est d'un effet d'autant plus grand que Tyndare, qui s'y laisse entraîner, a déclaré lui-même, au vers 481, qu'on ne saurait, sans se souiller, adresser la parole à un parricide.

527. Ἐξέβαλλε μαστόν. Cf. *Él.* 1206 sq.

537. Σπαρτιάτιδος χθονός. Sparte était la dot d'Hélène. Cf. v. 1662.

538. Ἔπραξεν ἔνδικα, elle a eu le sort qu'elle mérituit. Cf. Eschyle, *Agam.* 1443 : Ἄτιμα δ' οὐκ ἐπραξάτην.

545. Ὅπου, dans un cas où.

ΟΡΕΣΤΗΣ.

Ἀπελθέτω δὴ τοῖς λόγοισιν ἐκποδὼν
τὸ γῆρας ἡμῖν τὸ σὸν, ὅ μ' ἐκπλήσσει λογου,
καὶ καθ' ὁδὸν εἶμι· νῦν δὲ σὴν ταρβῶ τρίχα
Ἐγὼ δ' ἀνόσιός εἰμι μητέρα κτανών,
ὅσιος δέ γ' ἕτερον ὄνομα, τιμωρῶν πατρί. 550
Τί χρῆν με δρᾶσαι; Δύο γὰρ ἀντίθες δυοῖν·
πατὴρ μὲν ἐφύτευσέν με, σὴ δ' ἔτικτε παῖς,
τὸ σπέρμ' ἄρουρα παραλαβοῦσ' ἄλλου πάρα·
ἄνευ δὲ πατρὸς τέκνον οὐκ εἴη ποτ' ἄν.
Ἐλογισάμην οὖν τῷ γένους ἀρχηγέτῃ 555
μᾶλλόν μ' ἀμῦναι τῆς ὑποστάσης τροφάς·
ἡ σὴ δὲ θυγάτηρ, μητέρ' αἰδοῦμαι λέγειν,
ἰδίοισιν ὑμεναίοισι κοὐχὶ σώφροσιν

NC. 549. Hermann : ἐγῷδ'. — 550. La leçon de ce vers est douteuse. Les meilleurs manuscrits portent ὅσιος δ' ἕτερον ὄνομα. On peut croire que la particule γ' a été interpolée en vue du mètre. — 551. Nauck propose : ἀντίθες λόγῳ. — 553. La conjecture de Hermann : ἄρουρ' ὥς, est inutile. — 556. Le pronom μ' est omis dans plusieurs bons manuscrits.

546-548. Oreste voudrait respecter les cheveux blancs de Tyndare; il aimerait à faire abstraction de la vieillesse de son accusateur. « Que ta vieillesse, dit-il, se retire et laisse le chemin libre à mes paroles; je marcherai droit devant moi. » — Τοῖς λόγοισιν... ἡμῖν. Deux datifs similaires. Voy. la note sur *Médée*, 992, et *passim*. —Ὅ μ' ἐκπλήσσει λόγου. Cf. *Iph. Taur.* 240 : Τί δ' ἔστι τοῦ παρόντος ἐκπλήσσον λόγου;
550. Ἕτερον ὄνομα, à un autre titre.
551. Δύο γὰρ ἀντίθες δυοῖν. Si la leçon est bonne, chacune des deux phrases qui suivent est divisée par le poëte en deux idées, le sujet et l'attribut : πατήρ et ἐφύτευσέν με, σὴ παῖς et ἔτικτε.
553. Ἄρουρα, métaphore du même ordre que σπέρμ(α), est souvent appliqué par les Grecs à la génération humaine. Cf. Eschyle, *Sept Chefs*, 754, Sophocle, *OEd. Roi*, 1257. Voyez aussi *Phén.* 18 : Μὴ σπεῖρε τέκνων ἄλοκα. Sophocle, *OEd. Roi*, 1211 : Πατρῷαι ἄλοκες.
554. Ἄνευ δὲ πατρός.... D'après les scholies, ce vers provoqua cette saillie d'un spectateur : Ἄνευ δὲ μητρός, ὦ κάθαρμ' Εὐριπίδη; La même anecdote se trouve chez Clément d'Alexandrie, *Strom.* II, p. 505, et chez Eustathe, *ad Od.* p. 1498, 57. — Quant à la théorie professée par Oreste, on en pensera ce qu'on voudra. Toujours est-il que dans les *Euménides* d'Eschyle, v. 668 sqq., Apollon se sert du même argument en plaidant la cause d'Oreste : Οὐκ ἔστι μήτηρ ἡ κεκλημένου τέκνου Τοκεύς, τροφὸς δὲ κύματος νεοσπόρου. Τίκτει δ' ὁ θρώσκων, ἡ δ' ἅπερ ξένῳ ξένη, Ἔσωσεν ἔρνος, οἷσι μὴ βλάψῃ θεός. Telle était aussi la doctrine d'Anaxagore, le maître d'Euripide. Cf. Aristote, *de Anim. generat.* IV, 1 : Ἀναξαγόρας καὶ ἔνιοι τῶν φυσιολόγων, γίνεσθαι ἐκ τοῦ ἄρρενος τὸ σπέρμα, τὸ δὲ θῆλυ παρέχειν τὸν τόπον.
556. Τῆς ὑποστάσης équivaut à ᾗ τῇ ὑποστάσῃ.
558. En contractant cet hymen (en commettant cet adultère), Clytemnestre ne consulta que sa propre passion; elle n'attendit pas qu'un père ou qu'un tuteur disposât de sa main. L'expression ἰδίοισιν ὑμεναίοισιν équivaut donc à οὐδενὸς δόντος, et s'explique par la législation antique, suivant laquelle la femme se trouvait toujours sous la tutelle de quelqu'un. [Klotz.]

ΟΡΕΣΤΗΣ.

εἰς ἀνδρὸς ᾔει λέκτρ᾽· ἐμαυτὸν, ἣν λέγω
κακῶς ἐκείνην, ἐξερῶ· λέγω δ᾽ ὅμως. 560
Αἴγισθος ἦν ὁ κρυπτὸς ἐν δόμοις πόσις.
Τοῦτον κατέκτειν᾽, ἐπὶ δ᾽ ἔθυσα μητέρα,
ἀνόσια μὲν δρῶν, ἀλλὰ τιμωρῶν πατρί.
Ἐφ᾽ οἷς δ᾽ ἀπειλεῖς ὡς πετρωθῆναί με χρὴ,
ἄκουσον ὡς ἅπασαν Ἑλλάδ᾽ ὠφελῶ. 565
Εἰ γὰρ γυναῖκες εἰς τόδ᾽ ἥξουσιν θράσους,
ἄνδρας φονεύειν, καταφυγὰς ποιούμεναι
εἰς τέκνα, μαστοῖς τὸν ἔλεον θηρώμεναι,
παρ᾽ οὐδὲν αὐταῖς ἦν ἂν ὀλλύναι πόσεις
ἐπίκλημ᾽ ἐχούσαις ὅ τι τύχοι. Δράσας δ᾽ ἐγὼ 570
δείν᾽, ὡς σὺ κομπεῖς, τόνδ᾽ ἔπαυσα τὸν νόμον.
Μισῶν δὲ μητέρ᾽ ἐνδίκως ἀπώλεσα,
ἥτις μεθ᾽ ὅπλων ἄνδρ᾽ ἀπόντ᾽ ἐκ δωμάτων
πάσης ὑπὲρ γῆς Ἑλλάδος στρατηλάτην
προύδωκε κοὐκ ἔσως᾽ ἀκήρατον λέχος· 575
ἐπεὶ δ᾽ ἁμαρτοῦσ᾽ ᾔσθετ᾽, οὐχ αὑτῇ δίκην
ἐπέθηκεν, ἀλλ᾽ ὡς μὴ δίκην δοίη πόσει,
ἐζημίωσε πατέρα κἀπέκτειν᾽ ἐμόν.

NC. 562. La variante μητέρι a été imaginée pour accorder ce passage avec l'*Électre* de Sophocle, tragédie dans laquelle Égisthe est tué après Clytemnestre. — 564. Variante : με δεῖ. — 575. Manuscrits : ἔσωσεν.

560. Le mot κακῶς, qui ne se trouve que dans la phrase incidente, doit être suppléé après le verbe de la phrase principale, ἐξερῶ.
562. Ἔθυσα. Ce verbe indique qu'Oreste accomplit un devoir religieux en immolant sa mère.
564-565. Construisez : ἄκουσον δ᾽ ὡς ἅπασαν Ἑλλάδ᾽ ὠφελῶ (ἐκείνοις), ἐφ᾽ οἷς (par l'action à cause de laquelle) ἀπειλεῖς ὡς πετρωθῆναί με χρή.
566-568. Le démonstratif τόδ(ε) est l'antécédent de l'infinitif φονεύειν. Les mots μαστοῖς τὸν ἔλεον θηρώμεναι sont une apposition explicative de καταφυγὰς ποιούμεναι εἰς τέκνα. — On peut s'étonner qu'Oreste soit assez froid pour tirer un tel argument d'une scène dont le souvenir était le tourment de sa vie. Mais le poëte cherche à composer un plaidoyer habile, sans trop s'inquiéter de ce qui convient au personnage qui parle.
571. Τὸν νόμον. Le crime de Clytemnestre, s'il était resté impuni, aurait, suivant Oreste, constitué un précédent et établi un usage (νόμον) dangereux pour tous les époux.
572. Ἐνδίκως est gouverné par μισῶν.
573-574. Μεθ᾽ ὅπλων ἀνδρ(α).... Ἑλλάδος στρατηλάτην. Cet argument est aussi allégué par Apollon dans les *Euménides* d'Eschyle, vers 625 sqq.
578. Ἐζημίωσε, elle punit Agamemnon du crime qu'elle avait commis.

ΟΡΕΣΤΗΣ.

Πρὸς θεῶν, ἐν οὐ καλῷ μὲν ἐμνήσθην θεῶν,
φόνον δικάζων, εἰ δὲ δὴ τὰ μητέρος   580
σιγῶν ἐπῄνουν, τί μ' ἂν ἔδρασ' ὁ κατθανών;
οὐκ ἄν με μισῶν ἀνεχόρευ' Ἐρινύσιν;
Ἡ μητρὶ μὲν πάρεισι σύμμαχοι θεαί,
τῷ δ' οὐ πάρεισι, μᾶλλον ἠδικημένῳ;
Σύ τοι φυτεύσας θυγατέρ', ὦ γέρον, κακὴν   585
ἀπώλεσάς με· διὰ τὸ γὰρ κείνης θράσος
πατρὸς στερηθείς, ἐγενόμην μητροκτόνος.
Ὁρᾷς, Ὀδυσσέως ἄλοχον οὐ κατέκτανεν
Τηλέμαχος· οὐ γὰρ ἐπεγάμει πόσει πόσιν,
μένει δ' ἐν οἴκοις ὑγιὲς εὐναστήριον.   590
Ὁρᾷς, Ἀπόλλων ὃς μεσομφάλους ἕδρας
ναίων βροτοῖσι στόμα νέμει σαφέστατον,
ᾧ πειθόμεσθα πάνθ' ὅσ' ἂν κεῖνος λέγῃ,
τούτῳ πιθόμενος τὴν τεκοῦσαν ἔκτανον.
Ἐκεῖνον ἡγεῖσθ' ἀνόσιον καὶ κτείνετε·   595

NC. 580. Faut-il lire φόνον δικαιῶν? — 586. Les manuscrits portent tous, ou presque tous : διὰ γὰρ τὸ. Canter a transposé les mots. — 588. Nauck lie ὁρᾷς Ὀδυσσέως ἄλοχον. Le vers 591 prouve qu'il faut ponctuer après ὁρᾷς. — 591. Variante : ὁρᾷς δ'. — 592. Ναίει βροτοῖσι στόμα νέμων σαφέστατα, Clément d'Alexandrie, *Protrept.* p. 22. Le texte de Justinus Martyr, *De mon.*, p. 126 sq., s'accorde avec celui des bons manuscrits d'Euripide. Variante mal autorisée : σαφέστατον νέμει. — 593. Nauck tient ce vers pour suspect. — 594. Clément : κείνῳ πιθόμενος. Variante vicieuse : πειθόμενος. — 595-596. Nauck veut que les mots : καὶ κτείνετε.... οὐκ ἐγώ, soient interpolés.

580. Φόνον δικάζων, *dicens causam de caede*. Ce sens du verbe δικάζειν est fort extraordinaire. Voy. NC.

581. Σιγῶν, en gardant le silence, c'est-à-dire : en restant dans l'inaction. Oreste dit qu'il aurait été poursuivi par les Furies de son père, s'il n'avait pas immolé sa mère. Il s'agit des actions d'Oreste, et non de ses paroles.

584. Ἀνεχόρευ(ε) équivaut à ἀνεβάκχευε. Cf. vers 338.

585. Σύ τοι φυτεύσας.... Scholiaste : Ὁμηρικὸν τοῦτο. « Σοὶ πάντες μαχόμεσθα· σὺ γὰρ τέκες ἄφρονα κούρην. » (*Il.* V, 875.)

590. Ὑγιές, *integrum*, équivaut à ἀδιάφθορον, ἀμίαντον. [Schol.] On aurait pu dire du lit de Clytemnestre : νοσεῖ τὸ εὐναστήριον.

591-593. Chez Ennius Apollon disait qu'il était celui « Unde sibi populi et reges « consilium expetunt, Summarum rerum « incerti quos ego ope mea Pro incertis « certos compotesque consili Dimitto, ut « ne res temere tractent turbidas. » Ce fragment, qu'on trouve dans Cicéron, *de Orat.* I, XLV, 199, est rapporté par conjecture aux *Euménides* d'Ennius. — Μεσομφάλους ἔδρας. Cf. v. 331. — Πειθόμεσθα n'équivaut pas ici à πείθομαι. Oreste parle de tous les hommes.

595. Καὶ κτείνετε. Le mot est vif, et la chose est impossible. Mais Oreste veut réduire ses accusateurs à l'absurde.

ΟΡΕΣΤΗΣ.

ἐκεῖνος ἥμαρτ᾽, οὐκ ἐγώ. Τί χρῆν με δρᾶν;
Ἢ οὐκ ἀξιόχρεως ὁ θεὸς ἀναφέροντί μοι
μίασμα λῦσαι; Ποῖ τις οὖν ἔτ᾽ ἂν φύγοι,
εἰ μὴ ὁ κελεύσας ῥύσεταί με μὴ θανεῖν;
Ἀλλ᾽ ὡς μὲν οὐκ εὖ μὴ λέγ᾽ εἴργασται τάδε,   600
ἡμῖν δὲ τοῖς δράσασιν οὐκ εὐδαιμόνως.
Γάμοι δ᾽ ὅσοις μὲν εὖ καθεστᾶσιν βροτῶν,
μακάριος αἰών· οἷς δὲ μὴ πίπτουσιν εὖ,
τά τ᾽ ἔνδον εἰσὶ τά τε θύραζε δυστυχεῖς.

ΧΟΡΟΣ.

Ἀεὶ γυναῖκες ἐμποδὼν ταῖς ξυμφοραῖς   605
ἔφυσαν ἀνδρῶν πρὸς τὸ δυστυχέστερον.

ΤΥΝΔΑΡΕΩΣ.

Επεὶ θρασύνει κοὐχ ὑποστέλλει λόγῳ,
οὕτω δ᾽ ἀμείβει μ᾽ ὥστε μ᾽ ἀλγῆσαι φρένα,
μᾶλλόν μ᾽ ἀνάψεις ἐπὶ σὸν ἐξελθεῖν φόνον·
καλὸν πάρεργον δ᾽ αὐτὸ θήσομαι πόνων   610
ὧν οὕνεκ᾽ ἦλθον θυγατρὶ κοσμήσων τάφον.
Μολὼν γὰρ εἰς ἔκκλητον Ἀργείων ὄχλον
ἑκοῦσαν οὐχ ἑκοῦσαν ἐπισείσω πόλιν

NC. 599. Porson : εἰ μὴ κελεύσας. Hermann défend la crase μὴ ὁ. — 603. Stobée, *Anthol.*, LXIX, 13 : πίπνουσιν εὖ. — 606. Variantes : δυστυχέστατον (Stobée, *Anthol.* LXXIII, 34), et δυσχερέστερον. — 608. Variante : φρένας. — 609. La plupart des manuscrits, et les meilleurs, portent ἀνάξεις. L. Dindorf : ἀνάξεις. — 612. Variante : ἀργείων χορόν. — 613. Canter a corrigé la leçon ἑκοῦσαν οὐκ ἄκουσαν, d'après la paraphrase grecque : Παροξυνῶ πάντας; κατὰ σοῦ, καὶ μὴ βουλομένους. — Variante : ἀνασείσω.

597-598. Ἢ οὐκ.... λῦσαι; le dieu, auquel je puis m'en référer, n'est-il pas un garant d'une assez grande autorité pour me laver de la souillure?

601. Construisez : (Λέγε) δὲ (ὡς τάδε εἴργασται) οὐκ εὐδαιμόνως ἡμῖν τοῖς δράσασιν.

603. Πίπτουσιν εὖ· Εἴρηται ἀπὸ μεταφορᾶς τῶν κύβων. [Schol.] Voy. la note sur *Hipp.* 718 et *passim*.

604. Θύραζε ne diffère pas sensiblement de θύρασι. Cf. *Bacch.* 331 : Οἴκει μεθ᾽ ἡμῶν, μὴ θύραζε τῶν νόμων. [Nauck.]

605-606. Ἀεὶ.... δυστυχέστερον, les femmes entravent toujours les destinées des hommes, de manière à les tourner vers une issue funeste. Tel semble être le sens de ces vers qu'on a interprétés diversement.

611. Θυγατρὶ κοσμήσων τάφον. C'est dans cette intention que Tyndare est venu à Argos. Cf. v. 471.

613. Ἑκοῦσαν οὐχ ἑκοῦσαν, volentem nolentem. — Ἐπισείσω, je susciterai, je lancerai contre vous. Cf. vers 255, où ce verbe est employé au propre.

ΟΡΕΣΤΗΣ.

σοὶ σῇ τ' ἀδελφῇ, λεύσιμον δοῦναι δίκην.
Μᾶλλον δ' ἐκείνη σοῦ θανεῖν ἐστ' ἀξία, 615
ἢ τῇ τεκούσῃ σ' ἠγρίωσ', εἰς οὓς ἀεὶ
πέμπουσα μύθους ἐπὶ τὸ δυσμενέστερον,
ὀνείρατ' ἀγγέλλουσα τἀγαμέμνονος,
καὶ τοῦθ' ὃ μισήσειαν Αἰγίσθου λέχος
οἱ νέρτεροι θεοί, καὶ γὰρ ἐνθάδ' ἦν πικρόν, 620
ἕως ὑφῆψε δῶμ' ἀνηφαίστῳ πυρί.
Μενέλαε, σοὶ δὲ τάδε λέγω δράσω τε πρός·
εἰ τοὐμὸν ἔχθος ἐναριθμεῖ κῆδός τ' ἐμόν,
μὴ τῷδ' ἀμύνειν φόνον ἐναντίον θεοῖς·
ἔα δ' ὑπ' ἀστῶν καταφονευθῆναι πέτροις, 625
ἢ μὴ 'πίβαινε Σπαρτιάτιδος χθονός.
Τοσαῦτ' ἀκούσας ἴσθι, μηδὲ δυσσεβεῖς
ἕλῃ παρώσας εὐσεβεστέρους φίλους·
ἡμᾶς δ' ἀπ' οἴκων ἄγετε τῶνδε, πρόσπολοι.

ΟΡΕΣΤΗΣ.

Στεῖχ', ὡς ἀθορύβως οὑπιὼν ἡμῖν λόγος 630

NC. 615. Elmsley : θανεῖν ἐπαξία.

614. Avant λεύσιμον δοῦναι δίκην, il faut sous-entendre ὥστε ὑμᾶς. On sait que δοῦναι δίκην veut dire « subir un châtiment », *poenas dare*.

618. Ὀνείρατ(α).... τ(ὰ) Ἀγαμέμνονος, ces songes envoyés par Agamemnon. L'article indique que Tyndare fait allusion à des songes connus. Or il n'est nulle part question de songes faits par Électre. Rien, au contraire, n'est plus célèbre que le songe de Clytemnestre, raconté par Eschyle, *Choéph.* 526 sqq., et modifié par Sophocle, *Électre*, 417 sqq. C'est donc à ce songe qu'il faut rapporter notre passage.

619-620. Electre exaspérait son frère en lui parlant, dans ses messages, de l'union adultère de Clytemnestre avec Égisthe. C'est là ce que rappelle Tyndare. Mais il ajoute lui-même le vœu que cette union, qui fut odieuse sur la terre, ἐνθάδ(ε), soit en horreur aux dieux des Enfers (soit punie par eux).

621. Ἀνηφαίστῳ πυρί, par un feu auquel Vulcain est étranger, c'est-à-dire : par un incendie dont les flammes ne sont pas matérielles. (La traduction : « tristi igne », est à côté du sens.) Musgrave cite Hésiode, *OEuvres et Jours*, 702, où il est dit d'une femme méchante : "Ἥτ' ἄνδρα καὶ ἴφθιμόν περ ἐόντα Εὕει ἄτερ δαλοῦ καὶ ὠμῷ γήραϊ δῶκεν. Du reste ces alliances d'un substantif métaphorique avec un adjectif qui corrige, en quelque sorte, la hardiesse de la métaphore, sont familières aux poètes grecs. Voy. 319 : Ἀβάκχευτον θίασον, 1493 : Ἄθυρσοι βάκχαι, *Hipp.* 234 : Ψαμάθοις ἐπ' ἀκυμάντοις, avec la note.

624. Ἐναντίον θεοῖς. Ces mots dépendent de ἀμύνειν : cf. v. 534 sq.

625-626. Ces vers sont identiques aux vers 536 sq. Tyndare répète la même menace dans les mêmes termes, afin qu'il soit bien entendu que sa résolution ne variera point.

630-631. Les mêmes idées ont été exprimées en d'autres termes dans les vers

ΟΡΕΣΤΗΣ. 731

πρὸς τόνδ' ἵκηται, γῆρας ἀποφυγὼν τὸ σόν. —
Μενέλαε, ποῖ σὸν πόδ' ἐπὶ συννοίᾳ κυκλεῖς,
διπλῆς μερίμνης διπτύχους ἰὼν ὁδούς;

ΜΕΝΕΛΑΟΣ.

Ἔασον· ἐν ἐμαυτῷ τι συννοούμενος,
ὅπῃ τράπωμαι τῆς τύχης ἀμηχανῶ.   635

ΟΡΕΣΤΗΣ.

Μή νυν πέραινε τὴν δόκησιν, ἀλλ' ἐμοὺς
λόγους ἀκούσας πρόσθε, βουλεύου τότε.

ΜΕΝΕΛΑΟΣ.

Λέγ'· εὖ γὰρ εἶπας. Ἔστι δ' οὗ σιγὴ λόγου
κρείσσων γένοιτ' ἄν, ἔστι δ' οὗ σιγῆς λόγος.

ΟΡΕΣΤΗΣ.

Λέγοιμ' ἂν ἤδη. Τὰ μακρὰ τῶν σμικρῶν λόγων   640
ἐπίπροσθέν ἐστι καὶ σαφῆ μᾶλλον κλύειν.
Ἐμοὶ σὺ τῶν σῶν, Μενέλεως, μηδὲν δίδου,
ἃ δ' ἔλαβες ἀπόδος πατρὸς ἐμοῦ λαβὼν πάρα.

NC. 632. Variantes : κυκλεῖς et κινεῖς. — La conjecture de Nauck : τῷ (pour τίνι) σὸν ou τῷ σύ, détruit le tour naturellement symbolique de l'expression. Cf. *Hécube*, 812 : Ποῖ μ' ὑπεξάγεις πόδα; — 635. Variante moins bien autorisée : ὅποι. — 640. Scholiaste ; Ἔνιοι δὲ ἀθετοῦσι τοῦτον καὶ τὸν ἑξῆς στίχον· οὐκ ἔχουσι γὰρ τὸν Εὐριπίδειον χαρακτῆρα. Ces critiques avaient certainement tort. On ne saurait se passer d'exorde, et en particulier des mots λέγοιμ' ἂν ἤδη.

546 sq. — Ἀθορύβως, vers 630, s'explique par son contraire : ὅ μ' ἐκπλήσσει λόγου, vers 547.

632-633. Dans son embarras, Ménélas ne peut rester en place : il circule, et ses allées et venues sont l'image des incertitudes et des retours de sa pensée. Hermann cite à propos les vers 224 sq. de l'*Antigone* de Sophocle, où le garde dit : Πολλῶν γὰρ ἔσχον φροντίδων ἐπιστάσεις Ὁδοῖς κυκλῶν ἐμαυτὸν εἰς ἀναστροφήν.

636. Δόκησιν. Ce mot prend ici le sens de : « délibération, résolution. » De même ἔδοξε veut souvent dire : « il a été décidé ».

640-641. Τὰ μακρὰ.... κλύειν. Cette réflexion vient fort naturellement à la suite de celle que Ménélas vient de faire, et le doute exprimé par quelques critiques anciens sur l'authenticité de ces vers semble mal fondé. Les scholies rappellent que Ménélas aimait la concision du langage, le laconisme de Sparte, son pays, et qu'on lit déjà dans l'*Iliade*, III, 213 : Ἤτοι μὲν Μενέλαος ἐπιτροχάδην ἀγόρευεν, Παῦρα μέν, ἀλλὰ μάλα λιγέως· ἐπεὶ οὐ πολύμυθος, Οὐδ' ἀφαμαρτοεπής.

643. Scholiaste : Τούτου ῥηθέντος αἴρουσιν οἱ ὑποκριταὶ τὴν χεῖρα, ὡς τοῦ Μενελάου ἀγωνιῶντος μή ποτε λέγει ὅτι παρακαταθήκην ἀργυρίου παρὰ τοῦ πατρὸς πεπίστευται. Εὐήθης δέ ἐστιν ὁ τοιαύτης ὑποψίας ἀντιλαμβανόμενος Μενέλαος. Εἰ γὰρ μήτε τὸν λέγοντα ᾔδει, μήτε οὗ ἐστι χρεία, ἴσως ἂν εἶχέ τι πιθανὸν τὸ γιγνόμενον· ἐπεὶ δὲ ἐπίσταται, περιττὸν καὶ ἄπορον (lisez : ἄτοπον) τὸ δρώμενον (lisez : τὸ δρώ-

Οὐ χρήματ' εἶπον· χρήματ', ἢν ψυχὴν ἐμὴν
σώσῃς, ἅπερ μοι φίλτατ' ἐστὶ τῶν ἐμῶν. 645
Ἀδικῶ; Λαβεῖν χρή μ' ἀντὶ τοῦδε τοῦ κακοῦ
ἄδικόν τι παρὰ σοῦ· καὶ γὰρ Ἀγαμέμνων πατὴρ
ἀδίκως ἀθροίσας Ἑλλάδ' ἦλθ' ὑπ' Ἴλιον,
οὐκ ἐξαμαρτὼν αὐτὸς, ἀλλ' ἁμαρτίαν
τῆς σῆς γυναικὸς ἀδικίαν τ' ἰώμενος. 650
Ἓν μὲν τόδ' ἡμῖν ἀνθ' ἑνὸς δοῦναί σε χρή.
Ἀπέδοτο δ', ὡς χρὴ τοῖς φίλοισι τοὺς φίλους,
τὸ σῶμ' ἀληθῶς, σοὶ παρ' ἀσπίδ' ἐκπονῶν,
ὅπως σὺ τὴν σὴν ἀπολάβῃς ξυνάορον.
Ἀπότισον οὖν μοι ταὐτὸ τοῦτ' ἐκεῖ λαβὼν, 655
μίαν πονήσας ἡμέραν ἡμῶν ὕπερ
σωτήριος στὰς, μὴ δέκ' ἐκπλήσας ἔτη.
Ἃ δ' Αὐλὶς ἔλαβε σφάγι' ἐμῆς ὁμοσπόρου,
ἐῶ σ' ἔχειν ταῦθ'· Ἑρμιόνην μὴ κτεῖνε σύ·

NC. 648. Variante (glose) : εἰς Ἴλιον. — 654. Variante moins autorisée : ἀπολάβοις. — 656. Nauck propose : σωτήριος στὰς ἡμέραν θ' ἡμῶν ὕπερ ‖ μίαν πονήσας.

μενον). Il est en effet comique de voir Ménélas faire un geste de surprise et protester ainsi contre la supposition qu'il eût emprunté de l'argent à son frère. Reste à savoir si telle n'était pas l'intention du poète : la manière dont ce caractère est présenté, et les mots οὐ χρήματ' εἶπον, me font soupçonner que les acteurs n'avaient pas tort.

644. Οὐ χρήματ' εἶπον.... Scholiaste : Οὐ λέγω, φησὶ, χρήματα, χρυσὸν καὶ ἄργυρον, ἀλλὰ τῷ ὄντι χρήματα εἶπον τὴν ἐμαυτοῦ ψυχὴν, ἥτις ἐστί μοι χρῆμα τιμιώτατον. On peut aussi suppléer σώσεις après χρήματ(α).

646-650. Voici ce que dit Oreste : « Si j'ai tort, je veux que, pour réparer le mal que m'attire ma faute (ἀντὶ τ ῦδε τοῦ κακοῦ), tu me soutiennes même contrairement à la justice. Agamemnon, mon père, a bien, pour l'amour de toi, injustement armé la Grèce contre Troie, afin de réparer une faute commise, non par lui, mais par ta femme. » Euripide s'est ingénié pour trouver des arguments spécieux à l'appui d'un paradoxe. La proposition qui se trouve au fond de ce raisonnement est celle-ci : il faut témoigner sa reconnaissance par des services aussi semblables que possible à ceux qu'on a reçus. On peut en dire autant de la vengeance, et voilà pourquoi Oreste s'écrie, en traînant sa mère au supplice : Κτανοῦσ' ὃν οὐ χρῆν καὶ τὸ μὴ χρεὼν πάθε (Eschyle, Choéph. 930).

652. Ἀπέδοτο, il sacrifia. Sans hyperbole « il exposa. »

653. Παρ' ἀσπίδ(α), dans la bataille. Cf. Méd. 250 : Παρ' ἀσπίδα στῆναι.

655. Ἐκεῖ λαβών, puisque tu l'as reçu devant Troie.

656-657. En récitant ces vers il faut appuyer sur μίαν πονήσας ἡμέραν, de façon à marquer que ce sont ces mots, et non σωτήριος στὰς, qui font antithèse à δέκ' ἐκπλήσας ἔτη. Du reste μίαν πονήσας ἡμέραν est un complément déterminatif de σωτήριος στὰς ὑπὲρ ἡμῶν. On voit souvent chez les écrivains grecs deux ou plusieurs participes subordonnés l'un à l'autre. Voy. la note sur Iph. Taur. 695 sq.

ΟΡΕΣΤΗΣ.

δεῖ γάρ σ' ἐμοῦ πράσσοντος ὡς πράσσω τὰ νῦν 660
πλέον φέρεσθαι, κἀμὲ συγγνώμην ἔχειν.
Ψυχὴν δ' ἐμὴν δὸς τῷ ταλαιπώρῳ πατρὶ
κἀμῆς ἀδελφῆς, παρθένου μακρὸν χρόνον·
θανὼν γὰρ οἶκον ὀρφανὸν λείψω πατρός.
Ἐρεῖς, ἀδύνατον; Αὐτὸ τοῦτο· τοὺς φίλους 665
ἐν τοῖς κακοῖς χρὴ τοῖς φίλοισιν ὠφελεῖν·
ὅταν δ' ὁ δαίμων εὖ διδῷ, τί δεῖ φίλων;
ἀρκεῖ γὰρ αὐτὸς ὁ θεὸς ὠφελεῖν θέλων.
Φιλεῖν δάμαρτα πᾶσιν Ἕλλησιν δοκεῖς·
κοὐχ ὑποτρέχων σε τοῦτο θωπείᾳ λέγω· 670
ταύτης ἱκνοῦμαί σ'. Ὦ μέλεος ἐμῶν κακῶν,
εἰς οἷον ἥκω. Τί δὲ ταλαιπωρεῖν με δεῖ;
Ὑπὲρ γὰρ οἴκου παντὸς ἱκετεύω τάδε.
Ὦ πατρὸς ὅμαιμε θεῖε, τὸν κατὰ χθονὸς
θανόντ' ἀκούειν τάδε δόκει, ποτωμένην 675
ψυχὴν ὑπὲρ σοῦ, καὶ λέγειν ἁγὼ λέγω.

NC. 667. Τί δεῖ φίλων, Aristote, *Morale à Nic.*, X, ix, p. 1169; *Grande Mor.* II, xv, p. 1212; Plutarque, *De adul. et amic.* p. 68. La plupart des manuscrits d'Euripide répètent le mot χρή. — 674-675. Heimsœth (*Kritische Studien*, I, p. 313) propose : τοῦ κατὰ χθονὸς ‖ θανόντος ἱκετεύειν δόκει ποτωμένην ‖ ψυχήν.

662-664. Ψυχὴν δ' ἐμήν.... Oreste ne veut pas que Ménélas immole Hermione (v. 659); mais il demande à Ménélas de sauver la vie aux enfants d'Agamemnon. Klotz a bien compris que telle était la marche des idées. — Δὸς τῷ ταλαιπώρῳ πατρί. Ces mots sont expliqués par le vers 664. Empêcher la race d'un homme de s'éteindre, c'est, d'après les idées antiques, lui rendre le plus grand service qu'il puisse recevoir après la mort. — Παρθένου μακρὸν χρόνον. Cf. v. 72. Ici, ces paroles indiquent que le sang d'Agamemnon ne s'est pas même perpétué par les femmes.

665-666. Scholiaste : Ἀλλὰ λέγεις, φησίν, ὅτι ἀδύνατόν ἐστι τὸ βοηθῆσαί μοι· ἐγὼ δέ σοι ἀντείποιμ' ἄν, ὡς μάλιστά μοι διὰ τοῦτο ὀφείλεις συμβαλέσθαι, εἰδὼς ὅτι ἐν τοῖς ἀδυνάτοις δεῖ τῶν φίλων.

671-673. Ὦ μέλεος.... τάδε. Ces paroles ne sont pas adressées à Ménélas. Oreste se plaint à part soi (ἠρέμα καθ' ἑαυτὸν λέγει, schol.) d'être tombé assez bas pour invoquer en sa faveur le nom d'une femme telle qu'Hélène : « Mais, ajoute-t-il, pour quel autre objet dois-je faire des efforts pénibles? Τί δὲ (sous-ent. ἄλλο) ταλαιπωρεῖν με δεῖ; Car c'est pour toute ma race que je fais cette prière. Ὑπὲρ γὰρ οἴκου παντὸς ἱκετεύω τάδε. » — On peut aussi admettre la ponctuation, proposée par un scholiaste : Τί δέ; (mais quoi?) ταλαιπωρεῖν με δεῖ.

675. Ποτωμένην ψυχὴν ὑπὲρ σοῦ. Ces mots, qui se rapportent par apposition à τὸν θανόντα, présentent l'ombre d'Agamemnon comme voltigeant au-dessus de la tête de Ménélas. Dans *Hécube*, v. 30, l'ombre de Polydore dit : Ὑπὲρ μητρὸς φίλης, Ἑκάβης, ἀΐσσω.

ΟΡΕΣΤΗΣ.

Ταῦτ' εἴς τε δάκρυα καὶ γόους καὶ συμφορὰς
εἴρηκα, κἀπῄτηκα τὴν σωτηρίαν,
θηρῶν δ πάντες κοὐκ ἐγὼ ζητῶ μόνος.

ΧΟΡΟΣ.

Κἀγώ σ' ἱκνοῦμαι, καὶ γυνή περ οὖσ' ὅμως, 680
τοῖς δεομένοισιν ὠφελεῖν· οἷός τε δ' εἶ.

ΜΕΝΕΛΑΟΣ.

Ὀρέστ', ἐγώ τοι σὸν καταιδοῦμαι κάρα
καὶ ξυμπονῆσαι σοῖς κακοῖσι βούλομαι·
καὶ χρὴ γὰρ οὕτω τῶν ὁμαιμόνων κακὰ
ξυνεκκομίζειν, δύναμιν ἢν διδῷ θεός, 685
θνῄσκοντα καὶ κτείνοντα τοὺς ἐναντίους·
τὸ δ' αὖ δύνασθαι πρὸς θεῶν χρῄζω τυχεῖν.
Ἥκω γὰρ ἀνδρῶν συμμάχων κενὸν δόρυ
ἔχων, πόνοισι μυρίοις ἀλώμενος,
σμικρᾷ ξὺν ἀλκῇ τῶν λελειμμένων φίλων. 690
Μάχῃ μὲν οὖν ἂν οὐχ ὑπερβαλοίμεθα
Πελασγὸν Ἄργος· εἰ δὲ μαλθακοῖς λόγοις
δυναίμεθ', ἐνταῦθ' ἐλπίδος προσήκομεν.

NC. 677. Kirchhoff écrit ταῦτ', et relie ce vers au vers précédent. — 680-681. Ces deux vers sont attribués à Électre dans les manuscrits. Canter les a rendus au chœur. — 686. C'est à tort que Nauck veut supprimer ce vers, et que d'autres ont voulu le corriger.

677. Εἴς τε δάκρυα. Εἰς n'équivaut pas à μετά, mais veut dire « par rapport à, en vue de ». Cf. *Él.* 329, et *passim*.

678. Κ(αὶ) ἀπῄτηκα, et j'ai réclamé (comme une chose due). Cf. ἀπόδος, vers 643. Le composé ἀπαιτεῖν diffère du simple αἰτεῖν.

686. Θνῄσκοντα καὶ κτείνοντα τοὺς ἐναντίους, prêt à mourir et prêt à donner la mort aux ennemis (ὡς τεθνηξόμενον καὶ ὡς κτενοῦντα τοὺς ἐναντίους, schol.). Le présent exprime souvent une tentative, une intention : voy. la note sur le vers 840 d'*Hécube* et *passim*. C'est ainsi qu'OEdipe dit dans les *Phéniciennes*, 1620 : Τί μ' ἄρδην ὧδ' ἀποκτείνεις, Κρέον; Ἀποκτενεῖς γὰρ εἴ με γῆς ἔξω βαλεῖς. Ici cette manière hyperbolique de s'exprimer convient parfaitement à un personnage d'autant plus disposé à exagérer les principes généraux du dévouement, qu'il est plus égoïste quand il s'agit de passer de la théorie à la pratique.

687. Πρὸς θεῶν équivaut à παρὰ θεῶν, et dépend de τυχεῖν.

688. Ἀνδρῶν συμμάχων κενὸν δόρυ peut se tourner par : δόρυ κενὸν δοράτων συμμαχικῶν. Ménélas dit qu'il n'a que « sa lance seule, sa lance dépourvue de lances auxiliaires ». Le vers 690 corrigera ce qu'il y a d'hyperbolique dans cette expression. Cf. Eschyle, *Perses*, 734 : Μονάδα δὲ Ξέρξην ἐρημόν φασιν οὐ πολλῶν μέτα....

692. Πελασγὸν Ἄργος, Argos, l'antique cité des Pélasges. Voy. la note sur *Iph. Aul.* 1498.

ΟΡΕΣΤΗΣ.

Σμικροῖσι γὰρ τὰ μεγάλα πῶς ἕλοι τις ἂν
πονῶν; Ἀμαθὲς οὖν καὶ τὸ βούλεσθαι τάδε.   695
Ὅταν γὰρ ἡβᾷ δῆμος εἰς ὀργὴν πεσών,
ὅμοιον ὥστε πῦρ κατασβέσαι λάβρον·
εἰ δ᾽ ἡσύχως τις αὐτὸς ἐντείνοντι μὲν
χαλῶν ὑπείκοι καιρὸν εὐλαβούμενος,
ἴσως ἂν ἐκπνεύσειεν· ἢν δ᾽ ἀνῇ πνοάς,   700
τύχοις ἂν αὐτοῦ ῥᾳδίως ὅσον θέλεις.
Ἔνεστι δ᾽ οἶκτος, ἔνι δὲ καὶ θυμὸς μέγας,
καραδοκοῦντι κτῆμα τιμιώτατον.
Ἐλθὼν δὲ Τυνδάρεών τέ σοι πειράσομαι

NC. 694. Les manuscrits portent : σμικροῖσι μὲν γάρ (ou σμικροῖσι μέν). Barnes a retranché μέν. — 695. Ce vers est omis dans le manuscrit de Paris. — On lisait : πόνοισιν· ἀμαθὲς καὶ τὸ βούλεσθαι τάδε. Mais σμικροῖσι πόνοισιν donne un faux sens : car dire que ce dernier mot signifie ici « puissance », c'est user d'un expédient inadmissible et inventé exprès pour ce passage. Comme le *Marcianus* porte ἀμαθὲς γάρ, j'ai écrit : πονῶν· ἀμαθὲς οὖν. — 696. Stobée, *Anthol.* XLVI, 5 : ὅταν γὰρ ὀργῇ δῆμος εἰς θυμὸν πέσῃ. Nauck veut écrire ἡβᾷ θυμός, en s'autorisant d'un monostique de Ménandre, v. 71 : Βλάπτει γὰρ ἄνδρα θυμὸς εἰς ὀργὴν πεσών. Mais δῆμος est ici un mot essentiel. — 697. Variante : ὅμοιος. — 698. Variante : αὐτόν. La leçon αὐτός est confirmée par le scholiaste. — 699. Stobée, *l. c.* : χαλῶν ἔποιτο. — 700. Manuscrits : ἐκπνεύσειεν (ou ἐκπνεύσειε') ὅταν. Kirchhoff et Nauck ont substitué ἢν à ὅταν, afin d'éviter une élision que les tragiques ne semblent pas admettre. — 701. Nauck : ὅσ᾽ ἂν θέλῃς. Cobet : οἷον θέλεις. — 704. Variante indiquée dans le *Marcianus* : ἐλθὼν δ᾽ ἐγώ σοι Τυνδάρεων πειράσομαι.

696. Le verbe ἡβᾷ, que le scholiaste explique ἀκμάζῃ, ne doit pas être séparé de εἰς ὀργὴν πεσών. « Quand le peuple est arrivé au plus fort de la colère, quand la colère du peuple est dans toute sa force. » Cp. Eschyle, frg. 347 Nauck : Φλὸξ ἡδήσασα.

697. Ὅμοιον... λάβρον, c'est comme un feu (trop) impétueux pour être éteint. — Ὅμοιον ὥστε est une locution toute faite qui ne prend point l'accord : cf. Sophocle, *Antig.* 586. — Λάβρον κατασβέσαι est dit comme χαλεπὸν εὑρεῖν, θαυμαστὸν ἀκοῦσαι et beaucoup d'autres locutions analogues.

698. Αὐτός. « Sententia hæc est : ipse « si leniter cedas, talem etiam populum « invenies. » [Hermann.]

700. Ὅταν δ᾽ ἀνῇ πνοάς, mais quand le souffle de sa colère tombe. Cf. Sophocle, *Él.* 610 : Ὁρῶ μένος πνέουσαν.

701. Τύχοις ἂν αὐτοῦ équivaut à τύχοις ἂν παρ᾽ αὐτοῦ. Cf. *Philoctète*, 1315 : Ὧν δέ σου τυχεῖν ἐφίεμαι Ἄκουσον.

702. Ἔνεστι.... μέγας. Ce vers et les précédents offrent comme le germe de l'idée que Parrhasius réalisa dans sa peinture du peuple d'Athènes. Pline en dit, *Hist. Nat.* XXXV, xxxvi, 4 : « Volebat « varium, iracundum injustum inconstan« tem, eundem exorabilem clementem mi« sericordem, excelsum [gloriosum] humi« lem, ferocem fugacemque ostendere. »

703. Καραδοκοῦντι κτῆμα τιμιώτατον, (mobilité) précieuse pour qui sait attendre. Κτῆμα est une apposition qui se rapporte, non à δῆμος, encore moins à ὀργῇ, mais à l'ensemble des deux membres de phrases : ἔνεστι δ᾽ οἶκτος, ἔνι δὲ καὶ θυμὸς μέγας. Voy. la note sur le vers 284 d'*Iphigénie à Aulis*.

πόλιν τε πείθων τῷ λίαν χρῆσθαι καλῶς. 705
Καὶ ναῦς γὰρ ἐνταθεῖσα πρὸς βίαν ποδὶ
ἔβαψεν, ἔστη δ' αὖθις, ἢν χαλᾷ πόδα.
Μισεῖ γὰρ ὁ θεὸς τὰς ἄγαν προθυμίας,
μισοῦσι δ' ἀστοί· δεῖ δέ μ', οὐκ ἄλλως λέγω,
σώζειν σε σοφίᾳ, μὴ βίᾳ τῶν κρεισσόνων. 710
Ἀλκῇ δέ σ' οὐκ ἄν, ᾗ σὺ δοξάζεις ἴσως,
σώσαιμ' ἄν· οὐ γὰρ ῥᾴδιον λόγχῃ μιᾷ
στῆσαι τρόπαια τῶν κακῶν ἅ σοι πάρα.
Οὐ γάρ ποτ' Ἄργους γαῖαν εἰς τὸ μαλθακὸν
προσηγόμεσθ' ἄν· νῦν δ' ἀναγκαίως ἔχει 715
δούλοισιν εἶναι τοῖς σοφοῖσι τῆς τύχης.

ΟΡΕΣΤΗΣ.

Ὦ πλὴν γυναικὸς οὕνεκα στρατηλατεῖν
τἄλλ' οὐδέν, ὦ κάκιστε τιμωρεῖν φίλοις·
φεύγεις ἀποστραφείς με, τὰ δ' Ἀγαμέμνονος 720
φροῦδ'; Ἄφιλος ἦσθ' ἄρ', ὦ πάτερ, πράσσων κακῶς.

NC. 705. On lisait πεῖσαι τῷ λίαν χρῆσθαι καλῶς, « persuader de modérer leur impétuosité ». Mais, outre qu'il est difficile de trouver ce sens dans ces mots, les vers suivants montrent clairement que Ménélas est le sujet de χρῆσθαι. Voilà pourquoi j'ai substitué πείθων à πεῖσαι. — 714. Aristophane de Byzance rejetait avec raison la leçon trop savante : Ἄργου γαῖαν. — 715. Nous avons écrit προσηγόμεσθ' ἄν· νῦν pour προσηγόμεσθα· νῦν. On a voulu introduire d'autres changements dans ce vers et dans le vers précédent, faute de comprendre ou d'admettre l'hellénisme εἰς τὸ μαλθακόν.

705. Τῷ λίαν χρῆσθαι καλῶς. Ménélas dit qu'en usant de la persuasion (πείθων) il essayera de « traiter avec sagesse la passion excessive » des adversaires d'Oreste.

706. Ναῦς ἐνταθεῖσα πρὸς βίαν ποδί, un navire dont la voile est violemment tendue au moyen du cordage appelé πούς. Dans le grec l'idée de « voile » est assez indiquée par ποδί. Aussi notre traduction française est-elle trop complète ; la mention du cordage y est superflue. On compare Sophocle, Ant. 715 : Αὔτως δὲ ναὸς ὅστις ἐγκρατὴς πόδα Τείνας; ὑπείκει μηδέν, ὑπτίοις κάτω Στρέψας τὸ λοιπὸν σέλμασιν ναυτίλεται.

712. Λόγχῃ μιᾷ. Voyez vers 688.

714-715. Οὐ γάρ ποτ(ε).... προσηγόμεσθ' ἄν. Car (s'il en était autrement, c.-à-d. si j'avais avec moi une troupe nombreuse) jamais je n'essayerais de gagner la cité d'Argos par la douceur. — L'idée de « autrement », ἄλλως, est souvent sous-entendue. Cf. *Iph. Aul.* 1256; *Iph. Taur.* 740. — Εἰς τὸ μαλθακόν équivaut à μαλθακῶς. [Musgrave.] C'est une locution adverbiale, dont l'opposé πρὸς τὸ καρτερόν se lit dans le *Prométhée* d'Eschyle, v. 212 : 'Ὡς οὐ κατ' ἰσχὺν οὐδὲ πρὸς τὸ καρτερὸν χρείη.... κρατεῖν. C'est ainsi qu'on dit ἐς τὸ ἀκριβὲς εἰπεῖν (Thucydide VI, 82), ἐς τὸν πωλικὸν τρόπον (Lucien, *Zeux.* 4), ἐς τὸ βαρβαρικὸν ἤχθετο (Lucien, *Dial. des morts*, XXVII, 3), et en latin, *in majorem modum*.

721. Φροῦδα, évanouis, oubliés. —

ΟΡΕΣΤΗΣ.

Οἴμοι προδέδομαι, κοὐκέτ' εἰσὶν ἐλπίδες,
ὅπη τραπόμενος θάνατον Ἀργείων φύγω·
οὗτος γὰρ ἦν μοι καταφυγὴ σωτηρίας.
Ἀλλ' εἰσορῶ γὰρ τόνδε φίλτατον βροτῶν, 725
Πυλάδην, δρόμῳ στείχοντα Φωκέων ἄπο,
ἡδεῖαν ὄψιν· πιστὸς ἐν κακοῖς ἀνὴρ
κρείσσων γαλήνης ναυτίλοισιν εἰσορᾶν.

ΠΥΛΑΔΗΣ.

Θᾶσσον ἤ μ' ἐχρῆν προβαίνων ἱκόμην δι' ἄστεος,
ξύλλογον πόλεως ἀκούσας, τὸν δ' ἰδὼν αὐτὸς σαφῶς, 730
ἐπὶ σὲ σύγγονόν τε τὴν σὴν, ὡς κτενοῦντας αὐτίκα.
Τί τάδε; πῶς ἔχεις, τί πράσσεις; φίλταθ' ἡλίκων ἐμοὶ
καὶ φίλων καὶ συγγενείας· πάντα γὰρ τάδ' εἶ σύ μοι.

ΟΡΕΣΤΗΣ.

Οἰχόμεσθ', ὡς ἐν βραχεῖ σοι τἀμὰ δηλώσω κακά.

ΠΥΛΑΔΗΣ.

Συγκατασκάπτοις ἂν ἡμᾶς· κοινὰ γὰρ τὰ τῶν φίλων. 735

NC. 723. Variante: ὅποι. — 724. Un manuscrit porte σωτήριος. — 729. *Marcianus*: με χρῆν et πρὸ ἄστεος, d'où l'on a tiré πρὸς ἄστεως. — 730. Heimsœth, p. 108, propose σύλλογον πόλεως ἀθροισθέντ', ou καταστάντ', εἰσιδών. Peut-être: ἀκούσας τ' εἰσιδών τ'. — Maximus Planudes, t. V, p. 525, éd. Walz, cite ὡς θανοῦντας αὐτίκα.

Ἄφιλος.... πράσσων κακῶς, ô mon père, tu n'as donc pas d'amis dans le malheur. Il est vrai qu'Agamemnon est mort, mais il ne s'en agit pas moins de ses intérêts. Sa race s'éteindrait avec la mort de son fils, et c'est là le plus grand malheur qui puisse le frapper dans son tombeau. Voy. v. 662 sqq. — Quant à l'idiotisme ἦσθ' ἄρ(α) « tu es donc », voy. la note sur *Iph. Aul.* 404 : Οἴμοι, φίλους ἄρ' οὐχὶ κεκτήμην τάλας, et *passim*.

724. Καταφυγὴ σωτηρίας, un asile où l'on cherche le salut. Au vers 448 καταφυγὰς κακῶν voulait dire : un asile pour se mettre à l'abri du malheur.

728. Κρείσσων γαλήνης.... Dans l'*Agamemnon* d'Eschyle, v. 900, Clytemnestre dit en revoyant son époux : Λέγοιμ' ἂν ἄνδρα τόνδε.... Γαῖαν φανεῖσαν ναυτίλοις παρ' ἐλπίδα, Κάλλιστον ἦμαρ εἰσιδεῖν ἐκ χείματος.

729. Scholiaste : Ἁρμοδίως ἐνταῦθα τῷ τροχαϊκῷ ἐχρήσατο μέτρῳ πρὸς σπουδὴν τοῦ ὑποκριτοῦ. Quant à l'emploi des tétramètres trochaïques, voy. la note sur *Iph. Aul.* v. 317. — Θᾶσσον ἤ μ' ἐχρῆν. Il semblait contraire à la dignité d'un homme libre de marcher trop vite.

730. Τὸν δ' ἰδών. A prendre le texte tel qu'il est, Pylade mentionnerait deux assemblées du peuple : l'une dont il a entendu parler, l'autre qu'il a vue par lui-même. La leçon est altérée. Voy. NC.

731. Κτενοῦντας. Le nom collectif ξύλλογος, v. 730, renferme l'idée d'un pluriel. Cf. *Iph. Taur.* 327 avec la note.

735. Συγκατασκάπτοις ἂν ἡμᾶς, sousent. εἰ ᾤχου, ta perte serait aussi ma ruine. — Κοινὰ γὰρ τὰ τῶν φίλων. Ce proverbe est mentionné, sans doute d'après Ménandre, dans les *Adelphes* de Térence, V, III, 18 : « Nam vetus verbum hoc qui-

47

ΟΡΕΣΤΗΣ.

Μενέλεως κάκιστος εἴς με καὶ κασιγνήτην ἐμήν.

ΠΥΛΑΔΗΣ.

Εἰκότως, κακῆς γυναικὸς ἄνδρα γίγνεσθαι κακόν.

ΟΡΕΣΤΗΣ.

Ὥσπερ οὐκ ἐλθὼν ἔμοιγε ταὐτὸν ἀπέδωκεν μολών.

ΠΥΛΑΔΗΣ.

Ἦ γάρ ἐστιν ὡς ἀληθῶς τήνδ᾽ ἀφιγμένος χθόνα;

ΟΡΕΣΤΗΣ.

Χρόνιος· ἀλλ᾽ ὅμως τάχιστα κακὸς ἐφωράθη φίλοις. 740

ΠΥΛΑΔΗΣ.

Καὶ δάμαρτα τὴν κακίστην ναυστολῶν ἐλήλυθεν;

ΟΡΕΣΤΗΣ.

Οὐκ ἐκεῖνος, ἀλλ᾽ ἐκείνη κεῖνον ἐνθάδ᾽ ἤγαγεν.

ΠΥΛΑΔΗΣ.

Ποῦ 'στιν ἡ πλείστους Ἀχαιῶν ὤλεσεν γυνὴ μία;

ΟΡΕΣΤΗΣ.

Ἐν δόμοις ἐμοῖσιν, εἰ δὴ τούσδ᾽ ἐμοὺς καλεῖν χρεών.

ΠΥΛΑΔΗΣ.

Σὺ δὲ τίνας λόγους ἔλεξας σοῦ κασιγνήτῳ πατρός; 745

ΟΡΕΣΤΗΣ.

Μή μ᾽ ἰδεῖν θανόνθ᾽ ὑπ᾽ ἀστῶν καὶ κασιγνήτην ἐμήν.

ΠΥΛΑΔΗΣ.

Πρὸς θεῶν, τί πρὸς τάδ᾽ εἶπε; τόδε γὰρ εἰδέναι θέλω.

ΟΡΕΣΤΗΣ.

Εὐλαβεῖθ᾽, ὃ τοῖς φίλοισι δρῶσιν οἱ κακοὶ φίλοι.

NC. 737. Heimsœth, p. 96 : εἰκότως ἔχει, γυναικὸς κἄνδρα γίγνεσθαι κακόν. Quant à l'ellipse, il compare v. 559 sq. et Soph. *Él.* 1026. — 747. Variante mal autorisée : τοῦτό γ᾽ εἰδέναι.

« demst, Communia esse amicorum inter se « omnia. » [Porson.]

737. Εἰκότως, sous-ent. ἔχει. Cette ellipse est inusitée. Voy. NC.

738. Il faut rapporter ἔμοιγε à ὥσπερ οὐκ ἐλθών (« comme non venu du moins par rapport à moi ») et suppléer ἐμοί après ἀπέδωκεν. Quant à ce dernier verbe, cp. ἀπόδος, v. 643.

740. Ἰδεῖν θανόν(τα) équivaut à περιιδεῖν ou παριδεῖν θανόντα, être spectateur indifférent de la mort, laisser mourir.

ΟΡΕΣΤΗΣ.

ΠΥΛΑΔΗΣ.

Σκῆψιν εἰς ποίαν προβαίνων; τοῦτο πάντ' ἔχω μαθών.

ΟΡΕΣΤΗΣ.

Οὗτος ἦλθ' ὁ τὰς ἀρίστας θυγατέρας σπείρας πατήρ. 750

ΠΥΛΑΔΗΣ.

Τυνδάρεων λέγεις; ἴσως σοι θυγατέρος θυμούμενος.

ΟΡΕΣΤΗΣ.

Αἰσθάνει. Τὸ τοῦδε κῆδος μᾶλλον εἵλετ' ἢ πατρός.

ΠΥΛΑΔΗΣ.

Κοὐκ ἐτόλμησεν πόνων σῶν ἀντιλάζυσθαι παρών;

ΟΡΕΣΤΗΣ.

Οὐ γὰρ αἰχμητὴς πέφυκεν, ἐν γυναιξὶ δ' ἄλκιμος.

ΠΥΛΑΔΗΣ.

Ἐν κακοῖς ἄρ' εἶ μεγίστοις, καί σ' ἀναγκαῖον θανεῖν; 755

ΟΡΕΣΤΗΣ.

Ψῆφον ἀμφ' ἡμῶν πολίτας ἐπὶ φόνῳ θέσθαι χρεών.

ΠΥΛΑΔΗΣ.

Ἣ κρινεῖ τί χρῆμα; λέξον· διὰ φόβου γὰρ ἔρχομαι.

ΟΡΕΣΤΗΣ.

Ἢ θανεῖν ἢ ζῆν· ὁ μῦθος οὐ μακρὸς μακρῶν πέρι.

ΠΥΛΑΔΗΣ.

Φεῦγέ νυν λιπὼν μέλαθρα σὺν κασιγνήτῃ σέθεν.

ΟΡΕΣΤΗΣ.

Οὐχ ὁρᾷς; φυλασσόμεσθα φρουρίοισι πανταχῇ. 760

NC. 750. Variante : σπείρων. — 755. *Marcianus* : γάρ. Nous avons mis un point d'interrogation à la fin de ce vers, d'après Prévost et Klotz. — 758. Brunck a supprimé la particule δ' après μῦθος.

749. Construisez : μαθὼν τοῦτο, ἐγὼ πάντα. Le rapprochement de τοῦτο et de πάντ(α) fait ressortir l'antithèse.

750. Τὰς ἀρίστας. Schol. : κατ' εἰρώνειαν.

752. Τοῦδε désignant Tyndare, il est évident que le sujet de εἵλετ(ο) est Ménélas. [Klotz.]

756. Ἐπὶ φόνῳ, pour homicide.

757. Pylade demande ce que lui-même sait parfaitement (cf. 734); c'est que le poète se défie de l'intelligence ou de l'attention de son public. Voy. la note sur les vers 124-127 d'*Iphigénie à Aulis*.

758. Ὁ μῦθος; se rapporte à ἢ θανεῖν ἢ ζῆν. Oreste dit : « voilà peu de mots qui en disent beaucoup ». Ne traduisez pas : « Un mot suffit pour décider des plus grands intérêts » On ne parlait point en déposant son vote.

ΟΡΕΣΤΗΣ.

ΠΥΛΑΔΗΣ.

Εἶδον ἄστεως ἀγυιὰς τεύχεσιν πεφραγμένας.

ΟΡΕΣΤΗΣ.

Ὡσπερεὶ πόλις πρὸς ἐχθρῶν σῶμα πυργηρούμεθα.

ΠΥΛΑΔΗΣ.

Κἀμέ νυν ἐροῦ τί πάσχω· καὶ γὰρ αὐτὸς οἴχομαι.

ΟΡΕΣΤΗΣ.

Πρὸς τίνος; Τοῦτ' ἂν προσείη τοῖς ἐμοῖς κακοῖς κακόν.

ΠΥΛΑΔΗΣ.

Στρόφιος ἤλασέν μ' ἀπ' οἴκων φυγάδα θυμωθεὶς πατήρ. 765

ΟΡΕΣΤΗΣ.

Ἴδιον ἢ κοινὸν πολίταις ἐπιφέρων ἔγκλημά τι;

ΠΥΛΑΔΗΣ.

Ὅτι συνηράμην φόνον σοι μητρός, ἀνόσιον λέγων.

ΟΡΕΣΤΗΣ.

Ὦ τάλας, ἔοικε καὶ σὲ τἀμὰ λυπήσειν κακά.

ΠΥΛΑΔΗΣ.

Οὐχὶ Μενέλεω τρόποισι χρώμεθ'· οἰστέον τάδε.

ΟΡΕΣΤΗΣ.

Οὐ φοβεῖ μή σ' Ἄργος ὥσπερ κἄμ' ἀποκτεῖναι θέλῃ; 770

ΠΥΛΑΔΗΣ.

Οὐ προσήκομεν κολάζειν τοῖσδε, Φωκέων δὲ γῆ.

ΟΡΕΣΤΗΣ.

Δεινὸν οἱ πολλοί, κακούργους ὅταν ἔχωσι προστάτας.

C. 771. *Vaticanus :* προσῆκον μέν. Nauck propose : προσῆκον ἐμέ.

763. Καὶ γὰρ αὐτὸς οἴχομαι. Pylade fait allusion au vers 734.

766. Κοινὸν πολίταις équivaut à δημόσιον. Oreste demande si Strophius a un grief particulier contre Pylade, ou s'il l'accuse d'un crime qui intéresse toute la cité. La réponse de Pylade montrera qu'il s'agit d'une *causa publica*.

767. Ἀνόσιον λέγων, sous-entend. ἐμέ, me disant impie et souillé par cette participation à un parricide. Comme une telle souillure passait pour contagieuse, l'exil s'ensuivait naturellement.

771. Οὐ προσήκομεν κολάζειν τοῖσδε équivaut à οὐ προσήκει τοῖσδε κολάζειν ἡμᾶς. La construction personnelle du verbe προσήκειν n'est guère usitée, mais elle est conforme au génie de la langue grecque. Cp. Eschyle, *Agam.* 1079 : Ἦ δ' αὐτε δυσφημοῦσα τὸν θεὸν καλεῖ Οὐδὲν προσήκοντ' ἐν γόοις παραστατεῖν. Il est vrai qu'on a proposé de corriger ce dernier passage.

772. Scholiaste : Ἴσως αἰνίττεται πρὸς τὰς καθ' αὑτὸν δημαγωγίας, μήποτε δὲ εἰς Κλεοφῶντα· πρὸ ἐτῶν γὰρ δύο τῆς διδασκαλίας τοῦ Ὀρέστου αὐτός (lisez:

ΟΡΕΣΤΗΣ.

ΠΥΛΑΔΗΣ.
Ἀλλ' ὅταν χρηστοὺς λάβωσι, χρηστὰ βουλεύουσ' ἀεί.
ΟΡΕΣΤΗΣ.
Εἶεν. Εἰς κοινὸν λέγειν χρή.
ΠΥΛΑΔΗΣ.
Τίνος ἀναγκαίου πέρι;
ΟΡΕΣΤΗΣ.
Εἰ λέγοιμ' ἀστοῖσιν ἐλθὼν
ΠΥΛΑΔΗΣ.
ὡς ἔδρασας ἔνδικα; 775
ΟΡΕΣΤΗΣ.
πατρὶ τιμωρῶν ἐμαυτοῦ;
ΠΥΛΑΔΗΣ.
Μὴ λάβωσί σ' ἄσμενοι.
ΟΡΕΣΤΗΣ.
Ἀλλ' ὑποπτήξας σιωπῇ κατθάνω;
ΠΥΛΑΔΗΣ.
Δειλὸν τόδε.
ΟΡΕΣΤΗΣ.
Πῶς ἂν οὖν δρῴην;
ΠΥΛΑΔΗΣ.
Ἔχεις τιν', ἢν μένῃς, σωτήριον;
ΟΡΕΣΤΗΣ.
Οὐκ ἔχω.
ΠΥΛΑΔΗΣ.
Μολόντι δ' ἐλπίς ἐστι σωθῆναι κακῶν;
ΟΡΕΣΤΗΣ.
Εἰ τύχοι, γένοιτ' ἄν.

NC. 775. Variante (glose) : ὡς ἔπραξας. — 776. Kirchhoff : τιμωρῶν γ'. — 777. Variante : δεινὸν τόδε. — 779. Variante : μολόντα.

οὗτός) ἐστιν ὁ κωλύσας σπονδὰς γενέσθαι Ἀθηναίοις πρὸς Λακεδαιμονίους, ὡς Φιλόχορος ἱστορεῖ. Voy. la note sur le vers 903.

774. Εἰς κοινὸν λέγειν, délibérer en commun. — Cette délibération commune est aussi marquée par la versification. A partir d'ici chaque tétramètre est partagé entre deux interlocuteurs.

776. Μὴ λάβωσί σ' ἄσμενοι, (il est à craindre) qu'ils ne s'emparent volontiers de toi.

ΟΡΕΣΤΗΣ.

ΠΥΛΑΔΗΣ.
        Οὐκοῦν τοῦτο κρεῖσσον ἢ μένειν.   780
    ΟΡΕΣΤΗΣ.
Ἀλλὰ δῆτ' ἔλθω;
    ΠΥΛΑΔΗΣ.
        Θανὼν γοῦν ὧδε κάλλιον θανεῖ.
    ΟΡΕΣΤΗΣ.
Εὖ λέγεις· φεύγω τὸ δειλὸν τῇδε.
    ΠΥΛΑΔΗΣ.
                    Μᾶλλον ἢ μένων.
    ΟΡΕΣΤΗΣ.
Καί τις ἄν γέ μ' οἰκτίσειε
    ΠΥΛΑΔΗΣ.
            Μέγα γὰρ ηὐγένειά σου.
    ΟΡΕΣΤΗΣ.
θάνατον ἀσχάλλων πατρῷον.
    ΠΥΛΑΔΗΣ.
            Πάντα ταῦτ' ἐν ὄμμασιν.
    ΟΡΕΣΤΗΣ.
Καὶ τὸ πρᾶγος ἔνδικόν μοι.
    ΠΥΛΑΔΗΣ.
        <Σὺ> τὸ δοκεῖν εὔχου μόνον.   785
    ΟΡΕΣΤΗΣ.
Ἰτέον, ὡς ἄνανδρον ἀκλεῶς κατθανεῖν.

NC. 781. Plusieurs éditeurs mettent un simple point après ἔλθω. Cependant, à la première personne du singulier, le subjonctif ne prend guère le sens d'un impératif. Au vers 559 des *Héraclides*, θάνω est amené par μὴ τρέσῃς. — 783. Hermann : καί τις ἄν μ' ἐποικτίσειε. — 785. Ce vers, que nous avons inséré ici, se lit dans les manuscrits après le vers 781. Morell et d'autres le plaçaient après 782. Nauck le met entre crochets. — Vulgate : τὸ πρᾶγμά γ' ἔνδικόν μοι. Mais les meilleurs manuscrits portant : τὸ πρᾶγμ' ἔνδικόν μοι, j'ai pensé que la leçon primitive était πρᾶγος. — Variante : τῷ δοκεῖν. Barnes : τὸ δὲ δοκεῖν. Kirchhoff nous a suggéré le supplément σύ. — 786. *Marcianus* : ἀκλεῶς τὸ κατθανεῖν.

785. Σὺ τὸ δοκεῖν εὔχου μόνον. Oreste ayant assuré que son action est juste, Pylade répond : « Pourvu qu'elle semble telle : c'est là le seul vœu que tu aies à former. » En effet le cas d'Oreste était douteux, et, en général, devant les assemblées populaires, ce n'est pas la bonté d'une cause, mais l'opinion des hommes qui décidait du résultat. Aristote, *Rhétor.* I, 1, dit que la rhétorique a pour objet τὸ ὅμοιον τῷ ἀληθεῖ, ou bien τὰ ἔνδοξα. Les professeurs d'éloquence du temps d'Euripide le savaient très-bien.

ΟΡΕΣΤΗΣ. 743

ΠΥΛΑΔΗΣ.
            Αἰνῶ τάδε.
ΟΡΕΣΤΗΣ.
Ἦ λέγωμεν οὖν ἀδελφῇ ταῦτ' ἐμῇ;
ΠΥΛΑΔΗΣ.
            Μή, πρὸς θεῶν.
ΟΡΕΣΤΗΣ.
Δάκρυα γοῦν γένοιτ' ἄν.
ΠΥΛΑΔΗΣ.
            Οὐκοῦν οὗτος οἰωνὸς μέγας.
ΟΡΕΣΤΗΣ.
Δηλαδὴ σιγᾶν ἄμεινον.
ΠΥΛΑΔΗΣ.
            Τῷ χρόνῳ δὲ κερδανεῖς.
ΟΡΕΣΤΗΣ.
Κεῖνό μοι μόνον πρόσαντες,
ΠΥΛΑΔΗΣ.
            Τί τόδε καινὸν αὖ λέγεις;   790
ΟΡΕΣΤΗΣ.
Μὴ θεαί μ' οἴστρῳ κατάσχωσ'.
ΠΥΛΑΔΗΣ.
            Ἀλλὰ κηδεύσω σ' ἐγώ.
ΟΡΕΣΤΗΣ.
Δυσχερὲς ψαύειν νοσοῦντος ἀνδρός.
ΠΥΛΑΔΗΣ.
            Οὐκ ἔμοιγε σοῦ.
ΟΡΕΣΤΗΣ.
Εὐλαβοῦ λύσσης μετασχεῖν τῆς ἐμῆς.
ΠΥΛΑΔΗΣ.
            Τόδ' οὖν ἴτω.

NC. 789. *Vaticanus*: τῷ χρόνῳ γε. Heimsœth, p. 284 : καὶ χρόνῳ γε.

780. Τῷ χρόνῳ δὲ κερδανεῖς, et tu gagneras aussi par rapport au temps, tu gagneras aussi du temps. Cf. vers 799.
793. Τόδ' οὖν ἴτω, eh bien, courons cette chance ! qu'il en advienne ce qui pourra !

Cf. *Méd.* 798. Ἴτω· τί μοι ζῆν κέρδος; *ib.* 819 : Ἴτω· περισσοὶ πάντες οὖν μέσῳ λόγοι. — Ceux qui expliquent : « hoc valeat, laisse cela » méconnaissent le sens de l'hellénisme ἴτω.

ΟΡΕΣΤΗΣ.

Οὐκ ἄρ' ὀκνήσεις;

ΠΥΛΑΔΗΣ.
Ὄκνος γὰρ τοῖς φίλοις κακὸν μέγα.

ΟΡΕΣΤΗΣ.
Ἕρπε νυν οἴαξ ποδός μοι.

ΠΥΛΑΔΗΣ.
Φίλα γ' ἔχων κηδεύματα.   795

ΟΡΕΣΤΗΣ.
Καί με πρὸς τύμβον πόρευσον πατρός.

ΠΥΛΑΔΗΣ.
Ὡς τί δὴ τόδε;

ΟΡΕΣΤΗΣ.
Ὡς νιν ἱκετεύσω με σῶσαι.

ΠΥΛΑΔΗΣ.
Τό γε δίκαιον ὧδ' ἔχει.

ΟΡΕΣΤΗΣ.
Μητέρος δὲ μηδ' ἴδοιμι μνῆμα.

ΠΥΛΑΔΗΣ.
Πολεμία γὰρ ἦν.
Ἀλλ' ἔπειγ', ὡς μή σε πρόσθε ψῆφος Ἀργείων ἕλῃ,
περιβαλὼν πλευροῖς ἐμοῖσι πλευρὰ νωχελῇ νόσῳ,   800
ὡς ἐγὼ δι' ἄστεός σε σμικρὰ φροντίζων ὄχλου
οὐδὲν αἰσχυνθεὶς ὀχήσω. Ποῦ γὰρ ὢν δείξω φίλος,
εἴ σε μὴ 'ν δειναῖσιν ὄντα συμφοραῖς ἐπαρκέσω;

ΟΡΕΣΤΗΣ.
Τοῦτ' ἐκεῖνο, κτᾶσθ' ἑταίρους, μὴ τὸ συγγενὲς μόνον·

NC. 798. Les deux meilleurs manuscrits portent μητρός.

794. Ὄκνος.... μέγα. La même pensée est rendue en d'autres termes dans le vers 748.
798. Μηδ' ἴδοιμι, « ne conspiciam quidem, nedum supplicem ibi. » [Klotz.]
801. Ὡς veut dire ici « car, » et non « afin que. »
802. Construisez : ποῦ γὰρ δείξω φίλος ὤν; cf. *Iphigénie à Aulis*, 406 : Δείξεις δὲ ποῦ μοι πατρὸς ἐκ τούτου γεγώς; et la note sur le vers 548 de *Médée*.
803. Εἴ σε.... ἐπαρκέσω. La construction du verbe ἐπαρκεῖν avec l'accusatif de la personne assistée ne se retrouve peut-être pas ailleurs.
804. Τοῦτ' ἐκεῖνο, *hoc illud*, je vois ici la vérité d'un mot souvent répété « ayez des amis, et non des parents seulement. » Voyez la note sur τόδ' ἐκεῖνο, *Méd.* 98.

ΟΡΕΣΤΗΣ.

ὡς ἀνὴρ, ὅστις τρόποισι συντακῇ, θυραῖος ὢν   805
μυρίων κρείσσων ὁμαίμων ἀνδρὶ κεκτῆσθαι φίλος.

ΧΟΡΟΣ.

Ὁ μέγας ὄλβος ἅ τ' ἀρετὰ   [Strophe.]
μέγα φρονοῦσ' ἀν' Ἑλλάδα καὶ
παρὰ Σιμουντίοις ὀχετοῖς
πάλιν ἀνῆλθ' ἐξ εὐτυχίας Ἀτρείδαις   810
πάλαι παλαιᾶς ἀπὸ συμφορᾶς δόμων,
ὁπότε χρυσείας ἔρις ἀρνὸς
ἤλυθε Ταντταλίδαις,
οἰκτρότατα θοινάματα καὶ
σφάγια γενναίων τεκέων·   815
ὅθεν δώματος οὐ προλεί-
πει φόνῳ φόνος ἐξαμεί-
βων δισσοῖσιν Ἀτρείδαις.

Τὸ καλὸν οὐ καλὸν, τοκέων   [Antistrophe.]

NC. 812. Χρυσείας, rectification de Porson pour χρυσέας. — 813. Ce vers ne s'accorde pas avec le vers correspondant de l'antistrophe. Il faut peut-être écrire ici ἐχώ- ρησε Ταντταλίδαις, et au vers 825 : ὀλέθρου γὰρ ἀμφὶ φόβῳ. — 816-817. On lisait : ὅθεν φόνῳ φόνος ἐξαμεί-βων δι' αἵματος οὐ προλεί-πει. En substituant δώματος à la cheville δι' αἵματος, j'ai introduit dans cette phrase une idée essentielle, indiquée par la scholie : σφαγαὶ οὐ διαλείπουσιν τὸν τῶν Ἀτρειδῶν οἶκον. Ce changement entraîna la transposition qu'on voit dans notre texte, et grâce à laquelle ἐξαμείβων répond à ἐξανάψῃ, vers 829. Nauck avait proposé : ἔνθεν δ' αἱματόεις ἀμείβων φόνῳ φόνος.

805-806. Ces vers contiennent en quelque sorte la morale de cette scène et de la précédente. Le poète explique lui-même pourquoi il a montré le dévouement de Pylade immédiatement après l'égoisme de Ménélas. Il n'a garde de rappeler ici les liens de parenté qui unissaient Pylade à Oreste, et qui sont incidemment mentionnés au vers 1233.

807-811. Ὁ μέγας ὄλβος.... ἀπὸ συμφορᾶς δόμων, la haute fortune et la gloire qui faisaient dans la Grèce et devant Troie l'orgueil des fils d'Atrée, ont été détournées de leur cours prospère et refoulées en arrière, sous l'influence de l'antique malheur de la maison. — Μέγα φρονοῦσ(α) équivalant à ἢ μέγα ἐφρόνει. Le participe pré-

sent répond à un imparfait : voy. la note sur le vers 485. — Πάλιν ἀνῆλθ' ἐξ εὐτυχίας, sous-entend. : εἰς δυστυχίαν. Scholiaste : εἰς τοὐπίσω πάλιν ἀνέδραμεν, εἰς δυστυχίαν ἐξ εὐτυχίας μεταβληθεῖσα. — Πάλαι παλαίας est une espèce de superlatif.

812. Χρυσείας ἔρις ἀρνός, la lutte qui avait pour objet l'agneau d'or. Quant à la fable, voy. 995 sqq. et *Él.* 699 sqq.

814-815. Οἰκτρότατα.... τεκέων. L'horrible repas de Thyeste est poétiquement identifié avec la lutte, ἔρις, dont il était la conséquence.

817. Φόνῳ φόνος ἐξαμείβων, le meurtre alternant avec le meurtre.

819. Τὸ καλὸν οὐ καλὸν, c'est une piété impie. Venger son père par un par-

πυριγενεῖ τεμεῖν παλάμᾳ 820
χρόα· μελάνδετον δὲ φόνῳ
ξίφος ἐς αὐγὰς ἀελίοιο δεῖξαι,
τόδ' αὖ κακούργων ἀσέβεια μαινόλις
κακοφρόνων τ' ἀνδρῶν παράνοια.
Θανάτου γὰρ ἀμφὶ φόβῳ 825
Τυνδαρὶς ἰάχησε τάλαι-
να· Τέκνον, οὐ τολμᾷς ὅσια
κτείνων ματέρα· μὴ πατρῴ-
αν τιμῶν χάριν ἐξανά-
ψῃ δύσκλειαν ἐσαεί. 830
Τίς νόσος ἢ τίνα δάκρυα καὶ [Épode.]

NC. 820. Porson a rectifié la leçon]τέμνειν. — 824-822. Manuscrits : μελάνδετον (variante-conjecture : μελάνδευτον) δὲ φόνῳ ξίφος εἰς (ou ἐς) αὐγὰς ἀελίοιο δεῖξαι· τὸ δ' αὖ κακουργεῖν (variante : κακοῦργον, indiquée dans le *Vaticanus*) ἀσέβεια μεγάλη (*Marcianus* : μεγάληι, avec l'observation γρ. ποικίλη). Hermann et Porson ont vu que μεγάλη était une altération de μαινόλις (μενόλις). Malgré cette excellente correction les vers 823 sqq. n'offraient qu'un verbiage plat et insignifiant. La particule αὖ m'a mis sur la voie de la vraie ponctuation de ce passage, ainsi que des rectifications τόδ' et κακούργων. — 825. Voy. 813, NC. — Triclinius : θανάτου δ' ἀμφί. — 826. Ἰάχησε. Cf. *Iph. Aul.* 1039, NC. — 828. Manuscrits : κτείνων σὰν ματέρα. Nauck a compris qu'il fallait retrancher σάν, glose que Triclinius voulait remplacer par γε, Hermann, par δέ.

ricide, c'est accomplir son devoir en commettant un crime affreux.
830. Πυριγενεῖ παλάμᾳ. Scholiaste : ἀπηνεῖ χειρί, ὡς ἂν ἐκ πυρὸς γεγενημένῃ· ἢ τῷ ξίφει, ἐπεὶ ὑπὸ πυρὸς παλαμᾶται. De ces deux explications : « avec une main dure comme le fer, » et « avec l'arme enfant du feu, » la seconde semble plus conforme à la phraséologie des tragiques (cf. la note sur *Hipp.* 1223 : Στόμια πυριγενῆ), et le mot ξίφος, 822, est en quelque sorte un commentaire donné par le poète lui-même.
824-824. Μελάνδετον δὲ.... παράνοια. Après avoir dit que la légitimité de la vengeance ne saurait empêcher que le parricide soit une chose horrible, le poète ajoute : « Montrer le fer sanglant à la face du ciel, et prendre le soleil à témoin d'un crime, c'est ajouter à l'impiété forcenée d'un criminel, la démence d'un esprit dérangé. » Or c'est là ce que fait Oreste dans

les *Choéphores* d'Eschyle, v. 973 sqq., et dans l'*Électre* d'Euripide, v. 1177 sqq. Ici, comme ailleurs, notre poète proteste énergiquement contre les données de la vieille tradition.
821. Scholiaste : Μελάνδετον δὲ λέγει φόνῳ τὸ μελανθὲν καὶ βαφὲν ὑπὸ τοῦ αἵματος. Le commentateur grec rappelle la locution homérique κελαινεφὲς αἷμα, afin de prouver qu'il ne faut pas regarder de trop près au second élément de ces composés. Du reste on lit dans les *Phéniciennes*, v. 1094, μελάνδετον ξίφος, et dans l'*Iliade*, XV, 713, φάσγανον μελάνδετον.
823-824. Les adjectifs κακούργων et κακοφρόνων font antithèse. Le premier se rapporte à l'action criminelle du parricide, le second indique qu'il faut avoir l'esprit dérangé pour étaler à la face du jour l'arme rougie du sang d'une mère.
829. Πατρῴαν τιμῶν χάριν équivaut a χαριζόμενος τῷ πατρί. [Scholiaste.]

ΟΡΕΣΤΗΣ. 747

τίς έλεος μείζων κατά γαν
ή ματροκτόνον αίμα χειρί θέσθαι;
οίον έργον τελέσας
βεβάκχευται μανίαις, 835
Εύμενίσιν θήραμα φόνω,
δρομάσι δινεύων βλεφάροις,
Άγαμεμνόνιος παις.
Ώ μέλεος, ματρός ότε
χρυσεοπηνήτων φαρέων 840
μαστόν ύπερτέλλοντ' έσιδών
σφάγιον έθετο ματέρα, πατρώων παθέων άμοιβάν.

ΗΛΕΚΤΡΑ.

Γυναίκες, ή που τώνδ' άφώρμηται δόμων
τλήμων Ορέστης θεομανεί λύσση δαμείς; 845

ΧΟΡΟΣ.

Ήκιστα· πρός δ' Άργείον οίχεται λεών,
ψυχής άγώνα τόν προκείμενον πέρι
δώσων, έν ώ ζην ή θανείν ύμάς χρεών.

ΗΛΕΚΤΡΑ.

Οίμοι· τί χρήμ' έδρασε; τίς δ' έπεισέ νιν;

NC. 833. *Marcianus* : χερί. — 834. Les meilleurs manuscrits portent : οίον οίον έργον. — 835. Hermann : έκβεβάκχευται. — 836. Hartung : φόνου. Faut-il écrire : θήραμα, φόβω? — 838. Variantes : άγαμεμνόνειος et άγαμέμνονος. — 840-841. Dans quelques éditions ces deux vers se trouvent transposés par suite d'une erreur commise dans celle de Matthiæ. — 842-843. Variante mal autorisée : πατρώων πενθέων. — Peut-être : σφάγιον έθετο τάν τεκούσαν πατρίων παθέων άμοιβάν. — 848. Heimsœth propose δραμείν pour δώσων. Kirchhoff voudrait retrancher ce vers, en écrivant plus haut προκείμενόν τ' έπι. L'auteur du Χριστός πάσχων se sert deux fois (v. 416 et v. 441) du vers 847, en le faisant suivre soit de δραμούμενος, soit de τρέχοντος.

835. Βεβάκχευται μανίαις. Cf. v. 338 et v. 582.

836. Εύμενίσιν θήραμα φόνω peut se tourner par : Εύμενίδων άγρευμα διά φόνον γενόμενος. [Scholiaste.] Cependant cette construction est très-dure.

838. Δρομάσι βλεφάροις. Voyez la note sur μανιάσιν λυσσήμασιν, v. 270.

842. Άμοιβάν est une apposition qui porte sur la phrase σφάγιον έθετο μητέρα. Cf. vers 703, vers 1105, et *passim*.

848. Δώσων. La locution άγώνα δώσων est inusitée et suspecte. Porson cherche à la justifier par l'analogie de δίκην δούναι. Schæfer et Hermann l'expliquent : « co-« piam facturus judicii. »

ΧΟΡΟΣ.

Πυλάδης· ἔοικε δ' οὐ μακρὰν ὅδ' ἄγγελος 850
λέξειν τὰ κεῖθεν σοῦ κασιγνήτου πέρι.

ΑΓΓΕΛΟΣ.

Ὦ τλῆμον, ὦ δύστηνε τοῦ στρατηλάτου
Ἀγαμέμνονος παῖ, πότνι' Ἠλέκτρα, λόγους
ἄκουσον οὕς σοι δυστυχεῖς ἥκω φέρων.

ΗΛΕΚΤΡΑ.

Αἰαῖ, διοιχόμεσθα· δῆλος εἶ λόγῳ. 855
[Κακῶν γὰρ ἥκεις, ὡς ἔοικεν, ἄγγελος.]

ΑΓΓΕΛΟΣ.

Ψήφῳ Πελασγῶν σὸν κασίγνητον θανεῖν
καὶ σ', ὦ τάλαιν', ἔδοξε τῇδ' ἐν ἡμέρᾳ.

ΗΛΕΚΤΡΑ.

Οἴμοι· προσῆλθεν ἐλπίς, ἣν φοβουμένη
πάλαι τὸ μέλλον ἐξετηκόμην γόοις. 860
Ἀτὰρ τίς ἀγών, τίνες ἐν Ἀργείοις λόγοι
καθεῖλον ἡμᾶς κἀπεκύρωσαν θανεῖν;
Λέγ', ὦ γεραιέ, πότερα λευσίμῳ χερὶ
ἢ διὰ σιδήρου πνεῦμ' ἀπορρῆξαί με δεῖ.
κοινὰς ἀδελφῷ συμφορὰς κεκτημένην. 865

ΑΓΓΕΛΟΣ.

Ἐτύγχανον μὲν ἀγρόθεν πυλῶν ἔσω
βαίνων, πυθέσθαι δεόμενος τά τ' ἀμφὶ σοῦ
τά τ' ἀμφ' Ὀρέστου· σῷ γὰρ εὔνοιαν πατρὶ
ἀεί ποτ' εἶχον, καί μ' ἔφερβε σὸς δόμος
πένητα μέν, χρῆσθαι δὲ γενναῖον φίλοις. 870

NC. 856. Brunck et d'autres critiques ont jugé avec raison que ce vers est une glose marginale, tirée d'une autre tragédie d'Euripide. — *Vaticanus* : ὡς ἔοικας. — 861. Porson a rectifié la leçon ἀγών.

850. Οὐ μακρὰν équivaut à οὐκ ἐς μακράν, bientôt.

855. Δῆλος εἶ λόγῳ ne diffère pas, pour le sens, de δηλοῖς λόγῳ.

859-860. Προσῆλθεν.... γόοις, « evenit a res a me exspectata (ἐλπίς), quam dum metuens futura deflevi. » [Hermann.] — La locution complexe ἐξετηκόμην γόοις gouverne l'accusatif τὸ μέλλον d'après l'analogie du verbe γοᾶσθαι. Voyez la note sur le vers 1468 d'*Iphigénie à Aulis*.

ΟΡΕΣΤΗΣ. 749

Ὁρῶ δ' ὄχλον στείχοντα καὶ θάσσοντ' ἄκραν,
οὗ φασι πρῶτον Δαναὸν Αἰγύπτῳ δίκας
διδόντ' ἀθροῖσαι λαὸν εἰς κοινὰς ἕδρας.
Ἀστῶν δὲ δή τιν' ἠρόμην ἄθροισμ' ἰδών·
Τί καινὸν Ἄργει; μῶν τι πολεμίων πάρα   875
ἄγγελμ' ἀνεπτέρωκε Δαναϊδῶν πόλιν;
Ὁ δ' εἶπ'· Ὀρέστην κεῖνον οὐχ ὁρᾷς πέλας
στείχοντ', ἀγῶνα θανάσιμον δραμούμενον;
Ὁρῶ δ' ἄελπτον φάσμ', ὃ μήποτ' ὤφελον,
Πυλάδην τε καὶ σὸν σύγγονον στείχονθ' ὁμοῦ,   880
τὸν μὲν κατηφῆ καὶ παρειμένον νόσῳ,
τὸν δ' ὥστ' ἀδελφὸν ἴσα φίλῳ λυπούμενον,
νόσημα κηδεύοντα παιδαγωγίᾳ.
Ἐπεὶ δὲ πλήρης ἐγένετ' Ἀργείων ὄχλος,
κῆρυξ ἀναστὰς εἶπε· Τίς χρῄζει λέγειν,   885
πότερον Ὀρέστην κατθανεῖν ἢ μὴ χρεών
μητροκτονοῦντα; Κἀπὶ τῷδ' ἀνίσταται
Ταλθύβιος, ὃς σῷ πατρὶ συνεπόρθει Φρύγας.
Ἔλεξε δ' ὑπὸ τοῖς δυναμένοισιν ὢν ἀεὶ
διχόμυθα, πατέρα μὲν σὸν ἐκπαγλούμενος,   890
σὸν δ' οὐκ ἐπαινῶν σύγγονον, καλοὺς κακοὺς

NC. 876. Ancienne vulgate : ἀνεπτέρωσε. — La glose ὄχλον (cf. v. 871) est indiquée comme variante de πόλιν dans le *Marcianus*. — 879. *Vaticanus* : ἄελπτον θαῦμ'. — 882. *Marcianus* : φίλον. Klotz adopte cette erreur de copiste, désavouée par le scholiaste. — 891. Manuscrits : καλοῖς κακούς. Valckenaer : καλῶς κακούς. Hartung et Nauck : καλοὺς κακούς.

872-873. Οὗ φασι.... ἕδρας. On connaît la fable des Danaïdes. Ce qu'Euripide en dit ici, ne se trouvait pas dans les *Danaïdes* d'Eschyle et nous semble peu conforme à l'esprit de la vieille légende. Danaus avait ordonné à ses filles de tuer leurs jeunes époux. Poursuivi par Ægyptus, le père des victimes, il consentit, selon notre poete, à se faire juger (δοῦναι δίκας) par e peuple d'Argos, et il réunit les Argiens sur la colline qui servit depuis à leurs assemblées et où Oreste est jugé à son tour. Cette colline (ἄκρα, v. 871) portait, d'après les scholies, le nom de Πρών.

883. Παιδαγωγίᾳ, en le conduisant comme on conduit un enfant. Cf. *Bacch.* 193 : Γέρων γέροντα παιδαγωγήσω σ' ἐγώ.

885. Τίς χρῄζει λέγειν; Euripide ne s'écarte guère de la formule usitée dans l'assemblée du peuple d'Athènes, où le héraut demandait : Τίς ἀγορεύειν βούλεται; Cf. Démosthène, *Couronne*, 170.

890. Ἐκπαγλούμενος, professant une grande admiration pour...., s'extasiant sur.... Cf. *Héc.* 1157.

891. Καλοὺς κακοὺς λόγους. Cette alliance de mots rend bien la duplicité du

λόγους ἑλίσσων, ὅτι καθισταίη νόμους
εἰς τοὺς τεκόντας οὐ καλούς· τὸ δ' ὄμμ' ἀεὶ
φαιδρωπὸν ἐδίδου τοῖσιν Αἰγίσθου φίλοις.
Τὸ γὰρ γένος τοιοῦτον· ἐπὶ τὸν εὐτυχῆ   895
πηδῶσ' ἀεὶ κήρυκες· ὅδε δ' αὐτοῖς φίλος,
ὃς ἂν δύνηται πόλεος ἔν τ' ἀρχαῖσιν ᾖ.
Ἐπὶ τῷδε δ' ἠγόρευε Διομήδης ἄναξ.
Οὗτος κτανεῖν μὲν οὔτε σ' οὔτε σύγγονον
εἴα, φυγῇ δὲ ζημιοῦντας εὐσεβεῖν.   900
Ἐπερρόθησαν δ' οἱ μὲν ὡς καλῶς λέγοι,
οἱ δ' οὐκ ἐπῄνουν. Κἀπὶ τῷδ' ἀνίσταται
ἀνήρ τις ἀθυρόγλωσσος, ἰσχύων θράσει,
Ἀργεῖος οὐκ Ἀργεῖος, ἠναγκασμένος,
θορύβῳ τε πίσυνος κἀμαθεῖ παρρησίᾳ,   905

NC. 899. *Marcianus*: οὐδὲ σύγγονον. — 904. La variante λαοὶ δ' ἐπερρόθησαν vient du vers 553 d'*Hécube*. — 904. La leçon ἠναγκασμένος est suspecte.

discours de Talthybius. Cp. *Iph. Aul.* 378 : Βούλομαί σ' εἰπεῖν κακῶς εὖ. *Iph. Taur.* 559 : Ὡς εὖ κακὸν δίκαιον εἰσεπράξατο.

892. Ὅτι καθισταίη νόμους, qu'il établissait un usage, un précédent.

895-897. Scholiaste : Καὶ ἐν ἄλλοις κατὰ τῶν κηρύκων λέγει ὅτι « Ἀεί ποτ' ἐπὶ σπέρμα κηρύκων λάλον. » Dans les *Troyennes*, 425, les hérauts sont appelés ἓν ἀπέχθημα πάγκοινον βροτοῖς. Cf. *Hèracl.* 292 sqq. Cette animosité constante du poète contre les hérauts a dû être motivée par un fait contemporain.

897. Le génitif πόλεος dépend grammaticalement de ἀρχαῖς, mais la place qu'il occupe dans l'ordre des mots indique que l'idée de πόλις se rapporte aussi à δύνηται et qu'après ce verbe il faut sous-entendre ἐν πόλει.

900. Φυγῇ δὲ ζημιοῦντας εὐσεβεῖν, sous-entendu ἐκέλευε (comp. la note sur le vers 515), « mais il proposait de satisfaire au devoir religieux en infligeant la peine de l'exil aux enfants d'Agamemnon ». Cela n'implique pas que la peine de mort parût dans ce cas une chose impie à Diomède : le mot εὐσεβεῖν marque seulement, qu'il serait contraire à la loi religieuse de laisser les meurtriers dans le pays.

903. Ἀθυρόγλωσσος, d'une langue sans frein. Sophocle, *Philoctète*, 188, appelle l'écho ἀθυρόστομος. Théognis, cité par Musgrave, dit, vers 421 : Πολλοῖς ἀνθρώπων γλώσσῃ θύραι οὐκ ἐπίκεινται Ἁρμόδιαι.

904. Ἀργεῖος οὐκ Ἀργεῖος, Argien de faux aloi. Ce trait précis indique qu'Euripide fait ici le portrait d'un démagogue de son temps. Or le scholiaste rappelle à propos que Cléophon, alors très-influent dans l'*agora* d'Athènes et partisan de la guerre à outrance (voy. la note sur le vers 772), passait pour un citoyen intrus, νόθος πολίτης, et pour Thrace d'origine. D'après Aristophane (cf. *Grenouilles*, v. 690) « une hirondelle thrace gazouillait sur ses lèvres barbares. » — Ἠναγκασμένος, intrus, entré de vive force dans la cité. Hermann cite Aristophane, *Oiseaux*, 32 : Ὃν οὐκ ἀστὸς εἰσβιάζεται. Il faut avouer toutefois, que le mot ἠναγκασμένος, « forcé, » ne se prête pas facilement à cette explication, et que la leçon pourrait être gâtée.

ΟΡΕΣΤΗΣ. 751

πιθανὸς ἔτ' αὐτοὺς περιβαλεῖν κακῷ τινι.
Ὅταν γὰρ ἡδύς τις λόγοις φρονῶν κακῶς
πείθῃ τὸ πλῆθος, τῇ πόλει κακὸν μέγα·
ὅσοι δὲ σὺν νῷ χρηστὰ βουλεύουσ' ἀεί,
κἂν μὴ παραυτίκ', αὖθίς εἰσι χρήσιμοι   910
πόλει. Θεᾶσθαι δ' ὧδε χρὴ τὸν προστάτην
ἰδόνθ'· ὁμοῖον γὰρ τὸ χρῆμα γίγνεται
τῷ τοὺς λόγους λέγοντι τῷ τ' ἰωμένῳ.
Ὁ δ' εἶπ' Ὀρέστην καὶ σ' ἀποκτεῖναι πέτροις
βάλλοντας· ὑπὸ δ' ἔτεινε Τυνδάρεως λόγους   915
[τῷ σφὼ κατακτείνοντι τοιούτους λέγειν].
Ἄλλος δ' ἀναστὰς ἔλεγε τῷδ' ἐναντία,
μορφῇ μὲν οὐκ εὐωπός, ἀνδρεῖος δ' ἀνήρ,

NC. 906. Heimsœth, *Kritische Studien*, I, p. 218, propose ἱκανός pour πιθανός. Il attribue l'altération de la leçon au voisinage de πίσυνος — Valckenaer : ἔτ' ἀστούς. — 907. Τις, correction de Musgrave pour τοῖς. — 911-912. Heimsœth, I, p. 217 : τὸν προστάτας ‖ κρίνονθ'. — 913. Manuscrits : γίνεται. — Musgrave et Brunck ont corrigé la leçon λέγοντι καὶ τιμωμένῳ, qui n'offre point de sens, quoi qu'en disent certains interprètes. L'erreur des copistes vient sans doute de καὶ τῷ ἰωμένῳ, paraphrase de τῷ τ' ἰωμένῳ. — 914. Ὁ δ' est une correction de Heimsœth pour ὅς, relatif qui est à sa place au vers 923, mais qui semble inadmissible ici, après une digression de sept vers.— 916. J'ai mis entre crochets ce vers que je tiens pour interpolé. Voir la note explicative. — Variante vicieuse : κατακτείναντι.

906. Πιθανὸς.... κακῷ τινι, homme dont on peut croire qu'il jettera encore les Argiens dans quelque malheur. Nous croyons que πιθανός ne veut pas dire ici : « persuasif », mais que ce mot a le sens passif que nous venons d'indiquer.

911-913. Θεᾶσθαι.... τῷ τ' ἰωμένῳ. Le poète dit qu'il faut contempler, juger (θεᾶσθαι), le chef du peuple (προστάτην : cf. vers 772) en se mettant à ce point de vue (ὧδ' ἰδόντι), c'est-à-dire : en envisageant non-seulement le présent, mais encore et surtout l'avenir. Car, ajoute-t-il, il en est de l'orateur comme du médecin : l'un et l'autre ne peuvent être jugés qu'après un certain temps; l'un et l'autre ne doivent pas flatter celui qui les consulte, mais le soumettre quelquefois à un traitement rigoureux afin d'amener un bien dans l'avenir. — Τῷ τ' ἰωμένῳ équivaut à τῷ τ' ἰατρῷ. Si le poète se sert ici d'une tournure moins usitée, c'est que les mots τῷ τοὺς λόγους λέγοντι amenaient naturellement un autre participe.

915. Ὑπὸ δ' ἔτεινε équivaut à ὑπέβαλλε δέ. [Hésychius.] En disant que Tyndare avait suggéré le discours de cet orateur, le poète laisse entendre que l'adversaire d'Oreste se servait des mêmes arguments que Tyndare a développés aux vers 494 sqq., et qu'il eût été fastidieux de répéter ici.

916. Ce vers est plus qu'inutile. « Tyndare suggérait de pareils discours à cet orateur qui vous condamnait à mort (ou bien : à quiconque vous condamnait à mort). » Quels discours? Le messager n'en a rapporté que la sentence de mort, qui en était la conclusion. Les mots τοιούτους λέγειν ne sauraient donc rien ajouter au sens de τῷ σφὼ κατακτείνοντι.

918. Μορφῇ μὲν οὐκ εὐωπός. Musgrave n'aurait pas dû, à cause de ces mots, rap-

ὀλιγάκις ἄστυ κἀγορᾶς χραίνων κύκλον,
αὐτουργός, οἵπερ καὶ μόνοι σώζουσι γῆν, 920
ξυνετὸς δὲ χωρεῖν ὁμόσε τοῖς λόγοις θέλων,
ἀκέραιος, ἀνεπίπληκτον ἠσκηκὼς βίον·
ὃς εἶπ' Ὀρέστην παῖδα τὸν Ἀγαμέμνονος
στεφανοῦν, ὃς ἠθέλησε τιμωρεῖν πατρί,
κακὴν γυναῖκα κἄθεον κατακτανών, 925
ἣ κεῖν' ἀφῄρει, μήθ' ὁπλίζεσθαι χέρα
μήτε στρατεύειν ἐκλιπόντα δώματα,
εἰ τἄνδον οἰκουρήμαθ' οἱ λελειμμένοι
φθείρουσιν, ἀνδρῶν εὐνίδας λωβώμενοι.
Καὶ τοῖς γε χρηστοῖς εὖ λέγειν ἐφαίνετο, 930
κοὐδεὶς ἔτ' εἶπε. Σὸς δ' ἐπῆλθε σύγγονος,
ἔλεξε δ'· Ὦ γῆν Ἰνάχου κεκτημένοι,
[πάλαι Πελασγοί, Δαναΐδαι δὲ δεύτερον,]
ὑμῖν ἀμύνων οὐδὲν ἧσσον ἢ πατρὶ

NC. 921. Nauck propose : ξυνετῶς δὲ χωρεῖν ὁμόσε τοῖς λόγοις σθένων. — 922. Variante moins autorisée : ἀνεπίληπτον. — 933. Musgrave et la plupart des critiques jugent que ce vers, cité par Eustathe, *ad Iliad.* p. 320, 4, et ailleurs, est une interpolation, tirée d'une autre tragédie d'Euripide. La particule δὲ ne se trouve que dans quelques manuscrits récents.

porter à Socrate une peinture qui n'offre d'ailleurs aucune ressemblance avec ce philosophe. L'intention du poète est nettement marquée dans le vers 920. Il veut faire l'éloge des citoyens qui cultivent leur champ de leurs propres mains, qui fréquentent peu la ville, mais vivent à la campagne, comme on faisait autrefois, au bon vieux temps. Ces hommes, qui ne payent pas de mine, mais qui sont vaillants et intègres, il les appelle l'unique salut du pays (οἵπερ καὶ μόνοι σώζουσι γῆν). On se souvient qu'un homme de cette espèce, αὐτουργός, a le beau rôle dans la tragédie d'*Électre*.

919. Χραίνων. Ce verbe a ici son sens premier : « effleurer, toucher ». Un poète contemporain d'Euripide, Achéus d'Erétrie, cité par Athénée, VII, p. 277 B, disait des poissons : Χραίνοντες οὐραίοισιν εὐδίαν ἁλός. [Porson.]

920. Αὐτουργὸς, οἵπερ, l'un de ces paysans qui. Un nom commun rappelle aux Grecs l'espèce tout entière, et peut être suivi, quoiqu'au singulier, d'un relatif au pluriel. Cf. Tite-Live, XXII, LVII, 3 : « Scriba pontificis, quos nunc minores « pontifices appellant. »

921. Ξυνετός.... θέλων, mais habile à la lutte des paroles, quand il veut s'y mêler. Euripide semble avoir introduit dans la langue ce trope (*verbis congredi*), qui devint familier aux écrivains grecs. Ex. : Platon, *Rép.* X, p. 610 C : Ὁμόσε τῷ λόγῳ τολμᾷ ἰέναι. — Θέλων équivaut à ἐὰν θέλῃ.

926. Ἣ κεῖν' ἀφῄρει, μήθ' ὁπλίζεσθαι, qui avait fait cesser l'usage de s'armer, qui avait empêché qu'on ne s'armât.

928. Οἰκουρήμτα(α), les gardiennes de la maison. Un nom de chose est mis pour un nom de personne. Cp. *Hipp.* 787 : Πικρὸν τόδ' οἰκούρημα.

929. Ἀνδρῶν εὐνίδας, peut s'expliquer *virorum uxores*, ou *viris privatas*. Ici ce dernier sens semble préférable.

ΟΡΕΣΤΗΣ.   753

ἔκτεινα μητέρ'. Εἰ γὰρ ἀρσένων φόνος   935
ἔσται γυναιξὶν ὅσιος, οὐ φθάνοιτ' ἔτ' ἂν
θνήσκοντες, ἢ γυναιξὶ δουλεύειν χρεών.
Τοὐναντίον δὴ δράσετ' ἢ δρᾶσαι χρεών;
Νῦν μὲν γὰρ ἡ προδοῦσα λέκτρ' ἐμοῦ πατρὸς
τέθνηκεν· εἰ δὲ δὴ κατακτενεῖτέ με,   940
ὁ νόμος ἀνεῖται, κοὐ φθάνοι θνήσκων τις ἄν,
ὡς τῆς γε τόλμης οὐ σπάνις γενήσεται.
Ἀλλ' οὐκ ἔπειθ' ὅμιλον, εὖ δοκῶν λέγειν·
νικᾷ δ' ἐκεῖνος ὁ κακὸς ἐν πλήθει λέγων,
ὃς ἠγόρευε σύγγονον σέ τε κτανεῖν.   945
Μόλις δ' ἔπεισε μὴ πετρούμενος θανεῖν
τλήμων Ὀρέστης· αὐτόχειρι δὲ σφαγῇ
ὑπέσχετ' ἐν τῇδ' ἡμέρᾳ λείψειν βίον
σὺν σοί. Πορεύει δ' αὐτὸν ἐκκλήτων ἄπο
Πυλάδης δακρύων· σὺν δ' ὁμαρτοῦσιν φίλοι   950
κλαίοντες οἰκτείροντες· ἔρχεται δέ σοι
πικρὸν θέαμα καὶ πρόσοψις ἀθλία.

NC. 938. J'ai substitué δὴ à δέ, et j'ai mis un point d'interrogation après χρεών. Jusqu'ici Oreste a soutenu que la mort de Clytemnestre est un bienfait pour tous, mais il n'a pas encore parlé de ce qui arriverait si les Argiens le condamnent. La ponctuation usuelle était donc vicieuse. — La répétition de χρεών doit être mise à la charge des copistes. On a proposé πρέπει, πρέπον, δόκη. — 946. Elmsley et les meilleurs manuscrits : πετρούμενος. Vulgate : πετρουμένους.

936. Οὐ φθάνοιτ' ἔτ' ἂν θνήσκοντες, vous ne tarderez pas à être tués. Il est vrai que φθάνειν veut dire tout le contraire de « tarder »; mais les phrases de cette espèce étaient d'abord interrogatives. Voy. la note sur *Iph. Taur.* 245.

939-940. Νῦν.... τέθνηκεν. Oreste dit : « Tant que je ne suis pas condamné (νῦν), la mort de l'épouse criminelle est un exemple salutaire pour les autres femmes. »

941. Ὁ νόμος ἀνεῖται, la loi a été (aura été) relâchée, le précédent établi par moi est détruit. Les mots ὁ νόμος se rapportent à τέθνηκεν, et désignent la loi ou l'usage consacré par l'acte de justice qu'Oreste vient d'accomplir. Voy. le v. 571, où νόμος est employé dans un sens analogue.

942. Le discours d'Oreste n'est guère développé, par la même raison que celui de son adversaire n'est pas même ébauché : la cause a été plaidée devant le public dans une des scènes précédentes : voy. la note sur le vers 946. Ici le poète ne s'est point proposé de revenir sur cette cause, mais de faire une peinture, trop vraie pour n'être pas quelque peu satirique, des passions qui agitaient de son temps la place publique d'Athènes.

943-944. Les expressions synonymes ὅμιλον et ἐν πλήθει sont accumulés avec un certain mépris. L'homme qui paraît avoir raison (εὖ δοκῶν λέγειν) ne persuade pas le peuple; devant la foule la parole de l'homme vil et méchant l'emporte.

48

ΟΡΕΣΤΗΣ.

Ἀλλ' εὐτρέπιζε φάσγαν' ἢ βρόχον δέρῃ,
ὡς δεῖ λιπεῖν σε φέγγος· ηὐγένεια δὲ
οὐδέν σ' ἐπωφέλησεν, οὐδ' ὁ Πύθιος 955
τρίποδα καθίζων Φοῖβος, ἀλλ' ἀπώλεσεν.

ΧΟΡΟΣ.

Ὦ δυστάλαινα παρθέν', ὡς ξυνηρεφὲς
πρόσωπον εἰς γῆν σὸν βαλοῦσ' ἄφθογγος εἶ,
ὡς εἰς στεναγμοὺς καὶ γόους δραμουμένη.

ΗΛΕΚΤΡΑ.

Κατάρχομαι στεναγμὸν, ὦ Πελασγία, [Strophe 1.] 960
τιθεῖσα λευκὸν ὄνυχα διὰ παρηίδων,
αἱματηρὸν ἄταν,
κτύπον τε κρατὸς, ὃν ἔλαχ' ἁ κατὰ χθονὸς
νερτέρων <κλέμμα> καλλίπαις θεά.
Ἰαχείτω δὲ γᾶ Κυκλωπία, 965
σίδαρον ἐπὶ κάρα τιθεῖσα κούριμον,
πήματ' οἴκων.
Ἔλεος ἔλεος ὅδ' ἔρχεται

NC. 954. Variante : ὡς οὔ σ' ὁρᾶν δεῖ φέγγος. — 957-959. Scholiaste : Ἐν ἐνίοις δὲ οὐ φέρονται οἱ τρεῖς στίχοι οὗτοι. Πῶς γὰρ οὐκ ἔμελλε στενάζειν οὕτω δυστυχῶς ἔχουσα; — 960. Ancienne vulgate : Αἶ αἶ, κατάρχομαι. — Leçon vicieuse : στεναγμῶν. — 962. Barnes a inséré τὰν avant αἱματηρόν, et trop d'éditeurs ont admis cette mauvaise interpolation. — 964. Manuscrits : νερτέρων περσέφασσα. A ce dernier mot, qui est une glose évidente, j'ai substitué κλέμμα, supplément qui complète le sens et le mètre. — Scholiaste : Γράφεται δὲ τὸ καλλίπαις καὶ καλὴ παῖς. Des paraphrases ont été souvent prises pour des variantes. — 966. Variante vicieuse : ἐπὶ κρᾶτα. — 967. Musgrave a retranché les mots τῶν ἀτρειδῶν (ou ἀτρειδᾶν), glose que porte le texte des manuscrits soit au commencement, soit à la fin de ce vers.

960-970. Électre entonne son propre chant funèbre, en s'abandonnant aux violentes démonstrations de douleur qui étaient usitées dans le culte de Proserpine, lorsqu'on pleurait l'enlèvement de la jeune déesse. Elle invite le pays d'Argos à s'associer au deuil de ses princes.

960. Ὦ Πελασγία. Cf. *Iph. Aul.* 1498 : Ἰὼ γᾶ μᾶτερ ὦ Πελασγία.

961. Αἱματηρὸν ἄταν. Apposition qui marque l'effet de l'action exprimée par τιθεῖσα.... διὰ παρηίδων.

964. Καλλίπαις ne veut pas dire ici ἔχουσα καλὸν παῖδα, mais οὖσα παῖς καλή. Personne ne pouvait s'y tromper, puisqu'il s'agit de la déesse qui s'appelait Κόρη par excellence, de cette belle enfant que les dieux souterrains enlevèrent à l'amour de Déméter. Cf. *Iph. Taur.* 1234 : Εὔπαις ὁ Λατοῦς γόνος, avec la note. — Θεά est ici monosyllabe par synérèse.

965. Γᾶ Κυκλωπία, autre nom d'Argos. Voy. la note sur le vers 152 d'*Iphigénie à Aulis*.

968. Ἔλεος équivalent ici κομμός, plainte funèbre.

ΟΡΕΣΤΗΣ.   755

τῶν θανουμένων ὕπερ,
στρατηλατᾶν Ἑλλάδος ποτ' ὄντων.   970

Βέβακε γὰρ βέβακεν, οἴχεται τέκνων   [Antistrophe 1.]
πρόπασα γέννα Πέλοπος ὅ τε μακαρτάτοις
ζῆλος ὢν ποτ' οἶκος·
φθόνος νιν εἷλε θεόθεν, ἅ τε δυσμενὴς
φοινία ψῆφος ἐν πολίταις.   975
Ἰὼ, ὢ πανδάκρυτ' ἐφαμέρων
ἔθνη πολύπονα, λεύσσεθ', ὡς παρ' ἐλπίδας
μοῖρα βαίνει.
Ἕτερα δ' ἕτερος ἀμείβεται
πήματ' ἐν χρόνῳ μακρῷ·   980
βροτῶν δ' ὁ πᾶς ἀστάθμητος αἰών.

Μόλοιμι τὰν οὐρανοῦ   [Strophe 2.]
μέσον χθονός τε τεταμέναν αἰωρήμασι

NC. 970. Vulgate : στρατηλατῶν. — 972-973. Manuscrits : ὅ τ' ἐπὶ μακαρίοις ‖ ζηλωτὸς ὢν ποτ' οἶκος. Musgrave : ζῆλος ὢν ποτ' οἴκοις. En effet ζηλωτός est une glose de ζῆλος. Mais il faut conserver οἶκος et écrire ὅ τε μακαρτάτοις. C'est ainsi que se rétablissent à la fois le sens et l'accord antistrophique. — 975. La leçon φονία (ou φονεία) a été rectifiée par Triclinius. — Plusieurs éditeurs ont admis la conjecture de Musgrave : ἐν πόλει, au détriment de l'expression et du mètre. — 976. Hartung a rectifié la leçon ἰὼ ἰώ. — 977. Variantes vicieuses : λεύσσεσθ' et ἐλπίδα. — 979. Ἕτερος, correction de Porson pour ἑτέροις. — 982. Hermann a inséré τε avant τεταμέναν. — Le mot αἰωρήμασι est embarrassant pour la construction, comme pour le mètre. Nauck y voit une glose. Peut-être : τεταμέναν πεδάορον. Cf. Eschyle, Choéph. 590.

969-970. Τῶν θανουμένων.... ὄντων. Scholiaste : Σύναπτε τὸ θανουμένων πρὸς τὸ στρατηλατῶν, οὐχ ὅτι Ὀρέστης ἢ Ἠλέκτρα, οἱ μέλλοντες ἀποθανεῖσθαι, στρατηλάται ἦσαν τῆς Ἑλλάδος, ἀλλ' ὅτι ἡ τοῦ πατρὸς αὐτῶν τιμὴ αὐτῶν ἐστι.

973. Ζῆλος, « objet d'envie, » peut se tourner par ζηλωτός.

974. Φθόνος.... θεόθεν. Une trop haute fortune est souvent suivie d'une chute terrible. Les anciens attribuaient ces catastrophes à la jalousie des dieux.

975. Φοινία ψῆφος ἐν πολίταις peut se tourner par ἡ ἐν τῇ ἐκκλησίᾳ κατάκρισις.

981. Ἀστάθμητος, qui ne se laisse pas mesurer, peser, calculer, qui trompe toutes les prévisions.

982-984[1]. Le supplice que Tantale endure, non dans les lieux souterrains, mais au milieu des airs, a déjà été mentionné dans les vers 6 sq. Ici le poète ajoute, que la pierre suspendue au-dessus de la tête du malheureux, est attachée à l'Olympe par une chaîne d'or et qu'elle est emportée par un tourbillon, φερομέναν δίναισι. Les commentateurs anciens assurent que par cette pierre, πέτραν ou βῶλον, il faut entendre le soleil, qui passait aux yeux d'Anaxagore et de ses

πέτραν άλύσεσι χρυσέαισι φερομέναν
δίναισι βῶλον ἐξ Ὀλύμπου,
ἵν' ἐν θρήνοισιν ἀναβοάσω
γέροντι πατρὶ Ταντάλῳ, 985
ὃς ἔτεκεν ἔτεκε γενέτορας ἐμέθεν δόμων
οἳ κατεῖδον ἄτας,

ποτανὸν μὲν δίωγμα πώλων [Strophe 3.]
τεθριπποβάμονι στόλῳ
Πέλοψ ὅτε πελάγεσσι διεδίφρευσε, Μυρτίλου φόνον 990
δικὼν ἐς οἶδμα πόντου,
λευκοκύμοσιν
πρὸς Γεραιστίαις
ποντίων σάλων
ᾐόσιν ἁρματεύσας.

Ὅθεν δόμοισι τοῖς ἐμοῖς [Strophe 4.] 995
ἦλθ' ἀρὰ πολύστονος,

NC. 985. Variante : πατρὶ γέροντι. — 988. Ποτανόν, correction de Porson pour τὸ πτανόν. — 990. Variante mal autorisée : ὁπότε. — Marcianus : πελάγεσσι. Vulgate : πελάγεσι. — 992. Leçon vicieuse : λευκοκύμασι.

disciples pour une masse incandescente (λίθον διάπυρον, Xénoph. *Mém.* IV, vii, 7). Cf. le scholiaste de Pindare, *Ol.* I, 57 : Ἔνιοι δὲ ἀκούουσι τὸν πέτρον ἐπὶ τοῦ ἡλίου. Τὸν γὰρ Τάνταλον, φυσιόλογον γενόμενον καὶ μύδρον ἀποφήναντα τὸν ἥλιον, ἐπὶ τούτῳ δίκας ὑποσχεῖν· ὥστε καὶ ἐπηωρεῖσθαι αὐτῷ τὸν ἥλιον, ὑφ' οὗ δειματοῦσθαι καὶ καταπτήσσειν. Περὶ δὲ τοῦ ἡλίου οἱ φυσικοὶ φασιν, ὡς λίθος καλεῖται ὁ ἥλιος. Καὶ Ἀναξαγόρου δὲ γενόμενον τὸν Εὐριπίδην μαθητὴν πέτρον εἰρηκέναι τὸν ἥλιον. Suivent les vers 6 sq. et 982-985 de notre tragédie.

988-994'. Ποτανὸν.... ᾐόσιν ἁρματεύσας, « tum quum alatum equorum impe-« tum quadrigario curriculo Pelops per « maria auigavit, Myrtili cadaver (φόνον, « *cædem*) in æstum ponti abjiciens, ad « Geræstia albicantibus undis marinorum « fluctuum littora curru vectus. » [Klotz.] Quand Pélops eut vaincu OEnomaüs, ramena en Asie le prix de cette victoire, la belle Hippodamie, en traversant la mer sur son char aux coursiers ailés. Il avait avec lui Myrtile, dont la ruse avait contribué à la défaite d'OEnomaüs. Soupçonnant cet ami de chercher à séduire Hippodamie, il le précipita dans la mer près de Géreste, promontoire de l'Eubée. Mais Myrtile fut vengé par Mercure, son père, lequel suscita des discordes sanglantes entre les fils d'Atrée.

995. Ὅθεν. Au vers 988 le premier malheur de la maison avait été indiqué par les mots : Ποτανὸν μὲν δίωγμα πώλων. Ce μέν semblait annoncer un δέ. Mais comme le second malheur est la conséquence du premier, le poète renonce à la forme de la simple énumération, et continue par ὅθεν.

ΟΡΕΣΤΗΣ. 757

λόχευμα ποιμνίοισι Μαιάδος τόκου,
τὸ χρυσόμαλλον ἀρνὸς ὁπότ'
ἐγένετο τέρας ὀλοὸν ὀλοὸν
Ἀτρέος ἱπποβώτα· 1000

ὅθεν ἔρις τό τε πτερωτὸν [Strophe 5.
ἁλίου μετέβαλεν ἅρμα,
τὰν ποθ' ἕσπερον κέλευθον
οὐρανοῦ προσαρμόσασ'
ὁλόπωλον ἐς Ἀῶ,

Ἑπταπόρου τε δρόμημα Πελειάδος [Strophe 6.] 1005
εἰς ὁδὸν ἄλλαν [Ζεὺς] μεταβάλλει·

999. Variante : ὀλοόν, pour ὀλοὸν ὀλοόν. — 1000. Les leçons ἀτρέως et ἱπποβότα ont été rectifiées par Porson et par Dindorf. — 1001. Variante : τὸ πτερωτόν. — 1002. Porson a corrigé la leçon ἀελίου. — 1003. Manuscrits : τὰν πρὸς ἑσπέραν κέλευθον, ou τὰν πρὸς ἕσπερον κέλευθον, leçons qui n'offrent pas de sens satisfaisant. Photius : Ἕσπερον κέλευθον· ἑσπέριον, ἐπὶ δυσμὰς ὁδόν. Hésychius : Ἕσπερον κέλευθον· τὴν ἑσπέραν (ἑσπέριον?) ὁδόν. Ces deux lexicographes, dont les articles se rapportent évidemment à notre passage, m'ont suggéré la correction τὰν ποθ' ἕσπερον κέλευθον. — 1004-1004'. Manuscrits : προσαρμόσας μονόπωλον. On s'est trop empressé d'admettre προσαρμόσασα, conjecture indiquée dans le *Vaticanus*. L'omission de la désinence féminine prouve que μονόπωλον est la glose d'un adjectif commençant par une voyelle. Le mètre aussi est en souffrance. Je l'ai rétabli en écrivant προσαρμόσασ' ὁλόπωλον. — 1005. Manuscrits : δρακήματα ou δρομήματα ou δρόμημα πλειάδος. La bonne leçon se trouve chez Eustathe, *ad Odyss.* p. 1713, 7. — 1006. J'ai mis entre crochets le mot Ζεύς, que je considère comme une mauvaise glose. Le sujet de μετέβαλεν, v. 1002, étant ἔρις, et le sujet de ἀμείβει, v. 1007, étant δεῖπνα, on comprend que Jupiter n'est pas de mise ici. La première syllabe de ἄλλον prend ici la valeur de deux longues. Il en est de même, au vers suivant, de la seconde syllabe de ἀμείβει, mot après lequel Hermann et d'autres insèrent ἀεί.

997-1000. Λόχευμα.... ἱπποβώτα, « tum « quum partus auctore Maiæ filio inter « pecudes factus, agni aurata pelle natum « est monstrum pestiferum Atrei pastoris « equorum. » [Klotz.] Voy. *Él.* v. 699 sqq.

1001-1002. Ὅθεν ἔρις.... ἅρμα, de là (naquit) une querelle (qui) changea la direction du char ailé du Soleil.

1003-1004'. Τὰν ποθ' ἕσπερον...ἐς Ἀῶ, en attribuant à l'Aurore l'ancien couchant de la route céleste du Soleil. —Ἕσπερον. Ce mot est ici adjectif. Cp. *Él.* 731 : Τὰ δ' ἕσπερα νῶτα. — Ὁλόπωλον. Homère, *d.* XXIII, 246, prête à l'Aurore un char et deux coursiers; mais d'autres poëtes la présentent montée sur un cheval unique, le Pégase. Cf. Lycophron, vers 17, avec les scholies. — Quant à la tournure astronomique donnée par Euripide à la vieille fable, voy. la note sur les vers 726 sqq. d'*Électre*.

1005. Scholiaste : Πιθανῶς δὲ καὶ τὸ κατὰ τὰς Πλειάδας εἴληπται· τὰ μὲν γὰρ ἄλλα ζώδια πρώτην φαίνει τὴν κεφαλὴν κατὰ ἀνατολάς, ὁ δὲ ταῦρος τὸ στῆθος προφαίνει, καθ' ὅ εἰσιν αἱ Πλειάδες, ὥστε ἀνεστραμμένην καὶ τούτων τὴν ἀνατολὴν γίνεσθαι.

1006. Μεταβάλλει. Le sujet de ce verbe

ΟΡΕΣΤΗΣ.

τῶνδέ τ' ἀμείβει θανάτους θανάτων τά τ' ἐπώνυμα δεῖπνα Θυέστου
λέκτρα τε Κρήσσας Ἀερόπας δολί-
ας δολίοισι γάμοις· τὰ πανύστατα δ' 1010
εἰς ἐμὲ καὶ γενέταν ἐμὸν ἤλυθε
δόμων πολυπόνοις ἀνάγκαις.

ΧΟΡΟΣ.

Καὶ μὴν ὅδε σὸς ξύγγονος ἕρπει
ψήφῳ θανάτου κατακυρωθείς,
ὅ τε πιστότατος πάντων Πυλάδης
ἰσάδελφος ἀνὴρ, 1015
τοῦδ' ἰθύνων νοσερὸν κῶλον
ποδὶ κηδοσύνῳ παράσειρος.

ΗΛΕΚΤΡΑ.

Οἲ 'γώ· πρὸ τύμβου γὰρ σ' ὁρῶσ' ἀναστένω,

NC. 1011. *Vaticanus* : ἦλθε. — 1013. Variante vicieuse : ὅδε. — 1015-1016. Manuscrits : ἀνὴρ ἰθύνων νοσερὸν κῶλον Ὀρέστου. Heath substituait ὀρθῶν à ἰθύνων. Il est plus probable que Ὀρέστου est la glose de τοῦδ', omis avant ἰθύνων. [Hartung.]

est le même que celui de la phrase précédente, à savoir ἔρις, v. 1001. Le mot Ζεύς est interpolé.

1007-1009. Τῶνδε, des descendants de Pélops. Ce mot, placé en tête de la phrase, indique que nous revenons ici du ciel à la terre. — Ἀμείβει. Ce verbe, choisi à dessein, parce qu'il se rapproche du sens de μεταβάλλει, a pour sujets δεῖπνα Θυέστου λέκτρα τε Κρήσσας Ἀερόπας. Ces derniers mots font connaître les crimes des fils des Pélopides d'une manière plus explicite que ἔρις, qui était le sujet des deux phrases précédentes. Quant aux détails de la fable, cp. *Él.* v. 720 sqq. avec la note. — Ἐπώνυμα δεῖπνα Θυέστου, le repas auquel le nom de Thyeste est resté attaché. Suivant le scholiaste de Venise il y a ici un jeu de mots, le nom Θυέστης rappelant l'idée de θύειν, θύσις.

1010-1011. Τὰ πανύστατα, à la fin. Nous n'adoptons pas l'explication du scholiaste : τὰ πανύστατα κακά. — Ἤλυθε. Ce verbe a pour sujet les vieux crimes de la race des Pélopides, lesquels ont été désignés plus haut par ἔρις et par δεῖπνα Θυέστου κτέ. Après avoir causé des révolutions célestes et une suite de meurtres, ces crimes ont atteint Électre, et se sont fait sentir à elle par une fatalité funeste à la maison, δόμων πολυπόνοις ἀνάγκαις.

1013. Κατακυρωθείς, « condamné par une décision souveraine et définitive, » dit plus que κατακριθείς. Cf. *Androm.* 494 : Καὶ μὴν ἐσορῶ τόδε σύγκρατον ζεῦγος πρὸ δόμων ψήφῳ θανάτου κατακεκριμένον.

1016. Ἰσάδελφος ἀνήρ. Cf. v. 882.

1017. Ποδὶ κηδοσύνῳ. Ces mots, qui font antithèse à νοσερὸν κῶλον, expriment, par une tournure poétique, que Pylade prend soin de son ami en marchant à côté de lui. — Παράσειρος. C'est le nom qu'on donnait au cheval attelé par des longes, lequel, sans être attaché au joug, partageait cependant les efforts du cheval timonier. On voit l'à-propos du trope. Cf. Eschyle, *Agam.* 842 : Μόνος δ' Ὀδυσσεύς, ὅσπερ οὐχ ἑκὼν ἔπλει, Ζευχθεὶς ἑτοῖμος ἦν ἐμοὶ σειραφόρος.

1018-1019. Πρό, ainsi que πάροιθε, signifie ici « devant, » plutôt que « avant ».

ΟΡΕΣΤΗΣ.

ἀδελφὲ, καὶ πάροιθε νερτέρου πυρᾶς.
Οἴ 'γὼ μάλ' αὖθις· ὥς σ' ἰδοῦσ' ἐν ὄμμασιν   1020
πανυστάτην πρόσοψιν ἐξέστην φρενῶν.

ΟΡΕΣΤΗΣ.

Οὐ σῖγ', ἀφεῖσα τοὺς γυναικείους γόους,
στέρξεις τὰ κρανθέντ'; οἰκτρὰ μὲν τάδ', ἀλλ' ὅμως
[φέρειν ἀνάγκη τὰς παρεστώσας τύχας].

ΗΛΕΚΤΡΑ.

Καὶ πῶς σιωπῶ, φέγγος εἰσορᾶν θεοῦ   1025
ὅτ' οὐκέθ' ἡμῖν τοῖς ταλαιπώροις μέτα;

ΟΡΕΣΤΗΣ.

Σὺ μή μ' ἀπόκτειν'· ἅλις ἀπ' Ἀργείας χερὸς
τέθνηχ' ὁ τλήμων· τὰ δὲ παρόντ' ἔα κακά.

ΗΛΕΚΤΡΑ.

Ὦ μέλεος ἥβης σῆς, Ὀρέστα, καὶ πότμου
θανάτου τ' ἀώρου. Ζῆν ἐχρῆν σ', ὅτ' οὐκέτ' εἶ.   1030

ΟΡΕΣΤΗΣ.

Μὴ πρὸς θεῶν μοι περιβάλῃς ἀνανδρίαν,
εἰς δάκρυα πορθμεύουσ' ὑπομνήσει κακῶν,

NC. 1019. Variantes : νερτέρας et νερτέρων. — 1020. Porson a corrigé les eçons ὡς ἰδοῦσά σ' ἐν ὄμμασι, ὡς ἰδοῦσά σ' ὄμμασι, ὡς ἰδοῦσ' ἐν ὄμμασι. — 1022. Marcianus : λόγους (qui est la leçon de la plupart des manuscrits), avec indication de la variante γόους. — 1024. Variante ; φέρειν σ' ἀνάγκη. — Ce vers est une interpolation récente. Le scholiaste de Venise ne le connaissait pas, puisqu'il dit : Λείπει τὸ δεῖ φέρειν. Τινὲς δὲ γράφουσιν· οἰκτρὰ μὲν, ἀλλ' ὅμως φέρε. — 1026. J'ai écrit : ὅτ' pour τάδ'. Musgrave et d'autres substituaient μετόν à μέτα. L'usage demande que les phrases soient liées, et le scholiaste se sert dans sa paraphrase de la conjonction ἐπεί. — 1027. Variante moins autorisée : ὑπ' ἀργείας χερός. — 1031. Marcianus : μου et ἀνανδρίᾳ. Nauck propose : με et ἀνανδρίᾳ. Hartung : μοι προσβάλῃς ἀνανδρίαν. — 1032. Musgrave a corrigé la leçon ὑπόμνησιν. La scholie διὰ τὴν ὑπόμνησιν τῶν κακῶν εἰσάγουσά με εἰς δάκρυα semble se rapporter à ὑπομνήσει.

1023. Après ἀλλ' ὅμως sous-entendez στέρξον : le vers suivant est interpolé. Cf. Aristophane, Acharn. 408 : Ἀλλ' ἐκκυκλήθητ'. — Ἀλλ' ἀδύνατον. — Ἀλλ' ὅμως.
1027. Μή μ' ἀπόκτειν(ε), ne me tue point par tes lamentations. Voy. la note sur Hipp. 1064. — Ἀπ' Ἀργείας χερός, par le vote des Argiens. On sait que dans les assemblées populaires on votait en levant la main. [Explication de Hermann.]
1030. Ζῆν ἐχρῆν σ', ὅτ' οὐκέτ' εἶ. Nous dirions plutôt, en renversant le rapport des deux phrases : « Tu meurs au moment où tu devrais vivre. »
1032. Πορθμεύουσ(α). Euripide affectionne ce trope. Voyez la note sur πορθμεύων ἴχνος, Iph. Taur. 266.

ΗΛΕΚΤΡΑ.

Θανούμεθ'· οὐχ οἷόν τε μὴ στένειν κακά·
πᾶσιν γὰρ οἰκτρὸν ἡ φίλη ψυχὴ βροτοῖς.

ΟΡΕΣΤΗΣ.

Τόδ' ἦμαρ ἡμῖν κύριον· δεῖ δ' ἢ βρόχους   1035
ἅπτειν κρεμαστοὺς ἢ ξίφος θήγειν χερί.

ΗΛΕΚΤΡΑ.

Σὺ νῦν μ', ἀδελφέ, μή τις Ἀργείων κτάνῃ
ὕβρισμα θέμενος τὸν Ἀγαμέμνονος γόνον.

ΟΡΕΣΤΗΣ.

Ἅλις τὸ μητρὸς αἷμ' ἔχω· σὲ δ' οὐ κτενῶ,
ἀλλ' αὐτόχειρι θνῇσχ' ὅτῳ βούλει τρόπῳ.   1040

ΗΛΕΚΤΡΑ.

Ἔσται τάδ'· οὐδὲν σοῦ ξίφους λελείψομαι.
Ἀλλ' ἀμφιθεῖναι σῇ δέρῃ θέλω χέρας.

ΟΡΕΣΤΗΣ.

Τέρπου κενὴν ὄνησιν, εἰ τερπνὸν τόδε
θανάτου πέλας βεβῶσι, περιβαλεῖν χέρας.

ΗΛΕΚΤΡΑ.

Ὦ φίλτατ', ὦ ποθεινὸν ἥδιστόν τ' ἔχω   1045

NC. 1036. Var. vicieuse : θίγειν. — 1038. Scholiaste : Γράφεται καὶ δόμον (pour γόνον). Οὕτω γὰρ καὶ Καλλίστρατός φησιν Ἀριστοφάνη γράφειν. — 1039. Variante mal autorisée : αἷμ'· ἐγὼ δέ σ' οὐ. — Manuscrits : κτανῶ. — 1040. Quelques éditeurs écrivaient αὐτοχειρί (adverbe). — 1045-1046. J'ai corrigé la leçon inintelligible ἔχω ‖ τῆς σῆς ἀδελφῆς ὄνομα καὶ ψυχὴν μίαν. Les commentateurs se sont vainement efforcés de rendre compte du génitif τῆς σῆς ἀδελφῆς.

1034. Πᾶσιν.... βροτοῖς, tous les hommes pleurent leur vie (quand il faut la quitter). Le scholiaste dit : Οὐκ ἐκράτησε τοῦ διανοήματος· θέλει γὰρ εἰπεῖν, ὅτι πᾶς ἀποθνήσκων οἰκτίζεται τὴν αὑτοῦ ψυχήν.

1037. Σὺ νῦν μ(ε). Suppléez κτεῖνε, renfermé dans κτάνῃς. On cite, comme exemple d'une ellipse analogue, Théognis, 541 : Δειμαίνω μὴ τήνδε πόλιν, Πολυπαΐδη, ὕβρις, Ἥπερ Κενταύρους ὠμοφάγους ὤλεσεν.

1038. Τὸν Ἀγαμέμνονος γόνον, la race d'Agamemnon. Cf. v. 82.

1039. Ἅλις τὸ μητρὸς αἷμ' ἔχω. Cp. Iph. Taur. 1008 ; où Oreste s'exprime a peu près dans les mêmes termes. Ce langage et ces sentiments sont très-naturels dans la situation où se trouve le fils de Clytemnestre. Malheureusement, il semblera les oublier bientôt, quand il consentira à tuer de sang-froid Hélène et Hermione.

1040. Αὐτόχειρι est un adjectif qui se rattache à τρόπῳ. [Porson.]

1044. Βεβῶσι veut dire « se trouvant », et non « marchant. » Cf. Héracl. 63 : Γαῖ', ἐν ᾗ βεβήκαμεν.

1045-1046. Pour faire la construction, il faut détacher des vocatifs, auxquels ils sont mêlés dans le grec, les mots ἔχω σ(ε),

ΟΡΕΣΤΗΣ.

τῇ σῇ τ' ἀδελφῇ σ' ὄνομα καὶ ψυχὴ μία.

ΟΡΕΣΤΗΣ.

Ἔκ τοί με τήξεις· καί σ' ἀμείψασθαι θέλω
φιλότητι χειρῶν. Τί γὰρ ἔτ' αἰδοῦμαι τάλας;
Ὦ στέρν' ἀδελφῆς, ὦ φίλον πρόσπτυγμ' ἐμὸν
τόδ' ἀντὶ παίδων καὶ γαμηλίου λέχους   1050
[προσφθέγματ' ἀμφὶ τοῖς ταλαιπώροις ἄρα].

ΗΛΕΚΤΡΑ.

Φεῦ·
πῶς ἂν ξίφος νὼ ταὐτὸν, εἰ θέμις, κτάνοι
καὶ μνῆμα δέξαιθ' ἓν, κέδρου τεχνάσματα;

ΟΡΕΣΤΗΣ.

Ἥδιστ' ἂν εἴη ταῦθ'· ὁρᾷς δὲ δὴ φίλων
ὡς ἐσπανίσμεθ' ὥστε κοινωνεῖν τάφου.   1055

ΗΛΕΚΤΡΑ.

Οὐδ' εἶφ' ὑπὲρ σοῦ, μὴ θανεῖν σπουδὴν ἔχων,

NC. 1048. Leçon fautive : χερῶν. Kirchhoff croit qu'après ce vers il manque un distique d'Électre. — 1049. Nauck : ἐμοί. — 1050. J'ai écrit τόδ' pour τάδ', en effaçant la virgule qu'on mettait à la fin du vers précédent. — 1051. Nauck et Kirchhoff ont jugé avec raison que ce vers était indigne d'Euripide. Les copistes ont déjà cherché à le corriger : dans quelques manuscrits ils ont substitué ἡμῖν (cf. v. 1026) à ἀμφί, dans presque tous πάρα à ἄρα. Lobeck proposait : πρόσφθεγματ' ἀμφοῖν. L'interpolation tient sans doute à la leçon fautive τάδ', v. 1050. — 1053. Variante : ἐν κέδρου τεχνάσμασιν. — 1056-1057. Ces vers sont attribués à Électre, et non à Oreste, dans tous les bons manuscrits. — 1056. Nauck propose : μὴ θάνοις.

« je te tiens (dans mes bras) », mots qui sont expliqués par le geste d'Électre : car elle embrasse son frère en les prononçant. Le régime σ(ε) a été séparé de son verbe pour être rapproché de ἀδελφῇ : cela donne quelque chose de plus tendre à l'expression. — Au lieu de dire : « ὁ mon frère, nom le plus doux pour une sœur », Électre dit : « ὁ nom le plus doux pour ta sœur », le mot ὄνομα désignant, par une concision poétique, celui qui porte le nom dont il s'agit. C'est ainsi qu'au v. 1082 Oreste appellera Pylade ποθεινὸν ὄνομ' ὁμιλίας ἐμῆς. — Comme les mots τῇ σῇ ἀδελφῇ se rapportent à ψυχὴ μία aussi bien qu'à ὄνομα, la conjonction τ(ε) pouvait se placer après τῇ σῇ au lieu de suivre ὄνομα.
Hécube, 464; Iph. Aul. 1019 et 1605;

Iph. Taur. 1418; Eschyle, Prom., 42 : Ἀεί τε (αἰ non γε) δὴ νηλὴς σὺ καὶ θράσους πλέως, et passim.

1053. Τεχνάσματα. Ce pluriel est une apposition poétique, laquelle amplifie le singulier μνῆμα. Porson compare Sophocle, Philoct. 35 : Αὐτόξυλόν γ' ἔκπωμα, φλαυρούργου τινὸς Τεχνήματ' ἀνδρός; Ovide, Métam. XV, 136 : « Cognovi clipeum, « lævæ gestamina nostræ »; et beaucoup d'autres passages.

1055. Φίλων ἐσπανίσμεθ' ὥστε κοινωνεῖν τάφου, nous avons (trop) peu d'amis pour partager un tombeau, pour espérer un tombeau commun.

1056. Le sujet sous-entendu de μὴ θανεῖν est σε, pronom qui se tire des mots voisins ὑπὲρ σοῦ.

Μενέλαος ὁ κακὸς, ὁ προδότης τοὐμοῦ πατρός;

ΟΡΕΣΤΗΣ.

Οὐδ' ὄμμ' ἔδειξεν, ἀλλ' ἐπὶ σκήπτροις ἔχων
τὴν ἐλπίδ', εὐλαβεῖτο μὴ σώζειν φίλους. —
Ἀλλ' εἶ' ὅπως γενναῖα κἀγαμέμνονος   1060
δράσαντε κατθανούμεθ' ἀξιώτατα.
Κἀγὼ μὲν εὐγένειαν ἀποδείξω πόλει,
παίσας πρὸς ἧπαρ φασγάνῳ· σὲ δ' αὖ χρεὼν
ὅμοια πράσσειν τοῖς ἐμοῖς τολμήμασιν.
Πυλάδη, σὺ δ' ἡμῖν τοῦ φόνου γενοῦ βραβεὺς,   1065
καὶ κατθανόντοιν εὖ περίστειλον δέμας
θάψον τε κοινῇ πρὸς πατρὸς τύμβον φέρων.
Καὶ χαῖρ'· ἐπ' ἔργον δ', ὡς ὁρᾷς, πορεύομαι.

ΠΥΛΑΔΗΣ.

Ἐπίσχες. Ἓν μὲν πρῶτά σοι μομφὴν ἔχω,
εἰ ζῆν με χρῄζειν σοῦ θανόντος ἤλπισας.   1070

ΟΡΕΣΤΗΣ.

Τί γὰρ προσήκει κατθανεῖν σ' ἐμοῦ μέτα;

ΠΥΛΑΔΗΣ.

Ἤρου; τί δὲ ζῆν σῆς ἑταιρείας ἄτερ;

ΟΡΕΣΤΗΣ.

Οὐκ ἔκτανες σὺ μητέρ', ὡς ἐγὼ τάλας.

ΠΥΛΑΔΗΣ.

Σὺν σοί γε κοινῇ· ταὐτὰ καὶ πάσχειν με δεῖ.

NC. 1062. Comme le *Marcianus* porte, de première main, ἀποδεῖξαι, et que la variante πατρός, pour πόλει, s'y trouve indiquée, Kirchhoff croit que la leçon primitive était ἀποδεῖξαι θέλω. Mais il ne faut pas attacher trop d'importance à toutes les leçons d'un manuscrit qui, bien qu'en étant bon, ne laisse pas de renfermer beaucoup d'erreurs. — 1064. Variante (glose) : βουλεύμασι. — 1074. Leçon vicieuse des bons manuscrits : ταῦτα.

1058-1059. Ὄμμ(α), visage. — Ἐπὶ σκήπτροις ἔχων ἐλπίδ(α), dirigeant son espérance sur le sceptre. Cp. 1121 : Δεῦρο νοῦν ἔχε. C'est ainsi qu'on dit ἔχειν ἔγχος, ἵππους, ναῦν, « diriger quelque part l'épée, les chevaux, le vaisseau ».

1060-1061. Le génitif Ἀγαμέμνονος est gouverné par ἀξιώτατα.

1062. Εὐγένειαν ἀποδείξω πόλει. Oreste dit qu'en mourant avec courage il donnera à ses concitoyens (πόλει), qui l'ont condamné, une preuve de la noblesse de sa race et de ses sentiments.

1069. Ἕν σοι μομφὴν ἔχω équivaut ἕν σοι μέμφομαι. La locution complexe se construit comme le verbe simple.

ΟΡΕΣΤΗΣ.

Ἀπόδος τὸ σῶμα πατρί, μὴ σύνθνησκέ μοι. 1075
Σοὶ μὲν γὰρ ἔστι πόλις, ἐμοὶ δ' οὐκ ἔστι δή,
καὶ δῶμα πατρὸς καὶ μέγας πλούτου λιμήν.
Γάμων δὲ τῆς μὲν δυσπότμου τῆσδ' ἐσφάλης,
ἥν σοι κατηγγύησ', ἑταιρείαν σέβων·
σὺ δ' ἄλλο λέκτρον παιδοποιήσαι λαβών, 1080
κῆδος δὲ τοὐμὸν καὶ σὸν οὐκέτ' ἔστι δή.
Ἀλλ' ὦ ποθεινὸν ὄνομ' ὁμιλίας ἐμῆς,
χαῖρ'· οὐ γὰρ ἡμῖν ἔστι τοῦτο, σοί γε μήν·
οἱ γὰρ θανόντες χαρμάτων τητώμεθα.

ΠΥΛΑΔΗΣ.

Ἦ πολὺ λέλειψαι τῶν ἐμῶν βουλευμάτων. 1085
Μή σῶμά μου δέξαιτο κάρπιμον πέδον,
μὴ λαμπρὸς αἰθὴρ πνεῦμ', ἐγὼ εἰ προδούς ποτε

NC. 1078. *Vaticanus*: γάμου. — 1082. *Vaticanus*: ὄμμ'. — 1086-1087. Manuscrits : μήθ' αἷμά μου δέξαιτο κάρπιμον πέδον, ‖ μὴ λαμπρὸς αἰθήρ, εἴ σ' ἐγὼ προδούς ποτε. La plupart des éditeurs ne font pas même d'observation sur ces vers, et cependant αἷμα est un non-sens. La terre ne reçoit le sang que de ceux qui ont été égorgés, l'éther ne le reçoit jamais. Jortin a déjà vu que μήθ' αἷμα était une faute de copiste pour μὴ σῶμα. Hartung et Heimsoeth ont compris qu'il fallait ajouter πνεῦμα au second membre de phrase. Cp. la scholie : Μήτε τὸ σῶμά μου ἀποθανόντος ἡ γῆ παραδέξαιτο, μήτε εἰς αἰθέρα ἡ ἐμὴ ψυχὴ χωροίη. La correction que j'ai introduite dans le texte, écarte l'un des deux σε, qui font double emploi, et fait comprendre que les altérations viennent de ce que la conjonction εἰ a été placée au commencement de la phrase.

1075. Ἀπόδος τὸ σῶμα πατρί, rends ta personne (voy. la note sur *Iph. Aul.* 937) à ton père, conserve-toi pour ton père.

1076. Σοὶ μὲν γάρ ἐστι πόλις. Il est vrai que Pylade a été banni par Strophius, v. 765; mais cet exil ne durera sans doute pas toujours, et nous ne voyons pas de difficulté à concilier les deux passages.

1077. Μέγας πλούτου λιμήν. Eschyle avait dit dans les *Perses*, 250 : Ὦ Περσὶς αἶα καὶ πολὺς (lisez πλατὺς) πλούτου λιμήν.

1082. Ὦ ποθεινὸν ὄνομ' ὁμιλίας ἐμῆς, ô toi que j'appelle du doux nom d'ami. Voyez la note sur le vers 1046.

1083. Χαῖρ'· οὐ γὰρ ἡμῖν ἔστι τοῦτο, c'est-à-dire τὸ χαίρειν. Voyez la note sur : Χαῖρ', ὦ τεκοῦσα.... —Χαίρουσιν ἄλλοι, μητρὶ δ' οὐκ ἔστιν τόδε. (*Hécube*, 426 sq.) Euripide insiste encore sur le sens littéral du salut χαῖος dans *Médée*, v. 663 sq., et dans les *Phéniciennes*, v. 618.

1086-1087. Μὴ σῶμά μου.... μὴ λαμπρὸς αἰθὴρ πνεῦμ(α). Pylade suit ici la doctrine, qu'après la mort de l'homme les principes qui constituent son être iront de nouveau se réunir aux éléments d'où ils étaient tirés, les principes terrestres à la terre, les principes éthérés à l'éther. Cp. *Suppl.* 531 : Ἐάσατ' ἤδη γῇ καλυφθῆναι νεκρούς, Ὅθεν δ' ἕκαστον εἰς τὸ σῶμ' (?) ἀφίκετο, Ἐνταῦθ' ἀπελθεῖν, πνεῦμα μὲν πρὸς αἰθέρα, Τὸ σῶμα δ' εἰς γῆν. Des anapestes, tirés du *Chrysippe* d'Euripide (frg. 836 Nauck) ont été célèbres dans l'antiquité : Χωρεῖ δ' ὀπίσω Τὰ μὲν ἐκ γαίας

764   ΟΡΕΣΤΗΣ.

ἐλευθερώσας τοὐμὸν ἀπολίποιμί σε.
Καὶ συγκατέκτανον γὰρ, οὐκ ἀρνήσομαι,
καὶ πάντ' ἐβούλευσ' ὧν σὺ νῦν τίνεις δίκας· 1090
καὶ συνθανεῖν οὖν δεῖ με σοὶ καὶ τῇδ' ὁμοῦ.
Ἐμὴν γὰρ αὐτὴν, ἧς γε λέχος ἐπῄνεσα,
κρίνω δάμαρτα· τί γὰρ ἐρῶ καλόν ποτε
τὴν Δελφίδ' ἐλθὼν Φωκέων ἀκρόπτολιν,
ὃς πρὶν μὲν ὑμᾶς δυστυχεῖν φίλος παρῆν, 1095
νῦν δ' οὐκέτ' εἰμὶ δυστυχοῦντί σοι φίλος;
Οὐκ ἔστιν, ἀλλὰ ταῦτα μὲν κἀμοὶ μέλει.
Ἐπεὶ δὲ κατθανούμεθ', εἰς κοινοὺς λόγους
ἔλθωμεν, ὡς ἂν Μενέλεως ξυνδυστυχῇ.

ΟΡΕΣΤΗΣ.

Ὦ φίλτατ', εἰ γὰρ τοῦτο κατθάνοιμ' ἰδών. 1100

ΠΥΛΑΔΗΣ.
Πιθοῦ νυν, ἀνάμεινον δὲ φασγάνου τομάς.

NC. 1092. Porson a placé avant λέχος la particule γε, que des grammairiens byzantins insérajent après ce mot. Nauck propose : ἧ; λέχος κατῄνεσας.— 1093. Variantes . τί γὰρ ἐγὼ ἐρῶ καλόν ποτε; et τί γὰρ ἐρῶ κἀγὼ πότε; — 1094. Τὴν δελφίδ' ne se trouve que dans un seul manuscrit; tous les autres portent γῆν δελφίδ'. Mais l'ancienneté de la première leçon résulte de la scholie : Πόλιν δὲ κτίσας Δελφὸς Δελφίδα ὠνόμασε. — Var. : ἀκρόπολιν. — 1101. Manuscrits : νῦν.

φύντ' εἰς γαῖαν, Τὰ δ' ἀπ' αἰθερίου βλαστόντα γονῆς Εἰς οὐράνιον πάλιν ἦλθε πόλον· Θνήσκει δ' οὐδὲν τῶν γιγνομένων, Διακρινόμενον δ' ἄλλο πρὸς ἄλλου Μορφὴν ἑτέραν ἐπέδειξεν Ces derniers vers indiquent clairement qu'Euripide se faisait ici l'interprète de la philosophie d'Anaxagore. Voyez aussi l'imitation de Lucrèce, II, 999, sqq.— Ἐγὼ εἰ Synérèse. Cp. Sophocle, *Philoctète*, 585 : Ἐγὼ εἰμ' Ἀτρείδαις δυσμενής. On trouve assez souvent ἐγὼ οὐ chez les poetes dramatiques.

1089-1091. Καὶ ξυγκατέκτανον γάρ....
καὶ πάντ' ἐβούλευσ(α)...καὶ συνθανεῖν....
« Non sine idonea causa poeta videtur ter
« repetita et in initio versus posita particula καὶ istud ostendere velle, ex una
« positione alterum necessario evenire, ut
« quasi e catenæ serie nullum membrum
« divelli possit. » [Klotz.]

1092. Ἧς γε λέχος ἐπῄνεσα, puisque j'ai agréé son hymen. Oreste a promis, κατῄνεσεν, à Pylade l'hymen d'Électre.

1093. Τί γὰρ ἐρῶ καλόν ποτε; Scholiaste : Τίνα εὐπρόσωπον ἀπολογίαν δώσω ;

1094. Τὴν Δελφίδ'.... ἀκρόπολιν. Delphes, ville placée dans la montagne et centre de la Phocide, était en quelque sorte l'acropole de ce pays.

1097. Ταῦτα μὲν κἀμοὶ μέλει. Pylade se réfère au vers 1091, et il confirme la déclaration qu'il y a faite.

1098. Jusqu'ici la tragédie semblait marcher vers une fin lugubre; à partir de ce vers un dénoûment tout différent se prépare. Malheureusement la seconde partie de la pièce est fort au dessous de la première.

1101. Ἀνάμεινον δὲ φασγάνου τομάς.

ΟΡΕΣΤΗΣ.

Μενῶ, τὸν ἐχθρὸν εἴ τι τιμωρήσομαι.

ΠΥΛΑΔΗΣ.

Σίγα νυν· ὡς γυναιξὶ πιστεύω βραχύ.

ΟΡΕΣΤΗΣ.

Μηδὲν τρέσῃς τάσδ'· ὡς πάρεισ' ἡμῖν φίλαι.

ΠΥΛΑΔΗΣ.

Ἑλένην κτάνωμεν, Μενέλεῳ λύπην πικράν.   1105

ΟΡΕΣΤΗΣ.

Πῶς; τὸ γὰρ ἕτοιμον ἔστιν, εἴ γ' ἔσται καλῶς.

ΠΥΛΑΔΗΣ.

Σφάξαντες. Ἐν δόμοις δὲ κρύπτεται σέθεν.

ΟΡΕΣΤΗΣ.

Μάλιστα· καὶ δὴ πάντ' ἀποσφραγίζεται.

ΠΥΛΑΔΗΣ.

Ἀλλ' οὐκέθ', Ἅιδην νυμφίον κεκτημένη.

ΟΡΕΣΤΗΣ.

Καὶ πῶς; ἔχει γὰρ βαρβάρους ὀπάονας.   1110

ΠΥΛΑΔΗΣ.

Τίνας; Φρυγῶν γὰρ οὐδέν' ἂν τρέσαιμ' ἐγώ.

NC. 1106. Il doit y avoir quelque faute dans ce vers. Voyez la note explicative. — 1108. Scholiaste : γράφεται καὶ ἀπασφαλίζεται. — 1109. Nauck propose : οὐκ οἶδεν Ἅιδην.

attends (ne préviens pas) l'instant où il faudra te tuer par le fer. Le verbe ἀναμένειν n'a pas le sens de « différer. »

1105. Μενέλεῳ λύπην πικράν. Cette apposition ne se rapporte pas à Ἑλένην, mais au meurtre d'Hélène, à l'idée contenue dans la phrase Ἑλένην κτάνωμεν. V. la note sur le vers 703.

1106. Oreste doit dire : « J'y suis tout disposé, si la chose est possible. » Mais les mots εἴ γ' ἔσται καλῶς signifient : « si cela réussit ». On ne saurait admettre une naiveté pareille.

1108. Πάντ' ἀποσφραγίζεται. Dans l'antiquité les cachets tenaient lieu de nos serrures. On avait l'habitude d'appliquer un cachet aux chambres où l'on enfermait les provisions et les objets de quelque valeur. C'est là ce que fait Hélène dans le palais des Atrides : elle s'y conduit déjà en maitresse, comme si les enfants d'Agamemnon n'étaient plus en vie.

1109. Ἅιδην νυμφίον κεκτημένη. Cp. Iph. Aul. 461 : Ἅιδης νιν, ὡς ἔοικε, νυμφεύσει τάχα. Pylade dit que cette femme sans cœur, qui compte sur la mort de ses proches parents, doit mourir avant eux. Elle s'est plu à changer sans cesse d'époux ; elle en aura un qu'elle ne désire point, et c'est Pluton.

ΟΡΕΣΤΗΣ.

Οἵους ἐνόπτρων καὶ μύρων ἐπιστάτας.

ΠΥΛΑΔΗΣ.

Τρυφὰς γὰρ ἥκει δεῦρ' ἔχουσα Τρωικάς;

ΟΡΕΣΤΗΣ.

Ὥσθ' Ἑλλὰς αὐτῇ σμικρὸν οἰκητήριον.

ΠΥΛΑΔΗΣ.

Οὐδὲν τὸ δοῦλον πρὸς τὸ μὴ δοῦλον γένος. 1115

ΟΡΕΣΤΗΣ.

Καὶ μὴν τόδ' ἔρξας δὶς θανεῖν οὐχ ἅζομαι.

ΠΥΛΑΔΗΣ.

Ἀλλ' οὐδ' ἐγὼ μήν, σοί γε τιμωρούμενος.

ΟΡΕΣΤΗΣ.

Τὸ πρᾶγμα δήλου καὶ πέραιν', ὅπως λέγεις.

ΠΥΛΑΔΗΣ.

Εἴσιμεν ἐς οἴκους δῆθεν, ὡς θανούμενοι.

ΟΡΕΣΤΗΣ.

Ἔχω τοσοῦτον, τἀπίλοιπα δ' οὐκ ἔχω. 1120

ΠΥΛΑΔΗΣ.

Γόους πρὸς αὐτὴν θησόμεσθ' ἃ πάσχομεν.

ΟΡΕΣΤΗΣ.

Ὥστ' ἐκδακρῦσαί γ' ἔνδοθεν κεχαρμένην.

ΠΥΛΑΔΗΣ.

Καὶ νῷν παρέσται ταῦθ' ἅπερ κείνῃ τότε.

NC. 1112. Élien, *Hist. anim.* VII, 25 : ὅσοι κατόπτρων. — 1116. La leçon οὐ χάζομαι est corrigée dans quelques manuscrits de date récente. — 1122. Variante vicieuse : κεχαρμένῃ.

1112. Οἵους...· ἐπιστάτας, (elle a des gardes) tels que peuvent être des gens préposés au soin des miroirs et des parfumeries.

1119. Εἴσιμεν, nous entrerons. On sait que le présent de εἶμι et de ses composés a la valeur d'un futur. Aussi Pylade, en continuant d'exposer son plan, se sert-il des futurs θησόμεσθ(α), παρέσται, ἕξομεν, etc., vv. 1121, 1123, 1125, etc. —

Δῆθεν ὡς θανούμενοι, *scilicet ut morituri.* Δῆθεν marque l'ironie.

1121. Γόους θησόμεσθ(α), équivalant γοησόμεθα, gouverne le régime ἃ πάσχομεν. [Schæfer.] Voyez la note sur le vers 1069.

1123. Καὶ νῷν.... τότε. Pylade dit qu'ils tromperont Hélène par une douleur simulée, pendant qu'elle croira, de son côté, les abuser par des larmes hypocrites

ΟΡΕΣΤΗΣ.

ΟΡΕΣΤΗΣ.
Έπειτ' αγώνα πώς άγωνιούμεθα;
ΠΥΛΑΔΗΣ.
Κρύπτ' εν πέπλοισι τοισίδ' έξομεν ξίφη. 1125
ΟΡΕΣΤΗΣ.
Πρόσθεν δ' οπαδών τίς όλεθρος γενήσεται,
ΠΥΛΑΔΗΣ.
Έκκλήσομεν σφας άλλον άλλοσε στέγης.
ΟΡΕΣΤΗΣ.
Καί τόν γε μη σιγώντ' αποκτείνειν χρεών.
ΠΥΛΑΔΗΣ.
Εΐτ' αυτό δηλοί τούργον οι τείνειν χρεών.
ΟΡΕΣΤΗΣ.
Ελένην φονεύειν · μανθάνω τό σύμβολον. 1130
ΠΥΛΑΔΗΣ.
Έγνως · άκουσον δ' ώς καλώς βουλεύσομαι.
Εί μεν γαρ εις γυναίκα σωφρονεστέραν
ξίφος μεθείμεν, δυσκλεής άν ην φόνος·
νυν δ' υπέρ άπάσης Ελλάδος δώσει δίκην,
ών πατέρας έκτειν', ών δ' άπώλεσεν τέκνα, 1135
νύμφας τ' έθηκεν ορφανάς ξυναόρων.
Ολολυγμός έσται, πυρ τ' ανάψουσιν θεοίς,
σοι πολλά κάμοί κέδν' άρώμενοι τυχείν,

NC. 1129. Variante : ή τείνειν. — 1131. Le *Marcianus* omet δ'. — 1135. La leçon ών δ' est mieux autorisée que ών τ'.

1126. Πρόσθεν ne veut pas dire ici « d'abord ». Il faut joindre πρόσθεν οπαδών, « en présence des gardes. »
1127. Έκκλήσομεν, nous les écarterons en les enfermant.
1130. Μανθάνω τό σύμβολον, je comprends ce que tu dis à demi-mot. Oreste vient de préciser ce que Pylade n'avait fait qu'indiquer : leurs paroles se complètent et s'adaptent comme les deux moitiés d'une *tessera*, σύμβολον, partagée entre deux hôtes. Voy. la note sur *Médée*, 613.
1132-1139. Cp. Virgile, *Én.*, II, 57. Énée songe un instant à immoler Hélène, et il se dit à lui-même : « Namque etsi « nullum memorabile nomen Fœminœ in « pœna est, nec habet victoria laudem; « Exstinxisse nefas tamen et sumpsisse me-« rentis Laudabor pœnas, animumque ex-« plesse juvabit Ultricis flammæ et cineres « satiasse meorum. »
1135-1136. Avant les deux ών sous-entendez υπέρ εκείνων. Ensuite le fil de la construction se perd : car νύμφας τ' έθηκεν est pour υπέρ τε νυμφών άς έθηκεν.
1137. 'Ολολυγμός, des cris de joie.

κακῆς γυναικὸς οὕνεχ' αἷμ' ἐπράξαμεν.
Ὁ μητροφόντης δ' οὐ καλεῖ ταύτην κτανών, 1140
ἀλλ' ἀπολιπὼν τοῦτ' ἐπὶ τὸ βέλτιον πεσεῖ,
Ἑλένης λεγόμενος τῆς πολυκτόνου φονεύς.
Οὐ δεῖ ποτ' οὐ δεῖ Μενέλεων μὲν εὐτυχεῖν,
τὸν σὸν δὲ πατέρα καὶ σὲ κἀδελφὴν θανεῖν,
μητέρα τ', ἐῶ τοῦτ', οὐ γὰρ εὐπρεπὲς λέγειν, 1145
δόμους δ' ἔχειν σούς, δι' Ἀγαμέμνονος δόρυ
λαβόντα νύμφην· μὴ γὰρ οὖν ζώην ἔτι,
εἰ μὴ 'π' ἐκείνῃ φάσγανον σπάσω μέλαν.
Ἢν δ' οὖν τὸν Ἑλένης μὴ κατάσχωμεν φόνον,
πρήσαντες οἴκους τούσδε κατθανούμεθα. 1150
Ἑνὸς γὰρ οὐ σφαλέντες ἕξομεν κλέος,
καλῶς θανόντες ἢ καλῶς σεσωσμένοι.

ΧΟΡΟΣ.
Πάσαις γυναιξὶν ἀξία στυγεῖν ἔφυ
ἡ Τυνδαρὶς παῖς, ἣ κατῄσχυνεν γένος.

ΟΡΕΣΤΗΣ.
Φεῦ·
οὐκ ἔστιν οὐδὲν κρεῖσσον ἢ φίλος σαφής, 1155

NC. 1145. Nauck écarte ce vers. — 1146. Variante moins autorisée : δόμους τ'. — 1148. Variante : μὴ 'πὶ κείνῃ. — *Vaticanus* : σπασόμεθα, pour σπάσω μέλαν. Nauck σπασώμεθα. — 1151. Nauck demande δυοῖν γάρ, ce qui serait en effet plus conforme à l'usage des auteurs grecs.

1139. Οὕνεχ' αἷμ' ἐπράξαμεν, parce que nous lui avons fait payer la dette du sang. C'est ainsi qu'on dit πράσσειν χρέος, faire rentrer une dette.

1140. Ὁ μητροφόντης, « le parricide, le parricide par excellence, » en dit plus que μητροφόντης sans article.

1141. Ἀπολιπὼν τοῦτο, c'est-à-dire τὸ καλεῖσθαι μητροφόντης.

1145. Scholiaste : Μητέρα τε εἰπὼν, μεταμελόμενος καὶ ἐπιδιορθῶν ἑαυτὸν ἐπάγει ἐῶ τοῦτο· οὐ γὰρ εὐπρεπές, ἤγουν εὐπρόσωπον, λέγειν, τουτέστι, ὥστε λέγειν αὐτὸ ἐμέ.

1146. Δόμους δ' ἔχειν σούς. Cette phrase, dont le sujet est Ménélas, pourrait être rattachée à οὐ δεῖ Μενέλεων.... εὐτυχεῖν, vers 1143, au moyen de la conjonction τε. Mais comme deux vers se trouvent interposés, la particule δὲ, qui est plus forte, semble mieux convenir.

1151-1152. Ἑνὸς γάρ.... σεσωσμένοι. Cf. Sophocle, *Él.* 1320 : Οὐκ ἂν δυοῖν ἥμαρτον· ἢ γὰρ ἂν καλῶς Ἔσωσ' ἐμαυτήν, ἢ καλῶς ἀπωλόμην.

1154. Ἡ κατῄσχυνεν γένος, sous-ent. γυναικῶν. Réminiscence homérique. Dans l'*Odyssée*, XI, 432, l'ombre d'Agamemnon dit de Clytemnestre : Ἡ δ' ἔξοχα λυγρὰ ἰδυῖα Οἷ τε κατ' αἶσχος ἔχευε καὶ ἐσσομένῃσιν ὀπίσσω θηλυτέρῃσι γυναιξί, καὶ ἥ κ' εὐεργὸς ἔῃσιν.

ΟΡΕΣΤΗΣ.

οὐ πλοῦτος, οὐ τυραννίς· ἀλόγιστον δέ τι
τὸ πλῆθος ἀντάλλαγμα γενναίου φίλου.
Σὺ γὰρ τά τ' εἰς Αἴγισθον ἐξεῦρες κακὰ
καὶ πλησίον παρῆσθα κινδύνων ἐμοί,
νῦν τ' αὖ δίδως μοι πολεμίων τιμωρίαν   1160
κοὐκ ἐκποδὼν εἶ. Παύσομαί σ' αἰνῶν, ἐπεὶ
βάρος τι κἀν τῷδ' ἐστὶν, αἰνεῖσθαι λίαν.
Ἐγὼ δὲ, πάντως ἐκπνέων ψυχὴν ἐμὴν,
δράσας τι χρῄζω τοὺς ἐμοὺς ἐχθροὺς θανεῖν,
ἵν' ἀνταναλώσω μὲν οἵ με προὔδοσαν,   1165
στένωσι δ' οἵπερ κἄμ' ἔθηκαν ἄθλιον.
Ἀγαμέμνονος τοι παῖς πέφυχ', ὃς Ἑλλάδος
ἦρξ' ἀξιωθείς, οὐ τύραννος, ἀλλ' ὅμως
ῥώμην θεοῦ τιν' ἔσχ'· ὃν οὐ καταισχυνῶ
δοῦλον παρασχὼν θάνατον, ἀλλ' ἐλευθέρῳ   1170
ψυχὴν ἀφήσω, Μενέλεων δὲ τίσομαι.
Ἑνὸς γὰρ εἰ λαβοίμεθ', εὐτυχοῖμεν ἄν,
εἴ ποθεν ἄελπτος παραπέσοι σωτηρία
κτανοῦσι μὴ θανοῦσιν· εὔχομαι τάδε.
Ὃ βούλομαι γὰρ ἡδὺ καὶ διὰ στόμα   1175
πτηνοῖσι μύθοις ἀδαπάνως τέρψαι φρένα.

NC. 1160. Variante : νῦν δ' αὖ. — 1162. Stobée, *Anthol.* XIV, 6 : βάρος τι καὶ τόδ'. — 1165. La leçon ἀνταναλώσωμεν a été divisée en deux mots par Canter. — 1169. Barnes a rectifié la leçon ἔσχεν.— 1170. Nauck demande ἐλεύθερος. — 1174. Variante vicieuse : οὐ θανοῦσιν. — 1176. Variante : φρένας.

1156-1157. Ἀλόγιστον δέ τι.... γενναίου φίλου, préférer la faveur du peuple à l'amitié d'un généreux ami, c'est faire un échange inconsidéré. Τὸ πλῆθος ne désigne pas ici un grand nombre de soidisant amis : le sens de ces mots est déterminé par τυραννίς. Le poète dit que l'amitié vaut mieux que le pouvoir, soit dans une monarchie, soit dans une république.

1158. Σὺ γὰρ.... κακά. Dans *Électre*, 619 sqq., ce n'est pas Pylade, mais le Vieillard qui imagine le moyen de surprendre Égisthe.

1162. Βάρος τι.... αἰνεῖσθαι λίαν. La même pensée se trouve exprimée en d'autres termes dans *Iph. Aul.* 979 sq., et dans les *Héraclides*, 202 sqq.

1170. Παρασχών, *exhibens*. Cf. *Suppl.* 877 : Οὐδὲ τοὺς τρόπους Δούλους παρέσχε.

1174. Κτανοῦσι μὴ θανοῦσι, en donnant la mort sans la subir. Hermann a fait remarquer que ces mots se tenaient, et ne devaient pas être séparés par une virgule.

1175-1176. Ὃ βούλομαι γὰρ.... τέρψαι φρένα, car ce que je souhaite est agréable à dire, ne fût-ce que pour charmer mon esprit, sans qu'il m'en coûte, par des paroles ailées.

ΗΛΕΚΤΡΑ.

Ἐγὼ, κασίγνητ', αὐτὸ τοῦτ' ἔχειν δοκῶ,
σωτηρίαν σοὶ τῷδέ τ' ἐκ τρίτων τ' ἐμοί.

ΟΡΕΣΤΗΣ.

Θεοῦ λέγεις πρόνοιαν. Ἀλλὰ ποῦ τόδε;
ἐπεὶ τὸ συνετὸν οἶδα σῇ ψυχῇ παρόν. 1180

ΗΛΕΚΤΡΑ.

Ἄκουε δή νυν, καὶ σὺ δεῦρο νοῦν ἔχε.

ΟΡΕΣΤΗΣ.

Λέγ'· ὡς τὸ μέλλειν ἀγάθ' ἔχει τιν' ἡδονήν.

ΗΛΕΚΤΡΑ.

Ἑλένης κάτοισθα θυγατέρ'; εἰδότ' ἠρόμην.

ΟΡΕΣΤΗΣ.

Οἶδ', ἣν ἔθρεψεν Ἑρμιόνην μήτηρ ἐμή.

ΗΛΕΚΤΡΑ.

Αὕτη βέβηκε πρὸς Κλυταιμνήστρας τάφον. 1185

ΟΡΕΣΤΗΣ.

Τί χρῆμα δράσουσ'; ὑποτίθης τίν' ἐλπίδα;

ΗΛΕΚΤΡΑ.

Χοὰς κατασπείσουσ' ὑπὲρ μητρὸς τάφου.

ΟΡΕΣΤΗΣ.

Καὶ δὴ τί μοι τοῦτ' εἶπας εἰς σωτηρίαν;

ΗΛΕΚΤΡΑ.

Συλλάβεθ' ὅμηρον τήνδ', ὅταν στείχῃ πάλιν.

NC. 1178. La variante τρίτον est une glose de ἐκ τρίτων. — 1182. Mauvaise variante : τὸ λέγειν ἀγάθ'. Hartung : τὰ μέλλοντ' ἀγάθ'. — 1187. Variante : τάφῳ.

1181. Ἄκουε s'adresse à Oreste. Καὶ σύ s'adresse à Pylade.

1182. Τὸ μέλλειν ἀγαθά(ά) équivaut à τοῦτο, ὅτι ἀγαθὰ μέλλει ἔσεσθαι. [Klotz.] Ἀγαθά est le sujet de μέλλειν. L'erreur de ceux qui croyaient pouvoir donner à μέλλειν le sens de « attendre, espérer », a été réfutée par Matthiæ.

1183. Εἰδότ' ἠρόμην. Électre sent qu'elle fait une question inutile. Pourquoi donc le poète a-t-il voulu qu'elle la fît? C'est pour couper le dialogue en monostiques. Il faut dire toutefois que des taches pareilles sont rares, et qu'Euripide, comme Sophocle et comme Eschyle, conduit généralement les stichomythies avec un art supérieur.

1187. Ὑπὲρ μητρὸς τάφου, sur le tombeau de ma mère. Les mots ὑπὲρ μητρὸς ne dépendent pas de κατασπείσουσ(α).

ΟΡΕΣΤΗΣ.

Τίνος τόδ' εἶπας φάρμακον τρισσοῖς φίλοις; 1190

ΗΛΕΚΤΡΑ.

Ἑλένης θανούσης, ἤν τι Μενέλεως σὲ δρᾷ
ἢ τόνδε κἀμὲ, πᾶν γὰρ ἓν φίλον τόδε,
λέγ' ὡς φονεύσεις Ἑρμιόνην· ξίφος δὲ χρὴ
δέρῃ πρὸς αὐτῇ παρθένου σπάσαντ' ἔχειν.
Κἂν μέν σε σώζῃ, μὴ θανεῖν χρῄζων κόρην, 1195
Ἑλένης Μενέλεως πτῶμ' ἰδὼν ἐν αἵματι,
μέθες πεπᾶσθαι πατρὶ παρθένου δέμας·
ἢν δ' ὀξυθύμου μὴ κρατῶν φρονήματος
κτείνῃ σε, καὶ σὺ σφάζε παρθένου δέρην.
Καί νιν δοκῶ, τὸ πρῶτον ἢν πολὺς παρῇ, 1200
χρόνῳ μαλάξειν σπλάγχνον· οὔτε γὰρ θρασὺς
οὔτ' ἄλκιμος πέφυκε· τήνδ' ἡμῖν ἔχω
σωτηρίας ἔπαλξιν. Εἴρηται λόγος.

ΟΡΕΣΤΗΣ.

Ὦ τὰς φρένας μὲν ἄρσενας κεκτημένη,
τὸ σῶμα δ' ἐν γυναιξὶ θηλείαις πρέπον, 1205
ὡς ἀξία ζῆν μᾶλλον ἢ θανεῖν ἔφυς.
Πυλάδη, τοιαύτης ἆρ' ἁμαρτήσει τάλας
γυναικὸς ἢ ζῶν μακάριον κτήσει λέχος.

NC. 1196. Manuscrits : μενέλεως ἑλένης. Vulgate : Μενέλαος Ἑλένης. Hermann a vu qu'on pouvait conserver Μενέλεως en transposant les mots. Il aurait dû les transposer en effet. — 1200. Nauck propose : ἢν πολὺς ῥυῇ. — 1201. *Marcianus* : μαλάξει. — 1204. Stobée, *Anthol.* LXVII, 7 : ἄρσενος. — 1208. Vulgate : ἢ ζῶν. Porson : ἧς ζῶν. Le *Marcianus* a conservé la vraie leçon : ἢ ζῶν.

1192. Πᾶν γὰρ ἓν φίλον τόδε, car tout ce faisceau d'amis ne fait qu'un. L'emploi de φίλον τόδε pour φίλοι οἵδε, du singulier pour le pluriel, ajoute ici à la beauté de l'expression.

1196. Ἑλένης Μενέλεως πτῶμ(α)... Quoique Μένέλας soit le sujet de σώζῃ, le nom d'Hélène est mis avant Μενέλεως, pour faire antithèse à κόρην. Voyant Hélène couchée dans le sang, Ménélas

comprendra que la menace d'Oreste est sérieuse, et il voudra sauver au moins Hermione.

1199. Κτείνῃ σε, (s'il) cherche à te tuer. Voyez v. 686, avec la note, et *passim*.

1200. Πολὺς παρῇ. Scholiaste : Σφοδρὸς ἔλθῃ τῇ ὀργῇ.

1208. Ζῶν, si tu vis. Il ne faut pas joindre ζῶν λέχος [Hermann.]

ΟΡΕΣΤΗΣ.

ΠΥΛΑΔΗΣ.

Εἰ γὰρ γένοιτο, Φωκέων δ' ἔλθοι πόλιν
καλοῖσιν ὑμεναίοισιν ἀξιουμένη. 1210

ΟΡΕΣΤΗΣ.

Ἥξει δ' ἐς οἴκους Ἑρμιόνη τίνος χρόνου;
Ὡς τ' ἄλλα γ' εἶπας, εἴπερ εὐτυχήσομεν,
κάλλισθ', ἑλόντες σκύμνον ἀνοσίου πατρός.

ΗΛΕΚΤΡΑ.

Καὶ δὴ πέλας νιν δωμάτων εἶναι δοκῶ·
τοῦ γὰρ χρόνου τὸ μῆκος αὐτὸ συντρέχει. 1215

ΟΡΕΣΤΗΣ.

Καλῶς· σὺ μέν νυν, σύγγον' Ἠλέκτρα, δόμων
πάρος μένουσα παρθένου δέχου πόδα·
φύλασσε δ' ἤν τις, πρὶν τελευτηθῇ φόνος,
ἢ ξύμμαχός τις ἢ κασίγνητος πατρὸς
ἐλθὼν ἐς οἴκους φθῇ, γέγωνέ τ' ἐν δόμοις, 1220
ἢ σανίδα παίσασ' ἢ λόγους πέμψασ' ἔσω.
Ἡμεῖς δ' ἔσω στείχοντες ἐπὶ τὸν ἔσχατον
ἀγῶν' ὁπλιζώμεσθα φασγάνῳ χέρας,
Πυλάδη· σὺ γὰρ δὴ συμπονεῖς ἐμοὶ πόνους. —
Ὦ δῶμα ναίων νυκτὸς ὀρφναίας πάτερ, 1225
καλεῖ σ' Ὀρέστης παῖς σὸς ἐπίκουρον μολεῖν
τοῖς δεομένοισι. Διὰ σὲ γὰρ πάσχω τάλας
ἀδίκως· προδέδομαι δ' ὑπὸ κασιγνήτου σέθεν,
δίκαια πράξας· οὗ θέλω δάμαρτ' ἑλὼν

NC. 1212. Ancienne vulgate : εἰ τάδ' εὐτυχήσομεν. — 1220. La vulgate : γέγωνέ τ' (ou γέγωνε δ') εἰς δόμους fait double emploi avec πέμψασ' ἔσω. Klotz a rétabli la leçon du *Marcianus* : ἐν δόμοις. — 1224. Nauck tient ce vers pour interpolé.

1210. Ὑμεναίοισιν ἀξιουμένη. Le verbe ἀξιοῦν gouverne ici le datif, comme dans ce vers d'Eschyle : Τοιοῖσδέ τοί νιν ἀξιῶ προσφθέγμασιν (*Agam.* 903).

1212-1213. Joignez εἴπερ εὐτυχήσομεν ἑλόντες, si nous réussissons à nous emparer. — Σκύμνον ἀνοσίου πατρός. Cp. Aristophane, *Gren.* 1431 : Οὐ χρὴ λέοντος σκύμνον ἐν πόλει τρέφειν.

1218. Παρθένου δέχου πόδα. Voyez, touchant cette périphrase, *Héc.* 977, et la note sur *Hipp.* 661.

1220. Γέγωνέ τ' ἐν δόμοις, « fac ut « audiare intus in domo. » [Klotz.]

1226-1245. Ces invocations rappellent les morceaux analogues de l'*Électre* d'Euripide, v. 671 sqq., et des *Choéphores* d'Eschyle, v. 479 sqq.

κτεῖναι· σὺ δ' ἡμῖν τοῦδε συλλήπτωρ γενοῦ. 1230

ΗΛΕΚΤΡΑ.

Ὦ πάτερ, ἱκοῦ δῆτ', εἰ κλύεις εἴσω χθονὸς
τέκνων καλούντων, οἳ σέθεν θνήσκουσ' ὕπερ.

ΠΥΛΑΔΗΣ.

Ὦ συγγένεια πατρὸς ἐμοῦ, κἀμὰς λιτὰς,
Ἀγάμεμνον, εἰσάκουσον, ἔκσωσον τέκνα.

ΟΡΕΣΤΗΣ.

Ἔκτεινα μητέρ',

ΗΛΕΚΤΡΑ.

Ἡψάμην δ' ἐγὼ ξίφους. 1235

ΠΥΛΑΔΗΣ.

Ἐγὼ δ' ἐπενεκέλευσα κἀπέλυσ' ὄκνου.

ΟΡΕΣΤΗΣ.

σοὶ, πάτερ, ἀρήγων.

ΗΛΕΚΤΡΑ.

Οὐδ' ἐγὼ προὔδωκά σε.

ΠΥΛΑΔΗΣ.

Οὐκοῦν ὀνείδη τάδε κλύων ῥῦσαι τέκνα.

ΟΡΕΣΤΗΣ.

Δακρύοις κατασπένδω σ'.

NC. 1235-1236. On attribuait les mots : ἡψάμην δ' ἐγὼ ξίφους à Pylade, et le vers 1236 à Électre. Mais celle-ci doit prendre la parole avant Pylade, ainsi qu'elle le fait dans les invocations suivantes. La manière dont nous avons distribué les rôles est indiquée par la seconde main du *Marcianus*. Voy. les notes explicatives. — 1236. Presque tous les manuscrits portent : ἐγὼ δ' ἐπεβούλευσα. Scholiaste : Καὶ ἐγὼ συνεργὸς ἦν τοῦδε τοῦ φόνου. Nauck en a tiré la correction ἐπενεκέλευσα. Cf. *Électre*, 1224.

1233. Ὦ συγγένεια πατρὸς ἐμοῦ. Scholiaste : Παρόσον ὁ Στρόφιος Ἀναξιβίαν ἔγημε τὴν Ἀγαμέμνονος ἀδελφὴν, ἐξ ἧς ἐγένετο Πυλάδης, ὥς φησὶ Κράτης. Ἢ ἐπεὶ ὁ Στροφίου πατὴρ Κρῖσος Ἀτρέως θυγατέρα ἔγημει, τὴν Κυδραγόραν. Les mots ὦ συγγένεια πατρὸς ἐμοῦ ne peuvent s'appliquer qu'à cette dernière généalogie. Car l'explication du scholiaste : συγγένεια· οἱ γαμβροί, est trop évidemment imaginée en vue de notre passage. Des συγγενεῖς sont sortis du même γένος, de la même souche.

1235. Ἡψάμην δ' ἐγὼ ξίφους. Électre s'en fait un mérite ici. Elle s'en accusait dans la tragédie qui porte son nom, vers 1225 : Ξίφους τ' ἐφηψάμαν ἅμα.

1236. Ἐγὼ δ' ἐπενεκέλευσα κἀπέλυσ' ὄκνου. Tel était en effet le rôle de Pylade suivant la tradition. Dans les *Choéphores*, vers 900 sqq., il lève les scrupules d'Oreste et l'exhorte à suivre les ordres d'Apollon.

1237. Σοὶ, πάτερ, ἀρήγων. Ces paroles sont le complément de ἔκτεινα μητέρ(α), v. 1235.

1238. Ὀνείδη, τῶν εὐεργεσιῶν τὰς ὑπομνήσεις. [Scholiaste.]

ΟΡΕΣΤΗΣ.

ΗΛΕΚΤΡΑ.

Ἐγὼ δ' οἴκτοισί γε.

ΠΥΛΑΔΗΣ.

Παύσασθε, καὶ πρὸς ἔργον ἐξορμώμεθα.   1240
Εἴπερ γὰρ εἴσω γῆς ἀκοντίζουσ' ἀραί,
κλύει. Σὺ δ', ὦ Ζεῦ πρόγονε καὶ Δίκης σέβας,
δότ' εὐτυχῆσαι τῷδ' ἐμοί τε τῇδέ τε·
τρισσοῖς φίλοις γὰρ εἷς ἀγὼν, δίκη μία·
ἢ ζῆν ἅπασιν ἢ θανεῖν ὀφείλεται.   1245

ΗΛΕΚΤΡΑ.

Μυκηνίδες, ὦ φίλιαι,   [Strophe.]
τὰ πρῶτα κατὰ Πελασγὸν ἕδος Ἀργείων.

ΧΟΡΟΣ.

Τίνα θροεῖς αὐδὰν, πότνια; παραμένει
γὰρ ἔτι σοι τόδ' ἐν Δαναϊδῶν πόλει.   1250

ΗΛΕΚΤΡΑ.

Στῆθ' αἱ μὲν ὑμῶν τόνδ' ἁμαξήρη τρίβον,
αἱ δ' ἐνθάδ' ἄλλον οἶμον εἰς φρουρὰν δόμων.

ΧΟΡΟΣ.

Τί δέ με τόδε χρέος ἀπύεις,

NC. 1243. Variante : δός. — 1245. Nauck tient ce vers pour interpolé. — 1246. Hermann et Dindorf ont corrigé la leçon φίλαι. — 1251. Variante moins autorisée : τήνδ'. — 1253. Variante vicieuse : τί δέ μοι.

1241. Εἴπερ.... ἀκοντίζουσ' ἀραί, si des vœux lancés par les vivants peuvent pénétrer sous la terre et atteindre les morts.

1242. Ὦ Ζεῦ πρόγονε. Pylade (voy. la note sur le vers 1233), ainsi qu'Oreste et Électre, descendait de Tantale, fils de Jupiter.

1245. Le verbe ὀφείλεται, que Nauck trouve extraordinaire, semble amené par δίκη. On dit ὀφείλειν δίκην, « être condamné à une peine. » Les trois amis vivront ou mourront ensemble : le résultat de la lutte qu'ils soutiennent contre la condamnation prononcée par les Argiens, doit être le même pour Pylade que pour Oreste et Électre. Cf. v. 1091 et 1192.

1247. Τὰ πρῶτα, vous qui tenez le premier rang. Cf. Méd. 917 : Οἶμαι γὰρ ὑμᾶς τῆσδε γῆς Κορινθίας Τὰ πρῶτ' ἔσεσθαι, avec la note.

1250. Τόδ(ε). Le nom de πότνια, lequel équivaut à δέσποινα. Cf. Andr. 56, où une fidèle esclave dit à l'épouse d'Hector, réduite elle-même en esclavage : Δέσποιν', ἐγώ τοι τοὔνομ' οὐ φεύγω τόδε Καλεῖν σε.

1251. Στῆτ(ε).... τρίβον, placez-vous sur le chemin. Quant à l'accusatif, cp. Suppl. 987 : Τί ποτ' αἰθερίαν ἕστηκε πέτραν, ainsi que la note sur θάσσειν φάραγγα, Iph. Taur. 277.

1253. Τί... χρέος, pourquoi. Cf. v. 151 : Ἐφ' ὅ τι χρέος ἐμόλετε.

ΟΡΕΣΤΗΣ.

ἔνεπέ μοι, φίλα.

ΗΛΕΚΤΡΑ.

Φόβος ἔχει με μή τις ἐπὶ δώμασι
σταθεὶς ἐπὶ φοίνιον αἷμα
πήματα πήμασιν ἐξεύρῃ.

ΗΜΙΧΟΡΙΟΝ.

Χωρεῖτ', ἐπειγώμεσθ'· ἐγὼ μὲν οὖν τρίβον
τόνδ' ἐκφυλάξω, τὸν πρὸς ἡλίου βολάς.

ΗΜΙΧΟΡΙΟΝ.

Καὶ μὴν ἐγὼ τόνδ', ὃς πρὸς ἑσπέραν φέρει.

ΗΛΕΚΤΡΑ.

Δόχμιά νυν κόρας διάφερ' ὀμμάτων
ἐκεῖθεν ἐνθάδ', εἶτα παλινσκοπιάν.

ΗΜΙΧΟΡΙΟΝ.

Ἔχομεν ὡς θροεῖς.

ΗΛΕΚΤΡΑ.

Ἑλίσσετέ νυν βλέφαρον,   [Antistrophe.]
κόρας διάδοτε διὰ βοτρύχων πάντα.

ΗΜΙΧΟΡΙΟΝ.

Ὅδε τίς ἐν τρίβῳ; πρόσεχε, τίς ὅδ' ἄρ' ἀμ-

NC. 1254. La leçon ἔννεπέ se trouve corrigée dans quelques manuscrits récents. — 1255-1256. Faut-il écrire μή τις ἐπινώμασι] σταθεὶς ἔπι, équivalant à μή τις ἐπισταθεὶς ἐπινοήμασιν? On cite νῶμα pour νόημα, et νῶσις pour νόησις. Sophocle s'est servi de la forme νένωται (cf. *Etym. M.* p. 601, 20), et Dindorf écrit dans l'*Électre* de ce poëte, v. 882 : Ἐκεῖνον ὡς παρόντα νῶ (pour νόει). — Triclinius a rectifié la leçon φόνιον. — 1264. Variante vicieuse : εἶτ' ἐπ' ἄλλην σκοπιάν. — 1267. Les manuscrits portent : κόραισι δίδοτε διὰ βοστρύχων πάντη, ou πάντα. C'est cette dernière leçon, mal interprétée, qui semble avoir amené le datif κόραισι. On doit à Canter κόρας διάδοτε, à Dindorf βοτρύχων. Cependant l'accord antistrophique n'est pas encore parfaitement rétabli. — 1268. L'iambe τρίβῳ ne saurait répondre au spondée αὐδάν du vers strophique, 1249. — Seidler a substitué πρόσεχε à la leçon προσέρχεται. Cependant cette glose pourrait avoir pris la place de mots tout différents. Hermann écrit : Ὅδε τις ἐν τρίβῳ. Τίς ὅδε, τίς ὅδ' ἄρ'.

1255-1257. Électre craint qu'un témoin ne survienne et ne découvre l'attentat sanglant. Mais nous ne nous chargeons pas de rendre compte du détail des mots, dont on a vainement essayé de tirer un sens satisfaisant. Voy. la conjecture proposée dans la note critique.

1265. « Dedit hunc versum choro Eu-« ripides, læsa æquali distributione perso-« narum, ut interloqueretur aliquid cho « rus, quo ne Electra antistropham cum « stropha continuaret. » [Hermann.]

1267. Κόρας διαδίδοτ(ε) équivaut à κόρας διάφερ' ὀμμάτων, v. 1261. — Bo-

776   ΟΡΕΣΤΗΣ.

φὶ μέλαθρον πολεῖ σὸν ἀγρότας ἀνήρ;   1270
                HΛΕΚΤΡΑ.
Ἀπωλόμεσθ' ἄρ', ὦ φίλαι· κεκρυμμένας
θήρας ξιφήρεις αὐτίκ' ἐχθροῖσιν φανεῖ.
                ΗΜΙΧΟΡΙΟΝ.
Ἄφοβος ἔχε· κενὸς, ὦ φίλα,
στίβος ὃν οὐ δοκεῖς.
                HΛΕΚΤΡΑ.
Τί δέ; τὸ σὸν βέβαιον ἔτι μοι μένει;   1275
δὸς ἀγγελίαν ἀγαθάν τιν',
εἰ τάδ' ἔρημα τὰ πρόσθ' αὐλᾶς.
                ΗΜΙΧΟΡΙΟΝ.
Καλῶς τά γ' ἐνθένδ'· ἀλλὰ τἀπὶ σοῦ σκόπει·
ὡς οὔτις ἡμῖν Δαναϊδῶν πελάζεται.
                ΗΜΙΧΟΡΙΟΝ.
Εἰς ταὐτὸν ἥκεις· καὶ γὰρ οὐδὲ τῇδ' ὄχλος.   1280
                HΛΕΚΤΡΑ.
Φέρε νυν ἐν πύλαισιν ἀκοὰν βάλω.
Τί μέλλεθ' οἱ κατ' οἶκον ἐν ἡσυχίᾳ
σφάγια φοινίσσειν;   1285

Οὐκ εἰσακούουσ'· ὦ τάλαιν' ἐγὼ κακῶν.

NC. 1271-1272. J'ai écrit κεκρυμμένας θήρας pour κεκρυμμένους θήρας. Le *Marcianus* porte de première main κεκρυμμένας. Cf. *Hipp.* 233, NC. — 1273-1274. Variantes vicieuses : κενὸς γὰρ et ὃν σὺ δοκεῖς. — 1276. Triclinius a corrigé la leçon τινά μοι. — 1278. Presque tous les manuscrits : ἔνθεν. — Var. : τοὐπίσω. — 1284. Manuscrits: νῦν.

τρύχων, forme poétique pour βόστρυχων. — Πάντα, pour πάντῃ, est adverbe.

1271-1272. Κεκρυμμένας θήρας, des poursuites cachées, des embûches.

1275. Τὸ σόν, le côté que vous observez. Après avoir été rassurée par l'un des demi-chœurs, Électre adresse cette question a l'autre demi-chœur.

1278. Τἀπὶ σοῦ, ce qui te regarde.

1280. Εἰς ταὐτὸν ἥκεις, tu t'accordes avec moi. Voy. la note sur le vers 748 d'*Hécube*.

1281. Ἀκοάν. Scholiaste : Τὴν ἀκοήν, ἤτοι τὸ οὖς τὸ ἐμὸν, πρός ταῖς πύλαις παραθῶ, ὥστε ἀκοῦσαι. Après avoir regardé autour de la maison, Électre écoute ce qui se passe au-dedans. N'entendant rien, elle excite les meurtriers. Il y a donc un moment de silence entre ce vers et le vers suivant. — D'autres entendent par ἀκοάν des cris qui se font entendre, ἄκουσμα, βοήν. Mais cette dernière interprétation demanderait ἐν δόμοισιν pour ἐν πύλαισιν.

1282. Ἐν ἡσυχίᾳ. Scholiaste : ἐν ὅσῳ οὐδεὶς ὀχλεῖ.

1285. Σφάγια φοινίσσειν, ensanglanter la victime.

ΟΡΕΣΤΗΣ. 777

Ἆρ' ἐς τὸ κάλλος ἐκκεκώρωται ξίφη;

Τάχα τις Ἀργείων ἔνοπλος ὁρμήσας [Épode.]
ποδὶ βοηδρόμῳ μέλαθρα προσμίξει. 1290

Σκέψασθέ νυν ἄμεινον· οὐχ ἕδρας ἀγών·
ἀλλ' αἱ μὲν ἐνθάδ', αἱ δ' ἐκεῖσ' ἑλίσσετε.
ΧΟΡΟΣ.
Ἀμείβω κέλευθον σκοπεύουσ' ἅπαντα. 1295
ΕΛΕΝΗ.
Ἰὼ Πελασγὸν Ἄργος, ὄλλυμαι κακῶς.
ΗΜΙΧΟΡΙΟΝ.
Ἠκούσαθ'; ἄνδρες χεῖρ' ἔχουσιν ἐν φόνῳ.
ΗΜΙΧΟΡΙΟΝ.
Ἑλένης τὸ κώκυμ' ἐστίν, ὡς ἀπεικάσαι.
ΗΛΕΚΤΡΑ.
Ὦ Διὸς, ὦ Διὸς ἀέναον κράτος,
ἔλθ' ἐπίκουρος ἐμοῖς φίλοισι πάντως. 1300
ΕΛΕΝΗ.
Μενέλαε, θνῄσκω· σὺ δὲ παρών μ' οὐκ ὠφελεῖς.

NC. 1287. Variantes : ἐκκεκώφηται et ἐκκεκώφηνται. Aristophane de Byzance lisait ἐκκεκώφωται. — 1288. La leçon ἐν ὅπλοις a été corrigée dans quelques manuscrits récents. — 1295. Les manuscrits portent σκοποῦσα πάντα. Mais un grammairien grec (Keil, *Analecta grammatica*, Halle, 1848, p. 7, 20) cite comme exemple du mètre bacchiaque : ἀμείβω κέλευθον σκοπεὺς ἀπατᾷ. Nauck en a tiré la correction que nous avons admise dans le texte. — 1297-1298. Hermann a distribué entre les demi-chœurs ces deux vers qu'on donnait à Électre. — 1297. La leçon ἄνδρες a été rectifiée par Porson. — 1299-1300. Ces deux vers étaient attribués au chœur. Hermann les a rendus à Électre. — 1299. Variante : ἀένναον. — 1300. Vulgate : ἐπίκουρον. Kirchhoff a rétabli ἐπίκουρος, leçon du meilleur manuscrit.

1287. Ἆρ' εἰς τὸ κάλλος ἐκκεκώρωται ξίφη; en face de la beauté, les épées se sont-elles émoussées? Euripide doit ce trait à l'auteur de la *Petite Iliade* et à Ibycus. D'après ces poëtes Ménélas allait immoler Hélène après la prise de Troie. Mais lorsqu'elle découvrit son sein, l'épée tomba des mains du bourreau. Cp. *Androm.* 628 sqq. et le scholiaste d'Aristophane, *Lysistr.* 155.

1292. Ἑλίσσετε, tournez-vous. On ne peut guère sous-entendre, avec le scholiaste, τοὺς ὀφθαλμούς. Le sens revient au même.

1295. Ἀμείβω κέλευθον, je parcours des yeux le chemin. [Scholiaste.] — Ἅπαντα, pour ἁπάντῃ, est adverbe.

1297. Χεῖρ' ἔχουσιν ἐν φόνῳ équivaut à ἐγχειροῦσι φόνῳ.

1299-1300. Comme ὦ Διὸς κράτος n'est qu'une périphrase de ὦ Ζεῦ, l'emploi du masculin ἐπίκουρος est dans le génie de la langue grecque.

1301. Παρών. Ce mot désigne la pré-

ΗΛΕΚΤΡΑ.

[Φονεύετε] ὄλλυτε καίνετε,
δίπτυχα δίστομα φάσγανα θείνετε
ἐκ χερὸς ἱέμενοι
τὰν λιποπάτορα λιπόγαμόν θ᾽, ἃ πλείστους　　　　1305
ἔκανεν Ἑλλάνων
δόρει παρὰ ποταμὸν ὀλομένους, ὁπόθι
δάκρυα δάκρυσι συνέπεσε σιδαρέοις
βέλεσιν ἀμφὶ τὰς Σκαμάνδρου δίνας.　　　　　　1310

ΧΟΡΟΣ.

Σιγᾶτε σιγᾶτ᾽· ᾐσθόμην κτύπου τινὸς
κέλευθον εἰσπεσόντος ἀμφὶ δώματα.

ΗΛΕΚΤΡΑ.

Ὦ φίλταται γυναῖκες, εἰς μέσον φόνον
ἥδ᾽ Ἑρμιόνη πάρεστι· παύσωμεν βοήν.
Στείχει γὰρ εἰσπεσοῦσα δικτύων βρόχους.　　　1315
Καλὸν τὸ θήραμ᾽, ἢν ἁλῷ, γενήσεται.
Πάλιν κατάστηθ᾽ ἡσύχῳ μὲν ὄμματι,

NC. 1302. Manuscrits : φονεύετε καίνετε (*Marcianus* : καίνυτε) ὄλλυτε. La plupart des critiques s'accordent à considérer φονεύετε comme une glose. J'ai transposé les deux autres verbes. — 1303. *Marcianus* : φάσγανα πέμπετε, avec la note γρ. καὶ θείνετε. Il me semble que θείνετε, mot inséré dans quelques manuscrits récents après καίνετε (v. 1304), est la bonne leçon. Πέμπετε, qui manque dans plusieurs bons manuscrits, n'est évidemment qu'une glose. — 1305. Le *Marcianus* omet τάν. La conjonction θ᾽ a été insérée par Hermann. — 1307. Les leçons δορί et ὅθι ont été modifiées par Hermann en vue du mètre dochmiaque. Peut-être : πὰρ ποταμόν. — 1308. Variantes : ἔπεσε *Marcianus*) et συνέπεσε ἔπεσε (*Parisinus*). — Manuscrits : σιδαρέοισι.

sence de Ménélas, non dans le palais, mais à Argos.

1303. Δίπτυχα a pour synonyme explicatif δίστομα, à deux tranchants. — Φάσγανα est gouverné par ἱέμενοι. Le régime de θείνετε est τὰν λιποπάτορα.

1304. Ἐκ χερός, *cominus*.

1305. Τὰν λιποπάτορα λιπόγαμόν τ(ε). La seconde de ces épithètes se comprend assez; la première fait sans doute allusion une fable moins connue. On prétendait qu'Hélène, encore enfant, mais d'une beauté précoce, s'était laissé enlever par Thésée. Voy. ce que Pausanias, II, xxii, 6, rapporte d'après Stésichore, poète qu'Euripide semble avoir beaucoup pratiqué.

1307. Παρὰ ποταμόν. Il s'agit évidemment du Scamandre, rivière nommée deux vers plus bas.

1311. Κτύπου τινός. « Non recte puto « glossatores ad τινός supplere ἀνθρώπου, « quum recte etiam sonitus in viam inci- « a disse dici potuerit. » [Hermann.]

1317. Κατάστητ(ε), recueillez-vous. Cf. Eschyle, *Perses*, 295 : Λέξον καταστάς, κεἰ στένεις κακοῖς ὅμως.

ΟΡΕΣΤΗΣ. 779

χρόᾳ τ' ἀδήλῳ τῶν δεδραμένων πέρι·
κἀγὼ σκυθρωποὺς ὀμμάτων ἔξω κόρας,
ὡς δῆθεν οὐκ εἰδυῖα τἀξειργασμένα. — 1320
Ὦ παρθέν', ἥκεις τὸν Κλυταιμνήστρας τάφον
στέψασα καὶ σπείσασα νερτέροις χοάς;

ΕΡΜΙΟΝΗ.

Ἥκω, λαβοῦσα πρευμένειαν. Ἀλλά μοι
φόβος τις εἰσελήλυθ', ἥντιν' ἔνδοθεν
τηλουρὸς οὖσα δωμάτων κλύω βοήν. 1325

ΗΛΕΚΤΡΑ.

Τί δ'; ἄξι' ἡμῖν τυγχάνει στεναγμάτων.

ΕΡΜΙΟΝΗ.

Εὔφημος ἴσθι· τί δὲ νεώτερον λέγεις;

ΗΛΕΚΤΡΑ.

Θανεῖν Ὀρέστην κἄμ' ἔδοξε τῇδε γῇ.

ΕΡΜΙΟΝΗ.

Μὴ δῆτ', ἐμοῦ γε συγγενεῖς πεφυκότας.

ΗΛΕΚΤΡΑ.

Ἄραρ'· ἀνάγκης δ' ἐς ζυγὸν καθέσταμεν. 1330

ΕΡΜΙΟΝΗ.

Ἦ τοῦδ' ἕκατι καὶ βοὴ κατὰ στέγας;

ΗΛΕΚΤΡΑ.

Ἱκέτης γὰρ Ἑλένης γόνασι προσπεσὼν βοᾷ

ΕΡΜΙΟΝΗ.

Τίς; οὐ γὰρ οἶδα μᾶλλον, ἢν σὺ μὴ λέγῃς.

NC. 1318. Variantes : χροιᾷ et τῶν πεπραγμένων ὕπερ.— 1322. Variante : νερτέρων.
— 1323. Variante moins autorisée : ἀλλά με. — 1324. La correction de Hartung :
ἔνδοθεν, pour ἐν δόμοις, nous a semblé nécessaire. — 1329. Variante : ἐμούς. —
1333. Variante : οὐδὲν οἶδα.

1318. Ἀδήλῳ, impénétrable, qui ne trahit rien.
1323. Πρευμένειαν, la faveur (des morts).
1324-1325. Φόβος τις..., ἥντιν (α)... κλύω βοήν, une crainte (qui fait que je me demande) quel est le bruit.... — Le génitif δωμάτων dépend de ἔνδοθεν, et non de τηλουρός.
1333. Ce vers n'est là que pour le besoin de la stichomythie. Cf. la note sur les vers 1183 sq.

ΗΛΕΚΤΡΑ.

τλήμων Ὀρέστης μὴ θανεῖν, ἐμοῦ θ' ὕπερ.

ΕΡΜΙΟΝΗ.

Ἐπ' ἀξίοισί τἄρ' ἀνευφημεῖ δόμος.   1335

ΗΛΕΚΤΡΑ.

Περὶ τοῦ γὰρ ἄλλου μᾶλλον ἂν φθέγξαιτό τις;
Ἀλλ' ἐλθὲ καὶ μετάσχες ἱκεσίας φίλοις,
σῇ μητρὶ προσπεσοῦσα τῇ μέγ' ὀλβίᾳ,
Μενέλαον ἡμᾶς μὴ θανόντας εἰσιδεῖν.
Ἀλλ' ὦ τραφεῖσα μητρὸς ἐν χεροῖν ἐμῆς,   1340
οἴκτειρον ἡμᾶς κἀπικούφισον κακῶν.
Ἴθ' εἰς ἀγῶνα δεῦρ', ἐγὼ δ' ἡγήσομαι·
σωτηρίας γὰρ τέρμ' ἔχεις ἡμῖν μόνη.

ΕΡΜΙΟΝΗ.

Ἰδού, διώκω τὸν ἐμὸν εἰς δόμους πόδα.
Σώθηθ' ὅσον γε τοὐπ' ἔμ'.

ΗΛΕΚΤΡΑ.

Ὦ κατὰ στέγας   1345
φίλοι ξιφήρεις, οὐχὶ συλλήψεσθ' ἄγραν;

ΕΡΜΙΟΝΗ.

Οἲ 'γώ· τίνας τούσδ' εἰσορῶ;

ΟΡΕΣΤΗΣ.

Σιγᾶν χρεών·
ἡμῖν γὰρ ἥκεις, οὐχὶ σοί, σωτηρία.

NC. 1341. Vulgate : κἀποκούφισον. — 1345. La leçon τοὐπ' ἐμοί a été corrigée par Triclinius.

1334. Μὴ θανεῖν. Ces mots sont gouvernés par βοᾷ, v. 1332. « Oreste demande à ne pas mourir. »
1335. Τἄρ' est pour τοι ἄρα. — Ἀνευφημεῖ, pousse des cris plaintifs. Le scholiaste dit que ce verbe est employé κατ' ἀντίφρασιν pour δυσφημεῖ. Cette manière de s'exprimer tient à la crainte qu'avaient les anciens de se servir de mots de mauvais augure. Ici cet *euphémisme* est inspiré par le même sentiment qui a dicté à Hermione la réponse qu'elle fait à Électre au vers 1327. Cf. Sophocle, *Trach.* 783 : Ἅπας δ' ἀνευφήμησεν οἰμωγῇ λεώς.
1339. Εἰσιδεῖν équivaut à περιιδεῖν. Cp. la note sur μὴ μ' ἰδεῖν θανόντα, v. 746.
1341. Κἀπικούφισον. Cp. *El.* 72.
1342. Ἴθ' εἰς ἀγῶνα. Scholiaste : Ἐσχηματισμένον· τὸ γὰρ φαινόμενόν ἐστιν, εἰς ἀγῶνα λόγων παρακλητικῶν, τὸ δὲ νοούμενον, εἰς ἀγῶνα θανάτου.
1347. On entend Oreste parler dans l'intérieur du palais, où Hermione et Électre viennent au-devant de lui.

ΟΡΕΣΤΗΣ.   781

ΗΛΕΚΤΡΑ.

Ἔχεσθ᾽ ἔχεσθε· φάσγανον δὲ πρὸς δέρη
βαλόντες ἡσυχάζεθ᾽, ὡς εἰδῇ τόδε   1350
Μενέλαος, οὕνεκ᾽ ἄνδρας, οὐ Φρύγας κακοὺς,
εὑρὼν ἔπραξεν οἷα χρὴ πράσσειν κακούς.

ΧΟΡΟΣ.

Ἰὼ ἰὼ φίλαι,   [Strophe.]
κτύπον ἐγείρετε, κτύπον ὁμοῦ βοᾷ
πρὸ μελάθρων, ὅπως ὁ πραχθεὶς φόνος

μὴ δεινὸν Ἀργείοισιν ἐμβάλῃ φόβον,   1355
βοηδρομῆσαι πρὸς δόμους τυραννικοὺς,

πρὶν ἐτύμως ἴδω τὸν Ἑλένας φόνον
καθαιμακτὸν ἐν δόμοις κείμενον,

ἢ καὶ λόγον του προσπόλων πυθώμεθα·
τὰ μὲν γὰρ οἶδα συμφορᾶς, τὰ δ᾽ οὐ σαφῶς.   1360

Διὰ δίκας ἔβα θεῶν

NC. 1350. Variante : βάλλοντες. — 1353-1362. Ces vers étaient attribués à Electre. Seidler les a rendus au chœur, et il a le premier remarqué que ce morceau avait pour pendant antistrophique les vers 1537 sqq. — 1354. J'ai écrit ὁμοῦ βοᾷ pour καὶ βοάν, afin de rendre ce vers exactement pareil au vers correspondant de l'antistrophe, 1538. — 1357. Ancienne vulgate : πρὶν ἂν ἐτύμως. — Φόνον est probablement la glose d'un mot spondaïque : cf. v. 1541. — 1358. Je propose ἔνδοθι προκείμενον. Cp. l'antistrophe. — 1360. J'ai corrigé les leçons τὰς μέν.... τὰς δ᾽, qui donnent un faux sens. — Le mot συμφορᾶς est ajouté par une autre main dans le Marcianus.

1351. Φρύγας κακούς. A Troie, Ménélas n'avait que des hommes lâches à combattre : il a pu triompher d'eux. Les Grecs qui tiraient beaucoup d'esclaves de la Phrygie, transportaient par anachronisme dans les temps héroïques l'idée de lâcheté servile qui s'était attachée pour eux au nom de Phrygien. Cp. le v. 1414 et les deux scènes qui suivent. Voy. aussi Alc. 675 : Λυδὸν ἢ Φρύγα κακοῖς ἐλαύνειν ἀργυρώνητον.

1352. Ἔπραξεν, il a eu le sort, il lui est arrivé.

1354. Κτύπον ὁμοῦ βοᾷ. Ces mots désignent la danse et le chant du chœur.

1356. Φόβον βοηδρομῆσαι. Suppléez ὥστε avant cet infinitif. « Une appréhension (qui les porte à) accourir. »

1357. Τὸν Ἑλένας φόνον, expression poétique pour dire « le cadavre d'Hélène ». Cf. v. 990 : Μυρτίλου φόνον.

1360. Τὰ μέν..., τὰ δ(έ), en partie.... en partie.

1361. Διὰ δίκας, locution adverbiale, synonyme de δικαίως.

νέμεσις ἐς Ἑλέναν.
Δακρύοισι γὰρ Ἑλλάδ᾽ ἅπασαν ἔπλησε,
διὰ τὸν ὀλόμενον ὀλόμενον Ἰδαῖον·
Πάριν, ὃς ἄγαγ᾽ Ἑλλάδ᾽ εἰς Ἴλιον.   1365

Ἀλλὰ κτυπεῖ γὰρ κλῆθρα βασιλείων δόμων,
σιγήσατ᾽· ἔξω γάρ τις ἐκβαίνει Φρυγῶν,
οὗ πευσόμεσθα τὰν δόμοις ὅπως ἔχει.

ΦΡΥΞ.

Ἀργεῖον ξίφος ἐκ θανάτου πέφευγα
βαρβάροις εὐμάρισιν,   1370
κεδρωτὰ παστάδων ὑπὲρ τέραμνα
Δωρικάς τε τριγλύφους,
φροῦδα φροῦδα, γᾶ γᾶ,
βαρβάροισι δρασμοῖς.
Αἰαῖ· πᾶ φύγω, ξέναι,   1375

NC. 1362. Man.: εἰς. Afin de pourvoir à l'accord antistrophique je propose: ἐς Ἑλέναν φθόνος. Ce dernier mot a νέμεσις pour glose habituelle. Au vers 974 les scholies expliquent φθόνος θεόθεν par νέμεσις θεία. — 1364. Les manuscrits récents et les anciennes éditions ne portent le mot ὀλόμενον qu'une seule fois. — 1370. Les leçons βαρβάροισιν εὐμαρίσιν et βαρβάροις ἐν εὐμαρίσιν ont été rectifiées par Brunck. Ce vers a la même mesure que le vers 1372. Les vers 1373 et 1374 n'en diffèrent que par l'allongement de l'avant-dernière syllabe, qui y prend la valeur de trois brèves. — 1371. *Marcianus*: τέραμνα. Vulgate: τέρεμνα. — 1373. Variante: φροῦδα φροῦδα.

1362. Φθόνος. Voyez la note sur le vers 974.

1366-1367. On voit ici que l'esclave phrygien sort par l'une des portes du palais. Or il racontera dans les vers qui suivent, comment il s'est sauvé par dessus les murs. Un commentateur grec, tenant ces deux assertions pour inconciliables, prétend que les vers 1366-1368 ont été interpolés par les acteurs; un autre lui répond avec raison qu'il faut distinguer entre l'appartement où l'esclave s'est trouvé enfermé, et l'enceinte extérieure qu'il a pu franchir de la manière ordinaire. Du reste, l'usage du théâtre grec veut que l'entrée de ce nouveau personnage soit annoncée par le chœur. Elle l'est en trois trimètres, de même que l'entrée d'Oreste au début de la scène suivante, 1503-1505.

1370. Εὐμάρισιν. On appelait εὐμαρίδες une chaussure orientale. L'ombre de Darius la porte dans les *Perses* d'Eschyle: cf. vers 660: Κροκόβαπτον ποδὸς εὔμαριν ἀείρων.

1372. Τριγλύφους. Voyez la note sur le vers 113 d'*Iphigenie en Tauride*.

1373. Φροῦδα, « au loin, » est un accusatif adverbial. Le pauvre homme est heureux de se trouver loin du péril: aussi ne cesse-t-il de le répéter. — Γᾶ γᾶ. Ces invocations de la terre étaient si usuelles, qu'elles avaient fini par se rapprocher de la nature d'une interjection. Cf. 1453 et 1496.

1374. Βαρβάροισι δρασμοῖς. Un Grec aurait eu honte de se sauver ainsi. Le Phrygien se moque de lui-même naïvement.

πολιὸν αἰθέρ' ἀμ-
πτάμενος ἢ πόντον, Ὠκεανὸς ὃν
ταυρόκρανος ἀγκάλαις
ἑλίσσων κυκλοῖ χθόνα;

ΧΟΡΟΣ.

Τί δ' ἔστιν, Ἑλένης πρόσπολ', Ἰδαῖον κάρα; 1380

ΦΡΥΞ.

Ἴλιον Ἴλιον, ὤμοι μοι,
Φρύγιον ἄστυ καὶ καλλίβωλον Ἴ-
δας ὄρος ἱερὸν, ὥς σ' ὀλόμενον στένω,
ἁρμάτειον ἁρμάτειον μέλος
βαρβάρῳ βοᾷ, 1385
διὰ τὸ τᾶς ὀρνιθογόνου ὄμμα κυκνόπτερον
καλλοσύνας, Λήδας δυσελέναν σκύμνον,
ξεστῶν περγάμων Ἀπολλωνίων
ἐρινύν· ὀτοτοτοῖ·
ἰαλέμων ἰαλέμων 1390

NC. 1379. Variante : κυκλεῖ. — 1380. Manuscrits : τί δ' ἔστ' ou τί δ' ἔσθ'. — 1382. Καί ne se trouve que dans le *Marcianus*. — 1386. Barnes a substitué ὀρνιθογόνου à ὀρνιθόγονον. Porson et Hermann : δι' ὀρνιθόγονον. — 1387. Manuscrits : λήδας σκύμνον (σκύμνου est moins autorisé) δυσελένας. Le *Marcianus* porte ce dernier mot deux fois. Kirchhoff a recommandé δυσελέναν. J'ai transposé les mots. — 1389. J'ai écrit ὀτοτοτοῖ pour ὀτοτοῖ. *Marcianus* : ὀττττοοῖ. Nauck : ὀτοττοῖ.

1378. Ταυρόκρανος. L'Océan, distinct de la mer qu'il entoure, passait pour un fleuve. Il est donc représenté, comme les autres fleuves, sous le symbole d'un taureau. Voy. la note sur le vers 275 d'*Iphigénie à Aulis*.

1384. Ἁρμάτειον μέλος. On sait par Plutarque, *de musica*, VII, que le νόμος ἁρμάτειος, introduit dans la musique grecque par Stésichore, était originaire d'Asie. Les uns l'attribuaient au Phrygien Olympos, les autres aux joueurs de flûte de la Mysie. Nous ignorons la nature de cet air : tout ce que les scholies disent à ce sujet, se réduit à de vaines conjectures étymologiques. Qu'il nous suffise de savoir qu'Euripide fit chanter à son Phrygien un air oriental avec accompagnement de flûte.

1386-1387. Hélène est appelée ὄμμα καλλοσύνας, « œil de beauté. » Les épithètes poétiques ὀρνιθογόνου et κυκνόπτερον se rapportent à la métamorphose de Jupiter son père (voy. la note sur τὰν κύκνου δολιχαύχενος γόνον, *Iph. Aul.* 793); la seconde indique peut-être aussi la peau blanche de l'héroïne. Musgrave traduit : « pulchritudinis cycni alas aemulantis. » — Δυσελέναν. Cf. *Iph. Aul.* 1316, avec la note.

1388. Περγάμων Ἀπολλωνίων. D'après l'*Iliade*, VII, 452 sq. et XXI, 443 sqq. Apollon avait construit les murs de Troie.

1389. Ἐρινύν. Dans l'*Agamemnon* d'Eschyle, v. 749, Hélène est appelée νυμφόκλαυτος Ἐρινύς. Cf. Virgile, *En.* II, 573 : « Trojæ et patriæ communis Erinys. »

1390-1392. Les génitifs ἰαλέμων ἰαλέ-

Δαρδανία τλάμων Γανυμήδεος
ἱπποσύνᾳ Διὸς εὐνέτα.

ΧΟΡΟΣ.

Σαφῶς λέγ᾽ ἡμῖν αὖθ᾽ ἕκαστα τἀν δόμοις.
[Τὰ γὰρ πρὶν οὐκ εὔγνωστα συμβαλοῦσ᾽ ἔχω.]

ΦΡΥΞ.

Αἴλινον αἴλινον ἀχὰν θανάτου   1395
βάρβαροι λέγουσιν, αἰαῖ,
Ἀσιάδι φωνᾷ, βασιλέων
ὅταν αἷμα χυθῇ κατὰ γᾶν ξίφεσιν
σιδαρέοισιν Ἅιδα.
Ἦλθον εἰς δόμους, ἵν᾽ αὖθ᾽ ἕκαστά σοι λέγω,   1400
λέοντες Ἕλλανες δύο διδύμω·
τῷ μὲν ὁ στρατηλάτας πατὴρ ἐκλῄζετο,
ὁ δὲ παῖς Στροφίου, κακόμητις ἀνήρ,
οἷος Ὀδυσσεὺς, σιγᾷ δόλιος,
πιστὸς δὲ φίλοις, θρασὺς εἰς ἀλκὰν,   1405
ξυνετὸς πολέμου, φόνιός τε δράκων.

NC. 1391. Variante : τλᾶμον. — 1392. Hermann a corrigé la leçon ἱπποσύνα. — 1394. *Schol. Marc.* : Οὗτος ὁ στίχος ἐν πολλοῖς ἀντιγράφοις οὐ γράφεται. Ces manuscrits étaient dans le vrai. Partout le chœur ne place qu'un seul trimètre entre les couplets du Phrygien. — 1395. J'ai écrit ἀχὰν θανάτου pour ἀρχὰν θανάτου, non-sens qu'on ne saurait expliquer avec le paraphraste : ἐν ἀρχῇ θρήνου. Musgrave avait proposé ἰαχὰν θανάτου, Kirchhoff veut ἀρχᾶν θανάτῳ. — 1399. Manuscrits : ἀΐδα (ou ἀΐδαο). — 1401. Variante vicieuse : δύω. — 1403. Porson a corrigé la leçon κακομήτας ἀνήρ (ou κακομήτας).

μων dépendent de τλάμων. [Hermann.]
— Γανυμήδεος ἱπποσύνᾳ Διὸς εὐνέτα. Les malheurs de Troie sont, en partie, attribués à l'enlèvement de Ganymède. Dans l'*Énéide*, I, 28, Junon allègue parmi les causes de sa haine contre les Troyens « rapti Ganymedis honores ». Mais que veut dire le mot ἱπποσύνᾳ? Une scholie nous renvoie à l'*Iliade*, V, 265, où il est question des coursiers que Jupiter donna à Tros comme prix de son fils Ganymède, υἱὸς ποινὴν Γανυμήδεος. Ce détail n'importe guère ici; cependant il est difficile de trouver une autre explication.

1394. Voici comment Heath traduit ce vers interpolé et assez obscur : « Quæ « enim prius facta sunt, quamquam non « certe cognita, conjectura tamen asse- « quor. »
1395. Ἀχὰν θανάτου, cri qui convient à la mort, cri funèbre. Avant de raconter la mort de sa maîtresse, le Phrygien pousse, suivant l'usage de l'Orient, le cri plaintif αἴλινον αἴλινον. Voy. K. O. Müller, *Geschichte der griechischen Literatur*, I, p. 28.
1398-1399. Ξίφεσιν σιδαρέοισιν Ἅιδα. Scholiaste : Τοῖς θάνατον ἐξεργαζομένοις.

ΟΡΕΣΤΗΣ.

Ἔρροι τᾶς ἡσύχου
προνοίας κακοῦργος ὤν.
Οἱ δὲ πρὸς θρόνους ἔσω
μολόντες ἃς ἔγημ' ὁ τοξότας Πάρις
γυναικὸς, ὄμμα δακρύοις   1410
πεφυρμένοι, ταπεινοὶ
ἕζονθ', ὁ μὲν τὸ κεῖθεν, ὁ δὲ
τὸ κεῖθεν, ἄλλος ἄλλοθεν πεφραγμένοι.
Περὶ δὲ γόνυ χέρας ἱκεσίους
ἔβαλον ἔβαλον Ἑλένας ἄμφω.   1415
Ἀνὰ δὲ δρομάδες ἔθορον ἔθορον
ἀμφίπολοι Φρύγες·
προσεῖπεν δ' ἄλλος ἄλλον πεσὼν ἐν φόβῳ,
μή τις εἴη δόλος.
Κἀδόκει τοῖς μὲν οὔ,   1420
τοῖς δ' ἐς ἀρκυστάταν
μηχανὰν ἐμπλέκειν
παῖδα τὰν Τυνδαρίδ' ὁ
μητροφόντας δράκων.

ΧΟΡΟΣ.

Σὺ δ' ἦσθα ποῦ τότ', ἢ πάλαι φεύγεις φόβῳ;   1425

ΦΡΥΞ.

Φρυγίοις ἔτυχον Φρυγίοισι νόμοις
παρὰ βόστρυχον αὔραν αὔραν
Ἑλένας Ἑλένας εὐπᾶγι κύκλῳ
πτερίνῳ πρὸ παρηΐδος ἄσσων
βαρβάροις νόμοισιν.   1430

NC. 1414. La leçon χεῖρα; a été rectifiée par King. — 1415. Variante : ἔβαλλον ἔβαλλον. — 1418. Manuscrits : προσεῖπε δ' ou προσεῖπεν. Afin de rétablir a mesure, nous avons écrit, avec Hartung, προσεῖπεν δ'. Cf. v. 1437. — 1423. Manuscrits : τὴν. — 1428. Hermann a corrigé la leçon εὐπηγεῖ ou εὐπαγεῖ.

1407. Ἔρροι τᾶς ἡσύχου προνοίας, qu'il périsse à cause de sa prudence tranquille. Cf. v. 751 : Θυγατέρος θυμούμενος.
1413. Πεφραγμένοι, se tenant sur leurs gardes.

1414. Μητροφόντας δράκων. Cf. v. 479.
1427. Αὔραν αὔραν. « Sic etiam falsus « eunuchus jubetur flabello ventulum facere « in Terentii Eunucho, III, v, 47. » [Klotz.]
1430. Βαρβάροις νόμοισιν. La même idée

ΟΡΕΣΤΗΣ

Ἃ δὲ λίν' ἠλακάτᾳ
δακτύλοις ἕλισσε,
νήματα δ' ἵετο πέδῳ,
σκύλων Φρυγίων ἐπὶ τύμβον ἀγάλματα συστολίσαι χρῄζουσα λίνῳ, 1435
φάρεα πορφύρεα, δῶρα Κλυταιμνήστρᾳ.
Προσεῖπεν δ' Ὀρέστας
Λάκαιναν κόραν· Ὦ
Διὸς παῖ, θὲς ἴχνος
πέδῳ δεῦρ' ἀποστᾶσα κλισμοῦ, 1440
Πέλοπος ἐπὶ προπάτορος
παλαιᾶς ἕδραν ἑστίας,
ἵν' εἰδῇς λόγους ἐμούς.
Ἄγει δ' ἄγει νιν· ἁ δ' ἐφεί-
πετ', οὐ πρόμαντις ὧν ἔμελ- 1445
λεν· ὁ δὲ συνεργὸς ἄλλ' ἔπρασσ'
ἰὼν κακὸς Φωκεύς·
Οὐκ ἐκποδὼν ἴτ', ἀλλ' ἀεὶ κακοὶ Φρύγες;
Ἔκλῃσε δ' ἄλλον ἄλλοσ' ἐν
στέγαισι· τοὺς μὲν ἐν σταθμοῖ-
σιν ἱππικοῖσι, τοὺς δ' ἐν ἐξ- 1450

NC. 1431. J'ai écrit λίν' pour λίνον, en vue du mètre. — 1433. Manuscrits : νήματα δ' ου νῆμά θ'. J'ai préféré le pluriel : car le mètre semble être le même qu'au vers 1431, si ce n'est que la longue du second dactyle est remplacée par deux brèves. — 1442-1443. Manuscrits : ἕδραν παλαιᾶς. Hermann a transposé les mots. Si l'on écrivait : ἑστίας, ὡς ἂν εἰδῇς λόγους μου, le mètre bacchiaque se soutiendrait jusqu'à la fin. — 1449-1449'. Manuscrits : ἐκλῄσε, et ἄλλοσ' ἐν στέγαις ou ἄλλοσα στέγης. Hermann : ἐν στέγαισι.

a été exprimée au commencement de la phrase par Φρυγίοισι νόμοις. Le poète ne cesse d'insister sur les mœurs asiatiques du personnage qu'il met en scène.

1435. Συστολίσαι.... λίνῳ, réunir par des fils de lin. Hélène prend dans le butin troyen des étoffes précieuses, qu'elle coud ensemble pour en orner le tombeau de Clytemnestre.

1441-1442. Πέλοπος.... ἑστίας. L'antique foyer posé par le chef de la race était le sanctuaire de la famille. C'est là que s'asseyaient les suppliants; c'est là qu'Oreste

prétend adresser des prières solennelles à l'épouse de Ménélas.

1445. Ὧν ἔμελλεν équivaut à τῶν μελλόντων.

1447. Après Φωκεύς, suppléez : « en disant. »

1448. Ἀεὶ κακοὶ Φρύγες. Locution proverbiale, qui vient de ce que les Grecs avaient beaucoup de Phrygiens pour esclaves. On trouve chez Suidas l'adage : Φρὺξ ἀνὴρ πληγεὶς ἀμείνων καὶ διακονέστερος.

1450-1451. Les écuries, σταθμοὶ ἱππι-

ΟΡΕΣΤΗΣ. 787

ἕδραισι, τοὺς δ' ἐκεῖσ' ἐκεῖθεν ἄλλον ἄλλοσε διαρμόσας ἀποπρὸ δεσποίνας.

ΧΟΡΟΣ.

Τί τοὐπὶ τῷδε συμφορᾶς ἐγίγνετο;

ΦΡΥΞ.

Ἰδαία μᾶτερ μᾶτερ
ὀβρίμα ὀβρίμα, αἰαῖ <αἰαῖ>,
φονίων παθέων ἀνόμων τε κακῶν   1455
ἅπερ ἔδρακον ἔδρακον ἐν δόμοις τυράννων.
Ἀμφὶ πορφυρέων πέπλων ὑπὸ σκότου
ξίφη σπάσαντες ἐν χεροῖν,
ἄλλος ἄλλοσ' ὄμμα δίνασε, μή τις παρὼν τύχοι.
Ὡς κάπροι δ' ὀρέστεροι
γυναικὸς ἀντίοι σταθέντες ἐννέπουσι·   1460
Κατθανεῖ κατθανεῖ,
κακός σ' ἀποκτείνει πόσις,
κασιγνήτου προδοὺς
ἐν Ἄργει θανεῖν γόνον.
Ἁ δ' ἀνίαχεν ἴαχεν, ὤμοι μοι·   1465
λευκὸν δ' ἐμβαλοῦσα πῆχυν στέρνοις,
κτύπησε κρᾶτα μέλεον πλαγᾷ·
φυγᾷ δὲ ποδὶ τὸ χρυσεοσάν-

NC. 1454-1454'. Quelques manuscrits ne portent μᾶτερ et ὀβρίμα (ou ὀμβρίμα) qu'une seule fois. — J'ai ajouté un second αἰαῖ. — 1459. On lisait : ἄλλος ἄλλοσε δίνασεν ὄμμα. J'ai transposé ces mots en vue du mètre. — 1462. Variante : ἀποκτενεῖ. — 1463. Les manuscrits du second ordre portent τὸν κασιγνήτου. — 1465. La vulgate ἃ δ' ἴαχεν ἴαχεν est mal autorisée. Faut-il insérer ἄρ' avant ἀνίαχεν? — 1466-1467. Peut-être : στέρνα ǁ κτύπησε κρᾶτά τε. — 1467. Variante : πλαγάν. — 1468. Facius : φυγάδι δὲ ποδί.

κοί, et les pièces appelées ἔξεδραι se trouvaient aux extrémités des habitations.

1453. Τοὐπὶ τῷδε, « ensuite, » est une locution adverbiale.

1454. Le Phrygien invoque la déesse de la Terre, qu'on adorait sur l'Ida, Cybèle, mère de tous les dieux et de tous les êtres, la mère par excellence.

1456. Ἔδρακον. Le Phrygien s'était caché : il voit sans être vu. Cela résulte du vers 1459.

1457. Ἀμφὶ πορφυρέων πέπλων, d'entre leurs vêtements de pourpre. — Ὑπό, de dessous. Cf. *Hécube*, 53.

1466-1467. Les coups que se porte Hélène en signe de deuil retentissent sur son sein et sur sa tête. Le sens est clair ; mais le texte laisse à désirer. Cf. NC.

1468. Φυγᾷ δὲ ποδί. Les deux datifs peuvent sembler choquants. Cp. toutefois *Électre*, 218 sq. : Φυγᾷ.... φῶτας κακούργους ἐξαλύξωμεν ποδί.

ΟΡΕΣΤΗΣ.

δαλὸν ἴχνος ἔφερεν·
ἐς κόμας δὲ δακτύλους δικὼν Ὀρέστας,
Μυκηνίδ' ἀρβύλαν προβάς, 1470
ὤμοις ἀριστεροῖσιν ἀνακλάσας δέρην,
παίειν λαιμῶν
ἔμελλ' ἔσω μέλαν ξίφος.

ΧΟΡΟΣ.

Ποῦ δῆτ' ἀμύνειν οἱ κατὰ στέγας Φρύγες;

ΦΡΥΞ.

Ἰαχᾷ δόμων θύρετρα καὶ σταθμοὺς
μοχλοῖσιν ἐκβαλόντες, ἔνθ' ἐμίμνομεν,
βοηδρομοῦμεν ἄλλος ἄλλοθεν στέγης, 1475
ὁ μὲν πέτρους, ὁ δ' ἀγκύλας,
ὁ δὲ ξίφος πρόκωπον ἐν χεροῖν ἔχων.
Ἔναντα δ' ἦλθεν Πυλάδης ἀλίαστος, οἷος οἷος
Ἕκτωρ ὁ Φρύγιος ἢ τρικόρυθος Αἴας, 1480
ὃν εἶδον εἶδον ἐν πύλαισι Πριαμίσιν·
φασγάνων δ' ἀκμὰς ξυνήψαμεν. Τότε δὴ τότε διαπρεπεῖς
ἐγένοντο Φρύγες, ὅσον Ἄρεος ἀλκὰν
ἥσσονες Ἑλλάδος ἐγενόμεθ' αἰχμᾶς. 1485

NC. 1472. Variante : λαιμόν. — 1473. J'ai substitué ἔμελλ' à ἔμελλεν. — Plusieurs éditions portent εἴσω. — 1474''. *Marcianus* : ἐμβαλόντες. — 1477. Variante vicieuse : ἐν χερσίν. — 1485. Nauck écrit ἐγενόμεσθ', afin d'avoir un dochmiaque. Cependant ce vers, ainsi que le précédent et le suivant, semble composé d'anapestes dont les longues sont quelquefois remplacées par deux brèves. Cf. Eschyle, *Perses*, 930 sqq.

1470. Μυκηνίδ' ἀρβύλαν προβάς. La construction est la même que dans βαίνειν πόδα. Cf. *Él.*, 94 et 1173, ainsi que προβάς; κῶλον δεξιόν, *Phénic.* 1412. Du reste, les fortes bottines rustiques de Mycènes sont opposées à la chaussure riche et délicate (χρυσεοσάνδαλον ἴχνος, v. 1468) que porte la princesse habituée au luxe de l'Asie.

1471. Ὤμοις.... δέρην, « in humerum « sinistrum Helenæ collum resupinans mac- « tantium more. » [Facius.]

1474. Ποῦ δῆτ' ἀμύνειν. Dindorf cite Sophocle, *OEd. Col.* 335 : Οἳ δ' αὐθόμαιμοι ποῦ νεανίαι πονεῖν; Le verbe εἶναι peut rester sous-entendu après ποῦ, comme après ὅδε. Voy. la note sur *Hipp.* 294.

1474'. Ἰαχᾷ, « aux cris (que nous entendions) », ou « à grands cris. » La première de ces explications donne plus de suite au récit : cf. v. 1465. — Δόμων, « des chambres, » est l'antécédent de ἔνθ' ἐμίμνομεν.

1476. Ἀγκύλας, des javelines lancées au moyen de courroies appelées ἀγκύλαι.

1477. Ξίφος πρόκωπον équivaut, d'après Suidas, à ξίφος γυμνόν. Cf. Eschyle, *Agam.* 1651.

1481. Ἐν πύλαισι Πριαμίσιν. On ne peut guère entendre que la porte du palais de Priam. Je crois donc qu'il s'agit d'Ajax, fils d'Oïlée.

1483-1485. Il est assez singulier que a

ΟΡΕΣΤΗΣ.

Ὁ μὲν οἰχόμενος φυγὰς, ὁ δὲ νέκυς ὢν,
ὁ δὲ τραῦμα φέρων, ὁ δὲ λισσόμενος,
θανάτου προβολάν·
ὑπὸ σκότον δ' ἐφεύγομεν·
νεκροὶ δ' ἔπιπτον. οἱ δ' ἔμελλον, οἱ δ' ἔκειντ'.
Ἔμολε δ' ἁ τάλαιν' Ἑρμιόνα δόμους   1490
ἐπὶ φόνῳ χαμαιπετεῖ ματρὸς, ἅ νιν ἔτεκεν τλάμων.
Ἄθυρσοι δ' οἷά νιν δραμόντε βάκχαι
σκύμνον ἐν χεροῖν ὀρείαν συνήρπασαν·
πάλιν δὲ τὰν Διὸς κόραν ἔπι σφαγὰν
ἔτεινον· ἁ δ' ἀπὸ θαλάμων
ἐγένετο διαπρὸ δωμάτων ἄφαντος,   1495
ὦ Ζεῦ καὶ γᾶ καὶ φῶς καὶ νὺξ,
ἤτοι φαρμάκοισιν ἢ
μάγων τέχναις ἢ θεῶν κλοπαῖς.
Τὰ δ' ὕστερ' οὐ κατοῖδα· δραπέτην γὰρ ἐξ-
έκλεπτον ἐκ δόμων πόδα.
Πολύπονα δὲ πολύπονα πάθεα   1500
Μενέλεως ἀνασχόμενος ἀνόνητον
τὸν Ἑλένας ἔλαβεν ἐκ Τροίας γάμον.

NC. 1492. Variante vicieuse : δραμόντες. — 1494. Schæfer a rectifié la leçon ἐπί. Le verbe τείνειν n'équivaut pas à ἕλκειν. — 1494'. Manuscrits : ἁ δ' ἐκ θαλάμων. Afin de rétablir le mètre iambique, j'ai substitué ἀπὸ à la glose ἐκ. Hermann écrivait ἐκ παστάδων, en introduisant un spondée qui répugne ici à l'harmonie imitative. — 1495. Ancienne vulgate : δόμων. — 1498. Vulgate : τέχναισιν. Je suis revenu à la leçon des bons manuscrits : τέχναις. Ce vers (κῶλον), ainsi que le précédent, est jambique. La seconde syllabe de ἤτοι prend la durée de trois brèves ; θεῶν se prononce comme un monosyllabe. — 1499. Variantes : οὐ κάτοιδα et οὐκέτ' οἶδα. — 1501-1502. La leçon : Μενέλαος ἀνασχόμενος ἀνόνητον ἀπὸ τροίας ἔλαβε τὸν Ἑλένας γάμον n'a aucune espèce de mesure. Je l'ai modifiée de manière à en tirer des dochmiaques.

troisième personne ἐγένοντο soit suivie de la première personne ἐγενόμεσθ(α).

1488. Θανάτου προβολάν, abri contre la mort. Ces mots forment une apposition qui se rapporte à l'idée de prière, renfermée dans λισσόμενος. Cf. v. 1105, et *passim*.

1492. Ἄθυρσοι Βάκχαι, des bacchantes sans thyrse. L'épithète corrige ce qu'il y a de trop hardi dans le trope. Cp. la note sur ἀνηφαίστῳ πυρί, vers 624, et *passim*.

1494. Σφαγὰν ἔτεινον est dit comme βέλος ἔτεινον. Schæfer cite *Héc.* 263 :
Ἐς τήνδ' Ἀχιλλεὺς ἐνδίκως τείνει φόνον;

1497-1498. Φαρμάκοισιν, par des drogues. — Μάγων τέχναις, par des incantations (ἐπῳδαί), des chants ou des formules empruntés aux Mages. Cf. *Iph. Taur.* 1338 : Κατῇδε βάρβαρα Μέλη μαγεύουσα.

1502. Τὸν Ἑλένας γάμον, « matrimonium Helenæ, i. e. Helenam uxorem. »

ΧΟΡΟΣ.

Καὶ μὴν ἀμείβει καινὸν ἐκ καινῶν τόδε·
ξιφηφόρον γὰρ εἰσορῶ πρὸ δωμάτων
βαίνοντ' Ὀρέστην ἐπτοημένῳ ποδί. 1505

ΟΡΕΣΤΗΣ.

Ποῦ 'στιν οὗτος ὃς πέφευγε τοὐμὸν ἐκ δόμων ξίφος;

ΦΡΥΞ.

Προσκυνῶ σ', ἄναξ, νόμοισι βαρβάροισι προσπίτνων.

ΟΡΕΣΤΗΣ.

Οὐκ ἐν Ἰλίῳ τάδ' ἐστὶν, ἀλλ' ἐν Ἀργείᾳ χθονί.

ΦΡΥΞ.

Πανταχοῦ ζῆν ἡδὺ μᾶλλον ἢ θανεῖν τοῖς σώφροσιν.

ΟΡΕΣΤΗΣ.

Οὔτι που κραυγὴν ἔθηκας Μενέλεῳ βοηδρομεῖν; 1510

ΦΡΥΞ.

Σοὶ μὲν οὖν ἔγωγ' ἀμύνειν· ἀξιώτερος γὰρ εἶ.

ΟΡΕΣΤΗΣ.

Ἐνδίκως ἡ Τυνδάρειος ἆρα παῖς διώλετο;

ΦΡΥΞ.

Ἐνδικώτατ', εἴ γε λαιμοὺς εἶχε τριπτύχους θανεῖν.

ΟΡΕΣΤΗΣ.

Δειλίᾳ γλώσσῃ χαρίζει, τἄνδον οὐχ οὕτω φρονῶν.

ΦΡΥΞ.

Οὐ γάρ, ἥτις Ἑλλάδ' αὐτοῖς Φρυξὶ διελυμήνατο; 1515

NC. 1506. La leçon : πέφευγεν ἐκ δόμων τοὐμὸν ξίφος, se trouve corrigée dans quelques manuscrits récents. — 1507. *Marcianus* : βαρβάροις προσπίπτων.

1503. Ἀμείβει est ici employé intransitivement, dans le sens de διαδέχεται.

1507. Νόμοισι βαρβάροισι. L'esclave se prosterne devant Oreste en l'adorant, προσκυνῶν, suivant l'usage de l'Orient. Dans les *Troyennes*, v. 1021, Hécube dit à Hélène : Προσκυνεῖσθαι βαρβάρων ὑπ' ἤθελες.

1508. Οὐκ ἐν Ἰλίῳ τάδ' ἐστίν, ceci ne se passe pas à Troie, nous ne sommes pas à Troie.

1510-1511. Le datif Μενέλεῳ est gouverné par βοηδρομεῖν, ainsi que le prouve l'antithèse σοί.... ἀμύνειν, sous-entendu κραυγὴν ἔθηκα.

1512. Scholiaste : Ἀνάξια καὶ τραγῳδίας καὶ τῆς Ὀρέστου συμφορᾶς τὰ νῦν λεγόμενα.

1515. Οὐ γάρ, sous-ent. ἐνδικώτατα διώλετο (v. 1513) ; — Αὐτοῖς Φρυξί. Il serait contraire à l'usage d'ajouter la préposition σύν. Cp. la note sur *Médée*, 164.

ΟΡΕΣΤΗΣ.

Ὄμοσον· εἰ δὲ μὴ, κτενῶ σε, μὴ λέγειν ἐμὴν χάριν.

ΦΡΥΞ.

Τὴν ἐμὴν ψυχὴν κατώμοσ', ἣν ἂν εὐορκοῖμ' ἐγώ.

ΟΡΕΣΤΗΣ.

Ὧδε κἂν Τροίᾳ σίδηρος πᾶσι Φρυξὶν ἦν φόβος;

ΦΡΥΞ.

Ἄπεχε φάσγανον· πέλας γὰρ δεινὸν ἀνταυγεῖ φόνον.

ΟΡΕΣΤΗΣ.

Μὴ πέτρος γένῃ δέδοικας, ὥστε Γοργόν' εἰσιδών; 1520

ΦΡΥΞ.

Μὴ μὲν οὖν νεκρός· τὸ Γοργοῦς δ' οὐ κάτοιδ' ἐγὼ κάρα.

ΟΡΕΣΤΗΣ.

Δοῦλος ὢν φοβεῖ τὸν Ἅιδην, ὅς σ' ἀπαλλάξει κακῶν;

ΦΡΥΞ.

Πᾶς ἀνὴρ, κἂν δοῦλος ᾖ τις, ἥδεται τὸ φῶς ὁρῶν.

ΟΡΕΣΤΗΣ.

Εὖ λέγεις, σώζει σε σύνεσις· ἀλλὰ βαῖν' εἴσω δόμων.

ΦΡΥΞ.

Οὐκ ἄρα κτενεῖς μ';

ΟΡΕΣΤΗΣ.

Ἀφεῖσαι.

ΦΡΥΞ.

Καλὸν ἔπος λέγεις τόδε. 1525

ΟΡΕΣΤΗΣ.

Ἀλλὰ μεταβουλευσόμεσθα.

NC. 1516. Manuscrits : κτανῶ. — 1518. Comme πᾶσι est omis dans le *Marcianus*, Nauck propose : Φρυξὶν ἦν φόβου πλέως.

1516. Ὄμοσον.... μὴ λέγειν ἐμὴν χάριν, jure que tu ne parles pas ainsi pour me plaire. On a vainement essayé de donner un autre sens à ces mots, qui sont fort clairs : il est évident que λέγειν ἐμὴν χάριν équivaut à γλώσσῃ χαρίζεσθαι v. 1514). Sans doute, Oreste s'amuse trop longtemps avec ce pauvre homme; mais le poëte voulait faire rire son public.

1517. Ἣν ἂν εὐορκοῖμ' ἐγώ. Cette phrase équivaut à la formule homérique (*Iliade*, XV, 40) : Τὸ μὲν οὐκ ἂν ἐγώ ποτε μὰψ ὀμόσαιμι. [Porson.]

1519. Πέλας γὰρ, sous-ent. ὄν, quand il est rapproché. — Δεινόν est un accusatif adverbial, gouverné par ἀνταυγεῖ.

ΟΡΕΣΤΗΣ.

[ΦΡΥΞ.

Τοῦτο δ' οὐ καλῶς λέγεις.

ΟΡΕΣΤΗΣ.

Μῶρος, εἰ δοκεῖς με τλῆναι σὴν καθαιμάξαι δέρην·
οὔτε γὰρ γυνὴ πέφυκας, οὔτ' ἐν ἀνδράσιν σύ γ' εἶ.
Τοῦ δὲ μὴ στῆσαί σε κραυγὴν οὕνεκ' ἐξῆλθον δόμων·
ὀξὺ γὰρ βοῆς ἀκοῦσαν Ἄργος ἐξεγείρετ' ἄν. 1530
Μενέλεων δ' οὐ τάρβος ἡμῖν ἀναλαβεῖν εἴσω ξίφους·
ἀλλ' ἴτω ξανθοῖς ἐπ' ὤμων βοστρύχοις γαυρούμενος.
Εἰ δ' ἄρ' Ἀργείους ἐπάξει τοῖσδε δώμασιν λαβών,
τὸν Ἑλένης φόνον διώκων, κἀμὲ μὴ σώζειν θέλῃ
ξύγγονόν τ' ἐμὴν φίλον τε τὸν τάδε ξυνδρῶντά μοι, 1535
παρθένον τε καὶ δάμαρτα δύο νεκρὼ κατόψεται.

ΧΟΡΟΣ.

Ἰὼ ἰὼ τύχα, [Antistrophe.
ἕτερον εἰς ἀγῶν', ἕτερον αὖ δόμος

NC. 1527. Le scholiaste cite la variante : μῶρος εἶ δοκεῖς. — 1530. J'ai écrit ἐξεγείρετ ἄν pour ἐξεγείρεται, leçon qui ne donne pas de sens satisfaisant. — 1533. On lisait : εἰ γάρ. J'ai écrit εἰ δ' ἄρ', afin de rétablir la suite des idées. Scholiaste : Περὶ γὰρ τοῦ Μενελάου οὐδεὶς λόγος· ἑνὸς γὰρ αὐτοῦ ὄντος δυνησόμεθα περιγενέσθαι, ὥστε ἡκέτω ὁ τῷ κάλλει μόνῳ ἐπερειδόμενος. Εἰ δὲ τοὺς Ἀργείους πάντας ἐπαγόμενος ἔλθῃ, κτλ. — 1534. Ancienne vulgate : θέλει. Nauck : θέλων. — 1535. J'ai substitué φίλον à Πυλάδην, glose qui gâte le mètre. Nauck doute de l'authenticité de ce vers.

1527. On sous-entend facilement la seconde personne εἶ après μῶρος, puisque ce mot est suivi de εἰ δοκεῖς.

1529. Στῆσαί σε. Il est évident que ces paroles s'adressent à l'eunuque et non pas au chœur.

1530. Ὀξύ se rapporte à βοῆς ἀκοῦσαν. Cf. Sophocle, *Él.* 30 : Ὀξεῖαν ἀκοὴν τοῖς ἐμοῖς λόγοις διδούς. — Ἐξεγείρετ' ἄν, sous-ent. εἰ σὺ κραυγὴν ἔστησας. Oreste dit que les Argiens se lèveraient, s'il avait laissé le Phrygien jeter des cris d'alarme.

1531. Εἴσω ξίφους, en deçà de la portée de mon épée.

1532. Βοστρύχοις γαυρούμενος. Je crois qu'Euripide se souvenait des vers d'Archiloque (fragm. 52 Bergk) : Οὐ φιλέω μέγαν στρατηγὸν οὐδὲ διαπεπλιγμένον, Οὐδὲ βοστρύχοισι γαῦρον οὐδ' ὑπεξυρημένον.

1533. Εἰ δ' ἄρ' Ἀργείους ἐπάξει. Oreste ne craint pas de se mesurer avec Ménélas seul. C'est seulement dans le cas où Ménélas se fera suivre par les Argiens et se montrera intraitable, qu'Oreste se réserve de tuer Hermione.

1534. Θέλῃ. « Ex εἰ intelligitur ἦν, in « quo genere constructionis non magis « quidquam falsi est quam in illo in « *Phœn.* 93 : Μή τις πολιτῶν ἐν τρίβῳ « φαντάζεται, Κἀμοὶ μὲν ἔλθῃ φαῦλος « ὡς δούλῳ ψόγος, Σοὶ δ' ὡς ἀνάσσῃ. Di- « versæ enim conditiones sunt : cum manu « Argivorum venturum esse Menelaum non « poterat dubium Oresti esse ; illud vero « incertum est, an interfici eum jussurus sit « audito filiæ et uxoris periculo. » [Herm.]

1537. Cette antistrophe répond à une strophe qui se lit aux vers 1353 sqq. Les deux morceaux correspondants sont donc séparés par deux scènes. Un intervalle plus

ΟΡΕΣΤΗΣ.

φοβερὸν ἀμφὶ τοὺς Ἀτρείδας πίτνει.

ΗΜΙΧΟΡΙΟΝ.

Τί δρῶμεν; ἀγγέλλωμεν εἰς πόλιν τάδε;
ἢ σῖγ' ἔχωμεν;

ΗΜΙΧΟΡΙΟΝ.

Ἀσφαλέστερον, φίλαι.   1540

ΗΜΙΧΟΡΙΟΝ.

Ἴδε πρὸ δωμάτων ἴδε προκηρύσσει
θοάζων ὅδ' αἰθέρος ἄνω καπνός.

ΗΜΙΧΟΡΙΟΝ.

Ἅπτουσι πεύκας ὡς πυρώσοντες δόμους
τοὺς Ταντάλειους, οὐδ' ἀφίστανται φόνου.

ΧΟΡΟΣ.

Τέλος ἔχει βροτοῖς θεός,   1545
τέλος ὅπα θέλει.
Μεγάλα δέ τις ἁ δύναμις· μάλ' ἀλάστωρ

NC. 1544. Variante : πόνου. — 1545. Nauck propose : τέλος ἄγει. — Manuscrits : δαίμων βροτοῖσι. Seidler : δαίμων βροτοῖς. Le vers correspondant de la strophe, 1364, prouve qu'il faut écrire βροτοῖς θεός. Les mots δαίμων et θεός ont été souvent substitués l'un à l'autre. Trois scholies, où ces vers sont paraphrasés de trois manières différentes, portent θεός. — 1547-1549. Manuscrits : ἁ δύναμις· δι' ἀλαστόρων ‖ ἔπεσεν ἔπεσε (ou ἔπαισεν ἔπαισε) μέλαθρα τάδε δι' αἱμάτων ‖ διὰ τὸ μυρτίλου. La conjecture de Seidler : δι' ἀλάστορ' ἔπεσ' ἔπεσε, est insuffisante. Euripide n'a pas répété la préposition διὰ jusqu'à trois fois et avec si peu de propriété. L'accord antistrophique (cf. v. 1364) exige à la place de αἱμάτων un mot à pénultième longue. Du reste une leçon toute différente est indiquée par la scholie du *Marcianus* : Ἐπηγίασέ τις τοῖς οἴκοις φονικὸς δαίμων, δι' αἱμάτων τιμωρίαν ποιούμενος τοῦ πτώματος τοῦ Μυρτίλου. Le texte répondra à cette interprétation, si, en le modifiant légèrement, nous écrivons : ἀλάστωρ ἐπέπεσεν ἔπεσε (ou ἐπέπεσ' ἔπεπεσε) μέλαθρα τάδε. Ensuite les mots δι' αἱμάτων sont louches dans le texte, mais ils sont très-bien placés dans la scholie. Ils sont donc une glose explicative d'une autre leçon, qui ne peut guère être que αἱμάσσων. Enfin le sens et la mesure se complètent par le mot μάλ(α), placé en tête de la phrase. Les deux dernières lettres de μάλ' étant identiques aux premières lettres de ἀλάστωρ, ont pu être facilement oubliées. Par suite de cette omission M fut changé en ΔΙ.

grand encore se trouve, dans l'*Hippolyte*, entre les strophes des vers 362 sqq. et 669 sqq.

1539. Ἀμφὶ τοὺς Ἀτρείδας. Suppléez ὄντα, et rapportez ces mots à ἀγῶνα.

1541-1542. Προκηρύσσει... καπνός. Cf. Eschyle, *Sept Chefs*, 81 : Αἰθερία κόνις με πείθει φανεῖσ', ἄναυδος σαφὴς ἔτυμος ἄγγελος.

1544. Οὐδ' ἀφίστανται φόνου. On apprête la mort d'Hermione après celle d'Hélène.

1545-1546. Τέλος ἔχει.... ὅπα θέλει, il dirige la fin où il lui plaît. Voyez la note sur le vers 1058.

1547. Μάλ(α) reprend l'idée exprimée dans la phrase précédente par μεγάλα.

ἐπέπεσεν ἔπεσε μέλαθρα τάδ' αἱμάσσων
διὰ τὸ Μυρτίλου πέσημ'· ἐκ δίφρου.

Ἀλλὰ μὴν καὶ τόνδε λεύσσω Μενέλεων δόμων πέλας
ὀξύπουν, ᾐσθημένον που τὴν τύχην ἣ νῦν πάρα.   1550
Οὐκέτ' ἂν φθάνοιτε κλῇθρα συμπεραίνοντες μοχλοῖς,
ὦ κατὰ στέγας Ἀτρεῖδαι. Δεινὸν εὐτυχῶν ἀνὴρ
πρὸς κακῶς πράσσοντας, ὡς σὺ νῦν, Ὀρέστα, δυστυχεῖς.

ΜΕΝΕΛΑΟΣ.

Ἥκω κλύων τὰ δεινὰ καὶ δραστήρια
δισσοῖν λεόντοιν· οὐ γὰρ ἄνδρ' αὐτῷ καλῶ.   1555
Ἤκουσα γὰρ δὴ τὴν ἐμὴν ξυνάορον
ὡς οὐ τέθνηκεν, ἀλλ' ἄφαντος οἴχεται,
κενὴν ἀκούσας βάξιν, ἣν φόβῳ σφαλεὶς
ἤγγειλέ μοί τις. Ἀλλὰ τοῦ μητροκτόνου
τεχνάσματ' ἐστὶ ταῦτα καὶ πολὺς γέλως.   1560
Ἀνοιγέτω τις δῶμα· προσπόλοις λέγω
ὠθεῖν πύλας τάσδ', ὡς ἂν ἀλλὰ παῖδ' ἐμὴν
ῥυσώμεθ' ἀνδρῶν ἐκ χερῶν μιαιφόνων
καὶ τὴν τάλαιναν ἀθλίαν δάμαρτ' ἐμὴν

1551-1553. Ces vers sont attribués à Électre dans les manuscrits récents et dans les vieilles éditions. — 1556. Kirchhoff propose : ἤκουσα μὲν γάρ. — 1558. Variante mauvaise : καινήν.

1548-1549. Ἐπέπεσεν ἔπεσε μέλαθρα est mis pour ἐπέπεσεν ἐπέπεσε μέλαθρα, d'après un usage dont on trouve de nombreux exemples chez notre poëte. Ἐπιπίπτειν, ayant ici le sens de « se jeter sur, assaillir » est poétiquement construit avec l'accusatif, comme ἐπιβαίνειν, ἐπιστείχειν, ἐπιτρέχειν le sont ailleurs. — Αἱμάσσων διὰ τὸ Μυρτίλου πέσημ' ἐκ δίφρου, ensanglantant la maison (la remplissant de meurtres) à cause de la chute de Myrtile (précipité) du char (de Pélops). Voyez, au sujet de ce premier crime, origine de tous les autres, la note sur les vers 988 sqq.
1551-1552. Οὐκέτ' ἂν φθάνοιτε. Voy. la note sur le vers 936. — Ἀτρεῖδαι. Oreste, sa sœur et son cousin.

1554. Τὰ δραστήρια, (les actes) violents.
1556-1560. Ἤκουσα γὰρ δή.... πολὺς γέλως. Le bruit qui veut qu'Hélène ait disparu d'une manière surnaturelle, est pour Ménélas une preuve de la mort d'Hélène. Cette ridicule fiction a été, dit-il, imaginée par Oreste et acceptée par un esclave effrayé.
1562. Ἀλλά, du moins. La locution complète serait : εἰ καὶ μὴ Ἑλένην, ἀλλὰ παῖδ' ἐμήν. Voy. Iph. Aul. 1289.
1564. Τὴν τάλαιναν ἀθλίαν δάμαρτ' ἐμήν. Ménélas parle du cadavre de son épouse. Il ne croit pas qu'Oreste tienne Hélène enfermée : les vers 1554 sq. et 1579 le prouvent assez.

ΟΡΕΣΤΗΣ.

λάβωμεν, ἢ δεῖ ξυνθανεῖν ἐμῇ χερὶ 1565
τοὺς διολέσαντας τὴν ἐμὴν ξυνάορον.

ΟΡΕΣΤΗΣ.

Οὗτος σὺ, κλήθρων τῶνδε μὴ ψαύσῃς χερί,
Μενέλαον εἶπον, ὃς πεπύργωσαι θράσει·
ἢ τῷδε θριγκῷ κρᾶτα συνθραύσω σέθεν,
ῥήξας παλαιὰ γεῖσα, τεκτόνων πόνον. 1570
Μοχλοῖς δ' ἄραρε κλῆθρα, σῆς βοηδρόμου
σπουδῆς ἅ σ' εἴρξει, μὴ δόμων εἴσω περᾶν.

ΜΕΝΕΛΑΟΣ.

Ἔα, τί χρῆμα; λαμπάδων ὁρῶ σέλας,
δόμων δ' ἐπ' ἄκρων τούσδε πυργηρουμένους,
ξίφος δ' ἐμῆς θυγατρὸς ἐπίφρουρον δέρῃ. 1575

ΟΡΕΣΤΗΣ.

Πότερον ἐρωτᾶν ἢ κλύειν ἐμοῦ θέλεις;

ΜΕΝΕΛΑΟΣ.

Οὐδέτερ'· ἀνάγκη δ', ὡς ἔοικε, σοῦ κλύειν.

ΟΡΕΣΤΗΣ.

Μέλλω κτανεῖν σου θυγατέρ', εἰ βούλει μαθεῖν.

ΜΕΝΕΛΑΟΣ.

Ἑλένην φονεύσας ἐπὶ φόνῳ πράσσεις φόνον;

NC. 1565-1566. Un scholiaste cite la variante ἢ δεῖ. Mais Ménélas n'est certes pas disposé à faire grâce aux meurtriers, s'ils lui rendent le cadavre d'Hélène. — Nous croyons que le texte primitif ne portait, à la place de ces deux vers, que : τοὺς διολέσαντας ξυνθανεῖν ἐμῇ χερί. Le subjonctif ῥυσώμεθ(α), v. 1563, était suivi de l'infinitif ξυνθανεῖν. C'est pour corriger cette irrégularité que les mots λάβωμεν, ἢ δεῖ et τὴν ἐμὴν ξυνάορον (cf. v. 1556) auront été interpolés. — 1577. Tous, ou presque tous, les manuscrits portent οὐδέτερον. — 1579. Les mots ἐπὶ φόνῳ πράσσεις φόνον reviennent au vers 1587. On peut croire que le poète s'est servi ici d'une autre tournure.

1566. Les mots τὴν ἐμὴν ξυνάορον sont plus qu'inutiles après ἢ. Voy. NC.

1567. Oreste, toujours accompagné de son fidèle Pylade, se trouve sur le toit du palais. Il tient une épée nue au-dessus de la tête d'Hermione, sa captive.

1568. Πεπύργωσαι θράσει. Ce trope indique qu'il y a quelque chose de factice dans le courage jusqu'auquel s'est monté Ménélas. Cf. *Médée*, 526 ; Aristophane, *Gren.* 1004 : Πυργώσας ῥήματα σεμνά.

1571-1572. Construisez : ἅ σ' εἴρξει σῆς βοηδρόμου σπουδῆς, (ὥστε) μὴ περᾶν εἴσω δόμων.

1574. Πυργηρουμένους, se tenant comme dans une forteresse.

1575. Ξίφος.... ἐπίφρουρον δέρῃ. Tournure poétique, à laquelle le vers 1627 peut servir de commentaire.

1579. Πράσσεις φόνον, tu médites un meurtre. Πράσσειν diffère de ποιεῖν : voy. la note sur *Iph. Aul.* 1105.

ΟΡΕΣΤΗΣ.

Εἰ γὰρ κατέσχον μὴ θεῶν κλεφθεὶς ὕπο. 1580

ΜΕΝΕΛΑΟΣ.

Ἀρνεῖ κατακτὰς κἀφ' ὕβρει λέγεις τάδε;

ΟΡΕΣΤΗΣ.

Λυπράν γε τὴν ἄρνησιν· εἰ γὰρ ὤφελον

ΜΕΝΕΛΑΟΣ.

Τί χρῆμα δρᾶσαι; παρακαλεῖς γὰρ εἰς φόβον.

ΟΡΕΣΤΗΣ.

τὴν Ἑλλάδος μιάστορ' εἰς Ἅιδου βαλεῖν.

ΜΕΝΕΛΑΟΣ.

Ἀπόδος δάμαρτος νέκυν, ὅπως χώσω τάφῳ. 1585

ΟΡΕΣΤΗΣ.

Θεοὺς ἀπαίτει· παῖδα δὲ κτενῶ σέθεν.

ΜΕΝΕΛΑΟΣ.

Ὁ μητροφόντης ἐπὶ φόνῳ πράσσει φόνον.

ΟΡΕΣΤΗΣ.

Ὁ πατρὸς ἀμύντωρ, ὃν σὺ προύδωκας θανεῖν.

ΜΕΝΕΛΑΟΣ.

Οὐκ ἤρκεσέν σοι τὸ παρὸν αἷμα μητέρος;

ΟΡΕΣΤΗΣ.

Οὐκ ἂν κάμοιμι τὰς κακὰς κτείνων ἀεί. 1590

ΜΕΝΕΛΑΟΣ.

Ἦ καὶ σύ, Πυλάδη, τοῦδε κοινωνεῖς φόνου;

ΟΡΕΣΤΗΣ.

Φησὶν σιωπῶν· ἀρκέσω δ' ἐγὼ λέγων.

NC. 1587-1588. Aristote fait allusion à ces deux vers dans sa *Rhétorique*, III, II, vers la fin. Nous notons ce passage, parce qu'il a échappé à Kirchhoff. — 1589. Markland proposait : τὸ πάρος αἷμα.

1580. Εἰ γὰρ κατέσχον, sous-ent. τὸν Ἑλένης φόνον, ah! si j'avais pu accomplir (*utinam obtinuissem*) le meurtre d'Hélène! Cf. v. 1149 : Ἢν δ' οὖν τὸν Ἑλένης μὴ κατάσχωμεν φόνον.
1582. Avant τὴν ἄρνησιν sous-ent. ἀρνοῦμαι.
1589. Τὸ παρὸν αἷμα μητέρος, le sang dont tu es souillé, le sang de ta mère. Il est étrange qu'on ait voulu entendre μητέρος de la mère d'Hermione. Ménélas reprend l'idée déjà exprimée dans le vers 1587. Oreste ne s'y trompe pas : en disant τὰς κακάς, v. 1590, il ne peut avoir en vue que Clytemnestre et Hélène. Scholiaste : Οὐ γὰρ καὶ τὴν Ἑρμιόνην λέγει κακήν.
1592. Φησὶν σιωπῶν, il en convient par son silence. Quoique interpellé, Py-

ΜΕΝΕΛΑΟΣ.
Ἀλλ' οὔτι χαίρων, ἤν γε μὴ φύγῃς πτεροῖς.
ΟΡΕΣΤΗΣ.
Οὐ φευξόμεσθα· πυρὶ δ' ἀνάψομεν δόμους.
ΜΕΝΕΛΑΟΣ.
Ἦ γὰρ πατρῷον δῶμα πορθήσεις τόδε;   1595
ΟΡΕΣΤΗΣ.
Ὡς μή γ' ἔχῃς σύ, τήνδ' ἐπισφάξας πυρί.
ΜΕΝΕΛΑΟΣ.
Κτεῖν'· ὡς κτανών γε τῶνδέ μοι δώσεις δίκην.
[ΟΡΕΣΤΗΣ.
Ἔσται τάδ'.
ΜΕΝΕΛΑΟΣ.
Ἆ ἆ, μηδαμῶς δράσῃς τάδε.]
ΟΡΕΣΤΗΣ.
Σίγα νυν, ἀνέχου δ' ἐνδίκως πράσσων κακῶς.
ΜΕΝΕΛΑΟΣ.
Ἦ γὰρ δίκαιον ζῆν σε;
ΟΡΕΣΤΗΣ.
Καὶ κρατεῖν γε γῆς.   1600
ΜΕΝΕΛΑΟΣ.
Ποίας;
ΟΡΕΣΤΗΣ.
Ἐν Ἄργει τῷδε τῷ Πελασγικῷ.

N. 1596. Variante vicieuse : ὡς μήτ' ἔχῃς. Nauck dit de ce vers : « Graviter corruptus aut spurius. » — 1598. Ce vers rompt la relation évidente entre ce que Ménélas a dit au vers 1597 et ce qu'il dira au vers 1600 ; et il a été inséré en dépit de la régularité de ce dialogue : jusqu'au vers 1599 chacun des deux interlocuteurs prononce un vers entier. Heiland avait déjà signalé cette interpolation, reconnue par Nauck. — 1599. Manuscrits : νῦν. — 1600. La plupart des manuscrits portent τε pour γε.

lade ne prend point la parole. Cela est conforme aux habitudes du théâtre antique. Du reste, le poète n'avait que trois acteurs à sa disposition. Le protagoniste remplissait le rôle d'Oreste ; le tritagoniste celui de Ménélas ; et comme Apollon va paraître bientôt, sans que ni l'un ni l'autre de ces deux personnages se retire, le deutéragoniste ne se trouvait pas disponible non plus.

1599-1600. Oreste dit : « Résigne-toi à un malheur mérité, ἀνέχου δ' ἐνδίκως πράσσων κακῶς. » Ménélas répond « (Tu prétends que je ne dois pas me venger). Est-il donc juste que tu vives? Ἦ γὰρ δίκαιον ζῆν σε; » Pour comprendre

ΟΡΕΣΤΗΣ.

ΜΕΝΕΛΑΟΣ.
Εὖ γοῦν θίγοις ἂν χερνίβων.

ΟΡΕΣΤΗΣ.
Τί δὴ γὰρ οὔ;

ΜΕΝΕΛΑΟΣ.
Καὶ σφάγια πρὸ δορὸς καταβάλοις.

ΟΡΕΣΤΗΣ.
Σὺ δ' ἂν καλῶς;

ΜΕΝΕΛΑΟΣ.
Ἁγνὸς γάρ εἰμι χεῖρας.

ΟΡΕΣΤΗΣ.
Ἀλλ' οὐ τὰς φρένας.

ΜΕΝΕΛΑΟΣ.
Τίς δ' ἂν προσείποι σ';

ΟΡΕΣΤΗΣ.
Ὅστις ἐστὶ φιλοπάτωρ.   1605

ΜΕΝΕΛΑΟΣ.
Ὅστις δὲ τιμᾷ μητέρ';

ΟΡΕΣΤΗΣ.
Εὐδαίμων ἔφυ.

ΜΕΝΕΛΑΟΣ.
Οὔκουν σύ γ'.

ΟΡΕΣΤΗΣ.
Οὐ γὰρ ἀνδάνουσιν αἱ κακαί.

NC. 1605. Variante : τίς ἄν. — 1607. *Marcianus :* ἀνδάνουσι μ' αἱ κακαί. Quelques manuscrits récents insèrent μ' après γάρ.

la suite du dialogue, il faut lire ces deux vers immédiatement après le vers 1597, sans tenir compte du vers interpolé, dans lequel Ménélas quitte le ton de la menace pour celui de la prière.

1602. Εὖ γοῦν θίγοις ἂν χερνίβων. Ménélas parle ironiquement. On sait que dans la haute antiquité les rois étaient prêtres et avaient à offrir un grand nombre de sacrifices. Ces fonctions sacerdotales sont même les seules qui aient été maintenues dans les républiques où les rois continuèrent d'exister de nom, comme à Sparte ou à Rome (*rex sacrificulus*), ainsi que dans celles où ils furent remplacés par des magistrats d'un autre nom.

1603. Καὶ σφάγια πρὸ δορὸς καταβάλοις. Parmi les sacrifices dont nous avons parlé dans la note précédente, l'un des plus importants consistait à immoler des victimes avant la bataille.

1604. Ἁγνός.... φρένας. Cf. *Hipp.* 317 : Χεῖρες μὲν ἁγναί, φρὴν δ' ἔχει μίασμά τι.

1606. Εὐδαίμων ἔφυ. Oreste laisse entendre qu'en tuant sa mère, il n'a pas commis un crime, mais qu'il a subi un malheur.

ΟΡΕΣΤΗΣ.

ΜΕΝΕΛΑΟΣ.
Ἄπαιρε θυγατρὸς φάσγανον.
ΟΡΕΣΤΗΣ.
Ψευδὴς ἔφυς.
ΜΕΝΕΛΑΟΣ.
Ἀλλὰ κτενεῖς μου θυγατέρ';
ΟΡΕΣΤΗΣ.
Οὐ ψευδὴς ἔτ' εἶ.
ΜΕΝΕΛΑΟΣ.
Οἴμοι, τί δράσω;
ΟΡΕΣΤΗΣ.
Πεῖθ' ἐς Ἀργείους μολὼν,   1610
ΜΕΝΕΛΑΟΣ.
Πειθὼ τίν';
ΟΡΕΣΤΗΣ.
ἡμᾶς μὴ θανεῖν αἰτοῦ πόλιν.
ΜΕΝΕΛΑΟΣ.
Ἦ παῖδά μου φονεύσεθ';
ΟΡΕΣΤΗΣ.
Ὧδ' ἔχει τάδε.
ΜΕΝΕΛΑΟΣ.
Ὦ τλῆμον Ἑλένη.
ΟΡΕΣΤΗΣ.
Τἀμὰ δ' οὐχὶ τλήμονα;
ΜΕΝΕΛΑΟΣ.
Σοὶ σφάγιον ἐκόμισ' ἐκ Φρυγῶν,
ΟΡΕΣΤΗΣ.
Εἰ γὰρ τόδ' ἦν.
ΜΕΝΕΛΑΟΣ.
πόνους πονήσας μυρίους.

NC. 1608. Nauck pense que l'impératif ἄπαιρε ne s'accorde pas avec la réponse de Ménélas. Ce critique propose : Θυγατρὸς ἀπαρεῖς φάσγανον. — 1611. Θανεῖν est leçon du manuscrit de Paris. Les autres portent κτανεῖν. — 1614. Morell : Σὲ σφάγιον.

1610. Ἐς Ἀργείους, vers l'assemblée des Argiens.

1614. Σοί. Ici Ménélas s'adresse de nouveau à Oreste.

ΟΡΕΣΤΗΣ.

Πλὴν εἰς ἐμέ.   1615

ΜΕΝΕΛΑΟΣ.

Πέπονθα δεινά.

ΟΡΕΣΤΗΣ.

Τότε γὰρ ἦσθ' ἀνωφελής.

ΜΕΝΕΛΑΟΣ.

Ἔχεις με.

ΟΡΕΣΤΗΣ.

Σαυτὸν σύ γ' ἔλαβες κακὸς γεγώς.
Ἀλλ' εἶ', ὕφαπτε δώματ', Ἠλέκτρα, τάδε·
σύ τ', ὦ φίλων μοι τῶν ἐμῶν σαφέστατε,
Πυλάδη, κάταιθε γεῖσα τειχέων τάδε.   1620

ΜΕΝΕΛΑΟΣ.

Ὦ γαῖα Δαναῶν ἱππίου τ' Ἄργους κτίται,
οὐκ εἶ' ἐνόπλῳ ποδὶ βοηδρομήσετε;
Πᾶσαν γὰρ ὑμῶν ὅδε βιάζεται πόλιν·
ζῆν, αἷμα μητρὸς μυσαρὸν ἐξειργασμένος.

ΑΠΟΛΛΩΝ.

Μενέλαε, παῦσαι λῆμ' ἔχων τεθηγμένον,   1625
Φοῖβός σ' ὁ Λητοῦς παῖς ὅδ' ἐγγὺς ὢν καλῶ,
σύ θ', ὃς ξιφήρης τῇδ' ἐφεδρεύεις κόρῃ,
Ὀρέσθ', ἵν' εἰδῇς οὓς φέρων ἥκω λόγους.
Ἑλένην μὲν ἣν σὺ διολέσαι πρόθυμος ὢν

NC. 1620. Ancienne vulgate : τείχεος. — 1622. Οὐκ εἶ', excellente correction de Musgrave pour οὐχί (ou οὔκουν). — 1623. Brunck a rectifié la leçon ἡμῶν. — 1626. Le pronom σ' a été inséré après φοῖβος dans quelques manuscrits récents.

1615. Εἰς ἐμέ, par rapport à moi. Cp. v. 677, et *passim*.

1616. Τότε. Scholiaste : Ὅτε σε ἠξίουν βοηθῆσαί μοι.

1617. Ἔχεις με, tu me tiens. — Σαυτὸν σύ γ' ἔλαβες κακὸς γεγώς, c'est toi-même qui t'es pris dans ta méchanceté.

1618. Ἠλέκτρα. Électre se trouve dans l'intérieur de la maison.

1622. Ἐνόπλῳ ποδί ne désigne pas l'armure du pied. Cette périphrase est mise pour ἔνοπλοι, parce qu'il s'agit d'une course à faire. Voy. la note sur *Hipp.* 661.

1623-1624. Ὅδε βιάζεται πόλιν ζῆν.... ἐξειργασμένος, cet homme veut forcer les citoyens à (le laisser) vivre malgré son parricide. Le participe ἐξειργασμένος, qui est au nominatif, indique que ζῆν a pour sujet ὅδε, et non πόλιν. — Αἷμα, meurtre. Cf. v. 285, et *passim*.

1629. Ἑλένην. Le lecteur français s'attend ici au nominatif Ἑλένη. Mais,

ΟΡΕΣΤΗΣ. 801

ἥμαρτες, ὀργὴν Μενέλεῳ ποιούμενος, 1630
ἥδ' ἐστίν, ἣν ὁρᾷς [ἐν αἰθέρος πτυχαῖς],
σεσωσμένη τε κοὐ θανοῦσα πρὸς σέθεν.
Ἐγώ νιν ἐξέσωσα χὑπὸ φασγάνου
τοῦ σοῦ κελευσθεὶς ἥρπασ' ἐκ Διὸς πατρός.
Ζηνὸς γὰρ οὖσαν ζῆν νιν ἄφθιτον χρεών, 1635
Κάστορί τε Πολυδεύκει τ' ἐν αἰθέρος πτυχαῖς
ξύνθακος ἔσται, ναυτίλοις σωτήριος.
Ἄλλην δὲ νύμφην εἰς δόμους κτῆσαι λαβών,
ἐπεὶ θεοὶ τῷ τῆσδε καλλιστεύματι
Ἕλληνας εἰς ἓν καὶ Φρύγας ξυνήγαγον, 1640
θανάτους τ' ἔθηκαν, ὡς ἀπαντλοῖεν χθονὸς

NC. 1631. Nauck regarde ce vers comme interpolé. Nous nous sommes borné à mettre entre crochets ἐν αἰθέρος πτυχαῖς, mots qui viennent du vers 1636, et qui sont déplacés ici. Hermann écrit ἐν αἰθέρος πύλαις, en se fondant sur la glose πύλαις que le *Marcianus* porte en marge. Cette correction ne semble pas suffire. — 1633. Kirchhoff a corrigé la vulgate κἀπό d'après la leçon du *Marcianus* : καὶ ὑπό. — 1638. Kirchhoff veut transposer ce vers après le vers 1642. Il n'a pa remarqué l'antithèse entre ἄλλην et τῆσδε, v. 1639.

tout en étant le sujet de la phrase principale, ce nom est entré par attraction dans la phrase incidente. Cf. Sophocle, *Trachin.* 283 : Τάσδε δ' ἅσπερ εἰσορᾷς, Ἐξ ὀλβίων ἄζηλον εὑροῦσαι βίον Χωροῦσι πρὸς σέ. Porson et Schæfer ont cité un grand nombre d'exemples qui prouvent que cet hellénisme, qui se trouve aussi chez les prosateurs, remonte d'un côté jusqu'à Homère, et que de l'autre côté il a été imité par les poetes latins. Citons seulement Virgile, *Én.* I, 573 : *Urbem quam statuo, vestra est.*

1631. La locution, familière à Euripide, ἐν αἰθέρος πτυχαῖς, « dans les replis, dans les profondeurs du ciel, » semble imité de l'Homérique κατὰ πτύχας Οὐλύμποιο, *Il.* XI, 77. C'est là que se trouvera Hélène lorsqu'Apollon l'aura conduite à la demeure de Jupiter, comme il l'annoncera dans le vers 1684. Cette locution est donc de mise au vers 1636 ; mais elle ne l'est pas ici. Hélène se voyait sans doute à côté d'Apollon.

1635. Ζηνὸς γὰρ οὖσαν ζῆν νιν ἄφθιτον χρεών. Le titre d'Hélène à l'immortalité, c'est qu'elle est fille de Jupiter. Cela est conforme aux idées grecques. Suivant Homère, *Od.* IV, 561 sqq., Ménélas est transporté dans les champs Élysées parce qu'il a été le gendre du souverain des dieux. Dans le vers d'Euripide, il y a un jeu de mots que les commentateurs ne semblent pas avoir remarqué. En disant Ζηνός.... ζῆν le poëte fait allusion à une étymologie erronée, mais répandue, du nom de Ζεύς ou Ζήν. La fille du dieu de vie ne saurait mourir. Cf. Platon, *Cratyle*, p. 396 A : Οὐ γὰρ ἔστιν ἡμῖν καὶ τοῖς ἄλλοις πᾶσιν ὅστις ἐστὶν αἴτιος μᾶλλον τοῦ ζῆν ἢ ὁ ἄρχων τε καὶ βασιλεὺς τῶν πάντων. Συμβαίνει οὖν ὀρθῶς ὀνομάζεσθαι οὗτος ὁ θεὸς εἶναι, δι' ὃν ζῆν ἀεὶ πᾶσι τοῖς ζῶσιν ὑπάρχει.

1637. Ναυτίλοις σωτήριος. Cf. *Él.*, 1347 sq. — A Sparte, Hélène jouissait d'honneurs divins. Cf. Preller, *Griechische Mythologie*, II, p. 71 et p. 73. Son apothéose est aussi proclamée dans la tragédie d'*Hélène*, v. 1666 sqq.

1639. Ἐπεὶ θεοί.... Une femme dont la beauté a servi aux plus grands desseins des dieux, ne sera plus désormais l'épouse d'un mortel.

51

ὕβρισμα θνητῶν ἀφθόνου πληρώματος.
Τὰ μὲν καθ' Ἑλένην ὧδ' ἔχει· σὲ δ' αὖ χρεών,
Ὀρέστα, γαίας τῆσδ' ὑπερβαλόνθ' ὅρους
Παρράσιον οἰκεῖν δάπεδον ἐνιαυτοῦ κύκλον.   1645
Τεθήσεται δὲ σῆς φυγῆς ἐπώνυμον
Ἀζᾶσιν Ἀρκάσιν τ' Ὀρέστειον καλεῖν.
Ἐνθένδε δ' ἐλθὼν τὴν Ἀθηναίων πόλιν
δίκην ὑπόσχες αἵματος μητροκτόνου
Εὐμενίσι τρισσαῖς· θεοὶ δέ σοι δίκης βραβεῖς   1650
πάγοισιν ἐν Ἀρείοισιν εὐσεβεστάτην
ψῆφον διοίσουσ', ἔνθα νικῆσαί σε χρή.
Ἐφ' ᾗ δ' ἔχεις, Ὀρέστα, φάσγανον δέρῃ,

NC. 1642. Facius a supprimé la virgule qu'on mettait après θνητῶν. — 1646-1647. Porson a vu qu'il fallait substituer τεθήσεται à κεκλήσεται, leçon qui faisait double emploi avec καλεῖν, et qui doit être considérée comme une glose explicative de τεθήσεται καλεῖν. Les conjectures qui tendent à remplacer καλεῖν par πέδον (Valckenaer) ou par ποτέ (Heimann), n'ont aucune probabilité. — 1648. L. Dindorf a corrigé les leçons ἐνθένδε δέ γ' et ἐνθένδε τ'. — 1649. *Marcianus*, de seconde main : ὑφέξεις. — 1651. Nauck tient ce vers pour suspect. — 1653. Kirchhoff a rétabli, d'après les meilleurs manuscrits et le scholiaste, ἐφ' ᾗ, leçon bien plus conforme à l'usage grec que la vulgate ἐφ' ἧς.

1642. La périphrase poétique ὕβρισμα πληρώματος ἀφθόνου θνητῶν indique que le grand nombre des hommes engendrait des excès coupables. L'idée que les dieux suscitèrent la guerre de Troie afin de soulager la terre de la population trop abondante qui l'oppressait se retrouve dans *Hélène*, v. 38 sqq. Elle est tirée de la vieille épopée des *Cypriaques*.

1645. Ἐνιαυτοῦ κύκλον. La loi d'Athènes exilait tout homicide pour un an. Voy. la note sur le vers 35 d'*Hippolyte*. — Suivant l'*Électre*, v. 1273 sqq., Oreste vient aussi en Arcadie et y donne son nom à une ville. Mais, dans cette tragédie, le séjour d'Oreste dans ce pays n'est pas motivé, comme il l'est ici : il ne s'y rend qu'après avoir été acquitté par l'Aréopage, et il semble y passer le reste de ses jours.

1646-1647. Τεθήσεται.... καλεῖν équivaut à κεκλήσεται κατὰ νόμον τεθησόμενον, ce pays sera appelé suivant un usage qui s'établira. Cf. *Ion*, 74 : "Ἴωνα δ' αὐτὸν.... Ὄνομα κεκλῆσθαι θήσεται (sujet : Ἀπόλλων) καθ' Ἑλλάδα. *Él.* 1268 : Ὅδε νόμος τεθήσεται, νικᾶν ἴσαις ψήφοισι τὸν φεύγοντ' ἀεί. — Ἀζᾶσιν Ἀρκάσιν τ(ε), aux Azaniens et aux (autres) Arcadiens. Les Azaniens étaient une tribu des Arcadiens (cf. Pausanias, VII, xv, 2) : aussi le scholiaste dit-il : Τῷ μερικῷ τὸ ὅλον ἐπήγαγεν.

1650. Θεοὶ..., δίκης βραβεῖς. Dans les *Euménides* d'Eschyle, Oreste est jugé par les citoyens les plus intègres d'Athènes, sous la présidence de Minerve. Ici des dieux composent le tribunal. D'après Hellanicus, cité par le scholiaste, ces dieux étaient Minerve et Mars; d'après Démosthène, *Aristocr.* 66, c'étaient les douze dieux. Cp. aussi le scholiaste d'Aristide, *Panathen.*, p. 108, 7 Dindorf.

1651-1652. Εὐσεβεστάτην ψῆφον διοίσουσ(ι), *religiosissimam sententiam ferent*. Cf. Hérodote. IV, 138 : Ἦσαν δ' οὗτοι οἱ διαφέροντες τὴν ψῆφον. Quant à l'épithète εὐσεβεστάτην, qui semble moins convenir à des juges divins, elle désigne l'intégrité des jugements rendus alors et depuis sur la colline d'Arès. Cp. *Él.* 1262, où le poète dit de l'Aréopage : Ἵν' εὐσεβεστάτη Ψῆφος βεβαία τ' ἐστὶν ἔκ γε τοῦ θεοῦς.

1653. Ἐφ' ᾗ se réfère à Ἑρμιόνην. La

ΟΡΕΣΤΗΣ.   803

γῆμαι πέπρωταί σ' Ἑρμιόνην· ὃς δ' οἴεται
Νεοπτόλεμος γαμεῖν νιν, οὐ γαμεῖ ποτε.   1655
Θανεῖν γὰρ αὐτῷ μοῖρα Δελφικῷ ξίφει,
δίκας Ἀχιλλέως πατρὸς ἐξαιτοῦντά με.
Πυλάδῃ δ' ἀδελφῆς λέκτρον, ᾧ ποτ' ᾔνεσας,
δός· ὁ δ' ἐπιὼν νιν βίοτος εὐδαίμων μένει.
Ἄργους δ' Ὀρέστην, Μενέλεως, ἔα κρατεῖν,   1660
ἐλθὼν δ' ἄνασσε Σπαρτιάτιδος χθονὸς,
φερνὰς ἔχων δάμαρτος, ἥ σε μυρίοις
πόνοις διδοῦσα δεῦρ' ἀεὶ διήνυσεν.
Τὰ πρὸς πόλιν δὲ τῷδ' ἐγὼ θήσω καλῶς,
ὅς νιν φονεῦσαι μητέρ' ἐξηνάγκασα.   1665

ΟΡΕΣΤΗΣ.

Ὦ Λοξία μαντεῖε, σῶν θεσπισμάτων
οὐ ψευδόμαντις ἦσθ' ἄρ', ἀλλ' ἐτήτυμος.
Καίτοι μ' ἐσῄει δεῖμα, μή τινος κλύων
ἀλαστόρων δόξαιμι σὴν κλύειν ὄπα.
Ἀλλ' εὖ τελεῖται, πείσομαι δὲ σοῖς λόγοις.   1670

NC. 1657. Ἐξαιτοῦντά με est mieux autorisé que ἐξαιτοῦντί με. L'accusatif et le datif sont également de mise ici. — 1658. Variante : ὡς ποτ'. Nauck propose : ὡς κατῄνεσας. — 1659. La leçon μένει a été rectifiée par Brunck.

personne contre laquelle l'épée est dirigée, étant ainsi désignée, le datif δέρῃ ajoute une détermination plus précise. Le scholiaste dit : Τὸ ἐφ' ᾗ καὶ τὸ δέρῃ καθ' ὅλον καὶ μέρος. Voyez sur cet hellénisme bien connu, *Méd.* 192, ut passim.

1656-1657. Θανεῖν.... ἐξαιτοῦντά με. Néoptolème accusait Apollon d'avoir tué Achille, et prétendait lui faire payer la rançon du sang (Ἀχιλλέως δίκας αὐτὸν ἐξῄτει). Le dieu suscita les habitants de Delphes contre l'audacieux, et le fit périr sous leurs coups. Cette fable est racontée dans *Andromaque*, v. 1085 sqq. — Quant à l'accusatif ἐξαιτοῦντα, qui se rapporte à l'infinitif θανεῖν, voyez la note sur les vers 1236 sqq. de *Médée*.

1658. Ἤνεσας équivaut à κατῄνεσας, « tu as promis ». Au vers 1092 Pylade dit qu'il a agréé l'hymen d'Électre, λέχος ἐπῄνεσα.

1659. Νιν. Il faut entendre Électre, ou, si l'on veut, Électre et Pylade.

1662. Φερνὰς ἔχων δάμαρτος. Scholiaste: τὴν Σπάρτην λέγει, ἥτις εἰς προῖκα ἐδόθη αὐτῷ.

1666-1667. Σῶν θεσπισμάτων dépend de ψευδόμαντις. Oreste ne rend pas seulement hommage à la véracité d'Apollon, mais il dit aussi, et d'abord, que les oracles qu'il a reçus à Delphes, émanaient du dieu lui-même, et non, comme il l'avait craint autrefois, d'un mauvais génie. Telle est la portée du possessif σῶν, lequel fait antithèse à la pensée exprimée dans les vers 1668 sq., et n'est point parasite, comme prétendent Hermann et les éditeurs qui ponctuent après σῶν θεσπισμάτων, en prenant ces derniers mots pour une exclamation.

1669. Δεῖμα. Oreste a exprimé cette crainte dans l'*Électre*, v. 979.

ΟΡΕΣΤΗΣ.

Ἰδοὺ, μεθίημ' Ἑρμιόνην ἀπὸ σφαγῆς,
καὶ λέκτρ' ἐπήνεσ', ἡνίκ' ἂν διδῷ πατήρ.

ΜΕΝΕΛΑΟΣ.

Ὦ Ζηνὸς Ἑλένη χαῖρε παῖ· ζηλῶ δέ σε
θεῶν κατοικήσασαν ὄλβιον δόμον.
Ὀρέστα, σοὶ δὲ παῖδ' ἐγὼ κατεγγυῶ,   1675
Φοίβου λέγοντος· εὐγενὴς δ' ἀπ' εὐγενοῦς
γήμας ὄναιο καὶ σὺ χὠ διδοὺς ἐγώ.

ΑΠΟΛΛΩΝ.

Χωρεῖτέ νυν ἕκαστος οἷ προστάσσομεν,
νείκας τε διαλύεσθε.

ΜΕΝΕΛΑΟΣ.

Πείθεσθαι χρεών.

ΟΡΕΣΤΗΣ.

Κἀγὼ τοιοῦτος· σπένδομαι δὲ συμφοραῖς.   1680
Μενέλαε, καὶ σοῖς, Λοξία, θεσπίσμασιν.

ΑΠΟΛΛΩΝ.

Ἴτε νυν καθ' ὁδὸν, τὴν καλλίστην
θεὸν Εἰρήνην τιμῶντες· ἐγὼ δ'
Ἑλένην Δίοις μελάθροις πελάσω,

NC. 1674. Peut-être : κατοικήσουσαν. — 1679. *Marcianus* : νείκας. Les autres manuscrits portent νείκους ou νεῖκος. — 1683. Variante moins autorisée : θεῶν. — 1684. Δίοις, correction de Nauck pour διός; leçon à laquelle quelques manuscrits récents substituent ζηνός.

1672. Λέκτρ(α) ἐπήνεσ(α), j'ai agréé (nous dirions : j'agrée) ce mariage. Voy. la note sur le vers 1658.

1676. Εὐγενὴς δ' ἀπ' εὐγενοῦς γήμας, ayant épousé (la fille) d'un père aussi bien né que tu l'es toi-même. On dit γῆμαι ἀπό τινος, « épouser la fille de quelqu'un ». Cf. *Héracl.* 297 : Οὐκ ἔστι τοῦδε παισὶ κάλλιον γέρας Ἢ πατρὸς ἐσθλοῦ κἀγαθοῦ πεφυκέναι Γαμεῖν τ' ἀπ' ἐσθλῶν.

1679. Νείκας. La forme rare νείκη, pour νεῖκος, se trouve dans l'*Agamemnon* d'Eschyle, v. 1378.

1680-1681. Κἀγὼ τοιοῦτος.... θεσπίσμασιν, j'ai les mêmes sentiments : je me réconcilie (littéralement : « je fais la paix ») avec nos destinées, Ménélas, et avec tes oracles, Apollon. Oreste veut dire, qu'il oublie les torts de Ménélas; mais comme il n'a plus d'aigreur, il se sert d'un terme (συμφοραῖς) qui rejette sur la fortune ce qu'il y a eu de fâcheux dans la conduite de Ménélas.

1682-1683. Τὴν καλλίστην θεὸν Εἰρήνην. Cet éloge de la paix était inspiré au poëte par la triste situation où la guerre du Péloponnèse avait alors réduit Athènes. Scholiaste : Τοῦτό φησιν, ἐπεὶ ἐπὶ (περὶ?) τὰ Πελοποννησιακὰ ἐνόσει ἡ Ἑλλάς· πρεσβευσαμένων δὲ τῶν Λακεδαιμονίων

ΟΡΕΣΤΗΣ.   805

λαμπρῶν ἄστρων πόλον ἐξανύσας,   1685
ἔνθα, παρ' Ἥρᾳ τῇ θ' Ἡρακλέους
Ἥβῃ πάρεδρος, θεὸς ἀνθρώποις
ἔσται σπονδαῖς ἔντιμος ἀεί,
σὺν Τυνδαρίδαις, τοῖς Διὸς υἱοῖς,
ναύταις μεδέουσα θαλάσσης.   1690
                ΧΟΡΟΣ.
Ὦ μέγα σεμνὴ Νίκη, τὸν ἐμὸν
βίοτον κατέχοις
καὶ μὴ λήγοις στεφανοῦσα.

NC. 1689. La variante ὑγράς, pour υἱοῖς, est mentionnée dans le *Marcianus*. — 1691-1693. Matthiæ et d'autres critiques mettent ces vers entre crochets. — 1691, Variante : σεμνὰ νίκα.

οὐ προσήκαντο τὰς σπονδὰς οἱ Ἀθηναῖοι. Quant à ce dernier fait, voy. la note sur le vers 772.

1686. Τῇ θ' Ἡρακλέους, sous-ent. δάμαρτι.

1687. L'antithèse évidente θεὸς ἀνθρώποις a été méconnue par les éditeurs qui ont, en dépit du scholiaste, mis une virgule après θεός. Hermann a rétabli la bonne ponctuation.

1690. Ναύταις μεδέουσα θαλάσσης, gouvernant la mer pour les marins, par rapport aux marins.

1691-1693. Le chœur, ou le poète, souhaite d'être toujours couronné aux concours scéniques. La même formule se retrouve à la fin d'*Iphigénie en Tauride*, où elle est certainement interpolée, et à la fin des *Phéniciennes*. Voyez la note sur les vers 1475 sqq. de *Médée*.

ADDENDA ET CORRIGENDA.

P. 6, note 2, l. 4 sqq. lisez : intitulé *Liber miscellaneus editus a societate philologica Bonnensi*, Bonn, 1864, page 34 sqq.

P. 15, NC. Vers 42 : E. Hiller (*Quæstiones Herodianæ*, Bonn, 1866, appendice) considère ce vers comme interpolé. Nous ne sommes pas de son avis; mais il est vrai que les mots : δείξω δὲ Θησεῖ πρᾶγμα sont en contradiction flagrante avec la suite de la tragédie : Vénus ne révélera pas à Thésée l'amour de Phèdre pour Hippolyte. Nous croyons qu'il faut écrire : δῆλον δὲ Θήσω πρᾶγμα, κἀκφανήσεται. Une fois que, par une erreur très-naturelle dans ce prologue, on avait écrit Θησεῖ pour Θήσω, la mauvaise correction δείξω pour δῆλον s'ensuivit aisément.

P. 22, col. 1, ligne dernière, lisez : par (la douleur de) l'âme.

P. 35, v. 382. Le mot ἡδοναί provient sans doute du vers précédent. La honte (αἰδώς) ne saurait être mise au nombre des plaisirs de la vie. La justesse de l'expression demande qu'on écrive : Εἰσὶ δὲ φθοραὶ πολλαὶ βίου. Cp. v. 375 et *Plisthène*, fr. III, Wagner (Stobée, *Anthol.* XCIII, 17) : Ὦ πλοῦθ', ὅσῳ μὲν ῥᾷστον εἶ βάρος φέρειν. Πόνοι δὲ κἂν σοὶ καὶ φθοραὶ πολλαὶ βίου Ἔνεισ'· ὁ γὰρ πᾶς ἀσθενὴς αἰὼν βροτοῖς.

P. 37, v. 442. Il suffit d'écrire : ἢ θανεῖν αὖ τοὺς χρεών;

P. 41, v. 506. La justesse de l'image semble demander ἀνειλη θήσομαι pour ἀναλωθήσομαι. Voy. la note critique sur le vers 1181 de *Médée*.

P. 49, v. 634 637. Il faut écrire, dans le premier de ces vers κηδεύσας καλῶς pour κηδεύσας καλοῖς; mais les doutes exprimés sur la leçon des autres vers ne sont pas fondés. Hippolyte dit que, même dans les mariages qui se recommandent par un certain côté, le bien est balancé par un mal. « On porte un joug, soit que, s'étant bien apparenté (κηδεύσας καλῶς), on garde, parce qu'on se félicite de ses alliés (γαμβροῖσι χαίρων), une femme désagréable; soit que, ayant une épouse vertueuse, mais des alliés fâcheux, on cherche à étouffer (πιέζει) un mal par un bien. »

P. 57, col. 2, l. 2, lisez : par les demi-chœurs.

P. 59, col. 2, l. 8, lisez : trois fois.

ADDENDA ET CORRIGENDA.

P. 60, v. 837, Enger (*Philologus*, XII, p. 464) propose de lire : μετοικεῖν θανὼν ὁ τλάμων σκότῳ. Cette transposition des mots est bonne, et elle permet de conserver la leçon ὦ τύχη au vers 818.

P. 70, col. 1, l. 6, lisez : παροῦσι.

P. 80, col. 1, l. 11, lisez : Méthane.

P. 198, NC. l. 2, lisez : correction de Bentley.

P. 234, v. 281. Nous avons exprimé un doute sur la leçon πόλις, τιθήνη. Un jeune savant, M. Czwalina (*de Euripidis studio æquabilitatis*, Bonn, 1867, p. 22) propose d'écrire πολιᾶς τιθήνη. Cette correction nous semble excellente. Elle présente une de ces alliances de mots qui sont si familières aux tragiques grecs, et elle a son pendant exact dans la phrase γέροντα παιδαγωγήσω, *Bacchantes*, 193.

P. 251, NC. l. 3 et l. 8, lisez : *Marcianus*.

P. 287, NC. Ajoutez : 1112 : Ἴισμεν est la leçon de l'*Etymologicum magnum*, p. 438. Les manuscrits d'Euripide portent ἴσμεν.

P. 341, col. 1, l. 10, lisez : μετὰ δρόμου.

P. 410, v. 1344, lisez : ἔργον, ἀνδυώμεθα.

P. 414, col. 2, l. 1, lisez : *OEd. Col.*, 1104.

P. 589, v. 217, lisez : ἐξανίστανται.

P. 659, NC. l. 6, lisez : Éditions : τᾶς σᾶς τύχας.

P. 664, col. 1, l. 7 d'en bas, lisez : φίλον ἕλῃ.

P. 709, v. 316, lisez : Αἰαῖ.

P. 730, v. 629, lisez : πρόσπολοι.

P. 739, v. 751, lisez : ἴσως σοι.

P. 740, v. 771, lisez : γῇ.

P. 743, v. 791, lisez : μὴ (minuscule).

P. 757, col. 1, ligne dernière, lisez : *Odyssée*.

P. 760, col. 2, ligne dernière, lisez : ἔχω.

P. 767, v. 1126, mettez un point d'interrogation après γενήσεται.

P. 782, v. 1364, supprimez le point en haut après Ἰδαῖον.

P. 783, NC. l. 6, lisez : *Marcianus* : ὅττοιοι.

FIN DU VOLUME.

TABLE DES MATIÈRES.

	Pages.
Introduction	i
ΙΠΠΟΛΥΤΟΣ ΣΤΕΦΑΝΗΦΟΡΟΣ	1
Notice sur le *Premier Hippolyte*	3
Sommaire du *Second Hippolyte*	8
ΜΗΔΕΙΑ	97
Notice sur la *Médée* de Néophron de Sicyone	99
Sommaire de la *Médée* d'Euripide	104
ΕΚΑΒΗ	201
Notice sur la fable et sur la date d'*Hécube*	203
Sommaire d'*Hécube*	211
ΙΦΙΓΕΝΕΙΑ Η ΕΝ ΑΥΛΙΔΙ	301
Notice sur *Iphigénie à Aulis*	303
Sommaire d'*Iphigénie à Aulis*	315
ΙΦΙΓΕΝΕΙΑ Η ΕΝ ΤΑΥΡΟΙΣ	435
Notice sur *Iphigénie en Tauride*	437
Sommaire d'*Iphigénie en Tauride*	441
ΗΛΕΚΤΡΑ	561
Notice sur *Électre*	563
Sommaire d'*Électre*	570
ΟΡΕΣΤΗΣ	671
Notice sur *Oreste*	673
Sommaire d'*Oreste*	678
Addenda et Corrigenda	807

www.ingramcontent.com/pod-product-compliance
Lightning Source LLC
Chambersburg PA
CBHW070900300426
44113CB00008B/900